Kieser • Der verpasste Friede

Nilgün, Jonas Can und Armin Cem gewidmet
und allen, die in der östlichen Türkei ein Stück Zuhause haben,
hatten oder haben werden.

Hans-Lukas Kieser

Der verpasste Friede

Mission, Ethnie und Staat in den Ostprovinzen der Türkei 1839–1938

Informationen zum Verlagsprogramm:
www.chronos-verlag.ch

Umschlagbild: Patienten des Missionsspitals in Marasch,
um 1900 (HBO).
© 2021 Chronos Verlag, Zürich (erweiterte Neuauflage)
Erste Auflage 2000
ISBN 978-3-0340-1651-3

Inhaltsübersicht

Hinweise zu Schreibweise, Sonderzeichen und Übersetzungen

Geographische Namen und Personennamen werden in der Regel nach modernem türkischen Usus geschrieben (zum Beispiel Kiği, Cemal). Häufig verwendete wie Marasch erscheinen der Lesbarkeit halber eingedeutscht (nicht Maraş); nicht mehr existierende in der historischen, eingedeutschten Form (zum Beispiel Pertschendsch). Die Republik Türkei hat viele Ortsbezeichnungen geändert. In der Regel verwende ich die zeitgenössischen (Urfa, nicht Şanlıurfa, Anteb, nicht Gaziantep). Istanbul und Konstantinopel verwende ich synonym.

Osmanische Vokabeln sind vereinfacht mit Hilfe des modernen türkischen Alphabetes wiedergegeben. Sehr häufig gebrauchte fremdsprachige Begriffe wie Millet und Ümmet werden gross und nicht kursiv geschrieben.

Wenn nicht anders vermerkt, stammen Übersetzungen ins Deutsche von mir.

Türkische Sonderzeichen: c und C = dsch; ç und Ç = tsch; ğ und Ğ = stumm (davorstehender Vokal gelängt); ı und I = wie das Schluss-E in Ende; i und İ = i; ş und Ş = sch.

Vorwort

An der Wende zum 21. Jahrhundert präsentiert sich das Verhältnis der Türkei zu Europa anders als vor 100 Jahren. Damals standen die Staaten Europas in imperialistischer Konkurrenz zueinander und flössten dem türkischen Staat eine nachhaltige Aufteilungsangst ein. Der jungtürkische Weltkriegsoffizier Mustafa Kemal, später Atatürk genannt, gründete den Nationalstaat Türkei 1923 in trotzig-stolzer Revision der Friedensordnung, welche die alliierten Siegermächte nach dem Ersten Weltkrieg den Verlierern auferlegt hatten. Zu den gravierendsten Defiziten des jungtürkischen und kemalistischen Staates (1908–1938) gehörte die gewaltsame Unterdrückung der Ostprovinzenprobleme, namentlich der armenischen und kurdischen Frage. Auch nach Atatürk erfuhr die Türkei keine grundlegende minderheitenpolitische Erneuerung. Dem innovativen Weg zur Einigung in Europa stand auf türkischer Seite in der zweiten Hälfte des 20. Jahrhunderts innenpolitische Stagnation gegenüber. Das vorliegende Buch handelt vom „verpassten Frieden" im Osten der osmanischen und kemalistischen Türkei. Anders als vor dem Ersten Weltkrieg besteht mit dem Entscheid des europäischen Ministerrates von Ende 1999 in Helsinki die Aussicht auf einen gemeinsamen Weg in eine europäische und türkische Zukunft. Dieser Weg ist lang und steinig. Er ist nicht begehbar ohne die Behebung der tief ins 19. Jahrhundert zurückreichenden Langzeitschäden in den Ostprovinzen. Nachholbedarf hat auch die von der politischen Grosswetterlage abhängige Historiographie: Es gilt die leidvolle, vielfach verzerrte und verdrängte Geschichte jener mit Europa eng verflochtenen Region aufzuarbeiten durch eine „Geschichte von unten". Diese aus einer Dissertation erwachsene Publikation versteht sich als ein Beitrag dazu. Sie versucht mittels eines wissenschaftlichen Diskurses teils hoch emotionale und kontroverse Themen sachgerecht darzulegen.

Ohne einen namhaften Unterstützungsbeitrag der Max Geldner-Stiftung und der Basler Freien Akademischen Gesellschaft sowie kleinere Zuschüsse der Freien Akademischen Stiftung und der Stiftung für Theologische und Philosophische Studien hätte ich meiner Familie meine Forschungen nicht zumuten dürfen. Doch eine Zumutung blieb mein Vorhaben gleichwohl; meine Frau und meine Kinder haben indes nicht nur meine Absorbiertheit durch das historische Thema ertragen, sondern mir vielmehr geholfen, diese auszuhalten und auszutragen. Zur Finanzierung des Druckes haben grosszügig beigetragen: die kürzlich verstorbene Claudia Kieser, Elisabeth Kieser-Schürch, Dr. med. Christoph Kieser, der Max Geldner-Fonds, der Dissertationenfonds der Universität Basel, die Christine Bonjour-Stiftung sowie die Basler Studienstiftung. Mein Dank gilt ihnen allen und besonders meinem Doktorvater, Josef Mooser, Professor an der Universität Basel, der mich zuverlässig und aus wohltuender Distanz mit neugierigem Interesse für mein Thema betreut hat; er gilt Paul Dumont, Professor an der Universität Strassburg und Spezialist für die moderne türkische Geschichte, in dessen CNRS-Gruppe ich seit vielen Jahren ein intellektuelles Zuhause gefunden habe und dessen Rat ich in vielen Gesprächen in Strassburg, Istanbul oder Basel genoss. Den Mitarbeiterinnen und Mitarbeitern von Chronos danke ich für die effiziente, freundschaftliche und bewährte Zusammenarbeit, Peter Haber (Basel) für das vortreffliche Lektorat meines Manuskriptes. In Basel bin ich immer wieder im Missionshaus ein und aus gegangen – auch wenn die Basler Mission nicht mein Thema war. Herrn Buess danke ich für die guten Dienste bei meiner Benützung des wertvollen Missionszeitschriftenbestandes. Herrn Jenkins verdanke ich wertvolle Anregungen. Dr. Gudrun Schubert von der Universitätsbibliothek Basel gebührt ebenfalls mein Dank. In der Abteilung für wissenschaftliche Fotografie am Physikalischen Institut der Universität Basel habe ich von PD Dr. Rudolf Gschwind meine Initiation in die digitale Fotografie erhalten, ohne die ich mein Bildmaterial nicht hätte effizient verarbeiten können. Michael Glaubauf verdanke ich ein aufwendiges orthographisches Zwischenlektorat meiner Arbeit. Ohne Dr. Johannes Strauss' (Strassburg) hilfreiche Hinweise hätte ich die osmanischen Texte nicht bewältigen können. In vielen Archiven bin ich in diesen Jahren ein und aus gegangen. In grossen, wie demjenigen der Houghton Library für ABCFM-Dokumente in Boston, und vor allem in kleineren. Père Bonfils und Mme Dalle von den *Archives Françaises de la Compagnie de Jésus* in Paris, Julien Antoine Desforge vom *Œuvre d'Orient* (Paris), Dr. Raymond H. Kévorkian von der *Bibliothèque d'arménologie Nubar* (Paris), Père André Duval von der *Bibliothèque du Saulchoir* (mit dem dominikanischen Archiv), Padre Isidoro Agudo vom kapuzinischen Generalarchiv in Rom, Sœur Anne Bernadette von den *Sœurs franciscaines de Lons-le-Saunier* (Lyon), Horst-Dieter Schultz vom *Deutschen Hilfsbund für christliches Liebeswerk im Orient* (Bad Homburg) und Prof. Dr. Hermann Goltz vom *Lepsius-Archiv* in Halle haben mich bestens unterstützt. Die Gastfreundschaft, die ich in Halle und Bad Homburg erfuhr, möchte ich speziell erwähnen. Für Gastfreundschaft bin ich auch Stefan Yerasimos vom *Institut Français d'Etudes Anatoliennes* und Benjamin Lellouch, Istanbul, dankbar. Für Gastfreundschaft danke ich ebenfalls den Kapuzinern in Beyoğlu, namentlich *Père* Aloïs. Während meiner Arbeit im Osmanischen Staatsarchiv habe ich vom Personal und von Forscherinnen und Forschern im Lesesaal dankbar freundliche Unterstützung erfahren, namentlich von Esra Akın, İbrahim Güler und Yaşar Bey. Für die Grosszügigkeit, mir alte Fotografien zur Verfügung zu stellen, bin ich dem *Amerikan Bord Heyeti* zu Dank verpflichtet. Ich erinnere mich gerne an die guten Gespräche mit Richard Blakney und Charles Brown von der *Redhouse Press*. Frau Erten vom *Deutschen Archäologischen Institut* danke ich für die freundliche Verfertigung von Abzügen einiger Fotos aus den Ostprovinzen zur Zeit der Republik. In Urfa haben mich mehrere Kollegen tatkräftig unterstützt und motiviert, dazu beizutragen, die von ihnen so beklagte Lücke in der Geschichtsschreibung des spätosmanischen Urfas zu schliessen, so namentlich Bahattin Çelik, Cihat Kürkçüoğlu, Müslüm Akalın und İbrahim Halil Billurcu. Für den Einblick in die Nachlässe Vischer-Oeri, Spörri-Knecht, Künzler-Bender und Eduard Graeter bin ich mehreren Personen sehr dankbar, deren Namen ich hier nicht erwähne, um ihre Privatsphäre zu schützen.

Verzeichnis der Abkürzungen

ABC	Archiv des *American Board of Commissioners for Foreign Missions*
ABCFM	*American Board of Commissioneers for Foreign Missions*
AFCJ	*Archives Françaises de la Compagnie de Jésus*
AGC	*Archivio Generale dei Frati Minori Cappuccini*
AMZ	*Allgemeine Missionszeitschrift*
AOM	*Analecta Ordinis Minorum Cappucinorum*
AR	*The Armenian Review*
ATASE	*Askeri Tarih ve Stratejik Etüd Dairesi Başkanlığı Arşivi*
ATBD	*Askeri Tarih Belgeleri Dergisi*
BsA	*Bund der schweizerischen Armenierfreunde*
BOA	*Başbakanlık Osmanlı Arşivi*, dem türkischen Premierministerium unterstelltes osmanisches Archiv in Istanbul
Board	synonym gebraucht für ABCFM
CO	*Der Christliche Orient*, Zeitschrift der DOM
CUP	Das jungtürkische Komitee Einheit und Fortschritt *(Comité Union et Progrès; İttihad ve Terakki Cemiyeti)*
CMS	*Church Missionary Society*
DAI	*Deutsches Archäologisches Institut*, Istanbul
DOM	*Deutsche Orient-Mission*
EI	*Enzyklopädie des Islam / Encyclopédie de l'Islam / The Encyclopaedia of Islam*
EMM	*Evangelisches Missionsmagazin*, Basel
ETM	*Eastern Turkey Mission* des ABCFM
EUM	*Emniyet-i Umûmiye Müdiriyeti* = Zentrale, dem Innenministerium unterstellte Polizeibehörde in der jungtürkischen Ära
Hülfsbund	*Deutscher Hülfsbund für christliches Liebeswerk im Orient*, gegründet 1896 in Frankfurt a. M. (heute: Bad Homburg v. d. H.)
HBO	Archiv des Hülfsbunds
JSAS	*Journal of the Society for Armenian Studies*
IRM	*The International Review of Missions*
İA	*İslâm Ansiklopedisi*
IAMMU	*İskân-i Aşayir ve Muhacirin Müdüriyet-i Umumiyesi* = zentrales Direktorium für die Ansiedlung von Nomaden und Flüchtlingen
JMA	Jesuitenmission im mittelostanatolischen Armenien *(Mission d'Arménie des pères jésuites = Mission jésuite de la Petite Arménie = Mission jésuite d'Arménie)*. Die Sprachregelung war nicht einheitlich. Auch der Name *Mission du Sacré Cœur en Arménie* kommt vor.
MAE	Archive des französischen *Ministère des Affaires Etrangères*
MH	*The Missionary Herald*, Organ des ABCFM

MRW   *The Missionary Review of the World*
MW   *The Muslim World*
MiCa   *Les Missions Catholiques,* Wochenzeitschrift
             der *Œuvre de la propagation de la foi,* Lyon
MüA   *Mitteilungen über Armenien,* Organ des BsA
ŒO   *Œuvre des Ecoles d'Orient,* französisches katholisches Hilfswerk
             in Paris und gleichnamiges Bulletin des Werkes
NER   *Near East Relief,* amerikanische Hilfsorganisation
RGG   *Religion in Geschichte und Gegenwart,* Theologisches
             Handwörterbuch
Relief   *American Committee for Armenian and Syrian Relief* (1915),
             nachmalig (1918) *American Committee for Relief in the Near East,*
             nachmalig (1919) *Near East Relief*
SA   *Sonnenaufgang,* Zeitschrift des Hülfsbundes
SFL   *Sœurs Franciscaines de Lons-le-Saunier*
S. J.   *Societas Jesu*
SSJ   *Sœurs de Saint-Joseph*
TBMM   *Türkiye Büyük Millet Meclisi,* Türkische Nationalversamlung in
             Ankara
TMAS   *Turkish Mission Aid Society*
TTK   *Türk Tarih Kurumu*
WMC   *World Missionary Conference, Reports of Commissions,* 1910
ZM   *Zeitschrift für Missionswissenschaft,* Münster
[ ]   Eckige Klammern zeigen in Zitaten Zugaben des Verfassers oder
             Lesehypothesen innerhalb eines schwer lesbaren Schriftstückes an.

Einleitung

„Befriedung", „Neuordnung" und „Reformen" waren die zentralen Begriffe, welche sowohl der osmanische Staat als auch die europäische Staatengemeinschaft seit den 1830er Jahren mit den Problemen in den kurdisch-armenischen Gebieten des Osmanischen Reichs in Zusammenhang brachten. Aber „Friede" war weit davon entfernt, verwirklicht zu werden: Kriege, Pogrome, kulturelle Zerstörung und Völkermord prägten längerfristig diese Region. Chancen, den Frieden aufzubauen, wurden mehrmals verpasst. Integrative Ansätze zu einer partizipativen Ordnung scheiterten am Widerstand der zentralstaatlichen und lokalen Machtträger gegen eine Machtteilung, an hochgesteckten Erwartungen der religiös-nationalen Gemeinschaften vor Ort sowie an der imperialistischen Grosswetterlage. Die Befriedung und Zivilisierung genannte blutige Eliminierung der letzten, der kurdisch-alevitischen Autonomie in der Dersimregion setzte 1938 einen Schlusspunkt unter die 100 Jahre zuvor begonnene Binneneroberung Armeniens und Kurdistans. Von nun an regierte die türkische Hauptstadt direkt über jene Gebiete und unterdrückte jeglichen ethnisch-kulturellen Pluralismus. Nach Kriterien ethnischer Kohabitation, wie sie um das Jahr 2000 in den internationalen Friedensbemühungen um Exjugoslawien Gültigkeit haben, bedeutete jenes Jahrhundert der Binneneroberung eine Misserfolgsgeschichte, die sehr viele Opfer und keine Prosperität gebracht hat. Nach Kriterien der Zwischenkriegszeit, die sich an autoritärem Staat, Führertum und nationaler Homogenität orientierten und die bis heute das türkische Geschichtsbild prägen, ergab sich aus der 1938 flächendeckend durchgesetzten militärischen und administrativen Unterwerfung Kurdistans der Anschein einer zwar langwierigen, aber schliesslich erfolgreichen staatlichen Unternehmung.

Eine wichtige, wenn auch heute fast vergessene Rolle spielten die Missionarinnen und Missionare. Sie waren bis fast zum Ende der ins Auge gefassten Zeitspanne sowohl privilegierte Beobachter als auch einflussreiche Akteure vor Ort und vertraten eigene Vorstellungen vom Frieden. Die abendländischen christlichen Missionen des 19. und beginnenden 20. Jahrhunderts trugen mit unerhörtem Sendungsbewusstsein ihr Verständnis des Evangeliums in die Welt hinaus. Davon beseelt, „Noahs Garten", „biblischen Boden" und „die Heimstätte des Christentums und der menschlichen Rasse" zu betreten, durchdrangen sie den kleinasiatischen Vielvölkerraum mit grosser Energie. Die Protestanten konnten der von ihnen so betonten Bibellektüre neue – die ferne Vergangenheit und die nahe Zukunft auf heilsgeschichtsträchtigem Boden verknüpfende – Interpretationsdynamik, Anschauung und Rechtfertigung verleihen. Damit vermittelte der Missionar der Heimatgemeinde, die ihn finanziell und moralisch unterstützte, neue spirituelle Impulse. Das Besondere an der Mission im osmanischen Raum war, dass es bei ihr nicht um Bekehrungen gehen konnte, sondern um „indirekte" Eingriffe in das religiöse und soziale Leben. Die abendländischen Missionen wandten sich der muslimischen Bevölkerungsmehrheit bloss marginal zu, da

deren Evangelisierung im islamischen Staat verboten war. Die missionarischen Anstrengungen galten daher in erster Linie den christlichen Minderheiten. Das
selbstbewusste, begegnungsfreudige und wagemutige Eindringen in kulturelle Räume können wir heute nur schwer nachvollziehen. Vieles erscheint als zweifelhafte
Begleiterscheinung imperialistischer Welterschliessung, als „Kulturimperialismus".
Andere Phänomene hingegen lassen sich nicht so einfach einordnen: die Macht
geistigen Kapitals, die grundsätzliche Kritik an den Grossmächten und die tiefgreifende Interaktion mit den Menschen vor Ort. Im ethnisch gemischten, aber fast
ausschliesslich monotheistischen – und damit nicht „heidnischen" – Raum, um den
es in der Türkei ging, verlief diese westöstliche Begegnung so spannend und span-
nungsvoll wie kaum anderswo. Die Missionen leisteten in Anatolien punkto Erziehung, Kultur und Gesundheit Erstaunliches; zur Stabilisierung oder Neuformulierung
des interethnischen Verhältnisses, das immer prekärer wurde, versuchten sie erst
spät, einen wirksamen Beitrag zu leisten.

Das Osmanische Reich hatte seit seiner Gründung im 14. Jahrhundert in politischer und religiöser Interaktion mit seinen Nachbarn, insbesondere den europäischen, gestanden. Im 19. Jahrhundert nahm diese Wechselwirkung eine neue Qualität
an: Während die osmanische Grossmacht in den Jahrhunderten zuvor zumindest in
politischer und militärischer Hinsicht als ebenbürtiger, wenn nicht überlegener Widersacher oder Partner galt, wurde das seit Ende des 18. Jahrhunderts geschwächte
Reich zunehmend zu einem Objekt vielfältiger Interessen auf politischer, wirtschaftlicher, wissenschaftlicher und religiöser Ebene. Diese Entwicklung erfuhr ihren Höhepunkt während der Phase des Imperialismus, vom Berliner Kongress bis zum Ersten
Weltkrieg. Die grundsätzliche Infragestellung ihrer selbst, die mit der machtmässigen
einherging, war für die osmanisch-muslimische Gemeinschaft (Ümmet), auf welcher
die Staatsmacht gründete, besonders schwer zu verkraften. Die christlichen Missionen
brachten jedoch genau solches bedrohliches geistiges Potential in den islamischen
Herrschaftsbereich, den *darül'islam,* des Osmanischen Reichs. Dieses geriet im ersten Drittel des 19. Jahrhunderts an den Rand der Desintegration. In den 1830er
Jahren wurde es in eine gefährliche Auseinandersetzung mit dem emanzipierten,
expansiven Ägypten unter Mehmed Ali verwickelt. Im Gegenzug zur Öffnung des
osmanischen Marktes, der alsbald mit europäischen Erzeugnissen überschwemmt
wurde, erhielt die Pforte damals die Rückenstärkung durch die britische Grossmacht
gegenüber Russland, das vom Balkan und vom Kaukasus her das Reich bedrängte.

Angesichts der Demütigungen in der Auseinandersetzung mit den Grossmächten
und bereits erfolgter oder noch drohender Gebietsverluste auf dem Balkan und in
Nordafrika strebten die Verantwortlichen mit Reformen nach europäischem Muster
die Wiedererstarkung des Reichs an. Sultan Mahmud II., der von 1808 bis 1839
regierte, setzte auf eine Zentralisierung der Verwaltung nach französischem Modell
und eine Modernisierung des Militärwesens. Als er 1826 in Istanbul die bisherigen
Elitetruppen, die Janitscharen, die sich seiner Umkrempelung widersetzten, nieder-
metzeln liess, begründete er dies unter anderem mit der notwendigen Rückbesinnung
auf staatstreue sunnitische Werte. Er liess zahlreiche der mit den Janitscharen verbundenen *tekke*[1] des Bektaschi-Ordens schliessen. Dieser stand und steht in spiritu-

---

1 Eine Art Kloster, vgl. das Glossar auf S. 589–591.

eller und organisatorischer Verbindung mit dem heterodoxen anatolischen Alevismus. Die Ausschaltung verschiedener erblicher kurdischer Emirate setzte in den 1830er Jahren, kurz vor der eigentlichen, Tanzimat genannten Reorganisationsphase ein (1839–1876). Sie hinterliess bei den Kurden eine tiefe Verunsicherung und Frustration. Missionen, Ethnien und Staaten standen vom Beginn tiefgreifender Reformbemühungen bis zur Abschaffung des Sultanates und Kalifates im Ostteil des Reichs in einer besonders dynamischen Wechselwirkung. Ihr setzte der 1923 gegründete türkische Nationalstaat weitgehend ein Ende. Aber erst 1938, nach einer blutigen Kampagne gegen das kurdisch-alevitische Dersim – die historisch als Kulturvernichtung oder „Ethnozid" zu qualifizieren ist – hatte der Staat die in Kurdistan 100 Jahre zuvor begonnene Zentralisierung durchgesetzt.

Die vorliegende Untersuchung siedelt sich im Diskursfeld einer kritischen Geschichte der Entstehung der modernen Türkei an. Sie ist keine Missionsgeschichte, auch keine kurdische oder armenische Ethniegeschichte, sondern die Geschichte der Interaktionen von Mission, Ethnie und Staat im Osten Kleinasiens. Sie will damit auf ihre Weise einen bescheidenen Beitrag zur Historiographie der Türkeimissionen, des kurdisch-armenischen Siedlungsgebietes, des Völkermordes an den Armeniern, der Rolle osmanisch-türkischer Staatlichkeit und der regionalen Auswirkung internationaler Interventionen liefern.

Problemstellung

Seit dem zweiten Drittel des 19. Jahrhunderts ging es innen- und aussenpolitisch immer dringlicher um die Frage der Neuordnung der östlichen Reichsteile, welche, mit dem sukzessiven Verlust des Balkans, als unaufgebbare Kerngebiete des Osmanischen Reichs zu gelten begannen. Der osmanische Staat nahm in den 1830er Jahren noch vor dem Auftreten der Missionen eine von europäischen Modellen inspirierte, mehr improvisierte als langfristig geplante Neuordnung seines Reichs auf der Ebene direkter Macht in Angriff, wobei er prioritär in die Armee, die Administration und das Steuerwesen investierte. Die Missionen ihrerseits wurden ein wichtiger Faktor der Veränderung im Reich. Das missionarische Wirken eröffnete neue Handlungsspielräume und Denkmöglichkeiten. Es bedeutete eine Umwertung der bestehenden Werte in der sozialen Hierarchie, der Ordnung der Geschlechter und der religiösen Weltanschauung. Der missionarische Aufbau von Schulen mit modernen Bildungsinhalten für beide Geschlechter seit den 1840er Jahren, und zwar erstmals auch ausserhalb der Metropolen und sogar im Osten des Landes, forderte sowohl den osmanischen Staat als auch die von ihm anerkannten, teilautonomen nichtmuslimischen Gemeinschaften (Millets) heraus. Während die Millets nach anfänglich rauhen Auseinandersetzungen mit den Missionen diese mehr und mehr als Unterstützung wahrnahmen, wurden die Missionen von den Kurden, denen sie sich kaum widmeten, mit einer Mischung aus Ablehnung, Misstrauen und Neugier, gelegentlich auch als Vermittler betrachtet. Zweifellos waren die sunnitischen Kurden die Verlierer der Tanzimat, da ihre Emirate aufgelöst wurden und sie weder von den Reformprinzipien noch dem edukativen Aufschwung profitierten. Im Berliner Vertrag 1878, der die Reform der Ostprovinzen zur internationalen

Angelegenheit erklärte, wurden sie nur negativ, das heisst als Sicherheitsrisiko, aufgeführt.

Seit Abdulhamid, der 1876 zum Sultan wurde, galten insbesondere die protestantischen Missionen dem Staat als machtgefährdende Widersacher, deren Innovationsdynamik Angst auslöste und die man seit den turbulenten 1890er Jahren als geistig mitverantwortlich für jegliche Auseinandersetzung sah, die sich im Osten im Namen von Religionsfreiheit, Selbstbestimmung und Menschenrechten ereignete. Für den hamidischen Staat standen die Missionen in einer Front mit den Grossmächten und den nationalistischen Strömungen unter den Millets. Die protestantischen Vorreiterinnen waren seit den 1870er Jahren in der Tat nicht gefeit vor Machtphantasien eines Protestantismus, der sich von den politischen Erfolgen Grossbritanniens, Deutschlands und der USA mitgetragen meinte. Gleichwohl waren sie stark internationalistisch und menschenrechtlich ausgerichtet und distanziert gegenüber jeglichem, auch armenischem Nationalismus. Auf innenpolitischer Ebene engagierten sie sich mehr und mehr für einen liberalen Osmanismus,[2] dessen Verwirklichung sie sich ab 1908 durch die Jungtürken erhofften. Stärker als jede andere internationale Bewegung setzten sie sich publizistisch und humanitär mit den Pogromen auseinander, denen Mitte der 1890er Jahre in den Ostprovinzen eine hohe Zahl von Armeniern zum Opfer gefallen war. Die positivistisch orientierten jungtürkischen Patrioten der Einheits- und Fortschritts-Partei, *Union et Progrès,* waren allerdings weder der islamischen Tradition noch einer liberalen Neukonzeption, sondern zunehmend der Idee eines Einheitsstaates und einem exklusiven türkisch-sunnitischen Nationalismus verpflichtet. Entgegen den in Missionskreisen gehegten Hoffnungen übernahmen sie das hamidische Freund-Feind-Bild. Mit einem Angriffskrieg gegen Russland trat die seit 1913 diktatorisch geführte Einparteienregierung an der Seite Deutschlands in den Weltkrieg ein. Ein wesentlicher Kriegsgrund war die Umgehung des Anfang 1914 von den Grossmächten durchgesetzten Reformplans für die Ostprovinzen. Ausgehend von diesen, vernichtete das unionistische Kriegsregime 1915/16 systematisch die armenische Existenz in Kleinasien und betrieb durch die Deportation weiterer Volksgruppen eine Politik der „völkischen Flurbereinigung". Mit der praktisch vollständigen Zerstörung einer „nationsfremden" Ethnie wurde in der Geschichte erstmalig ein radikal sozialdarwinistisch-nationalistisches Gedankengut realisiert. Mustafa Kemal Pascha, der später Atatürk genannte Gründungsvater der Republik Türkei, baute den unitarischen türkischen Nationalstaat *nolens volens* auf diesem Fundament und ausgehend von den Ostprovinzen auf, wo der unionistische Machtapparat noch am intaktesten war und auf die Unterstützung aller antiarmenischen Kräfte zählen konnte.

Unter westlichen Fachleuten der osmanischen Geschichte war in der zweiten Hälfte des 20. Jahrhunderts die Bemühung weit verbreitet, die administrativen Leistungen des osmanischen Staates, die Bedürfnisse und Interessen der muslimischen Mehrheit, die lokalen Wirtschaftskräfte oder die gelungenen Formen ethnischer Kohabitation gebührend zu berücksichtigen. Diese Ausrichtung stellt eine verständliche und berechtigte Gegenbewegung zum eurozentrischen, über die akademische Disziplin hinaus verbreiteten Orientalismus der spätosmanischen Ära dar. Sie hatte

---

2 Osmanismus als politischer Begriff meint das Bekenntnis zum osmanischen Vielvölkerstaat.

Wurzeln in hamidischer und jungtürkischer Zeit, entstand aber im wesentlichen zur Zeit der Westeinbindung der Türkei nach dem Zweiten Weltkrieg. Sie bringt den kommoden Vorteil konfliktarmer, partnerschaftlicher Kooperationen zwischen Sozialwissenschaftlerinnen und Sozialwissenschaftlern aus dem Westen und solchen, die dem neuen Nationalstaat verbunden sind, mit sich. Partnerschaft ist die Intention der staatlichen oder staatsnahen Institutionen innerhalb und ausserhalb der Türkei, die zum überwiegenden Teil die Wissenschaft in diesem Bereich finanzieren.[3] Der Preis konfliktarmer Partnerschaft war und ist der Ausschluss heikler Forschungsgegenstände, die den obgenannten Aufwertungsbemühungen scheinbar oder wirklich entgegenlaufen, so der Erste Weltkrieg, die armenische und die kurdische Frage, aber auch der „Störfaktor" christliche Missionen und generell der Umgang mit dem christlichen Erbe Kleinasiens.[4] Die Geschichte der Türkei ohne diese Themen ist ebenso fragwürdig wie die Geschichte Kaliforniens ohne Indianer oder die Geschichte Deutschlands ohne die Juden. Der Preis konsensueller Turkologie ist in der Tat hoch, denn das Schweigen zu historisch drängenden Fragen erweist der Geschichtsaufarbeitung einen Bärendienst.

Die vorliegende Arbeit geht in sachlicher Intention und einer definierten Perspektive die genannten Fragen an, die von den meisten professionellen Historikern seit den 1920er Jahren beiseite gelassen wurden, deswegen aber nicht unbehandelt geblieben sind. Einzelne professionelle Sozialwissenschaftlerinnen oder Sozialwissenschaftler ohne biographischen Direktbezug, Journalisten und vor allem Autorinnen und Autoren aus den direkt betroffenen Gruppen haben sich, gelegentlich mit schriller Stimme, um deren Aufarbeitung bemüht; nicht zu vergessen die von türkischer Regierungsseite lancierten, entsprechend selektierten und kommentierten Quelleneditionen und sonstigen Schriften. Beim angesprochenen Stand und Zustand der Forschung klaffen weiterhin empfindliche Lücken; merkwürdige Klüfte in der Behandlung derselben historischen Phänomene sind unüberbrückt. Offensichtlich ist die eigentümliche Unschärfe, ja bisweilen groteske Verzerrung in der historiographischen Wiedergabe der Armenierpogrome von 1895 oder der „Armenierdeportationen" von 1915. Die Wahl der Missionen als Ausgangspunkt für die historische Beobachtung

---

3 Bernard Lewis, als Türkeihistoriker sozialisiert im Ankara der Nachkriegsjahre zur Zeit der Truman-Doktrin, ist der prominenteste westliche Vetreter dieser „partnerschaftlichen" Richtung. Sein in den 1950er Jahren geschriebener Klassiker *The Emergence of Modern Turkey* (London, 1961) zeugt vom Glauben an die heilbringende Übernahme westlicher Konzepte durch einen selbstbewussten türkischen Nationalstaat.

4 Benjamin Braude und Bernard L. Lewis gehen in ihrem 1982 herausgegebenen epochemachenden Band *Christians and Jews in the Ottoman Empire. The Functioning of a Plural Society* von einer insgesamt funktionierenden und langfristigen „pluralen" Gesellschaftsordnung aus. Mit einer abstrakten Typologie listen sie rationalisierend innere Verfolgungssituationen auf (S. 6–8), wobei das Argument auftaucht, Unterdrückung durch einen muslimischen Mob oder den Staat sei der normale Preis für illoyales oder sozial fragwürdiges Verhalten einer „unterworfenen Gruppe" gewesen (S. 7–9, 33). Die gravierenden Dysfunktionen im Raum der Ostprovinzen werden keiner näheren Betrachtung gewürdigt. Dafür fällt das fatal falsche Wort vom „terrible struggle between Turks and Armenians", mit welchem 1915 mitgemeint ist (S. 23). Auf denselben Seiten fällt das Bemühen auf, den europäischen Antisemitismus als eine ganz andere Verfolgungskategorie als den antichristlichen Antiarmenismus der hamidischen und jungtürkischen Ära aufzufassen (S. 8 f.); wie nahe beide einander in der ersten Hälfte des 20. Jahrhunderts gekommen sind, bleibt sowohl ungenannt als auch unreflektiert.

und Analyse der zur Frage stehenden Probleme geht von der Überzeugung aus, dass
die missionarische Stellung in den osmanischen Ostprovinzen und die aus ihr resul-
tierenden Erfahrungen und Beobachtungen im Rahmen der möglichen Optionen die
brauchbarste darstellt, um sowohl mit mikrohistorischer Nähe als auch mit Distanz zu
den involvierten Parteien die heikle Thematik anzugehen. Dass die Missionen Partei
waren und Partei ergriffen, steht ausser Diskussion. Aber – dies eine wichtige These
der Arbeit – sie taten dies von einer verhältnismässig autonomen Position aus und
hatten eine Brückenperspektive inne, die ihnen eine vergleichsweise dichte Beobachtung *aller* Beteiligten erlaubte.[5] Ihre Wahrnehmung und Parteinahme geschah in
einer transparenten, in ihren Prämissen entschlüsselbaren Weise. Der missionarische
Quellenfundus trägt daher dank seiner Vielfalt, Beobachtungsdichte und Wahrneh-
mungsnähe dazu bei, unglaubwürdige Konsense der Türkeihistoriographie aufzustö-
ren, ohne sich in Grabenkämpfen zu immobilisieren.

Jede authentische Wahrnehmung ist perspektivisch. Entscheidend ist, wieviel die
jeweilige Perspektive wahrzunehmen erlaubt und wieviel sie verdeckt. Verzerrte Wahrnehmungen lassen sich unter Zuhilfenahme anderer Perspektivpunkte entzerren,
fehlende Wahrnehmung spricht einzig als Lücke, stereotype Wahrnehmung bloss
schemenhaft. Die missionarische Perspektive war ethnozentrisch – doch mit mancherlei Formen gelebter osmanischer Interkulturalität und Interreligiosität, die die
westliche Gesellschaft erst heute bei sich zu entdecken beginnt. Ihr am nächsten
standen die christlichen und die heterodoxen Gemeinschaften, die in den Ostprovinzen Minderheiten innerhalb einer muslimischen Mehrheitsgesellschaft bildeten. Ihr
relativ fern standen die osmanische Staatsmacht und die sunnitisch-muslimische Gemeinschaft, auf der sie gründete. Die jüdische Millet wiederum entschwand mangels
erfolgreicher Missionierung bald aus dem näheren Interessenbereich. Von missionarischer Kritik keineswegs verschont blieben die „christlichen Grossmächte", auch
wenn die Missionarinnen und Missionare sich – im eigenen Interesse und um
„Minderheitenschutz" im modernen, verfassungsrechtlichen Sinn politisch durchzusetzen – auf deren Interventionen abstützten. Imperialistische und missionarische
Perspektiven deckten sich allerdings weit weniger, als es der ideologische „Antiimperialismus" beispielsweise der Leninisten oder der türkischen Nationalisten weis-
zumachen suchte.

„Mission, Ethnie und Staat in den Ostprovinzen der Türkei, 1839–1938": Begriffe, Chronologie und thematische Aspekte

„Mission" meint die christlichen Missionen, die, getragen von einer Verbindung aus
religiösem und aufklärerischem Impetus, seit den 1810er Jahren im Osmanischen
Reich tätig waren. „Ethnie" gebrauche ich als Oberbegriff für Kollektive, die sich
über Selbstbezeichnung, Religion, Sprache und Gebräuche als solche wahrnehmen

---

5 Der missionarische Quellenfundus verhilft zu einer reichhaltigen Beschreibung von „Schaupätzen"
   (wovon noch die Rede sein wird). Dabei geht es nicht bloss um systematische Überprüfung
   allgemeiner Hypothesen, sondern um die beschreibende Rekonstruktion einer Lebenswelt, ihrer
   Besonderheiten und ihrer Veränderungen im makrohistorischen Rahmen. Vgl. Minkmar und
   Habermas 1992, S. 13–15.

lassen, mit oder ohne nationale Aspirationen in spätosmanischer Zeit. Dazu gehörten im osmanischen Raum sowohl die Millets, das heisst die staatlich verbrieften, in zivilen Angelegenheiten – Geburt, Heirat, Tod, Religion, Schule, Gesundheit, Teile der Justiz – weitgehend autonomen jüdischen, armenischen und griechischen, seit den Tanzimat auch die katholischen und protestantischen Religionsgemeinschaften.[6] Aber auch Nicht-Millet-Kollektive sind zu den Ethnien zu zählen wie diejenigen der Kurden, Aleviten und Yeziden. Die primär und fast ausschliesslich religiös definierte staatstragende sunnitisch-muslimische Gemeinschaft, die Ümmet, war hingegen ethnieübergreifend. Das gilt auch für die im 19. Jahrhundert geschaffenen katholischen und protestantischen Millets. Erst die türkische Republik hat versucht, aus der anatolischen Rest-Ümmet und den kleinen Überresten der Millets eine ethnisch-türkische Nation zu konstruieren. Mit „Staat" meine ich sowohl das Osmanische Reich und seinen türkischen Nachfolgestaat als auch die Heimatstaaten der Missionare, insbesondere die europäischen Grossmächte. Wie es der Titel ausdrückt, stehen die Missionen nicht für sich, etwa in ihrer inneren Organisationsgeschichte, im Zentrum dieser Studie, sondern in ihrer Korrelation mit Ethnien und Staatsmächten. Schematisch betrachtet gab es eine Hauptkonfrontationslinie zwischen „christlichen" Grossmächten, Missionen und christlichen Gemeinschaften auf der einen, osmanischem Staat und Ümmet auf der anderen Seite, wobei das jüdische Millet kaum der einen oder anderen Seite allgemein zugeordnet werden konnte und die alevitische Gruppe zur nominell christlichen Seite tendierte. Vor Ort variierte diese Linie stark, und es gab auch andere Konfrontationslinien, zum Beispiel zwischen orientalischen Kirchen und Missionen.

Bei den „Ostprovinzen" handelt es sich um die vorwiegend von Kurden und Armeniern, im übrigen aber von einer Mehrzahl weiterer Ethnien bewohnten östlichen Teile der osmanischen beziehungsweise republikanischen Türkei. Wenn wir diese Region hier pauschal mit dem Begriff „Ostprovinzen" bezeichnen, setzen wir sie nicht mit den sogenannten „östlichen Provinzen" *(vilayat-i şarkiye)* gleich, das heisst, seit der Provinzeinteilung von 1864, mit den sechs Provinzen Sivas, Erzurum, Bitlis, Van, Harput und Diyarbakır. Aus guten Gründen – gleichartige Interaktionen von Missionen, Ethnien und Staat – nehmen wir auch das ganze südlich an die Provinz Sivas angrenzende Gebiet bis Anteb hinzu, das heisst den östlichen Teil der Provinz Ankara sowie den nördlichen Teil der Provinz Aleppo. Die Stadt Urfa in der Provinz Aleppo stellt neben den Provinzhauptstädten Van und Harput einen ausgewählten „Schauplatz" der vorliegenden Arbeit dar. Hingegen steht die nördlich ans Schwarze Meer grenzende Provinz Trabzon, die damals einen grossen Bevölkerungsanteil von Pontus-Griechen aufwies, nicht im Fokus dieser Arbeit.

Das Jahr 1839 mit dem Sultanserlass *Hatt-ı Şerif* von Gülhane gilt in der Historiographie als der Beginn der Tanzimat, einer von europäischen Modellen inspirierten Reformära, die bis in die zweite Hälfte der 1870er Jahre, dem Beginn der

---

6 Zum Begriff *millet* (Glaubensgemeinschaft) vgl. Michael Ursinus in EI, 2. Aufl., sowie Ursinus 1989: „[...] the notion *millet* had become an accepted element in the administrative language of the central bureaucracy to indicate the non-Muslim religious communities of the Ottoman empire before the 19th century had even begun." Es handelte sich damals um drei Millets: das griechisch-orthodoxe *(Rum milleti)*, das armenisch-apostolische *(Ermeni milleti)* und das jüdische *(Yahud milleti)*. Vgl. auch Braude und Lewis 1982, S. 12 f.

Autokratie Abdulhamids, dauerte. Die Tanzimat sind die Fortsetzung der Reformbemühungen von Mahmud II. Mehr als bisher wurde die Beamtenschaft Trägerin der
Reformen. In den Ostprovinzen zerschlug der osmanische Staat in den 1830er und
1840er Jahren die direkt dem Sultan unterstellten kurdischen Fürstentümer, um eine
direkte, zentralistische Herrschaft einzurichten. Den verschiedenen Religionsgemeinschaften versprach er im *Hatt-ı Şerif* und noch ausdrücklicher im Sultanserlass *Hatt-
ı Hümayun* von 1856 Gleichstellung vor dem Gesetz. In diesen Reformzusammen-
hang fiel der Aufstand des Emirs Bedir Khan, der eine kurdische Autonomie beanspruchte. Im Gefolge des Berliner Kongresses 1878, der Schutz und Reformen
zugunsten der armenischen Minderheit in den Ostprovinzen in Aussicht stellte, fand
der erste von einem Scheich, nämlich Ubeydullah geführte kurdische Aufstand mit
erstmals so etwas wie kurdisch-nationalem Anspruch statt. Scheich Said war der
letzte sunnitische Scheich, der einen grossen Kurdenaufstand anführte, und zwar
kurz nach der Aufhebung des Kalifates 1924. Das alevitische Oberhaupt Seyit Rıza
war der letzte Kurdenführer überhaupt, der dem konsolidierten türkischen Nationalstaat der 1930er Jahre noch Widerstand entgegenzusetzen vermochte. Er wurde
Ende 1937 in Erzincan erhängt. Der blutige Ethnozid im alevitischen Dersim – der
traditionell autonomen Bergregion zwischen Erzincan und Harput/Elazığ – durch
eine modern gerüstete Armee dauerte noch bis im September 1938, zwei Monate vor
Atatürks Tod, an. Die in den 1830er Jahren begonnene Binneneroberung Kurdistans
fand somit ihren Abschluss. Die Binnenkontrolle der kurdischen Gebiete bildete seit
1923 die Hauptaufgabe der Armee. Die osmanische Periode ethnischer Kohabitation
war damit im Osten endgültig vorbei, der kurdische Autonomieanspruch wegge-
wischt, die christlichen Gemeinschaften vernichtet oder vertrieben. Durch den Lausanner Vertrag gewann die Republik Türkei 1923 eine triumphale diplomatische Anerkennung. Ein unitärer Ethnonationalismus mit internationaler Ausstrahlung hatte
sich durchgesetzt.

Man kann den skizzierten Zeitraum – das „letzte osmanische Jahrhundert" oder
die „spätosmanische" Epoche – unter dem Aspekt der Desintegration herkömmlicher Ordnungsstrukturen betrachten. Der desintegrative Prozess erscheint nach
dem formellen Ende des Osmanischen Reichs und der Niederlage der stark religiös-
gemeinschaftlich geprägten kurdischen Opposition unter Scheich Said sowie Seyit
Rıza als weitgehend abgeschlossen. Fortan gab es weder Christen noch Kurden in
den Ostprovinzen, die als solche mit einer eigenen kollektiven Identität auftreten
durften; von einer Rückkehr der Flüchtlinge konnte nicht mehr die Rede sein und die
50 Jahre zuvor am Berliner Kongress ins internationale Rampenlicht getretene
armenische Frage war aus der „Realpolitik" beseitigt. Desintegration als Gegen-
begriff zu Integration meint Auflösung eines integrierten Ganzen in Teile oder
soziologisch gesprochen die Aufweichung oder Aufhebung tragender sozialer Strukturen und Netze. Es gab zwar weder in den östlichen noch in den übrigen Teilen des
Osmanischen Reichs je ein harmonisch integriertes soziales Ganzes. Verglichen mit
den zwei Jahrhunderten zuvor, manifestierten die letzten Jahrzehnte des Osmanischen Reichs allerdings eine frappante Desintegration, verbunden mit dem Versuch einer forcierten Neuintegration. Diese stand im zweiten Drittel des 19. Jahrhunderts unter dem Zeichen der Zentralisierung; Abdulhamid ergänzte sie mit dem
Merkmal der Sunnitisierung, die Jungtürken mit demjenigen der Türkisierung. Die

„soziale Desintegration" lässt sich in den Ostprovinzen mit Bestimmtheit nicht in erster Linie als „Reaktion auf die ökonomische Expansion des Westens" erklären.[7] Sie hatte ihren Ursprung in inneren, meist indirekt mit europäischen Einflüssen verflochtenen Umbrüchen.

Die herkömmliche Herrschaftsordnung war in den Ostprovinzen von lokalen Herren wie Agha, Bey und Emir, deren oberste Hierarchiestufe direkt dem Sultan unterstand, geprägt gewesen. Die gewaltsam eingeführten Massnahmen Mahmuds und der Tanzimat zerstörten diese Ordnung grösstenteils, aber ohne die geplante, moderne muslimische Neuordnung aufzurichten. In den hauptsächlich von Kurden und Armeniern besiedelten ländlichen Teilen der östlichen Provinzen gab es nie ein funktionierendes Millet-System wie in der Hauptstadt, wohl aber einen gewissen Modus vivendi mit gegenseitiger Anerkennung bei klaren hierarchischen Verhältnissen. Dies dauerte so lange, wie die Kurden ihre autonomen Herrschaftsbereiche hatten und sich die nichtmuslimischen Schutzbefohlenen[8] ihre lokale Protektion mit gewohnheitsrechtlichen Abgaben erwarben. Der Staat der Tanzimat verlangte Steuern, ohne die geplanten zentralistischen Strukturen zum Funktionieren und die Lokalherren zum Schweigen zu bringen. Daraus resultierte faktisch eine Doppelbesteuerung durch Staat und Lokalherren. Mit der Niederlage gegen Russland auf dem Boden der Ostprovinzen verlor die Pforte vorübergehend fast gänzlich die Kontrolle wie auch die Glaubwürdigkeit in jenem Raum. Die mit den Tanzimat begonnene, vom Staat geprägte oder mitgeprägte Auflösung und versuchsweise Neuformulierung der sozialen Ordnungen und Lebenswelten in den Ostprovinzen dauerte in direkter Linie bis in die Zeit der türkischen Republik an. Der Desintegrationsprozess der „Osttürkei" ist bis heute insofern nicht abgeschlossen, als die Auflösung jener dörflichen Welt weitergegangen ist, ohne eine brauchbare Neuformulierung zu erfahren, auch nicht durch die Urbanisierung seit den 1960er Jahren. Mit der Zerstreuung der Bewohner via Migration, Flucht oder Deportation hat er in den 1990er Jahren einen Höhepunkt erreicht. Betroffen davon sind die Kurden, aber auch Reste christlicher Gemeinschaften, insbesondere Süryani.[9] Dass in der östlichen Grenzregion ein seit Anbeginn der osmanischen Herrschaft Anfang des 16. Jahrhunderts fragiles soziales Gebilde auseinanderfiel, ist wenig überraschend. Es ist allerdings erschütternd, dass dieser Prozess die systematische, auch physische Eliminierung eines bedeutenden gesellschaftlichen Elementes mit sich brachte. Es ist zudem verhäng-

---

7 Vgl. dagegen Quataert 1983.

8 Oder *raya*. Das bedeutet Mitglied der „beschützten" – und auch ausgebeuteten – sondersteuerpflichtigen „Herde". Im 19. Jahrhundert beschränkte sich der früher auch auf muslimische steuerpflichtige Produzenten bezogene Begriff *raya,* der die ganze abgabepflichtige, nicht im militärischen oder administrativen Dienst stehende Bevölkerung umfasste, weitgehend auf die Personengruppe, die bisher *zimmi* (nichtmuslimischer „Schutzbefohlener") hiess. Doch blieb der Begriff auch noch für die kurdischen *raya* in Gebrauch; vgl. Rouben 1990 (1922–1953), S. 66; Matuz 1985, S. 107, 233, 337; Braude und Lewis 1982, S. 15.

9 Die Süryani werden auf deutsch oft „syrische" Christen genannt – eine doppeldeutige Bezeichnung. Ich verwende daher den Begriff Süryani als Oberbegriff für alle Süryani-Sprecherinnen und -Sprecher ungeachtet der Konfession. Im englischen Sprachraum hat sich dafür die Bezeichnung *Assyrians* durchgesetzt. Die Süryani umfassen somit die ostkirchlichen Jakobiten (monophysitische „westsyrische Kirche") und Nestorianer („ostsyrische Kirche"), die unierten Chaldäer und die protestantischen Süryani-Sprecher (vgl. RGG, 3. Aufl., Stichworte „Jakobiten", „Nestorianer", „Syrer").

nisvoll, dass die Ausübung solcher Gewalt triumphalistisch gerechtfertigt und damit der Boden für weitere Gewalt bereitet wurde. Ebenso wichtig wie die Frage nach den Faktoren – und Machern – der damaligen ethnischen Umkrempelung unter sozial-darwinistischen Vorzeichen scheint die Frage nach dem langfristigen Ablauf und den Entwicklungsalternativen. Es mag sinnvoll sein, die verpassten Möglichkeiten zu reflektieren.

Man kann unser Thema unter dem Aspekt einer gesellschaftlichen Identitätskrise betrachten. Vom 16. bis Anfang 19. Jahrhundert herrschten in Anatolien vergleichs-weise klare gesellschaftliche Verhältnisse unter einem Sultan, der sich als Nach-folger sowohl von Byzanz als auch der Kalifenreiche verstand und als unanfecht-barer Souverän fast aller Gruppen galt. Die Macht-, Hierarchie- und Identitätsfrage stellte sich nicht (mehr) – entweder war man sunnitischer Muslim, unwichtig ob Türke, Kurde oder Konvertit, und damit Mitglied der herrschenden Grossgruppe (Ümmet) oder man galt als „Schutzbefohlener" und damit Angehöriger einer aner-kannten Millet. Am ungeschütztesten war man indes als Mitglied einer heterodoxen Minorität, die keinen Millet-Status genoss und ein marginales Dasein oft in abgele-genen Gegenden fristete, wie die *Kızılbaş* und die Yeziden. Das letzte osmanische Jahrhundert war im Osten durch eine innere kurdische Krise und eine armenische Frage gekennzeichnet, die beide mit den Tanzimat in Erscheinung traten. In der Krise des ethnischen und sozialen Gefüges traten neue Akteure auf, die ordnend und identitätsstiftend eingriffen: einerseits die religiösen Scheiche als stammesübergrei-fende kurdische Führungspersönlichkeiten anstelle der entmachteten weltlichen Emire und andererseits die christlichen Missionen. Diese traten mit dem „verrückten" religiösen Anspruch der Vermittlung einer neuen Identität auf und brachten andere soziale Muster, neue Rollenzuteilungen und neue Erwerbs- und Prestigequellen, vor allem für die Angehörigen der christlichen Minoritäten. Ganz besonders galt dies für die Frauen und Mädchen, die ab 1900 über die Hälfte der Schülerschaft an den Missionsschulen ausmachten. In Ateliers und Manufakturen und dank Absatzmärk-ten, welche die Missionen für ausgewählte handwerkliche Produkte organisierten, konnten sie Geld verdienen. In diesem Veränderungsprozess spielten die Millets mit dem Ausbau ihres eigenen Schulwesens und ihrer Politisierung selbst eine wich-tige Rolle, was in der Gründung armenischer revolutionärer Bewegungen einen radikalen Ausdruck fand.

Unser Thema beinhaltet auch den Aspekt der Internationalisierung eines inner-staatlichen Problems. Im Laufe des 19. Jahrhunderts brach das Vielvölkersystem an allen Enden des Reichs auf. In den Ostprovinzen gab es anarchische Zustände mit schweren Menschenrechtsverstössen. Die Frage einer internationalen Intervention oder gar eines Protektorates stellte sich. Wie in den 1990er Jahren auf dem Balkan war sie auf diplomatischer Ebene von den Interessen der beteiligten Mächte nicht zu trennen, wobei aber das heutige supranationale Instrumentarium auch nicht annä-hernd zur Verfügung stand. In der türkischen beziehungsweise der von ihr inspirier-ten Historiographie wird der Reichszerfall oft als Folge europäischer Machenschaf-ten dargestellt („Komplotttheorie"). Dies mag für den Balkan im 19. Jahrhundert ein gutes Stück weit zutreffen, im kurdischen Osten hingegen war es der Staat selbst, der die bisher autonomen kurdischen Fürstentümer zerschlug, ohne dass es ihm gelang, eine funktionierende Ordnung aufzubauen. Zu jener Zeit, in den 1830er Jahren, drangen dort die ersten protestantischen Missionare ein, die mit ihren Interaktionen, Beobachtungen und Aktivitäten im Zentrum dieser Arbeit stehen.

Mit der armenischen Frage, die am Berliner Kongress nicht zuletzt dank den Missionaren eine internationale Öffentlichkeit fand, wäre es inhaltlich auch um die vom Westen erst später formulierte kurdische Frage sowie um die noch weniger wahrgenommene alevitische Problematik gegangen. Alle drei Fragen standen in einem wesentlichen sachlichen Zusammenhang: Es waren ethnisch und religiös formulierbare Loyalitätskonflikte mit dem Zentralstaat, die in den Ostprovinzen um Probleme des Zusammenlebens, regionaler Autonomien, der Einordnung in den zu reformierenden übergeordneten Staat, der Abgaben sowie der lokalen Herrschafts- und Besitzverhältnisse kreisten. Kollektive ethnisch-religiöse Gleichberechtigung war das Postulat, das seit Beginn der osmanischen Reformzeit erst die Armenier und in verhaltener Weise die Aleviten, später auch die in ihrer Mehrheit sunnitischen Kurden einforderten. Seit den Tanzimat, deren Ehrgeiz auch im Aufbau rechtsstaatlicher Strukturen lag, führten sowohl der Mangel an staatlichem Durchsetzungsvermögen als auch die Bedrohung durch den zentralistischen Zugriff zu Konflikten. Die drei Fragen fanden nie eine befriedigende Kompromisslösung, sondern wurden mit Gewalt und Zwangsmassnahmen beantwortet, die die Regierung jeweils im opportunistischen Bündnis mit Kräften vor Ort ausübte. Der osmanische Staat baute seit Abdulhamid seine Macht verstärkt auf einem türkisch-sunnitischen Kern von Administration und Heer auf, den auch der Nationalstaat übernahm; entsprechend waren die lokalen Allianzen der Machthaber meist auf sunnitischer Basis. Sultan Abdulhamid reagierte auf das Chaos in den Ostprovinzen und den aufkeimenden armenischen Nationalismus, indem er anfangs der 1890er Jahre kurdische Kavallerieeinheiten gründete, mit Privilegien ausstattete und somit die Stämme wieder für die Zentralgewalt gewann. Der islamische Staat sicherte sich so die prinzipielle Loyalität der sunnitischen Kurden bis zur Abschaffung des Kalifates 1924. Während die armenisch-kurdische Frage die Armenier und die sunnitischen Kurden bis 1924 meist entzweite – die Armenier und die Aleviten schon viel weniger –, kam es in seltenen Momenten zu einer partiellen Übereinstimmung der Interessen von Mitgliedern der drei Gruppen, ohne dass diese sich jedoch genügend organisieren und gegen die Zentralmacht durchsetzen konnten. Dies war beim Aufstand in der Koçgiri-Dersim-Region von 1919 bis 1921 der Fall. Die kurdische Frage nahm sukzessive die internationalen politischen Dimensionen an, die sie heute hat, nachdem die armenische Frage mit dem Völkermord von 1915 und der Nachkriegsentwicklung realpolitisch und vom diplomatischen Parkett verschwunden war. Die alevitische Frage ihrerseits blieb ein erstrangiges internes Thema des türkischen Nationalstaates, das – obgleich schon durch die damalige missionarische Berichterstattung reichlich abgedeckt – erst seit den 1980er Jahren dank der Präsenz alevitischer Emigranten in Europa ausländisches Interesse weckt.

Thesen

Folgende als Thesen formulierte Fragestellungen liegen der vorliegenden Arbeit zugrunde. Sie werden in der Konklusion nochmals explizit zur Sprache kommen.

1. Destabilisierung und Desintegration: Das Zusammenleben in den Ostprovinzen erfuhr nach der Zerschlagung der kurdischen Fürstentümer keine zukunftsweisende und tragfähige Neugestaltung. Die forcierten Integrationsversuche des Zentralstaates – ob in den Tanzimat, der hamidischen, unionistischen oder kemalistischen Türkei – scheiterten insgesamt. Anstatt zu einer wirtschaftlich und sozial funktionierenden integrierten Grossregion wurde das armenisch-kurdische Siedlungsgebiet eine in weiten Teilen kriegsversehrte, entvölkerte und wirtschaftlich nicht mehr lebensfähige Besatzungszone. In ihr wurden ökonomische Ressourcen nach politisch-ideologischen Gesichtspunkten des Einheitsstaates verteilt. Es konnte insgesamt weder eine befriedigende wirtschaftliche noch kulturelle Entfaltung stattfinden.

2. Verknüpftheit der armenischen, kurdischen und alevitischen Frage: Diese drei Fragen waren durch eine konflikthafte Beziehung zum Zentralstaat, der im letzten osmanischen Jahrhundert sein Selbstverständnis neu formulierte, geprägt. Bei allen drei schwangen schwere Probleme des interethnischen Zusammenlebens mit, die eine solidarische Konfliktlösung unter den beteiligten Gruppen vor Ort verunmöglichten. Anstatt als vermittelnder und schlichtender Schiedsrichter aufzutreten, wahrte der Staat seine Macht in Bündnissen mit meist sunnitischen Lokalherren, wodurch sich die internethnischen Konflikte verschärften. Die drei Fragen wurden von staatlicher Seite nicht in dialogischer und partizipativer Weise, sondern mit Zwang und Gewalt beantwortet.

3. Protestantismusdynamik: Die protestantischen Missionen, allen voran die amerikanische, entfalteten sich in den Ostprovinzen besser, entwickelten ein vielschichtigeres lokales Sozialnetz und hatten eine kräftigere regionale Resonanz als die von Abdulhamid vergleichsweise favorisierten, betont staatsloyalen katholischen Missionen. Rückenstärkung bot den protestantischen Missionen sowohl die dynamische, internationalistische Protestantismusbewegung, die Vorläuferin der institutionalisierten Ökumene, als auch die Verbindung zu den „protestantischen Grossmächten". Jahrzehnte vor den russischen *Narodniki* und fast ein Jahrhundert vor der türkischen Republik praktizierten amerikanische Missionarinnen und Missionare erfolgreich den edukativen Gang in die Dörfer, Berge und Kleinstädte der Ostprovinzen. Diese lokale Arbeit hatte eine starke Ausstrahlungskraft auf die verschiedenen ethnischen Gemeinschaften und trug zur „nationalen Renaissance" der Armenier, der Süryani und ansatzweise auch der Aleviten bei.

4. Sympathiebeziehung zwischen Aleviten und Protestanten: Die protestantische amerikanische Mission, das ABCFM,[10] begann in den 1850er Jahren eine dauerhafte Beziehung mit der heterodoxen, nominell muslimischen alevitischen Gemeinschaft zu knüpfen. Diese pflegte in den Ostprovinzen traditionellerweise einen näheren Umgang mit den Christen als mit den Sunniten. Sie nahm den Protestantismus als einen mit ihren Glaubeninshalten kompatiblen Weg aus ihrer zivilisatorischen Rück-

---

10 *American Board of Commissioners of Foreign Missions* (ABCFM) mit Zentrum Boston: die grösste Missionsorganisation im spätosmanischen Kleinasien.

ständigkeit und jahrhundertealten gesellschaftlichen Diskriminiertheit wahr. Den
Staat irritierte die Sympathiebeziehung zwischen Protestantismus und Alevismus
zutiefst. Er verhinderte den von den Aleviten gewünschten Aufbau von Missionsschulen in ihren Dörfern. Er fürchtete, dass die Aleviten im Rahmen der internationalen Reformbemühungen um die Ostprovinzen die armenischen Anliegen unterstützten.

5. Mission als Modernisierungsfaktor: In den Ostprovinzen begegneten sich zwei
verschieden gelagerte Paradigmata von Zivilisation und Fortschritt: dasjenige der
Missionen, insbesondere des ABCFM, das sich durch Schulen, Spitäler und neue
wirtschaftliche Initiativen wie den Aufbau von Manufakturen, die Modernisierung
regionaler Produktionen und die Schaffung internationaler Verteilkanäle hervortat,
und dasjenige des Staates, das vor allem durch eine zentralisierte Administration, ein
modern ausgerüstetes Heer mit allgemeiner Dienstpflicht und durch Steuerforderun-
gen in Erscheinung trat. Diese beiden Paradigmata standen in einer scharfen geistig-
religiösen Konkurrenz, da die missionarische Präsenz für Muslime die westliche
Infragestellung islamischer Herrschaft und Kultur darstellte. Die grösste ethnische
Gruppe in den Ostprovinzen, die Kurden, konnte sich weder mit dem einen – aus
religiösen Gründen – noch dem anderen Modell – wegen der Zerschlagung der
kurdischen Autonomien – identifizieren. Ihr Widerstand hatte daher oft eine „reaktionäre", religiös-konservative Erscheinungsform.

6. Von der christlich-minderheitlichen zur pluralistisch-zivilgesellschaftlichen
Ausrichtung: Die Missionen trugen insgesamt zur Aufwertung der Nicht-Ümmet-
Gruppen – Millets oder Nicht-Millet-Kollektive wie die Aleviten – und zur sozialen,
ökonomischen und symbolischen Abwertung der Ümmet bei. Im universalen
eschatologischen Geschichtsbild der meisten Missionen hatte der Islam den Stellenwert eines zu überwindenden „Hindernisses", nicht eines konstruktiv integrierbaren
Bestandteiles. Allerdings löste sich das ABCFM sukzessive von seiner fast
ausschliesslichen Orientiertheit auf die christlichen Minderheiten und trat nach 1908
engagiert für einen pluralistischen osmanischen Staat ein. Diese teilweise Umorientierung schlug sich in der Missionsschulstatistik indes erst gering durch eine höhere Zahl muslimischer Studierender nieder. Nach 1918 favorisierten die protestantischen Missionare eine föderale Ordnung Kleinasiens und nahmen, wie schon in den
Jahrzehnten zuvor, gegen exklusive Nationalismen jeder Prägung Stellung.

7. Missionarische Autonomie: Vor allem die protestantischen Missionarinnen
und Missionare – amerikanische, aber auch europäische – schufen sich im spätosmanischen Kleinasien einen autonomen Raum mit erfolgreichen Institutionen und
einem eigenen, dichten sozialen Netz. Sie waren nichtstaatliche Unternehmen mit
einer starken „Philosophie" und erstrebten möglichst günstige – liberale – Rahmenbedingungen für den Aufbau ihrer Dienstleistungen; nur im Krisenfall suchten sie
staatliche Unterstützung. Ebensowenig wie die kurdischen Scheiche oder die
alevitischen *dede* einheitlich als Handlanger des osmanischen und türkischen Staates fungierten, können die Türkeimissionare pauschal als „Imperialismusgehilfen"
verstanden werden.

Hinweise zu Methodik und Quellen

Die Missionen als Beobachterinnen und Akteurinnen, als Innovatorinnen, Friedensarbeiterinnen und Störenfriede stehen also im Zentrum dieser Studie. Nicht so sehr ihre innere Entwicklung, sondern die Beziehung und der Blick nach aussen sind die Themen. Dabei dienen die Missionen mit ihren Quellen nicht rein instrumental zur Erschliessung von Regionalgeschichte, sondern sollen als Teil derselben zur Geltung gelangen. Die vorliegende Arbeit verbindet die Betrachtung einer vergleichsweise langen Dauer mit einem mikrogeschichtlichen Ansatz und einer diplomatiegeschichtlichen Periodisierung. Einerseits ging es mir darum, eine Rahmendarstellung der Gesamtentwicklung jener Grossregion im letzten osmanischen Jahrhundert zu liefern, wenngleich in einer eingeschränkten Perspektive: nämlich nur soweit sie in Interdependenz mit der gut fassbaren missionarischen Präsenz stand. Andererseits fokussiere ich immer wieder ausgewählte Schauplätze, die die Region beispielhaft abstecken: Harput in der Mitte, Van ganz im Osten, Urfa im Südwesten. Die Bevölkerung dieser Zentren und ihrer Umgebung war im wesentlichen türkischkurdisch-armenisch gemischt, in Urfa und im Süden der Provinz Van gab es auch zahlreiche Süryani. In jedem dieser drei Zentren waren katholische *und* protestantische Missionen aus verschiedenen Ländern tätig. Auf diesen provinziellen Schauplätzen wurde der Zusammenprall mentaler Welten, der Zusammenhang von hoher Politik und alltäglichem Zusammenleben konkret ablesbar. So beschreibe ich den Alltag in einer Missionsklinik, das soziale Netz darum herum, Interaktionen und prägnante Szenen: zum Beispiel wie ein Missionar auf den Strassen Urfas den Sohn eines Obersten Mores lehren wollte und dann zusammengeprügelt wurde, wie Christen und Nichtchristen im Juli 1908 sich auf den Strassen der Stadt in die Arme fielen und gemeinsam beteten oder wie landlose Bauern Protesttelegramme aufgaben. Nicht nur Harput, Van und Urfa kommen in diesem Buch zur Sprache. Bei diesen Schauplätzen soll jedoch der rote Faden von den staatlichen und missionarischen Durchdringungsbemühungen der Tanzimat, dem traumatischen russisch-türkischen Krieg von 1877/78 bis hin zu den Pogromen der 1890er Jahre, dem Aufbruch von 1908, der Katastrophe des Weltkriegs und den Neuordnungsbemühungen danach ortsspezifisch durchgezogen werden.

Mit der vorliegenden Arbeit habe ich mich bemüht, den religiös, konfessionell, national oder kulturell eingeschränkten Forschungsansatz zu überwinden und eine historisch-kritische Position einzunehmen, ohne mich indes einem Relativismus der Werte hinzugeben. Die Arbeit will eine differenzierte Wahrnehmung und Beurteilung der politischen, sozialen, ethnischen und religiösen Verhältnisse, Begebenheiten und Ansprüche im abgesteckten Raum leisten. Der abendländische Filter hat in der Historiographie des Orients eine lange Tradition. Ihn zu hinterfragen bedeutet, bewusst *auch* muslimische – türkische, kurdische, sunnitische und alevitische – Sichtweisen geltend zu machen. Allerdings nie zum Preise relativistischer Beliebigkeit.

Ein grosser Vorteil des gewählten Themas, aber auch eine schwierige Herausforderung war der Reichtum des Quellenmaterials, das mir zur Verfügung stand. Der Übersicht halber möchte ich von drei Quellengruppen sprechen: 1. die missionarischen Quellen; 2. die staatlichen Quellen (osmanische, amerikanische, englische, französische, deutsche, italienische, österreichische und schweizerische); 3. die lokalen und minderheitlichen Quellen (zum Beispiel veröffentlichte Zeugnisse und autobiographische Texte von Bewohnern der Ostprovinzen). Dokumente aller drei Gruppen sind für die vorliegende Arbeit herangezogen worden. Wenn auch die missionarischen klar im Mittelpunkt stehen, ist die Verknüpfung der drei Quellengruppen ein wichtiger methodischer Aspekt dieser Arbeit. Was die orientalischen Sprachen angeht, beschränkt sich meine Kompetenz allerdings im wesentlichen auf das Osmanische und das Türkische. Eine wichtige Quelle für die Betrachtung der Schauplätze Harput, Van und Urfa stellen die vor allem in den letzten Jahren in englischer Übersetzung herausgekommenen Werke armenischer Zeitzeugen dar. Besonders reichhaltig sind diejenigen für die Region Harput, sehr wichtig aber auch die zu Van und Urfa. Sie geben vielfältige Einblicke in die Lebenswelt der armenischen Gemeinschaft und ihre Konfrontation mit der Katastrophe; sie werfen auch Lichter auf die Gedankenwelt der armenischen Revolutionäre, ihre lokale Einbindung und Methoden.[11]

Dieses Buch räumt Fotografien aus missionarischen Beständen einen wesentlichen Platz ein. Fotografien aus den Ostprovinzen sind aussagekräftige, noch kaum ausgewertete Quellen, die aus der Relation von Personen, Objekten und Ort, der Bekleidung, Gestik, Haltung und Wahl des Ausschnittes wichtige Hinweise auf das Abgebildete und die Abbildenden liefern. Sie sollen durchaus als „Illustration", aber auch als dichte Informationsträger zur Geltung kommen. Im letzten Viertel des 19. Jahrhunderts hielt die Fotografie als das herausragend moderne Medium zum Zwecke von Dokumentation, Kommunikation und Selbstdarstellung seinen Einzug auch im Osmanischen Reich. Schon die hamidische und ganz besonders die jungtürkische Polizei setzte stark auf fotografische Spurensicherung, um Anklagen gegen unliebsame Elemente bildlich zu untermauern. Den ambitiösen Provinzbehörden lag viel daran, ihren Vorgesetzten in der Hauptstadt solch „unumstössliche" Beweise ihrer antirevolutionären Effizienz zuzusenden. Nicht nur in diesem Zusammenhang gab es viele „gestellte" Fotografien. Seit den 1880er Jahren versah der *Missionary Herald,* das Organ der amerikanischen Türkeimission (ABCFM), seine monatlichen Ausgaben bereits routinemässig mit Fotos, auch mit solchen aus den Ostprovinzen. Die Missionare begannen fotografische Postkartenserien mit Sujets von ihren Missionsstationen herauszugeben: attraktive Darstellungen der eigenen Arbeit zuhanden des Heimatpublikums. Abdulhamid seinerseits beauftragte die berühmten Fotografen *Abdullah Frères* aus Istanbul damit, nach genauen Vorgaben ein Fotoalbum zur imperialen Selbstdarstellung auszuarbeiten, von dem der Sultan 1893 und 1894 als Geschenk je ein Exemplar an so prominente Dokumentationszentren wie die *Library of Congress* und das *British Museum* sandte. Darin war die zivilisatorische Leistung des hamidischen Staates in Form tadelloser Fotografien von berühmten Moscheen, Militär- und Industriekomplexen, Schulgebäuden, Ställen und Yachten dargestellt.[12] Während das fotografische Zurschaustellen zivilisatorischer Leistun-

---

11 Zur Region Harput: Shipley 1984, Jafarian 1989; speziell Ketchian 1988 und Deranian 1994 über Hüsenig; Kazarian 1995 über Çemişgezek; Ghazarian 1997 über Habusi; Dzeron 1984 über Pertschendsch; der Alexanian 1988 über Morenig. Über Urfa: Jernazian 1990 (das Pendant zu Künzler 1921). Über Van: Mugrdechian 1995 und Terlemezian 1975.

12 Vgl. Deringil 1998, S. 108, 151 f.

gen sowohl beim Staat als auch bei den Missionen gang und gäbe war, finden sich in verstaubten oder leider oft feuchten Missionsdepots auch eine Menge von Bildern, die alltägliche Szenen auf der Missionsstation, in der Stadt, im Dorf oder auf Reisen zeigen, gerade auch aus den Ostprovinzen. Zur abbildungswürdigen „Alltäglichkeit" gehörten bei Organisationen, die sich als Helferinnen verstanden, auch Armut und Not. Eine fotografische Ausrüstung mit Labor scheint auch für entlegene Missionsstationen seit Beginn des Jahrhunderts eine Selbstverständlichkeit gewesen zu sein.[13]

Bei der Auswahl und Darstellung der Abbildungen in dieser Arbeit lasse ich mich von drei Kriterien leiten: Erstens von der Verknüpfung, die sich mit dem Text meiner Arbeit ergibt, in bestätigender, ergänzender und – Hauptmerkmal des Bildes – verdichtender Weise. Zweitens von der Verknüpfung der Abbildungen untereinander, die eine Art gesondert lesbares „kritisches Fotoalbum" bilden; die Legende soll neben informativer Sehhilfe eine historische Blickweise zum Ausdruck bringen. Drittens von der fotografischen Qualität.

Bei der Fülle des Quellenmaterials ist nicht nur bei den Fotografien die Auswahl ein zentraler Aspekt. Die Auswahl ergab sich einerseits durch die bereits angesprochene Konzentration auf wenige Schauplätze, andererseits durch den inhaltlichen Blickwinkel, der sich mehr auf die interaktiven als die organisatorischen Vorgänge richtet. Im Sinne der Konzentration meiner Kräfte habe ich mich zudem entschieden, die in diesem Fachbereich bisher am häufigsten verwendete Quellensorte, die britischen und französischen diplomatischen Quellen, nur in publizierter Form einzusehen. Es sei zudem darauf hingewiesen, dass in den Missionsarchiven bedeutende diplomatische Akten oder Aktenkopien vorhanden sind.

Die meisten Missionen und viele Missionare haben viel geschrieben und publiziert, einen Grossteil davon in kirchlichen oder Missionszeitschriften, einiges auch in Monographien oder autobiographischen Schriften. Den Periodika ist eine konfessionelle und meist auch nationale Ausrichtung eigen; die ausgewählten Berichte vom Missionsfeld und die editorische Umrahmung bezwecken die Rechtfertigung des Werkes vor seinem Trägerkreis, den Spendenaufruf und die Gewinnung neuer Interessenten. Abgesehen von diesen Gemeinsamkeiten gibt es viele individuelle Unterschiede.[14] Das Ablegen von Rechenschaft spielt auch in den anderen Schriften eine grosse Rolle, allerdings richten diese sich oft an ein wesentlich erweitertes Publikum.[15] Einen Zwischenstatus zwischen Quelle und historiographischer Auf-

---

13 So auch bei Dr. Andreas Vischer aus Basel, dem seit 1905 in Urfa tätigen Arzt der Deutschen Orient-Mission.

14 Der professionell gemachte, zu Jahresende jeweils mit einem detaillierten Register versehene *Missionary Herald* (ABCFM) verrät, vor allem seit Ende des 19. Jahrhunderts, eine starke editoriale Hand, die die Auszüge aus den Missionarsbriefen und ihre Zusammenstellung bestimmte und Schwerpunkte setzte. Im bescheideneren *Christlichen Orient* (der Deutschen Orient-Mission) kamen mehr die einzelnen Schreibenden als Individuen zum Zuge, unter ihnen natürlich am wortreichsten der Missionsgründer Lepsius. Die zum ordensinternen Gebrauch bestimmten jesuitischen *Lettres d'Ore* waren besonders persönlich, ausführlich und pädagogisch gehalten, während das ordensübergreifende katholische *Œuvre d'Orient* vor allem von den Spendenaufrufen und, von den 1880er Jahren an bis nach dem Weltkrieg, von den ausführlichen, meist gut informierten, prononciert francokatholisch ausgerichteten Leitartikeln seines Leiters Félix Charmetant lebte.

15 Etwa die von Johannes Lepsius gegründete Deutsche Orient-Mission (DOM): Deren Schrifttum findet sich im *Christlichen Orient* oder in seinem Nachfolger *Der Orient,* beides redaktionell relativ

arbeitung nehmen die zahlreichen wichtigen, veröffentlichten oder unveröffentlichten missionarischen Arbeiten der Zwischenkriegsjahre ein, die einerseits die Kriegsjahre, die Vernichtung der armenischen Gemeinschaft in ihrem Siedlungsgebiet und die Rolle der Mission in diesen Ereignissen thematisieren und andererseits die gesamte Missionstätigkeit seit dem 19. Jahrhundert aus der Distanz, die der Umbruch während und nach dem Weltkrieg geschaffen hat, reflektieren.[16] Die missionarischen Archivbestände sind reichhaltig. In hohem Mass stütze ich mich auf bisher nicht verwendetes Material. Die Bestände des ABCFM sind besonders ausgedehnt und gut zugänglich; sie befinden sich zum grössten Teil in Boston.[17] Über gute, wenn auch weniger umfangreiche Archivbestände verfügt die Jesuitenmission in Paris sowie die Kapuzinermission in Rom. Auch im Archiv des Vatikans finden sich viele Dokumente; ich selbst habe dort nicht gearbeitet. Seit kurzem sieht die Archivsituation für die Deutsche Orientmission gut aus: Prof. Hermann Goltz und sein Team in Halle haben das Johannes Lepsius-Archiv aufgearbeitet und einen Katalog herausgebracht.[18] Ich durfte dankenswerterweise noch vor Eröffnung des Archivs Einblick in das Material nehmen. Das Hülfsbund-Archiv sieht karger aus, ist aber gleichwohl lohnend, besonders wegen der Zeitschriften und der Fotografien.[19]

Die Missionarinnen und Missionare besassen neben der erforderlichen Schreibgewandtheit eine viel längere Erfahrung vor Ort und einen intimeren Umgang mit Region und Leuten als die meisten westlichen Konsuln und Reisenden oder als die osmanischen Beamten, die ständig ausgewechselt wurden. Der türkische Historiker Uygur Kocabaşoğlu hat zu Recht darauf hingewiesen, dass die amerikanischen Missionare Anatolien damals gut kannten, während die osmanischen beziehungsweise jungtürkischen Intellektuellen Anatolien „voll Verwunderung" erst im ersten Viertel des 20. Jahrhunderts zu entdecken begannen. „Da sie [die Missionare] es gut kannten, wussten sie wahrscheinlich auch sehr viel besser als die osmanischen Beamten über die Werte, Verhaltensweisen, Sehnsüchte, Vorurteile und Erwartungen der verschiedenen ethnischen Gruppen und sozialen Schichten Bescheid."[20]

wenig gesteuerten Blättern. Sie enthalten auch sehr lange rein landeskundliche Artikel (so vom Basler Journalisten Albert Oeri, der 1907 eine Reise durch Ostanatolien unternahm, CO 1907). Zu ihrer inhaltlichen Heterogenität gesellt sich eine ebensolche im Hinblick auf das Publikum, dessen Bandbreite sich von Bibelgruppe, Nähverein bis zu allgemein an der Türkei interessierten, christlich-philanthropischen und auch grossbürgerlichen Kreisen erstreckte. Lepsius verband mit dieser Publikation spürbar auch akademisch-historische, theologische und geopolitisch reflektierende Ambitionen. Von 1898 bis 1911 gab er auch das vorwiegend theologisch orientierte Blatt *Das Reich Christi* heraus (vgl. Feigel 1989, S. 120 f.). Namentlich das reiche Schrifttum von Jakob Künzler aus verschiedenen Zeiten und Situationen – daher auch mit verschiedenen Gewichtungen – rundet das DOM-Bild ab.

16 Vgl. z. B. Riggs 1997 (1917), Künzler 1999 (1921) und Chambers 1928. Vgl. die ABCFM-Skripte mit der Signatur MS Hist. 31 und den Autoren John E. Merrill, Charles T. Riggs und Henry H. Riggs.

17 Ausführliche Hinweise zu diesen Quellen gibt Grabill 1971 in seinem „Essay on Sources" (S. 351 bis 374). Nützlich ist auch der Katalog der Mikrofilmedition *(Primary Source Media)*. Vgl. auch mein Quellenverzeichnis unten.

18 Goltz und Meissner 1998. Der Katalog ist Bestandteil einer umfangreichen Microfiche-Edition.

19 Viele Hülfsbund-Akten sind dem Zweiten Weltkrieg zum Opfer gefallen. Gerne hätte ich die wichtigen Urfa-Tagebücher Jakob Künzlers benutzt, aber ich konnte sie trotz der liebenswürdigen Hilfe von Frau Ursula Hupfer-Künzi und des jetzt verstorbenen Eugen Künzler nicht auffinden.

20 Kocabaşoğlu 1989, S. 220.

Der missionarische Blickwinkel war näher beim Alltag, orientierte sich mehr an den
Sorgen, Nöten und Sehnsüchten der Menschen. Diese Aspekte waren Teil des
Kodes missionarischer Mitteilungen. Zwar ist der politische und wirtschaftliche
Informationswert konsularischer Berichte meist hoch, was sie für eine umfassende
Geschichtsschreibung zu Recht unentbehrlich macht. Aber das professionelle Fak-
tensammeln liess systematisch oft höchst relevante alltägliche, mentale und reli-
giöse Bereiche aus oder reduzierte sie auf das, was damalige Grossmächte als ver-
merkenswert vorschrieben.

Insbesondere enthalten die Missionsarchive eine Fülle von Primärmaterial zum
armenischen Völkermord, demjenigen Genozid, der historisch und politisch
unaufgearbeitet und damit um so paradigmatischer das ganze 20. Jahrhundert über-
schattet. Die Missionen waren mit der Opfergemeinschaft zusammen Trägerinnen
eines Augenzeugenwissens, das seit dem Vertrag von Lausanne nicht nur in der
Diplomatie, sondern auch in der Historiographie an den Rand gedrängt wurde. Für
einen weiterführenden Zugang zum stark polarisierten Thema des Völkermordes ist
eine Quellenbasis, die dichte lokale Beschreibungen erlaubt, wichtig. Nur so lassen
sich die verschiedenen Ebenen von Wahrnehmung fassen, die Diskrepanz zum Beispiel zwischen einerseits der Verwaltungsoberfläche, wie sie in den zahlreichen Telegrammen des Innenministeriums im Zusammenhang mit der Ausführung der Deportationen erscheint, und andererseits der erlebten Realität vor Ort, lesbar in missionarischen Augenzeugenberichten oder autobiographischen Zeugnissen. So habe ich
mehrere 100 Telegramme des osmanischen Innenministeriums der Jahre 1915/16
erfasst. Es handelt sich um die Originale der Verwaltung, oft mit der Unterschrift
Talaats, des Innenministers, die danach für den Versand chiffriert wurden. Manche
Telegramme wurden nach Urfa gesandt. Diese Stadt war damals Knotenpunkt der
Deportiertenkarawanen und Schauplatz systematischer ethnischer Säuberungen bis-
her unbekannten Ausmasses, denen auch Urfas alteingesessene armenische Bevöl-
kerung zum Opfer fiel. Ich habe für die Beschreibung jener Monate verschiedene
missionarische Augenzeugenberichte beigezogen: diejenigen des Schweizers Jakob
Künzler, der deutschen Gebrüder Eckart, des Amerikaners Francis Leslie und der
Urfa-Franziskanerinnen. Des weiteren stütze ich mich auf den autobiographischen
Bericht Ephraim Jernazians, damals Übersetzer beim Kriegsgericht. Meine ganze
Arbeit bedingt eine vergleichende Leseweise, ein mehrschichtiges Verständnis und
eine kritische Entschlüsselung der verschiedenartigen Quellen. Die Analysen dienen
dazu, wechselnde Bilder zu entwerfen, welche regionale Situationen abbilden, Entwicklungen sichtbar machen und Licht auf grössere Zusammenhänge werfen. Bei
aller Konzentration und Einschränkung kann es sich dabei nur um Einblicke handeln.

Ostprovinzenprobleme in der historiographischen Literatur

Das missionarische Netzwerk in den spätosmanischen Ostprovinzen ist noch nie
Gegenstand einer eingehenden Untersuchung geworden. Entsprechend blieb die
Betrachtung seiner Wechselwirkung mit Staatsmächten und Ethnien bisher recht
oberflächlich. Überhaupt ist das Studium der Missionen in der osmanischen Türkei
noch nicht weit fortgeschritten. Die westliche Bearbeitung der dortigen missio-

narischen Vergangenheit hat sich bisher vor allem im missionsinternen[21] oder konfessionell und national gebundenen Rahmen abgespielt.[22] Die missionsgeschichtlichen Übersichtsdarstellungen gehen pauschal, wenn überhaupt, auf das osmanische Anatolien ein,[23] während renommierte moderne Standardwerke zur türkischen oder nahöstlichen Geschichte das Missionswesen kaum erwähnen.[24] Joseph Grabill (1971) hat einen wertvollen Beitrag zum Thema in seiner vollen chronologischen Tiefe geleistet, wobei er sich auf eine profunde, aber ausschliessliche Kenntnis des amerikanischen Materials stützte. Weniger tief reichte seine Vertrautheit mit den lokalen Verhältnissen, weswegen manche seiner Schlüsse undifferenziert sind.[25] Jeremy Salt (1992), der sich ausgiebig mit der Rolle der Missionen in der armenischen Frage beschäftigte, studierte sie hauptsächlich aus den westlichen diplomatischen Quellen. Der Hauptmangel seines Ansatzes liegt im Bestreben, den einseitigen westlichen oder proarmenischen historischen Blickwinkel so zu korrigieren, dass er systematisch die Darstellung von Ereignissen relativiert, die das Verhalten der muslimischen Seite in ein ungünstiges Licht rücken. Ein solcher Ansatz, der dem Ausgleich zuliebe bei jedem Schritt auf beiden Seiten Schuldige sucht, ist ungeeignet, Pogrome zu ergründen.[26]

Es gibt eine grosse Anzahl armenischer und exilarmenischer Arbeiten zur armenischen Frage, ganz abgesehen von den zahlreichen autobiographischen Schriften und Erinnerungsbänden. Mein Mangel an Armenischkenntnissen schränkte deren

---

21 Zum Beispiel Schäfer 1932 (DOM); Terzorio 1917–1920 (Kapuziner) oder *Le Cinquantenaire de la Mission d'Arménie* 1932 (JMA).

22 So Meyer 1974 (Schweizer Armenienhilfe) oder Feigel 1989 (deutsche Armenienhilfe); der erstere verwendet deutsch- und französischsprachige, teilweise unveröffentlichte Quellen und Literatur, der letztere beschränkt sich ganz auf deutschsprachige Veröffentlichungen.

23 Relativ eingehend noch Richter 1930 (S. 65–129); pauschaler Latourette 1944 (Bd. VI: S. 46–55); einige Randbemerkungen bloss in der konzentrierten Synthese des Kapitels XI „Christen und Sultane – Der Kampf um die heiligen Stätten" von Gründer 1992 (S. 339–367). Ohne Hinweis selbst auf die jesuitische Armenienmission: Mulders 1960.

24 So Lewis 1988 (englische Erstausgabe: 1961), Mantran 1989; auch nicht Zürcher 1993. Auffallend unpräzis Braude und Lewis (1982, S. 28) mit ihrer Bemerkung zum europäischen Protestantismus, der erstens erst spät (Anfang 19. Jahrhundert) in den osmanischen Raum eindrang und zweitens bald vom amerikanischen Protestantismus, den die Autoren nicht erwähnen, weit überflügelt wurde.

25 Bezeichnend z. B. folgende Fehlsicht (S. 170): „[...] the Turkish ethnic group, by then the overwhelmingly majority people of eastern Anatolia." Von der Lokalkenntnis seiner missionarischen Landsleute ist bei diesem Autor wenig übriggeblieben. Wenn er auch nicht an die „Bergtürken" geglaubt hat, folgt er doch der kemalistischen Popaganda, die Osttürkei sei ethnisch vorwiegend türkisch, wo sie doch seit der spätosmanischen Zeit eine kurdische Mehrheit aufwies. Moravian (1994) gab – wie Grabill auf einer ausschliesslich englischsprachigen Quellenbasis – vertiefte Einblicke ins missionarisch-diplomatische Wechselspiel von 1915–1927, lässt allerdings einen klaren methodischen Ansatz, Übersichtlichkeit und neue interpretative Ergebnisse vermissen. Kurdische und alevitische Frage bezog Moravian nicht mit ein.

26 Seiner berechtigten Ethnozentrismus- und Parteilichkeitskritik fehlt die Kenntnis der missionarischen Welt und der regionalen Mikrokosmen, seiner Nuancierung des Abdulhamid-Bildes der Einblick in die osmanischen Archive. Differenzierung sollte wohl mit Präzisierung, nicht mit Aufweichung oder gar relativierender Beliebigkeit einhergehen. Salts Bild von Staat und Machtgruppierungen erscheint mir teilweise blauäugig (dasselbe bei Lewis 1988 [1961]). Beim Beleg für die Behauptung, die Mächte hätten in den Ostprovinzen eine Art Apartheidregime zugunsten der Armenier einführen wollen, ist die Referenz schlicht falsch (Salt 1992, S. 31, Anm. 30).

Betrachtung wesentlich ein. Am wertvollsten waren für mich diejenigen historischen Beiträge, die dank reicher Abstützung auf die mir unzugänglichen armenischen Quellen einen differenzierten Blick auf die armenische Gesellschaft und ihre Bewegungen im 19. und 20. Jahrhundert warfen. Ich denke insbesondere an die Arbeiten von Anahide Ter Minassian. In den in westlichen Sprachen zugänglichen Werken der armenischen Historiographie vermischt sich oft Erinnerung mit Anklage, daher liegt ihre Stärke selten in distanzierter Kritik und Abwägung. Das Augenmerk liegt auf den Armeniern und nimmt oft nicht Rücksicht auf die ethnische Einbettung in den Ostprovinzen.[27] Die Arbeiten von Vahakn Dadrian sind meisterhafte Standardwerke über die osmanisch-armenische Geschichte der letzten osmanischen Jahrzehnte und eine Fundgrube für Informationen und Anregungen. Dadrian legt indes seinen ganzen historiographischen Duktus auf die Erklärung eines staatlich geplanten und zu verantwortenden Genozids an, was der nüancierten Interpretation lokaler Kräftespiele oder etwa auch der Frage deutscher Mithelferschaft nicht immer zuträglich ist.[28] Was die russischsprachige Produktion betrifft, konnte ich mich nur mit übersetzten Werken befassen. Tatsächlich wäre die russischsprachige Literatur und vor allem die Quellen, die sie heranzieht, eine sehr eingehende Untersuchung wert.[29]

Die relativ wenigen türkischen Arbeiten, die sich historisch mit den Missionen im eigenen Lande beschäftigen, blenden das kritischste letzte Jahrzehnt weitgehend aus, indem sie sich auf die Zeit vor 1914 oder nach 1923 beschränken.[30] Mission in

---

27 Koutcharian 1989 beispielsweise bietet eine sorgfältige „politisch-geographische Analyse" mit viel wertvollem Material, aber unbefriedigender, unkritischer demographischer Statistik (Karte 3, nach S. 317). Koutcharian tendiert wie einige armenische Arbeiten dazu, den Lesern den falschen Eindruck von hauptsächlich armenisch besiedelten Ostprovinzen zu vermitteln; sei das über undiskutiertes Zahlenmaterial oder einfach dadurch, dass von den anderen – vor allem den Kurden – kaum gesprochen wird.

28 Dadrian 1995 und 1997.

29 Bei sowjetischen Autoren erstaunt die eindimensional imperialistische Interpretation von Mission nicht; sie führt bisweilen zu grotesken Fehlern, wenn beispielsweise die amerikanischen Van-Missionare des 19. Jahrhunderts als Helfershelfer eines amerikanischen Kolonialismus herhalten müssen: Halfin 1992 (1976), S. 104. Eingehender, wiewohl auch nach leninistischen Prämissen, setzte sich Celilê Celil mit Mission in Kurdistan auseinander (Celil 1992, bes. S. 135–145).

30 „Die Christianisierungsaktivitäten in der Türkei sind ein bis anhin sehr wenig an die Hand genommener Forschungsgegenstand", schrieb Kırşehiroğlu 1963, S. 13. Das reaktionäre Vorwort (S. 3–12) des Verlagsbesitzers, der die osmanische Grossmachtvergangenheit und die behauptete verstandesmässige Überlegenheit des Islams idealisiert, sowie die Tatsache, dass sie einem Vortrag vor dem Istanbuler Nationalistenverein entstammt, zeigen recht klar den Standort dieser lesenswerten, da *historiographisch* aufschlussreichen Schrift. Der Hinweis, 1905 habe es in Anatolien erst zwei französische Missionare gegeben, ist eine der gröberen Fehlinformationen dieses Buches (S. 26). Stark türkisch-national abwehrend ebenfalls Sevinç 1975. Intensiven Einbezug amerikanischer und türkischer Quellen trifft man in neuesten Arbeiten türkischer Historikerinnen und Historiker (Deringil; Bozkurt; Akgün; Kocabaşoğlu) an. Solche Publikationen der letzten Jahre deuten eine vermehrte Beschäftigung mit dem Missionsphänomen an, die auch vergleichsweise differenzierter Wertung Raum gibt. Ausser bei Bozkurt vermisst man aber auch da noch eine vielschichtige Sicht der Mission, die sich von antiimperialistischen Stereotypen löst, von etwas mehr als oberflächlicher Kritik am osmanisch-türkischen Staat ganz zu schweigen. Sehr selbstsicher gibt sich Polat Haydaroğlu 1990; ihre vom Kulturministerium publizierte Arbeit gibt Selbstzweifeln kaum Raum, weder in bezug auf den magistralen Gestus ihrer Untersuchung noch auf die politische Geschichte der Türkei. Polat Haydaroğlu streicht wiederholt die politisch „schädliche",

den Ostprovinzen scheint aus nachvollziehbaren Gründen bis heute ein heikles, weit-gehend verdrängtes Thema zu sein. Trotz der differenzierteren Betrachtungsweise jüngerer türkischer Historikerinnen und Historiker seit den 1980er Jahren sind heute noch alte Klischees am Werk, wovon das wichtigste lautet: Der zersetzende auslän-dische Einfluss verdarb das gerechte osmanische System.[31] Die ironischen Distan-zierungsversuche in der neuesten Arbeit über Abdulhamid mit starkem Missions-bezug überzeugen wohl darum nicht ganz, weil der Autor zu offensichtlich dem hamidischen Souverän „zuzwinkert" und wesentlichen, wirklich kritischen Fragen aus dem Wege geht.[32] Einem innovativen türkischen Ansatz bin ich in Form einer Diplomarbeit von Ödül Bozkurt von der Boğaziçi-Universität aus dem Jahre 1995 be-gegnet: Sie distanziert sich klar von der bisherigen historiographischen Produktion und untersucht die Interaktion verschiedener Faktoren im Umfeld von Mission – allerdings in Izmir in der frührepublikanischen Ära.[33]

Der gewaltige apologetische Aufwand, den der türkische Staat und staatsnahe Institutionen seit den 1980er Jahren im Zusammenhang mit der Debatte um die armenische Frage betreiben, hat zu einigen Quelleneditionen geführt, die bei aller fragwürdigen Selektion sehr nützlich sind.[34] Von einer intellektuellen Konfrontation mit dem Thema, seiner Verarbeitung oder gar Trauerarbeit kann bei diesen Editio-nen, wie deren Vorworte oder Einleitungen beweisen, kaum die Rede sein, zu sehr sind sie auf die Verteidigung der überlieferten osmanisch-türkischen Position fixiert, die sie – bemerkenswerterweise – als die ihrige übernehmen. Sie machen unhaltbare Behauptungen über die Ziele der westlichen Diplomatie, pflegen eine völlig undifferenzierte Sichtweise der Missionen und klammern den ganzen kurdischen Aspekt der Frage aus.[35] Bilâl Şimşirs Verdienst ist immerhin neben der quellen-editorischen Fleissarbeit, dass er das immense muslimische Leid im Balkan thematisiert hat.[36] Leider dienen diese Hinweise immer nur der Minimisierung des

---

Minderheitenbewusstsein und Regierungskritik fördernde Ausrichtung der Missionsschulen her-aus und macht diese Institute für die bis heute andauernden nahöstlichen Minderheitenprobleme (mit)verantwortlich, räumt aber auch deren effiziente Förderung moderner Erziehung ein (bes. S. 199–225).

31 So schreibt z. B. Ali Karaca anfangs der 1990er Jahre in seinem Buch über Ahmet Şakir Pascha: „Abdulhamid II. sah ganz klar, wie die europäischen Missionare [gemeint waren die amerika-nischen] Feindschaft brachten ins Verhältnis von Armeniern und Kurden, die doch jahrhunderte-lang in Frieden und Ruhe zusammengelebt hatten. […] Sie gaben den christlichen Untertanen schäd-liche und subversive Inspirationen." Karaca 1993, S. 75. Identisch Tozlu 1991 (z. B. S. 122).

32 Deringil 1998, vgl. S. 134. Im übrigen eine reichhaltige Arbeit, von deren Archivbezügen ich pro-fitiert habe.

33 Die Autorin kommt zum Schluss, dass die Missionsschulen mit der Schaffung kompatibler inter-kultureller Zonen (compatible cultural zones) zwar einen potentiellen Markt für amerikanische Produkte begründet und den Boden für politische Einflussnahme bereitet hätten, aber immer einem universalistisch definierten Begriff des menschlichen Wohlergehens und dem Glauben an die Selbstverwirklichung des Individuums verpflichtet gewesen seien. Bozkurt 1995, bes. S. 180–197.

34 So Şimşir 1982, 1983, 1889 und 1993, Nazım Pascha 1994 (1897), *Armenians in Ottoman Docu-ments* ... 1995 und die ganze OBE-Reihe (siehe im Quellenverzeichnis).

35 So spricht Şimşir von einer eklatanten turcomuslimischen Mehrheit in den Ostprovinzen und suggeriert, dass Grossbritannien in den 1880er Jahren ein unabhängiges Armenien angestrebt habe (Şimşir 1983, S. XXI–XXIII).

36 Insbesondere Şimşir 1968 und 1970. Der amerikanische Professor Justin McCarthy geht in die gleiche Richtung, wobei er die Ostprovinzen in die Betrachtung einschliesst (1998 [1995]). Die

Leides anderer, anstatt dass gemeinsame Dimensionen wahrgenommen werden.[37] Kâmuran Gürün vom staatlichen Türkischen Institut für Geschichte *(Türk Tarih Kurumu)* beschrieb exemplarisch für die nationale Historiographie die Pogrome von 1895 als Kämpfe[38] zwischen Armeniern und Muslimen, deren stupender Ausgang das folgerichtige Schicksal einer aufrührerischen Gemeinschaft darstelle, die im Macht- und Überlebenskampf unterlegen sei. Ohne sie eingehend zu beschreiben, stellte Gürün die Missionen differenzierter dar als manche seiner Epigonen.[39] Historiker wie Şimşir nahmen den fraglos eingeschränkten Blickwinkel der Missionare als Argument für die Desavouierung missionarischer Zeugnisse, anstatt die Herausforderung durch die ebenso fraglos sehr dichte missionarische Wahrnehmung anzunehmen, sich auf sie einzulassen und sie in ein grösseres Ganzes zu stellen. Es macht betreten, dass ein hochgelehrter Professor wie Mim Kemâl Öke, der an der Boğaziçi-Universität in Istanbul[40] einen relativ grossen Bewegungsspielraum geniesst, seine Studie zur armenischen Frage während und nach dem Ersten Weltkrieg ganz in den Dienst der alten jungtürkischen Behauptung stellt, die „Umsiedlung" der Armenier sei eine kriegsbedingte Notwendigkeit und ihre Durchführung von humanitärer Sorge getragen gewesen – als hätte er, entgegen der langen Quellenliste, die er am Ende seines Werkes aufführt, einzig und allein die damaligen Verlautbarungen des Innenministeriums gelesen.[41]

Geschichtsschreibung im Schatten eines Völkermordes[42]

Das Studium der armenischen Frage erhielt seit den 1960er Jahren wieder Auftrieb. Zur Aktualisierung des Themas trug die 1973 in Los Angeles begonnene, bis 1985 andauernde Serie von Anschlägen armenischer Extremisten gegen Vertreter des türkischen Staates massgeblich bei. Die internationale Öffentlichkeit und der türkische Staat mussten 50 Jahre nach dem Vertrag von Lausanne zur Kenntnis nehmen, dass die armenische Frage damals zwar beseitigt, aber keineswegs gelöst worden war. Die zu Zielscheiben gewordenen türkischen Diplomaten standen hilflos

Tatsache, dass er den Bericht von Niles und Sutherland über die Ostprovinzen aus dem Jahre 1919 in den amerikanischen Archiven nur bruchstückhaft gefunden hat, streicht er als damaligen alliierten Versuch heraus, das muslimische Leid zu verbergen (S. 266 f.). McCarthy hätte den vollständigen Bericht bei den amerikanischen Missionaren finden können. Auch er erklärt die Ereignisse des Jahres 1915 sozialdarwinistisch zum Daseinskampf feindlicher Kollektive (S. 207–220).

37 So auch bei Karakaca 1993, S. 44.

38 Tatsächlich beschrieb Gürün nur die vorgängigen „armenischen Provokationen", die punktuell als Kampfhandlungen formulierbar sind. Die Darstellung der eigentlichen Ereignisse, der Massaker, blieb er bezeichnenderweise schuldig (Gürün 1983, S. 165–201).

39 Er unterlegt ihnen aber just an einer Schlüsselstelle seiner Argumentation, die von „osmanischer Toleranz" und „abendländischer Blindheit" handelte, ein falsches Zitat (Gürün 1983. S. 45). Die von Gürün zitierte, tatsächlich klischeehafte Passage aus Bliss 1896, S. V f. (nicht 1 f. wie Gürün angab), stammte nicht vom in der Türkei aufgewachsenen Missionarssohn E. M. Bliss – der in seinem ganzen Buch keinen ähnlich undifferenzierten Ton verlauten liess –, sondern, wie klar bezeichnet, aus der Vorrede von Frances E. Willard an das amerikanische Publikum.

40 Am *Atatürk İlkeleri ve İnkılâp Tarihi Enstitüsü* (1991).

41 Öke 1988, S. 5.

42 Vgl. die entsprechenden Erwägungen in Kieser 1999, S. 10–21.

einem Phänomen gegenüber, deren Hintergründe zu erhellen der unitarische Geschichtsdiskurs ihres Staates nicht geeignet war.[43] Aber auch die internationale Öffentlichkeit hatte weitgehend vergessen, dass ein Vierteljahrhundert vor der Vernichtung der Juden in Europa ein vergleichbarer Völkermord in der damals osmanischen Türkei stattgefunden hatte. In den 1970er und 1980er Jahren erschien eine Vielzahl von Publikationen, die einen allgemeinen Überblick über die armenische Geschichte und Tragödie aus der Perspektive der Opfer zu geben suchten.[44] Im schroffen Gegensatz dazu setzte der türkische Staat grosse finanzielle Mittel ein, um Arbeiten und Quellenpublikationen zu fördern, welche die staatliche Sicht formulieren und den Völkermord rundherum negieren sollten.[45] Überaus bemerkenswert war bei diesem Vorgehen, dass die türkische Republik der 1980er Jahre sich sowohl die Argumentation ihres jungtürkischen Vorgängerregimes während des Ersten Weltkriegs als auch diejenige des Sultans Abdulhamid in den 1890er Jahren unverändert zu eigen machte. Die westliche turkologische Fachwelt hielt sich konfliktscheu aus der Frage heraus. Von einer gemeinsamen Debatte konnte angesichts dieser Sachlage auch nicht ansatzweise die Rede sein. Die direkte Einflussnahme der türkischen Diplomatie auf den westlichen Wissenschaftsbetrieb ist offenkundig und belegt.[46]

In den 1990er Jahren zeichnen sich neben Kontinuitäten auch wesentliche Änderungen in der wissenschaftlichen Situation ab, die mit mehreren Faktoren zu tun haben. Mit der offiziellen Ideologie bestens vertraute, aus der Türkei stammende Historiker haben in substantiellen wissenschaftlichen Beiträgen das Tabu ihres Heimatstaates gebrochen, namentlich Taner Akçam, Fikret Adanır, Engin Deniz Akarlı und Hamit Bozarslan.[47] Die in den letzten Jahren stark gewachsene kurdologische Forschungstätigkeit hat zur historischen Aufarbeitung „heikler Themen" der armenisch-kurdisch-türkischen Geschichte beigetragen. Es gibt Anzeichen dafür, dass in Zukunft die Ereignisse des Jahres 1915 auch in der internationalen Türkeihistoriographie als Genozid bewertet werden. Die bisherige opportunistische Verdrängung operierte formal mit wissenschaftlichen Argumenten und wünschte sich namentlich eine klarere Beweislage auf Grund staatlich-osmanischer Quellen – ein frommer Wunsch, wenn man bedenkt, dass der betroffene Staat, ganz anders etwa als Deutschland, immer die Kontrolle über seine Archive innehatte. Das Gewicht der „Indizienbeweise", die erfolgte Teilöffnung der osmanischen Archive, die verfeinerten mikrohistorischen Darstellungen sowie die genaue Kenntnis der Entwicklung der jungtürkischen Bewegung schaffen ein Netz von Evidenzen, dem sich redliche Wissenschaft weniger als je zuvor wird entziehen können.

In den 1990er Jahren sind in der Forschung Neuansätze festzustellen, denen sich auch der Autor verpflichtet sieht. Eine kompromisslose Kritik interessenpolitischer Standpunkte wird als elementares geschichtswissenschaftliches Ethos vorausgesetzt, pauschale Diffamierung religiöser oder ethnischer Kollektive ebenso prinzipiell

---

43 Vgl. Kodaman 1987, S. 7.
44 Etwa Chaliand und Ternon 1980, Walker 1980.
45 Vgl. die entsprechenden Publikationen des Generaldirektoriums der Staatsarchive und mehrere Englischübersetzungen apologetischer Werke wie desjenigen von Esat Uras 1988 (türkische Erstausgabe 1951).
46 Vgl. etwa Smith et al. 1998.
47 Vgl. Akçam 1996; Adanır 1996; Bozarslan 1997; Akarlı 1998.

ausgeschlossen. Gemeinsam mit der armenischen Geschichtsschreibung haben die Neuansätze die uneingeschränkte Berücksichtigung der Opferperspektive. Sie werten entsprechende Quellen sorgfältig aus, namentlich missionarische und diplomatische Augenzeugenberichte von Angehörigen neutraler Staaten. Sie verknüpfen sie mit Quellen sowohl alliierter als auch deutscher und osmanischer Provenienz, die Staatsperspektiven darlegen. Dabei haben diejenigen Deutschlands als des Bündnispartners der Türkei ein besonderes Gewicht. Eine solch breite Quellenbasis ist erst seit wenigen Jahren zugänglich beziehungsweise erschlossen. Sie bildet die Grundlage zu aussagekräftigen mikrohistorischen Rekonstruktionen, welche Fragen nach lokalen Handlungsträgern, Folgen der Kriegsmassnahmen, zentralstaatlichen Eingriffen, Verantwortlichkeiten, Widerständen sowie interethnischen Spannungen auf lokalhistorischem Hintergrund nachgehen.[48] Anders als der Grossteil der armenischen oder US-armenischen Geschichtsschreibung, deren Verdienste im übrigen ausser Diskussion stehen, nehmen diese Ansätze langfristig intentionalistische und deterministische Konzepte nicht als unumstösslich an, vermeiden die Tendenz zur Dämonisierung feindlicher Gruppen und zur Mythologisierung des eigenen Erlebens. Kurzum: Sie distanzieren sich von den klassischen Bestandteilen nationaler Geschichtsschreibung. Sie differenzieren Pauschalthesen wie diejenige der deutschen Mitschuld. Sie sehen sich nicht exklusiv oder primär der armenischen Gemeinschaft und ihrem berechtigten Anliegen nach einem würdigen Gedenken der Opfer verpflichtet, sondern der Erörterung und Etablierung historischer Wahrheiten, losgelöst von der Wahrnehmung und Verteidigung von Gruppeninteressen.

Wer die Geschichte der türkischen Historiographie in republikanischer Zeit kennt, weiss, wie schwer ein Paradigmawechsel im Hinblick auf den Völkermord von 1915 anmutet. Nicht zufällig – aber ohne zwingende Notwendigkeit – identifiziert sich die Republik mit dem jungtürkischen Vorgängerstaat, da es ideologisch, administrativ und personell zwischen beiden eine weitreichende Kontinuität gab. Ein ehemaliger Mitverantwortlicher aus dem jungtürkischen Staatsapparat zur Zeit des Kriegsregimes, Esat Uras, hat 1951 das Werk herausgegeben, das bis heute den Diskurs über die armenische Frage prägt.[49] Er fungierte zur Zeit der Herausgabe seines Buches als Mitglied der staatlichen Kontrollinstanz für Geschichte *(Türk Tarih Kurumu)*. Ebenfalls zum *Türk Tarih Kurumu* gehörte damals Hasan Reşid Tankut, der den Ausbruch des Weltkriegs als Glücksfall pries, der es der Regierung erlaubt habe, sich ein für allemal der international vereinbarten „armenischen Reformen" zu entledigen.[50] Ein weiteres Hindernis bei der Aufarbeitung liegt im rassisch überhöhten Türkentum eines pseudowissenschaftlichen Geschichtsbildes, welches die bisher nie widerrufenen „türkischen Geschichtsthesen" in den 1930er Jahren mit vorwiegend prähisto-

---

48 Hilmar Kaisers Darstellung des Bagdadbahn-Mikrokosmos 1915/16 auf dichter Archiv-Basis, die hauptsächlich Dokumente des betroffenen Unternehmens bzw. der Deutschen Bank und deutsche diplomatische Quellen und Telegramme des osmanischen Innenministeriums umfasst, ist ein Beispiel für eine solche Rekonstruktion mit hoher Aussagekraft über die jungtürkische Vernichtungspolitik und die zu differenzierende deutsche Mitverantwortung (Kaiser 1998).

49 Uras war 1915 ein hoher Beamter im zentralen, für die Planung der armenischen Deportationen zuständigen Polizeidirektorium (EUM) gewesen, wo er auch Propagandaaufgaben in der Völkermordfrage übernommen hatte (den Hinweis verdanke ich Hilmar Kaiser). Er sammelte auch im Auftrag des CUP Informationen über die Armenier (vgl. Kap. 3.6.4). Vgl. Dadrian 1993, S. 175.

50 Tankut 1994 (1961), S. 219.

rischen Argumenten begründeten. Die Schriften des Genfer Universitätsprofessors und Anthropologen Eugène Pittard bildeten übrigens einen geeigneten und beliebten Fundus, aus welchem kemalistische Ideologen eine wissenschaftlich klingende Rassentheorie exzerpierten.[51] Besonders schwerwiegend ist das verklärte Idealbild türkischer Staatlichkeit, Macht und Gewaltausübung in der Geschichte, das von vornherein Kritik, selbst wenn sie konstruktiv gemeint ist, in die gefährliche Grauzone zum Landesverrat stellt. Auch die seit den 1970er Jahren den offiziellen Diskurs zunehmend prägende türkisch-islamische Synthese, welche die klarer fassbare islamische Periode der türkischen Geschichte ins Zentrum der Identitätskonstruktion rückt, hat nichts am Sachverhalt der Staatsverherrlichung geändert, waren doch die Ultranationalisten die ersten, die sich diese Synthese auf die Fahne geschrieben hatten.[52] Eines der grössten Hindernisse für eine Aufarbeitung und zugleich eine ihrer grössten Chancen stellt die sowohl historisch-analytisch als auch mental begründete Nähe der armenischen und der kurdischen Frage dar. Eine redliche Aufarbeitung der Vernichtung der Armenier in der Gründungsära des heutigen türkischen Staates hätte unausweichliche Konsequenzen für den Umgang mit der kurdischen Sache. Rassistischen Verunglimpfungen, wie sie bisher auch höchste Instanzen in der pejorativen Verwendung der Bezeichnung „armenisch" und ihrer Übertragung auf kurdische „Terroristen" betrieben haben, würde der Boden entzogen.[53] Allerdings ist im Hinblick auf eine solche Neuorientierung Skepsis angebracht. Zu Recht bemerkte Fikret Adanır, dass die „zynische Betrachtungsweise, welche die meisten türkischen Beiträge zur Geschichte des armenisch-türkischen Verhältnisses kennzeichnet, hinsichtlich einer künftigen Umorientierung weiterhin pessimistisch stimmt".[54]

Gliederung, Lektürehinweise, Lücken

Die drei Teile der vorliegenden Arbeit folgen der Chronologie und einer diplomatiegeschichtlichen Periodisierung: Tanzimat – Abdulhamid – Junge Türkei.[55] Innerhalb der Teile stehen die thematischen Aspekte von Mission, Ethnie und Staat im Vordergrund, nach welchen sich die Kapitel richten. Zu jedem Hauptkapitel gehört

---

51 Vgl. Copeaux 1997, S. 52–54.
52 Vgl. Copeaux 1997, S. 77–81.
53 Ende März 1997 z. B. wandte die damalige Innenministerin Meral Akşener in einer öffentlichen Ansprache den Begriff „Ermeni dölü" („armenischer Spross") auf den PKK-Chef Abdullah Öcalan an – eine in breiten türkisch-nationalistischen Kreisen durchaus übliche Rhetorik. Vgl. *Agos,* Istanbul, 4. 4. 1997, S. 1, 7; 25. 5. 1997, S. 8; *Yeni Yüzyıl,* Istanbul, 6. 4. 1997, S. 6.
54 Adanır 1996, S. 249.
55 Erik-Jan Zürcher hat überzeugend die politische, ideologische und ökonomische Kontinuität der *Jungen Türkei* weit über die Ausrufung der Republik hinaus dargelegt (Zürcher 1984 und 1993). Auch die vorliegende Untersuchung gliedert ausdrücklich den türkischen Unabhängigkeitskrieg, die Staatsgründung und die zentralstaatliche, militärisch-administrative Unterwerfung ganz Kurdistans in die *Junge Türkei* ein. Die jungtürkische Kontinuität stimmt auch im Hinblick auf die Missionen: Die unionistischen Restriktionen und Zwangsmassnahmen im Namen des souveränen Staates mündeten in die vollständigen kemalistischen Ausweisungen der Missionare aus den Ostprovinzen. Für die Kurden ganz ähnlich: Die Massnahmen zur Schaffung eines homogenen Nationalstaates richteten sich, nach den Armeniern, nun frontal gegen sie, nachdem das religiöse Band des Dschihad, das im Unabhängigkeitskrieg fortbestand, gefallen war.

eine eingehende Betrachtung der Schauplätze. An diese schliesst, noch vor dem „Fotoalbum", die teilspezifische Bilanz an. Sie ist eine interpretierende Rückschau,
während der „Vorspann" je zu Beginn der Teile und der Kapitel eine orientierende
Kapitelvorschau anbietet. Der Anhang bietet eine Auswahl von Dokumenten und
Zahlenmaterial, namentlich auch der jesuitischen Armenienmission, über welche es
bisher keine Veröffentlichungen gibt. Die Bibliographie verzichtet auf eine Einteilung der Bücher und Artikel in verschiedene Kategorien zugunsten einer einzigen
alphabetischen Liste, um das Auffinden der Titel zu erleichtern, die in den Referenzen jeweils bloss mit Autorennamen und Erscheinungsdatum figurieren. Bei Werken ohne namentlichen Herausgeber wird der gekürzte Titel vor die Jahreszahl
gesetzt. Das Glossar ist als einfache Lesehilfe gedacht. Es bietet keine detaillierten Ausführungen.

Die vorliegende Arbeit lädt neben einer linearen „Totallektüre" zu „Teillektüren"
auf klar gesonderten Ebenen ein. Die Schauplätze bieten sich als Längsschnitt-
Lektüre an. Die kommentierten „Fotoalben", deren Folgen jeweils zum Schluss der
drei Teile plaziert sind, bieten einen visuellen Gang durch Teile der Thematik an.

Je tiefer man sich in ein Thema einarbeitet, desto grössere Lücken tun sich auf.
Die vorliegende Arbeit ist Stückwerk; sie soll zu weiterführenden Studien einladen.
Der missionarische Quellenfundus ist riesig, meine Auswahl von drei Schauplätzen
klein und nicht ohne Willkür. Eine Vielzahl von Aspekten liesse sich vertiefen: die
Entwicklung der Lehrpläne und -inhalte der Missionsschulen, die Bedeutung der
industriellen Zweige der Mission, die Mikrokosmen in und um Spitäler, Schulen,
Waisenhäuser; andere Schauplätze, namentlich Sivas, Erzurum, Diyarbakır oder
Mardin. Eine genaue Untersuchung der Rolle der Edinburger Weltmissionskonferenz
für die Türkeimissionen und der Rolle der Türkeimissionare in der beginnenden
ökumenischen Bewegung könnte effiziente internationale Netzwerke noch sicht-
barer machen. Die bemerkenswerte, zwischen 1910 und 1914 und nochmals nach
Kriegsende von amerikanischen Missionaren herausgegebene, aus den privaten *Bosporus News* hervorgegangene Wochenzeitschrift *The Orient,* deren zivilgesellschaft-
liches osmanistisches Anliegen mit Händen zu greifen ist, wurde bisher noch kaum
zur Kenntnis genommen.[56] Anders als geplant hat mir der Rahmen der vorliegenden
Arbeit nur eine sehr beschränkte Auswertung der Archive der katholischen Armenienmissionen erlaubt, namentlich was die Kapuziner betrifft. Hier bleibt ein dankbares
Feld für zeitgemässe historische Aufarbeitung. Auch wenn Joseph Grabill Wesentliches zur Rolle des Protestantismus in der amerikanischen Nahostdiplomatie aus-
gesagt hat, bleibt manches zu präzisieren; nicht zuletzt wären die diplomatische
Rolle der Missionare an den Pariser Konferenzen und deren gescheiterte Repatri-
ierungspläne für kurdische und armenische Flüchtlinge in die Ostprovinzen eine
vertiefte Studie wert. Die vorliegende Arbeit nimmt immer wieder Bezug auf die
Kızılbaş (Aleviten) aus der Überzeugung heraus, dass die Analyse der Interaktionen
mit dieser Gruppe Bedeutsames über Gesellschaft und Religion im spätosmanischen
Anatolien aussagt. Gerade in diesem Bereich ist die Forschungslücke offensichtlich
und steht eine aufwendige systematische Durchforstung der osmanischen Archive
wie auch weiterer Quellen noch aus.

---

56 Ahmad (1982, S. 413, 417) hat sie immerhin als Quelle verwendet.

Teil 1:

„Befriedung" und Missionierung in der Tanzimat-Ära, 1839–1876

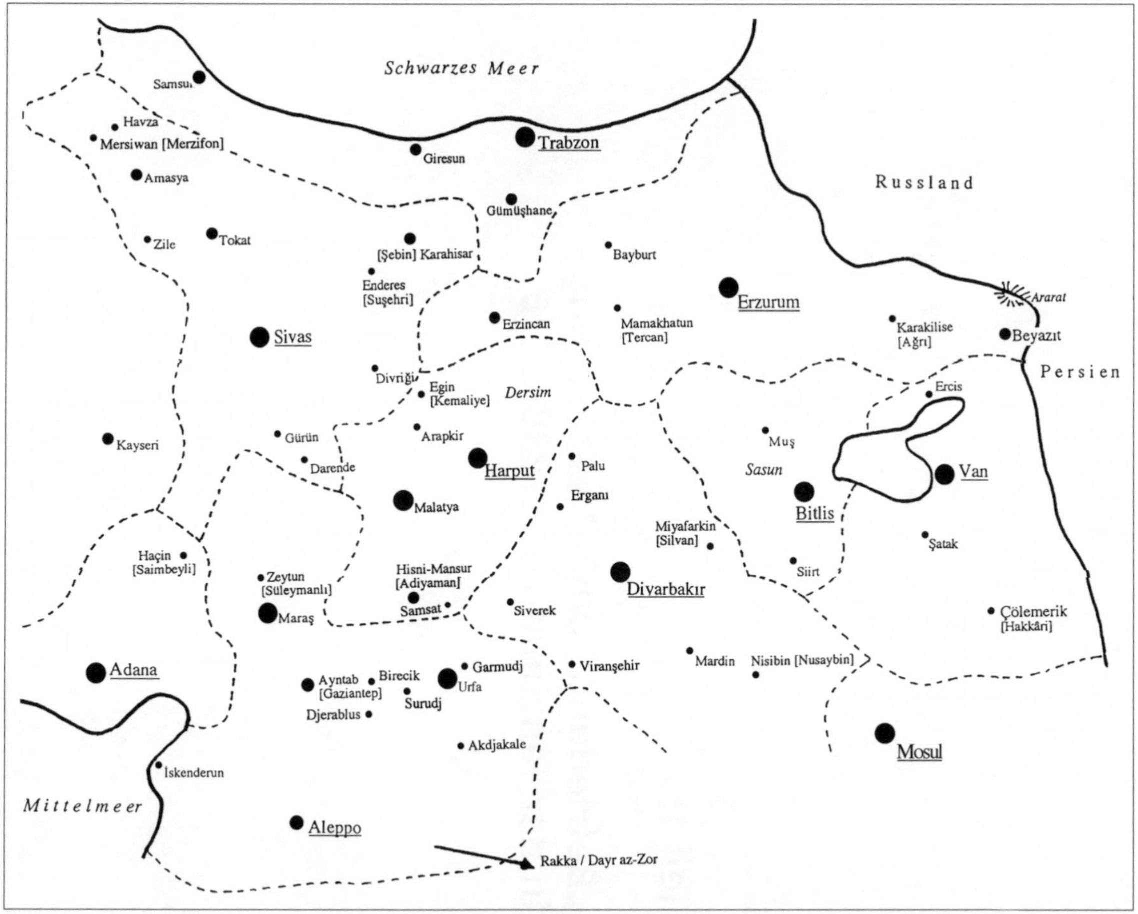

Persien

Russland

Ararat
Beyazit
Karakilise [Ağrı]
Erciş
Van
Çölemerik [Hakkâri]
Şatak
Mosul
Bitlis
Siirt
Muş
Sasun
Nisibin [Nusaybin]
Mardin
Erzurum
Miyafarkin [Silvan]
Mamakhatun [Tercan]
Bayburt
Diyarbakir
Schwarzes Meer
Trabzon
Palu
Ergani
Dersim
Siverek
Viranşehir
Rakka / Dayr az-Zor
Gümüşhane
Giresun
Erzincan
Harput
Hısn-Mansur [Adıyaman]
Akdjakale
[Şebin] Karahisar
Egin [Kemaliye]
Arapkir
Garmudj
Urfa
Enderes [Suşehri]
Divriği
Malatya
Samsat
Birecik
Surudj
Ayntab [Gaziantep]
Aleppo
Djerablus
Gürün
Darende
Zeytun [Süleymanli]
Maraş
Samsun
Havza
Mersiwan [Merzifon]
Amasya
Zile
Tokat
Sivas
Haçin [Saimbeyli]
İskenderun
Kayseri
Adana
Mittelmeer

Karte 1: Ostprovinzen (Ende 19. Jahrhundert) mit der Provinzeinteilung, wie sie in der zweiten Hälfte der Tanzimat vorgenommen wurde. Die Ostprovinzen wiesen insgesamt einen überwiegenden kurdisch-armenischen Bevölkerungsanteil auf. Zu dem Gebrauch der geographischen Begriffe „Kurdistan" und „Armenien" siehe Karte 2, S. 62. Die Provinzhauptstädte sind unterstrichen.

Der Wettlauf um die Durchdringung der kurdisch-armenischen Gebiete im Osten des Osmanischen Reichs begann in den 1830er Jahren, rund 20 Jahre nach Beginn der protestantischen Missiontätigkeit im osmanischen Raum, die sich anfänglich auf das „Heilige Land" Palästina konzentriert hatte. Es kam einerseits zu einer Konkurrenz der verschiedenen Missionen, andererseits zu einer noch vagen Konfrontation der Missionsgesellschaften mit dem osmanischen Staat. Dieser war in den 1830er und 1840er Jahren darum bemüht, Kurdistan zu „befrieden", das heisst seiner direkten militärischen und administrativen Herrschaft zu unterstellen und eine Provinzverwaltung nach französischem Muster einzuführen. Der Staat betrieb im zweiten Drittel des 19. Jahrhunderts eine Modernisierung in Heer und Verwaltung, die sich vergleichen lässt mit staatlichen Reformen im Europa des aufgeklärten Absolutismus. Die osmanischen Reformmassnahmen wurden *Tanzimat-ı Hayriye*, „heilsame Neuordnung" genannt; diese Reformära dauerte von der Verkündung des Reformdiktes *Hatt-ı Şerif* 1839 bis zur Proklamation der ersten osmanischen Verfassung 1876. Die Missionen waren zur Zeit der Tanzimat die Pioniere des ausländischen Einflusses im Nordosten des Osmanischen Reichs; sie führten der dortigen Bevölkerung vor Augen, dass „Modernisierung" nicht nur eine verbale, militärische oder administrative Angelegenheit, sondern auch eine zwar fremdartig anmutende, aber in mancher Hinsicht attraktive Veränderung der Lebensweise bedeutete. Erst nach dem Berliner Kongress 1878 liessen sich ausländische Vertreter politischer und ökonomischer Interessen in grösserer Zahl in den Ostprovinzen nieder.

1.1 Überblick: Das osmanische Kurdistan und Armenien im 19. Jahrhundert

„Kurdistan" und „Armenien" bezeichneten im 19. Jahrhundert keine administrativen Einheiten des Osmanischen Reichs, dennoch tauchen die beiden Begriffe in osmanischen und westlichen Dokumenten als vage geographische Etiketten auf. Kurdistan bezeichnete ungefähr das Gebiet zwischen Arapkir, Mosul und Van, Armenien hiess die nördlich daran anschliessende Region zwischen Erzincan, Kars und Van.

Beide Bezeichnungen sagen nur bedingt etwas aus über die tatsächliche Ausdehnung der kurdischen und armenischen Siedlungsräume. Es gab auch ausserhalb der genannten Gebiete eine wichtige armenische und kurdische Präsenz, so in Urfa oder der Provinz Sivas. Trotz der terminologischen Trennung ist es sinnvoll, von einem „kurdisch-armenischen Siedlungsgebiet" zu sprechen, das keine eindeutige territoriale Trennlinie kannte.

Die Kurden – in der Regel sunnitische Muslime – und die Armenier – in der Regel armenisch-apostolische (gregorianische) Christen – stellten die grosse Mehrheit der Bevölkerung in den umrissenen multiethnischen Territorien dar. Im Südzipfel Kurdistans (Mardin–Hakkari–Mosul) gab es nur wenige Armenier. Die dortigen christlichen Süryani (vom ABCFM *mountain Nestorians* genannt) teilten jenes

Gebiet mit den Kurden. Insgesamt bildeten die Kurden die am stärksten vertretene Bevölkerungsgruppe im Raum der Ostprovinzen.

Schon vor dem 16. Jahrhundert, als Sultan Selim I. mehrere kurdische Lokalherren als Vasallen dauerhaft ins Osmanische Reich integrierte, stellten die Kurden die herrschende Schicht jener Region dar. Während die Kurdenfürsten, die Emire genannt wurden, ihre festen Herrschaftszentren besassen, lebte ein Grossteil der Kurden als nomadische oder halbnomadische Viehzüchter und war in Stämmen organisiert. Auch die erwähnten Süryani kannten eine solche Lebensweise, nicht aber die Armenier. Diese verdienten ihren Lebensunterhalt entweder als Ackerbauern in Dörfern – wie eine kurdische Minderheit – oder als Handwerker und Händler in Städten.

Das osmanische Kurdistan und Armenien waren also über Jahrhunderte von einer christlich-muslimischen Kohabitation geprägt, zu der eine relativ klare ökonomische und politische Rollenteilung gehörte. Die Region bot aber auch Juden oder heterodoxen Gruppen wie den Yeziden Zuflucht. An einigen wenigen abgelegenen Orten genossen die Nichtmuslime zwar eine wehrhafte Autonomie – so die Armenier im Sasun –, aber in der Regel waren sie *raya*,[1] abgabepflichtige „Schutzbefohlene" und Kleinproduzenten, deren Ertrag die kurdischen „Schutzherren" miternährte. Dieser hierarchische Modus vivendi funktionierte einigermassen friedlich, solange der osmanische Staat die kurdischen Autonomien nicht zerstörte und selbst Steuern erhob.

Im russisch-persischen Krieg 1826–1828 geriet das bisher persische Ostarmenien unter russische Hoheit. In den Jahrhunderten zuvor, vor allem im 16. Jahrhundert, war das kurdisch-armenische Siedlungsgebiet Schauplatz verheerender militärischer Auseinandersetzungen zwischen dem Osmanischen Reich und Persien gewesen. Im russisch-osmanischen Krieg 1828/29 besetzte die russische Armee vorübergehend den ganzen Nordostzipfel des Osmanischen Reichs bis und mit Erzurum. Fortan stand die kurdisch-armenische Region im Zeichen der russisch-osmanischen Auseinandersetzungen. Die russische Invasion in ein mehrheitlich muslimisch bewohntes Gebiet des Osmanischen Reichs war nicht nur von militärischer, sondern auch von grosser symbolischer Bedeutung. In weiten Teilen des Reichs glaubten die Muslime immer noch an den osmanischen Allmachtsmythos des 16. Jahrhunderts, der besagte, dass alle europäischen Könige ihre Krone vom Sultan empfingen.[2] „Russisch-Armenien" erlebte einen raschen wirtschaftlichen und kulturellen Aufschwung. Viele Armenier aus dem osmanischen Nordostzipfel emigrierten dorthin, namentlich kurz vor und während des russischen Rückzugs 1830. Seit der zweiten Hälfte des 19. Jahrhunderts waren die osmanischen Armenier zunehmend dem kulturellen, philanthropischen wie auch ideologischen Einfluss aus Russisch-Armenien ausgesetzt.

---

1 „Raya" bedeutet Mitglied der „beschützten" – und auch ausgebeuteten – sondersteuerpflichtigen „Herde". Im 19. Jahrhundert beschränkte sich der früher auch auf muslimische steuerpflichtige Produzenten bezogene Begriff *raya,* der die ganze abgabepflichtige, nicht im militärischen oder administrativen Dienst stehende Bevölkerung umfasste, weitgehend auf die Personengruppe, die bisher *zimmi* (nichtmuslimischer „Schutzbefohlener") hiess. Immerhin blieb der Begriff auch noch für die kurdischen *raya* in Gebrauch; vgl. Rouben 1990 (1922–1953), S. 66; Matuz 1985, S. 107, 233, 337; Braude und Lewis 1982, S. 15.

2 Vgl. Dwight und Smith 1833, Bd. 1, S. 107.

Das demographische Verhältnis in „Türkisch-Armenien" veränderte sich im Laufe des 19. Jahrhunderts zugunsten der Kurden und zuungunsten der Armenier. Daran waren neben der Emigration auch eine osmanische Politik der Sunnitisierung in dieser krisenhaften Grenzregion sowie zahlreiche antiarmenische Massaker schuld.

Da Grossbritannien eine weitere russische Expansion fürchtete, unterstützte es seit der Aggression Napoleons gegen das osmanische Ägypten aktiv die Erhaltung des Osmanischen Reichs. Es befürwortete osmanische Reformen, die diesem Zweck zu dienen versprachen. Von osmanischer Seite wurde der Reformdruck im Laufe des 19. Jahrhunderts zunehmend als westliche Einmischung aufgefasst; am ausgeprägtesten war dies in bezug auf den kurdisch-armenischen Osten der Fall. Die osmanische Diplomatie wusste aber sehr wohl, dass das Reich ohne die westliche Unterstützung einen Grossteil der Ostprovinzen längst an Russland verloren hätte. Russisch-osmanische Kämpfe brachten nochmals 1877/78 und im Ersten Weltkrieg schwere Verheerungen über das kurdisch-armenische Siedlungsgebiet.

Die Pforte begann Ende der 1820er Jahre mit Gewalt ihre Zentralisierungsmassnahmen in Kurdistan umzusetzen. Den inneren Krieg im Kurdistan der 1830er und 1840er Jahre, der die Beseitigung der kurdischen Autonomien bezweckte, kann man auch als „Binnenkolonisation" oder als „zweite Eroberung Kurdistans" (nach der ersten im 15./16. Jahrhundert) bezeichnen.[3] Er hatte schwerwiegende Auswirkungen auf das Verhältnis der Kurden zum osmanischen Staat, auf die dörfliche Ökonomie und auf die traditionell hierarchisch geregelte interreligiöse Kohabitation. Helmut von Moltke verfolgte als preussischer Militärberater das osmanische Vorgehen in Kurdistan aus nächster Nähe. Sein Urteil im Brief aus Harput vom 20. Juli 1838 liess an Deutlichkeit nicht zu wünschen übrig: „Diese Eroberung hat Tausenden, nicht bloss von Bewaffneten, sondern auch von Wehrlosen, von Weibern und Kindern das Leben gekostet, hat Tausende von Ortschaften zerstört und den Fleiss vieler Jahre nutzlos gemacht. Es ist betrübend, zu denken, dass sie [die Eroberung] wahrscheinlich auch diesmal wie so oft früher nur vorübergehend sein wird, wenn eine bessere Verwaltung den Kurden nicht ihre Unabhängigkeit ersetzt."[4]

Es gelang dem Staat bloss in grösseren Provinzstädten, eine wenn nicht „bessere", so doch wenigstens funktionierende Verwaltung im Sinne der Tanzimat einzurichten, welche der wirtschaftlichen und kulturellen Entwicklung zugute kamen. Auf dem Lande geschah dies nicht. Das Ausbleiben einer besseren Verwaltung bedeutete nicht nur, dass eine Integration der Kurden in eine neue moderne Ordnung misslang, es hatte auch zur Folge, dass das traditionelle muslimisch-christliche Machtgefälle, das hätte abgelöst werden sollen, zu einem prekären Spannungsverhältnis wurde: Muslimische Lokalherren nutzten das Machtvakuum aus, das nach der Zerschlagung der kurdischen Emirate und dem Versagen des Staates entstanden war. Mancherorts wurden die *raya* Opfer einer Doppelbesteuerung. Sie mussten – legal – den staatlichen Steuerbeamten und – illegal – den Lokalherren Abgaben entrichten. Soziale und ethnisch-religiöse Spannungen nahmen daher zu.

Nicht nur der Zweck des Binnenkriegs, sondern vor allem die Art und Weise, wie er geführt wurde, entfremdete Kurdistan nachhaltig vom osmanischen Staat. Unter-

---

3 Vgl. Bozarslan 1997, S. 156.
4 Moltke 1893 (1841), S. 302.

kunft und Verpflegung der Armee lasteten voll und ganz auf den Bewohnern des Landes. Während des Winters 1838/39 erlebte Moltke, wie alle Bewohner der Stadt Malatya ihre Häuser verlassen und in Dörfern Unterschlupf suchen mussten, damit Truppen in der Stadt Logis fanden.

Nicht nur wegen des Kriegszweckes, sondern auch wegen der Zwangsrekrutierungen waren die Kurden die Hauptbetroffenen des Binnenkriegs, denn nur Muslime hatten Militärdienst zu leisten. In den Augen Moltkes war „die Rekrutenaushebung ein förmlicher Raubzug gegen die Ortschaften [Kurdistans]; es giebt Dörfer, welche völlig von jungen arbeitsfähigen Mannschaften entblösst sind, und man muss dieser Menschenjagde beigewohnt, die Ersatzmannschaft mit geknebelten Händen und zornvollem Blick haben ankommen sehen, um zu begreifen, wie die Regierung beim besten Willen sich die Gemüther dieses Volks gänzlich entfremdet."[5]

Seit Ende der 1820er Jahre befand sich das kurdisch-armenische Siedlungsgebiet somit in einem tiefgreifenden Wandlungsprozess, den der osmanische Staat ausgelöst hatte und der das Verhältnis zwischen den Ethnien einerseits und den Ethnien und dem Staat andererseits langfristig prägte. Der Staat erhoffte sich durch Zentralisierungsmassnahmen nach französischem Muster eine Stärkung seiner gefährdeten Macht. Sein Binnenkrieg im Kurdistan der 1830er Jahre lastete um so schwerer auf der Region, als er verbunden war mit einem Krieg gegen Ägypten, das seine Macht bis nach Nordsyrien ausgedehnt hatte. Sowohl gegen Ägypten als auch gegen Russland konnte das Osmanische Reich nur dank der Intervention der westlichen Mächte bestehen, nicht aber aus eigener Kraft.

Einige Jahre vor Helmuth von Moltke durchreisten und erforschten H. G. O. Dwight und Eli Smith 1830/31 im Auftrage des *American Board of Commissioners for Foreign Missions* (ABCFM) Kurdistan und Armenien. Ihr 1833 publizierter, fast 700seitiger, sorgfältig recherchierter Bericht bildete die Informationsgrundlage für die missionarische Durchdringung der kurdisch-armenischen Region. Der Bericht nahm eine entscheidende strategische Ausrichtung des ABCFM für jene Region vor. Neben ethnographischen und religiösen Aspekten beschäftigte er sich insbesondere mit der Stellung und Erziehung der Frauen. Das ABCFM war schon in den 1820er Jahren zur Überzeugung gelangt, dass trotz der geographischen Abgelegenheit „in Armenien selber vielversprechende Felder für Missionstätigkeit gefunden werden könnten".[6] Dwight und Smith waren, wie sie herausstrichen, die ersten Amerikaner, die armenischen Boden betraten. Bezeichnenderweise nahmen sie den Begriff Armenien als Pars pro toto für die ganze kurdisch-armenische Region. Ihr Bericht zog die Aufmerksamkeit des amerikanischen „religiösen Publikums", an welches er sich ausdrücklich richtete, auf „Armenien". Dieser vage geographische Begriff wurde zu einem Gefäss für hochgespannte missionarische und vor allem in der zweiten Jahrhunderthälfte bei den Armeniern selbst für politische Erwartungen. Die weithin steckengebliebenen oder gescheiterten osmanischen Reformen verstanden es in keiner Weise, diese Erwartungen zu erfüllen.

---

5 Moltke 1893 (1841), S. 369.
6 Dwight und Smith 1833, Bd. 1, S. 1.

Dem ABCFM schwebte auf dem Hintergrund einer christlich-eschatologischen Geschichtsvorstellung ein Revival der orientalischen Kirchen vor, das den Weg zu einer gesamtheitlichen Erneuerung der nahöstlichen, heilsgeschichtsträchtigen „Bibellande" bereiten sollte. Dem Sultan schwebte die Integration Kurdistans und Armeniens in einem zentralisierten Staat vor, der die Wiederherstellung der islamisch-osmanischen Grossmacht garantieren sollte. Die Ethnien ihrerseits reagierten verschiedenartig auf die Veränderungen der 1830er Jahre. Die Kurden wünschten sich die Wiederherstellung ihrer Autonomien. Erst spät, nämlich beim Aufstand von Ubeydullah 1879/80, liessen sie erstmals nationalistische Begleittöne vernehmen, die eine mögliche Emanzipation vom Sultan andeuteten. Durch die Anstösse aus Russisch-Armenien und von Armeniern in Europa, aber auch dank der in den Missionsschulen verbreiteten liberalen Werte fand die Übernahme nationalistischen Gedankengutes bei den Armeniern wesentlich früher statt. Tendenziell erhofften sich die Nichtmuslime inklusive heterodoxer Gruppen von den Tanzimat eine Besserstellung im Vergleich zur traditionellen Ordnung. Die sunnitischen Kurden hingegen sahen die Tanzimat als unheilvolle Zerstörung der traditionellen religiösen Ordnung, in welcher sie die unangefochtene Herrenrolle innegehabt hatten.

1.2 Der missionarische Wettlauf um die „Bibellande" zwischen Smyrna, Ararat und Zion

Bei ihrem Eindringen in den osmanischen Raum zu Beginn des 19. Jahrhunderts waren die Missionare ein Splittergrüppchen ohne soziales oder politisches Gewicht. Mit um so grösserem Glauben hielten sie angesichts der historischen Schwäche des islamischen Reichs die eschatologische Stunde der letztmöglichen Evangelisierung für gekommen. Ein effizientes soziales und diplomatisches Netz zur Erreichung ihrer Ziele besassen sie noch nicht.

Erst mit den Tanzimat, welche die Missionare von den Prinzipien her befürworteten, wurden Regelungen geschaffen, die den Missionen die Grundlage gaben, etwas vom osmanischen Staat einzufordern beziehungsweise über diplomatische Kanäle darum zu ersuchen. Diese virtuos zu handhaben begannen sie erst im Umfeld des Berliner Kongresses. Zur Tanzimatzeit bekamen sie oder einheimische Protestanten in Fragen der Religionsfreiheit von osmanischen Reformbeamten nicht selten recht gegenüber konservativen Ansprüchen der Gemeinschaften.[7] Viele Konflikte hatten mit dem Prinzip der Religionsfreiheit zu tun, das, obgleich erlassen, in den Provinzen nur teilweise durchgesetzt wurde.

---

7 So vom Vali von Erzurum gegenüber Armeniern der Stadt Erzurum, als diese einen 16jährigen Burschen mit Gewalt vom Protestantismus abhalten wollten (MH 1849, S. 98 f.).

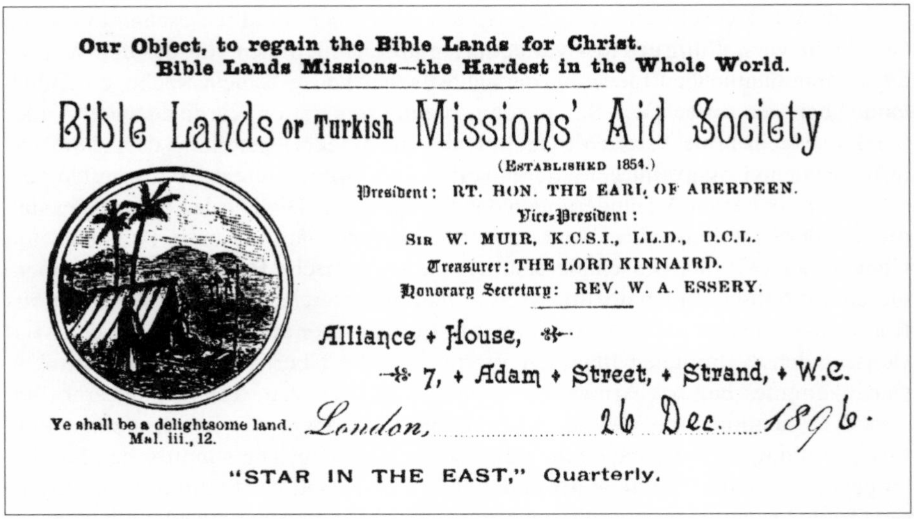
Our Object, to regain the Bible Lands for Christ.
Bible Lands Missions—the Hardest in the Whole World.

Bible Lands or Turkish Missions' Aid Society

(Established 1854.)

President: Rt. Hon. The Earl of Aberdeen.

Vice-President: Sir W. Muir, K.C.S.I., LL.D., D.C.L.

Treasurer: The Lord Kinnaird.

Honorary Secretary: Rev. W. A. Essery.

Alliance House, 7, Adam Street, Strand, W.C.

Ye shall be a delightsome land. Mal. iii., 12.

London, 26 Dec. 1896.

"STAR IN THE EAST," Quarterly.

Abb. 1: Briefkopf der 1854 gegründeten protestantischen *Bible Lands* oder *Turkish Missions' Aid Society* mit Sitz in London. Auch wenn sie geistlich gemeint war, klang ihre Zielsetzung äusserst offensiv („regain the Bible Lands for Christ"). Der Sprachgebrauch entsprach demjenigen der amerikanischen Türkeimissionare. Der vorliegende Briefkopf stammt von 1896.

1.2.1 Das „Missions-Jahrhundert" und die symbolische Herausforderung des „darül'islam"

Sendung und Sendungsbewusstsein gehören zu jedem grundlegenden gesellschaftlichen Aufbruch, vor allem wenn er sich christlich formuliert. So gab es auch in der Reformationszeit den Willen und verschiedene Ansätze zu Missionen. Doch die protestantische Welt hatte im 16. und 17. Jahrhundert genug mit ihrem eigenen Überleben in Europa zu tun; jedenfalls entwickelte sie keine der katholischen Gegenreform ebenbürtige Missionsbewegung. Erst Ende des 17. und im 18. Jahrhundert, zeitgleich mit Aufklärung, Pietismus und Erweckungsbewegungen, erwuchsen in England (Anglikaner, Baptisten, Schotten), Deutschland (Zinzendorf), der Schweiz (Basel) und Nordamerika nachhaltige protestantische Missionsunternehmungen. Diese stützten sich zumindest in ihren Anfängen fast immer auf eine von Staat und Staatskirche unabhängige Laienbewegung und waren als Gesellschaften gleichsam unternehmerisch organisiert. Vom Beginn des 19. Jahrhunderts – dem „Missionsjahrhundert" – an kann man von einer eigentlichen protestantischen Internationale, einer sich auf der ganzen Welt verästelnden, zwischen Kooperation und Konkurrenz schwankenden vielgestaltigen protestantischen Missionsbewegung sprechen.[8]

8 Vgl. Jenkins 1999.

Auch die katholische Kirche kannte im 19. Jahrhundert einen bedeutenden missionarischen Aufbruch mit Dutzenden von Missions- und Ordensgründungen, wobei die „schönen", erfolgreichen Missionen in Afrika, Ozeanien und China auch in der missionsinternen Wahrnehmung auffällig mit den steinigen, dornenreichen in der Levante kontrastierten, wo Opfer und Selbstverleugnung angesagt waren.[9] Während sich die päpstliche Kirche schon im 16. Jahrhundert mit dem osmanischen Sultan-Kalifen über Art und Ausmass katholischer Präsenz geeinigt hatte – Fürsorge für die orientalischen, vor allem die unierten Kirchen, auf jeden Fall keine Bekehrungsversuche von Muslimen –, wollten vor allem die jungen protestantischen Missionen im Kontext des frühen 19. Jahrhunderts eine solche Domestizierung durch den Staat nicht annehmen.[10] Sie planten ihre Mission des Nahen Ostens als eine, die allen religiösen und ethnischen Gruppen gelten sollte. Dabei lockte die missionarische Herausforderung, welche der scheinbar monolithische Islam zu stellen schien.

Die russisch-orthodoxe Kirche ihrerseits suchte bei den orientalischen Kirchen Fuss zu fassen. Ihre Missionsbemühungen waren vor allem im nordöstlichen und nordwestlichen Grenzgebiet des Osmanischen Reichs von Bedeutung, erreichten sonst aber nicht die Dimension der protestantischen und katholischen Bewegungen. Die 1813 gegründete Russische Bibelgesellschaft verteilte Tausende von Bibeln und anderen religiösen Büchern in Griechisch, Bulgarisch, Serbisch und Armenisch; 1822 gab sie ein neu übersetztes türkischsprachiges Neues Testament in armenischer Schrift heraus.

Die *Church Missionary Society* (CMS) begann 1815 ihre Mittelmeer-Mission mit Hauptquartier in Malta. Sie verfolgte die Strategie, die orientalischen Kirchen zu beleben („spiritual revival"), damit diese mit neuer Ausstrahlungskraft die islamische Welt zum Christentum führten. Die *British and Foreign Bible Society* brachte Schriften in Neugriechisch, Armenisch, Osmanisch (in griechischer und armenischer Schrift) und „Judenspanisch" (in hebräischer Schrift) heraus, das ABCFM 1829 ein Neues Testament in „Armeno-Türkisch" (Türkisch mit armenischen Buchstaben).[11]

Gegenüber der Dynamik der enthusiastischen protestantischen Mission erscheinen die katholischen – dominikanischen, kapuzinischen, jesuitischen – Missionsinitiativen etwas flügellahm, trotz hochmotivierter und begabter Einzelgestalten. Anders als die nahöstlichen Missionen zur Zeit der katholischen Reform (17. bis 18. Jahrhundert),[12] die keine protestantische Konkurrenz vor Ort kannten, waren sie im wesentlichen – vor allem seit Papst Leo XIII. (1878) – eine von päpstlicher und französischer Diplomatie orchestrierte Reaktion auf das protestantische Aufblühen in der Levante. Während wichtige Segmente der jungen US-amerikanischen Zivil-

---

9 Vgl. Piolet 1901, S. 16–19; Babot 1996, S. 2 f.

10 Vgl. Massignon 1915, S. 134; Heyberger 1994, S. 230 f., 554 f.

11 ABC MS Hist. 31: 4, S. 3 f., 10. Dieses 89seitige Daktyloskript trägt den Titel *History of the work of the American Board of Commissioners for Foreign Missions in the Near East and more especially in Turkey, 1819 till 1934* und stammt vermutlich von Charles T. Riggs, also von einem Glied der seit Beginn in der amerikanischen Türkeimission vertretenen Riggs-Familie. Es wurde ca. 1935 verfasst.

12 Vgl. zu dieser Thematik: Heyberger 1994.

gesellschaft den quasi ausschliesslichen Nährboden für die frische, hochmotivierte *Foreign Mission* bildeten, war die Abstützung der katholischen Mission durch die zivile Gesellschaft in ihrer säkularen Ausprägung in Europa dürftig. Ein Pendant zu dieser heimatlichen Basis bildete die Rezeption im Nahen Osten: Die Protestanten galten als modern, fortschrittlich und in mancher Beziehung säkular, dem Katholizismus haftete hingegen etwas Klerikales und Rückwärtsgewandtes an, was ihn in seiner Bewegungsfreiheit bis in die Provinzen hinein bei jenen zahlreichen Kreisen behinderte, die gesellschaftliche Veränderungen anstrebten.[13]

Von seiten der Ümmet wurde Mission als eine Herausforderung aufgefasst, welche die gültige, staatstragende Religion und damit das Fundament von Macht und Ordnung betraf. Theoretisch galt seit den Tanzimat, vor allem seit dem *Hatt-ı Hümayun* von 1856, das Prinzip der Glaubens- und Gewissensfreiheit. Dieser im Vorfeld des Pariser Kongresses 1856 verkündete Sultanserlass übernahm wichtige Ideen der Französischen Revolution: „Toute distinction ou appellation tendant à rendre une classe quelconque des sujets de mon Empire inférieure à une autre classe, à raison du culte, de la langue ou de la race, sera à jamais effacée du protocole administratif [...]. Tous les sujets de mon Empire, sans distinction de nationalité, sont admissibles aux emplois publics et aptes à les occuper, selon leurs capacités et leurs mérites [...]. Tous les sujets de mon Empire [...] seront indistinctement reçus dans les écoles civiles et militaires du gouvernement s'ils remplissent les conditions d'âge et d'examen [...]. Toutes les affaires commerciales, correctionnelles et criminelles entre des musulmans et des sujets chrétiens ou autres nonmusulmans [...] seront déférées à des tribunaux mixtes [...]. L'égalité des sujets entraînant l'égalité des charges [...] les sujets chrétiens ou des autres rites nonmusulmans devront [...] aussi bien que les musulmans, satisfaire aux obligations de la loi de recrutement [...]. Les impôts sont exigibles au même titre de tous les sujets de mon Empire, sans distinction de classe ni de culte [...]. Les chefs et un délégué de chaque communauté [millet] seront appelés à prendre part aux délibérations du Conseil Suprême de Justice dans toutes les circonstances qui intéresseraient la généralité de mon Empire."[14]

Die Zentralregierung und „aufgeklärte" Beamte in den Provinzen hielten sich ansatzweise an die Bestimmungen des *Hatt-ı Hümayun,* das in der Türkei auch *Islahat fermanı,* Reformerlass, genannt wurde. Aber weite Kreise gerade in den Ostprovinzen – und nicht allein muslimische – fanden sich keinesfalls damit ab. Dies wurde immer dann deutlich, wenn ein Muslim Christ oder ein Orthodoxer Protestant werden wollte. „Wir sind die Regierung!" habe anfangs der 1870er Jahre der sunnitische Pöbel in der Stadt Marasch geschrien, als die Regierung korrekterweise nichts gegen eine Konversion von Muslimen unternahm.[15] Im Widerspruch zu den von der Zentralregierung verfochtenen Grundsätzen des *Hatt-ı Hümayun* drangsalierten zahlreiche Marascher Muslime Mustafa und seinen Sohn

---

13 Zur Interpretation des amerikanischen Protestantismus im Nahen Osten als „evangelical modernity" vgl. Makdisi 1997.
14 Zit. nach Mantran 1990, S. 146 f.
15 Brief aus Marasch vom 11. 7. 1874, ABC 16.9.5, vol. 3 (reel 643: 112). Die beiden Konvertiten blieben Christen, und ihre Angehörigen wurden es auch. Die Kinder besuchten daraufhin die Missionsschule.

Ali, weil sich diese – vermutlich vom Alevismus – zum Christentum bekehrt hatten. Diese Verletzung der Integrität der Ümmet, zu welcher nach aussen hin auch die Aleviten gezählt wurden, konnte in den Augen der Marascher Rädelsführer nur auf den Einfluss des Geldes, unmöglich aber auf Überzeugungsgründe zurückgeführt werden.

Der Staat sorgte mit Zensurmassnahmen dafür, dass Mohammed in den Lehrbüchern der Missionsschulen nicht als falscher Prophet dargestellt wurde. Die damals im Westen verwendeten Geschichtsbücher und Kirchengeschichten waren daher nicht zu gebrauchen.[16]

1.2.2 Die amerikanische Missionsbewegung und ihre Hintergründe

Der nordamerikanisch-protestantische Beitrag zur Missionsbewegung des 19. Jahrhunderts war wichtig, in Kleinasien war er überragend. Er entstand im Zusammenhang mit der zweiten Erweckungsbewegung im jungen amerikanischen Bundesstaat.[17] Während sich dessen politisch tonangebende Mehrheit nach den Jahren der Gründung national abkapselte, liess sich eine beträchtliche Minderheit von einem universalen Sendungsbewusstsein erfassen, das christliche und aufklärerische Zielsetzungen unlöslich verknüpfte und sich einen klaren eschatologischen Horizont setzte. Jonathan Edwards' Schüler Samuel Hopkins war der geistige Vater dieser Bewegung.[18]

Die 1810 gegründete erste amerikanische Missionsgesellschaft für das Ausland, das *American Board of Commissioners for Foreign Missions* (ABCFM) entschied 1818, eine Mission im östlichen Mittelmeerbereich zu errichten, mit folgender Begründung: „In Palestine, Syria, the Provinces of Asia Minor, Armenia, Georgia, and Persia, though Mohammedan countries, there are many thousands of Jews, and many thousands of Christians, at least in name. But the whole mingled population is in a state of deplorable ignorance and degradation, – destitute of the means of Divine knowledge, and bewildered with vain imaginations and strong delusions […]. It is to be hoped that no small part of those who bear the name of Christ, would willingly and gladly receive the Bible into their houses, and do something towards imparting the heavenly treasure, as opportunity should be offered, to the Jews, Mohammedans and Pagans."[19]

Mission sollte die Wildnis beziehungsweise das verwilderte Eden wieder zum paradiesischen Erblühen bringen – ein Mythos amerikanischen Pioniertums. Unwissen, Verfall und Aberglaube kennzeichneten gemäss der Einschätzung der ABCFM-Väter die ganze osmanische Gesellschaft. Wie die CMS glaubten auch sie, die

---

16 T. C. Trowbridge, Anteb, im Brief vom 3. 10. 1877 über zugelassene Bücher am *Central Turkey College:* „The Pasha of Aleppo took exception to Willards Uni[versal] History because Mohammed is not treated as a true Prophet." ABC bh MiscCorr 1854–1878.

17 *Second Awakening,* 1770–1820, nach dem *Great Wakening* der ersten Jahrhunderthälfte unter Jonathan Edwards.

18 Siehe Chaney 1976, Hutchison 1987 und RGG, 3. Aufl., unter „Mission".

19 ABCFM-Jahresbericht für 1819, zit. nach ABC MS Hist. 31: 4, S. 5.

durch die Bibel neu aktivierten einheimischen Christen als Schlüssel für die Mission der Juden, Muslime und „Heiden" gebrauchen zu können. Dass dieses Konzept scheiterte, stellten spätestens die nach den Umbrüchen des Ersten Weltkriegs zurückblickenden Missionare fest: Weder Juden, Muslime noch „Heiden" – solche gab es nominal fast keine im betreffenden Raum – wurden in nennenswerter Zahl erreicht.[20]

Die Missionare waren in der Sicht der ABCFM-Väter Mitarbeiter Gottes, die aktiv den Samen des göttlichen Reichs bei Individuen, Kirchen und Völkern verbreiteten. Zukunftsgläubig nahmen sie mittels selbstloser Wohltätigkeit *(disinterested benevolence)* weltweit – auch im eigenen Lande – den Kampf gegen „das Böse" auf: gegen Krieg, Sklaverei und Unterdrückung, gegen Profitgier, Alkoholismus und Goldrausch. „Still the period is advancing; it is hastening; in which Christians will be most honourably united in the present world. The morning [...] will actually arise on this dark world, when all distinctions of party and sect, of name and nation, of civilization and savageness, of climate and colour, will finally vanish."[21]

Welches Geschichtsbild brachten die Missionen ein? Eingeschränkt auf die amerikanischen Protestanten lautet die Antwort klar: ein eschatologisches, präziser gesagt ein weithin „postmillenaristisches". Sie sahen Geschichte als Verwirklichung von Prophetie,[22] verstanden sich selbst als die aktiven Mitarbeiter dieser Verwirklichung und teilten den Völkern innerhalb der mehrtausendjährigen Geschichtstafel Plätze und Rollen zu. Sie verstanden sich als die Wegbereiter des Reichs Gottes, dessen Same erst in Individuen und Kirchen aufgehen und dann weltweit, als logische Folge und ohne mirakulöses Dazutun von oben in ein Millennium (Gottesreich auf Erden) münden sollte. Die Welt sollte zu Christus gebracht werden, nicht passiv, wie die konservativen Prämillenaristen meinten,[23] auf seine Parusie warten – dies war die postmillenaristische Überzeugung. Mit diesem Glauben an geschichtlichen Fortschritt und die verantwortliche Effizienz menschlichen Tuns gingen die liberalen Postmillenaristen, die das ABCFM prägten, selbst den Marxisten voraus. Auch mit dem Postulat, die Frau in Beruf und Bildung gleichzustellen, waren sie Kinder der Aufklärung.

Die Lage des Osmanischen Reichs, das im ersten Drittel des 19. Jahrhunderts durch den Druck Russlands und Rebellionen im Innern an den Rand der Auflösung geriet, beeinflusste die eschatologische Sicht des ABCFM: Es erwartete den Kollaps des historischen Islams. (Erst 1908 sprach sich die Missionsgesellschaft ganz eindeutig für den Erhalt und Neuaufbau des Reichs aus und sah sich zur Mithilfe für

20 In der Zwischenkriegszeit, d. h. nach dem Umbruch von 1914–1923, ist eine bemerkenswerte, unveröffentlichte historiographische Aufarbeitung von missionarischer Seite festzustellen, so die ABCFM-Skripte mit der Signatur MS Hist. 31 und den Autoren John E. Merrill, Charles T. Riggs und Henry H. Riggs.

21 Timothy Dwight, *A Sermon, Delivered in Boston, September 16, 1813, Before the American Board of Commissioners for Foreign Missions at Their Fourth Annual Meeting,* Boston: Samuel T. Armstrong, 1813; zit. nach Chaney 1976, S. 283 f.

22 Samuel Miller 1802, zit. nach Chaney 1976, S. 269.

23 „[...] the Millennial Kingdom of Christ on the Earth [...] was to be brought about, not, in the opinion of most spokesmen, by a literal return of Christ, but by the successful labors of the Church in missionary endeavor", schrieb Chaney (1976, S. 272). Vgl. Hutchison 1987, S. 111–113. Vgl. „Messianismus" in RGG, 3. Aufl.

die ganze „osmanische Nation" aufgerufen.) Das protestantische eschatologische
Geschichtsbild enthielt grundlegendes Veränderungspotential für den osmanischen
Raum. Von der postmillenaristischen Selbstsicht aus hatten die Missionen in vier
Bereichen das geschichtliche Geschehen mitzubestimmen: 1. Die weltweite Verbreitung des – mit aufklärerischen Postulaten bestückten – Evangeliums, 2. die Rückkehr
der Juden nach Palästina und deren Umkehr *(restoration of the Jews),* 3. die Entmachtung des Papstes und 4. die Entmachtung des Islams. Der erste Punkt entsprang
dem Missionsaufruf des Neuen Testamentes. Er war globaler Natur. Der zweite
Punkt lag den frühen protestantischen Missionaren des 19. Jahrhunderts besonders
am Herzen. Allerdings liessen sich die Betroffenen nicht in der Form einer Judenmission dreinreden, wie das ABCFM nach gescheiterten Bemühungen feststellen
musste. „Destroy […] the Ottoman Empire, and nothing but a miracle would prevent
their [the Jews] immediate return from the four winds of heaven", prophezeite Levi
Parson 1819 in Boston.[24] Der dritte der oben aufgeführten Punkte schien durch die
Französische Revolution bereits teilweise verwirklicht. Dem vierten Punkt, der Bekehrung von Muslimen, dem im osmanischen Raum eigentlich Vorrang gebührte,
durfte man sich nur indirekt widmen. Das Schlagwort der gesamtgesellschaftlichen
„Durchsäuerung" mit puritanischen, demokratischen Werten ersetzte zu Beginn des
20. Jahrhunderts weitgehend dasjenige der individuellen Bekehrung.

Als konkrete Aufgabe am „geschichtlichen Zukunftswerk" blieb, wie bereits
dargelegt, vor allem die Arbeit unten den christlichen Minderheiten übrig. Das
missionarische Geschichtsbild räumte den christlichen und nichtchristlichen Minderheiten einen neuen Platz ein: Die Millets und heterodoxe Gruppen wie die Aleviten sollten nach ihrer Erweckung zu Zellen christlicher „Durchsäuerung" des Nahen
Ostens werden, und alle Minderheiten galten als von Unterdrückung zu befreiende,
gleichberechtigte Einheiten der zukünftigen Ordnung. Diese eschatologische Sicht
der Minderheiten bedeutete die symbolische Umwertung der bestehenden Verhältnisse. Sie verlieh dem bisher Untergeordneten zwar keine direkte Macht, aber das
Prestige, Avantgarde zu sein, und dank der Erziehung neue Handlungsspielräume.
Sie rechtfertigte alle linguistischen, schulischen und publizistischen Anstrengungen
für die Millets. Um die Jahrhundertwende vermischte sich diese theologische Sichtweise auch bei einigen Missionaren mit der rassisch geprägten Vorstellung, die agile,
lerneifrige und erfolgreiche armenisch-indoeuropäische Rasse hätte eine zivilisatorische Mission in der „orientalischen Finsternis" zu erfüllen.

Die Missionare vermittelten ein Bild der Vergangenheit, das die vorislamische
Periode sowie die krypto- oder quasichristlichen Elemente in Kleinasien aufwertete und die Rolle der orientalischen Christen würdigte. Diese Rolle wurde von
der Kirchengeschichte her interpretiert. So glichen die Nestorianer den mittel-
alterlichen Waldensern in den Alpen und hatten gleich diesen in ihrer Bergfestung
den wahren Glauben relativ rein bewahrt.[25] Nicht nur in den frühen Missionars-
generationen prägte der biblische oder kirchengeschichtliche Blick die Wahrnehmung bis in alltägliche Begegnungen hinein. Noch 1911 veröffentlichte zum Bei-

---

24 Parsons 1819, S. 12, zit. nach Chaney 1976, S. 276. Zum protestantischen Beitrag zum Zionismus
vgl. Carmel 1997.
25 Wheeler 1868, S. 27.

spiel der Harput-Missionar Henry Riggs einen Artikel, in welchem eine Bildlegende die kurdische Gastfreundschaft in die Tradition Abrahams stellte.[26]

Die historiographische Abwertung der Muslime war bei aller gebotenen Zurückhaltung offensichtlich: Der Islam galt wie früher schon bei den Theologen des Mittelalters und der frühen Neuzeit als von Gott zugelassene Geissel der korrupten Christenheit. Ansätze zu einer echten theologischen Aufwertung der Ümmet und einer positiven Sicht des Propheten finden wir nur bei einzelnen Missionaren.[27] Die meisten lehnten die „letztgültige koranische Offenbarung" rundum ab und stellten Mohammed zwar als eine bedeutende historische Figur dar, wenn nicht offen als falschen Propheten, so jedenfalls als fragwürdige religiöse Referenz.

1.2.3 Die Missionare, ihr Gehabe und ihre Symbole

Gerade die wortorientierten protestantischen Missionare waren sich kaum der prägnant, ja penetrant wahrnehmbaren Zeichen bewusst, mit denen sie auf Menschen, Gemeinschaften und Gesellschaft in den „Bibellanden" wirkten. Das physische Bibelbuch war eines der Hauptsymbole, auch wenn der Kult, in dessen Mittelpunkt es stand, geistig gemeint war. Einer vorwiegend aus Analphabetinnen und Analphabeten bestehenden Gesellschaft wurde dieser Gegenstand als Schlüssel des Verstehens von Himmel und Erde dargeboten. Obzwar bloss als physischer Informationsträger des evangelischen Wortes verstanden, drehte sich von den ersten Leseübungen bis hin zu den Homiletikübungen auf *college*-Stufe fast alles darum.

Daran schloss sich der „biblische Blick" der Missionare auf ihre Umwelt an, der sowohl das aussergewöhnliche als auch das alltägliche Geschehen hochgradig mit Symbolen belegte, indem er es direkt mit biblischen Bildern und Szenen verband. Kurdistan war Bibelland; der kurdische Gastfreund wie Abraham; die armenische Witwe eine Rahel, die um ihre Kinder weint und so weiter. Handkehrum entwerteten die Missionare bisherige Symbole. Die alte, rubinbesetzte Bibel im Kloster spielte beispielsweise eine wichtige Rolle während des Gottesdienstes. Man war stolz auf sie und las aus ihr vor, obwohl das Volk und oft die Priester selbst die alte Liturgiesprache nicht mehr verstanden. Die protestantischen Missionare kamen und ersetzten sie durch einen anderen, nüchtern aussehenden Gegenstand, nämlich die Bibel, die sie selbst in die Volkssprache übersetzt und gedruckt hatten und die sie auf ihre Weise auslegten. Dies bedeutete einen schmerzlichen Bruch im bisherigen Umgang mit kultischen Gegenständen bei den orientalischen Kirchen. Im Brustton der Überzeugung wurde das Vertrauen in herkömmliche Riten der Kirche bis in die Dörfer der Ostprovinzen hinein zerstört.[28]

Die Fotos sind Symbolträger. Das missionarische Bildarchiv ist reichhaltig. Zum missionarischen Gruppenbild gehörte, zumindest noch um die Jahrhundertmitte, die aufgeschlagene Bibel (Abb. 18). Der katholische Missionar trug sein Kruzifix und Marienbild nach Kurdistan (Abb. 14) und das Bild der Madonna von Lourdes in

---

26 Wodurch die Missionare sich implizit als göttliche Sendboten bezeichneten. MRW 1911, S. 736.

27 Vgl. z. B. Künzler 1951, S. 273 f.

28 Besonders deutlich Herman N. Barnum in MH 1881, S. 226.

seine Kirche in Diyarbakır (Abb. 13); er gab damit zu erkennen, dass er seinen eigenen Heiligendarstellungen den Vorzug gab gegenüber denjenigen vor Ort. Das Vesper- oder Kappellenglöcklein wiederum, das er über das Missionsareal hinaus in Dorf und Stadt ertönen liess, klang in den Ohren mancher muslimischer Nachbarn mindestens so fremd – aber ohne exotischen Reiz – wie der Muezzinruf für westliche Touristen heute. Weit mehr: Es war eines der zahlreichen Zeichen, mit denen die protestantischen mehr noch als die katholischen Missionare zu verstehen gaben, dass sie die bisherige Gesellschaftsordnung mit ihrer „Symbolik der Diskriminierung"[29] nicht akzeptierten und im Vertrauen auf das *Hatt-ı Hümayun* Zeichen der Gleichberechtigung zu setzen gewillt waren.

Es gab eine ganze Reihe weiterer Objekte und Gesten von hoher symbolischer Bedeutung und entsprechend heiklem Umgang: das Bauen (Bauweise, Höhe, Lage), die Kleider (der typisch westliche Hut und die weibliche Unverhülltheit), das Reiten der Frauen sowie der Affront, lokalen Würdenträgern hoch zu Ross zu begegnen. Ein eigenes Problem bildeten die heimatstaatlichen Fahnen, welche die Missionen nicht allein aus Patriotismus (wie beim „Fourth of July", vgl. Foto 41), sondern auch als Zeichen der Protektion hissten. In den Augen osmanischer Patrioten und Muslime waren sie ein Stein des Anstosses. Sehr sprechend war auch die Wahl des Datums für die Grundsteinlegung des missionsnahen *Robert College:* sie fand am 4. Juli 1869 statt, dem Gedenktag der amerikanischen Unabhängigkeit!

Das selbstbewusste missionarische Auftreten, welches die Regeln althergebrachten Hierarchieverhaltens durchbrach und überlieferte Gesten und Symbole nicht immer verstand oder verstehen wollte, führte 1883 zu einem schweren Zwischenfall. Drei Kurden, darunter der Stammesführer Musa Bey aus Bitlis, verwundeten Dr. George C. Raynolds und seinen Kollegen George C. Knapp auf deren Rückkehr von einer Versammlung in Bitlis schwer. Vielleicht hatten sie sich dadurch beleidigt gefühlt, dass Christen in ihrer Gegenwart auf den Pferden sitzen geblieben waren. Diese Interpretation von missionarischer Seite ist durch den Hinweis zu ergänzen, dass die beiden Missionare in den Augen Musas und möglicher Drahtzieher hinter ihm fremde Eindringlinge, ja Spione Englands darstellten.[30]

Im Gegensatz zu fast allem anderen scheint das Essen und Trinken kaum Anlass zu „symbolischen Kriegen" geboten zu haben – vielleicht dank der gemeinsamen Wertschätzung der Gastfreundschaft und der missionarischen Anpassungsfähigkeit in diesem Punkt. Gleichwohl distinguierten sich die Missionare auch hier, indem sie auf Stühlen zu Tische assen und nicht am Boden kauerten, wie fast alle anderen; ja, man besass vielleicht sogar ein Kinderstühlchen (Abb. 42). Vor allem aber assen alle Familienglieder und Hausangehörigen prinzipiell miteinander und nicht die Männer und Frauen gestaffelt wie weithin üblich in der patriarchalischen Gesellschaft. Man glich seinen Speisezettel den örtlichen Gegebenheiten an, lebte, wohnte und kleidete sich aber anders.[31]

---

29 „Symbolism of discrimination", Braude und Lewis 1982, S. 9. Der Bericht von Dwight und Smith (1833) ist reich an Beispielen für symbolstarke Diskriminierungsgesten gegenüber Nichtmuslimen (Bd. 1, S. 94, 144 f.).

30 *Annual Report of the ABCFM* 1883, Boston 1883, S. 53; MH 1895, S. 187 f.

31 Das ethnologisch und soziologisch bedeutsame Thema des Essens kann im Rahmen dieser Arbeit nicht weiter ausgeführt werden.

Die Missionare besassen Dinge, die, wenn nicht Neid, so doch Neugier oder Bewunderung erweckten. Prestigeobjekte oder Symbole des Fortschritts waren europäische Musikinstrumente wie das Klavier oder technische Gegenstände wie Ferngläser, Fotoapparate, Motoren, Fahrräder, Lampen, die Bestückung der Schullaboratorien und, seit der hamidischen Ära, die Spitäler mit ihrer instrumentellen Ausrüstung. Erst nach dem Ersten Weltkrieg brachten die Missionare (beziehungsweise *Near East Relief*-Mitarbeiter) vorübergehend einzelne Automobile in die Ostprovinzen, die dort bis heute eines der wichtigsten Statussymbole geblieben sind. Der Wissensvorsprung und technisches Geschick liessen die Missionare in den Augen grosser Teile der Lokalbevölkerung, einschliesslich muslimischer Geistlicher, als Ratgeber in fast allen Fällen – so auch der unmöglichen Erdbebenvorhersage – oder gar als Supermänner erscheinen.[32]

1.3   Der Staat der Tanzimat und die Missionen

Reformbedarf gab es in den Augen der osmanischen Verantwortlichen vor allem im militärischen und administrativen Bereich, den Kernbereichen der Macht. Entsprechend wurde vorrangig hier investiert und erneuert: neue Schulen für Beamte und Offiziere, neuer Heeresaufbau, Neuorganisation des Rechtswesens und der Provinzverwaltung. Mächte, die wie die kurdischen Fürstentümer solcher Erneuerung und Zentralisierung im Wege standen, mussten zerschlagen werden.[33] So sah der Fortschritt *(terakki)* aus, wie die Tanzimat-Elite ihn verstand und etwa bei Peter dem Grossen bewunderte. Sie glaubte an die Erneuerung des Reichs mit europäischem Know-how, hielt aber weiterhin Distanz zu europäischem Gedankengut, das ihr als christlich oder atheistisch galt und dessen demokratische und nationalistische Auswirkungen sie fürchtete. Französisch wurde damals zur Zweitsprache der Gebildeten im Osmanischen Reich. Französische Lehnwörter symbolisierten die Modernisierung: Begriffe wie *telgraf, elektrik, makine, tren, tünel* und *tramvay*, aber auch politische Konzepte wie *demokrasi, sosyalizm* und *diktatörlük* – deren Gebrauch die Zensur Abdulhamids später verbot – wurden ins Türkische übernommen.[34] Die

---

32   „[…] the mental attitude of the people can be understood by the fact, which President Riggs [Harput] states, that late on that night three Turks came, presenting the salaam of the Mufti, asking that he tell him at what time the shock was to come." (Am 4. 12. 1905 fand in der Region Harput ein Erdbeben statt; MH Febr. 1906, S. 52.) Eine kritische armenische Retrospektive lautete so: „[…] they came into the village as supermen with a holy faith, intending to convert a ‚pagan people'." Dzeron 1984 (1938), S. 150 f.

33   1864 ff. bestimmte das Provinzengesetz *(Vilayet Nizamnamesi)* die bis zum Ende des Reichs geltende Einteilung in Provinzen *(vilayet,* verwaltet durch einen *vali),* mit deren Unterteilung in *sancak* (verwaltet durch einen *mutasarrıf), kaza* (verwaltet durch einen *kaymakam)* und *nahiye* (verwaltet durch einen *müdür).* Auf unterster Ebene standen die durch einen *muhtar* geführten Dörfer und Quartiere. Eingeführt wurde damit auch eine gewisse Vertretung der verschiedenen Volksgruppen; in den Provinzversammlungen *(meclis-i umum-u vilayet)* waren Muslime und Nichtmuslime vertreten. Vgl. Dumont 1989, S. 483 f. und Mordtmann 1878, Bd. 2, S. 1–62.

34   Vgl. Davison 1990, S. 133; Georgeon 1999, S. 40.

Tanzimat-Elite vertraute darauf, dass ihre „Modernisierung" dem Zusammenhalt der verschiedenen Völker dienlich sein werde, zumal damit die „Zivilisation" *(mede-niyet)* und der rechtliche Schutz der Untertanen *(teba'a)* gefördert werden sollten.[35] Als „moderne" und osmanistisch ausgerichtete Muslime bejahten die Reformer im Prinzip das Gleichheitspostulat, wie es in den Sultanserlassen von 1839 und vor allem von 1856 niedergelegt war. Sie befürworteten auch eine gewisse Repräsentativität in den Provinzverwaltungen (Gesetz von 1864). Die Millets hatten daher einigen Grund, die Tanzimat zu unterstützen, die ihnen Gleichstellung sowie Freiraum für die gemeinschaftlichen Angelegenheiten, namentlich die Schulen, versprach. 1850 bestätigte der Sultan die seit 1847 provisorisch konstituierte protestantische Millet mit demokratischer „Verfassung". 1863 anerkannte er die nach dem Modell der Protestanten und im Reformgeist der Tanzimat konzipierte „Verfassung" *(Nizamname)* der armenisch-apostolischen Millet, die, wie bei den Protestanten, eine Art parlamentarische Versammlung auf Grund von Wahlen vorsah. 1865 bekam die jüdische Millet eine ähnliche Regelung. Auch die Nestorianer und die Chaldäer erhielten je die Anerkennung als eigene Millet.[36]

1.3.1 Der Erneuerungsfaktor Bildung[37]

Zu den Tanzimat gehörte das Projekt der Neuordnung des Bildungswesens, nicht zuletzt mit dem grossen Ziel, ein gemeinsames Staatsbewusstsein von Muslimen und Nichtmuslimen zu fördern. Das traditionelle osmanische Grundschulwesen in den Provinzen bestand aus Koranschulen[38] und Medresen (höhere islamische Schule). Die Koranschule befand sich meist neben einer Moschee und wurde von einem Angehörigen der islamischen Gelehrtenschaft *(Ulema)*, den man Hodscha nannte, geführt. Kinder unterschiedlichen Alters und Lernniveaus wurden im gleichen Raum unterrichtet. Ziel dieses traditionellen Elementarunterrichtes war es, Grundkenntnisse der Religion zu vermitteln. Dies geschah hauptsächlich durch das Auswendiglernen von Korantexten. Zu diesem Zweck lernte man Lesen und Schreiben. In den weiterführenden Medresen vertiefte man die religiösen Kenntnisse. Diese Schulen wurden durch fromme Stiftungen mit öffentlichem Nutzen *(vakıf)*, durch Gaben der Eltern sowie teilweise durch staatliche Zuwendungen finanziert.[39]

Bei den osmanischen Erneuerungsbemühungen seit Ende des 18. Jahrhunderts hatten die militärischen Belange ganz klar Priorität.[40] Sultan Selim III. liess zahl-

---

35 Zur Gedankenwelt des Tanzimat-Repräsentanten Ahmed Cevdet Pascha vgl. Neumann 1994, S. 167–283.
36 Die Chaldäer 1844; die übrigen Nestorianer, die de facto unabhängig von der Zentralregierung lebten, erhielten zu einem späteren, unklaren Zeitpunkt den legalen Status, der Mar Schimon als ihren direkten Repräsentanten bei der Pforte bestimmte (Joseph 1961, S. 32–35).
37 Dieses Unterkapitel stützt sich auf Somel 1995, S. 24–91.
38 *Mahalle Mektebi* und *Sıbyan Mektebi.*
39 Somel 1995, S. 24 f.
40 Die erste moderne osmanische Bildungsanstalt war die 1773 noch während des russisch-türkischen Krieges von 1768–1774 gegründete militärische Ingenieurschule für die Marine *(Mühendishâne-i Bahrî-i Hümâyun).* In ihr wurden positive Wissenschaften wie Mathematik und Geometrie, aber bezeichnenderweise auch die Fremdsprache Französisch unterrichtet; ab 1842 war Englisch Haupt-

reiche französische Militärinstrukteure ins Land kommen, um seinen Plan einer Neuorganisation der Streitkräfte nach europäischem Muster, das *Nizam-ı Cedid* von 1793, umzusetzen.[41] 1821 wurde das Übersetzungsbüro der Hohen Pforte[42] gegründet mit dem Ziel, den osmanischen Beamten Französischunterricht zu erteilen, um sie mit einer sprachlichen Kompetenz auszurüsten, die bisher Privileg der Minderheiten, vor allem der Griechen, gewesen war. Ende der 1830er Jahre entstanden in Istanbul die ersten zivilen Staatsschulen, die nicht zuletzt dazu dienen sollten, eine Beamtenschaft für den reorganisierten, zentralisierten Staat, insbesondere für die Zwecke der Steuererhebung, auszubilden.

Erst in der zweiten Hälfte des 19. Jahrhunderts wurden auch zivile staatliche Schulen in den Provinzen eingerichtet, wobei bis 1869 die „privilegierten Provinzen"[43] des Balkans den Vorrang, diejenigen Zentral- und Ostanatoliens das Nachsehen hatten. Diese Verspätung des zivilen Sektors hatte nicht allein damit zu tun, dass der Staat seinen militärischen und administrativen Kernbereichen den Vorzug eingeräumt hatte, sondern auch mit der Opposition der in der Gesellschaft stark verankerten *Ulema,* die sich nicht aus dem Erziehungssektor verdrängen lassen wollten. Wegen des Lehrkräfte- und Schulbuchmangels blieben auch die staatlichen Schulen unter dem Einfluss der *Ulema,* deren Angehörige mangels Alternativen in den meisten Fällen angestellt wurden.

Verglichen mit den Missionen und den Millets war der Staat bei der Mädchenbildung am meisten im Rückstand. Zwar standen die Primarschulen[44] beiden Geschlechtern offen, aber nur „fortschrittliche", dem Tanzimatgedankengut verbundene Familien, namentlich von Beamten, schickten auch ihre Mädchen dorthin. Die erste staatliche Mädchensekundarschule[45] wurde erst 1858 in Istanbul eröffnet, 26 Jahre nachdem das ABCFM in derselben Stadt sein *American College for Girls* begonnen hatte. Noch nach 1908 gab es im ganzen Reich bloss zwei Mädchengymnasien, beide in der Hauptstadt.[46] Höhere Mädchenerziehung war in den Provinzen das Monopol der Missionen und Millets.

Durch den gemeinsam mit den westlichen Alliierten errungenen Erfolg im Krimkrieg gestärkt und den Alliierten verpflichtet, packten die Tanzimat-Reformer die Bildungsreform mit neuem Schwung an. Im Reformerlass *Hatt-ı Hümayun* von 1856 schrieben sie die Chancengleichheit aller Untertanen beim Eintritt in eine Staatsschule und das Recht jeder konfessionellen Gemeinschaft auf eigene Schulen unter Aufsicht des Staates fest. Die Schulen der Millets und der Missionen hatten für den Staat den einen klaren Vorteil, dass sie ihn nichts kosteten. Erst Abdulhamid begann sie als Bedrohung wahrzunehmen.

---

fremdsprache und Französisch Wahlsprache. Der Ingenieurschule für die Marine folgten weitere militärische Fachschulen: die militärische Ingenieurschule für Landstreitkräfte (1795, *Mühendishâne-i Berrî-i Hümâyun),* die militärische Medizinschule (1826, *Tıbhâne-i Âmire)* und die Schule der Militärwissenschaft (1834, *Mekteb-i Ulûm-ı Harbiye).*

41 Vgl. Matuz 1985, S. 210.
42 *Bab-ı Âlî Tercüme Odası.*
43 Mordtmann 1878, Bd. 2, S. 1.
44 *Sıbyan mektebleri.*
45 *Kız rüşdiyesi.*
46 Çakır 1994, S. 219 f., 246.

Der eigentliche Bildungsentwurf der Tanzimat war im Gesetz zur öffentlichen Bildung von 1869 dargelegt.[47] Er schrieb die allgemeine Schulpflicht vor und war vom Gedanken der Bildung als Trägerin des Fortschrittes dank Verbreitung positiven (mathematischen und naturwissenschaftlichen) Wissens sowie von der Idee des interkonfessionellen Unterrichtes zur Förderung gemeinosmanischen Staatsbewusstseins (Osmanismus) getragen. Grundschulbildung sollte mehr sein als, wie bisher, eine religiös gefärbte Bildungsstufe zum Zwecke der Alphabetisierung. Der Mangel an Lehrkräften und Finanzen verhinderte weitgehend die Verwirklichung dieses Entwurfes in den Provinzen. Als der hamidische Staat um 1881 Teile daraus zu realisieren begann, tat er es, ohne die osmanistischen Bestimmungen umzusetzen.

1.3.2 Missions- und Milletdynamik, osmanistischer Impuls und islamische Reaktion

In den 1850er Jahren beginnt die eigentliche Gründungszeit der missionarischen Ausbreitung in den Ostprovinzen. 1850 erliess der Sultan auf diplomatischen Druck des englischen Botschafters Sir Stratford Canning ein *ferman* (Verordnung), das es den protestantischen Untertanen erlaubte, sich als eine separate Millet zu konstituieren. Diese Kirchenspaltung widersprach der Revival-Strategie der protestantischen Missionen. Sie folgte aus der Unverträglichkeit der protestantischen Bewegung mit dem Selbstverständnis der armenisch-apostolischen und griechisch-orthodoxen Gemeinschaften. Diese begannen sich in den 1840er Jahren heftig gegen den „fremden Geist" zu wehren.[48] In den Augen der traditionellen Kirche war der Protestantismus anfänglich viel bedrohlicher als der Katholizismus, denn dieser war ebenfalls hierarchisch aufgebaut, trennte ebenfalls Kult- und Volkssprache und bekämpfte Praktiken wie die Heiligen- und Marienverehrung, die Gebete für die Verstorbenen und die Beichte nicht. 1846 wurde in Istanbul eine erste evangelisch-armenische Kirche gegründet.[49]

In den 1850er Jahren kristallisierte sich die protestantische Mission als das heraus, was sie im wesentlichen bis zum Ende des Reichs bleiben sollte: eine vor allem den christlichen Minderheiten zugewandte, pädagogisch tätige Bewegung. 1856 schloss das ABCFM seine Judenmission. Die anfängliche Idee der Islam- und Judenmission war damit praktisch aufgegeben. Erste Schulen hatte das ABCFM bereits in den 1830er Jahren in den westanatolischen Städten Izmir, Bursa und Istanbul gegründet. Mit den Lancaster-Schulen, in denen fortgeschrittene Schüler als Lehrer der anderen eingesetzt wurden, richtete es damals nicht nur für die Griechen,

---

47 *Maârif-i Umûmiye Nizamnâmesi.*

48 Bereits 1847 wurde das *ferman* durch eine vom Grosswesir unterzeichnete Charta angebahnt. ABC MS Hist. 31: 4, S. 18–20; Richter 1930, S. 70–72.

49 Während sich die anfänglich ablehnende, ja repressive Haltung der traditionellen armenischen Kirche allmählich zu kompetitiver Herausforderung, Nacheiferung im schulischen Sektor und seit den 1890er Jahren zu teils herzlicher Verbundenheit mit dem ABCFM wandelte, sah sich die amerikanische Mission im benachbarten griechischen Nationalstaat in der zweiten Hälfte des 19. Jahrhunderts einer massiven staatlichen und kirchlichen Repression ausgesetzt. Die Verhältnisse im Osmanischen Reich erschienen demgegenüber geradezu ideal. ABC MS Hist. 31: 5, S. 26 f.

sondern sogar für die türkische Armee in Istanbul eine effiziente und billige Schulform ein.[50] Erst mit dem Sultanserlass von 1850 war die rechtliche Grundlage zum Aufbau eines protestantischen Schulwesens gegeben. 1855 besass das Board bereits 42 Schulen, darunter je ein Predigerseminar in Istanbul, Tokat und Anteb sowie ein Mädcheninternat in Istanbul. In Anteb befand sich die grösste der damals zwei Dutzend protestantischen Gemeinden.[51]

Das 1856, am Ende des Krimkriegs, erlassene „Grossherrliche Handschreiben", *Hatt-ı Hümayun,* legte im wesentlichen Religionsfreiheit, steuerliche und gerichtliche Gleichstellung, Zugang zu Zivilämtern und zum Militärdienst auch für Christen, das Verbot von Folter und das Recht der Ausländer, Grundbesitz zu erwerben, fest. Es bekräftigte die Selbstverwaltungskompetenzen der Millets. Auch wenn, ganz besonders in den Provinzen, viele Bestimmungen toter Buchstabe blieben[52] und die mit dem *Hatt-ı Hümayun* verbundene Absicht, den europäischen Grossmächten am Vorabend des Pariser Vertragsschlusses Genüge zu tun, offenkundig war, wurde dieses Grundsatzpapier als wichtige Öffnung und Liberalisierung verstanden. Es beflügelte die protestantischen und katholischen Missionen. Auch die Schulen der Millets, insbesondere des armenisch-apostolischen, jüdischen und griechischen, nahmen seit Mitte des 19. Jahrhunderts einen grossen Aufschwung.[53] In den Ostprovinzen weckte das *Hatt-ı Hümayun* bei den christlichen Gemeinschaften und manchen Aleviten neue Erwartungen darauf, dass endlich auch die rechtsstaatlichen und liberalen Elemente der Tanzimat umgesetzt würden.[54] Ihre Hoffnung auf die Realisierung der inneren Reformen sollte erst in den Nöten der 1870er Jahre erlahmen und mit der Gründung der *Hamidiye*-Regimenter gänzlich desavouiert werden.

Die vage Idee der bürokratischen Tanzimat-Reformer, ein interkonfessionelles osmanistisches Schulnetz aufzubauen, blieb utopisch. Sie scheiterte einerseits an der mangelhaften Umsetzung, am Widerstand der *Ulema* und an der Finanzierung, andererseits am Erfolg der Missions- und Minderheitenschulen, die die Erziehungsanstrengungen des Tanzimat-Staates bei weitem überflügelten. Ohne sich darüber Rechenschaft abzulegen, standen sie insofern dem osmanistischen Gedankengut im Wege. Die im internationalistischen Protestantismus verankerten ABCFM-Schulen trugen durch ihre liberalen Grundsätze und ihr christlich-eschatologisches Geschichtsbild massgeblich zur Aufwertung der Minderheiten bei, auch wenn sie in der Verklärung des nationalen Erbes nie so weit gingen wie die armenischen Millet-Schulen.

Die Gesamtschülerzahl in den amerikanischen Missionsschulen betrug anfangs der 1880er Jahre fast 15'000, bei Hinzurechnung des missionsnahen *Robert College*

---

50 Stone 1984, S. 37 f.; ABC MS Hist. 31: 5, S. 13.
51 Gegründet 1848, mit 141 Mitgliedern im Jahre 1855 (ABC MS Hist. 31: 4, S. 25; ABC MS Hist. 31: 1, S. 2 f.). Zur frühen Anteber Kirche vgl. das Lebensbild der „Sister Varteni", Proctor 1900.
52 So verlangte man von den Christen anstelle des Militärdienstes – wo sie unerwünscht waren! – jedenfalls eine Sondersteuer.
53 Bei den Armeniern hatte eine gewisse Bildungsbewegung bereits Ende des 18. Jahrhunderts eingesetzt, die vor allem zu Schulgründungen in Istanbul führte. 1834 sollen sich in verschiedenen Orten Anatoliens insgesamt bereits 120 armenische Grundschulen befunden haben, 40 Jahre später schon 469. Ergin 1977, S. 753, 759.
54 In der Rückschau des aus Varto (Provinz Bitlis) stammenden kemalistischen Autors Mehmet Şerif Fırat scheinen auch die dortigen alevitischen Kurden die Tanzimat tendenziell begrüsst zu haben, da sie die Macht der sunnitischen Beys einschränkten: Fırat 1983 (1952), S. 120–123.

Tab. 1: Statistik des ABCFM für die kleinasiatische Türkei, 1852–1882

	In 1852.	In 1862.	In 1872.	In 1882.
Churches	10	43	74	108
Number of Members	261	1,564	4,032	7,490
Native Ordained Ministers	6	13	47	66
Native Unordained Preachers	?	32	56	68
Teachers and Helpers	?	145	374	467
High School and Theological Seminaries .	1	3	9	23
Pupils in High Schools and Theological Seminaries	44	52	153	711
Girl's Boarding-Schools	1	2	10	16
Pupils in Girl's Boarding-Schools . . .	24	28	241	608
Common Schools	12	117	222	317
Pupils in Common Schools	398	3,473	6,391	12,896
Total Pupils in all kinds of Schools . . .	466	3,553	6,785	14,285

Quelle: MH 1883, S. 374.

sogar mehr. Beachtlich ist das starke Wachstum sowohl bei den Schulen als auch den Kirchen in den 1850er Jahren im Kontext des *Hatt-ı Hümayun*. Auffallend ist der boomartige Anstieg der Schülerzahlen 1872–1882, namentlich in den höheren Schulen.[55] In Tab. 1 sind nur die einheimischen Missionsmitarbeiter aufgeführt (1882 betrug die Zahl amerikanischer Missionsmitarbeiterinnen und -mitarbeiter 164).[56] Die Schülerschaft ist ausser bei den Internaten nicht nach Geschlecht aufgeschlüsselt; man kann von einem insgesamt ausgeglichenen Verhältnis ausgehen.

Neben den Schulen expandierten auch die evangelischen Gemeinden und übten sich in der Selbstverwaltung, welche ihnen der Millet-Status seit 1850 zugestand. Der Jahresüberblick der *Eastern Turkey Mission* von 1873 schreibt stolz darüber: „The Protestant churches and communities are growing more stable, better educated, and more capable of self-government."[57] Die Kirchen der protestantischen Millet wurden in den 1860er Jahren regional in Unionen organisiert, separat von der zivilen Millet-Organisation. Sie fielen nicht etwa mit den Missionsbezirken zusammen.[58]

Die Expansion schloss auch den publizistischen Zweig mit ein. Das ABCFM veröffentlichte Bibeln und Bibelteile, seit den 1850er Jahren übrigens die vier

---

55 Vgl. MH 1883, S. 430.
56 MH 1883, S. 6. Vgl. die Statistiken Kap. 2.7.
57 MH 1873, S. 5.
58 Die *Bithynia Evangelical Union* in der Westtürkei, die *Harpoot Evangelical Union* im Osten, die *Central Evangelical Union* in den Regionen Merzifon, Sivas und Kayseri sowie die *Cilicia Evangelical Union* in den Regionen Anteb, Marasch und Adana. „These Unions were most helpful in cultivating the spirit of self-government and self-support, and a corporate feeling of responsibility. With practically no exception, these were composed of evangelical Armenians; there was later on a similar Union of Greek Evangelical Churches as well." ABC MS Hist. 31: 4, S. 28.

Evangelien auch in *Kurmanci*-Kurdisch mit armenischen Buchstaben. Seit 1855 gab es die armenische Zeitschrift *Avedaper* heraus (auf armenisch und später auch auf armenotürkisch). Sie wurde auch von Mitgliedern der armenisch-apostolischen Kirche eifrig gelesen.[59] Nach einzelnen Vorläufern im 18. Jahrhundert blühte die armenische Presse seit den 1840er Jahren auf, ausgehend von Izmir und Istanbul. Im osmanisch-armenischen Siedlungsgebiet, bei Van und bei Muş, erschienen seit 1857 beziehungsweise 1863 die beiden von Megerditsch Khrimian (= Khrimian Hairik) gegründeten Monatsblätter *Ardziv Vaspurakan* und *Arzvik Daroni*.[60] Die unter russischer Herrschaft stehenden transkaukasischen Armenier nahmen sowohl finanziell – namentlich durch Unterstützung der Milletschulen – als auch intellektuell Einfluss auf ihre „Landsleute" jenseits der Grenze. 1872 schrieb Gregor Ardzruni in seiner in Tiflis erscheinenden Zeitschrift *Meschak:* „Gestern waren wir bloss eine kirchliche Gemeinschaft, morgen werden wir eine Nation sein."[61]

Die 1856 verkündete Religionsfreiheit gab theoretisch auch jedem Muslim das Recht, eine andere Religion zu ergreifen. Gesellschaft und Staat liessen dies jedoch in der Praxis kaum zu. 1864 wurden zwei CMS-Missionare und mehrere Konvertiten verhaftet.[62] Fortan getrauten sich die Missionare bis 1908 kaum mehr, an sunnitische Muslime heranzugehen. Hier lag eine Grenze, welche zu überschreiten der staatstragenden Religionsgemeinschaft allen Prinzipienerklärungen zum Trotz als tiefgreifende Machtgefährdung erschien. Die Legitimation der Macht basierte auf dem religiösen Konzept der Ümmet, die als Inhaberin des letztgültigen Glaubens zur Trägerin der Macht berufen sei. Das freiwillige Verlassen der Ümmet durch Konversion stellte das Konzept in Frage und galt traditionell als todeswürdiger Verrat; daran änderten die Tanzimat-Gesetze wenig.

1872 errichtete das ABCFM sein vierstöckiges *Bible House* am Rıza Paşa Yokuşu im alten Istanbul, wo traditionell keine Ausländer hausten. Das war nicht nur von infrastruktureller Wichtigkeit, sondern stellte auch einen symbolischen Durchbruch dar. Das *Bible House* wurde bald zum „Nervenzentrum" des ABCFM in der Türkei. Hier war die missionarische Schnittstelle von Information, Publikation, Instruktion und Diplomatie. Sie sollte eine besondere Bedeutung in den Auseinandersetzungen mit Abdulhamid und in der fieberhaften Hilfs- und Informationstätigkeit während des Ersten Weltkriegs erlangen.[63]

---

59 ABC MS Hist. 31: 4, S. 25, 29, 34, Wheeler 1868, S. 21 f. Daneben gab es ab 1867 das Monatsblatt *Zornitza* auf Bulgarisch, ein graecotürkisches Monatsblatt sowie Blätter der einzelnen evangelischen Unionen. – Das publizistische Werk wurde finanziell von der *American Bible Society*, der *American Tract Society*, der *Religious Tract Society* von London und weiteren ähnlichen Organisationen unterstützt.

60 *Ardziv Vaspurakan* (Adler von Vaspurakan [Region Van]) und *Arzvik Daroni* (Adler vom Taron [Region Muş]). Ter Minassian 1983, S. 161.

61 Zit. nach Pasdermadjian 1986 (1949), S. 281.

62 ABC MS Hist. 31: 4, S. 29.

63 Abbildung und Beschreibung in MH 1873, S. 377–379. William Wheelock Peet, seit 1881 in der Türkei und von den 1890er Jahren an bis nach dem Weltkrieg als Schatzmeister *(treasurer)* der amerikanischen Türkeimission der Kopf des *Bible House*, bezeichnete dieses als „well administered base department at the capital, combining the features of a banking house, a purchasing agency, and diplomatic office". Peet 1939, S. 38.

1.3.3 Missionsfelder

Das ABCFM teilte 1860 seine Türkeimission in vier Zweige mit relativ autonomen Teilorganisationen ein: die *Eastern,* die *Western,* die *Central* sowie die viel kleinere *European Turkey Mission.* Die neu eingerichtete *Eastern Turkey Mission* umschloss die vorherige *Assyrian Mission* mit ihren Stationen in Mosul, Diyarbakır und Mardin sowie die meisten Stationen der einstigen *Northern Armenian Mission* mit Arapkir, Bitlis, Erzurum und Harput.[64] Die Gesamtbevölkerung dieses Gebietes wurde auf über 3 Millionen geschätzt. Zu diesem Feld gehörten im Jahre 1860 36 von einheimischen Mitarbeitern geführte Aussenstationen,[65] zehn Kirchgemeinden, vermutlich gut 1'000 weibliche und männliche protestantische Millet-Mitglieder und 48 Primarschulen mit 869 Schülern und 272 Schülerinnen. In der nördlichen Hälfte der *Eastern Turkey Mission* war Armenisch die Hauptschulsprache, in der südlichen Arabisch. Sowohl in Harput als auch in Mardin wurde ein theologisches Seminar errichtet.

Die damaligen Osttürkei-Missionare – wie das Ehepaar Wheeler – waren ganz besonders vom frühen ABCFM-Leitgedanken durchdrungen, dass ihr Tun einzig dem Aufbau einer lebendigen, sich selbst tragenden Kirche auf der Grundlage des Evangeliums diene. Sie waren überzeugt, dass sie, nachdem sie dieses Ziel erreicht hätten, noch zu ihren Lebzeiten die Mission beenden und weggehen würden, während sich die aufgebaute Kirche selbständig der Evangelisierung der Kurden, Türken, Yeziden und Aleviten widmete. Die in diesem Missionsfeld vor allem um Harput herum ausgeprägte Wandermission *(touring mission),* die auch abgelegene Städtchen, Dörfer und Weiler aufsuchte, entsprang demselben Leitgedanken.[66]

1860 benannte das ABCFM seine bisherige *Southern Armenian Mission* um in die *Central Turkey Mission,* welche die Stationen Anteb, Marasch, Antakya, Aleppo und – nicht ständig besetzt – Urfa, dazu 13 Aussenstationen sowie 12 Kirchgemeinden und 3'692 protestantische Millet-Mitglieder umfasste. Schulen blühten vor allem in Anteb und Marasch auf, darunter auch Mädchenschulen. Myra Proctor begann 1860 eine Mädchensekundarschule in Marasch, die sich nach Anfangsschwierigkeiten bald etablierte, ebenso Josephine Coffing 1865 in Anteb. In einer Anteber Primarschule, die als Übungsschule diente, erwarben sich die Schülerinnen von Proctor Unterrichtspraxis und viele von ihnen wurden Lehrerinnen.

Friktionen mit anglikanischen Missionaren hatte es bereits in den 1840er Jahren im Bereich der *Assyrian Mission* gegeben, sie machten sich in den 1860er Jahren vorübergehend auch in Diyarbakır und Palu, östlich von Harput, bemerkbar, während in Mardin Schwierigkeiten von katholischer Seite erwuchsen. Im Gebiet der *Central Turkey Mission* ergab sich in den 1860er Jahren sowie um 1881 missionarische Konkurrenz von Angehörigen der *Church of England,* darunter einem aus

---

64 Die Stationen Arapkir, Mosul und Diyarbakır wurden in den 1860er Jahren aufgegeben, Diyarbakır später wieder besetzt. Vgl. Wheeler 1868, S. 36.

65 „Station" meint nach ABCFM-Terminologie eine Stadt, in der ABCFM-Missionare oder -Missionarinnen ihren Wohn- und Arbeitsort haben, „out-station" meint eine durch einheimische Mitarbeiter geführte Missionsstelle. Vgl. Wheeler 1868, S. 32.

66 Vgl. insbesondere die in diesem Geist von der Jahresversammlung der *Eastern Turkey Mission* 1866 verabschiedete Resolution: Wheeler 1868, S. 300.

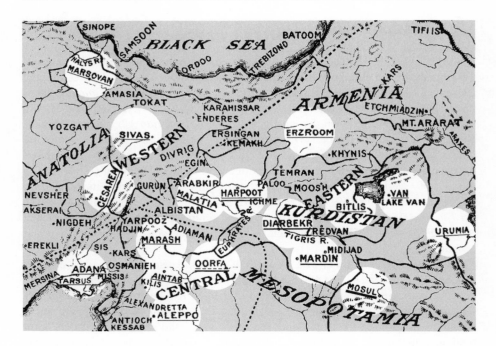

Karte 2: Missionsfelder des ABCFM in der asiatischen Türkei: *Western, Eastern* und *Central Turkey Mission.* Schon zur Tanzimat-Zeit bestehende amerikanische Missionsstationen sind fein, kapuzinische halbfett und die dominikanische in Mosul fett unterstrichen (nicht dauerhaft besetzte gestrichelt). Aleppo und Urmia wechselten 1871 vom ABCFM zum amerikanischen *Board of Foreign Missions of the Presbyterian Church in the United States of America* (vgl. Speer 1912, S. 50). Die als Folge des Provinzengesetzes von 1864 geschaffenen sechs orientalischen Provinzen Sivas, Erzurum, Bitlis, Van, Diyarbakır und Mamuretülaziz deckten sich nicht mit der *Eastern Turkey Mission,* sondern überlappten auch den östlichen Teil der *Western Turkey Mission* und den nördlichen Zipfel der *Central Turkey Mission.* Die Beschriftungen „Armenia" und „Kurdistan" entsprachen in ungefähr demographischen Schwerpunkten; allerdings lebte in beiden Zonen eine ethnisch durchmischte Bevölkerung.

England zurückgekehrten Armenier. Die einvernehmliche Rücksprache mit dem Erzbischof von Canterbury regelte die Angelegenheit gütlich. Keine andere protestantische Mission machte dem ABCFM das Missionsfeld der Ostprovinzen streitig.[67]

1876 wurde in Anteb das *Central Turkey College* mit einer theologischen und einer medizinischen Abteilung eröffnet. Es war offiziell unabhängig vom ABCFM. Als materielle Basis für die *college*-Gründung dienten die Beiträge der Kirchen der *Cilicia Evangelical Union,* die Spendengelder, die der Missionar Tillmann Trowbridge in England und in den USA gesammelt hatte, sowie das vom reichen Anteber Muslim Taha Efendi geschenkte Grundstück.[68] Diese Schenkung ist ein Zeichen

---

67 Vgl. ABC MS Hist. 31: 4, S. 37, 40–42.
68 ABC MS Hist. 31: 4, S. 38.

dafür, dass auch gewisse lokale Muslime der schulischen Missionstätigkeit positiv gegenüberstanden und sie öffentlich unterstützten.

Alle protestantischen Schulgründungen entsprachen demselben Finanzierungsprinzip: Zu den Beiträgen der regionalen protestantischen Union kamen Zuschüsse des ABCFM oder spezielle Spendengelder aus dem Ausland sowie aussergewöhnliche Schenkungen oder günstige Erwerbungen vor Ort. Den Betrieb der Schulen finanzierten die Beiträge der lokalen Christen, die jährlichen Zuschüsse des Trägervereins (bei *colleges)* oder des ABCFM sowie die nach familiärer Finanzkraft abgestuften Schulgelder der Schülerinnen und Schüler.

Katholischerseits waren in den östlichen Landesteilen die Kapuziner und Dominikaner, erst ab 1881 auch die Jesuiten aktiv. Kapuziner und Dominikaner gründeten ihre Missionen 1841 und nahmen damit Missionsansätze früherer Jahrhunderte in derselben Region wieder auf. Die *Missione dei Fratri Minori Cappuccini nella Mesopotamia ed Armenia* (fortan „Kapuzinermission" genannt) hatte Stationen in Mardin, Urfa, Malatya, Diyarbakır, Harput und Mezere, die Dominikanermission in Mosul, Mar-Yacoub, in hamidischer Zeit auch in Van, Sirt und Cizre. Die Dominikaner wurden seit 1873 von den *Sœurs de la Représentation de Marie* von Tours unterstützt, die Kapuziner seit 1876 von Franziskanerinnen von Macorney und Lons-le-Saunier.[69]

1.4 Die letzten Kurdenfürsten und die ersten Kurdistan-Missionare

Missionare, die sich für die Kurden und Kurdistan interessierten, gab es bereits im 17. und 18. Jahrhundert. Die in Mosul ab 1632 fast ein Jahrhundert lang wirkenden Kapuziner hatten eine kurdische Grammatik und ein kurdisches Wörterbuch verfasst – beide sind heute verschollen. Wie die Kapuziner arbeiteten die Dominikaner ab 1762 ausschliesslich unter den christlichen Minderheiten in der Region Mosul.[70] Auch diese Mission kam zum Erliegen, so dass sich Anfang 19. Jahrhundert keine Missionare im kurdischen Siedlungsgebiet mehr befanden. Erst im Jahre 1841 gründeten italienische Dominikaner eine Mission in Mosul; sie wurden 1857 von französischen Mitbrüdern abgelöst. Ebenfalls 1841 gründeten spanische und italienische Kapuziner die ihrige in Urfa und Mardin. Von diesen Orten aus bauten beide Orden weitere Stationen in Malatya, Harput und Van auf. Dominikaner und Kapuziner knüpften damit an ihre bescheidene frühere Tätigkeit in der Region an. 1830/31 machten H. G. O. Dwight und Eli Smith ihre Forschungsreise für den ABCFM nach Armenien und Kurdistan. Anfangs der 1840er Jahre unternahmen ihr Kollege Asahel Grant und der Anglikaner George Badger (CMS) im osmanisch-persischen Grenz-

---

69 Für statistische Angaben vgl. Kap. 2.7.

70 Wobei sich der Dominikanerpater Maurizio Garzoni mit seiner *Grammatica e vocabulario della lingua kurda* verdient gemacht und das Ansehen eines „Vater der Kurdologie" erworben hat. Vgl. Bois 1965 und Hakim 1990.

gebiet weitere missionarische Erkundungen. Grant legte den Grundstein für eine Mission der *Mountain Nestorians*. Dies erfolgte wenige Jahre nach dem Beginn der zerstörerischen osmanischen Eroberung Kurdistans, die eine unkontrollierte Situation mit verstörten Kurden und schutzlosen Minderheiten schuf.

1.4.1 Grant, Badger und Bedir Khan

Bedir Khan, der Emir von Bohtan, war wie andere kurdische Emire von den Reform- und Zentralisierungsmassnahmen der Regierung in Form eines 1834 gegen die Kurden lancierten Feldzuges betroffen, dem er sich widersetzte.[71] 1838 war er gezwungen, sich dem Oberkommandierenden der osmanischen Armee zu ergeben. Dieser setzte ihn an die Spitze eines Regimentes von Reservisten *(redif)*. Bedir Khan nahm an der Seite der osmanischen Truppen unter anderem an der Schlacht von Nizip gegen die Armee İbrahim Paschas von Ägypten teil. Nach der Niederlage von Nizip im Sommer 1839 kehrte er nach Cizre (Cezire) zurück. Es gelang ihm, sein Emirat von Bohtan auszudehnen auf ein Gebiet zwischen Diyarbakır, Van, Urmia und Mosul.

Auch ein Minderheitenführer wie der nestorianische Patriarch Mar Schimon versuchte vom regionalen Machtvakuum zu profitieren, das nach der Beseitigung der meisten kurdischen Emire entstanden war. Sein Ziel war es, von der osmanischen Regierung als Oberhaupt der Nestorianer im Berggebiet um Hakkari anerkannt zu werden. Er ahnte zu Recht, dass die Zerschlagung der kurdischen Fürstentümer neue Möglichkeiten stammesübergreifender Machtausübung, ausgehend von religiösem Prestige, eröffnen würde. Deswegen geriet er nicht allein mit Nurullah Bey, dem mit Bedir Khan verbündeten Emir der Hakkari-Region, in Konflikt, sondern auch mit vielen Nestorianern, für die weltliche Macht üblicherweise nicht dem Patriarchen, sondern den *melek,* den Führern nestorianischer Stämme, zustehen sollte. Der Unterwerfungs-, Beute- und Zerstörungsfeldzug, den Nurullah mit Bedir Khans Unterstützung im Sommer 1843 gegen nestorianische Dörfer unternahm, betraf vor allem das Tiyari-Gebiet – zwischen Hakkari und Amadia –, wo Mar Schimon residierte.[72]

All das war in den frühen 1840er Jahren, als die ersten ABCFM-Missionare, allen voran der Arzt Asahel Grant, begannen, eine Missionsarbeit unter den, wie sie sie nannten, *Independent* beziehungsweise *Mountain Nestorians* in Tiyari – mitten in Zentralkurdistan – aufzubauen. Diese unzugängliche Gegend bot sich deshalb an, weil die katholischen Missionare des Dominikanerordens, die sich 1841 nach Jahrzehnten des Unterbruchs wieder eingefunden hatten, bei den Nestorianern um Mosul klar im Vorsprung waren.[73] Grant errichtete ein phantastisches religiös-visionäres Vorstellungsgebäude. Er interpretierte die Nestorianer als die verlorenen Stämme Israels, verhiess ihnen eine Blütezeit und wies ihnen als apokalyptischen Zeugen

---

71 Vgl. Gökçe 1997.
72 Und zwar in Diss, nachdem ihn Nurullah bereits früher aus dem angestammten Patriarchatssitz in Kochannes bei Çolemerk vertrieben hatte. MH 1845, S. 121.
73 Vgl. Henkel 1975, S. 367.

Gottes innerhalb der im Nahen Osten zu einem baldigen Ende drängenden Heils-
geschichte eine wichtige Rolle zu. Diese mit Bibelstellen begründeten Spekulationen
Grants beflügelten die wenigen Jahre seiner fieberhaften Tätigkeit in den kurdisch-
nestorianischen Bergen.[74] Direkter Konkurrent Grants war Badger von der anglikanischen Mission (CMS), die eine andere Strategie verfolgte, indem sie die bestehende Kirche aufzuwerten versprach und nicht zuletzt britischen Schutz in Aussicht
stellte.[75] Trotz solch grundsätzlicher Unterschiede ist es verständlich, dass nicht nur
Kurden, sondern selbst der osmanische Gouverneur von Mosul die anglikanische
und die kongregationalistische Mission verwechselten.[76]

Zu Grants Missionsarbeit gehörte eine intensive Reisetätigkeit. Dabei schufen
ihm seine Fähigkeiten als Arzt Sympathien und den Zugang auch zu Würdenträgern.
Von zentraler Bedeutung für die Missionierung der „unberührten" Gegend war es
zudem, lokale Helfer auszubilden und diese als Lehrer und Prediger in die
nestorianischen Bergdörfer zu schicken. In einer späteren Etappe ging es darum,
regionale Schulinstitute zu errichten und Gesundheitsdienste aufzubauen – all das
in erster Linie für die christlichen Minderheiten; soweit gedieh Grants Arbeit allerdings nicht. Er liess immerhin ohne osmanische Erlaubnis in Aschita, einem nestorianischen Dorf in der Region Tiyari, ein grösseres, anderthalbstöckiges Gebäude
mit Nebengebäuden errichten, welches nach seiner Aussage aus Erde und nicht mit
dem stabileren Mörtel zusammengefügt war. Es bot drei Missionarsfamilien Platz
und erlaubte, eine Schulklasse zu unterrichten. Es lag an einem „Festung" genannten
Ort; Ruinen bezeugten, dass dort früher eine solche gestanden hatte. Es wurde, so die
Version des ABCFM, nach der kurdischen Invasion durch die kurdische Besatzung
zu einer regelrechten mehrstöckigen, mit Türmen versehenen Festung ausgebaut und
mit Mörtel ausgefugt.

Bald tauchten jedoch weiterum bis hin zum Pascha von Mosul Gerüchte auf
von missionarischem Festungsbau beziehungsweise, in einer anderen Variante,
vom Bau eines Grossbazars, der den regionalen Handelsaustausch monopolisieren
wolle. Diese Gerüchte reflektierten weit mehr Grants ambitiöses Gedankengut als
den tatsächlichen Bau. Sie waren das Echo einer orientierungslosen Gesellschaft,
wie sie in Kurdistan seit dem osmanischen Feldzug der 1830er Jahre bestand. Es
wäre übertrieben, Grants Gebäude als Anlass für die kurdische Invasion von 1843
ins nestorianische Siedlungsgebiet anzusehen. Doch symbolisierte es mehr, als
was es wirklich war: es versinnbildlichte in Form eines mitten in Zentralkurdistan
gelegenen soliden Baus fremde christliche Unterstützung für die Nestorianer, deren
Patriarch sich ja nicht mehr den kurdischen Lokalherren unterordnen wollte. Daran
änderte die Tatsache nichts, dass sich die ABCFM-Missionare mit dem Patriarchen
Mar Schimon nicht gut verstanden, da sie seine Kirche – trotz förmlichem Respekt
vor den bestehenden Instanzen – als ein erstarrtes und im Sinne des Revivals ver-

74 Vgl. Grant, 1841, bes. S. 279–361. – Bemerkenswert, dass bereits ein Ostprovinz-Missionar der
    folgenden Generation Grants „romantische und heroische Anstrengungen" kritisch beleuchtete
    (Wheeler 1868, S. 28 f.).

75 Badger hat seine Erfahrungen im nestorianisch-kurdischen Raum in einem monumentalen Werk
    verarbeitet, das er bezeichnenderweise dem Erzbischof von Canterbury und dem Bischof von
    London widmete (Badger 1852).

76 Joseph, 1961, S. 59, 62.

änderungsbedürftiges Gebilde betrachteten. Im Gegensatz zu ihnen betonten Anglikaner und Katholiken gemeinsame Riten, Gebote und Hierarchien. Ende 1842 berichtete Grant von seiner Visite bei Nurullah Bey, die Mar Schimon verstimmte. Der Bey hatte den Arzt wegen seiner Fieberkrankheit zu sich gebeten. Grant wurde freundlichst empfangen und sehr bald auf die Bautätigkeit in Aschita angesprochen. Der Missionar schien Nurullah überzeugen zu können, dass der Bau einer Festung für unbewaffnete Leute keinen Sinn mache und der Bau eines Bazars ohne jegliche Handelswaren absurd wäre. Den Verzicht auf beiderlei Absichten bestätigte Grant dem Kurdenführer schriftlich. Nurullah bat auch um Vermittlung im Konflikt mit Mar Schimon.[77]

Wenige Tage vor der kurdischen Invasion war Grant bei Bedir Khan in dessen ungefähr 20 Kilometer nordöstlich von Cizre gelegenen Residenz eingeladen und wurde Zeuge, wie Nurullah persönlich bei Bedir Khan um Unterstützung gegen die rebellischen Nestorianer ersuchte. Die Kurdenführer versprachen Grant, bei der bevorstehenden Invasion den missionarischen Besitz nicht zu zerstören und Leute, die bei ihm Schutz suchten, nicht zu belangen.[78] Sie hielten dieses Versprechen auch ein, mit der Ausnahme allerdings, dass sie das Missionshaus in Aschita, das sie besetzt hatten, beträchtlich ausbauten und befestigten. Das ganze Tal von Aschita und seine Dörfer wurden vorläufig verschont, bis dort eine Revolte ausbrach.[79] Die kurdischen Blutbäder an den Nestorianern forderten insgesamt mehrere Tausend von Opfern.[80]

1846, drei Jahre nach den blutigen Ereignissen, weilten die ABCFM-Missionare Austin Wright, ein Arzt, und Edward Breath vier Wochen als Gäste bei Bedir Khan. In ihren Briefen und Berichten an die ABCFM-Zentrale in Boston überwiegen trotz allem positive Aussagen über den Kurdenfürsten. Dies war auch der Fall im Hinblick auf die aktuelle Situation der Nestorianer unter Bedir Khans Herrschaft, welcher einer Missionstätigkeit in seinem Herrschaftsbereich nicht abgeneigt schien. Wright und Breath wünschten Bedir Khans direkte Kontrolle auch im Bereich von Nurullah.[81] Dieser Wunsch erübrigte sich bald, da sich Bedir Khan ein Jahr danach der Übermacht eines osmanischen Heeres ergeben und ins Exil gehen musste.

Wright knüpfte auch Kontakte mit einem Vertreter der in Kurdistan zunehmend einflussreichen Scheichdynastie von Nehri an, deren politisches Gewicht mit der Eliminierung der Emirate stark zunahm. Begleitet von zwei nestorianischen Priestern, besuchte Wright im Sommer 1847 den weiterhin hochverehrten Kurdenscheich Taha von Nehri, herausragendes Haupt der in Kurdistan neu aufgeblühten sunnitischen Bruderschaft der Nakşibendi. Nehri liegt etwa 80 Kilometer östlich von Hakkari. Anfänglich empfing Taha sie frostig, da er sie als Spione der Regierung verdächtigte. Nachdem sie ihn vom Gegenteil überzeugen konnten, widmete er sich ihnen mit grosser Herzlichkeit und stellte ihnen ein Zertifikat aus, das besagte, dass sie seine Freunde seien und von niemandem behelligt werden dürften. Gleichwohl

---

77 Brief vom 26. 12. 1842, MH 1843, S. 318. Vgl. Gökçe 1997, S. 87 f.
78 MH 1843, S. 434 f.
79 MH 1844, S. 82 f.
80 Minorsky spricht von 10'000 Toten (EI, 1. Aufl., „Kurden", S. 1229).
81 MH 1846, S. 378–383. Übrigens haben die Missionare von diesem Besuch auch die Aussage Bedir Khans überliefert, er anerkenne weiterhin den Sultan als sein Oberhaupt.

war Wrights inneres Verhältnis zu Taha gespalten, zumal er wusste, dass dieser 1843 zur blutigen Invasion ins nestorianische Tiyari aufgerufen und sie zum Dschihad erklärt hatte. Er bezeichnete ihn als Fanatiker und brandmarkte ihn im *Missionary Herald,* da er eine jüdische Renegatin hatte steinigen lassen.[82]

Die amerikanischen Missionare trauerten Bedir Khan nicht nach. Sie meinten, dank der osmanischen Unterwerfung und Neuordnung gemäss den Tanzimat würde dessen Region ihrer Missionstätigkeit viel ungehinderter als bisher offenstehen. Dem war nicht so, und die kaum begonnene Mission bei den *Mountain Nestorians* wurde, abgesehen von sporadischen Besuchen, aufgegeben. Zwei Reisemissionare überlieferten 1854 nostalgische Aussagen der nestorianischen Bevölkerung: „In Bedir Khans Zeit waren unsere Abgaben weit geringer, obwohl er unserer Religion feindlich gegenüberstand. Die Türken jedoch reissen uns das Brot vom Mund weg und wollen noch mehr."[83]

1.4.2 Missionare, Emire, Scheiche und Patriarchen

Die Bedir-Khan-Episode ist von exemplarischem Interesse für die Frage nach der Rolle der Missionen in Kurdistan.

Es gab von Anfang an nicht *die* christliche Mission in Kurdistan, sondern individuelle Missionen und Missionare wie Grant, Badger oder die Dominikaner, die je unterschiedliche Vorgehensweisen und Ziele im Umgang mit den orientalischen Kirchen und den kurdischen Führern verfolgten. So hatten die amerikanischen Missionare – anders als ihre hierarchiebewussten Konkurrenten, die Traditionen und Riten eher respektierten – mit dem machthungrigen Christenführer Mar Schimon, in dessen Klientel sie eingriffen, weit mehr Schwierigkeiten als mit den Kurdenführern.

Die Missionsquellen dokumentieren interessante Nahsichten und Begegnungen. Sie liefern zahlreiche Argumente auf mehreren Ebenen für das Verständnis des kurdisch-nestorianischen Konfliktes. Sie begründen die kurdische Invasion von 1843 nicht nur mit der Rivalität von Mar Schimon und Nurullah, sondern auch mit der Komplizenschaft der Pforte, die das Vorgehen gegen die christliche Minderheit stillschweigend unterstützte. Denn die Pforte wünschte weder kurdische Autonomien noch eine mächtige nestorianische Gemeinschaft; sie verfolgte das Ziel, ihre direkte Herrschaft durchzusetzen. Da sie aber nach der jüngsten Niederlage bei Nizip (1839) kaum interventionsfähig war, begrüsste sie die kurdische Initiative von 1843. Der osmanische Feldzug von 1847 gegen Bedir Khan war in dieser Argumentation die logische Folge der Ereignisse von 1843 und langfristig geplanter Schachzug zur Ausschaltung des Hauptgegners – scheinbar unter argem Druck der Grossmächte, die Bedir Khan bestraft sehen wollten.[84]

---

82 MH 1848, S. 56–59. Zur Person Tahas vgl. McDowall 1996, S. 52.

83 MH 1854, S. 71.

84 Die Missionare führen eine Reihe weiterer Faktoren für die kurdischen Angriffe von 1843 an: Provokationen durch nestorianische Stämme, Einstellung der jährlichen Tributabgaben an Nurullah, der dringende Geldbedarf Nurullahs, der sich der Freundschaft eines mächtigen Nachbarn an der persischen Grenze mit Geschenken zu vergewissern hatte, und die innerfamiliäre Rivalität zwischen Nurullah und Süleyman, der Mar Schimon zugeneigt war.

Die ganze Episode und insbesondere die vor allem unter Kurden kursierenden Gerüchte vom missionarischen Burgenbau zeigen sehr deutlich, wie Mission in jedem Fall als Unterstützung einer Minderheitengruppe und damit als Infragestellung alter Machtverhältnisse bei den bereits durch die Zentralisierungsmassnahmen stark verunsicherten Kurden zusätzliche Besorgnisse und Aggressionen hervorrief. Sie zeigt ebenfalls den unsensiblen missionarischen Umgang mit symbolstarken Handlungen. Es ist deutlich geworden, dass der beste Schutz für Missionen, Missionarinnen und Missionare in Kurdistan in guten, immer wieder gepflegten Beziehungen vor Ort, insbesondere im Erweisen ärztlicher Dienste bestand – und nicht etwa in konsularischer Protektion, welche in Extremsituationen wie Krieg kaum wirksam war.

Relativ unabhängig agierende Missionare wie Grant oder seine Nachfolger Wright und Breath hatten, im Gegensatz etwa zu Badger,[85] einen guten Draht zu Bedir Khan. Sie hätten nichts dagegen gehabt, ihre Arbeit unter dessen Oberherrschaft auszuführen. Neben Bedir Khan pflegten kurdische Führer wie Nurullah, Taha von Nehri oder eine Generation später Ubeydullah, İbrahim Pascha und viele weniger Berühmte freundschaftlichen Umgang mit den Missionaren, die meist ihre engsten westlichen Ansprechpartner darstellten. Obwohl sie, wie Grant, bisweilen die Gelegenheit dazu hatten, wollten die Missionare kaum je die Möglichkeit zu einer ernsthaften Vermittlung zwischen Kurden, christlichen Minderheiten und dem Staat wahrnehmen – im Gegensatz zu späteren Vermittlungsbemühungen zwischen Regierung und Armeniern, zum Beispiel in Zeytun.[86]

Es ist kein Zufall, dass das Eindringen und die Etablierung der Missionen des 19. Jahrhunderts, die sich nicht wie frühere katholische Missionen mit der Betreuung der bestehenden Kirchen begnügten, parallel verliefen zum Emporsteigen der Scheiche als religiös-politische Vermittler und Führer innerhalb der verunsicherten kurdischen Stammesgesellschaft.[87] Man muss das Ausmass des „subversiven Kapitals" ermessen, das die Missionen – neben dem materiellen – selbstsicher und draufgängerisch im Namen ihrer Religion in Kurdistan anlegten. Ihr Reden bekräftigten sie mit imponierenden sichtbaren Leistungen wie Schulen und Spitälern. Sie schufen für bisher Untergeordnete wie Frauen und Minderheiten völlig neue Handlungsspielräume und neue Möglichkeiten für den Erwerb von Sozialprestige, Wissen, Geld und Macht.

Es leuchtet ein, dass die von diesen „Segnungen" und dem Aufblühen der Milletschulen ausgeschlossene kurdische Mehrheit auf die markante gesellschaftliche Differenzierung zu reagieren begann, die einherging mit der schweren Bedrängung durch die Tanzimat. Die Scheiche wurden zu Orientierungsspendern und Organisatoren einer Sammlungsbewegung auf einer den Stämmen übergeordneten Ebene. Diese Bewegung hatte einen prononciert sunnitischen Charakter. Die heterodoxen *Kızılbaş* (Aleviten), die den Tanzimat tendenziell positiv gegenüberstanden, sahen sich durch eine solche Bekräftigung sunnitischer Identität bedroht. Sie entwickelten daher ein grundsätzlich anderes Verhältnis zu den Missionen als die Sunniten.

---

85 MH 1843, S. 437.
86 Vgl. Kap. 2.2.4 und 2.2.5.
87 Vgl. dazu van Bruinessen 1989, S. 301–308.

1.5 Die Aleviten und die protestantische Bewegung

Das missionarische Interesse an einer randständigen Gruppe war nichts Ausser-gewöhnliches. Wir stellen dies auch im Falle der Yeziden,[88] Drusen und Alauïten[89] fest; man hielt diese Gruppen für den „Sauerteig des Evangeliums" zugänglicher als die in sich ruhende sunnitische Gemeinschaft und hoffte, über jene den Zugang zu dieser zu finden. Ebensowenig einzigartig ist die Betonung des Umstandes, bei den Aleviten seien verschüttete christliche Glaubenselemente zu entdecken. Auch die alevitische Beteuerung, im Grunde glaubten sie an denselben Gott wie die prote-stantischen Missionare, mit denen sie in den 1850er Jahren in Kontakt gerieten, lässt sich mit Äusserungen anderer heterodoxer Gruppen vergleichen. Dennoch schenk-ten namentlich die protestantischen Missionare den Aleviten oder *Kızılbaş*[90] ganz besondere Aufmerksamkeit. Sie äusserten sich von den Tanzimat bis nach dem Ersten Weltkrieg immer wieder mit Verwunderung und Bewunderung über sie. Zwischen den Aleviten und den Missionaren baute sich eine langanhaltende Sympathiebeziehung auf. Beide hofften gemeinsam auf grundlegende gesellschaft-liche Veränderungen. Beide mussten schliesslich das Scheitern eines gemeinsamen Aufbruchs in eine neue Zukunft verschmerzen.

1.5.1 Die Marginalität der osmanischen Aleviten

Die Randstellung der osmanischen Aleviten hatte historische Wurzeln. Die *Kızılbaş* widersetzten sich im 16. Jahrhundert ihrer Integration in den osmanischen Staat, welcher mit Sultan Selim II. endgültig einen sunnitischen Stempel erhielt. Sie hies-sen *Kızılbaş* wegen ihrer damals roten Kopfbedeckung. Da sie ihre Hoffnungen auf den persischen Schah Ismail setzten, wurden sie für die Osmanen zu Verrätern und

---

88 Vor allem die Mardin-Missionare kamen früh schon in Kontakt mit den Yeziden, ohne dass die Beziehung zu ihnen eine ähnlich spektakuläre Dynamik erhielt wie diejenige ihrer Kollegen mit den Aleviten. Wohl im Zusammenhang mit den Nöten in den Ostprovinzen Ende der 1870er Jahre übermittelte der Mardin-Missionar Alpheus Andrus ans *Bible House* die englische Übersetzung eines vom Yeziden-Führer „Maseekh Belloo" empfangenen undatierten Schreibens, das durch seine unverblümte Argumentationsweise im Hinblick auf erwartete, aber nicht empfangene mis-sionarische Hilfeleistung besticht: „To the honorable and merciful Mr - - - [Andrus]. After kissing your hands, we inform you that about a month ago we sent you a letter to which we were looking for a speedy reply. Daood, the Mosul Christian, has been telling us that if we were to cast ourselves upon Christ and Mr. - - -, Christ would come quickly and send us relief. But it is now a month since we threw ourselves upon Christ and yourself, yet to this day He has not sent us any relief funds. The Mosulli, Daood, tells us about Christ how he healed the sick, fed the hungry and raised the dead. But we have seen a surprising thing in that He has sent us nothing! yet we believed the word of Daood that he would send us relief. [...] We are still looking to Christ and to you. May God prolong your days. We kiss your hands and beseech you to make haste to supply the needs of the poor and needy among us [...]." ABC bh MiscCorr 1854–1878.

89 Die Alauïten sind arabischsprachige „Aleviten" in Syrien, die mit den anatolischen Aleviten die Ali-Verehrung und den Verzicht auf die Scharia teilen, sich aber in der religiösen Praxis und sozial, z. B. im Hinblick auf die Stellung der Frau, klar unterscheiden.

90 *Kızılbaş* ist der zeitgenössische synonyme, aber seitens der Sunniten pejorative Begriff für Ale-viten. Vgl. „Kızıl-Bash" in EI, 2. Aufl.

inneren Feinden. Die religiöse Propaganda stellte sie als unmoralische Ungläubige dar, die wegen ihrer kritischen Haltung dem Koran gegenüber, den sie im übrigen anerkannten, als *kitabsiz* – nicht im Besitze eines heiligen Buches – galten, und damit weit hinter den Juden und Christen zurückstanden. Anfangs des 16. Jahrhunderts unterwarf Selim II. das Gebiet der Ostprovinzen im Kampf gegen Ismail, der mit den anatolischen *Kızılbaş* im Bunde war. Die antipersische, prononciert sunnitische Neuausrichtung der osmanischen Herrschaft zwang die *Kızılbaş,* die teils türkisch, teils kurdisch *(Zaza* und *Kurmanci)* sprachen, zu einem Leben in abgeschiedenen Rand- und Bergregionen. Sie zogen sich insbesondere in das zwischen Sivas, Erzurum und Harput liegende Dersim – in der Folge das eigentliche Herzland der Aleviten – oder in das südwestlich des Dersim gelegene Elbistan, inklusive Marasch, zurück. Aber auch in Zentral- und Westanatolien und selbst, auf Grund von Deportation, im Balkan liessen sich *Kızılbaş* nieder. Marginalität bedeutete nicht den völligen Ausschluss aus dem osmanischen System, aber einen niedrigen gesellschaftlichen Status, Armut sowie Benachteiligung im Umgang mit der Ümmet und dem Staat. Im Unterschied zu den übrigen kurdischen Autonomiegebieten entzog sich der kurdisch-alevitische Dersim auch während der Tanzimat weitgehend erfolgreich dem Zugriff des Zentralstaates.[91] Die alevitischen Dörfer aller Regionen waren am Fehlen von Moscheen erkennbar. Unterdessen hat jedoch die im 19. Jahrhundert begonnene, in den 1980er Jahren nochmals forcierte Politik des Moscheenbaus ihr Ziel fast erreicht.[92]

Bei den Aleviten zeigten sich die engen Grenzen der osmanischen Erneuerung und ihrer gesellschaftlichen Verwirklichung besonders deutlich. Das Prinzip der Religionsfreiheit galt für sie ebensowenig wie für sunnitische Muslime. Von einer aufklärerischen Bereinigung jahrhundertealter Vorurteile gegenüber der alevitischen Heterodoxie sind bei den Repräsentanten der Tanzimat kaum Spuren zu finden. Ahmed Cevdet Pascha (1823–1895), der bekannte und weithin positiv bewertete Staatsmann, Jurist und Historiker der Tanzimat, ist ein markantes Beispiel für diesen negativen Befund. Er galt als der erfolgreiche „Pazifikator" des Kozan (zwischen Adana und Marasch) und leitete mehrmals das Erziehungsministerium. Die Vernichtung der Janitscharen und eines Teils der Bektaschi 1826 stellte er mit dem bekannten Euphemismus als „heilvollen Vorgang", *vaka-ı hayriye,* zugunsten des Staates und seiner sunnitischen Prinzipien dar. Den Alevismus betrachtete er als nominell islamische Etikette für Gruppen, die weiterhin einen „degenerierten, unzüchtigen Zoroastrismus" betrieben. Er setzte den Bektaschismus und den Alevismus in enge Verwandtschaft mit den extrem pejorativ bewerteten Strömungen des Freimaurertums, des Nihilismus und des Kommunismus. Im Osmanischen Reich hätten diese schädlichen Richtungen, anders als in Europa, noch wenig Fuss gefasst, denn der Staat habe es nicht versäumt, Massnahmen gegen sie zur Erhaltung der Rechtgläubigkeit zu ergreifen.[93]

---

91 Der antikurdisch eingestellte deutsche Zeitgenosse Andreas Mordtmann begründete dies mit dem schlauen Taktieren des damaligen geistlichen und weltlichen Wortführers im Dersim, des Seyit (Ali-Nachkomme) Schah Hüseyin und seines Vaters. Mordtmann 1878, Bd. 2, S. 49 f.

92 Mehr Informationen über die Aleviten in den Ostprovinzen in van Bruinessen 1997 und Kieser 1994. Vgl. auch Kap. 3.6.

93 Öz 1995, S. 296–302. Zur Person Cevdet Paschas vgl. EI, 2. Auflage, unter „Ahmad Djewdet

Um Missverständnissen vorzubeugen, sei betont, dass der Bektaschismus und der Alevismus zwar ein gemeinsames philosophisches Gedankengut und ein gemeinsames religiöses Erbe teilten, im übrigen aber ganz unterschiedliche soziale Erscheinungen waren. Die Aleviten stellten bis Mitte des 20. Jahrhunderts eine endogame, ländliche Gemeinschaft dar (deren Strukturen sich danach, im Zuge der türkischen Binnenmigration, teilweise aufgelöst haben), während die Bruderschaft der Bektaschi eine vorwiegend urbane Basis hatte. Das Oberhaupt der Bektaschi in Hacı Bektaş Köyü bei Kırşehir besass keinen oder bloss einen sehr geringen Einfluss auf die Aleviten der Ostprovinzen. Das Ordenszentrum der Bektaschi war während der Tanzimat mit einem starken Sunnitisierungsdruck konfrontiert.[94] Im übrigen hatte die jahrhundertealte Nachbarschaft der östlichen Aleviten mit den Armeniern religiöse, soziale und politische Konsequenzen, die bis heute in der Alevismusforschung viel zu wenig bedacht werden. Ich werde vor allem im zweiten und dritten Teil dieses Buches darauf eingehen.

1.5.2 Die missionarische Entdeckung der Aleviten

In den Jahren nach 1854 erzählen uns die Briefe und die Stationsberichte in den ABCFM-Archiven Schritt um Schritt die Geschichte der missionarischen Entdeckung dieses „einzigartigen Volkes"[95] in den Regionen Harput, Sivas, Malatya, Merzifon und Yozgat. Im Brief aus Arapkir vom 24. Oktober 1854 an Rufus Anderson, den Sekretär des ABCFM in Boston, ging George Dunmore – vermutlich als erster Missionar überhaupt – auf die in seiner Region zahlreichen *Kızılbaş* ein und erwähnte Merkmale, die später immer wieder unterstrichen wurden, so die Ablehnung der Scharia, die Verachtung durch die Sunniten und die Offenheit für das Evangelium.[96] Eine ausführlichere Beschreibung folgte im Bericht der Missionsstation Arapkir für das Jahr 1854, der auch auf die ersten Begegnungen mit Sendboten des ABCFM eingeht: „There is a large population in our field of Turks called ‚Kuzzel-bash'. They seem to be a distinct party or tribe and constitute the majority of Musselmen in all this region. They are all ready to receive the Gospel. They believe in Christ. They do not observe the great fast of the Mohammedans; neither do they use their forms of prayer or practise their various washings. They pray extempore. They meat together once a year, make bread and eat it, and say this is for Christ. They are addicted, however, to some superstitions, and are ignorant;

Pasha". – Eine ähnliche Einschätzung gilt für den osmanischen Historiographen und Tanzimatpolitiker Mehmed Esad. Vgl. *Üss-i Zafer,* sein apologetisches Werk über die Vernichtung der Janitscharen im Juni 1826; zu den Lebensdaten vgl. İA. Ich danke Tobias Heinzelmann, Zürich, für den Hinweis auf Esad.

94 Vgl. Birge 1937, S. 77–83; Öz 1995, S. 97–99.

95 MH 1857, S. 395.

96 „There [Çemishgezek] is a sect of nominal Moslems scattered through this region of whom I think you have not heard. They bear the name Kuzulbash, which means literally ‚readhead'. [...] They never or almost never go through the Muslim forms of prayer; nor do they keep their fast. They are a people by themselves. A peculiar people and open to the Gospel. [...] The Turks seem to regard them very much as they do the Koords, as worthless heretics, and not worth caring for." ABC 16.7.1, reel 526: 66.

yet they receive the Gospel with gladness, and fear not to say they are with us. Two copies of the New Testament in Turkish, not long since, were carried to one of their villages. They were eagerly read and listened to. The villagers were amazed at the wonderful truths and many joyfully received them. At length the villagers became divided among themselves; and many separated from their mollah *[dede]*, and declared they would receive the truth at all hazards. And these men, as we have heard, have already been subjected to much persecution for the Gospel's sake; one of them at the same time being the chief man of the village. In another village, eight hours from Arabkir, a Kuzzel-bash has a testament, which he reads and preaches to his people; and he also is suffering much persecution. He is a Turk of some influence. Indeed, many instances of religious awakening among this interesting people have come to our notice."[97]

Es ist zu vermuten, dass der zitierte Bericht in seinem Hinweis auf eine jährliche Versammlung und das Brotessen „für Christus" ethnographisch ungenau ist und die christliche Affinität des Alevismus überbetont. Die Aussage, dass die Aleviten die protestantischen Missionare willkommen hiessen und sich mit ihnen solidarisierten – „fear not to say they are with us" –, hatte jedoch nichts mit missionarischer Rhetorik zu tun; sie wurde in den folgenden Jahren vielfach bestätigt. Der Bericht informiert über erste Konflikte, die der Protestantismus innerhalb einer alevitischen Dorfgemeinschaft auslöste und die das promissionarische Dorfoberhaupt mit dem *dede* (Erbpriester) entzweiten. Ähnlich wie bei den Armeniern, übte der Protestantismus und sein Zugang zur Moderne[98] Anziehung auch auf höhergestellte Personen vor allem ausserhalb der religiösen Hierarchie aus, während letztere sich eher bedroht fühlte. Ein eventueller politischer Vorteil auf Grund britischer diplomatischer Protektion spielte noch keine Rolle, da sich die protestantische Millet in den 1850er Jahren in der Region Harput noch nicht konstituiert hatte. „We have had repeated requests from Koords and Kuzzle-bash for Bible and men to teach them, but as yet we have only been able to supply them with the word of God in the printed form", schrieb George Dunmore im Jahresbericht 1856 der Harput-Station. „We are on such friendly terms with the chiefs of that region that we can go among them with perfect freedom and safety. […] No movement has yet been made towards forming a separate protestant community here."[99]

Die Leserschaft des *Missionary Herald* wurde im November 1855 durch einen Bericht von George Dunmore abrupt mit Ali Gako, dem „wohlbekannten protestantischen Kurdenführer", konfrontiert. Dass es überhaupt möglich war, dass sich ein Stammesführer wie Ali Gako zu einem *Prote* – in den Ostprovinzen damals die geläufige Bezeichnung für Protestant – erklärte, wird aus den obigen Erläuterungen über die *Kızılbaş* einsichtig. Bemerkenswert bleibt, dass Ali Gako zum Protestantismus fand, ohne je in direkten Kontakt mit ABCFM-Missionaren gekommen zu sein. Aus den nachbarschaftlichen Kontakten mit Armeniern bekam er Kenntnis von dieser für die Region völlig neuen Strömung und fühlte sich von ihr angezogen. Die Missionare erklärten dies mit Ali Gakos aussergewöhnlich offenem und ehrlichem Charakter. Vermutlich spielte seine Freundschaft mit dem protestantischen

---

97 Station report, Arapkir, Mai 1855, ABC 16.7.1 (reel 523: 237).
98 „Evangelical modernity" in der Formulierung von Ussama Makdisi (Makdisi 1997).
99 ABC 16.7.1 (reel 523: 408).

Armenier Garabed eine wichtige Rolle. Ali Gako lebte in der Nähe des Städtchens Çemişgezek und hatte die Kontrolle über zwölf Dörfer und 500 bewaffnete Männer, nach Harput-Missionar Herman Barnum „die übliche Grösse der Klans in der Region". Ali Gako protegierte Garabed, einen der ersten armenischen Protestanten von Çemişgezek, als dieser sich einer heftigen Verfolgung durch Mitglieder der armenischen Kirche ausgesetzt sah. In all den Jahren, die die Berichterstattung des *Missionary Herald* abdeckte, blieb Ali Gako bei seinem Protestantismus. Gegenüber äusseren Anfeindungen schienen er und seine Leute – der ganze Klan übernahm das Bekenntnis seines Führers – sich durchsetzen zu können. Die Umsetzung des puritanischen Sittenkodex verursachte allerdings Probleme: Wie sollte Alis Kurdenklan seine Versorgung gewährleisten ohne die üblichen Plünderungen? Welcher geregelten Arbeit nachgehen? Wie die Ehre bewahren, wenn der Chef Blutrache verbot? Wie umgehen mit Gewalt innerhalb einer oft bedrohlichen Nachbarschaft?[100]

Sanford Richardson aus Arapkir beschrieb 1856 die soziale Stellung der *Kızılbaş*. Er stellte fest, dass diese Türken und Kurden noch weit mehr als die Christen unter dem herrschenden System litten: „The oppressions which they suffer from the dominant race are more severe than those endured by any class of the Christian subjects. In this respect they are the most abused people in Turkey. They are industrious and frugal, and with protection would become rich and prosperous; but as it is now, they are eaten up by greedy pashas and other exorbitant officials." Mit Recht führte der Autor die erwartungsvolle Offenheit der *Kızılbaş* gegenüber dem Protestantismus auf ihre prekäre gesellschaftliche Stellung zurück. Wie viele armenische Bauern der Ostprovinzen sahen sich diejenigen Aleviten, die nicht in ganz abgelegenen Gegenden wohnten, seit den Tanzimat einem doppelten Abgabedruck seitens der Lokalherren und der Steuerbeamten ausgesetzt. Es wäre für sie durchaus vorteilhaft, fuhr Richardson fort, protegierte Glieder des protestantischen Millets zu werden, doch wäre mit staatlichen Gegenmassnahmen zu rechnen. Richardsons Haltung oszillierte zwischen Bewunderung, Mitleid und Abwehr. Er sah sich durch das Verlangen der alevitischen Wortführer herausgefordert, die Mission solle Lehrer in ihre Dörfer senden. Bei seiner Schilderung einer Reise durch die Dörfer der Region Malatya schrieb er begeistert: „These Kuzzelbash, wether of the mountain or the plain, are a noble race, true children of nature", fügte aber sogleich bei: „[...] yet dark minded and ignorant of the only true way of salvation." Wie seine Kollegen wies Richardson auf heidnische, abergläubische Praktiken hin.[101]

Wiederholt wird eine beidseitige tiefe Emotion spürbar in den Missionarsbriefen. „I have never felt happier than in trying to do the work my master sent me here for", gestand George Herrick aus Sivas.[102] Herzlichste Gastfreundschaft, das zu Ehren der Gäste geschlachtete Lamm und nächtelange angeregte Gespräche gehörten zu diesen Begegnungen. „Never have I enjoyed more whole-hearted, kindly hospitality", schrieb ein anderer Missionar.[103] Frauen, Kinder, Männer und Missionare redeten, beteten, weinten und sangen miteinander. „[...] as we rose to offer prayer, those

---

100 Dunmore in MH 1855, S. 338–340; Barnum in MH 1863, S. 116–118, 309–312. Dunmore fiel 1862 als Feldprediger auf Seite der Nordstaaten im amerikanischen Sezessionskrieg.
101 MH 1856, S. 295–298; MH 1857, S. 83–85.
102 MH 1866, S. 67–69.
103 Riggs 1911, S. 735.

present, about twenty, stood with us, with uncovered heads, forming a semi-circle in front of the fire. It was a touching spectacle."[104] Man verabredete die Entsendung von Lehrern. Es war wie die Erfüllung langer Erwartungen und die Geburtsstunde neuer Hoffnungen. „They say [...] that from their remotest ancestors it has been handed down to them, that in the last times a Christian teacher shall come to instruct them." Betroffenheit und Emotion kennzeichneten das missionarisch-alevitische Verhältnis von Beginn an. Besonders rührte einen die Zärtlichkeit der Aleviten untereinander bei ihrer religiösen Versammlung *(cem)*. Die Aufrichtigkeit und Beharrlichkeit der *Kızılbaş Prote,* namentlich Ali Gakos, flössten tiefen Respekt ein.[105]

Zwischen den religiösen Führern der Aleviten, den *dede,* und den missionarischen „Eindringlingen" kam es nur zu verhältnismässig geringen Spannungen. Anders als die sunnitischen Scheiche in Kurdistan, die Klientel hinzugewannen, waren viele Aleviten auf der Suche nach einer radikalen Neuorientierung, gegen die sich die *dede* kaum zur Wehr setzten, auch wenn ihre geistliche Führerschaft gefährdet war. George Nutting besuchte im Sommer 1860 den Stammesführer Ali Mollah, der ihn in sein Zelt bei Farkikan, einem Dorf 10 Kilometer nordwestlich von Adıyaman eingeladen hatte. Ali erklärte sich unzufrieden mit den *dede,* die unfähig seien, auf der Basis von Büchern zu unterrichten (die alevitische Kultur war weitgehend eine mündliche). Daher habe er mit ihnen gebrochen. Er versprach eine neue Lebensweise und den Verzicht auf Plünderungen, Drogen („intoxicating drinks") und religiöse Heuchelei.[106] Vorübergehende Spannungen entstanden, als im Dorf „Karayookh" (Karahöyük?) in der Umgebung von Arapkir zwei Bibelkolporteure, die die Arapkir-Station unter die *Kızılbaş* schickte, mit ihrer forschen Fragerei den *dede* reizten und schliesslich beinahe eine Tracht Prügel einstecken mussten. Der *dede* hielt ihnen vor, dass jedes Volk seine eigenen Kultformen habe und sie daher die Seinen in Ruhe lassen sollten. Schliesslich nahm man versöhnt Abschied voneinander.[107]

Viele *Kızılbaş* begannen sich als *Prote* zu bezeichnen, oft ohne je in direkte Berührung mit den protestantischen Missionaren gekommen zu sein. Dort, wo keine Reisemissionare vorüberkamen, erklärt sich dies am besten durch den Umgang mit Protestanten in der armenischen Nachbarschaft, mit der die *Kızılbaş* oft in engem, freundschaftlichem Austausch standen. Im September 1856 besuchten mehrere alevitische Kurden („Kuzzelbash Koords"), die in Dörfern rund 50 Kilometer von Sivas entfernt lebten, die amerikanische Missionsstation in Sivas mit der Bitte um Lehrer und politische Protektion. Im folgenden tauchten immer wieder solche Kurden auf, und manche nahmen am türkischsprachigen Gottesdienst der Mission teil. Sie erzählten, dass schon über 100 Dorfbewohner sich als Protestanten dekla-

---

104 MH 1861, S. 72. Besuch von Baron Krikore und Oliver Winchester aus Sivas.

105 George Nutting: „At the conclusion of their worship, they kissed each other, both men and women, but in a modest manner, and several of the men also kissed me on the hand or arm." MH 1860, S. 346.

106 Sechs Tage später besuchte Nutting den betreffenden *dede,* der sich resigniert über sein Schicksal beklagte. „I advised him to comply with the reasonable request of his people, and show them the book on which their religion was founded. He said they had a book, but it was in the hands of his superior, who resides about twenty-five miles to the north." MH 1860, S. 346.

107 Sanford Richardson aus Arapkir, 14. 7. 1856, MH 1856, S. 297.

rierten.[108] Aus den dürftigen Ortsangaben zu schliessen, wohnten die *Kızılbaş,* von denen die Sivas-Missionare sprachen, in der Region zwischen Hafik, İmranlı, Divriği und Gürün, aber auch im Nordwesten der Provinzhauptstadt.[109]

In Sincan, einem Dorf nordöstlich von Divriği, stellte der alevitische Dorf-vorsteher unter dem Einfluss von antiprotestantischen Armeniern die armenischen Protestanten vor die Alternative, ein für allemal ihrem neuen Glaubensbekenntnis abzusagen oder bei Verlust aller Habe aus dem Dorf ausgestossen zu werden. Die Betroffenen beschwerten sich daraufhin bei der Regierung in Sivas, wo die Pro-testanten, so der amerikanische Missionar Benjamin Parsons aus Sivas, „in hohem Ansehen" standen. Als einige Monate danach im Sommer 1857 Parsons eine Nacht in Sincan verbrachte, hatten sich alle versöhnt, und die Protestanten waren akzep-tiert. Dieses Dorf kann als typisches Beispiel für das Eindringen des Protestantis-mus in ein gemischtes armenisch-alevitisches Dorf betrachtet werden. Zuerst war einer der armenischen Einwohner Mitglied der protestantischen Gemeinde in der nahe gelegenen Kreisstadt Divriği geworden. Bei Parsons' Besuch hatten sich ihm schon vier weitere Armenier beigesellt und die übrigen Armenier schienen von diesem Schritt nicht weit entfernt. Es war absehbar, dass auch die alevitische Hälfte sich anschliessen würde. „The facility with which the truth can be brought to bear upon the minds of this interesting but, in many respects, strange people, and the fact that there is no Armenian priest and no church in this village, give a peculiar gest to any efforts we may put forth for the conversion of this whole village unto Christ", schrieb Benjamin Parsons im Jahresbericht 1958 der Sivas-Station.[110] Das Dorf Sincan zählte rund 300 Einwohner und war je zur Hälfte armenisch und alevitisch. Manche *Kızılbaş* verwendeten als Zweitsprache Armenisch. Sincan war ringsum mit Wällen befestigt und zählte 18 Häuser, „if a sort of broad, flatroofed cavern, into which but few rays of light are permitted to penetrate, can be called a house".[111]

Ende der 1850er Jahre begannen die Stationen von Harput, Sivas und Diyarbakır kurdisch- und armenischsprachige Lehrer nicht nur in christliche, sondern auch alevitische Dörfer auszusenden. In Sivas war Baron Krikore, ein konvertierter Muslim (Alevit?) aus Anteb, damit beauftragt. Krikore hatte einige Monate am Bebek-Seminar der amerikanischen Mission in Istanbul studiert. Er traf im Juli 1857 in Sivas ein und begann seine Besuche bei den *Kızılbaş* im Herbst desselben Jahres. Zusammen mit Sivas-Missionar Oliver Winchester und einem der Kurden, die dem protestantischen Gottesdienst in Sivas beigewohnt hatten, besuchte er den Scheich Süleyman, den „anerkannten Führer der protestantischen Kurden, mit denen Krikore Umgang hatte". Dessen Sohn Vayis befreundete sich in der Folge mit den Missio-

---

108 Brief von Benjamin Parsons, Sivas, vom 6. 1. 1857, MH 1857, S. 144 f., und Brief von Fayette Jewett, Sivas, vom 16. 12. 1857, MH 1858, S. 109 f.

109 „[…] on and near the great table-lands lying northwest from Sivas, we have 21 villages exclusively Kuzzilbash", schrieb Benjamin Parsons im Jahresbericht 1857 der Sivas-Station (ABC 16.7.1, reel 523: 387). Die Dorfnamen Gündüz, sechs Stunden von Sivas, und Meced, Sitz eines Kızılbaş-Scheichs, wurden genannt (MH 1866, S. 68). Der Stationsbericht von Sivas von 1879 beschrieb kurz das Gebiet, das die Kızılbaş-Kurden hauptsächlich bewohnten: Es begann im Nordosten von Sivas und deckte „the belt between the Anti-Taurus ridges and Divrik, extending southward as far as Kangal" (MH 1880, S. 47).

110 ABC 16.7.1 (reel 523: 399).

111 MH 1858, S. 22–24.

naren und wollte an deren Schule in Istanbul studieren.[112] Nicht zu verwechseln mit der Kontaktaufnahme mit den *Kızılbaş* ist die ebenfalls in den 1850er Jahren beginnende Missionsarbeit in kurdischer Sprache. Sie betraf kurdischsprechende, vor allem armenische Christen in Gebieten nördlich und östlich von Diyarbakır, zum Teil auch bei Harput. Für sie wurden damals kurdische Matthäusevangelien auf *kurmanc* und nicht auf *zaza* gedruckt. Daher waren diese Schriften für die Mehrheit der *Kızılbaş* im Dersim, die *zaza* sprachen, nicht zu gebrauchen.[113]

1.5.3 Frühe Grenzen der Beziehung zwischen ABCFM und Aleviten

Die Aleviten schienen auf der Suche nach Neuem, Besserem zu sein, unbefriedigt von ihrer marginalisierten Lage und ihrem religiösen System. „[…] they are in a kind of transition state. Many have already renounced their former secret faith, and nearly all seem to be inquiring for something better. They stand in fear of the Moslems, and ask, ‚If we become Protestants, what will they do?' Could there be real religious liberty in this country, we might hope to see a great work among them", hiess es 1861 im Jahresbericht der ABCFM-Station von Yozgat.[114] Die Missionare waren perplex angesichts der unerwarteten Protestantismusbewegung bei Menschen, die als Muslime bezeichnet wurden. Begeistert wandten sie sich dieser „armen, unzivilisierten Rasse zu" (Herman Barnum) und beklagten, dass sie nicht genug Mitarbeiter hätten, um der Nachfrage zu genügen.[115] Die amerikanischen Missionare, welche auf die im *Hatt-ı Hümayun* 1856 verkündete Religionsfreiheit vertrauten, stiessen sehr bald auf die ungeschriebenen Schranken, die ihnen der Staat und die Gesellschaft im Umgang mit den Aleviten setzten. Die Missionare gerieten auch an ihre eigenen Grenzen, indem sie ihre spirituelle Botschaft gesellschaftlich und politisch nicht umzusetzen vermochten. Denn natürlich verlangten die Aleviten religiöse Unterweisung *und* politischen Schutz. Auch wenn am Berliner Kongress 1878 nur die armenische Frage internationalisiert wurde, gewann dort das Postulat der Religionsfreiheit im türkischen Reich, deren Verwirklichung die amerikanischen Missionare von der Diplomatie in Berlin dezidiert einforderten, vor dem Hintergrund der konkreten Erfahrungen mit den Aleviten seine besondere Bedeutung.

Nicht nach aussen, aber innerhalb des ABCFM stellte man sich bereits die „alevitische Frage", das heisst die Frage nach der alevitischen Unterdrückung und nach der eigenständigen, gleichberechtigten Zukunft dieser Gemeinschaft, mit der man gerne intensiven Umgang gepflegt hätte. Die amerikanischen Missionare hatten indes keine soziale Antwort auf die alevitische Frage. Ihre Beziehungen mit den *Kızılbaş* weckten tiefes Misstrauen bei den Behörden und den sunnitischen Nachbarn. Für einen der kurdischen *Prote,* die im September 1856 auf der amerikanischen Missionsstation in Sivas erschienen und sich schon einige Monate als Protestanten bezeichneten, ergaben sich schwerwiegende Konsequenzen. Schon vor ihrem Be-

112 MH 1858, S. 111–113, MH 1861, S. 72.
113 MH 1855, S. 341.
114 MH 1861, S. 273.
115 MH 1863, S. 116.

such in Sivas hatte sie ihr türkischer Dorfvorsteher ins Gefängnis werfen lassen. Der Betreffende besuchte noch mehrmals den Gottesdienst bei den Missionaren und kaufte sich schliesslich ein türkisches Neues Testament. Zurück in seinem Dorf, wurde ihm das Testament entrissen. Ihn selbst nahm man gefangen und zwang ihn zum Militärdienst bei einer Einheit, die gegen rebellische Kurden auszog. Nach Misshandlungen wurde er alsbald in Ketten nach Istanbul geschickt. Weitere Konvertiten jenes Kreises mussten Haus und Hof verlassen und sich andernorts zu Freunden oder Verwandten in Sicherheit bringen.[116] Bereits im Oktober 1856 begaben sich Reverend Jones von der britischen *Turkish Mission Aid Society* und sein Freund Righter zum Gouverneur jenes Kreises, in welchem die verfolgten *Kızılbaş*-Kurden wohnten, um zu deren Gunsten zu intervenieren. Vermutlich wirkte sich dieses Vorgehen eher kontraproduktiv und nicht so aus, wie es der Missionsarzt Fayette Jewett in Sivas einschätzte: „We have reason to believe that this visit had a good effect, and served to intimidate the official, showing him that that people, though few and ignorant, had intelligent and powerful friends." Als Krikore demselben Gouverneur im September 1857 einen Besuch abstattete, erwies dieser zwar allerlei Freundlichkeiten, verweigerte aber weiterhin die Rückkehr der verbannten Protestanten in ihre Häuser.[117]

Die Erfahrungen eines einheimischen Missionshelfers in den 25 *Kızılbaş*-Dörfern, die er bei Yozgat, gut 150 Kilometer westlich von Sivas besuchte, waren ähnlich. Auch ihn nahmen die Aleviten meist sehr herzlich auf, aber die Angst vor der Reaktion der sunnitischen Nachbarn für den Fall, dass sie Protestanten würden, war eher noch ausgeprägter als im Osten, wo die Aleviten mehr Freiheit genossen.[118] Missionar George Nutting von Urfa, der mit den *Kızılbaş* bei Adıyaman in Kontakt stand, wünschte sich 1860 einen auf das *Hatt-ı Hümayun* gestützten Sultanserlass, der ausdrücklich die Religionsfreiheit der Aleviten und damit deren Freiheit, in die protestantische Millet einzutreten, deklarieren sollte. Er ahnte, an welchen vitalen Interessen dies scheitern sollte: „The Moslems do not consider them as Moslems, and the only reason why they should oppose their evangelization is that now they have often opportunity to oppress them in various ways, in respect to taxes, etc., and they fear that when they become Protestants we shall inform the powers above them of their oppressions, and bring them to punishment, or prevent such wrongs."[119]

Ende 1860 brach die Sivas-Station ihre Arbeit unter den *Kızılbaş* trotz des andauernden gegenseitigen Interesses aus Gründen der persönlichen Sicherheit ab. Die alevitischen Protestanten sahen sich weiterhin starker Verfolgung ausgesetzt, ohne dass die Missionare ihnen nur den geringsten Schutz bieten konnten. Benachbarte Stämme bedrohten sie wie auch das Leben von Krikore.[120] Vermutlich han-

---

116 MH 1857, S. 144 f.; MH 1858, S. 110. Die offizielle Begründung für die erste Verhaftung dürfte auch die Aushebung gewesen sein, der sich Kurden und Türken in abgelegenen Gegenden meist erfolgreich und oft mit Unterstützung der lokalen Behörden bis in die frühe Republik entzogen.
117 MH 1858, S. 109–113, Zitat S. 110.
118 MH 1861, S. 273.
119 MH 1860, S. 347. Nach Dunmore war im Herbst 1857 eine Armee-Einheit mit 1'000 Soldaten unter Veli Pascha, damals in Hozat, beauftragt, die Steuern im bergigen Dersim, dem alevitischen Kernland, zu erheben. MH 1858, S. 115.
120 MH 1861, S. 71–73, 100–102.

delte es sich um sunnitische, möglicherweise durch den Gouverneur aufgestachelte Stämme. Man könnte sich auch alevitische Stämme vorstellen, die fürchteten, die Kontrolle über Dörfer zu verlieren, die im Bunde mit den Missionaren standen. Allerdings sind keinerlei Konflikte zwischen alevitischen Stämmen und der Mission bekannt. Obwohl die Missionare ihre regelmässigen Besuche bei den *Kızılbaş* im Südosten von Sivas abbrachen, beharrte ein Grossteil von ihnen weiterhin auf der Selbstbezeichnung „protestantische Kurden".[121] Sie verlangten weiterhin die Entsendung von Lehrern, ab 1865 allerdings nur noch unter der ausdrücklichen Bedingung, dass die Mission für sie einen Sultanserlass im obigen Sinn bewirke, dermassen eingeschüchtert waren sie schon durch die repressiven Reaktionen von Lokalbehörden und sunnitischen Nachbarn. Missionar George Herrick schloss selbstkritisch: „Once bold, and desirous of being enlightened and reckoned as Protestant Christians, if they have become timid, is not the fault largely our own?"[122]

Die Situation blieb auch in den folgenden Jahren und Jahrzehnten dieselbe, wenn auch der Berliner Kongress mit seinen Reformaussichten für die Ostprovinzen nochmals von neuem die alevitische Hoffnung auf Veränderung nährte. Der Jahresbericht der Sivas-Station von 1880 hält die Unmöglichkeit fest, in den *Kızılbaş*-Dörfern Schulen zu eröffnen oder alevitische Kinder in die Missionsschulen der Stadt aufzunehmen. Die Missionare unternahmen bloss sporadische Besuche und verkauften osmanisch geschriebene Traktate, die nur eine kleine Minderheit zu lesen verstand. Der Protestantismus der *Kızılbaş* habe, so der Missionsbericht, weniger mit den Lehren der Reformation als mit dem eigenen Reformwillen zu tun. Das habe bewirkt, dass gewisse abergläubische Bräuche (wie der Gebrauch des heiligen Holzes als Gegenstand kultischer Verehrung im *cem)*, gegen die sich die alevitischen Protestanten gewandt hatten, verschwanden; womit ein wichtiger Graben innerhalb der alevitischen Gemeinschaft überwunden worden sei. Dies ist ein interessanter Hinweis darauf, dass die Aleviten den Protestantismus als Anstoss zur Veränderung ihrer eigenen Situation interpretierten und nicht einfach fremde Lehren übernahmen. Derselbe Jahresbericht aus Sivas informiert über die Lebensverhältnisse der Aleviten im Osten. Sie lebten in zahlreichen kleinen, armen Dörfern und waren meist Bauern oder Maultierhalter. Sie verabscheuten es, ihre Söhne in den Militärdienst zu schikken und hassten wegen dieser Verpflichtung die „Türken" (dieses Wort bezeichnete im ostalevitischen Sprachgebrauch die Herrenschicht). „Urged by this feeling of hatred against the Turks, they looked for imagined succor from England, and as that proved to be far away, they sought the protection which the English Ambassador at Constantinople [Sir Stratford Canning] afforded to Protestants."[123] Während es den Dersimkurden meist gelang, sich der Dienstpflicht zu entziehen, mussten sich die *Kızılbaş* um Merzifon und Yozgat, die geographisch weniger abgeschirmt lebten, sowohl dieser als auch der Steuerpflicht unterziehen.[124]

---

121 „Through all our field", berichtete William Livingston in einem Brief vom Mai 1865 aus Sivas, „we hear of the *Protestant* Koords; and instances have come to our knowledge in which they have suffered persecution simply for avowing themselves Protestants, when they could have had no reasonable expectation that we should ever hear of such acts of persecution." MH 1865, S. 246.

122 MH 1866, S. 69.

123 MH 1880, S. 47 f., 184 f.

124 White 1908, S. 227.

1.6 Der missionarische Beitrag zum Aufbau kollektiver Identitäten

Identität kann als Anbindung eines Individuums oder Kollektivs an bestimmte Selbstbilder verstanden werden, die sowohl die eigene Abgrenzung als auch die Ausrichtung auf oder Zuordnung zu anderen Individuen, Kollektiven oder mentalen Modellen erlauben. Identitätskrisen eignen sich zur Neuformulierung solcher Relationen. Manche Themen der osmanischen Geschichte im 19. Jahrhundert lassen sich als Identitätsfragen begreifen. Haben die Missionarinnen und Missionare neue Gruppenidentitäten definiert beziehungsweise bestehende neu festgeschrieben? Wie wirkten sich die mitgebrachten historischen Konzepte auf die Selbstwahrnehmung und das Selbstverständnis der christlichen und nichtchristlichen Minderheiten, aber auch – indirekt – der staatstragenden sunnitischen Gemeinschaft aus? Wie ist der missionarische Faktor im Vergleich zu anderen Faktoren zu gewichten? Bedeutete Bekehrung nicht die Veränderung zentraler, intimster, sozial tief eingebetteter Bindungen und war somit der denkbar subversivste und aggressivste Akt?[125] Mission hatte in der Tat den hohen Anspruch, bestehende Zustände und Identitäten zu erneuern. Identitätsverändernd war nicht etwa nur die Hinführung zu einem neuen religiösen Bekenntnis, sondern die Gesamtheit des missionarischen Auftretens und Handelns, ganz besonders in den Schulen.

1.6.1 Identitätsfragen und Neuorientierungen

Eine neuere These der afrikanischen Ethnohistorie besagt, dass die christlichen Missionen ethniebildend wirkten.[126] Dieser Schluss lässt sich auf die Türkei im 19. Jahrhundert nicht einfach übertragen. Die christlichen Minderheiten, denen sich die Missionare in erster Linie zuwandten, stellten überaus klar definierte Gruppen, nämlich Millets mit eigener Organisation, Schriftsprache und Geschichtspflege sowie mit verbrieften Rechten und Pflichten, dar. Mit der Wahrnehmung und Beschreibung ethnischer Differenzen indes, mit linguistischer Arbeit und schulischer Förderung waren die Missionen ein starkes Ferment der Veränderung. Die soziale und politische Interpretation der liberalen Werte, welche das ABCFM ausstrahlte und in erfolgreicher Bildungsarbeit umsetzte, hatte Sprengkraft. Das selbstsichere missionarische Auftreten mit seiner Aura von Fortschrittlichkeit, die Förderung der Minderheitensprachen durch Unterricht und Presse sowie der allgemeine, westlich orientierte Bildungsenthusiasmus, den die Missionen zu wecken halfen, werteten die Minderheiten auf und ermutigten sie zu emanzipatorischem Handeln. Die Missionen trugen so zu einem neuen Selbstverständnis der Millets bei und weckten Erwartungen auch bei anderen Gruppen, wie den Aleviten, Yeziden und Kurden.

Die hauptsächliche missionarische Zuwendung zu den christlichen Minderheiten, die protestantischerseits nicht zum anfänglichen Plan gehörte, führte zu schwerwie-

---

125 Vgl. Hutchison 1987, S. 13.
126 Vail 1989.

genden Identitätsfragen. Ohne ausschliesslich durch die Missionen ausgelöst zu sein, betrafen diese das ganze religiöse, weltanschauliche und soziale Leben. Sie liessen sich aus der Sicht der Betroffenen etwa so formulieren: Sollte man angesichts der neuen Perspektiven den traditionellen Bindungen von Familie und Kirche treu bleiben oder mit ihnen brechen? Waren sie als Mittel zu einem politischen Zweck zu gebrauchen oder tiefgreifend zu verändern? Sollte man, falls überhaupt, die zweifellos fortschrittlichen schulischen und medizinischen Angebote der Missionen in Anspruch nehmen oder sich auch zu ihrem religiösen Bekenntnis bekehren? Sollte man die Migration in ein westliches Land anstreben? Wie stellte man sich zum zunehmend positivistischen Bildungsenthusiasmus in den neuen Millet-Schulen oder, seit den 1880er Jahren, zu den politischen Parteien und den revolutionären Gruppen? Wie ging man mit westlichem emanzipatorischem Gedankengut und seinen Ideen von Freiheit, Volkssouveränität, Nation, Gerechtigkeit und Menschenrechten um? Immer drängender stellte sich die Frage der politischen Loyalität. Betrachtete man sich weiterhin als loyalen Untertan des Reichsoberhauptes, des Sultans, und fühlte sich dem muslimischen Grossreich zugehörig? Duldete man weiterhin das klare, den lokalen Alltag prägende Machtgefälle zwischen Muslimen und Nichtmuslimen, um dafür eine gewisse Sicherheit zu geniessen? Wie stellte man sich das künftige – womöglich egalitäre – Zusammenleben mit den muslimischen, vor allem kurdischen Nachbarn vor?

Die aufgeführten Fragen sollen zu verstehen gaben, was die „armenische Frage" aus der Sicht der betroffenen Armenier vor Ort bedeutete. Auf politisch-diplomatischer Ebene lautete die armenische Frage seit dem Berliner Kongress so: Wie sollte man die Zukunft der prekären armenischen Siedlungsgebiete, die Teil des krisengeschüttelten Osmanischen Reichs waren, im Einklang mit den Interessen der Beteiligten, insbesondere der imperialistischen Grossmächte, gestalten und die versprochenen Reformen für die kurdisch-armenische Region umsetzen? (Vgl. Kapitel 2.2.2.) Die von den Grossmächten gestellte „orientalische Frage", deren Bestandteil die armenische Frage war, lässt sich ihrerseits so zusammenfassen: Wie sollte die Zukunft des Osmanischen Reichs oder dessen eventuelle Aufteilung aussehen? Auch die orientalische Frage können wir als eine „osmanische Frage" aus der Sicht der Betroffenen formulieren: Wie hatte man als Osmane sich und sein Gesellschafts- und Staatsverständnis neu zu definieren, in welcher Weise die gemeinsame osmanische Identität stark, modern und attraktiv zu gestalten, um die drohende Zerrüttung zu überwinden und den Vielvölkerstaat zu retten? Die Tanzimat antworteten auf diese Frage mit europäisch inspirierten Reformen und mit der Ideologie des Osmanismus. Das Scheitern der Tanzimat bahnte den Weg zu islamistischen und nationalistischen Antworten (vgl. 2. und 3. Teil).

Die armenische Frage im 19. Jahrhundert gehört mit der jüdischen Frage zusammen in den gemeinsamen grösseren Zusammenhang von Liberalismus und Nationalismus in Europa und im Nahen Osten. Der Schutzbefohlenenstatus, den die Juden im vormodernen Europa und die Armenier vor den Tanzimat innehatten, wurde für beide Völker damals weitgehend abgeschafft. Beide erlangten weitgehende gesetzliche Gleichstellung, die sich aber in der gesellschaftlichen Realität nur teilweise durchsetzte. Aus der Sicht der Betroffenen fragte die jüdische wie die armenische Frage nach dem Weg, der das eigene Volk, das ohne Staat in einem mehrheitlich nichtarmenischen beziehungsweise nichtjüdischen Siedlungsgebiet zerstreut war, in sichere, friedliche und gerechte Verhältnisse führen konnte. Die theoretische zionistische Antwort hiess „Judenstaat", die konkrete Antwort Migration ins osmanische Palästina. Zeitgleich mit den Zionisten stellten sich manche armenische Wortführer die Antwort ebenfalls als eine vertraglich gesicherte Heimstätte oder zumindest als reformierte osmanische Ostprovinzen vor. Manche hegten die Utopie einer Art unabhängigen Schweiz des Kaukasus, die in föderaler Weise armenische, kurdische und weitere Gruppen der Region umschliessen sollte.[127] Auf die orientalische und die armenische Frage ist keine gemeinsame *osmanische Antwort* gefunden worden, im Gegenteil; beide wurden zunehmend als gegenläufig aufgefasst. Eines der Hauptziele der jungtürkischen Politik während des Weltkriegs sollte es sein, die armenische Frage zugunsten des türkischen Nationalismus aus der Welt zu schaffen. Die jüdische Frage in Europa erfuhr ein Vierteljahrhundert nach der armenischen Frage in der Türkei eine vernichtende Antwort, die demselben sozialdarwinistischen Geist entsprang.

1.6.2 Die Neuformulierung und Aufwertung christlicher Minderheiten

Das Spektrum der missionarischen Antworten auf die Lage des armenischen Volkes seit den 1830er Jahren umfasste die religiöse, schulische, soziale und politische Ebene. Die ersten Missionare des ABCFM waren bald dessen gewahr geworden, dass eine religiöse Erneuerung, so wie sie sich diese vorstellten, nämlich als Rückkehr zur Heiligen Schrift, nicht möglich war ohne ein Schulsystem, das allen ohne Rücksicht auf Klasse und Geschlecht Zugang zu elementarer Bildung ermöglichte. Mädchenbildung war das vordringliche schulpolitische Postulat. Im Zusammenhang mit den Auseinandersetzungen um die Gründung des *Robert College* in Istanbul Ende der 1850er Jahre fand die zweite ABCFM-Generation zur Überzeugung, dass auch höhere Bildung zwecks Schaffung einer neuen, christlich inspirierten mittelständischen Elite eine zeitgemässe Aufgabe der Mission sei. Bezeichnenderweise weigerte sich damals der osmanische Erziehungsminister, eine Baubewilligung für das *Robert College* zu erteilen. Er meinte, die christlichen Untertanen des Reichs besässen bereits die weit besseren Schulen als die Muslime, er wolle daher nicht zulassen, dass sich der Graben weiter vertiefe. Das prächtige *college*-Gebäude konnte daher erst 1869, zehn Jahre nach dem Kauf des Grundstücks, errichtet werden (Abb. 4).[128]

Da die Bildung geeignet war, herkömmliche Schranken und Privilegien umzustossen, sahen sich die Protestanten bald mit der Notwendigkeit konfrontiert, soziale Änderungen durchzusetzen. Dies führte 1847 zur Spaltung der herkömmlichen Millets in eine protestantische und die bisherigen armenisch-apostolischen oder griechisch-orthodoxen Gemeinschaften. Dieser folgenreiche Schritt war nur zu bewerkstelligen unter Beanspruchung der Dienste der britischen Legation, die Druck

---

127 Vgl. Kieser 1999, S. 22, 145.
128 Vgl. Stone 1984, S. 62 f.

auf die osmanischen Behörden ausübte. Ein *ferman* bestätigte die neue Millet 1850. Die Schaffung der protestantischen Millet Mitte des 19. Jahrhunderts hat im Zusammenhang mit unserer Fragestellung eine grosse Bedeutung. Der protestantischen Millet war 1831 die Gründung der katholischen Millet vorausgegangen, die bereits einen wichtigen Einbruch in das osmanische Millet-Gefüge darstellte, das in Ansätzen seit dem 15. Jahrhundert bestand und sich in den folgenden Jahrhunderten administrativ etablierte. Allerdings lag wenig Neuartiges in der Form des neuen katholischen Kollektivs, dem wie bei den schon bestehenden ein religiöses Oberhaupt (Patriarch) vorstand.[129]

Die 1854 von ABCFM-Missionaren formulierte und 1856, kurz nach dem Erlass des *Hatt-ı Hümayun* verabschiedete „Verfassung" der protestantischen Millet hingegen war neuartig. In ihr bestand eine strikte Trennung zwischen Religion und ziviler Zughörigkeit zur Millet. Man konnte zu irgendeiner evangelischen Gemeinschaft gehören oder zu gar keiner und dennoch Millet-Glied sein. Daher stammt auch die Diskrepanz zwischen den Zahlen der Millet- und der Kirchenglieder je Ort. Der Millet stand eine zivile Persönlichkeit vor, die keine kirchliche Funktion innehatte. Sie vertrat als „Agent" *(kapı oğlanı* oder *vekil)* die Gemeinschaft bei der Pforte, musste osmanischer Untertan sein und wurde, wie auch die Angehörigen der zentralen Millet-Administration, jährlich von einer repräsentativen Versammlung, die sich aus gewählten Vertretern der lokalen protestantischen Gemeinschaften zusammensetzte, bestimmt. Von nun an hatten die Protestanten ihren eigenen direkten Draht zur Pforte, der sie Rechenschaft über Geburten, Heiraten und Todesfälle und vor allem Steuern schuldeten. Die gewählte zentrale Millet-Administration bestand aus dem *kapı oğlanı,* einem Vorsitzenden, einem Sekretär, zwei Kassierern, zwei Beisitzern und einem Buchhalter. Neben ihr bestimmte die repräsentative Versammlung auch je ein Komitee für schulische und publizistische Belange.[130]

Bedeutete eine neue Millet auch eine neue kollektive Identität? Dafür spricht, dass nun ein neues, verbrieftes kollektives Gefäss für eine Gemeinschaft mit einem protestantischen Zusammengehörigkeitsgefühl bestand, die andersartige Ideale, Rituale und Glaubensinhalte sowie neuartige Handlungsspielräume und soziale Netze ins Spiel brachte. Dagegen spricht, dass ein guter Rest ethnischer Festschreibung unberührt blieb, nämlich Geographie, Geschichte, Sprache und teilweise auch Religion und Sitten. Ausserdem war die neue Millet klein, sie stellte bloss einen kleinen Bruchteil der armenischen Millet dar. Die neugeschaffene protestantische Millet umfasste neben Armeniern bald auch Griechen und Araber. Sie übte, wie wir gesehen haben, Anziehungskraft auf die Aleviten aus (Kapitel 1.5). Sie war durchaus geeignet, wie es damalige Kritiker aus dem Lager der herkömmlichen Millets zutreffend formulierten, das Aufkeimen der jeweiligen patriotischen Bindungen beziehungsweise ethnisch-religiösen Zugehörigkeitsgefühle zu irritieren. Für das aufkommende Nationalbewusstsein war die konfessionelle Aufteilung der „Nation"

---

129 Obgleich anfänglich die Verantwortung auf zwei Personen aufgeteilt war, deren eine sich ab 1835 Patriarch nennen durfte. Ab 1846 wurde der Patriarch zum alleinigen Haupt. Siehe Arpee 1909, S. 58–61, wo auch das entsprechende *ferman* über die Einrichtung der katholischen Millet abgedruckt ist. Vgl. Artinian o. D., S. 38.

130 Der Text des *ferman* über die Einrichtung der protestantischen Millet ist abgedruckt in MH 1851, S. 114 f. und Arpee 1909, S. 139–141. Vgl. auch Artinian, S. 43 f.

jedenfalls ein Ärgernis. Vor allem im zweiten Drittel des 19. Jahrhunderts galten Konvertiten bei den Armeniern und bei den Griechen nicht nur als „ungehorsame Söhne" und religiöse Schismatiker, sondern auch als Verräter an der „Nation". Sie wurden sozial und ökonomisch ausgegrenzt. „Those of the village who embraced Protestantism were pulled away from Armenianism [...]. Protestants were no longer Armenians; they were ‚Prod‘, illegitimate, apostate", schrieb retrospektiv ein Armenier aus Pertschendsch bei Harput.[131]

Die protestantische Verfassung mit ihrer demokratischen Repräsentation und ihrer Trennung von religiösen und zivilen Angelegenheiten hatte eine Modellfunktion, zumal alsbald viele Kopien von ihr auf armenisch und armeno-türkisch verteilt wurden. „A silent, though deep and thorough revolution is going on in the minds of the Armenian people in regard to their civil rights", schrieb der ABCFM-Missionar Henry O. Dwight 1860.[132] Das protestantische Modell machte Schule. Nach 20jährigem Tauziehen zwischen der Istanbuler Oligarchie (den *amira*) und jungarmenischen Kräften gab sich auch die armenisch-apostolische Millet eine 1863 vom Sultan anerkannte Verfassung, die ebenfalls eine gewählte repräsentative Versammlung festschrieb. Als höchstes legislatives Organ wählte diese einen 14köpfigen Rat für kirchliche sowie einen 20köpfigen Rat für zivile Angelegenheiten. Diese Räte bestimmten ihrerseits verschiedene exekutive und administrative Behörden für Finanzen, Erziehung, Gesundheit, Justiz und Klöster. Zur Aufgabe der repräsentativen Versammlung gehörte auch die Wahl des Patriarchen von Istanbul, des Millet-Oberhaupts. Ähnliche Verfassungen der griechischen und weiterer Millets folgten. Auch die kurzlebige erste osmanische Verfassung von 1876 kann als Teil dieser verfassungsrechtlichen Dynamik in der zweiten Hälfte der Tanzimat betrachtet werden.[133]

Der Protestantismus brachte nicht nur eine demokratische Form, sondern eine basisdemokratische Praxis in die osmanische Türkei. In den Missionsstationen hatten Männer *und* Frauen je eine Stimme, „and no policy or action was decided without free and full discussion".[134] Dasselbe galt für die Jahresversammlungen der Missionszweige, wie das bereits deren frühe Protokolle beweisen.[135] Die Grenze der Demokratie oder auch deren Konflikthaftigkeit lag in der Frage, welche Versammlungen und Organe präzise welche Entscheidungen zu treffen befugt waren. Solche Konflikte entstanden namentlich zwischen ABCFM und den von einheimischen Armeniern geführten, aber vom ABCFM gegründeten evangelischen Kirchenunionen und in der Frage missionarischer Interventionen in protestantischen Gemeinden, die einen einheimischen Pfarrer hatten.[136]

---

131 Dzeron 1984 (1938), S. 150.
132 Zit. nach Davison 1982, S. 329.
133 Die Reformverfassungen der griechischen und jüdischen Millet, 1862 bzw. 1865, gingen weniger weit. Vgl. Davison 1982, S. 329 f.; Karpat 1982, S. 164. Der Verfassungstext der armenischen Millet findet sich auf englisch in Lynch 1901, Bd. 2, S. 445–467, ein Resümee davon in Arpee 1909, S. 187–190.
134 Ussher 1917, S. 78. Die Gleichstellung der Missionarinnen und Missionare ist ein Thema, das noch der Erforschung harrt. Womöglich gab es beträchtliche Unterschiede je nach Station.
135 *Minutes of Assyrian Mission / Eastern Turkey Mission Annual Meetings, 1854–1892,* ABC bh.
136 Vgl. *Report on Relations of Missionaries and Native Pastors and Churches adopted by the Mission in 1866,* ABC bh.

1.6.3 Volkssprache, Nationalbewusstsein und ethnische Konstruktion

Von hoher Bedeutung für die Neuausprägung kollektiver Identitäten war die Wahrnehmung ethnischer Besonderheiten einer Gruppe, namentlich der Volkssprachen, deren Aufwertung und Verschriftlichung die protestantischen Missionare mit Verve betrieben. Dies galt für das Armenische, Griechische, Süryanische und auch das Kurdische. Bei der „nationalen Renaissance"[137] all dieser Kollektive spielte der missionarische Faktor eine nicht zu unterschätzende direkte oder indirekte Rolle. Von den modernen armenischen und griechischen Bibelübersetzungen und Publikationen wie auch von den Spannungen, die deren Gebrauch sowie die Gründung von evangelischen Gemeinden im Verhältnis zu den traditionellen Kirchen im ganzen 19. Jahrhundert verursachten, ist schon die Rede gewesen (Kapitel 1.3.2).

Das Beispiel der Süryani[138] ist weniger bekannt. Ihr Siedlungsgebiet lag hauptsächlich in der bergigen Region zwischen Van, Mardin und Urmia und der Ebene von Mosul; sie hatten aber auch an anderen Orten, so in Urfa, Gemeinden. Während die Armenier seit dem 17. Jahrhundert regelmässige Kontakte zum Westen pflegten, war dies bei den Süryani bis zum Eindringen protestantischer und katholischer Missionen in den 1830er und 1840er Jahren nicht der Fall. Der 1833 publizierte Bericht der ABCFM-Missionare Eli Smith und H. G. O. Dwight über die Nestorianer war für das Abendland eine wissenschaftliche Sensation.[139] Diese missionarische Expedition brachte erstmals die Ansätze von ethnographischer Recherche, Bibelwissenschaft, Kirchengeschichte, Archäologie und Altertumskunde zusammen. Sie gab inhaltlich und methodisch das Modell[140] für künftige Forschungen in jenem Raum vor. Noch Lynchs nichtmissionarisches wissenschaftliches Standardwerk *Armenia* (1901) ist von einer vergleichbaren Vorgehens- und Sichtweise geprägt.

Während die Lazaristen (ab 1838 in Urmia) und Dominikaner (ab 1840 in Mosul) sich energisch der Pflege und Erweiterung der mit Rom unierten Süryani, der sogenannten Chaldäer, widmeten, die 1844 als eigene Millet vom Sultan anerkannt wurden,[141] richteten sich die Missionare des ABCFM ganz nach ihrer Revival-Strategie aus. Anders als ihre katholischen Konkurrenten, die altsüryanische Bücher druckten, bemühten sie sich, unterstützt von europäischen Orientalisten, um die Verschriftlichung des gesprochenen Neusüryanisch und um eine Bibelübersetzung in diese Volkssprache.[142] Auch wenn diese neue Schriftsprache sich nicht bei allen

---

137 Die „armenische Renaissance" ist ein etablierter Begriff für die armenische kulturelle und politische Erneuerungsbewegung des 18. und vor allem 19. Jahrhunderts (in den Ostprovinzen erscheint sie erst im zweiten Drittel des 19. Jahrhunderts); vgl. Pasdermadjan 1986 (1949), S. 259–288.

138 Ich verwende den Begriff Süryani als Oberbegriff für alle Süryani-Sprecher ungeachtet ihrer Konfession. Die Süryani umfassen somit die ostkirchlichen Jakobiten („westsyrische Kirche") und Nestorianer („ostsyrische Kirche"), die unierten Chaldäer und die protestantischen Süryani-Sprecher.

139 Dwight und Smith 1833.

140 Besonders bemerkenswert war Dwights und Smiths systematische Methode der unabhängigen Doppelprotokolle: „At the direction of the Committee, each kept his own memoranda of facts and opinions, and wrote out his journal independently of the other, to serve as a mutual check against errors and omissions." Dwight und Smith 1833, p. vii–viii.

141 Joseph 1961, S. 32 f.

142 ABCFM-Missionar Justin Perkins fungierte als Übersetzer. Die 1847 herausgegebene Ausgabe des

Süryani durchsetzen konnte, da sie den Dialekt von Urmia zum Modell genommen hatte, wurde sie doch im Laufe der Jahrzehnte zum Symbol kulturellen Eigenwertes und ihre Beherrschung zum Zeichen der Bildung und der Zugehörigkeit zum Kollektiv der Süryani.[143] Beim Patriarchen Mar Schimon, der die Einheit der Süryani unter seiner Führung erstrebte, rief die identitätsverändernde Tätigkeit der amerikanischen Mission langanhaltende erbitterte Feindschaft hervor.[144] Ähnliches wie über das Süryanische lässt sich über die Förderung der armenischen Volkssprache sowie des *Karamanlı*, das heisst des mit griechischen Buchstaben geschriebenen Türkisch sagen, das die Missionare mit Veröffentlichungen aufwerteten.[145] Die mitten in den Tanzimat begonnene Übersetzung von Bibelteilen ins Kurdische wiederum konnte unter Abdulhamid deshalb nicht fortgeführt werden, weil sie für dessen Zensur zu sehr die kurdische Eigenständigkeit förderte.

Die Missionen, allen voran das ABCFM, übten einen starken, direkt und indirekt identitätsbildenden Einfluss auf die Aleviten aus, indem sie diese als eine gesonderte Gruppe wahrnahmen und wertschätzten (Kapitel 1.5). Sie ermutigten dieses heterogene Kollektiv – mit dem gemeinsamen Merkmal, weder als Millet noch als vollwertiger Teil der Ümmet anerkannt zu sein –, sich als gleichwertig zu sehen und von der sie despektierlich behandelnden Ümmet zu distanzieren. Daraus ergaben sich Ansätze zu einer „alevitischen Renaissance". Der missionarische Einfluss resultierte einerseits indirekt, in der Wahrnehmung der „nationalen Renaissance", welche die Aleviten bei ihren armenischen Nachbarn beobachten konnten und die in den Ostprovinzen stark von der Tätigkeit des ABCFM beeinflusst war; andererseits direkt, über die lebhaften, von starker gegenseitiger Sympathie geprägten Kontakte zu den Missionen von den 1850er bis in die 1920er Jahre. Diese trugen dazu bei, die relativ freundnachbarlichen Bande der Armenier und Aleviten noch zu verstärken. Diese Nähe wurde vom Jungtürken und kemalistischen Ideologen Hasan Reşit Tankut später bitter beklagt.[146]

1.7   Die Schauplätze Harput, Van und Urfa

Die missionarische Arbeit in den Ostprovinzen begann im wesentlichen erst in den 1850er Jahren. Damals wurden wichtige Board-Stationen im Osten gegründet, so Harput und Sivas. Die Mission in Harput nahm qualitativ und quantitativ den ersten Rang unter den Stationen in den Ostprovinzen ein.[147] Im Jahrzehnt nach dem *Hatt-ı*

Neuen Testamentes war zweisprachig, Alt- und Neusüryani, mit dem bewussten Ziel, das Studium des Altsüryani weiterzupflegen und der Bereicherung des Neusüryani dienen zu lassen (MH 1847, S. 128 f.).

143 Vgl. Joseph 1961, S. 71–76.

144 Vgl. Kap. 1.4.2 und den Brief des britischen Botschafters an sein Aussenministerium vom 18. 12. 1879, FO 424/106, S. 16, Nr. 5, in Şimşir 1982, S. 623 f.

145 Clogg 1968 und Heinzelmann 1994.

146 Tankut 1994 (1961), S. 218 f.; Tankut 1994 (1935), S. 470–473.

147 Zum vergleichsweise harzigen Aufbau der Missionsarbeit in Sivas vgl. MH 1869, S. 113 f.

Hümayun (1856) entwickelten die dortigen amerikanischen Missionspioniere eine ausserordentliche Erkundungs- und Gründungsdynamik, die zum Vorbild für weitere Ostprovinzstationen wie Van und Bitlis wurde. Die wesentlichen Elemente, welche die erfolgreiche Strategie der jungen Harput-Station in der zweiten Hälfte der Tanzimat ausmachten, waren Frauenbildung, Gang in die Dörfer, Hilfe zur lokalen Selbstorganisation von Kirchen und Primarschulen sowie die höhere Bildung unter missionarischer Leitung im Zentrum und die medizinischen Angebote. Im selben Zeitraum begann die armenische Millet über die Metropolen hinaus ein eigenes Schulwesen in seinem ländlichen Siedlungsgebiet aufzubauen. Der missionarische Boom von Ende 1860er bis in die 1880er Jahre war hauptsächlich ein edukativer, dem ein ebensolcher der Millets entsprach. Erst mit dem Sultanserlass von 1856 konnte sich der Boom entfalten. Zuvor war die Situation trotz der neu eingerichteten katholischen und protestantischen Millets immer wieder prekär und jeglicher missionarische Aufbau in den Ostprovinzen wurde immer wieder in Frage gestellt.[148]

1.7.1 Harput und seine „apostolischen Kundschafter"

Das im Zentrum der Ostprovinzen, zwischen den Oberläufen von Euphrat und Tigris gelegene Harput hatte zusammen mit Mezere (Mamuretülaziz) in den 1860er Jahren rund 25'000 Einwohner. Zu den wichtigsten Städte in der Region zählten Palü mit ungefähr 8'000, Eğin mit 8'000, Arapkir mit 20'000, Divriği mit 10'000 und Malatya mit 40'000 Einwohnern. Die Gesamtbevölkerung der näheren Region Harputs (ohne Malatya und Divriği) betrug gemäss dem Salname von Diyarbakır (1871), wozu der Sandschak Mamuretülaziz damals gehörte, gut 100'000, davon waren drei Viertel Muslime. Die grosse Mehrheit der Bevölkerung lebte in Dörfern, deren Einwohnerschaft zwischen 100 und mehreren Tausenden variieren konnte. Hunderte solcher Dörfer lokalisierten die Missionare auf ihren Wandermissionen kartographisch mit Hilfe eines Taschenkompasses. Die Kurden, die rund ein Drittel der Bevölkerung ausmachten, lebten hauptsächlich in den Bergen, die Armenier und Türken vor allem in den tiefer gelegenen Landstrichen. Landwirtschaft (vor allem am Talboden) und Viehwirtschaft (in den Bergen) waren mit Abstand die wichtigsten wirtschaftlichen Zweige, doch gab es auch Bergbau (Silbermine in Maden), eine hochstehende Textilproduktion (unter anderem von Seidenstoffen), Schmieden und Mühlen.[149] Vom ethnischen Standpunkt betrachtet, ist die Tatsache bedeutend, dass es neben den klar unterscheidbaren armenischen, türkischen und kurdischen Bevölkerungsteilen vor allem in der grossen, nördlich an Harput anschliessenden Region namens Dersim eine bedeutende Zahl von sogenannten *Kızılbaş* gab, die hauptsächlich in Bergdörfern wohnten. Sie bezeichneten sich in der Regel als Kur-

---

148 In Mardin richtete der kapuzinische Laienbruder Pietro eine Apotheke mit Naturheilkräutern der Region ein, die auch Türken und Kurden offenstand. Die dadurch gewonnenen Sympathien bewahrten nicht vor Anfeindungen sowohl von muslimischer als auch armenisch-apostolischer Seite, so dass die Kapuziner beim französischen Konsul um Schutz ersuchen mussten. Henkel 1975, S. 371; Terzorio 1920, S. 252.

149 Wheeler 1868, S. 65 (Wheeler orientierte sich, obzwar mit kritischen Bemerkungen, an den offiziellen osmanischen Angaben); *Yurt Ansiklopedisi* 1982, S. 2499–2501.

den, grenzten sich allerdings schroff ab von der sunnitischen Mehrheit der Kurden, den *Şafi* (schafiitische Sunniten), wie sie sie nannten (vgl. Kapitel 1.5).

Harput wurde 1834 mit den Zentralisierungsmassnahmen des Staates konfrontiert. Der osmanische Militärkommandant Mehmed Reşid Pascha wurde zum „Super-Vali" der Grossregion Sivas-Harput-Diyarbakır ernannt und mit umfassenden Vollmachten ausgestattet, um die Reformmassnahmen des Sultans Mahmud II. im Osten zu verwirklichen. Reşid Pascha unternahm einen Feldzug zur Zerschlagung der kurdischen Emirate und zur Unterjochung der Stämme; die direkte Steuererhebung durch den Staat gehörte zu den prioritären Zielen. Reşid Pascha machte das inmitten von kurdischem Stammesgebiet gelegene Harput zu einem militärischen Zentrum, indem er eine grosse Garnison in der Mezra genannten Talsohle Harputs, das auf einem Hügel lag, gründete. Die Stadtverwaltung wurde ebenfalls dorthin verlegt; der kurdische Regent Harputs, Çetelizade, der Reşid gastfreundlich empfangen hatte, sah sich abgesetzt. Die neue Stadt bekam 1867 unter dem Sultan Abdulaziz den Namen Mamuretülaziz, verkürzt Elaziz, aber auch der Name Mezere blieb in Gebrauch. 1877 wurde Mamuretülaziz eine Provinz; da Elaziz nichts anderes als eine „Neustadt" Harputs war, nannte man die Provinz oft „Provinz Harput".[150] Verhältnismässig viele Armenier begannen sich in Mezere anzusiedeln, besonders nach der Jahrhundertwende.

Die Gebäude der jungen amerikanischen Mission lagen erhöht am westlichen Stadtrand Harputs. Unterhalb der Mission schlossen sich armenische Häuser an, während sich die meisten türkischen Häuser auf dem Felsen im Osten der Stadt befanden. Ihren Stadtteil prägten mehr als ein Dutzend Moscheen, meist mit angegliederten Medresen.[151] Diesen gegenüber bildeten die grosszügigen amerikanischen Missionsschulgebäude einen modernen, symbolstarken Kontrapunkt im Stadtbild. Der Harput-Missionar Crosby H. Wheeler meinte in den 1860er Jahren: „The houses [...] upon the cliff are inhabited by Turks, who always seek to arrogate themselves the choicest locations."[152] Aus türkischer Sicht lagen die Missionsgebäude gewiss an mindestens ebenso privilegierter Lage, denn sie waren auf ihrer Anhöhe weithin sichtbar. Dem Bild des herrschaftsbewussten Türken, das aus dem Zitat hervorscheint, steht bei Wheeler das Bild des „armen Armeniers" gegenüber, unterdrückt und „wie die Juden" über die halbe Welt zerstreut, auch wenn sich ein grosser Teil der Armenier noch in der angestammten Heimat befinde. Hunderttausende würden gerne in die USA gehen, in „dieses weitberühmte Refugium der Unterdrückten", wenn sie nur könnten.[153]

Das Selbstbild der frühen Harput-Missionare war das von evangelischen Kundschaftern: „[...] he himself is confined to no one city or village, is the occupant of no

---

150 Die türkische Republik nannte die Stadt 1937 in Elazığ um, weil „Elaziz" für die nationalistischen Puristen zu arabisch klang. Mamuretülaziz hiess in osmanischer Zeit nicht nur die Stadt, sondern auch der 1867 nach dem Provinzengesetz geschaffene Sandschak, der die Distrikte Elaziz, Arapkir, Ağın, Eğin (Kemaliye), Çarsancak (Akpazar), Çemişgezek, Palu, Ergani, Malatya und Adıyaman umfasste. *Yurt Ansiklopedisi* 1982, S. 2498 f., *İslam Ansiklopedisi* 1997, S. 235, Cuinet 1892, Bd. 2, S. 356. Für demographische Angaben siehe unten den Beginn von Kap. 3.7.

151 Cuinet 1992, Bd. 2, S. 326 f., 354; *Yurt Ansiklopedisi* 1982, S. 2502.

152 Wheeler 1868, S. 67.

153 Wheeler 1868, S. 55 f.

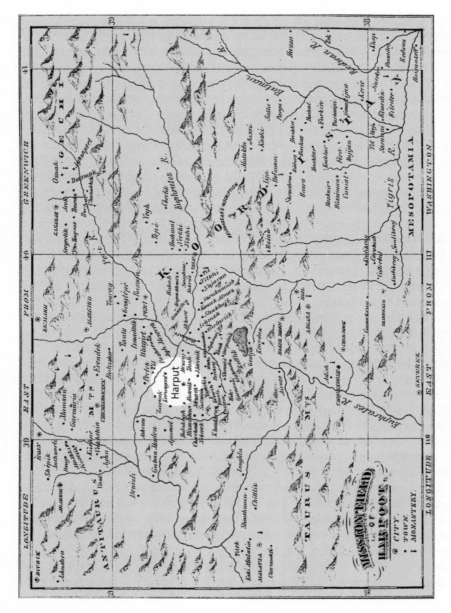

Karte 3: Das Missionsgebiet von Harput. Eine Karte, deren zahlreiche Dorfeintragungen Frucht missionarischer Kartographierung sind (eine bedeutende Stadt wie Diyarbakır fehlt indessen). Beachtenswert ist, dass man sich zwischen Euphrat und Tigris nicht allein im Bibelland und im christlichen Kulturgebiet (Klostereintragungen), sondern auch mitten in „Koordistan" sah, rund 117 Längengrade „east from Washington".

one pulpit, is not a local preacher, but an apostolic explorer, to range over and map out the country, and direct others, whom he shall select and train for the work, where to do the labor of local preaching." Der evangelische Pionier fühlte sich stolz und dankbar, dass vor ihm weder Zug, Dampfschiff noch gewöhnliche Strassen die Region berührt hatten und dass er abgeschirmt blieb vom, wie er damals meinte, überhandnehmenden Orienttourismus![154]

Bereits in jener Frühzeit missionarischer Dauerpräsenz in den Ostprovinzen wurde der menschenrechtliche Gedanke formuliert, die Anwesenheit ausländischer Beobachter könne Übergriffen und Unterdrückung einen gewissen Einhalt gebieten. Damals stand der Schutz der jungen Protestanten im Vordergrund. Dieser Aspekt spielte bei der Besetzung neuer Stationen eine Rolle, zumal er ein wichtiges Motiv der betroffenen Bevölkerung war, wenn sie um Entsendung eines Missionars ersuchte. Wheelers Kollege Herman N. Barnum schrieb mit Bezug auf seinen Besuch im Städtchen Kiği (Geghi): „[…] the whole vicinity is infested with Koords, who practice upon Christians every species of extortion, – committing murder with very little hesitation; and the authorities, being so far removed from the central government, are very corrupt, will seldom attend to any claim, however just, without a bribe, and are generally ready to favor the party which gives most money. A resident missionary [in Kiği], who should be known as the friend and protector of Protestants, would to some extent be a terror to evil doers."[155]

Das Vertrauen der Missionare in die den Tanzimat verpflichtete Zentralregierung und in die eigenen Möglichkeiten schien noch ganz intakt zu sein. Missionarische Beobachter und Ansprechpersonen sollten die vom Reformstaat verfochtene Rechtsstaatlichkeit vor Ort einfordern. Nicht die Zentrale, sondern lokale Autoritäten oder pauschal „die Muslime" und vor allem „die Kurden" wurden für Einschränkungen und Missstände, denen die Missionare in den Ostprovinzen begegneten, verantwortlich gemacht. Diese Sicht sollte sich unter Abdulhamid ändern.

1.7.2 Missionarische Gründungszeit in und um Harput

Gegen Ende der Tanzimat gab es in der ganzen Provinz Mamuretülaziz noch immer nur die herkömmlichen, einer Moschee zugeordneten Medresen. Die Alphabetisierungsrate war minim. Der „Reformstaat" der Tanzimat war weit davon entfernt, in den Ostprovinzen ein staatliches Schulwesen zu verwirklichen. Die Missionare jedoch, die sich Ende der 1850er Jahre in Harput niederliessen, begannen innert weniger Jahre ein Netz von Dorfschulen in der Umgebung aufzubauen beziehungsweise zu initiieren. Manchmal nahm die armenische Dorfbevölkerung die Suche nach einem möglichen Lehrer und einem Raum selbst an die Hand, wenn nötig schickten die Missionare jemanden, zum Beispiel einen ihrer Studenten, und mieteten einen Raum. Als Lesestoff dienten von den Missionaren verfasste einfache Fibeln und die Bibel, für deren Verkauf sie in der ganzen Region Wanderverkäufer anstellten.

154 Wheeler 1868, S. 23–25, 65.
155 MH 1861, S. 109. Zur Situation in Kiği nach dem Berliner Kongress vgl. Kap. 2.2.3.

1861 hatte der Harput-Missionar Herman N. Barnum ein aufrüttelndes Erlebnis. In einem kurdischen Dorf bei Kiği (Geghi) auf halber Distanz zwischen Harput und Erzurum nahmen ihn die dort lebenden vier armenischen Familien wie einen Engel auf. „Sie lebten in grösster Unwissenheit, und dies schien charakteristisch zu sein für zahlreiche Armenier in kurdischer Umgebung." Solche Begegnungen stachelten den schulischen und missionarischen Eifer an. Aus den apostolischen Kundschaftern wurden alsbald eifrige Gründer von Kirchen, Schulen, einer regionalen Missionsgesellschaft und selbst einer Zeitschrift, der *Harput News*.[156]

Die 1864 gegründete *Harput Missionary Society* setzte sich zum Ziel, in kurdischer Umgebung lebende Armenier zu erreichen und nach Möglichkeit auch die Kurden selbst. Die im Jahr darauf gegründete *Harpoot Evangelical Union* übernahm diese Missionsaufgabe und besass in Pastor Kavme Ablahadian einen engagierten Dorfmissionar armenischer Abstammung und kurdischer Muttersprache, der in und um Redwan tätig war.[157] Es war ethnisch bedeutsam, dass diese Mission den kurdischsprachigen Armeniern den Zugang zu ihrer einstigen Muttersprache eröffnete, indem sie ihnen diese neu beibrachte. Mit diesem Argument wehrte sie sich auch gegen den von der armenischen Millet immer wieder erhobenen Vorwurf, die armenischen *Protes* seien aus der armenischen Gemeinschaft ausgeschert. Die Missionare replizierten, im Gegenteil fördere die Mission mit ihrer Sprachpflege auch das armenische Erbe.[158] Zweifellos trug der Protestantismus zu einem tiefen Bruch innerhalb der armenischen Gemeinschaft bei. Die Missionare gerieten nicht nur in Konkurrenz und Konfrontation mit den traditionellen kirchlichen Führern, sondern alsbald auch mit den Repräsentanten moderner edukativer Strömungen innerhalb der armenischen Millet, die nationalistisches, revolutionäres oder freigeistiges Gedankengut pflegten.[159]

Das rund 10 Kilometer südlich von Harput gelegene Dorf Pertschendsch, das rund 1'000 Armenier und 1'500 Muslime zählte, ist ein Beispiel für den oft bloss indirekt durch die Mission bewirkten edukativen Aufbruch unter der ländlichen Bevölkerung, aber auch für die Spaltung innerhalb der traditionellen Dorfgemeinschaft. Der *Vartabed* Garabed Torosian, der eine Bibel erworben hatte, begann hier regelmässige Lesungen in einem Stall, dem einzigen grösseren, im Winter durch Tiere gewärmten Gebäude. Um die 70 Männer nahmen daran teil. Durch einen Wanderverkäufer darüber unterrichtet, besuchten die Harputmissionare Barnum und Wheeler um 1860 das Dorf. Mitte der 1860er Jahre richteten die Pertschendscher eine Kirche und eine Schule ein. Für das Salär des Pastors Bedros Apkarian und die Schulkosten kamen sie selbst auf. Einzig an die Baukosten der Kapelle spendete die

---

156 Ein englischsprachiges, wohl vorwiegend der internen Information und Erbauung dienendes Druckerzeugnis, das auch in die Zentrale nach Boston gesandt wurde (MH 1872, S. 315).

157 ABC MS Hist. 31: 4, S. 37.

158 Wheeler 1868, S. 292 f.

159 Im Falle Crosby H. Wheelers schien es auch eine Opposition von seiten protestantischer Armenier in Istanbul zu geben; dem Ton und der Argumentation eines gegen ihn gerichteten Schmähartikels nach zu schliessen, waren es jungarmenische Kreise, die seine offensive, wenig akademische Missionsweise in und um Harput und seine Geldsammeltätigkeit in der Hauptstadt vor den Kopf stiessen. „Article appeared in the Manzoomei Efkiar, translated from the Armenian, No. 373, of June 5th, 1867 [...]. Signed by the Protestant Armenians, Constantinople, June 10th, 1867", ABC bh MiscCorr 1854–1878.

Abb. 2: Protestantische Dorfschule und -kirche in Kilise. Dieses kurdischsprachige armenische Dorf nahe bei Farkin (dem heutigen Silvan) wurde fast ganz protestantisch. Seine
Bewohner erbauten sich 1890 – wie die Pertschendscher weitgehend aus eigenen Mitteln –
eine Kirche (links mit Knaben darauf) und ein Schulhaus (rechts). Die Fenstervergitterung
sollte den Raub der Bibeln und Strohmatten (zum Draufsitzen) verhindern. Ganz ähnlich kann
man sich die Gebäude in Pertschendsch vorstellen.

Mission einen Anteil. Deren Errichtung rief den Widerstand der türkischen Nachbarn auf den Plan.[160]

　　Ein Pertschendscher namens Manoog B. Dzeron, geboren 1865, „als sein Vater
das [protestantische] Versammlungshaus [in Pertschendsch] erbaute", blickte in den
1930er Jahren in seinem US-Exil auf das Eindringen des Protestantismus in sein
Dorf zurück: „In their manner of introducing Protantism in the village the American missionaries committed some terrible and damaging errors. Instead of working
with the established national institutions to inform and teach the people about the
central purposes of their mission, they came into the village as supermen with a holy
faith, intending to convert a ‚pagan people'. They persuaded and encouraged the
newly converted people to throw out of their hearts all of the traditional ceremonial
and sacred practices of their Mother Church." Der Exilpertschendscher traf den
wunden Punkt der Millet-Aufspaltung, der die Missionare in ihren historischen
Aufarbeitungen auch immer wieder beschäftigte. Allerdings zeichnete er ein zu
idyllisches Bild einer harmonischen Dorfgemeinschaft vor dem Kommen des „zwie-
trächtigen Protestantismus". Auch Dzeron liess – und damit stimmt er mit heutigen
türkischen Missionshistorikern überein – die positive edukative, wiewohl zu indivi-
dualistische Rolle der Mission gelten.[161] Derselbe antiprotestantische, armenisch-

160　Wheeler 1868, S. 98–100, 134–142. Die Errichtung protestantischer Schul- und Kapellgebäude rief
　　　entweder den Widerstand türkischer (vgl. in Aghun und Divriği, MH 1869, S. 24) oder armenisch-
　　　apostolischer Nachbarn hervor (so auch in Kiği, MH 1869, S. 24).
161　Vgl. Literaturbesprechung in der Einleitung, namentlich zu Polat Haydaroğlu 1990. Dzeron schrieb
　　　über den Beitrag zur armenischen Renaissance in seiner Heimat: „It is true, that individual freedom

nationalistische Autor äusserte sich auch darüber, wie 1860 der Katholizismus in Pertschendsch Einzug gehalten hatte: „[...] the Catholic Church did not have the quality of the new Protestantism of flattering and enticing the Armenians." Die drei Dorfbewohner hätten sich allein deshalb an den katholischen Bischof gewandt, um als Katholiken den Dorfstreitereien zwischen Protestanten und Anhängern der „Mutterkirche" zu entrinnen und über die katholische Kirche französische Protektion in belastenden Steuerfragen zu geniessen.[162]

1859 eröffnete die Mission ein theologisches Seminar in Harput, das *Harpoot Theological Seminary*. Seminaristen waren in der Regel Familienväter. In den ersten beiden Jahren wurden klassisches und modernes Armenisch, Mathematik, Geographie, Chemie, Kirchengeschichte und Philosophie gelehrt. In dieser ersten Seminarhälfte waren theoretisch auch Nichtchristen zugelassen, allerdings auf eigene Kosten. Die anderen erhielten nach Bedarf ein Stipendium. Das dritte Jahr war der systematischen Theologie und pastoralem Training, das vierte der Homiletik gewidmet.[163] Von den 21 Männern, die vor 1867 das Theologische Seminar besuchten, waren sechs kurdischer und neun arabischer Muttersprache.[164]

1861 errichtete die Mission ein Seminar für Frauen, das *Harpoot Female Seminary*. Zur Motivation dafür äusserte sich Wheeler, einer der Mitgründer, folgendermassen: „[...] we had two objects in mind, besides educating the students' wives. First, to excite public attention to the subject of female education. [...] The other object was to prepare educators [...]. The seminary was thus to prepare a leaven to be cast into the different communities." Für die Kinder der zum Teil schon verheirateten Studentinnen gab es die feste Einrichtung eines Tagesheims.[165] Die Aufnahme von Amy, einer 15 Jahre alten kurdisch-alevitischen Waisen aus Çemişgezek, der ersten Nichtchristin im Seminar, löste 1873 in ihrem Stamm einige Aufregung aus. Leider erfährt der Leser des *Missionary Herald* später nichts mehr über ihr weiteres Schicksal. Belegt ist ein allgemeines alevitisches Interesse an der Schulung durch Missionare. Die Missionare meldeten Ende 1873, dass Yusuf Agha, der Führer eines der sieben Hauptstämme der Region Dersim und Kreisgouverneur *(kaymakam)* von Çemişgezek, Missionsschulen für seine Jugend verlange. Yusufs Frau scheint die treibende Kraft hinter diesem nicht weiter verfolgten Vorstoss gewesen zu sein.[166]

Im Winter 1866/67 besuchten 1'129 Knaben, 573 Mädchen und 885 Erwachsene in und um Harput von der Mission geführte Schulen. Von Crosby Wheeler nicht zu

was encouraged, although in inappropriate degrees. [...] All Protestant women learned to read the Bible, and at the same time learned about the latest fashions in dress. [...] the major offering of Protestantism was the coeducational schools established in the village by the missionaries, and these awakened a new spirit among [non-Protestant] ‚Armenians' to strive more for their own advancement. As a result, after a short time, Parchanj became a center of education – the foremost of the villages of the Ova." Dzeron 1984 (1938), S. 150 f.; „Ova" (türkisch) = Ebene. Dzeron ging so weit, den Protestantismus für die Schwächung der Armenier im „Überlebenskampf" gegen „barbarische" Oberherren verantwortlich zu machen: „[Protestantism] shattered, killed, the cooperative spirit that had prevailed and that was so necessary in the survival battle that the people were waging against the barbaric overlords, and in attaining higher levels of culture in the community." Dzeron 1984 (1938), S. 151.

162 Dzeron 1984 (1938), S. 153.
163 Wheeler 1868, S. 163–168.
164 Stone 1984, S. 119.
165 Wheeler 1868, S. 186–191.
166 MH 1872, S. 315–317; MH 1873, S. 159 f.; MH 1890, S. 345.

Abb. 3: Schulzimmer des *Harpoot Theological Seminary*. Liedernoten und englischer sowie osmanischer Text zierten die Wandtafel. Die Studenten der höheren Missionsschulen kleideten sich bereits zur Tanzimat-Zeit europäisch (hier die Klasse von 1906).

Unrecht als Frucht des missionarischen Vorbildes dargestellt, zählten die übrigen jungen armenischen Schulen (protestantische oder gregorianische) im selben Winter 3'764 Knaben und 609 Mädchen sowie 607 Erwachsene. Innerhalb von zehn Jahren hatte die Region Harput eine neue, allerdings ausschliesslich christliche Schülerschaft von über 7'500 Köpfen erhalten![167]

Dem amerikanischen Beispiel folgte gewissermassen auch der 1867 in Harput eintreffende Kapuziner Angelo da Villarubia. Dessen vor allem priesterliche Arbeit liess allerdings wenig vom protestantischen Gründungselan der 1860er Jahre verspüren. Erst Ende des Jahrhunderts sollte die kapuzinische Mission in Mezere ein *collegio* (Gymnasium) eröffnen.[168]

Eine wichtige und bis nach dem Ersten Weltkrieg andauernde missionarische Zukunftsperspektive war die schon angetönte Arbeit unter den Kurden: einerseits unter den alevitischen Dersimkurden nördlich von Harput, andererseits unter den Kurden im Südosten. Erstere sprachen in der überwiegenden Mehrheit *zaza*, letztere *kurmanc*. Die neuen beziehungsweise neu erweckten armenischen Kirchen sollten das Ferment dieser künftigen Mission sein. Wheeler schrieb: „I anticipate it as my own richest source of future joy in the missionary work to learn the Koordish tongue, and lead on to the regions beyond these foreign missionaries of the newly-planted churches."[169]

167 Wheeler 1868, S. 119 f. Vgl. die Diagramme in Kap. 2.7.3.
168 Terzorio 1920, S. 345–351; Giannantonio 1899, S. 306.
169 Wheeler 1868, S. 247.

1.7.3 Van

Geographisches Merkmal der rund 350 km östlich von Harput gelegenen Stadt Van ist ihr See auf einer Höhe von 1'730 Metern über Meer, demographisches Merkmal in osmanischer Zeit ihre armenische Mehrheit sowohl bei der Stadtbevölkerung als auch in der umliegenden Region. Geopolitisch war Van von seiner Nähe zu Persien und Russland geprägt. Im Südteil der 1875 geschaffenen Provinz Van, im Sandschak Hakkari, lebten um die 50'000 Nestorianer, die das ABCFM „Mountain Nestorians" nannte; sie waren wie die Kurden in mehr oder weniger autonomen Stämmen organisiert. Die übrigen, etwas weniger zahlreichen Nestorianer waren – gleich wie die armenische Landbevölkerung weiter nördlich – *raya,* den kurdischen Lokalherren und dem osmanischen Staat abgabepflichtige Untertanen.[170]

Die Stadt Van hatte eine gehobene muslimische Schicht, die aus Türken und Kurden bestand, und eine ausgeprägte, dynamische armenische Mittelschicht. Die Armut traf man vor der Stadt an, wo oft kurdische Nomaden vorbeizogen oder sich verarmte Dorfbewohner ansässig zu machen suchten. In der Umgebung Vans gab es eine grosse Zahl armenischer Dörfer und einige wichtige Klöster. Das Jahrbuch *(Salname)* von Erzurum aus dem Jahre 1871 gab für Van und die 156 Dörfer seiner nahen Umgebung *(merkez kaza)* eine männliche Bevölkerung von 25'725 an, davon 6'863 Muslime. Davon sind zwei Drittel als Stadt-, ein Drittel als Dorfbevölkerung zu rechnen.[171] Diese in der Tanzimat noch ganz klare demographische Mehrheit der Armenier sollte in hamidischer Zeit zugunsten der Muslime verändert werden.

Der urbane Raum Vans umfasste drei Zonen: die auf einem schroffen Felsplateau (mit assyrischen Keilinschriften) gelegene Zitadelle, die eine osmanische Garnison beherbergte, steil darunter Richtung Süden die von einer Mauer gesäumte Altstadt und ostsüdöstlich davon die sogenannte Gartenstadt, wohin vor allem seit Mitte des 19. Jahrhunderts wohlhabende christliche und muslimische Familien zogen. Die Altstadt blieb aber das Zentrum des wirtschaftlichen, staatlichen und religiösen Lebens; man ging tagsüber weiterhin dort seinen geschäftlichen oder administrativen Beschäftigungen nach.

Diese Stadt mit jahrtausendealter Tradition erlebte in der zweiten Hälfte des 19. Jahrhunderts einen wirtschaftlichen und kulturellen Aufschwung, der von den Tanzimat, der armenischen Renaissance und der – allerdings relativ späten – missionarischen Präsenz ausging. Befruchtend wirkte auch die Nähe Persiens und vor allem des prosperierenden Russisch-Armeniens, mit dem die Armenier Vans in regem kulturellen und wirtschaftlichen Austausch standen.

Der Aufschwung zeigte sich im Stadtbild. Der städtische Raum erweiterte sich stark durch die expandierende Gartenstadt. Es herrschte eine rege private, gemeinschaftliche und staatliche Bautätigkeit. Der sich modernisierende Tanzimat-Staat prägte das Gesicht der Altstadt neu mit Post, Bank, Gericht und Gefängnis. Er errichtete Verwaltungsgebäude und militärische Bauten. Nach 1878 kamen Bauten im Bereich der Gärten, Schulen und der Telegraf hinzu. Auch in Van verwirklichte

---

170 Zahlen nach Cuinet 1891, Bd. 2, S. 636, 650.
171 Yurt Ansiklopedisi 1983 f., S. 7552.

der Tanzimat-Staat keine seiner geplanten Neuerungen im Bildungsbereich. Staatliche Primarschulen gab es erst seit den 1890er Jahren.[172]

Den Aufbau der Gartenstadt hätte man sich als den gemeinsamen Aufbruch gut situierter, fortschrittlicher Familien beider Religionsgruppen in eine liberale Kohabitation vorstellen können. Dem war nur zum Teil so. Man wohnte auch hier zumeist in religiös getrennten Quartieren. Vor allem aber frequentierten die Kinder nicht dieselben Schulen. Anstatt die heterogene Untertanenschaft des Reichs im Sinne der unternommenen Reformen zu einer zivilen Gesellschaft zu formen, führte der grosse schulische Aufbruch in der zweiten Hälfte des 19. Jahrhunderts meist zu einer Vertiefung der Gräben zwischen den ethnischen Gruppen – auch in Van.

Schon vor dem Eindringen der Missionen gab es in Van einen edukativen Aufbruch. Megerditsch Khrimian, 1821 in Van geboren, wurde hier Abt des Klosters Varag und gründete Ende der 1850er Jahre eine Schule und eine Zeitschrift, bevor er, 1869, zum armenischen Patriarchen in Istanbul ernannt wurde. Er rief die Bevölkerung zur Emanzipation mittels Erziehung und zu nationalem Selbstbewusstsein auf.[173]

Das ABCFM gründete als erste Mission 1872 eine Station in Van. Die protestantische Gemeinschaft zählte um 1880 erst 50 Glieder bei einer armenischen Stadtbevölkerung von gegen 30'000. Anders als in den übrigen Ostprovinzen widerstand die armenische Gemeinschaft hier lange dem Protestantismus. Missionarinnen eröffneten 1878 eine Sekundarschule für Mädchen, sieben Jahre vor der entsprechenden Gründung für die Knaben.[174] Die französische und die deutsche Mission fassten erst in der zweiten Hälfte der hamidischen Ära Fuss in Van.

Auf Grund seiner geographischen und demographischen Situation wurde Van früh zu einem Nährboden politischer Bewegungen und Schauplatz auch bewaffneter Auseinandersetzungen. Im Ersten Weltkrieg dem Erdboden gleichgemacht, verlor Van seine gesamte armenische Bevölkerung. Heute liegt Van nicht mehr nur 2 Kilometer vom Seeufer entfernt, sondern mehrere Kilometer landeinwärts.

1.7.4 Urfa

Die Stadt Urfa, das antike Edessa, hatte um 1850 eine etwa 20'000köpfige, am Vorabend des Weltkriegs auf gut 50'000 angewachsene, aus Türken, Arabern, Kurden, Armeniern, Süryani, Juden und Griechen gemischte Bevölkerung. Rund zwei Fünftel waren Christen, drei Fünftel Muslime, hinzu kamen rund 200–300 Juden. Katholiken und Protestanten gab es noch fast keine. Die in der zweiten Jahrhunderthälfte entstehenden Vorstädte beherbergten vor allem aus Dörfern zugezogene Kurden und Araber. Urfa wurde 1865 als Hauptort des gleichnamigen Sandschak der Provinz Aleppo eingegliedert.[175]

---

172 Vgl. Lynch 1901, Bd. 1, S. 100.
173 Pasdermadjian 1986 (1949), S. 282 f.; Ter Minassian 1983, S. 160 f.
174 ABC MS Hist. 31: 4, S. 43. Stone 1984, S. 127.
175 Vgl. Kap. 2.10.1 und Artikel „Urfa" in *İslam Ansiklopedisi.*

Urfa wurde wie Van erst in hamidischer Zeit zu einem missionarischen Zen-trum. Anders als Van besass es aber schon zu Beginn der Tanzimat eine Mis-sionsstation, nämlich diejenige der Kapuziner. Und – sozial bedeutsamer – es geriet früh in den Sog der protestantischen Bewegung. Diese erfasste schon in den 1830er Jahren, früher als in den übrigen kleinasiatischen Provinzen, die Städte Anteb, Marasch und Urfa, in den 1840er Jahren auch Diyarbakır. Noch vor dem Kommen der amerikanischen Missionare zirkulierten von CMS-Missionaren verteilte ar-meno-türkische Schriften. Einheimische wie der Schuhmacher Giragos brachten in Anteb oder Aleppo erworbene Schriften und Bibeln in die Stadt Urfa. Während Anteb auf Ersuchen „reformistischer" beziehungsweise „erweckter" Kreise der armenisch-apostolischen Kirche 1847 eine dauerhafte Residenz des ABCFM wur-de, wo Dr. Azariah Smith sowohl als akkreditierter Arzt als auch als Missionar wirkte, blieb Urfa bis 1891 ein zwar immer wieder von Anteb aus besuchter, aber nie dauerhaft besetzter Ort, obwohl der Protestantismus hier früh Fuss fasste.[176]

In Briefen aus Urfa Ende der 1840er Jahre lesen wir von einer „evangelischen Erweckung". Zwei junge armenische Männer des protestantischen Grüppchens um Azariah Smith begaben sich im Januar 1849 nach Urfa. Der eine von ihnen musste auf Druck seines Onkels bereits in Biricik umkehren, während der andere zusammen mit zwei muslimischen Partnern eine Handwerkerbude im Urfaer Markt eröffnen und nebenbei Versammlungen und Glaubensgespräche veranstalten konnte. Diese blieben in ihren konkreten Auswirkungen bescheiden: Junge Män-ner begannen sich dem Bibelstudium zu widmen, und Führer der armenisch-apo-stolischen Kirche gerieten über den Missionhelfer in Verbindung mit Smith.[177] Zehn Jahre später sah die Situation nicht viel anders aus. Bemerkenswerterweise aber war in Urfa die „Reformpartei" innerhalb der armenischen Gemeinschaft stark und zählte mehrere Dutzend junger Männer, von denen sich einige an den Gottes-diensten des vorübergehend in Urfa weilenden Missionars George Nutting betei-ligten. Die meisten dieser schon verheirateten Männer lebten mit den Eltern zu-sammen unter einem Dach; in den grossen Altstadthäusern des armenischen Quar-tiers wohnten jeweils drei Generationen derselben Familie in patriarchalischer Organisation beieinander. Wenn junge Männer nun im Geruch des Protestantismus standen, wurden manche von ihren Vätern – meist vorübergehend – des Hauses verwiesen.

Die Gottesdienste fanden damals in der Wohnung des Missionars ausserhalb des armenischen Quartiers statt. Im selben Gebäude wohnte ein einheimischer Katho-lik, der sich mit einer ungewöhnlichen Methode des lästigen Mitbewohners zu entledigen suchte: Er verwandelte seinen Hausteil in ein *meyhane* um, das heisst in eine Schenke mit alkoholischen Getränken. Der Schenkenlärm sollte den Gottes-dienst verunmöglichen. Der Pascha (Gouverneur) wurde eingeschaltet. Er vertei-digte das Recht der Protestanten auf freien Gottesdienst.[178]

---

176 Stone 1982, S. 30 f. – Die „Reformpartei" oder „reformistischen Kreise" bildeten das religiöse Pendant zur säkularen, kulturellen und intellektuellen „armenischen Renaissance", die sich seit Ende des 19. Jahrhunderts Bahn brach. Vgl. Tootikian 1982, S. 130 f.

177 MH 1849, S. 233 f., 317 f.

178 „He told them the Protestants had a right to any place of worship which suited them, if they could hire it." MH 1858, S. 169–171 (Zitat S. 170), 349 f.

Damals, in der zweiten Hälfte der 1850er Jahre, setzte der eigentliche protestantische Boom ein: Seine prinzipiellen Grundlagen lagen wie andernorts in der Schaffung der protestantischen Millet (1850) und dem *Hatt-ı Hümayun* (1856). Seine konkrete Basis vor Ort war ein innert zehn Jahren von den Missionaren erworbenes Vertrauenspotential. Die hohen Erwartungen der armenischen „Reformpartei" trugen das Ihre bei. Die Zahl der Gottesdienstbesucher stieg sprunghaft an: von 22 Ende 1857 auf 57 im Jahr 1859 und 210 im Jahr 1863. Ähnlichen Zuwachs gab es in den Aussenstationen.[179] Vor allem aber entwickelten sich die protestantischen Schulen. 1858 gab es noch keine solche in der Stadt Urfa, 1862 hingegen bereits zwei für Knaben (55 Schüler) und eine für Mädchen (21 Schülerinnen). Die Schulkosten in Urfa wie auch in Siverek und Adıyaman wurden damals vollständig von den lokalen Protestanten getragen. Auch in der Erwachsenenbildung bestand eine grosse Nachfrage, namentlich von Frauen, die Lesen und Schreiben lernen wollten.[180] Damit war der Durchbruch geschafft. Das Vertrauen in die protestantische Bewegung und ihr Prestige waren hoch. 1864 begannen auch nichtprotestantische Eltern ihre Kinder gegen Bezahlung in die protestantischen Schulen zu schicken. Man baute 1864 eine neue Kapelle, vergrösserte diese 1875 – was für die damals rund 800 Protestanten längst nicht genügte. Erst in hamidischer Zeit konnte eine grosse Kirche gebaut werden.[181]

Seit 1871 stand der in Basel und Deutschland theologisch ausgebildete Pfarrer Hagop Abuhayatian der protestantischen Gemeinde vor. Er war der erste Armenier der Region, der sich dank seiner protestantischen Beziehungen zu Ausbildungszwecken nach Europa hatte begeben können.[182]

Die amerikanische Mission weckte seit Anfang der 1860er Jahre das Interesse für die Mädchenbildung in der Region Kilikien wie auch in der Stadt Urfa.[183] In Marasch und Anteb führte sie höhere Mädchenschulen, in anderen Städten, wie Urfa, Schulen mit einer Grund- und Mittelstufe, deren Absolvierung rund fünf bis sechs Jahre dauerte. Auffällig am Lehrplan der letzteren Schulen war die Absenz des Englischunterrichtes (der Französischunterricht sollte 20 Jahre später in keiner jesuitischen Grundschule fehlen, auf keinen Fall auf der Mittelstufe!). Bemerkenswert war auch das Erlernen des Türkischen sowohl mit armenischen als auch arabischen Buchstaben.[184]

---

179 MH 1859, S. 246; MH 1863, S. 216. Der MH sprach von Urfa als einer Missionsstation und bezeichnete nahe gelegene Ortschaften mit Protestanten, die man regelmässig besuchte, als Aussenstationen; so Siverek, Adıyaman, Garmuç und Behsne. Dieser – aussergewöhnliche – Begriffsgebrauch ist deshalb fragwürdig, weil Urfa damals nicht regelmässig besetzt war.

180 MH 1862, S. 247.

181 MH 1864, S. 271; MH 1875, S. 171.

182 Vgl. MH 1897, S. 80–84, Lepsius in CO 1900, S. 192; 1913, S. 174; Künzler in CO 1906, S. 170; Saakian 1955, S. 334–337.

183 Zu Recht hiess es zu Beginn der hamidischen Ära von missionarischer Seite: „Indeed, one of the most interesting facts in the progress of the missionary enterprise in this field is the interest awakened in behalf of female education. Already a large number of the graduates in the out-stations, and high school girls are called for in five or six cities [darunter auch Urfa]." MH 1880, S. 52, aus dem Jahresbericht der *Central Turkey Mission* für 1879.

184 Aus dem Programm jener Schulen mit Grund- und Mittelstufe: „Primary School. Studies: Reading, Spelling, and Writing of Armeno-Turkish [Türkisch mit armenischen Buchstaben], Bett's Maps with Key [?], and oral lessons by the teachers, Primary Arithmetic." „Middle Schools. Studies:

Der Druck auf das ABCFM, der Mädchenbildung zuliebe eine Missionarin –
nämlich Corinna Shattuck – auf Dauer nach Urfa zu entsenden, ging von den lokalen
Protestantinnen aus. Die Frauen der Urfa-Kirche schrieben 1877: „We are seeing,
too, the holy fruits of missionary women in our midst. Especially we are very
grateful, and we desire to express our thanks for Miss Shattuck, coming and labor-
ing here 4 months with us. We see in an unexpected degree, the result in our girls'
advancement – in learning wisdom and refinement. [...] Particularly the girls'
examination of March 30 – at which more than 400 men, women and children were
present – filled our hearts with joy."[185] Das weibliche Lobbying mittels Petition an
die Missionsverantwortlichen sollte erst 15 Jahre später von dauerhaftem Erfolg
gekrönt werden.

Die 1841 in Urfa eintreffenden Kapuziner Giuseppe da Burgos, Angelo da
Villarubia und Pietro da Premià fanden beim jakobitischen Süryani-Oberhaupt Aufnahme. Sie kümmerten sich hauptsächlich um die Betreuung dort wohnender katholischer Familien, verfolgten aber von Beginn an das Ziel, auch an die „Schismatiker"
(Armenier und Süryani) zu gelangen. Ihre Präsenz rief bald das dezidierte Misstrauen von Stadtmuslimen hervor, weshalb sich vorübergehend auch die Katholiken
von den Kapuzinermönchen distanzierten. Pater Giuseppe gelangte an den französischen Botschafter in Konstantinopel, um das für den Bau eines eigenen Hauses und
einer Kapelle erforderliche *ferman* zu erlangen. Zwischen der Lokalbehörde, der ein
Pascha vorstand, und der Mission herrschte gutes Einvernehmen. Am 13. März 1843
konnte der Grundstein für die Kirche gelegt werden; sechs Tage später schrieb Pater
Giuseppe enthusiastisch: „La Religione vince: il cattolicismo trionfa, l'eresia ter-
mina in Mesopotamia. [...] Due scuole stanno già per aprirsi nella città di Orfa." Die
Ernüchterung folgte auf dem Fuss. Kadi, Müfti, Imam und andere Notabeln waren
gegen den Bau einer katholischen Kirche, die am Bau beteiligten Maurer wurden
bedroht, und auf dem Moscheeplatz wurden Sätze skandiert wie: „Raus mit den
europäischen [frangi] Patres, wir wollen weder lateinische Priester noch eine katholische Kirche." Am Tumult gegen den Kirchenbau war auch die armenische Gemeinschaft beteiligt. Die Gemüter beruhigten sich bald, und die Notabeln beugten sich der
Autorität des Pascha: Vier Monate später stand die Kirche. Es gab einige vereinzelte
Konversionen zum Katholizismus und deretwegen immer sehr viel Ärger mit den
„Schismatikern": Anpöbeleien auf den Strassen und Gänge vor Gericht. Mit dem
Sultanserlass von 1856 begann sich die Situation für die Kapuzinermission zu
stabilisieren. Sie betreute die aus einigen Armenier- und Süryanifamilien bestehende
lokale katholische Gemeinde, suchte sie zu erweitern und führte Grundschulen für
deren Kinder. Einen mit dem Protestantismus vergleichbaren Boom kannte sie nicht.[186]

Bible, Arithmetic, Geography, Physiology, Armenian through two Readers, and Armenian Grammar, Arabo-Turkish Primer, Writing. Singing by note taught from this onward, also needle work
and composition." *Plans for the future in regard to Girls Schools in Central Turkey,* ca. 1872,
ABC 16.9.5 (reel 643).

185 The Women of the Church in Oorfa to the Ainteb Missionaries, Urfa, 7. 4. 1877. Vgl. The Church of
Oorfa to Rev. N. G. Clark, Secr. of the ABCFM, Urfa, 10. 4. 1877 und The Oorfa Evangelical
Church to the Honored and beloved Doctor Clark, Urfa, 25. 12. 1877. ABC 16.9.5 (reel 643).

186 Terzorio 1920, S. 232 f., S. 241 f., 259 f., 264, 268 f., 295; Zitate S. 264, 268; vgl. Henkel 1975,
S. 371.– Ein Aufruhr in Urfa und umliegenden Dörfern brachte im Herbst 1844 insbesondere den

Teilbilanz: Die Zwiespältigkeit der Tanzimat in den Ostprovinzen

Der osmanische Binnenfeldzug im Kurdistan der 1830er und 1840er Jahre zerstörte nachhaltig das Vertrauen der Kurden in den „Reformstaat" und führte zur Verschärfung interethnischer Spannungen. Der Krieg mit Russland (1828/29) und Ägypten (1830er Jahre) zog das osmanische Armenien beziehungsweise Kurdistan stark in Mitleidenschaft. Der Unterhalt des Heeres plünderte Kurdistans menschliche und wirtschaftliche Ressourcen. Der angeschlagene osmanische Staat konnte sich nur dank westlicher Intervention halten.

Die Missionen erregten, wie die Bedir-Khan-Episode zeigte, früh kurdisches Misstrauen, erlangten aber zugleich auch eine respektable Mittlerstellung, die sie politisch jedoch kaum je nutzbar machten. Trotz des früh und immer wieder geäusserten Interesses der protestantischen amerikanischen Mission am kurdischen Volk blieb dieses weitgehend ausserhalb der missionarischen Bemühungen und suchte sich Orientierung und Zusammenhalt bei den religiös argumentierenden Scheichen.

Die amerikanische Mission löste in den Ostprovinzen eine Protestantismusbewegung aus, deren Attraktivität von den sichtbaren Leistungen der Missionsstationen und von der neugeschaffenen protestantischen Millet mit ihrer neuartigen Verfassung und ihrer britischen Protektion ausging. Nicht nur unter den christlichen Armeniern, sondern auch unter den nominal muslimischen Aleviten fand der Protestantismus ein Echo. Wenn die *Protes* auch immer eine kleine Minderheit im Vergleich zu ihren Herkunftsgemeinschaften blieben, veränderten sie doch die konfessionellen Verhältnisse bis in die Dörfer hinein und spalteten namentlich die armenische Gemeinschaft.

Der Protestantismus spornte, selbst wenn er abgelehnt wurde, zu modernisierenden Entwicklungen in den Bereichen Erziehung, Millet-Verfassung und religiöse Praxis an. Er brachte neue, bürgerrechtliche Denkansätze ein. Er wurde zwischen orientalischem Christentum und Islam zu einer modernen „dritten Kraft", unter deren Dach sich vorübergehend oder langfristig Christen verschiedener Herkunft (Armenier, Süryani, Griechen) und kurdische und türkische Aleviten einfanden.

Beim alevitischen Beispiel zeigt sich die strikte Begrenztheit missionarischen Einwirkens aus politischen Gründen: Weder der Staat noch die muslimische Gemeinschaft duldeten es, dass eine konfessionelle Gruppe am Rande der Ümmet „untreu" wurde und damit das demographische und symbolische Gewicht der Ümmet beeinträchtigte. Manche Tanzimat-Beamte waren bereit, protestantische Konvertiten christlicher Herkunft vor den Nachstellungen der traditionellen Kirche im Namen der religiösen Freiheit zu schützen. Mit wenigen individuellen Ausnahmen war es jedoch ausgeschlossen, diese Freiheit auch auf Glieder der Ümmet, und seien

---

Christen grossen Schaden und unterbrach vorübergehend die Tätigkeit der Kapuziner. Namık Pascha unterdrückte den Aufstand mit ca. 9'000 Soldaten und exekutierte deren Führer (Terzorio 1920, S. 286 f.). Motive und Träger des Aufruhrs werden aus dem mir vorliegenden Material nicht deutlich; ein Zusammenhang mit dem kurdischen Feldzug gegen die nestorianischen Christen im Machtbereich Bedir Khans ist möglich (vgl. Kap. 1.4.1).

es marginale, anzuwenden. Dies sollte sich unter Abdulhamid noch verschärfen. (Es fehlen bisher allerdings die Forschungen im osmanischen Staatsarchiv, die es erlaubten, das Verhältnis des Staates zu den Aleviten im 19. Jahrhundert präzise nachzuzeichnen.) Noch vor der in der bisherigen Historiographie wohlbekannten Verknüpfung der Missionen mit der armenischen Frage, die in der hamidischen Ära zutage trat, geriet die amerikanische Mission in der damals noch weitgehend unbekannten alevitischen Frage in einen überaus deutlichen Konflikt mit Staat und Ümmet.

Wenn die Erneuerung der Tanzimat auch in einigen Provinzstädten Gestalt annahm („Neustädte"), so gelang es dem Staat insgesamt und vor allem auf dem Lande doch weder eine flächendeckende funktionierende Ordnung einzurichten noch Neuerungen im zivilen Bereich – Schule, Gesundheit – zu verwirklichen. Neben der neuen zentralstaatlichen Herrschaftsstruktur bestanden weiterhin feudale Hierarchien und Abgabezwänge an zumeist sunnitische Herren, was mancherorts zu einer Verschlechterung der Lage der *raya* führte („Doppelbesteuerung").

Dennoch zeigt gerade das Beispiel der dynamischen Ausbreitung von Mission und Dorfschulen bei Harput die neuen Freiräume und Möglichkeiten, die die Tanzimat seit dem *Hatt-ı Hümayun* von 1856 in den Ostprovinzen eröffneten. Sie ermöglichten eine eigentliche edukative Gründerzeit, die um so rasanter war, als der Staat in diesem Bereich praktisch untätig blieb. Die rasch aufblühenden Missionsschulen und Millet-Schulen trugen allerdings nicht zur Verwirklichung des – weitgehend Theorie gebliebenen – Tanzimatprojekts eines osmanistischen, interkonfessionellen Schulwesens bei.

Vom Hintergrund der Aufbruchsstimmung, die auf das *Hatt-ı Hümayun* folgte, hoben sich um so schärfer die Hungersnöte, Krisen, Kriege und Bandenkämpfe seit Mitte der 1870er Jahre ab. Wie nie zuvor hatte der edukative Aufbruch den Sinn für Rechte und den Willen, sie einzufordern, gefördert. Was die Schulen lehrten und was die Tanzimat an Rechtsstaatlichkeit, Gleichberechtigung und Fortschritt versprochen und teilweise auch erfahren lassen hatten, das galt es dringend zu verwirklichen: so die Erwartung der Minderheiten, nicht nur der christlichen, noch vor dem Berliner Kongress.

Die Missionen waren Repräsentantinnen des ausländischen Einflusses, der sich in den Ostprovinzen vor dem Berliner Kongress weitgehend auf das Missionarische beschränkte und nicht, wie im übrigen Reich – Ägypten, Syrien, Balkan –, auch eine starke ökonomische und politische Dimension hatte. Immerhin waren in der Person des Missionars Vermittler auf dem internationalen Parkett zugänglich geworden, deren Stimme etwas galt und die den regionalen Ruf nach Protektion durch die Grossmächte gegebenenfalls an prominenter diplomatischer Stelle anbringen konnten.

Die sunnitischen Kurden waren insgesamt die Verlierer der Tanzimat, die Missionen und Millets tendenziell die Gewinner. Das markante Aufstreben von Missionen und Millets setzte Christen und Kurden verstärkt in Opposition zueinander und mehrte die kurdische Frustration, welche primär der Staat durch die Zerschlagung der herkömmlichen kurdischen Autonomien (Emirate) bewirkt hatte.

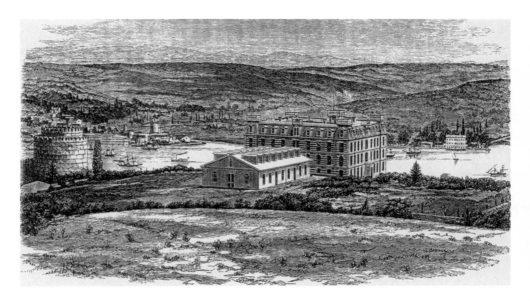

Abb. 4: *Robert College* mit US-Fahne, circa 1872. Diese renommierte, am Bosporus gelegene und aus dem 1840 gegründeten *Bebek Seminary* des ABCFM 1859 hervorgegangene missionsunabhängige Hochschule ist zur heutigen Boğaziçi-Universität geworden. Ihr Gründer war der ehemalige, weiterhin dem ABCFM nahestehende Missionar Cyrus Hamlin.

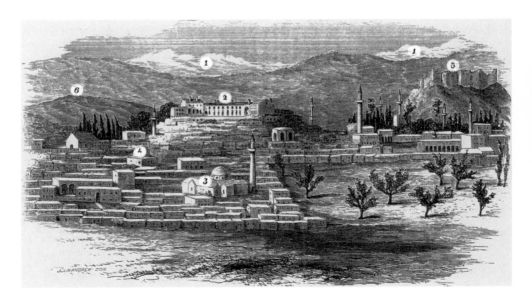

Abb. 5: ABCFM-Mädchenschule in Anteb, circa 1870. Missionsgebäude dominierten in den Provinzstädten oft ganze Quartiere und bildeten einen modernen Kontrapunkt zur Altstadt um Markt und Moscheen. Sie standen in Konkurrenz zu den in Tanzimat- und hamidischer Zeit errichteten staatlichen Gebäuden. Die Zahlen bezeichnen (1) die schneebedeckten Berge, (2) die Mädchenschule, welche die armenisch-protestantische Kirche verdeckt, (3) die katholische Kirche, (4) die armenische Kirche, (5) eine Burgruine und (6) den Weg nach Marasch.

Abb. 6: Blick von der Altstadt Vans hinauf zur Festung, Mitte des 19. Jahrhunderts.

Abb. 7: Van, See, Altstadt, Festung und Gartenstadt. Im Hintergrund ist der Berg Varak mit seiner schneebedeckten Spitze zu erkennen. Die Distanz von der Altstadt (unterhalb der Festung) zum See ist grösser, die Gartenstadt im Vordergrund viel weiträumiger, als es auf diesem Stich erscheint.

Abb. 8: Das Mädchenseminar in Harput, um 1867. Das stattliche Gebäude in der Bildmitte ist das *Female Seminary*, westlich (links) daneben der zum Seminar gehörende Spielplatz; im Vordergrund armenische Häuser, die später weiteren Missionsgebäuden weichen mussten; hinter der Mauer auf der Anhöhe ein türkischer Friedhof. Das ABCFM kaufte das Gebäude einem Armenier ab.

Abb. 9: Harput, circa 1890. Oberhalb des armenischen Quartiers (in der linken Bildhälfte) dominierte die amerikanische Mission die Silhouette der Stadt mit zwei Gebäudereihen: *Euphrates College* (vormalig *Armenia College*) mit Schul- und Wohngebäuden, Haus des *college*-Präsidenten, *Girls' College* (an der Stelle des *Female Seminary*), *High* und *Grammar School*, Missionarsresidenzen und weitere Gebäude. Wenig rechts der Bildmitte ist die armenische Kirche zu sehen, rechts oben das türkische Quartier. Im Vordergrund rechts sind Telegrafenstangen auszumachen.

Abb. 10: Mardin um 1875. Der Blick vom Südosten auf die Stadt. Sehr deutlich sind am Horizont ganz links (im Westen) am Rande der Stadt die Missionsgebäude zu sehen (mit Fahnenmast). Wie auch in Harput, Van und Urfa umschloss die expandierende Stadt bereits in der hamidischen Ära die am Rande oder ausserhalb der Altstadt errichteten Missionsgebäude. Diese genossen somit eine privilegierte urbane Stellung im „Neustadt"-Bereich. Die Nummer 1 kennzeichnet das theologische Seminar. Etwas rechts davon, hinter einer Moschee, lag die protestantische Kapelle (2), die wegen ihrer Nähe zur Moschee nicht erweitert werden durfte. Die übrigen Nummern bezeichnen (3) die Richtung zum separaten protestantischen Friedhof, (4) einen Brunnen ausserhalb der Stadt, (5) die muslimische Schule, (6) die Zitadelle, (7) ein neues, noch im Bau befindliches Regierungsgebäude, (8) den Eingang zu einem Steinbruch.

Abb. 11: Mardin, vom amerikanischen Missionsgelände aus, 1914.

Abb. 12: Kapuzinerkloster in Mardin (Stich von E. Flandin). Vor dem stilisierten Hintergrund einer muslimischen Stadt und einer bedrohlichen Bergzinne erweisen Einheimische den kapuzinischen Missionaren ehrfürchtige Reverenz.

Abb. 13: Die Madonna von Lourdes in der Kapuziner-Kirche in Diyarbakır.

Abb. 14: Pater Giannantonio da Milano. Missionar in Mardin, dann Leiter der kapuzinischen Mission in Mesopotamien.

Abb. 15: Mrs. Susan F. Wheeler. Das Missionarsehepaar Wheeler gehört zur Gründergeneration der Harput-Station. Die Aufnahme stammt von den renommierten Abdullah Frères in Istanbul.

Abb. 16: Mrs. Barnum. Das Ehepaar Mary und
Herman N. Barnum lebte von 1858 bis 1910
(Tod Hermans) beziehungsweise 1915 in
Harput. Sie war die Tochter des Türkeimissio-
nars William Goodell. Heiraten zwischen Missionarsfamilien kamen oft vor; Missionars-
kinder traten in mehreren Fällen in die Fuss-
stapfen ihrer Eltern. Dieses Ehepaar Barnum
ist nicht zu verwechseln mit Helen und Henry
S. Barnum, das nach einem Anfang in Harput
von 1872 an in Van lebte.

Abb. 17: Ostprovinzen-Missionare des ABCFM, circa 1873. Obere Reihe von links nach rechts:
Theodore Pond (Mardin), John Pierce (Erzurum), Royal Cole (Erzurum), Joseph Scott (Van), Henry
Barnum (Van). Untere Reihe: Dr. Moses Parmelee (Erzurum), Benjamin Parsons (Sivas), George
C. Knapp (Bitlis), Orson Allen (Harput).

Abb. 18: Missionarisches Gruppenbild, Kayseri, um 1870. Die beiden sichtbaren Bücher dürften nichts anderes als die Bibel (auf dem Tischchen) und das Gesangbuch (in der Hand von Miss Ardelle Griswold) sein. Ganz rechts: der Pionier der Kayseri-Station des ABCFM Wilson A. Farnsworth. Dieses Bild wurde von einem lokalen Fotografen europäischer Abstammung – Adolph Löbel – gemacht (siehe untenstehend seinen Stempel auf der Bildrückseite). Von den 1880er Jahren an fotografierten die Missionare zunehmend selbst.

Abb. 19: Urfa vom Kale (Festungsruine) her aufgenommen, Anfang 20. Jahrhundert. Im Zentrum die grosse armenisch-apostolische Kirche, gegen den rechten Bildrand der auffällige Turm der Ulu Cami (ehemalige spätantike Stefanskirche). Der Turm der protestantischen Kirche ist links hinten knapp erkennbar.

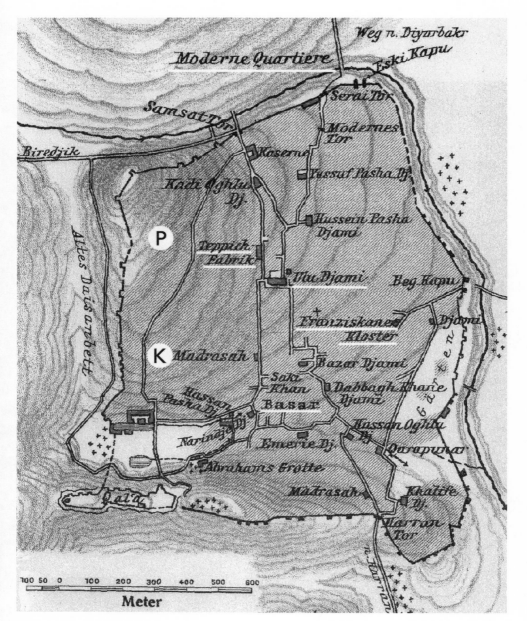

Karte 4: Plan von Urfa, vor dem Ersten Weltkrieg. Das alte Urfa befand sich innerhalb der sechs Tore aufweisenden Stadtmauern, zwischen Kale (Burgruine) im Süden und modernem Quartier extra muros im Norden. Das Samsat-Tor führte zur ausserhalb liegenden „Neustadt", wo in hamidischer Zeit verschiedene Missionsgebäude errichtet wurden. Die grosse armenisch-apostolische Kirche (K) lag südwestlich der Ulu Djami, der grossen Moschee der Stadt. Westlich an den stattlichen Gebäude-komplex der deutschen „Teppichfabrik", der zur Tanzimat-Zeit eine Seifensiederei gewesen war, schloss sich das bis zum südlichen Stadtrand sich erstreckende armenische Quartier an. In diesem befanden sich auch die protestantische Kirche (P) und gleich daneben die amerikanische Mission. Östlich des armenischen war der muslimische Stadtteil; er umfasste das süryanische Quartier (beim Franziskanerkloster). Südöstlich an den Bazar grenzten die Häuser der Juden.

Teil 2:

Im Kraftfeld von kurdischer Krise, armenischer Frage und hamidischem Staat, 1876–1908

Mit dem russisch-türkischen Krieg von 1877/78 spitzten sich die grundlegenden Existenz- und Orientierungsfragen zu, vor welche sich Armenier, Kurden und alle übrigen Bewohner der Ostprovinzen – wie im 1. Teil dargelegt – gestellt sahen. Die Jahre 1877–1880 glichen in jener Region einem Interregnum. Mit Abdulhamid fand der Übergang von den „aufgeklärten" Tanzimat zu einem „islamistisch" ausgerichteten Regime statt. Sultan Abdulhamids „defensiver Islamismus" bezweckte angesichts der Existenznöte des Reichs die prioritäre Wahrung der muslimischen Interessen.[1] Daraus resultierte in den kurdisch-armenischen Provinzen eine antichristliche Einstellung, die sich gegen die aufstrebenden christlichen Gemeinschaften und die protestantische Bewegung richtete. Eine allgemeine antiarmenische und antichristliche Haltung hatte es zuvor in der dortigen muslimischen Mehrheitsgesellschaft nicht gegeben. „Zum ersten Mal", schrieb der türkische Historiker İlber Ortaylı, „wurde eine fanatische islamische Lebens- und Denkweise vorherrschend."[2] Das osmanistische Ideal eines modernen Rechtsstaats auf gleichberechtigter multireligiöser Basis rückte in die Ferne; es besass allerdings bereits in der Tanzimat keine genügende staatliche und gesellschaftliche Verwurzelung. Es ist bezeichnend, dass Ahmed Midhat Efendi, ein des Chauvinismus sonst unverdächtiger Autor, sich 1889 auf eine entsprechende Frage eines Europäers hin als „den reinsten Osmanen", nämlich als „Türke und Muslim" zu erkennen gab.[3]

Angesichts der prekären Situation in den Ostprovinzen sahen sich die Grossmächte am Berliner Kongress (1878) veranlasst, sich trotz osmanischer Widerstände in der „armenischen Frage" zu engagieren. Unter diesem Titel wurde die Zukunft der osmanischen Ostprovinzen Ende der 1870er Jahre nicht nur bei den betroffenen Gruppen vor Ort und in Istanbul, sondern auch in Berlin, den übrigen europäischen Hauptstädten und nicht zuletzt in aller Schärfe in den militanten Kreisen in Russisch-Armenien debattiert. Gegensätzliche Perspektiven standen zur Diskussion: Reformen unter internationaler Aufsicht, ein europäisches Protektorat, ein armenischer Freiheitskampf oder – international noch kein Thema – die kurdische Wiedergewinnung von Autonomie. Die imperialistische Zerstrittenheit Europas verhinderte ein gemeinsames erfolgversprechendes Vorgehen der massgeblichen Mächte.

Während sich die armenische Seite im Umfeld des Berliner Kongresses Hoffnungen auf die Unterstützung durch die Grossmächte und eine Umsetzung von osmanischen Reformversprechungen machte, sah sich die kurdische Seite genau durch solche Reformen in ihrer regionalen Stellung zusätzlich bedroht und in ihrer Identität verunsichert. Die Verunsicherung rief Aggressionen hervor, die vor allem den armenischen Bauern trafen. Diese Konflikte sowie die Tatsache, dass sich die armenischen Reformerwartungen nicht erfüllten, führten zur Gründung einer armenischen Guerilla-Bewegung.

Der Berliner Kongress bedeutet das erstmalige Auftreten des ABCFM auf dem diplomatischen Parkett. Bei aller Betonung der inneren Werte des Evangeliums sticht die anpackende Hoffnung der damaligen amerikanischen Missionare hervor,

---

1 Eine kompetente Auseinandersetzung mit Abdulhamids Person und Politik findet sich, allerdings mit wenig Berücksichtigung der Ostprovinzenproblematik, in Akarlı (2000).
2 Ortaylı 1983, S. 50 (ich verdanke den Literaturhinweis Wolfgang Gust).
3 Zit. nach Strauss 1999, S. 34.

Hand zu bieten für eine politische Lösung der krisenhaften Lage in den Ostprovinzen. „How long such a state of things can endure is a problem that is the puzzle of statesmen – a puzzle that is, perhaps, waiting his solution at the hands of American missionaries", schrieb 1881 zum Beispiel ABCFM-Sekretär Nathaniel G. Clark.[4]

Als Gegeninitiative zur protestantischen Dynamik in und um die armenisch besiedelten Gebiete der asiatischen Türkei liess der Papst nach dem Berliner Kongress eine jesuitische Armenienmission gründen, die der politischen Protektion Frankreichs unterstand. Damit wurde dieses Land stärker als bisher in die Ostprovinzenproblematik verwickelt. Das junge Königreich Italien verwirklichte ebenfalls in den 1880er Jahren unter dem Deckmantel der armenischen Frage seinen Einstieg in eine kleinasiatische Interessenpolitik.

Manche Indizien liessen bereits 1878 grössere Gewalttätigkeiten gegen die armenische Minderheit voraussehen.[5] Mitte der 1890er Jahre fand eine schwerwiegende Pogromwelle statt. Trotz der Ungeheuerlichkeit ihres Ausmasses und der gewaltigen inneren und äusseren Erschütterung, mit der sie verbunden war, konnte sich das hamidische Regime ein weiteres Jahrzehnt behaupten. In zeitgenössischer ausländischer, insbesondere protestantischer Sicht war das hamidische ein repressives Regime, das mit modernen Mitteln alte Inhalte zu stützen suchte.[6]

Durch missionarische Augenzeugenberichte aufgerüttelt, entstanden im Europa der 1890er Jahre armenierfreundliche Bewegungen. Diese gründeten Nichtregierungsorganisationen, die eigene Hilfswerke und Türkeimissionen hervorbrachten, so den *Deutschen Hülfsbund für christliches Liebeswerk im Orient* und die *Deutsche Orient-Mission*. Sie standen anfänglich in Opposition zur Türkeipolitik Deutschlands. Dank dieser missionarischen Neugründungen empfing der Protestantismus in den Ostprovinzen neue Impulse, nachdem Abdulhamid das in seinen Augen subversive ABCFM stark eingeschränkt hatte.

2.1 Sultan Abdulhamid, das Ende der Tanzimat und der Berliner Kongress

1876 gelangte der 34jährige Abdulhamid auf den Thron. Das politisch rauhe Klima der zweiten Hälfte der 1870er Jahre prägte die Ausrichtung seiner 33 Jahre dauernden Herrschaft, der „hamidischen Autokratie". Die Balkankrise und -kriege

---

4 MH 1881, S. 419.

5 Der britische Botschafter Layard schrieb am 17. 2. 1880 an Salisbury, dass jegliche armenische Autonomiebestrebung, die den Muslimen der Ostprovinzen das Schicksal ihrer Glaubensbrüder im Balkan verheisse, zu einem blutigen Kampf, ja einem allgemeinen Armeniermassaker führen würde (FO 424/106, S. 174 f., Nr. 81; in Şimşir 1982, S. 673). Ähnliche Befürchtungen des *Konsuls für Kurdistan* Henry Trotter: 15. 8. 1879, FO 424/87, S. 126 f., Nr. 167, in Şimşir 1982, S. 528.

6 Der englische Offizier Leutnant Herbert Chermside schrieb 1880 aus Harput an Layard: „Modern inventions, such as steam communication and the telegraph, have benefited the Government and placed in their hands *enormous additional* power, used principally, I fear, for misgovernment and oppression […]." Parliamentary Papers, Turkey No. 23 (1880), S. 183–190, Nr. 99/1 (Şimşir 1982, S. 704).

traumatisierten den jungen Sultan. Im serbisch-türkischen Krieg 1875/76 prangerte Europa die Brutalität der überlegenen osmanischen Armee an. Mit umgekehrtem Kräfteverhältnis verlief der russisch-türkische Krieg, der für die Muslime demütigende „Krieg von 1293".[7] Dieser spielte sich sowohl im Balkan als auch im Transkaukasus ab. Er führte zur Besetzung der Regionen Erzurums und Van und brachte russische Truppen bis in gefährliche Nähe Istanbuls. Er verursachte einen gewaltigen Strom muslimischer Flüchtlinge in die Hauptstadt. Die westliche Berichterstattung kam nicht umhin, Greueltaten und ethnische Säuberungen zu melden, die offensichtlich planmässig im Interesse der von Russland unterstützten bulgarischen Nationalstaatsgründung geschahen.[8]

2.1.1 Endzeitstimmung zu Regierungsbeginn

Der junge Sultan war durch den Krieg und die Kriegsfolgen zutiefst erschüttert und zugleich konfrontiert mit der zunehmenden Unzufriedenheit seiner Bevölkerung.[9] Europäische Gesandte und Staatsoberhäupter unterhielten sich in jenen Jahren hinter vorgehaltener Hand über die „unhaltbare Einrichtung" und den möglichen nahen Zusammenbruch des Osmanischen Reichs.[10] In der Ümmet kam Endzeitstimmung auf; Prophezeiungen machten sich breit, die das Ende der türkischen Macht verkündeten. Die Tanzimat schienen komplett versagt zu haben. Die Autorität des Staates war auf einem Tiefpunkt, seine innere Struktur am Auseinanderbrechen.

In diesem extrem kritischen Kontext musste der Sultan das diplomatische Tauziehen um die Zukunft des Reichs an der Istanbuler Konferenz, beim russisch-türkischen Friedensvertrag von San Stefano und am Berliner Kongress durchstehen. Hinzu kam die extreme ökonomische Schwäche: Die hohe Verschuldung, die 1875 den Staatsbankrott hervorgerufen hatte und durch den Krieg noch verschlimmert wurde, führte 1881 zur einschneidenden Einrichtung der *Dette Publique*, eines internationalen Gremiums, das einen Teil der staatlichen Einnahmen direkt einkassierte, um die osmanischen Auslandschulden in Europa zu begleichen. Ein Tochterunternehmen der *Dette Publique* war die 1883 gegründete *Régie des Tabacs*, welche die Einnahmen des Tabakanbaues verwaltete. Sie trat mit ihren Magazinen, ihrem Personal und ihrer Schmuggelbekämpfung auch in den Ostprovinzen deutlich in Erscheinung.[11] Politisch und wirtschaftlich sah sich die osmanische Regierung massivem ausländischem Druck ausgesetzt.

Nach dem von Russland erzwungenen Waffenstillstand im türkisch-serbischen Krieg, in welchem die Osmanen noch ihre militärische Überlegenheit hatten aus-

---

7 So bezeichnet gemäss der Hedschra-Zeitrechnung, nach christlicher Zeitrechnung 1877/78.

8 Vgl. Şimşir 1968 und 1970. Der britische Botschafter in Konstantinopel, Layard, an den Earl of Derby, British Foreign Secretary, 21. 1. 1878, FO 424/67, zit. in Şimsir 1968, S. 283: „Those who have watched the proceedings of the Russians can scarcely doubt that their deliberate object has been to drive the Turkish race out of the provinces they have occupied, and to replace it by the Slav." – Über die Flüchtlingshilfe des ABCFM in Istanbul: ABC MS Hist. 31: 2, S. 18.

9 Nachzulesen etwa in Berichten der österreichischen Botschaft, siehe Novotny 1957, S. 195.

10 Zum Beispiel Bismarck im Diktat vom 20. 10. 1876, in Lepsius (et al.) 1922, Bd. 2, S. 72.

11 Vgl. Quataert 1983, S. 13–40.

spielen können, und kurz vor der Istanbuler Konferenz, Ende 1876, erliess der junge Sultan eine Verfassung, welche die Reformprinzipien der Tanzimat, die Unteilbarkeit des Reichs und die parlamentarische Monarchie festlegten. Dies geschah weniger aus innenpolitischer Einsicht denn aus diplomatischer Botmässigkeit heraus, nämlich um in der Frage der Balkanreformen dem Diktat der Grossmächte zugunsten der Christen zuvorzukommen.[12] Aber bereits Mitte Februar 1878, nach der Niederlage gegen die Russen, die im Vorjahr den Krieg erklärt hatten, löste Abdulhamid das kurz zuvor berufene Parlament auf unbestimmte Zeit – de facto bis 1908 – auf.

Der junge Sultan verliess damals den prächtigen, am Bosporus gelegenen Dolmabahçe-Palast und zog sich, umgeben von vertrauten Beratern, in den abgeschirmten *Yıldız*-Palast zurück, der fortan das eigentliche Machtzentrum war. Er war entschlossen, nach all den Demütigungen auf eine muslimische Erneuerung hinzuarbeiten. Entsprechend liess er sich betont auch als Kalifen – rechtmässigen Nachfolger des Propheten Mohammed – zelebrieren, um seinen Rückhalt in der Ümmet zu festigen.

Die am 23. Dezember 1876 hastig erlassene und bald, am 13. Februar 1878, wieder aufgehobene Verfassung war der Höhepunkt der Tanzimat und zugleich Symbol ihres Scheiterns. Abdulhamid stellte sich fortan gegenüber der liberalen Opposition auf den Standpunkt, dass die europäisierenden Reformen das Reich an den Rand des Ruins getrieben hätten. Der Grossteil der politischen Elite stimmte ihm zu. Entsprechend setzte der Sultan vermehrt auf die zahlreichen durch die Tanzimat frustrierten Kreise: die Ulema, konservative Teile der Verwaltung und des Militärs, die sunnitischen Kurden sowie muslimische Flüchtlinge – *muhacir* – aus dem Balkan und dem Kaukasus.

Abdulhamid gelang es, mit seiner Neuausrichtung bei seinen muslimischen Untertanen wieder Hoffnung und Vertrauen auf den Staat zu wecken. Bereits 1882 machte sich eine Prophetie breit, die von einer künftigen islamischen Ära sprach.[13] Der Sultan gewann die durch die Tanzimat vor den Kopf gestossenen lokalen Notabeln wieder für sich. Er baute eine funktionierende Bürokratie auf und herrschte im letzten Drittel seiner Regierungszeit über einen durchorganisierten Regierungsapparat mit einer modernen Infrastruktur. Dazu gehörte auch ein Polizei- und Spitzelsystem sowie ein den administrativen Apparat teilweise überlagerndes Netzwerk von muslimischen Scheichen und Gesandten. Manche von ihnen standen im Direktkontakt mit dem Sultan und wurden von ihm für spezielle Missionen ausgesandt.

Abdulhamids tatkräftiger Einsatz für Reformen, insbesondere im Bildungsbereich, entsprach den Ideen der islamischen Solidarität und Erneuerung, wie sie der einflussreiche Ideologe al-Afghani verkündete, der auf Abdulhamids Einladung hin seinen kurzen Lebensabend in Istanbul verbrachte. Der antiimperialistische Islamismus gewichtete die im Innern weiterhin gültige Osmanismusdoktrin um: die Gemeinsamkeit der verschiedenen muslimischen Ethnien trat gegenüber der

---

12 In einem vergleichbaren Kontext starken äusseren Druckes war das *Hatt-ı Şerif* 1839 nach der Niederlage gegen Ägypten und das *Hatt-ı Hümayun* 1856 nach dem Krimkrieg erlassen worden. Vgl. Zürcher 1993, S. 78.

13 Ramsay 1916, S. 50.

während der Tanzimat angestrebten christlich-muslimischen Verbundenheit in den Vordergrund. Dieser Ausrichtung entsprach auf der Gegenseite im Vor- und Umfeld des Berliner Kongresses die Betonung europäischer Werte und christlicher Solidarität.[14]

2.1.2 Der Berliner Kongress und die Ostprovinzen

Der Berliner Kongress, an dem die europäischen Grossmächte und das Osmanische Reich teilnahmen, wurde einberufen, um nach den vorhergegangenen Kriegen die Verhältnisse erstens auf dem Balkan und zweitens in den Ostprovinzen zur Zufriedenheit aller Kongressteilnehmer zu regeln. Der Kongress legte im wesentlichen die aussenpolitischen Koordinaten fest, nach welchen sich Abdulhamid auszurichten hatte. Europa garantierte den Fortbestand des Osmanischen Reichs gegenüber der panslawistischen Bedrohung um den Preis des nördlichen Balkans – Montenegro, Bosnien, Serbien, Rumänien und Bulgarien wurden selbständig –, Zyperns, das England zufiel, und des nordostanatolischen Zipfels um Kars herum, das Russland erobert hatte. Zur Abmachung gehörte zudem das Versprechen an die Grossmächte, die Lage der Armenier zu verbessern, das heisst Reformen in den von ihnen bewohnten Provinzen durchzuführen und sie vor kurdischer und tscherkessischer Bedrohung zu schützen. Der die Armenier betreffende Artikel 61 lautete in der offiziellen deutschen Version so: „Die Hohe Pforte verpflichtet sich, ohne weiteren Zeitverlust die Verbesserungen und Reformen ins Leben zu rufen, welche die örtlichen Bedürfnisse in den von Armeniern bewohnten Provinzen erfordern, und für die Sicherheit derselben gegen die Tscherkessen und Kurden einzustehen. Sie wird in bestimmten Zeiträumen von den zu diesem Zwecke getroffenen Massregeln den Mächten, welche die Ausführung derselben überwachen werden, Kenntnis geben.“[15]

Für unsere Betrachtung der Ostprovinzen ist der Artikel 61 besonders wichtig. Für ihn hatten sich Exponenten des ABCFM über den in Berlin weilenden Amerikaner Dr. Joseph P. Thompson, selbst ein ABCFM-Mitglied, eingesetzt. Dieser kannte Bismarck persönlich. Thompson vertrat das missionarische Anliegen, völkerrechtliche Vereinbarungen zu erzielen, welche die Menschenrechte, allen voran die Religionsfreiheit, im Osmanischen Reich garantieren sollten. Die Religionsfreiheit war für die Missionen im Sinne eines Freipasses für die Evangelisierung von existentieller Bedeutung.[16]

---

14 Zur muslimischen Neuausrichtung vgl. Mardin 1989, S. 128. Zum christlich-europäischen Diskurs im Umfeld des Beliner Kongresses vgl. Lepsius et al. 1922, Bd. 2, S. 43 („der Schutz der Christen [...] die ganze Welt angehe, und dass es hier zur Pflicht werde, dass der europäische Aeropag spräche"; Generalfeldmarschall Freiherr von Manteuffel an Kaiser Wilhelm I.), S. 51 („Schutz der Christen gegen die türkische Barbarei"; Bismarck, der sich auf den russischen Anspruch bezieht), S. 88, 92 (Bismarcks Kritik an der instrumentalisierten Europa-Fiktion), S. 125 („Die Sache ist [...] eine europäische der Humanität und Christenheit", deutscher Botschafter in Petersburg), S. 146, 189 f.

15 Geiss 1978, S. 405.

16 Cyrus Hamlin, ehemaliger ABCFM-Missionar und Gründer des *Robert College,* schrieb (in einem Leserbrief vom 12. 4. 1894 an den *Boston Daily Advertiser,* zit. nach BOA OBE, Bd. 19, Nr. 46, S. 203): „When the Berlin congress was about to assemble, one of the secretaries of the American

Nach dem Abschluss des Berliner Vertrages sahen sich die ABCFM-Strategen in Boston am Anfang einer „neuen Ära". In dieser würden erstens Tür und Tor für die Evangelisierung im Osmanischen Reich geöffnet sein und zweitens die Mission in ihren „höheren Formen christlichen Glaubens", den Traditionen des „Puritan Commonwealth", von den Grossmächten dieser Welt als soziale Kraft anerkannt sein. Drittens stünden die Ostprovinzen fortan unter dem wohltuenden Protektorat des protestantischen England. Von einem Protektorat im politischen Sinn konnte bei einer Abordnung von einem halben Dutzend Militärkonsuln realistischerweise keine Rede sein![17] Nicht allein Englands Erfolge in Indien und im Nahen Osten, sondern auch die deutsche Einigung regten damals protestantische Machtphantasien bis in die ABCFM-Führungsetage an.[18]

Obwohl vage, formulierte der Artikel 61 des Berliner Abkommens eine internationale rechtliche Grundlage, auf die sich die Armenier forthin berufen konnten. Die Kurden hingegen stigmatisierte sie als gemeingefährlich. Realpolitisch war der Artikel 61 äusserst schwach: Erstens betraf er eine abgelegene, schwer kontrollierbare Region und zweitens bedeutete die osmanische Verantwortlichkeit gegenüber der Gesamtheit der europäischen Grossmächte die Aufweichung der Bestimmungen, da „Europa" weit davont entfernt war, eine einheitliche, glaubwürdige und verlässliche Instanz zu sein.

Abdulhamid schob den Artikel 61 auf die lange Bank. Damit tat er nichts anderes, als wohl jeder der Staatsräson verpflichtete zeitgenössische Staatsmann auch getan hätte, selbst wenn es internationales Recht verletzte. Wenn Missionare und Diplomaten auf Menschen- und Minderheitenrechte pochten, interpretierte er das als Teil einer ihm feindlichen Strategie. Abdulhamid erkannte, dass der Verlust des Balkans nicht aufzuhalten war, wollte hingegen an den Ostprovinzen und ganz Anatolien um so mehr festhalten und sie zur letzten muslimischen Bastion ausbauen. Unter gar keinen Umständen wollte er eine armenische Autonomie, geschweige denn Unabhängigkeit zulassen. Anatolien war zum Kern des Reichs und nicht zuletzt

---

Board and at least two of its missionaries, who were acquainted with Dr. J. T. Thompson of Berlin, and knew of his frequent and intimate interviews with Bismarck, furnished him with the means of presenting to Bismarck this whole question. He wrote in reply that the chancellor took a deep interest in the subject and would do all he could to secure greater freedom and protection for the Armenians in Turkey. There were doubtless other influences as well, but whatever Bismarck did owed its origin to the missionaries and the American Board." Dr. J. T. Thompson, der Verbindungsmann der Missionare in Berlin, präsentierte zu Beginn des Kongresses eine Bittschrift, welche „Statement on behalf of the American Board of Foreign Missions" betitelt war und eine international abgesicherte Glaubens- und Gewissensfreiheit im Orient, speziell für Proselyten forderte. Zur Unterstreichung seiner Anliegen gab er den Mächtevertretern eine Broschüre ab mit dem Titel „Les Traités considérés comme matière du Droit des Gens". Auch die Evangelische Allianz der USA machte eine Eingabe an den Kongress mit der Bitte um Gewährleistung der Freiheit der Kulte im Orient. Siehe Novotny 1957, S. 82–85. Vgl. Hajjar 1990, S. 793 (mit zusätzlichen Quellenangaben).

17 Lieutenant-Colonel Wilson in Sivas, Major Trotter und Captain Everett in Erzurum, Captain Clayton in Van, Captain Cooper in Kayseri, Lieutenant Chermside (Expedition in Nord-Kurdistan). Vgl. FO 424/80, S. 32, Nr. 67 (Şimşir 1982, S. 323) sowie Şimşir 1982, S. XXIV.

18 *Annual Report of the ABCFM* 1878, Boston 1878, S. XXVI f. Vgl. den Artikel „The World Evangelized in Twenty Years", MH 1881, S. 277 f., und „American Influence in Turkey", MH 1885, S. 120–122.

auch zum Auffangbecken für die muslimischen Flüchtlingsströme aus dem Balkan und dem Kaukasus geworden.

Die hamidische Politik für die Ostprovinzen hiess, die Präsenz des Staates auch im zivilen – schulischen und sanitarischen – Bereich zu verstärken, die stecken-gebliebenen Tanzimat-Projekte umzusetzen und die Kommunikationsinfrastruktur auszubauen (Strassen und Telegrafie). Ganz prioritär galt es, die muslimischen Lokalherren, vor allem die kurdischen, nach der Verunsicherung durch die Tanzimat aufzuwerten und für den Staat zu gewinnen. Dies ermöglichen sollte eine wieder stärker religiös formulierte Staatsideologie und die Zuweisung prestigeträchtiger, einträglicher Rollen im Sicherheitsbereich *(Hamidiye)*. Bereits während des rus-sisch-türkischen Kriegs hatte der Sultan den Kurdenscheich Ubeydullah zum Kom-mandanten der kurdischen Stammeseinheiten an der Seite des osmanischen Heeres gemacht. Er verhielt sich während des autonomistischen Aufstandes Ubeydullahs um 1880 auffällig duldsam gegenüber dieser einflussreichen Persönlichkeit.[19]

2.2   Die Frage nach der Zukunft der Ostprovinzen

Die Lage in den Ostprovinzen während und nach dem russisch-türkischen Krieg glich einem Interregnum. Bei allem Mangel an Sicherheit und Ordnung versprach es wenigstens die Möglichkeit neuer Herrschaftsformen. „Our Armenian population are jubilent over the prospect of becoming free from the Turkish governement", schrieb Bitlis-Missionar George C. Knapp am 10. Mai 1878.[20] Anstelle der erhofften neuen Herrschaftsformen, von Reformen und Autonomien trat das hamidische Regime, das die Kurdenstämme direkt an den Staat band, ohne Emirate als Zwischenglied. Abdulhamid hatte weder die Macht noch den Willen zu Neuerungen, die in den Ostprovinzen die sunnitisch-muslimische Position hätten schwächen können.

2.2.1 „The present state of anarchy in the east of Asia Minor"

Der englische Botschafter in Istanbul, Layard, der über konsularische Berichte ständig auf dem laufenden gehalten wurde, konnte den Zustand im Osten des Landes nicht anders als mit Anarchie umschreiben.[21] Jeder aufmerksame Beobachter tat es ihm gleich. Angesichts der Schwäche des Staates erhofften viele kleinere und grössere, insbesondere kurdische Herren, verlorenen Einfluss zurückzugewinnen. Mancher-orts herrschten wieder kurdische Lokalherren.[22] Es gab verschiedene Rebellionen

---

19 Vgl. Kap. 2.2.4.
20 ABC bh MiscCorr 1854–1878.
21 Das Zitat im Titel stammt aus einem Brief Layards an Salisbury vom 7. 1. 1879, FO 424/79, S. 271, Nr. 285 (in Şimşir 1982, S. 296).
22 Captain Trotter an Layard, Diyarbakır, 21. 12. 1878, FO 424/79, S. 474–476, Nr. 546/1 (Text in Şimşir 1982, S. 308–311).

gegen den Staat, so im Dersim, im osmanisch-persischen Grenzgebiet von Van und in Zeytun. Zahlreich waren die Gerüchte von Aufständen.[23]

Der britische Vorschlag, eine effiziente Gendarmerie aufzubauen, scheiterte am Finanzmangel der Pforte. Die Geldreform mit der Abschaffung des *Kaime* – des ersten, 1841 eingeführten osmanischen Papiergeldes – wirkte sich verheerend aus, vor allem auf ärmere Schichten in den Provinzen, wo der Umtausch am ungünstigsten war. Der *Kaime* musste zu 15–20 Prozent seines eigentlichen Wertes gegen Silbergeld umgetauscht werden. Eine Hungersnot forderte 1878–1880 Tausende von Opfern.[24]

Leidtragende der Not waren die meisten. Unter der Anarchie litten aber vor allem die von Übergriffen kurdischer Nomadenstämme betroffenen armenischen Landbewohner, die *raya,* die sowohl dem Staat seit den Tanzimat Steuern, irregulärerweise aber auch den Lokalherren die herkömmlichen Abgaben schuldeten. Bei den *raya* war die Unzufriedenheit und die Verzweiflung am grössten. Der Staat war unfähig, etwas für ihren Schutz zu tun, ja schien Übeltäter zu decken und machte sich selbst durch brutal durchgeführte, auch rückwirkende Steuererhebungen unbeliebt. Die zeitgenössischen westlichen Beobachter unterschätzten allerdings die Tatsache, dass auch eine bedeutende kurdische Minderheit *raya* waren, die unter demselben doppelten Abgabendruck litten, ohne einflussreiche Fürsprecher zu haben.[25]

Der Erwartungshorizont für grundlegende Veränderungen war entsprechend nahe gesteckt. Aber es sollte sich nichts Entscheidendes ändern. Auf diesem Hintergrund sind seit den 1880er Jahren die armenischen Guerilla-Bemühungen zu verstehen (von militärisch konzertierten Aktionen konnte nie die Rede sein). Die armenischen Revolutionäre trachteten vergeblich danach, von der Gesamtheit der *raya,* armenischen und kurdischen, als ihre Vertreter angesehen zu werden.

Als eine unter vielen gelangte die Beschwerde der Armenier von Kiği, einer Kreisstadt zwischen Harput und Erzurum, bis ins britische Aussenministerium. Wie der *Consul for Kurdistan,* Major Henry Trotter, 1878 darlegte, ging es im Kreis Kiği um folgende Probleme: Die Lokalherren, Grossgrundbesitzer und Stammesführer, bereicherten sich auf Kosten der Regierung in der Frage der Abgaben. Sie hatten sich zudem bereits auf Kosten von Regierung und Volk in der Frage des Loskaufs vom Militärdienst und bei den Requisitionen für den Krieg gegen Russland bereichert.

---

23 Siehe die britischen Konsularberichte der Jahre 1878–1880 aus den Ostprovinzen (Şimşir 1982 und Şimşir 1983).

24 Vizekonsul Biliotti aus Trabzond an Salisbury, 2. 4. 1879, FO 424/82, S. 417, Nr. 419 (Text in Şimşir 1982, S. 377 f.), armenischer Patriarch Nerses an Malet, britische Botschaft in Istanbul, 29. 3. 1879, FO 424782, S. 633 f., Nr. 711 (Text in Şimşir 1982, S. 382 f.). Zur Einführung des Papiergeldes: Dumont 1989, S. 485. Zur Hungersnot vgl. Duguid 1973, S. 155. Über die missionarische Hilfstätigkeit während der Hungersnot und die Geldentwertung aus missionarischer Sicht: MH 1880, S. 53 f.

25 Captain Clayton aus Van, 29. 12. 1880, FO 424/122, S. 59 f., in Şimşir 1983, S. 191. Granville an Goschen, 9. 2. 1881, FO 424/122, S. 53, Nr. 29, in Şimşir 1983, S. 193. Für eine detaillierte Beschreibung einer brutalen und missbräuchlichen Steuererhebung in Arnas bei Midyat siehe den Bericht des Mardin-Missionars Andrus, MH 1881, S. 350 f. Zu den kurdischen *raya* vgl. die Retrospektive des armenischen Revolutionärs Minas Ter Minassian, „Rouben", Rouben 1990 (1922–1953), S. 66.

Des weiteren seien die dörflichen Landbesitzverhältnisse unklar und die *raya* würden von den Lokalherren bedrückt und misshandelt. Nicht jede Beschwerde richtete sich so exklusiv gegen die Lokalherren. Oft schlossen Beschwerden auch damals schon Behörden, Polizei und Militär mit ein.[26] Es ist denkbar, dass Angehörige des bei Kiği lebenden kurdisch-alevitischen Hormek-Stammes, der am Krieg gegen Russland teilgenommen hatte, sich über die Requisitionen hinaus mit Landansprüchen zu entschädigen suchten. Meist litt jedoch das Verhältnis zu sunnitischen Nachbarn und Beys unter solchen Problemen.[27] Die Landfrage wurde zu einem der heikelsten Probleme im armenisch-kurdischen Verhältnis.

2.2.2 Die armenisch-kurdische Frage

Das, was vor dem Ersten Weltkrieg von einem zeitgenössischen Experten als eine kurdisch-armenische Frage bezeichnet wurde, war – vor Ort – bereits 1878 eine solche.[28] Es ging in erster Linie um die Frage des Zusammenlebens von Kurden und Armeniern, den beiden christlichen und muslimischen Hauptgruppen der Region. Seit Beginn der Tanzimat galt es, diese Kohabitation neu zu formulieren und ein neues Verhältnis zum Staat zu gewinnen, der sich – zwar mit zweifelhaftem Erfolg – als moderner Zentralstaat zu profilieren suchte. Mit der Niederlage gegen Russland, die vor den Augen der Ostprovinzenbewohner stattfand, verspielte der Staat 1878 den Rest seiner Glaubwürdigkeit. Dies hiess für die genannten Gruppen, ihr Schicksal in die eigenen Hände zu nehmen.

Noch war mit dem Staat zu rechnen – mehr wohl, als es sich manche Akteure und Ideologen vor Ort vorstellten. Er verfügte über eine jahrhundertelange Erfahrung der Kooperation mit den sunnitischen Kurden. Auch wollten sich die wenigsten Armenier mit dem Gedanken an eine Zukunft ausserhalb des osmanischen Rahmens befreunden. Dennoch ist 1878 die Geburtsstunde vieler neuartiger politischer Visionen, die noch Jahrzehnte später eine wichtige Rolle spielten. Erstmals tauchte mit Ubeydullahs Aufstand bei den Kurden so etwas wie das Bestreben nach nationaler Selbständigkeit auf. Erstmals verschafften sich die Armenier internationales Gehör und gaben zu verstehen, dass sie auf reale rechtliche und politische Besserstellung pochten. Vielen schwebte erstmals der Gedanke an armenische Selbstverwaltung, ja Unabhängigkeit vor. Die Idee einer über ein Gelegenheitsbündnis hinausgehenden kurdisch-armenischen Allianz, bei der die Dersimkurden erste

---

26 Trotter an Salisbury, 16. 8. 1879, Parliamentary Papers, Turkey No. (1880), S. 44 f., Nr. 24, in Şimşir 1982, S. 532. Für Beschwerden gegen Behörden, Polizei und Militär siehe z. B. Şimşir 1982, S. 541. Allgemein wurden die Beschwerden im armenischen Reformprojekt vom 27. 6. 1879, das der Reformkommission des Sultans in Erzurum ausgehändigt wurde, formuliert (Beilage Layard an Salisbury, 17. 8. 1879, FO 424/86, S. 316–324, Nr. 426, in Şimşir 1982, S. 543–557).

27 Fırat 1983 (1952), S. 121. In der britischen Verbalnote vom 9. 9. 1879 wird Ismail Bey von Temran der illegalen Landnahme beschuldigt: Parliamentary Papers, Turkey No. 4 (1880), S. 50 f., Nr. 29, in Şimşir 1982, S. 562 f. *Haci* Sadık Bey von Horhor, im Kreis Kiği, gegen den sich auch Vorwürfe richteten, scheint als Mekkapilger jedenfalls kein Alevit gewesen zu sein. Vgl. Parliamentary Papers: Turkey, No. 4 (1880), S. 50 f., Nr. 29, in Şimşir 1982, S. 563, und Parliamentary Papers: Turkey, No. 23 (1880), S. 18 f., Nr. 14/1, in Şimşir 1982, S. 659.

28 Zarzecki 1914, S. 874. Zit. nach Bozarslan 1997, S. 164.

Ansprechpartner waren, nahm Gestalt an.[29] 1878 begann auch der Streit zwischen dem osmanischen Staat und den Vertretern der armenischen Millet um die demographischen Statistiken in den Ostprovinzen; zugleich kam der Gedanke an ethnische Umverteilungen oder „Säuberungen". Eine Regierung ohne die demokratische Rechtfertigung, die verschiedenen Volksgruppen angemessen zu vertreten, bot Angriffsflächen für die Kritik.

Die längsten demokratischen Erfahrungen besassen die Protestanten, die seit 1856 ihre Millet nach einer Verfassung mit demokratischer Repräsentation und strikter Trennung von kirchlichen und zivilen Angelegenheiten organisiert hatten. Diese Voraussetzung, verbunden mit kritischer Distanz sowohl zum armenischen Nationalismus als auch zur Staatsmacht, brachte die eng mit dem ABCFM verbundenen armenischen Protestanten in den Aufbruchsjahren um 1880 in eine Mittlerposition; viele setzten sich hoffnungsvoll für die von England forcierten Reformbemühungen ein. Während sich beispielsweise die Vertreter der armenischen, griechischen und katholischen Millets aus Protest dagegen, im Reformrat für die Provinz Erzurum untervertreten zu sein, gleich ganz von dessen Sitzungen fernhielten, beteiligte sich der protestantische Deputierte daran.[30] Mit den Erwartungen kam die Versuchung, der Realisierung unter Anwendung von Gewalt oder Falschinformation nachzuhelfen. Die armenischen Repräsentanten tendierten dazu, ihre eigene Bevölkerungszahl zu hoch darzustellen, dasselbe tat der Staat für die muslimische Seite. Die zum grossen Teil nomadischen Kurden zu zählen war sowieso unmöglich, ihnen deswegen keinerlei Repräsentation zuzugestehen, wie dies die Armenier von Erzurum und Musch verlangten, war kurzsichtig.[31] Trotz korrigierender Bemühungen der wenigen Beobachter vor Ort begingen die internationalen Mächte denselben Fehler wie die armenischen Milletvertreter: Sie werteten die Kurden flagrant ab. Dies taten sie im Artikel 61 des Berliner Vertrages und noch viel deutlicher in ihrer gemeinsamen, von der Sache her nur allzu berechtigten Protestnote an die Pforte

---

29 „For a long time I discredited altogether the idea of a Kurdo-Armenian alliance. It seemed to me preposterous that there should be any harmony between two races apparently so antagonistic, but it appears that negociations, under pretext of trade, are this moment being carried on with the Dersim Kurds, and also with a powerful Chief in the neighbourhood of Mush, who, I take it, can be no other than Mirza Bey; while, for more than a month past, relations have been entered into with Sheikh Obeydullah." Captain Everett aus Erzurum vom 25. 6. 1880, FO 424/107, S. 2–4, Nr. 2 (Şimşir 1983, S. 70). Ein anderer britischer Militärkonsul erwähnt die traditionellen Sympathiebeziehungen zwischen *Kızılbaş*-Kurden (deren Zentrum die Region Dersim war) und Armeniern: „[...] common animosity to the Turk, and Christian traditions, have maintained kindly feelings between the Armenians and Kizil-Bash Kurds." Chermside, 22. 12. 1880, FO 424/122, S. 2, Nr. 1/1, in Şimşir 1983, S. 172.

30 Trotter an Salisbury, 8. 8. 1879, Parliamentary Papers, Turkey No. 4 (1880), S. 15–17, Nr. 11, in Şimşir 1982, S. 517. Auch in der ab Sommer 1879 für die Untersuchung der Kiği-Affäre zuständigen Subkommission war ein Protestant: Trotter an Layard, 7. 7. 1879, Parliamentary Papers: Turkey, No. 4 (1880), S. 1–3, Nr. 1, in Şimşir 1982, S. 469.

31 Der armenische Bischof von Musch beispielsweise gab dem englischen Major Trotter die übertriebene Zahl von 160'000 männlichen Armeniern in seiner Provinz (Bitlis) an, korrigierte sogleich auf 120'000, als ihn Trotter auf seine vorausgegangenen Nachforschungen hinwies; die osmanische Regierung bezifferte dieselbe Bevölkerung mit 48'000, zehn Jahre später mit 66'840 (Trotter an Captain Clayton vom 24. 7. 1879, FO 424/86, S. 110 f., Nr. 164, in Şimşir 1982, S. 497; Cuinet 1891, S. 526). – Zur Repräsentation der Kurden: FO 424/106, S. 528 f., Nr. 268, in Şimşir 1983, S. 25 f.

vom September 1880. In dieser Note forderten sie die versprochenen Reformen ein, aber formulierten für die Kurden nur Einschüchterungen und Einschränkungen, keinerlei konstruktive Perspektive.[32] Indem sie die Frage der Reform der Ostprovinzen ostentativ als armenische und nicht als armenisch-kurdische Frage stellten, desavouierten die Grossmächte in den Augen der kurdischen Mehrheit ihre Bemühungen in den Ostprovinzen von vornherein. Sie trieben die Kurden in die Hände des – vom staatsrechtlichen Standpunkt her gesehen – reaktionären hamidischen Regimes. Zur Realisierung einer Autonomie taugten die kurdischen Aufstandsversuche nicht.

Die wichtigste Konsequenz der internationalen Bemühungen um Reform und Ordnung der Ostprovinzen war zweifellos eine von schwerwiegender Tragweite: die Einführung ethnisch-demographischer Kategorien, um die Partizipation an der Macht neu zu regeln, und damit verbunden der Gedanke an Umsiedlung, um „ethnisch" genügend „homogene" Zonen im Interesse der Neuordnung zu erhalten. Es schien zwei Wege zu geben, die offensichtlich mangelhafte Verwaltung der Ostprovinzen zu überwinden und eine Antwort auf die armenisch-kurdische Frage zu geben. Entweder wurde eine gründliche Reform des Staates betrieben, welche die volle Partizipation der Minderheiten, eine funktionierende Gendarmerie und einen unabhängigen Justizapparat schuf, oder man wählte eine Autonomielösung für die Ostprovinzen. Dann hätten sich Armenier, Süryani, Kurden und weitere Volksgruppen für den Aufbau einer eigenen Verwaltung zusammenraufen müssen. Die englische Diplomatie, welche die Türkei als Bollwerk gegen Russland stärken wollte, favorisierte klar die erstere Variante, ohne den Übergang zur zweiten auszuschliessen. Bezeichnend ist bei beiden Varianten die Sicht der Kurden als zu züchtigendes, zu zügelndes und zu erziehendes Volk. Sie werden als ein unabdingbares, aber nicht gerade willkommenes Element der zwar liberal und föderal, aber doch primär armenisch-christlich vorgestellten Reformstruktur aufgefasst. In beiden Fällen wird eine Migration von Türken in den Westen und eine solche von Armeniern in die Ostprovinzen als sinnvoll betrachtet.[33] Abdulhamid vollzog eine Radikalisierung dieser ethnoreligiösen Ordnungskategorien in die umgekehrte, nämlich antichristliche Richtung. Er betrieb eine Politik der Sunnitisierung der Ostprovinzen.

2.2.3 Auf der Suche nach internationaler Protektion für die Ostprovinzen

Die Missionare erhofften sich viel vom Berliner Kongress und taten alles, um die Vertreter der Grossmächte, allen voran Englands, über die Vorgänge in ihrer Region auf dem laufenden zu halten. Einige hätten am liebsten eine Mandatslösung gesehen – ein international abgestütztes britisches Protektorat –, da sie an der osma-

---

32 FO 424/107, S. 191–194, Nr. 113/1 = Parliamentary Papers: Turkey, No. 23 (1880), S. 275–278; in Şimşir 1983, S. 113–118.
33 Vgl. die Erörterungen Captain Claytons aus Van vom 29. 11. 1879, FO 424/106, S. 34–40, Nr. 13/ 9 f. (Şimşir 1982, S. 645–655).

nischen Reformfähigkeit in den Ostprovinzen grundlegende Zweifel hegten. Andere äusserten sich zuversichtlicher. Alle mussten sich angesichts der ernsten Probleme mit der Frage nach internationaler Intervention und der Umsetzung von Reformen auseinandersetzen.

Die Missionare erscheinen nicht als willfährige oder gar bezahlte Informanten der ausländischen Konsuln, sondern als solche, die alles daran setzten, diese Vertreter einer Macht, die seit dem Berliner Kongress für die Reformierung der Ostprovinzen mitverantwortlich war, für ihr eigenstes Anliegen einzuspannen. Dabei dokumentierten sie nicht allein Menschenrechtsverletzungen, sondern vielerlei Facetten der allgemeinen Situation. „We are rejoicing over the assurance of peace. I had hoped that the arrangement for Asiatic Turkey would be an English protectorate. If the present arrangement does not amount to that now, perhaps it will in the end amount to more than that.“[34] Die Zukunft schien offen, selbst für eine armenische Selbstverwaltung, jedenfalls für eine Entwicklung, die den Menschenrechten in den Ostprovinzen dank internationalen Beobachtern Nachachtung zu verschaffen versprach.

Immer wieder nahmen die britischen Konsularberichte Bezug auf mündliche oder schriftliche Informationen der Missionare. Natürlich vermittelten diese in erster Linie die Sichtweise und Anliegen der ihnen am nächsten Stehenden, das heisst der Christen. Dies wirkte sich auf den Informationsstand der Konsuln aus, die sich durchaus eines Vetrautheitsdefizites bezüglich der Kurden bewusst waren.[35]

Nehmen wir als konkretes Beispiel missionarischer Berichterstattung und Initiative wiederum Kiği in den Jahren 1878–1880. Die Beobachtung der menschenrechtlichen Situation stellt allgemein die Bedrückung Schwächerer durch Stärkere heraus, in diesem Fall armenischer Bauern und Kleinhändler durch muslimische (kurdische) Lokalherren, osmanische Beamte und Militärs. Der englische Botschafter Layard erhielt den Brief eines amerikanischen Harput-Missionars und intervenierte erstmals beim Grosswesir Safvet Pascha. Layard wurde durch denselben Missionar über die lokalen Konsequenzen seiner Intervention informiert und erstattete davon wenig später, am 19. September 1878, seinem Aussenminister Salisbury Bericht. Tatsächlich wurden von der Zentralregierung auf Grund solcher Beschwerden Untersuchungsbehörden ausgesandt, Beamte, in diesem Fall der *kaymakam* Ismail von Kiği, ausgewechselt und andere Verantwortliche, in diesem Fall der Militärkommandant Tahir, etwas eingeschüchtert.[36] Aber meist war die mittel- und langfristige Auswirkung solcher Interventionen höchst zweifelhaft, da die Zentralregierung den Vertretern der Grossmächte zwar guten Willen zu zeigen bemüht war, aus prinzipiellen Macht- und Loyalitätserwägungen heraus es sich aber nicht leisten

---

34 Harput-Missionar Allen im Brief an Baldwin vom 26. 7. 1878 (ABC bh).

35 Major Trotter in seiner Instruktionsschrift an Captain Clayton: „You will doubtless come into contact, in the course of your travels, with some of the principal Kurdish Chiefs, and I strongly recommend you to lose no opportunities of making their acquaintance and listening to what they have to say for themselves, as they are a most important class, who are, perhaps, too little considered in propositions made for the future well-being of the country.“ 24. 7. 1879, FO 424/86, S. 110 f., Nr. 164, in Şimşir 1982, S. 497 f.

36 Parliamentary Papers: Turkey No. 53 (1878), S. 207, Nr. 217; in Şimşir 1982, S. 216 f.

konnte, die muslimischen Lokal- und Regionalherren, gegen die sich die Beschwerden meist richteten, vor den Kopf zu stossen.[37] Der Zentralstaat konnte in den Ostprovinzen nur bestehen, wenn er mit den Mächtigen vor Ort paktierte. Die Provinz- und Kreisgouverneure hatten bisweilen nur den Stellenwert von Delegierten des Staates bei diesen massgeblichen lokalen Kräften. Die Behördenvertreter suchten ihre Interessen in Abstimmung mit dem lokalen Gegenüber, das auf die (stillschweigende) staatliche Anerkennung angewiesen war, einzubringen. Zu diesen lokalen Kräften gehörten neben den traditionellen religiösen Führern notabene auch die Missionare, aber in den Ostprovinzen zählten in erster Linie jene Notabeln, die eine militärische Macht vor Ort mobilisieren konnten. Die Tanzimat-Konzeption eines gerechten, gleichförmigen, in sich ruhenden Zentralstaates, der sich durchsetzt, weil er überlegen, modern und überzeugend ist, erschien spätestens 1878 als eine verhängnisvolle Illusion.

Bezüglich Kiği richtete Layard Ende 1878 einen pessimistischen Bericht an Salisbury. Wie sein missionarischer Informant ihm schrieb, habe der Untersuchungsbeamte Osman Efendi zuerst gute Arbeit geleistet, sei dann aber dem Einfluss der Beys erlegen, so dass sich die Lage der Christen noch verschlechtert habe. Ein „guter alter Muslim",[38] Süleyman Agha, hätte sich der Anliegen der Armenier angenommen und diese vor den Behörden verteten, worauf er verhaftet worden sei. Der Grosswesir erwiderte auf den Protest des englischen Botschafters, dass solche Entwicklungen bei der Unkontrollierbarkeit der Region bisweilen unvermeidbar seien.[39] Was der Gouverneur an dieser Stelle mit Fug und Recht gesagt haben mag, wurde bei anderen Ereignissen zur bequemen Ausrede, um keine Verantwortung zu übernehmen.

Der neue *kaymakam* von Kiği wurde nach einem Jahr auf Druck von Persönlichkeiten, die ihn als Protektor der Christen beim Vali in Erzurum denunzierten, seines Amtes enthoben. Es ist bemerkenswert, dass sich 53 türkische und 41 armenische Bewohner von Kiği in einer Petition an den Vali für ihren *kaymakam* einsetzten.[40] Wenig später sah sich Layard veranlasst, der Pforte eine Verbalnote einzureichen, die das parteiliche Vorgehen der Kiği-Subkommission und weitere Übergriffe der Lokalherren geisselte.[41] Im Herbst 1879 erhielt der Vali von Erzurum ein Telegramm aus der Hauptstadt, in welchem der Sultan die rasche Er-

37 Die Missionare sparten nicht mit Lob für Vertreter des Staates, die sie trotz lokaler Widerstände tatkräftig für Reformen einstehen sahen. So sind sich Anfang 1878 britische Konsuln und amerikanische Missionare einig in der positiven Beurteilung der Valis von Erzurum, Van und Diyarbakır. Siehe FO 424/70, S. 360 f., Nr. 587 (in Şimşir 1982, S. 175) und Kap. 2.9.1.

38 Dieser damals nicht selten von westlichen Beobachtern gebrauchte Begriff bezeichnete eine politisch konservative, aber in ihrem alltäglichen Umgang gütig und gerecht erscheinende Person. „Was gewöhnlich mit dem Namen ‚Alte Türkei' bezeichnet wird, bildet durchweg eine sehr sympathische Kategorie von Menschen. Diese Kategorie setzt sich aus gläubigen Muselmanen zusammen, die gewöhnlich ziemlich unwissend, zuweilen auch intolerant, gewöhnliche Alltagsmenschen sind, dabei aber loyal und mit einem nicht zu unterschätzenden Gerechtigkeitsgefühl ausgerüstet. Es hält schwer, ihre Freundschaft zu erwerben; besitzt man dieselbe aber einmal, so kann man sich auch darauf verlassen. Diese Kategorie ist vor allem unter dem niedern Volk vertreten" (Müller-Simonis 1897, S. 160).

39 Layard an Salisbury, 2. 12. 1878, FO 424/77, S. 277–211, Nr. 249; in Şimşir 1982, S. 269.

40 Petition vom 22. 11. 1879, FO 424/106, S. 33 f. Nr. 13/7, in Şimşir 1982, S. 644 f.

41 9. 9. 1879, Parliamentary Papers: Turkey No. 4 (1880), S. 50 f., Nr. 29, in Şimşir 1982, S. 562 f.

ledigung der Kiği-Affäre zu seiner Ehrensache erklärte. Es kam dann zwar zu einem gerichtlichen Vorgehen gegen die Beys, aber die erhobenen Strafen glichen einem Freispruch.[42] Im Februar 1880 beklagte Captain Everett, dass in Kiği keinerlei Fortschritte erzielt würden.[43]

Jede Regierung, die sich internationaler Beobachtung und Kontrolle zu entziehen suchte, behauptete, dass keinerlei Anlass zu Aufregung bestünde und alles in Ordnung sei. Genau dies wurde zur stereotypen Antwort des hamidischen Regimes. Während die Lokalbehörde in Beyazit beispielsweise mit Rückendeckung des Grosswesirs die unsichere Lage anführte, um einer Hilfsorganisation den Zutritt zu verwehren, gab die Pforte in der Hauptstadt dem britischen Botschafter eine präzis gegenteilige Auskunft: „[…] whenever I have brought the disturbed state of that portion to the attention of the Porte, I have received the most positive assurances that perfect tranquillity prevailed."[44]

Die Handvoll britischer Militärkonsuln, die von 1878 bis 1882 die Ostprovinzen durchstreifte, beschaffte eine beeindruckende Menge wertvoller Informationen, die ein Licht auf die Interessen und Bedürfnisse aller beteiligten Gruppen warfen; zu mehr reichte es nicht: Sie waren nicht imstande, ihre Vorschläge durchzusetzen oder zu einem Interessenausgleich beizutragen. Eine „starke Hand" sei vorübergehend nötig, um die Auswüchse der widerstreitenden Interessen heterogener Gruppen in kontrollierte Bahnen zu lenken und einen friedlichen Aufbau zu ermöglichen: Darin stimmten die britischen Konsuln und die amerikanischen Missionare überein.[45] Nur war niemand fähig und willig, diese Hand auszustrecken – weder die osmanische Seite noch die internationale Staatengemeinschaft. So gab es nur Umtriebe, aber keine Verwirklichung von Reformen. Der Grund dafür lag nicht nur in der islamistischen Neuausrichtung des Reichs, sondern ebenso in der mangelhaften Planung und Abstützung der Reformen durch die Grossmächte, deren Kooperationsfähigkeit zunehmend durch die imperialistische Konkurrenz gelähmt war. Zweifellos stellte die ethnische und soziale Struktur der Region eine ausserordentlich anspruchsvolle Aufgabe dar.[46]

In der Erkenntnis, dass die Inhalte und Instrumente des Berliner Kongresses für die Ostprovinzen gescheitert waren, festigte sich – selbst angesichts des Massakerleides der 1890er Jahre – der missionarische Wille, innerhalb des osmanischen Gefüges für Verbesserungen einzustehen und nicht mehr mit Protektoratslösungen zu liebäugeln. James Barton, Harput-Missionar von 1885 bis 1894, schrieb 1899 in der Reaktion auf einen Leitartikel des *Boston Herald:* „We believe it would be most

---

42 Everett an Trotter, 5. 12. 1879, FO 424/106, S. 32 f., Nr 13/6, in Şimşir 1982, S. 642, und Everett an Trotter, 17. 12. 1879, Parliamentary Papers: Turkey No. 23 (1880), S. 18 f., Nr. 14/1, in Şimşir 1982, S. 659.

43 Everett an Trotter, 20. 2. 1880, FO 424/106, S. 224, Nr. 103/1, in Şimşir 1982, S. 689. Der armenische Patriarch Nerses an Layard, 27. 3. 1880, FO 424/106, S. 279, Nr. 142, in Şimşir 1982, S. 693 f. Granville an Goschen, 9. 2. 1881, FO 424/122, S. 53, Nr. 29, in Şimşir 1983, S. 193.

44 Der britische Botschafter Goschen spielte mit dieser Bemerkung auf Unruhen an, die im Zusammenhang mit Ubeydullahs Bewegung standen. An den britischen Aussenminister Earl Granville, 3. 5. 1881, FO 424/122, S. 131, Nr. 89, in Şimşir 1983, S. 210.

45 Clayton an Trotter, Van, 25. 5. 1880, FO 424/106, S. 528 f., Nr. 268, in Şimşir 1983, S. 25–27.

46 Aus heutiger Sicht muss man hinzufügen, dass damals die internationalen Instrumente zur Lösung so komplexer Probleme wie derjenigen der Ostprovinzen nicht vorhanden waren.

disastrous to our work to have this step taken [extension of an American protectorate over a non-Christian country], for it would be impossible to separate in the minds of the people missionary enterprise from government interference."[47]

2.2.4 Scheich Ubeydullahs Aufstand

Ubeydullahs Aufstand ist zentral für das Verständnis des Verhältnisses von Missionen, Ethnien und Staat in den Ostprovinzen um 1880, auch wenn er militärisch hauptsächlich das persische Grenzgebiet zu den osmanischen Ostprovinzen betraf. Scheich Ubeydullah war der Sohn des Scheichs Taha von Nehri, den wir bereits im Zusammenhang mit Bedir Khan angetroffen haben. Scheich Taha seinerseits war der Neffe und Nachfolger von Scheich Abdallah, einem Kadiri-Scheich, der, wie manche seinesgleichen auch, sich in den 1820er Jahren der dynamischen Erneuerungsbewegung *(müceddidi)* der Nakşibendi-Bruderschaft angeschlossen hatte. Scheich Ubeydullahs Sohn war der wiederum einflussreiche *Seyit* Abdulkadir, Haupt des Vereins für die Förderung Kurdistans *(Kürt Teali Cemiyeti)* und Präsident des osmanischen Senates in Istanbul kurz nach dem Ersten Weltkrieg.

Abdallahs ehemaliger Schüler, Scheich Khalid, hatte das in ganz Kurdistan erfolgreiche Revival der Nakşibendi lanciert, die ihren Gefolgsleuten Aufstiegschancen bis hin zur Scheichswürde eröffneten und ihnen die Möglichkeit gaben, eine eigene Anhängerschaft zu bilden. Vermutlich wurde diese Nakşibendi-Erweckungsbewegung vom osmanischen Staat gefördert, jedenfalls nicht behindert, zumal dieser Orden über einen soliden sunnitischen Hintergrund verfügte und Khalid seine Schüler gelehrt hatte, für das Überleben des islamischen osmanischen Staates und für dessen Sieg über die Feinde der Religion, die Christen und die schiitischen Perser, zu beten. Ende der 1860er Jahre, als Ubeydullah die Nachfolge seines Vaters antrat, übte diese Seyit-Familie einen politisch-religiösen Einfluss aus, der sich zweifellos über den ganzen Raum der ehemaligen Emirate Bohtan, Bahdinan und Hakkari (im Süden Vans) erstreckte.[48]

Für Abdulhamid war Scheich Ubeydullah eine äusserst interessante Figur, die genau jenes kurdische Element repräsentierte, das er sich im Rahmen seiner Ostprovinzenpolitik am ehesten nutzbar machen konnte: das sunnitische, Europa fernstehende und Persien gegenüber standfeste Hauptsegment der kurdischen Stammesgesellschaft, welches seit der Zerschlagung der Emirate von Nakşibendi-Scheichs angeführt war. Diese kurdische Mehrheit sah sich durch die Tanzimat, durch die aufstrebenden christlichen Minderheiten und die ausländischen Interventionen zugunsten der Christen abgewertet. Anders als viele Armenier und manche Kurdenführer, welche die vorrückende russische Armee 1877 begrüssten, stand Ubeydullah klar auf der Seite des Sultans. Dessen Dschihad-Aufruf verbreitete er in seinem Einflussbereich in Kurdistan weiter und versah ihn mit einer Spitze gegen

---

47 2. 2. 1899. ABC Barton, Personal Papers, 1:3.
48 „Şeyh Ubeydullah Efendi'nin ta Süleymaniye havalisinden Beyezid'e kadar gücü tesirli bulunduğundan", Serasker Mustafa im Schreiben an Gazi Ahmed Muhtar Pascha vom 24. 10. 1877, in Muhtar 1996, S. 233; vgl. McDowall 1996, S. 51–53.

die Schiiten.[49] Allerdings enttäuschte er den osmanischen Kommandanten Gazi Ahmed Muhtar Pascha schwer, indem anstelle der versprochenen 50'000 Reiter bloss 1'500 dem Armeekorps bei Beyazıt zu Hilfe eilten.[50]

Der Dominikanerpater Bonvoisin von der Mosul-Mission nahm in den 1880er Jahren die Verbrüderungsversuche deutlich wahr, die der Gouverneur gegenüber den Scheichen unternahm. Er beschrieb das Scheich-Phänomen und die Beziehung zwischen Scheich und Staat folgendermassen: „Au-dessus de l'autorité de l'agha et de l'émir plane l'autorité religieuse du Cheikh qui, à l'heure actuelle, est entre les mains du gouvernement un auxiliaire puissant pour amener ces tribus [kurdes] à la soumission. [...] Quand eut lieu la guerre Turko-Russe les Cheikhs prêchèrent la guerre sainte dans nos contrées[51] et furent cause de commencements de massacre. [...] Pour montrer la sympathie qui existe entre les gouverneurs turcs et les cheikhs qu'on me permette de citer ici un fait assez typique qui s'est passé il y a quelques années à quelques lieues de ma résidence. Le gouverneur [mutasarrıf] de Bachkala visitait sa province. Arrivé dans le canton d'Amédiah, sa première visite fut pour le fameux cheikh de Bamasné [...]. Quand les deux personnages furent en présence, le gouverneur pria le cheikh de le bénir, ce que celui-ci s'empressa de faire en lui concédant de plus, par son autorité souveraine, 10 mètres dans le Paradis de Mahomet. Le gouverneur alors pour lui exprimer sa gratitude, lui concéda la propriété d'un village voisin."[52]

Das Interregnum während und nach dem verlorenen Krieg brachte für Ubeydullah als einem wichtigen Repräsentanten der Mehrheitsbevölkerung in den Ostprovinzen und im persischen Grenzgebiet die Herausforderung mit sich, im Namen der sunnitisch-kurdischen Ethnie ordnend und zukunftsweisend zu handeln. Die anarchische Situation betraf auch sein Einflussgebiet. Schiitische Stämme aus dem persischen Grenzgebiet unternahmen Übergriffe auf Dörfer, die dem Patronat des Scheichs unterstanden. Besonders der Şikak-Stamm bedrohte die Autorität Ubeydullahs in der Region Hakkari-Urmia. Von den persischen Behörden fühlte sich seine Anhängerschaft nicht zu Unrecht benachteiligt, sah sich aber auch durch osmanische Behörden in Steuerangelegenheiten oder bei Strafmassnahmen hart angefasst.[53]

Über diesen „üblichen" Hintergrund von regionalen Stammes- und Behörden-konflikten hinaus, in welche die stammesübergreifende Autorität des Scheiches involviert wurde, brachte die armenische Frage in ihrer Internationalisierung am Berliner Kongress eine ganz neue Dimension: die Aufwertung der christlichen Anliegen in Kurdistan nach westlichen Kriterien. Dies geschah nicht nur abstrakt durch ferne Konferenzbeschlüsse, sondern hatte seinen sichtbaren Niederschlag in der plötzlichen Präsenz von britischen Militärkonsuln vor Ort, welchen die zahl-reichen Missionare zuzudienen schienen. Sie erhielten von letzteren immer wieder Informationen über kurdische Übergriffe gegen Christen oder nahmen von arme-

---

49 Halfin 1992 (1976), S. 72 f.; McDowall 1996, S. 56.
50 Ihr Beitrag wurde als „sehr schädlich" erachtet; vgl. Muhtar 1996, S. 78, 112 f., 234.
51 Wort in der Handschrift schlecht lesbar.
52 Başkale liegt 70 km südöstlich von Van. Etudes du P. Bonvoisin sur le Kurdistan, S. 12, Archives de Mossoul, Colis Nr. 12, ADF.
53 McDowall 1996, S. 54.

Abb. 20: Dr. Joseph Cochran mit kurdischen Patienten.

nischer Seite Beschwerdeschreiben entgegen, die die „barbarischen Kurden" als Instrumente der Regierung oder „fanatischer türkischer Aghas" geisselten.[54] Dieser Kontext erhellt die spezifische ideologische Ausrichtung Ubeydullahs um 1880, wie sie wenige Jahre zuvor noch undenkbar gewesen wäre. Bemerkenswerterweise setzt uns ein Missionar darüber am deutlichsten ins Bild, nämlich Dr. Joseph Cochran, ein in Urmia stationierter Missionsarzt, dessen Eltern schon auf dieser vom ABCFM gegründeten, dann an das *Presbyterian Board* übergegangenen Station gewirkt hatten. Cochran stand über lange Jahre in regem Kontakt mit dem Kurdenscheich. Gewiss war er kein Bewunderer des Scheichs, aber in einem gewissen Sinn sein Vertrauter, wie schon der Missionar und Arzt Grant das Vertrauen Bedir Khans und Nurullahs gewonnen hatte und auch spätere Missionsärzte bei Kurden hohes Ansehen genossen. Bei aller bisweilen hervorstechenden Sympathie und bei allem Verständnis für ihr kurdisches Gegenüber identifizierten sich die Missionare nie mit politischen Bewegungen der Kurden, sondern suchten eine ihrer Arbeit möglichst zuträgliche Mittlerposition zwischen Kurden, einheimischen Christen und Staat einzunehmen. Das war bei Cochran 1880 nicht anders.[55] Festzuhalten bleibt immerhin, dass die Missionare bis nach dem Ersten Weltkrieg oft die einzigen Ansprechpersonen waren, um kurdische Anliegen in internationale diplomatische Kanäle oder an eine internationale Öffentlichkeit zu bringen.

Ubeydullah vertraute Cochran in seinem vielzitierten Brief vom 5. Oktober 1880 seine Gedanken an mit dem Ersuchen, sie der britischen Regierung weiter-

---

54 Die irregeleiteten „kurdischen Barbaren" gehören seit der armenischen Renaissance in den Ostprovinzen zum Topos armenischer Darstellungen. Zum Beispiel im Schreiben der „Armenian Deputation of Vasbouragan" vom 25. 1. 1879 an Captain Clayton, FO 424/106, S. 29–31, Nr. 13/4, in Şimşir 1982, S. 640.

55 Vgl. Speer 1911, S. 92. Behrendt hält Cochran für einen Bewunderer Ubeydullahs (Behrendt 1993, S. 216).

zuleiten. Nach der programmatischen Feststellung, die Kurden bildeten ein separates Volk mit eigener Religion und Sitte (die Sprache erwähnte er nicht!), thematisierte Ubeydullah das ausländische Zerrbild von den Kurden, den Missbrauch der Kurden durch die osmanische respektive persische Regierung, seine eigenen Nöte mit dem Şikak-Stamm und die Unfähigkeit der genannten Regierungen, Kurdistan zu befrieden. Er folgerte, dass die europäischen Grossmächte die kurdische Lage – ebenso wie schon die armenische – mit einer Untersuchung würdigen sollten. Im Namen der Führer und Bewohner Kurdistans forderte er schliesslich kurdische Selbstbestimmung mit „Privilegien wie andere Nationen".[56]

Ubeydullah stellte nichts anderes als die „kurdische Frage". Mit Recht zwar befürchtete Megerditsch Khrimian, der zwei Jahre zuvor armenischer Vertreter am Berliner Kongress gewesen war, dass die kurdische Frage für die osmanische Regierung ein Mittel zur Entkräftung der armenischen Frage würde.[57] Nur unterschätzte er ihr Gewicht und übersah, dass beide Fragen nur gemeinsam zu lösen waren.

Ubeydullah scheint bald nach dem Berliner Kongress den Entschluss gefasst zu haben, mit diplomatischen und wenn nötig militärischen Mitteln eine kurdische Selbstbestimmung zu erkämpfen. Vielen Indizien zufolge war sein Ziel eine kurdische Autonomie unter osmanischer Oberherrschaft; in den Augen des dominikanischen Mosul-Missionars Rhétoré wollte er sich „zum Prinzen [Emir] von Kurdistan erklären lassen".[58] Anders als Bedir Khan bemühte er sich um die Kooperation mit den Nestorianern. Im Herbst 1879 versuchte er gegen die von ihm verachteten Paschas, das heisst Valis und Militärkommandanten, eine Aufstandsbewegung zustande zu bringen, die wegen der Disziplinlosigkeit der Stämme einigen Schaden in den Dörfern anrichtete, militärisch und politisch aber kläglich scheiterte. Es war dem Scheich nicht gelungen, Mar Schimon, das Oberhaupt der Nestorianer, für seine Pläne zu gewinnen. Indem der Patriarch Ubeydullahs Pläne der Pforte verriet, versetzte er seine Gemeinschaft in eine heikle Situation gegenüber den Kurden. Gleichwohl schlossen sich einige nestorianische Stämme Ubeydullah an.[59]

Nach seinem Fehlschlag vollzog der Scheich im Spätherbst 1879 eine Wende. Er verständigte sich mit osmanischen Vertretern, liess sich vermutlich dekorieren und das Versprechen abringen, auf weitere Aufstandsversuche im osmanischen Bereich zu verzichten. Dafür genossen er und seine Leute Straffreiheit.[60]

---

56 Parliamentary Papers: Turkey No. 5 (1881), S. 47; nach Joseph 1961, S. 109 f. – Wie Behrendt 1993, S. 217 ausführt, ist die Zitiergeschichte dieses berühmten Schreibens lang und mit Verstümmelungen gepflastert, trotz des korrekten Joseph 1961.

57 Brief aus Van vom 20. 6. 1880 an den armenischen Patriarchen, Parliamentary Papers: Turkey No. 5 (1881), S. 5.; nach Behrendt 1993, S. 219.

58 „[…] troubles qui existent dans ce pays par suite à la révolte du cheikh Abed-Allah qui veut se faire proclamer prince du Kurdistan." Rhétoré im Brief vom 19. 9. 1879, Mossoul, Dossier 1879, ADF.

59 Mar Schimon gegenüber habe er seine Ziele so formuliert: „[…] that they did not want Turkish government, Turkish troops, or Turkish officials in their lands; that they had better make themselves responsible for paying a certain amount to the Porte, and be otherwise independent Princes in their respective countries." Captain Clayton an Mayor Trotter aus Van, 14. 11. 1879, FO 424/106, p. 17, Nr. 5/1, in Şimşir 1982, S. 624 f.; Abbott an Granville, Täbris, 1. 10. 1881, FO 248/382, nach McDowall 1996, S. 55 f. mit Anm. 19. Vgl. Joseph 1961, S. 109.

60 Wie es eine armenisch-kirchliche Quelle beklagt: Parliamentary Papers: Turkey No. 4 (1880), S. 151 f., Nr. 115/1, in Şimşir 1982, S. 599.

Abb. 21: Cochran mit dem britischen Konsul von Täbris, Wratislaw, und dessen indischer Garde.

Der eigentliche Aufstand – das „Kommen des Scheichs",[61] wie er von der betroffenen Bevölkerung bezeichnet wurde und so noch lange in ihrem Gedächtnis haften blieb – fand im Herbst 1880 in Form einer Invasion ins persische Grenzgebiet statt. Ubeydullah nahm den Konflikt zwischen dem persischen Statthalter von Mahabad – auch Sautschbulak genannt – und einem Stammesführer, der zu seinen Schützlingen gehörte, zum Anlass für eine von ihm und seinem Sohn Abdulkadir geleitete Invasion. Die militärische Seite der verschiedenen Episoden des Aufstands und seiner Niederschlagung war glanzlos und brutal. Ganze Einwohnerschaften von Orten, die sich den Invasoren nicht unterwarfen, wurden umgebracht. Opfer waren vor allem Schiiten. Nach Anfangserfolgen blieb die Armee vor Urmia stecken und erlitt eine schwere Niederlage gegen den persischen Entsatz. Mitte November musste Ubeydullah auch das anfänglich eroberte Mahabad räumen. Die Invasion war gescheitert, das Vorgehen des persischen Militärs gegen Sunniten und Nestorianer ebenso grausam wie dasjenige der Kurden.[62]

Man würde Ubeydullahs Ernst verkennen, wenn man aus der Rückschau vermeinte, er habe seinen Kampf bereits aufgegeben und sich dem Sultan gebeugt. Auf Druck Grossbritanniens und Persiens sollte die Pforte den Scheich bestrafen, tat aber nichts anderes, als ihn im Sommer 1881 in die Hauptstadt zu zitieren, von wo er 1882 bereits wieder nach Hakkari zurückreiste. Auch wenn vieles dafür spricht, dass sein pragmatisches Ziel eine kurdische Autonomie unter osmanischer Oberherrschaft gewesen war, sehen wir ihn im selben Jahr – in einem Anflug von verzweifelter Entschlossenheit? – Rückhalt beim Zaren suchen, den dieser ihm verweigerte, wohl um keine Krise mit der Pforte, mit Persien und mit England zu riskieren.[63] Erst jetzt

---

61 Shedd 1922, S. 45. Die neuste Studie über diesen Aufstand ist Pistor-Hattam (2000).
62 Joseph 1961, S. 110–113, Behrendt 1993, S. 222 f.
63 Halfin 1992 (1976), S. 95–101.

fasste Abdulhamid den Entschluss, Ubeydullah nach Mekka zu exilieren. Dort starb der Scheich 1883.

Es ist bedenkenswert, dass der Sunnite Ubeydullah dazu bereit gewesen zu sein scheint, sein religiös begründetes Treueverhältnis zum Sultan-Kalifen aufzukünden, indem er Rückhalt beim Zaren suchte. Dieser für den Sultan Abdulhamid bedenkliche Schritt mag dazu beigetragen haben, dass er zehn Jahre später sein Kalifat den sunnitischen Kurden gegenüber ins rechte Licht rückte und sie mit einer wichtigen Rollenzuteilung aufwertete, indem er sie zu *Hamidiye*-Truppen ernannte, deren Oberhaupt er selbst war.

2.2.5 Missionare als Mittler und Vermittler

Ende der 1870er Jahre sehen wir zum ersten Mal Missionare ganz deutlich nicht nur zwischen den Fronten, wie bereits bei Bedir Khan, sondern auch in aktiv vermittelnder oder zumindest übermittelnder Funktion, und zwar zwischen dem osmanischen Staat oder Vertretern der Grossmächte einerseits und armenischen oder kurdischen Aufständischen andererseits. Als Beispiel für diese Funktion mag die soeben vorgestellte Rolle Cochrans für Ubeydullah gelten.

Die desolate osmanische Lage nach dem russisch-türkischen Krieg und das Umbruchsklima führten nicht nur bei den Kurden und den kurdischen *Kızılbaş* zu Aufständen. Die armenische Gemeinschaft der Stadt Zeytun im Sandschak von Marasch (Mittelanatolien) erhob sich Ende 1878, worauf die türkische Regierung und der britische Konsul den mit den Zeytunli bestens vertrauten ABCFM-Missionar Henry Marden um Vermittlung ersuchten. In der rückblickenden Darstellung eines anderen ABCFM-Missionars kommt die für die damalige amerikanische Türkeimission typische Mischung von Regierungskritik und Wille zur Loyalität zum Ausdruck. Er unterstreicht die erfolgreiche Vermittlung des Missionars zwischen Regierung und armenischen Aufständischen: „Zeitoun, a town of 10'000 Armenians, after much suffering at the hands of merciless governors, finally turned and drove out the police and the government, defeated the soldiers sent against them, and defied the government. This was in the last end of 1878. On Jan. 11, 1879, Rev. Henry Marden of Marash received a telegram from the British Consul and the Turkish Governorgeneral [Vali] at Aleppo, asking him to go to Zeitoun and seek to adjust difficulties there. He and two companions spent a week there, and the outcome of this visit was an agreement to keep the peace and have no terrible vengeance. In May, when a Turkish commission went there, again the missionaries were called upon to help arrange things; and Rev. Giles F. Montgomery went alone to Zeitoun and succeeded in persuading the quondam rulers to retire and to give place to the Turkish government, after which there was peace."[64]

---

64 ABC MS Hist. 31: 4, S. 36. Britische Quellen: über die Situation kurz vor dem Aufstand: FO 424/ 77, S. 205, Nr. 243 (Text in Şimşir 1982, S. 267 f.); über den Aufstand: Turkey No. 1 (1880), S. 16 f. (Text in Şimşir 1982, S. 297 f.), FO 424/79, S. 478–482, Nr. 549–551, FO 424/80, S. 105, 112–114, Nr. 112 f., 117 (Texte in Şimşir 1982, S. 311–322); über die missionarische Vermittlung: „The Vali consented to Mr. Mardin [Marden], an American Missionary of fourteen years experience at Dintal, going to Zeitoun with the following proposals: Unconditional surrender of

Immer wieder wurden die Missionare in einzelnen Fällen als Vermittler eingeschaltet oder traten aus eigenem Antrieb auf, namentlich um die Freilassung von
Gefangenen zu erwirken. In Zeytun gab es ohne Zusammenhang mit der Mission in
den 1880er Jahren eine Art pfingstlicher Bewegung – die Bewegung der *teslimci* –,
die von der armenisch-apostolischen Kirche scharf bekämpft wurde. Als jemand die
Bewegung bei der Regierung verklagte, sie sei rebellisch und schmiede geheime
Komplotte, wurden prompt ihre Führer verhaftet und in Hacin ins Gefängnis gesteckt. Henry Marden, der für die Aussenstationen zuständige Marasch-Missionar
des ABCFM, versuchte in einem Gespräch mit dem Gouverneur vergeblich, diese
völlig unschuldigen Menschen freizubekommen.[65]

Als familien- und stammesübergreifende, mit den lokalen Verhältnissen bestens
vertraute Individuen genossen einige Missionarinnen und Missionare, ähnlich wie
die Scheiche, ein Charisma *(keramet)*. Daher wandten sich gelegentlich selbst
muslimische Stammesmitglieder, die eine intakte Beziehung zu einem Scheich hatten, in heiklen Fällen wie Blutrache an eine aussenstehende Missionarsperson. So
vermittelte Corinna Shattuck von Urfa mehrmals zwischen Familien verschiedener
arabischer Stämme.[66]

Es kam vor, dass Missionare nicht nur als Mittler, sondern auch als Ermittler
gefragt waren. Ein gewiefter Repräsentant des hamidischen Staates stützte sich in
einem besonders heiklen Fall auf die schwer anfechtbare Glaubwürdigkeit einer
missionarischen Bestandesaufnahme: Der Vali von Aleppo war im emotional auf-
geheizten Pogromjahr 1895 mit den Beschuldigungen seines *kaymakam* von Ainteb konfrontiert, die Armenier versuchten die Brunnen zu vergiften. Der Vali antwortete seinem Untergebenen, er werde die Angelegenheit durch amerikanische
Missionare untersuchen lassen. Allein diese Rückmeldung genügte, um das Gerücht
verstummen zu lassen; jedenfalls wurde in der Provinzhauptstadt Aleppo nichts
mehr darüber laut.[67]

---

soldiers; dismissal of Kaimakam; complaints of Zeitounlis to be examined; sentences passed by
Mejliss of Marash on Christian prisoners to be annuled, and Commission appointed to examine
accusations against them" (Note-Verbale, 3. 2. 1879, FO 424/80, S. 414 f., Nr. 500, Text in Şimşir
1982, S. 334 f.); „[…] the Imperial Commissioners left Marash for Zeitoun on the 19th May, with
four companies of soldiers, and reached the latter place on the succeeding day. Mr. Montgomery,
an American missionary, who from his connection with the Zeitounli has much influence with
them, had preceded them, at the earnest personal request of the Commissioners, to pacify the
population, who were in great terror at the approach of the troops. Owing to his instrumentality
everything was perfectly quiet, and deputations of the inhabitants, children, &c., presented themselves
at the camp that was established outside the town." Lieutenant Herbert Chermside an Sir Layard,
Zeitoun, 29. 5. 1879, Turkey No. 1 (1880), S. 73–76, Nr. 83/2; Text in Şimşir 1982, S. 419–424;
über ähnliche Lage der *Kızılbaş*-Kurden bei Pazarçık (ca. 60 km südöstlich von Zeytun), die einer
gezielten Überbesteuerung (over-taxation) wie die Zeytunli ausgesetzt seien, vgl. Turkey No. 1
(1880), S. 82, Nr. 83/3, Text in Şimşir 1982, S. 433.
65 MH 1890, S. 241.
66 Peabody 1913, S. 23.
67 Vgl. Verheij 1999, Fn. 195, S. 124.

2.3   Die jesuitische „Mission d'Arménie"

Die Gründung der jesuitischen Armenienmission war eine Gegeninitiative zur intensiven protestantischen Aktivität in Mittel- und Ostanatolien, die von lokaler schulischer bis hin zu internationaler diplomatischer Tätigkeit reichte. Das diplomatische Gewicht des Protestantismus hatte sich, ausgehend von der Berliner Plattform, in Kleinasien prägnant manifestiert. Doch nicht allein der Wettstreit mit   dem Protestantismus, sondern ebenso die scheinbar günstige Situation in einem Reich, das ausländischem Einfluss und internationaler Kontrolle offenstand, sowie das Interesse an den Armeniern, das der Berliner Kongress schlagartig gefördert hatte, waren die Motivationen dieser neuen Mission. Die gleichzeitige Eröffnung einer Missionsstation in Van durch französische Dominikaner der Mosul-Mission 1881 und die Verstärkung der kapuzinischen Armenienmission durch den Beizug der Franziskanerinnen von Lons-le-Saunier 1883 hatten denselben Hintergrund.

Die jesuitische Armenienmission lag im Westen der sechs östlichen Provinzen und überlappte diese nur in Sivas. Dennoch lohnt es sich, sie in unsere Untersuchung einzubeziehen, da sie Vergleichsmöglichkeiten im Verhältnis der verschiedenen Missionen untereinander, ihrer Haltung zu staatlichen Mächten und ihrer regionalen Einbettung eröffnet. Ethnisch unterschied sich das mittelanatolische Gebiet der Jesuitenmission vor allem durch die relativ geringe Anzahl von Kurden, dafür lebten mehr Griechen in diesem Gebiet als in Ostanatolien.

2.3.1 Improvisierte Gründung

Die Initiative zur jesuitischen Armenienmission ging von kirchlicher Seite aus: Der missionsfreundliche Papst Leo XIII. setzte sich lebhaft für eine Armenienmission ein,[68] die katholische Millet erhoffte sich durch sie eine Stärkung, und die französische Diplomatie begrüsste sie, ohne sie anfänglich aktiv zu unterstützen.

Horace de Choiseul vom französischen Aussenministerium befürchtete 1881, durch eine aktive Armenien-Politik die Kräfte zu verzetteln, die sein Land auf seine durch den Berliner Kongress abgesegnete Aufgabe als Schutzmacht für Syrien zu konzentrieren hätte. Er betrachtete das osmanische Armenien als eine äusserst heikle, mannigfachen äusseren Einflüssen und schwierigen inneren Spannungen ausgesetzte Region. Er äusserte seine Befürchtungen in einem Brief an Père de Damas, den Gründer der Mission d'Arménie, der sein Cousin war: „Aussi le Congrès de Berlin, qui a sanctionné notre protectorat sur les Lieux-Saints, a-t-il pu disposer, en faveur de la Russie, d'une grande partie du territoire Arménien, tandis que l'Angleterre, à la suite de la convention anglo-turque de Juin 1878 doublait dans le reste de l'Asie Mineure le nombre de ses agents. Que pourrait-on attendre d'une action Française, si vigoureuse qu'elle fût, qui aurait à contre-balancer l'effort de cette double puissance Anglaise et Russe, sans parler de la lutte à soutenir contre

---

68   Vgl. AFCJ RPO 21/2; *Lettres de Mold* 1882, S. 445 f.

la propagande Américaine, la malveillance de l'élément musulman, et les aspirations locales elles-mêmes de nombreuses factions Arméniennes?"[69]

Die vorgängigen Erkundigungen des Terrains waren dürftig. Nach Aussage des Missionsgründers wurde die Armenienmission „buchstäblich improvisiert". Die Berichte von den Erfahrungen der jungen Mission vermitteln trotz all ihrer Euphemismen den Eindruck einer überhasteten Gründung, was die autobiographischen Notizen von de Damas bestätigen. Zwar besassen die Jesuiten schon eine jahrhundertealte Erfahrung in der Syrienmission. Erstaunt mussten die Verantwortlichen jedoch feststellen, dass nicht nur die Verhaltensweisen der Volksgruppen, sondern auch die „Allüren" derselben osmanischen Regierung in Anatolien ganz andere waren als im Libanon. Ohne den Schutz Frankreichs, meinte de Damas, hätte man es keine sechs Monate im Land ausgehalten.[70]

Von Anfang an liess man sich durch das Bild eines Protestantismus bestimmen, der in seiner Dynamik Vorbild, in seinen Mitteln beneidenswert und seinen Inhalten verwerflich war. „Les protestants ne seront jamais un modèle pour nous; il faut bien avouer cependant qu'ils sont un stimulant. A la vue des efforts qu'ils multiplient, on fait plus que comprendre, on sent le besoin de se hâter. Plusieurs *Ecoles normales,* établies par eux en Arménie, disent assez l'activité de ces sectaires et leurs richesses."[71]

Über die geographische Festlegung der Mission bestand im Sommer 1880 zwischen dem französischen Botschafter Tissot, dem armenisch-katholischen Bischof Azarian und Pater Normand, dem *Supérieur des Missions de Syrie, d'Egypte et d'Arménie,* keine Einigkeit. Schliesslich setzte sich Normand mehr oder weniger durch, indem er gegenüber Azarians Vorschlag einer Station in Trabzon auf die Gefahr russischer Störmanöver verwies und gegenüber Tissots Vorschlag, Anteb „zu besetzen", die Notwendigkeit geltend machte, den Kapuzinern, den „eigentlichen Armenienmissionaren", nicht ins Gehege zu kommen. Zudem stünden die Armenier in „Grossarmenien" (auf dem ostanatolischen Hochplateau) dem Katholizismus ferner als diejenigen in Mittelanatolien. Nicht zuletzt verwies Normand auf die Möglichkeiten konsularischer Einflussnahme. Sein Projekt einer Mission in „Kleinarmenien" stellte er so vor: „[…] je me serais bravement installé à Amasia, Siège du Gouvernement et demeure de M. Humbert, l'unique Français dans ces parages, excellent catholique, très riche et fort influent, qui habite le Pays depuis 28 ans. C'est le M. Humbert que je me proposais de faire nommer Consul. Cette partie de l'Asie me paraissait préférable à toute autre pour commencer notre mission en Arménie […]. Je crois donc qu'en nous fixant à Amasia, nous serions bientôt à même de mettre en échec les Protestants, surtout avec un bon Consul […]."[72]

Die Jesuiten liessen sich entsprechend diesem Vorschlag 1881 und 1882 im mittleren Kleinasien nieder, mit Merzifon und Amasya als den nördlichsten Statio-

---

69 In seinem Brief an Pater de Damas vom 9. 7. 1881; AFCJ Arménie carton I, RAr 25, 1/2. Vollständiger Text im Anhang, S. 546 f.

70 AFCJ Archivboxe „Amédée de Damas", Faszikel 4 der autobiographischen Notizen von de Damas.

71 Rapport sur les missions de la Compagnie de Jésus en Syrie, en Egypte et en Arménie, présenté au congrès de Lille (novembre 1881) par P. Mazoyer, S. J., Procureur des Missions de Syrie, d'Egypte et d'Arménie; AFCJ RPO 21/2.

72 Schreiben aus Beirut vom 8. 8. 1880: AFCJ Arménie Collection Prat, Bd. 28/3, S. 9–15.

nen und Adana als der südlichsten, dazwischen lagen Tokat, Yozgat, Sivas und Kayseri. Im Gegensatz zu den Protestanten spielten im Geschichtsbild der Jesuiten die Kreuzzüge eine zentrale Rolle. Immer wieder nahm man darauf Bezug, um seinem Tun ein historisches Fundament zu verleihen und den Philarmenismus zu rechtfertigen. Die Vereinnahmung der Armenier als einstige Freunde der Kreuzzugsheere lieferte gewiss nicht den geeigneten mentalen Hintergrund, um einen friedfertigen Osmanismus zu befördern. In einem Schreiben an den Grafen Eugène de Méeüs und den Freundeskreis des *Œuvre belge pour la conversion de l'Orient* streicht der Pater de Damas, der erste Leiter der Armenienmission, den Bezug zu den Kreuzzügen heraus: „La Belgique refuserait-elle de s'associer à ce mouvement? En s'y prêtant, elle ne fera que rendre à nos Arméniens service pour service. Lorsque Godefroy de Bouillon, à la tête de ses Brabançons, traversa l'Asie Mineure au milieu de périls immenses, ne fut-il pas heureux de rencontrer les Arméniens, qui lui tendirent une main amie et facilitèrent sa marche vers le Saint Sépulchre. D'ailleurs, à qui l'Arménie ne serait-elle pas sympathique?"[73]

Ein Hort französisch-katholischer Ideologie war das *Œuvre des Ecoles d'Orient* in Paris, das eine gleichnamige Zeitschrift herausgab und die katholischen Missionen in der Levante unterstützte. Geleitet wurde es zwischen 1883 und 1921 von Pater Félix Charmetant.[74] Er setzte sich zum Ziel, die katholische Einheit im Orient mit edukativen Mitteln zu fördern. Spendern einer Summe von mehr als 280 Francs versprach er Ablässe, die auch den Seelen im Purgatorium zugute kämen.[75]

Von Anfang an setzten die Missionsverantwortlichen durch betonte Loyalität darauf, im Gegensatz zu den Protestanten, denen bereits ein staatskritischer, liberaler Ruf anhaftete, beim osmanischen Staat und bei christlich-konservativen Kreisen innerhalb der Millets Sympathien zu gewinnen. Genüsslich zitierte der erste Bericht über die Armenienmission den Vali von Sivas mit den Worten: „Je vois volontiers venir les Jésuites; ce sont des maîtres consommés; ils ne sont pas révolutionnaires." Ein armenisch-apostolischer Bischof wurde mit folgenden Worten zitiert: „N'envoyez pas vos enfants chez les protestants, ils sont impies; mais chez les Jésuites, tant que vous voudrez!"[76] Eine Anbiederungsszene in Sivas lief so ab: Die Jesuiten empfingen den Vali bei seiner Rückkehr von einer amtlichen Reise mit versammelter Schülerschaft, Lehrerschaft und Posaunenchor vor den Toren der Stadt. Da dort bereits die türkischen Autoritäten und Schulen Aufstellung genommen hatten, ging man dem Zurückreisenden noch eine halbe Stunde weiter entgegen und erwarb somit die Ehre, ihn als erste zu begrüssen. Während seine Exzellenz durch die Begrüssung vor den Toren aufgehalten wurde, eilte man über eine Abkürzung zum Regierungsgebäude, wo man ihn ein zweites Mal grüsste, zu einem Höflichkeitsbesuch eingeladen wurde und Worte der Anerkennung empfing.[77] Eine derartige Aufwartung wäre den Protestanten nicht in den Sinn gekommen.

---

73 Lettre à Monsieur le Comte Eugène de Méeüs et aux associés de l'œuvre belge pour la conversion de l'Orient, Constantinople, rue Tom-Tom, 10 avril 1883; AFCJ Arménie Collection Prat, Bd. 28/3, S. 86.

74 Kurzbiographie in ŒO 1921, S. 190–200.

75 ŒO, Juli 1887, Umschlagblatt.

76 AFCJ RPO 21/2.

77 „[…] je sais que vous honorez et respectez notre gouvernement; je sais aussi que vous élevez vos

Die Darstellung der amerikanischen Protestanten in französisch-katholischen Texten war fast durchwegs und stereotyp negativ, ob es sich um interne Texte der *Lettres d'Ore* oder breiter gestreute im *Œuvre d'Orient* handelte. Die Protestanten würden der Pietätlosigkeit, ja dem Atheismus und dem revolutionären Geist Vorschub leisten. Das ABCFM erschien als der eigentliche böse Feind und Gegner der katholischen Mission. Mehr als vereinzelte positive Stimmen gab es erst im Zusammenhang mit den Hilfeleistungen, welche die ausgewiesenen katholischen Missionarinnen und Missionare während und nach dem Ersten Weltkrieg vom ABCFM erfuhren. Das ABCFM seinerseits schien es nicht nötig zu haben, sich um ein negatives Bild des Konkurrenten zu kümmern. Es fasste das Böse beinahe ausschliesslich begrifflich: „Rückständigkeit", Bildungsmangel, „erstarrte" Religiosität, leibliche Not. Die scharf antikatholische Ausrichtung der ersten ABCFM-Generationen wich im Fin de siècle einem relativ toleranten Pragmatismus. Die protestantischen Reaktionen auf die katholischen Missionen waren daher in der Regel auffällig zurückhaltend. Charles Tracy in Merzifon bediente sich allerdings Anfang 1880, als er vom Kommen der Jesuiten erfuhr, noch einer typisch antijesuitischen Sprache: „We learn since the Jesuits are to have no rest in France or even in Spain, they are flocking to Turkey. Poor Turkey! How can she bear another woe of this description! I learn that two hundred of them have arrived at Constantinople. They are showing themselves somewhat about here, and trying to get schools under way."[78]

2.3.2 Dornenvoller Aufbau

Trotz aller Euphorie verlief der jesuitische Aufbau vor Ort harzig. Nicht nur die armenische Zielgruppe, sondern auch die Behörden zeigten sich widerspenstig. Die Pforte sah sich seit dem Berliner Kongress starkem ausländischen Druck ausgesetzt. Die Jesuiten waren ihr ein Dorn im Auge, den sie zu entfernen suchte aus Furcht, diese von Beginn an mit der französischen Diplomatie abgesprochene Mission würde noch mehr ausländischer Einmischung Vorschub leisten.[79] Erst in

---

enfants dans le respect de l'autorité, aussi je prie de saluer tous vos élèves de ma part." Brief von P. Brunel aus Sivas, 19. 1. 1895, *Lettres de Mold* 1895, S. 78 f.

78　MH 1881, S. 68. Vgl. hingegen das zurückhaltende „we count" von Charles Tracy in einer seltenen MH-Notiz, die auf die Ordensschulen Bezug nahm (1912, S. 253): „The young people of Turkey will get an education somewhere; the danger is that they will get it from private schools which offer no moral safeguards and are conducted for revenue only, or from Roman Catholic institutions of fine exterior, but which fail to give what we count a worthy and truly Christian education."

79　„[…] la fondation des écoles sous l'influence étrangère n'ayant nullement pour objet l'instruction de la jeunesse, que l'instruction n'étant qu'un prétexte pour accroître l'influence étrangère, il fallait empêcher ces écoles de se multiplier, sous peine de voir cette influence s'exercer à l'intérieur et à l'extérieur d'une manière intolérable." Ausschnitt aus dem Zirkular Nr. 51 des Grosswesirs betreffend die „écoles privées, ouvertes par les Pères Jésuites dans les provinces de Sivas et de Tokat, en vue de donner à la jeunesse une éducation gratuite", zit. in einem undatierten Brief des Père de Damas, Leiter der jesuitischen Armenienmission, an den französischen Botschafter Comte de Montebello über die Krise des christlichen Erziehungswesens im Jahre 1886, AFCJ Arménie Collection Prat, Bd. 28/3, S. 430 f. Vgl. auch den Brief vom 31. 1. 1887 an denselben Adressaten, AFCJ Arménie Collection Prat, Bd. 28/3, S. 469–489.

den 1890er Jahren, als der Sultan in den protestantischen Missionen die mit Abstand gefährlichsten Störenfriede zu erkennen glaubte, während er den Papst offiziell anerkannte,[80] genossen die jesuitischen Einrichtungen mehr Duldung.

Trotz des Wachstums kann von einer dynamisch-organischen Entfaltung der jesuitischen Armenienmission in der Art des ABCFM seit den 1850er Jahren kaum die Rede sein. Dies hatte viel damit zu tun, dass die über die Vorgänge in Frankreich recht gut orientierten armenischen Kreise die Jesuiten mancherorts als Reaktionäre brandmarkten, während die Protestanten als fortschrittlich galten.[81] Das giftige Klima zwischen Jesuiten und armenischer Kirche trat beispielsweise in den Strassen der Stadt Amasya bei einer Zeremonie zutage. So „gelang es" den Jesuiten, „die Schismatiker" (Mitglieder der armenisch-apostolischen Kirche) in Amasya anlässlich des Begräbnisses eines Katholiken „schwer zu demütigen", indem sie den armenischen Priestern die Teilnahme bloss im hinteren Rang des Trauerzuges gestatteten und ihnen keine Gelegenheit gaben, beim Vorbeikommen an ihrer Kirche ein Totengebet zu sprechen.[82]

Die Klagen in den Missionarsberichten sind bei aller Ergebenheit nicht zu überhören. Manchmal wurden sie, wie im obigen Beispiel, mit zweifelhaften Triumphmeldungen überspielt, oft aber auch mit Humor oder Selbstironie relativiert. Das Klagen scheint ein Teil dieser im grossen und ganzen unglücklichen, von den Verantwortlichen rasch auf die Beine gestellten, aber von einzelnen Missionaren mit viel Hingabe betriebenen jesuitischen Armenienmission gewesen zu sein.

Um ihre Unbeliebtheit zu überwinden, waren die Jesuiten auf originelle Ideen angewiesen. Ende 1890 vernehmen wir einen zufriedenen Pater Brunel aus Kayseri, der die stattliche Zahl von 300 Schülern präsentiert und zwei Methoden beschreibt, die ihm Erfolg brachten: Inszenierung biblischer Szenen in der Kirche und die Gründung der Vereinigung der Arbeiter.[83] Letztere war eine sozial ausgerichtete

---

80 Vgl. Kap. 2.6.5 und Deringil 1998, S. 122 (mit Quellenreferenzen in Anm. 58).

81 So wünschten sich massgebliche Kreise des armenischen Millets lieber laizistische als jesuitische Schulen und waren zum Entsetzen der Patres über den „sens actuel du mot laïque" absolut im Bild. Brief von P. André an P. Pralon, Amasya, 7. 7. 1890, *Lettres de Mold* 1891, S. 425.

82 „Nos schismatiques sont toujours inabordables. Nous leur avons infligé une sanglante humiliation, il y a trois mois, sans l'avoir cherché cependant. C'était à l'occasion de l'enterrement d'un latin, auquel on les avait sottement invités à notre insu. Leurs derders voulaient se joindre à nous, au milieu de la rue où ils nous attendaient: on les a écartés et ils ont dû suivre le cortège au rang des laïques. Devant leur église, où il fallait absolument passer, ils ont voulu arrêter la marche du convoi, pour donner une absoute. Une foule compacte de leurs fidèles étaient là, tous les principaux de la nation les entouraient: ils auraient pu nous résister. Nous avons eu cependant le dessus et Notre Seigneur a épargné cette humiliation à son Eglise. Clergé et chefs se sont alors immédiatement retirés en signe de protestation." Brief von P. André an P. Fabre, *Lettres de Mold* 1891, S. 427 f.

83 „Deux moyens surtout nous ont réussi: la congrégation et les représentations scéniques. [...] Le théâtre – ne vous scandalisez pas – c'est notre église; le chœur en est la scène; un rideau le sépare de la sacristie et sert de coulisses; un autre rideau, tendu dans le sens de largeur, cache l'autel et le tabernacle. Nos acteur se recrutent parmi nos élèves des premières classes. [... Le but de la ,congrégation des ouvriers schismatiques'] est indiqué au premier article du statut: c'est ,de venir en aide spirituellement et corporellement à ceux qui y sont agrégés'. Chaque membre verse une cotisation hebdomadaire de cinq centimes: le modeste ,trésor' qui en résulte nous permet de venir en aide aux congrégationistes malades, ou même à leurs parents, si nous le jugeons utiles et surtout si l'état de nos caisses le permet." Brief von Père Brunel an einen Père aus Mold, Kayseri, 4. 11. 1890, *Lettres de Mold* 1891, S. 428.

Selbsthilfeorganisation mit dem Ziel, ihren Mitgliedern geistig und materiell bei-zustehen. Für diesen Zweck entrichtete jedes Mitglied einen bescheidenen wöchent-lichen Geldbeitrag, der eine Kranken- und Unterstützungskasse speiste. Mit der schon bestehenden katholischen Gemeinde von Kayseri hatten die Jesuiten hingegen wenig zu tun.

Als willkommene Gelegenheit, gute Taten zu leisten, vermeldeten die Patres das Auftauchen der Cholera in der Region Sivas im Winter 1890/91.[84] Erst im Frühjahr 1894 brach die Seuche weiträumig aus. Tatsächlich brachte sie die Jesuitenmissio-nare in engen Kontakt mit der Bevölkerung. Der in der Cholerabehandlung aus-gebildete Pater Rougier, seine Begleiter und die mit den Jesuiten zusammenarbei-tenden Sœurs de Saint-Joseph hatten während dreier Wochen einen Ansturm von Patienten und unzählige Krankenvisiten zu bewältigen. Damit war der menschliche Damm gebrochen und die Sivas-Mission konnte lange von der Dankbarkeit aller Gruppen und Schichten der Bevölkerung zehren. Von den 40'000 Bewohnern der Stadt Sivas steckten sich damals 5'000 an und 1'500 starben. Unter den Missiona-ren forderte die Epidemie in Tokat und Kayseri je ein Opfer.[85]

Begräbnisse waren öffentliche Ereignisse, die viel über das Zusammenleben in einer Stadt aussagten. Das Begräbnis für die Superiorin Marie-Thérèse Butcher zum Beispiel, die für ihren Einsatz 1894 mit einer Ehrenmedaille der französischen Regierung ausgezeichnet worden war, bewies am 30. März 1902 die Sympathie der Stadt Sivas für diese Person und ihre Mission: Notabeln, Behördenvertreter und viele Menschen der verschiedenen Gemeinschaften folgten dem Sarg. Wie üblich in jesuitischen Schreiben, fand Pater Rougier die Anwesenheit der Autori-täten besonders erwähnenswert: Konsuln, Offiziere und die Herren von der *Banque Ottomane* und der *Régie des Tabacs* waren gekommen. Mit Stolz vermerkte er, dass die Protestanten in ihrer Vollzahl erschienen waren! Nie erwähnt hingegen hatte man die Leistungen der amerikanischen Sivas-Mission während der Cholera-Epi-demie.[86]

Mit der Dorfarbeit schien sich der Jesuitenmission ein verheissungsvolles Feld zu eröffnen. Anders als anfänglich erhofft, gelang es aber erst spät und nur in beschränktem Umfang, ein Netz von katholisch geführten Dorfschulen ausserhalb der städtischen Zentren aufzuziehen. Dies war ab 1906 in der Region zwischen Kayseri und Sivas der Fall. Von einer Ausbreitung auf dem Lande im Stile etwa der amerikanischen Harput-Mission konnte keine Rede sein. Immerhin waren die Kran-kenvisiten auf dem Lande geeignet, Nützliches zu tun, Kontakte zu knüpfen und Dankbarkeit zu ernten.[87]

---

84 „Si le choléra vient, il nous fournira l'occasion de faire peut-être quelque bien." *Lettres de Mold* 1891, S. 427 f.

85 *Lettres de Mold* 1894, S. 619–631.

86 Rougier, Sivas, 26. und 30. 3. 1902, *Lettres de Canterbury* 1902, S. 120–123. – Falls die ordens-interne Retrospektive zutrifft, verzichteten die amerikanischen Missionarinnen und Missionare während der Epidemie auf Hausbesuche (*Le Cinquantenaire ...*, S. 9).

87 Girard, D.-M., „Visites de malades autour de Tokat", *Lettres de Fourvière* 1899, S. 436–467, 600 bis 620.

2.4   Gewalt als Antwort auf die armenische Frage im Fin de siècle

Das osmanische Fin de siècle war geprägt durch gravierende Pogrome gegen die christliche Bevölkerung in den Ostprovinzen. Jene Massenmorde lösten einen internationalen Entrüstungssturm aus und brachten das Osmanische Reich in eine schwere diplomatische Krise. Dennoch wurden die am Berliner Kongress 1878 versprochenen Reformen weiterhin nicht verwirklicht. Keine vernünftige internationale, den schwerwiegenden Vorfällen angemessene Intervention kam zustande. Die philarmenische Bewegung in Europa und den USA, deren Sprecher eine solche verlangt hatten, liess sich häufig von antiislamischen Klischeevorstellungen als Erklärung für die Gewalt leiten. Wenige holten zu einer grundsätzlichen Hinterfragung von Gewalt, Religion und Machtideologie im Zeitalter von Nationalismus, Kolonialismus und Imperialismus aus. Einige von ihnen stammten aus der Schweiz sowie aus amerikanischen Missionskreisen. Anders als gewisse sozialdarwinistisch inspirierte Autoren vor allem aus dem deutschsprachigen Raum, benutzten sie ihre ebenfalls antiimperialistisch verstandene Kritik nicht zu einer Relativierung der Massaker, sondern zu Appellen ans internationale Gewissen.[88]

Die armenische Enttäuschung über die nicht eingehaltenen Berliner Versprechungen gab im Laufe der 1880er Jahre Anlass zur Gründung der armenisch-revolutionären Bewegung, die sich an sozialistischen und nationalistischen Modellen aus Russland und dem Balkan inspirierte. Sie stellte jedoch weder eine ernsthafte militärische Bedrohung dar, noch führte sie bis 1894 bemerkenswerte Aktionen durch; zu sehr war sie mit ihrer inneren Organisation und Mobilisierung beschäftigt. Um so mehr beflügelte sie die negativen Phantasien sowohl einiger lokaler Machthaber als auch der Zentralregierung, die einen allgemeinen – von den gesellschaftlichen Gegebenheiten her völlig unrealistischen – armenischen Aufstand befürchtete. Muslimische Endzeitstimmung machte sich im osmanischen Fin de siècle in den Ostprovinzen breit, die mit der ängstlichen Grundbefindlichkeit des Sultans koinzidierte und die aggressive Mobilisierung der Sunniten gegen die Christen förderte.

Die Furcht der Machthaber ist allein vor dem Hintergrund des Traumas von 1877/78 und in der Zusammenschau von Vorgängen auf dem Balkan und in den Ostprovinzen erklärbar. Tatsächlich versuchten bulgarische Nationalisten im Sommer 1895 – ein Vierteljahr vor den Massakern in den Ostprovinzen – einen allgemeinen Aufstand im osmanisch regierten, mehrheitlich bulgarischsprachigen, mit den Ostprovinzen und seiner armenischen Minderheit keinesfalls vergleichbaren Mazedonien anzuzetteln.[89]

Um die muslimische Dominanz in den Ostprovinzen zu festigen und die Kurden mit dem Zentralstaat zu versöhnen, offerierte Abdulhamid den sunnitischen Stämmen eine privilegierte Rolle als *Hamidiye,* das heisst irreguläre, ihm persönlich unterstellte Regimenter. Die Versöhnung mit der kurdischen Mehrheit gelang zwar. Doch statt dass sich die Gesellschaft – in hierarchischer Weise – stabilisierte, wurde

---

88 Vgl. Kieser 1999, S. 135, 142–150, 152.
89 Adanır 1994, S. 33 f., vgl. 37 f.

das Misstrauen zwischen der minderheitlichen christlichen und der mehrheitlichen muslimischen Bevölkerung in den Ostprovinzen gefährlich verschärft. Vereinzelte, von der armenisch-revolutionären Bewegung geförderte Akte des Ungehorsams – Steuerverweigerung angesichts von Doppelbesteuerung etwa – genügten der Regierung, um eine exemplarische militärische Strafaktion, das erste grosse Massaker – nämlich dasjenige von Sasun 1894 – durchzuführen.

Die Regierung gab damit das von ihr sanktionierte Modell für die Pogrome vom Herbst 1895 vor. Diese fanden exakt zu jenem Zeitpunkt statt, als der Sultan sich der ausländischen Reformforderung gebeugt hatte. Ihre direkten Verantwortlichen waren von den militärischen und zivilen Lokalinstanzen geduldete, unterstützte oder selten auch behinderte sunnitische Kräfte, die sich auf den Sultan beriefen. Es ist noch heute ungeklärt, inwiefern der Sultan über geheime Kanäle – zum Beispiel sein bereits erwähntes Netzwerk von Scheichen – direkte Order ausgab. An den Plünderungen beteiligten sich auch die Aleviten.

Diese Massaker waren sowohl Pogrome gegen eine Minderheit, die das herkömmliche Machtgefüge in Frage stellte, als auch eine soziale Revolte gegen eine verhältnismässig wohlhabende Gruppe, die dank Schulen und einer internationalen Vernetzung zunehmend Handlungsspielraum gewonnen hatte. Sie forderten die Missionen zu gross aufgezogenen humanitären Aktionen heraus und wurden zum Anlass der Gründung deutscher protestantischer Türkeimissionen. Die verblüffende Tatsache, dass angesichts grösster Pogrome effiziente internationale Reaktionen auf Regierungsebene ausblieben und sich das hamidische Regime noch länger als ein Jahrzehnt mehr oder weniger unbehelligt halten konnte, war zweifellos von präjudizierender Tragweite. Die imperialistische Konkurrenz neutralisierte die Grossmächte, die sich im Berliner Vertrag engagiert hatten, und machte sie handlungsunfähig, wie schon damals informierte Beobachter vor Ort – wie der Waadtländer Manager Louis Rambert – kopfschüttelnd bemerkten.[90]

2.4.1 „Armeniens Freiheit oder der Tod" – die revolutionäre Bewegung[91]

Als eine Untersuchungskommission von sechs osmanischen Beamten und Offizieren, darunter Süleyman Pascha, unter Leitung des britischen Generals Baker in der ersten Jahreshälfte 1880 die Ostprovinzen durchstreifte, traf sie in den armenischen Schulen einen Umgang mit geschichtlichen und geographischen Themen an, der

---

90 Louis Rambert 1926, S. 12 f., 22 f. Vgl. Zürcher 1993, S. 88.

91 „Armeniens Freiheit oder der Tod" ist ein in armenisch-revolutionären Schriften und Liedern oft auftauchender Ausdruck. „Unser Trachten und Ziel / sei Armeniens Freiheit oder der Tod" (Gedicht aus einem Brief eines Exilarmeniers in den USA vom 8. 2. 1896 an seine beiden Brüder in Van, auf osmanisch abgedruckt in Nazım Pascha 1994 [1897], Bd. 2, S. 267). „Europa zu mobilisieren und aufzustacheln, damit es zum Eingreifen gezwungen ist und uns vom barbarischen türkischen Joch erlöst, ist eine Aufgabe der Armenier in der Hauptstadt. [...] Wir sind fest entschlossen, diese Gelegenheit nicht zu verpassen. Entweder der Tod oder die Freiheit: Wir sind diese heilige Pflicht unserem Volke schuldig" (armenische Zeitschrift *Hayik,* 1. 9. 1895, auf osmanisch abgedruckt in Nazım Pascha 1994 [1897], Bd. 1, S. 149).

geeignet war, die osmanische Seite zu beunruhigen. Süleyman, ein Vertrauter des Sultans, schrieb an dessen Sekretariat: „Wer die armenischen Schulen in Sivas betritt, steht, wie an manch anderen Orten Anatoliens, einem Bild gegenüber, auf welchem eine Frau an den Gräbern von Armeniern, die ihr Leben in Armenien verloren haben, Totenklage hält. In den Geographiestunden dieser Schulen wird das Gebiet von Van, Musch, Diyarbakır, Sivas und Erzurum als Armenien [Ermenistan] dargestellt."[92] Die Präsenz nationaler Motive – Landkarte, Personifikation Armeniens als klagende Frau – gehörte seit der zweiten Hälfte der Tanzimat zur Normalität in den armenischen Schulen. Von 1881 an sprechen Dokumente der britischen Militärkonsuln in den Ostprovinzen von einer revolutionären Bewegung, die sich unter Armeniern bemerkbar mache und aus dem russischen Armenien Inspiration und Unterstützung erhalte. Diese Bewegung erregte im Dezember 1882 in Erzurum einige Aufmerksamkeit, als die Behörden konspirative Schriften beschlagnahmten, Dutzende von Armeniern bäuerlicher oder handwerklicher Herkunft zum Teil willkürlich verhafteten und wegen Verschwörung gegen die Regierung und Separatismus zu mehrjährigen Gefängnisstrafen verurteilten. In der konspirativen Organisation, die in und um Erzurum im Aufbau begriffen war, waren armenisch-apostolische und – nach Widerruf einer früheren Weisung – auch protestantische, aber keine katholischen Armenier zugelassen. Greifbarer wurde die revolutionäre Bewegung in der 1885 in Van ins Leben gerufenen *Armenakan*-Partei, deren geistiger Vater Megerditsch Portukalian war.[93]

An die internationale Öffentlichkeit gelangte die Bewegung erst mit der Gründung der Organisationen *Daschnaktsutiun* (abgekürzt *Daschnak)* und *Huntschak,* die je über ein Zentralkomitee, eine Parteizeitung und eine straffe innere Gliederung verfügten; beide hingen sowohl nationalistischem als auch sozialistischem Gedankengut an und befürworteten die revolutionäre Gewalt. Die Huntschak verfolgte eine marxistische Linie, während in der Daschnak alsbald der Nationalismus überwog. Die Basis beider Organisationen waren junge Studenten und Intellektuelle. Sie waren angesichts der Misere in den Ostprovinzen von der Notwendigkeit überzeugt, ihr Volk mit revolutionären Methoden von der finsteren „asiatischen Tyrannei" – ein Begriff, der ganz der Terminologie der Balkan-Nationalisten entsprach – und dem repressiven „kurdischen Krummsäbel" befreien zu müssen.[94] Während die nationalistische Stossrichtung auf eine armenische Autonomie oder Unabhängigkeit hinzielte, richtete sich die sozialistische Stossrichtung gegen das „armenische Establishment" im Osmanischen Reich, insbesondere in der Hauptstadt und den Provinzzentren, und gegen die „feudale Ordnung" auf dem Lande mit ihren türkischen oder kurdischen Lokalherren (Aghas).[95]

Die Huntschak wurde von jungen Exilarmeniern 1887 in Genf gegründet, einer Stadt, die vom Fin de siècle bis zum Ersten Weltkrieg neben Paris und London

---

92 Süleyman Paşa'dan Mabeyn Başkitabeti'ne, 30. 6. 1880, OBE, Bd. 4, S. LVIII.
93 Siehe Kap. 2.9.2. Zur Frage der Anfänge der Bewegung und zur Zulassung zu ihr vgl. FO 424/132, S. 47, Nr. 36 und Nr. 36, 1–4; FO 424/132, S. 219, Nr. 143; FO 424/140, S. 49–52, Nr. 60 und Nr. 60, 1–2; FO 424/141, S. 37, Nr. 28 (Şimşir 1983, S. 396–401, 445, 477–481, 496). Siehe auch Kap. 2.9.2.
94 Nazarbek 1896, S. 522. Zur Terminologie der Balkan-Nationalismen vgl. Adanır 1994, S. 33 f.
95 Vgl. Walker 1980, S. 126–131.

europäisches Zentrum oppositioneller Bewegungen aus Russland und der Türkei war. Kopf der Huntschak war Avetis Nazarbekian, der aus einer reichen Tifliser Familie stammte. In Tiflis wurde 1889 die kurzlebige „jungarmenische Vereinigung" ins Leben gerufen, die Waffen und Agitatoren ins osmanische Armenien sandte. Die mit der Huntschak konkurrierende, 1890 ebenfalls in Tiflis gegründete *Daschnak* hiess anfänglich „Föderation armenischer Revolutionäre". Es gelang ihr nicht, ihre anfängliche Zielsetzung zu verwirklichen, das vereinigende Dach für die ganze armenisch-revolutionäre Bewegung zu werden.

Indem die armenischen Revolutionäre bewaffneten Widerstand gegen als ungerecht angesehene Eingriffe des Staates und mit ihm verbündete Gruppen predigte, begingen sie das Sakrileg, sich als Andersgläubige gegen die Herrschaft des Sultan-Kalifen aufzulehnen. Ein solcher „Frevel" war in den Ostprovinzen seit den *Kızılbaş*-Aufständen des 16. Jahrhunderts kaum mehr vorgekommen. Die meisten kurdischen Revolten hingegen waren Konflikte der Regierung mit Gruppen, die als Sunniten zur Mitherrschaft berufen waren. Deren Unzufriedenheit liess sich fast immer als Zwist mit lokalen Regierungsvertretern interpretieren, womit der Herrschaftsanspruch des Sultans unangetastet blieb. Es hatte einige gegenteilige Evidenzen und viel ausländischen Druck gebraucht, bis Abdulhamid Ubeydullah ins Exil schickte. Wenn sich jedoch Armenier gegen Behörden, Soldaten oder sunnitische Aghas zur Wehr setzten, griffen sie in deren Personen den Sultan selbst an. Solche Aufrührer mit Gewalt in die Schranken zu weisen lag im vitalen Interesse der Machthaber und war verinnerlichte, heilige Pflicht jedes „Rechtgläubigen".

Das Waffentragen war den Christen prinzipiell nicht gestattet, wurde aber in abgelegenen Gegenden der Ostprovinzen, so bei den nestorianischen Stämmen, toleriert. Seit dem russisch-türkischen Krieg blühte ein ausgedehnter Waffenschmuggel über die russische Grenze. Diesen intensivierten die Daschnak und Huntschak mit der Idee, Guerilla-Aktionen in Türkisch-Armenien von einer Basis jenseits der Grenze aus durchzuführen. Ende September 1890 scheiterte der erste Raid dieser Art, noch bevor die Grenze überschritten war.[96]

Im Juni 1890 traten die Huntschak erstmals in den Ostprovinzen hervor, und zwar in der Stadt Erzurum, die in den Augen mancher Armenier als die heimliche „Hauptstadt von Türkisch-Armenien"[97] galt. Wie der in Erzurum stationierte britische Konsul Lloyd berichtete, mussten die Lokalbehörden auf direkten Befehl aus der Hauptstadt die armenische Kirche und das *Sanasarian College* nach Waffen durchsuchen. Im Protest dagegen versammelten sich 200 Armenier in der Kirche, um ein Schreiben an den Sultan aufzusetzen. Die Polizei verlangte vergeblich die Auflösung der Versammlung. Weil er sich offenbar durch die Huntschak bedroht fühlte, rief der armenische Bischof das Militär zu Hilfe. Die Revolutionäre feuerten mit Pistolen auf die Soldaten. Daraufhin griffen muslimische Gruppen das armenische Quartier an, töteten mehrere Armenier und verwundeten viele. Muslimische Respektspersonen versuchten vergeblich, den Mob zurückzuhalten. Auch die Fenster der amerikanischen Missionsgebäude wurden eingeschlagen.[98]

---

96 Walker 1980, S. 133. Vgl. Rouben 1990, S. 47.
97 Nalbandian 1963, S. 147.
98 Parliamentary Papers: Turkey No. 1 (1890/91), S. 45–53 (nach Şimşir 1983, S. 692–703).

Dieses Beispiel zeigt deutlich, wie die revolutionäre Bewegung die armenische Gesellschaft spaltete. Auf der einen Seite standen die meisten wohlhabenden, „osmanisierten" Armenier und ein Teil der Geistlichkeit sowohl in Istanbul als auch in den Städten der Ostprovinzen, auf der andern Seite waren junge intellektuelle Aktivisten, einige städtische Handwerker und Bauern gewisser Regionen. Die allermeisten Armenier jedoch befanden sich zwischendrin, die einen mit heimlicher Bewunderung für die kühnen *Fedai* – die todesmutigen Kämpfer –, die meisten erfüllt von Angst vor staatlicher wie auch revolutionärer Gewalt.

2.4.2 Die „Hamidiye"-Regimenter und Abdulhamids Ostprovinzen-Politik der „Rückführung in den Schoss der Ümmet"

Mit der Gründung der irregulären *Hamidiye*-Reiterregimenter bezweckte Abdulhamid die Aufwertung der Kurden und die Festigung der sunnitischen Herrschaft in den Ostprovinzen. Die Aufstellung der *Hamidiye* war ein regionalpolitisch geschickter und machtpolitisch konsequenter Zug der osmanischen Regierung. Unter dem Aspekt der Reformierung der Ostprovinzen nach rechtsstaatlichen Prinzipien war sie hingegen negativ zu beurteilen. Sie war Abdulhamids Absage an den Aufbau einer egalitär ausgerichteten Zivilverwaltung, wie sie die Tanzimat versprochen und der Berliner Vertrag verlangt hatten. Sie setzte einen Schlussstrich unter die versandeten Reformbemühungen, deren Scheitern bereits anfangs der 1880er Jahre offensichtlich geworden war. Sie war Teil einer Politik, welche Nicht-Ümmet-Gruppen von der Macht ausschloss, anstatt sie partizipieren zu lassen. Diese Politik lehnte jegliche Föderalisierung der Ostprovinzen und Autonomie unter ethnischem Vorzeichen, ob armenisch oder kurdisch, strikt ab, betrieb aber die modernisierende Zentralisierung der Tanzimat mit veränderter Ideologie konsequent weiter.

Abdulhamids Trachten nach guten Beziehungen mit sunnitischen Kurdenführern zeigte sich bereits deutlich im Umgang mit Ubeydullah wie auch in der mit Unwillen gepaarten Unfähigkeit des Staates, kurdische Lokalherren für Missetaten zur Rechenschaft zu ziehen. Diese „Politik der Samthandschuhe" dauerte während der ganzen 1880er Jahre an. Das Austeilen von Geschenken und Waffen gehörte bereits damals zu ihren Mitteln. Ziel war die Wiederherstellung funktionierender Beziehungen mit den regionalen Führern, welche durch die Zentralisierungsmassnahmen in den fünf Jahrzehnten zuvor vor den Kopf gestossen worden waren.

In der zweiten Hälfte der 1880er Jahre, mit ihren ideologischen und organisatorischen Anfängen der armenisch-revolutionären Bewegung in den Ostprovinzen, scheinen sich in Abdulhamids Machtzentrale im *Yıldız*-Palast die Pläne konkretisiert zu haben, die Beziehung mit den Kurden auf eine neue, institutionalisierte Grundlage zu stellen. Zeki Pascha, der Schwager Abdulhamids und *müşir* (Feldmarschall) der in Erzincan stationierten 4. Armee, unternahm um 1890 die ersten Schritte zur Gründung irregulärer, direkt ihm und dem Sultan unterstellter, nach dessen Namen *Hamidiye* genannter, sunnitischer, vor allem kurdischer, Kavallerieregimenter.[99]

---

99 Vgl. Kodaman 1987, S. 29–38; McDowall 1996, S. 59–65.

Die Gründungsstatuten aus dem Jahre 1891 *(1308 Nizamnâmesi)* nennen im Zweckartikel die „Verteidigung gegen ausländische Übergriffe und Bedrückungen".[100] Dieses deklarierte Ziel wies mehrere – ausdrückliche und stillschweigende – Aspekte auf. Man wollte nach aussen das militärische Potential der Stämme gegenüber Russland und Persien ausnutzen. Viel bedeutsamer war jedoch die Stossrichtung nach innen. Nach mehr als einem halben Jahrhundert der Verunsicherung durch Reformen und Gerüchte von Reformen und einem Jahrzehnt intensiver ausländischer Einmischung in eben dieser Sache sollte dem traditionell machttragenden sunnitischen Segment der Gesellschaft wieder eine klar privilegierte Rolle zugeschrieben und damit „ausländischem Einfluss" der Riegel geschoben werden. Die *Hamidiye* waren Bestandteil einer zentralistischen Islamismuspolitik, die oppositionelle regionale und ethnisch orientierte Ansprüche in die Schranken weisen wollte.

Der Sultan bevorzugte die Kurden nicht als Kurden, sondern als Stützen eines Reichs, das er im Gegenzug zu den Tanzimat als ausgesprochen sunnitisch deklarierte. Bestrebungen, die das Kurdentum – seine Sprache, sein Selbstbewusstsein, seine Handlungsfähigkeit – ausserhalb dieser Funktionalität förderten, war er ebenso abgeneigt wie bei den Armeniern. Der in Mardin wirkende amerikanische Missionar und Bibelübersetzer ins Kurdische, Alpheus N. Andrus, erkannte dies wohl deutlicher als andere: Ein kurdisches Matthäusevangelium hatte er noch drucken lassen können, „bevor die hamidische Politik sich scharf gegen Armenien und Kurdistan richtete". Als er um 1900 das ganze Neue Testament fertiggestellt hatte, war es ihm nicht einmal möglich, das Manuskript nach Istanbul zu senden, so „strikt tabuisiert war alles, was nach Kurdistan und Kurden roch, genau wie dasjenige, was Armenien und die Armenier betraf".[101]

In erster Linie wertete die *Hamidiye*-Politik sunnitisch-kurdische Stämme auf, indem sie ihnen Waffen, Steuerfreiheit, Bildung und (militärische) Sondergerichtsbarkeit zusprach und sie der regulären Dienstpflicht entledigte. Ausdrücklich schloss das *1308 Nizamnâmesi* aber auch turkmenische und arabische Stämme ein. Ausgeschlossen und damit – anders als in den Tanzimat – an den sozialpolitisch viel kürzeren Hebel versetzt wurden nichtsunnitische Stämme, wenn sie nicht bereit waren, sich anzugleichen, und natürlich die Armenier. Die Angst vor armenischen Umtrieben scheint eine Haupttriebfeder zur Gründung der *Hamidiye* gewesen zu sein.

Die Grösse der Regimenter variierte zwischen 512 und 1'152 Mann, ihre Anzahl betrug anfänglich 40, danach mehr. An ihrer Spitze standen die per Sultansbeschluss *(irade-i seniyye)* zu Obersten *(miralay)* beförderten Stammesführer, die in militärischer *und* juristischer Hinsicht allein dem Heereskommando in Erzincan Rechenschaft schuldeten, welches etwa bei Plünderungen von armenischen Dörfern oder Gewalttaten gegen alevitische Nachbarn lieber zwei Augen zudrückte, als seine lokalen Verbündeten vor den Kopf zu stossen.

---

100 „[…] teaddiyât ve tecâvüzat-ı ecânibten muhafazası", zit. nach Kodaman 1987, S. 34.
101 „[…] before Hamidism had reached an acute stage as against Armenia and Koordistan […]. As we were then living under the régime of Sultan Abdulhamid and anything smelling Koordistan and the Koords was strictly tabooed as that pertaining to Armenia and Armenians, is was not possible to send the manuscript to Constantinople." Brief an Barton vom 8. 8. 1914, ABC 16.9.7 (reel 713: 92).

Zur Ausbildung der als *Hamidiye*-Offiziere vorgesehenen Söhne der Stammesführer wurde in Istanbul eine Schule gegründet *(Mekteb-i Aşiret)*. Die *Hamidiye* erhielten Waffen und Banner, die Offiziere Uniformen und Besoldung, die Stammesführer immer wieder Geschenke und Auszeichnungen. Die jeweilige Stammeszugehörigkeit der *Hamidiye*-Soldaten war aus der Kleidung ersichtlich. Mit diesen Massnahmen stärkte Abdulhamid die Stammesverbände und band sie an sich. Jedem *Hamidiye*-Obersten war ein regulärer Offizier zugeordnet, der die nahe Tuchfühlung, die Beobachtung und – mit wechselndem Erfolg – die Lenkung des jeweiligen Stammes übernahm.

Im Frühjahr 1891 besuchten viele Stammesführer, die bei den *Hamidiye* mitmachen wollten, den Sultan, der sie feierlich in ihre neue Funktion erhob. Aus osmanischen Dokumenten erfahren wir, dass im Herbst desselben Jahres Banner und Koranexemplare an die *Hamidiye*-Kurdenstämme der Region Erzurum versandt wurden – starke Symbole der neu geknüpften politisch-religiösen Verbindung zwischen Sultan-Kalif und sunnitischen Stämmen der Ostprovinzen.[102]

Die Zentralgewalt wollte nicht nur die sunnitischen Stämme an die Leine nehmen und (wieder) in den Schoss der machttragenden Ümmet führen, sondern auch Nicht-Millet-Minderheiten wie insbesondere die Yeziden. Diese galten mit ihrer synkretistischen Religion als noch viel weniger zur Ümmet zugehörig als etwa die Aleviten. Wie die Aleviten waren übrigens auch die Yeziden früh in engen Kontakt mit den Missionaren gekommen.[103] Mit Versprechungen und Zwangsmassnahmen sollten nun die yezidischen Kurdenstämme zur hanefitischen Rechtgläubigkeit gebracht und in *Hamidiye*-Einheiten organisiert werden. Mardin-Missionar Andrus empörte sich so sehr über den Truppeneinsatz gegen die Yeziden von Sindschar, dass er einen Appell an die Diplomatie erwog, selbst um den Preis, dafür ausgewiesen zu werden. In ihrer Bedrängnis kontaktierten yezidische Führer den französischen Konsul in Mosul mit dem Vorschlag, sich in corpore zum christlichen Glauben zu bekennen, falls Frankreich sie gegen das Vorgehen der Regierung in Schutz nehme.[104]

Während die osmanischen Bekehrungsmassnahmen insgesamt, auch bei Schiiten, einige Erfolge zeitigten, scheint die Eingliederung der Yeziden in die *Hamidiye* nicht geglückt zu sein. Aber die am 3. Oktober eröffnete *Mekteb-i Aşiret* übte mit ihrer Aussicht auf soziales Prestige Anziehung auch auf Stämme der alevitischen Dersimkurden aus. Der Vali der Provinz Mamuretülaziz schlug dem *Yıldız*-Sekretariat im Herbst 1892 vor, angesichts der „heiklen Situation des Dersimgebietes"

---

102 Deringil 1998, S. 36. Bei Zeremonien wurde ein eigener *Hamidiye*-Marsch gespielt, Deringil 1998, S. 71.

103 So hatten auch Yeziden-Dorfgemeinschaften, ähnlich wie die alevitischen, den Wunsch geäussert, dass die Protestanten in ihrem Dorf eine Schule eröffneten. „[...] they feel that they are losing ground, and attribute it to the lack of education." Mardin-Missionar Dewey in MH 1882, S. 268, vgl. MH 1889, S. 388, MH 1892, 175 f. Siehe oben, S. 69.

104 Deringil, 1998, S. 72. Andrus' einschlägige Passage in seinem Bericht vom November 1892 an die Missionsleitung lautete so: „During the summer the relations of the government with the Yezidees grew so bloody that we thought that in the name of humanity we should bring the facts to the attention of some influential persons, even at the risk of our own ejection from the country, in the hope that something would be done to check such conduct by the sultan's agent at Mosul." MH 1893, S. 149.

unbedingt alle sechs Söhne von Stammesführern aus jener Region aufzunehmen, und nicht nur die vorgesehenen drei.[105]

Die religiösen, edukativen und propagandistischen Aspekte belegen den engen Zusammenhang der *Hamidiye*-Gründung mit Mission. Sie stellten eine zentralistische Gegenmission als Reaktion auf das Aufblühen von christlichen Missions- und Milletaktivitäten dar. Nicht von ungefähr hielt der Sultan zeitgleich mit der *Hamidiye*-Gründung die muslimischen Lehrer kurz. Sie bekamen ab 1892 nur dann die Erlaubnis zum Predigen, wenn sie ein Diplom des *Şeiyh ül-İslam* erworben hatten. Selim Deringil geht in seinem Buch über Abdulhamid so weit, diesen hanefitischen Lehrkörper als „eine Art sowohl missionarischer als auch geheimpolizeilicher Organisation" zu bezeichnen, deren Ausbildung, Beglaubigung und Aussendung vom Zentrum aus geschah.[106] Bei der *Hamidiye*-Gründung stand nicht die militärische, sondern die religiös-soziale Bedeutung im Vordergrund, nämlich die Erweiterung, Befestigung und Privilegierung der Ümmet in den Ostprovinzen. In diesem Zusammenhang ist auch zu bemerken, dass, anders als in anderen Landesteilen und in der Hauptstadt, fast alle armenischen Beamten, die es seit den Tanzimat auch in den Ostprovinzen gab, entlassen wurden.[107]

Die Auswirkungen der hamidischen Politik waren vor Ort auch im sozialen Leben spürbar: Es gab eine grössere Distanz zwischen Muslimen und Christen. Die Muslime begannen ostentativ ihre Rituale und Attribute herauszustreichen, während die Armenier ihre „nationalen" Eigenheiten zelebrierten. Schon die Missionare deuteten diese Phänomene als Resultat sowohl hamidischer Politik als auch westlichen Einflusses, der vor allem den Christen zugute gekommen war.

2.4.3 Die Massaker an den Armeniern, 1894–1896

Die Einrichtung der *Hamidiye* führte nicht zu jener Stabilisierung der Ostprovinzen, die sich Abdulhamid zweifellos erhofft hatte, um jene Region endlich der ausländischen Aufmerksamkeit zu entziehen. Zwar gewann er als „Patron der Kurden" – *Bavê Kurdan* – die Mehrheit der Kurden klar für sich. Aber er stiess die Minderheiten vor den Kopf, zumal sich die Angehörigen der Kurdenregimenter mit Rückendeckung des Kalifen als die unanfechtbaren regionalen Herren aufspielen und unverfrorener als zuvor ihre Begehren durchsetzen konnten.

Zu den brüskierten Minderheiten gehörten die Yeziden, die alevitischen Kurden und die Armenier, wobei für die letzteren der Widerspruch zu den Berliner Verspre-

---

105 BOA Y.MTV 68/41, Vali von Mamuretülaziz Enis Pascha an das Sekretariat des Sultans, 3. 10. 1892, nach Deringil 1998, S. 102. – Zeki Pascha erklärte dem ABCFM-Missionar W. N. Chambers, damals Leiter der Erzurum-Station, seine Strategie der Umerziehung und Gewinnung des rebellischen Dersim: „A young man in uniform, red braid down his trousers, gold braid on his jacket, white collar and cuffs and a well set-up fez, especially if with all that he was given the rank of captain or colonel, could never revert and he would be a vigorous advocate of allegiance to His Majesty the Sultan, whose uniform he wore. In due course the whole district would become civilized and loyal to the Government." Chambers 1988 [1928], S. 40. – Zur „Politik der Rückführung in die Ümmet" und zu ihren Auswirkungen auf die Aleviten siehe auch Kap. 2.6.3.

106 „[…] a sort of religious secret police-cum-missionary organization", Deringil 1998, S. 75 f.

107 Beylerian 1975, S. 38.

chungen („Sicherheit gegen die Kurden") am stossendsten hervortrat. Die meisten alevitischen Kurdenstämme waren im quasi autonomen Dersimgebiet geschützt vor Eingriffen des Staates und Übergriffen der *Hamidiye*. Die ausserhalb Dersims und Elbistans lebenden alevitischen Stämme hingegen litten wie die Mehrheit der Armenier unter der neuen Einrichtung, welche die privilegierten Stämme vor regulärer Strafverfolgung schützte. Für die armenisch-revolutionäre Bewegung waren die *Hamidiye* der Stachel, der dazu herausforderte, erstmals Widerstandsaktionen in den Ostprovinzen zu organisieren. Während bewaffnete Handlungen kurdischer Aleviten unliebsame *Hamidiye*-Nachbarn zur Zielscheibe nahmen und somit als Stammeskonflikte interpretierbar sind,[108] richteten sich die armenischen Aktionen, die auf einen allgemeinen Aufstand abzielten, frontal gegen den Staat und alles, was mit ihm im Bunde war. Konkret waren jedoch meist Kurden – lokale Rivalen oder kleine Strassenräuber – und nicht selten „unpatriotische" Armenier die Opfer des revolutionären Heldentums, seines tollkühnen Profilierungsbedürfnisses („taste for bravado") und seiner Racheakte.[109]

1891 begab sich der Huntschak-Aktivist Mihran Damadian in den Sasun, eine zwischen Bitlis und Harput gelegene Bergregion, die administrativ der Provinz Bitlis zugehörte. Im Frühjahr 1892 folgte ihm Hampartsum Boyadjian, der in Genf Medizin studiert hatte. Beide waren an der Kumkapı-Demonstration vom 27. Juli 1890 beteiligt gewesen, als die Huntschak den armenischen Patriarchen zwangen, in einem Demonstrationszug mitzugehen, um dem Sultan eine Reformpetition zu überreichen. Beide organisierten im Sommer 1892 eine siebenköpfige Guerilla-Bande. Sie hofften, in der weitgehend autonomen, seit Jahrzehnten die staatlichen Steuern verweigernden, von Armeniern und Kurden besiedelten Sasun-Region den Aufstand entfachen zu können. Das Potential dafür schien gegeben: kämpferische armenische Bauern, die sich von den Abgaben an kurdische Stammesführer und vom Druck des Staates, der diese Gegend unter seine Kontrolle zu bringen und Steuern zu erheben suchte, lösen wollten. Schon vor der Ankunft der Huntschak-Leute hatten sie ihren Widerstandswillen mit Widerstandsaktionen unter Beweis gestellt.[110]

Während die Auseinandersetzung mit den kurdischen Nachbarn nicht auf sich warten liess, dauerte es bis zum Sommer 1893, bis der Konflikt mit dem Staat entbrannte. Als der *kaymakam* von Genç zwecks Steuererhebung im Sasun eintraf, schickten die Sasuner ihn und seine Gendarmen mit Schimpf und Schande davon. Dies bereitete einigen kurdischen Nachbarn durchaus Freude. Die Sasuner weigerten sich zudem, den kurdischen Nomaden im Sommer weiterhin das Weiderecht zu gewähren. Im folgenden Sommer fuhr die Regierung grobes Geschütz auf: Entgegen dem Anraten des Grosswesirs und des Militärkommandanten Zeki Pascha, dem auch die *Hamidiye* unterstanden, drängte der Sultan auf eine massive Niederschlagung dessen, was ihm als Ausdruck einer allgemeinen armenischen Rebellion erschien.[111] Als die Sasuner nochmals die Steuern verweigerten und sich erfolgreich gegen kurdische Angriffe zur Wehr setzten, wurden reguläre Truppen mit Kanonen nach

108 Fırat 1983 (1952), S. 123–140.
109 Vgl. Dadrian 1995, S. 132.
110 *The Times*, 17. 12. 1889, S. 5, nach Walker 1980, S. 138 mit Anm. 57. Für eine eingehende Darstellung der Sasun-Ereignisse, siehe Walker 1980, S. 136–150.
111 Walker 1980, S. 146 f.

Sasun beordert, die im Verein mit den Kurden den armenischen Widerstand brachen. Nach osmanischen Angaben massakrierten sie 1'000, womöglich aber viele Tausende. Im krassen Missverhältnis dazu stand die Zahl der von den Truppen beschlagnahmten Waffen: insgesamt bloss 300–400 und nur ein Bruchteil davon waren Gewehre.[112]

Die Bitlis-Missionare waren die nächsten ausländischen Beobachter der Ereignisse, die sich zudem um die Versorgung der Überlebenden kümmerten. In Direkt- und Briefkontakten gaben sie den Van-Missionaren folgende Informationen, die diese dem in der Hauptstadt weilenden US-Diplomaten Alexander W. Terrell weiterreichten: Zwölf Monate vor dem Massaker habe ein führender Kurdenscheich aus der Region Diyarbakır Stämme für einen Angriff gegen die Sasun-Armenier mobilisiert, indem er ihnen einen Sultanserlass vorgelesen habe, der zur Tötung der Rebellen aufforderte. Im August 1894 seien 40 Dörfer vollständig zerstört und rund 10'000 Personen getötet worden. Da die Leichen in Gräben geworfen, andere mit Kerosin übergossen und angezündet worden seien, sei die Opferzahl schwierig zu bestimmen. Der Regierung in Bitlis sei jedes Mittel recht, um die Wahrheitsfindung zu behindern. Sie bringe überlebende Sasuner um und foltere Gefangene, damit diese Dokumente unterschrieben, die prominente Bitlis-Armenier für die Aufreizung zum Aufstand verantwortlich machten. Ob die von wenigen ausländischen Beobachtern begleitete osmanische Untersuchungskommission die Wahrheit ans Licht bringen werde, sei mehr als fraglich.

Der konkrete Anlass für die missionarischen Schreiben an Terrell war, dass die amerikanische Diplomatie die Missionare dazu aufgefordert hatte, sich ihrer Einschätzungen zu den Ereignissen von Sasun zu enthalten, da gerade Verhandlungen über ein *irade* zugunsten der amerikanischen *colleges* im Gange seien. Dies bewegte die Van-Missionare zu einer geharnischten Reaktion. Tatsächlich unterzogen die Sasuner und die folgenden Massaker die US-diplomatischen Beziehungen nicht allein zur Pforte, sondern auch erstmals zu den Missionaren einer schweren Belastungsprobe. Die missionarischen Schreiben an Terrell blendeten die Rolle der Huntschak aus, ebenso den genauen Ablauf der Ereignisse und die Opfer auf muslimischer Seite (namentlich die kurdischen Opfer vor Eintreffen der osmanischen Armee). Sie stellten das Resultat der Repression und die Problematik der Wahrheitsfindung in den Vordergrund.

Van-Missionar Herbert Allen begann seinen Brief an Terrell vom 13. Februar 1895 folgendermassen: „I see that my associate, Dr. Raynolds, has written you something on the theme that concentrates our thought and attention these days. Pardon me if I too add a word and at the same time do me the kindness to interpret my motives as those arising from a sincere desire to communicate to you simple facts which may not be in your possession. I realize how difficult it must be for those living at some distance from the centre of present disturbances to distinguish the facts out of a mass of wild rumors, and I can easily understand the fair spirit which prefers to believe the better rather than the worse, but allow me to say that the present is no time for any honest man to stand in any compromising relations with a government whose hands are red with the blood of 10'000 christians. In regard to

---

112 Osmanlı Arşivi … 1989, Bd. 1, S. 306–309.

this matter you ask us missionaries to suspend judgment until the commission has reported. Pardon me again, my dear sir, if I aver that this suggestion might be relevant if we were on the other side of the Atlantic, instead of at the center of the disturbed country. To say the least it seems somewhat unreasonable to ask us to form our judgment by the verdict of a commission, composed mostly of Turks, and in so far as the European representation is concerned, at best hampered by unusual difficulties. It would seem as if the judgment of my associates, many of them now from 30 to 40 years on the ground, possessing a minute and wide knowledge of the country in all its aspects, and thrown into peculiarly intimate relations with the people, ought to weigh something even in the minds of ambassadors.“[113]

Die wenig respektvolle, von Empörung getragene und mit Ironie gewürzte Anrede an den eigenen Diplomaten dokumentiert das Selbstbewusstsein der amerikanischen Missionare, die sich ihren Diplomaten in Türkeifragen als zumindest ebenbürtig betrachteten. Hervorstechend in Allens Schreiben ist die Gewissheit, besser als andere Bescheid zu wissen. Allen war kein direkter Augenzeuge; er stützte sich in erster Linie auf die Aussagen der Bitlis-Missionare. Diese nahmen Bezug auf lokale Zeugen, vor allem Armenier, zum Teil aber auch auf Kurden und Türken, so Soldaten der regulären Armee, mit denen sie immer wieder in persönlichen Kontakt kamen. In ihrer engagierten Parteinahme und kategorischen Selbstgewissheit mögen die Missionare beim distanzierten Beobachter Zweifel erwecken. Dennoch sprechen einige Argumente für ihren Blickwinkel: die Nähe etwa zum Geschehen oder das weite Beziehungsnetz, aber auch die Erfahrung im „Umgang mit Information“ sowohl von osmanischer als auch von armenischer Seite. Während dem Sultan alles daran liegen musste, den Vorfall so zu reduzieren, dass er keine Auswirkungen in der internationalen Diplomatie zeitigte, und für die meisten ausländischen Diplomaten die Wahrung funktionierender Beziehungen Priorität hatte, gab es für die Missionare keine direkten Interessen zu vertreten. Im Gegenteil, die Bewilligung *(irade)* für ihr *college* stand auf dem Spiel. Es ist nicht auszuschliessen, dass ihre pessimistische Einschätzung der Opferzahl zutraf. Mehr noch als im Falle Sasuns gilt dies für die Pogrome des folgenden Jahres namentlich im Grossraum Harput. Dort besassen die ABCFM-Missionare über ein bis in die Dörfer hinein verästeltes Beziehungssystem.

Das Sasun-Massaker brachte die Reformfrage wieder aufs Tapet, ein Umstand, der den Zielsetzungen der Revolutionäre entsprach und Abdulhamid in diplomatische Bedrängnis brachte. Christliche Gouverneure *(mutasarrıf* und *kaymakam)* sollten in Sandschaks und Landkreisen *(kaza)* mit christlicher Mehrheit ernannt und Christen in die Sicherheitskräfte integriert werden. Die armenischen Landbewohner sollten vor kurdischer Bedrohung geschützt werden. Um die Initiative zurückzugewinnen, formulierte Abdulhamid einen eigenen Reformgegenvorschlag und ernannte im Juni 1895 einen Reformkommissär, Şakir Pascha. Nur enge Vertraute Abdulhamids nahmen wahr, wie sehr die Angelegenheit den Sultan seit dem Sommer 1894 in höchste Erregung versetzte, da er – indem er die irrealistische revo-

---

113 Danach folgt die Beschreibung des Sasunmassakers: „We know from many and absolutely reliable sources [...].“ Aus dem Dossier *Papers on excesses against christians, 1888–1899,* ABC bh; vgl. „Report on the Famine Found“, Cole aus Bitlis, 11. 11. 1894, ABC 16.9.7 (reel 693: 418 ff.).

lutionäre Propaganda für bare Münze zu nehmen schien – der irrigen Auffassung war, eine allgemeine armenische Erhebung bereite sich in den Ostprovinzen vor.[114]

In den Ostprovinzen wusste man, dass die Grossmächte in der Reformfrage wieder Druck auf den Sultan ausübten. Gerüchte von Fremdherrschaft unter einem europäischen Prinzen oder armenischer Verwaltung versetzten die Muslime in eine Aufregung, die nach der kühnen Huntschak-Demonstration in Istanbul vom 30. September 1895, dem sogenannten *Babıali Hadisesi,* den Siedepunkt erreichte.[115]

Das Pogrom von Trabzon Anfang Oktober läutete die Serie von Massakern vom Herbst 1895 ein, welche die internationale Öffentlichkeit aufrüttelte. Auslöser des Pogroms, dem ausschliesslich Armenier zum Opfer fielen, war ein Attentat von unbekannter Seite auf den früheren Vali von Van. Die meisten Blutbäder fanden in den Tagen und Wochen nach dem 17. Oktober 1895 statt, an welchem der Sultan die europäischen Reformvorschläge überraschend sanktionierte. In Dutzenden von Städten und vielen Hunderten von Dörfern verübten Muslime Massaker an der christlichen Bevölkerung.

In Erzurum gab der Hornstoss am Ende des unüblich langen Mittagsgebets in den Moscheen das Signal zum Pogrom vom 25. Oktober, der drei Stunden danach erfolgende Hornstoss beendete es, während der abendliche Hornstoss den Abschluss auch der Plünderungen markierte. Nur dank des Widerstandes des Valis war jenes Pogrom, an welchem sich auch die Militärpatrouillen beteiligten, vergleichsweise limitiert (circa 400 getötete Armenier). Das Gegensteuer des Valis konnte eine Pogromwiederholung durch einen an weissen Turbanen erkennbaren sunnitischen Mob zwei Tage später verhindern, wie William Chambers, Augenzeuge und Leiter der dortigen amerikanischen Missionsstation, meinte. Gleichzeitig wunderte er sich über das Ausbleiben von Massakern im Kreis Eleşkirt, östlich von Erzurum, wo er damals als Begleiter der Kommission von Şakir Pascha durchreiste. Er fand später im Gespräch mit dem dortigen *kaymakam* die Erklärung darin, dass sowohl dieser als auch der verantwortliche Offizier gegen die Massakerpolitik eingestellt waren und mit geschickter Einschüchterung die sunnitischen Kurden von Pogromen in armenischen Dörfern hatten abhalten können.[116]

Als demographische Hauptgruppe waren hauptsächlich die Kurden – nicht allein die *Hamidiye* – an den Pogromen beteiligt. Den missionarischen Berichten aus Harput nach zu schliessen, beschränkten sich die alevitischen Kurden aufs Plündern. Für sie schien es eine soziale Revolte zu sein, von der sie materiell profitieren wollten, während für die Sunniten die religiös beantwortete Machtfrage – theokratisch begründeter Ümmet-Vorrang – eine wichtige Rolle spielte. Mehrere Indizien legen eine sorgfältige Organisation der Massaker nahe, die auf lokaler Ebene von der Moschee aus geschah. Das Hinmetzeln der „ungläubigen Aufrührer" – fast ausschliesslich Männer und Knaben – erschien den radikalen Sunniten als eine

---

114 Vgl. die Aufzeichnungen des Chefdolmetschers Adam Block von der britischen Botschaft vom 25. 12. 1894, FO 424/178, S. 388 f., nach Walker 1980, S. 146 f.

115 Die Demonstration, die den armenischen Wunsch nach Reformen unterstreichen sollte, artete in eine Schiesserei zwischen Polizei und Manifestanten aus, mit mehreren Dutzend Toten. Walker 1980, S. 145–165; Karaca 1993, S. 46–56.

116 Über Erzurum: Chambers 1988 (1928), S. 36, 75 f., 88 f. Über Eleşkirt: Chambers 1988 (1928), S. 33–35, 89 f.

heilige Pflicht. Auf den Ritualcharakter der Tötungen weisen die meisten Augenzeugenberichte hin. Bezeichnenderweise wurden diejenigen verschont, die sich mittels eines raschen verbalen Bekenntnisaktes zum Islam bekehrten und beschnitten wurden. Ein solches Bekenntnis besiegelte allerdings eine unlösbare Zugehörigkeit zur Ümmet, die bei Männern nicht mehr rückgängig zu machen war. Während des Ersten Weltkriegs war Rettung durch Bekehrung nur noch in Ausnahmefällen möglich.[117]

Ganz offensichtlich war die Angst vor den Reformen ein Hauptauslöser der Gewaltausbrüche. Über den genauen Inhalt der Reformen wusste kaum ein Muslim in den Ostprovinzen Bescheid, und selbst diejenigen, die sie kannten, sahen in ihnen den ersten, ungeheuerlichen Schritt zu fremder christlicher *(gavur)* Herrschaft.

Eine Zahl direkter Opfer in der Grössenordnung von 100'000 scheint plausibel; weitaus geringere Zahlen – zum Beispiel 8'000 –, wie sie von türkischer Seite geäussert werden,[118] stehen im eklatanten Widerspruch zum wahrnehmbaren Ausmass jenes sozialen Erdbebens. Es wird zu Recht auch als *partial genocide* bezeichnet und ist namentlich dank missionarischer Berichterstattung gut beschrieben und über die Hunderten, ja Tausenden von Waisen oder Halbwaisen je Missionsstation statistisch in etwa abzuschätzen.[119] In vielen armenischen und westlichen Darstellungen ist von 300'000 Getöteten die Rede. Zweifellos gab es eine hohe, aber schwer bezifferbare Zahl von Folgeopfern auf Grund von Hunger, Krankheit und Entbehrungen.[120] Materiell fand eine grosse Umverteilung aus christlichen in muslimische Hände statt, die nicht mehr rückgängig gemacht wurde; insbesondere eigneten sich Kurden in grossem Ausmass armenischen Grundbesitz auf dem Lande an, was später als „Bodenfrage" die Politik der Jungen Türkei in den Ostprovinzen stark belasten sollte.

Plünderungen und Übergriffe gab es im Herbst 1895 auch in der Region Van. Eine Massakerwelle wie andernorts fand indes erst im Juni 1896 statt. Die Besetzung der Osmanischen Bank in Istanbul vom 26. August 1896 durch die in Van vieler ihrer Führer beraubte Daschnak war der Anlass für ein diesmal durchorganisiertes Massaker mit eigentlichen „Todesschwadronen" in den armenischen Quartieren der Hauptstadt.[121]

---

117 Zum Ritualcharakter der Tötungen siehe Kap. 2.8 und 2.10. Zum Verhalten der alevitischen Kurden: Berichte aus Harput vom November 1895, ABC 16.9.9, Bd. 1 (reel 718: 565 ff.); Riggs 1997 (1917), S. 111. Vgl. Kap. 2.8.2.

118 So Gürün 1985, S. 150.

119 Vorsichtige Beobachter gingen im Sommer 1896 von insgesamt mindestens 50'000 Waisenkindern unter zwölf Jahren aus als Folge der Massenmorde; nur ein Bruchteil von ihnen genoss das Privileg – als solches galt es unter den Betroffenen – einer missionarischen Waisenhauserziehung. Vgl. „The Orphans of Aisatic Turkey", Konstantinopel, 6. 8. 1896, S. 1, ABC bh Reports 1895–1896. Vgl. Beginn von Kap. 2.8.3. Zum Begriff *partial genocide* siehe Levene 1998, S. 397.

120 Vgl. Verheij 1999, S. 90, und die Erörterungen und Literaturdiskussion in Koutcharian 1989, S. 103 f.

121 Zu Van vgl. Kap. 2.9.3. Zum Pogrom in Istanbul vgl. insbesondere den Bericht des Waadtländers Louis Rambert, damals „administrateur de la Banque ottomane au siège de Constantinople", Rambert 1926, S. 15–20, oder die Darstellung auf Grund deutscher Quellen in Saupp 1990, S. 90–108.

2.4.4 Missionarisches Krisenmanagement, Umgang mit Information und humanitäre Hilfe

Humanitäre Einsätze der Missionen ausserhalb des missionarischen Programmes hatte es schon mehrfach gegeben: während des russisch-türkischen Kriegs etwa oder bei Hungersnöten, Erdbeben, Feuersbrünsten und Seuchen. Schon 1878 galt die humanitäre Hilfe Christen und Muslimen, so in der Hauptstadt den muslimischen Balkanflüchtlingen und in der Region Erzurum den Bewohnern kriegsversehrter Dörfer.[122] Wenige Jahre vor den Pogromen spornte die Cholera-Epidemie in Sivas und Erzurum zu Hilfeleistungen an.[123] Immer wieder halfen die Missionare tatkräftig mit, Not zu lindern, mit der sie vor Ort konfrontiert wurden. Sie waren darin erfolgreich, weil sie Motivation, Organisation, Technik und Wissenschaft (insbesondere Medizin) zu effizienten Einsätzen zu vereinigen und erst noch finanzielle Mittel dafür aufzutreiben vermochten. Das *Bible House* in Istanbul besass seit seinen Anfängen einen speziellen Fonds für humanitäre Einsätze.[124] Den Missionaren war bewusst, dass sie mit solchen Einsätzen eine kaum anfechtbare Wirkung entfalten sowie lokale Akzeptanz und langanhaltende Anerkennung ernten konnten.[125]

Die Pogrome von 1895 konfrontierten die protestantischen und katholischen Missionen mit einer sozialen Katastrophe grössten Ausmasses, der sie unter Aufbringung aller mobilisierbaren Kräfte zu begegnen suchten. Der reguläre Betrieb wich der Nothilfe: Suppenküchen, Lazarette, Notunterkünfte und Waisenhäuser wurden improvisiert, bald auch Teppich- und Kleiderindustrien zur Arbeits- und Geldbeschaffung. Zwar gab es früher schon Ansätze auf diesem Gebiet, aber die eigentliche Geburtsstunde der „missionarischen Industrie" in den Ostprovinzen war die Notsituation nach den Massakern. Daneben machten es sich katholische und protestantische Missionare zur Pflicht, eine akribische Dokumentation der Ereignisse zusammenzustellen und Informationskampagnen in Europa und Amerika zu lancieren.[126]

Schaltstelle für Informationen, Kontakte, Koordination und Finanzierung war auf protestantischer Seite das amerikanische *Bible House* in der Hauptstadt, dessen Kopf William Peet war. Als dieser – nach einiger Verzögerung, wie er in seiner Autobiographie eingesteht – die wirkliche Dimension der Massaker erkannte, wurde ihm klar, dass es einen weltweiten Appell zur Mittelbeschaffung und die Aussendung weiterer Hilfskräfte brauchte, um der Not zu begegnen. In nächtlicher Zusatzarbeit redigierte Peets Equipe Spendenappelle und Informationsschriften mit Nachrichten aus missionarischen und konsularischen Quellen. Diese in der missionseigenen Druckerei zu drucken war wegen der Zensur ausgeschlossen, aber sie fanden als Umdrucke ihren Weg zu einem europäischen und amerikanischen Publikum, das sich so auch mobilisieren liess. Bald strömte das Geld in die Istanbuler ABCFM-Zentrale, und Helfer aus verschiedenen Ländern trafen ein, um sich über ihre Einsatzmöglichkeiten ins Bild setzen zu lassen.[127]

---

122 Chambers 1988 (1928), S. 49 f.; ABC MS Hist. 31: 2, S. 18.
123 Vgl. Kap. 2.3.2 und Chambers 1988 (1928), S. 114.
124 Peet 1939, S. 39.
125 ABC MS Hist. 31: 4, S. 37.
126 Vgl. das Beispiel Harput, Kap. 2.8.2.
127 Peet 1939, S. 40 f.

Die Ereignisse von 1895 besiegelten die Wende in der Geschichte der Beziehungen zwischen ABCFM und armenisch-apostolischer Millet. Die Wende hatte sich schon seit dem Berliner Kongress angebahnt. Die Gehässigkeiten aus der Zeit der Jahrhundertmitte wichen einer Partnerschaft zur Bewältigung einer gemeinsamen Aufgabe. Peet wurde in jenen Monaten zu einem wichtigen Ratgeber des armenischen Patriarchen, des Oberhauptes der armenischen Millet und Repräsentant der Millet beim Sultan. Der Patriarch wurde 1895 aktionsunfähig, da er sich dem Druck des Palastes verweigerte, ein Memorandum zu unterschreiben, das als Ursache der Massaker illegale armenische Aktivitäten vorgab. Das *Bible House* übernahm für das Patriarchat in jener Zeit sämtliche finanziellen Transaktionen in die Ostprovinzen und überliess seinen Missionaren vor Ort die Verteilung auch jener Gelder und den Gebrauch von Restbeträgen.[128]

2.5   Neue Türkeimissionen als Antwort auf die Massaker und das Schweigen der Regierungen

Während der Berliner Kongress das politische Umfeld für die Gründung der französischen Armenienmissionen im Einklang mit der heimatstaatlichen und vatikanischen Diplomatie abgab, waren die Blutbäder von 1895 Anlass für die Gründung zweier deutscher Türkeimissionen, die zu Beginn im Widerspruch zur protürkischen Politik Deutschlands standen. Die Agenten der Hilfswerke von 1896 fanden bei keinen Diplomaten ausser den britischen eine wirksame Unterstützung ihrer Tätigkeit. Die deutsche Diplomatie verweigerte damals jegliche Protektion jener Landsleute, die sich mit dem politisch heiklen Armenierthema beschäftigten und die Ostprovinzen bereisten. Wenige Jahre später hingegen war es ihr bereits ein grosses Anliegen, die entstandenen Missionsposten für ihre Türkeipolitik einzuspannen, um deutschen Einfluss auszubreiten.

Die Kunde von den Massakern rief in grossen Teilen der europäischen und angelsächsischen Welt einen Entrüstungssturm und eine Solidaritätsbewegung hervor, welche zwar keinerlei aussenpolitische Ergebnisse, aber in weiten Teilen der Öffentlichkeit Deutschlands, der Schweiz und anderer europäischer Länder eine prägende Wahrnehmung der Türkei bewirkten. Dies führte bei einer verhältnismässig kleinen Gruppe zu einer nachhaltigen Beschäftigung und einem langanhaltenden Engagement im Bereich von Menschenrechten, Minderheiten und religiösen Konflikten. Eine Mehrheit trug stereotype Bilder eines „blutrünstigen Sultans", „barbarischen Islams" und „asiatischer Finsternis" davon, während einige, namentlich antisemitisch ausgerichtete Kreise in Europa die Armenier wie die Juden als „degenerierte Rasse" darstellten. Sie betreibe in der internationalen Öffentlichkeit eine hinterhältige Stimmungsmache gegen die wehrhaften, patriotischen Türken.[129]

128 Peet 1939, S. 48–57.
129 So Barth 1898.

In Grossbritannien und ganz besonders in der Schweiz gehörte es 1896 in breiten Gesellschaftskreisen zum guten Ton, bei der konfessionsübergreifenden proarmenischen Bewegung dabeizusein. Viele schweizerische Lokalpolitiker und Mitglieder kirchlicher und staatlicher Behörden profilierten sich bei den zahlreichen Veranstaltungen landauf landab. Dahinter stand ein ausgeprägter internationalistischer menschenrechtlicher Impuls, der sich gegen Rassenhass, Nationalismen und Imperialismus wandte.

2.5.1 Die Mobilisierung europäischer Öffentlichkeit am Beispiel der Schweiz[130]

Von 1894 an (Sasun-Massaker) drangen aufrüttelnde Nachrichten aus den Ostprovinzen in die Schweizer Tageszeitungen, meist über angelsächsische, später auch über französische und deutsche Kanäle. England, dessen Regierung und Öffentlichkeit sich damals intensiv mit der armenischen Frage auseinandersetzte, besass verschiedene Konsulate in den Ostprovinzen, die Informationen sammelten und in regelmässigem Kontakt mit den amerikanischen Missionsstationen standen. Diese sandten ihre Meldungen an das *Bible House* in Istanbul oder nach Boston, wo sich die Zentrale des ganzen ABCFM befand.

Journalisten in Istanbul, Grossbritannien oder den USA hatten so einen direkten Zugang zu den einschlägigen Informationen. Anders als in Deutschland und in der Türkei, waren sie in den USA und in England von keiner Zensur bedroht. Die westliche Presse verbreitete zwar bisweilen die offiziellen Bulletins der osmanischen Regierung, die alle Schuld an den „Ereignissen" den „armenischen Banditen" zuschoben. Vor allem gab sie – allzuoft ohne Kenntnis der Hintergründe – vom osmanischen *Bureau de la Presse Etrangère* verfassten Texten Raum, die der Aussenminister Said Pascha über seine Gesandten und deren Hintermänner in die europäische Presse einzustreuen suchte. Bisweilen veröffentlichte sie zum Teil vom Sultan gesponserte Artikel europäischer Autoren zur Verbreitung der Staatsperspektive.[131] Schon damals erschien diese Sichtweise der Mehrheit der internationalen Presse als unrealistische Apologetik. Nur in Deutschland und vereinzelt in Frankreich und der Schweiz vermutete die Presse hinter den aufrüttelnden Nachrichten die Stimmungsmache der englischen Orientpolitik oder ironisierte die armenophile „Humanitätduselei". Die freisinnige Berner Zeitung *Bund* druckte am 4. Oktober 1896 eine lange Zuschrift eines Prof. Dr. Oncken ab, der die ganze Aufregung um die Pogrome herum als „armenisches Delirium" bezeichnete und meinte, die Armenier seien keine Opfer wert, da sie „als Nation nie etwas geleistet" und „seit den ältesten Zeiten im übelsten Ruf gestanden" hätten.[132]

130 Mehr Informationen zu diesem Thema in Kieser 1999.
131 Für zahlreiche Beispiele siehe die osmanischen Dokumente in Şimşir 1985 und 1989 b.
132 Es handelte sich sehr wahrscheinlich um August Oncken, einen deutschen Nationalökonomen, der damals Ordinarius an der Universität Bern war.

Zur Zeit der grössten Dynamik der philarmenischen Bewegung – im Sommer 1896 bis zum Frühjahr 1897 – spielte die Fotografie als Vehikel der Mobilisierung noch kaum eine Rolle, aus dem einfachen Grund, dass die meist missionarischen Augenzeugen vor Ort, obwohl oft fotografisch ausgerüstet, froh sein mussten, heil davonzukommen und unbehelligt ihre Berichte schreiben zu können. Von der Zulassung von Pressefotografen konnte schon gar nicht die Rede sein. Erst nach den turbulenten Anfängen der Nothilfe kamen die Missionare dazu, Fotos von Witwen und Waisen, Waisenhäusern und Werkstätten aufzunehmen, die ihren Weg auch nach Europa fanden. Abgedruckt in Broschüren halfen sie mit, die Spendenkampagne zu beleben. Sie waren ein zentrales Medium bei kleineren Veranstaltungen und Vorträgen, so bei jenen, die Pfarrer Hans Fichter aus Basel nach seiner Reise in die Türkei (Juli bis Oktober 1897) hielt, und dabei eigene und fremde Schwarzweiss-Glasdias projizierte.[133]

Am 16. November 1895 wurde vermutlich zum ersten Mal in der Schweiz der Spendengedanke in einem Aufruf des *Journal religieux des Eglises indépendantes de la Suisse Romande* formuliert, einem in Neuchâtel erscheinenden Blatt. Pfarrer von Salis aus Basel richtete im Januar 1896 eine Anfrage an das Eidgenössische Politische Departement, um zu erfahren, über welche Kanäle Sammelgelder sicher zu den Opfern gelangen könnten. Die Antwort lautete: über den britischen Botschafter in Istanbul. Letzterer vermittelte sie dann dem *Bible House* weiter. Im Frühjahr 1896 nahmen die Spendenappelle zu, sie gingen vorwiegend von Pfarrern der evangelischen Kirchen aus, im Juli von der Abgeordnetenkonferenz der evangelischen kantonalen Kirchenbehörden. Von katholischer Seite gab es zumindest einen Appell in der Presse. Auch die Freimaurer appellierten an ihre Mitglieder, sich materiell oder publizistisch für die Armenier einzusetzen.[134]

1896 lässt sich als das Gründungsjahr der schweizerischen philarmenischen Bewegung bezeichnen. Karl Meyer nennt die Monatskonferenz der Eglise indépendante von Neuchâtel am 4. März mit ihrem Beschluss zur Gründung eines Aktionskomitees „die Geburtsstunde unserer schweizerischen Armenierhilfe".[135] Der Theologieprofessor Georges Godet verfasste im Auftrag der Konferenz eine Broschüre *Les Souffrances de l'Arménie,* die im April erschien und im französischsprachigen Raum grosse Beachtung fand.

Die Dynamik der öffentlichen Rezeption der Armenierverfolgung steigerte sich seit dem Frühling 1896 von Monat zu Monat. Die Meldungen und vor allem die Kommentare häuften sich im Schweizer Blätterwald. Die kirchliche Presse nahm sich des Themas an. Es erschienen Broschüren und Flugblätter, die nicht mehr nur meinungsbildend waren, sondern auch zum Handeln aufriefen. Im Herbst 1896 schliesslich dominierte das Thema Armenien gar die Titelseiten der Schweizer Zeitungen. Die öffentliche Anteilnahme gipfelte in der Lausanner Versammlung vom 7. September. Unter dem Vorsitz des Rektors der Universität, des Pfarrers und Theologieprofessors Ernest Combe, versammelten sich etwa 4'000 Personen beim

---

133 Vgl. Staatsarchiv Basel, PA 797 A 4.6.
134 Flugblatt des *Suprême Conseil pour la Suisse* der *Confédération des puissances maçonniques écossaises,* Lausanne, Juli 1896, Bundesarchiv E 2001 A: 185/119.
135 Meyer 1874, S. 41.

Rathaus und hörten sich die Reden des *Gazette de Lausanne*-Redaktors Albert Bonnard und des armenischen Lehrers Garabed Thoumajan an. Die Versammlung verabschiedete eine Resolution und bildete ein gesamtschweizerisches Komitee aus 40 Mitgliedern, das „in der ganzen Schweiz eine mächtige Meinungsbewegung zugunsten der verfolgten Armenier" organisieren und konkret eine Petition an den Bundesrat lancieren sollte.[136] Diesem Komitee gehörten kirchliche und ausserkirchliche Persönlichkeiten des öffentlichen Lebens sowie ein Rabbiner an. Der *Bund* distanzierte sich am 10. Oktober von der als „sentimental" abgekanzelten Solidarisierungsbewegung, die schon Oncken als Machwerk religiös exaltierter Kreise apostrophiert hatte.

Es wäre interessant, der Frage nachzugehen, warum sich die Bewegung gerade in der Waadt herauskristallisierte. Die Nähe zu Genf mit seiner armenischen Diaspora, ein besonders ausgeprägtes liberal-patriotisches Credo sowie herausragende Einzelgestalten wie Bonnard, Combe oder der Staatsratspräsident Virieux scheinen wichtige Faktoren gewesen zu sein. Der französischsprachige Protestantismus war ausserdem aus historischen Gründen besonders sensibilisiert auf die Verfolgung von Minderheiten. Zweifellos spielte die mit Garabed Thoumajan verheiratete Genfer Pfarrerstochter Lucie Thoumajan-Rossier – die Schwester der Frauenrechtlerin Aline Hoffmann-Rossier – eine wichtige Rolle im Umfeld der philarmenischen Bewegung. Nach der Heirat in Genf 1886 lebte das Ehepaar bis 1893 in Merzifon, wo der Mann am amerikanischen Missions-*college* unterrichtete, aber Anfang 1893 von den Behörden subversiver Tätigkeiten angeklagt und verhaftet wurde. Seine Frau setzte darauf in ihrer Heimat und in Grossbritannien alle Hebel – Presseartikel, Vorträge, diplomatische Kontakte – in Bewegung, um die Freilassung ihres Mannes zu erreichen. Said Pascha, der osmanische Aussenminister, gab am 6. März 1893 seinen Botschaftern in Berlin und London die Anweisung, „sie aufmerksam zu überwachen und ihm alle Auskünfte weiterzuleiten, die über ihre Aktivitäten gesammelt werden könnten". Garabed Thoumajan wurde im Juli auf starken britischen Druck hin freigelassen und ausgewiesen. Die Spitzel des Sultans verfolgten das Ehepaar auf seinen Vortragsreisen durch Europa.[137]

Acht Tage nach der Lausanner Kundgebung wurde am 15. September 1896 in Bern die *Conferenz der schweizerischen Hülfs-Comités für Armenien (Conférence*

---

136 Bundesarchiv E 2001 A: 185/98.
137 Vgl. OBE, Bd. 16, Nr. 51; 16. 11. 1893. Vgl. insbesondere zahlreiche Belege in Şimşir 1985, woraus auch das Zitat stammt (S. 218). – Lucie Thoumajan verkörperte, ihrer Lebenssituation entsprechend, am ausgeprägtesten die schweizerisch-protestantische Identifikation mit Armenien; sie nahm militant Partei, ohne für Gewalt zu werben. Sie schrieb im Frühjahr 1894 in einem englischen Presseartikel: „The Turkish Government, like all oppressive powers takes this [charge of sedition] as a pretext for imprisoning [...]. If we remember that Christ Himself was called ‚seditious', we cannot wonder at this! Without approving of real sedition myself, and without saying for a moment that there are no Armenians who have lost their patience and have had recourse to some measures of defence, I must in justice add that this is the consequence of oppression, and that, for myself, having been brought up in Switzerland, a free country, and as such, considering the oppression which the Armenians suffer, my wonder is that the bulk of them remain so patient! Arriving in Turkey, after marrying an Armenian, I became one of them. I am no more a stranger, and I shall defend the *Armenian Christians* when they are attacked unjustly, and I shall not do so with the tender mercies of strangers only." Şimşir 1989 b, S. 110 f.

des Comités suisses de secours aux Arméniens) gegründet, welche für die konkrete Hilfsarbeit von grösster Bedeutung war. Deren Vorort wurde Neuenburg, ihr Präsident der Theologieprofessor Georges Godet. Die *Conferenz* entsandte als ihren Vertreter den Berner Stadtmissionar Fritz Stucky nach Istanbul, wo er mit der amerikanischen Mission Kontakt aufnahm. Diese riet den Schweizern, die Region Sivas als Schwerpunkt der schweizerischen Armenierhilfe zu wählen, da noch keine andere Hilfsgesellschaft dort arbeite. Im Januar 1897 wurde die von der Schweiz finanzierte Waisenarbeit durch das amerikanische Missionarsehepaar Albert und Emma Hubbard begonnen; im November 1897 trafen die beiden ersten Schweizer Hilfswerksleute ein, denen noch weitere folgten – nicht allein nach Sivas.

Man kann davon ausgehen, dass in der Schweiz von Sommer 1896 bis Sommer 1897 rund 1 Million Franken für die Armenier gespendet wurde[138] – eine Summe, die von ihrer Kaufkraft her über 10 Millionen heutiger Franken entsprach und das deutsche Sammelergebnis deutlich übertraf.[139] 323 Personen übernahmen eine Fünfjahrespatenschaft für ein armenisches Kind, was die Verpflichtung zur jährlichen Zahlung von 125 oder mehr Franken einschloss. Dutzende von Mennoniten aus dem *Comité jurassien* taten dies.[140]

Das in Lausanne gegründete Komitee lancierte noch im September eine Petition, deren Text je nach Region etwas anders ausformuliert wurde, und reichte am 10. Oktober – nur einen Monat nach seiner Gründung – eine erste Eingabe mit 113'653 Unterschriften dem Bundesrat ein. Bis im Frühjahr 1897 kamen 453'015 Unterschriften zusammen – die grösste Petition, die es in der Schweiz bisher gegeben hatte.[141]

Die Lausanner Resolution, die als Petitionstext figurierte, drückte die Empörung über die Massaker aus, klagte die Untätigkeit der Grossmächte an, rief zu einer Bewegung menschlicher Brüderlichkeit und christlicher Verbundenheit auf und richtete sich an den Bundesrat mit der Aufforderung, im Namen des Schweizervolkes bei den Grossmächten zu intervenieren, damit diese gemeinsam die nötigen Reformen von der Türkei einforderten. Die Schweiz sei zu einer solchen Initiative prädestiniert; ihre Neutralität verbiete keinesfalls das Engagement für die Werte von Gerechtigkeit und Menschlichkeit, die „über den Nationen" stünden.[142] Die Zürcher Resolution vom Februar 1897 sprach die Hoffnung aus, dass sich ein kollektives Gewissen der christlichen Völker Europas bilden werde, vor welchem alle Staatsmächte sich würden beugen müssen und welches allein den grossen, definitiven, globalen Frieden werde bringen können.[143] Für den Bundesrat war die geforderte aussenpolitische Initiative eine „mit der neutralen Stellung der Schweiz unvereinbare Einmischung in die Angelegenheiten fremder Staaten".[144] Die englische Zeitung *The*

---

138 689'444 Franken für die Conferenz. Weitere Spenden aus der Schweiz gingen über andere Kanäle (z. B. deutsche und französische Organisationen).

139 631'000 Mark nach Schäfer, Richard, *Geschichte der Deutschen Orient-Mission,* Potsdam, 1932, S. 13.

140 Meyer 1974, S. 44.

141 Bundesarchiv E 2001 A: 185/37 und 185/80.

142 Bundesarchiv E 2001 A: 185/191 und 185/103; vgl. Meyer 1974, Abb. 4 und 5; Meyer 1974, S. 42 f. mit Anm. 48.

143 Bundesarchiv E 2001 A 185/71 und 185/103.

144 Bundesarchiv E 2001 A 185/77: Protokoll der Sitzung vom 9. 3. 1897.

Standard hatte bereits im September 1896 von der Verlegenheit der schweizerischen Bundesregierung angesichts der landesweiten Empörungswelle gesprochen.[145]

Man stand in enger Verbindung mit analogen Bewegungen im Ausland, grenzte sich jedoch bewusst von den imperialistischen Staaten ab. In der Tat hatten die philarmenischen Bewegungen in den Nachbarländern eine je unterschiedliche Einbettung in die Gesamtgesellschaft. In Deutschland musste die Bewegung mit dem starken Widerstand der staatlichen und landeskirchlichen Behörden sowie der diesen nahestehenden Presse rechnen. Sie war daher minoritärer; die pietistischen Gemeinschaften bildeten eine starke Basis. In Frankreich engagierten sich die Sozialisten (Jaurès), die Radikalen (Clemenceau) sowie die katholische Rechte, während das Zentrum aus interessepolitischen Gründen fehlte. Besonders aktiv warb der rechtskatholische Leiter des in Paris domizilierten *Œuvre des Ecoles d'Orient,* Félix Charmetant, für das armenische Anliegen. Italien zeigte eine starke, durch Staat und Öffentlichkeit getragene philarmenische Bewegung; staatlicherseits geschah dies aus zum Teil offensichtlichen interessepolitischen Gründen, nämlich zugunsten der italienischen Einflussnahme in Kleinasien.[146] Grossbritannien kannte die stärkste philarmenische Bewegung, an der sich auch Schotten und Iren beteiligten und die vom linken Flügel der Liberalen sowie von nichtanglikanischen Protestanten dominiert wurde.[147]

2.5.2 Die armenischen Hilfswerke

Schweizerisches Geld und Personal ermöglichten unter amerikanischer Anleitung und unter Beizug von armenischen Helfern den Aufbau von Waisenhäusern in Sivas, Gürün (zwischen Sivas und Malatya), Arapkir (zwischen Sivas und Harput) sowie in den westtürkischen, nicht von Massakern betroffenen Städten Bursa und Bardesağ (İzmit). Nach Sivas wurde zudem ein Arzt entsandt, der dort eine Klinik und eine Apotheke eröffnete. In den ersten Jahren, von 1897 bis 1900, wurden über 500 Kinder regelmässig betreut.[148]

Geld und Personal aus der Schweiz spielten aber auch in den deutschen Armenierhilfswerken eine wichtige Rolle. Diese erzielten eine nachhaltigere Wirkung in der Türkei als die als Provisorium gedachten schweizerischen Anstrengungen, da sie sich nach den ersten Anfängen als eigentliche Missionen konstituierten. Wie in der Schweiz liessen sich auch in Deutschland Angehörige verschiedener Schichten und

---

145 „The Swiss Executive seems to be embarrassed how to express the indignation prevailing in the country on the subject. It is probable that the Federal Foreign Department will inform the Powers of the strong movement of opinion in Switzerland in favour of the protection of the Christians in Turkey, without proposing the meeting of an International Conference on the matter, which is not advisable under present circumstances." Via Légation de Suisse, Bundesarchiv E 2001 A: 185/174; 24. 9. 1896.

146 Diesen Hinweis verdanke ich einer unveröffentlichten Arbeit von Maurizio Russo, Université de Nancy.

147 Eine ähnliche politische Gruppierung machte sich in England ein Vierteljahrhundert später für eine Lösung der irischen Frage stark. Vgl. Pasdermadjian 1986 (1949), S. 366–371.

148 Diese Zahl reduzierte sich bis 1905 auf weniger als die Hälfte, da das Interesse und die Spendenfreudigkeit der schweizerischen Öffentlichkeit massiv nachliessen. Vgl. Meyer 1974, S. 55–57, 67–71.

Konfessionen für das Anliegen der Nothilfe und die armenische Sache gewinnen. Zwei Pfarrer traten in der ersten Hälfte des Jahres 1896 als Pioniere deutsch-armenischer Solidarität ins Rampenlicht: Ernst Lohmann aus der pietistischen Gemeinschaftsbewegung und der liberaler ausgerichtete Johannes Lepsius. Lohmann war federführend im Frankfurter Komitee, Lepsius im Berliner Zentralkomitee des am 2. Juli 1896 gegründeten *Deutschen Hülfsbundes für Armenien,* dem in den Ländern und Kreisen verschiedene Unterkomitees zur Seite traten.

Eine vordringliche Aufgabe der deutschen Bewegung war es, dem Informationsmangel in der deutschen Öffentlichkeit abzuhelfen beziehungsweise den in der deutschen Presse vom osmanischen Staat übernommenen Darstellungen etwas Substantielles entgegenzusetzen. Dieser Aufgabe stellte sich Lepsius mit der rasch vorangetriebenen Publikation *Armenien und Europa,* deren erste Auflage im August 1896 erschien. Dieses sechsmal aufgelegte, ins Englische, Französische und in Teilen auch ins Russische übersetzte Werk über die Massaker in den Ostprovinzen übte grossen Einfluss aus und entspricht dank der Abstützung auf gute Quellen und dem persönlichen Augenschein des Autors im Katastrophengebiet im Mai und Juni 1896 in manchen Teilen noch immer dem historischen Wissensstand.[149]

Die Wege des Berliner und des Frankfurter Komitees trennten sich bald. Auslöser waren zwei von staatlichen und wirtschaftlichen wie von pietistischen Kreisen als anstössig empfundene Kundgebungen des Hülfsbundes in der Berliner Tonhalle am 24. September 1896. Lepsius als deren Mitorganisator erschien in den Augen der einen als Störenfried der deutsch-osmanischen Beziehungen, in den Augen der andern als zu politisch agierender Pastor.[150] Fortan verlief die evangelisch inspirierte deutsche Tätigkeit unter den Armeniern in zwei getrennten Organisationen.

2.5.3 Der Deutsche Hülfsbund für christliches Liebeswerk im Orient

Das Frankfurter Komitee des *Deutschen Hülfsbundes für Armenien* konstituierte sich als selbständige Organisation, die fortan als *Deutscher Hülfsbund für christliches Liebeswerk im Orient* in Erscheinung trat. An einer Konferenz des noch ungetrennten *Hülfsbundes* am 13. und 14. Januar 1897 in Barmen wurden die Notstands- beziehungsweise (späteren) Missionsgebiete zwischen Frankfurter und Berliner Komitee aufgeteilt: Die Region Harput wurde den Frankfurtern (fortan *Hülfsbund)* und die Region Aleppo (mit Urfa) den Berlinern zugeteilt.[151] Die Basis des Hülfsbundes war vor allem die deutsche Gemeinschaftsbewegung, die im Fin de siècle von angelsächsischer freikirchlicher Seite starke spirituelle Anstösse erhielt. Nach Massgabe des Bekanntenkreises von Lepsius genoss der Berliner Zweig Unterstützung auch von grossbürgerlicher Seite.

---

149 Auch Lepsius ging von einer Grössenordnung von 100'000 direkten Opfern der Pogrome aus. Er verfocht dezidiert die These von zentral gesteuerten Massakern (S. 68). – Die Einreise in die sechs östlichen Provinzen wurde Lepsius, der sich als Vertreter der Teppichindustrie ausgab, verweigert (Lepsius 1896, S. 5 f.; Schäfer 1932, S. 5 f.).

150 Schäfer 1932, S. 4–11; Goltz 1983, S. 869 f.; Goltz 1999, S. 170 f.

151 Schäfer 1932, S. 13.

Wie die Schweizer Komitees halfen die deutschen Organisationen in den Anfangsjahren an Orten, wo sie keine Mitarbeiter hinsandten, die von den Amerikanern improvisierten Hilfswerke zu finanzieren. Am 20. Februar 1897 erreichten die ersten Hülfsbund-Mitarbeiter Harput, darunter Johannes Ehmann, und verlegten die vom Hülfsbund finanzierte Waisenarbeit in die Neustadt Mezere, obwohl der deutsche Generalkonsul in Istanbul sie dringend vor der Reise gewarnt hatte. 1898 trafen in Marasch, 1901 in Van und 1907 in Musch Hülfsbund-Vertreter ein. Neben der Waisenarbeit wurde die Krankenarbeit vorangetrieben, in Mezere 1901 und in Marasch 1904 je ein Krankenhaus errichtet. Die Missionsstationen eröffneten ihre Zweigstationen, diejenige in Mezere tat schon 1898 je eine in Hüsenik, Pertschendsch und Palu auf. Die Vaner Arbeit leitete das Ehepaar Spörri-Knecht aus Uster, Hausmutter des Knabenwaisenhauses in Mezere war Verena Schmidlin aus Neftenbach, Leiterin des Knabenwaisenhauses in Sivas Katharina Stucky aus Münsingen; in Marasch waren Mutter und Töchter Rohner aus Basel tätig. Alle Genannten blieben bis zu ihrem Tod oder bis zu ihrem erzwungenen Weggang – im und nach dem Ersten Weltkrieg – in der Türkei.[152]

Die amerikanischen Missionare waren den unerfahrenen Deutschen und Schweizern in jeder Beziehung väterliche Ratgeber und Lehrer, wie Ehmann im Rückblick nach dem Ersten Weltkrieg freimütig bekannte. Erst zehn Jahre nach Beginn traten ernsthafte Spannungen zwischen dem Hülfsbund und dem ABCFM auf.

Die deutsche Diplomatie verweigerte anfänglich jegliche Protektion jener, die sich mit dem politisch heiklen Armenierthema beschäftigten und die Ostprovinzen bereisten. Ja sie unterstützte willig das Begehren der Pforte, den ersten Hülfsbund-Mitarbeiter in der Türkei, Pastor Ferdinand Brockes, auszuweisen, weil ihn die osmanische Regierung beschuldigte, bei seiner Reise nach Mittel- und Ostanatolien im Jahre 1898 die Stadt Zeytun zur Rebellion aufgereizt zu haben. Die einschlägige Erfahrung des deutschen Pastors in Zeytun hing mit osmanischem Misstrauen, theologisch-kulturellem Missverständnis und mit Brockes naiver Unerfahrenheit zusammen. So gab er dem Polizeioffizier, der ihn danach denunzierte, bei dessen Besuch kein Geschenk, während er sich sonst, auch bei Behördenbesuchen, immer sehr freundlich zeigte. Nachdem man ihn plötzlich ausgeladen hatte, die Morgenmesse in der armenischen Kirche zu halten, notierte Brockes folgendes: „Im Abendgottesdienst war auch ein Polizeikommissar gewesen [der oben erwähnte]; ich hatte über die Erlösung nach Luk. 1, 68 gesprochen; ‚erlösen‘ heisst auf türkisch kurtarmak. Der Kommissar drehte meine Worte dahin um, ich hätte von der Erlösung der Armenier aus türkischer Herrschaft gesprochen und fügte noch hinzu, ich hätte sie auf die Hülfe Englands und Russlands vertröstet (!!). Sofort am frühen Morgen, als es noch dunkel war, eilte er zu dem Priester und sagte ihm: ‚Der Fremde, der heute in deiner Kirche predigen will, ist ein gefährlicher Mensch, ein Revolutionär, der euer Volk zum Abfall von der Regierung bewegen will. Ich verbiete dir, ihn sprechen zu lassen.‘" Ein bezeichnendes Beispiel dafür, wie der damals unpolitisch gemeinte christliche Diskurs von Heil und Erlösung von der Polizei politisch-revolutionär interpretiert wurde.[153]

152 *25 Jahre* ... 1921, S. 7–10, 91–93.
153 Brockes 1900, S. 66, vgl. S. 60, 175–183.

Johannes Ehmann musste am 2. Januar 1897 beim deutschen Generalkonsul in Konstantinopel mit einer Unterschrift bestätigen, dass er der Verlesung eines zweiseitigen Protokolls beigewohnt hatte, in welchem der Generalkonsul unter anderem sagte, dass er „unter diesen Umständen die geplante Reise nur als eine frevelhafte Gefährdung und Auf'sspielsetzung seiner [Ehmanns] Person sowie wichtiger allgemein deutscher Interessen betrachten" könne. Die türkischen Behörden würden hinter der „Idealität seiner Bestrebungen" lediglich „agitatorische Zwecke" vermuten.[154]

2.5.4 Die Deutsche Orient-Mission

Die treibende Kraft im Berliner Komitee des *Deutschen Hülfsbundes für Armenien,* Pastor Johannes Lepsius (1858–1926), hatte sich schon vor den Massakern mit dem Gedanken an eine Orientmission unter Christen und Muslimen getragen. Als Sohn des berühmten Ägyptologen Richard Lepsius und als Hilfsprediger der deutschsprachigen Gemeinde in Jerusalem von 1884 bis 1886 besass er schon einige Verbindungen zum Orient wie übrigens auch in die Schweiz. Da ihm die Kirchenbehörden die für seine Tätigkeiten rund ums Hilfswerk benötigten Urlaube verweigerten, legte er kurzentschlossen sein Pfarramt in der Harzgemeinde Wippra nieder und übersiedelte im Oktober 1896 nach Berlin. Für Lepsius und seine Familie begann eine 30jährige, immer wieder von materiellen Schwierigkeiten gezeichnete Periode als Missionsleiter, Publizist und Theologe im spannungsvollen Beziehungsgeflecht zwischen Deutschland, Armenien und der Türkei.

Der vom Berliner Komitee getragene Anteil am Hilfswerk für die Armenier ging nach der Trennung vom Frankfurter Komitee und einer dreijährigen Übergangszeit in die *Deutsche Orient-Mission* über, eine Missionsgesellschaft, die Lepsius bereits zu Ostern 1896 gegründet hatte, die aber erst ein gutes Jahr später eine rechtliche und organisatorische Struktur erhielt.[155] Ihr Organ war der 1897 erstmals herausgegebene *Christliche Orient.* Ihrem ersten Vorstand und Kuratorium gehörten deutsche Pastoren, Pfarrer Vischer-Sarasin aus Basel sowie einige deutsche Beamte und Vertreter des gehobenen Bürgertums an. Neben Gemeinschaftsleuten standen Christen und – besonders – Christinnen aus bürgerlichen, grossbürgerlichen und adeligen Kreisen hinter der Gründung von Lepsius.[156]

Johannes Lepsius hatte auf seiner Türkeireise im Frühjahr 1896 Kontakte mit amerikanischen Missionaren vor Ort geknüpft und für die Waisenarbeit in Talas (bei Kayseri) und Urfa Spendengelder ausgehändigt. Urfa wurde zur Hauptstation der Deutschen Orient-Mission. Bereits Ende Juli 1896 gründete die amerikanische Missionarin Corinna Shattuck im Auftrag von Lepsius dort das deutsche Waisen-

---

154 Dieses Protokoll wird vollständig zitiert in den *Ansprachen und Berichten bei der Feier am 8. und 9. September 1941 in Bad Homburg,* S. 13–15, HBO.

155 Am 11. 5. 1900 übernahm das *Armenische Hilfswerk* – wie sich der Berliner Zweig des *Hülfsbundes* nach der Trennung vom Frankfurter nannte – den Namen *Deutsche Orient-Mission* (Schäfer 1932, S. 30).

156 Schäfer 1932, S. 3 f., 12 f. – Eine Analyse der Dokumente im Lepsius-Archiv in Halle, dessen Eröffnung auf 2000 angesagt ist, wird eine genauere soziologische Bewertung erlauben.

haus. Die ersten deutschen Missionshelfer, Franz Eckart und Pauline Patrunky, trafen im Februar 1897 ein und beschäftigten bereits im Mai die ersten armenischen Witwen in der Teppichknüpferei. Im Juli begann die Schweizer Ärztin Josephine Zürcher mit dem Aufbau einer Missionsklinik. Sie wurde 1898 vom Basler Arzt Hermann Christ abgelöst, dem ab 1899 der aus Walzenhausen stammende, in Basel ausgebildete Krankenpfleger Jakob Künzler zur Seite stand.[157] Lepsius eröffnete auch Hilfswerkstationen in Varna (Bulgarien) und Urmia (Persien), die sich der zahlreichen armenischen Flüchtlinge annahmen. Namentlich aus der Region Van waren viele nach Persien geflohen.

Der 1899 für die Orient-Mission nach Urfa gereiste Krankenpfleger Jakob Künzler beschrieb im Rückblick die Haltung der deutschen Diplomatie gegenüber der jungen Mission so: „Als die ersten Helfer nach den Armeniermetzeleien von 1895 nach der Türkei zogen, da mussten diese Helfer, soweit sie deutsch waren, in der kaiserlichen Botschaft zu Konstantinopel noch einen Revers unterschreiben, nämlich, dass sie völlig auf eigene Gefahr zu den Armeniern gehen würden. Aber schon nach wenigen Jahren war auch die deutsche Regierung sehr froh, dass überall im türkischen Reiche durch diese Missionare Zellen entstanden waren, darin auch das Reich etwas zu sagen hatte. Vergesse man nicht, damals stand jeder Europäer unter dem Recht der Kapitulationen. Das hiess aber nichts anderes als: ,In welchem Hause immer so ein Missionar arbeitet oder wohnt, hat die Türkei nichts mehr zu sagen, da regiert das Reich, dem der Missionar angehört.'"[158]

2.6 Abdulhamid und die Missionen: Kampf gegen „Subversion"

Abdulhamids Verhältnis zu den Missionen war durch ein tiefes Misstrauen vor allem gegen den Protestantismus gekennzeichnet. Er repräsentierte für ihn den bedrohlichen fremden Zugriff, wie ihn der junge Sultan zu Beginn seiner Regierungszeit traumatisch erfahren hatte. Sie waren mitten im osmanischen „Kernland" tätig, nämlich Anatolien, das nach dem „Krieg von 93" (1877/78) dieses Attribut erlangt hatte. Abdulhamid suchte mit allen ihm zur Verfügung stehenden Mitteln die Ümmet gegenüber den nichtsunnitischen Gruppen zu stärken, was notwendig zur Konfrontation mit den gegenläufigen Missionen führte. Er ging soweit, die protestantischen Missionen als Sündenböcke für seine heikelste Periode, diejenige von 1893–1896, darzustellen. In seinen Augen waren sie an der armenisch-revolutionären Bewegung mitschuldig. Schon anfangs der 1880er Jahre spürten die amerikanischen Missionare den politischen Klimawechsel: „The Turkish Government manifests growing hostility to our work."[159]

---

157 Vgl. Kap. 2.10.
158 Künzler in: *Orient* 1935, S. 123 f.
159 *Annual Report of the ABCFM* 1883, Boston 1883, S. 39; vgl. MH 1884, S. 427.

2.6.1 Mission, Ümmet und Lokalherren

Das Verhältnis von Mission und Ümmet war wohl der heikelste Punkt der Missionsbewegung des 19. Jahrhunderts im osmanischen Raum. Das gilt vor allem für die Protestanten; die katholischen Missionen hatten sich schon im Mittelalter mit der islamischen Macht über strikte prinzipielle Grenzen ihrer Tätigkeit verständigt. Die protestantischen Missionen entzogen sich bis gegen 1908 weitgehend der Frage nach einer funktionierenden Gesamtgesellschaft, innerhalb deren sie bereits eine wichtige Rolle spielten, auch wenn sie im Laufe des 19. Jahrhunderts ihre pauschal negative Sicht des Islam zum Teil revidierten. Einen offen proklamierten und grundsätzlich neuen Ansatz im Umgang mit der Ümmet treffen wir erst nach 1908 an. Er bildete sich im letzten Jahrzehnt der hamidischen Herrschaft aus, als das ABCFM unter starkem Druck der osmanischen Staatsgewalt stand und sich veranlasst sah, seine Rolle zu überdenken. Die neue, prägnant „osmanistische" Doktrin bestand darin, nicht mehr den Untergang des Osmanischen Reichs zu erwarten und womöglich zu begrüssen, wie das im 19. Jahrhundert vorwiegend der Fall gewesen war, sondern die Erhaltung des Reichs mit der aktiven Teilnahme an der gesamtgesellschaftlichen Erneuerung zu fördern.

Die frühen ABCFM-Missionare hingen als Kinder der amerikanischen Revolution einem aufklärerischen Optimismus an. Als Postmillenaristen wollten sie die baldige Verwirklichung des Reichs Gottes mittels engagierter Evangelisierung und Zivilisierung aktiv betreiben und erwarteten keinen apokalyptischen Einbruch. Den „Papismus" und den „Mohammedanismus" betrachteten sie als Hauptfeinde des historischen Fortschrittes. Diese Sichtweise machte von vornherein einen konstruktiven Blick auf die osmanische Mehrheit schwierig. Die religiöse Schwierigkeit erhielt eine politische Dimension, weil die Vision von zukünftiger Gesellschaft und Reich Gottes eng mit Vorstellungen von Gleichberechtigung, Demokratie und Freiheit verbunden war, was unvermeidliche Reflexe auslöste gegen Machtträger, die diesen nicht entsprachen. Offene Machtkritik finden wir bereits beim geistigen Vater der Missionsbewegung, Samuel Hopkins, der sich in den 1770er und 1780er Jahren scharf gegen den Sklavenhandel wandte und davon sprach, dass das Sklavenhandelszentrum Newport, wo er Pfarrer war, „weitgehend auf dem Blut der armen Afrikaner aufgebaut worden war".[160] Missionarische Machtkritik tauchte immer wieder auch gegenüber Vertretern der sogenannten christlichen Grossmächte auf.

Die Beziehung zur machttragenden Ümmet war doppelt kritisch, sowohl aus religiösen als auch aus politischen Gründen. Die Bereitschaft der Missionare, sich in konkreten Fällen ans Untertänigkeitsgebot im Römerbrief zu halten, milderte das Wirken des kritischen Geistes, ohne es zu verhindern. Die Wahrnehmung von Mission durch die Ümmet war daher zwiespältig und oft feindlich. Die Missionen stärkten die bisher klar untergeordneten Minderheiten, sie erschienen als Spione der das Reich bedrohenden Grossmächte. Wenn sie dies im wörtlichen Sinn auch nie waren, so vermittelten sie mit ihren akkuraten Informationen aus erster Hand ein fragwürdiges Bild des Reichs nach aussen und werteten in ihrem Unterricht und ihren Predigten den Islam und den Propheten Mohammed ab. Zwar ergaben sich auf

---

160 Zit. nach Chaney 1976, S. 76.

lokaler Ebene auch ausgezeichnete Kontakte von Missionaren mit sunnitischen Muslimen, zum Beispiel mit aufgeklärten Staatsbeamten, religiösen Würdenträgern, Türken „alten Stils" oder einfach Nachbarn. Aber die prinzipiellen Gegensätze traten im lokalen Alltag immer wieder in Reibereien zwischen Behörden einerseits und den Missionaren, Konsuln und ausländischen Reisenden andererseits zutage. Oft war das schikanöse, widersprüchliche Verhalten der Lokalbehörden Ausdruck der Verunsicherung einer Regierung, die sich in einer Schwächeposition der Arroganz und den Vorurteilen der ausländischen Vertreter ausgesetzt sah. Die Missionare zeigten manchmal Verständnis für die Schwierigkeiten der Regierung, namentlich in der Steuerfrage.[161]

Das lokale Verhältnis zur Ümmet war durch das kritische Verhältnis zu meist sunnitischen Lokalherren geprägt, für die der Protestantismus nicht nur Bedrohung auf symbolischer oder religiöser Ebene, was vor allem die Scheiche betraf, sondern auch auf wirtschaftlicher und machtpolitischer Ebene bedeutete. Als offensichtlichen Nachteil für die Beys und Aghas brachten die Missionsstationen mit sich, dass sie die *raya* über ihre Rechte aufklärten, sie dazu aufforderten, diese zu beanspruchen, und sich klar gegen die herkömmlichen Abgaben an die lokalen Machthaber wandten.

Pikanterweise galt diese Auswirkung des Protestantismus auch traditionellen Machtverhältnissen unter Christen. Der Übertritt zum Protestantismus entzog die *raya* der Region von Midyat, östlich von Mardin, dem Einfluss der nestorianischen Lokalherren. Diese verloren somit herkömmliche Abgaben wie Fronarbeit und waren nicht mehr für die Erhebung der Steuern an den Staat zuständig, da die protestantischen Süryani dies neu über den *vekil* (Repräsentanten) ihrer Gemeinschaft erledigten. In diesem Zusammenhang inszenierten frustrierte Süryani-Herren im Dezember 1879 einen Überfall auf das amerikanische Missionshaus in Midyat, was ein gerichtliches und diplomatisches Nachspiel zur Folge hatte.[162]

2.6.2 Nationalisierung der christlichen Minderheiten durch die Missionen?

Es ist unbestritten, dass die missionarische Tätigkeit in ihrer Intention radikal identitätsverändernd war. Die zeitgleiche Zunahme von Elementen eines modernen Nationalbewusstseins unter den Minderheiten hingegen war ein Produkt verschiedener Faktoren. Zur Frage steht die Gewichtung des missionarischen Faktors bei der „Nationalisierung" der christlichen Minderheiten. Ähnlich wie das aufklärerische Europa mit seiner Deklamation universaler Werte in ein Europa der Nationalstaaten mündete, das die Verbriefung der Werte auf den nationalen Raum verengte – was die

---

161 Ein ABCFM-Brief aus Harput vom 9. 9. 1896 strich die Finanznöte des Staates heraus (ABC bh 1896). Am wenigsten reflektierten vermutlich die europäischen Reisenden die Hintergründe befremdlichen Verhaltens, das die osmanischen Behörden in ihren Augen oft an den Tag legten; vgl. die Schwierigkeiten bei Müller-Simonis' Besuch 1888 in Van, Müller-Simonis 1897, S. 129–150.

162 Major Trotter aus Diyarbakır vom 12. 1. 1879 an Salisbury, Turkey No. 10 (1879), S. 20–22, Text in Şimşir 1982, S. 298–301; Trotter an Malet, britische Botschaft in Istanbul, 16. 4. 1879, Turkey No. 10 (1879), S. 73–75, Nr. 35/1 (Text in Şimşir 1982, S. 384–386).

Aufklärer hätte erschauern lassen –, gerieten die protestantisch-aufklärerischen *Revival*-Bemühungen des ABCFM zu einem beträchtlichen Teil in nationalistisch verengte Strudel, gegen die es sich nach Kräften, aber mit zweifelhaftem Erfolg wehrte. Nationalismus war für viele männliche Studierende der Missions-*colleges* das weitaus attraktivere Gedankengut als protestantische Spiritualität.

Abdulhamid prägte das Stereotyp der „verderblichen" protestantischen Schulen, die nationalrevolutionärer, freiheitskämpferischer Gesinnung Tür und Tor öffneten. Es wurde von den Machtträgern und ihrer Historiographie bis weit in die Republik hinein unbesehen kolportiert, da es viel Unangenehmes bequem zu erklären schien. Die Missionen, vor allem in den 1890er Jahren, als Sündenböcke darzustellen ersparte der Pforte die Direktkonfrontation mit der europäischen Diplomatie. Der türkischen Geschichtsschreibung erlaubt es bis heute, von den inneren Missständen als Hauptursache der revolutionären Bewegung abzulenken und fremden Einfluss für zentrale Probleme verantwortlich zu machen. Instrumentalität und inhaltliche Absurdität der osmanisch-türkischen Pauschalvorwürfe gegen die Mission treten um so mehr zutage, wenn man die harten Auseinandersetzungen zwischen Missionaren und Revolutionären – vor Ort oder in den USA – betrachtet.[163]

Die europäische Diplomatie leistete der armenisch-revolutionären Bewegung insofern Vorschub, als sie am Berliner Kongress Reformen in den Ostprovinzen durchzusetzen versprach, deren Inhalt, nur vage umschrieben, geeignet war, vielerlei Hoffnungen zu wecken. Seither beriefen sich die Armenier auf diese Zusage der Grossmächte, lehnten sich politisch an Europa an und tendierten dazu, sich am Umgang Europas mit den Selbständigkeitsbewegungen auf dem Balkan zu orientieren. All das entfremdete sie den osmanischen Machthabern, während Europa seine Reformversprechen bis am Vorabend des Weltkriegs nicht einlöste beziehungsweise einforderte.

Die inkohärente europäische Haltung hätte nicht so schwerwiegende Konsequenzen gehabt, wenn sich die Parteien Daschnak und Huntschak nicht auf das verhängnisvolle Spiel eingelassen hätten, mit Blutvergiessen europäische Öffentlichkeit zu schaffen, um die versprochenen Reformen voranzutreiben. Die Missionare wurden nicht müde, sich empört gegen die revolutionäre Strategie zu wenden, die einkalkulierte, dass der an keinerlei Menschenrechte gebundene osmanische Repressionsapparat pauschale Vergeltungsschläge gegen die Zivilbevölkerung verübte, was notgedrungen zu einer europäischen Intervention führen würde. Die oberflächliche nationalistische Politisiererei unter den jungen Männern ärgerte die Missionare ebenso wie die an den Milletschulen gelehrten überhöhten Heldenmythen der „nationalen Geschichte". Aber sie hatten diesen nichts entgegenzusetzen, was die Mehrheit der männlichen armenischen Jugend ebenso mobilisiert hätte. Das war der Grund für das mehr oder weniger heimliche Leiden der Missionslehrer daran, dass nur wenige Junge auf ihre spirituelle Botschaft eingingen.

Aufwertung der Volkssprache, allgemeine Bildung, aufklärerisches Gedankengut und christianisierende Geschichtsbilder waren missionarische Leistungen, die einzeln genommen das Nationalbewusstsein der christlichen Minderheiten förderten. Da sie aber in einer klar religiösen, anationalen und utopischen Perspektive – der

---

163 Vgl. Kap. 2.9.4.

Gegenwart und Zukunft des Gottesreiches – eingebunden daherkamen, sprach aus missionarischem Mund keine nationalistische Botschaft. Zu Recht befürchteten die Repräsentanten der nationalen Kirchen in der osmanischen Türkei wie auch im jungen griechischen Nationalstaat die „entnationalisierende" Wirkung der Mission und belegten Konvertiten nicht allein mit dem religiösen Anathema, sondern zugleich mit dem Stigma von Verrätern an der Nation.[164]

2.6.3 Aleviten, Missionare und die Politik der Rückführung in die Ümmet

Royal Cole von der amerikanischen Mission in Erzurum berichtete 1881 vom Empfang einer Petition, die zwei alevitische Dörfer an die Mission richteten und in welcher sie um ihre Anerkennung als Protestanten ersuchten, verbunden mit der Hoffnung, dadurch der militärischen Dienstpflicht zu entgehen. Cole zeigte Verständnis für das Anliegen und witterte den Durchbruch des Evangeliums bei den Dersimkurden: „It would not be strange if from Erzingan a work was to open among those Dersim Koords who are only Mohammedan from fear. The two villages mentioned may prove the opening wedge to introduce the gospel among the 100,000 of these Koords."[165] Cole schien sich keine Rechenschaft darüber abzulegen, dass schon manche Kollegen vor ihm ähnliche Hoffnungen gehegt hatten, aber an den sozialen und politischen Realitäten – nicht etwa am Willen der Betroffenen, die genau wussten, welche Statusveränderung sie anstrebten – bereits zur Tanzimatzeit gescheitert waren. Gleichwohl hielten manche an der Selbstbezeichnung „Protestanten" fest; einige von ihnen besuchten regelmässig die Predigten der Mission in der Stadt.[166]

Tatsächlich wurde es unter Abdulhamid noch viel schwieriger, an die Aleviten heranzukommen. Seine Politik der Ümmet-Aufwertung beinhaltete ein stark antiprotestantisches Element, welches das Korrelat seiner hanefitischen Missionierungsstrategie war (vgl. Kapitel 2.4.2). Die in Anatolien mit Abstand wichtigste Gruppe, die es der Ümmet explizit anzugliedern galt, waren die Aleviten. Hauptfeind dieser Bemühungen war der Protestantismus. Dieser übte eine starke Ausstrahlungskraft aus selbst dort, wo keine Missionare waren und man nur vom Hörensagen, meist über armenische Nachbarn, informiert war. Er schien geeignet, bei den Aleviten eine ähnliche Bildungseuphorie auszulösen und das Selbstwertgefühl des Kollektivs zu stärken, wie er das bei den Armeniern der Ostprovinzen getan hatte. In diesem Zusammenhang drohte die Gefahr, dass sich die Aleviten explizit als Gruppe ausserhalb des Ümmets formierten, womöglich als ein den Armeniern verwandtes und mit ihm verbündetes Kollektiv. Eine „alevitische Renaissance" lag gleichsam in der Luft.

Nicht zu unterschätzen war das Gewicht jener recht zahlreichen Christen, die den Islam angenommen hatten, aber in der Hoffnung auf Reformen und durch den

---

164 ABC MS Hist. 31: 5, S. 14, 27.
165 MH 1881, S. 264.
166 Wie ABCFM-Missionar Perry aus Karahisar (Provinz Sivas) berichtete (MH 1883, S. 221).

Kontakt mit Missionaren gerne rekonvertierten. In den Ostprovinzen betraf das namentlich Armenier im Umkreis Dersims, die sich als Aleviten deklariert hatten, um sozialem Druck oder Verfolgungen zu entgehen, zumal die alevitischen Stämme Dersims mit Erfolg sowohl Eingriffe des Staates als auch die Übergriffe sunnitischer Stämme abwehrten.[167]

Die zahlreichen Aleviten, die den Eintritt ins protestantische Millet wünschten, hätten sich auf einen Schlag unter einem gemeinsamen Dach mit den protestantischen Armeniern, in kooperativer Nähe zur armenischen Millet, aber weit ausserhalb der Ümmet befunden. Bei Abdulhamids antiprotestantischer Politik der Gewinnung der Aleviten ging es nicht nur darum, den Aleviten den Weg zur protestantischen Millet zu versperren – dieser Weg war bereits unter den Tanzimat schwer begehbar –, sondern vor allem darum, die Zirkulation protestantischen Gedankengutes zu unterbinden, das in den Palastdokumenten vielfach als *fesad-pezîr,* als subversiv und aufrührerisch, bezeichnet wurde. Folgerichtig musste der Staat seine Beziehungen mit den Aleviten verstärken, sie demographisch erfassen, in ihre Dörfer Lehrer schicken, dort Moscheen errichten und Traktate mit der guten sunnitischen Lehre verteilen. Wichtig war auch, die alevitischen Söhne ins Militär einzuziehen und ihnen beizubringen, dass der Heldentod für den Sultan die Tore des Paradieses öffne.[168]

Entsprechend seiner Politik der muslimischen Einigung, welche die Stärkung seiner Machtbasis in der Gesellschaft bezweckte, bemühte sich Abdulhamid besonders ernsthaft um die Aleviten. Wie wohl kein Sultan zuvor, liess er sich Informationen über diese heterodoxe Gemeinschaft zukommen und ergriff Massnahmen mit dem Ziel, die Aleviten in den von ihm angestrebten loyalen muslimischen Staatskörper einzugliedern. Zu Recht fürchtete er in diesem Bereich die protestantische Mission als direkten Gegenspieler vor Ort.

Ein Bericht des Vali von Ankara an die Zentralregierung gibt einen guten Einblick in die Sichtweise eines osmanischen Chefbeamten in den 1890er Jahren. Die starken Vorurteile, die in diesem Text mitschwingen und ohne Hinterfragung weitergegeben wurden, waren keine gute Voraussetzung für eine gelungene Angliederung der Aleviten an den sunnitischen Staatskörper: „Wie bereits früher mitgeteilt, gibt es in einigen Gegenden unserer Provinz, namentlich in den Sandschaks von Yozgat und Kırşehir zahlreiche Einwohner, die der Unwahrheit, dem Heidentum und vielerlei Irrtümern verfallen sind. Ihre ketzerischen Glaubensinhalte beweisen, dass sie ganz und gar vom Islam abgefallen sind und dass ausser der nominellen Bezeichnung nichts geblieben ist, was sie als Muslime kennzeichnen könnte. Diese Bevölkerung trägt den Namen *Kızılbaş* beziehungsweise Rotköpfe. Um die Fehler dieser Gemeinschaft zu berichtigen, habe ich in meinem Bericht vom 15. Şubat 1309 an den Padischah mehrere Massnahmen vorgeschlagen. Man muss in jenen Dörfer je eine Moschee und eine Schule errichten und einen sunnitischen Imam anstellen, der sie von ihren falschen Glaubensneigungen errettet. [...] Diese dem Irrtum verfallene Gemeinschaft befindet sich nicht nur in der Provinz Ankara, sondern auch zu Hundert-

---

167 Zur hamidischen Angst vor Rekonversionen: Deringil 1998, S. 77 f. – Die Geschichte der unter alevitischer Etikette lebenden Armenier ist ebensowenig geschrieben wie diejenige des Alevismus im 19. Jahrhundert überhaupt.
168 Deringil 1998, S. 82, 91, 112–134; Karaca 1993, S. 77.

Abb. 22: „Prominent Kuzzel-Bash Koords", 1890. Der zweite von links ist Seyit İbrahim („one of the most venerated of all seyids", Vater von Seyit Rıza), rechts von Seyit İbrahim sitzen Yusuf Agha und sein Sohn.

tausenden in der Provinz Sivas. Über Sivas hinaus bis zum Iran gibt es viel Dorfvolk, das diesem Bekenntnis und Glauben angehört. Die Tatsache, dass es an vielen Orten in Anatolien eine Bevölkerung gibt, die ketzerisch, unerweckt oder heidnisch ist, kann schreckliche Folgen haben – wenn sie sich selber überlassen bleibt."[169] Der Vali von Ankara interpretierte im folgenden die Tatsache der Gespaltenheit der nominellen Ümmet als eine gefährliche Schwäche, die sich der Iran mit schiitischer Propaganda zunutze machen könnte. Zweifellos war sich der Palast bewusst, dass das Hauptrisiko für den Staat nicht mehr wie in den Jahrhunderten zuvor vom Iran ausging, sondern davon, dass die Gespaltenheit der Ümmet deren Mehrheit gegenüber den Nichtmuslimen in den Ostprovinzen in Frage stellte. Der Vali drängte auf sofortige Massnahmen zur Überwindung der alevitischen Heterodoxie.

Der Staat erzielte mit seinen Massnahmen bei den Aleviten kaum Erfolge, schon gar nicht im Dersim. George E. White vom *Anatolia College* in Merzifon erzählte genüsslich, wie die unter Abdulhamid gebauten Moscheen in den alevitischen Dörfern zwischen Merzifon und Sivas geschlossen blieben und nur im Monat Ramadan für einen aus der Hauptstadt geschickten Prediger geöffnet wurden, dem die alevitische Gemeinschaft jedoch völlig verschlossen blieb.[170] Dennoch sind die Folgen

---

169 Öz 1995, S. 148 f. Diese türkischsprachige Textedition ist mangelhaft und macht widersprüchliche Datumsangaben.
170 White 1908, S. 228. – Die leeren Moscheen erinnern an diejenigen, die Özal in den 1980er Jahren im Dersim bauen liess.

dieser regelrechten hanefitischen „Gegenmission" nicht zu unterschätzen: Sie unterband die Ausbreitung und Vertiefung der missionarisch-alevitischen Beziehungen, beugte mancherorts alevitisch-armenischen Verbindungen vor und übte, zumindest was die *Mekteb-i Aşiret* betraf, auf alevitische Stammesführer einige Anziehungskraft aus. Möglicherweise trug sie dazu bei, dass auch die Dersimkurden bei den Aggressionen gegen die Armenier Mitte der 1890er Jahre mitmachten, wenn auch nur plündernd. Jedenfalls sah sich Abdulhamid keiner ernsthaften alevitischen Opposition gegenüber.[171]

Dass der Vali von Mamuretülaziz im Frühjahr 1890 vier Häupter der Dersimkurden zu sich einlud, gehörte zur traditionellen Politik der Beschwichtigungen und Allianzen der Ostprovinzregierungen, deren Macht nie ausreichte, einer Opposition einflussreicher Lokalherren entgegenzuwirken. Vermutlich spielte aber bereits die Politik der Rückführung in die Ümmet eine Rolle, als der Vali diese vier Kurdenhäupter bei sich empfing, sich von ihnen eine Loyalitätserklärung an den Sultan geben liess, sie beschenkte, neu einkleidete und so fotografieren liess. Das Bild wurde zum Sultan gesandt, eine Kopie liessen sich die amerikanischen Missionare geben, deren Station die Kurden ebenfalls besuchten. Diese zeigten sich vor allem von der missionarischen Frauenbildung beeindruckt. Die Frau eines der vier Führer, Yusuf Aghas, hatte Jahre zuvor darum gebeten, dass die Missionare auch in ihren Kurdendörfern Schulen errichteten. Diese wollten darauf eingehen, liessen aber nach nicht weiter erklärten Hindernissen bald davon ab. Als Grund nannten sie bloss Stammesfehden und Scheu vor der Regierung.

Anders als bei den Armeniern setzte sich das alevitische Oppositionspotential zu Abdulhamids Zeit in keine revolutionäre Bewegung um. Immerhin schrieb ABCFM-Missionar George White Anfang 1908, dass die Zentralregierung „vor einiger Zeit" dem Çelebi in der *tekke* von Haci Bektaş befohlen hatte, die Urkunden seiner Stiftung abzuliefern, aber dass jener sich diesem Ansinnen erfolgreich widersetzt hätte durch Androhung eines allgemeinen alevitischen Aufstandes. Ob diese Information im einzelnen zutrifft oder nicht, sei dahingestellt, jedenfalls charakterisierte Whites Informant und Freund, der Scheich der Bektaschi-*tekke* in Merzifon, damit treffend das beträchtliche alevitische Oppositionspotential, das unterschwellig vorhanden war.[172] Der östliche Dorfalevismus stand allerdings nur in einer losen spirituellen Beziehung mit dem Bektaşi-Zentrum in Hacı Bektaş.

2.6.4 Die Abkehr vom Osmanismus

Die Missionsschulen waren attraktiv und taten viel auch für die Minderbemittelten. Dasselbe galt für die Missionsspitäler, von denen die meisten in der hamidischen Epoche gegründet wurden. Wenn auch die Schulen der Millets denjenigen der

---

171 Lokal kooperierten alevitische Kurdenstämme mit revolutionären Armeniern. So wurde Rouben wegen seiner Allianz mit Kurden von Varto und Dersim verurteilt (Rouben 1990 [1922–1952], S. 157). Özkök vermerkt verschiedene Armenier, die im Dersim bei Rebellionen 1907–1916 eine Rolle spielten (Özkök 1937, S. 8, 35, 68).

172 White 1908, S. 235; vgl. White 1918, S. 246 f.

Missionen qualitativ selten die Stange halten konnten, nahmen sie – proportional zum patriotischen Millet-Bewusstsein – im letzten Jahrhundertviertel zahlenmässig stark zu. Legate an die Schulen der eigenen Gemeinschaft galten für Wohlhabende als ein Muss, wollten sie sich nicht fehlenden Gemeinsinnes bezichtigen lassen. Der hamidische Staat engagierte sich zwar ebenfalls im Schul- und Gesundheitsbereich. Anders als in den Tanzimat tat er das besonders auch in den vorwiegend muslimischen Gebieten Mittel- und Ostanatoliens. Dennoch schnitt er dort fast durchwegs schlechter ab als die Missions- und die Millet-Angebote. Er konnte sich einzig auf die muslimische Bevölkerung verlassen, der er den Zugang zu den Missionsschulen zu verwehren suchte. Die Erziehungsabgabe, die der Staat über die Immobiliensteuer aller, auch ausländischer, Hausbesitzer (aber nicht der gemeinnützigen Institutionen) erhob,[173] reichte nicht aus, um der Schülerschaft materiell gleichwertige Erziehungsangebote – so auch Stipendien – anzubieten. Damit verlor der Staat Klientel, Ansehen und Einfluss bei allen Bevölkerungsgruppen. Die Zentralregierung nahm es sich als vordringliche Aufgabe vor, in erster Linie der Ümmet-Jugend moderne Schulen anzubieten. Zwar gab es in der Krise nach dem russisch-türkischen Krieg an einzelnen Orten des Reichs Initiativen zur Gründung von muslimischen Privatschulen, kaum jedoch in den Ostprovinzen. Die kurdischen Scheiche indes wirkten auch erzieherisch und stellten für viele kurdische Jugendliche die einzige Begegnung mit Bildung dar. Aber ihr Unterricht hatte wenig mit einem modernen Fächerkanon zu tun.[174] Indem er die Jugend der Millets von seinem Angebot ausklammerte und Schulprojekte abänderte, die noch Ende der Tanzimat ausdrücklich auch für Nichtmuslime geplant waren, nahm der osmanische Staat Abschied vom Osmanismus im Erziehungsbereich. Was Millet-, Missions- und weitere ausländische Schulen betraf, ging es ihm nur noch um eine effiziente Kontrolle des Lehrkörpers und der Unterrichtsinhalte. Auch verzichtete er weitgehend auf die Ernennung und Finanzierung von Lehrkräften in Millet-Schulen.[175] Anders als der Tanzimat-Staat sah der hamidische die Missionsschulen nicht als kostengünstige Bereicherung der Erziehungslandschaft, sondern als subversive Konkurrenz, die es mit allen diplomatisch vertretbaren Mitteln einzuschränken galt. Harput-Missionar Herman Barnum stellte 1888 in einem Artikel im *Missionary Herald* die hamidische Methode scheinbaren diplomatischen Entgegenkommens, aber lokaler Obstruktion bloss.[176]

Nicht nur im Erziehungsbereich, auch im Bereich der Grundrechte fand eine Abkehr vom Osmanismus und den Prinzipien des *Hatt-ı Hümayun* statt, wenn der hamidische Staat diese auch nicht formell revidierte. Aber er war weniger denn je geneigt, dem für die Missionen vitalen Grundrecht der Religionsfreiheit Nachachtung zu verschaffen. Er ging rigoros gegen muslimische Konvertiten vor (etwa durch „Spezialbehandlung" im Militärdienst) und behinderte, was nach 1856 nie mehr vorgekommen war, die Errichtung von protestantischen Kapellen in abgelege-

---

173 Somel 1995, S. 255. – Die Immobiliensteuer führte immer wieder zu Auseinandersetzungen mit den Missionen um Steuerbefreiung.

174 Somel 1995, S. 190. – Vgl. den Werdegang des kurdischen Scheichs Said-i Nursi, Mardin 1989.

175 So für die neuen armenischen Schulen in Van. In der ministerialen Korrespondenz (Ayniyat Defterleri), AD Nr. 1419, S. 46, vom 4. 8. 1880, wurde nur ein Türkischlehrer bewilligt (Somel 1995, S. 195).

176 „The Turkish Government and Mission Schools", MH 1888, S. 62 f.

nen Dörfern, da diese keine Bewilligung vom Sultan erlangt hätten. Um dem protestantischen Anliegen Gehör zu verschaffen, verfasste der Istanbuler Zweig der *Evangelical Alliance* 1885 ein umfangreiches Memorandum zuhanden der türkischen Behörden und der ausländischen Botschafter.[177]

2.6.5 Zivilisatorischer Wettstreit um gesellschaftlichen Einfluss

Abdulhamid fürchtete die Missionen nicht so sehr als heimliche Spione oder Agenten,[178] sondern als eine Konkurrenz, die ihm, ohne dazu legitimiert zu sein, mit effizienten Mitteln den Einfluss auf wichtige Teile der osmanischen Gesellschaft streitig machte. Die Missionare brachten die Schwächen der hamidischen Praxis schonungslos ans Licht und nutzten alle Lücken aus, um ihre Arbeit auszudehnen. Wegen seines stark gewachsenen gesellschaftlichen Einflusses nahm Abdulhamid in erster Linie den Kampf gegen das ABCFM auf, das vor Ort am meisten Prestige besass, und nicht etwa gegen die Missionen mit europäischen Heimatländern, obwohl diese, anders als die USA, direkt an der orientalischen Frage interessiert waren.

Der Einfluss des *American Board* in den Ostprovinzen ist auch statistisch fassbar. Die Provinz Sivas *nicht* miteingerechnet, besuchten 1880 über 5'000 Schülerinnen und Schüler seine Schulen, rund 1'000 mehr als zwei Jahre zuvor. Beinahe 12'000 Mitglieder zählte die von ihm initiierte protestantische Millet (gut 2'000 mehr als 1878), fast ein Sechstel davon waren aktive Kirchenmitglieder. Die Zahl der Kirchenmitglieder hat als einzige von 1878 bis 1880 nicht zugenommen.[179] Dies wirft ein Licht auf die soziale Rolle des Protestantismus: Nicht so sehr die protestantische Kirche zählte, sondern die Mitgliedschaft in der protegierten Millet und vor allem das Sprungbrett zu sozialem Aufstieg, das seine Schulen darstellten.

Eine weitere wichtige Aussage der Tabelle 2 ist die missionarische Einflussnahme auf dem Land mittels Aussenstationen. Dort war die Mission oft weit präsenter als der Staat.[180] Abdulhamids Politik der Rückführung in die Ümmet sollte

---

177 *Memorandum in Religious Liberty in Turkey* vom 27. 11. 1885, abgedruckt in MH 1886, S. 47–50.

178 Als solche stellt sie eine gewisse nahöstliche Geschichtsschreibung gerne dar; z. B. Sevinç 1975. –
Im Dienste ihrer eigenen Sache haben die Missionare immer wieder Verbindung mit den Diplomaten aufgenommen und Berichte über die Zustände in den Ostprovinzen verfasst. Vgl. Kap. 3.2. Sie haben sich allerdings selten als Konsularagenten einspannen lassen, obwohl dies gerade von der englischen Diplomatie um 1878 bei der Planung eines erweiterten Konsularnetzes in den Ostprovinzen erwogen wurde: „Trustworthy agents could be found amongst the American missionaries, who are stationed at Erzeroum, Van, and Bitlis, Kharpoot, and Mardin." Captain R. E. Trotter, In charge Kurdistan Consulate, aus Diyarbakır, 21. 12. 1878, FO 424/79, S. 474–476, Nr. 546/1 (Text in Şimşir 1982, S. 308–311). Vgl. die abratende Haltung Layards, 21. 1. 1879, an Salisbury, FO 424/79, S. 474, Nr. 546, in Şimşir 1982, S. 308.

179 *Annual Report of the ABCFM* 1878, Boston, 1878, S. 50.

180 Nicht zu unterschätzen war zudem die Wirkung der zahlreichen protestantischen Druckerzeugnisse, darunter Schulbücher, das türkisch-englische und englisch-türkische *Redhouse*-Wörterbuch, eine armenische und armenisch-türkische Wochenzeitung, *Avedaper,* eine armenisch-protestantische Zweiwochenzeitung, eine armenische und eine armenotürkische Kinderzeitung sowie eine graecotürkische Kinderzeitung, *Angeliophoros* (vgl. Kap. 1.2.2 und 1.5.3). 1882 wurden 15 Publi-

Tab. 2: Zahlen der *Eastern Turkey Mission*, 1880

STATIONS AND OUT-STATIONS.	Number. (Churches)	Members.	Received during the year.	No. from beginning.	Protestants Registered.	Common Schools.	Pupils.	Theological and other High Schools.	Pupils.	Girls' Boarding School.	Pupils.	Other Adults receiving Instruction. Pupils.	Whole No. Pupils.
Erzroom	1	52	7	68	149	2	110	–	–	1	15	22	149
16 Out-stations . .	2	50	3	61	697	13	871	–	–	–	–	14	335
Harpoot	1	186	22	297	700	5	220	2	115	1	40	45	265
62 Out-stations . .	20	1,064	38	1,583	6,724	65	2,405	–	–	–	–	230	2,535
Mardin	1	83	16	101	390	4	124	1	29	1	17	264	434
19 Out-stations . .	5	129	10	145	2,285	23	597	1	10	1	80	109	746
Van	1	25	4	300	67	2	35	–	–	1	13	38	86
22 Out-stations . .	2	217	19	–	837	21	542	–	–	1	32	20	594
	33	1,806	119	2,450	11,749	135	4,404	4	154	6	147	742	5,194

Quelle: *Annual Report of the ABCFM* 1880, Boston, 1880, S. 57.

diesem für die Machthaber ärgerlichen Missstand abhelfen durch Entsendung hanefitischer Missionare, Finanzierung sunnitischer Scheichs als Lehrer im Dienste des Staates und durch die Veranstaltungen im Zusammenhang mit den *Hamidiye*. Zur *Eastern Turkey Mission* gehörten 1882 43 amerikanische und 319 einheimische Mitarbeiterinnen und Mitarbeiter gegenüber 188 einheimischen im Jahre 1878. Eine auffallend aggressive Kommentierung, die der Pforte nicht verborgen geblieben sein kann, begleitete in jenen Jahren die statistischen Erfolge. Von Invasion und Eroberung feindlichen Territoriums für den Herrn, von der Notwendigkeit aggressiven Vorgehens, von Durchhalten und Sieg war da die Rede.[181]

Anders als Pater de Damas monierte, war auch die amerikanische Mission damals bereits Zielscheibe staatlicher Gegenmassnahmen.[182] Als Abwehr direkten ausländischen Einflusses sind indes die gegen die Jesuiten gerichteten osmanischen Massnahmen in den 1880er Jahren zu verstehen. Die Beziehung der Pforte zum

kationen auf armenisch (total 2'590'500 Seiten), 12 auf armenotürkisch (2'836'400 Seiten) und zwei auf graecotürkisch (105'400 Seiten) gedruckt (*Annual Report of the ABCFM* 1883, S. 36).

181 So der Erzurum-Missionar M. P. Parmelee, der eine vergleichende Statistik der Jahre 1862 und 1880 unter dem Titel „Eighteen Years Advance" kommentiert; MH 1881, S. 434. Für Zahlenmaterial siehe Kap. 2.7 und Anhang, S. 565–568.

182 Vgl. Kap. 2.3.2. Der ACFM-Jahresbericht für 1883 beklagt sich u. a. über einschränkende Massnahmen im publizistischen Bereich: alle seine Schriften mussten den Vermerk „nur für Protestanten" tragen. *Annual Report of the ABCFM* 1883, Boston 1883, S. 40 (eingelegt in MH 1883). Der Gesetzesentwurf von 1888 betraf ebenso die ABCFM-Schulen (MH 1888, S. 62).

Katholizismus jedoch nahm in der zweiten Hälfte der 1880er Jahre, anders als zum Protestantismus, eine positive Entwicklung.[183] Die sukzessive Annäherung von Abdulhamid und Leo XIII. führte 1898 zur Entsendung eines osmanischen Botschafters in den Vatikan.

In der Behandlung der Frage, warum die blühende protestantische Entwicklung an denselben Orten in den Ostprovinzen so stark mit der dornenvollen des Katholizismus kontrastiere, strich der Kapuziner Giannantonio da Milano aus Diyarbakır 1888 heraus, dass Abdulhamid zwar an alle seine Provinzen den Befehl habe ergehen lassen, die katholischen Schulen zu respektieren.[184] Aber die lokalen Autoritäten hielten sich noch nicht daran. Die Protestanten hingegen verstünden sich besser bei ihnen durchzusetzen. 1899 stellte derselbe Autor eine veränderte Situation fest: „[...] la situazione sì dei protestanti che nostra andò notevolmente cangiata. Vale a dire che la nostra migliorò, mentre quella dei protestanti fu scossa anzi colpita dalla sfiducia e dall'attacco diretto degli Ordini governativi [...]."[185]

In den amerikanischen protestantischen Missionaren sah sich der Sultan mit Konkurrenten konfrontiert, die moderne Methoden im Erziehungs- und Gesundheitsbereich bereits virtuos anwandten und systematisch einen „Gang aufs Land" praktizierten, der eine grosse Einwirkung auf staatlich noch kaum erschlossene Gegenden des Reichs hatte. Auch Abdulhamid gedachte, zur Stärkung seiner Präsenz in den Provinzen nebst anderen Massnahmen Schulen und Spitäler als „Wohltaten" seines modernisierten Staates einzuführen und auf diese Weise die patriotischen Bande zu stärken. Die Missionare verfolgten eine andere Stossrichtung als er. Sie begünstigten den politischen Liberalismus, Regionalismus und Internationalismus sowie die Stärkung der nichtsunnitischen Minderheiten auf Kosten des Zentrums. Die Missionen bildeten ein Netzwerk von Verbindungen, welches dem Staat nicht genehm sein konnte. Sie knüpften Bande der Solidarität von Minderheiten und zu fremden Heimatstaaten, deren Loyalität dem Sultan-Kalifen gegenüber fraglich war.[186] Dass die Missionare, um ihre Ziele zu erreichen, ungeniert die westliche Diplomatie und Öffentlichkeit zu Hilfe nahmen, wurmte Abdulhamid zusätzlich.

Die Reaktionen des osmanischen Botschafters Mavroyeni in Washington auf einen Leserbrief von Cyrus Hamlin vom 12. April 1894 in einer Bostoner Tageszeitung, welchen Mavroyeni als besonders autorisierte Stimme aus den amerikanischen Missionskreisen darstellte, gibt die staatliche Sicht gut wieder: Die ameri-

---

183 So wurden die lobenden Äusserungen des päpstlichen Legaten über den Sultan anlässlich eines Besuchs in Saloniki, 1887, von der Pforte aktenkundig gemacht. Deringil 1998, S. 122 mit Anm. 56.

184 „Il Sultano presente vuole bensì che ai cattolici e alle scuole loro si usi deferenza, ed ordini significativi di questo volere vennero trasmessi alle provincie dell'Impero, dopo l'Enciclica agli Armeni di S. S. Leone XIII ove raccomanda loro: fedele sudditanza e soggezione degli animi verso il supremo Principe dell'Impero Ottomano." *Il protestantismo e l'Oriente* (45seitiges Manuskript), AGC H 72 VIII, teilweise zit. in Giannantonio 1899, S. 306–309.

185 Giannantonio 1899, S. 309.

186 „[...] mensûb oldukları devlet ve milletlerin asabîyet-i siyâsiyesini tevsî", wie es ein damaliger Provinzerziehungsdirektor ausdrückte. YMME [Yıldız Mütenevvî Marûzât Evrakı] 37/56 vom 30. 4. 1886, zit. nach Somel 1995, S. 253.

kanischen Missionare hätten am Berliner Kongress, in einer für den osmanischen Staat überaus kritischen Zeit, ganz Europa gegen „unsere legitime Autorität" aufgestachelt; sie nähmen die Gesellschaft in den Kategorien von Unterdrückern und Unterdrückten wahr und seien, auch wenn sie gewaltfreie Methoden befürworteten, nicht prinzipiell gegen eine Revolution.[187] Ihre Anbindung an den Westen, ihr Pochen auf liberale Werte wie Meinungs- und Religionsfreiheit, ihr mit einer Aufwertung des nichtmuslimischen Elementes verbundener Einfluss auf die osmanische Gesellschaft, insbesondere in den heiklen Ostprovinzen, ihre profunde Terrainkenntnis, praktische Effizienz und ideologische Stärke konnten die Missionare in den Augen des Sultans nur suspekt machen.

Immerhin war sich die Pforte bewusst, dass die Informationstätigkeit der Missionare für sie auch von Nutzen sein konnte in der Auseinandersetzung mit der antiosmanischen Propaganda, welche armenische und jungtürkische Oppositionelle in Europa und den USA zunehmend betrieben. Dabei ging es darum, selektiv diejenigen Passagen auszuwählen, welche die Behörden lobend erwähnten oder eine übertriebene Darstellung von Ereignissen in der antiosmanischen Propaganda durch lokale Beobachtung korrigierten.[188]

2.6.6 Hamidische Protestantismusfeindlichkeit

Während Abdulhamids Misstrauen vor Ende der 1880er Jahre eher unterschwellig am Werke war beziehungsweise sich damals vor allem gegen die Jesuiten richtete, trat es in den 1890er Jahren in einer Weise an die Oberfläche, die als „hamidische Protestantismusfeindlichkeit", wenn nicht gar „Protestantismusobsession" bezeichnet werden kann: eine Feindlichkeit, die nicht so sehr mit der nervösen Ängstlichkeit des Autokraten als eben mit der Tatsache zu tun hatte, dass die missionarischen Aktivitäten seinen empfindlichen Nerv trafen; sie hinterliefen seine Bemühungen um den Aufbau einer den modernen Ansprüchen gewachsenen islamisch-osmanischen Gesellschaft unter dem Sultan-Kalifen als ihrem Oberhaupt. Entsprechend scheint bei ihm so etwas wie eine Sündenbock- oder Subversionstheorie entstanden zu sein, die den missionarischen Einfluss für die Konflikte mit der armenischen Millet verantwortlich beziehungsweise stark mitverantwortlich machte. Es war für ihn nicht einfach, die aus den Provinzen eintreffenden Nachrichten zutreffend einzuordnen und zu gewichten. Fehlinformationen verstärkten seine feindselige Haltung. 1880 hatte es beispielsweise bereits geheissen, Missionar Cochran habe Ubeydullah zum Aufstand angestiftet.[189] Gerüchte von missionarischer Waffenschmuggelei und Verteilung politischer Pamphlete machten anfangs der 1890er Jahre die Runde, als die Daschnak und Huntschak ihre ersten Aktionen lancierten. Ende Januar 1893 sollte im *Yıldız*-Palast eine eigens gegründete Kommission Massnahmen vorschlagen im Zusammenhang mit „Übeltaten der protestantischen

---

187 Mavroyeni an den US-Staatssekretär W. Grasham, vom 18. 4. 1894, und an seinen Aussenminister Said Pascha, vom 23. 4. 1894 (OBE, Bd. 19, Nr. 46). Zu Hamlins Brief vgl. Kap. 2.1.2.

188 Zum Beispiel Mavroyeni, osmanischer Botschafter in Washington, an Said, osmanischer Aussenminister, 11. 10. 1880, HNA – S. III, K. 279, D. 2, in Şimşir 1993, S. 58–60.

189 Vgl. Brief von Katharine Cochran, der Frau von J. Cochran, vom 6. 10. 1880, in: Speer 1911, S. 82 f.

Missionare, die den Leuten Waffen und schädlichen Lesestoff verteilt und sie zur Revolution angestiftet haben".[190]

Die Genehmigung ausländischer Schulen war bereits in den 1880er Jahren ein Streitpunkt zwischen den Missionen, der Pforte und den Botschaften. 1887 wurden zahlreiche Schulen geschlossen, die keine offizielle Genehmigung besassen *(ruhsat-ı resmîye)*. Die Provinzverwaltungen scheinen vor allem in den Anfangsjahren der hamidischen Epoche die Freiheit gehabt zu haben, ausländische Schulen zu schliessen. In den 1890er Jahren verstärkte Abdulhamid seine Bemühungen, die ausländischen und besonders die Missionsschulen zu kontrollieren. Anfangs 1892 wollte die Pforte alle Schulen, die keine offizielle Genehmigung erworben hatten, schliessen, liess aber kurz danach – wohl auf diplomatischen Druck hin – davon ab. Der Bericht des Erziehungsministers Zühdü Pascha an den Sultan 1894 konnte allerdings nicht einmal die Gesamtzahl der ausländischen Schulen angeben (er nannte eine provisorische Zahl von 413) – so wenig weit waren die Kontrollbemühungen der Zentrale gediehen.[191]

In der „Instruktion zu Aufgaben der Erziehungsdirektoren in den kaiserlichen Vilayets" vom 13. Dezember 1896 wurden präzise Vorgaben für ausländische Schulen festgelegt, insbesondere brauchten sie ausnahmslos eine Genehmigung des Sultans. Es sollten, wie auch bei den übrigen nichtmuslimischen Schulen, die Lehrkräfte und Lehrbücher, vor allem die Geschichts- und Geographiebücher, sowie die Übereinstimmung von tatsächlichem Unterricht mit dem Lehrplan überprüft werden. Aber wie konnte dies geschehen, wenn die Verwaltung über keine kompetenten, das heisst vor allem sprachkundigen Inspektoren verfügte?[192] In Ahmed Şakir Pascha hatte Abdulhamid von 1895 bis 1900 immerhin einen treu ergebenen und eifrigen Generalinspektor für Reformen in Anatolien, *Anadolu Islahatı Umûm Müfettişi,* der sein besonderes Augenmerk auf die Missionstätigkeiten in den Ostprovinzen richtete. Den amerikanischen Harput-Missionaren, die ihn lobend erwähnten, war kaum bewusst, wie feindlich dieser „Reform Commissioner", wie sie ihn nannten, ihrer Tätigkeit gegenüber grundsätzlich war. In vielen Schreiben an den *Yıldız*-Palast prangerte der Inspektor die Missionsschulen in den Ostprovinzen nicht allein als revolutionäre Brutstätte der armenischen Jugend an, sondern tadelte ihren subversiven Einfluss auf (kurdische) Stammesführer und ganz besonders auf die kurdischen Aleviten.[193]

190 Der Chefsekretär (Serkâtib-i Hazret-i Şehriyari) des Sultans, Süreyya, in einer Niederschrift vom 29. 1. 1893 (Abdruck der transkribierten Quelle in Kırşehirlioğlu 1963, S. 146). Zum selben Thema (Kommission): BOA Y.A.HUS. 269/36 desselben Datums; BOA Y.A.HUS. 269/46 vom 30. 1. 1893; BOA Y.A.HUS. 269/88 vom 4. 2. 1893. – Dass selbst französische und russische Diplomaten die Missionen der Anstiftung zur Revolution bezichtigten, sollte nicht überbewertet werden. In den Augen der damaligen russischen Führung war das protestantische (liberale) Gedankengut tatsächlich aufrührerisch, während es zur französisch-katholischen Strategie gehörte, sich von den Protestanten durch eine betont regimetreue Haltung abzusetzen. Vgl. Terrell, US-Geschäftsträger in Istanbul, an Olney vom 28. 1. 1896, nach Salt 1992, S. 116 f.

191 Somel 1995, S. 253–257.

192 „Vilâyât-ı Şâhane Maârif Müdîrlerinin Vezâifini Mübeyyin Tâlimât", im *Salnâme-i Maârif,* Sene 1316 (1898 f.), S. 136–156. Resümiert nach Somel 1995, S. 64 f., 196 f., 256.

193 Karaca 1993, S. 73–77, mit folgenden Quellenangaben: BOA YA. Res., 78/54 vom 21. 3. 1896; über Beeinflussung von Stammesführern und Aleviten: YEE, 31/76–17/76/81; 31/76/26/81; A/24–X/24/132 (bes. vom 12. 1. 1898). – Zum Bild Şakirs bei den Missionaren vgl. Brief der Harput-

Beanstandungen der Valis und Şakir Paschas veranlassten den Sultan, diesen Amtspersonen unter bestimmten Umständen die Kompetenz zur Ausweisung von Missionaren zuzusprechen. Unter der absurden Anklage, die Ermordung von Muslimen zu organisieren, war George Perkins Knapp aus Bitlis davon betroffen. Zweifellos hätte der Sultan wegen der Massakerberichterstattung von 1894 bis 1896 am liebsten alle Missionare ausgewiesen. Aber der ausländische diplomatische Druck und die internationale Öffentlichkeit, auf deren Reaktionen er ebenso empfindlich war wie auf die Aktionen der Mission, erlaubten ihm das nicht.[194]

Um die Jahrhundertwende schien die antiprotestantische Strömung einen Höhepunkt erreicht zu haben. Ein Bau- beziehungsweise Wiederinstandstellungsgesuch des ABCFM für ein Schulgebäude in Harput kommentierte Abdulhamids Privatsekretär Tahsin am 17. September 1900 mit folgenden Worten: „Es stört allerdings, dass sich diese Schule in Harput, dem Nabel sozusagen von Anatolien, befindet, wo sie ganz offensichtlich den Geist der Kinder vergiften würde und – behüt uns Gott davor – zu aufmüpfigem Verhalten der islamischen Jugend gegenüber den religiösen Lehren führen könnte, weshalb solcherart Schulen keinesfalls eine Genehmigung erteilt werden darf"[195] Tatsächlich gab der *Yıldız*-Palast zur selben Zeit die allgemeine Order aus, keinerlei Gründungen von amerikanischen protestantischen Schulen im Reich zu dulden, da die Ausbreitung des Protestantismus grundsätzlich verhindert werden müsse.[196] Diese Politik stand in direktem Zusammenhang mit den grossen Armenierpogromen der 1890er Jahre, die den *Yıldız*-Palast in ernsthafte internationale Schwierigkeiten gebracht hatten. Die Subversionstheorie erlaubte es, den protestantischen Schulen einen Grossteil der Schuld zuzuschieben. Dass das ABCFM im Zusammenhang mit jenen Ereignissen durch akkurate Nachrichten, Aufrufe und Hilfstätigkeit ins Rampenlicht der westlichen Öffentlichkeit trat, trieb den bereits hochirritierten Sultan in zusätzliche Argumentationsnot gegenüber den diplomatischen Vorhaltungen.

Mission vom 20. 8. 1896, ABC. Der deutsche Missionar Brockes kam mehrmals in Kontakt mit dem „Marschall Schakir Pascha" und setzte sich mit den verschiedenen Bildern von ihm auseinander. Einige sahen diesen sogar als Hintermann der Massaker, zumal erwiesenermassen „in mehreren Städten, bald nachdem er durchgereist war und einige Verwaltungsreformen angeordnet hatte (Einsetzung einzelner christlicher Beamten etc.) die Blutbäder ausbrachen". Brockes glaubte nicht an Şakirs Mitschuld: „Vielmehr glaube ich, dass die [von Brockes] oft erwähnten Emissäre aus Konstantinopel die Reformen benutzten, um dadurch die Mohammedaner zum Hass gegen die Armenier aufzureizen; sie sind der Einführung der Reformen auf dem Fusse gefolgt." Brockes 1900, S. 165 f.

194 Vgl. Deringil 1998, S. 127. – Zur Affäre Knapp vgl. Nazım Pascha 1994 (1897), Bd. 1, S. 99, 103, 116 f., 131. Siehe auch BOA İ.Dh. vom 8. L. 1313; İ.Har., Nr. 428–486 vom 25. Ra. 1315; YEE, 36/131/152/X (nach Karaca 1993, S. 76 f.). Vgl. Strong 1910, S. 398, Stone 1984, S. 122. Salt hinterfragt naiverweise nicht dieses Genre konstruierter Beschuldigungen, für die per Folter und Drohung routinemässig die Unterschrift von Zeugen beigebracht werden konnte (Salt 1993, S. 115–117). Knapp war zweifellos ein höchst unwillkommener und auch undiplomatischer Zeuge und Berichterstatter der Sasun-Massaker. Vgl. Kap. 2.4.3.

195 „[…] ancak bu mektebin Anadolu'nun göbeği demek olan Harput'ta bulunması nabemahal olduğu gibi bunun etfal-ı ahalinin tesmimi efkârına sebeb olacağı cihetle mazarratı derkâr bulunduğundan ve maazallah ahali-i islâm çocuklarının akâid-i diniyelerini idlâle badi olmasiyle bu ciheti başkaca ve pek ziyade şayan-ı ehemmiyet olduğundan bu misillû mekteplere esasen ruhsat verilmemek lâzimeden bulunmasına […]." Transkribierte Quelle in Kırşehirlioğlu 1963, S. 152 f.

196 İH 81 vom 15 Rebiyülahir 1318 (12. 8. 1900), resümiert nach Somel 1995, S. 258.

Die osmanische Aussenpolitik beschäftigte sich schon in der ersten Hälfte der 1890er Jahre intensiv mit dem Problem der amerikanischen Mission in ihrer Verbindung mit den Armeniern. Der bereits erwähnte osmanische Botschafter in Washington, Mavroyeni Bey, verfolgte sehr aufmerksam die Verlautbarungen von ABCFM-Mitgliedern in den USA zur armenischen Frage. Anfangs Mai 1894, wenige Wochen vor den Ereignissen in Sasun, sandte er einen ausführlichen Bericht an seinen Aussenminister Said Pascha, der übrigens entsprechend den Gepflogenheiten des Aussenministeriums, wie sie seit den Tanzimat galten, auf französisch verfasst war. Nach einem Kapitel über Huntschak-Aktivitäten in den USA und einem zweiten über die Haltung der übrigen US-Armenier widmete er ein drittes den „Anstrengungen gewisser amerikanischer Bürger von gutem Ruf zugunsten der Armenier". An dieses Kapitel schliesst das vierte über „das gegenwärtige Verhalten der amerikanischen Missionare" an. Der Diplomat bestätigte klar die Opposition des ABCFM gegen die revolutionäre Strategie. Allerdings kritisierte er, dass die Missionare sich überhaupt zur armenischen Frage äusserten und friedliche Mittel zu ihrer Lösung empfahlen, anstatt, dankbar für die grosszügige Gastfreundschaft des Sultans, ganz zu schweigen und sich einem „enseignement pur et simple" zu widmen: „Les missionnaires en se déclarant opposés au mouvement inauguré par les Hentchaguistes, se sont attiré la colère de ces derniers. L'opposition que les Missionnaires Américains font au mouvement révolutionnaire ne peut naturellement qu'être hautement approuvée par le Gouvernement Impérial. Mais il me semble que les Missionnaires Américains – ou plutôt, pour être juste, un certain nombre parmi eux – ont le tort de recommander aux Arméniens l'adoption de moyens quelconques, même pacifiques, ainsi que l'appel aux Puissances Chrétiennes. Mon humble avis est que les Missionnaires Américains devraient se taire et ne s'occuper que de leur enseignement pur et simple, suivant les règlements de l'Empire. Il paraissent craindre, en agissant ainsi, de perdre leur clientèle arménienne, et c'est pour cette raison qu'ils semblent donner aux Arméniens des conseils qui, pour pacifiques qu'ils puissent être, ne sont pas moins contraires aux intérêts véritables du Gouvernement Impérial. Je ne parle, bien entendu, que des Missionnaires Américains qui, comme le Rév. Cyrus Hamlin, demeurent [momentanément] aux Etats-Unis, et j'aime à espérer que ceux qui résident en Turquie observent une politique silencieuse et sage. Je crois que la Légation des Etats-Unis à Constantinople peut faire beaucoup pour améliorer cet état de choses, en engageant les Missionnaires Américains, vivant en Turquie, d'écrire à leurs collègues des Etats-Unis de proclamer par la presse leur désapprobation de tout moyen, soit pacifique soit révolutionnaire, tendant à diminuer l'autorité d'un Gouvernement qui, comme le Gouvernement Impérial, leur offre l'hospitalité sous ses lois." Mavroyeni machte sich Illusionen, wenn er glaubte, die US-Legation könnte die an Selbständigkeit gewöhnten Missionare zu öffentlichen, regierungsfreundlichen Stellungnahmen bewegen, ohne dass sie auch Kritik üben durften. In der Tat forderte Alexander Terrell, der US-Geschäftsträger in Istanbul, wenig später, nämlich nach den Sasun-Ereignissen, die Missionare zur Zurückhaltung auf, was ihm eine geharnischte Antwort eintrug. Terrell selbst bemühte sich um ein regierungsfreundliches Image, wie Mavroyeni gegen Ende seines Schreibens anerkennend anführte: „Monsieur Terrel, pendant son séjour à Washington, s'est partout exprimé avec une admiration profonde pour les vertus de notre Auguste Souverain."[197]

2.6.7 Streitpunkt Waisenbetreuung, 1899

Die missionarische Betreuung jener armenischen Kinder, die in den Massakern von 1895 ihre Väter oder, seltener, beide Elternteile verloren hatten, führte zu Interventionen des osmanischem Staates, der gewillt war, soziales und edukatives Terrain gegenüber den Missionen zurückzugewinnen. Waisenkinder waren beim Kampf um nachhaltigen Einfluss in den Ostprovinzen aus offensichtlichen Gründen eine bevorzugte Zielgruppe. Keine andere Gruppe konnte in kurzer Zeit so durchgreifend verändert beziehungsweise vereinnahmt werden wie die aus ihren familiären und sozialen Bezügen losgelösten Kinder. Mission und Staat waren sich dessen von Anfang an bewusst.

In einem Grundsatzpapier zur Waisenfrage schlug ein missionarischer Autor, vermutlich Peet, im Sommer 1896 einen scharfen, im Schlusssatz sogar rassistischen Ton an, als er die religiös-national vereinnahmende, gegen ausländische Hilfsorganisationen gerichtete Waisenpolitik des Staates aufs Korn nahm: „The policy seems to be to swell the category of abandoned children by preventing any who could shelter them in other parts of Turkey from carrying out their charitable purposes. This willingness of the Ottoman authorities to take as many of these waifs as they can lay hand upon, and to furnish them with shelter, clothing and food is explained by the experience of twenty years ago in Bulgaria as well as that of the present year in Asiatic Turkey. It means simply a purpose to educate these thousands of children as Mohammedans, and so to bring a welcome reinforcement of intelligent minds to the decadent ranks of a backward race."[198] Am 19. Juni 1899 beratschlagte der osmanische Ministerrat – das höchste, nur dem Sultan verantwortliche Staatsorgan – die Massnahmen, welche gegen die missionarische Waisenbetreuung bei Palu und Çüngüş zu ergreifen waren: „Es ist Eurer Exzellenz aufgrund der Darlegungen des Innenministeriums an die betreffende Provinzverwaltung bekannt, dass die Unterstützung der Waisenhäuser, welche Missionare im Kreis Palu und im Kanton Çüngüş[199] innerhalb der Provinz Diyarbakır hatten errichten lassen mit dem Ziel, armenischen Waisen ohne Angehörige den Lebensunterhalt und eine Erziehung zu ermöglichen, vorläufig nicht behindert werden soll. Dies wurde auch wiederholt mitgeteilt. Falls die Aktivitäten der Missionare in den Bereichen Meinungsbildung, Erziehung und Unterricht weitergehen, wird natürlich die Moral und das Denken der einheimischen Bevölkerung korrumpiert und sie wird schliesslich ihr nationales Bewusstsein verlieren. Eine Fortsetzung der subversiven Tätigkeit der Missionare ist daher nicht statthaft. Was die Waisenhäuser betrifft, so besteht keine Veranlassung mehr für die Gründung solcher Erziehungsanstalten seitens der Missionare und anderer Ausländer, sobald die Regierung an einem geeigneten Ort in Anatolien ein staatliches Waisenhaus errichtet, das Waisenkinder aus sämtlichen Klassen osmanischer Staatsbürger aufnimmt, und sobald sie die entsprechenden Lehrbücher, die die Bewahrung ihres nationalen Bewusstseins und ihre sittliche Festigung gewähr-

---

197 OBE, Bd. 19, Nr. 63, S. 360–364. – Zur geharnischten Reaktion der Missionare vgl. Kap. 2.4.3.
198 „The Orphans of Asiatic Turkey", Constantinople, 6. 8. 1896, ABC bh Reports 1895–1896.
199 Palu und Çüngüş liegen im Nordteil der Provinz Diyarbakır, der an die Provinz Mamuretülaziz grenzt. Am meisten Anstoss erregte das Waisenhaus von Pastor Baehnisch in Diyarbakır, das der Vali am 28. 12. 1898 schliessen liess. Vgl. auch Meyer 1974, S. 249.

leisten, in den Lehrplan einbezieht. Daher wurde die Angelegenheit besprochen [und die Frage], wo und zu welchen Kosten die erwähnten Waisenhäuser angemessener-weise errichtet werden sollen. In jedem Fall müsse jedoch dem subversiven Treiben der Missionare unbedingt ein Ende bereitet werden. Da dies dem [...] Sultansbefehl entspricht, ist dies hier auch beschlossen worden [...]."[200]

Wie bei manchen andern fällt auch bei diesem Dokument der Zentralgewalt der repetitive Gebrauch der Wörter „Subversion" und „subversiv" auf (auch im folgen-den, hier nicht zitierten Beschlussteil). Das mit „subversiv" übersetzte osmanische Wort *fesad-pezîr* heisst buchstäblich „aufrührerische Verhaltensweisen oder Mei-nungen zulassend". Es fasst kurz und treffend das staatliche Bild von Mission zusammen. Wie die Ministerrunde dieses in den Dokumenten formelhaft wieder-kehrende Wort, das selten ausgedeutet wurde, verstand, wird im zitierten Protokoll greifbar. Es meint die Schwächung des „nationalen" muslimisch-osmanischen Bewusstseins. Mission war staatsgefährdend, weil sie der zentralistischen Politik der Ümmet-Aufwertung und Hebung des staatlichen Prestiges entgegenlief, indem sie lokal begehrte und notwendige Projekte wie die Waisenhäuser effizient betrieb. Die karitative Tätigkeit der Missionen war insofern eminent politisch. Der Staat konnte nur dann mit nachhaltiger Wirkung gegen die Missionen vorgehen, wenn er seine Retorsionsmassnahmen gegen sie mit einem Engagement verband, das deren Akti-vitäten im Bereich Schule, Gesundheit und Waisenbetreuung ersetzte. Es ist an-zunehmen, dass das hier vorgestellte osmanische Projekt eines staatlichen Waisen-hauses zu den ersten gehört, die es je für Waisen der Ostprovinzen geben sollte. Wie schon bei den Schulen und den Spitälern ist auch hier das Projekt als direkte Reaktion auf missionarisches Tun greifbar. Peets These, es gehe bei der ausland-

---

200 Das Zitat stammt aus dem Protokoll der Ministerratssitzung (BOA MV 97/73): „Hulâsa-i meali. Diyarbakır Vilâyeti dahilinde kain Palu kazası ile Çüngüş nahiyesinde bikes kalan Ermeni etfalinin i'âşe ve ta'lîmleri maksadıyla ve misyonerler ma'rifetiyle oralarda tesîs edilmiş olan eytamhanelere vuku'bulacak i'ânâta şimdilik mümâna'at olunmaması Dahiliye Nezareti tarafından Vilayet-i müşarileyhaya iş'âr kılındığı ma'rûzât-i vâkı'adan ma'lûm-ı âlî olub mükerreren tebliğ olunduğu vechile Anadolu'da misyonerler canibinden icra olunagelen teşebbüsat ve telkinat ve tedrisat ve tâlimat devam eylediği takdirde ahali-i mahalliyenin ahlâk ve efkârı fesad-pezîr olunarak bilâhara milliyetlerini dahi gaip edecekleri tabi'î olmağla misyonerlerin devam-ı ifsadâtına meydan verilmemesi ve eytamhaneler maddesine gelince Anadolu'nun münasib bir mahallinde hükûmetce bir eytamhane inşasıyla oraya her sınıf teba'a-i şahane eytamının kabulü ve bunların milliyetlerini muhafaza ve ahlâkını tehzibe kâfil olmak üzere tedrisine lüzum görülecek kitabların programına idhali halinde misyonerler ile sair ecânib tarafından o misüllü darütterbiyeler te'sisine mahal kalmamış olacağı cihetle keyfiyetin bilmüzakere zikr olunan eytamhanenin nerede ve ne miktar masrafla inşası münasib olacağının ve fakat her halde misyonerlerin teşebbüsat-ı mefsedetcuya-nelerine kat'iyen nihayet verilmek muktazi bulunduğundan burasının dahi kararlaştırılması şerefsudur buyurulan emr u ferman-ı hümayun-ı cenab-ı hilafet-penahî iktiza-yı celîlinden bulunduğunu mübelliğ 19 Zilhicce 1316 tarihli tezkire-i hususiyye ve ol babda sebk eden iş'ar ve tebliği üzerine baz-ı ifadeyi hâvî Dahiliyye Nezareti'nden varid olan tezkire birleşdirilerek kıraat edildi." – In der hamidischen Ära gehörten folgende Würdenträger zum Ministerrat *(Meclis-i Vükela): Sadrazam* (Grosswesir), *Şeyhülislam* (höchster, beamteter Geistlicher), *Adliye Nazırı* (Justizminister), *Serasker* (Kriegsminister), *Şûrâ-yı Devlet Reisi* (Vorsitzender des Staatsrates), *Hariciye Nazırı* (Aussen-minister), *Dahiliye Nazırı* (Innenminister), *Bahriye Nazırı* (Marineminister), *Tophane Müşiri* (Di-rektor der Geschützgiesserei), *Maliye Nazırı* (Finanzminister), *Evkaf-ı Hümayun Nazırı* (der für Stiftungen zuständige Minister), *Ticaret ve Nafia Nazırı* (der für Handel und öffentliche Arbeiten zuständige Minister), *Müsteşar-ı Sadr-ı Âli* (Sekretär des Grosswesirs).

feindlichen Waisenpolitik in erster Linie darum, aus den vorwiegend armenisch-christlichen Waisen loyale muslimische Staatsbürger zu erziehen, wird durch dieses Protokoll bestätigt.

2.6.8 Streitpunkt Wandermissionare, 1905

Neben der Tätigkeit im Erziehungs- und Gesundheitsbereich war der erfolgreiche missionarische „Gang aufs Land" dem hamidischen Staat ein Dorn im Auge. Mit Berufung auf die „neuartigen Erfahrungen" seit dem Beginn der 1890er Jahre liess Abdulhamid die konkrete Bewegungsfreiheit und den Handlungsspielraum der amerikanischen Missionare stark einschränken, selbst wenn dies früheren Abkommen widersprach. Die Zentralregierung bot den von der Mission betriebenen Einsprüchen ihrer diplomatischen Vertreter entschlossen die Stirn. Von einer Bewegungsfreiheit wie in den drei Jahrzehnten nach dem *Hatt-ı Hümayun* konnte keine Rede mehr sein. Die Provinzbehörden wurden vom Palast angewiesen, die Missionare auf Schritt und Tritt zu überwachen.[201]

Ein Palastdokument vom Januar 1905 belegt, wie sowohl die Zentral- als auch die Provinzregierungen die missionarische Tätigkeit auf dem Land, insbesondere die Wandermission und das Hausieren mit missionarischen Schriften, in Verbindung sahen mit armenisch-revolutionärer Agitation bei der Dorfbevölkerung. Es erscheint plausibel, dass diese Vermengung ebenso in der nachvollziehbaren Sichtweise des osmanischen Staates begründet lag, als auch, dass sie aus bewusstem Kalkül geschah, um einen Vorwand für das Verbot zu haben. Im staatlichen Visier standen die vom ABCFM engagierten einheimischen, meist armenischen Wandermissionare und Bibelverkäufer, welche für die Zirkulation von Informationen und Ideen in den Ostprovinzen seit Ende der 1850er Jahre eine wichtige Rolle spielten. Mit ihren „schädlichen Einflüsterungen"[202] betrieben sie in hamidischer Sicht subversive Agitation unter der Landbevölkerung. Das folgende Schreiben des Grosswesirs war für den Sultan bestimmt. Es belegt die in mancher Hinsicht effiziente Eindämmung, wie sie der hamidische Staat gegenüber den Aktivitäten des ABCFM und unterstützenden Eingaben der US-Legation betrieb: „Hohe Pforte. Sekretariat des Grosswesirs. Aus der Mitteilung des Valis geht hervor, dass in der Provinz Sivas und in den Nachbarprovinzen zur Zeit oft amerikanische Missionare unterwegs sind. Es besteht der dringende Verdacht, dass es sich dabei um entsprechend verkleidete armenische Unruhestifter handelt, aber selbst wenn es tatsächlich Missionare sind, liegt der Schaden dieses Umherziehens auf der Hand. Das spezielle Schreiben Eurer Exzellenz, das uns über den daraufhin angeordneten, jenes Umherziehen verbietenden heilbringenden Sultanserlass von höchster Notwendigkeit und Dringlichkeit informiert, haben wir erhalten. Nachdem aus der Einsicht, dass es nicht ungefährlich sei, wenn der Bibelgesellschaft angehörige Buchverkäufer in den Grossherrlichen Provinzen von Dorf zu Dorf ziehen und Bibeln verkaufen, diese Tätigkeit verboten

---

201 Vgl. İ.Hus. 86, 25. R. 1315 (23. 9. 1897), nach Deringil 1998, S. 127, und İ.Hus. 87, 27. C. 1322 (8. 9. 1904).
202 „telkinat-ı muzırra". İ.Hus. 10. Za. 1322.

worden war, erhoben die Gesandten von England und den USA Einspruch mit der Begründung, der Verkauf der Heiligen Schrift könne nicht untersagt werden, und dem Geschäft der Bibelgesellschaft würde dadurch Abbruch getan. In ihrer Antwort wies die Hohe Pforte darauf hin, dass sie, auch wenn in den Kreisstädten mit behördlicher Bewilligung die Bibel verkauft werden könne, höchst notwendigerweise bei ihrem Entschluss bleiben müsse, da es im Hinblick auf Ruhe und Ordnung bedenklich erscheine, wenn unbekannte Leute in Hausiererkleidung in den Dörfern des wohlbehüteten Reiches umherzögen. In einer gereizten Note teilte daraufhin der amerikanische Gesandte mit, dass diese Einschränkung das Abkommen mit der Pforte vom Jahre 1882 verletze. Ihm wurde geantwortet, dass auf Grund der Erfahrungen mit der innerhalb von 22 Jahren entstandenen Situation eine Verlängerung der behaupteten Bewilligung nicht möglich sei, und dass die Tatsache, dass es sich bei jenen Verkäufern um Untertanen des osmanischen Staates handle, dem Gesandten das Recht nehme, sich einzumischen [...].“[203]

2.6.9 Die missionarischen Zeichen des Endes der hamidischen Herrschaft

ABCFM-Führer, allen voran William Peet, wandten sich 1902 an die Pforte, indem sie ihr über die amerikanische Gesandtschaft in der Hauptstadt eine Liste ihrer bestehenden Institutionen eingaben, die in der Lesart der amerikanischen Diplomatie als anerkannt zu gelten hatten. Die Zentralregierung zögerte ihre Antwort sehr lange hinaus. Entsprechend waren die amerikanischen Einrichtungen in jenen

---

203 „Bab-ı Ali, Daire-i Sadaret, Amedi-i Divan-ı Hümayun. Sivâs vilâyeti ile vilâyât-ı mütecâvire dâhilinde Amerikalı misyonerlerin şu sırada sık sık geştü güzar etmekde oldukları vilâyet-i müşârileyha valiliğinin iş'ârından anlaşıldığından bunların hakikatenAmerikalı misyoner olmayub o kıyafete girmiş bir takım Ermeni erbâb-ı fesadı olması akva-yi melhuzat olduğundan ve fi'l-hakika misyoner olsa bile böyle vilâyât dahilinde dolaşmalarının mazarratı aşikâr idüğünden bunların geştü güzarlarının kat'iyyen men'i şerefsudur buyurulan irade-i seniyye-i Cenab-ı Hilafetpenahî icâb-ı celîlinden olduğunu mübelliğ tezkere-i hususiyye-i devletleri alındı. İncil cemaatine mensub baz-ı sahhafların vilâyât-ı şahanede kurayı dolaşıp incil satmakda oldukları ve bunların bu suretle dolaşmaları mahzurdan salim olamıyacağı anlaşılarak men' edilmesi üzerine İngiltere ve Amerika sefaretleri kütüb-i mukaddesenin füruhtu men' olunamayacağı ve İncil cem'iyyetinin ticaret ve mu'amelatına sekte verildiği iddi'asına kıyam ederek buna dahi kasabalarda hükûmet-i seniyyenin ruhsatiyle bir mahalde incil satılabilirse de sahhafı kıyafetine girmiş mechulü'l-ahvâl bir takım eşhasın memalik-i mahruse-i şahanede köy köy dolaşmaları asayiş nokta-i nazarından mahzurlu görüldüğünden memnu'iyet-i vaki'a kararının muhafazası elzem idüği cevabı verilmiş ise de ba'dehü Amerika sefareti bin sekiz yüz seksen iki tarihinde Bab-ı âli ile kararlaştırılan suret-i tesviyyeye istinaden bu men' ve tahdidde haksız olmadığını şedidü'l-me'al bir nota ile bildirmesiyle yirmi iki sene zarfında hâdis olan ahvalin verdiği tecrübe üzerine iddi'a olunan müsaadenin idame edilemiyeceği ve esasen bu sahhafların Devlet-i Aliyye teba'asından oldukları cihetle sefaretin bu babda hakk-ı müdahalesi olmadığı cevabı verilmek üzere Hariciyye Nezaret-i celilesine ifa-yı tebliğat edildiği gibi Dahiliyye Nezaret-i celilesine dahi bir mantuk emr ü ferman-ı hümayun-ı mülukâne vesaya-yı lazime icra kılınmış ve binaenaleyh Bab-ı ali'ce bu kabil eşhasın geşt ü güzarları hususunun hiç bir vakit iğmaz olunmakda bulunmuş olmağla hak-ı pa-yi hümayun-ı cenab-ı cihan-bânîye arz mütemennadır, efendim. fi 11 Zilkade sene 322/4 Kanunasani 320 [17. 1. 1905]. Sadrazam [Unterschrift].“ BOA Y.A.HUS. 483/47 (1), vgl. İ.Hus. 10. Za. 1322 (16. 1. 1905).

Jahren starkem Druck der Administration ausgesetzt. Diese behinderte, wo immer sie konnte, die missionarische Tätigkeit in all ihren Bereichen (Schule, Presse, Hilfstätigkeit, Wandermission). Erst 1906 erliess der Sultan das langersehnte *irade,* das auch den Amerikanern die Meistbegünstigung zugestand, das heisst jene Rechte (Kapitulationen), in deren Genuss die Angehörigen der europäischen Grossmächte bereits standen. Damit war der erworbene Grundbesitz gesichert, Baubewilligungen stand juristisch nichts mehr im Wege, Abgaben konnten eingespart werden und gegenüber den weiterhin zu erwartenden Widerständen der Lokalregierungen sass man am längeren Hebel.[204]

Abdulhamid verlor in jenen Jahren den Kampf gegen den Protestantismus, wie er auch anderswo, etwa in Mazedonien, fremdem Druck nicht mehr standzuhalten vermochte. Das Nachgeben des Sultans in einer Auseinandersetzung, für die er sich ganz besonders stark eingesetzt hatte, war – neben den Zeichen auf politischer und wirtschaftlicher Ebene – ein klarer Hinweis auf das nahe Ende seiner Stellung an der Spitze des Reichs. Die jungtürkische Hauptbegründung für seine Entmachtung war ja schliesslich, dass er den Staat gegenüber dem Ausland nicht mehr zu behaupten wisse. Neben den freudigen Nachrichten vom Nachgeben Abdulhamids berichtete der *Missionary Herald* 1907 nicht von ungefähr von Hungersnöten in den Ostprovinzen, die dem Geist der Revolte Auftrieb gäben und die Emigration vor allem von Protestanten in die USA beschleunigten. Gleichzeitig sprach der Jahresüberblick des ABCFM von 1907 von vollen Missionsschulen und dem grossen Muslimanteil bei der medizinischen Klientel (rund ein Drittel).[205]

Abdulhamid hatte sich nicht wie gewünscht gegen die protestantischen Missionen durchsetzen können; dies darf jedoch nicht darüber hinwegtäuschen, dass er sie in den Ostprovinzen zwei Jahrzehnte lang erfolgreich behindert und ihre weitere Ausbreitung in den Ostprovinzen gestoppt hatte. Eine weitere Konsequenz des hamidischen Druckes auf das ABCFM war die deutlich unpolitischere, zurückhaltende Berichterstattung im *Missionary Herald* bis 1908, die mit der offenen Informationsweise in der dynamischen zweiten Tanzimat-Hälfte klar kontrastiert.

Der protestantische Kampf half zweifellos mit, die Grundlagen für den Machtwechsel von 1908 zu legen. Nicht von ungefähr galten die protestantischen Missionare den neuen unionistischen Machthabern 1908 als Pioniere eines Fortschritts, dem sich auch ihre Partei „Einheit und Fortschritt" verschrieb. Für wenige Jahre arbeiteten damals Protestanten und Jungtürken teilweise eng zusammen – bis Enver Pascha und seine Freunde bei Anbruch des Ersten Weltkriegs im amerikanischen Protestantismus wiederum einen Hauptfeind erkannten. Dies taten sie aus einer Optik heraus, die mit derjenigen des hamidischen Staates vergleichbar ist: Wille zur zentralistischen Macht in den Ostprovinzen und Angst vor kompetenten Beobachtern und Konkurrenten.

---

204 Stone 1910, S. 406; MH 1907, S. 547. – Vgl. Memorandum von Peet, Post, Eddy und Hoskins vom
     19. 8. 1905, ABC bh.
205 MH 1907, S. 547–549.

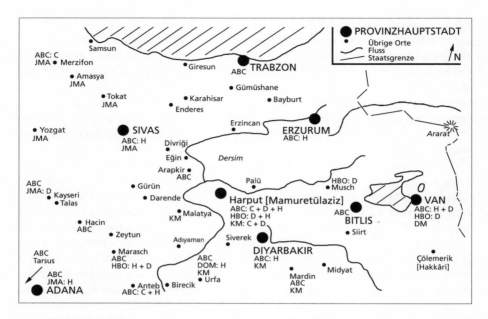

Karte 5: Missionsstationen in den Ostprovinzen am Ende der hamidischen Ära. Jede dieser Missionsstationen hatte Schulen (meist mit Primar- und Sekundarstufe) sowie einen Gesundheitsdienst. „H" bezeichnet ein Spital, „C" ein *college* (Hochschule), „D" eine Dorfarbeit mit Dorfschulen. KM = Kapuzinermission, DM = Dominikanermission, ABC = ABCFM, übrige Abkürzungen gemäss Abkürzungsverzeichnis im Anhang.

2.7 Etablierung der Missionen trotz hamidischen Widerstands

Wie dem hamidischen Kampf gegen den Protestantismus war auch der Eingrenzung der katholischen Missionspräsenz nicht der erstrebte Erfolg beschieden. Als der osmanische Staat 1902 erfuhr, dass das antiklerikale Frankreich die Jesuiten und ihre Lehrtätigkeit im eigenen Land nicht mehr duldete, verwehrte er sich explizit dagegen, denselben Personen – womöglich auf den diplomatischen Druck Frankreichs hin – das Aufenthaltsrecht zu gewähren.

2.7.1 Jesuitische Armenienmission

Der Blick auf die Personalstatistik der Armenienmission zeigt – auf Grund der antiklerikalen Massnahmen in Frankreich – eine auffällige Zunahme der Patres zwischen 1900 und 1905 und insgesamt eine sukzessive Zunahme der Mitarbeiterschaft im ganzen Zeitraum bis zum Ersten Weltkrieg. Die Zahl der westlichen Mitarbeiterinnen und Mitarbeiter lag ab 1905 höher als bei den Amerikanern (alle

Tab. 3: Das Personal der jesuitischen Armenienmission, 1881– 1914

Année	Pères	Frères coadj.	Sœurs de St. Joseph[1]	Oblates de l'Assomption	Auxiliaires indigènes[2]
1881	12	5			3
1885	18	6			10
1890 bzw. 1891	19	6	9	5	25
1895	23	8	19	12	42
1900	20	10	31	15	67
1905	36	12	57	18	71
1910	37	15	77	20	108
1914	41	16	78	20	127

1 Die *Sœurs de St. Joseph* trafen 1891 ein.
2 Die Zahlen der einheimischen Mitarbeiter sind vor der Jahrhundertwende mit Unsicherheit behaftet, ebenso die Zahl der *Sœurs de St. Joseph* für 1905.

Quelle: *Le Cinquantenaire ...*, S. 13.

Tab. 4: Die Schü lerschaft der jesuitischen Armenienmission, 1886– 1914

Jahr	1886	1891	1896	1901	1902	1903	1904
Schülerzahl	550	1'250	1'700	2'911	3'177	3'789	3'800

Jahr	1905	1906	1907	1908	1909	1910	1911	1912	1913	1914
Schüler insgesamt	4'032	3'974	4'081	3'797	3'841	4'193	4'853	5'347	5'740	5'569
– Knaben	1'804	1'679	1'838	1'702	1'709	1'808	2'276	2'466	2'703	2'528
– Mädchen	2'226	2'295	2'243	2'076	2'132	2'385	2'587	2'881	3'037	3'041
In höheren Schulen	597	650	848	955	1'180	1'143	1'550	1'742	1'896	2'003
– Knaben	303	272	394	448	615	618	834	965	1'064	1'137
– Mädchen	294	378	454	507	565	525	716	777	832	866

1 Siehe auch den Tabellen-Anhang (mit Hinweisen auf Rechenfehler im Original), S. 569–574.

Quelle: Siehe die Angaben auf S. 572.

Bereiche der ABCFM-Türkeimission zusammengenommen), während die Zahl der einheimischen Mitarbeiterinnen und Mitarbeiter bei den Amerikanern die „auxiliaires indigènes" der Jesuitenmission um ein Mehrfaches überstieg (siehe Tab. 3).

Die Schülerschaft der Jesuitenmission nahm kräftig zu, wobei ab 1905 vor allem der hohe Mädchenanteil bemerkenswert ist. Wie schon beim *American Board* kam die Erziehungstätigkeit auch dieser Mission in hervorstechender Weise den Mädchen zugute. Die Schülerinnen der von den *Sœurs de St. Joseph* und den *Oblates de l'Assomption* ab 1891 geführten Schulen erscheinen übrigens erst ab 1900 im Gesamttotal und erklären den Sprung in der Statistik zwischen 1895 und 1900. Die Station Sivas, die sich spätestens seit dem missionarischen Engagement während der Choleraepidemie einer besonders guten Akzeptanz erfreute, zählte die grösste Schülerschaft.[206] Die Stagnation von 1905–1908 trotz zunehmender Mitarbeiterschaft hängt mit dem zugunsten der Protestanten beendeten Seilziehen zwischen Pforte und ABCFM und dem jesuitischen Prestigeverlust beim armenischen Publikum wegen der Ausweisung aus Frankreich zusammen (siehe Tab. 4).

2.7.2 Kapuziner-Mission

Die zwei weiteren in den Ostprovinzen tätigen katholischen Missionen nahmen wie die Jesuiten zu. Die Dominikaner erreichten allerdings mit ihrer Van-Station, die sie seit 1881 nur sehr mühsam etablierten, im Gegensatz zur Provinz Mosul nie eine grosse Bedeutung, und das Wachstum der Kapuzinermission fiel prozentual weniger stark aus als dasjenige der Jesuiten. Durch den Beizug der Franziskanerinnen von Lons-le-Saunier erfuhren die Kapuziner zu Beginn der hamidischen Periode einen Wachstumsschub, insbesondere in der Schularbeit. Dank mehrerer Stationen und einer jahrzehntelangen Verwurzelung besassen die Kapuziner eine feste, im Vergleich zu den Amerikanern diskretere gesellschaftliche Stellung in den spätosmanischen Ostprovinzen. Die missionsinternen Turbulenzen im Zusammenhang mit der Unterstellung der Mission unter das französische Protektorat in den 1890er Jahren erklären vermutlich den Rückgang von Schülerschaft und Mitarbeiterschaft um die Jahrhundertwende.[207]

2.7.3 ABCFM

Das Zahlenmaterial zeigt deutlich die stetige Ausweitung der *Eastern Turkey Mission* (fortan ETM) seit den 1850er Jahren, dem eigentlichen Beginn der Mission in den Ostprovinzen, aber auch, dass nach 1890 sowohl bei der Mitarbeiterschaft als auch bei der Schülerschaft und den Kirchenmitgliedern kaum mehr Wachstum statt-

---

206 Siehe das detaillierte Zahlenmaterial im Anhang, S. 569–572, und *Lettres de Mold* 1885, S. 75.
207 Giannantonio 1899, S. 340–342. Die Übertragung an die Provinz Lyon erfolgte 1893. Zu den Friktionen der italienischen Missionare mit der französischen Leitung siehe die vielen Beschwerden in Briefen um die Jahrhundertwende an den Ordensleiter in Rom, Bernhard von Andermatt; z. B. Giannantonio da Milano, Harput, 21. 2. 1900, AGC H 72 III.

Tab. 5: Mitarbeiterschaft und Schülerschaft der kapuzinischen*Missio Mesopotamiae*

	1886	1897	1898	1899	1900	1901	1902	1903	1905	1906
Patres et Fratres	14	16	16	20	21	18	18	18	15	21
Schwestern	12	13	13	18	18	18	18	16	22	23
Inkl. Tertiarier u. Laien	33	246	398	195	200	182	–	274	283	532
Schüler		1'396	2'472	2'147	2'022	2'198	2'278	2'479	2'309	2'633	2'680

Quelle: AGC H 72 II und XIII.

gefunden hat. Die drei Jahrzehnte nach dem *Hatt-ı Hümayun* von 1856 waren nicht nur die Pionier-, sondern auch die eigentliche Wachstumsphase der ETM. Von den Pogromen gegen die Armenier und der antiprotestantischen Politik des hamidischen Staates erholte sie sich nicht mehr.

Die 1880er Jahre waren zwar noch Boomjahre, die zweite Hälfte der hamidischen Ära hingegen war eine schwierige Zeit, die zu Stagnation oder Rückgang sowohl von Kirchen- und Milletmitgliedern als auch der Mitarbeiterschaft und der Schülerschaft führte. Die Hilfswerktätigkeit nach den Massakern band ab 1895 die Kräfte der ETM so sehr, dass sie zwei Jahre lang kein reguläres statistisches Material mehr nach Boston lieferte. Die Schülerzahl war damals vorübergehend wegen der vielen Waisen sehr hoch. Die Zahl der Missionarinnen und Missionare war bemerkenswert konstant, das Gros der Missionsmitarbeiter stellten einheimische Kräfte. In der ersten Hälfte der jungtürkischen Ära tendierten die ETM-Kurven nur wenig wieder nach oben, bis sie 1914–1915 völlig einbrachen.

Im Gegensatz zu einigen deutlichen Einbrüchen des ETM in den 1890er Jahren zeigen die *Central* und *Western Turkey Mission* einen vergleichsweise konstanten Aufwärtsverlauf, da diese Missionen von den Abwehrmassnahmen Abdulhamids und den Pogromen nicht in gleicher Weise betroffen wurden.[208] Im Gegensatz zu ihrer Partnermission im Osten weisen sie auch in der Zeitspanne von 1890–1910 ein klares Wachstum auf. In allen drei Missionsbereichen betrug der amerikanische Anteil an der Mitarbeiterschaft zwischen 10 und 20 Prozent, mit klar abnehmender Tendenz. Dies entsprach dem schon vom Harput-Pionier Wheeler formulierten Grundgedanken der Hilfe zur Selbsthilfe beziehungsweise der Übertragung von möglichst viel Verantwortung an die einheimischen Kräfte.

Zu beachten ist auch der hohe Mädchenanteil an den höheren Schulen. Sowohl um 1877 als auch um 1900 – dem letzten Jahr, in welchem die Gesamtstatistik die geschlechtsspezifischen Zahlen aufschlüsselt – übertraf er denjenigen der Burschen;

---

208 Die *European Turkey Mission* wird hier ausgeklammert, da sie nur den damaligen europäischen Teil der Türkei ohne Istanbul umfasste und mit Abstand die kleinste der vier ABCFM-Türkeimissionen war.

Fig. 1: Missionsmitarbeiter der *Eastern Turkey Mission* des ABCFM, 1860– 1913

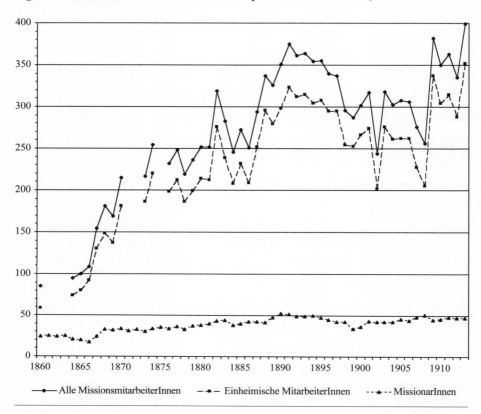

——◆——Alle MissionsmitarbeiterInnen   — ■ — Einheimische MitarbeiterInnen   - - ▲ - - MissionarInnen

Quelle: Jahresübersichten im *Missionary Herald* zu Beginn des jeweis nachfolgenden Jahres. Vgl. auch die Gesamttabellen im Anhang. Mit „MissionarInnen" sind alle westlichen Missionsmitarbeiterinnen und -mitarbeiter gemeint, insbesondere auch die Ehefrauen.

im Mittel war er rund hälftig. In den Ostprovinzen lag er allerdings ausser im Jahre 1900 deutlich unter der Hälfte.

Dass sich das ABCFM nach 1890 nicht mehr im gleichen Tempo wie vorher ausweitete, darf nicht über die gleichwohl zunehmende allgemeine Missionsdynamik hinwegtäuschen. Einerseits gab es einen neuen Schwerpunkt, die medizinische Mission, die in derselben Zeitspanne stark zunahm, andererseits wurden in der Hilfstätigkeit ab 1895 ausserordentliche Betreuungsleistungen vollbracht und im Zusammenhang damit die jungen deutschen Missionen initiiert. Die *Eastern Turkey Mission* sah sich seit den 1890er Jahren mit hamidischen Abwehrmassnahmen und mit einer zunehmenden Konkurrenz konfrontiert. Nach 1908 wurde diese noch verstärkt. Gleichwohl und trotz gestopptem Wachstums in den Bereichen Bildung und Kirche wahrte sie bis zum Ende des Reichs ihre unter den „Armenienmissionen" erstrangige gesellschaftliche Stellung in den Ostprovinzen.

Fig. 2: Schülerzahl der *Eastern Turkey Mission* des ABCFM, 1860– 1913

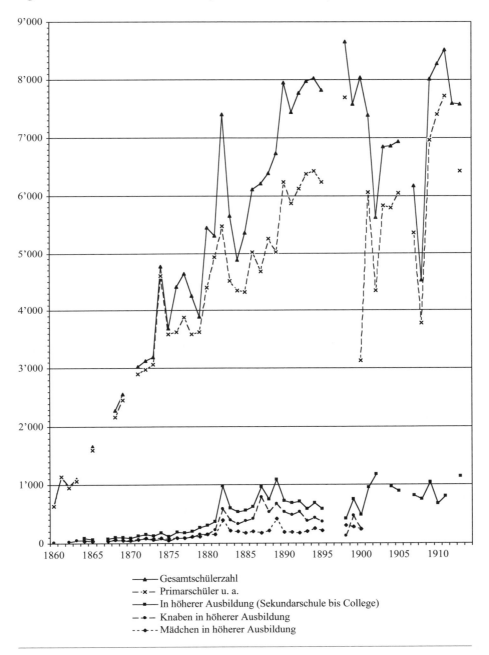

—▲— Gesamtschülerzahl
—×— Primarschüler u. a.
—■— In höherer Ausbildung (Sekundarschule bis College)
—●— Knaben in höherer Ausbildung
- - ◆ - - Mädchen in höherer Ausbildung

Quelle: Jahresüberblicke im *Missionary Herald*. Die Rubrik „Primarschüler u. a." figurierte bis 1900 als *common schools*, danach als *other schools*, das heisst weder Predigerseminar noch Internat, höhere Schule oder *college*.

Fig 3: Vergleich der Gesamtschü lerzahlen der *Eastern, Central* und *Western Turkey Mission* des ABCFM, 1877– 1913

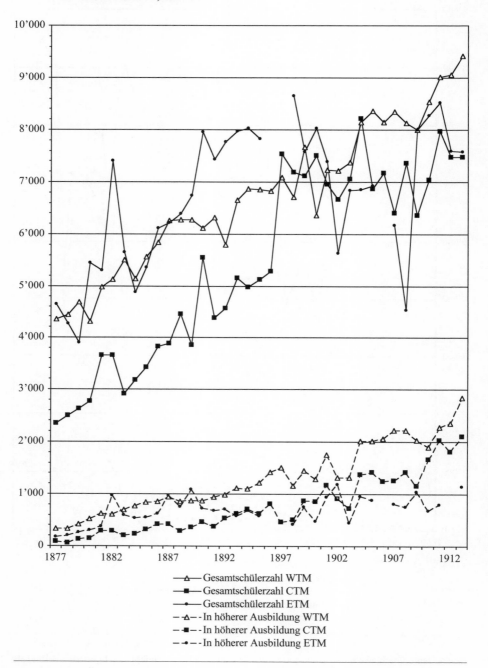

—△— Gesamtschülerzahl WTM
—■— Gesamtschülerzahl CTM
—●— Gesamtschülerzahl ETM
– –△– – In höherer Ausbildung WTM
– –■– – In höherer Ausbildung CTM
– –●– – In höherer Ausbildung ETM

Quelle: Jahresüberblicke im *Missionary Herald.*

2.7.4 Medizinische Mission

Mehrere frühe Türkeimissionare waren ausgebildete Ärzte, zum Beispiel Asahel Grant, Fayette Jewett oder Azariah Smith und dessen Nachfolger Andrew Pratt und David Nutting in Anteb. Den Gebrauch ihrer medizinischen Kompetenz für die einheimische Bevölkerung hatten sie jedoch nie institutionalisiert; er geschah sporadisch neben dem, was sie als ihre missionarische Haupttätigkeit verstanden. Neben der recht hohen Zahl von Ärzten innerhalb der Mission fällt auch die Anwesenheit mehrerer Ärztinnen auf, so in Van, Harput-Mezere, Erzurum und Anteb. Diese besassen zwar keine offizielle osmanische Berufserlaubnis, konnten aber innerhalb der medizinischen Stationen in Begleitung von akkreditierten Ärzten ihre Tätigkeit ausüben. So gelang es der Missionsärztin Grace Kimbal 1893 nicht, in der Hauptstadt die offizielle Berufsgenehmigung für Van zu erhalten, „owing to the existant viserial order against certifying diplomas of foreign women doctors". Als erste erkämpfte Dr. Mary Eddy im folgenden Jahr diese Genehmigung für ihre Praxis in Syrien.[209]

Erst in der hamidischen Ära bauten die Missionen eigentliche medizinische Bereiche auf; die amerikanische Mission in Anteb war darin führend. Schon 1876 eröffnete sie eine medizinische Abteilung am *Central Turkey College*. 1879 legte sie dank Spenden aus den USA den Grundstein für ein Spital. Die zur Legende gewordene, vom osmanischen Staat dekorierte Verkörperung des Missionsarztes war Fred Shepard. 1882 in Anteb eingetroffen, widmete er sich ausschliesslich der ärztlichen Tätigkeit. Seine Frau, die ebenfalls Ärztin war, aber keine Berufserlaubnis in der Türkei erhielt, unterstützte ihn darin. Als sie sich ganz der eigenen Familie sowie der Betreuung der kunsthandwerklichen Industrie der Mission zuwandte, wurde sie 1893 durch die Ärztin Caroline Hamilton ersetzt, die ebenfalls unter Shepards Protektion ohne Berufserlaubnis praktizierte. Drei Jahre nach der Amerikanerin Mary Eddy war die Schweizerin Josephine Zürcher vermutlich die zweite selbständig im Osmanischen Reich und die erste im osmanischen Kleinasien praktizierende Ärztin; sie ging 1897 im Auftrag der deutschen Orient-Mission nach Urfa.

Wenige Jahre nach Shepards Kommen liess sich der erste türkische Arzt in Anteb nieder. Später wurde auch ein städtisches Spital eröffnet. Die missionarische Modellfunktion für staatliche Spitalgründungen war in zahlreichen Städten offenkundig. Trotz der Konkurrenz blieb Shepard bis zu seinem Tod 1915 die unangefochtene medizinische Autorität in Anteb und weit darum herum – dies auch bei einer muslimischen Patientenschaft. Falls er nicht gerade zu einem Notfall gerufen wurde, war er während des akademischen Jahres praktizierend und lehrend in der Stadt tätig. In den Sommermonaten Juli und August jedoch machte er ausgedehnte Reisen aufs Land, wo er die dringendsten medizinischen und chirurgischen Bedürfnisse stillte und damit auch Geld für den Ausbau seiner Arbeit in Anteb verdiente.[210]

---

209 „It remained for the valient Dr. Eddy of Syria [1864–1922], to break down the viserial interdiction, and open Turkey to equal doctoreal privileges between men and women." ABC 16.9.7, reel 693: 409. – Mary Eddy, die nicht im Dienst des ABCFM stand, war die Tochter des ABCFM-Missionsehepaars Hannah und William Eddy. Vgl. Fleischmann 1998, S. 311 f.

210 ABC MS Hist. 31: 4, S. 39; MS Hist. 5: 6, S. 1 f.

Das finanzielle Prinzip aller medizinischen Türkeimissionen war es, sich von den Reichen reichlich, von den Armen bescheiden oder gar nicht entlöhnen zu lassen. Anders als die übrigen Missionstätigkeiten eröffnete die medizinische Mission den Zugang zu allen Schichten und Gruppen der Bevölkerung. Die französischen und deutschen Missionen übernahmen vom Beginn ihrer Tätigkeit an die Idee der „medizinischen Mission", die sich im muslimischen Umfeld ganz besonders zu bewähren schien.

Die Missionsärztinnen und -ärzte wurden in den Städten des Ostens seit der hamidischen Ära zu Respektspersonen, die im Gegensatz zu den predigenden Missionaren weder den Spott fortschrittsgläubiger Positivisten noch die Gegnerschaft der Traditionsbewussten auf sich zogen, sondern in den Augen weiter Kreise der Bevölkerung Humanität und „wahren Fortschritt" repräsentierten. Da fast alle direkt oder indirekt selbst die Segnungen der medizinischen Mission erfahren hatten, genossen die Missionsärzte hohes persönliches Vertrauen: in Van George Raynolds und Clarence Ussher, in Harput Henry Atkinson, in Marasch R. Müllerleile, in Urfa Josephine Zürcher, Hermann Christ und Andreas Vischer – Namen, die zum Teil bis heute nicht ganz aus dem lokalen Gedächtnis verschwunden sind.[211] Die medizinische Hilfe führte zu messbaren, statistisch auflistbaren Erfolgen. Für die Heimatgemeinde symbolisierte sie die eigene Überlegenheit und Grosszügigkeit.[212]

Wichtige Bestandteile der medizinischen Mission waren die Krankenpflege und das Hebammenwesen, zwei Bereiche, die besonders die Frauen betrafen. Professionelle Krankenpflege hatte keine Tradition im Orient: Dafür war die Familie zuständig, die den Kranken auch im Spital umsorgte. Die Missionen zogen im letzten Jahrhundertviertel eine erste Generation von Krankenschwestern praktisch ausschliesslich armenischer Abstammung heran. Der missionarische Eifer gerade bei dieser medizinischen Arbeit unter und mit den Frauen spricht deutlich aus einem Schreiben – vermutlich einem Vortragsskript – von Paula Schaefer, der Krankenschwester des Hülfsbundes in Marasch. Kampf gegen weibliche „Unwissenheit" und „Gewissenlosigkeit" waren hier die Schlagworte. „Die ärztliche Mission ist derjenige Zweig unserer Arbeit, der direkt auch den Muhammedanern dienen soll. – Für uns Frauen bietet sich da ein reiches Arbeitsfeld; die muhammedanische Frauenwelt schmachtet nach Befreiung, Erlösung, Hilfe, denn wieviele Opfer fordert nicht jährlich die Unwissenheit des Weibes im Orient, die Gewissenlosigkeit, mit der bei Geburt und Wochenbett verfahren wird. [...] Da ist es denn kein Wunder, wenn heute noch 60% der Kinder sterben bei solch einer Unwissenheit der Mütter und der sogenannten Hebammen, und es ist wohl an der Zeit, einem so armen Völkchen

---

211 Wie der Autor bei seinem Urfa-Aufenthalt 1997 feststellen konnte.

212 Wie es ein Jesuitenmissionar in einem Diavortrag den Seinen zu Hause vor Augen führte: „[...] la charité fait tomber les préjugés des Arméniens Schismatiques et le farouche fanatisme du Musulmans. Voyez comme dans ce village turc pendant la consultation le chef et le prêtre entourent le médecin avec attention." AFCJ Arménie carton I RAr 26; chemise ohne Nr., betitelt: „double Arménie". Der Schluss des Vortrages strich die französische Selbstdarstellung im karitativen Akt nochmals heraus: „Par les Missionnaires qu'elle envoie et entretient dans ces pays, la France se fait dans cette résurrection une large part, la plus belle, celle qui va au cœur du peuples et dont un vieux chef kurde à barbe blanche me disait un soir assis au coin du feu près des tentes: ‚Quel pays que la France! Elle ne pense pas qu'à elle! Elle songe à faire du bien aux autres!'"

durchdringend Hilfe zu bringen." Die klar abwertenden Äusserungen Paula Schae-fers fanden in den originellen und differenzierten Beobachtungen, die Josephine Fallscheer-Zürcher 1910 über die türkischen Provinzialhebammen und ihren Er-fahrungsschatz anstellte, ein gewisses Korrektiv. Auch Fallscheer-Zürcher hielt das nahöstliche Hebammenwesen für entschieden veränderungsbedürftig, setzte aber ein Fragezeichen hinter die „europäische Dressur" der „neu-armenischen Hebam-men" (im Gegensatz zu den traditionellen gregorianischen). Sie kritisierte zugleich die mangelhaften Zustände in Hebammenwesen, Mutterschutz und Kinderfürsorge in Europa.[213]

Der Grad der mit der medizinalen Mission verbundenen religiösen Beeinflussung war verschieden. In Urfa geschah sie nicht direkt, in Marasch hingegen fanden vor jeder Öffnung der Klinik Bibelbetrachtungen statt.[214]

2.8   Schauplatz Harput in der hamidischen Ära

Die Harputer Hauptstation des ABCFM in den sechs östlichen Provinzen repräsen-tierte wie keine andere die Reformerwartungen, Veränderungs- und Bildungs-ansprüche, die der Protestantismus seit dem Berliner Kongress offen und teilweise im Verbund mit der Diplomatie hegte. Die amerikanische Mission signalisierte 1878 mit der Gründung des *Armenia College* ihren neuen Schwerpunkt, nämlich die höhere Bildung, und die armenische Zielgruppe, der diese in erster Linie galt. Die amerikanische Missionsstation in Harput stellte in den Augen des osmanischen Staates, der sich auf seine islamischen Fundamente zurückbesann, einen gefähr-lichen antiislamischen Brückenkopf dar. Die Armenier der Region Harput und die amerikanische Mission wurden Mitte der 1890er Jahre Zielscheibe von Pogromen. In der Region Harput zeigte sich besonders deutlich die Verbindung von sozialer Revolte und staatlichem Interesse. Die Täter und ihre Drahtzieher erreichten zu-mindest teilweise ihr Ziel, armenisches Gut zu muslimischem zu machen, die arme-nische Gemeinschaft physisch zu reduzieren und die missionarische Arbeit zurück-zuwerfen, zumal die vorherigen antiprotestantischen Massnahmen nur wenig aus-gerichtet hatten. Die Pogrome wurden der Anlass zur Gründung deutsch-protestan-tischer Werke, so dass in hamidischer Zeit der protestantische Aufschwung wie in den übrigen Teilen der Ostprovinzen insgesamt zwar stark gebremst, die missiona-rische Tätigkeit aber nicht reduziert wurde. In die Jahre direkt nach den Pogromen fiel auch die Gründung eines kapuzinischen *collège;* wie das amerikanische *college* führte dieses bis zum propädeutischen Universitätsniveau.

---

213 Schaefer, Paula, *Einige Punkte der missionsärztlichen Arbeit in Marasch,* S. 1 f., ca. 1910, HBO und Fallscheer-Zürcher 1910.
214 Schaefer, Paula, *Einige Punkte der missionsärztlichen Arbeit in Marasch,* S. 12, ca. 1910, HBO.

2.8.1 Reformenttäuschungen und Emigration

Der amerikanische Harput-Missionar O. P. Allen schrieb in der Situation von Krieg und Anarchie vom März 1878: „We had letters from Van yesterday of Feb 11. also from Bitlis. The accounts of the doings of the Koords and the destitution in the region of Moosh are distressing. What will be the condition of the Christian population if the Turks and Circassians emigrate from Roumelia? Many here are asking anxiously will not the Christian Powers have any thought or care for the Christians of Asia? Must we rebel too in order to have our cry heard? Their condition is a pitiable one now, but how much worse will it be if they are to be left wholly to the mercy of the Turk."[215] Zu Recht verknüpfte Allen in seiner zwar stark auf die Christen eingeengten Sichtweise die Verschiebungen auf dem Balkan mit der Lage im Osten und unterstrich die Wirkung des bulgarischen Beispiels auf die Armenier um Harput. In den Wochen nach dem Berliner Kongress gingen die Hoffnungen hoch hinaus: ein englisches Protektorat wurde erwartet.[216] Noch 1879 war Harput-Missionar Crosby Wheeler der Meinung, die Briten würden früher oder später die Regierungskontrolle über „Armenien" ausüben. Ebensosehr wie gegen eine unkontrollierte türkische waren er und seine Kollegen gegen eine armenische Herrschaft eingestellt.[217]

Die Missionare wurden auch Zeugen des muslimischen Leides, auch wenn sie sich in der Krisensituation von 1878 vor allem um den eigenen Kreis kümmerten (oder sich über eher belanglose Dinge aufhielten wie die fehlende *Avedaper*-Sendung, deren Bestellung auf einem von Russen eroberten Dampfer verlorengegangen war). Sie bekamen beispielsweise die schwierige und vertrauensvolle Anfrage der Familie eines hohen türkischen Offiziers, den Briefkontakt mit ihrem kriegsgefangenen Angehörigen herzustellen.[218]

Nach dem Berliner Kongress engagierten sich die amerikanischen Missionare in der Berichterstattung für die in den Ostprovinzen aufkreuzenden britischen Konsule, denen sie ihre Wahrnehmungen von Verstössen gegen armenische Rechte – nach Massgabe des *Hatt-ı Hümayun* und westlichen Vorstellungen von Gleichstellung und Gerechtigkeit – anvertrauten. Sie waren sich bewusst, mit der Schreibfeder beträchtlichen Einfluss auszuüben; die Informationen aus missionarischer Hand galten weithin als schwer anfechtbar. Wie am Beispiel Kiğis in Kapitel 2.2.3 dargestellt, trug diese Beobachtertätigkeit aber kaum wirksame Früchte.[219] Der

---

215 Harput, 22. 3. 1878, ABC bh.
216 Allen, Harput, an Baldwin, Bible House, 26. 7. 1878, ABC bh.
217 „Beyond this [British government] he thought there was no hope, for they all agreed, that the Armenians were unable of themselves to govern the country." Tozer, 1881, S. 231.
218 Herman Barnum schrieb darüber ins *Bible House:* „I don't want to give you needless communications, but the Turks think that we can do almost everything. I send to you by this post a letter for a Turkish Gen.l from this region who is now a prisoner of war in Russia and his family are exceedingly anxious to get a letter to him and to get a reply. [...] We are all busy and all well as usual." Barnum, Harput, an Baldwin, Bible House, 6. 6. 1878, ABC bh.
219 „[...] they fear our pens", zitierte der britische Reisende und Gelehrte Henry Tozer, der Harput 1879 besuchte, die Missionare. Tozer beurteilte die amerikanischen Missionare folgendermassen: „We found them shrewd, practical men, and cautious in judgment [...]. Hence to anyone who wishes to understand the true state of the country the information they can impart is invaluable, because they are intimately acquainted with the people from their long residence amongst them, and

Harput-Missionar John Browns besuchte 1888 den Kreis Kiği und rief angesichts der trotz aller Bedrückung für missionarische Zwecke freigiebigen Bevölkerung aus: „[...] between the everincreasing demands of an insatiate government, and the rapacity of such plundering [Kurdish] neighbours, how are these villagers to find enough to feed themselves and do so much towards the support of preaching and teaching?"[220]

Die enttäuschten Reformhoffnungen, die rechtliche Unsicherheit und die allgemein schlechte ökonomische Situation führten zu einer Migrationsbewegung, die stärker war als in allen anderen Teilen der Ostprovinzen. Im Jahresbericht der Harputer Station für 1887 hiess es: „Large numbers stand in readiness to go at the first opportunity. Over 1,200 from overplains are now in the U. S."[221] Browne beschrieb im Jahresbericht für 1888, wie die protestantischen Gemeinden einen heroischen Überlebenskampf angesichts von Missernten, darniederliegendem Gewerbe und Mangel an allem – ausser steuereintreibenden Beamten – ausfochten. Wie sah das für Dörfer aus, die keine amerikanische Unterstützung genossen? Es gab daher eine massive Migration innerhalb des Landes, vor allem nach Istanbul, aber auch in beträchtlichem Ausmass in die Vereinigten Staaten. Aus vielen Dörfern emigrierten 30–60 Personen, aus den Kleinstädten manchmal mehr als 100. Diese Emigration hielt, obwohl seit 1899 offiziell untersagt, bis ans Ende der hamidischen Epoche an. Ende 1907 hiess es im *Missionary Herald,* dass an einem einzigen Tag 40 Personen Harput Richtung USA verlassen hätten, die meisten von ihnen Protestanten. „By reasons of this emigration our brethren are working against great odds and yet very patiently." Es kam damals, im Jahr vor dem Sturz Abdulhamids, in verschiedenen Regionen der Ostprovinzen zu Hungersnöten.[222]

2.8.2 Höhere Bildung

Anders als mit ihren menschenrechtlichen Beschwerden engagierte sich die Mission im Bildungsbereich mit Erfolg. Sie tat dies mit dem selbstbewussten Anspruch, dass protestantische Bildung für die ganze osmanische Gesellschaft ein Segen sein würde: „The history of Protestant missions in every country and time has been a history not only of the growth of true Christianity, but of the highest type of civilization. The gospel inculcates loyalty to rulers, and Turkey has no subjects more loyal than the Protestants. It is not strange, however, that the government should not look at the matter in this light. It would not be surprising if an element akin to jealousy were to enter into its thought, for, taking the empire as a whole, the American schools and colleges occupy a leading position."[223] Herman Barnum, der diese Sätze 1888 im *Missionary Herald* veröffentlichte, war sich wohl nicht bewusst, dass Loyalität für

---

speak their languages, both Armenian and Turkish, and judge what they see without prejudice." Tozer, 1881, S. 230, 238.

220 MH 1889, S. 26 f.

221 ABC 16.9.9. (reel 718: 701).

222 MH 1889, S. 372, und MH 1907, S. 549. – Vgl. die Autobiographie des 1897 ausgewanderten und 1904 nach Mezere zurückgekehrten Boghos Jafarian (Jafarian 1990), bes. S. 47–61.

223 „The Turkish Government and Missions Schools", MH 1888, S. 62 f. (Zitat S. 63).

Abdulhamid mit dem protestantischen Gedankengut unvereinbar war. In der Tat war der Name des ABCFM-*college* nicht geeignet, das Misstrauen des Staates zu mildern: 1878 als *Armenia College* gegründet, hatte es das bisherige theologische Seminar integriert. Der antiprotestantische Druck der Regierung wurde 1888 stark spürbar. Sie lancierte ein Gesetz, das praktisch das Ende der missionarischen Tätigkeit in den Ostprovinzen bedeutet hätte, wenn es sich nicht auf diplomatischem Weg hätte entkräften lassen.[224]

Das *college* war bald die allererste Adresse für höhere Bildung in den Ostprovinzen. Die Wahl des Präsidenten – eines ABCFM-Missionars – lag bei Treuhändern *(trustees)* in Massachusetts, ausgewählt vom *Prudential Committee* des ABCFM und vom *Women's Board of Missions*. Die ABCFM-Missionare in Harput ihrerseits bestimmten Verwaltungsräte *(Board of Managers)* vor Ort. Erst als von einheimischer armenischer Seite auch beträchtliche finanzielle Mittel eingebracht wurden, bekam die *Harput Union of Evangelical Churches* das Anrecht auf einen Sitz im Verwaltungsrat.

Artikel 2 der *college*-Statuten besagte: „The chief aim of this College shall be to prepare intelligent Christian leaders in all departments, and thus to secure to the Church of Christ that controlling influence which should result in giving to the masses of the different nationalities the blessings of a Christian civilization." Ein solcher Text musste einen missionskritischen Beamten stutzig machen. Wie sollte er es nachvollziehen, dass mit Leitbegriffen wie „Führerschaft", „Kontrolle", „Einfluss" und „christliche Zivilisation" in der missionarischen Vorstellungswelt wirklich etwas anderes als politische Macht angepeilt war, unter welche die „Masse der verschiedenen Nationalitäten" geraten sollte? Der in genannter Hinsicht allzu suggestive anfängliche Name *Armenia College* wurde auf Druck der Behörden 1888 in *Euphrates College* geändert.[225] In jenem Jahr unterrichteten am *college* – alle Abteilungen zusammengenommen – vier ABCFM-Missionare (oft unterstützt von ihren Frauen), zwölf Armenier und neun Armenierinnen sowie, für den Türkischunterricht, ein muslimischer Türke. Sowohl Frauen als Männer waren zum *college* zugelassen, das sich von Beginn an reger Nachfrage erfreute. Die Schulkosten variierten je nach Stufe. Die Knaben zahlten 1888 in der Primarschule 1 Dollar jährlich, aber 6.40 Dollar auf *college*-Stufe. Die Mädchen zahlten nur die Hälfte, da der revolutionäre Schritt zur Mädchenbildung nicht an finanziellen Vorbehalten scheitern sollte; denn auch die christlichen Familien liessen sich in erster Linie bloss die Ausbildung der Söhne etwas kosten. Das Internat kostete jährlich 26.40 Dollar für Knaben, 22 Dollar für Mädchen. Ärmere Studenten liessen sich von der Familie wöchentlich Proviant bringen, manchen wurde ein Teil des Geldes erlassen.[226] Das Lehrangebot war reichlich. Es umfasste zusätzlich zu den schon in der

---

224 „1. That no foreigner shall be allowed to open a school without a special firman from the Sultan himself. [...] 2. No Ottoman subject shall be allowed to attend a school until after he has had a course of religious instruction in one of his own schools. 3. Foreign schools are to refrain entirely from religious instruction. 4. That all foreign schools already established which do not conform to this and to certain other conditions, and obtain the Sultan's permission within six months, shall be permanently suppressed" (MH 1888, S. 62).

225 Stone 1984, S. 173. Zitat nach Stone 1984, S. 171.

226 MH 1888, S. 136–138.

Sekundarschule gelehrten Fächern wie Türkisch, Armenisch, Englisch und Mathematik die Fächer Griechisch, Französisch, Persisch, Recht, Philosophie, Geometrie, Astronomie, Physiologie, Theologie, Musik und Zeichnen. Schulsprache war Armenisch. Henry Tozer, ein britischer Besucher, fand die Englischkenntnisse der Studenten gut. Seinen Einwand, das Bildungssystem sei zu befrachtet für die dortigen Bedürfnisse, konterte Crosby Wheeler mit der Überzeugung, es gelte Begeisterung für die Zivilisation zu erwecken; deren praktische Auswirkungen würden sich zu Hause und im Gemeinschaftsleben zeigen. Zudem ständen den Absolventen Positionen als Lehrer und Pastoren offen.[227] In der Tat gab es noch manche andere attraktive Berufsmöglichkeiten in Gewerbe, Handel, der *Régie des Tabacs* und auch in der öffentlichen Verwaltung. Einige Absolventen fuhren fort zu studieren, namentlich Medizin und Pharmazie an der amerikanischen Universität in Beirut, dem *Syrian Protestant College*.

Neben dem Schwerpunkt höhere Bildung wurde die Arbeit in den Dörfern in einem weiten Umkreis um Harput unter dem Titel „Touring Work" mit Nachdruck weiter betrieben und ausgebaut, darunter die von Caroline E. Bush betreute Frauenarbeit. Diese umfasste Frauenversammlungen, gemeinnützige Frauenvereine und ein Netz von „Bibelfrauen" (zwölf im Jahre 1884), die als praktische Ratgeberinnen, Lehrerinnen und Erwachsenenbildnerinnen tätig waren. Ein Grossteil der Arbeit auf dem Lande, so auch die Frauenarbeit und die kurdischsprachige Mission, lag in den Händen einheimischer Kräfte.[228]

Die Mission für Kurdischsprachige geschah hauptsächlich unter der gemischten Bevölkerung – „Mohammedans, Yezides, Jews, Syrians, Catholics, Armenians, and Greeks" – im Gebiet um Redvan, welches die Harput-Missionare „Koordistan" nannten, nicht etwa im Dersim. Sie betraf hauptsächlich kurdischsprachige Christen armenischen Ursprungs und hatte insofern einen armenisierenden Effekt, als für Schule und Schriftlesung als Schriftsprache Armenisch verwendet wurde. Man begann auch Bibelteile ins *Kurmanci*-Kurdisch zu übersetzen, konnte diese aber der hamidischen Zensur halber nicht drucken. Wie bei den übrigen Dorfkirchen und Dorfschulen wurden die Kosten für Infrastruktur, Lehrer, Pastoren und Fürsorge weitgehend aus Eigenleistungen der Bevölkerung erbracht.[229]

---

227 Tozer 1881, S. 229. Für einen Vergleich des *Euphrates-College*-Systems mit dem amerikanischen: 10. 10. 1914, ABC 16.9.9 (reel 715: 547). Die in der vorbereitenden Abteilung geführten Stufen zählten übrigens weit mehr Schüler als die eigentliche *college*-Stufe.

228 C. E. Bush, „Report of Work from Women in Harpoot Field for 1884", ABC 16.9.9 (reel 718: 759 ff.).

229 Redvan lag gut 200 km südöstlich von Harput und 100 km östlich von Diyarbakır. „These are its fruits in Koordistan: sixty Protestant houses, two hundred and sixty-five adherents, sixty-two church members, one ordained pastor, three preachers, one teacher in Redwan, four schools, three of which are taught by the preachers. This poor people during the past twelve years have spent 40,000 piasters ($ 1,760) for preacher, teachers, and building, besides 10,000 piasters ($ 440) for the poor and other benevolent objects. Last year, during the dreadful famine, from their extreme poverty they gave nearly forty liras to the poor, and for pastor, teacher, and other things, nearly the same, besides bread, food, etc." MH 1881, S. 218 f. Zum „Home Missionary Work in Koordistan" vgl.: MH 1894, S. 428 f. und, ausführlich, MH 1901, S. 115–117. Zur Kurdischübersetzung vgl. unten, S. 383 f., und MH 1890, S. 69. Zur Frage der Eigenleistungen vgl. MH 1881, S. 319, MH 1883, S. 105, MH 1890, S. 187 f.

Das missionarische Harput machte zu Beginn der 1890er Jahre einen dynamischen und prosperierenden Eindruck, sowohl auf aussenstehende Besucher, die
sich entsprechend lobend äusserten, als auch auf die Muslime der Region, von
denen einige – namentlich einzelne Funktionäre oder Dersimführer – das zivilisatorische Vorbild begrüssten.[230] Die meisten sunnitischen Muslime aber betrachteten diese „Zitadelle der Bildung" als Gefahr für die muslimische Herrschaft und
warfen ein neidisches Auge auf den Erfolg und relativen Wohlstand der *gavur*. Da
auch die Schulen der armenischen Millet florierten, nahm die edukative Differenzierung zwischen Christen und Muslimen trotz der hamidischen Anstrengungen im
Schulbereich weiter zu, am stärksten bei den Frauen und auf der Sekundarstufe.[231]

2.8.3 Harput, 1895–1896

Als Ferment der Veränderung und Ort symbolischer Umwertung des Herrschafts-
gefüges erschien der Ümmet der missionarische Bildungsapparat massiv bedrohlich,
zumal hamidische „Missionare" seit Beginn der 1890er Jahre das islamische
Herrschaftsbewusstsein schärften. Zweifellos galten in dieser Sicht ABCFM-Institu-
tionen und die auch in der Region Harput bestehenden Einrichtungen der *Régie des
Tabacs* als Teile desselben mächtigen ausländischen Einflusses, der das Reich des
Sultans seit dem Berliner Kongress zu bedrohen schien. Diejenigen, die sich diesem
Einfluss willig aussetzten oder ihn gar herbeiriefen, erschienen als Verräter am
bestehenden Macht- und Sozialsystem.[232]

Die Pogrome der 1890er Jahre manifestierten in Harput sehr deutlich die beiden
Komponenten von sozialer Revolte sowie Züchtigung derer, die das Herrschafts-
system herauszufordern schienen, indem – neben den Armeniern – sowohl das
ABCFM als auch die *Régie des Tabacs* zu Zielscheiben der Gewalt wurden.[233] Ein
weiteres, nur dank missionarischen Quellen präzise beschreibbares Merkmal jener
Ereignisse in der Region Harput ist die Beteiligung der Dersimkurden, die kräftig
mitplünderten, aber nicht bei den Blutbädern mitmachten. Dank der vielfältigen
Beziehungen der Harput-Mission zu zahlreichen Dörfern und Kleinstädten ist das
Geschehen ausserhalb der Zentren hier wesentlich besser dokumentiert als andern-

---

230 Von einem Besuch des Vali im *college* im Frühjahr 1890 hiess es: „[…] he spoke enthusiastically to
the young ladies, and among other said: ‚I am about to open schools for girls, and by-and-by shall
call for some of you to teach my teachers how to teach.'" MH 1890, S. 243. Zu den Eindrücken
eines Sivas-Missionars auf Besuch in Harput vgl. MH 1890, S. 69.

231 Cuinet 1892, S. 329, gab für den Merkez-Sandschak Mamuretülaziz 2'635 Schüler in staatlich-
muslimischen Schulen an gegenüber 4'590 in den christlichen: Bei letzteren waren sowohl der
Sekundaranteil als auch der Mädchenanteil weit höher (kein einziges Mädchen in höheren
muslimischen Schulen gegenüber 1'080 in den christlichen).

232 Allzu idyllisch beschreibt Quataert (1983, S. 6) die vermeintliche soziale Stabilität, die durch den
Sündenfall der europäischen ökonomischen Penetration in Konfusion geendet habe. Von ökono-
mischer Penetration kann in den Ostprovinzen frühestens – aber nicht im vollen Wortsinne – mit
der *Régie des Tabacs* die Rede sein, sonst war die Durchdringung vorwiegend eine missionarische.
Dennoch gab es seit den 1830er Jahren und zugespitzt in den 1890er Jahren schwere soziale
Krisen.

233 Vgl. Quataert 1983, S. 32 f.

orts. „The Dersim is in a bad way. The Koords say that Zekki Pasha has given them permission to do whatever they like to the Armenians", schrieb Herman Barnum am 10. Oktober ins *Bible House.* „The whole country seems to be in state of upheaval", berichtete Caleb F. Gates, der Präsident des *Euphrates College,* am 4. November 1995 an Peet.[234] Nichts war bis zu diesem Zeitpunkt in Harput und Umgebung bisher geschehen ausser der Plünderung von sechs Dörfern durch Dersimkurden diesseits des Euphrats. Frauen und Kinder kamen mit, um die geraubte Ware wegzutragen. Die armenischen Flüchtlinge aus jenen Dörfern strömten aufs Missionsareal. Die Harput-Station bemühte sich neben der Flüchtlingsarbeit, systematisch Informationen über das Geschehen im weiten Missionsfeld der Station zu sammeln. Am selben Tag verschlimmerte sich die Lage, und die Mission sandte je ein Telegramm nach Istanbul an Peet und an den US-Diplomaten Alexander Terrell: „Kurds plundering the villages, threaten city, especially our quarter. Danger extreme." Über das eigentümliche Verhalten der Lokalregierung schrieb Gates am 5. November: „The acting-governor had been very prompt and efficient in his action when relations between Turks and Christians became strained in the city, but now he seemed slow to act. It was known that he had telegraphed to Constantinople in regard to the situation and that he could get no answer." Und über die Berufung der Täter auf höhere Instanzen: „[…] in every place without exception the Koords claim that they have government sanction and authority for all they are doing. Now can you explain the simultaneous uprising of the Koords in all quarters, and the ease with which they are controlled the moment the government shows a determined front. I do not wish to explain it. It makes me sick at heart." Im Brief vom 6. November an Judson Smith in Boston doppelte Gates nach: „[…] a heartsickening conviction comes over us that the government has connived at, if it has not directly encouraged the wholesale destruction of the Christians throughout the land." Er appellierte dringlich an die ABCFM-Führung, über diplomatische Kanäle in Konstantinopel zu intervenieren.[235]

In der Stadt Harput fanden die Übergriffe wenige Tage danach statt und kosteten etwa 500 einheimischen Christen das Leben. Gates beschrieb in seinem Brief vom 13. November an Peet jene dramatischen Tage:[236] Sunnitische Kurden und Türken aus der Nachbarschaft taten sich mit den Stadttürken zusammen, um die Armenier anzugreifen und auszuplündern. Die Soldaten stellten sich den Aggressoren nicht entgegen und unternahmen auch nichts, um die Missionsstation zu schützen, welche 400 Flüchtlinge beherbergte. Der Überfall und die Brandstiftung richteten grossen Sachschaden an. Eine Woche später, am 20. November, herrschte weiterhin grosse Unsicherheit. Die Missionare waren der Überzeugung, Ereignisse dieses Charakters und Ausmasses würden notgedrungen zu ausländischer Intervention führen. In diesem Fall glaubten sie, in Harput kaum mit dem Leben davon-

---

234 Brief von Barnum in *Papers on excesses against christians, 1888–1899,* ABC bh; Brief von Gates sowie das folgende Telegramm in ABC 16.9.9 (reel 718: 550).

235 „Let every effort be made to impress the authorities at Constantinople with the extreme gravity of the situation. The idea of an uprising among the Armenians is absurd. They are in terror for their lives." Dieses und die drei vorhergehenden Zitate in ABC 16.9.9 (reel 718: 551–557). Gates war ab 1903 Präsident des *Robert College.*

236 Vgl. Briefausschnitt im Anhang, S. 539 f.

zukommen.[237] Falls sie überlebten, stand eine Wiederaufbau- und Hilfswerksaufgabe grosser Dimension vor ihnen. Die Novemberbriefe sind bereits voll von entsprechenden Appellen. Es fand keine Intervention statt, die Missionare überlebten und begannen die Nothilfe zu organisieren.[238]

Ein Missionar, vermutlich Gates, erstellte noch im November eine Liste, welche die Schäden der Grossregion, soweit er sie damals in Erfahrung bringen konnte, erfasste und einzelne Orte beschrieb. Er resümierte die Liste mit diesen Sätzen: „The accompanying table shows 176 places plundered. Out of 15,359 Christian houses, 8,054 were burned, 15,845 persons were killed. This is an underestimate, for I have not counted the dead in places from which I could get no reliable report, even though I knew many were slain. Where varying estimates were given I have taken the smallest."[239] Die vom Missionarssohn E. M. Bliss 1896 publizierte Gesamtstatistik für das Harput-Vilayet, die sich auf internes Zahlenmaterial der Provinzbehörden und, obwohl nicht deklariert, vermutlich auch der Harput-Mission abstützte, führte 28'562 niedergebrannte Häuser, 5'530 Vergewaltigungen, 15'179 Zwangsbekehrungen zum Islam und 39'234 Getötete auf.[240]

Betrachten wir noch das unspektakuläre Beispiel des Dorfes Garmuri im Süden Harputs. Es wurde „nur" geplündert, ohne Morde. Anders als die armenische Gemeinschaft des Städtchens Eğin, die sich als einzige mit einer Summe an den türkischen Notabeln Mahmud Agha vorübergehend „freikaufen" konnte, erlitt Garmuri aber sehr wohl Gewalt. „[…] the aghas took the Christians to their houses ‚for protection' while the Koords plundered the village. Then the aghas told the Christians they could not protect them unless they became Moslems. At the edge of the sword they accepted Islam and were circumcised. The priest between 70 and 80 years of age was tied to a post and circumcised by force. The leader in these raids is supposed to be Kel Selo Effendi, brother of Tahsin Bey, acting sub-governor [nahiye müdürü?] of Garmuri. The Protestant Chapel and parsonage were burned. The Armenian church has been converted into a mosque."[241]

Im Falle Garmuris sieht der ganze Vorgang neben dem materiellen Aspekt wie eine Revanche für den symbolischen Sieg aus, den der Protestantismus um 1880 errungen hatte. Damals wurde Garmuri eine neue Aussenstation des ABCFM. Der protestantische Teil der Dorfbevölkerung erbaute in enthusiastischer abendlicher Fronarbeit eine eigene Kapelle gegen den Widerstand der traditionellen Kirche und der Dorftürken. Letztere reagierten mit Entsetzen auf die Möglichkeit eines Kapellglöckleins. Die Kapelle, die noch kein solches hatte, wurde 1879, kaum erbaut, abgebrannt, aber von der Gemeinschaft alsbald wiedererrichtet. Um Anstoss zu vermeiden, regte Harput-Missionar Barnum an, nicht mit einer Glocke zur Versammlung zu läuten, sondern auf ein Brett zu schlagen. Die Dorftürken gaben zu

---

237 „It seems as if these events must lead to the occupation of the country by foreign armies. If it does the Turks may put an end to us all first." Gates an Smith, 20. 11. 1895, ABC 16.9.9 (reel 718: 558).

238 Eine anschauliche Beschreibung jener Tage der Nothilfeorganisation lieferte die ABCFM-Wandermissionarin Caroline E. Bush aus Harput, anonym publiziert in Bliss 1896, S. 516–527.

239 ABC 16.9.9 (reel 718: 565 ff.).

240 Bliss 1896, S. 445.

241 ABC 16.9.9 (reel 718: 570). Mit Aghas sind hier die wohlhabenden türkischen Grundbesitzer des gemischten armenisch-türkischen Dorfes gemeint.

jenem Zeitpunkt, als missionarische Beobachtung, verbunden mit britischer Diplomatie, die höchsten Regierungskreise beschäftigte, kleinlaut ihren Widerstand auf.[242]

Der Kommentar zur oben genannten Liste enthält auch Informationen über das Verhalten der Dersimkurden, die mitplünderten, hingegen kaum mordeten und im Falle von Çemişgezek zu Beschützern wurden: „[Çemişgezek] was to have been plundered Nov. 13th but three aghas of the Dersim Koords, Mustapha, Deyab [Diyab] and Gaki, came to the town and said to the Turks: ‚The villages have been plundered by the Turks but we Koords have the reputation of having done it. This town is necessary for our trade, if you plunder it we will plunder you.‘ On the 15th the neighboring Turks came against the town, but the Koords again preserved it." Çemişgezek wurde zum Asyl für 2'000 Flüchtlinge. Zu den Pünderungen von Dörfern um Arapkir meinte der Kommentar: „The villages near Arabkir: were plundered 6 times, – once by Dersim Koords who seldom kill and do not molest women. The slaughter was by the Turks and Kurds of the vicinity, who are cruel in the extreme."[243]

Die Motivation der Dersimkurden schien eine rein materielle zu sein, ihre „Legitimation" zum Plündern eine soziale, keine religiöse oder politische, auch wenn sie eine Weisung des Sultans vorschützten. Insofern widersprechen die Ereignisse von 1895 nicht so sehr dem Bild insgesamt freundnachbarlicher alevitisch-armenischer und guter alevitisch-protestantischer Beziehungen, als es zuerst scheinen mag. Selbst 1895 treffen wir, wie früher schon und wie ganz besonders 1915, Protektion der Armenier durch Dersimkurden an.[244]

In seinem Brief vom 21. November 1895 an Judson Smith von der ABCFM-Zentrale in Boston, geschrieben, als der Sturm eben vorüber war, antizipierte und verwarf Gates bereits vehement sowohl die These spontaner Revolten als auch diejenige armenischer Provokation, welche die hamidische Verwaltung alsbald zu verbreiten suchte: „The apologists for the beneficent and genial ruler of this land will doubtless try to make out that all this is the fault of Moslem fanaticism and quite contrary to the wishes of the Sultan. The government itself will represent, it

---

242 „The more fanatical Turks regard bells as an insult to them and their faith. [...] It is the general testimony of the Christians in the village that the burning of the chapel was a blessing to them in helping to free them from the oppression of the Turks, for the Turks were in great dread lest we should suspect them of the crime, and they put themselves upon their good behavior." MH 1881, S. 265, vgl. MH 1881, S. 226.

243 Beispiele besonderer Grausamkeit und für den Ausrottungsgedanken finden sich auf einer anderen, vom August 1896 aus der Mardin-Station stammenden Zusammenstellung, die betitelt ist: „Something about Silvan District". Der Autor äusserte sich allgemein über die sunnitisch-kurdischen Täter: „[...] merciless Kourds. It was not merely plunder and slaughter, terrible as these seem when the innocent and defenceless are their victims; it was, as in other devastated regions, a wholesale carnival of lust and blood in which every refinement of barbarous cruelty was reeked upon the living of every age, sex, and condition, and the most shameful and provoking indignities practised upon the dead." Ein Beispiel unter vielen: „After killing, plundering, taking captive, violating women before the very eyes of their male relatives, they cut off the private parts of both men and women and threw them to the dogs, saying, ‚Multiply now, if you can; we mean to cut off utterly your hope of posterity.‘" ABC bh Reports 1895–1896.

244 Ein ungenannter Kurdenführer, zweifellos ein *Kızılbaş,* rettete 1880 den Prediger und die Kapelle der kleinen protestantischen Gemeinde im Dorf Tul (Til) nördlich von Harput vor dem Angriff von Schülern eines Scheichs (MH 1881, S. 65 f.). Zu den Rettungen 1915/16 siehe Kap. 3.6.4.

has already begun to represent, that the Armenians provoked these attacks."[245] In der Tat waren die Harput-Missionare, da sie eine 16köpfige Gruppe bildeten und über ein grosses Beziehungsnetz verfügten, wie kaum jemand befähigt, authentische Informationen einzuholen, zu vergleichen und zusammenzustellen. Sie verneinten klar die Provokation, aber nicht den Aspekt der sozialen Revolte. Sie betonten die Evidenz lokaler und regionaler Koordination, die von höherer Stelle ausging, die auffällige Passivität der Behörden und die unter den Tätern schon Wochen zuvor herrschende Überzeugung, der Sultan habe befohlen, gegen die Armenier vorzugehen.[246]

Das missionarische Material über Harput ist dicht und kohärent. Es allein genügt, um die These spontaner lokaler Übergriffe in der Reaktion auf armenische Provokationen zu widerlegen. Die mehrfach zitierten Texte von Gates bestechen durch ihre Gefasstheit und Nüchternheit. Wie bereits im Schreiben von Allen (vgl. Kapitel 2.4.3) fällt auch bei Gates auf, dass die amerikanischen Missionare vor ihren Diplomaten keinerlei respektvolle Distanz pflegten. Gates wie Allen vertrauten weder auf den Informationsstand noch auf das kommunikative Standvermögen der ausländischen Diplomaten in der osmanischen Hauptstadt. Der Missionsbruder Peet, führender Kopf im *Bible House* und in enger Tuchfühlung sowohl mit den Missionsstationen in den Provinzen als auch mit den verschiedenen Diplomaten in Istanbul, sollte, so Gates' Ersuchen, die amerikanische Legation und die Botschafter der Grossmächte über die wirklichen Sachverhalte vor Ort aufklären!

Auch die Kapuziner in Harput machten es sich zur Pflicht, die Ereignisse zu dokumentieren. Auch ihr Hospiz in Harput wurde, nach ihren Angaben, zum Refugium für rund 2'000 Flüchtlinge aus umliegenden Dörfern und dem armenischen Quartier Harputs. Anders als die protestantische wurde die katholische Mission nicht zur Zielscheibe direkter Gewalt. Kaum zu Unrecht schrieben die Kapuziner dies dem loyalen Eindruck zu, den sie mit ihrer – wie sie sagten – sich strikt „jeglicher Politik enthaltenden" Arbeit bei der Regierung erweckten.[247]

Wegen des nahen Winters waren die Überlebenden, denen meist kaum mehr als die Lumpen auf dem Leibe verblieben waren, in höchstem Masse gefährdet. Die entsprechenden Beobachtungen und Appelle der Harput-Missionare waren pathetisch. Zur Frage, wie viele Todesopfer es in diesem Zusammenhang wohl gegeben hatte, zumal noch Typhus ausbrach, haben sie keine Angaben gemacht. Sie wiesen bloss auf die katastrophalen Wohn- und Versorgungsverhältnisse und die hohe Mortalität bei den Kleinkindern hin.

---

245 ABC 16.9.9 (reel 718: 558 ff.).

246 In seinem Brief an Judson Smith vom 21. November äusserte sich Gates kategorisch: „To us it is perfectly plain that this thing emanated from the Sultan. For two months the Dersim and Moslem Kourd have been declaring that they had orders from the Sultan to kill the Christians. The Turks in the cities also have said the same. Prominent Turkish officials have acknowledged that such an impression was prevalent. Then simultaneously with the proclamation of the acceptance of reforms [17. 10. 1895] all these different tribes of Kourds and the Turks dwelling in localities widely separated began to move. It was like the calling out of the reserves, and it was accomplished in a way that showed that the forces were directed by ordres emanating from one head." ABC 16.9.9 (reel 718: 558).

247 Vgl. Giannantonio 1899, S. 342–345. „Memorie, testimonianze, documenti illustrativi dei massacri del 1895 stanno in nostra mano gelosamente raccolti" (S. 345).

Die massenmörderische Verknüpfung von Sozialrevolte und Massakerorganisation auf hoher Ebene zeigte sich nochmals deutlich im Pogrom von Eğin (Kemaliye) am 15. September 1896, das einen halben Monat nach der Besetzung der Osmanischen Bank in Istanbul durch Daschnak-Aktivisten stattfand. Da der Herkunftsort eines der Anführer die Kreisstadt Eğin war, verdächtigte der Palast auf die Anzeige des *kaymakam* hin, eines einheimischen Muslims, die dortige dank Handel und Textilgewerbe besonders wohlhabende armenische Gemeinschaft, Daschnaks Unterschlupf zu gewähren. Anfangs September begannen Kurden das Städtchen zu bedrohen. Die interreligiöse Spannung stieg. Am 15. September folgten die Stadtarmenier der per Ausrufer und unter Strafandrohung verkündeten Aufforderung des *kaymakam,* die Läden, die sie aus Angst vor Übergriffen geschlossen hatten, wieder zu öffnen. Kaum hatten sie das getan, gab ein Schuss das Signal zu einem Pogrom, das seinesgleichen nur Urfa gekannt hatte. Stadtmuslime und Kurden, deren Herkunft die Missionare nicht präzisierten, waren die Täter. Ein einziger Soldat kam ums Leben, während sich die Zahl der armenischen Todesopfer auf über 1'000 belief.[248]

2.8.4 Nothilfe und Neuaufbau in Harput

Vorsichtige Beobachter gingen im Sommer 1896 von insgesamt mindestens 50'000 Waisenkindern unter zwölf Jahren als Folge der Massenmorde aus; bei vielen dieser Kinder handelte es sich um unmündige Halbwaisen, deren Mütter ausserstande waren, sie zu ernähren. Ein mit „Correspondent" unterzeichneter Bericht vom 27. Mai 1896 aus Harput gab 100'000 Bedürftige an, welche vom ABCFM-Verteilungszentrum Harput aus Hilfe benötigten, wobei schon rund 60'000 von ihnen ein Minimum an Hilfe erhalten hätten.[249]

Die Missionare in Harput hatten am eigenen Leibe erfahren, dass die kollektive Gewalt von 1895 insbesondere auch ihnen gegolten hatte. Insofern verstanden sie den Wiederaufbau als bewussten Kampf gegen die ihnen feindlich gesonnenen Mächte. Sie suchten diesen Kampf unter Aufbietung all ihrer Kräfte vor Ort, durch Beeinflussung der Diplomaten, vor allem aber durch die Mobilisierung der christlichen Öffentlichkeit in Europa und den USA für ihre Sache zu entscheiden. Es ging um Überlebenshilfe, um die Beschaffung von Finanzen, ganz wesentlich aber auch darum, die Zehntausenden von Waisen oder Halbwaisen nicht durch den islamischen Staat versorgt, vereinnahmt und zu Muslimen gemacht zu sehen. Da gerade im Bereich der Waisenbetreuung die Kräfte des ABCFM nicht ausreichten, rief dieses protestantische Hilfswerke aus Deutschland und der Schweiz auf den Plan. Am 20. Februar 1897 trafen die ersten Mitarbeiter, die der Hülfsbund in die Türkei ausgesandt hatte und die in Istanbul von Peet instruiert worden waren, in

---

248 Brief aus Harput vom 22. 9. 1896, Brief aus Eğin vom 19. 10. 1896, Bericht „The Massacre in Egin", ABC bh Reports 1895–1896.

249 „The Orphans of Asiatic Turkey", Konstantinopel, 6. 8. 1896, S. 1, ABC bh Reports 1895–1896. Autor war vermutlich Peet. Der „Correspondent" war wahrscheinlich Gates. Die meisten Berichte im Zusammenhang mit den Pogromen und der Hilfsarbeit wurden nicht nur ohne Namensnennung publiziert, sondern auch ohne solche weitergegeben und im *Bible House* archiviert, um die Korrespondenten nicht zu gefährden. ABC bh Reports 1895–1896.

Tab. 6: ABCFM-Statistik Harput, 1891– 1908

Jahr	(1876)	1891	1894	1896	1897	1900	1903	1906	1908
Protestanten	(6'913)	10'545	10'446	5'679	6'070	7'019	6'960	6'770	8'238
Missionarsleute		16	13	8	8	14	17	18	16
Einheimische Mitarbeiter		141	155	78	112	92	105	118	99
Gesamtschülerzahl	(2'625)	4'777	4'261	2'632	5'214	3'999	3'584	2'448	3'441
davon:[1]									
– Schüler		2'249	2'013	1'403	2'941	2'293	1'743	1'382	1'422
– Schülerinnen		1'542	1'558	856	2'450	1'507	1'376	1'066	1'500
– *College*[2]		[3]97				70	136	[4]247	244
– Sekundarschüler[5]	(95)					72	143	200	96
– Sekundarschülerinnen	(61)					37	81	175	89

1   Es fehlt manchmal – vermutlich von einigen Dorfschulen und Erwachsenenkursen – die Geschlechter-
aufschlüsselung. Namentlich die *Bible women* erteilten täglich Lektionen auf dem Lande oder unter
den Frauen der Stadt.
2   Nur die *college*-Stufe, Pastorenkandidaten eingeschlossen.
3   Zahl für 1890. Davon 52 Studenten und 45 Studentinnen (MH 1890, S. 243). – 1883 gab aus auf
college-Stufe 57 Studenten und 22 Studentinnen. *Annual Report of the ABCFM* 1883, Boston, 1883,
S. 51.
4   Da die Zahl für 1906 fehlt, ist diejenige des folgenden Jahres eingesetzt, so auch bei den Sekundar-
schülerinnen.
5   *Boarding and high schools.*

Quelle: Zusammengetragen von E. Carey, Mai 1909, ABC 16.9.7 (reel 703: 347). Mit Ergänzungen nach
MH 1899, S. 531.

Harput ein. Sie übernahmen einen Teil der ABCFM-Waisenarbeit, den sie hinunter
nach Mezere verlegten. Sie erweiterten rasch ihre Arbeit und eröffneten im folgenden Jahr bereits Zweigstationen in Hüsenik, Pertschendsch und Palu. Der Jahre
zuvor im Basler Missionshaus ausgebildete, nun am *college* lehrende Professor
Melkon erteilte den Deutschen Armenischunterricht.[250]

Die pietistischen Hülfsbundleute gerieten bald in Gehorsams- und Gewissens-
konflikte, „wenn die türkische Regierung uns z. B. den Befehl erteilte, die in Mezere
gesammelten Waisenkinder wieder zu entlassen. Man soll ja doch der Regierung
untertan sein, und doch musste es uns als Ungehorsam gegen Gott erscheinen, den
Willen der Regierung auszuführen. Wir haben so einige Male im Gebet die innere
Überzeugung gewonnen, dass es vor Gott nicht recht wäre, wenn wir die gehässi-
gen Befehle der Regierung ausführen würden." Der Vali Rauf Bey (1897–1903 in
Mamuretülaziz im Amt) wurde nach anfänglicher Obstruktionspolitik ein guter
Freund der deutschen Arbeit.[251]

250   *25 Jahre ...* 1921, S. 9 f., 91.
251   Johannes Ehmann in: *25 Jahre ...* 1921, S. 12.

Erst nach der Errichtung der deutschen Missionsstation konnte das ABCFM an den Wiederaufbau und die volle Wiederaufnahme seiner Tätigkeiten vor den Pogromen denken.

Tab. 6 beziffert den massiven Einbruch, den die Pogrome für die protestantische Millet, die Missionsschulen und die Mission überhaupt bedeuteten. Die Schrumpfung der Millet-Glieder auf fast die Hälfte zwischen 1894 und 1896 sagt aus, dass so viele Glieder der Gemeinschaft entweder durch Tötung oder Zwangsbekehrung verlorengingen – Verschollene gab es kaum, und die Migration setzte erst später wieder ein. Die Tabelle zeigt die insgesamt recht erfolgreiche hamidische Eindämmungspolitik des Protestantismus. Das ABCFM konnte in der zweiten Hälfte der hamidischen Ära im Raum Harput einzig im Bereich höhere Bildung zulegen. Die noch vorwiegend auf Waisenbetreuung ausgerichtete deutsche Missionsarbeit änderte nur wenig an dieser Bilanz. Die vorübergehende massive Zunahme der Gesamtschülerzahl 1897 erklärt sich durch die Schulung der Waisen, die dann teilweise in deutsche Hände überging. Es ist fraglich, ob der abrupte Rückgang an der Sekundarschule 1908 bereits mit dem durch die jungtürkische Revolution ausgelösten Boom der Milletschulen zu erklären ist.

Das ABCFM erzielte für Harput erst in den letzten Jahren der hamidischen Herrschaft entscheidende diplomatische Erfolge, einmal in der Form von Entschädigungszahlungen für die Schäden von 1895 und zweitens in der reichsweiten Anerkennung der amerikanischen Institutionen.[252] In Harput bildeten die amerikanischen Einrichtungen wie nirgendwo sonst einen kompakten Stadtteil: die Fotos (vgl. Bildteil) zeigen eine eigentliche, den übrigen Stadtteil überragende „missionarische Zitadelle". Diese war stets um ihre Erweiterung bemüht. In der Legende des auf S. 206 wiedergegebenen historischen Plans wurde als wichtige Eigenschaft von Immobilien jeweils die Steuerpflichtigkeit aufgeführt, die nach Gesetz dann wegfiel, wenn die Gemeinnützigkeit des Gebäudes vom Staat anerkannt war. Des weiteren sind die Hinweise auf die Brandstiftungen vom November 1895 bemerkenswert. Nicht auf dem Plan ersichtlich, da in der Ebene von Mezere gelegen, sind die Farmen für die Produktion von Milch, Fleisch und Getreide für den Eigenbedarf sowie von Seide und Spitzen für den Markt. Die grosse Zahl von verarmten Armeniern, Waisen und Witwen nötigte auch die Harput-Mission, Arbeitsbeschaffungsmassnahmen zu ergreifen und für die Waisen Berufslehrmöglichkeiten zu schaffen. Neben der eigenen landwirtschaftlichen und textilen Produktion unterstützten sie in Arapkir und Eğin armenische Kleinproduzentinnen und -produzenten im Bereich Textil und Teppich mit der Beschaffung von Fäden und Webstühlen.[253]

Die Spitzenproduktion, *lace industry,* profitierte von einem geschützten Absatz, den die Missionarinnen bei ihren Freundeskreisen in Europa und den USA schufen. Lora G. Carey rief die Arbeit 1903, zwei Jahre vor ihrem Tod, ins Leben. Ihre Nachfolgerin Tacy A. Atkinson stellte dieses Werk der Arbeitsbeschaffung, dem bereits klar der Grundsatz der Hilfe zur Selbsthilfe zugrunde lag, 1907 so dar: „Its object is to furnish needy women and girls of Harpoot with means of support. The poverty of this region is great. It is a constant problem to know how to help them.

---

252 Vgl. Kap. 2.6.9; Green 1916, S. 221 f.
253 Quataert 1993, S. 85. Vgl. Abb. 56–64, unten, S. 261–265.

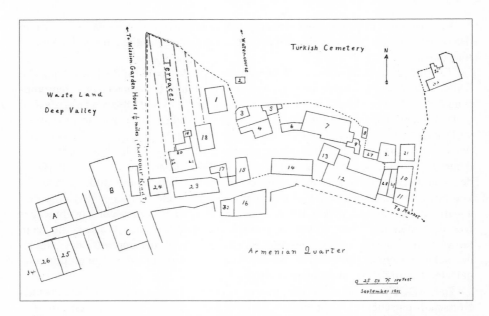

Karte 6: Plan des ABCFM-Areals in Harput, September 1901. Der Plan wurde im Zusammenhang mit dem jahrelangen Seilziehen mit den osmanischen Behörden um die Anerkennung der amerikanischen Institutionen sowie um Entschädigungszahlungen für die Schäden von 1895 gezeichnet. Das Land des Missionsareals war um 1860 von einem Muslim namens Keşiş Oğlu gekauft worden, weitere Haus- und Landkäufe wurden meist mit angrenzenden Armeniern getätigt. Die westöstliche Ausdehnung des Areals betrug 300 Meter.
Legende: 1. *Euphrates College* (männliche Abteilung), gebaut 1887. Grundstück steuerpflichtig, nicht jedoch das Gebäude. 2. Wasserreservoir. 3. Holzschuppen. 4. Haus des *Euphrates-College*-Präsidenten, steuerpflichtig. 5. Wasserreservoir und Wäscherei. 6. Alte Mädchenschule, nicht steuerpflichtig. 7. *Girls' College* und *High School*, nicht steuerpflichtig. 8. Loge des Torhüters, nicht steuerpflichtig. 9. Bad, nicht steuerpflichtig. 10. Knabenwaisenhaus. 11. Bäckerei und Bad. 12. *Girls' Grammar and Primary Schools*, nicht steuerpflichtig. 13. Lehrerwohnungen. 14. Wohnungen einzelner Missionare und Missionarinnen, steuerpflichtig. 15. Barnums Haus. 16. Stall, vormalig Wheelers Haus und Theologisches Seminar (1895 abgebrannt). 17. Studentenräume. 18. Knabengymnasium, nicht steuerpflichtig. 19. Wasserklosett des *Euphrates College*. 20. Vormalige Schlafräume (1895 abgebrannt). 21. Vormalige Kapelle (1895 abgebrannt). 22. Knabenschlafräume, auf vormaligem Kindergarten errichtet, nicht steuerpflichtig. 23. Protestantisches Gemeinschaftshaus, jetzt Waisenhaus. 24. Haus Schamovian, ABCFM in Verhandlung über Kauf. 25. Parzelle Shushanian, gekauft. 26. Von Prof. Melkon gekaufte Parzelle. 27. Von Marootian gekauftes Haus. 28, 29 und 31. Hauskäufe in spe. 30. und 35. Provisorische Waisenhäuser, sonst fürs *Euphrates College* gedacht. 33. Parzelle und zerstörtes Haus von Arakel Demirjian, von ABCFM gekauft. 34. Parzelle, die das ABCFM von Muhtidi Mustafa erwarb, um Probleme mit einem schwierigen Nachbarn zu vermeiden.

Abb. 23: Reklame der Seidenproduktion des ABCFM-Waisenhauses in Harput, 1907. Der orientalischen Kundschaft entsprechend auf armenisch, osmanisch und französisch.

We believe the true way is to help them to help themselves. There is no profit in this lace work to anyone except the poor. When selling for cash, or when the money is paid at once on receipt of goods, a profit of 15% is added to cost: but when we must wait indefinitely until the goods are sold before receiving money we ask 25%. This profit goes for paying postage, for hiring a teacher, for covering cost of materials wasted in teaching beginners, and for covering occasional losses which we must sustain in sending so far. Our linen comes direct from a wholesale firm in Belfast and our thread from London, so that the cost of materials is as low as possible. We try to make what people want, and we always use pure linen and fine thread."[254]

Nach den Pogromen wurde ein US-Konsul in Harput stationiert. Er markierte den Beginn einer neuartigen amerikanischen Präsenz: Die ABCFM-Schulen bereiteten in seiner Sicht in hervorragender Weise auf die wirtschaftliche Penetration der USA vor: „I know of no import better adapted to secure the future commercial supremacy of the United States in this land of such wonderful potential possibilities than the introduction of American teachers, of American educational appliances and books, of American methods and ideas."[255] Frühestens seit der Jahrhundertwende kann daher im Falle des ABCFM von beginnender Konzertierung amerikanischer missionarischer, diplomatischer und wirtschaftlicher Interessen die Rede sein. Dies war nicht im Sinne eines gegenwärtigen Imperialismus, sondern langfristiger Investitionen mit konvergentem Interessenhorizont zu verstehen und geschah aus sehr unterschiedlichen Motivationen und Zukunftsbildern heraus. Das missionarische Selbstverständnis änderte sich deswegen kaum. Aus patriotischer Pflicht heraus einen Posten als Vizekonsul zu übernehmen kam beispielsweise für einen Ostprovinzenmissionar wie C. E. Clark, Arzt in Sivas, nicht in Frage, da er sich dadurch in seiner eigentlichen Arbeit behindert gesehen hätte.[256]

---

254 ABC 16.9.7 (reel 703: 655).
255 MH 1903, S. 298.
256 „Dear Dr. Barton: Your letter of Oct. 2 written in reply to mine of June 4, regarding my applying for the office of Vice Consul here, arrived a short time ago. I want to say that I heartily approve the action of the Prudential Committee in the matter. I feel that my influence as a missionary will be far better if I am not connected with the Government." Sivas, 10. 12. 1907, ABC bh MiscCorr Constantinople 1889–1919.

2.8.5 Der edukative und gesellschaftliche Wettlauf

Pater Basile de Wessel aus Mezere wetterte kurz nach der jungtürkischen Revolution in *Les Missions Catholiques:* „Nous avons à lutter contre la concurrence effrénée des schismatiques arméniens et des protestants américains et allemands. Les Arméniens, soutenus par l'orgueil national, font tous leurs efforts pour contrebalancer l'influence étrangère."[257]

Seit Ende des 19. Jahrhunderts befand sich die vormalig italienische, aber seit 1893 der Province de Lyon unterstellte kapuzinische Mission de Mésopotamie in einer nach ihren eigenen Worten „erbitterten" Konkurrenz mit den Protestanten auf ihrer, wie es ebenfalls hiess, Hauptstation in Mezere und Harput. In der Tat legten das ABCFM, vor allem aber seine deutschen Juniorenpartner in den letzten Jahren der Herrschaft Abdulhamids ein beträchtliches Wachstum an den Tag: 1901 in Mezere die Eröffnung eines Hülfsbund-Krankenhauses, 1906 eines Lehrerinnen- und Lehrerseminars, 1907 neuer Zweigstationen.[258]

Die Spiesse waren nicht gleich lang, doch immerhin besassen die vier Patres und drei Fratres eine Knabenschule mit *collège* – ein *collège* hatten die vor allem um Grund- und einfache Sekundarschulbildung bemühten Kapuziner sonst nirgends –, eine Kirche und ein kleines Waisenhaus in Mezere, eine Mädchenschule und eine Kapelle in Harput und Dorfschulen in Hüsenig, Hoilu und Bismischan. Sie betreuten eine insgesamt rund 800 Seelen umfassende katholische Gemeinde.[259]

Man war in den Schulen um „höhere Kultur" und das Ansehen der „höheren Gesellschaft" bemüht. Die Musik- und Theateraufführungen erfreuten sich grosser Beliebtheit im städtischen Leben. „Cette année pour la première fois, quatre élèves [du Collège] ont reçu le diplôme des mains de S. E. Reouf Bey, gouverneur général du Vilayet, à la distribution des prix, à laquelle assistaient, outre le Vali, le commandant militaire, les Consuls des Etats-Unis et d'Angleterre, ainsi que toutes les autorités civiles et militaires. La fanfare, sous l'habile direction de Fr. Ferdinand de Thizy fait des progrès rapides et bien des officiers turcs viennent assister à ses répétitions. […] A Mezéré comme à Karput, chaque année après les examens, les élèves, soit garçons, soit filles, jouent une pièce dramatique. Cette année à Karput les filles ont représenté la tragédie de Marie Stuard. On a dû rejouer la pièce plusieurs fois pour satisfaire la curiosité du public. A Mezéré les garçons ont représenté devant les autorités et les Consuls le Malade Imaginaire de Molière, traduit par eux du français en turc. Les filles ont joué en arménien le Martyre de St. Tartisius."[260]

Die Erziehung war reichlich mit europäischer Kultur und Wissenschaft befrachtet; deren Elemente nicht nur auswendig zu lernen, sondern geistig zu verdauen,

---

257 MiCa 1908, S. 510.
258 *25 Jahre* ... 1921, S. 92 f.
259 Knabenschule und *collège* in Mezere mit Primarstufe und Sekundarstufen 1 und 2: 150 Schüler (davon 28 auf *collège*-Stufe), 45 Waisen im Waisenhaus, Mädchenschule mit Primar- und Sekundarstufe: 70 SchülerInnen; 370 GrundschülerInnen in den Dörfern; *Rapport au Père Général sur l'état de la Mission de Mésopotamie 1901*, Pater Giannantonio da Milano, AGC H 72 II 9, Jahresstatistik für das Schuljahr 1900–1901, AGC H 72 II 6.
260 *Rapport au Père Général sur l'état de la Mission de Mésopotamie 1901*, AGC H 72 II 9.

Collège Français

dirigé par

Les R. R. Pères Capucins à Mamouret-ul-Aziz (Asie)

BULLETIN TRIMESTRIEL

de Mr *élève du* *cours*

NOTES GÉNÉRALES

EDUCATION

Assiduité — Ջշդապահութիւն — مداومت

Conduite — Վարք-Բարք — طورو حركت

Politesse — Քաղաքավարութիւն — تربيه و نزاكت

Propreté — Մաքրասիրութիւն .. تميزلك

INSTRUCTION

Application — Փութաջանութիւն — سعى و غيرت

Devoirs écrits — Գրաւոր դաս — تحريرى وظيفه

Leçons de mémoire — Բերանացի դաս — ازبر درسلر

Progrès — Յառաջդիմութիւն — ترق

Compositions. Places obtenues sur élèves

Catéchisme — Քրիստոնէական — علوم دينيه

Philosophie — Փիլիսոփայութիւն — فلسفه

Rhétorique — Ճարտասանութիւն — علم بيان

Littérature — Գրագիտութիւն — ادبيات

Turc — Թուրքերէն — تركجه

Arabe — Արաբերէն — عربجه

Français — Ֆրանսերէն — فرانسزجه

Arménien — Հայերէն — ارمنيجه

Anglais — Անգլիերէն — انكليزجه

Histoire — Պատմութիւն — تاريخ

Géographie — Աշխարհագրութիւն — جغرافيا

Hist. naturelle — Բնական Պատմութիւն — تاريخ طبيعى

Arithmétique — Թուաբանութիւն — علم حساب

Algèbre — Գրահաշիւ — جبر

Géometrie — Երկրաչափութիւն — هندسه

Trigonométrie — Եռանկիւնաչափութիւն — مثلثات

Arpentage — Անդաչափութիւն — مساحهٔ ارض

Comptabilité — Տոմարակալութիւն — اصول دفترى

Physique — Բնագիտութիւն — حكمت

Chimie — Տարրաբանութիւն — كيميا

Cosmographie — Տիեզերագրութիւն .. علم هيئت

Dessin Գծագրութիւն — رسم

Mamouret-ul-Aziz, le *190* Le Supérieur

Abb. 24: Quartalszeugnis des kapuzinischen *collège* in Mezere. Das 1898 gegründete, die Knabenschule in Mezere erweiternde *collège* führte seine Zeugnisse in dreisprachiger Version aus: Türkisch als offizielle Landes-, Französisch als Schul- und Armenisch als Muttersprache der Hauptklientel. Unterrichtet wurde auch Arabisch und Englisch, fakultativ Süryani. Es wurden gleichzeitig 22 Fächer erteilt. *Cours préparatoires* (5) und *cours supérieurs* (7) erstreckten sich über zwölf Schuljahre (vgl. die undatierte, wohl von 1904 stammende, in Istanbul gedruckte *collège*-Broschüre; AGC H 72 III).

genügte der im *collège* gesteckte Rahmen kaum. Diese kopflastige Überfrachtung ist auch als Auswuchs der Konkurrenz zu erklären, die neben Vielsprachigkeit möglichst viele prestigeträchtige naturwissenschaftliche Fächer verlangte.[261]

2.9   Schauplatz Van in der hamidischen Ära

Das hamidische Van kennzeichnete erstens der akzentuierte armenisch-muslimische Konflikt und eine aktive armenisch-revolutionäre Bewegung, zweitens die zum Teil von den Missionen mitgetragene Weiterführung der Modernisierung und drittens eine massive demographische Veränderung (Kurdisierung) auf dem Land unter dem Zeichen von Gewalt oder Zwang. Sowohl protestantische als auch – vor allem – katholische Missionen hatten Mühe, hier Fuss zu fassen, mehr als anderswo wurden sie als Bedrohung des nationalen Erbes aufgefasst, mehr als anderswo hatte der armenische Nationalismus hier auch die kirchlichen Institutionen erfasst. Der amerikanische Missionar Herbert Allen sah sich um 1890 mit folgender Situation konfrontiert: „[...] the majority of the city as well of the surrounding district is made up of christians. Monasteries and churches abound in surprising numbers, many of which have their schools, also several monks or priests. And it is here that the church supported by a strong tide of national feeling offers an almost fanatical resistance to any element which seems at all antagonistic to the cherished traditions of its past history. It is needless to say, that the name Protestant has become a term of reproach, a title for those who have deserted their nation and church to become the proselytes of an heretical faith."[262] Erst die effizienten Hilfsaktionen 1896 änderten die allgemeine Einstellung gegenüber den Missionen.

2.9.1 Krieg, Wiederaufbau und Missionsarbeit

Van war vom russisch-türkischen Krieg viel direkter betroffen als die weiter westlich gelegenen Städte Harput und Urfa. Von einer armenischen Loyalität zur Regierung konnte keine Rede sein, zumal kurz vor Kriegsausbruch Soldaten der Van-Garnison sich einen massiven Übergriff auf das armenische Geschäftsviertel hatten zuschulden kommen lassen. Anders als die konservative armenische Bourgeoisie begrüssten weite Teile der weniger bemittelten armenischen Land- und Stadtbevölkerung die russische Armee als Befreierin. Um so mehr wurden die armenischen Dörfer zwischen und nach den beiden russischen Vorstössen Zielscheiben von Racheakten.[263]

Die Angehörigen der jungen amerikanischen Missionsstation in Van, die Familien Barnum und Raynolds, beide vormalig in Harput, wurden zu wichtigen Augen-

261 Vgl. die Bemerkungen der Van-Missionarin Ehrhold unten, S. 441.
262 ABC 16.9.7 (reel 693: 99).
263 Koutscharian 1989, S. 71, 76 (mit weiteren Verweisen).

Abb. 25: Das Ehepaar George und Martha Raynolds, ABCFM, Van, circa 1900.

zeugen des Interregnums während und nach dem russisch-türkischen Krieg und zu Informanten der englischen Diplomatie. Von 1878 bis 1881 konnte von einer regulären Missionsarbeit keine Rede sein. Die Missionsangehörigen litten ebenfalls unter dem Krieg und mussten als Ausländer zeitweise Polizeischutz beanspruchen, um nicht von kurdischen Milizen belästigt zu werden. Dabei lobten sie ihren reformwilligen Pascha, der den lokalen Muslimen hingegen ein Dorn im Auge gewesen zu sein scheint.[264]

264 Van-Missionar Raynolds im Brief vom 21. 5. 1877 an Theodore Baldwin, *Bible House:* „The war has not reached us since Beyazeed fell some 3 weeks ago, we have been looking for the advent of the Russians, but do not see them yet. They are said to be about two days distant from here and there is a Turkish camp near there. Last week a considerable body of Koords, ‚bashi bozooks' [irreguläre Einheiten], arrived here & are still here, though it is said the Pasha is very desirous of having them more on to the ground. They commit a good many pretty depredations in the market, the people are in great terror of them. Mr. Barnum went to this city to preach yesterday, & several of them put after him, apparently taking him for a Russian. [The Pasha?] sent a zaptieh with him [who helped him out?] & directed him to remain here until farther orders, accompanying us wherever we wished to go anywhere. The Pasha, (Hassan Pasha, formerly at Harpoot) seems to have renewed the hatred of the local Turks, by his effort to do right, & I understand a [Petition] has been made out, asking for his removal. If Van is [sic] remains in Turkish hands, & Mr. Maynard could do anything to help retain him here, he would be doing us a great [boon?], as well as to the Christians generally, & to the cause of good government. If you will be kind enough to mention this case to Mr. Maynard, I will be much obliged." Schlecht lesbare Handschrift! ABC bh.

Auch die Van-Missionare erhofften sich vieles vom *European Congress* in Berlin. „Life here is as quiet as possible. No sensible ameliorations of the condition of the people, though there are not the special outrages of last year. But reforms are as shadowy as ever. Our hopes at present are on the European Congress, but we have no information of its having", schrieb Raynolds am 18. Juli 1878.[265]

Im Herbst 1878 berichteten die Van-Missionare vom Wiederaufbau der Stadt, der relativen Beruhigung auch auf dem Land (die armenischen Bauern waren allerdings weiterhin gezwungen, kurdische Nomaden mitzuernähren), von Steuersorgen und ganz besonders von enttäuschten Reformhoffnungen, was viele Armenier veranlasste, sich mit Emigrationsplänen zu befassen. „[...] they incline to curse England as the cause of the disappointment of their high hopes of autonomy."[266]

Trotz allem schritt die Modernisierung der Stadt voran. Die Gartenstadt erhielt im letzten Jahrhundertviertel rasch wachsende armenische Schulen sowie protestantische und katholische Missionsschulen und ein Missionsspital. Die meisten Häuser hatten zu Beginn des 20. Jahrhunderts schon Glasfenster. Die *Standard Oil Company* lieferte Kerosen, eine Singer-Agentur verkaufte Nähmaschinen. Dennoch war die Armut in der Stadt überaus präsent.[267] Neu markierte der osmanische Staat auch in der Gartenstadt Präsenz mit militärischen Anlagen, einer Telegrafenstation sowie einer stattlichen Sekundarschule. Ausserdem hatten höhere Beamte hier ihr Wohnhaus. Zu erwähnen sind auch die dort situierten, neu errichteten Konsulate: das französische, britische, russische, persische und italienische. Die grosse Mehrheit der Bevölkerung wohnte fortan in teils religiös getrennten, teils gemischten Quartieren der Gartenstadt: Um die Jahrhundertwende waren dies rund 20'000 Armenier und 17'000 Muslime bei einer Gesamtstadtbevölkerung von 41'000.[268]

Der katholische Gelehrte Paul Müller-Simonis, der Van im Herbst 1888 während sieben Wochen besuchte, beschrieb die Situation der amerikanischen Mission so: „Die Gesellschaft der amerikanischen (protestantischen) Mission, die so bedeutende Niederlassungen in Kleinasien und Persien hat, besitzt auch eine schön eingerichtete Mission in Wan. Diese Mission hat in den letzten Zeiten auch mit grossen Schwierigkeiten zu kämpfen gehabt, so dass ihre Thätigkeit gegenwärtig ganz unbedeutend ist. Die Schulen sind bedroht, und die Zahl der Bekehrten wird stets kleiner." Müller-Simonis' Einschätzung deckt sich mit dem Bild, das die damaligen Jahresberichte vermitteln. Die Missionsschule zählte ausschliesslich armenische Schüler. Die Auseinandersetzungen im Zusammenhang mit der Frage nach revolutionärer Gewalt spitzten sich sowohl mit den armenischen Nationalisten als auch der Lokalregierung zu.[269] Müller-Simonis charakterisierte George Raynolds

---

265 Brief aus Van vom 18. 7. 1878, ABC bh.

266 Barnum vom 22. 9. 1878 an den britischen Vizekonsul Biliotti in Trabzon: Turkey No. 54 (Bluebook 1878), S. 122 (zit. nach Şimşir 1982, S. 231) und Barnum vom 4. 12. 1878 an denselben Vizekonsul (FO 424/79, S. 201, Nr. 262, abgedruckt in Şimşir 1982, S. 293).

267 Vgl. ABC Pers. Papers J. Barton 11:2; Brief vom 4. 7. 1905 in Yarrow, *Excerpt ...*, S. 30, 37, ABC bh.

268 Ter Minassian 1992, S. 139; Raynolds in MH 1892, S. 186–189.

269 Vgl. Raynolds in Jahresbericht 1889 und 1890, ABC 16.9.7 (reel 693: 93 ff. und 693: 244 ff.); Allen in Schuljahresbericht 1889, ABC 16.9.7 (reel 693: 107 ff.); beide Zitate: Müller-Simonis 1897, S. 159.

folgendermassen: „Der Chef dieser Mission, Dr. Reynolds [sic], ist das richtige Muster eines Amerikaners; er ist ein ausgezeichneter Mensch, durchaus originell und dabei kaltblütig; ungeachtet der langen Zeit, die er schon im Oriente lebt, verrät seine türkische Sprache fast bei jedem Wort den Engländer. Dr. Reynolds ist ein ausgezeichneter Arzt und gewährt dadurch manche Wohltaten. [...] Wie so viele Amerikaner ist Dr. Reynolds Theetrinker, so dass niemals Wein auf seiner Tafel erscheint."

Es war die seit den 1890er Jahren vorangetriebene medizinische Mission, die den Durchbruch brachte und mit ihrer unanfechtbaren Bedeutung auch die anderen Zweige stärkte. 1893 standen Raynolds zwei Ärztinnen zur Seite: Grace Kimbal und L. R. Smith. Letztere wurde vom Vali höchstpersönlich zur Betreuung seiner Gattin in sein Harem gerufen. Kimbal äusserte sich 1893 über Raynolds und die vertrauensbildende Wirkung der medizinischen Mission: „[...] he devoted three days in each week to medical work, seeing all the adult male patients and taking all the distant out-practice. His medical work has won for him a high place in the confidence and affection of the people. He is *the* physician, par excellence, in the modern history of Van."[270] Die Ankunft des energischen Missionsarztes Clarence Ussher 1898 verstärkte den medizinischen Missionszweig. Seit 1903 verfügte man über ein eigenes Missionsspital, das in den Cholera- und Typhusepidemien von 1905 und 1906 erste Bewährungsproben bestehen musste.[271]

2.9.2 Beginn der armenischen revolutionären Bewegung in Van

In den 1880er Jahren verloren die Van-Armenier jegliche Hoffnung, welche der Berliner Kongress genährt hatte. Vorerst erwarteten sie noch Hilfe von Russland.[272] Vor allem nach der Ermordung Zar Alexanders (1881) und der russischen Annäherung an die Pforte kamen jedoch viele zur Überzeugung, sie müssten ihre Angelegenheiten selbst an die Hand nehmen.

Henry Barnum (nicht zu verwechseln mit Herman Barnum in Harput) hatte Anfang 1881 ein Gespräch mit zwei Gesandten eines armenischen Komitees in Tiflis, der zur Hälfte von Armeniern bewohnten wichtigsten Stadt im russischen Kaukasusgebiet. Dieses Komitee hatte sich nach Aussage der beiden Informanten Barnums zum Ziel gesetzt, die Armenier in der Türkei zum bewaffneten Kampf zu bewegen. Sie seien vor allem bei der Landbevölkerung auf offene Ohren gestossen. Sie erwarteten einen weiteren Aufstand Ubeydullahs gegen die Pforte, in dessen Windschatten sie ihre Aktionen auszuführen gedachten.[273]

Tatsächlich drang die Idee eines bewaffneten revolutionären Kampfes um 1880 von Russland her in Westarmenien – das osmanische Armenien – ein, mit grossem

---

270 Jahresbericht Kimbals für 1893 f.; ABC 16.9.7 (reel 693: 407 f.).
271 527 Patientinnen und Patienten wurden im Jahre 1905 hospitalisiert. MH 1906, S. 230.
272 Captain Clayton aus Van in Berufung auf Barnum, 9. 10. 1880, FO 424/107, S. 385, Nr. 212, in Şimşir 1983, S. 151 f.
273 Captain Clayton aus Van in Berufung auf Barnum, 15. 2. 1881, FO 424/122, S. 84 f., Nr. 53/1, in Şimşir 1983, S. 195–197. Ähnliche Information in Wilsons Brief vom 6. 1. 1881, FO 424/122, S. 1, Nr. 1, in Şimşir 1983, S. 171.

ideologischem Einfluss vor allem bei jungen Männern, aber ohne bereits in den 1880er Jahren zu nennenswerten Aktionen zu führen. Auch auf organisatorischer Ebene blieben die Erfolge so bescheiden, dass sie die Pforte nicht ernsthaft hätten beunruhigen müssen. Aber die symbolische Bedeutung revolutionärer Worte und Gesten war sehr hoch.

Der aus Istanbul stammende und von Megerditsch Khrimian beeinflusste Megerditsch Portukalian gründete 1878 ein Lehrerseminar in Van, in welchem er ein militantes armenisches Nationalbewusstsein förderte. Als Atheist und Revolutionär verschrien, geriet er bald in Konflikt auch mit tonangebenden armenischen Kreisen in Van und musste die Stadt verlassen. Einige seiner Schüler gründeten jedoch 1885 die erste armenisch-revolutionäre Partei überhaupt: die *Armenakan,* die im Gegensatz zum Gedankengut aus Tiflis keinen allgemeinen sozialrevolutionären Ansatz für die Ostprovinzen verfolgte, sondern einen rein armenisch-nationalen Kampf, insbesondere die Selbstbehauptung in und um Van. Die Mitglieder des Armenakan standen in Verbindung mit Portakalian, der sich inzwischen in Marseille niedergelassen hatte und dort seit 1885 ein Publikationsorgan namens *Arménia* herausgab. Anders als bei den weitgehend durch ein russisch-armenisches oder exilarmenisches Kader geführten Huntschak und Daschnak standen zumeist einheimische Armenier an der Spitze der Armenakan. In bedrohlichen Situationen kooperierten die drei armenischen Parteien in Van erfolgreich, anders als im übrigen osmanischen Armenien.[274]

1889 schossen nahe der persischen Grenze osmanische Sicherheitskräfte auf zwei junge bewaffnete armenische Lehrer – Armenak-Mitglieder – aus Van, verwundeten einen von ihnen und töteten einen dritten, russischen Armenier. Die drei hatten sich keinerlei Verbrechen schuldig gemacht. Während der Vali und die Pforte in einem reichlich übertriebenen, in der Zeitung *Eastern Express* publizierten Bericht den Vorgang als grossen Erfolg der Regierung im Kampf gegen Banditen und politische Verbrecher darstellten, korrigierten die britischen Berichterstatter diese Darstellung. Indem sie von einer „sinnlosen, kindischen Maskerade" dreier junger Pädagogen sprachen, deren Wort in der armenischen Gemeinschaft Vans nichts gelte, reduzierten sie indes die Bedeutung des Vorfalls zu sehr.[275] Denn tatsächlich taten Portukalians Schüler den ersten Schritt zu einer organisierten revolutionären Bewegung in den Ostprovinzen. George Raynolds schrieb 1904 in der Retrospektive: „M. Portucalian came to Van and opened a school, which became the centre for the cultivation of an Armenian national spirit and self-consciousness. This beginning gradually developed into what has since become known as ‚The Armenian Revolutionary Movement'."[276]

Die armenische Bewegung weckte nicht allein das tiefe Misstrauen der Behörden, sondern spaltete auch die armenische Einwohnerschaft in und um Van. Denun-

---

274 Beylerian 1975, S. 24 f., Ter Minassian 1983, S. 122 f., 152 f., Dadrian 1995, S. 131 f.

275 *Eastern Express* vom 25. 6. 1889, in FO 424/162, S. 52 f., Nr. 55 = Parliamentary Papers: Turkey No. 1 (1890), S. 83 f., Nr. 95/1; Chermside an White aus Van, vom 15. 6. 1889, mit Inclosure Devey an Chermside aus Van vom 6. 7. 1889, 1889, in FO 424/162, S. 66–69, Nr. 71/1 f. = Parliamentary Papers: Turkey No. 1 (1890), S. 4–7, Nr. 4/1 f.; in Şimşir 1983, S. 625–627, 644–649. Vgl. auch Walker 1980, S. 128.

276 ABC 16.9.7, vol. 17 (reel 703: 400).

ziationen waren an der Tagesordnung. Der Dominikanerpater Rhétoré, der seit 1881 in Van weilte und ein erfahrener Kurdistanmissionar mit vielfältigen Sprachkenntnissen war, schrieb am 16. Mai 1893 in sein Tagebuch: „La nation arménienne de Van est complètement désorganisée. Les divisions y sont à leur comble et à chaque instant on apprend que des gens sont dénoncés par leurs compatriotes au gouvernement, celui-ci, heureux de prêter l'oreille aux dénonciateurs pour avoir les raisons d'inculper davantage le peuple arménien dont il n'est pas content, celui-ci, dis-je, fait exécuter souvent des perquisitions dans les maisons et fait des arrestations. La prison est pleine d'Arméniens ainsi amenés et une fois sous les verrous personne ne s'occupe plus d'eux."[277]

Erst angesichts drohender muslimischer Angriffe ab Herbst 1895 schlossen sich die Van-Armenier zusammen.

2.9.3 Van, 1895/96

Die allgemeinen Gewaltausbrüche gegen die Armenier Mitte der 1890er Jahre nahmen in der Stadt Van – wie auch 1915 – im Unterschied zu anderen Orten den Charakter von bewaffneten Auseinandersetzungen an, unter denen die armenische Landbevölkerung viel mehr als die Stadtbevölkerung zu leiden hatte. Die ausserhalb der Stadt überlegenen muslimischen Kräfte verübten pauschale Repressionen. In der Stadt wurden 1896 rund 500 Armenier getötet und etwa halb so viele Muslime. Auf dem Lande rechnete Raynolds mit rund 10'000 Toten, praktisch ausschliesslich Armeniern. Um die 20'000 Flüchtlinge aus den Dörfern drängten sich im Juni 1896 in der Stadt zusammen, davon über 1'000 auf dem Areal der amerikanischen Mission, die der britische Konsul per Flagge zum britischen Konsulargelände erklärt hatte.[278]

Wie war es so weit gekommen, und wieso ereigneten sich diese Vorfälle erst im Sommer 1896 und nicht schon wie in den übrigen Ostprovinzen im Herbst 1895? Plünderungen auf dem Lande, Morde und Übergriffe auch in der Stadt nahmen seit dem Herbst 1895 zu. Zwei Faktoren verhinderten jedoch den Ausbruch von Pogromen: erstens die relative Stärke und Organisiertheit der Armenier, deren drei Parteien (Armenakan, Huntschak und Daschnak) sich in Van zu einem effizienten Verteidigungsblock vereinigten; zweitens der Vali Nazım Pascha und Teile des Offizierskorps, die eine Eskalation vermieden, für einen pragmatischen Ausgleich der Machtgruppen vor Ort eintraten und eine Politik der kompromisslosen Repression gegen die armenische Bewegung für wenig sinnvoll hielten.[279] Die christlich-muslimische Spannung verschärfte sich dennoch sukzessive. Hauptgründe dafür waren nach Meinung des in Van residierenden britischen Vizekonsuls Major Williams die vielen unaufgeklärten Verbrechen an Armeniern und die Straflosigkeit der *Hamidiye*-Plünderer, die revolutionäre Vergeltungsakte hervorriefen.[280] Die ar-

---

277 Journal de Rhétoré à Van 1893–1894, S. 21, ADF.
278 Schreiben Raynolds aus Van vom 23. 6. 1896, S. 1–7, ABC bh Reports 1895–1896.
279 Dadrian 1995, S. 133 f.; Lepsius 1896, S. 146 f.
280 Williams zit. in Dadrian 1995, S. 133 f.

menischen Revolutionäre prägten zunehmend das Strassenbild. Von den Winter-monaten an patroullierten sie nachts in den armenischen Quartieren. Dabei kam es zu Konfrontationen; einmal erschossen sie einen türkischen Soldaten, regelmässig forderten sie Abgaben von der armenischen Bevölkerung, immer wieder beschimpf-ten sie öffentlich den Sultan.[281]

Im Januar traf Abdulhamids Reformkommissar für Van, Saadeddin Pascha, in der Stadt ein, der anders als der Vali eine harte Linie gegenüber den Armeniern verfolgte. Im März 1896 misslang ein Attentat der Huntschak gegen den Kurden-führer Şakir, der für viele Plünderungen auf dem Lande verantwortlich war, von Saadeddin jedoch hofiert wurde. Zweifellos beabsichtigte Saadeddin im Auftrag des Palastes, das Rückgrat der armenisch-revolutionären Bewegung in Van zu brechen und ihrem Rückhalt in den Dörfern ein Ende zu bereiten.[282]

Eine nächtliche Schiesserei zwischen einer Militärpatrouille und Unbekannten – Revolutionäre oder kurdische Schmuggler? – wurde Mitte Juni zum Auslöser oder genauer gesagt Vorwand für die folgenden Gewaltausbrüche, dies obwohl sich eine Beruhigung der Lage abgezeichnet hatte. Der für seine erklärte Abneigung gegenüber den Revolutionären bekannte George Raynolds schrieb in seinen tage-buchähnlichen Notizen: „Monday; June 15th. The not distant sound of guns rea-ches my ears every now and here; and I have little idea what is the real state of things in the city. During the last few weeks we had hoped that things were settling down into something a little more approaching quiet; but the last week has brought several nightly housebreakings, perpetrated by Armenians on each other. Last night, at midnight, I was awakened by the sound of guns not far away, which kept up for several minutes, followed by bugle calls for half an hour. Soon an officer and private soldier were carried past wounded. Just who were the parties to this affair it is hard to say. I am inclined to think the party whom the soldiers encountered were Koords trying to run in salt. But the Turks reported them as revolutionists, and made the occurence the pretext for the terrible scenes which followed."[283]

Der Startschuss für die offiziell legitimierte Gewaltanwendung gegen alles Armenische in und um Van war damit gegeben. In der Gartenstadt organisierten die Revolutionäre eine wirksame Verteidigung der armenischen Quartiere. Die ar-menischen Häuser der gemischten Quartiere hingegen wurden geplündert, die Män-ner ermordet und die Frauen teilweise geschändet. Die Altstadt blieb weitgehend verschont, was armenischerseits dem rühmlichen Verhalten des türkischen Majors Emin Agha zugeschrieben wurde, der mit seinen Soldaten den Pöbel in Schach hielt. Es hing wohl auch mit der Absenz armenischer Revolutionäre in der Altstadt zusammen. Major Halim hingegen, der sich schon bei den Metzeleien in Sasun hervorgetan hatte, befehligte die Eroberung der „revolutionären" Gartenstadt und lud die gewaltbereiten Stadtmuslime zur Mithilfe ein. Das reguläre Militär griff erst am 18. Juni richtig ein, da der armenische Widerstand sich nicht hatte brechen

281 Brief Raynolds an Dwight vom 6. 7. 1896, ABC bh.
282 Im Endeffekt lief dies auf die Vorbereitung der folgenden Massaker hinaus, wie Dadrian es etwas geradlinig formuliert: Dadrian 1895, S. 134 f. Zu Saadeddin vgl. auch Lepsius 1896, S. 146 f., der einen Bericht aus Van aus armenischer Feder abdruckt.
283 Schreiben Raynolds aus Van vom 23. 6. 1896, S. 1, ABC bh, 1896 Reports.

lassen. Saadeddin drohte, mit den Krupp-Kanonen die ganze Gartenstadt in Schutt und Asche zu legen.[284]

Unterdessen wüteten *Hamidiye-* und andere Kurden auf dem Lande und griffen auch auffallend viele Frauen und Kinder tätlich an.[285] Ein vieltausendköpfiger Flüchtlingsstrom ergoss sich in die Gartenstadt. Raynolds trug dazu am 18. Juni folgendes ein: „The crowds had already begun pouring in; a continuous stream, as broad as our big doors would admit, men, women, and children; mostly with some little bedding and food. Our houses were filled with families of friends, as also the girls' school, perhaps four to five hundred being thus provided for, while the boys' school was filled with a more miscellanous crowd. All unoccupied space within our compound was soon covered, even our planted gardens were more or less overrun, while every door had to be guarded with the greatest care to keep the houses at all clear. With the rest of the crowd came many wounded, and before noon Dr. Kimball and I began the work of caring for them, the job keeping us busy till night. And Oh! such terrible wounds! Terrible sword slashes on head and neck were perhaps the most common. A big gaping wound of the neck reveals a slice of the skull bone shaved off, another similar one, not touching the bone, but ragged and gaping, had been inflicted on Monday; and was full of worms, requiring hours of time to cleanse. An old man was among them, with long gashes on the head, an ear hanging, and evidence of brain trouble. Bullets extracted from limbs and abdominal walls, hands mangled and swollen, such were some of the cases we had to treat. The sufferers were of all ages and both sexes, and many of them would tell of husbands, fathers and sons killed."[286]

Vizekonsul Major Williams und Dr. Raynolds, der als Übersetzer und Organisator der Kontakte fungierte, handelten am 19. Juni in zähen getrennten Unterredungen mit der Regierung und den armenischen Parteiführern einen Waffenstillstand aus. Die Parteiführer nahmen allerdings den Hauptvorschlag Williams' nicht an, sie ins Konsulat aufzunehmen, um sie persönlich in Begleitung einer militärischen Eskorte ins russische Exil zu geleiten und über die internationale Diplomatie für alle anderen beim Sultan Straffreiheit zu erwirken. Die Vermittler warnten angesichts der überlegenen kurdischen Kräfte vor einem Abzug auf eigene Faust. Am folgenden Tag war der Major nicht mehr in der Lage, die gleich günstigen Abzugsbedingungen anzubieten. Die militanten Führer entschieden sich, mit insgesamt 700 Männern in eigener Regie abzuziehen. Raynolds sorgte sich vor allem um die vielen Jugendlichen, die mitziehen sollten. Seine Erlebnisse und bedrückenden Gedanken in der Nacht auf den 21. Juni fasste er so zusammen: „The condition of the poor boys whom I had seen at the other house, who were being thus led away from their home and friends by those miserable adventureres, weighed heavily on my mind, and we determined to make one more effort to see them, and dissuade them from going, but before we reached their place we met those who had been to see them off, and learned that they were really gone. My heart bled for them, and to think of the friends this company were leaving behind […]. In the comparative quiet of that midnight

---

284 Lepsius 1896, S. 149, 152.
285 Die Frage stellt sich, ob die Metzeleien dort bereits den Charakter ethnischer Säuberungen annahmen, während sie in der Stadt der allgemein befolgten Order entsprachen, mit der Ermordung der Männer die muslimische Machtposition zu befestigen.
286 Schreiben Raynolds aus Van vom 23. 6. 1896, S. 2, ABC bh, 1896 Reports.

hour we wended our way among the sleeping thousands who covered almost every inch of ground on the place, and the bright moonlight revealed the faces of men, women, and children, some with bedding to cover them and some without. At least two acres of ground were covered as thickly as human beings could be packed, probably not less than 15,000 persons making up this aggregate of suffering humanity. One accustomed to the sight of the decks of Mediterranean steamers can form some idea of the scene. Houses, school buildings, stables, sheds are thickly packed. Over a thousand persons are under the roof that usually finds it enough to shelter the lady missionaries and the girls school."[287]

Auf dem Weg zur Grenze wurden die in drei Trupps aufgeteilten armenischen Männer von regulären und *Hamidiye*-Truppen fast vollständig vernichtet.[288]

Die Metzeleien auf dem Lande gingen noch einige Tage weiter, während in der Stadt nach eintägigen wüsten Plünderungen und Brandschatzungen Ruhe einkehrte. Um ein Haar wäre es wegen des Brandes von muslimischen Häusern, der armenischen Revolutionären zugeschrieben wurde, zu einem Massaker gekommen. „It seems that one or two were burned, either by the Koords mistaking them for Armenian, or purposely to start this report, and intense excitement prevailed among the Moslems", meinte Raynolds. Die Zerstörung der armenischen Häuser war Befehl von oben und galt als Strafe für das „revolutionäre Treiben".[289]

Um weiterer Repression vorzubeugen, initiierten Williams und Raynolds eine armenische Bittschrift an den Sultan. Raynolds sammelte dafür Unterschriften. Er beschrieb ironisch, wie sich die armenischen Notabeln herauszuwinden suchten, und liess damit einen gewissen Mangel an Verständnis für deren kritische Lage zwischen revolutionärer Bewegung und Behörden erkennen: „It was amusing to see the craven way in which many sought to shirk the responsability. The extreme modesty began to prevail among those who like to be called ‚aghas', pleading that they were not of sufficient importance to assume such responsability."[290] Etwa 60 Armenier unterschrieben schliesslich die Petition, welche die Bitte um Gnade, die Beschwörung von Loyalität und die verbale Verurteilung der unheilvollen revolutionären Bewegung beinhaltete. Kaum war die Petition übergeben, meldete die Regierung schon, dass der Sultan verziehen habe, und schickte Soldaten aus gegen die Kurden und Türken, die weiterplündern wollten. Darauf verzogen sich diese; viele von ihnen stammten von ausserhalb der Stadt.

Raynolds letzter Eintrag vom 23. Juni galt dem erbarmungsürdigen Zustand der Dörfer: „The condition of the villages is likely to prove unutterably sad. Hundreds from the near villages have already come in; naked, starving, and wounded, adding themselves to the hungry, houseless throngs for whom we must try to contrive some

287 Schreiben Raynolds aus Van vom 23. 6. 1896, S. 5, ABC bh, 1896 Reports.
288 Nazım Pascha 1994 (1897), Bd. 2, S. 300; Lepsius 1896, S. 151 f. – Die armenischen Berichte, an die sich auch noch Dadrian hält (1995, S. 136 f.), wonach die Regierung den Kämpfern freien Abzug zugesichert hätte, stimmen nach Raynolds Aufzeichnungen offensichtlich nicht. – Der junge Anooshavan Der Mugrdechian, einer der mitziehenden Halbwüchsigen und wenigen Überlebenden, beklagte in seinen Memoiren „the loss of the 800 of the finest youth [...] leaving a terrible void in the region." Der Mugrdechian 1995, S. 43–45.
289 „The burning of the houses was ordered by the government as a punishment for the course of the revolutionists." Schreiben Raynolds aus Van vom 23. 6. 1896, S. 6, ABC bh, 1896 Reports.
290 Schreiben Raynolds aus Van vom 23. 6. 1896, S. 6, ABC bh, 1896 Reports.

Abb. 26: Siegel der Daschnak von Van. „Armenisch-revo-
lutionäres Zentralkomitee der Daschnak von Vaspuragan
[= Region Van], 1895"; das Siegel wurde den getöteten
armenischen Führern abgenommen und dem Vali-Stell-
vertreter Saadeddin übergeben, während der nebenste-
hende Abdruck vom Vaner Polizeichef seinem Ministerium in der Hauptstadt übersandt wurde. Gewehre, Schwert
und Standarte symbolisieren die Militanz der Partei.

way to provide. I doubt if we shall find an Armenian village uninjured, and most of
them will be entirely destroyed."[291] So lautete schliesslich das Fazit der Pogrome in
der Region Van: Mehrere tausend Tote, unzählige Verletzte und Hunderte von
zerstörten Dörfern. Das christlich-muslimische Verhältnis war in furchtbarer Weise
belastet. Auf Jahre hinaus waren fortan viele Tausende von Hinterbliebenen auf die
missionarische Versorgung angewiesen. Der Staat sah sich auf Jahre hinaus bedeutender Steuereinnahmen beraubt. Die Kurdifizierung auf dem Lande hatte einen
Sprung nach vorne gemacht.

2.9.4 „Poverty and oppression":
Die Van-Mission vor der revolutionären Frage

Trotz all ihrer betont revolutionskritischen Haltung machten die amerikanischen
Missionare in ihren Berichten aus Van keinen Hehl daraus, dass sie die wirtschaftlichen und politischen Probleme als eine Folge „schlechter Regierung" ansahen.
„As a result of oppression and taxation without protection the Christian population
is falling rapidly into abject poverty", konnte das protestantische Publikum in den
USA und Europa im *Missionary Herald* vom Mai 1906 aus der Feder des Missionsarztes Ussher lesen. Ungenügende Versorgung, Hygienemangel, Krankheiten und
Epidemien wie auch langfristige Steuerausfälle seien die direkten Konsequenzen
dieser gemachten Armut. Es erstaunt nicht, dass der Palast nicht nur die missionarische Erziehung, sondern auch die Wahrnehmung und Berichterstattung als „subversiv" betrachtete.

Dennoch waren dieselben Missionare gleichzeitig auch die schärfsten Kritiker
der Revolutionäre vor Ort. Die amerikanische Van-Mission duldete von Beginn an
keine revolutionären Schüler in ihren Institutionen, wie selbst der russische Vizekonsul in den 1880er Jahren monierte, indem er die missionarische Tätigkeit als im
Widerspruch zu den nationalen armenischen Interessen darstellte.[292] Der gleiche
Vorwurf kam auch von militanter armenischer Seite. Die Missionare befanden sich
in der heiklen Situation, in der Konfrontation von armenischem Nationalismus und

---

291 Schreiben Raynolds aus Van vom 23. 6. 1896, S. 6 f., ABC bh Reports 1895–1896. Zur Petition
    vgl. Dadrian 1995, S. 137 f.
292 Zit. nach Halfin 1992 (1976), S. 103 f. Vgl. Brief Raynolds an Dwight vom 6. 7. 1896, S. 2,
    ABC bh, 1896 Reports.

staatlicher Repression einen alternativen Weg in die Zukunft glaubwürdig zu vertreten. Sie standen für eine Politik der Beschwichtigung und Deeskalation ein.
Gegenüber der Mobilisierungskraft revolutionären Gedankengutes sprachen für sie
ihre prestigeträchtigen Schulen, ihr imponierendes internationales Beziehungsnetz,
eine effiziente Arbeitsbeschaffung im Textilbereich und vor allem ihre medizinische
Tätigkeit, mit der sie sich unentbehrlich machten.

Raynolds schrieb im Jahresbericht von 1891 von schwierigen Zukunftsaussichten, einerseits wegen der zunehmend harschen Regierung, die an einem Ort wie Van,
der keine etablierte protestantische Gemeinschaft besass, besonders direkt spürbar
wurde. Andererseits setzten sich die Missionen der Feindseligkeit der Nationalisten
aus, als sie Massnahmen gegen deren Unterwanderung der Schülerschaft ergriffen.
Der Streit entzündete sich an der ethischen Verwerflichkeit gewisser revolutionärer
Mittel. „We were brought in contact with this thro an effort to introduce doctrines
into our school, contrary to morality, viz: the justifiability of falsehood, theft, murder, etc. if used in the cause of patriotism. In the effort to suppress this, we were
obliged to expel several pupils. This, together with the increased activity in work
among the women, since Miss Bush's coming, has arouded a spirit of opposition
among the Armenians generally, greater than has been manifested for many years."[293]

Zwar erwies der Vali in den Folgejahren den Missionaren einige Freundlichkeiten. Aber nur schon der kurze Aufenthalt des jungen britischen Forschers Henry
Lynch beim ABCFM versetzte die Behörden wieder in helle Aufregung.[294] Während
der Gewaltausbrüche und Kämpfe im Juni 1896 engagierte sich die amerikanische
Mission in der medizinischen Versorgung und der humanitären Betreuung der armenischen Flüchtlinge aus den Dörfern, aber auch als Vermittlerin zwischen Regierung
und Revolutionären. Bei aller Missbilligung des türkischen Vorgehens nahm Raynolds, der Kopf der amerikanischen Van-Mission, eine dezidiert antirevolutionäre
Stellung ein. Er scheint sich keine Gedanken darüber gemacht zu haben, was geschehen wäre, falls die „Revolutionäre" die Verteidigung der armenischen Quartiere
nicht so effizient organisiert hätten. Offenbar ging er davon aus, dass kein Angriff
stattgefunden hätte. Das war angesichts der Vorfälle in den übrigen Ostprovinzen
indes eine zweifelhafte Annahme. Raynolds legte seiner Haltung die folgende Überlegung zugrunde: „It seems clear that hope that has been placed on Europe has been
misplaced, and that no human source of help remains except the Sultan and the
Turkish government. It seems then plain that the only course remaining for those
who are not able to leave the country, and not willing to accept the Moslem faith, is
to secure the confidence of the Government and persuade it that all rebellious
movements have ceased, that so some tolerable *modus vivendi* may be secured."[295]
Was aber, wenn selbst der ganz „brave" Unterricht in den Missionsschulen in den
Augen des Sultans – wie die damaligen Palastdokumente beweisen – als rebellisch
galt, weil er die Politik der muslimischen Einheit untergrub? Die späteren Papiere

---

293 ABC 16.9.7., vol. 10 (reel 693: 246).

294 „During the early winter our monotony was enlivened by a visit from Mr. Lynch, a young English
     traveller, whose pertinacious curiosity in all matters made the officials extremely nervous." (ABC
     19.9.7, reel 693: 397). Lynchs zweibändiges Werk über Armenien, für das er damals recherchierte,
     wurde acht Jahre später zu einem bis heute anerkannten Standardwerk (Lynch 1901).

295 Brief Raynolds an Dwight vom 6. 7. 1896, S. 1, ABC bh, 1896 Reports.

der amerikanischen Van-Missionare gehen zwar von denselben Prämissen aus, drük-
ken aber deutlich mehr Verständnis für die Revolution angesichts unhaltbarer Zustände und ungelöster Probleme aus. Besonders Clarence D. Ussher neigte dazu, die
Tatsache einer üblen Regierung letztlich theologisch – aus einem negativ bewerteten
Islam heraus – zu erklären.

Seit den Massakern der 1890er Jahre stand die Loyalitätsfrage im Zentrum der
Beziehung von Mission und Staat, und die Missionare in Van waren ausgeprägter als
alle anderen mit ihr konfrontiert. Diese Frage erscheint nicht von ungefähr auf der
ersten Seite des Leitbildes der *Eastern Turkey Mission* von 1904: „[…] the E. T. M.
is a hand laid upon that portion of the empire, not to snatch it from the Turk, but to
dispense Gospel blessings upon it that shall make the Christian populations thereof
more loyal to the home of Othman, more law-abiding citizens, more sincere and
evangelical in their faith, more intelligent, honest and progressive tradesmen and
artisans and in short, genuine and manly Christian men, and cultivated, spiritual and
womanly Christian women."[296] Die Handhabung dieser allgemeinen Richtlinie war
je nach Temperament etwas verschieden, und jedenfalls sahen sich die Missionare
aber in einer Zwickmühle: Der impulsive Missionsarzt Ussher, der seit 1898 in Van
arbeitete, drückte den Widerspruch zwischen Wille zu Loyalität und Wahrnehmung
von Unrecht bei seiner Beantwortung eines Fragebogens des amerikanischen Konsuls von Harput am 10. September 1904 überaus deutlich aus. Die neunte Frage
lautete so: „How far have results of training in American schools and contact with
American ideas unfitted Armenians here to live quietly under existing conditions?"
Usshers Antwort: „The effort has always been and is to train Armenians to love their
country and to be loyal to their government, but every thought that leads a man to
respect himself and distinguish himself from a beast leads him to rebel inwardly
against being treated as a beast. Every particle of education and every thought of
America and her institutions tends, in this sense, to unfit Armenians and others to
live quietly under existing oppression. As our work has touched many thousands of
lives we are forced to say that a very large number in this vilayet are so unfitted to
consider themselves as mere beasts."[297]

Trotz dieser in grotesker Schärfe formulierten und an anderen Stellen wiederholt
mit einer Spitze gegen „muslimische Regierung" überhaupt versehenen Verurteilung
der bestehenden Verhältnisse hielten die Van-Missionare die armenischen Revolutionäre für verantwortungs- und perspektivlose Desperados. Daher galten sie bei
diesen als Feiglinge und Günstlinge, ja Spione der osmanischen Regierung.[298] In
zwei Analysepapieren vom Dezember 1904 warfen sie der revolutionären Bewegung
in Van vor,[299] dass sie in Kenntnis der Dinge, das heisst der brutalen und pauschalen

---

296 ABC 16.9.7, vol. 17 (reel 703: 377).

297 ABC Pers. Papers J. Barton 11:2.

298 Vgl. den Bericht aus Van in Lepsius 1896, S. 145–155, bes. S. 147 f. – Der junge Vaner Armenak-
Aktivist Anooshavan Der Mugrdechian nahm die individuellen Unterschiede im Verhalten der
Missionare wahr und stellte dem sturen und regierungsfreundlichen Raynolds die jungen, armenier-
freundlichen Allen und Greene gegenüber. Der Mugrdechian 1995, S. 44, 48 f., 57.

299 Ein mit „To Whom it may concern" überschriebenes Analysepapier vom 24. 12. 1904 (das vermutlich Raynolds und Ussher verfasst hatten) sowie ein ähnliches, von Raynolds verfasstes „Paper on
some phases of the Armenian Question" vom 29. 12. 1904; ABC 16.9.7 (reel 703: 394 ff.).

Vorgehensweise der Sicherheitskräfte des Staates, einen Kampf propagierten, der aus demographischen Gründen nie ein erfolgreicher nationaler Befreiungskampf sein könne, sondern, wie deren Parteigänger es offen sagten, allein den Zweck verfolge, die Aufmerksamkeit der Grossmächte auf die blutigen Repressionen zu lenken und sie damit zur Durchführung der Reformen zu bewegen. Die Autoren hielten das bewusste Provozieren ziviler Opfer für zynisch. Es widerte sie an, dass die Partei nicht genehme Volksgenossen in Van liquidierte.

Die revolutionäre Bewegung sei mitschuldig an den Überreaktionen des Staates, dem gereizten Klima in der Stadt und der übertriebenen Schnüffelei gegen alles, was den Anschein von revolutionär erwecke. Antirevolutionäre Abwehr und das Fehlen eines konstruktiven Konzeptes präge daher die Regierungspolitik. Am besten setze sich ein hoher Provinzbeamter bei seinen Vorgesetzten in der Hauptstadt in Szene, wenn er mit Beschlagnahmungen und Verhaftungen sein effizientes Vorgehen gegen – vermeintliche oder wirkliche – revolutionäre Umtriebe belege. Tatsächlich finden sich in den Archiven der osmanischen Zentralregierung zahlreiche Berichte über Haus- und Kirchendurchsuchungen, Verleumdungen und Verhaftungen wegen verbotenen Schriften- oder Waffenbesitzes und über Zwangsabgaben, die die Untergrundpartei in Van erhob; letzteres bestätigten die Missionare in den oben erwähnten Papieren mit Hinweis auf zahlreiche Morde an Armeniern, die sich der Abgabepflicht nicht genügend unterzogen hatten.[300] Die Missionare warfen der revolutionären Partei also einen bestimmten Teil der Schuld an der zunehmend gespannten politischen und ethnisch-sozialen Situation vor. Während manche armenischen Autoren ihre *Fedai* mit einem heroischen Nimbus umgaben und das hohe Prestige unterstrichen, das diese in der ganzen armenischen Gemeinschaft genossen, sprachen die Van-Missionare von deren zweifelhaftem Rückhalt in der armenischen Bevölkerung und wiesen darauf hin, dass auch die scheinbare Unterstützung durch die Landbevölkerung vor allem aus Angst geschehe. Ein sehr hässliches Bild von den Daschnak- und Huntschak-Revolutionären in und um Van überlieferte seinerseits ein damals junges Mitglied der Konkurrenzpartei Armenak, Anooshavan Der Mugrdechian. In seinen Memoiren prangerte er die Zwangsabgaben, Räubereien und Morde an wehrlosen armenischen Bauern an, die nicht ganz gefügig waren. Es herrschte ein erbarmungsloser Machtkampf, der nur unter grösster Bedrohung wie etwa 1896 oder 1915 einer Kooperation wich.[301]

Die Revolutionäre verstanden die Missionare so, dass diese mit der Regierung ein Abkommen getroffen hätten, die Waisen von der Idee armenischer Unabhängigkeit fernzuhalten, um sie als harmlose „protestantische Brüder auf[zu]ziehen". Der Mugrdechian, der unter den Waisen agitierte, berichtete über seinen hitzigen Wortwechsel mit Raynolds, der dessen Vater als Lehrer im ABCFM-Waisenhaus entlassen hatte, weil er kein „protestantischer Bruder" geworden sei: „I courageously answered, ‚I am a strong believer of the Armenagan party's ideals and goals and am obliged to lead my orphan brothers and sisters to become good Armenians, faithful to their martyred mothers and fathers and to keep the tradition of the

---

300 BOA Y.A.HUS. 243/97 und 273/160; zahlreiche Stellen in Nazım Pascha 1994 (1897). Das Waffentragen war den Nichtmuslimen bis 1908 streng untersagt.
301 Der Mugrdechian 1995, S. 24, 52 f., 69–71, 89–92.

Armenians. I'm in my rights and you can't stop me. [...] You are the one who betrayed us to poverty.' He remained silent. After a few minutes of silence, in a soft voice he said, ,Of course you are not doing a good thing.' He repeated it again. I rose to leave, hoping never to see his loathsome face again.''[302] Trotz ihres Bemühens um Loyalität wurden auch Raynolds und Ussher von der Lokalregierung der Subversion verdächtigt. Raynolds war so unvorsichtig, in einem der regulären Post übergebenen Brief den Vali Ahmed Bey brutaler Steuereintreibung zu bezichtigen, was ihm im Juni 1907 eine Beschwerde Ahmed Beys einbrachte. Die ungemütliche Situation wurde – so interpretierten es die Missionare – dadurch gelöst, dass man dem Vali Gelegenheit gab, sich mit einer über das ABCFM abgewickelten Motorbootbestellung aus den USA als Initiator des Motorbootverkehrs auf dem Vansee zu profilieren. So war er wieder zufriedengestellt und liess die Beschwerde gegen Raynolds fallen.[303]

2.9.5 Die demographische Veränderung

Die Bevölkerung des ganzen Vilayet Van zählte um 1900 gegen eine halbe Million Menschen, darunter ein knappes Drittel Armenier und ein gutes Drittel Kurden. Der Rest setzte sich aus Süryani (Nestorianern), türkischen Muslimen und weiteren Gruppen zusammen. In der Umgebung von Van – im *Merkez Kaza* und seiner unmittelbaren Nachbarschaft – gab es weiterhin eine klare absolute Mehrheit von Armeniern. Die männliche Einwohnerschaft des *Merkez Kaza* hatte gemäss dem Provinzjahrbuch von 25'725 um 1870 auf 35'131 um 1900 zugenommen (die Gesamtbevölkerung auf 63'698), wobei der muslimische Anteil gestiegen war: 42 Prozent gegenüber 27 Prozent um 1870.[304]

Obwohl seit dem Berliner Kongress die Auseinandersetzung um die demographische Statistik stark politisiert war (vgl. Kapitel 2.2.2), trifft es zweifellos zu, dass die armenische Bevölkerung wegen der Emigration nach Russland seit dem russisch-türkischen Krieg und wegen des Aderlasses von 1896 prozentual deutlich abgenommen hatte. Am ausgeprägtesten war das in den südlichen Teilen der Provinz Van der Fall. Die Steuereintreiber verlangten von den armenischen Bauernfamilien masslose Abgaben, die diese manchmal zum Verkauf von Grundbesitz zwangen. Sogleich waren kurdische Nachbarn zur Stelle, die billig kauften. Immer mehr wurden die Bauernfamilien auch unter direkter Gewaltanwendung enteignet. Andere emigrierten aus eigener Initiative vor allem nach Ostarmenien oder Persien. Auf diese Weise sowie als Folge der Massaker reduzierte sich nach missionarischer Darstellung die armenische Bevölkerung des Bezirkes Nor-Duz im Süden der Provinz Van im letzten Jahrhundertdrittel auf ein Fünftel.[305] Die Dorfbewohner standen von verschiedenen Seiten gleichzeitig unter Druck: Der Staat forderte unzimperlich Steuern

---

302 Der Mugrdechian 1995, S. 51.
303 Yarrow, *Excerpt ...*, S. 56 f., ABC bh; vgl. Ussher 1917, S. 122–124.
304 *1871 Erzurum Vilayet Salnamesi* und *1899 Van Vilayet Salnamesi*, zit. nach *Yurt Ansiklopedisi*, S. 7552 f.
305 „To Whom it may concern", 24. 12. 1904, und „Paper on some phases of the Armenian Question", 29. 12. 1904, ABC 16.9.7 (reel 703: 394 ff.).

ein, und die armenischen Revolutionäre verlangten nicht selten unter Androhung von Waffengewalt Unterschlupf und „Schutzgeld". Der Staat wiederum unterdrückte die Dörfler mit der Anklage, sie unterstützten Banditen.[306] Die Kurden ihrerseits wurden vom Staat ermuntert, armenischen Grund und Boden zu übernehmen; sie besassen in den *Hamidiye* starke Verbündete, die immer wieder armenische Dörfer bedrohten. Lokale Beys forderten zudem ihre herkömmlichen Abgaben ein und waren darauf bedacht, ihren Einflussbereich abzusichern. Die Provinz Van weist daher in der hamidischen Ära starke Spuren einer vom Staat geförderten, von kurdischen Lokalherren durchgesetzten und von armen kurdischen Bauern willig mitgemachten demographischen Kurdifizierung auf.[307]

2.9.6 Die Dominikaner in Van

Die katholische Seite gründete nach dem Berliner Kongress „für Armenien" nicht nur die Jesuitenmission, sondern durch Kräfte der bestehenden Mosul-Mission auch zwei neue dominikanische Stationen in Van (1881) und Siirt (1882). 1881 unterstrich der Dominikanerpater Duval, der von 1872 bis 1892 die Mosul-Mission leitete, in einem Schreiben ans französische Aussenministerium das Zusammengehen von kirchlichen und französischen Interessen: „Dans l'œuvre que nous sommes appelés à accomplir en Arménie, nous ne manquerons pas de travailler suivant nos moyens au développement de l'influence traditionnelle de notre pays, tout en servant, du mieux qu'il nous sera possible, les intérêts de l'Eglise qui nous envoie. Du reste, ces deux causes ne se séparent pas en Orient. Nous nous efforcerons, en particulier, de répandre la connaissance de notre langue par l'entremise des écoles."[308]

Wie die Jesuiten in ihrer Armenienmission sah sich auch Stationsgründer Pater J. Rhétoré in Van mit vielen Widrigkeiten konfrontiert, die sowohl von den misstrauischen Lokalbehörden als auch von der armenischen Millet ausgingen. „Ici la religion catholique est mal famée, on croirait être traître à la patrie arménienne en l'embrassant. Il y a dix siècles que ce peuple n'a pas été en contact avec un seul catholique, il n'est pas étonnant qu'il possède ces préjugés. Aujourd'hui il est envahi par toutes les productions malsaines et irreligieuses de l'Europe qui toutes ont leur traductions en arménien. Nous verrons ce que Dieu nous réserve dans ce champ si inculte."[309] Neun Jahre später konnte Rhétoré zwar von keinerlei Fortschritten berichten, dennoch trat er für den Weiterbestand der Van-Station ein, die auf einem für den Katholizismus völlig neuen Boden bald reiche Ernte erwarten lasse und, falls das revolutionäre Frankreich die Dominikaner ausweise, diesen ein Refugium bieten werde.[310] Tatsächlich fristete die dominikanische Station bis in die 1890er Jahre ein

---

306 So kam es zum Massaker an der Dorfbevölkerung von Nareg, das die Van-Mission am 18. 10. 1904 vermeldete (ABC 16.9.7, vol. 17, reel 703: 384).

307 Für eine eingehendere Beschäftigung mit ethnisch-demographischen Fragen im Vilayet Van, insbesondere im Tale Hayoths Dzor/Xavasor südlich von Van, sei auf Wiessner 1997, S. 22–29 und 43–54, verwiesen.

308 Duval vom 15. 12. 1881, S. 3, Mossoul, Dossier 1881, ADF. Vgl. Piolet 1901, S. 269.

309 Rhétoré vom 28. 2. 1882, S. 3 f., Mossoul, Dossier 1882, ADF.

310 „La Province [dominicaine] s'est émue à juste titre de voir que le poste de Van, vu les entraves

marginales Dasein ohne die geringste Akzeptanz. Die Betroffenen erklärten das durch den „armenischen Fanatismus" religiöser und politischer Prägung sowie durch ihre bisher zu exklusiven Beziehungen mit der „freidenkerischen und aufrührerischen" Bourgeoisie und den Konsularagenten, anstatt sich der Mittelklasse und dem kleinen Volk zu widmen.[311] Ein wichtiger Grund für die Fruchtlosigkeit der dominikanischen Bemühungen war das Fehlen eines armenisch-katholischen Priesters, der als Vertreter des Patriarchen der katholischen Millet für diejenigen zuständig gewesen wäre, die sich dem Katholizismus hätten zuwenden wollen. Ein potentieller Bekehrter hätte demnach den Schutz keiner Millet geniessen können, was eine höchst eingeschränkte Bewegungsfreiheit in religiösen und zivilen Angelegenheiten zur Folge gehabt hätte. Bloss einige armenisch-katholische Familien, die aus Istanbul stammten, lebten in Van.[312]

Dem heimischen Publikum stellte man die frühen Van-Missionare als Helden im Kampf mit klischeehaften Feinden dar: „Aux deux hérésies du dedans, le Nestorianisme et le Grégorianisme, vient s'ajouter la grande hérésie exotique, le Protestantisme, sous un triple masque – comme si l'erreur voulait à tout prix imposer ses conquêtes et barrer le chemin à la Vérité." Mit der „dreifachen Maske" des Protestantismus meinte Pater Hyacinthe (Simon) Amerika mit „seinen Dollars und seinem eigentümlichen Evangelium", England mit seinem „grossen Hochmut und seiner grossen Kirche" und Deutschland mit „seinem Ehrgeiz und seinem Lutheranismus".[313] Im Diskurs von Hyacinthe wird der biblische Bedeutungshorizont, vor welchem katholische und protestantische Missionare die Landschaft und das Geschehen in den Ostprovinzen interpretierten, besonders deutlich. Er sprach 1905 eine Versammlung in Frankreich folgendermassen an: „Je viens à vous du pays des Prophètes et de la lumière / du pays où l'arche de Noé se reposa tranquille / du pays où chaque jour les cris de Rachel l'inconsolée retentissent."[314]

Die Massaker von 1895/96 eröffneten den Dominikanern, die seit kurzem von einigen *Sœurs de la Représentation de Marie* sekundiert wurden, erstmals die Gelegenheit, durch karitative Tätigkeit bei den Armeniern Fuss zu fassen. Sie leisteten den Bedürftigen Nothilfe und nahmen Waisenkinder auf. Einige Familien konvertierten zum Katholizismus. 1899 zählte die katholische Gemeinde von Van rund 100 Familien.[315] Aus dem Kreis der Waisenkinder gingen bis 1905 sieben katholische Familien hervor; Pater Hyacinthe verglich sie mit den von den Israeliten durch das Rote Meer – die Stadt Van – getragenen Zelten.[316] Der armenische Patriarch Malachia beschuldigte sie allerdings, dass sie ihre Hilfe de facto vom Konfessionswechsel abhängig machten.[317] In den amerikanischen oder deutschen Waisenhäusern war dies nicht der Fall; nur ein kleiner Teil der Zöglinge wurde schliesslich

imposées à son ministère, n'a été, depuis dix ans, qu'une épreuve pour ses missionnaires sans résultat pour le développement du catholicisme." Rhétoré vom 29. 4. 1891 an Bourgeois, Provincial des Dominicains, S. 1 und 6, Mossoul, Dossier 1890–1894, ADF.

311 Bonvoisin vom 29. 6. 1891 an Bourgeois, Provincial, S. 5–8, Mossoul, Dossier 1890–1894, ADF.
312 Journal de Rhétoré à Van 1893–1894, S. 21 f., ADF. Vgl. Müller-Simonis 1897, S. 157 f., 165.
313 Cahier *Les premiers travaux des dominicains à Van*, S. 12, Archives de Mossoul, Colis Nr. 6, ADF.
314 Cahier *La mission de Van et ses bienfaiteurs,* Archives de Mossoul, Colis Nr. 6, ADF.
315 ŒO 1905, S. 82.
316 Cahier *Les premiers foyers catholiques à Van*, S. 4, Archives de Mossoul, Colis Nr. 6, ADF.
317 In seinem Brief an Ferdinand Brockes vom Mai 1899, Brockes 1900, S. 180.

protestantisch. Die dominikanische Station zählte 1904 sechs *Pères* und fünf *Sœurs*. Ihnen unterstanden ein Knaben- und ein Mädchenwaisenhaus sowie eine Knaben- und eine Mädchenschule. Gemäss dem Jahresbericht für 1904 besuchten 170 Schüler und 295 Schülerinnen diese Primarschulen.[318]

2.9.7 Der deutsche Hülfsbund in Van

Der Hülfsbund schickte seit 1896 Geld nach Van, das Raynolds für die Betreuung und Versorgung von Waisen verwendete. 1901 kam Prediger Roesler für den Hülfsbund nach Van, bald nach ihm die zuvor in Urfa tätige Pauline Patrunky und zwei weitere Mitarbeiterinnen. Das Hülfsbund-Personal führte in Anlehnung an die Amerikaner die von diesen begonnene Waisenarbeit fort, während sich die Amerikaner auf die Schul- und Spitalarbeit konzentrierten.

Ein Ausschnitt aus einem Brief von Patrunky vom Mai 1905 an die „Pflegeeltern der Wan Kinder" gibt einen Einblick in die fromme deutsche Erziehung sowie in die Situation der Waisen und ihrer Angehörigen fast zehn Jahre nach den grossen Pogromen: „Von den Mädchen sind die meisten schon Bräute und werden in ihren eignen Häusern Gelegenheit haben, den Herrn zu bekennen. […] die Jahres-Rewu am Schluss über Betragen oder Vergehen gegen die Hausregeln ergab, dass 12 Mädchen Geschenke in Empfang nehmen durften, die sich das ganze Jahr nichts zu Schulden kommen liessen. Andererseits wurde auch die Zahl der Striche vorgelesen, die bei manchen bis zu 27 angewachsen waren, und die sich beim Vorlesen sehr schämten und Tränen vergossen. Im Grossen und Ganzen ist nichts von Belang vorgekommen und die lieben Kinder bemühen sich sehr, um Jesu willen gehorsam zu sein. Die meisten Striche bringen sie sich damit ein, dass sie beim Essen sprechen oder zu spät kommen etc. Nach den letzten angestrengten Tagen winken dann die Ferien. […] durch die grosse Not mussten wir sehr viele Kinder behalten, weil die Mütter kein Brot hatten. Die dennoch zu ihren Müttern gingen, denen gaben wir Kostgeld." Die Waisen wurden dazu angehalten, regelmässig Briefe an ihre sogenannten Pflegeeltern zu schreiben, die für sie finanziell aufkamen, ohne dass sie sie je zu Gesicht bekamen. Der deutsche Türkeimissionar Ernst Christoffel kritisierte diese „unwahre Berichterstattung", die nach dem Schema „Mitteilungen über Ergehen, fromme Phrasen und Dank" abgelaufen sei. Ein Blick in die im Hülfsbundarchiv noch vorhandenen Briefwechsel bestätigt Christoffels Analyse.[319]

Mit der Aussendung des Schweizer Predigers Johannes Spörri in Begleitung des Missionsleiters Ernst Lohmann im September 1905 beabsichtigte der Hülfsbund die Neuorganisierung und Verselbständigung seiner Arbeit in Van. Im September 1906 folgten Ehefrau Frieda Spörri-Knecht und Tochter Irene. Unter mannigfachen Hürden seitens der Behörden, die sich gegen eine weitere Stätte ausländischen

---

318   ŒO 1905, S. 174–183.

319   „Es ist ein Verkennen der Kinderseele, wenn man von ihm für Wohltaten, für deren Ursprung und deren Art es kein Verständnis hat, Dank fordert." Christoffel 1933, S. 291, zit. nach Feigel 1989, S. 104. Vgl. z. B. die Sammlung der Briefe an Frau Rausch, HBO. Der oben zitierte Brief Patrunkys stammt ebenfalls aus dem HBO. Von den 1'400 im Jahre 1900 vom Hülfsbund betreuten Kindern hatten rund 1'200 deutsche „Pflegeeltern" (Feigel 1989, S. 106).

Einflusses wehrten, wurde ein Grundstück gekauft und darauf Gebäude errichtet, insbesondere zwei Waisenhäuser für insgesamt fast 300 Knaben und Mädchen.[320] In diesen Gebäuden fand auch der Schulunterricht statt, bis 1913 ein Schulhaus erbaut wurde. Schon 1905 rief der Hülfsbund im Dorfe Vosgepag eine Zweigstation ins Leben, aber die eigentliche Dorfarbeit blühte erst in der Jungen Türkei auf.[321]

Im Umgang mit der armenisch-revolutionären Bewegung schienen die Hülfsbund-Leute unbelastet, ja naiv gewesen zu sein. Anders als die Amerikaner mit ihren höheren Schulen stand der Hülfsbund nicht im Zentrum der Auseinandersetzungen zwischen Missionaren und Revolutionären. Frieda Spörri, die Gattin des Missionsleiters, schrieb von einer Teestunde zusammen mit Revolutionären, die vor der Wende von 1908 stattfand, als die Daschnak noch streng verboten war: „Wir haben auch einmal an einem Abend einen Trupp solcher Revolutionäre in unserem Knaben-Waisenhaus aufgenommen, haben sie bewirtet mit Tee und Kuchen, Irene hat gespielt und gesungen auf unserem Harmonium, das wir aus Deutschland hatten kommen lassen. Es war eine grosse Spannung an jenem Abend, denn diese Menschen trauten uns nicht recht, sie fürchteten Verrat und stellten deshalb einen Wachtposten vor die Türe. Wehe auch uns, wenn uns jemand an die Türken verraten hätte, dass wir Revolutionäre in unser Haus aufgenommen hätten. Man hätte uns gewiss die Waisenhäuser schliessen lassen. Die Revolutionäre haben uns diese Freundlichkeit, die wir ihnen erwiesen nie vergessen, solange wir im Lande waren."[322]

Anders als in Harput, wo die Armenier eine Minderheit bildeten, verwurzelte sich im mehrheitlich armenischen Van eine starke armenisch-revolutionäre Bewegung, die es verstand, den Stadtarmeniern einen gewissen Schutz vor muslimischen Übergriffen zu garantieren. Die Präsenz verbotener armenischer Parteien führte zu akuten Konflikten sowohl innerhalb der Armenier als auch mit den Muslimen und dem Staat. Die Missionare sahen sich wie nirgendwo sonst diesem Spannungsfeld ausgesetzt, auch noch nach 1896. Anders als in Harput schufen die Missionen den Durchbruch bei der christlichen Bevölkerung erst im Zusammenhang mit den Pogromen von 1895/96, als sie den Opfern Nothilfe leisteten. Die dominikanische und die neu gegründete deutsche Missionsstation nahmen um die Jahrhundertwende einen beträchtlichen Aufschwung. Auch in Van war das ABCFM der unbestrittene Leader unter den Missionen; im Vergleich zu Harput waren die Vaner Missionsstationen indes Juniorpartner. Sie besassen kein ebenbürtiges Angebot in den Bereichen höhere Bildung *(college-Stufe)*, Medizin und Dorfarbeit.

---

320 Über das abenteuerliche Bauen schrieb Frieda Spörri: „Man nahm uns einmal die Maurer während dem Arbeiten von der Baustelle weg und steckte sie ins Gefängnis, weil sie mithalfen am Aufbau der deutschen Gebäude. Mein Mann hatte viel zu tun und zu unterhandeln mit der türkischen Regierung, bis er die Arbeiter wieder los hatte. Auf einmal kam ein Verbot zum Weiterbauen. Die Arbeiter fürchteten sich vor den grausigen Drohungen der Türken und blieben weg. Endlich war man doch so weit, dass der Dachstuhl aufgerichtet werden konnte. Dr. Raynolds, unser Papa und die Waisenjungen deckten ohne fremde Hilfe das Dach mit Ziegeln. Irene und ich halfen mit, indem wir in grossen Krügen Wasser herbei schleppten." Spörri (1935), S. 75.

321 Der Hülfsbund gründete 1907 noch eine zweite Station im Ostteil der Ostprovinzen, und zwar in Musch, das in der Provinz Bitlis, zwischen Harput und Van liegt. Über die frühe Hülfsbundtätigkeit in Van: Spörri (1935), S. 74–84; *25 Jahre ...*, 1921, S. 37–46, 91–93.

322 Spörri (1935), S. 85.

2.10   Schauplatz Urfa in der hamidischen Ära

Erst in den 1890er Jahren begannen die Missionen das Stadtbild von Urfa markant zu prägen. Damals bekam die eher diskret geführte kapuzinische Missionsstation Konkurrenz erst von amerikanischer, nach den Pogromen auch von deutscher Seite. ABCFM-Missionarinnen und -Missionare besuchten Urfa seit den Tanzimat regelmässig und unterstützten die dortige protestantische Gemeinde, die schon vor der Gründung der amerikanischen Missionsstation 1892 über 1'000 Mitglieder zählte. Die lokale Initiative und Führung lag in einheimischen Händen. Die Pogrome bedeuteten einen furchtbaren Aderlass in der armenischen Bevölkerung, resultierten aber gleichzeitig, ganz gegenläufig zu ihrer Intention, in einer Stärkung des ausländischen und des christlichen Elementes in Urfa: Das ABCFM baute eine Waisen- und Witwenbetreuung, Werkstätten und Ateliers auf, während die 1896 neugegründete Deutsche Orient-Mission in Urfa ihre Haupttätigkeit, die ein Waisenhaus, eine Teppichmanufaktur und ein Spital umfasste, entfaltete. Die kapuzinische Station hatte schon mit dem Beizug der Schwestern von Lons-le-Saunier in den Jahren nach dem Berliner Kongress ihre Präsenz massiv verstärkt.

2.10.1 Demographie, Ethnien und Missionen

Nach lokalen protestantischen Schätzungen lebten um 1877 rund 18'000 Türken, 10'000 Armenier, 1'000 Protestanten, 1'500 Syrier, 120 Katholiken und 120 Juden in der Stadt Urfa.[323] Der osmanische Autor und Staatsdiener Cevdet Pascha gab 1881 für die Stadt Urfa eine Gesamtzahl von 2'380 Haushaltungen an, davon 1'377 muslimische und 1'003 nichtmuslimische, wovon wiederum 29 jüdische. Bei durchschnittlich gut zwölf Personen pro Haushalt ergibt sich ebenfalls eine Einwohnerschaft von rund 30'000 zu Beginn der hamidischen Ära. Eine knapp doppelt so hohe Zahl von muslimischen, nämlich arabischen und kurdischen Dorfbewohnern und Nomaden lebte in den mehreren hundert Dörfern und über einem Dutzend Nomadenlagern des Kreises Urfa. Mit Ausnahme des armenischen Dorfes Garmuç, einiger armenischer Weiler und einiger kleiner Süryani-Dörfer im Norden der Stadt war die Landbevölkerung in der Umgebung von Urfa ausschliesslich muslimisch.[324]

Der französische Gelehrte Vital Cuinet gab anfangs der 1890er Jahre eine *Stadt*-Bewohnerschaft von 55'000 an, eine Zahl, die nicht nur angesichts der Angaben Cevdets, sondern auch derjenigen von Lepsius vor Ausbruch des Ersten Weltkriegs hoch erscheint. Zudem weichen die ethnischen Proportionen, die Cuinet angab, sowohl von den in ungefähr übereinstimmenden bei Cevdet, Lepsius und im Aleppo-

---

323 In Garmuç, dem wenige Kilometer entfernten einzigen armenischen Dorf der Region waren 100 von 1'400 Armeniern Protestanten. Brief der protestantischen Gemeinde von Urfa an das ABCFM in Boston, 25. 12. 1877, ABC 16.9.5 (reel 643).

324 Cevdet 1991 (1953), Bd. 2, S. 225 (Tezkire Nr. 36 vom 1. 10. 1881). – Cevdet, 1866–1868 Vali von Aleppo, teilte die aufgeführten Zahlen zwar dem Kreis Urfa zu (nefs-i Urfa kazâsı), von der ethnischen Proportion und der Gesamtzahl her sind aber offensichtlich die fast ausschliesslich muslimischen Dörfer nicht berücksichtigt.

Jahrbuch von 1873 ab,[325] indem Cuinet bloss gut ein Viertel Christen (13'843) vermerkte. Offensichtlich gab er, da er sich auf die offiziellen staatlichen Statistiken stützte, eine viel zu hohe muslimische Einwohnerschaft an (40'835).[326] Wenn man diese halbiert, bekommt man eine realistische Stadtbewohnerschaft von rund 35'000 um 1890, die sich bis 1913 auf die von Lepsius vorgebrachten plausiblen rund 50'000 Stadtbewohner erhöhte (davon 35'000 beim Staat registrierte). Lepsius ging von drei Fünfteln Muslimen (Türken, Kurden und Araber) und – hoch geschätzt – zwei Fünfteln Christen aus. Von den Christen waren knapp 5'000 Süryani und gut 15'000 Armenier; circa 12'000 gehörten der armenischen, gut 2'000 der protestantischen und gut 1'000 der katholischen Millet an.[327] Hinzu kamen die Juden, deren Zahl nach Cuinet 322 betrug, und die ohne Zahlenangabe aufgeführten Griechen. Eine Verdoppelung der Stadtbevölkerung vom Beginn der hamidischen bis in die ersten Jahre der jungtürkischen Ära scheint realistisch, zumal der ganze Sandschak Urfa in jener Zeitspanne einen kräftigen Bevölkerungsschub aufwies[328] und Urfa kurdische und arabische Zuwanderung vom Land erhielt. Vermutlich verschob sich dadurch und wegen des 1895er Pogroms die Proportion noch stärker zuungunsten der christlichen Bevölkerung als bloss auf die zwei Fünftel, die Lepsius schätzte.

Die Ethnien bewohnten mehr oder weniger getrennte Quartiere, die sich um den Bazar herum gruppierten. Türken und Araber wohnten im Süden gegen den Burghügel hin; Türken, Süryani und Juden im Osten; von ihnen abgetrennt im Westen die Armenier. Deren Quartier dominierte die 1849 errichtete riesige „Kathedrale", die Platz für mehrere tausend Menschen bot. Im nördlichen Teil des armenischen Quartiers lagen die architektonisch gelungene protestantische Kirche und die Gebäude der amerikanischen Mission. Ans armenische Quartier schloss sich weiter nördlich die Vor- oder Neustadt an, die von meist zugezogenen Arabern, Süryani und Kurden bewohnt war und im letzten Drittel der hamidischen Ära dem türkischen und deutschen Spital, dem deutschen Waisenhaus und den Häusern von Künzler und Vischer Platz bot. In der südlichen Vorstadt Urfas wohnten Araber.[329] Mit Ausnahme von Garmuç und wenigen Weilern war die Umgebung von Urfa kurdisch oder arabisch. Die Kurden lebten nördlich, die Araber südlich der Linie Urfa-Viranşehir.

Die seit 1841 ständig besetzte, im Ostteil der Stadt im Süryaniquartier gelegene kapuzinische Missionsstation erfuhr 1883 durch den Zuzug von Franziskanerinnen von Lons-le-Saunier kräftigen Zuwachs. Diese eröffneten ein Nähatelier und eine Mädchenschule. Bis 1892 war die kapuzinische Mission die einzige in Urfa.[330] Anders als die Katholiken besassen die Protestanten erst seit 1888 eine eigene

---

325 Nach *Yurt Ansiklopedisi* 1982–1984, S. 7377.

326 Cuinet 1892, Bd. 2, S. 260 f.

327 CO 1913, S. 174 f. Die detaillierte, von G. F. Gracey Anfang 1914 aus Regierungsquellen zusammengestellte ABCFM-Statistik bezifferte die Stadtbevölkerung auf 42'362, davon 13'862 Türken, 13'121 Kurden, 6'000 Araber, 431 Juden und 8'948 Christen, von letzteren 6'495 der armenischen Millet zugehörig. ABC 16.9.5 (reel 668: 623 ff.). – Cuinets Zahl von 1'022 gregorianischen Stadtarmeniern muss ein Druckfehler sein (Cuinet 1892, Bd. 2, S. 114).

328 *Yurt Ansiklopedisi* 1982–1984, S. 7377, in Berufung auf Shaw 1980.

329 Vgl. die Stadtpläne auf S. 110 und S. 231.

330 Brief von Giannantonio da Milano an Bernard von Andermatt, Rom, 16. 2. 1905, mit Beilage, S. 3, AGC H 72 II 19.

Kirche. Urfa hatte keine permanente amerikanische Missionspräsenz, bis sich 1892 Corinna Shattuck, die seit 1873 in der *Central Turkey Mission* arbeitete und Urfa mehrfach besucht hatte, dort niederliess. Sie leitete seit 1892 die protestantische Schule. Aus der ABCFM-Statistik geht hervor, dass 1880 an die 1'000 Stadtbewohner sowie 100 Bewohner des nahegelegenen Dorfes Garmuç und 200 im Städtchen Siverek protestantisch waren. 315 Schülerinnen und Schüler besuchten in Urfa, 40 in Siverek die protestantischen Schulen.[331]

Etwa dreimal mehr Protestanten gab es je in den Zentren Marasch und Anteb. Der Bereich der *Central Turkey Mission* hatte damals 32 protestantische Kirchen mit rund 12'000 registrierten Mitgliedern. Um 1890, vor den grossen Pogromen, zählte man rund 17'000 Protestanten im Bereich der *Central Turkey Mission*, davon 1'300 in Urfa, 3'422 in Anteb und 2'375 in Marasch. An manchen Orten betrug der protestantische Anteil an der christlichen Bevölkerung zwischen einem Viertel und einem Fünftel. Die von Cuinet vorgebrachte Zahl von 4'738 Katholiken im Kreis Urfa erscheint unglaubwürdig hoch. Ausserhalb der Stadt gab es im Landkreis nur wenige Christen. Der kapuzinische Missionsbericht für 1901 spricht von insgesamt 2'000 Katholiken in der Stadt, Armenier und Süryani zusammengenommen.[332]

2.10.2 Urfa, 1895

Die armenische revolutionäre Bewegung war in Urfa nicht so präsent wie etwa in Van. Entsprechend kommt diese kaum je in den Quellen der Urfa-Missionen vor. Sie taucht auch weder in den einschlägigen Dokumentensammlungen britischer noch osmanischer Quellen von Bilal Şimşirs auf. Gleichwohl wurde auch in Urfa 1895 das Gerücht eines allgemeinen armenischen Aufstandes gestreut.[333] Auch in der Region Urfa erhitzte die seit den Sasun-Massakern 1894 wieder aufs Tapet gekommene Reformfrage der Ostprovinzen die muslimischen Gemüter, auch hier wurde die Nachricht vom Einlenken des Sultans in der Reformfrage am 17. Oktober 1895 als Gewährung einer armenischen Autonomie missverstanden.[334] Wie in den anderen Städten der Ostprovinzen gab es in Urfa ein vergleichsweise blühendes schulisches, kulturelles und ökonomisches Leben der armenischen Gemeinschaft, zu welchem seit der Jahrhundertmitte die Missionen ihren Teil beitrugen. Daraus resultierte eine soziale Kluft vor allem zu den kurdischen und arabischen Landbewohnern. Manche von diesen waren zudem bei Stadtarmeniern verschuldet.

---

331 MH 1882, S. 55.
332 Cuinet 1892, Bd. 2, S. 114; *Rapport sur l'état de la Mission de Mésopotamie 1901*, AGC H 72 II, 9, S. 3; ABC MS Hist. 31: 4, S. 36, 38. Cuinet übertrieb selbst die Zahl der Protestanten (2'000 anstatt gut 1'300, Stadt Urfa und Garmuç zusammengenommen).
333 Herbert an Salisbury (britischer Aussenminister), Konstantinopel, 28. 10. 1895, FO 424/184, S. 119, Nr. 187, in Şimşir 1990, S. 379.
334 Vgl. die Nachforschungen des britischen Vizekonsuls G. H. Fitzmaurice, die dieser nach den Ereignissen vor Ort unternahm und im Bericht vom 16. 3. 1896 an Philip Currie, den britischen Botschafter in Konstantinopel, niederlegte (zur Fehlinterpretation der Reformen S. 2 f., zur Verschuldung von Muslimen bei Armeniern S. 10). Zwölfseitige Daktylokopie des Berichtes in ABC bh Reports 1895–1896.

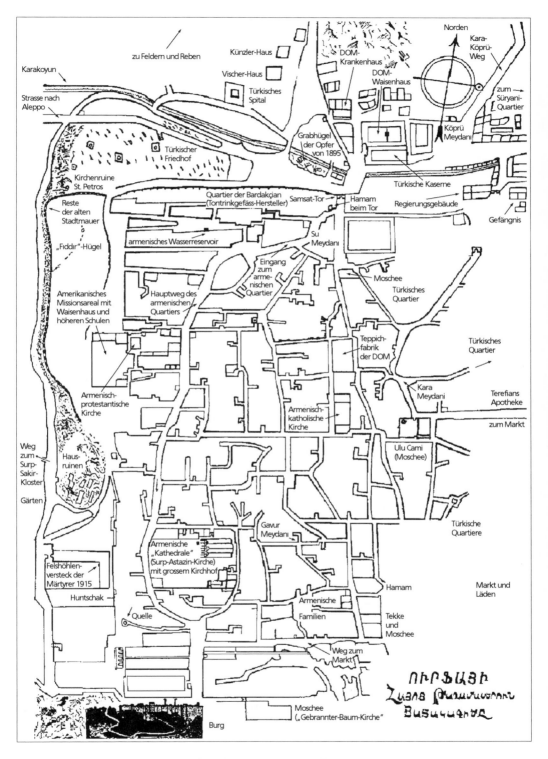

Karte 7: Armenischer Stadtteil in Urfa und angrenzende Quartiere.

Auch in Urfa kam es im Oktober 1895 zu einem Pogrom, das 39 (nach späteren Berichten 60) Personen das Leben kostete und viel Sachschaden anrichtete. Äusserer Anlass dazu scheint die Ermordung eines armenischen Gläubigers durch einen muslimischen Schuldner gewesen zu sein, auf welche einige Armenier am 27. Oktober mit der Besetzung des Polizeipostens reagierten, da sie die Freilassung des von ihnen ausgelieferten Täters befürchteten. Am 28. und 29. Oktober erfolgte das Pogrom. Die Opferzahl war deswegen relativ gering, weil die meisten Armenier angesichts der gespannten Lage sich nicht getraut hatten, aus ihrem Quartier hinauszugehen und ausserdem dem angreifenden Mob entschiedenen Widerstand entgegengesetzt hatten. Nach Fitzmaurice kamen dabei fünf bis sechs Muslime ums Leben. Mehrere Häuser und etwa 700 armenische Läden wurden geplündert und beschädigt.[335]

Seit Ende Oktober befand sich das armenische Quartier quasi im Belagerungszustand, ohne reguläre Wasser- und Nahrungszufuhr. Vergeblich versuchten die Armenier, ihre bedrängte Situation mit Boten nach Anteb oder Aleppo zu melden.

In Garmuç, dem armenischen Dorf ausserhalb Urfas, konnten die angreifenden Kurden und Araber nur dank List – Zelte täuschten schützende Militärpräsenz vor – und bewaffnetem Widerstand abgewehrt werden. Die Garmuçer weigerten sich mit Erfolg, ihre Waffen der Regierung abzugeben.[336]

Wie andernorts wurden die armenischen Führer in Urfa nach den Oktober-Ereignissen angehalten, eine Erklärung zu unterschreiben, welche armenische Angriffe für die Pogrome verantwortlich machte. Das erste Mal geschah dies Anfang November und betraf die Wortführer aller religiösen Gemeinschaften, das zweite Mal Mitte Dezember. Damals mussten 25 armenische Notabeln ein Telegramm an den Sultan mit einem Dankeserguss und einer unterwürfigen Loyalitätserklärung, die alle Schuld an den Spannungen armenischen Elementen zuschrieb, unterzeichnen und auf eigene Kosten versenden.[337]

Wie andernorts wurden die Christen zur Ablieferung von Waffen gedrängt. Auch in Urfa kann man die Handlungsweise der Machthaber als Vermengung von Balkantrauma und Fehlinterpretation der armenischen Reformhoffnungen deuten. Dem britischen Vizekonsul Fitzmaurice zufolge äusserte der lokale Truppenkommandant Nazif Pascha gegenüber den 15 armenischen Notabeln, die am 12. November wegen der Waffenübergabe ins Regierungsgebäude zitiert worden waren, er sei 1876 in Bulgarien gewesen und wisse, wie man mit „rebellischen *rayas*" umzugehen habe. Nazif liess am Morgen des 28. Dezembers den nichtarmenischen Christen der Stadt mitteilen, sie sollten sich in ihren Kirchen versammeln und keinem Armenier Asyl geben.[338]

Die eigentlichen Massaker fanden am 28. und 29. Dezember statt, nachdem von behördlicher und islamistischer Seite die Stimmung gegen die Armenier sukzessive aufgeheizt worden war. Wie andernorts beteiligten sich Stadtmuslime, Militär – lokales und auswärtiges *(redif)* – und Kurden vom Land an den Pogromen, die für die Täter materiell sehr lohnend waren. Auch in Urfa wurden in erster Linie arme-

---

335 Fitzmaurice-Bericht, S. 3 f.
336 Fitzmaurice-Bericht, S. 11.
337 Fitzmaurice-Bericht, S. 5 f. Vgl. Shattucks Zeugnis weiter unten, S. 540–543.
338 Fitzmaurice-Bericht, S. 5. 7.

nische Männer umgebracht – Gregorianer, Protestanten und Katholiken –, dennoch kamen wegen der Brandstiftung in der grossen armenischen Kathedrale, wo etwa 3'000 Personen Zuflucht gesucht hatten, viele Frauen und Kinder um. Auch in der Region Urfa wurde die Losung verbreitet, es sei ein Akt der Rechtgläubigkeit, die armenischen Männer abzuschlachten. In Urfa bekam die religiöse Note eine besondere Prägnanz, indem ein Scheich namens Celâl in Berufung auf seine Religion eigenhändig an die 100 männliche Kleinkinder abschlachtete. Der Täter, der (wie alle anderen auch) keinerlei Strafverfolgung zu gewärtigen hatte, rühmte sich später lange seiner Tat. Der Mollah Sait Ahmed legitimierte die Massaker, indem er am 28. Dezember eine entsprechende *fetva* erliess und eigenhändig vor aller Augen einen Armenier köpfte.[339]

Zwischen 400 und 500 Armenier bekehrten sich in der Zeitspanne von Ende Oktober bis Anfang Januar zum Islam, entweder unter direkter Todesdrohung oder aus der verzweifelten Einsicht heraus, dass sonst keine Existenz möglich sei. Wie andernorts gaben Hornsignale die Zeichen zum Aufbruch und Abbruch der Massaker. Mit wenigen Ausnahmen wurde diesen Signalen pünktlich Folge geleistet. Die Juden wurden beauftragt, die Leichname wegzuschaffen.[340]

Auch in Urfa setzten die Behörden den Gewalttaten nichts entgegen; die Reservetruppen *(redif)*, die die Stadt rief, da sie nur über wenige Dutzend Polizeikräfte verfügte, wurden ebenfalls zu Tätern. Einzig den Schutz der Ausländer – Shattuck, das Kapuzinerkloster unter Leitung von Pater Apollinare und die Franziskanerinnen – garantierten die Urfa-Behörden mit Erfolg. Die Zentral- und Provinzbehörden waren wie anderswo darauf bedacht, dass keine Augenzeugenberichte an die internationale Öffentlichkeit gelangten. In der Provinz Aleppo unterbanden sie in jenen Monaten nicht nur den Postverkehr, sondern warfen alle diejenigen Meldegänger ins Gefängnis, die sich erkühnten, Meldungen der Missionare vor Ort an die Konsuln in Aleppo zu überbringen.[341]

Die rasche Versetzung verantwortlicher Persönlichkeiten auf ehrenvolle, weit entfernte Posten (so von Gendarmerie-Offizier Hasan Bey und von Truppenkommandant Nazif Pascha) entzog diese nicht bloss einer Strafverfolgung, sondern stellte auch sicher, dass keine seriöse Strafuntersuchung stattfinden konnte.[342]

Corinna Shattuck, neben den Mitarbeitern der kapuzinischen Mission die einzige ausländische Augenzeugin der Urfaer Pogrome, schrieb ihrer Cousine Julia S. Concant am 24. Januar 1896 einen ausführlichen Brief.[343] Der ABCFM-Missionar Charles Sanders aus Anteb, der Ende Januar zur Unterstützung seiner Kollegin in Urfa eintraf, nahm vermutlich diesen Brief zur Versendung nach Amerika aus Urfa mit. Der Fitzmaurice-Bericht scheint sich in vielen wesentlichen Punkten auf Shattucks Zeugnis abzustützen. Shattucks Augenzeugenbericht beeindruckt

---

339 Künzler 1951, S. 75; Fitzmaurice-Bericht, S. 8 f.; Ahmed 1992 (1975), S. 61.
340 Fitzmaurice-Bericht, S. 8–11. Siehe Shattucks Brief im Anhang, S. 542.
341 Herbert an Salisbury, Konstantinopel, 2. 11. 1895, FO 424/184, S. 152 f., Nr. 246, in Şimşir 1990, S. 425 f.; Bericht einer Franziskanerin, Diyarbakır, 23. 2. 1896, SLS; Consul Barnham an Currie (britischer Botschafter in Konstantinopel), Aleppo, 24. 11. 1895, FO 424/184, S. 443–8, Nr. 783/1, in Şimşir 1990, S. 633 f., 636 f.
342 Fitzmaurice-Bericht, S. 10.
343 Siehe Anhang, S. 540–543.

durch seine Unmittelbarkeit und gleichwohl Nüchternheit. Zweifellos ist er perspektivisch: Er stellt die Ereignisse vom Erleben der Opfer her dar, nimmt auf deren mündliche Berichte Bezug und solidarisiert sich mit ihnen; der Beweis dafür ist das riskante Verstecken von armenischen Männern. Parteiisch im pejorativen Sinn kann dieser Text nicht genannt werden. Er beschreibt die Täterseite durchaus differenziert. Die Schreiberin befand sich als Ausländerin in einer unantastbaren Mittlerstellung, sie wurde protegiert, ja geradezu hofiert von jenen Notabeln, an deren Mitverantwortung für die Ereignisse sie keinen Zweifel lässt. Sie machte ausserdem verschiedene Zahlenangaben. Die armenischen Opfer schätzte sie auf insgesamt 5'000 und war damit sehr zurückhaltend. Fitzmaurice gab 8'000 an, mit möglicher Korrektur nach oben.[344] Einer Missionarin, die Schulen mit Hunderten von Kindern supervisierte und effizient Überlebenshilfe für viele Opfer organisierte, kann zweifellos ein erfahrener Umgang mit Personenstatistiken attestiert werden.

---

344 Fitzmaurice-Bericht, S. 9. Der zeitgenössische kapuzinische Bericht spricht von 10'000 Opfern (SLS: *Récit des Massacres en Arménie 1895,* dactylo, S. 15 f.), ebenso Kévorkian und Paboudjian 1992, S. 326. Vgl. auch „Das Autodafé in der Kathedrale zu Urfa" in *Jahrbuch der DOM,* Berlin, 1903, S. 157–161. – In seinem ansatzweise löblichen Versuch, die muslimische Seite verständnisvoll zu betrachten, ohne das armenische Leid zu minimieren, geht Jeremy Salt fragwürdige „revisionistische" Pfade. Mangels genauer lokaler Kenntnisse und mit einer relativ schwachen Quellenbasis versehen (v. a. Konsularquellen), lässt Salt sich zu sehr von der damals wie heute vertretenen türkischen Version armenischer Provokation beeindrucken. In seinem Trachten nach unzulässiger Interpolation („trying to create a balanced picture") kann er Pogrombeschreibungen nicht als solche stehen lassen, ohne Übertreibung hineinzuinterpretieren. Mit seiner fragwürdigen Einteilung in „gute", unparteiliche (nichtarmenische) Augenzeugenberichte und „schlechte" Berichte vom Hörensagen zieht er falsche Schlüsse. Das tut er namentlich beim „Holocaust" – wie Corinna Shattuck das Verbrennen der eingeschlossenen Armenier bezeichnete – in der armenischen Kathdrale. Salt distanziert sich von Fitzmaurice mit den Worten: „A striking example [für letztere Berichtskategorie] is Vice-Consul Fitzmaurice's dramatic account of the burning of the Armenian church in Urfa, complete with the cries of the victims trapped inside as the flames leapt to the upper galleries. It was not written at the time, however, but some months after the event when F. was visiting the town with two Ottoman commissioners of inquiry. The American consul, Poche, also described attacks on the Armenians of Urfa, down to the pathetic cries of Armenian children and the ululation of Muslim women watching the onslaught. But Poche was not there either. His information was based on letters and telegrams received from Urfa, and was sent some time later from Halep. It is reasonable to assume, furthermore, that his sources were either Armenians (or American missionaries?) who were not witness to these scenes either but had heard about them from someone else. If the scene was as gruesome as Poche describes it seems unlikely that any Armenian witness in the vicinity would have survived." (S. 97, vgl. auch S. 100 f.). Nach der Logik, welcher Salt folgt, könne alles nicht so schlimm gewesen sein, da sonst niemand überlebt hätte und die Zeugnisse aus zweiter Hand nicht vertrauenswürdig seien. Im Falle Urfas wissen wir, dass Shattuck sehr wohl von Überlebenden spricht und sich auf einen solchen beruft, was der Schrecklichkeit des Ereignisses keinen Abbruch tut. Salt teilt den Zynismus mancher türkischen Kollegen nicht. Er siedelt sich am Rande der seit den 1980er Jahren orchestrierten türkischen Apologieanstrengungen in der armenische Frage an und ist ein illustratives Beispiel, welches belegt, wie weit die armenischen Pogrome der 1890er Jahre von einer gebührenden historiographischen Aufarbeitung noch entfernt sind.

2.10.3 Der missionarische Aufschwung in Urfa nach dem grossen Pogrom

Ein kapuzinischer Urfa-Missionar namens Apollinare dal Fretto entrüstete sich Ende des 19. Jahrhunderts in einem Brief an seinen Vorgesetzten in Rom über das kraftvolle Auftreten des deutschen Protestantismus in Urfa: „Vous devez savoir qu'un centre du protestantisme allemand est en train de se créer à Urfa. Tout un quartier de maisons fut acheté pour y construire un hôpital, un orphelinat, un collège et d'autres écoles. Jusqu'à présent plus de 300 orphelins des deux sexes sont quasiment achetés et assignés à cette secte [...]. Le consul général de France est pleinement conscient de cette œuvre allemande, c'est pourquoi il nous demande de lui donner toute occasion pour que la France regagne son ancienne influence sur l'Orient [...]. Permettrons-nous que le luthéranisme domine la chrétienté d'Urfa?"[345]

Tatsächlich fasste die Deutsche Orient-Mission seit der Erkundungsreise von Lepsius im Spätfrühling 1896 energisch Fuss in Urfa. Shattuck ermunterte ihn, dort eine Waisenarbeit zu begründen, und führte diese mit Geld aus Deutschland, bis im März 1897 Franz Eckart und Pauline Patrunky, im Juli Josephine Zürcher eintrafen. Die ersteren beiden übernahmen die Betreuung der damals rund 200 Waisen, während die Ärztin ein Spital in einem Altstadthaus einrichtete. Von grosszügiger Schularbeit, wie Apollinare damals meinte, konnte keine Rede sein, das Waisenhaus führte bloss für eigene Bedürfnisse einen Schulbetrieb. Die protestantische Kaufkraft und die vermeintliche staatliche Unterstützung gehörten übrigens zu den Gemeinplätzen damaliger katholischer Konkurrenzrhetorik.[346]

Als Josephine Zürcher im Sommer 1897 in Urfa eintraf, waren nicht allein in der ärztlichen Praxis und im Stadtbild die Pogromspuren noch präsent. Am 22. Juli, dem Tage der Eröffnung der Missionsklinik, drängten sich über 200 Patienten im Innenhof des Hauses. Viele Verletzte von damals, aber auch Muslime sowie ein Pascha fanden sich fortan bei Josephine Zürcher ein. Sie war wohl die erste im osmanischen Kleinasien selbständig praktizierende Ärztin. Wie sie selbst schrieb, bekam sie die behördliche Bewilligung unter der Bedingung, dass sie in der Provinz Aleppo, zu der Urfa gehörte, vorderhand bloss mit Männerkleidern öffentlich auftrat, diese jedoch beim Betreten von Frauengemächern wechselte. Schon auf dem Hinweg nach Urfa hatte die junge Ärztin in ihrer geräumigen Herberge in Birecik niemand geringeren als den *Hamidiye*-Kommandanten İbrahim Pascha am Arm operiert.[347] Der armenische Arzt Abraham Attarian assistierte sie nach ihrer Ankunft in Urfa in linguistischen und medizinischen Belangen. Attarian hatte seine Ausbildung am amerikanischen Spital in Anteb genossen, ohne allerdings ein staatliches Diplom erhalten zu haben. Noch weitere Männer standen Josephine Zürcher zur Seite: Der Apotheker Sarkis, der Diener Arusch, der Soldat Hasan sowie Heinrich Fallscheer, ihr späterer Ehemann. Dieser war Lepsius von der deutschen Kolonie in Palästina her bekannt.

---

345 Brief vom 11. 4. 1899 (wohl an das Ordensoberhaupt Bernardo di Andermatt), AGC: H 72 IV.

346 In einem kollektiven Brief vom 28. 2. 1900 schrieben die kapuzinischen Missionare ihrem Vorgesetzten in Rom, Bernardo di Andermatt, Ministre Général des Mineurs Capucins, von „protestants américains et allemands encouragés et secourus abondamment par leurs gouvernements et leurs coreligionnaires d'Europe et d'Amérique" (S. 13, AGC H 72 III).

347 Vgl. Fallscheer-Zürcher 1932, Hinweis auf Kleidervorschrift S. 90.

Abb. 27: Corinna Shattuck, umgeben von einheimischen Mitarbeitern, circa 1896.

Er kümmerte sich um die administrativen Belange der Spitalgründung. Völlig ausgelaugt und durch Krankheit geschwächt, musste die junge Ärztin bereits im Dezember 1897 von ihrer Arbeit zurücktreten. Die Statistik, die sie am 1. Januar 1898 erstellte, war eindrücklich: Innerhalb eines halben Jahres hatte sie 11'970 Konsultationen bewältigt und 142 chirurgische Eingriffe ausgeführt. Drei Viertel ihrer Patienten waren Christen.[348]

Langfristiger und nachhaltiger war das Engagement von Corinna Shattuck. Diese überaus aktive, zeitlebens unverheiratete Missionarin baute eine Stickmanufaktur für armenische Witwen auf, die altarmenisches Know-how integrierte. Sie tat das auf eigenes Risiko, da das ABCFM sich damals noch nicht für diese Art Entwicklungsarbeit einsetzte. Einen Absatzmarkt für die Ware organisierte sie in Amerika, England, Deutschland und der Schweiz. Es gelang ihr dank der Mithilfe eines irischen Freundes, George Gracey, Werkstätten für die Berufsausbildung der Waisenknaben ihrer Schule einzurichten. 1902 begründete sie zudem eine Blindenschule. Ende 1909 verliess sie todkrank Urfa und starb im Frühjahr 1910 in den USA.[349] Der Basler Arzt Andreas Vischer schrieb seiner Mutter 1905: „Miss Shattuck steht einem armenischen Waisenhaus vor. Ausserdem hat sie eine grosse Industrie unter Armenierinnen eingerichtet (sehr feine Tüchlein werden gestickt) mit denen sie viel Geld verdient. Ausserdem hat sie eine Schule u. sogar eine Blindenschule. Ein Mr. Gracey aus Irland hilft in den technischen Dingen, sonst hat sie nur Armenier zur Seite. Sie ist sehr energisch mit Haaren auf den Zähnen. Wir pflegen auch Gesellschaft mit ihr."[350] Inspiriert durch Shattucks beispielhafte Massnahmen zur Arbeitsbeschaffung und versehen mit einschlägigen Erfahrungen aus Lepsius' ehemaliger Pfarrgemeinde, baute Franz Eckart eine Teppichmanufaktur für die Deutsche Orient-Mission auf, die bereits im Mai 1897 die ersten armenischen Witwen beschäftigte.

Das Schulleben im Urfa der Jahrhundertwende war bunt, die Diskrepanz zwischen Christen und Muslimen gross. Das Jahrbuch des Erziehungsministeriums für

---

348 *Aus der Arbeit des Armenischen Hilfswerks,* Berlin, April 1898, S. 60 f. – Allgemein zur Person und Lebensgeschichte Josephine Zürchers vgl.: Sdun 1989; Frutiger 1987; Kieser 1999 b, S. 148 f., 253 f.

349 Vgl. Peabody 1913, Meyer 1974, S. 57–59, 263; MH 1908, S. 111 f.; CO 1908, S. 24 f., Nachruf CO 1910, S. 113–119, 153–155.

350 Brief aus Urfa, 9. 7. 1905, Vischer-Nachlass.

Abb. 28: Amerikanisches Missionsareal in Urfa. Das Areal beherbergte Waisenhaus, Werk-stätten, Schulen und Wohngebäude. Das Windrad diente zum Betrieb der Wasserpumpe des Ziehbrunnens.

1316 (1898) nannte für die Stadt Urfa eine Zahl von 284 Schülern, davon 88 Schü-lerinnen in den armenisch-apostolischen, armenisch-protestantischen und den sürya-ni-protestantischen Sekundarschulen. Dieser Schülerschaft in christlichen Schulen standen total bloss 165 muslimische Schüler in den entsprechenden Staatsschulen gegenüber, die grösstenteil von der Ümmet frequentiert wurde.[351] Fast die Hälfte der Schüler an christlichen Schulen, nämlich 126, besuchte protestantische Schulen, die von einheimischen Kräften betrieben wurden. Nur ein geringer Teil dieser Schüler-schaft war protestantisch; die meisten gehörten den orientalischen Kirchen an. Auf Primarschulebene war die schulische Kluft zwischen der muslimischen Mehrheits-gesellschaft und den christlichen Minderheiten zweifellos noch grösser, zumal die Kapuziner und Franziskanerinnen allein 300 Kinder unterrichteten, zwei Drittel davon waren Mädchen.[352] Zwar präsentierte sich das Schulwesen als ein prinzipiell religiös-gemeinschaftliches, basierend auf den Millets, aber die Trennung war nicht strikt: Einerseits gab es einen bescheidenen Anteil an Muslimen und Juden in den Missionsschulen, andererseits besuchten nicht ausschliesslich Kinder der Ümmet die Staatsschulen. Von den 140 Schülern, die 1901 die staatliche Sekundarschule *(idadi)* besuchten, waren 125 Muslime und 15 Nichtmuslime.[353]

Eine den lokalen Bedürfnissen angepasste Schule musste von der Unterstufe an polyglott sein, was hohe Anforderungen an den Lehrkörper stellte. Neben Türkisch,

351 *Salname-i Maarif* 1316.
352 *Rapport sur l'état de la Mission de Mésopotamie 1901,* AGC H 72 II, 9, S. 4. Vgl. Cuinet 1892, Bd. 2, S. 261.
353 *1321 senesi Maarif Nezareti Salnamesi,* S. 457, zit. nach Karakaş 1995, S. 146.

Arabisch und Armenisch wurde von katholischer Seite auch Französisch als „für Urfa unverzichtbar erachtet".[354] Anforderungen anderer Art stellte die türkisch-armenische Spannung: „Nos élèves sont de différentes nations telles que: latins, Syriens catholiques et non catholiques, protestants, Arméniens catholiques et schismatiques et chaldéens. Les Arméniens sont les plus nombreux et il nous en vient chaque jour. Comme leur quartier est très éloigné de notre hospice, nous sommes obligés de les faire accompagner tous les soirs par un gendarme jusqu'à leur maison à cause des gamins turcs qui ne cessent de les insulter et de leur jeter des pierres." Tatsächlich trugen damals armenische und türkische Kinderbanden ihre Kämpfe gegeneinander handgreiflich und mit Steinwürfen aus. Wie in den meisten Missionsschulen gab es auch in den franziskanischen in Urfa einige wenige Nichtchristen. Und wie andernorts vertrauten selbst Staatsbeamte ihre Kinder den Missionaren an, trotz eines entsprechenden hamidischen Verbotes.[355]

Auch wenn die protestantischen Schulen in Urfa, ausser im deutschen Waisenhaus, hauptsächlich von einheimischer Seite betrieben und finanziert wurden, konnten sie im Notfall auf die Hilfe der Missionen zählen, deren informeller Supervision sie meist unterstanden. In erster Linie unterstützte das ABCFM diese Einrichtungen mit Zuschüssen. Die süryani-protestantische Schule wäre ganz verschwunden, wenn nicht der Diakon des Missionsspitals, Jakob Künzler, auf die Bitte des süryani-protestantischen Pfarrers Djürdji hin in der Schweiz Finanzierungskanäle eröffnet hätte, die einen Neubau und die jährlichen Lehrerkosten finanzierten. Eine regelrechte Neugründung, als welche sie der Leserschaft des *Christlichen Orient* dargestellt wurde, war sie allerdings nicht.[356]

2.10.4 Das Missionsspital und sein Beziehungsnetz

1898 übernahm der Arzt Hermann Christ aus Basel die Leitung des Missionsspitals. Da er wohlhabend war, verzichtete er auf ein Gehalt. Anders als seine Vorgängerin hatte er in Konstantinopel das osmanische Diplom erhalten können. In seinem Bericht über die erste Jahreshälfte von 1899 betonte Christ den unheilvollen Zusammenhang zwischen chronischer Armut und öffentlicher Gesundheit. Man müsse unbedingt ein Spital für die Ärmsten unter den Armen, nämlich die Kranken, bauen sowie das Vertrauen der Muslime gewinnen, welche die Klinik noch zu wenig in Anspruch nähmen (damals bloss 5 Prozent).[357] Die Ausrichtung auf die Armen und die Öffnung auch für die Muslime waren zwei programmatische Punkte, denen das Spital bis zu seinem Ende 1922 treu blieb.

354 „Nous enseignons dans notre école la langue française, turque, arabe et arménienne, ces quatre langues sont indispensables pour Orfa. Ce qui nous présente beaucoup de difficultés et exige plusieurs professeurs." Brief von Raphaël de Mossoul vom 21. 12. 1901, AGC H 72 IV.

355 „Nous avons aussi quelques enfants juifs. Les musulmans voyant aussi l'organisation de notre école désirent en profiter. Le capitaine de la cavalerie et un autre officier nous ont confié leurs fils malgré les ordres sévères de leur loi qui défend de fréquenter les écoles chrétiennes." Brief von Raphaël de Mossoul vom 21. 12. 1901, AGC H 72 IV. Zu den Kinderbanden: Jernazian 1990, S. 52.

356 CO 1906, S. 169–173; CO 1907, S. 58–62; CO 1912, S. 107–110.

357 *Aus der Arbeit des Armenischen Hilfswerkes*, Berlin, Okt. 1899, S. 145. Vgl. Vischer in CO 1914, S. 61.

1899 bekam Christ Verstärkung in der Person des Diakons Jakob Künzler vom Basler Bürgerspital. Nicht zuletzt dank dieses sehr dienstbereiten und kommunikativen Krankenpflegers, der Aufgaben weit über seine Berufsbezeichnung hinaus erfüllte, ergab sich eine gute Zusammenarbeit der Schweizer mit dem armenischen Personal und konnte das Vertrauen der Bevölkerung rasch gewonnen werden. Die Zahl der Patienten stieg, wie auch der muslimische Anteil unter ihnen. 1903 betrug er ein Drittel; diesen Anteil unterschritt er danach fast nie mehr. Unter den muslimischen Patienten stellten wiederum die Kurden, als der ärmste Bevölkerungsteil, den grössten Anteil. Sie frequentierten von Anfang an die ethnisch-religiös gemischten Spitalzimmer, während sich der erste Türke, ein 14jähriger Junge, erst Ende 1901 hospitalisieren liess. Sein Vater erbat sich aus, Tag und Nacht an der Seite seines Sohnes sein zu dürfen. Die Heilung dieses am Bein verletzten Jungen bedeutete den Durchbruch bei den türkischen Patienten. Ab Frühjahr 1902 traten zunehmend auch Stadtmusliminnen ins Missionsspital ein. Sich im Haus von fremden *gavur* hospitalisieren zu lassen, bedeutete einen grossen, für die Ümmet bemerkenswerten Schritt. Nicht von ungefähr liess der *mutasarrıf* Ethem Pascha 1903 in der Rekordzeit von elf Monaten ein türkisches, zu Ehren des Sultans „Hamidiye" benanntes Spital erbauen![358] Der Erfolg der „interethnischen Strategie" war nicht selbstverständlich, galt es doch nach 1895 tiefste Gräben zu überbrücken. Scheich Celâl, einem der Anführer während der Pogrome, gewährte die Klinik in einem bewussten Akt von „Feindesliebe" den Zugang (er brachte seine kranke Tochter). Celâl nahm seine Medikamente nur aus Künzlers Hand entgegen, zu sehr fürchtete er, dass ihn der armenische Spitalapotheker, ein glühender Nationalist, vergiften würde.[359]

Die Krankheit seiner Gattin zwang Christ 1904, seinen Posten aufzugeben. Aber noch vor seiner Abreise gelang es ihm, dank Spenden von Basler Freunden den Grundstein für ein eigenes Spital zu legen, welches dem provisorischen Mietverhältnis Abhilfe schaffen sollte. Andreas Vischer, Christs Nachfolger, schrieb 1905 aus Urfa an seine Mutter in Basel: „Unsere Patienten gehören sämtlichen hier vorhandenen Völkern an; So hatten wir zb in unserem kleinen Spital letzte Woche 3 Armenier/Türken/Syrer/Kurden, eine Armenierin und eine Araberin. In unseren Sprechstunden hört man immer 4 Sprachen: Armenisch, türkisch, arabisch u. kurdisch. Die Armenier (die erwachsenen Männer) können türkisch, die Frauen u. Kinder meist nur armenisch. Die Araber u. Kurden sprechen nur ausnahmsweise türkisch. Es findet sich aber meist irgend ein Begleiter, der übersetzt, wie denn die Leute nie allein kommen."[360]

Andreas Vischer entstammte wie Christ einer alteingesessenen, wohlhabenden Basler Familie. Als er 1905 in Urfa eintraf, fand er die Arbeit der Deutschen Orient-Mission konsolidiert, sowohl was ihre Infrastruktur, ihre Routine, ihre Verwurzelung und Anerkennung wie auch ihre Beziehung zu den Behörden betraf. Jedenfalls lobte der Missionsleiter Lepsius ausdrücklich das Wohlwollen der Behörden, das man praktisch seit Beginn der Arbeit genoss, obwohl man ein reines Hilfswerk für die Armenier gewesen sei.[361] Gewiss spielten die freundschaftlichen Beziehungen des

358 Kürkçüoğlu 1990, S. 84; Karakaş 1995, S. 146.
359 Künzler 1951, S. 75 f.
360 11. 6. 1905, Vischer-Nachlass.
361 CO 1904, S, 161 f.

hamidischen Staates mit Deutschland, das seine Missionare nach anfänglicher Abwehr tatkräftig zu protegieren begann, neben der lokalen Anerkennung der DOM-
Arbeit eine Rolle bei der Haltung der osmanischen Behörden.

Die Klinik war zu einem guten Teil selbsttragend. „Mit unseren ganz schönen
Einnahmen halten wir uns so über Wasser bis wieder was von Berlin od. Basel
kommt. Bruder Jakob bezieht seinen Gehalt regelmässig aus den hiesigen Einnahmen, sodass er nie zu kurz kommen kann, ich also durchaus nicht für ihn zu sorgen
brauche. Ebenso wird mein Gehalt auf die Ausgaben der Klinik geschrieben."[362]

Die Equipe des Missionsspitals besass vor allem in Basel ein moralisches und
materielles Unterstützungsnetz, das auf der Höhe ihrer eigenen Motivation stand. Es
handelte sich vorwiegend um den persönlichen, philanthropisch gesinnten Freundeskreis von Christ, Vischer und Künzler. Dieser gründete 1907 den *Verein der
Freunde des medizinischen Liebeswerkes in Urfa*. In seinem Aufruf an die Öffentlichkeit betonte er den interreligiösen Charakter des Werkes, das „beinahe als schweizerischer Aussenposten bezeichnet werden" dürfe und keine Bekehrungen zum Ziel
habe. „Aber die Anstalt sollte in ein elendes, tief verarmtes und von blutigem Hass
der verschiedenen Bekenntnisse durchtobtes Land einen Schimmer von christlicher
Bruderliebe bringen. Sie sollte eine Insel europäischer Kultur werden in dem einst
herrlich blühenden und jetzt so unglücklichen Lande zwischen Euphrat und Tigris."[363]
In den Unterstützungsauftrag wurde ausdrücklich auch die jährliche Entsendung
eines Assistenzarztes aus der Schweiz eingeschlossen, was nur einmal realisiert
wurde. Der junge Arzt Rico Pfisterer weilte von 1907 bis 1908 in Urfa.

Mit der Heimat standen die Schweizer in einem regen Briefwechsel und wurden
von dort auch regelmässig mit Zeitungen versorgt. Manchmal trafen von Schweizer Bekannten Karten mit sträflichen Adressierungen ein: „Ich bekam Postkarten
mit den merkwürdigsten Adressen: Urfa – Mesopotamien; Urfa – Armenien (O
Schreck!) u. s. w."[364]

Innerhalb Urfas bewegten sich Vischer wie Künzler frei und ungezwungen.
Beide waren umgänglicher Natur und wurden von Leuten aller Gruppen auf der
Strasse begrüsst und gelegentlich zu einem Tee eingeladen. Jakob Künzler vergass
später nicht mehr, dass er als junger Pfleger mehrmals auf offener Strasse vom
Mevlevi-Derwisch Mahmud geküsst wurde. Dieser betrachtete ihn als Bruder, nach-
dem er ihm in der Missionsklinik seinen Nasenbeinbruch versorgt hatte.[365] Am
Sonntag gingen die Urfa-Schweizer meist in die protestantische Kirche der Süryani:
„Wir können also in die protestantischen Kirchen gehen, entweder zu den Syrern, wo
immer türkisch gepredigt wird oder zu den Armeniern, wo Armenisch abwechselt

---

362 A. Vischer an seine Mutter, Urfa, 5. 7. 1905, Vischer-Nachlass.
363 CO 1908, S. 14. Zum Gründungskreis gehörten: Rudolf Burckhardt, Dr. med. Hermann Christ-
    Werner, Pfr. Hans Fichter, Dr. phil. Georg Finsler, V. D. M. Th. Iselin, Dr. med. Albert Lotz,
    Prof. Dr. phil. A. Mez, Dr. med. Achilles Müller-Kober, Dr. phil. Albert Oeri, Dr. phil. Eduard
    Preiswerk, Dr. iur. Edgar Refardt-Koechlin, Pfr. A. von Salis, Dr. phil. W. Sarasin, Carl E. Vischer-
    Speiser, Ernst B. Vischer.
364 A. Vischer an seine Mutter, Urfa, 5. 7. 1905, Vischer-Nachlass. „Über die Neuigkeiten, so in der
    Welt vorgehen, berichten uns Freitagszeitung und Volksbote genügend." A. Vischer an seine
    Mutter, Urfa, 9. 7. 1905.
365 Künzler 1951, S. 73 f.

mit Türkisch." Vischer, aus dessen Brief an seine Mutter dieses Zitat stammt, hatte in erster Linie türkisch, nicht etwa armenisch gelernt – ein weiterer Hinweis darauf, dass man das interethnische Prinzip hochhielt und sich pragmatisch der Lingua franca bediente.[366]

Auch ausserhalb Urfas bewegten sich die Missionsangehörigen mit einigermassen sicherem Gefühl, nicht zuletzt deshalb, weil sich İbrahim Pascha, der *Hamidiye*-Kommandant und Führer der mächtigen, im Raume Urfa und Diyarbakır massgeblichen kurdischen Stämmekonföderation der *Milli* als erklärter Freund und Protektor der Missionare gab, obgleich er mit Künzler auch missionskritische Gespräche führte. Er bekam immer wieder Besuch von den Missionaren, auch von den Kapuzinern, und besuchte mindestens einmal die DOM-Station in Urfa.[367]

2.10.5 Zwischenfall zwischen einem Missionar und einem Offizier

Es gab auch unerfreuliche Begegnungen zwischen Missionaren und regionalen Würdenträgern. Von einer solchen handelte ein Schreiben, *tezkire,* des osmanischen Aussenministeriums vom 14. November 1904, das als Teil einer umfangreichen Dokumentation an den Grosswesir gerichtet war: „Folgende untertänigste Mitteilung wird gemacht: Der Leiter der Urfaer Technikkommission [gemeint ist die Teppichfabrik], der deutsche Staatsangehörige Franz Eckart, der in der genannten Stadt wohnhaft ist, wurde von osmanischen Soldaten tätlich angegriffen, wobei deren Vorgesetzter, der Major Mustafa Efendi, tatenlos zugeschaut habe. Dem Schreiben liegt die Übersetzung eines Berichts der deutschen Botschaft vom 13. November 1904 bei. Darin verlangt sie eine harte Bestrafung der Soldaten sowie die Entlassung und Bestrafung des obgenannten Mustafa Efendi. Sie ersucht die osmanische Regierung darum, sämtliche durch den Angriff verursachten Krankheitskosten Herrn Eckart zu erstatten, wobei Herrn Eckart das Recht zustehe, die Höhe der Entschädigung entsprechend seinem Gesundheitszustand festzulegen. Weiter wurde mündlich zum Ausdruck gebracht, dass ein Bekanntwerden dieses Vorfalls sich in Berlin nachteilig auswirken werde, und um dies zu vermeiden, sei es erforderlich, dass der Bitte schleunigst nachgekommen werde. Die Ausführung liegt in der Hand des glorreichen hohen Regenten [des Grosswesirs], die höchste Entscheidungsgewalt gehört Seiner Majestät [dem Sultan] [...]."[368]

366 Urfa, 11. 6. 1905, Vischer-Nachlass.

367 Vgl. Künzler in CO 1902, S. 65–70, CO 1908, S. 12–14; Eckart in CO 1908, S. 139–141, CO 1907, S. 183, und Giannantonio da Milano in MiCa 1908, S. 311 f. Die Jungtürken machten İbrahims „Regionalherrschaft" ein Ende, vgl. Künzler, „Das Ende des Nomadenfürsten İbrahim Pascha", in *Christlicher Volksbote aus Basel*, Nr. 52, 1908, S. 413.

368 Schreiben des Aussenministeriums an den Grosswesir vom 14. 11. 1904 (Y.A.HUS 481/81): „Bâb-ı Ali, Daire-i Hariciyye, Mektubî Kalemi. Huzûr-i Sâmî-i Hazret-i Sadâret-penâhî'ye. Ma'rûz-i çâker-i kemineleridir. Urfa'daki Heyet-i fenniye Reisi Almanya Devleti teb'aasından Franc Akart'ın şehr-i mezkûrde âramsâz efrâd-ı şâhâne tarafından ne vechile dûçâr-ı ta'arruz olduğundan ve efrad-ı merkumenin kumandanı Binbaşı Mustafa Efendi'nin ta'arruz-u mezkurun ika'ı sırasında cereyân-ı vak'aya seyirci kalmış olduğundan bahisle efrad-ı merkumenin sûret-i şedîede te'dibleri ve mûmâ-ileyh Mustafa Efendi'nin 'azliyle beraber te'dibi ve mûmâ-ileyh mösyö Ekart'ın ta'arruz-ı

Derselbe Vorfall wurde im November-Heft des *Christlichen Orient* aus der Warte der Gebrüder Eckart so dargestellt: „Herr Franz Eckart fuhr am 27. Oktober nachmittags 4 Uhr mit seinem Bruder und seinem ein Jahr alten Töchterchen spazieren. Auf dem Wege griff ein türkischer Knabe von 8 bis 9 Jahren über die Vorderräder des Wagens nach der Wagenpfeife. Herr Eckart wies den Knaben zurück, und zwar nur mit Worten, ohne die Hand gegen ihn zu erheben, worauf der Knabe gegen ihn ausspuckte. Darauf liess Herr Eckart den Wagen halten, um die Identität des Knaben festzustellen; dieser floh und versteckte sich hinter einigen in einem offenen Strassenkafé sitzenden Leuten. Diese sagten ihm, es sei der Sohn des Binbaschi (Major). Herr Eckart machte die Leute auf die Gefährlichkeit dieser Kindereien aufmerksam, kehrte zu seinem Wagen zurück und setzte die Fahrt fort. Der Kanun Tschawusch (Adjutant) aus der naheliegenden Kavalleriekaserne, der den Knaben an der Hand genommen hatte, rief Herrn Eckart nach: ‚Du sollst sehen, was ich mit dir machen werde!‘ Als Herr Eckart und sein Bruder nach einer Stunde zurückkehrten und denselben Ort passierten, brachen aus dem Torweg der Wohnung des Binbaschi drei oder vier Soldaten, mit Knütteln bewaffnet, hervor. Sie fielen über die Herren im Wagen und über den Kutscher wütend her. Der jüngere Herr Eckart konnte, nachdem er einige Schläge auf Rücken und Nacken bekommen hatte, mit dem Kinde fliehen. Herr Eckart wurde von einem Soldaten aus dem Wagen gerissen, auf das Pflaster geworfen, und derartig mit dem Knüttel geschlagen, dass er bald mit Blut überströmt war und sein linker Arm herausgerenkt herunterhing. Der Binbaschi, der eine Weile mit der Zigarette im Munde müssig zugesehen hatte, zerstreute dann die Soldaten. Herr Eckart stieg wieder in den Wagen und fuhr auf das Gouvernement, wo er dem Herrn Mutessarrif (Regierungspräsident) Bericht erstattete."[369] Wie dasselbe November-Heft vermeldete, protokollierte der Regierungsarzt danach Franz Eckarts Wunden, und die Zivilbehörden nahmen sich geflissentlich der Angelegenheit an. Die betreffenden Soldaten wurden „eingesteckt" und der Major abgesetzt. Die Reaktion der Zentralregierung erfolgte allerdings auf deutsche Intervention hin. Das „unverzügliche und energische Eingreifen der deutschen Botschaft", wie es im *Christlichen Orient* weiter hiess, wies auf einen neuen, dienstbereiten Umgang des offiziellen Deutschlands hin. Wenige Jahre zuvor hatte es die „idealistischen Armenierfreunde", die der eigenen Orientpolitik im Wege zu stehen schienen, noch mit Abwehrmassnahmen bedacht. Die deutschen Orientpolitiker waren sich bewusst geworden, wie Künzler später mit leiser Ironie schrieb, dass die Missionsstationen als Stätten deutscher Einflussnahme wirken könnten.[370]

---

mezkûrdan dolayı dûçâr olduğu hastalıkdan nâşi ihtiyârına mecbur olduğu kâffe-i masârıfın tesviyesiyle kendüsine tazminat-ı münâsibe i'tâsı hususâtının Hükûmet-i Seniyye'ce deruhde edilmesi iltimâsını ve bu hâdisede musâb olan mûmâ-ileyh Mösyö Ekart'ın ahvâl-i sıhhiyyesine göre tazminât-ı mezkûrenin ta'yin mikdârı hakkının mahfûz bulunduğunu mutazammın Almanya Sefâreti'nden verilen 13 Teşrîn-i sâni 1904 tarihli takrîrin tercümesi leffen takdim kılınmış ve bu keyfiyetin Berlin'e aksiyle su'-i te'sîrden hâli kalmıyacağı beyanıyle bunun vuku'una mahal bırakmaması zımnında bervech-i iltimâs sür'at-i ifâsı îcâbı şifahen dahi ifâde olunmuş olmağla iktizâsının ifâsı merhûn-ı irâde-i aliyye-i dâver-i efhamîleridir emr u fermân hazret-i veliyyu'l-emrindir. 6 Ramazan 1322 / 1 Teşrin-i sani 1320. Hariciye Nazırı [Unterschrift]"

369 CO 1904, S. 161.
370 *Orient* 1935, S. 123 f. Vgl. Kap. 2.5.4, S. 163.

Das Auftreten neuer „Notabeln" in Urfa – und als solche galten die Missionare – stellte die bisherigen – und dazu zählten die Offiziere – in Frage. In den Augen der meisten lokalen Machthaber waren die Missionare Agenten fremder Mächte, die es wegen der Schwäche der Zentralregierung im Lande zu dulden galt. Dieses grundsätzliche Spannungsverhältnis führte im Falle Eckarts zum Zusammenprall, weil dieser sich anmasste, den Sohn des Binbaschi Mores zu lehren. Es ist anzunehmen, dass er diesen hätte zurchtweisen dürfen, falls er sich anstelle eines forschen, aufgebrachten Tones einer milderen Tonart befleissigt hätte. Indem er sich vor versammelter Öffentlichkeit bemühte, des Lausbuben habhaft zu werden („Identität des Knaben festzustellen") und zudem zu einer allgemeinen Belehrung ansetzte, als er erfuhr, um wen es sich handelte, griff er die betreffende Urfaer Respektsperson in ihrer Ehre an. Um seine Ehre zu reparieren, organisierte der Offizier den Überfall. Zweifellos war er über mögliche Konsequenzen für sich selbst im Bild. Er tat es dennoch, einerseits, weil er sich zu sehr herausgefordert fühlte, und andererseits, weil er wohl zu Recht annahm, dass er für die Ausländer zwar „abgesetzt", innermilitärisch aber ehrenvoll versetzt oder bloss kurzfristig beurlaubt würde.

Urfa hatte anders als Harput und Van kein armenisches Hinterland. Mit Ausnahme des Dorfes Garmuç lebten alle Armenier in der Stadt, wo sie gegenüber den Muslimen eine Minderheit bildeten. Sie nahmen teil an der kulturellen und ökonomischen Dynamik der armenischen Renaissance. Im Vergleich mit den städtischen und vor allem den ländlichen Muslimen waren sie wohlhabend. Dies trug dazu bei, dass in Urfa das schrecklichste aller antiarmenischen Pogrome des Jahres 1895 stattfand. Urfa hatte eine vitale protestantische Gemeinde hervorgebracht, lange bevor es in den 1890er Jahren zu einem missionarischen Zentrum wurde. Trotz einiger Friktionen etablierten sich die ausländischen Werke rasch und gewannen eine regionale Akzeptanz, die anfangs der jungtürkischen Ära noch zunahm.

Teilbilanz: Zentralisierung und Islamisierung versus armenische Bewegung und protestantischer Internationalismus

Der traumatische russisch-türkische Krieg liess im Osmanischen Reich Verschwörungsängste und Endzeitstimmung aufkommen. Politisch wie psychologisch wurden der Balkan und die Ostprovinzen zu zwei kommunizierenden Gefässen mit korrespondierenden Ängsten, Feindbildern, Reaktionen und Ausgleichsmechanismen. Dem Panslawismus im Balkan setzte die hamidische Führung einen Panislamismus in den Ostprovinzen entgegen, das Zurückweichen gegenüber den Balkanchristen beantwortete sie mit „Eindämmung" christlicher Einflüsse und Ansprüche im Osten, das Sultanat strich sie als kurdenfreundliches Kalifat heraus, und das religionsübergreifende Staatsverständnis der Tanzimat löste sie durch das Primat der islamischen Solidarität ab. Die armenisch-revolutionäre Bewegung ihrerseits liess sich durch die Emanzipationsbewegungen des Balkans inspirieren.

Die islamistische Politik wies den Kurden als *Hamidiye* eine neue, aufwertende Rolle zu und band sie an die Zentralgewalt in der Person des Sultans. Sie suchte in den Ostprovinzen auf wenig zimperliche Weise nichtchristliche Minderheiten wie die Yeziden und *Kızılbaş* in die Ümmet zu integrieren und von den Missionen abzuschotten. Sie revitalisierte und radikalisierte die Ümmet als staatstragendes sunnitisches Hauptsegment der Gesellschaft. Sie verwirklichte die modernisierenden Impulse der Tanzimat – Telegrafie, Schulen, Spitäler, Verwaltungsgebäude – im Namen des Islams und in der Reduktion auf die Ümmet. Schulen und Spitäler galten klar einer muslimischen, nicht einer interreligiösen Klientel. Die islamistische Politik mobilisierte eine Gegenbewegung zur zivilisatorischen und edukativen Dynamik der Millets und der Missionen. Sie wehrte sich mit Erfolg dagegen, die am Berliner Kongress unter dem Druck der Grossmächte versprochenen Reformen zugunsten der Armenier umzusetzen.

Jenes Reformprojekt krankte indes nicht bloss an der osmanischen Obstruktion und der mangelnden Rückendeckung durch die Grossmächte, sondern auch an der fehlenden Formulierung von Perspektiven für die Kurden. Die amerikanischen Missionsführer setzten ein naives Vertrauen in die Verlässlichkeit der internationalen Staatenwelt, in welcher ihnen der „Protestantismus" – Grossbritannien, USA, das geeinte Deutschland – als führungskräftiger Garant der Reformversprechen erschien.

Der mit gegensätzlichen politischen und gesellschaftlichen Zielsetzungen geführte zivilisatorische Wettlauf zwischen Missionen, Millets und hamidischem Staat beinhaltete sozialen Sprengstoff. Seit den Tanzimat hatten die Missions- und Milletschulen den Christen neue Denkmodelle, Karrieremöglichkeiten und Handlungsspielräume erschlossen. Sie lagen im Vergleich mit den muslimischen – staatlichen oder gemeinschaftlichen – Einrichtungen klar im Vorsprung. Sie trugen zur sozialen Differenzierung bei.

Anders als in den Schulen der Millets fanden in denjenigen der Missionen nationalistische Ideen keinen Platz. Da jedoch das missionarische Gedankengut die Herrschaftsqualitäten des islamischen Staates prinzipiell anzweifelte und die bestehenden Verhältnisse als im Widerspruch zu den Menschenrechten und rechtsstaatlichen Prinzipien erscheinen liess, fasste die hamidische Führung die Missionsschulen gleichwohl als Brutstätten revolutionärer Gesinnung auf. Dies betraf die protestantischen weit mehr als die sich betont obrigkeitstreu gebenden katholischen, vor allem jesuitischen Einrichtungen. Die Missionare galten in den Augen der lokalen und zentralen Machthaber als antiislamische Agenten ausländischer Mächte; die amerikanischen Protestanten um so mehr, als sie massgeblich dazu beigetragen hatten, die armenische Frage in Berlin aufs internationale diplomatische Parkett zu bringen, und indem sie wichtige Informanten der britischen Konsule waren, welche über die chaotischen Verhältnisse in den Ostprovinzen nach 1878 berichteten.

Enttäuscht über die fehlgeschlagenen Reformbemühungen und mit massgeblicher Unterstützung von Volksgenossen in Russland oder im europäischen Exil, organisierte sich seit Mitte der 1880er Jahre ein Teil der armenischen Jugend in den revolutionären Organisationen Armenak, Huntschak oder Daschnak, um mit revolutionärer Propaganda und Gewalt die Situation in den Ostprovinzen zu verändern. Der Einfluss der Revolutionäre auf die armenische Mehrheit war bescheiden, ihre

Akte von minimalem militärischen Gewicht. Aber ihre frontale Herausforderung des Staates und seiner lokalen Verbündeten war von höchster symbolischer Bedeutung.

Die armenische revolutionäre Bewegung versetzte den Sultan in helle Aufregung und rief in ihm das Gespenst des balkanischen Separatismus wach. Abdulhamid war gewillt, mit allen Mitteln eine armenische Unabhängigkeit, auf die ihm der Kampf abzuzielen schien, zu verhindern. Die erste grosse Gelegenheit dazu bot sich, als die Sasun-Bauern, unterstützt von einer Handvoll Huntschak-Aktivisten, den staatlichen Steuereintreiber davonjagten und sich gegen kurdische Eingriffe in ihren Siedlungsbereich zur Wehr setzten. Abdulhamid drängte darauf, ein Exempel gegen die Aufrührer zu statuieren.

Während das Sasun-Massaker auf Druck der Grossmächte zu einem ernsthaften Neuanlauf für Reformen in den Ostprovinzen mit schliesslicher Einwilligung des Sultans führte, geschah nach den grossen Massenmorden vom Herbst 1895 in der ganzen Reformfrage gar nichts mehr. Die internationale Aufmerksamkeit verebbte nach den hohen Wellen des Jahres 1896; die engagierteren Kreise widmeten sich ganz der humanitären Arbeit und dem lokalen Wiederaufbau. Die in sich uneinige ausländische Diplomatie zog es vor, sich an den Reformen nicht noch einmal die Finger zu verbrennen. Der Zusammenhang des Reformvorhabens mit den Blutbädern war offensichtlich und wurde vom Sultan als Argument gegen es verwendet. Zweifellos wäre kein anderer Moment für Reformen geeigneter gewesen als derjenige direkt nach den schweren sozialen Erschütterungen der Ostprovinzen.[371] Indem nichts geschah, wurden die Gewalttaten nicht nur toleriert, sondern für das sunnitische Selbstbewusstsein weitgehend sanktioniert, gleichsam als gerechter Ausgleich für das im „Krieg von 93" (1878) erlittene Unrecht und als gangbares Zukunftsmodell. Es fällt in diesem Zusammenhang auf, dass die schrecklichsten Pogrome, nämlich diejenigen in Urfa, Istanbul und Eğin, nach der Hauptpogromwelle vom Herbst 1895 stattfanden.

Gewiss präsentierte sich die Reformaufgabe 1895 noch anspruchsvoller als nach dem türkisch-russischen Krieg, indem das Problem einer befriedigenden Einbindung der Kurden diesmal so deutlich anstand, dass es nicht mehr wie im Berliner Kongress auf der Seite gelassen werden konnte.

Waren die „Ereignisse" von 1895/96 bürgerkriegsartige Kämpfe, ethnische Säuberungen oder Völkermord? Kämpfe, als was sie die türkische Geschichtsschreibung darstellt, waren sie ganz offensichtlich nicht, da Kampfhandlungen nur ausnahmsweise stattfanden; Völkermord im vollen Wortsinn waren sie nicht, da sie keine Vernichtung der armenischen Millet bezweckten. Der moderne Begriff „ethnische Säuberungen" trifft insofern nicht zu, als er eine methodische, durchorganisierte Massnahme suggeriert und Bekehrung als sofort wirksames Rettungsmittel ausschliesst. Die Massaker von 1895 waren Pogrome, hinter welchen, wie es der Begriff impliziert, billigendes Staatsinteresse stand. Allerdings wird der Begriff „partieller Genozid" (Mark Levene) der hohen Opferzahl jener Massenmorde und

---

371 Louis Rambert, der in jenen Jahren mit fast allen Diplomaten und osmanischen Ministern in Konstantinopel Umgang hatte und von letzteren hofiert wurde, äusserte in seinen damaligen persönlichen, erst postum 1926 veröffentlichten Notizen genau diese Meinung (Rambert 1926, S. 12 f., 22 f.).

gewissen Organisationselementen (Telegraf) besser gerecht.[372] Die Massaker hatten das Gesicht muslimischer Revolten in den Ostprovinzen, die zwar der Kontrolle der Lokalbehörden entglitten, aber mit einer umfassenden Gewaltbereitschaft des Palastes koinzidierten.[373] Sie entsprangen dem islamistischen Geist, den Abdulhamid mit seinen hanefitischen Missionaren und über ein enges, dem Sultan direkt verbundenes Netzwerk von Scheichen seit dem Beginn der 1890er Jahre massiv gefördert hatte.

Der Palast war vor Ort über religiöse Emissäre, die erwähnten Scheiche wie auch die *Hamidiye* direkt präsent. Der im Vergleich zur Gesamtgesellschaft überproportional gestiegene Wohlstand der armenischen Gemeinschaft war nur ein Faktor der Sozialrevolte; mindestens so wichtig war die Wahrnehmung eines dank Bildung erhöhten Handlungsspielraums und selbstbewussten Auftretens. Die symbolische Herausforderung des bestehenden Herrschafts- und Ausbeutungssystems durch liberales, armenisch-patriotisches und teilweise sozialistisches Gedankengut schien türkischen und kurdischen Grossgrundbesitzern, in deren Abhängigkeit der Grossteil der armenischen Bauern lebte, keine gute Zukunft vorauszusagen.

Mit Recht wird in der neuesten historischen Untersuchung zum Thema darauf hingewiesen, dass es in den meisten Städten der Ostprovinzen nur sehr wenige Polizisten und nicht immer Militär in der Nähe gab.[374] Die Anzettelung der Massaker ging wohl teils von Lokalbehörden und Aghas, teils – und in Überschneidung damit – von religiösen Kreisen aus, auf die die Palast-Emissäre Einfluss nahmen. Die allerorts zweifelsfrei überlieferte Berufung der Täter auf den Sultan wie auch die Tatsache, dass, wie in Van, hohe Gesandte des Palastes zugegen waren und zum Abbruch der Massaker das Verlesen eines Telegramms aus der Hauptstadt genügte, weisen unmissverständlich auf den direkten Einfluss des Palastes hin, gegen den sich einzelne reformfreundliche Beamte oder milde Muslime „alten Schlages" nur selten und mit Mühe durchsetzen konnten. Allein die Kombination von Sozialrevolte und übergeordneter Organisation vermag das Ausmass der Gewalt zu erklären.[375]

Die Massaker führten, wie von den Tätern und deren Hintermännern beabsichtigt, zu einer bedeutsamen demographischen und wirtschaftlichen Umverteilung in den Ostprovinzen zugunsten der Muslime, namentlich zu einer Kurdisierung ganzer Landkreise wie in der Provinz Van. Sie hatten in den Ostprovinzen jedoch verheerende wirtschaftliche Folgen. Mit den schweizerischen und deutschen Hilfswerken riefen sie ganz unbeabsichtigt neuen ausländischen Einfluss auf den Plan. Die Massaker erschütterten auch insofern die Herrschaft des Sultans, als sie seinem

---

372 Levene 1998, S. 397.

373 Man könnte von Bereitschaft zu „Retorsion" sprechen: die Herrschaftsverhältnisse zum islamisch-theokratischen „Idealzustand" unangefochtener sunnitischer Dominanz über Schutzbefohlene „zurückdrehen", d. h. die ökonomischen, politischen und demographischen Gewichte mit Gewalt zugunsten der Ümmet zu verschieben.

374 Verheij 1999.

375 Es fehlen bis heute Forschungen, welche das Netzwerk der Emissäre des Sultans, ihre (telegrafische?) Verbindung mit der Zentrale und die Inhalte ihrer Einflussnahme in den Moscheen der Städte und Städtchen der Ostprovinzen präzis herausstellen. Die Rolle des Sultans zeigt sich in Konturen, aber ohne die wissenschaftlich wünschbare Transparenz.

Image im Ausland schwer schadeten und den oppositionellen Jungtürken Aufwind verliehen. Sie trugen bei zu deren Bündnis mit der Daschnak.

Ausgehend vom Chaos Ende der 1870er Jahre, hätte man sich eine völlig andere Strategie des Palastes vorstellen können: nämlich die Einbindung der Missionen in gemeinsame Modernisierungsanstrengungen für die Ostprovinzen, zum Beispiel durch eine Quotenregelung an den Missionsschulen für Muslime; diese hätten zu Pflanzstätten eines osmanistischen Zusammenseins in reformierten Ostprovinzen werden können und integrativ auf die Millets ausgestrahlt. Auf missionarischer Seite war zwar durchaus eine prinzipielle Bereitschaft zur Kollaboration vorhanden, zumal die einseitige Ausrichtung auf die Millets nie befriedigte; Haupthindernis dafür war allerdings die religiös und politisch negative Sicht des Staates. Der Sultan seinerseits hätte sich aus dem zum Denkmuster gewordenen Balkan-Trauma lösen, die osmanistischen Tanzimat-Ansätze weiterführen und die international geforderten Ostprovinzenreformen seriös betreiben müssen. Die vereinte staatliche, missionarische und internationale Anstrengung hätte die armenisch-revolutionäre Bewegung erübrigt.

Abdulhamid tat das Gegenteil. Seine Rhetorik hämmerte der zensurierten öffentlichen Meinung jahrelang ein, die Armenier stellten nichts anderes als ein Instrument der imperialistischen Grossmächte dar und die armenischen Reformen würden zum Ruin des ganzen Reichs führen. Die tatsächlichen Inhalte der Reformvorschläge gelangten nur in grob manipulierten und überzeichneten Bruchstücken an die osmanische Öffentlichkeit. Abdulhamids forcierte Zentralisierung, Sunnitisierung und Repression schufen, im Vergleich zu seinem Regierungsantritt, zwar klare Machtverhältnisse in den Ostprovinzen, förderten jedoch auf beiden Seiten die Gewaltbereitschaft.[376] Auf armenisch-revolutionärer Seite kam diese in Gesten von symbolischer Sprengkraft zum Ausdruck; auf muslimischer Seite brachte sie Gewalttaten mit verheerenden Konsequenzen hervor. Es wäre abnormal, die Machthaber mit der zweifelhaften These von spontanen Revolten von der politischen Verantwortung zu entlasten. Es wäre aber auch falsch, die Massenmorde als zentral durchorganisierte Massnahme darzustellen; nicht bloss mangels hieb- und stichfester Beweise, sondern auch, weil damit der – anders als 1915 – tatsächlich bestehenden, explosiven sozialen und ethnisch-religiösen Spannung nicht genug Rechnung getragen würde. Abdulhamids letztlich defensiver, den Zugriff der Grossmächte abwehrender Islamismus beabsichtigte nicht die Vernichtung, sondern die „Züchtigung" einer Millet, die den ihr vom theokratischen System zugeordneten Platz nicht mehr einzunehmen bereit war.

---

376 Vgl. Duiguid 1973, S. 150. Trotz zutreffender Analysen über die hamidische Politik des Ausgleichs, die zu Recht die Einbindung der Kurden in den Vordergrund stellen und die hamidische Obstruktion der Reformen in den Ostprovinzen verdeutlichen, überzeugt Duiguids originelle und einflussreiche Studie aus dem Jahre 1973 nicht in ihrem Erklärungsversuch für die – bezeichnenderweise als „Unruhen" benannten – Massenmorde. Der zu sehr dem staatsnahen Ansatz von Bernard Lewis und Stanford Shaw verpflichtete Duiguid stellt sie als dem Palast völlig entglittene, lokaler Spontaneität entsprungene Ereignisse dar.

Abb. 29: İbrahim Pascha, Kurdenführer und *Hamidiye*-Kommandant, mit seiner Familie. In der Bildmitte ein Ordonnanzoffizier Abdulhamids, der – gemäss Originallegende – İbrahim einen Säbel und seinen Frauen Auszeichnungen überbringt.

Abb. 30: Politisch-militärische Führungspersönlichkeiten in den Ostprovinzen, circa 1892. Von links nach rechts: Mustafa Pascha, *Hamidiye*-Kommandant; Zeki Pascha, *müşir* von Erzincan und Organisator der *Hamidiye;* Sırrı Pascha, Vali von Diyarbakır Anfang der 1890er Jahre; İbrahim Pascha, *Hamidiye*-Kommandant.

Abb. 31: Mahlzeit der *Hamidiye*-Truppe bei Diyarbakır. In der Bildmitte, sitzend: İbrahim Pascha.

Abb. 32: Die neue Art weiblichen Auftretens in den Ostprovinzen. Angehörige der Mission, vermutlich Irene und Frieda Spörri, die Töchter des Leiterehepaars der Hülfsbund-Station in Van. Beide sitzen sportlich – rittlings, nicht seitlich – zu Ross, hier vor männlichem Publikum. Vermutlich Van, Beginn 20. Jahrhundert.

Abb. 33: „Bibelfrau" vor gemischter Gesellschaft. Eine einheimische armenische Bibelauslegerin vor einer Versammlung auf freiem Feld im Dorfe Çürükkoz, westlich von Marasch. Das ABCFM in Harput beschäftigte schon in den 1880er Jahren über 20 solcher „Bible women", die sie für ihre beratende, lehrende und exegetische Tätigkeit in der Stadt und auf dem Land angeleitet hatte.

Abb. 34: Urfa-Klinik 1897. Von links: Laufbursche, Apothekergehilfe Avedis, (vorne) Apotheker Sarkis Efendi, Leibwächter Hasan, Heinrich Fallscheer, Dr. Josephine Zürcher, Gehilfe Arusch, (vorn, mit Wasserpfeife) Dr. Abraham Attarian.

Abb. 35: Patienten und Personal der Urfa-Klinik im Innenhof des gemieteten Stadthauses im armenischen Quartier. Im Türrahmen Dr. Josephine Zürcher (mit weisser Bluse), links neben ihr Dr. Abraham Attarian, weiter links Franz Eckart (mit weissem Hemd), links vor J. Zürcher der Gendarm Hasan, rechts Heinrich Fallscheer (mit Mütze), rechts von diesem Pauline Patrunky.

Abb. 36: Fahrräder in Merzifon, Anfang 20. Jahrhundert. Drei junge Männer, mindestens zwei von ihnen Osmanen (siehe Fez), mit Velos. Velofahrende Missionarinnen erregten in der Öffentlichkeit Aufsehen und Anstoss (vgl. Jenkins 1925, S. 303).

Abb. 37: Singer-Nähmaschine in Sivas, Anfang 20. Jahrhundert. Die Missionare brachten mancherlei westliches Gerät in die Provinzen mit: Fotoapparate, Maschinen, Motoren, Pianos, medizinische Instrumente.

Abb. 38: Labor einer Missionsschule, vermutlich Sivas. Wenn auch mager bestückt, gaben die Laboratorien den Missionsschulen einen sichtbaren wissenschaftlichen Anstrich.

Abb. 39: Missionsgebäude in Van, Gartenstadt, circa 1903. Vorn das noch unvollendete Spital der amerikanischen Mission.Dahinter: Waisenhäuser, Angestelltenhäuser und Mädchenschule. Im Hintergrund der Berg Varak. Obstbäume und Reben waren ein Markenzeichen der Vaner Gartenstadt.

Abb. 40: Waisenknaben der amerikanischen Mission in Van, um 1900. Sie bauen ein Spielhaus im ausgedehnten Garten des Missionsareals, das von einer Mauer umgeben ist.

Abb. 41: „Patriotic Picnic" der amerikanischen Missionarsfamilien, Merzifon, 4. Juli 1898. Rechts neben der US-Fahne der spätere Van-Missionsarzt Ussher. Die meisten ABCFM-Missionare stammten aus kongregationalistischen Kreisen, die zwar Patriotismus, aber auch Opposition pflegten.

Abb. 42: „Forth-of-July Dinner" der Merzifon-Missionare. Merzifon, 4. Juli 1896. Die Missionars-
familien Tracy, Riggs und White. Hinten in der Bildmitte: George E. White, seit 1890 Professor am
Anatolia College und dessen Leiter ab 1913. Ihm gegenüber Edward Riggs, seit 1869 in Merzifon. –
Die Fahne, das westliche Zutischesitzen und der Kinderhochstuhl sind für Einheimische markante
Zeichen fremder Präsenz.

Abb. 43: Postkarte der kapuzinischen Mis-
sionsanlage in Harput. Die obligate Glocke
(Türmchen auf dem Gebäude) wurde von
Muslimen immer wieder als anstössig empfunden. Die Bezeichnung „Arménie" (oben
im Bild) war für den spätosmanischen Staat
provokativ.

Abb. 44: ABCFM-Postkarte von Harput, circa 1890. Fotografische Postkarten-serien dokumentierten seit Ende des letzten Jahrhunderts die missionarische Prä-senz in den Ostprovinzen, die in Harput die Stadtsilhouette dominierte. Die dreisprachige, englische, armenische und osmanische Beschriftung weist auf eine bewusst gepflegte Mehrsprachigkeit und einen vielseitigeren Gebrauch hin als bei den beiden kapuzinischen Karten.

Abb. 45: Postkarte des kapuzinischen Missionsareals in Malatya. Eine Karte, die im provozierenden Widerspruch zum hamidischen Selbstbild stand: Das – nach Aussage von Abdulhamids Sekretär Tahsin – am „anatolischen Nabel", südöst-lich von Harput gelegene Malatya erschien auf dieser Karte mit ausschliesslich christlichen Referenzen: vom vorislamischen Namen, der christlichen Märtyrer-geschichte und der Mission bis hin zum geographischen Titel „Arménie". In hamidischer Zeit hätte die Zensur den Versand einer solchen Karte kaum durch-gelassen. Meist dienten solche Postkarten der missionarischen Selbstdarstellung für das heimische Publikum, das sich durch die christlichen Referenzen in der fernen „hinteren Türkei" bestätigt sah.

Abb. 47: Postkarte der Kapuziner-Mission mit „kurdischen Banditen".

257 Abb. 48: Kurdische Holzträgerin bei Urfa.
Das katholische Kurdenbild, das mittels Postkarten, Fotos und Berichten einem internen
oder erweiterten Publikum vermittelt wurde,
betonte stärker als das protestantische die negativen Aspekte wie Banditentum, Armut,
Bettelei und Unzivilisiertheit. Der „gute, kind-
liche", oft vom „korrupten Türken" verführte
„Wilde" passte insofern besser ins Kurdenbild der protestantischen Mission, als diese
immer wieder mit einer Arbeit unter Kurden
liebäugelte.

Abb. 49: „Mardin-Typen". Diese von einem Mardin-Missionar (Andrus?) beschriftete Postkarte
stammte nicht aus missionarischer Produktion.

Abb. 50: Ärmliche Bewohner eines vermutlich kurdischen Dorfes im Vilayet Bitlis. Original-kommentar von H. A. Maynard auf der Rückseite des Fotos: „Villagers in the Bitlis vilayet. There is no school in the village. Notice the naked and half clothed children. The village is near the rear."

Abb. 51: Kurdische Hochzeit. Zu den positiven Elementen des missionarischen Kurdenbildes gehörte neben einer – mit seltenen Ausnahmen – unverbrüchlichen Gastfreundschaft das gemeinsame Feiern von Festen bei Tanz und Musik, wie hier bei einer Hochzeit in der Region Urfa.

Abb. 52: Harput 1902: Gebäude der amerikanischen Mission. Reihe ganz oben: Links (mit der kleinen Kuppel) ist das Knabeninternat. Daran schliessen zwei *college*-Gebäude an; das dritte von links ist das eigentliche Knaben-*college*. Dieses ist über einen Verbindungsbau mit der Residenz des Präsidenten verbunden. Das grosse Gebäude ganz rechts, ebenfalls mit einer Kuppel, ist die Mädchenabteilung mit Internat und *college*. Der lange weisse Bau darunter beherbergt den Kindergarten und die Mädchen-Primarschule. Daran schliesst links ein stattlicher heller Bau mit Missionarswohnungen an. Weitere benachbarte Häuser dienten als Personalwohnungen. Die Industrieschule ist nicht sichtbar.

Abb. 53: Blick auf Harput von Knapps Büro aus Richtung Westen. Knaben aus dem Waisenhaus und andere kehren von der Schule zurück. Knapps Büro befand sich im „Selden Building". Links vorne das „Williams Building", links ganz im Hintergrund die neue protestantische Kirche (im Bau).

Abb. 54: Industrieschule der amerikanischen Mission in Harput, 1902. Neben der Selbstdarstellung dienten Gebäudeaufnahmen dazu, den Besitz zu dokumentieren.

Abb. 55: ABCFM-Laden für Frauen in Harput. Er befand sich im ersten Stock des „Selden Building".

Abb. 56: ABCFM-Bäckerei in Harput. Das ABCFM stellte in Harput und Mezere eine eigene funktionierende Lebensgemeinschaft mit Schulen, Werkstätten, Landwirtschaft, Bäckerei, Laden etc. dar. Bäckerei links im Bild. Blick frontal auf das „Selden Building"; die umgekehrte Blickrichtung vermittelt Abb. 53.

Abb. 57: Der amerikanische Missionar und sein armenischer Assistent. Der 1908 und 1909 vorübergehend in Harput tätige Bitlis-Missionar George P. Knapp und Melcon Bennenyan. Ein Sinnbild: Der Missionar sass an den Schalthebeln kommunikativer, edukativer und finanzieller Macht, hatte Zugang zu Post und Telegraf, zu fast allen massgeblichen Instanzen im In- und Ausland und, noch vor 1914, zum internen Telefonsystem der Harput-Mission.

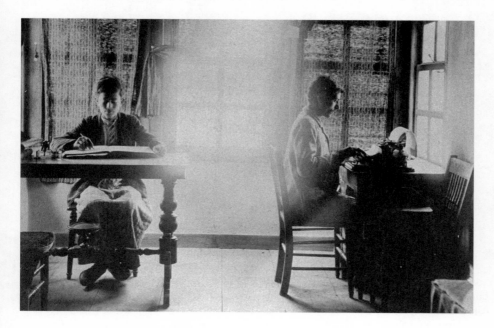

Abb. 58: Armenische Waisen lernen Büroarbeit. Harput, circa 1908. Buchhaltung und Maschinenschreiben im „Selden Building" der amerikanischen Harput-Mission.

Abb. 59: Mezere mit dem Landgut des amerikanischen Waisenhauses. Das Landgut war von einer Mauer umgeben. Es diente der Beschäftigung und Anlehre der Waisen, der Selbstversorgung der Mission und hatte eine Seidenraupenzucht. Das Land diesseits der Mauer war eine Schenkung (der Stadt?) an das neue Spital.

Abb. 60: Schreinerwerkstätte der Mission (Harput oder Merzifon?). Seit 1896 spielte die handwerkliche und industrielle Arbeit eine sehr wichtige Rolle für die Anlehre der Waisen, die Finanzierung der Waisenarbeit und für die eigenen Bedürfnisse der Häuser.

Abb. 61: Waisen beim Dreschen von Gerste, Harput. Ein mit spitzen Steinen versehener Schlitten wird über die Gerste geschleppt.

Abb. 62: Waisen bedienen die Maschine zum Worfeln der Gerste. Rechts hinter dem knienden Knaben ist die Unterseite des Dreschschlittens zu sehen.

Abb. 63: Seidenraupenzucht. Seidenraupenzucht auf dem von der amerikanischen Harput-Mission gepachteten Landgut. Die Seidenraupen haben sich verpuppt. Seidengewinnung war schon vor dem Kommen der Missionare ein regionaler Erwerbszweig. Vgl. MH 1869, S. 24.

Abb. 64: Seidengewinnung. Armenische Waisen winden die Seide der Seidenraupepuppen auf. Landgut des ABCFM-Waisenhauses bei Mezere/Harput.

Abb. 65: Armenische Witwe mit Kindern, frisch vom Hülfsbund eingekleidet, circa 1897.

Abb. 66: Bitte um Aufnahme bei den Missionaren, circa 1897. Armenische Waisen und Halbwaisen werden den Hülfsbund-Missionarinnen zur Aufnahme gebracht. Vermutlich Mezere bei Harput.

Abb. 67: Armenische Witwe in Lumpen.
Während die beiden vorhergehenden Bilder in den Publikationen, Prospekten oder
auf Briefbögen des Hülfsbunds reichlich
Verwendung fanden, war dies bei diesem
Foto, das Elend und Entblösstsein verbindet, nicht der Fall.

Abb. 68: Gemeinsame Mahlzeit auf einer Hülfsbund-Station. Mezere?

Abb. 69: Bettenreinigung durch Witwen im Hülfsbund-Waisenhaus in Marasch.

Abb. 70: Tanzspiele auf dem Platz vor einem der fünf Hülfsbund-Waisenhäuser in Mezere.

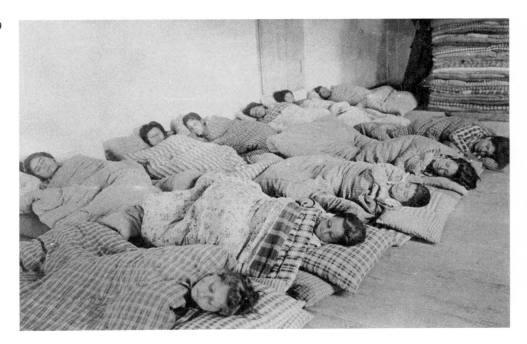

Abb. 71: Schlafsaal der Hülfsbund-Waisen. Tagsüber waren die Matratzen eingerollt.

Abb. 72: Der missionarische Gang in die Dörfer Maraschs, um 1900. In der rechten Gruppe mit Tropenhelm Hülfsbund-Missionarin Paula Schäfer.

Abb. 73: Vorbereiten der Wintervorräte nach lokaler Art. Hülfsbund-Waisenhaus, Marasch.

Abb. 74: Schulstunde beim Hülfsbund. Lehrerinnenseminar Mezere?

Abb. 75: Hülfsbund-Spital in Marasch, 1902. Deutsche Bibelsprüche aus der Offenbarung prangen über dem Balkon im ersten Stock: „Siehe, ICH komme bald" und „Amen, ja komm Herr Iesu". Das Spital wurde 1904 aus diesem Stadthaus in einen Neubau verlegt.

Abb. 76: Armenische Frauen in Marasch bei Handarbeit und Kaffee.

Teil 3:

Traum und Trauma der Jungen Türkei, 1908–1938

Die jungtürkische Revolution von 1908 belebte mit der Wiedereinsetzung der Verfassung von 1876 für kurze Zeit das Ideal des Osmanismus wieder. Mit den Balkankriegen und der jungtürkischen Parteidiktatur schwenkte das Regime 1913 jedoch erneut auf eine Politik der muslimischen Einheit ein, der es während des Weltkriegs treu blieb. Derselben Politik, allerdings auf Anatolien beschränkt, folgte auch die Sammelbewegung Mustafa Kemals von 1919–1923. Diese Politik führte zur fast vollständigen Auslöschung christlicher Präsenz in den Ostprovinzen. Nach 1923 setzte der Kemalismus das türkisch-nationalistische Ideal, das sich seit der Jahrhundertwende und besonders seit 1908 rasch verbreitet hatte, über alle anderen Werte und duldete keinerlei ideellen und ethnisch-kulturellen Pluralismus. Entsprechend wurden die Missionen fast ganz ausgeschaltet. Die frühe kemalistische Republik war wegen der weitgehenden ideologischen und personellen Verflechtungen mit der jungtürkischen Bewegung Teil der Jungen Türkei. Sie verwirklichte auf staatlicher Ebene bis zum Tode Mustafa Kemal Atatürks 1938 die grundlegenden Postulate der Vereinheitlichung, Zentralisierung, Modernisierung und Wiedergewinnung der vollen Souveränität: Postulate, die seit Anbeginn der Tanzimat die politische Diskussion in der Türkei bestimmten. Die in den 1830er Jahren begonnene Binneneroberung Kurdistans wurde 1938 abgeschlossen.

3.1 Überblick: Mission, Ethnie und Staat in der Jungen Türkei

Im Juli 1908 verdrängten jungtürkische Offiziere und Funktionäre, die seit 1906 im osmanischen Freiheitskomitee, dem *Osmanlı Hürriyet Cemiyeti,* zusammengeschlossen waren, Abdulhamid von der Macht. Der Hintergrund dieses Ereignisses war der anhaltende Misserfolg Abdulhamids auf dem Balkan; hinzu kamen die verschiedenen Unruhen in den Ostprovinzen, die im vorangehenden Teil bereits skizziert wurden. Das politische Klima im Osmanischen Reich war zu Beginn des 20. Jahrhunderts entsprechend angespannt. Da der Sultan der von Jungtürken gesteuerten Armeemeuterei in Mazedonien nicht Herr wurde, ernannte er einen den Rebellen genehmen Grosswesir und setzte am 23. Juli 1908 die 30 Jahre zuvor von ihm selbst suspendierte Verfassung wieder in Kraft. Zudem kündigte er Wahlen für ein Parlament an, das seit 1878 nicht mehr getagt hatte. Die unblutige Wende Mitte des Jahres 1908 weckte in allen Schichten und Gruppierungen des Reichs, auch unter den Missionsangehörigen, Zuversicht, ja Freudentaumel. Diese „jungtürkische Revolution" erschien als ein Wendepunkt mit grossem Potential für sozialen Wandel. Der Autokratie, dem Islamismus sowie den Nationalismen gegenüber skeptisch eingestellte Akteure wie die Missionare betrachteten diese Wende als einmalige Chance für die Verwirklichung des osmanistischen Ideals einer modernen multiethnischen Gesellschaft, so wie sie sich diese vorstellten. Für viele Begeisterte sah es tatsächlich nach einem gemeinsamen Aufbruch aus der reaktionären Tyrannei Abdulhamids in eine liberale Zukunft mit Beteiligung aller Volksgruppen aus. Das ABCFM, das sich bisher fast nur mit den Minderheiten abgegeben hatte, sah sich berufen, mitzuarbeiten am Aufbau einer demokratischen Zivilgesellschaft und an der Ausbildung ihrer Elite. Im politischen Apparat insbesondere der Provinzen fand 1908 allerdings keine tiefgreifende personelle Umbesetzung statt.[1] Mit Ausnahme der meisten sunnitischen Kurdenführer, die aus der Verbundenheit mit Abdulhamid heraus dem neuen Regime feindlich gesinnt waren, passten sich die meisten Machtträger und Funktionäre opportunistisch der neuen Lage an.

Das wichtigste gesellschaftliche Ergebnis der jungtürkischen Herrschaft von 1908–1914 war die Ausformung eines organisierten türkischen Nationalismus, der über Vereine, militante Gruppen und Kader verfügte und sich mittels zahlreicher Veranstaltungen und über Presseorgane und Bücher Gehör verschaffte. Die tonangebende jungtürkische Partei *İttihad ve Terakki* oder *Union et Progrès* etablierte sich in allen Provinzstädten; ihr Zentralkomitee – *İttihad ve Terakki Cemiyeti* oder *Comité Union et Progrès* (CUP) – hatte ab 1913 die Macht im ganzen Reich diktatorisch inne. Die Parteigänger von *Union et Progrès* wurden im Westen allgemein als „Unionisten" bezeichnet. Der mächtige ideologische Strom des Türkismus *(türkçülük)* begann sich in jenen Jahren gegenüber dem Osmanismus und Islamismus durchzusetzen, allerdings blieb der Islamismus noch ein wichtiges Instrument gesellschaftlicher Mobilisierung für den Staat, insbesondere im Hinblick auf die Araber und Kurden. Kurz vor der Jahrhundertwende war bei einigen Intellektuellen unter dem Einfluss der europäischen Turkologie das Gefühl einer türkischen linguistischen und kulturellen Identität von der osmanischen Türkei bis ins muslimische Zentralasien entstanden. Dies stellte für manche Ideologen des jungen türkischen Nationalismus zugleich den zukünftigen politischen Raum des Türkentums dar. Dieser Raum war von seiner Ausdehnung her geeignet, die territorialen Verluste des Reichs im Westen zu kompensieren und zu neuartigen Machtphantasien anzuregen.[2] Der irredentistische, pantürkische Traum – oft „Panturanismus" genannt – stellte sich das Gebiet von Klein- bis nach Zentralasien vereint in einem grosstürkischen Reich vor. Im Gegensatz dazu pflegten damals panhellenistische Kreise die Phantasie eines einheitlichen griechischen Herrschaftsbereiches, der auch griechisch besiedelte Teile Kleinasiens umfassen sollte. Armenische Nationalisten ihrerseits wünschten die Wiederherstellung antiker und mittelalterlicher armenischer Königreiche in zeitgemässem politischen Gewand.

Es handelte sich 1908 nicht um einen frühlingshaften Aufbruch, dessen liberale, völkerverbindende Saat allmählich wuchs und bis zum Spätsommer gedieh, sondern um so etwas wie einen Spätherbst, der mit aussergewöhnlichen Prachttagen begann. Den neuen, unerfahrenen, aber ehrgeizigen Machthabern peitschten bald Novemberstürme ins Gesicht: schwere aussenpolitische Niederlagen und desintegrative Bewegungen im Innern. Diesen nicht gewachsen, suchten sie ihr Heil in widersprüchlichen Rezepten wie Panislamismus, Türkisierung und forcierter Zentralisierung. Die aussenpolitischen Schläge waren hart: Bereits im Herbst 1908 annektierte Österreich-Ungarn das von ihm seit 1878 treuhänderisch verwaltete, vordem

---

1 Vgl. Quataert 1983, S. 154 f.: „It resulted only in the entry of a small group into the political decisionmaking process."
2 Georgeon 1995 (1988), S. 23 f.

osmanische Bosnien-Herzegowina. Das formell immer noch osmanische Bulgarien erklärte sich für unabhängig, während sich Griechenland Kreta zuschlug. Die osmanischen Parlamentswahlen fanden angesichts dieser Gebietsverluste Ende 1908 in belasteter Stimmung statt. Einzige Oppositionsgruppe zu den Unionisten war die liberale osmanische Partei von Prinz Sabaheddin, der die Dezentralisierung und die Gleichberechtigung muslimischer und nichtmuslimischer Gruppen verfocht. Den hamidischen Liberalismus im ökonomischen Bereich ersetzten die Unionisten sukzessive durch einen wirtschaftlichen Protektionismus, der während des Weltkriegs in einer forcierten „Nationalisierung" mit weitgehender Enteignung der bisher massgeblichen nichtsunnitischen Wirtschaftskräfte gipfelte. Dieser Prozess fand im „nationalen Kampf", dem *milli mücadele,* der bis 1923 dauerte und von den Nationalisten später „Unabhängigkeitskrieg" *(İstiklal Harbi)* oder „Freiheitskrieg" *(Kurtuluş Savaşı)* genannt wurde, seine Vollendung.

Der hamidischen Autokratie im politischen Bereich liessen die Unionisten nur vorübergehend eine pluralistische Öffnung folgen. Ab 1913, seit den Balkankriegen, herrschte de facto ein Einparteiensystem, ab 1914 eine kleine, diktatorische Spitze mit Enver, Mehmed Talat und Ahmed Cemal. Diesen glühenden Patrioten – so ihre Selbstsicht – waren die Anfang 1914 auf Grund der Bestimmungen des Berliner Kongresses 1878 beschlossenen armenischen Reformen ein besonderer Stachel im Fleisch, dessen sie sich durch den Krieg mit den Mitteln einer völkermörderischen „Endlösung"[3] entledigten: Sie löschten die jahrtausendealte armenische Existenz in Anatolien aus. Der willentliche Eintritt in den Weltkrieg an der Seite Deutschlands und die Kriegsauslösung gegen Russland waren fatale Entscheide; deren ethnisch-demographische und ökonomische Konsequenzen schufen die Grundlagen für die nationalistische Junge Türkei kemalistischer Prägung, nämlich die Republik Türkei von 1923. Im Gegensatz zu den imperialen Machtphantasien des unionistischen Kriegsregimes beschränkten die Kemalisten ihre territorialen Ambitionen auf Kleinasien. Der autoritäre Führer der Republik Mustafa Kemal Pascha setzte indes konsequent die unionistischen Leitideen Einheit *(ittihad)* und Fortschritt *(terakki)* auf streng türkisch-nationalistischer Basis um. Sein türkischer Nationalismus, der sogenannte Kemalismus, verdrängte und bekämpfte sowohl den Osmanismus als auch den Islamismus. Er schaffte die Autonomie der religiösen Gemeinschaften (Millets) zugunsten einer einheitlichen „Nation" ab. Dieser lag de facto ein sehr enger Begriff von Nation zugrunde, nämlich die religiösen und sprachlichen Merkmale der Mehrheit, der sunnitischen Türken, die als die Hauptträger des alsbald zum Gründungsmythos erhobenen Unabhängigkeitskriegs galten.

Nach der türkischen Weltkriegsniederlage organisierte Kemal Pascha seine Sammelbewegung der anatolischen Muslime im Sommer 1919 von den Ostprovinzen her, wo die unionistischen Strukturen in Militär und Verwaltung noch grossteils intakt, die Christen weitgehend ausgerottet und keine alliierten Streitkräfte statio-

---

3 Hülfsbund-Direktor Friedrich Schuchardt gebrauchte das Wort 1922 im Hinblick auf die definitive Eliminierung der Christen im kleinasiatischen armenischen Siedlungsgebiet: „Sieht die ‚Endlösung' der Türken mit den Christen so aus, dass alle Hoffnung für Armenien dahin ist, dass also die meisten fluchtartig Cilicien verlassen haben […]." *Sonnenaufgang,* Nr. 5, 1922, zit. nach Riesenbeck o. D., Teil 1, S. 46 f.

niert waren. Er gewann die sunnitischen Notabeln der Ostprovinzen, indem er die
Angst vor einer von den Alliierten unterstützten Rückkehr der Armenier und der
Rückgabe von Raubgut schürte. Die sunnitischen Kurden zog er mit dem Aufruf, das
Kalifat müsse vor den Ungläubigen gerettet werden, auf seine Seite. Bei den alevitischen Kurden verfing diese Rhetorik nicht: Sie bildeten die einzige bedeutende
Oppositionsgruppe, die sich ihm in den Ostprovinzen schon früh, 1919, entgegen-
stellte. Die sunnitischen Kurden taten dies erst nach der Abschaffung des Kalifats
1924. In den Ostprovinzen konnte der kemalistische Staat nur mit massiven Zwangs-
und Gewaltmassnahmen seine administrative und militärische Präsenz durchsetzen.
Wirtschaftlich und sozial versagte er weitgehend. Im Todesjahr Mustafa Kemals
1938 führten die republikanischen Streitkräfte mit Unterstützung der Luftwaffe die
anfangs der 1930er Jahre begonnene Vernichtung einer eigenständigen alevitischen
Kultur im Dersim unter massiver Gewaltanwendung gegen die Bevölkerung zu
Ende. Die Kemalisten führten diese blutige „Binnenkolonialisierung" (Ismail Beşikçi)
mit dem positivistischen Dünkel einer „Zivilisierungsmission" (so die offizielle
Propaganda) im Namen des überlegenen Türkentums aus. Was die Tanzimat begonnen, Abdulhamid und die Unionisten weitergeführt hatten, brachte die Republik Türkei erfolgreich zu Ende: die vollständige Eroberung Kurdistans und die
Einrichtung eines flächendeckenden zentralistischen Regimes.

Der totalitäre Anspruch des nationalistischen türkischen Führerstaates – der auch
im Kontext der autoritären Regime im Europa der Zwischenkriegszeit betrachtet
werden muss – duldete weder die Meinungsfreiheit noch ethnische oder missionarische Autonomien. Die Ausweisung der Missionare erfolgte vom Beginn des Unabhängigkeitskriegs an, und zwar zuallererst in den Ostprovinzen. Die Missionsschulen unterstanden wie die griechischen, armenischen und jüdischen Minderheitenschulen fortan der strikten Kontrolle des Staates. Und selbst diese eng ein-
gegrenzten Nischen „heterodoxen" kulturellen Lebens gab es fast nur noch in Istanbul. An eine offene historische Aufarbeitung der jüngeren osmanischen Geschichte –
die von den Missionen, den Minderheiten und vielen Türken selbst ganz anders
gesehen wurde als von den Machthabern – war unter diesen Umständen nicht zu
denken.

3.2   Die Junge Türkei und die Türkeimissionen

Auch die Missionare nahmen 1908 an der Aufbruchsstimmung teil; insbesondere
die Protestanten genossen nach jahrelanger Unterdrückung durch den Staat plötzlich das Prestige von „Pionieren des Fortschritts". Bei den Verbrüderungsanlässen
jener Sommer- und Herbstmonate wurden sie auch in den Provinzstädten von den
unionistischen Agenten als Avantgarde der Freiheit und Fortschrittlichkeit begrüsst.
Aber schon vor Ausbruch des Weltkriegs öffnete sich erneut die Kluft zwischen
dem Regime und namentlich dem ABCFM, das erkennen musste, dass seine liberale
Vorstellung von osmanistischer Gesellschaft, für die es sich einzusetzen bereit war,
mit der unitarischen der Jungtürken wenig gemein hatte. 1908 jedoch kam es zu

einer spektakulären Annäherung zwischen den Missionen und dem neuen Regime. Die Jungtürken beriefen sich auf das liberale westliche Gedankengut, mit welchem einige von ihnen in Europa oder in Missionsschulen in der Türkei in Berührung gekommen waren. Die türkische Autorin Halide Edib zum Beispiel, welche die weibliche Galionsfigur der neuen Ära darstellte, ergoss sich in Lob über das vom ABCFM gegründete progressive, frauenrechtlerische *American College for Girls*, das sie selbst mit Erfolg absolviert hatte. Hier fand sie Asyl, als die Putschisten im April 1909 Jagd auf die Unionisten machten. Missionarinnen waren ihr im Aufbau des ersten türkischen Frauenklubs behilflich.[4] „It looked like the millennium." Mit diesen Worten umschrieb Halide Edib treffend die Stimmung im Sommer 1908.

3.2.1 Die jungtürkische Bewegung[5]

1889, im Jahr der Hundertjahrfeier der französischen Revolution, gründeten Studenten der militärischen Ärzteschule in Istanbul eine Untergrundgruppe, die sie *Komitee der osmanischen Einheit (İttihad-i Osmani Cemiyeti)* nannten. Es rekrutierte sich aus osmanischen Patrioten muslimischer Volksgruppen, wollte der hamidischen Despotie ledig werden und hatte das gemeinsame grosse Ziel, die Einheit des Reichs zu bewahren. Die Bewegung breitete sich auf andere Hochschulen des Reichs aus[6] und fasste durch Exilosmanen Fuss in Kairo, London, Paris und Genf. Eigene Bücher und Zeitschriften gaben ihr Dynamik. Hauptsächlich zwei Tendenzen bildeten sich heraus: eine positivistisch inspirierte unter dem Auguste-Comte-Jünger Ahmed Rıza und eine mehr islamisch gefärbte unter Mizancı Murad. Um 1900 kam noch die liberale Richtung des Sultan-Neffen Sabaheddin hinzu. Ganz im Gegensatz zu Ahmed Rıza schwebte diesem Prinzen neben divergenten Vorstellungen von der osmanischen Dynastie, ein föderalistisches dezentralisiertes System vor, das der Autonomie der Regionen und Minderheiten Raum gab.[7] Die Differenzen traten am grossen jungtürkischen Exilkongress von Paris 1902 zutage.

Unter dem Einfluss der russischen und iranischen Revolutionen von 1905 kam es in Ostanatolien zu verschiedenen lokalen Rebellionen, teilweise mit Beteiligung der Armee. Die schlechte ökonomische Lage führte zu miserablen Versorgungsverhältnissen und verunmöglichte es der Regierung, den Sold voll auszuzahlen.[8] Das hamidische Regime verlor nun auch bei vielen Sunniten an Prestige. Ein massgeblicher Teil der politischen Klasse im Reich wollte nichts mehr zu tun haben mit Abdulhamids

---

4 Halide Edib (Adıvar) war eine der herausragenden Gestalten der osmanischen Frauenemanzipationsbewegung und wichtige jungtürkische Autorin und Agitatorin. Das ABCFM gründete 1871 das *Constantinople Woman's College*, gleichsam das osmanische Pendant der ersten, bloss zehn Jahre zuvor in den USA gegründeten „feministischen" Hochschule, des *Vassar College*. Vgl. Grabill 1971, S. 25; Adıvar 1926, S. 149, 281, 310, zum Frauenklub S. 334 f. (aus missionarischer Sicht Patrick 1911, S. 83); nachfolgendes Zitat Adivar 1926, S. 259.

5 Vgl. Georgeon 1989, S. 569–576.

6 Von der militärischen Ärzteschule *(Tıbbiyeyi Askeriye)* auf die Militärakademie *(Harbiye)*, Verwaltungshochschule *(Mülkiye)*, Flottenakademie *(Bahriye)* und Veterinärschule *(Baytar Mektebi)*.

7 Seine Gruppe nannte sich, dieser Ausrichtung entsprechend, Verein für Privatinitiative und Dezentralisation *(Teşebbüsü ve Ademi Merkeziyet Cemiyeti)*. Vgl. auch Ahmad 1982, S. 403 mit Anm. 8.

8 Vgl. „Famine Conditions in Turkey" in: MH 1908, März, S. 130.

anfänglich recht populärer autokratischer „islamischer Politik". Vor allem in Mazedonien war dies unter jenen Offizieren der Fall, die beauftragt waren, separatistische
Rebellionen zu unterdrücken, und die mit Widerwillen zusehen mussten, wie sich
der Sultan europäischem Druck beugen und 1906 eine Finanzkontrolle der
mazedonischen Provinzen akzeptieren musste. Diese jungtürkischen Offiziere vertraten in der Propaganda ihrer Untergrundorganisation zwar Liberalismus und Konstitutionalismus, aber es waren vor allem ihr glühender Patriotismus und gekränkte
Ehre, welche sie in die Opposition zum Sultan trieben.

Die Rückschläge des Sultans in der Auseinandersetzung um Mazedonien riefen
besonders in Offizierskreisen in Saloniki, aber auch in den Garnisonsstädten Mona-
stir, Scutari und in Damaskus[9] patriotische Empörung hervor. Die Militärs in Mazedonien waren doppelt sensibilisiert. Erstens mussten sie sich täglich mit den Gue-
rilla-Auswirkungen der balkanischen Nationalismen auseinandersetzen. Zweitens
war Saloniki, die Hauptstadt Mazedoniens, eine für die politische Diskussion besonders anregende moderne, liberale und multikulturelle Stadt. Sie besass eine starke
Handelsbourgeoisie und gut ausgebaute Schulen, namentlich diejenigen der *Alliance
israélite universelle*. In Saloniki wurde im August 1906 das Osmanische Freiheitskomitee *(Osmanlı Hürriyet Cemiyeti)* ins Leben gerufen, dem unter anderen Talat
angehörte. Im Unterschied zur Gründungsgruppe von 1889 bildeten nicht mehr
Studenten, sondern junge Offiziere und Angestellte, die aus einer muslimischen
Mittelschicht stammten, den Kern. Die Exilorganisation von Paris und die Gruppierung in Saloniki, das fortan das Zentrum der Bewegung war, vereinigten sich 1907
unter dem Namen *Einheit und Fortschritt (İttihad ve Terakki)*. Der Gruppe von Paris
unter Ahmed Rıza gelang es, eine Einigung mit den Leuten um Sabaheddin sowie
mit der armenischen Daschnak-Partei zu erzielen. Der türkische Anteil innerhalb der
jungtürkischen Bewegung überwog aber bei weitem.

Zentralanliegen der jungtürkischen Bewegung war es, das Reich zu retten und die
volle Souveränität des Staates (wieder)herzustellen. *Bu devlet nasıl kurtarılabilir –*
„wie kann dieser Staat gerettet werden?" – war die Frage, um die sich von den
1880er bis in die 1920er Jahre die patriotische Diskussion drehte.[10] Die Unionisten
setzten auf europäische Errungenschaften wie Verfassung, Parlament und Einheitsstaat. Ihrer positivistischen Orientierung entsprechend, spielte der Islam für sie eine
vorwiegend instrumentale Rolle als Propagandamittel. Ihre Stimmung war wie bei
Abdulhamid die einer Endzeit, ihr psychologischer Hintergrund gekränkter Stolz
und Wille zu erneuter Grossmacht, ihre praktische Sorge wie beim entmachteten
Sultan diejenige, als ein ebenbürtiger souveräner Staat den europäischen Mächten
Paroli bieten zu können. Mehr noch als eine liberale Revolution war die Revolution
von 1908 ein patriotischer Putsch, ein Staatsstreich von Offizieren, die angesichts
der fortschreitenden Auflösung des Reichs unter Abdulhamid das Vaterland in

---

9 In Damaskus gehörte ein junger Leutnant, Mustafa Kemal, dem frisch gegründeten geheimen
   Komitee Vaterland und Freiheit *(Vatan ve Hürriyet)* an. Im Herbst 1907 verliess er Syrien und
   kehrte nach Mazedonien zurück, gelangte also in die nächste Nähe der zukünftigen Machthaber,
   aber ohne vom Juli 1908 an zum eigentlichen Kreis der „Helden der Freiheit" *(Hürriyet Kahraman-
   ları*, so Enver, Niyazi und Eyüp Sabri) zu gehören; vgl. Zürcher 1984, S. 42–44.
10 „Bu devlet nasıl kurtarılabilir" ist auch der Titel eines Buches von Prinz Sabaheddin: Sabaheddin
   1334 (1918). Vgl. auch Tunaya 1984, S. 9; Ahmad 1982, S. 403.

Gefahr sahen.[11] Das in Saloniki stationierte unionistische Zentralkomitee übernahm im Juli 1908 nicht personell die Macht. Das tat es erst im Laufe der folgenden Jahre. Es agitierte zuerst nur über Emissäre, die es aussandte, um in den Städten Parteikomitees sowie Propaganda zu organisieren. Auf diese Weise gelang es ihm, die Zentral- und Lokalbehörden zur Annahme seiner Forderungen zu bewegen.[12]

3.2.2 Die Missionspresse als Spiegel der Aufbruchsstimmung von 1908

Die beflügelten Gefühle in der zweiten Hälfte von 1908 schlugen sich in der Missionspresse nieder und warfen ein interessantes, je nach Mission verschiedenartiges Licht auf die politische Wahrnehmung, die utopische Phantasie und die Einschätzung der künftigen Rolle der Mission. Insgesamt nahmen die Missionare und ihre Organisationen die Nachricht von der „neuen Türkei" mit mehr oder weniger vorsichtigem Optimismus auf. Abschaffung der Autokratie, Verfassung und liberales jungtürkisches Gedankengut wurden allgemein begrüsst, und die Missionare erwarteten entsprechend bessere Entfaltungsmöglichkeiten.

Die Berichte und Kommentare in den September- bis Dezembernummern des *Missionary Herald,* des Organs des ABCFM, drückten generell ungetrübte Begeisterung aus. Unter dem Titel „The Birth of an Ottoman Nation" berichtete Reverend James L. Fowle in Kayseri von seiner persönlichen Begegnung mit den jungtürkischen Agenten Takir Bey und Faik Bey am 14. September. Ein restlos Überwältigter schien zu berichten: „I confess that my faith has been weak. I did not expect in my lifetime to see Turks, Armenians, and Greeks mingling as brothers, or to hear Moslems speak in a Christian church in praise of liberty for all and equality before the law. [...] He [Faik] spoke, too, in the highest terms of our schools and colleges. This was all said in the simplest, sincerest fashion, with no hint of flattery. It does not need to be said that I was as surprised as I was delighted."[13] Im dreiseitigen Kommentar unter dem Titel „A Nation's Sudden Conversion" ging der anonyme Autor (James Barton?) vom Vergleich mit der Bekehrung des Saulus zum Paulus aus, um die Bedeutung der türkischen Wendung zum modernen Verfassungsstaat gebührend herauszustreichen.[14]

---

11 „Plus encore que des libéraux, ce sont des patriotes décidés à sauver l'empire." Georgeon 1989, S. 575, vgl. Georgeon 1995 (1988), S. 24.

12 Vgl. Ahmad 1982, S. 403.

13 MH 1908, S. 568 f. Die Rede von der Assimilierung der Rassen im Stil der USA schmeichelte dem Amerikaner: „Takir Bey spoke of the assimilation of the races in the United States; of many races, but all giving loving allegiance to a common government." Eine begeisterte, ausführliche Beschreibung der Eröffnung des osmanischen Freiheitsklubs in der Provinzstadt Merzifon im Oktober 1908, an welchem auch zwei Lehrer des amerikanischen *college* beteiligt waren, gab Edward Riggs (MH 1909, S. 33 f.).

14 Gegen Ende des Artikels, unter der Frage: „How long will it last?", räumte er gewisse Einschränkungen ein: „That the present situation in Turkey will be permanent is not to be expected. It would be contrary to the historic law." Aber am Schluss verwies er auf die gleichlautende Einschätzung durch die amerikanische Botschaft in Istanbul, indem er festhielt: „[...] whatsoever reaction may follow, Turkey will never go back to where it was before July 24, 1908. Its liberties will never be

ABCFM-Sekretär James L. Barton, ein ehemaliger Harput-Missionar, beschäftigte sich in seinem Kommentar „What The Changes Mean To Us" ausführlich mit der in den letzten beiden Jahrzehnten gespannten Situation zwischen osmanischem Staat und ABCFM. Er schilderte eindrücklich das allgemeine Misstrauen gegenüber den Armeniern „als einer Rasse", ganz besonders aber gegenüber den gebildeten Armeniern: „It is well known that hitherto the largest results of our efforts have been gained among the Armenians, a race of unusual promise and ability. This fact has made our work especially difficult during the past twenty years, because the government has been suspicious of the Armenians as a race. This suspicion has resulted in constant surveillance, culminating in open outbreaks and persecution. […] all educated Armenians were more or less under condemnation." Auf diesem Hintergrund erklärte der Autor die Entstehung der armenisch-revolutionären Bewegung und sprach die Pogrome von 1895/96 an: „During the last few years, under the sting of injustice, revolutionary organizations have sprung up among the Armenians which have alarmed the Turkish government and led to new suspicions and conflicts. All these things have put heavy administrative and financial burdens upon the four [ABCFM] missions in Turkey. We need not dwell upon these; the files of the *Missionary Herald* are filled with their stories."[15] Da die jungtürkische Opposition die Massaker der 1890er Jahre scharf verurteilte und jungtürkische Führer 1908 Gräber damaliger armenischer Opfer mit ihrem Besuch beehrten, hatte die Mission einigen Grund zur Annahme, die Pogrome würden nun auch von staatlicher Seite in einem neuen Licht gesehen und es beginne ein neues Kapitel im osmanisch-armenisch-missionarischen Verhältnis. Im Schlussteil seines Artikels holte der Missionssekretär hoffnungsfroh zu einem Appell aus. Es bestehe allgemeiner Konsens, dass das ABCFM die Hauptverantwortung für die Evangelisierung der Türkei von Mazedonien bis Mesopotamien innehabe. „We, and we alone, as a mission board are upon the ground. […] Our duty is inevitable; our privilege is unsurpassed." Jetzt gelte es, die Gunst der Stunde zu nutzen: Von einem der schwierigsten Missionsfelder der Welt werde die Türkei zum vielversprechendsten.[16] 1908 nahm das „Vorantreiben des Gottesreiches in der Türkei" für das ABCFM erklärtermassen eine neue politische und gesellschaftliche Dimension an. Es ging fortan darum, beizutragen zum Aufbau der *Ottoman Nation,* das heisst zum Aufbau einer modernen multireligiösen osmanischen Gesellschaft. Daher galt es fortan, die Missionstätigkeit gezielt über die Millet-Grenzen hinaus zu öffnen und die Missionsschulen als eine Bildungsstätte der osmanischen Elite zu etablieren.[17]

wholly wrested from it again either by domestic tyrant or foreign invader. People who are capable of such self-control, of such abstinence from excesses and reprisals as they have shown themselves to be through the past two months, must surely attain at length to stability in the freedom of which they have so welcome a taste." MH 1908, S. 455–458.

15 MH 1908, S. 467–469.

16 Der Appell Bartons spitzte sich in den beiden Schlusssätzen zu (Bartons Artikel folgt auf die mit „Missionaries Needed By The American Board" überschriebene Seite 466, die den aktuellen Missionarsbedarf auflistet): „The field is ours; we occupy the great centers of influence and population; ours are the missions and colleges, schools, printing presses, hospitals, and Christian institutions. Shall we use all these to the limit of their capacity for the purpose for which they were established, and for the advancement of the kingdom of God in Turkey?"

17 Siehe Kap. 3.3.1.

Längere Artikel im *Christlichen Orient* von wichtigen, langjährigen Stützen der Deutschen Orient-Mission befassten sich mit der neuen Lage nach der Juli-Revolution. Der ursprüngliche Alevit Johannes Awetaranian, ein weitgereister, sprachgewandter Kenner der sozialen und religiösen Verhältnisse im Osmanischen Reich, äusserte volle Zuversicht im Hinblick auf die Verfassung, die „erstens Gewalt, zweitens Stolz, drittens Fanatismus" des Islams breche und der Rechtsgleichheit und Religionsfreiheit freie Bahn schaffe. Er glaubte, seine weitgehend literarische Missionstätigkeit als Redaktor einer eigenen Zeitschrift nach Istanbul verlegen zu können.[18] Auch sein Brief vom 11. Dezember 1908 aus Istanbul an Lepsius klang voller Optimismus: „Die türkischen Untertanen aller Nationalitäten nennen sich jetzt Osmanen, betrachten die Türkei als ihre Heimat und gewinnen die bisher verhasste türkische Sprache lieb, so dass diese an Bedeutung gewinnt."[19]

Jakob Künzler legte ebenfalls Zuversicht an den Tag, vor allem im Spenden- und Fürbitteaufruf, der seinen Artikel „Das Morgenrot einer neuen Zeit" beschloss. Dennoch liess er an mehreren Stellen zuvor Zukunftszweifel durchscheinen.[20] Möglicherweise hatte der Artikel von Johannes Lepsius in der vorhergehenden Nummer[21] zur Vorsicht Künzlers beigetragen. Lepsius' Ausführungen zeugen von einem spätestens seit dem Verfassen von *Armenien und Europa* (1896) politisch geschärften analytischen Geist: Die Interessen der Grossmächte würden es nicht zulassen, dass die Türkei genese und wiedererstarke, auch wenn sie sich in ihrer Konstitution an europäische Prinzipien anlehne. Es bestehe ein ungelöster Widerspruch zwischen diesen Prinzipien und der islamischen Staatsreligion. Das plötzlich und überraschenderweise alle Volksgruppen überkommende osmanische Nationalbewusstsein könne nicht über die in den letzten Jahrzehnten vertieften ethnisch-religiösen Gräben hinwegtragen. „Es ist in der Weltgeschichte wieder einmal anders gegangen, als jedermann dachte, und darum ist es am weisesten zu schliessen, dass es auch künftig anders gehen wird, als irgend jemand denkt." Einzig Deutschland hege keine aggressiven, für die neue Türkei bedrohlichen Absichten. Die positive Wertung der aussenpolitischen Stellung Deutschlands verrät Lepsius' tiefe patriotische Bindung – trotz seines oppositionellen Kurses 1896 und 1915/16. Der Missionsleiter peilte im Schlussabschnitt seines Artikels hohe Ziele an: „Könnte deutsche Geistesbildung nicht noch weit grössere *friedliche* Eroberungen auf allen Gebieten der Kultur im Orient machen?" Europäische kulturelle und evangelische Mission müssten zusam-

---

18 CO 1908 (Aug.–Sept.), S. 125–128. Vgl. Awetaranian 1905, S. 12–19; Scheria-Kritik CO 1910, S. 107–109. Der für die DOM im Balkan tätige, aus der Gegend von Erzurum stammende Johannes Awetaranian – vormaliger Name: Mohammed Schükri – war ein enger Vertrauter von Lepsius und der einzige Mitarbeiter, der ihn duzte. Er hat eine Autobiographie geschrieben (Awetaranian 1905), deren zweite Auflage (Awetaranian 1930) von Richard Schäfer stark ergänzt wurde und auch den letzten Lebensabschnitt Awetaranians 1905–1919 umfasst.

19 CO 1909, S. 3.

20 Der Artikel beginnt mit dem Satz „Nun scheint [!] endlich die lange, lange Nacht der Knechtschaft für die im osmanischen Reiche lebenden Völker vorbei zu sein", um darauf in einem längeren Abschnitt die Sage von einem Karawanenführer zu erzählen, der den Morgenstern mit der hellen Wega verwechselte. „Die Karawane verirrte sich und blieb in Sümpfen stecken, sodass sie ganz zugrunde ging. Daher jener Stern nun ‚Karawankyran' (Karawanenverderber) heisst. Ihm also möge das helle Leuchten der Freiheit im osmanischen Reiche nicht gleichen!" CO 1908, S. 173.

21 „Die politische und religiöse Wiedergeburt des Orients", CO 1908 (Aug.–Sept.), S. 144–149.

mengehen, sonst erweise sich die Einflussnahme als destruktiv. In diesem Sinn hatte
für Lepsius die Kategorie „christliches Abendland" noch prinzipielle Gültigkeit. Mit
unüberhörbarer Spitze gegen die umfangreiche deutsche Militärhilfe meinte er:
„Eine europäische Kultur, die es verleugnet oder verschmäht, eine *christliche* zu
sein, wird zuletzt nur die nichtchristlichen Völker gegen Europa bewaffnen."

Die nicht ganz übereinstimmenden Äusserungen zur Lage in der Türkei weisen
auf zwei Charakterzüge der Deutschen Orient-Mission hin: Erstens überliess sie als
eine verhältnismässig kleine Organisation der Persönlichkeit der verschiedenartigen
Missionarinnen und Missionare relativ grossen Spielraum;[22] zweitens räumte sie
dem politischen Gegenwartsverständnis einen wichtigen Platz ein. Lepsius hatte
sichtlich seine Lust daran, das Eingebettetsein seiner Mission in die grösseren
politischen und sozialen Zusammenhänge zu kommentieren. Für Jakob Künzler
war klar, dass man vor den politischen Vorgängen seine Augen nicht verschliessen konnte. Als er Ende 1908 von Konflikten zwischen dem von ihm geschätzten
Kurdenchef İbrahim Pascha und der Regierung berichtete, meinte er: „Freilich,
solche Händel gehen uns Missionsleute ja nichts an, aber wir leben mitten in diesen
Händeln drin. Von ihnen sich unberührt lassen, hiesse nicht fühlen und sehen
wollen." Auch das bereits angedeutete osmanische Zeitungsprojekt Awetaranians
hatte einen ambitiösen Anspruch auf politische Berichterstattung.[23]

Ähnlich wie Awetaranian äusserte sich Terzian, der armenisch-katholische Bischof von Adana und Tarsus, höchst enthusiastisch über die angebrochene Junge
Türkei.[24] Die Begeisterung über den politischen Wandel 1908 machte selbst vor der
Jesuitenmission nicht ganz halt, obwohl diese sich mit dem Regime Abdulhamids
vergleichsweise gut arrangiert hatte. Die flüssig geschriebenen, geistreich-humor-
vollen *Notes au jour le jour* des Jesuitensuperiors von Kayseri, Pater Brenin, zeichneten ein farbiges, detailreiches Bild der Stimmungen in der Provinz. Brenin, der erst
in Adana, dann in Kayseri die entscheidenden Momente miterlebt hatte, wägte die
Chancen und Risiken der neuen Situation ab, die sich weit weg von der Hauptstadt
erst ein paar Wochen nach der Juli-Revolution Bahn brach. Brenin unterstrich die

---

22 Vgl. die Einschätzung Schäfers (1932, S. 51): „[...] waren die Lepsius-Mitarbeiter von Beginn der
    Arbeit an eine gewisse Selbständigkeit gewöhnt, die Missionare bestanden aus Leuten aller Schich-
    ten des Volkes: Theologen, Lehrern und Lehrerinnen, Handwerkern, Kaufleuten, Ärzten und
    Diakonen. [...] Eine einheitliche Methode der Arbeit unter dem bunten Gemisch der Religionen
    und Völker draussen kannte man nicht. Von Deutschland aus konnte man die Aufgaben nur in
    grossen Umrissen beurteilen, und man wählte zu Mitarbeitern Leute mit Takt und feinem Empfin-
    den, die ihren Weg im Orient und die Arbeitsart selbst finden sollten. So waren ihnen draussen
    Erfahrungen geworden und Freiheiten erwachsen, die am grünen Tisch nicht gut übersehen werden
    konnten." Den „Grundgedanken, dass die Arbeiter selbst die Träger der Mission sein müssen und
    dass das Kuratorium nur eine kontrollierende Instanz sein darf", drückt Lepsius deutlich in Briefen
    an Schäfer aus. Zit. in Schäfer 1932, S. 109.
23 „1. Wir müssen unsern Lesern einen kurzen, aber umfassenden Überblick über die politischen
    Ereignisse der Welt geben. 2. Ihnen Nachrichten über Fortschritte der Wissenschaft und Neuheiten
    auf dem Gebiet der Erfindung bieten. 3. Aufsätze historischen Inhalts und solche über Erziehung
    und Familienleben bringen." CO 1909, S. 2, Brief vom Nov. 1908 an Lepsius.
24 In einem Brief an Mgr Charmetant, ŒO (Nov.–Dez.) 1908, S. 681–684. – Joseph Hajjar (Hajjar
    1979, S. 289) schreibt, dass die negativ-skeptische Einschätzung der jungen Türkei durch die
    Kirchenverantwortlichen in Rom geteilt war „par l'ensemble des responsables missionnaires locaux,
    sinon par la hiérarchie proprement orientale". Dies trifft nicht zu.

Ernsthaftigkeit – an die er in den ersten Tagen noch nicht hatte glauben wollen – und die Friedlichkeit des Umschwungs. Während er sich bis zum 26. Juli in die Einsamkeit einer geistlichen Retraite zurückzog, habe sich die Türkei ebenfalls einer Besinnung unterzogen und dabei mit mehr Erfolg als er selbst den alten Menschen in sich absterben lassen![25] Er betonte, dass die Zeitungen, die eben ihre Pressefreiheit gewonnen hätten, eine grosse Bedeutung einnähmen in diesem Wandel, speziell mittels Karikaturen. Er zeigte sich positiv beeindruckt von den jungtürkischen Verantwortlichen, so auch vom jungen Offizier Ali Galib vom Komitee Saloniki, den er als „modeste, énergique, bien élevé" charakterisierte. Den ersten Besuch beim neuen Sandschak-Gouverneur nutzte er dazu, eine Erlaubnis für ein ehrgeiziges jesuitisches Bauvorhaben zu erbitten. Er bekam sie auch, zumal der Gouverneur vorhatte, seine beiden Söhne nicht der staatlichen Schule, sondern den Jesuiten anzuvertrauen. Brenin wies gegen Ende seines Textes auf den „grossen dunklen Fleck" im Verbrüderungsgeschehen hin: „Mais le gros point noir, ce sera toujours la diversité, pour ne pas dire la rivalité des différentes races qui composent l'empire. Pour un grand nombre de Turcs, le chrétien restera le guiaour, l'être inférieur contre lequel tout est permis [...]. Et puis, il y a cette chimère du rétablissement du royaume d'Arménie qui hante les meilleurs cerveaux. Quand un Arménien est sur cette piste, n'essayez pas de lui parler raison. Et naturellement tout cela exaspère les Turcs." Ohne Begeisterung äusserte sich der Pater de Contagnet über den spektakulären Umschwung in Merzifon, den die Jesuitengemeinde mit ihrem Posaunenchor auf Einladung der Stadtbehörde würdig zu begehen beitrug. Türkische und armenische Geistliche predigten wechselseitig im Gotteshaus der andern Gruppe! Armenische *derder* (Priester) öffneten den Vorhang vor dem Altar, damit ihre türkischen Mitbürger ihn betrachten konnten. De Contagnet schloss seinen Brief mit einer negativen Bemerkung über Agitatoren: „Les Arméniens brouillons commencent à s'agiter, ils voudraient, comme avant les massacres, rétablir le régime de la terreur. [...] Qu'en sortira-t-il?"[26]

Félix Charmetant war der mit allen Wassern vatikanischer Diplomatie und französischer Protektoratspolitik gewaschene Leiter des ordensübergreifenden *Œuvre des Ecoles d'Orient*. Obzwar in seiner politischen Ausrichtung konservativ, hatte er es 1895 nicht unterlassen, entgegen der Beschwichtigungstendenz französischer Diplomaten lautstark gegen die Armeniermorde zu protestieren und den Sultan anzuprangern. In einem langen Artikel kommentierte er die Situation nach dem Juli 1908.[27] Bedenken und Optimismus hielten sich in etwa die Waage. Er war sehr genau informiert über die Details jener Tage und die personellen Veränderungen. Auch er berichtete von der christlich-muslimischen Verbrüderung in Istanbul sowie von der Gedenkfeier im armenischen Friedhof für die Opfer des Istanbuler Pogroms von 1896. Er unterstrich bereits einen grossen Schwachpunkt der Unionisten, nämlich die mangelnde politische Erfahrung, zum Beispiel im Hinblick auf die Balkan-

---

25 „La nouvelle Constitution en Turquie. L'impression en province. – Notes au jour le jour", *Lettres d'Ore,* Nov. 1908, S. 283–302. „[...] la Turquie s'était recueillie elle aussi, et s'était mise comme moi à tuer le vieil homme, avec plus de succès que moi, hélas!" (S. 283). Die folgenden beiden Zitate: S. 298, 103 f.

26 *Lettres d'Ore,* Nov. 1908, S. 282 f.

27 ŒO 1908 (Sept.–Okt.), S. 649–656.

probleme. Die demokratischen Tendenzen sowie die freimaurerischen und jüdischen Verbindungen, die er mehr unterstellte als belegte, waren ihm, dem rechtskatholischen Franzosen, suspekt. Er warnte vor zu raschen Reformen und riet, die neuen Machthaber sollten sich unbedingt mit Abdulhamid arrangieren, da er über eine grosse politische Intelligenz verfüge. Charmetant wies auf Anzeichen einer innenpolitischen Reaktion hin und setzte ein grosses Fragezeichen hinter die zukünftige ethnisch-religiöse Kohabitation im Reich. „Sauront-ils mettre en valeur cette fusion d'éléments si dissemblables qui bouillonne présentement dans les flancs de ce vaste creuset oriental? L'avenir le dira! Malheureusement, à divers indices, il devient facile aujourd'hui de constater que la franc-maçonnerie et la juiverie jouet un trop grand rôle dans ce Comité Union et Progrès, dont le siège n'est pas à Constantinople, dans la capitale, mais à Salonique, la ville turque où il y a le plus de Juifs et de franc-maçons." Im Schlussteil seines Artikels begrüsste Charmetant ausdrücklich die Veränderung, knüpfte an sie Hoffnungen für die Kirche und strich schmeichelhaft den grossen Wert der katholischen Schulen heraus, deren strahlende Zukunft er vorauszusehen meinte.[28]

Nicht oberflächliche Zuschauer, sondern mit den Verhältnissen bestens vertraute, lange Jahre vor Ort lebende Berichterstatter formulierten grösste Begeisterung und Hoffnung angesichts der gewaltlosen Revolution und der überraschenden interethnischen Verbrüderung. Die jungtürkischen Komitees, denen die Missionare vom August an in Gross- wie Provinzstädten begegneten, machten ihnen bei aller politischen Unerfahrenheit einen überzeugten, überzeugenden und ehrlichen Eindruck. Bei allem Wissen um die Verletzlichkeit der Situation bestand in weiten Kreisen und Schichten des Reichs eine echte, grosse Zukunftshoffnung. Bloss distanzierte, mit den Hintergründen europäischer Machtpolitik vertraute oder aber dem interethnischen Verhältnis gegenüber besonders skeptische Zeitgenossen meldeten früh Zweifel an. Aber niemand ahnte eine Entwicklung, die innert weniger Jahre in Chauvinismus, Krieg und Völkermord münden würde.

3.2.3 Der Putsch in der Hauptstadt und die Massaker in Adana, 1909

In der Nacht vom 12. auf den 13. April 1909 besetzten Soldaten und Medrese-Studenten, die unter dem propagandistischen Einfluss der Gesellschaft der islamischen Einheit *(İttihad-i Muhammadi)* standen, das Parlament in der Hauptstadt Istanbul. Sie forderten den Rücktritt Ahmed Rızas und weiterer unionistischer

---

28 „C'est en effet, en grande partie, sur la jeunesse lettrée sortie de nos écoles que le Comité dit des Jeunes-Turcs a dû s'appuyer pour propager dans tout l'empire, sans secousse et sans violence, les idées de régénération nationale, de justice et de progrès. L'indéniable renaissance qui se manifeste déjà et se généralise si subitement en Turquie ne peut donc que se montrer favorable à la liberté d'enseignement et fera rechercher de préférence nos écoles où se donne une instruction à la fois libérale et solide, jointe aux grands principes de moralité et de religion." Den letzten Abschnitt liess Charmetant in einem obligaten Spenden- und Gebetsaufruf für sein Unterstützungswerk münden, „cette œuvre si importante de relèvement, de civilisation, de progrès véritable et de salut". Dies war eine in Missionsblättern geläufige, im *Œuvre des Ecoles d'Orient* penetrant repetitive, jeweils dem vorher Gesagten etwas angepasste Wendung zu Artikelschluss.

Schlüsselfiguren. Viele Deputierte flüchteten, während der Sultan und die liberale Opposition vom Machtvakuum zu profitieren suchten. Die Reaktion des unionistischen Zentralkomitees in Saloniki liess indes nicht lange auf sich warten. Es veranlasste, dass eine aus mazedonischen Armee-Einheiten gebildete Truppe Istanbul besetzte, das Kriegsrecht ausrief und Kriegsgericht hielt. Sultan Abdulhamid II. wurde abgesetzt und exiliert, als neues, gefügiges Staatsoberhaupt wurde Abdulhamids Bruder Mehmed Reschad eingesetzt (1909–1918). Verfassungszusätze vom August 1909 verringerten die Macht des Sultans und des Grosswesirs. Das Vereinsgesetz *(Cemiyetler Kanunu)* gleichen Datums verbot die politischen Vereine, welche sich auf eine Rasse oder Nationalität stützten. Der Militärdienst für Nichtmuslime wurde für obligatorisch erklärt, die Zivilbevölkerung entwaffnet. Durch eine Inspektion auch der Schulen der Minderheiten sowie der Missionen und die Förderung des Türkischen als obligatorische Schul- und Gerichtssprache wurde eine Politik kultureller Vereinheitlichung in die Wege geleitet. Die Unionisten besetzten Schlüsselposten mit Vertrauensleuten des eigenen Komitees (CUP); Talat wurde im Juli 1909 Innenminister. Als „Retterin der Revolution" stärkte die Armee ihre Machtstellung; die jüngeren, dem CUP nahestehenden Offiziere gewannen die Oberhand in der Rivalität mit den altgedienten Kadern aus der hamidischen Ära.[29]

Sehr wahrscheinlich im Zusammenhang mit dem Putsch vom 13./14. April 1909 kam es in Adana und seiner weiteren Umgebung zu Blutbädern, die etwa 1'000 Muslimen und rund 20'000 Armeniern das Leben kosteten.[30] Das Vorgehen und die Verhaltensmuster der Täter erinnern an die Progrome der Jahre 1895/96 in den Ostprovinzen. Über die Verursacher ergehen sich damalige Berichterstatter ebenso wie heutige Historiker in Mutmassungen. Der Kreis um Abdulhamid stecke dahinter, so allgemein die Meinung der Armenienfreunde, möglicherweise die den Putsch inszenierende Gesellschaft der islamischen Einheit.[31] Der Hauptschuldige sei ein armenischer Agitator, der junge Erzbischof und Huntschak-Führer Muscheg, meinte das CUP-Mitglied Cemal, der im August 1909 Vali von Adana wurde. Der Traum revolutionärer Hitzköpfe, in Kilikien den in Kreuzfahrerzeiten bestehenden armenischen Staat auferstehen zu lassen, sei von vielen Muslimen als ein konkreter

---

29 Vgl. Georgeon 1989, S. 593–597; Zürcher 1993, S. 100–108.

30 Cemal 1922, S. 335, nennt 1'850 muslimische und 17'000 armenische Opfer (der Autor war von August 1909 bis 1912 Vali der Provinz Adana). Rohrbach, in einem sorgfältig recherchierten Bericht (CO 1909, S. 146), gab mit Berufung auf amtliche türkische Stellen eine Gesamtzahl von 20'000–25'000 Opfern an. Charmetant (in: ŒO 1909, S. 65) sprach von 30'000 christlichen Opfern. (Ein längerer Bericht findet sich auch in AOM 1909, S. 204–210, viele Artikel in MiCa von der Nummer 2081, 23. 4. 1909, an.)

31 So Rohrbach, CO 1909, S. 149 f.; Meyer 1974, S. 79–81. Auch der französische Spezialist der spätosmanischen Geschichte François Georgeon tippt auf die Enttäuschten des neuen Regimes, die den Islam gegen die Unionisten mobilisierten (Georgeon 1989, S. 585 f.). Feroz Ahmad, Schüler von Bernard Lewis, versteigt sich zu der These liberaler bzw. armenischer Provokation, welche die Muslime zu Massakern aufreizen und damit ausländische Intervention bewirken sollte; diese hätte dem unionistischen Regime ein Ende gemacht (Ahmad 1982, S. 420 f.). Ahmad, der sich stark auf offiziöse Quellen stützt, übersah indes, dass in den Ostprovinzen, fern der europäischen Kriegsschiffe, beinahe Pogrome ausgebrochen waren. – 1909 wie schon 1895/96 kontrastierte in Deutschland die ausführliche und engagierte Berichterstattung aus Missionskreisen mit der dürftigen der übrigen Presse, die sich nach der Maxime ungestörter türkisch-deutscher Beziehungen ausrichtete; vgl. die Presseanalyse in Saupp 1990, S. 198–201.

Plan verstanden worden, der mit Hilfe einer europäischen Intervention realisiert werden sollte.[32] Das seit der Juli-Revolution 1908 zur Schau gestellte armenische Selbstbewusstsein wurde als anstössig, ja bedrohlich empfunden. Reaktionärer Islamismus und Hass auf den durch die Verfassung gleichgestellten *gavur* spielten eine wichtige Rolle für die Mobilisierung der Muslime, das belegen die zahlreichen missionarischen Ohren- und Augenzeugenberichte. Der relative Wohlstand der Armenier erregte den Neid kurdischer wie arabischer Taglöhner der Region. Die Pogrome boten diesen die Gelegenheit zu ausgiebigen Plünderungen.

Es scheint daher naheliegend, die Adana-Massaker mit den aufgestauten lokalen Spannungen zu erklären und den Putsch in der Hauptstadt als das Signal zu sehen, das den regionalen, durch das Reformregime enttäuschten Notablen bedeutete, eine „Massregelung" des aufmüpfigen *gavur* nach dem Muster der Pogrome von 1895 zu organisieren.[33] Cemals Hinweise zum Gebrauch des Telegrafen sind dabei wichtig für das Verständnis der stark an 1895 erinnernden Organisation. Asaf, der Gouverneur *(mutasarrıf)* des Sandschaks Cebel Bereket der Provinz Adana „überschüttete alle Ortschaften des Liwa [Sandschak] mit Telegrammen, in denen es hiess: ‚Die hiesigen Mohammedaner sind in Gefahr, vernichtet zu werden, es ist daher die Pflicht eines jeden, der sein Vaterland und sein Volk liebt, die Waffen zu ergreifen und nach dem Sandschak von Djebel Bereket zu eilen.'" Mit der Begründung, der *mutasarrıf* sei der Meinung gewesen, Armenier von auswärts, vom Städtchen Dörtyol, würden bewaffnet gegen seine Stadt vorrücken, verzichtete Cemal allerdings auf eine Erklärung für den evidenten Zusammenhang mit dem Putsch vom 13./14. April.[34] Wie während der Pogrome der 1890er Jahre solidarisierten sich in Adana Zivilbehörden, Militär und sunnitische Mehrheit weitgehend. Nicht nur die in Adana stationierten, sondern auch die von jungtürkischem Kader geleiteten, eigens aus den Dardanellen abkommandierten Truppen spielten eine sehr zweifelhafte Rolle bei der Wiederherstellung von Ruhe und Ordnung. Das Vertrauen ins neue Regime erlitt daher bei den Christen schweren Schaden. Auch die Junge Türkei schien nicht fähig, ihre Minderheiten zu schützen. Immerhin verhinderte das entschiedene Auftreten der Unionisten andernorts ähnliche Ereignisse, so namentlich in Kilikien und in den Ostprovinzen, wo die Spannung aufs Höchste gestiegen war.[35] Rassegefühle seien wie Wildbäche angeschwollen, schrieb ABCFM-Missionar Fred Goodsell Anfang Mai 1909 aus Anteb; wenige Tage später rühmte er sich des Zeugnisses prominenter Türken, deren Vertrauen in die amerikanische Mission intakt sei, da sie 60 besonders agitatorische Schüler aus dem *college* ausgeschlossen habe.[36]

---

32 Cemal 1922, S. 331–336. – Auch die Missionare weisen auf den armenisch-revolutionären Faktor hin, am deutlichsten wohl T. D. Christie in seinem Brief aus Tarsus, 19. 4. 1909 (ABC bh box 126): „The Armenian young men of Adana are nearly all revolutionists – different from here. […] the Armenians [von Adana] were incited by a very bad man, their bishop, now safe in Egypt. If he and a few others had been put in prison last fall this thing would not have happened."
33 Vgl. auch Walker 1982, S. 188.
34 Cemal 1922, S. 334.
35 Vgl. Kap. 3.7–3.9.
36 Briefe vom 7. und 13. 5. 1909 an Peet (ABC bh box 126). In letzterem: „You will be interested to know the testimony of prominent Turk in Aintab as to the connection of the college difficulty with

3.2.4 Die Missionen und Adana-Vali Ahmed Cemal

Die Missionen, allen voran das ABCFM, waren trotz der Ereignisse in Adana bereit, weiterhin an die Integrität der jungtürkischen Bewegung zu glauben. Ein fast ostentatives Zusammengehen von liberalem Jungtürkentum und Missionen lässt sich an den Reaktionen auf die Adana-Massaker ablesen. Das gegenseitig belobigende Verhältnis mit dem Vali von Adana, Cemal Pascha, stand für ähnliche lokale Beziehungen auf niederer Hierarchiestufe. Gemeinsam beriefen sich Diplomaten, Missionare und jungtürkische Regierungsleute auf die Prinzipien der Humanität und kooperierten in deren Namen. Bei einer Versammlung in Istanbul unter dem Ehrenvorsitz des Grosswesirs und dem Patronat des neuen Sultans wurde ein internationales Hilfskomitee für die Massakeropfer auf die Beine gestellt. Dessen Vorsitz übernahm William Peet, das diplomatisch erfahrene Haupt des ABCFM in Istanbul. Präsident der internationalen Hilfskommission vor Ort in Adana wurde der ABCFM-Missionar William Nesbitt Chambers.[37]

Cemal war der den Missionskreisen am nächsten stehende hohe unionistische Führer. Sein Brief an Peet vom 8. September 1909 war noch ganz erfüllt vom internationalen humanitären Elan, der als Reaktion auf das Massaker in Adana folgte. Cemal verstand sich als jungtürkischer Träger humanitärer Werte und als Politiker, der dazu berufen war, der Welt nach dem behördlichen Versagen vom April 1909 zu zeigen, was gute unionistische Herrschaft trotz allem vermochte. Er sah sich berechtigt, in seinem Brief vom 8. September Peet, den Vorsitzenden des internationalen Hilfskomitees, um eine hohe Summe für sein Waisenhausprojekt zu ersuchen. In einem gleichzeitigen Spendenappell an seine Landsleute in der Presse stellte er sein Projekt als Bewährung des osmanischen Patriotismus dar.[38]

Wie Cemals weiterer Brief an Peet vom 3. November zeigte,[39] taten sich innerhalb der zwei Herbstmonate feine, bezeichnende Risse auf zwischen ihm und Peet. Nicht nur in der Beurteilung von Schuld und Gründen, sondern auch in der Beschreibung des Ausmasses, der Auswirkungen der Massaker und der vorzukehrenden Massnahmen war man nicht einer Meinung. Cemal stellte die allgemeine Situation als weniger „düster" *(sombre)* dar als von Missionsseite beschrieben.[40] Er

---

the present situation. He said to one of the professors very openly: ‚We have worked hard to prevent an outbreak in Aintab because we knew that there were a great many Armenians here who thoroughly discountenanced the Armenian revolutionary propaganda. We have come to understand very clearly that the College is thoroughly opposed to that sort of thing from its recent action with regard to the sixty students who were not permitted to return.'"

37 Peet 1939, S. 158. Chambers 1928, S. 117.

38 „[...] il n'y a aucune doute que cette somme [40'000 à 50'000 livres turques] paraîtra minime et sera couverte d'un seul élan par les ottomans qui depuis des siècles ont conservé la glorieuse première place conquise dans l'œuvre du patriotisme et de la bienfaisance et ont ainsi immortalisé leur existence nationale." „Pour les veuves et orphelins d'Adana", vermutlich in *La Turquie*, Istanbul, 15. 9. 1909 (Presseausschnitt, ABC bh).

39 Siehe Anhang, S. 543.

40 Eine wichtige Kritik an der Berichterstattung, wie sie die osmanische Regierung betrieb, stammte von einem Jesuitenpater: „Dans les documents officiels le terme ‚massacre' est soigneusement banni, comme en 1896: il n'est question que de ‚troubles', de ‚désordres': il semble que tout, violences et pertes, s'équilibrent de part et d'autre" *(Lettres d'Ore* 1909, Juli, S. 244). Die „Ausgleichsdarstellung" der Ereignisse scheint der Forderung nach Ausgeglichenheit zu entsprechen.

verbat sich Peets Einmischung in sein Waisenhausprojekt, das er ganz in eigener, staatlicher Regie zu führen gedachte. Er wollte die Waisen („ses enfants") dem konfessionellen Einfluss entziehen; ein Konzept, das die Missionare, auch die protestantischen, nicht mit ihrer Aufgabe, christlich zu erziehen, in Einklang zu bringen vermochten. Manche vermuteten hinter der wohlklingenden humanen Etikette bereits die Idee der staatlich kontrollierten, der Mehrheit angepassten Erziehung, welche keine Rücksicht auf gemeinschaftliche Identitäten nahm und die schützenden Millet-Strukturen auflöste. Es ist aber kaum zu bezweifeln, dass Cemal sein „interreligiöses Vorzeigeprojekt" ehrlich meinte.[41] In einer Unterredung mit Chambers versprach Cemal eine hochstehende osmanistische und moralische Erziehung unter Beibehaltung der religiösen Vielfalt: „The orphanage must be established by the government. The children must be received, not as the children of this or that community, but as Ottomans. Religious divisions must be eliminated; neither *khoja* nor Christian priest can be admitted as such. The children may repair to their respective places of worship and receive any religious instruction that may be thought necessary – the Moslem to the mosque on Friday, and the Christian to the church on Sunday, but they must receive a high moral training in the orphanage."[42] Bei der Verwirklichung der Idee haperte es allerdings. Cemal war nicht imstande, mit eigenen Leuten ein Waisenhaus zu führen, weshalb er die deutsche Hülfsbund-Missionarin Paula Schäfer aus Marasch zu Konsultationszwecken zu sich einlud. Dies war ein feines Zeichen dafür, dass die Jungtürken gegenüber dem angelsächsischen und französischen Übergewicht im Privatschulwesen auf eine erzieherische Zusammenarbeit mit den Deutschen zu setzen begannen.[43]

Cemals Bemühung um konfessionsübergreifende Humanität wird um so verständlicher, als gerade in Adana die missionarische Instrumentalisierung der Hilfe teilweise augenfällig wurde. Es gab Rivalität zwischen den Missionen und allzu oft eine Sicht der Katastrophe als Gelegenheit karitativer Einflussnahme. Der konfessionelle Neid auf die überlegenen Mittel der Protestanten wurde bei den Katholiken sehr deutlich. Immerhin entstanden 1909 auch Ansätze zu interkonfessioneller Anerkennung, vor allem was die materiellen und medizinischen Hilfeleistungen anbelangte. Der Jesuitenpater Rigal verschwieg nicht seine Bewunderung

---

Sie erlaubt, Verantwortlichkeiten und Schuld zu neutralisieren und es mit der kompromittierten Seite nicht zu verderben. Eine solche Darstellungsweise verdreht allerdings die Realitäten von Pogrom und Genozid.

41 Verschärft zeigte sich die turkosunnitische Ausrichtung der Waisenerziehung während und nach dem Weltkrieg; vgl. Schäfer 1932, S. 110, und Kap. 2.6.7 dieses Buches. – Von jesuitischer Seite hiess es: „Le vali s'est fait donner par un riche musulman un terrain de 4 hectares et demi pour y bâtir un orphelinat. Son ambition serait de créer un établissement neutre, où catholiques, schismatiques et musulmans, fusionnant ensemble, sous la surveillance maternelle d'une direction musulmane, seraient formés à la fraternité des races […]." ŒO 1909, S. 142; vgl. Cemal 1922, S. 336.

42 MH 1909, S. 544 f. – Unter dem Titel „Where Turk and Christian Co-operate" sprach Chambers in einem Brief aus Adana weiterhin enthusiastisch über Cemal und dessen aufgeschlossene, energische Erziehungspolitik (MH 1911, S. 82 f.). Vgl. auch Cemal 1922, S. 335.

43 „The Vali seems quite alive as to the questions of administration & conduct of the orphanage. He has invited Miss Shaffer of Marash to come on her & consult with him. He seems ready to put the conduct of the orphanage unto the hand of such a person. I think he would remove the administration of the orphanage from ordinary governmental control, forming a special commission for it." Chambers an Peet, Adana, 26. 10. 1909, ABC bh box 134.

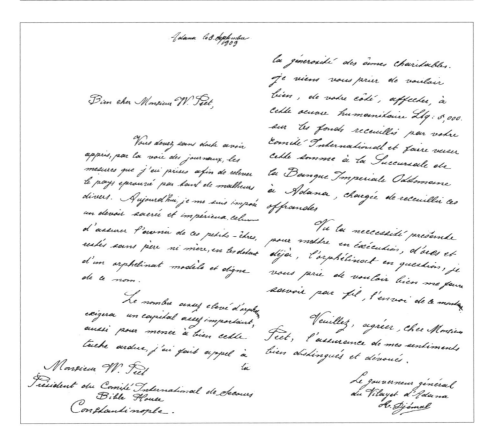

Abb. 77: Brief Cemals, Vali von Adana, an William Peet, vom 8. September 1909.

für die Professionalität amerikanischer Hilfe und die Person des Missionarsarztes Fred D. Shepard: „Malgré notre hâte, nous n'arrivons pas les premiers. Les Allemands étaient déjà passés, emmenant une centaine d'orphelins d'Adana, et presque autant d'Hamidié, d'Osmanié et des villages de la montagne. Toute cette population allait grossir le chiffre de leurs orphelins de Marache. [...] Mais les Allemands n'ont fait encore que passer. Les Américains, eux, sont sur place, dans la personne du docteur Shepard et de sa femme. Le docteur est une des personnalités les plus en vue dans le pays, qu'il habite depuis trente ans. [...] Il nous avait précédés de quelques jours avec des ressources supérieures aux nôtres et qu'il sut employer d'une manière intelligente et pratique. Nous n'avons eu qu'à nous louer de nos rapports avec lui. Il rend assurément à cette population malheureuse des services matériels inappréciables."[44]

44 ŒO 1909, S. 126 f., vgl. auch S. 76, 143. Konfessionelle Instrumentalisierung von Hilfe gab es bereits bei den früheren Massakern (siehe z. B. Kap. 2.9.6). Der obligate Spendenappell von Charmetant zu Artikelschluss im Mai-Juni-Heft seines Werkes strich den Kampf gegen die Prote-

Cemal genoss damals in Diplomaten- und Missionarskreisen einen ausgezeich-neten Ruf und galt als Emblemfigur einer neuen, patriotischen Türkei, die eine osmanistische Zivilgesellschaft für alle versprach. Die Amerikaner bemühten sich, das neue Regime wohlwollend darzustellen. „We need to be very careful not to antagonize the young Turkish party and therefore I am a little careful what I publish", hiess es in einem Brief des Hilfswerkes, das sich in Adana engagierte.[45] Man schaute die Unionisten als Garanten dafür an, dass keine neuen Pogrome mehr geschahen. Davor fürchtete man sich besonders beim Nahen muslimischer Feier-tage.[46] Chambers, der Cemal nahe stand und sich von ihm begeistert zeigte, schrieb nach monatelanger Zusammenarbeit mit ihm an Peet: „We must always remem-ber that the Young Turks are intensely ottoman and do not love foreign institu-tions, and we must go carefully. This man's [Cemal] attitude is friendly, but he is strongly ottoman."[47]

3.2.5 Im Spannungsfeld von Zentralisierung, islamischer Reaktion und Balkankriegen

Der ungesicherte interreligiöse Friede, die schulische Autonomie und die armeni-schen Reformen waren die bedeutendsten Reibungsflächen zwischen Missionen und neuer Regierung. Diese drei Themen belegen die von der hamidischen zur Jungen Türkei fortdauernde Kontinuität der Problematik von „Mission, Ethnie und Staat". Sie boten für die Missionare wiederholt Anlass zu Regierungskritik. Kritik übten die Missionare aber auch an den Regierungen der „christlichen" Staaten. In der Wahr-nehmung und bitteren Kommentierung der Balkankonflikte bewiesen sie ihre Fä-higkeit, ungeachtet religiöser Loyalitäten Rechtsverletzungen zu verurteilen und entsprechend auch für die türkische Seite Partei zu ergreifen.

Awetaranian, begeisterter Berichterstatter der Juli-Revolution, setzte sich als Türke und Herausgeber seiner seit Januar 1909 erscheinenden Wochenzeitschrift *Güneş* in besonderem Masse mit dem geistigen Leben der begonnenen jungtürkischen Ära auseinander. Seinem Blatt wurde von der Konkurrenz bald vorgeworfen, es wolle zum Protestantismus bekehren und einen Pangermanismus verbreiten.[48] Awetaranian wies seit dem Frühjahr 1909 immer mehr auf den von ihm als Haupt-

---

stanten, nicht gegen das Elend, heraus: „Soutenons les œuvres catholiques d'Adana, qui ont tant à lutter contre les protestants. Eux, ont de l'argent à pleines mains." „Pauvres petites âmes" wurden die protestantischerseits betreuten Waisen genannt, „vouées à grandir dans l'erreur! Et quelle réclame pour le Protestantisme!" AFCJ Arménie carton I RAr 25/5, Nr. 3, S. 3 f.

45 *National Armenia and India Relief Association,* zu deren Executive Committee auch James L. Bar-ton gehörte. Brief vom 8. 10. 1909 an Missionarin E. S. Webb, ABC bh box 137.

46 W. N. Chambers, Adana, 12. 10. 1909, ABC bh box 134: „I judge the Vali has trouble in getting the credits. [...] There has been a good deal of unrest in the city on the approach of Bairam and the threats of some people. A lot of people have gone to Mersine and Cyprus. The Vali seems to have the situation in perfect control as far as the danger of disturbance is concerned. Only it is impos-sible to stop the tongues of evil murder persons."

47 7. 3. 1910, ABC bh box 134. – Thomas D. Christie, Tarsus, 8. 2. 1910: „All is quiet in the Vilayet. The Vali is one among ten thousand, a steam engine in breeches." Vgl. Chambers 1928, S. 116–122.

48 CO 1909, S. 53.

problem betrachteten Widerspruch zwischen den Wertvorstellungen der Verfassung und der in weiten muslimischen Kreisen tiefverwurzelten Bindung an die Scharia hin: „Man hat zu behaupten versucht, dass die Verfassung dem Koran und dem Islam nicht widerspreche; aber dies Urteil ist nicht richtig. Augenblicklich erklären daher auch wieder manche Konstantinopler Blätter, der Koran sei das einzige göttliche Verfassungsgesetz."[49] Awetaranian interpretierte das Adana-Blutbad als islamische Reaktion im Volk, die nicht von oben, durch Abdulhamid, gesteuert war. In seinem Brief vom 11. Mai 1909 entwarf er eindrücklich das Bild eines Konstantinopels, in dem sich die Atmosphäre seit seinem letzten Aufenthalt acht Monate zuvor gründlich geändert und die damalige Aufbruchsstimmung der Ungewissheit, gedämpfter Meinungsäusserung und Scheinfröhlichkeit Platz gemacht habe.[50] Besonders sensibel war Awetaranian natürlich auf die religiöse Gleichberechtigung. Er sprach davon, dass „das Verhalten der am Staatsruder jetzt breitspurig sich spreizenden Jungtürken" mehr und mehr „in einem eigenartigen, geradezu gefährlich autokratischen, illiberalen und christentumsfeindlichen Lichte" erscheine. „Das Recht des Türken ist rascher gewachsen als das des [einheimischen] Christen. Den muhammedanischen Soldaten billigt man Militärgeistliche zu, den christlichen Soldaten verweigert man sie. In der Armee werden, was die konfessionelle Gleichberechtigung anlangt, noch die gleichen Vorschriften gehandhabt wie zu der Zeit, als überhaupt noch keine christlichen Soldaten einberufen wurden." Der Autor sprach weiter von der ungleichen Beförderungspraxis in Armee und Verwaltung, der ungleichen Anwendung des Vereinsgesetzes sowie von „einer Spezies türkisch-konfessioneller, ‚innerer Kolonisation', die den papierenen, ölglatten Grundsatz ‚konfessioneller Freiheit' geradezu höhnend angrinst" (gemeint war die Praxis der Vertreibung christlicher Minderheiten zugunsten der Ansiedlung von Muslimen).[51] Awetaranians aussenpolitische Stellungnahme ging vom klassischen Kampf zwischen Christentum und Islam aus, den er zwar in erster Linie auf geistiger Ebene ansiedelte, aber auch auf die politische Ebene anwandte; so zum Beispiel auf die ägyptische Krise von 1910.[52] „Unter den christlichen Reichen ist gegenwärtig das englische Reich der erste und grösste Repräsentant des Protestantismus", nur Amerika könne sich neben ihm noch geltend machen; Grossbritannien habe daher in Ägypten den „Rechtsbegriff der christlichen zivilisierten Welt" zu vertreten und den Mörder zu bestrafen, auch wenn die Nationalisten das von der Scharia her ganz anders sähen.[53]

---

49 CO 1909, S. 51 f. Vgl. zudem Awetaranians Analyse eines Artikels des jungtürkischen Blattes *Tanin*, welche das unmögliche Zusammengehen von islamischer Scharia und europäisch inspirierter Verfassung herausstellt (CO 1910, S. 143 f.). – Die Unfähigkeit der positivistisch geprägten Jungtürken, mit der Religion des Volkes adäquat umzugehen, wurde auch durch den DOM-Freund und *Güneş*-Leser Martin Hartmann, Professor am orientalischen Seminar in Berlin, zur Sprache gebracht (CO 1910, S. 32).

50 CO 1909, S. 82–84.

51 CO 1910, S. 198. Bei der Formulierung solch geschliffen spitzer Sätze wird dem fremdsprachigen Mohammed Schükri seine deutsche Frau oder ein Freund wie Lepsius behilflich gewesen sein.

52 Speziell seit 1908 regten sich in Ägypten mit den Jungtürken in Verbindung stehende islamische Nationalisten. Sie ermordeten den christlichen, von England abhängigen Ministerpräsidenten Budros Pascha.

53 CO 1910, S. 100 f.

Andere Missionare gingen ebenfalls bald auf mehr oder weniger kritische Distanz zur Regierung. Jakob Künzler stellte 1911 in seinem achtseitigen Artikel „Aus dem Innern der Türkei" im *Christlichen Orient* immer noch die positiven Seiten des neuen Regimes in den Vordergrund. Im einige Monate später veröffentlichten Schlussteil des Artikels sprach er jedoch von „Hochmutsdünkel und Fremdenhass" – er nahm dabei Bezug auf die Rede eines Abgeordneten gegen die ausländischen Schulen und Spitäler – und vom „dunklen Punkt" des intrumentellen Konstitutionalismus: „[...] die Konstitution ist eine ausländische Pflanze und dient vorläufig nur als Mittel zum Zweck, und der Zweck ist das Abschütteln der fremden Bevormundung und in letzter und wichtigster Linie der Panislamismus."[54] Johannes Lepsius' politische Kommentare in der „Chronik des Orients" desselben Jahrgangs waren prinzipiell wohlwollend. Möglicherweise spielte bei ihm die Zufriedenheit darüber mit, dass sich Deutschland inzwischen auch dem neuen Regime als privilegierter Partner hatte präsentieren können. Lepsius wies gleichwohl kritisch auf die innenpolitische Richtungsänderung der Jungtürken hin: Eine Mehrheit wünsche, islamische Rechte zu stärken und „nationalen Gebräuchen und überlieferten Sitten" mehr Gewicht zu geben; es sei zu bedauern, dass in diesem Zusammenhang „die fähigsten Führer der Komiteepartei", nämlich die *dönme* (zum Islam konvertierte Juden), allen voran Cavid Bey und İsmail Hakki Bey, „dem Ehrgeiz von Männern zum Opfer fallen mussten, die über ein eigenes *politisches* Programm nicht einmal verfügen, sondern nur bei der mohammedanischen Masse für sich Stimmung zu machen suchen".[55]

Im *Œuvre des Ecoles d'Orient* kamen 1910 erste regimekritische Stimmen zu Wort. In der Juli-August-Ausgabe äusserte sich der Jesuitenpater André über traurige Nachspiele des Blutbades im Vorjahr. Für viele armenische Witwen, die in der Todesgefahr zum Islam konvertiert seien, sei es trotz verfassungsmässig garantierter Freiheit fast unmöglich, wieder umzukehren. Die Verwaltung habe einen Glaubensbruder mit einer saftigen Busse schikaniert, der sich für Waisenkinder einsetzte und für sie eine Schule eröffnen wollte. Der Dominikanermissionar Rhétoré sprach in seinem vom 6. Juli 1910 datierten Brief aus Mar-Yacoub in der Nähe von Mardin von der zunehmenden Xenophobie der Jungen Türkei. Ernüchterndes liess auch der Lazarist Cazot aus Mazedonien verlauten: „La nouvelle constitution avait fait naître les plus belles espérances; mais les chrétiens se plaignent [...], qu'il n'y a rien de changé en Turquie, qu'ils ne sont pas mieux traités qu'auparavant par les Turcs, qu'il n'y a ni plus d'égalité, ni plus de justice, ni plus de sécurité."[56]

Am wenigsten Entfremdung sprach auffallenderweise aus den Texten des amerikanischen *Missionary Herald*. Dies hing damit zusammen, dass das ABCFM 1908 eine gesamthafte programmatische Identifizierung mit der Jungen Türkei vollzogen hatte, die es trotz der Adana-Ereignisse beibehielt.[57] Awetaranian scheint jedenfalls

---

54 CO 1911, S. 57 f.
55 CO 1911, S. 20–24, 90–93.
56 ŒO 1910, S. 290–292, 325, 331.
57 Dies schloss kritische öffentliche Fragen nicht aus. So Rev. George F. Herrick in einem Schreiben vom 8. 5. 1909: „Can the Young Turks control permanently the *whole* army? To get down to the bottom, is constitutional government possible in a Moslem state? Can the same man be caliph and constitutional ruler?" MH 1909, S. 308.

der erste gewesen zu sein, der bereits 1910 in der Missionspresse die Jungtürken scharf kritisierte.

Die dezidierten europakritischen Stellungnahmen der Türkeimissionare in der Balkanfrage zugunsten der Türkei belegen die vergleichsweise eigenständige, von der abendländischen Presse unabhängige missionarische Sicht der politischen Dinge. In ausserordentlicher Schärfe denunzierte das Editorial des *Missionary Herald* vom November 1908 die Politik der Unterminierung der neuen Türkei durch die europäischen Mächte; diese Politik verletze internationales Recht und sei eine Schande für die sogenannt christlichen Mächte: „A startled world has hardly adjusted itself to the new *régime* in Turkey before it is confronted with a series of portentous events in the Balkan States. Bulgaria declares her absolute independence of Turkey; Austria declares her absolute control of Bosnia and Herzegovina; Crete secedes to Greece; Servia cries fiercely for war; and rumors of further trouble come from Montenegro and Albania. Most disturbing of all, there is a growing suspicion that other great Powers besides Austria have an eye on some coveted portion of European Turkey, and are preparing to seize it if a general disintegration ensues. It was too much to expect, perhaps, that the silent revolution in Turkey should be allowed to settle itself without interference; but it is both an outrage and a shame that so-called Christian states should suffer themselves, from motives of greed or jealousy, to violate solemn treaties and to disregard the plainest international law in despoiling a Mohammedan power. What the outcome will be no man can foretell, but as we go to press the spectacle is one to make Christendom blush and Islam sneer."[58]

Lepsius nannte das Vorgehen der Grossmächte im Balkan ein Marionettenspiel, ohne es in derselben Schärfe zu verurteilen. Hinter der innenpolitischen Krise am Vorabend des Ersten Balkankriegs Mitte 1912 stünden „verborgene Machenschaften der internationalen Politik, die den inneren Zwiespalt der Türkei und die Verwicklungen des italienischen Krieges für ihre weitausschauenden Pläne zu benützen suchen".[59] Dies entspreche weder dem Interesse Deutschlands noch der Vorgehensweise des Evangeliums, welches das Böse mit Gutem überwinden wolle: „Man wundere sich nicht, dass wir hier für die Erhaltung der Türkei eintreten", meinte er am Schluss seines langen, mehrteiligen Artikels über „Die Zukunft der Türkei" und fuhr fort: „Es ist nicht allein das Interesse Deutschlands, das für unsere Auffassung bestimmend ist, wir haben ein grösseres Ziel im Auge. Der Orient und zwar der muhammedanische Orient braucht Zeit, um sich mit der europäischen Kultur und Geistesbildung auseinanderzusetzen. Das Evangelium will den Widerstand, auf den es in der Welt stösst, nicht zerbrechen, sondern unter die Macht des Geistes beugen. Das Böse mit Gutem überwinden, das ist sein weltüberwindendes Geheimnis. Wir glauben, dass auch das armenische Volk hierzu willig ist."[60] Mit diesen Worten formulierte Lepsius seine evangelische Utopie für den Nahen Osten, die priorität sein Denken bestimmte und für deren Verwirklichung er das armenische Volk als einen der Hauptakteure betrachtete. Sekundär war Lepsius davon überzeugt, dass seine Vision sich mit Deutschlands Interessen in Übereinstimmung bringen lasse.

---

58 MH 1908, S. 497.
59 CO 1912, S. 123.
60 CO 1913, S. 86.

Unter dem Titel „Constantinople sous la menace des alliés" beanstandete ein jesuitischer Autor, dass die abendländische Presse während des Ersten Balkankriegs in gefährlicher Weise Kreuzzugsstimmung schürte.[61] „La formule que devait bientôt reprendre le roi Ferdinand en son manifeste: ‚La Croix contre le Croissant!' commençait à circuler dans la presse d'Europe. En France, certains journaux catholiques célébraient déjà la future Croisade sur le mode dithyrambique. Certes, je ne veux nier aucunement la justice de la cause balkanique; mais c'était là présenter le conflit sous un jour faux et dangereux." Der Autor spitzte seine Kritik noch zu. Er griff, ohne ihren Namen zu nennen, eine katholische Zeitung an, die es zynisch als Zeichen eines atheistischen, freimaurerischen Geistes wertete, dass die Türkei nicht den Heiligen Krieg erklärte.[62] Er bedauerte den Mangel an ausgleichender Information in Europa, die Berichterstattung sei einseitig und tendenziös. „De fait, la guerre une fois engagée, certains journaux ont parlé avec complaisance des ‚atrocités turques'." Zweifellos habe es sich um einen schrecklichen Krieg gehandelt. Aber man müsse das Leid auf beiden Seiten sehen. In Berufung auf das Zeugnis katholischer Missionare in Mazedonien fuhr der Autor fort: „[…] tant que dura la bataille entre Turcs et Hellènes, la population chrétienne (en grande majorité grecque) se tint réfugiée et tremblante à la mission catholique. Mais sitôt qu'elle apprit la défaite ottomane, elle se rua sur les quartiers turcs; systématiquement, les hommes furent tués, les femmes et les filles violées, les maisons pillées puis incendiées." Schlimmer noch, selbst die Regierung in Sofia habe auf die Beschwerde einer einflussreichen französischen Persönlichkeit in Istanbul geantwortet, dass sie Mazedonien vorläufig den Freischaren überlasse, um der türkischen Bevölkerung die Lust zu nehmen, im Land zu bleiben. Der Autor schloss seine kritischen Ausführungen mit der bitterironischen Bemerkung: „[…] on voit comment les Croisés des Balkans entendent la Croisade." Selbst das spendenorientierte *Œuvre d'Orient* widmete dem Elend der muslimischen *muhacir* einige Seiten.[63]

---

61 *Etudes* 1913, Bd. 184, S. 175–180. Der Artikel ist ungezeichnet. Ebenso europakritisch äusserten sich H. S. Bliss, Präsident des *Syrian Protestant College* („The Balkan War and Christian Work among Moslems", in IRM 1913, S. 643–656) und der durch Awetaranian bestens orientierte Schäfer (1932, S. 78): „[…] die verbündeten Christen hatten ihr Christentum völlig ignoriert und schrecklich gehaust. Man ist nicht davor zurückgeschreckt, Zwangsbekehrungen zum Christentum vorzunehmen."

62 „[…] il [die obenerwähnte Zeitung] voyait, dans cette abstention, une marque d'esprit athée et franc-maçon. La pensée de Moukhtar [Muhtar] Pacha, comme celle de Kiamil [Kâmil] […] fut tout autre. Elle se reflète dans la belle proclamation (pourquoi ne lui donnerais-je pas cette épithète?) que Nazim Pacha [der Kriegsminister], au nom du sultan adressa aux troupes, le jour de la déclaration de guerre. […] Cette pièce, qui fait pendant au manifeste du roi Ferdinand, n'a guère été remarquée en Europe. Je ne sais même pas si elle a été publiée par aucun journal. Elle mérite cependant d'être connue. Son ton de modération fait honneur à ceux qui la conçurent." *Etudes* 1913, Bd. 184, S. 177. Der Autor gab die halbseitige Erklärung Nazıms an die Truppe vollständig wieder (es handelte sich um eine Kurzfassung der Genfer Konvention in muslimischen Begriffen).

63 „On les a vus, durant des semaines, défiler sur le Grand-Pont et prendre les bateaux qui emportaient vers la rive asiatique cette foule de vaincus et de désespérés" (ŒO 1913, S. 86). Die eigentliche Sorge dieses Artikels galt allerdings nicht den verelendeten muslimischen Flüchtlingsscharen aus Bulgarien, sondern der Tatsache, dass sie neuen Lebensraum brauchten und eine Bedrohung für die christlichen *raya* darstellten, indem sie von der Regierung mit Hilfe der Eisenbahn systematisch nach Kilikien und Ostanatolien gebracht wurden. Die drei Monate später

3.2.6 Weltmissionskonferenz in Edinburg und Türkeimission

Die von 1'200 Delegierten und 4'000 Teilnehmern besuchte Weltmissionskonferenz *(World Missionary Conference)* in Edinburg vom 13. bis 26. Juni 1910 war eine organisatorische Höchstleistung, welche die expansive Dynamik der weltweiten protestantischen Missionsbewegung widerspiegelte. Die Konferenz fand ihren Niederschlag in der Herausgabe eines Missionsatlasses sowie neun stattlicher, die Berichte, Vorträge und Diskussionen enthaltender Bände mit akribischen Registern. Schlagwortartig lässt sich der Konferenzinhalt so resümieren: Die Christenheit stehe vor der einzigartigen Möglichkeit und Aufgabe, dank weltweit erschlossener Kommunikationswege und westlicher Vorherrschaft das Evangelium in der ganzen nichtchristlichen Welt zu verbreiten. Es gelte, zu diesem Zweck die Bemühungen aller Gruppen der evangelischen Christenheit in internationalem, universalem Geist zu koordinieren und, besonders gegenüber dem gefährlichsten Konkurrenten, dem Islam, eine offensive Gangart einzuschlagen.[64] „It is not a guerilla warfare which is being waged. It is a unified spiritual campaign."[65] Trotz dieses angriffigen Grundtenors kommen in den Protokollen auch differenzierende Stimmen zu Wort.

Die neunbändige Dokumentation enthält einige Berichte und Stellungnahmen zur Türkeimission. Sie sind, der amerikanischen Federführung entsprechend, von ABCFM-Gedankengut und -Erfahrungen geprägt. Das jungtürkische konstitutionelle Regime wurde als Träger einer hoffnungsvollen neuen Ära betrachtet.[66] Die „politische Unmöglichkeit eines aggressiven Werkes für Muslime" sei aus dem Wege geräumt. Doch fehle immer noch eine eindeutige Erklärung, dass jeder Untertan des Reiches das Recht besitze, die von ihm gewählte Religion anzunehmen.[67] Christwerden bedeute für einen Muslim oder eine Muslimin somit weiterhin sozialen Suizid, wenn nicht physischen Mord. Der erzieherisch, publizistisch und karitativ offensive Missionsansatz bedurfte eines düsteren Bildes islamischer Verhältnisse: „What an interesting yet saddening picture the Asiatic Levant presents. There is much to stir Christian sympathy. Within this territory lie thirty millions of people bound by ignorance and illiteracy, caught in the meshes of a low and degrading, a polygamous and divorce-abounding social life. There is much to challenge effort. [...] There is much to show the inadequacy of Islam."[68] Im Gegensatz zum Topos asiatischer Finsternis und türkischer Brutalität, den Nationalisten auf dem Balkan

---

ebenfalls im *Œuvre d'Orient* zu lesenden Zeilen von Sœur Marsolet, Supérieure des *Filles de la Charité* in Aydın, beweisen immerhin die ungebrochene Wahrnehmung der *muhacir*-Not durch die Missionarin vor Ort und ihre Bereitschaft, für die Bedürftigen – „entassés dans les mosquées" (ŒO 1913, S. 158) –, die von der Regierung wenig Unterstützung erhielten, eine Hilfsaktion zu organisieren. Die 103 französischen Francs der „Attributions spéciales par les donateurs" für Sœur Marsolet in den „Comptes de l'exercice 1913" sind sehr wahrscheinlich als Spende für die *muhacir*-Hilfe zu verstehen (ŒO 1913, S. 327). Vgl. zur Wahrnehmung der *muhacir*-Problematik aus christlich-missionarischer Sicht ebenfalls: Richter 1930, S. 91 f.

64 Vgl. WMC 1910, Bd. I, S. 5 f., 18–21, 168, und CO 1910, S. 125–141.
65 WMC 1910, Bd. I, S. 190.
66 WMC 1910, Bd. I, S. 9, 27; vgl. auch CO 1910, S. 127.
67 WMC 1910, Bd. I, S. 177 und WMC 1910, Bd. VIII, S. 48.
68 WMC 1910, Bd. I, S. 173.

und bei den Armeniern pflegten, war das düstere Levantebild in Missionskreisen nicht dazu geschaffen, Hass, Verachtung und Abwendung, sondern Mitleid und missionarische Zuwendung zu erzeugen. Es deckte sich im übrigen in manchen Punkten mit der Sichtweise fortschrittsorientierter Jungtürken. Gleich wie die Missionen hielt auch Halide Edib die Polygamie, die sie in der eigenen Familie erfahren hatte, für eine skandalöse Einrichtung, die überwunden werden musste. Alle Jungtürken befürworteten die höhere Mädchenbildung.[69]

Trotz energisch geballtem Missionsoptimismus und klaren Vorstellungen von Gut und Böse gab die Dokumentation der Weltmissionskonferenz mehr reflexiver Hinterfragung Raum als zum Beispiel der periodische *Missionary Herald.* Sie beleuchtete in selbstkritischen Worten die einseitige Ausrichtung auf die armenisch-christliche Minderheit und den mit mangelhaften Islamkenntnissen einhergehenden ungenügenden Bezug zur muslimischen Mehrheit.[70] Die manifeste Erfolglosigkeit der Islammission und das antiwestliche, mit asiatischem Nationalismus verbündete neuerliche islamische Erwachen wurden eingehend thematisiert.[71] Die antiwestliche Spitze richte sich vor allem gegen die ökonomische Bevormundung. Es wäre gar nicht von Ungutem, wenn die nationalen Regierungen gegenüber den Hegemonialmächten erstarkten, meinten die Missionare mit antiimperialistischer Spitze: „Christianity could then be propagated apart from aids of western governments and thus would not appear so much to be a foreign religion." Es gehöre nicht zur missionarischen Absicht, irgendeine Gruppe des Osmanischen Reichs zu amerikanisieren oder zu europäisieren.[72] Die Mission wolle Gegengift, *antidote,* zu den üblen Einflüssen westlicher Zivilisation sein. Sie sehe sich im Gegensatz zu den von europäischen Regierungen unterstützten laizistischen Türkei-Schulen, die politischen und kommerziellen Interessen dienten, so das französische *Galata Lisesi.*[73]

Das Verhältnis zu den jungtürkischen Machthabern erschien bei allem Optimismus zwiespältig. Nachdem die Euphorie von 1908 verflogen war, nahmen die Missionare bei den Jungtürken den instrumentalen Religionsbezug und den Import westlichen Gedankenguts nach Massgabe eigener Interessen nur allzu deutlich war. „Islam is linking itself up with the atheism and deism of western lands."[74] Die amerikanischen Missionare beanspruchten zu Recht, für den Aufbau des türkischen Schulsystems, besonders der Mädchenschulen, die Rolle eines Vorbildes gespielt zu haben. Um so mehr fühlten sie die Freiheit der religiösen Erziehung durch ein straff organisiertes staatliches Erziehungswesen nach französischem Vorbild, wie es den türkischen Machthabern vorschwebte, bedroht. Es sei nicht klar, wie

---

69 Adıvar 1926, S. 144–148; Patrick 1911, S. 89.
70 WMC 1910, Bd. I, S. 185 f.
71 Speziell WMC 1910, Bd. I, S. 184–187.
72 WMC 1910, Bd. I, S. 32–34; Bd. III, S. 234; Zitat Bd. I, S. 34.
73 WMC 1910, Bd. I, S. 21–25. Einen klaren, wenngleich frommen Veränderungswunsch eines ABCFM-nahen Christentums formulierte John Mott 1911 anlässlich der Istanbuler Konferenz der *World's Student Christian Federation:* „It is His wish that the [imperialist] impact of the so-called Christian nations upon the non-Christian world be Christianized." Jene pluriethnische und multikonfessionelle Konferenz erschien Mott im übrigen so ökumenisch wie keine christliche Versammlung seit den frühen Konzilien (Hopkins 1979, S. 375).
74 WMC 1910, Bd. I, S. 19.

die definitive Haltung der Regierung zur missionarischen Erziehung aussehen werde.[75]

Der Bericht „Missions and Governments" deklarierte den absoluten Gehorsam gegenüber den Gesetzen des Gastlandes („absolute obedience to the laws of the land") zur anerkannten Missionsdirektive („accepted mission policy"), liess aber die Tür offen für zivilen Ungehorsam, und zwar im Flüchtlingsbereich. Im Prinzip würden im Bedarfsfall nur religiöse und nicht politische Flüchtlinge in die durch die Kapitulationen geschützten, den Behörden unzugänglichen Missionsstationen aufgenommen. Doch sei es vorgekommen, dass die Regierung legale Gründe vorschiebe, um sich einer nicht genehmen Person zu behändigen. In diesem Fall sei Gehorsam nicht mehr angebracht. Grundsätzlich wurde eine Situation, die den Missionar aus dem zivilen Gehorsam entlässt, folgendermassen beschrieben: „Where Government itself becomes an instrument of violence and massacre, the ordinary principles governing between Missions and Governments cannot be applied, because one of the related terms has ceased to carry its true meaning."[76] Dies bekam fünf Jahre später eine ungeahnte Bedeutung.

3.2.7 Der Islam als Herausforderung

Nach 1908 thematisierten die protestantischen Missionen vermehrt ihre unbefriedigende Beziehung zur muslimischen Mehrheit im Land und stellten Grundsatzüberlegungen zu einer Neugestaltung des Verhältnisses zu den Muslimen an. Der Edinburger Konferenzbericht zu „Turkey in Asia" beklagte die „überaus oberflächliche und indirekte Beziehung zur muslimischen Bevölkerung".[77] Ausser gelegentlichen persönlichen Kontakten gehöre die oft doppelt so zahlreiche muslimische Regionalbevölkerung zu den „unerreichten Klassen", denn die schulische Arbeit finde fast ausschliesslich unter den Armeniern statt. Somit sei ein „breiter Sektor menschlichen Lebens" unberührt, wobei es doch darum gehe, das ganze Land für Christus zu gewinnen. Howard S. Bliss, der Präsident des *Syrian Protestant College,* hielt 1913 mit Kritik am missionarischen Islambild nicht zurück und plädierte für ein politisch korrektes Vokabular im Umgang mit dem Islam: „We must, in the first place, approach Islam with the humbling, not to say humiliating realization that our difficulties in the approach have been largely created by ourselves. [...] one result of this effort to approach Islam in the spirit of sympathy and appreciation will be to prune our missionary vocabulary of many disfiguring and irritating words. We shall not talk about ‚modern crusades'; we shall not speak of Islam as a ‚challenge to faith'. Except indeed as applied to our struggle against weaknesses and temptations common to humanity, we shall drop the whole vocabulary of war."[78]

Auch der missionarische Diskurs für die Heimatgemeinde in Amerika oder Europa ging über Bestätigung, Erbauung und Spendenaufruf hinaus. Manche Mis-

---

75 WMC 1910, Bd. I, S. 31; III, S. 221–223, 226.

76 WMC 1910, Bd. VIII, S. 47–49.

77 „[...] the most superficial and indirect relation to the Moslem population [... that is not] a matter of theory, but a cruel fact freely admitted by missionaries in Turkey." WMC 1910, Bd. I, S. 185.

78 IRM 1913, S. 652–655.

sionare verstanden sich als völkerverbindende Brückenbauer und bemühten sich, Stereotypen über die türkischen und kurdischen Muslime zu korrigieren oder zu differenzieren. So wiesen namentlich Jakob Künzler und Ernst Christoffel in ihren Büchern von 1921 das nach dem Ersten Weltkrieg mit einer kollektiven Schuldzuweisung verbundene negative Pauschalbild der Muslime energisch zurück.[79] Die Schweizer Urfa-Klinik hatte ihre plurireligiöse Ausrichtung bisweilen heimatlichen Engstirnigkeiten gegenüber mit Rückgriff auf das Evangelium zu untermauern. Andreas Vischer schrieb: „Es gibt Freunde unseres Werkes, die finden, es sei eigentümlich oder geradezu unrecht, dass mit den Mitteln, die eigentlich für die Armenier bestimmt sind, auch Mohammedanern geholfen werde, wie das im Krankenhaus in Urfa geschieht." Der Missionsarzt erklärte den Betreffenden mit Hinweis auf das Gebot der Feindesliebe, wie notwendig Liebestätigkeit für die Muslime sei und fügte bei, dass regionalpolitisch eine einseitige Ausrichtung auf Christen unhaltbar wäre.[80] Auch solche Belehrung gehörte zum missionarischen Diskurs.

Manche Missionare vor Ort kritisierten, dass den Missionen die Kenntnis der muslimischen Mehrheit schlicht fehlte. Ernst Christoffel schrieb: „Es ist leider eine Tatsache, dass die in Kleinasien arbeitenden Missionsgesellschaften bis jetzt dem türkischen Elemente nirgends nahe getreten sind. […] Seien wir ehrlich, wir kannten weder den Türken, noch Kurden, noch Araber genügend, um sie gerecht beurteilen zu können. Das Urteil vieler von uns war ein Vorurteil, besonders den Türken gegenüber."[81] Zeit, um ihren Ansatz wirklich zu ändern, hatten die Türkeimissionen am Vorabend des Weltkriegs nicht mehr. Es blieb bei der Einsicht ins Problem und bei einzelnen Projekten auf pluriethnischer Basis *(Bethesda* in Malatya, Urfa-Klinik, *Young Men Club* in Kayseri). Die Missionen verzichteten nicht auf ihren privilegierten Umgang mit westlichen Instanzen, Konsuln und Handelsgesellschaften vor Ort. Es machte in den Augen von Lokalführern wenig aus, dass die deutschen Missionen in den ersten Jahren ihrer Tätigkeit keineswegs auf die Unterstützung ihrer Behörden zählen konnten. Der junge Türkeimissionar Künzler berichtete mit einiger Betroffenheit Ausschnitte seines Gesprächs mit dem hochangesehenen Kurdenfürst İbrahim Pascha. Dieser beschuldigte die „Missionare, Ärzte und was ihr alle seid", fremde Kundschafter zu sein, denen er riet, nicht zu enge Beziehungen mit den Armeniern zu unterhalten. Auf Künzlers Einwand, diese würden ausgebeutet, meinte er: „Ach, was wollt ihr Europäer sagen! Wir sind nur kleine Leute und begnügen uns auch mit wenig. Was ist das, wenn wir ein Dorf zerstören, oder es uns zinsbar machen, oder es plündern, weil wir genötigt sind, es zu strafen. Ihr in Europa seid grosse Leute und begnügt euch nicht mit wenigem. So nehmt ihr euch nicht nur ein

---

79 Vgl. insbesondere: Christoffel 1921, S. 62–69; Künzler 1921, S. 67 f., 88.

80 CO 1922, S. 30. In diesem Zusammenhang sind auch die interreligiöse Anrede und die korrigierende Mahnung Künzlers in einem Schreiben aus der Notzeit von Anfang Juli 1917 bemerkenswert: „Viele Freunde in Deutschland, höre ich, seien ungehalten darüber, dass ihre Gaben nicht einem bestimmten Kinde zugute kommen. Diesen lieben Freunden muss ich sagen, dass dies bei diesen 2'500 Kindern ganz ausgeschlossen war. […] An Dir, lieber Leser, wer Du auch seiest, welchem Glauben Du auch angehören magst, ist es, mitzuhelfen in Geduld, dass das Menschenmögliche zur Linderung der grossen Not geschehe!" Orient 1918, S. 120.

81 Christoffel 1921, S. 63. Eine ganz ähnliche Aussage aus dem Jahre 1913 findet sich bei Fred Goodsell, dem Präsidenten des Türkei-ABCFM (zit. in Akgün 1992, S. 16).

Dorf, sondern raubt gleich ein ganzes Land und macht euch ganze Völker untertan!"[82] Das für Muslime Stossende am Evangelium der Tat, das die medizinische
Mission zu verwirklichen suchte, war seine gelegentlich penetrante Instrumentalität
im Kampf mit konkurrierenden Missionen und seine – vor allem bei den katholischen Missionen – offensichtliche religiöse und nationale Gebundenheit. Die Motivation für den jesuitischen Spitalbau in Adana lautete beispielsweise so: „Projet
d'établissement d'un hôpital catholique à Adana. I. Motifs: 1. Empêcher le mal que
fait l'hôpital protestant en lui faisant concurrence, 2. Répondre à un désir général de
l'opinion publique catholique qui le demande de nous"![83] Hilfstätigkeit sollte die
Leute bei ihrer Bedürftigkeit abholen und so eine Verbindung mit ihnen schaffen, um
sie zu gewinnen. Die medizinische Hilfe eignete sich besonders gut, den technisch-
zivilisatorischen Vorsprung sicht- und fühlbar darzustellen, um daraus Prestige und
Autorität zu begründen: „[...] pour gagner l'auditoire, il faut plus que jamais que
nous fassions rayonner la charité catholique; elle donne au prêtre une autorité
profonde sur les populations."[84]

Die Idee offensiver protestantischer Weltmissionierung stand seit Abdulhamids
Politik der muslimischen Einheit in einer intensiven Auseinandersetzung mit dem
Islamismus. Dies führte nach 1908 zu entsprechenden hitzigen Debatten in der
Öffentlichkeit und in der Presse. Auch wenn das ABCFM den Islam nicht mehr
direkt als bösen Feind brandmarkte wie noch die erste Missionarsgeneration, sondern bisweilen mit überlegen-generöser Geste für Toleranz gegenüber den
muslimischen Minderheiten in den *colleges* eintrat,[85] empfanden die meisten Muslime
die Mission als im Bund mit der reichsbedrohenden okzidentalen Welteroberung.
Trotz ihres säkularistischen Gehabes fühlten auch die Jungtürken in dieser Beziehung ganz muslimisch beziehungsweise kulturislamisch und reaktivierten Abdulhamids islamistische Politik, als in ihren Augen „das Vaterland in Gefahr" geriet.
Die Protestantismusinterpretation Ziya Gökalps, eines der einflussreichsten jungtürkischen Ideologen, war ein bezeichnender Versuch, die für Muslime irritierende
Dynamik der protestantischen Zivilisation für eine türkisch-kulturislamische Selbstsicht zu vereinnahmen. Gökalp deutete den Protestantismus als „islamisierte Form
des Christentums", das heisst als eine Reformbewegung, die einsetzte nach der
Begegnung Europas mit dem Islam in den Kreuzzügen und die das Christentum nach
den Prinzipien des Islams – Ablehnung von Papsttum, Priesterschaft, Inquisition und
Zweischwerterlehre – reformierte. Damit habe sie den Boden für den modernen
konstitutionellen und nationalen Staat geschaffen. Diese abenteuerliche Argumentation betrachtete Gökalp als „experimentellen Beweis" dafür, dass der Islam die
„modernste und vernünftigste Religion" darstelle.[86] Gökalp wehrte die Rassenlehre
ab, welche die zeitgenössische Überlegenheit der „protestantischen Nationen" (USA,
Grossbritannien, Deutschland) durch deren Zugehörigkeit zur germanischen und
angelsächsischen Rasse erklärte. Er entwarf einen um so hochgeschraubteren tür-

---

82 CO 1902, S. 67 f.
83 Riondel, Dez. 1908, AFCJ Arménie Coll. Prat, 28/1, S. 727 f.
84 Pater Poidebard, in *Lettres d'Ore* 1914, S. 95.
85 WMC 1910, Bd. III, S. 235.
86 „İslâmiyet ve Asrî Medeniyet", in: *İslâm Mecmuası*, Nr. 51 f., Istanbul, 1917, auf englisch in
    Berkes 1959, S. 217–223.

Abb. 78: Johannes Awetaranian alias Mohammed Şükri im Hof des Missionshauses in Varna.

kisch-islamischen Nationalismus. Der Militär-Mufti Fahreddin von Edirne drückte dieselbe Ideologie so aus: „Türkentum und Islam ist eins; wenn der Islam verschwindet, so kann man nicht mehr von Nationalität reden. Die Missionare sind die Cholerabazillen, die das Dasein unserer Nation vergiften."[87]

Der islamische Kontext erlaubte, abgesehen von medizinischer und schulischer Arbeit, einzig die konfessionelle – katholisch-unierte oder protestantische – Gemeindebildung unter den christlichen Minderheiten, aber keine öffentliche christliche Predigt. Die protestantischen Missionen versuchten dennoch immer wieder, im Randbereich des *darül'islâm* zu missionieren, sei dies bei den Aleviten oder, vor allem nach 1908, mit Pressearbeit in den Metropolen. Johannes Awetaranian publizierte von verschiedenen Städten[88] Bulgariens aus für ein muslimisches Publikum in Bulgarien, Istanbul und Izmir. Er hatte eine beträchtliche Ausstrahlung, stiess aber auch auf geharnischte Feindschaft, so dass er 1909, nach mehrfachen Morddrohungen, zusammen mit zwei konvertierten Muslimen, einem Scheich und einem Ulema, vorübergehend nach Deutschland fliehen musste. Die drei Männer eröffneten zusammen mit Johannes Lepsius, Paul Rohrbach und Paul Fleischmann ein „Mohammedanisches Seminar" in Potsdam, das aber mangels Nachfrage und genügender Mittel nur ein Semester dauerte.[89] Awetaranian wies immer wieder darauf hin, dass der sunnitische Islam und sein Grundgesetz, die Scharia, nur durch intime,

---

87 Aus Fahreddins Antwort, *Sırat-ı Müstakîm* (Nr. 19, 11. 7. 1910), auf einen Artikel von Cevdet
    Sam Bey in *Beyan-ı Hak,* partiell übersetzt von Awetaranian in Awetaranian 1930, S. 147 f.
88 Varna, Ruschtschuk, Schumlu, Philippopel.
89 Vgl. Awetaranian 1930, S. 136, 140.

dem Volksislam nahestehende Kenner der Materie wirksam kritisiert werden könne, ohne einen pauschalen Abwehrreflex auszulösen.[90]

Dieser aus Haydari/Kızılkilise im Dersim stammende und Christ gewordene *Yoloğlu* (Alevit), der seine familiären und religiösen Wurzeln nie verleugnete, wurde eine herausragende Persönlichkeit des Missionswerkes von Johannes Lepsius. Er war einer der wenigen Türkeimissionare, der einen hochstehenden theologischen Dialog mit Muslimen zu führen verstand.

3.3 Aus- und Umbau der Missionsarbeit auf brüchigem Boden, 1908–1914

Die Missionen verstanden es, den politischen Wandel von 1908 zu nutzen und ihr Arbeitsgebiet auszubauen. Während die französischen Missionen ihr kultur-imperialistisches Element weniger denn je verbargen und dieses auch bei den deutschen Missionen, anders als zur Gründungszeit, Eingang fand, vollzog das ABCFM die Wende von einer staatsfernen zu einer ansatzweise staatstragenden, der Gesamtgesellschaft verpflichteten Haltung. Es sah sich berufen, beizutragen, in seinen Schulen die Jugend zu „besseren osmanischen Staatsbürgern" des „verjüngten osmanischen Reiches" zu machen.[91] Bei allem bisherigen Erfolg, aber auch nach den mannigfachen Schwierigkeiten unter Abdulhamid blickten die amerikanischen Missionare kritisch zurück und versuchten neue, der osmanischen Gesellschaft besser angepasste Formen ihrer Tätigkeit zu finden. Sie betrieben Nachforschungen, um die ethnischen und sozialen Parameter der komplexen osmanischen Gesellschaft besser zu begreifen. So führte das ABCFM 1910/11 bei den protestantischen Türkeimissionen eine Umfrage unter dem Titel *Facts to ascertain the missionary problem in the Turkish Empire* durch, die bei allen Stationen das ethnische und soziale Umfeld erfragte. Auch wenn die Antworten zum Teil enttäuschend kurz ausfielen, kam eine stattliche Datensammlung zusammen; in ihr wurde die starke ethnische Durchmischung der Ostprovinzen augenfällig. Dieses Vorgehen zeigte eine stärkere Sorge um die Einbindung der missionarischen Arbeit in die Gesamtgesellschaft.[92] Die versuchte missionarische Neuorientierung kam in der kurzen Zeit bis zum Ersten Weltkrieg indes nur ansatzweise zum Tragen.

90 Vgl. Awetaranian 1930, S. 137. Richard Schäfer schrieb in der Retrospektive: „[…] dem gewaltigen Problem des Islams war man auf seiten der Christen noch nicht nahegerückt, abgesehen von wenigen, stark voreingenommenen, theoretischen Studien der geschichtlichen Forschung. Und die waren in den Lehrsälen der deutschen Hochschulen verklungen oder in kaum gelesenen Spezialwerken vergraben. In Deutschland, wo in jener Zeit noch die Gemeinschaftsbewegung zu den Hauptträgern der armenischen Arbeit zählte, hatte Lepsius zwar mit einer grossen Gemeinde zu rechnen, […] doch konnte es immerhin zweifelhaft sein, ob diese Gemeinde auch für eine Evangeliumsbetätigung zu gewinnen war, die sich nicht an abendländische Formen binden durfte, wenn sie die Mohammedaner erreichen wollte. Für eine Mission, die nun auch einmal auf die Wortverkündigung Verzicht leistet und die Tat selbst zur Botschaft macht, weil die Wortverwirrung der Völker die wortlose Tat erfordert." Schäfer 1932, S. 27.
91 Charles T. Riggs in MRW 1911, S. 365.
92 ABC bh Human Problem.

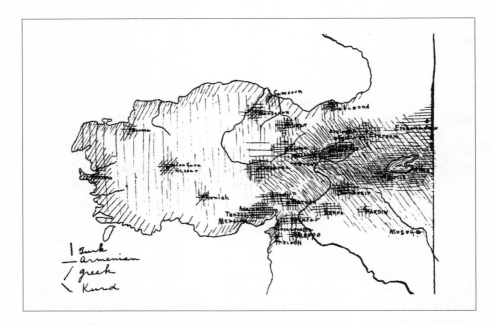

Karte 8: Missionarische ethnographische Kartenskizze Anatoliens, gezeichnet vom Harput-Missionar Edward Carey. Sie zeigt die ungefähre Verteilung von Türken, Kurden, Armeniern und Griechen in Kleinasien. Die Ostprovinzen stechen als am stärksten gemischte Region hervor.

3.3.1 ABCFM: Von individueller Bekehrung zur Bildung ziviler Gesellschaft

Der Personalumfang sowie die Zahl der Stationen und Schüler belegen die Übermacht des ABCFM im Vergleich zu jeder anderen Mission. Es nahm einen festen, anerkannten Platz ein im sozialen Kontext Anatoliens. Es hatte Schulen aller Stufen, Kirchen, Waisenhäuser und Spitäler aufgebaut. Verstärkt nahm es seit den 1890er Jahren die industrielle Arbeit in sein Programm auf. Zwischen 1908 und 1914 baute es seine Stellung insgesamt weiter aus. Es betrachtete die Türkei in erster Linie als *sein* Missions- und Arbeitsfeld.[93] Das ABCFM, das auch in anderen Erdteilen tätig war, verzeichnete seit der zweiten Hälfte des 19. Jahrhunderts eine rapide Zunahme von einheimischen Mitarbeitern *(native workers)* bei kaum steigender Zahl ausgesandter Missionare. Die Strategie der Förderung einheimischer Kräfte im Dienste

---

93 „As a mission field Turkey is in a peculiar sense the charge of our American Congregational churches. Our missionary agencies are more extensive than all others together within the Sultan's dominion." „Editorial Notes", MH 1908, S. 396. Vgl. MH 1908, S. 108: „The observer cannot but see that a permanent and impregnable occupation of Turkey has been made by evangelical Christianity."

der Organisation betraf insbesondere die Türkei,[94] der nahezu die Hälfte der in Zahlen messbaren Anstrengungen des ABCFM galt.

Das ABCFM war willens, sich von den „primitiven Ideen und Methoden" der Mission des 19. Jahrhunderts zu lösen, „in welchen der Missionar alles überall für alle Zeiten ist". Paternalistische Überwachung verzögere die weitere Entwicklung des inzwischen erwachsen gewordenen „Kindes", nämlich der einheimischen Protestanten.[95] Die unterschiedliche Missionskultur war mit ein Grund, dass es nach 1908 zu ernsthaften Friktionen mit dem Hülfsbund kam: „The German is paternalistic to the very finger tips and we Americans are not. They do not seem to interpret the idea of cooperation with the people in their effort toward self realization and self control as calling for a practical sharing of the responsibilities involved in that process. That idea and its consequent methods is THE idea of the Central Turkey Mission as perhaps of all American Board missions", schrieb zum Beispiel Fred Goodsell aus Marasch.[96] Das ABCFM verfolgte hartnäckig das Prinzip der Hilfe zur Selbsthilfe und führte in seinen Jahresübersichten transparent Buch über den Anteil einheimischer Finanzleistungen. „Missionary societies were not charitable organizations created to dispense alms", schrieb James Barton in der Retrospektive. „The people were taught to support, so far as they were able, the schools to which their children went, the hospitals which cared for their sick, and their religious leaders."[97]

Die amerikanischen *colleges* besassen eine ausgeprägte Autonomie. Der Ausbildungsplan passte sich hinsichtlich der Sprachen, Berufsvorbereitung und geographischen Orientierung an die regionalen Bedürfnisse an. Die naturwissenschaftlichen, geschichtlichen und literarischen Inhalte waren jedoch stark von der westlichen Kultur geprägt. Die Schulsprache war überall Englisch – ausser im *Central Turkey College* in Anteb, wo auf türkisch unterrichtet wurde –, aber die Mehrsprachigkeit wurde intensiv gepflegt. Obwohl die Missionare einen Fortschritt im Werk für Muslime festzustellen glaubten,[98] blieb auch in den Jahren zwischen der jungtürkischen Revolution und dem Ersten Weltkrieg die schulische Arbeit, die ja die Hauptarbeit war, stark ethnisch-religiös gebunden. Die Zeitspanne für einen gründlichen Wandel von einer an den Minderheiten orientierten zu einer zivilgesellschaftlich ausgerichteten Missionsstrategie war zu kurz. Bei aller Betonung von Universalwerten und der Bemühung um eine politisch korrekte Sprache in bezug auf den Islam behielten die *colleges* einen stark christlichen Charakter. Ihre Sponsoren wären nicht zu einer grundsätzlichen Änderung bereit gewesen. Die Teilnahme an der religiösen Unterweisung blieb weiterhin obligatorisch, auch wenn man begann, den Bedürfnissen der Muslime entgegenzukommen.[99]

---

94 Im Jahre 1850 rund 150 und 1905 rund 4'050 *native workers* bei ungefähr gleichbleibender Zahl (ab 1890 gut 500) ausgesandter Missionare. Vgl. die Graphik in MH 1908, S. 332; die Tabellen in MH 1909, S. 20; MH 1913, S. 19. Vgl. Kap. 2.7.3.

95 ABCFM-Sekretär Barton in MH 1908, S. 331. Vgl. auch MH 1908, S. 9.

96 7. 6. 1911, ABC bh German Cooperation. Zu den Konflikten zwischen ABCFM und Hülfsbund vgl. Kap. 3.3.2.

97 Barton 1933, S. 124.

98 Siehe z. B. IRM 1914, S. 46.

99 WMC 1910, Bd. III, S. 215, 225, 235 f.; Riggs 1942, Sektion 2, S. 29; Stone 1982, S. 41; IRM 1913,

Tab. 7: Amerikanische *colleges* im Osmanischen Reich, 1912/13

Behörden	Colleges	Schülerzahl					Rassen							Art		Religionen					
		Im Ganzen ohne die Vorschulen	College Departement	Preparatory Department	Andere Departments	Gesamtzahl	Armenier	Griechen	Türken	Juden	Bulgaren	Albanier	Andere	Pensionäre	Taglöhler	Protestanten	Gregorianer	Orthodoxe	Muhammedaner	Juden	Katholiken und andere
Higher Educational Endowment Fund of the American Board.	International College, Smyrna	381	261	120	—	381	47	247	49	19	—	1	18	86	295	27	32	240	50	19	13c
	Anatolia College, Marsovan	375	83	292	—	375	148	273	15	2	—	3	34b	274	101	81	97	171	16	2	8c
	Euphrates College, Charput	320	154	166	212	532	525	—	2	—	—	—	5a	188	344	223	298	5	2	—	4c
	Central Turkey College, Aintab	220	91	129	—	220	212	—	3	—	—	—	5a	108	112	142	72	—	3	—	3c*
	St. Paul's Institute, Tarsus	207	90	117	—	207	188	10	6	—	—	—	3	159	48	91	100	10	6	—	—
Woman's Board.	American Collegiate Institute, Smyrna	186	90	96	103	289	128	130	1	20	—	—	10	55	234	82	103	83	1	20	—
	Central Turkey Girl's College, Marasch	136	71	65	16	152	139	4	9	—	—	—	—	28	124	95	41	3	9	—	4c
Independent Colleges.	Syrian Protestant College, Beirut	917	218	409	290	917	60	69	—	50	11	2	725	643	274	161	29	286	182	69	190d
	Robert College, Konstantinopel	470	192	268	10	470	75	204	67	14	63	25	22	345	125	15	70	279	90	12	4c
	Konstantinopel College, W. C. C.	253	120	133	—	253	67	54	46	19	45	3	19	167	86	22	61	97	53	19	1c
		3 465	1 370	1 795	631	3 796	1 589	891	198	124	119	34	841	2 053	1 743	939	903	1 174	412	141	227

(a) Syrer, (b) Russen, 38; Perser, 1; (c) Katholiken; (d) Drusen, 32; Behai, 21; Kopten, 82.

Quelle: CO 1913, S. 129, die Vorlage für diese deutsche Version stammt aus *The Orient*, 26. 2. 1913, S. 3.

1909 waren weniger als 1 Prozent der gut 20'000 ABCFM-Schüler Muslime. Ihr Anteil stieg in den folgenden Jahren an, blieb aber weiterhin gering. In den Sekundarschulen *(high schools)* betrug der Muslimanteil 1912 2,3 Prozent, in den Hochschulen *(colleges)* im selben Jahr insgesamt gut 10 Prozent, nämlich 412 von 3'465 Schülern. In den kosmopolitischen Städten Istanbul, Izmir und Beirut hatten die vom ABCFM unabhängigen beziehungsweise unabhängig gewordenen amerikanischen *colleges* 1912 einen Muslimanteil um 20 Prozent.[100] Dieser vergleichsweise hohe Prozentanteil stellte ein Indiz für die Verwestlichung eines beträchtlichen Teils der schmalen muslimischen Elite dar – eine Verwestlichung, welche auch der stark zunehmende Bildungsaufenthalt in Europa sowie die europäisch orientierten Eliteschulen der Tanzimat förderten.

In Mittel- und Ostanatolien, den interethnisch sensibelsten Gebieten, war der Anteil der Muslime besonders niedrig; in den meisten Schulen betrug er nicht mehr als 1–2 Prozent. Auf der obigen Tabelle figurieren in der Rubrik „Rassen" die Kurden nicht, weil kaum ein Kurde in den Genuss missionarischer Hochschulbildung kam. Das *Euphrates College* in Harput besuchten bloss zwei muslimische Türken von insgesamt 320 Schülern und Schülerinnen, das *Central Turkey College* in Anteb drei von 220, das *Anatolia College* in Merzifon 16 von 375, das *St. Paul's Institute* in Tarsus sechs von 207 und das *Central Turkey Girls' College* in Marasch neun von 136. Das waren verschwindend kleine Zahlen für Institutionen, die mit der Ausbildung einer osmanistischen Elite eine Wirkung als zivilgesellschaftlicher „Sauerteig" zu entfalten beanspruchten. Immerhin stieg der Muslimanteil seit 1908 kontinuierlich, und 1913 führte die *Euphrates College*-Statistik erstmals einen Kurden auf.[101]

Die muslimische Mehrheitsgruppe anzusprechen wurde seit 1908 zum dringenden, intensiv diskutierten Anliegen des ABCFM. Seit dem Herbst 1908 gab es in Kayseri ein innovatives Projekt, einen „club that reaches Turks". Rund 100 Jugendliche, etwa gleich viele Christen wie Muslime, besuchten täglich seinen Lesesaal und seinen Gymnastikraum. An Sonntagabenden wurden öffentliche Versammlungen veranstaltet mit technologischen Attraktionen: „music from the phonograph and addresses or talks illustrated with the stereopticon". Nichtchristen vor allem der unteren und mittleren sozialen Schicht liessen sich davon ansprechen. Die von Pastoren oder Lehrern, darunter auch Muslimen, gehaltenen Ansprachen hatten teilweise religiösen Charakter. Der ethnisch und religiös gemischte *Young Men's Club* in Kayseri war allerdings der einzige, den das ABCFM damals realisierte.[102]

S. 652–655; Kocabaşoğlu 1989, S. 222. Stone (1982, S. 47) meinte zum „religious stance" des *Central Turkey College:* „If it had been neutral or secular in its teaching, the school would have been unacceptable to its sponsors. As it was, some Armenian evangelicals still considered it to be a nest of modernism."

100 WMC 1910, Bd. III, S. 215 spricht von insgesamt rund 24'000 Schülerinnen und Schülern protestantischer Missionsschulen in der europäischen und kleinasiatischen Türkei mit gesamthaft weniger als 1% Muslimanteil. Vgl. auch die Tabelle der *high schools* in *The Orient*, 2. 7. 1913, S. 3. Die unabhängigen *colleges* beanspruchten bis in die 1920er Jahre die Selbstbezeichnung „missionary", da ihre Gründung eng mit der protestantischen Missionsbewegung verknüpft war (vgl. Grabill 1968, S. 44).

101 *The Orient*, 17. 12. 1913, S. 3; vgl. Bericht des „Committee on Work among Moslems, Sub-Committee on Education", ABC 16.9.5 vol. 22 (reel 668 ff.) sowie IRM 1915, S. 34.

102 MH 1912, S. 445 f.

An der Weltmissionskonferenz in Edinburg zitierte George Washburn, der Direktor des *Robert College,* mit Stolz mehrere Botschafter in Istanbul, welche die Institutionen für höhere Bildung einen hervorragenden Beitrag zur Lösung der orientalischen Frage genannt hatten.[103] In der Tat bemühte sich das ABCFM seit 1908, mit der Erziehung junger Leute aus allen Ethnien und Schichten dazu beizutragen, dass sie gemeinsam als Osmanen ihre Probleme in die Hand nehmen würden. Die quantitative Vergrösserung der 1850 gegründeten protestantischen Millet war kein Ziel mehr.[104] Die Schlüsselwörter der neuen ABCFM-Ausrichtung, die an der Edinburger Missionskonferenz deutlich in Erscheinung trat, hiessen staatsbürgerliches osmanisches Denken *(Ottoman citizenship),* zivile Kraft *(civic force)* und Führungsrolle punkto Menschlichkeit *(humanitarian leadership).* Anstelle von Bekehrung brauchte es moralischen Einfluss *(moral contagion),* im Kampf gegen verderbliche westliche Einflüsse christliches Gegengift *(antidote).* Das Erziehungsziel war, „to make good men as well as strong men". Die Konferenz in Edinburg betonte die Forderung nach Nachhaltigkeit der missionarischen Tätigkeit, welche die Wirkung eines Sauerteiges, einen *leavening process* im gesellschaftlichen Leben der Türkei in Gang setzen müsse. Zentral sei dabei die Rolle des christlichen Lehrers, der seiner Aufgabe selbst in einer muslimischen Staatsschule gerecht werden könne.[105]

Das ABCFM hatte sich nie für ein unabhängiges Armenien eingesetzt, aber Verständnis für die revolutionäre Bewegung gezeigt. Nach Meinung von James Barton erübrigte sich die revolutionäre Bewegung mit der Wiedereinsetzung der osmanischen Verfassung. Der Missionssekretär predigte nach dem Juli 1908 den Osmanismus überzeugter denn je. Jetzt sei die Gelegenheit da, gemeinsam eine freie Türkei aufzubauen.[106] Wie sehr das ABCFM sich der neuen Jungen Türkei verpflichtet sah, belegt ein Artikel Bartons vom Juni 1909. „New Turkey and its Interpretation" betitelt und im Hauptteil in neun numerierte Abschnitte gegliedert, gleicht dieser die jungtürkischen Errungenschaften resümierende Text einer Unterstützungserklärung, die einherging mit einer optimistischen, selbstbewussten ABCFM-Politik.[107]

---

103 „[…] the institutions of higher education have done more towards the settlements of the Eastern question than the joint action of all the European Powers." WMC 1910, Bd. III, S. 223.
104 Vgl. WMC 1910, Bd. III, S. 234.
105 WMC 1910, Bd. III S. 223, 234, 236; MH 1909, S. 168; 1908, S. 340.
106 „[…] never before in the history of Moslem and Christian intercouse have believers in these two religions so drawn together and publicly demonstrated their purpose to exalt patriotism above creed and love of country above religious hatreds. A long step has been taken towards a better understanding between Mohammedans and Christians as these hitherto widely separated classes join in a common purpose to make the constitution a success. This fact alone reveals unmeasured possibilities for the future. […] We have reason to expect that the so-called revolutionary Armenians will now cease to struggle for an independant Armenia, which was an impossible idea, and unite their efforts for a free Turkey, which is already beginning to be." (MH 1908, S. 468). *Daybreak in Turkey* (Barton 1909) stellt wie kein anderes Buch den Glauben an eine bald realisierbare moderne osmanistische Zivilgesellschaft und eine stabilisierte Türkei dar, die zwar westliches Gedanken- und Erziehungsgut, aber keinen kontraproduktiven europäischen Druck brauchen könne (S. 285 f.).
107 „[…] can readily be seen that new liberty will be given to the Christian worker and new possibilities of progress opened before every department of our missions. Local disturbances are to be expected now and then […]. Never in the history of missions has a larger responsibility been put upon a mission board and upon trustees of Christian colleges in the East than is now placed upon the American Board and the directors of American colleges in Turkey." MH 1909, S. 256.

Die zivilgesellschaftliche Stossrichtung führte das ABCFM auf gemeinsamen ideologischen Boden mit massgeblichen politischen Kreisen des eigenen Landes. Man war hocherfreut über eine Verlautbarung Präsident Roosevelts vom 18. Januar 1909, der sich voll und ganz hinter die Missionsschulen und ihre in den Vordergrund gerückte bürgerliche Erziehung stellte: „Personnally, I have always been particularly interested, for instance, in the extraordinary work done by the American schools and colleges in the Turkish Empire [...]; and this, although among the Mohammedans there has been no effort to convert them, simply an effort to make them good citizens, to make them vie with their fellow-citizens who are Christians in showing those qualities which it should be the pride of every creed to develop. And the present movement to introduce far-reaching reforms, political and social, in Turkey, an effort with which we all keenly sympathize, is one in which these young Moslems, educated at the American schools and colleges, are especially fitted to take part."[108]

Ein bemerkenswerter Schritt des ABCFM zu einer zivilgesellschaftlichen Ausrichtung hin war ausserdem die Wochenzeitschrift *The Orient,* welche amerikanische Missionare in Istanbul von 1910 an publizierten. Ausser der Adresse *Bible House, Constantinople* wies nichts direkt auf den missionarischen Hintergrund des Blattes hin. *The Orient* verfocht einen pluralistischen Osmanismus. Er deklarierte sich als „a paper devoted to the religious, educational, political, commercial and other interests of the Ottoman Empire". Zwar enthielt *The Orient* immer wieder Hinweise auf Aktivitäten im Umkreis des ABCFM, doch überwogen politische und gesellschaftliche Nachrichten. Es enthielt auch Buchbesprechungen und eine Presseschau. Die Herausgeber bemühten sich, positive Entwicklungen unter der neuen jungtürkischen Herrschaft ins rechte Licht zu rücken. Wenn sie die Regierung kritisierten, taten sie dies in einer freundlichen und konstruktiven Weise. Dies wurde immer schwieriger nach der Errichtung der Diktatur 1913 und ganz unmöglich mit dem türkischen Kriegseintritt, als *The Orient* sein Erscheinen einstellen musste.

3.3.2 Deutsche und schweizerische Organisationen

Die beiden deutschen Missionsgesellschaften in der Türkei, der Hülfsbund und die Deutsche Orient-Mission, nahmen um 1908 eine Neuausrichtung vor, die nur teilweise mit der Juli-Revolution in Verbindung stand. Dem eigenen Werk sollte ein eigenständigeres Profil gegenüber der amerikanischen Mission verliehen werden, unter deren Fittichen man aufgewachsen war. Die Wortführer begannen die deutsche Komponente ihres Werkes herauszustreichen. Sie verstanden sich nicht oder kaum mehr, wie noch 1896, als im Widerspruch zur deutschen Orientpolitik und glaubten an eine beginnende Blütezeit deutsch-christlicher Türkeimission. Entsprechend waren sie nicht mehr bereit, die Rolle des Juniorpartners der Amerikaner zu spielen.

---

108 „From an address in the Metropolitan Memorial Methodist Episcopal Church, Washington, D. C.",
in: MH 1909, März, S. 130 f. Die Vorbereitung von Missionsschulzöglingen auf eine „Leadership in the New Turkey movements" strich auch die Weltmissionskonferenz heraus (WMC 1910, Bd. I, S. 178). Roosevelt figurierte übrigens auf deren Deputiertenliste, war aber schliesslich an der Teilnahme verhindert (CO 1910, S. 128).

Zwischen Hülfsbund und ABCFM kam es in jenen Jahren in Harput, Marasch und Van zu schweren Spannungen.[109] Sekretär James Barton begab sich mit Frederick W. MacCallum und Henry H. Riggs im Mai 1911 in die Hülfsbundzentrale nach Frankfurt, um mit Mitgliedern der Leitung – Ernst Lohmann, Friedrich Schuchardt und Ernst Brunnemann – sowie Harput-Missionar Johannes Ehmann und zwei Missionarinnen aus Marasch die Situation zu besprechen. Allgemeiner Tenor war, dass nur eine komplette Trennung der Missionsfelder den Deutschen die Entwicklung ermöglichen könne, die sie anstrebten. Am realistischsten schien der Vorschlag, dem Hülfsbund, der sich aus allen anderen Stationen zurückzuziehen hätte, „Kurdistan" (die Provinzen Van, Bitlis und Erzurum) zu überlassen. Da sich weder die eine noch die andere Missionsgesellschaft zu solch weitreichenden Änderungen durchringen konnte – Lohmann namentlich war nicht bereit, die bestehenden Stationen aufzulösen –, verblieb man im Herbst 1911 mit dem Vorsatz, den Status quo zu belassen und nicht mehr, wie das seit 1896 der Fall gewesen war, formell zu kooperieren. Dennoch wollte man weiterhin das gemeinsame Missionsanliegen im Auge haben und von hässlichen Rivalitäten absehen. In den Jahren bis zum Ausbruch des Weltkriegs wurden keine generellen Reibereien mehr aktenkundig, und während der Kriegsjahre lief eine intensive Kooperation, die nur das gemeinsame Ziel der Nothilfe und keine kollegialen Spannungen kannte. Der Hülfsbund wuchs von 1908 bis 1914 verhältnismässig mehr als das ABCFM und die Deutsche Orient-Mission. Er verfügte über bedeutend grössere Einnahmen – jährlich rund eine halbe Million Mark, das war gut dreimal so viel wie die DOM.[110] Der Hülfsbund stützte sich im wesentlichen auf pietistische Kreise in Deutschland und der Schweiz. Er zählte, wie die Statistik für das „Jahr vor dem Krieg" festhielt, 45 deutsche Missionarinnen und Missionare sowie 200 einheimische Mitarbeiterinnen und Mitarbeiter. Er versorgte 1'730 Waisen und 169 Witwen.[111]

Richard Schäfer, der Sekretär und Chronist der Deutschen Orient-Mission, schilderte in der Retrospektive die breite, mit grossen Plänen verbundene Zuversicht der Verantwortlichen in der ersten Jahreshälfte von 1914. Die Zuversicht stützte sich vor allem auf das armenische Reformwerk ab, an dessen Zustandekommen Johannes Lepsius Anteil hatte.

---

109 Zu diesem Thema gibt es ein separates Dossier im ABC-Archiv: ABC bh German Cooperation; vgl. darin insbesondere Barton an Peet, London, 15. 5. 1911; Barton an Lohmann, Boston, 22. 11. 1911; Barton an George P. Knapp, Boston, 22. 11. 1911. Das Thema wird auch in vielen Missionarsbriefen der Jahre 1910–1912 angesprochen (ABC 16.9.7, reel 713). Vgl. Riggs 1942, Sektion 1, S. 32 f. (Henry Riggs spricht von einer Besprechung in Frankfurt im August 1911). Vgl. Kap. 3.7 und 3.8.
110 Vgl. Jahresberichte im CO sowie Feigel 1989, S. 159.
111 *25 Jahre im Orient*, S. 96. Vgl. Kap. 3.7.2 und 3.8.1; Feigel 1989, S. 157–169. Wie die DOM führte auch der Hülfsbund alle ihre Mitarbeiter als Deutsche auf, obwohl z. B. von den namentlich aufgeführten 45 Missionarinnen und Missionaren nach den biographischen Angaben in Meyer 1974, S. 242 f., fünf aus der Schweiz stammten. Der Hülfsbund unterhielt Waisenhäuser, Schulen, Werkstätten, eine Witwenfürsorge und eine medizinische Arbeit in Mezere (inklusive Aussenstationen); dasselbe in Marasch, hier mit einem richtigen Krankenhaus und industrieller Arbeit; dasselbe in Van, aber ohne medizinische Arbeit; eine Waisen- und Krankenarbeit in Harunye sowie eine Witwenfürsorge, Weberei, Bäckerei, Waisen- und Schularbeit in Musch. Der Hülfsbund betrieb Evangelisation auf allen Stationen, auch in Dörfern um Van, Muş und Marasch, wo er zudem Schulen führte.

„Der Stand und die Aussichten des Missionswerkes waren wohl niemals so günstig wie zu Beginn dieses Jahres. Mit 5 Haupt- und 2 Nebenstationen beginnt die Arbeit. Der Neubau des Diakonenhauses in Urfa ist fertig, an dem des neuen deutschen Krankenhauses wird eifrig gebaut. Die türkische Regierung hat tatsächlich zu dem armenischen Reformplan endlich ihre Zusage gegeben […]. Noch am 12. Juni beschliesst das Kuratorium der D. O. M. in sicherer Erwartung der Ausführung der armenischen Reformen die Errichtung eines deutsch-armenischen Lehrerseminars in Urfa und bewilligt dafür einen Betrag von 25'000 Mark jährlich sowie die Berufung eines deutschen Lehrers für Urfa und eines solchen für Persien. […] Pastor Krikorian berichtet arbeitsfroh und voller Hoffnungen. Am 16. Juni ergeht der Aufruf der neu gegründeten ‚Deutsch-Armenischen Gesellschaft' in Berlin, die sich angesichts der für die Armenier zu erwartenden staatsbürgerlichen Freiheiten eine Förderung der deutsch-armenischen Beziehungen wirtschaftlicher und kultureller Art zur Aufgabe macht."[112]

Die vielschichtigen, grossartigen Pläne der Deutschen Orient-Mission waren in besonderer Weise für den Optimismus von Anfang 1914, aber auch in allgemeiner Weise für das kleine, persönliche Missionswerk charakteristisch, das eigentlich nur in Urfa und hier vor allem dank der Klinik ein stetiges Wachstum von 1908 bis 1914 verzeichnete. Weder die Zahl der Mitarbeiter noch der Gesamtumsatz zeigten steigende Kurven.[113] Das lag an der grundsätzlichen Schwierigkeit einer *„Mohammedaner*-Mission", welche die DOM neben dem Armenierhilfswerk auch sein wollte. Aber nur Awetaranian betrieb sie tatsächlich. Gleich wie den führenden Köpfen der amerikanischen Mission war es Lepsius 1908 klarer denn je geworden, dass, wer etwas zur Zukunft des Nahen Ostens beitragen wollte, sich um die muslimische Mehrheit zu kümmern hatte. Er begriff, dass, wer nur den Christen zu Bildung verhalf, es versäumte, gefährliche ethnische Klüfte zu überbrücken. Während das ABCFM diese Überbrückung vor allem pragmatisch durch den Einbezug muslimischer Jugendlicher in seine Schulen leisten wollte, hatte Lepsius immer auch die theologische Auseinandersetzung mit dem Islam im Sinn, um grundsätzliche theologische Fragen anzugehen und zu klären. Deshalb gründete er das bereits erwähnte „Muhammedanische Seminar" in Potsdam, das mangels Nachfrage jedoch nicht gedieh.[114] Die Finanzbeschaffung war ein ständig akutes Problem der DOM. Dies

112 Schäfer 1932, S. 83 f. Die DOM hatte Anfang 1914 neben der Urfa-Station eine Evangelisations- und Publikationsarbeit in Philippopel (Johannes Awetaranian, Hagob Schachveled), Schumla, Rustschuk (Krikor Keworkian) und Sofia in Bulgarien sowie eine Waisen- und Schularbeit in Khoi (Anna Harnack, Zachar Garabedian) und Urmia (Anna Friedemann, Bertha Richter) in Persien. Ohne den Missionsdirektor Lepsius, den Sekretär Schäfer und die weiteren in Deutschland tätigen Mitarbeiter gab es, mit Einschluss der Ehefrauen, rund 16 DOM-Missionare. Die meisten von ihnen traten als Autorinnen und Autoren im *Christlichen Orient* in Erscheinung. In Urfa gab es Anfang 1914 acht europäische Mitarbeiterinnen und Mitarbeiter. Das gesamte – europäische und einheimische – Klinikteam bestand Anfang 1908 aus zwölf, Anfang 1914 vermutlich aus 14 Leuten (zwei Ärzte, ein Diakon mit Frau, ein Apotheker mit einem Gehilfen, fünf Schwestern, ein Diener, zwei Köchinnen). Vgl. CO 1908, S. 35; CO 1912, S. 88–91; CO 1913, S. 205.

113 Siehe Anhang, S. 581, und Fig. 4–7, S. 462 f.

114 „[…] wir dürfen uns nicht verhehlen, dass *die Zukunft des Orients in den Händen der muhammedanischen und nicht der christlichen Bevölkerung liegt.* Die Kluft zwischen Christen und Muhammedanern im Orient wird durch die steigende Bildung der christlichen Elemente nicht

hatte auch damit zu tun, dass Lepsius zugunsten von industrieller Arbeitsbeschaffung auf Evangelisation verzichtete; dadurch verlor er die relativ spendenfreudigen pietistischen Kreise in der Heimat. Die häufigen finanziellen Engpässe und Spendenappelle im *Christlichen Orient* überraschen daher nicht. Lepsius war ein Idealist und Improvisator, bei dem die praktische Umsetzung oft etwas chaotisch verlief, wie Andreas Vischer bisweilen im Kreis der Familie klagte.[115]

Die Spenden für die Schweizer Armenierhilfe, die nicht als dauerhafte geplant war, ebbten einige Jahre nach den Massakern von 1895/96 deutlich ab. Einige Hilfskomitees wurden aufgelöst, die Waisenhäuser in Bursa, Gürün und Arabkir geschlossen. Neben dem beträchtlichen Schweizer Anteil bei der Deutschen Orient-Mission und beim Hülfsbund gab es aber auch eigenständige schweizerische Initiativen. Dazu gehörten der Aufbau der syrisch-protestantischen Schule in Urfa auf Anregung und Vermittlung von Jakob Künzler mit dem Geld von Basler Freunden, unter anderem von Pfarrer Karl Sarasin-Forcart, und die Gründung des Vereins der Freunde Urfas. Die Adana-Massaker führten 1909 eine neue Welle der Hilfsbereitschaft herbei, die von 1909 bis 1911 rund 150'000 Franken für die Notstandshilfe einbrachte.[116] Dasselbe Ereignis trug zum Ausbau der bereits bestehenden Waisenarbeit des Central-Comités der schweizerischen Hülfsvereine für Armenien in Sivas bei: Ihre Häuser beherbergten Ende 1909 163 Kinder, im Jahre 1914 noch 119. Vermehrt wurde versucht, Waisen bei Verwandten zu belassen, sie patenschaftlich von der Schweiz aus zu unterstützen und durch einen lokalen Verantwortlichen regelmässig zu betreuen.[117] Die von der Schweiz ausgehenden Unternehmungen hatten weiterhin keinen missionarischen und schon gar keinen orientpolitischen Charakter. Sie waren rein karitativ und erzieherisch.

Der deutsche Missionar Ernst Christoffel schloss 1904 die evangelische Predigerschule in Basel ab.[118] Georges Godet vom Central-Comité der Schweizer Armenierhilfe berief ihn zum Leiter der Waisenhäuser in Sivas. Im Winter 1906/07 trat er von diesem Posten zurück, da ihm der provisorische Charakter der schweizerischen Hilfsarbeit missfiel und er Anstoss nahm an ihrer engen Bindung ans ABCFM. Seine geplante Mitarbeit für den Hülfsbund in Mezere bei Harput scheiterte. Christoffel begann 1909 in bewusster Absetzung vom Hülfsbund, vom ABCFM und von der Deutschen Orient-Mission eine eigene Arbeit, nämlich ein Blindenheim in Malatya, das Schulunterricht und eine handwerkliche Ausbildung anbot und nebenbei Arme und Waisen betreute. „Das Haus sollte ein Zufluchtsort werden für alle diejenigen, für die das Programm der andern Missionsgesellschaften keinen Raum bot, und zwar ohne Unterschied der Rasse oder des Religionsbekennt-

---

überbrückt werden." Lepsius, CO 1908, S. 148 f. Zum „Muhammedanischen Seminar" vgl. CO 1910, S. 2 f.

115 Mündliche Mitteilung seiner Tochter. Für Spendenappelle siehe CO 1910, S. 66; CO 1911, S. 48; CO 1912, S. 70; CO 1913, S. 121 usw. Vgl. Feigel 1989, S. 136.

116 Zum Vergleich: 1896 waren es mehr als 700'000 Fr. gewesen. Zur Schweizer Hilfe in Adana vgl. Meyer 1974, S. 81.

117 Meyer 1974, S. 44, 69–72, 81.

118 An dieser Schule, die bis 1918 unabhängig von der Basler Mission und vom Predigerseminar auf der Chrischona bestand, hatte 1886–1889 auch Fritz Barth, der Vater des Theologen Karl Barth, unterrichtet.

nisses."[119] Christoffels anfängliche Finanzierung stammte von Pfarrer Karl Sarasin-Forcart. Dieser eigenständige Missionar besass bald einen tragfähigen eigenen Freundeskreis in der Schweiz und in Deutschland, der seine bis 1914 ständig zunehmende Arbeit regelmässig unterstützte. „Im Sommer 1914 stand die Arbeit unter dem Zeichen stärksten Wachstums und erfreute sich steigender Achtung und Beliebtheit in weitesten mohammedanischen und orientalischen-christlichen Kreisen. Die Anstaltsfamilie zählte 85 Personen, darunter vier deutsche Missionsarbeiter."[120] In seiner Ablehnung des als autoritär empfundenen Stils des Hülfsbundes unter Lohmann, des „freien" Stils der DOM unter Lepsius sowie dessen, was er „Amerikanismus" nannte[121] und womit er das ABCFM meinte, gelang es Christoffel, einen selbständigen, konstruktiven Weg zu gehen. Mit seinem *Bethesda*-Heim begründete er eine plurireligiöse, multiethnische Hausgemeinschaft der Ärmsten unter den Armen: „Das Bethesdaprogramm betont ausdrücklich, dass es auf alle Bedürftige zielt, ohne Unterschied der Rasse oder des religiösen Bekenntnisses, und wir hatten auch immer einige mohammedanische Pfleglinge, aber nur Blinde und Waisen." Zu Christoffels Ansatz gehörte ein differenzierendes Urteil über die Türken und Kurden.[122]

3.3.3 Jesuitische und kapuzinische Mission

Die Jesuiten und Kapuziner waren Teil der im Osmanischen Reich stark vertretenen französischen Kolonie. Alle Orden zusammengenommen, übertraf ihr missionarischer Anteil zahlenmässig das ABCFM, wenn die einheimischen Mitarbeiter unberücksichtigt bleiben.[123] Die Jesuiten als wichtigster Orden in Anatolien wollten weder der neuen Türkei Geburts- und Erziehungshilfe leisten, wie das bei den Amerikanern immer mehr in den Vordergrund rückte, noch standen sie in einem politisch kaum definierten Raum wie die zahlenmässig weit unterlegenen deutschen Missionare, sondern sie sahen und erklärten sich offen als Diener des Katholizismus und der französischen Einflusssphäre *gegen* den Protestantismus. Die laizistische *République* subventionierte aus nationalem Interesse die Ordensschulen, die sie in ihrem eigenen Land verboten hatte: „[…] nos œuvres devenues riches pourront empêcher en Turquie d'Asie l'essor des œuvres protestantes et les combattre, non pas parce que protestantes, mais parce que non françaises."[124] Die *République*

---

119 Christoffel 1921, S. 6.
120 Christoffel 1921, S. 7. Vgl. Meyer 1974, S. 77, 243 f.; Feigel 1989, S. 169–171; Christoffel 1933, S. 13–16.
121 Unter diesem verstand er „alle Bestrebungen", „mit weltlichen Methoden und Geschäftspraktiken Gottes Reich bauen zu wollen" (Christoffel 1921, S. 124).
122 Vgl. Christoffel 1921, S. 67–69, 124, Zitat S. 36.
123 „Avant le grand conflit, le service du culte, de la prédication et de l'enseignement catholique dans l'Empire ottoman était assuré en grande partie par des missionnaires étrangers. Il n'est pas exagéré d'évaluer à sept cents les Français – religieux ou religieuses – qui y rivalisaient d'ardeur pour faire aimer l'Eglise et la France" (Riondel 1924, S. 173).
124 Lémonon, Ernest, „Les Missions protestantes en Turquie d'Asie", in: *Questions Actuelles*, Bd. 98, S. 152–160, 188–192; 1908, S. 192 (= Abdruck eines Artikels der *Revue politique et parlementaire* vom 10. 8. 1908); Zitat S. 192; vgl. Thobie 1977, S. 721. Zur Finanzierungsfrage: Die Jesuiten

förderte auch die *Mission Laïque* mit ihren laizistischen Schulen. Es handelte sich ausschliesslich um Sekundarschulen in den grossen Städten des Reichs, ausserhalb der Ostprovinzen.[125] Die Jesuiten wollten wie die anderen von Lyon aus geleiteten Orden erklärtermassen *catholiciser, franciser*. Von protestantischer Seite hiess es in klarer Absetzung davon in Edinburg: „It is no part of our plan to Americanise or Europeanise any of the nationalities of the Empire."[126] Das amerikanische Missionieren kam weniger offensichtlich als Kulturimperialismus daher und war weit weniger ökonomisch und politisch konzertiert; das machte es bei vielen Einheimischen glaubwürdiger und verlieh ihm eine nachhaltigere Wirkung.

Seit der jungtürkischen Revolution rückte das ABCFM die zukunftsgläubig angepackte zivilisatorische und erzieherische Aufgabe in der ganzen kleinasiatischen Türkei ins Zentrum. Eine solche Zuversicht, die mit dem Bewusstsein der eigenen Stärke und der lokalen Verwurzelung zu tun hatte, ging den Jesuiten trotz ihres gewachsenen Einflusses ab. Dafür strichen sie immer wieder die „moralische Überlegenheit" ihrer Lehre heraus.[127] Die jesuitische Armenienmission machte mit ihrer straffen Eingliederung in ein diplomatisches Konzept, ihren vergleichsweise beschränkten Mitteln und ihrer schwachen Verwurzelung in Anatolien einen weniger vitalen Eindruck als ihr Hauptkonkurrent, das ABCFM. Die von den Jungtürken geförderte antiimperialistische Stimmung war weit weniger gegen amerikanische als gegen französische Einrichtungen gerichtet. Etliche Selbstzweifel angesichts der Stärke des Gegners und sonstiger Schwierigkeiten taten der obligaten Zuversicht ins weitere Wachsen und Gedeihen der Armenienmission dennoch keinen Abbruch.[128]

Die jesuitische Armenienmission verfügte seit den 1880er Jahren über Niederlassungen in den sechs Städten Adana, Kayseri, Merzifon, Amasya, Tokat und Sivas, wobei die Schulen den eindeutigen Schwerpunkt bildeten. Die Patres wurden von Schwestern unterstützt *(Sœurs de St. Joseph de Lyon* und *Oblates de l'Assomption de Nîmes)*, die eine parallele Arbeit für die Mädchen unternahmen. Ein Teil der Schul-

---

bekamen 1912 und 1913 vom ŒO je knapp 3'000 französische Francs für die *Mission d'Arménie* (ŒO 1913, S. 107, 114 f., 327, 334 f.; da die Zuwendungen an die Schulen von Kleinasien, Ägypten und Syrien als ein einziger Posten aufgeführt sind, habe ich schätzenderweise die Hälfte Kleinasien zugeschlagen). Dieser Betrag ist ein kleiner Bruchteil des Bedarfes (eine Regierungsunterstützung in der gleichen Grössenordnung ist 1917 und 1919 ausgewiesen). Viel höher war die Summe der Schülerbeiträge: 27'100 Francs für 1913/14.

125 Im Jahre 1912 gab es in der Türkei 14 *écoles laïques* und 118 *écoles congréganistes* (Beaupin 1924, S. 43). Vgl. auch Thobie 1985, S. 24 (inkl. Anm. 5), 27 f. Die *Mission Laïque* mit ihren aufklärerisch-republikanischen Idealen richtete sich speziell an die türkische Elite, während die Kongregationen vor allem auf die Minderheiten ausgerichtet waren. Obwohl die *écoles laïques* für die JMA kaum eine Konkurrenz darstellten, sorgten sie für polemische Auseinandersetzungen in der Presse zwischen Jesuiten und Laizisten *(Lettres d'Ore* 1913, S. 342; Riondel 1908, S. 194–219; Lémonon 1908, S. 152–160, 188–192).

126 WMS, Bd. III, S. 234. Vgl. speziell Maubon, J., „Les Assomptionnistes en Orient", ŒO 1891, Nr. 184, S. 70–72; Goormachtich, Bernard-Marie (P. dominicain), „Rapport du P. Bernard-Marie Goormachtich", ŒO, 1891, Nr. 184, S. 65–70; „L'Œuvre de l'Imprimerie Catholique en Orient. Résumé – Appréciations", *Lettres de Canterbury*, Bd. 1, Fascicule supplémentaire, S. 136–142, 1903.

127 Zum Beispiel *Lettres d'Ore* 1913, S. 347.

128 Von einem *mouvement vers le catholicisme* war die Rede, und das nicht in einem spendenheischenden Missionsblatt, sondern einem intern verbreiteten Bericht: *Lettres d'Ore* 1913, S. 343.

kinder lebte in eigenen Internaten. In Adana gab es auch ein kleines Waisenhaus. Seit 1907 existierte die Dorfarbeit von Pater Gransault, die Schulen miteinschloss. Für Jungen und Mädchen wurden dreijährige Grundschulen sowie sechsjährige Sekundarschulen, *collèges,* geführt.[129] Die ersten drei Jahre waren für die Armen kostenlos. Damit einige von ihnen auch die kostenpflichtige Sekundarschule besuchen konnte, wurden ihnen ein reduzierter Tarif und nach Möglichkeit Stipendien gewährt. Französisch war nicht nur Unterrichtsprache des 4. bis 9. Schuljahres, sondern wurde von der Grundschule an eingedrillt.[130] Abgesehen vom Armenisch- und Türkischunterricht waren die Sekundarschulprogramme dem französischen Standard angepasst und sollten wie schon zu hamidischen Zeiten die Zöglinge auf diverse Karrieren in osmanischen oder ausländischen Einrichtungen vorbereiten.

Die Schulstatistik belegte überaus deutlich die Blütezeit der Jahre 1908–1914. Auch die allgemeine Personalstatistik zeigte das stete Wachstum.[131] Zwischen 1900 und 1908 nahm die Gesamtschülerzahl von 2'911 um rund 900, zwischen 1908 und 1914 um rund 1'700 Personen auf 5'569 zu, was annähernd einem Drittel der Schüler der unter französischem Einfluss stehenden Schulen in Kleinasien entsprach.[132] Diese Gesamtzahl betrug 17'303; ergänzt um die 8'425 Schülerinnen und Schüler der französischen Schulen von Istanbul und seiner Umgebung übertraf sie die ABCFM-Schülerzahl um einige tausend. Der Zahlenvergleich ist insofern zu relativieren, als es seit der Jahrhundertwende erklärte Strategie des ABCFM war, die höhere Bildung zu fördern und die Elementarbildung weitgehend dem Staat beziehungsweise den Millets zu überlassen. Im Bereich höhere Bildung nahmen die amerikanischen Einrichtungen klar den ersten Rang ein. Der leichte Rückgang im letzten Schuljahr vor dem Weltkrieg machte dem Missionsvorgesetzten d'Autume in Istanbul Sorgen; er wies zu Recht auf die zunehmende Konkurrenz unter den ausländischen Schulen sowie auf das Erstarken der Schulen der Millets hin, welche

---

129 Das neunjährige Curriculum umfasste drei Jahre *cours inférieur* (bzw. *élémentaire), cours moyen* und *cours supérieur.* – Uwe Feigels Hinweis auf eine „grosse jesuitische Anstalt" in Marasch trifft nicht zu (Feigel 1989, S. 103); es gab dort hingegen eine franziskanische Präsenz.

130 Zu den Stipendien vgl. de Lavernette in ŒO 1905, S. 57–59. Zur Disziplin vgl. folgenden Ausschnitt aus dem *Programme des écoles françaises dirigées par les pères de la Compagnie de Jésus* von 1891: „Voici quelques industries suivies dans un 1er Cours de Français. Pour apprendre une langue il faut la parler. Les élèves ayant peu ou point d'occasions de parler le français, il est bon de leur en créer. Dans ce but: 1° *Défense absolue,* en classe, de prononcer un mot arménien, ou turc, avec sanction. (Les débuts sont pénibles; la méthode devient facile ensuite, est féconde en résultats.) 2° Les élèves doivent, bien ou mal n'importe, répéter toutes les explications du professeur. 3° Les leçons consisteront le plus souvent en scènes dialoguées, en prose plutôt qu'en poésie (cette dernière déroutant trop les élèves par sa construction étant moins facilement comprise et s'éloignant trop du langage usuel.) 4° La classe se transforme de temps en temps en séance de déclamation. Chacun se fait inscrire quand il veut et choisit le morceau qu'il déclamera prochainement. 5° Deux ou 3 fois l'an, les élèves de cette classe déclament publiquement une pièce de théâtre, plus longue, *bien choisie,* puis bien préparée. 6° Le catéchisme s'y fait un peu sous forme de conférence, et de débat; quand le professeur a parlé, les élèves répètent, interrogent, objectent, etc. Nota. Cette application au français n'exclut pas cependant les thèmes et versions de turc en français." AFCJ Arménie, carton I, RAr 25, 1/5, appendice, S. 14 f.

131 Siehe Kap. 2.7 und Anhang, S. 569–574.

132 Archipel (Inseln) miteinbezogen. Auf das ganze Osmanische Reich bezogen, sind das knapp 6,5% der Schüler der unter französischem Einfluss stehenden Schulen. Vgl. Thobie (1985, S. 25), der sich auf Pernot 1912 stützt.

die von der Verfassung gewährte Freiheit wahrnahmen, um ihr Schulnetz auszubauen.[133] Dies betraf hauptsächlich die Grundschulen. Die Jesuiten legten zwar, im Gegensatz zu den Amerikanern, auch in diesem Bereich zu, weit mehr aber im Sekundarschulbereich, in welchem das ABCFM seinerseits einen mächtigen Anstieg verzeichnete. Auch bei den Jesuiten gab es nur einen ganz kleinen Prozentsatz nichtchristlicher Schüler.

Die Jesuiten riefen nachschulische Körperschaften ins Leben, den *cercle* für die *collège*-Absolventen und die *patronage* für die Absolventen der kostenlosen Grundschulen. Diese Vereine sollten das Band zu den einstigen Schülern aufrechterhalten und Weiterbildungen anbieten. Diese von d'Autume als „Krönung der schulischen Werke" bezeichneten Einrichtungen rückten die kulturelle und geistige Einflussnahme in den Vordergrund. „Si nous voulons que notre apostolat soit durable et que nos efforts arrivent à un résultat, ne faut-il pas continuer à les grouper et à conserver de l'influence sur eux?" meinte Pater Testanier, der Gründer der ersten nachschulischen Gruppen in Tokat (1907).[134] Die *cercles* und *patronages* gaben Bedürfnissen der Weiterbildung, des Lesens in einer eigens eingerichteten Bibliothek und des geselligen Zusammenseins mit Spiel und Diskussion Raum. Sie dienten der Aussprache, sozialen Aktionen – zum Beispiel Sammlungen für die Armen der Stadt – und der kulturellen Betätigung in Theater und Musik. Ein wichtiger Aspekt war die „Aufklärung" über Gefahren des Rationalismus und des politischen Sozialismus.[135] Im *cercle* von Merzifon ging es fast ausschliesslich um Französischweiterbildung mit 30 jungen Leuten, von denen fünf Katholiken, 18 gregorianische Armenier und sieben Türken waren. „Um den Vorträgen der Amerikaner Konkurrenz zu machen", so ihre eigenen Worte, organisierten die Merzifoner Jesuiten gleichwohl zusätzliche Veranstaltungen.[136]

Zu den erzieherischen Werken hinzu kamen die sozialen und vor allem medizinischen Hilfeleistungen sowie die religiösen Aktivitäten in Predigt und ausserkirchlichen Versammlungen. Das Spital in Adana wurde am 17. April 1909 gegründet; Krankenzimmer *(dispensaires)* gab es in allen sechs Missionsstationen. Anders als die Schulen hatten die Krankenzimmer eine religiös und ethnisch ziemlich ausgeglichene Kundschaft. In Tokat kümmerte sich Pater Joly um das *dispensaire,*

---

133 Vgl. den Bericht von d'Autume, Anhang, S. 548 ff. Dieser Bericht zeichnete ein übersichtliches und detailliertes Bild der Situation von 1914 und der vorhergehenden Jahre. Kévorkian und Paboudjian (1992, S. 78) verdeutlichen mit einer Vergleichsstatistik den gewaltigen Ausbau des armenischen Millet-Schulwesens. In der Provinz Sivas z. B. gab es 1902 117 Schulen mit 13'071 Schülern; 1914 jedoch bereits 204 Schulen mit 20'599 Schülern.

134 „Tokat. Une association de jeunes ouvriers. ‚Le Patronage Saint-Joseph'", in: *Lettres d'Ore*, Bd. 2, S. 85–93, 1908 f.

135 Wie es im Brief des Paters Langloys aus Merzifon heisst: „J'ai donné 4 conférences sur le Socialisme, très mouvementées, avec discussions prolongées jusqu'à 10 heures. Le jeune Paspanian, chef du ‚parti socialiste' de Tokat y a été invité et est venu y répéter les vieux refrains recueillis çà et là durant son séjour à Paris. J'ai été content de montrer à mes jeunes gens comment il fallait répondre à ces phrases sonores mais creuses." Zit. in einem ordensinternen Bericht (AFCJ Arménie Coll. Prat, vol. 28/1, S. 249). Vgl. auch ŒO 1908, S. 684–687.

136 „Le P. Langloys dirige le cercle: pratiquement ce sont des classes de français, avec, une fois par semaine (pour faire concurrence aux ‚lectures' des Américains), quelques déclamations et un peu de musique." Aus einem Brief an den Provincial, Marsivan, 26. 1. 1913, AFCJ Arménie Coll. Prat 28/1, S. 893–896, vgl. S. 250.

an den andern Orten taten dies Schwestern. Neben der Arbeit in der ortsgebundenen Poliklinik machten sie auch Hausbesuche bei Kranken und trugen die medizinische Hilfe, die speziell auch den Kindern galt, in die christlichen und muslimischen Dörfer der Umgebung hinaus. In „schismatischen" Dörfern – so nannten die Jesuiten die gregorianischen beziehungsweise armenisch-apostolischen Dörfer – wurden manchmal medizinische Hilfe und Evangelisierung verbunden.[137]

Die Kapuziner hatten ähnlich wie die Jesuiten eine starke Zunahme der Schülerschaft, da sie – noch mehr als jene – ihr Hauptgewicht auf Gratisschulen im Grund- und einfachen Sekundarschulbereich legten. Sie zählten 1912 18 Gratisschulen sowie ein *collegio* mit insgesamt über 9'000 Schülerinnen und Schülern – mehr als die Jesuiten und mehr als die *Eastern Turkey Mission*.[138]

3.3.4 Gang aufs Land: Die jesuitische Dorfarbeit bei Kayseri[139]

Der systematische Gang zum anatolischen Landvolk war durch den Einfluss der russischen sozialrevolutionären *Narodniki* („Volkstümler") im letzten Viertel des 19. Jahrhunderts unter armenischen Aktivisten aktuell geworden. Erst nach 1908 begann er auch bei den Jungtürken, die auf der Suche nach Verwurzelung in „Volk" und „Nation" waren, eine Rolle zu spielen. Talat Pascha habe noch 1917, als er eben Grosswesir geworden war, an einer unionistischen Parteiversammlung gesagt: „Wir sind an die Spitze dieser Nation gelangt. Aber Anatolien ist für uns eine verschlossene Truhe. Ich glaube, dass wir erst deren Inneres kennenlernen müssen, um danach den der Nation würdigen Dienst zu leisten."[140] Victor Pietschmann schrieb im Juli 1914, als er auf einer geographischen Exkursion die Ostprovinzen durchreiste, dass es angesichts der mangelnden Landeskenntnis der Gendarmen und vieler Offiziere, mit denen er zu tun hatte, nicht verwunderlich sei, wenn „die türkische Verwaltung eigentlich von ihrem Lande so wenig weiss, und überall auf die Fremden angewiesen ist, die es oft besser kennen als sie. Man kann füglich sagen, dass sie eigentlich von ihrem Land erst Besitz ergreifen muss. Denn bis jetzt herrscht sie […] nur über die nächste Umgebung der Landstrassen und grösseren Orte. Von dem aber, was im

---

137 „Pendant les vacances les Sœurs de Césarée et de Sivas, réparties en 3 ou 4 groupes, se rendent dans les villages que nous évangélisons, et là, instruisent les enfants, soignent les malades et enseignent la religion aux femmes." Die Zahl von insgesamt 98'892 durch die Jesuitenmission betreuten Kranken im Jahre 1912, davon 88'441 im *dispensaire* und 10'451 zu Hause, war beeindruckend hoch (täglich im Mittel 271 Patienten, die sechs Stationen zusammengenommen); falls sie wirklich korrekt ist, schloss sie vermutlich die Impfaktionen gegen Pocken und Typhus von Pater Poidebard in Sivas mit ein (für Zitat und Zahlen vgl. den Bericht von d'Autume, Anhang, S. 553 f.).

138 Terzorio 1917–1920, Bd. 6, S. 484 f.

139 Hauptquellen zu diesem Kapitel sind der Bericht von d'Autume vom Frühjahr 1914 (siehe Anhang, S. 548–557), derjenige von Pater Goudard von 1912, AFCJ Coll. Prat 28/1, S. 839–849, der Bericht von Pater Beraud in *Lettres d'Ore* 1912, S. 190–206, der Bericht und Brief an Langloys von Gransault in *Lettres d'Ore* 1908, S. 104–136, sowie die Angaben in *Le Cinquentenaire de la Mission d'Arménie*, S. 12 f.

140 1914/15 liess das Innenministerium verschiedene Volksgruppen erforschen: Armenier, Kurden, Turkmenen sowie, durch Baha Sait Bey, die *Kızılbaş* und Bektaschi. Vgl. Birdoğan 1994, S. 7–9 (Zitat S. 7); Birdoğan 1990, S. 370 f.; vgl. Kap. 3.6.4.

Innern, in den weiten Gebieten der Ebenen, in den Tälern und auf den Hängen ihrer Berge lebt und vor sich geht, und was diese Gebirge selbst in sich bergen, ist nur sehr weniges bekannt, und auch das ungewiss."[141]

Die Gewinnung der Landbevölkerung wurde ein erklärtes Ziel der verschiedenen missionarischen Bewegungen. Der Hülfsbund beispielsweise forcierte um 1910 den Aufbau von Dorfarbeiten um Harput und Van, was ihn in Konflikt mit dem ABCFM brachte. Die ABCFM-Missionare waren die einzigen, die seit der Jahrhundertmitte den systematischen Gang in die Dörfer der Ostprovinzen praktizierten. Sie trugen dazu bei, dass sich die Protestantismusbewegung auch in vielen Dörfern verbreitete. Dennoch spielte sich der grösste Teil der Missionsarbeit in den Städten ab.[142] Das amerikanische Beispiel hat den jesuitischen Pater Joannès Gransault herausgefordert, als er Ende 1906 seine Arbeit in verschiedenen abgelegenen Dörfern im bergigen Gebiet zwischen Kayseri und Sivas begann. Sein Vorgesetzter in Istanbul, Pater d'Autume, bekannte unverblümt diesen Zusammenhang: „Née du désir d'utiliser l'influence que nous donnent nos écoles et collèges des villes pour faire pénétrer notre enseignement dans les villages avoisinants et pour combattre l'influence protestante et américaine au profit de l'influence catholique, cette œuvre a commencé aux environs de Césarée en 1906."[143] Gransaults Arbeit wirft ein bezeichnendes Licht auf die Mentalität der jesuitischen Mission und auf die konfessionellen und ethnischen Spannungen in der spätosmanischen Gesellschaft. Trotz dominanter missionsspezifischer Vorgaben gab diese Dorfarbeit Gransault die Gelegenheit zu individuellen Begegnungen und eigener Veränderung. Die Berichte geben von der Rührigkeit des Paters Zeugnis, von seiner Ausstrahlung auf die Dörfler und seiner Nähe zu manchen von ihnen. Jahrelang verkehrte er alleine unter ihnen, ohne dass seine Person in jener Region, wo Reisen als unsicher galt, gefährdet gewesen wäre.

Es gab seit den ersten Jahren der Jesuitenmission Versuche, armenische Dörfer im Umkreis von Merzifon und Adana auf Ersuchen von Dorfdelegationen mit einer Schule zu versehen und zu katholisieren. Doch gedieh aus diesen Bemühungen nie etwas Langfristiges.[144] Dennoch begann Pater Gransault, damals Missionar in Kayseri, 1907 seinen „Versuch eines ausserstädtischen Apostolates".[145] In einer Entfernung von rund einer Tagereise von Kayseri, Richtung Sivas, lagen das armenische Mondjouçoun mit 320 Familien, das türkisch-armenische Tchèpni mit 300 armenischen und 320 türkischen Familien sowie das rein armenische Dendil mit 250 Familien. Als Frucht von Gransaults Arbeit bildeten sich in diesen Dörfern von der Regierung anerkannte armenisch-katholische Gemeinden mit je ein bis zwei Dutzend Familien. Jedes Dorf bekam seine katholisch geführte Schule mit je 50–100 Schülern und Schülerinnen; diese waren gregorianische und katholische Armenier sowie vereinzelte muslimische Türken.[146]

---

141 Pietschmann 1940, S. 150.

142 „It is a significant fact that every one of the more important cities with a population upward of 34,000 has been occupied as a mission station. In the eastern section, especially in Armenia and Kurdistan, the country is still sparsely and feebly occupied." WMC 1910, Bd. I, S. 177 f.

143 ŒO 1913, S. 49.

144 *Le Cinquantenaire de la Mission d'Arménie*, S. 12.

145 „Tentatives d'apostolat en dehors des villes", *Lettres d'Ore* 1908, S. 118.

146 Als „paroisses en formation" wurden Burhan, Tchat und Segher aufgeführt; weitere Dörfer wünsch-

Den Kompass in der Hand und das nötigste Gepäck auf dem Rücken, kämpfte sich Gransault am Samstagabend, 4. Januar 1908, zu Fuss nach Tchèpni, nachdem sein Wagen in Schnee und Schlamm steckengeblieben war und der Wagenführer, anstatt sich weiterzubemühen, nach Burhan umkehrte. „C'est demain dimanche, je ne veux pas laisser Tchèpni sans messe", schrieb Gransault seinem Freund Langloys.[147] Am nächsten Morgen um neun Uhr brachten zwei Männer aus Burhan Gransaults heissersehnte Kiste auf einem Esel. Dank einer Glocke, die er ihr entnahm, konnte er erstmals regelrecht zur Messe läuten. Sie fand im bescheidenen Raum der *église-école* statt, den der Pater seit kurzem gemietet hatte. Mit ausdrucksvoller Frömmigkeit sang der frischgebackene Lehrer, ein ehemaliger Schüler aus Kayseri, den liturgischen Gesang nach dem lateinischen Ritus. Der Pater predigte auf türkisch, da die dortigen Armenier ihre einstige Muttersprache nicht mehr verstanden.

Am Montag, den 6. Januar 1908, begann Gransault mit einer Unterweisungsreihe, die jeweils morgens und abends zur Zeit der Messe stattfand. Mit dem ebenfalls in der genannten Kiste enthaltenen Projektor zauberte er Bilder aus dem Leben Jesu an die Wand. „Ils en sont émerveillés." Die Faszination der Technik und des Bildes erleichterte das Auftreten des Paters. Über seine Aussprache- und Grammatikfehler wurde nur gelegentlich diskret gelacht. „Je me réjouis de plus en plus d'avoir apporté cette machine." Am Samstagabend, 18. Januar 1908, installierten der Pater und der junge Lehrer in der „armseligen" Kirche die aus derselben Kiste entnommene Jesusstatue: „un bel enfant Jésus de grandeur naturelle". Am Sonntag war armenische Weihnacht. „La petite église est pleine. On prie avec ferveur, on écoute avec grande attention le sermon, on boit des yeux le petit Jésus. Presque tous ceux qui se sont confessés, c'est-à-dire plus de quatre-vingt-dix, s'approchent de la Sainte Table avec respect. Il y a silence complet et grand recueillement, et après avoir vu le fond des cœurs, je sais bien que ce n'est pas une comédie quelle qu'ait été la première cause déterminante de ce mouvement. Après les actes d'action de grâces lus par le Vartabed, tous, petits et grands, viennent baiser les pieds de l'Enfant Jésus et déposer leur petite offrande. Comme je suis heureux d'être venu aider ces pauvres gens à fêter l'Enfant Jésus."[148] Nach der Messe trafen sich die Katholiken bei einer Mahlzeit. Anhand eines Bildchens erklärte Gransault den Kult des *Sacré-Cœur*.[149] Beim Abendgottesdienst las er ihnen das katholische Glaubensbekenntnis für orientalische Konvertiten. Die Gemeinde gab im Chor die passende Antwort, leistete den Treueeid und kniete schliesslich beim Segensgebet vor dem

---

ten, dass Missionare zu ihnen kommen, „sed opes et operarii pauci" (Autume-Bericht). – Da die meisten dieser Dörfer ausgelöscht oder mit einem anderen Namen versehen sind und sich somit auf keiner aktuellen Türkei-Karte finden lassen, übernehme ich hier die französische Schreibweise von Gransault. – Mondjouçoun gehörte zum Sandschak Kayseri, Tchèpni und Dendil zum Sandschak Sivas *(kaza* Şarkışla/Tonuz). Vgl. Kévorkian und Paboudjian 1992, S. 224, 240 (um die bei diesen Autoren angegebenen Einwohnerzahlen zu erreichen, müssen die obigen Familienzahlen mit dem plausiblen Faktor 5–8 multipliziert werden).

147 *Lettres d'Ore* 1908, S. 120.
148 *Lettres d'Ore* 1908, S. 133 f.
149 *Lettres d'Ore* 1908, S. 134. „Jésus-Christ, dont le cœur, considéré comme organe de son humanité et comme symbole de son amour, est l'objet d'un culte de l'Eglise catholique", *Petit Robert*. Ein Kult, der, wie mir jesuitischerseits versichert wurde, aus heutiger Perspektive „carrément" von schlechtem Geschmack zeuge.

Jesuskind nieder. „[...] cette fête a été un grand pas fait par le vrai catholicisme."
Über eine andere Dorfweihnacht schrieb er gerührt: „Et dans ce village perdu des
montagnes, on entend résonner le joyeux Noël français: *Il est né le divin enfant!*"[150]

Ein ähnliches, wiewohl praktischeres Gefühl der Bestätigung erlebte Gransault
im Dienst für die Kranken. Er war dafür nicht speziell ausgebildet und führte bloss
wenige Medikamente mit sich. Bei mehreren Kranken, die am 21. Januar zu ihm
kamen, bestand wenig Hoffnung auf Heilung; er gab ihnen etwas Wasser von
Lourdes und liess sie eine *neuvaine,* ein neuntägiges religiöses Exercitium beginnen. „Dans l'intervalle des offices, mon temps est partagé entre les visites et les
malades." Besucher und Kranke kamen aus allen ethnischen und religiösen Gruppen; Türken, Armenier und speziell auch Aleviten wollten den Fremden sehen, sei
es wegen einer Krankheit, sei es, um sich zu unterhalten. Wie alle anderen Missionare an isolierter Stelle war er darauf angewiesen, intakte Beziehungen zu
schaffen und sich nicht zu sehr mit einer ethnischen Gruppe identifizieren zu
lassen.[151] „Mon Père Efendi", wie er weithin genannt wurde, hob gerne seine
Beziehungen zu den einflussreichen Personen hervor, deren Besuch ihn ehrte und
welche ihm besonders nützlich sein konnten. So hätte er ohne das Wohlwollen des
türkischen Dorfvorstehers seine Arbeit in Tchèpni nie aufbauen können.[152] Am
16. Januar 1908 liess ein reicher Armenier aus dem nahen Burhan ein Medika-
ment für seine Familie holen; Gransault nannte ihn „une connaissance utile de
plus". Auch der Gendarm hatte ein Hustenmittel nötig: „En voilà un qui ne me
taquinera pas en route à propos de tézkérè [Reisepapier], s'il me rencontre sur les
grands chemins." Am solidesten gestalteten sich die Beziehungen, wenn einem die
Kinder anvertraut wurden.[153] Die Tatsache, dass Gransault sich jahrelang, nämlich
von 1907 bis 1914, in dieser wilden Gegend unbehelligt bewegen konnte, spricht
für seine intakten Beziehungen; sie gründeten zumindest teilweise auf seinen guten
Diensten. „Par sa patience, sa bonté et ses services, le Père a conquis déjà beaucoup de sympathies parmi ces villageois rudes comme l'air de leurs montagnes,
mais bons et droits." Seltene gröbere Drohungen stammten von konfessionellen
Gegnern.[154]

In der kleinen Welt der christlichen Dorfgemeinschaft und ihrer Intrigen
spielte für den Jesuiten der „angesehene Türke" oft die Rolle des unparteiischen
Dritten. Gerne hört er dessen Lob, wenn es die Katholiken vorteilhaft von den
„getrennten Brüdern" (den „schismatischen" Armeniern) und den Protestanten ab-

---

150 *Lettres d'Ore* 1913, S. 259. Gransault beschrieb an anderer Stelle sein Glücksgefühl angesichts
     seiner versammelten Herde im Kirchlein: „[...] j'ai goûté une vraie consolation à les voir si pleins
     de bonne volonté et de docilité" *(Lettres d'Ore* 1913, S. 114). Er träumte davon zu katholisieren:
     „[villages] que je rêvais de faire [...] catholiques" *(Lettres d'Ore* 1913, S. 341).

151 „[...] je peux dire que cela facilite beaucoup les voyages et le séjour et empêche les soupçons qui
     ne tarderaient pas à naître si on ne nous voyait que de loin, dans le camp opposé." *Lettres d'Ore*
     1908, S. 12.

152 *Lettres d'Ore* 1908, S. 128, 130 f., 135 f. Vgl. auch Beraud-Bericht, *Lettres d'Ore* 1912, S. 195.

153 „Quelques enfants des Turcs les plus influents et fort bien disposés pour nous y [à l'école] viennent
     aussi. Ils seront comme un bouclier contre les entreprises des adversaires." *Lettres d'Ore* 1908,
     S. 112.

154 „Les adversaires [à Burhan] parlent gros: ‚Dans ce village, on battra, on tuera mon Père.'" Beraud
     in *Lettres d'Ore* 1912, S. 206, obiges Zitat S. 202.

hob.[155] „[...] à Tchèpni, les Turcs, spectateurs impartiaux, disent ouvertement: ‚Les catholiques ont des chefs instruits, une bonne vie, une religion sincère, un bon enseignement et une grande justice.'" Gerne stellte er sich vor, dass der Heilige Geist auch die „aufrichtigen Muslime" anrühre.[156]

Nach einer Messe eilte Gransault zu einer sterbenden Frau, die er bereits am Vorabend besucht hatte. Deren Mann hatte die Familie bei den Katholiken eingeschrieben. Auf halbem Weg kam ihm ihr Sohn entgegen und meldete ihren Tod. Dies bedeutete für Gransault eine Niederlage im Konkurrenzkampf mit der gregorianischen Kirche. Warum hatte die Familie nicht zuerst ihn als Priester gerufen? „J'étais perplexe, car son mari est inscrit parmi nos catholiques [...]. L'intensité seule des souffrances et l'ignorance l'avaient empêchée d'accepter mon ministère."[157] Gransault hörte von Ferne den Begräbniszug und die armenischen Trauergesänge. Der *derder* (verheiratete Priester) hatte es geschafft, zuerst da zu sein; er hatte allen Grund, sich zu beeilen, denn mit der Konversion seiner Leute zum Katholizismus verlor er deren Abgaben, die sie ihm in Naturalien ablieferten. Für ihn stand das Brot auf dem Spiel. Der Superior des Klosters Mancelek, von dem er direkt abhing, unterstützte ihn aktiv. Gransault schien eher zurückhaltend in seinem Urteil über die gregorianischen Geistlichen.[158] Der gut vier Jahre später entstandene Bericht Pierre Berauds, der zwei Monate bei Gransault geweilt hatte, verrät in seinen wenig schmeichelhaften Äusserungen möglicherweise auch Gedanken des Dorfmissionars, die dieser als der Erfahrenere, den Dörflern näher Stehende nicht direkt weitergab.[159] Dem gebildeten Jesuiten fiel eine demütige Einschätzung der *derder* schwer. „Ces derders! ils ne sont pas savants." Sie kannten die Vorzüge des Zölibats nicht: „Tous mariés, pères de familles, travaillent la terre ordinairement comme le premier venu." Vor allem machten sie sich seiner Meinung nach des Aberglaubens beziehungsweise „jüdischer oder muslimischer Gebräuche" schuldig: „Sous des pasteurs de cette trempe, les superstitions ou usages juifs et musulmans foisonnent et règnent en pleine liberté."[160]

Die protestantischen Armenier bemühten sich nicht um die Vergrösserung ihrer Gemeinden in jener Region. Sie versuchten aber, so klagte Gransault, mit allen Mitteln, die begonnene Katholisierung, obwohl sie nur eine Minderheit innerhalb der einzelnen Dörfer betraf, rückgängig zu machen. Sie wollten im Bund mit den Führern der gregorianischen Kirche Druck ausüben auf die neue katholische Gemeinde in Tchèpni, da diese der Einheit der armenischen Nation Abbruch tue. Dem Vorsteher der gregorianischen Christen in Tchèpni wurde das offizielle Siegel entzogen, da ihn die Antikatholiken anklagten, zuwenig gegen die Katholiken unternommen zu haben. Solange sie nicht offiziell der katholischen Millet angehörten, fürchteten die Katholiken bei der Aufteilung der Steuer, für die das Dorf aufkommen musste, benachteiligt zu werden. An seinen protestantischen Gegnern liess

---

155 Die Protestanten wurden nicht etwa als „frères séparés" bezeichnet, vgl. *Lettres d'Ore* 1908, S. 108.
156 „Les musulmans de bonne foi" (Beraud in *Lettres d'Ore* 1912, S. 194, 196).
157 *Lettres d'Ore* 1908, S. 126 f.
158 *Lettres d'Ore* 1908, S. 104–136.
159 Pierre Beraud war erst seit 1913 als Französischlehrer in Kayseri tätig und musste noch Türkisch lernen *(Catalogus sociorum* 1914, S. 65).
160 Beraud in *Lettres d'Ore* 1912, S. 192 f.

Gransault kein gutes Haar. Er fand, dass die ehemaligen Zöglinge der protestantischen Schulen, von denen sich in jedem Dorf einige finden liessen, ein überhebliches Gehabe an den Tag legten. Stark wetterte er gegen die *teslimci* (Pfingstler), von denen ihm namentlich einer aus Mondjouçoun in die Quere kam. Dieser Pfingstler – „apôtre néfaste de la détestable secte des Teslimdjis (qui se livrent au Saint-Esprit)" – habe eine Reise nach Tchèpni unternommen mit dem Ziel, dort der katholischen Bewegung zu schaden. Gransault empfand eine persönliche Befriedigung darin, den Pfingstler aus Mondjouçoun der Lächerlichkeit preiszugeben. Auf seiner Rückreise am 25. Januar 1908 nutzte der Pater den Aufenthalt in Mondjouçoun dazu, mit Hilfe seines Lichtbildprojektors einen Vortrag zu halten, der dazu diente, die Eindrücke einer protestantischen Veranstaltung „auszulöschen", welche zuvor stattgefunden hatte. Das bergige Gebiet zwischen Sivas und Kayseri sei glücklicherweise noch unberührt; um so mehr gelte es, einen Posten um den andern zu besetzen, bevor die Protestanten kämen.[161]

Gransault hoffte, dass sich der abgesetzte Gregorianerführer von Tchèpni den Katholiken anschliessen und eine grosse Zahl weiterer Familien mit sich ziehen werde.[162] Hinsichtlich der religiösen Überzeugung solcher Konvertiten meinte Gransault: „[…] si nous attendons pour les avoir qu'ils viennent à nous par pur amour de l'Eglise catholique, nous attendrons toujours. Les ayant, nous avons leurs enfants, et eux-mêmes, comme je le vois ces jours-ci, avec la grâce de Dieu, et l'instruction qu'ils reçoivent, finissent par rester de cœur et à persévérer dans cette foi."[163]

Gransault versuchte gegenüber dem armenisch-katholischen Priester in den Hintergrund zu treten und diesen die Amtshandlungen wie Trauung und Taufe nach dem armenischen Ritus zelebrieren zu lassen. „[…] il est très important que les prêtres arméniens catholiques soient toujours en avant dans ces affaires. Jusqu'à présent, soit à Mondjouçoun, soit ici, nous nous sommes appliqués à ne paraître que comme leurs auxiliaires."[164] Die Römische Kirche hatte in ihrer orientalischen Kirchenpolitik Wert darauf gelegt, dass die unierten Kirchen, so die seit dem 17. Jahrhundert existierenden armenisch-katholischen Gemeinden, ihren angestammten Ritus und ihre Gebräuche erhalten sowie eine eigene Hierarchie haben sollten, solange sie sich dem Primat Roms beugten. Das Pontifikat Pius' X. (1903–1914)

---

161 Vgl. Goudard-Bericht, S. 5.

162 „[…] c'est toujours ainsi qu'il en est: un homme influent groupe autour de lui un certain nombre de familles qu'il entraîne avec lui." *Lettres d'Ore* 1908, S. 123, folgendes Zitat S. 127. Dieses Bekehrungsprozedere hatte Tradition, vgl. Massignon 1915, S. 137.

163 Von einem bloss geistlichen Interesse der Konvertiten auszugehen, sei weder wahrhaftig noch wahrscheinlich, hiess es an anderer Stelle: „C'est déjà beaucoup que les préjugés [gegenüber den Missionaren] tombent, que les intérêts matériels se trouvent d'accord avec le bien des âmes." Der Konvertit erhoffte sich in der Regel den Schutz Frankreichs, welcher sich in Anbetracht der grossen Unsicherheit von Leib und Gut nur zu gut verstand, und die französische Erziehung, die langfristig die soziale Situation verbessern, also zu sozialem Aufstieg führen sollte. „Le grand désir de ces gens est d'avoir un collège français, d'où leurs enfants, en sortant, puissent être placés dans les banques, régies, chemins de fer." Es gebe auch höhere Motive, heisst es im selben Bericht: „L'évidente supériorité [der jesuitischen Moral]", „celle qu'il prêche, celle surtout qu'il pratique." *Lettres d'Ore* 1913, S. 346 f.

164 *Lettres d'Ore* 1908, S. 136.

jedoch, das Latinisierung und administrative Zentralisierung verstärkte, brachte weniger Sympathie für die Eigenheiten der orientalischen Kirchen zum Ausdruck als dasjenige von Leo XIII. (1878–1903).[165] So kam es, dass der Dorfmissionar Gransault von der *Sacra Congregatio de Propaganda Fide* keine Erlaubnis erhielt, in seinen Bergdörfern den Gottesdienst generell nach dem armenischen Ritus zu halten, was er vorgezogen hätte.[166]

Gransault musste sich auch darüber Rechenschaft ablegen, dass die armenisch-katholischen Priester kein Interesse am Ausbau seines Werkes hatten, welches zu römisch geprägt war. Daher trug er sich mit dem Gedanken eines Priesterseminars in Kayseri, das dem Mangel an qualifizierten Kräften abhelfen sollte. Doch die Realisierung dieses Anfang 1914 von den Oberen abgesegneten Projektes fiel dem Krieg zum Opfer. Sträubten sich die armenisch-katholischen Priester, die Gransault nicht unterstützten, in erster Linie gegen den verstärkten Einfluss Roms?[167] Standen sie unter dem Druck ihrer Volksgenossen, die sie versteckt oder offen zu Verrätern an der armenischen Einheit stempelten? Trauten sie der politischen Situation nicht? Scheuten sie ganz einfach die Mehrarbeit? Auch die Analyse im unveröffentlichten Goudard-Bericht vom August 1912 über die Dorfarbeit von Gransault gibt auf diese Fragen keine eindeutigen Antworten. Pater Goudard, die rechte Hand des Missionssuperiors d'Autume in Istanbul, hatte sich acht Tage in den Dörfern aufgehalten. „La vérité fondée sur une longue et douloureuse expérience nous force à dire que c'est là [bei der armenisch-katholischen Geistlichkeit] le principal obstacle et vraiment le point le plus inquiétant pour l'avenir de cette œuvre. Les missionnaires évidemment ne peuvent latiniser, donc, dès qu'un petit noyau de catholiques est formé, il passe sous la juridiction du clergé arménien catholique. Or ce clergé (je laisse de côté d'autres motifs) a) ne croit pas à la réussite de cette œuvre, qu'il considère comme une entreprise latine sans issue, b) dans l'ensemble n'aide pas, p. ex. quand il faut faire quelques démarches auprès du gouvernement [...]. Jusqu'à présent on ne nous donnait presque pas de prêtre, on s'apercevait bien vite que les qualités et vertus nécessaires manquaient. D'ordinaire, ces prêtres ne faisaient que passer, causant des intrigues, gâtant l'œuvre, déconsidérant parfois le catholicisme, toujours occasionnant de grandes dépenses."[168] Klar war nur, wie aus

---

165　Vgl. Hajjar 1979, S. 259.
166　*Lettre d'Ore* 1908, S. 121.
167　So verweigerten z. B. militante armenische Katholiken dem vom Papst und nicht ihnen selbst gewählten, von den Jesuitenmissionaren stark unterstützten Bischof Nazlian den Zutritt zu seinem Sitz in Trabzon *(Lettres d'Ore* 1912, S. 207). – Hajjar 1979, S. 263, spricht von einer „prévention systématique du pape [Pius X.] à l'égard de l'Orient chrétien"; zum Mangel an römischem Feingefühl gehörte auch die bedingungslose Unterstützung und Bindung an Rom des armenisch-katholischen Patriarchen Terzian (gewählt 1910), der sich dem armenischen Nationalkomitee in Istanbul gegenüber selbstherrlich benahm; es kam zu einer schweren kirchlichen und diplomatischen Krise (S. 384–433).
168　Bericht von Pater Goudard von 1912, AFCJ Coll. Prat 28/1, S. 839–849. D'Autume gab Hinweise auf die Finanzierung der Dorfarbeit (ŒO 1913, S. 48–53). Sie geschah – wie die Finanzierung der Missionsarbeit im allgemeinen – über Eigenmittel, über Spendengelder von Privaten und die Gelder der „œuvres qui veulent bien s'intéresser" (so das *Œuvre des Ecoles d'Orient).* Von staatlicher Hilfe sprach d'Autume nicht. Das Budget der vollständig fremdfinanzierten Dorfarbeit – ihre Schulen waren kostenlos – sah für das Jahr 1912 wie folgt aus: „6 professeurs à 500 fr., 3'000 fr. Constructions, locations et achats, environ 400 Livres turques, 9'000 fr. Intérêts d'une dette de

einer Notiz des Superiors hervorgeht, dass man möglichst bald den *vartabed* von Tchèpni „loshaben musste, da er ein Hindernis für das Gute war". Es taten sich Welten auf, welche die westliche, expansionsorientierte katholische Mission von ihren orientalischen Konfessionsgeschwistern trennten.[169]

Nicht nur in der Einbindung in die Gesamtstrategie – Bekämpfung des Protestantismus –, sondern auch in vielen Einzelfragen, wie in derjenigen des Ritus, zeigte sich die Abhängigkeit des Jesuitenmissionars von der Organisation. Die eigenen Einschätzungen deckten sich oft nicht mit denjenigen der Vorgesetzten. Aber die Meinungsverschiedenheiten wurden nicht in basisdemokratischer Weise ausdiskutiert und per Mehrheitsentscheid entschieden, wie das bei den Jahresversammlungen der Missionszweige des ABCFM der Fall war. Man ging paternalistisch-hierarchisch vor; der Superior notierte beispielsweise zum Goudard-Bericht: „Segher me semble sans avenir, mais […] je pense qu'il faut y laisser un professeur un an ou deux pour faire plaisir au P. Gransault."[170]

Die Niederlagen im Balkan drückten schwer auf die Stimmung der Muslime in der Provinz, meinte Gransault 1913. „Les défaites sanglantes qui se multiplient réveillent les vieilles rancunes. A défaut d'autre manifestation, certains regards haineux, quelques articles de journaux virulents rappellent aux étrangers qu'ils ne sont point en terre amie."[171] Auch Goudard nahm eine wachsende Ausländerfeindlichkeit unter den Türken wahr. Besonders störte ihn, dass die Regierung die Gründung von katholischen Gemeinden und Schulen zunehmend behindert. Der Gouverneur *(mutasarrıf)* beschwichtige diejenigen, die über die Xenophobie besorgt seien. Zwar räume er ein, dass die 1890er Massaker von den Behörden gelenkt waren, aber er betone, dass die neue Regierung so etwas nie zulassen würde. Leider seien solche Aussagen erfahrungsgemäss wenig glaubwürdig, meinte Goudard. Daher hämmerten die armenischen Komitees ihren Volksgenossen ein, sich zu bewaffnen.[172] Trotz dieser düsteren Zeichen herrschte am Vorabend des Weltkriegs Zuversicht bei den Jesuiten über die Zukunftsaussichten der Dorfarbeit.[173]

11'000 fr. à 5%, 550 fr. Pension de 25 enfants élevés gratuitement à Césarée, 5'000 fr." Das ergab ein Total von 17'550 fr. Der Lehrermonatslohn betrug weniger als 50 französische Francs. Dieser Betrag deckte knapp die Unterhaltskosten einer Familie auf dem Land. Für den Bau eines bescheidenen Gebäudes, das als Kirche und Schule dienen konnte, waren rund 6'500 Francs einzusetzen (ŒO 1913, S. 51 f.).

169 Der „missionnaire de ces montagnes", der mit zäher Hingabe neue Wege beschritt, gewann mehr und mehr die Aufmerksamkeit und Sympathie seiner nächsten Vorgesetzten, nämlich des unmittelbaren Superiors in Kayseri, Goudard, sowie desjenigen der ganzen Armenienmission, d'Autume in Istanbul. Noch weiter oben schien das Verständnis für diese Art Arbeit nicht so recht entwickelt gewesen zu sein. Vgl. Goudard-Bericht, S. 844.

170 AFCJ Coll. Prat 28/1, S. 843.

171 *Lettres d'Ore* 1913, S. 353.

172 *Lettres d'Ore* 1913, S. 352 f.

173 „Ce que j'ai vu me paraît une œuvre sérieuse, qui a encore peu donné, mais semble appelé à produire de beaux fruits. Certains signes providentiels me font même croire, qu'à moins de gros obstacles, toujours possibles dans ces régions, la grâce passera bientôt plus abondante." AFCJ Coll. Prat 28/1, S. 839.

3.3.5 Mädchen- und Frauenbildung

Von Missionsmitgliedern wurde zu Recht immer wieder die Mädchenbildung im Nahen Osten als einer der tiefgreifendsten missionarischen Eingriffe bezeichnet.[174] Die Motivation dafür war ursprünglich das reformatorische Postulat der Bibellese-fähigkeit aller. Die Missionsgesellschaften waren praktisch die einzigen Organisationen, die es unverheirateten Frauen ermöglichten, sich auf die attraktive Herausforderung eines Jobs in fernen Ländern einzulassen. Manche Missionarinnen und Missionarsfrauen hatten eine frauenrechtlerische Ausrichtung. Die gesellschafts-politischen Anliegen, die sie aus der Heimat mitbrachten, und ihre religiöse Motivation flossen ineinander über. Mädchenbildung galt als ein aufklärerisches Anliegen; sie roch nach Fortschritt und liberalem Denken. Sie war dazu geeignet, gesellschaftliche Rollenverständnisse und Identitätsmerkmale tiefgreifend zu verändern. Schon in den 1830er Jahren hatte das ABCFM die ersteren höheren Schulen für Mädchen in der Türkei gegründet.[175] Ende des Jahrhunderts zählte man rund 20 solcher Schulen, manche davon im Osten (Merzifon, Kayseri, Anteb, Marasch, Sivas, Harput, Erzurum, Bitlis, Mardin).

Gerade dank ihres tiefverwurzelten Engagements für Mädchenbildung bekamen die Missionsschulen 1908 frischen Wind in die Segel. Es war für den damals bereits ein halbes Jahrhundert in der Türkei weilenden Missionar Joseph Greene ein unvergessliches Erlebnis, als er am 18. September 1908 bei einer Versammlung im Park von Bebek am Bosporus den liberalen Prinzen Sabaheddin sich eloquent für die Schulung der Mädchen einsetzen hörte, wobei die zahlreiche weibliche Zuhörerschaft ihren Schleier wegtat und dem Redner enthusiastisch applaudierte.[176] „All prominent Turkish patriots at the present time express themselves with great enthusiasm regarding the necessity for the higher education of Turkish women", schrieb 1911 die ABCFM-Missionarin Mary Patrick und wies darauf hin, dass 50–60 Musliminnen das *American College for Girls* in Istanbul besuchten.[177] „Trotz des Westens westlich sein" war die Devise, die unter progressiven patriotischen Osmaninnen innerhalb und ausserhalb der Missionsschulen Gültigkeit hatte. Diese galten selbstverständlich als Hochburgen des „Westlertums".[178]

In den Augen der Missionare fiel die Mädchenbildung auf besonders fruchtbaren Boden. Sie betonten die tiefgreifendere Wirkung der weiblichen Schulbildung, welche die Mädchen in die Gesellschaft als starke Persönlichkeiten mit wachem

174 Vgl. Greene 1916, S. 161 f., 337; Stone 1984, S. 73 usw.

175 *American High School for Girls* in Bursa, 1834, und *American College for Girls in Istanbul*, 1832. – Das langfristige Resultat der missionarischen Mädchenbildung muss kritisch hinterfragt werden. Ellen Fleischmann hat dies in ihrem unveröffentlichten Arbeitspapier unter dem Titel „Modernizing Domesticity or Subverting Gender Norms? The Impact of American Protestant Missions in Lebanon on the Construction of Female Identity" in bezug auf den Libanon getan (anlässlich eines Workshops an der Brown University im November 1999). Vgl. auch Fleischmann 1998.

176 Greene 1916, S. 163.

177 Patrick 1911, S. 89.

178 Serpil Çakır meint, dass die Osmaninnen im Umkreis der frauenrechtlerischen Zeitschrift *Kadın Dünyası* zur Zeit der 2. Konstitution (1908–1914) bei der damals zur Frage stehenden ideologischen Wahl zwischen *Batıcılık* („Westlertum"), *İslamcılık* („Islamismus") und *Türkçülük* („Türkentum") klar das erste vorzogen (Çakır 1994, S. 257).

Verstand und einem geistlichen Verständnis, das weit über die „schoolgirl piety"
hinausreiche, entlasse. Bei den Jungen hingegen halte oft ein oberflächlicher, rebel-
lischer Modegeist Einzug; Erziehung bedeute für sie kaum mehr als ein Sprungbrett für eine berufliche oder politische Karriere. Die Mädchen erfassten besser,
welche Bedeutung die geistliche Botschaft für die Herzensbildung und für die tiefgreifende Änderung des gesellschaftlichen Lebens habe.[179] Erziehung der Frauen
durch Frauen in Übereinstimmung mit den Bedürfnissen ihrer Lebenswelt – das war
der an der Weltmissionskonferenz in Edinburg von Türkeimissionsangehörigen verfochtene Leitgedanke. Die Ausführungen im Kapitel „Education of Women" in den
Edinburger Protokollen sind gerade auch im Hinblick auf den Kontext der Ostprovinzen bemerkenswert.[180] Man war sich bewusst geworden, dass man im Gründungs-
eifer die Schulen zu stark nach westlichen Mustern geführt hatte. Emblematisch
dafür war nur schon die Namensgebung; *Mount Holyoke Girls' Seminary for Kurdistan* hiess beispielsweise das Mädchenseminar in Bitlis, welches in den 1880er
Jahren zwei Absolventinnen des *Holyoke College* (USA) gegründet hatten.[181] Es
kam andererseits nicht in Frage, die Mädchen bloss zur Anpassung ans bestehende
Milieu zu erziehen und auf das Postulat der Gleichberechtigung zu verzichten.
Sprachlich und kunsthandwerklich hatte man sich – zumal die einzelnen Schulen
weitgehend autonom waren – seit jeher nach den regionalen Bedürfnissen gerichtet.
Auch in der Mädchenbildung sollte entsprechend der neuen zivilgesellschaftlichen
Stossrichtung der Mission mehr auf die Bewahrung und Entwicklung sozialer Bezie-
hungen in ihrem gesamtgesellschaftlichen Zusammenhang geachtet werden.

Die ernsthafteste Konkurrenz für das ABCFM im Bereich Mädchenbildung bildeten die von assoziierten Schwestern getragenen Mädchenschulen der jesuitischen
und kapuzinischen Missionen. Von den insgesamt fast 6'000 Schülerinnen und
Schülern, welche die jesuitischen Schulen am Vorabend des Weltkriegs unterrichteten, war eine klare Mehrheit Mädchen. Der Mädchenüberschuss betraf allerdings
nur die kostenlosen Primarschulen; in den kostenpflichtigen Sekundarschulen waren
die Mädchen untervertreten: im Schuljahr 1913/14 waren es 866 Mädchen gegenüber 1'137 Knaben. Die Primarschulen unterrichteten im selben Jahr 2'175 Mädchen
gegenüber 1'391 Knaben. Weniger als 1 Prozent aller Schülerinnen waren Mus-

179 So äusserte sich beispielsweise Charles C. Tracy, der Präsident des *Anatolia College* in Merzifon,
    an der Edinburger Weltmissionskonferenz, WMC 1910, Bd. 3, S. 231. Horst Gründer schreibt, dass
    als Folge der missionarischen Mädchenerziehung die weiblichen Eliten Afrikas bis heute stärker
    christlich geprägt seien als die männlichen (Gründer 1982, S. 368).
180 Die erste Grundregel weiblicher Bildung hiess: „Women should be taught by women." Die zweite
    Grundregel ging davon aus, dass keinerlei Erziehungssystem Allgemeingültigkeit in bezug auf
    Zeit und Kulturraum beanspruchen könne, woraus für die Mädchenerziehung zu schliessen sei:
    „An education which unfits a girl for the environment in which she is to live as a woman is of no
    benefit to her or to society." Selbst wenn ein bestimmter soziokultureller Kontext in den Augen
    einer ausländischen Missionslehrerin veränderungsbedürftig erscheine, komme sie nicht darum
    herum, ihre Lehrinhalte so anzupassen, dass sie vor Ort praktikabel und von der Umgebung
    verstehbar seien: „[…] to educate the girl to live such a life in that environment as will bring new
    light into it, without separating her from it, such as will make her a useful example for the people
    with whom she lives, not an example which they cannot comprehend." WMC 1910, Bd. III,
    S. 228–231.
181 Gerade jenes Mädchenseminar integrierte indes von Anfang an lokale Elemente, nämlich Textil-
    arbeiten zum Erwerb des Lebensunterhaltes (Stone 1984, S. 121 f.).

liminnen.[182] Wie schon zur Tanzimat-Zeit gab es im Bereich höhere Bildung in den Ostprovinzen keine ernsthafte Konkurrenz zu den ABCFM-Angeboten. Der Frauenanteil stieg überdurchschnittlich. 1913 zählte man in Harput 361 *college*-Studentinnen gegenüber 245 Studenten.[183] Nicht nur die *colleges,* sondern auch die übrigen ABCFM-Schulen erreichten einen klar höheren Anteil an Musliminnen als die jesuitischen Einrichtungen. In Marasch, das unter Nichtmuslimen und Aleviten als reaktionäre islamistische Stadt galt, errichteten die amerikanischen Missionarinnen eine Schule für muslimische Mädchen, die 1909 16 Schülerinnen zählte – alles Töchter von Mitgliedern der „progressiven" jungtürkischen Partei, die nicht aus Marasch stammten.[184] Das dortige *Central Turkey Girls' College* zählte neun Musliminnen von insgesamt 136 Studentinnen.

3.4   Der Weltkrieg und die Missionen

Das von innen durch Nationalismen und Islamismus und von aussen durch Imperialismus bedrängte spätosmanische Gebilde überlebte nach den Aufbruchs- und Krisenjahren von 1908–1914 den Weltkrieg von 1914–1918 nicht. Auch das Weltsystem europäischer Hegemonie, auf deren Präsenz die Türkeimissionen trotz aller Distanzierung von der „weltlichen Macht" angewiesen waren, überstand ihn in Kleinasien nicht. Schon vor 1914 befand sich das Osmanische Reich im Krieg: Die Balkankriege verschärften bis in die Städte der Ostprovinzen hinein den misstrauischen Blick der Ümmet auf ihre nichtmuslimischen Mitbürger. Dennoch waren die wenigsten Missionare 1914 auf eine Wende zu einem so allumfassenden Krieg gefasst, der nicht nur Landesgrenzen veränderte, sondern eine ganze Gesellschaft, ihre ethnische Zusammensetzung und ihre Ökonomie erfasste und völlig umkrempelte. Aktiv angestrengt wurde die osmanische Beteiligung am Weltkrieg von einem sehr engen, deutschfreundlichen Kreis innerhalb der Machthaber (CUP) in der Hauptstadt mit der Hoffnung, auf diesem Weg die inneren Probleme zu beseitigen, die Abhängigkeit vom Ausland zu lösen und das geopolitische Blatt zu wenden. Einer der grössten Steine des Anstosses lag in den Ostprovinzen: Dort sollten endlich die 1878 in Berlin versprochenen Reformen umgesetzt werden; das diktatorische Einparteienregime unterzeichnete das entsprechende internationale Abkommen unter diplomatischem Druck Anfang 1914. In den Augen des Regimes konnte es, entgegen seinem Wortlaut, zu nichts anderem als zur Loslösung der Ostprovinzen von der türkischen Herrschaft führen.[185]

---

182 Vgl. Statistik im Anhang, S. 573 f.

183 Tabelle in *The Orient,* 17. 12. 1913, S. 3. Leider schlüsseln die publizierten Statistiken nach 1900 die Geschlechter nicht mehr auf (vgl. Kap. 2.7).

184 „[…] now in attendance are all [16] the daughter of officials who are not real Marashlis. These officials belong to the progressive party while pretty much all the Turks of Marash are reactionaries. […] It has been rather striking that it has kept up through all these troublous times." Eula G. Lee im Brief vom 24. 6. 1909, ABC bh box 138.

185 Nicht umsonst widmete Cemal seiner Sicht des armenischen Reformprojekts fast 20 Seiten in

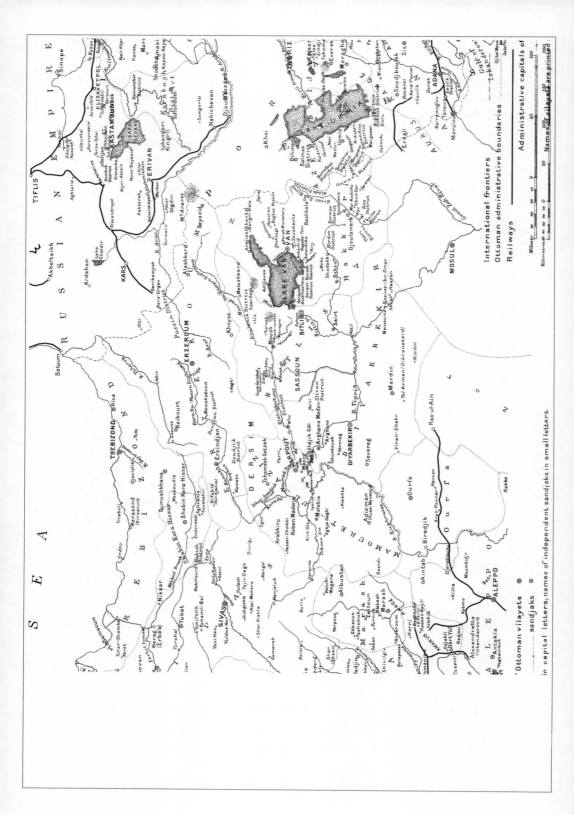

International frontiers ————

Ottoman administrative boundaries ··········

Railways ━━━━━

Administrative capitals of

50   100   150   200
Miles └──┴──┴──┴──┘

100   200   300
Kilometres └──┴──┴──┴──┘

Names of vilayets are printed

Ottoman vilayets   ◉

········   sandjaks   ◎

in capital letters; names of independent sandjaks in small letters.

Die Angst der Unionisten war identisch mit derjenigen Abdulhamids, ihre Stimmung ebenfalls diejenige einer – nicht mehr religiös, aber sozialdarwinistisch aufgefassten – Endzeit.

3.4.1 Chronik einer Peripetie

Am 14. Dezember 1913 traf eine deutsche Militärmission mit 41 Offizieren unter Führung des Generals Liman von Sanders in Konstantinopel ein; Liman wurde Mitglied des Kriegsrates, Leiter einer Militärreformkommission und Kommandant des Ersten Osmanischen Armeekorps in der Hauptstadt. Am 3. Januar 1914 wurde Enver, Mitglied des unionistischen Zentralkomitees, zum Kriegsminister befördert; er säuberte wenige Tage später das Armeekader und besetzte die meisten Führungsposten durch dem Komitee treu ergebene jüngere Offiziere. Damit wurde auch die Armee Teil der 1913 eingerichteten Parteidiktatur.[186] Am 8. Februar 1914 akzeptierte die Pforte unter russischem Druck erstmals seit dem Berliner Kongress von 1878 einen konkreten Reformplan für die Ostprovinzen, der zwei mit hohen Befugnissen ausgestattete Inspektoren aus neutralen Staaten, die administrative Verwendung der Regionalsprachen und die Entwaffnung der *Hamidiye* – welche die Unionisten zu „Stammesbrigaden", *Aşiret Süvari Alayları,* umgetauft hatten – vorsah.[187]

seinen 1922 auf deutsch publizierten Erinnerungen bzw. Rechtfertigungen: „Im übrigen war es unsere einzige Hoffnung, uns durch den Weltkrieg von allen Konventionen, welche ebensoviele Angriffe auf unsere Unabhängigkeit bedeuteten, zu befreien und künftig als unabhängiges und freies Volk leben zu können, das im eigenen Land selbst die durch die örtlichen Bedürfnisse als notwendig erkannten Reformen einführt. Gleich wie es unser Hauptziel war, die Kapitulationen und das Statut über den Libanon abzuschaffen, so wünschten wir ebenfalls betreffs der armenischen Reformen jenes Abkommen, das uns durch den russischen Druck aufgezwungen war, zu lösen. Wie bereits […] besprochen, haben wir uns am Weltkrieg in der Hoffnung beteiligt, dereinst in aller Freiheit ein selbständiges Dasein führen zu können, als ein Volk, das sich seiner Würde bewusst ist." Cemal 1922, S. 337–354, Zitat S. 353 f.

186 Vgl. Zurlinden 1917, Bd. 2, S. 565–569.

187 Für das gesamte russisch-türkische Reformabkommen vom 18. 2. 1914 in deutscher Sprache siehe Cemal 1922, S. 349–351, für das russische Vorprojekt vom 8. 6. 1913, S. 340–347. Der französische Spezialist für die armenische Frage Arthur Beylerian hat den Reformplan so resümiert: „1° Les provinces orientales d'Asie mineure seront divisées en deux secteurs. Le secteur Nord comprendra les vilayets d'Erzeroum, de Trébizonde et de Sivas; le secteur Sud ceux de Van, Kharpout, Bitlis et Diarbékir. 2° Les deux secteurs seront chacun sous le contrôle d'un inspecteur général européen, nommé pour dix ans. 3° Les deux inspecteurs généraux contrôleront l'administration de la justice, de la police et de la gendarmerie, chacun dans son secteur. 4° Les deux inspecteurs généraux auront le droit de proposer au gouvernement la nomination des fonctionnaires supérieurs. 5° Les lois, décrets et avis officiels seront publiés dans les langues locales de chaque secteur. 6° Les régiments Hamidiés seront démobilisés et deviendront cavalerie de réserve. Leurs armes, conservées dans des dépôts militaires, ne leur seront distribuées qu'en cas de mobilisation ou de manœuvres." Beylerian 1983, S. XIX.

Karte 9: Die Ostprovinzen zu Beginn des Ersten Weltkriegs. Die Bahnlinien hatten eine grosse militärstrategische Bedeutung, sie spielten aber auch bereits eine wichtige Rolle für die Armenierdeportationen aus Anatolien in die Konzentrationslager in der syrischen Wüste.

Der Reformplan weckte in den Ostprovinzen über die armenische Bevölkerung hinaus bei der alevitischen Gemeinschaft und in Missionarskreisen grosse Hoffnungen,[188] bei den lokalen und zentralen Machthabern hingegen Ängste und Ressentiments wegen fremder Einmischung. Inhaltlich wies das Abkommen einen verheissungsvollen, auf Ausgleich bedachten Weg mit Einbezug aller Gruppen.[189] Das Abkommen kannte keinen Verlierer, wie der amerikanische Türkeihistoriker Davison bemerkte, auch wenn einige Armenier es als zu türkeifreundlich kritisierten. Das Hauptproblem jedoch war der grundsätzliche unionistische Abwehrreflex gegen ein internationales Projekt, das die nationale Souveränität beschnitt.[190]

Am 2. August wurde das geheime türkisch-deutsche Abkommen unterzeichnet, das eine neue Ära unabhängiger Entfaltung zu eröffnen schien, aber den osmanischen Kriegseintritt verlangte, falls Russland Deutschland in den Krieg ziehe.[191] Tatsächlich hatte Deutschland diesen Krieg einen Tag zuvor erklärt. Die wenigen Eingeweihten – Talat, Enver, Grosswesir Said Halim und Kammerpräsident Halil – waren stolz: „Ein mächtiges Reich wie Deutschland macht uns einen Bündnisantrag, der auf Gleichberechtigung gegründet ist."[192]

Am 3. August erklärte die Pforte ihre bewaffnete Neutralität, um im Schutz der Neutralität ungestört das Heer mobilisieren zu können. Am 9. September übergab sie den Botschaftern eine Erklärung, in der sie die Kapitulationen ab 1. Oktober widerrief. Somit war auch die Arbeit der *Dette publique* und des *Régime des tabacs* nicht mehr fortzuführen. Am 27. September sperrte sie die Meerengen für die Handelsschiffe, erhöhte wenige Tage darauf die Zollabgaben und schloss die zahlreichen ausländischen Postbüros. Den beiden Generalinspektoren für das armenische Reformwerk teilte sie mit, dass es mit ihrer Mission nichts mehr auf sich habe und sie das Land zu verlassen hätten.

In den Monaten vor Ausbruch des Kriegs unternahm der Österreicher Victor Pietschmann vom Naturwissenschaftlichen Orientverein in Wien eine Expedition in die Ostprovinzen, die er wegen des Kriegsausbruches abbrechen musste. Ausgehend von den Beobachtungen auf seiner Expedition kurz vor Kriegsausbruch, schrieb Pietschmann Mitte Oktober einen Bericht zuhanden von Marschall Liman von Sanders sowie von Enver Paschas engem deutschen Vertrauten Generalleutnant Bronsart von Schellendorf.[193] Aus militärischer Sicht stellten sich wenige Tage vor der

---

188   Zum Zustandekommen des armenischen Reformwerkes trug Lepsius dank seiner Glaubwürdigkeit bei den Armeniern als Vermittler zwischen der deutschen und der proarmenischen russischen Diplomatie in Istanbul im August 1913 bei (CO 1913, S. 218 f.; vgl. Schäfer 1932, S. 82; Goltz 1989). Für Lepsius waren die armenischen Reformen entscheidend für die Zukunft des armenischen Volkes wie auch seines Werkes, der DOM, und des ganzen deutschen Engagements in der Türkei.

189   Das russische Vorprojekt vom 8. 6. 1913 hatte mit der Parität in den Provinzparlamenten die Christen massiv privilegiert und vor allem die nomadischen Kurden benachteiligt, denen weder das aktive noch das passive Wahlrecht zustehen sollte (V, 1 und XIV, 1, siehe Cemal 1922, S. 342, 346), ganz im Gegensatz zum Projekt vom 8. 2. 1914, das nur in Van und Bitlis Parität vorsah (Cemal 1922, S. 350). Der Türkeihistoriker Feroz Ahmad übernimmt weitgehend die unionistischen Standpunkte, insbesondere die negative Interpretation Cemals (Ahmad 1982, S. 423 f.).

190   Davison 1990, S. 196.

191   Für ein Resümee der acht Artikel dieses Abkommens siehe Zürcher 1993, S. 117.

192   Cemal 1922, S. 119; vgl. Zürcher 1993, S. 116.

193   Der Bericht ist im Anhang, S. 557–561, abgedruckt. Enver Pascha beauftragte Pietschmann nach

jungtürkischen Kriegsauslösung im Osten beunruhigende Fragen nach den jeweiligen Loyalitäten der ethnischen Gruppen in den Ostprovinzen. Pietschmann brachte dies auf einen einfachen Punkt: Die Kurden und Türken waren deutschfreundlich, die minderheitlichen Armenier und Griechen hingegen deutschfeindlich und einem deutschen Sieg abgeneigt; sie versprachen sich von einem russischen Sieg Schutz vor Bedrohung und Nachstellungen durch Regierung und muslimische Nachbarn. Noch pauschaler war Pietschmanns militärstrategische Folgerung: Die bedeutsame Grenzzone zu Russland war „hauptsächlich" von einem „russenfreundlichen Stamm" (den Armeniern), besiedelt, und ein türkischer Vormarsch gegen Russland musste daher durch ein Gebiet gehen, „das zum grossen Teil eine von gegnerischer Seite wohl bearbeitete, verbitterte und feindlich gesinnte Bevölkerung aufweist, mit Truppen, die gleichfalls zum Teil aus Söhnen dieses Volkes bestehen". Die Requisitionen und die Mobilmachung, die in den Ostprovinzen so verheerend waren wie nirgendwo, hatten diese Gruppe noch zusätzlich gegen die Regierung und den deutschen Bündnispartner gestimmt. Der Feind (Frankreich und Russland) wisse die Missstimmung gekonnt mit Mitteln der Propaganda und des Geldes zu schüren, während Deutschland und Österreich in ihrer einzigen konsularischen Vertretung in den Ostprovinzen, in Erzurum, bloss noch einen Koch als Repräsentanten hätten. Die Vertreter der deutschen Mission seien nutzlos, da sie sich ausschliesslich mit geistlichen Dingen beschäftigten und an ihren Schulen selbst deutschfeindliche Lehrer duldeten. Man müsse sich bemühen, sie aufzuwerten und für die Propaganda („Aufklärung") nutzbar zu machen.[194] Als wichtigstes Mittel, um der Unzufriedenheit in den Ostprovinzen abzuhelfen, schlug Pietschmann neben allgemeiner Propaganda eine deutsche Finanzspritze vor, die es erlauben sollte, die für requiriertes Gut ausgehändigten, von allen als völlig wertlos betrachteten Anweisungszettel in Silber oder Gold umzuwechseln; dies könne dazu beitragen, Vertrauen in den Staat und seinen Bündnispartner zu schaffen. Die Möglichkeit von Deportationen erwähnte Pietschmann nicht. Seine ethnischen Beobachtungen waren oberflächlich und pauschalisierend („armenische Geldgier"), aber sie zeigten der militärischen Führung zum vornherein mit aller Deutlichkeit, dass der von Deutschland zur Entlastung seiner Ostfront erwünschte und von Bronsart ausdrücklich unterstützte türkische Vormarsch gegen Russland aus ethnisch-demographischen Gründen ein ausserordentlich heikles Unterfangen war.

Dennoch griffen Ende Oktober osmanische Kriegsschiffe, die der deutsche Admiral Wilhelm Souchon befehligte, russische Ziele an, um den osmanisch-russischen Kriegsausbruch zu provozieren. Am 14. November erklärte der Şeyh ül-İslam den Dschihad. Im Dezember erliess die Regierung ein Gesetz, das die ausländischen Schulen und Spitäler, falls sie die Anerkennungshürde überhaupt schafften, strenger Aufsicht unterstellte. Ende Dezember startete Enver Pascha eine Grossoffensive, die den grosstürkischen Traum einer Vereinigung von kleinasiatischen und kaukasischen Muslimen auf militärischem Weg verwirklichen sollte, aber die bereits Anfang Januar in eine militärische und menschliche Katastrophe

---

Abbruch seiner wissenschaftlichen Expedition mit der Instruktion osmanischer Gebirgsfüsiliere (vgl. Pietschmann 1940, S. 5 f.).

194 Ein Vorgehen, das nur in Urfa im Falle Franz Eckarts auf fruchtbaren Boden zu fallen schien, vgl. Kap. 3.9.4. Pietschmann verwechselte übrigens den Hülfsbund mit der Bibelgesellschaft.

mündete. Nur etwa ein Zehntel der anfänglich fast 100'000 Mann starken Dritten
Armee, der viele sunnitische Kurden eingegliedert waren, überlebte Kämpfe, Kälte
und Typhus.[195] Die Verantwortung für das Desaster lag bei der Führung, welche
eine ganz ungenügend ausgerüstete, unerfahrene Mannschaft in den Tod getrieben
hatte. Die schlechte Versorgung der Soldaten führte zudem zum Ausbruch des
Typhus, der sich in weiten Teilen der Ostprovinzen ausbreitete. Mit seinem Angriffskrieg hatte das unionistische Regime den Weltkrieg in die heikle Zone der
Ostprovinzen hereingetragen.

Nach dem ernüchternden Versagen im Krieg gegen aussen richtete die Regie-
rung ihre Gewalt gegen ihre armenischen Landsleute im Innern, denen sie die
Schuld an der vorangehenden Katastrophe zuwies. Vermutlich in einer geheimen
Versammlung von Anfang Januar – die osmanischen Originalarchive des Ersten
Weltkriegs waren der Forschung bisher nie vollständig zugänglich – beschloss ein
innerer Kreis der Parteispitze in den sogenannten Zehn Geboten die methodischen
Schritte zur Ausrottung der kleinasiatischen Armenier, ausgehend von den Ostprovinzen. Zu diesen Massnahmen gehörten folgende, in der ersten Jahreshälfte von
1915 tatsächlich verwirklichte Schritte: eine allgemeine Entwaffnung; die Entlassung aller Armenier aus dem Staatsdienst; die Anstachelung der muslimischen
Bevölkerung zum Religions- und Rassenhass, um sie für lokale Massaker zu
intrumentalisieren; die Eliminierung der armenischen Eliten und Soldaten sowie
eine rasch gestaffelte Organisation aller Massnahmen, um eine Verteidigung zu
verunmöglichen.[196] Ende April wurde in Istanbul und in den Provinzstädten die
armenische Elite verhaftet. Per Dekret vom 27. Mai 1915 schliesslich befahl die
Zentralregierung offiziell die Deportation der Armenier zwecks Umsiedlung in
andere Gebiete – die Hauptdestination war die syrische Wüste. Dieses Gesetz betraf
nicht allein die Armenier in der Nähe der Ostfront, die das Regime der Kollaboration mit dem russischen Feind beschuldigte, sondern auch – da das Gesetz exten-
siv ausgelegt wurde – die meisten übrigen anatolischen Armenier, wie das die seit
kurzem zugänglichen Telegramme des Innenministeriums auch offiziell belegen.
Auf administrativer Ebene hielt die Zentralregierung die Fiktion geregelter Umsiedlungen aufrecht, während sie auf verborgenen Kanälen die Massakrierung der
separierten Männer verüben liess. Einen Grossteil der Frauen und Kinder in den
Deportiertenkarawanen brachte sie um, indem sie sie nicht oder nur ungenügend
versorgen liess. Dichte lokale Quellen, darunter prominent die missionarischen und
die deutschen diplomatischen Dokumente, belegen das Faktum der oben aufgezähl-
ten Massnahmen und insbesondere der systematischen Massaker und der „Todeskarawanen". Da die Archive des *Teşkilat-i Mahsusa* zerstört wurden und diejenigen des unionistischen Zentralkomitees verschollen sind, lässt sich die Vernichtungspolitik, so wie sie in der Machtzentrale geplant und verordnet wurde, im einzelnen
nur noch schwer nachweisen. Für Erik-Jan Zürcher, einen ausgewiesenen Kenner
der unionistischen Bewegung, besteht dennoch kein Zweifel, dass das jungtürkische
Komitee eine bewusste Vernichtungspolitik betrieb: „The fact that the records of
the Teşkilât-i Mahsusa have been destroyed and those of the CUP lost makes it

---

195 Vgl. EMM 1916, S. 300.
196 Vgl. Dadrian 1993, S. 174 f., und Beylerian 1983, S. XXIX f.

hard, if not impossible, to prove their involvement beyond doubt, but this author at least is of the opinion that there was a centrally controlled policy of extermination, instigated by the CUP."[197]

3.4.2 Missionarische Illusionen, Ahnungen und Beobachtungen vor Kriegsbeginn

Kaum jemand schien sich den Untergang der jahrhundertealten osmanischen Welt, in der sich die Missionare schon mehrere Generationen lang bewegten, wirklich vorstellen zu können. Im Einladungsschreiben zur ersten Versammlung der *Eastern Turkey branch of the missionary associations of Turkey* im Juli 1914 in Harput hiess es ausgelassen: „Harpoot is a delightful place [...]. Bring your tent and camping outfit and come prepared to spend a few jolly weeks."[198] Trotz etwelchen skeptischen Überlegungen sahen die Missionen eine weitere Expansion ihrer Arbeit vor. Dahinter steckte nicht nur Zweckoptimismus, sondern Fehleinschätzung – so auch bei Lepsius, der sonst oft gegen den Strom der Meinung schwamm: „So bedrohlich sich immer wieder die Wolken im Orient zusammenziehen, eins darf man nicht verkennen, dass jedes Unwetter, wenn es auch noch so grossen Schaden anrichtete, doch dazu hat dienen müssen, die Schranken des Islam niederzubrechen und christlicher Kultur und Gesittung Bahn zu machen. Noch nie ist der Orient, noch nie die muhammedanische Welt so offen gewesen für das Evangelium als zu dieser Zeit."[199] Dunkle Ahnungen und Andeutungen bedeuteten noch kein Durchdenken eines möglichen Bruchs oder gar der Katastrophe. Die in dieser Hinsicht wenig entwickelte Vorstellungswelt hing eng mit dem mehr oder minder grossen Wahrnehmungsdefizit hinsichtlich der konfliktschürenden, destabilisierenden imperialistischen Politik im Orient zusammen. Namentlich einige deutsche und französische Missionare vertrauten zu sehr auf den guten Willen und das Durchsetzungsvermögen ihrer Heimatstaaten. Die deutschen Missionen schienen sich unterdessen mit ihrem in Anatolien zunehmend präsenten Staat arrangiert zu haben und kaum mehr an Opposition wie 1896 zu denken. Dennoch wurde gerade in Missionskreisen auch eine grundsätzliche Hinterfragung der imperialistischen Politik, wie sie von den „christlichen" Heimatmächten ausging, kultiviert. So thematisierte die Konferenz in Edinburg bei allem Enthusiasmus für die globale Missionierung auch die antichristliche Komponente der westlichen Expansion. Manche Missionare wurden der Zunahme politischen und ethnisch-religiösen Zündstoffes gewahr, aber der Schritt zu einer grundsätzlich neuen Missionsstrategie, die der konfessionellen und religiösen Einseitigkeit ein Ende setzte, gelang noch kaum. Am anpassungsfähigsten waren diejenigen Missionswerke, die am wenigsten durch einen kirchlichen, diplomatischen oder ideologischen Überbau gebunden waren, so das ABCFM oder, ganz besonders, kleinere Werke wie dasjenige von Ernst Christoffel oder das Missionsspital in Urfa.

---

197 Zürcher 1993, S. 117.
198 Einladungsschreiben vom 27. 2. 1914, ABC 16.9.7 (reel 713: 430). Der amerikanische Campingplatz am Gölcük-See wurde im Spätsommer Teil eigentlicher Vernichtungslager. Vgl. Kap. 3.7.4.
199 Lepsius in CO 1914, S. 106.

Es gab Anzeichen für radikale Umbrüche, und einige Missionare nahmen diese auch wahr.[200] Die grundsätzliche Schwierigkeit lag indes darin, dass der Ausbruch des Ersten Weltkriegs in der Türkei primär nicht mit lokalen oder regionalen Entwicklungen zusammenhing, sondern sich aus der damals wenig transparenten politischen Verflechtung der unionistischen Parteispitze mit den deutschen Machthabern ergab.

Besonders deutlich verschärfte sich in den Monaten vor dem Krieg die Situation für die ABCFM-Mission in Merzifon, wo die lokalen Militärbehörden, die mit dem Kriegsminister Enver in direktem Kontakt standen, das *Anatolia College* massregeln wollten. Dieses *college* hatte, anders als diejenigen weiter im Osten, einen grossen Anteil griechischer Studentinnen und Studenten; Türkisch, Armenisch, Griechisch, Russisch und natürlich Englisch waren die unterrichteten Sprachen.[201] Der Gouverneur von Merzifon war in den Augen des *college*-Direktors George E. White „a typical Union and Progress Turk […] desirous of furthering the interests of the Turks and their government as he understands those interests".[202] Alles begann mit einem inszenierten Vorfall, der, so White, auf dem Hintergrund steigender regionaler Spannungen zwischen Muslimen und Christen zu sehen sei. Er skizzierte diesen spannungsvollen Kontext mit dem Hinweis auf einen muslimischen Boykott christlicher Händler, die sich geweigert hatten, eine neu auf den Import von Manchesterstoff erhobene Taxe zu zahlen. White schrieb auch von umfangreichen Flüchtlings-, Truppen- und Munitionstransporten und von der Ankunft mehrerer hundert Soldaten aus den alten europäischen Provinzen in seiner Stadt. Am 17. April 1914 drangen zwei Soldaten der nahegelegenen Kaserne über den Drahtzaun ins *college*-Gelände ein. Als der Türhüter sie später, bei Torschluss, bat, das Gelände zu verlassen, weigerten sie sich mit der Begründung, sie seien im Auftrag ihrer Vorgesetzten zwecks Vermessungen unterwegs, und bedrohten den Türhüter. Die herbeigerufenen Kollegen befreiten ihn aus seiner Zwangslage. Als man sich am nächsten Tag mit dem Oberst, dem Gouverneur der Stadt und weiteren Persönlichkeiten besprach, erzählten die beiden Soldaten eine ganz andere Version und beharrten insbesondere darauf, ein Student hätte einen von ihnen an der Hand verletzt. Die ärztliche Untersuchung der Verletzung des Soldaten ergab einen Widerspruch mit dem behaupteten Vorgang: Die Wunde stammte von früher. Trotzdem bestanden der Oberst und seine Leute auf der „Wiederherstellung der Ehre der Armee", namentlich auf dem Ausschluss des betreffenden Studenten, der in den Augen aller übrigen Augenzeugen unschuldig war.[203] White, der über die ABCFM-Zentrale in Istanbul die US-Botschaft auf dem laufenden zu halten suchte, war bereit, öffentliches Bedauern zu äussern, nicht aber, wie von behördlicher Seite gefordert,

---

200 Unter Bezugnahme auf die Spannungen, die der Balkankrieg auch im Osten des Reichs auslöste, appellierte Andreas Vischer Ende 1912 mit diesen Worten an den Spenderkreis: „[…] was wird dieser Krieg noch bringen, im besonderen dieser Gegend [Urfa] des türkischen Reiches? […] Wer zweifelt daran, dass die kommenden Ereignisse und Umwälzungen uns vor grosse Aufgaben stellen werden? Und grosse Aufgaben erfordern grosse Mittel" (CO 1913, S. 28). An die DOM-Zentrale gewandt, meinte Vischer am 3. 4. 1913: „Wenn nicht alles trügt gehen wir nun dem Ende des Kriegs entgegen. Hoffentlich wird die Türkei nicht durch allzu schwere Umwälzungen erschüttert" (LAH 610-6242).

201 White im Brief vom 20. 11. 1913 an Peet, ABC bh Marsovan.

202 White im Brief vom 9. 10. 1913, ABC bh Marsovan.

203 Brief vom 18. 4. 1914, ABC bh Marsovan.

den griechischen Studenten Pavlides auszuschliessen. White vernahm, dass der Kriegsminister Enver persönlich seinen Untergebenen deckte und es ihm verunmöglichte,
einen Kompromiss zu schliessen.[204] Die Affäre dauerte somit an, und das *college* sah
sich bedrohlichen Gesten, Hausfriedensbrüchen und schliesslich einem Ultimatum
ausgesetzt: „Written ultimatum from commandant demands immediate expulsion of
student […] we await orders."[205] Der Konflikt blieb weiterhin ungelöst. Die wenige
Wochen später einsetzende Mobilmachung jedoch gab dem Militär freie Hand,
gegen die Mission durchzugreifen, Gebäude und Material zu requirieren und so die
„Ehre wiederherzustellen".[206]

Die straff, ja stur durchgezogene Mobilmachung mit ihren Requisitionen brachte
bereits in den Monaten vor dem türkischen Kriegseintritt viel Leid ins Land. Die
Missionare legten davon ein beredtes Zeugnis ab, das oft die Form eines vernich-
tenden Urteils über sinnlose Härten, Perspektivlosigkeit, Missbräuche und persönliche Bereicherungen annahm. Es kam vor, dass, falls ein Dörfler nicht innert
kürzester Frist zur Stelle war für die Mobilmachung, ihn die brutal durchgreifenden
Militärgendarmen zum Deserteur erklärten und sein Haus anzündeten.[207] Die Requisitionen geschahen ohne Berücksichtigung der kurz- und mittelfristigen Bedürfnisse
der Bevölkerung und brachten, so der Kommentar der Missionare, nächstes Jahr
zwingend Inflation und Hungersnot. Die Beschlagnahmung von Handelsgütern erweckte den Anschein, es gehe darum, die Händler zu ruinieren, und zwar ausschliesslich die christlichen. „Jeder Türke konnte jederzeit ungestraft unter dem
Vorwande, Kriegstribut einzuziehen, in jedes armenische Haus eintreten und sich
aneignen, wonach sein Sinn stand", schrieb die Van-Missionarin Käthe Ehrhold.[208]
Der Stillstand des Handels lähmte die Produktion (sofern sie nicht für die Armee
arbeitete), darunter die industriellen Werke der Mission, die seit 1895 vielen vater-
losen christlichen Familien ein Einkommen verschafft hatten. Der Einzug von Vätern, Gatten und Söhnen in die Armee verwaiste auf einen Schlag einen Grossteil
christlicher und muslimischer Familien.[209] Schon am 16. August 1914 beschrieb

204 Brief vom 2. 6. 1914, ABC bh Marsovan.
205 Telegramm Whites an Peet vom 4. 6. 1914, ABC bh Marsovan. – „[…] the Colonel had stated to me
     and others in conversation earlier that if we did not accept their conditions and come to an
     agreement there was the likelihood that soldiers would perform acts of violence when off duty
     whereby students would suffer, and suffer seriously, and that he was not to be held responsible.
     When therefore his ultimatum later came and he distinctly affirmed that if we did not meet with his
     demands we would be wholly responsible for *the subsequent events probably arising* we had no
     room [for] any other supposition than he meant to threaten acts of serious violence on the part of his
     soldiers for which we could obtain no redress." Brief vom 22. 6. 1914, ABC bh Marsovan.
206 White an US-Botschafter Morgenthau, 13. 8. 1914: „I will enclose a copy of the note delivered
     yesterday, which I translate: ‚To the administration of the college, Marsovan, – This document is
     for the purpose of the evacuation of the Hospital, Library, and Hotel in your premises, as they will
     be occupied by soldiers.' Signed on behalf of the municipal mayor as a member of the court martial.
     […] This afternoon I telegraphed you, ‚urgent' American Ambassador, Constantinople, Copy Peet,
     American Han. Military claim whatever they need under military necessity […]." ABC bh Marsovan.
207 Vgl. z. B. Ussher 1917, S. 215.
208 Ehrhold 1937, S. 9. Ehrhold unterstrich die Authentizität ihrer Aussage mit Belegen. Vgl. auch
     Brief Usshers, Van, 14. 10. 1914, an „Dear Friend", und Brief Usshers, Van, 17. 10. 1914, an Peet,
     ABC bh.
209 Vgl. Caroline F. Hamilton, Anteb, 21. 12. 1914, ABC bh.

Dr. Daniel M. B. Thom, seit 1874 in Mardin, mit einer Klarsicht und Heftigkeit – die zweifellos dazu beitrug, dass ihn das Regime wenige Monate später entfernte – die radikale und neuartige Politik der Kriegsvorbereitung, die auch die hinteren Winkel der Ostprovinzen wie Mardin und Van „total" erfasste: „My dear Mr. Peet: – ‚War is hell' and it seems to me the Powers that have rushed into it headlong, regardless of life or limb, are finding it out to there [sic] sorrow, and the end is WHERE? Even here, with no declared war we are finding it ‚hell'. For two weeks, every night witnesses the departure of men to join the colors, and the heart rending partings, of husbands and wives, parents and children, brothers and sisters, friends with friends. From 20 to 45, bereaving homes of every male in it, leaving only mother and small children, with no provision for the future, having nothing to live on but the daily earnings of the ‚bread winner', and that gone, then what? The soldier gets a salary of 5 piasters, from this he is to buy his Tobacco, any thing extra he might care to eat, and send the balance home to his family to support them! Can you take it in? After carrying off all the able bodied men and many that are not able bodied, they have taken *all* the able bodied horses, and mules, even going into the stables of the merchants, carrying off their blooded mares, and even more than that, coming to OUR studs, and carrying off some of them, leaving the threat, that they would come and get the others!!! During all the years that I have been here, and thru all the wars that Turkey has been in, the mean time, such a state of things, as exists at present, we have never seen: After taking the men and the horses, they begin on the shops, every things of an catable [sic] nature is laid hands on, sealed up in case of need. The people are robbed, bankrupt, moneyless, pennyless, shops all closed. Money at 100%, if any can be found. The gold from the heads, and necks and wrists, are taken to the market and peddled like old iron, and no one will buy, doing anything and every thing to raise money to pay exemption fees. The Govt. has robbed the city, and the country around, of its men, of its animals, of its money, leaving the threshing floors loaded down with a richer harvest than has ever been laid upon, to rot where they are, for lack of men and beasts to tread them out and care for them. The millions that will be lost to the people and the Govt. cannot be estimated. Such suicidal conduct of a govt. I have not seen, during this variegated life I have lived: Other brains, than Turkish are navigating this ship of State, through the rapids, and on the rocks, to be dashed to pieces, and helplessly wrecked, then will come in the foreign firms and bargain for the salvaging: Poor Turkey, poor Turkey, going it blindly, with a man at the head of the army, whose name is LIGHT [Enver], but he has certainly turned on the dark slid on his lantern, and is rushing head long, pell-mell over the precipice, to sure distruction, was there ever such blindness?"[210]

Die amerikanischen und schweizerischen Missionsangehörigen waren sich noch vor dem türkischen Kriegseintritt einig in der kompromisslosen Verurteilung des Kriegs. „We have not a fear for our personal safety unless the suicidal policy of a few in Constantinople should precipitate war with Russia then the misfortunes of war might make no end of troubles for natives and foreigners alike", schrieb Clarence Ussher aus Van, wenige Tage bevor türkische Kriegsschiffe russische Städte angrif-

---

210 M. B. Thom, Mardin, 16. 8. 1914, an Peet, ABC bh. Eine ähnliche Beschreibung der durch die Mobilisierung verursachten Situation richtete Ussher, Van, 28. 10. 1914, an den US-Botschafter Morgenthau, ABC bh.

fen. Der Krieg sei in seiner Region keineswegs populär, meinte er wenig später.[211] Er verfasste ein Telegramm an den Sultan: „Mobilization causing untold and unnecessary suffering and ruin to Moslems and Christians. American Colony entreats H. I. M. in the name of humanity to release ‚muinsiz‘ and untrained soldiers over twenty five and stop unpaid requisition.“[212] Ussher hielt es schliesslich für klüger, dieses nicht abzusenden, sondern den amerikanischen Botschafter in derselben Sache anzugehen.

Der sich abzeichnende Krieg zwischen Russland und der Türkei weckte an manchen Orten tiefe Ängste bei der christlichen Minderheit. Verschärft wurden sie dadurch, dass das wichtigste islamische Fest, das *Kurban Bayramı* (Opferfest) vom 30. Oktober bis 2. November 1914 stattfand, was die antichristliche Stimmung zusätzlich anheizte. An anderen Orten, so in Harput, führten die bisherigen Kriegsmassnahmen noch zu keiner bedrohlichen Verschlechterung des relativ konsolidierten ethnisch-religiösen Klimas. Aus Marasch trafen Ende Oktober düstere Berichte bei Peet ein. „The people are in a very depressed state, bordering on panic. Their fears increase with the approach of Bairam.“ Zwei Tage später: „The situation here is bad again – worse than it has yet been. The people are in a panic. Bairam is usually an anxious time, but this year the report of the breaking out of war with Russia has increased the anxiety fifty-fold.“[213] Ussher vermeldete in jenen Tagen aus Van ebenfalls Hochspannung zwischen Christen und Muslimen.[214] In dieser Lage, die angesichts des nahenden Kriegs mit Russland in den Ostprovinzen am gespanntesten war, verkündete der *Şeyh ül-İslam* am 14. November den Dschihad.

3.4.3 „Peet Istanbul" – die Schaltstelle von Information und humanitärer Hilfe

Im ersten Kriegshalbjahr, bis zum Beginn der allgemeinen armenischen Deportationen Ende Mai 1915, konnte auf den Missionsstationen keine Rede mehr von regulärem Schul-, Krankenhaus- und Wirtschaftsbetrieb sein. Die Armee requirierte viele der stattlichen Missionsgebäude für ihre Zwecke. Sie suchte alle zivilen Kräfte für den Kriegsbetrieb einzuspannen. Die Strategie der protestantischen Missionen lag darin, aus der Not eine Tugend zu machen, indem sie innerhalb der Einschränkungen, welche der in mancher Hinsicht totale Krieg auferlegte, diejenigen Initiativen ergriffen, die gewisse Handlungsspielräume eröffneten und das Wohlwollen der Machthaber sicherten. Die Mission wurde zu einem Rad im Getriebe der Kriegs-

---

211 Brief vom 25. 11 1914, und vom 14. 10. 1914, an „Dear Friend", ABC bh. Interessant im letzteren Brief sind auch seine folgenden Bemerkungen zur jungtürkischen Nachahmung europäischer Kriegswirtschaft und Burgfriedenspropaganda: „There are some in Constantinople and elsewhere who think this backward land ought to ape the doings of European countries and what ever they hear the people of Europe are doing voluntarily, such as making clothes for the soldiers and contributing for the army, they are compelling the people of Turkey to do against their will and I suppose publishing in the papers how loyal and united the people are in their support of the Government." ABC bh.
212 Ussher im Brief an Morgenthau, 28. 10. 1914, ABC bh. Mit *muinsiz* sind Männer gemeint, die eine Familie „muinsiz", d. h. ohne Ernährer, zurückliessen.
213 E. C. Woodley, Marasch, Briefe vom 29. 10. 1914 und 31. 10. 1914, ABC bh.
214 Brief vom 25. 11. 1914, ABC bh.

wirtschaft, bewahrte sich aber dadurch, dass sie diese Rolle bisweilen ostentativ spielte, nach innen den Freiraum, den sie brauchte, um nach eigenem Gutdünken zivile Nothilfe und Fluchthilfe leisten zu können. Die missionarische Hauptinitiative lag in der Bereitstellung medizinischer Dienste, die man gezwungenermassen in erster Linie der Armee zur Verfügung zu stellen hatte, die man aber auch weiteren Kreisen zugute kommen liess. Das ABCFM erklärte seine Missionsspitäler zu Rotkreuzspitälern unter der Obhut des *American National Red Cross* und liess über ihnen als schützende Symbole die Rot-Kreuz- und die US-Fahne flattern. „In the whole province they were the sole symbols of safety and service", schrieb Ussher.[215]

In den Ostprovinzen machten sich im Winter 1914/15 Seuchen breit, die von der ungenügend versorgten Armee ausgingen. Ganz Sivas sei ein einziges Spital, meldete Peet Ende April 1915 an den US-Botschafter Henry Morgenthau.[216] Demonstrativ setzten sich die Missionare für die Bedürftigen ein und erwähnten ihre Hilfeleistung gezielt fürs Auge der Zensoren. In einem Brief vom 5. März 1915 schrieb Peet zum Beispiel: „The work in Erzroom, Sivas and Harpoot have been very timely and necessary, and we are exceedingly glad we can help the government in this work."[217] Zensur und Autozensur drückten allen Briefwechseln ihren Stempel auf, wie ebenfalls in Peets Korrespondenzbuch nachzulesen ist: „Mr. Partridge [Sivas] may be interested to know that while we have received probably all of his letters, his most interesting and eloquent paragraphs were retained by the Censor. His letters have a tattered look which certainly appeals to one, and I can assure him, that the vacant places in his letters appeal to us all" (16. März 1915). Tatsächlich sprach die ganze reguläre, per osmanische Post übermittelte missionarische Kriegskorrespondenz von schlimmen Ereignissen nur zwischen den Zeilen.[218] Peet brachte in einem Schreiben vom 10. März 1915 an den ABCFM-Sekretär Barton in Boston die Situation, so wie sie sich dem ABCFM in den Provinzen vor Beginn der Deportationen präsentierte, auf den Punkt: Post und Telegraph funktionierten, aber waren scharf zensuriert, und Peets Finanzübermittlungen klappten ebenfalls. Die Missionsstationen waren teilweise durch Militär besetzt. Es bestand ein dramatischer medizinischer Bedarf vor allem für die Armee, dem die Mission mit einem gross aufgezogenen Rotkreuzeinsatz entsprach. Die Missionsstationen leisteten zudem eine breite Unterstützung derjenigen Familien, welche infolge des Weggangs der Männer, der Kriegswirtschaft oder der Seuchen zu Bedürftigen *(poor and needy)* geworden waren.[219] Das ABCFM unter William Peet und die amerikanische Diplomatie unter Henry Morgenthau arbeiteten täglich derart eng zusammen, wie das früher nie der Fall gewesen war.

Die allgemeine Not war in den Ostprovinzen in Form von Seuchen und Hunger bereits sehr gross, als die schlimmste Katastrophe losbrach: die Eliminierung des

---

215 Ussher 1917, S. 233.
216 26. 4. 1915, ABC bh.
217 Korrespondenzbuch ABC bh.
218 Die betrübliche Tatsache dieses Maulkorbes gab auch Anlass zu Spässen: „There is one very pleasant thing and privilege which comes to us from having a Censor to look over our letters, we never before fully appreciated how convenient it is to be able to charge up losses and omissions to the Censor and thus make him a kind of scape-goat for all our sins of omissions." 30. 3. 1915, Peet an Atkinson in Harput, ABC bh.
219 Peet an Barton, 10. 3. 1915, Korrespondenzbuch ABC bh. Siehe Anhang, S. 544.

armenischen Volkes. Am 26. Mai treffen wir in Peets Korrespondenzbuch in einem Schreiben an den US-Botschafter Morgenthau die erste klare Erwähnung der Deportationen an.[220] Anderthalb Monate später lancierte Peet per Telegramm einen Nothilferuf in die USA: „14th July 1915. FERNSTALK BARTON. BOSTON. MANY URGENT CALLS RELIEF FOUNDS EXHAUSTED. PEET." Peets Brief an Barton, der auf das Telegramm Bezug nahm, erklärte der Zensur wegen nur wenig: „The above will not need much explanation save that it represents a condition which exists at the present time. There never was a time when I seemed to need as much as I seem to need now, and I am sorry to say that my funds have come to an end. The Rockefeller people are here but they say that this form of relief does not come into their department. Yours faithfully W. W. Peet, Treasurer."[221]

Bei Peet flossen die missionarischen und diplomatischen Informationskanäle zusammen. Über ihn lief während des ganzen Kriegs die Organisation und Finanzierung der Hilfe an die Deportierten, soweit eine solche möglich war. Bis zum amerikanischen Kriegseintritt tat Peet dies von Istanbul aus, danach aus der Schweiz. Es ist kaum übertrieben zu behaupten, dass Peet am frühesten und umfassendsten informiert war über die Realitäten des Völkermordes, der ab Ende Mai 1915 zwischen den Ostprovinzen und der syrischen Wüste ablief.

3.4.4 Die „armenische Endlösung"

Die säkularistisch begründete jungtürkische „Endlösung" (vgl. S. 277) der armenischen Frage kannte keine religiöse Rettungsmöglichkeit: Anders als bei den Pogromen in der islamischen Endzeitstimmung des Fin de siècle, bei welchen die religiösen Führer eine wichtige Rolle spielten, bewahrte Konversion 1915 prinzipiell nicht vor der Vernichtung. Die Systematik eines modernen Zentralismus, die modernen Mittel der Telegrafie und Eisenbahn sowie ein sozialdarwinistisches Gedankengut, das die Entfernung des inneren „nationalen Feindes" als Voraussetzung für die Schaffung eines einheitlichen nationalen Raums betrachtete, legen es nahe, vom ersten und paradigmatischen Völkermord an der Schwelle des 20. Jahrhunderts zu sprechen. Die Eliminierung der Armenier im unionistischen Kleinasien lief – wie ein Vierteljahrhundert später diejenige der Juden im nationalsozialistischen Europa – unter der euphemistischen administrativen Bezeichnung von Umsiedlungen zwecks Wiederansiedelung ab. Das massgebliche „Provisorische Gesetz über die Massnahmen, welche die militärische Autorität gegen die Widersacher der Regierung zu ergreifen hat", erliess der Ministerrat – das Parlament war geschlossen – am 27. Mai 1915. Es lautete in der am 2. Juni publizierten französischen Version so:

---

220 „Dear Mr. Morgenthau, [...] I also enclose the document which you kindly handed me yesterday in regard to refugee Armenians who have been expelled from the Zeitoun region. I had a call this morning from Consul Mordtmann from the German Embassy, who came to deliver a message received through the German Consul at Erzroom [Scheubner-Richter] from our missionaries at Erzroom asking for relief funds to aid the Christians who are now being expelled from Erzroom in pursuance of orders lately given. I am today telegraphing Lt. 150.00 for this purpose. Yours faithfully W. W. Peet."

221 14. 7. 1915, ABC bh.

„Article 1er. Durant l'état de guerre, les commandants d'armée, de corps d'armée et de division et leurs lieutenants, ainsi que les commandants de groupes indépendants sont autorisés à sévir aussitôt de la façon la plus énergique par la force militaire et à enrayer complètement toute opposition, attaque armée ou résistance, sous quelque forme que ce soit, de la population, dans le but d'empêcher l'exécution des ordres du gouvernement ou les mesures adoptées par lui relativement à la défense nationale ou à l'ordre public.

Art. 2e. Les commandants d'armée, de corps d'armée indépendant et de division peuvent, en cas de nécessité militaire et au cas où ils les soupçonneraient d'espionnage ou de trahison, expédier individuellement ou en masse, et installer en d'autres lieux, les habitants des villages et des bourgs.

Art. 3e. Cette loi entre en vigueur à la date de sa promulgation."[222]

Einzelne „Verschickungen" – so der Begriff in Artikel 2, wie ihn deutschsprachige Missionare wie Jakob Künzler teilweise übernahmen – begannen schon vor diesem Gesetzeserlass. Die Aussiedlung der armenischen Dörfer um Erzurum seit November 1914 hatte diskriminatorischen Charakter, ging aber geregelt und weitgehend ohne Übergriffe vor sich. Bereits nach dem Schema der eigentlichen Deportationen lief die Eliminierung der armenischen Präsenz in Zeytun ab. Diese als wehrhaft bekannte armenische Stadt bei Marasch wurde am 8. April 1915 nach kurzer improvisierter Abwehr von osmanischen Truppen eingenommen. Alle Frauen und die weniger als zwölfjährigen Kinder wurden nach Konya verschickt; diejenigen Männer, die der Exekution entgingen, mussten in die syrische Wüste nach Deir-ez-Zor, rund 300 Kilometer ostsüdöstlich von Aleppo, marschieren. Zeytun wurde Anfang Juni in Süleymanlı umbenannt, seine Häuser und Ländereien an muslimische Flüchtlinge aus Mazedonien verteilt. In Van konnten die Verteidiger des armenischen Quartiers einen Monat lang dem Angriff der osmanischen Armee standhalten, bis vorstossende russische Truppen sie am 19. Mai 1915 entsetzten. Die osmanische „Schmach" von Van diente dazu, die allgemeine Entfernung der Armenier als innerer Feinde aus den Ostprovinzen und ganz Anatolien propagandistisch zu legitimieren. Eine extensive Auslegung von Artikel 2 ermöglichte dies. Im Juni begannen die Deportationen im grossen Ausmass; sie waren gekoppelt mit Massnahmen zur Besiedlung der entleerten Dörfer durch muslimische Flüchtlinge und zur Übernahme armenischer Betriebe durch Muslime.[223]

„Die Austreibung der armenischen Bevölkerung aus ihren Wohnsitzen in den ostanatolischen Provinzen […] wird schonungslos durchgeführt", meldete der deutsche Botschafter Wangenheim am 17. Juni 1915 an den Reichskanzler Hollweg.[224] Von Kilikien am Mittelmeer über alle östlichen Provinzen bis ans Schwarze Meer, von den grossen Städten Adana, Diyarbakır, Mamuretülaziz, Bitlis, Erzurum, Sivas bis Samsun und Trabzon ging das gleiche, vom Innenministerium per Telegraf

---

222 Erstmals publiziert in *Takvim-i Vakayi,* 19. 5. 1331 (1. 6. 1915); auf französisch in *La Turquie,* 2. 6. 1915, abgedruckt in Beylerian 1983, S. 40 f. Nach Gürün 1983, S. 242, schlug Enver in einem Brief vom 3. 5. 1915 an Talat erstmals konkret generelle Deportationen vor.

223 BOA DH.ŞFR 53/205 vom 18. B. 1333 (3. 5. 1915); 54/39 vom 4. Ş. 1333; 54/189 vom 14. Ş. 1333; 54/380 vom 27. Ş. 1333. Vgl. Beylerian 1983, S. XXXVII f., XLVII–L, mit zahlreichen Quellenhinweisen.

224 Lepsius 1919, S. 83.

Abb. 79: Aufbruch zur Deportation in einer anatolischen Stadt. Die Armenier verkauften Haushalte zu Schleuderpreisen und beschafften Proviant und Tragtiere. Wenige wussten, dass nach Verlassen der Stadt die Männer meist abgesondert und umgebracht würden, der Rest der Deportierten aber Überfällen und Plünderungen und, je weiter es in die syrische Wüste ging, dem Tod durch Hitze und Entbehrungen ausgesetzt war.

zeitlich abgestimmte Prozedere vor sich: Die armenischen Familien mussten sich innert kurzer Frist auf einem öffentlichen Platz einfinden (in den Provinzen Bitlis und Diyarbakır traf es auch die Süryani, da auch sie als innere, in Verbindung mit den Armeniern und Russen stehende Feinde verdächtigt wurden).[225] Die Männer wurden nach der Besammlung auf dem öffentlichen Platz meist sogleich abgesondert, abgeführt und in der näheren Umgebung umgebracht. Die Harput-Missionare nannten ihr Vilayet „Schlachthausprovinz", weil die schlimmsten Massaker – von den Missionaren und dem amerikanischen Konsul Leslie Davis insgeheim protokolliert – dort stattfanden.[226] Frauen und Kinder zogen ohne genügende Versorgung und meist unter schwersten Schikanen zu Fuss Richtung Wüstenlager Deir-ez-Zor oder Rakka, östlich von Aleppo, oder aber nach Mossul. Deportierte aus West- und Mittelanatolien wurden in Güterwagen der Bagdadbahn gestopft, was deren Transport Richtung syrische Wüste beschleunigte.[227] Viele Frauen und Kinder starben unterwegs, manche wurden sexuell ausgebeutet und ermordet. Andere wurden von der Bevölkerung aufgenommen, bisweilen aus humanitären Motiven, oft als billige

225 Vgl. BOA DH.ŞFR 54/240, 17. Ş. 1333 (= 30. 6. 1915). Vgl. Kap. 3.7.3 und Beylerian 1983, S. XLIX.
226 Vgl. Kap. 3.6.4 und 3.7.4.
227 Vgl. Kaiser 1998, S. 72–76. Die Archive der Deutschen Bank, der die Bagdadbahngesellschaft gehörte, enthalten bedeutende Quellen über den Genozid an den Armeniern.

Arbeitskraft und willkommene Zweitfrau. An der verlassenen Habe der Armenier bereicherten sich Regierungsleute wie auch das übrige Volk.[228] Überlebende Frauen und Kinder vegetierten in Flüchtlingslagern dahin, andere wurden auf muslimische Dörfer verteilt. Armenische Zeitungen und Schulen und selbst Briefwechsel auf armenisch wurden verboten; überlebende jüngere Kinder mussten staatliche türkische Schulen besuchen, wo sie als Türken und Sunniten erzogen wurden.[229]

Dass die systematische Deportation Genozid bedeutete, ging nicht aus den Telegrammen der Administration hervor – soweit die türkischen Archive sie bis heute zugänglich gemacht haben.[230] Immerhin zeigen die Telegramme des Innenministeriums in voller Klarheit den Umfang der Deportationen und deren Koppelung mit weiteren demographischen und wirtschaftlichen Massnahmen der „Entarmenisierung". Die Berichte der Zeugen vor Ort hingegen belegen, was die sogenannten Deportationen in Wirklichkeit bedeuteten und wie sie vorbereitet wurden. So schrieb Harput-Missionar Henry Riggs: „During the winter of 1914–15 [...] the Turkish authorities began a systematic build-up of hostility to the Armenians."[231] Als politisch neutrale Zeugen vor Ort ragen die amerikanischen und schweizerischen Augenzeugen hervor. Deren umfangreiche Berichte zeichneten tagebuchartig nach, wie die Auslöschung armenischer Existenz an allen Orten in Mittel- und Ostanatolien, wo es Missionsstationen gab, bewerkstelligt wurde. Sie protokollierten, wie das Regime den Genozid mittels Vertreibung, Verelendung und massive direkte Gewaltanwendung durch gedungene Banden systematisch in die Wege leitete. Die Missionare gaben ihre Informationen unverzüglich an auswärtige Instanzen weiter, namentlich an deutsche wie auch alliierte Diplomaten, ohne aber auf die erhoffte Resonanz zu stossen.[232] Bis im Sommer 1916 trafen aus den Missionsstationen zahlreiche Berichte über die

228 Es gab auch Beamte, welche die unmenschlichen Bestimmungen zu umgehen suchten, vgl. Zurlinden 1917, S. 668 f., und Beylerian 1983, S. LII f. Zum generellen Asyl im alevitisch-kurdischen Dersim vgl.: Kap. 3.5.3; Christoffel 1921, S. 68; *25 Jahre im Orient,* S. 22; Dersimi 1952, S. 41 f.; Dersimi 1986, S. 42; Alexanian 1988, S. 132–144; Sawen Hrasdan in Orient 1926, S. 133; Melkon Krischtschian in Orient 1928, 5*, S. 141 f. Der Ausrottungsplan wurde auch auf Westanatolien angewandt, allerdings nicht mit der gleichen Konsequenz. In Izmir erzwang der deutsche General Liman von Sanders die Verschonung des Grossteils der armenischen Einwohner (Lepsius 1919, S. 302–304). Nach der Verhaftung der intellektuellen Elite Ende April blieben die meist wohlhabenden Istanbuler Armenier von der Deportation ausgenommen. Vgl. Beylerian 1983, S. XLI und LI. Der Jesuit Riondel vermerkte, dass 250 alte Leute aus dem Spital der *Petites Sœurs des Pauvres* gezerrt und dem Tode im Elend preisgegeben wurden. Er schrieb auch, dass das jungtürkische Komitee vom Sultan ausgesprochene Begnadigungen ignorierte (Riondel 1919, S. 178 f.).

229 BOA DH.ŞFR 54/122 vom 10. Ş. 1333; 54/262 vom 18. Ş. 1333; 63/60 vom 16. C. 1334; 55/206 vom 14. L. 1333.

230 Einige Telegramme erwecken den Anschein humanitärer Fürsorge, können aber ebensosehr als Massnahmen für einen möglichst reibungslosen Ablauf der Deportationen und damit eine effiziente „Entarmenisierung" gelesen werden. Die Quellenpublikationen des BOA kaprizieren sich auf die Veröffentlichung entsprechender Telegramme *(Armenians in Ottoman Documents* 1995, z. B. Nr. 102, 130 f., 145, 149, 152, 154, 156, 177, 179 etc.).

231 Riggs 1942, Sektion 3, S. 3 f.; vgl. Kap. 3.7 und 3.9.

232 Vgl. die einschlägigen diplomatischen Dokumentensammlungen zum armenischen Genozid, so Lepsius (1919) für deutsche diplomatische, Beylerian (1983) für französische diplomatische Dokumente sowie Bryce (1916) für diejenigen Quellen, welche dem britischen Aussenministerium bis im Februar 1915 vorlagen. Auf die intensive Kommunikation zwischen William Peet und dem US-Botschafter Morgenthau ist bereits hingewiesen worden.

systematischen Todesmärsche und Massaker ein. Bis zu jenem Zeitpunkt war der überwiegende Teil des armenischen Volkes aus seiner Heimat vertrieben und seine gesamte Elite und ein grosser Teil der Männer physisch eliminiert worden. Die wenigen Männer, die nicht deportiert worden waren, da sie eine unentbehrliche Funktion im Gewerbe oder als Ärzte ausübten, wurden gezwungen, muslimische Namen anzunehmen.[233] Dies war auch bei den meisten verbliebenen Frauen und Kindern der Fall. Mehrere Missionare wiesen darauf hin, dass die Kurden ebenfalls von der gewaltsamen Veränderung der ethnischen Landkarte betroffen waren und aus ihrem Siedlungsgebiet entfernt wurden.

Anders als es bis heute Apologeten der Unionisten insinuieren, besass *The Treatment of Armenians*[234] – die wichtigste alliierte Publikation zum Völkermord an den Armeniern – die Qualitäten einer historischen Dokumentation und war trotz einzelner Fehlangaben kein Machwerk der Kriegspropaganda. Diese vom jungen Historiker Arnold Toynbee zusammengestellte britische Quellenveröffentlichung aus dem Jahre 1916 setzte sich zu einem grossen Teil aus Berichten missionarischer Augenzeugen zusammen. Zweifellos bestärkten die schrecklichen Wahrheiten aus Anatolien die Alliierten in der Überzeugung, das Recht auf ihrer Seite zu sehen, und es bestand die propagandistische Versuchung, die undifferenzierte These pauschaler deutscher Komplizenschaft aufzustellen – woran einige amerikanische Missionare nicht unschuldig waren.[235] Der deutsche Staat andererseits verwehrte seinem Volk strikt den Einblick in eine Wahrheit, die es an der Richtigkeit der deutsch-türkischen Bundesgenossenschaft hätte zweifeln lassen können. Er förderte im Gegenteil im Bund mit dem unionistischen Kriegsregime die negationistische Gegenkampagne.[236] Nur private publizistische Initiativen, so an erster Stelle diejenige von Johannes Lepsius im Jahre 1916, verbreiteten die unbequemen Wahrheiten. In der Schweiz war der Informationsstand vergleichsweise gut. Nachrichten von schweizerischen, deutschen und amerikanischen Augenzeugen trafen hier ein. Allerdings war der Informationsstand nicht gleich gut wie 1895, da die Kriegszensur der Nachbarländer auch hierher ihre Schatten warf.[237]

Der osmanische Innenminister Talat Pascha machte Ende 1916 eine Inspektionsreise durch die Ostprovinzen, welche ihn in der „Richtigkeit" seiner ethnisch-demographischen Politik – der „Entfernung" der Armenier – bestätigte und ihn mit „Stolz" über die Opferbereitschaft der Seinen erfüllte. Talat gebrauchte in seinem Telegramm an den Scherif von Mekka religiöse Kollektivbegriffe: Der Islam („İslâm" meint auch die Muslime) nahm Lebensraum ein, das Christentum („Hıristiyanlık") wurde ausgelöscht.[238] Die armenische Präsenz in Anatolien war im Herbst tatsäch-

---

233 Vgl. Mary C. Fowles Brief vom 7. 7. 1916 aus Sivas, in: MH 1917, Febr., S. 74–76. Sie starb am 24. 11. 1916 an Typhus.
234 Bryce 1916. Vgl. die Analyse dieser Publikation in Sarafian 1998.
235 Zum Beispiel Ussher 1917, S. 207; Riggs 1997, S. 80.
236 Vgl. Kaiser 1999, S. 78–85; Bryce 1916, S. 627 f.
237 Vgl. die Analyse der damaligen Schweizer Presse in Dinkel 1983, S. 53–55. Vgl. speziell *Journal de Genève*, Nr. 188, 10. 7. 1915, mit einem klaren Zeugnis über die Deportationen. Der Vizedirektor des französischen ŒO Abbé Lagier schrieb im Hinblick auf die Berichterstattung über den Mord an den Armeniern: „Le comité suisse et le comité américain ont d'avance fait la lumière." ŒO 1917, S. 183.
238 Vgl. Bryce 1916, S. 87 f.

Abb. 80: Telegramm Talats nach Inspektionsreise durch die Ostprovinzen, Ende 1916.

lich bereits weitgehend vernichtet und der armenische Besitz in muslimische Hände übergegangen. Anders als Talat es darstellte, fiel nur ein verhältnismässig geringer Teil den zumeist kurdischen *muhacir* der Ostfront zu; am meisten davon profitierten die lokalen Notabeln, die Behördenmitglieder sowie Offiziere. Aus Fehleinschätzung oder Zweckoptimismus suggerierte Talat zudem eine erfolgreiche Übernahme des armenischen Handwerks, Gewerbes und Ackerbaus durch die neuen Besitzer; diese Behauptung wurde durch vielerlei Quellen noch auf Jahre und Jahrzehnte hinaus widerlegt. Das akute Versorgungsproblem der Armee, das er am Schluss ansprach, stand im direkten Zusammenhang mit der Ausschaltung des armenischen Wirtschaftsfaktors.

„Hohe Pforte, Innenministerium, Besondere Abteilung. An seine Exzellenz, den im erleuchteten Medina weilenden Scherif der erhabenen Stadt von Mekka, Ali Haydar Pascha Efendi. Ich bin von einer Inspektion der anatolischen Provinzen und Sandschaks Konya, Ankara, Kayseri, Sivas und Harput zurückgekehrt. Auf dieser meiner Reise habe ich die Opferbereitschaft der muslimischen Bevölkerung aus nächster Nähe wahrgenommen, was mich mit Stolz erfüllt hat. Von hier aus gesehen wird klar, wie richtig es war, die Armenier zu entfernen. Die Bevölkerung aus den der [russischen] Invasion ausgesetzten Gegenden hat sich völlig eingelebt. Sie hat die von den Armeniern zurückgelassenen Läden und Güter in Besitz genommen und deren Gewerbe und Handel übernommen, obwohl sie vorher keinerlei Gewerbe kannte. […] Bukarest wird fallen, Rumäniens Vorräte werden wir hoffentlich aufteilen. So wird auch so das Versorgungsproblem eine Lösung finden. Ich küsse Ihre Hände und erlaube mir, den Herren Mecid Muhyiddin und Mehmed Bey meine vorzügliche Hochachtung auszudrücken. Tal'at. 9. Safer 1335 [5. Dezember 1916]."[239]

239 „Bâb-ı âli, Dahiliyye Nezâreti, Kalem-i mahsus. Medine-i münevverede Şeri-i Mekke-i mükerreme

3.4.5 Ausharren und Vertreibung

Auf die Aufhebung der Kapitulationen im September folgten feindselige Demonstrationen vor den Konsulaten der *Entente*, und die Kriegserklärung der Türkei im November 1914 brachte die brüske Ausweisung aller Entente-Missionare mit sich. Acht jesuitische Missionare von insgesamt 67 hatten schon im August die Türkei verlassen, um in Frankreich Militärdienst zu tun.[240] Die *Historia domus* der Station von Adana, wo sich bei Kriegsausbruch fünf Patres und zwei Fratres aufhielten, vermeldete: „Avons quitté la maison au milieu de novembre 1914, avec défense d'emporter autre chose que le linge personnel. Conduits à Mersine pour être rapatriés, un contreordre nous empêche de nous embarquer. Le 10 décembre on nous dirige sur Alexandrette [İskenderun] et Alep, dans le but de nous déporter à Ourfa. Conduits enfin à Beyrouth, nous quittons la Turquie le 1er janvier 1915. Nos biens et ceux des Sœurs deviennent propriété du gouvernement turc, le mobilier est presque entièrement perdu."[241] Die US-Botschaft in Istanbul, welche die französische und englische Interessenvertretung übernommen hatte, erreichte vorerst, dass für den Unterhalt je Station zwei Geistliche bleiben durften. Wenig später wurden auch diese ausgewiesen und der gesamte Besitz beschlagnahmt. Allein sechs Jesuitenpatres konnten auf Wunsch des päpstlichen Delegierten, Mgr. Ange-Marie Dolci, zusammen mit dem Père d'Autume, dem Superior der jesuitischen Armenienmission, in Istanbul bleiben, die anderen reisten weiter nach Frankreich. D'Autume und weitere Geistliche wurden im Frühjahr 1915 vorübergehend durchs Kriegsgericht inhaftiert.[242] Pater Testanier, der die Vorgänge und Stimmung der ersten Kriegsmonate in Amasya einprägsam schilderte, wies auf Konflikte zwischen unionisti-

---

Ali Haydar Paşa Efendi hazretlerine. Anadolu'nun Konya Ankara Kayseri Sivas Harput vilayet ve sancaklarını devr ederek avdet ettim. Bu seyahatimde İslâmın yapmakda olduğu fedakârlığı yakinen görerek iftihar ettim. Ermenileri nakildeki isabetin derecesi buradan görünce anlaşılır. İstilâ gören yerler ahalisi kâmilen yerleşmiş ve Ermenilerin terk etdikleri dükkânlara ve mallara sahib olarak san'at ve ticaretlerine başlamışlardır ve ki bir önce hiç bir san'at görülmemişdir. [...] Bükreş civarındaki Romanya ordusu bugün mağlub edildi. Bir kaç gün sonra Bükreş düşecek ve Romanya erzakını taksim edeceğiz inşallah. Bu suretle bu erzak mes'elesine bir çare bulunur. Ellerinizden öper Paşa hazretlerine Mecid Muhyiddin ve Mehmed Bey Efendilere arz-ı ihtiram eylerim." BOA DH.ŞFR 70/180 + 180-1.

240 Mit einem Seitenhieb auf die *République laïque*, die seinen Orden verstossen hatte, rühmte ein jesuitischer Autor den Patriotismus der französischen Türkeimissionare: „A la déclaration de guerre, tous ceux d'entre eux qui étaient en état de servir sous les drapeaux, oublieux des injustices de leur pays à leur égard, accouraient, malgré les distances, à l'appel de la patrie en danger pour laquelle plusieurs allaient bientôt verser leur sang" (Riondel 1919, S. 173). Vgl. *Le Cinquantenaire ... 1932*, S. 21.

241 AFCJ Arménie Collection Prat, Bd. 28/1, S. 685 f.

242 Riondel 1919, S. 174. Riondel, S. 187, gab folgende allgemeine Angaben über die katholischen Opfer: „Avant la guerre, l'Eglise arménienne catholique en Turquie comptait environ 95'000 fidèles. Sur ce nombre, 45'000 ont été tués et 20'000 bannis. Sur 236 évêques et prêtres, 116 ont été massacrés ou sont morts de misère et d'épuisement pendant la déportation; 26 survivent de ceux qui ont été déportés ou emprisonnés. De plus, 2 jésuites de nationalité arménienne ont été tués. De 209 religieuses de rite arménien, il n'en reste que 153; aux 56 disparues, il faut ajouter 2 religieuses arméniennes, membres d'une congrégation latine (Sœurs oblates de l'Assomption, en mission à Tokat). Il n'est pas douteux que d'autres religieux et religieuses d'origine arménienne et de rite latin, aient péri, mais nous n'avons pu en savoir le nombre."

schen Hardlinern und eigenständigeren Beamten vor Ort hin. Die Amasya-Armenier wurden während der Ausweisung der Missionare von schlimmen Vorahnungen gequält. Ein halbes Jahr später, am Abend des 8. Juni 1915, rief der amtliche Herold den nächsten Tag als den der Aussiedlung aus.[243] Eine franziskanische Berichterstatterin, die ihre Frankreichtreue vermutlich gerade ihrer orientalischen Herkunft wegen besonders betonte, schrieb über die Ausweisung der europäischen Glaubensgeschwister aus Diyarbakır vom 22. November 1914: „O Jésus! quel amer calice vous avez offert à nos lèvres ce jour-là! […] mais nous l'avons accepté pour votre amour et le triomphe de la France!" Sie selbst musste am 22. Dezember die Stadt verlassen und wurde nach Urfa eskortiert.[244]

Nicht allein Jungtürken, auch Jesuitenmissionare hegten indes Hoffnungen, dass der Krieg ihre Situation verbessere. So hiess es zu Beginn des anonymen Tagebuchs der Adana-Station: „Le sort des batailles va probablement modifier notre situation. C'est heureux, car elle devenait difficile. Réduit de toute manière, en personnel, en ressources, en local; entravés par la malveillance des autorités; inefficacement soutenus par nos défenseurs naturels [la France]."[245] Wie auch aus dem Gesamtbericht des Jahres 1914 hervorging, litt die Adana-Arbeit an der italienischen und vor allem an der deutschen Konkurrenz. Der im Annex des erwähnten Tagebuches geäusserte Wunsch erstaunt durch seine Unverblümtheit: „La guerre nous débarrassera-t-elle des Allemands? C'est à souhaiter." Die wenig christlichen Gedankengänge, die sich mit dem vorherrschenden mutlosen Ton verbinden, werfen ein Licht auf die stark nationale Ausrichtung dieser französischen Missionare. Sie beklagten, dass in Adana für die Absolventen der französischen Grund- und Sekundarschulen nur nichtfranzösische weiterführende Bildungsmöglichkeiten vorhanden seien.[246] Der Autor des Tagebuches erlebte den Krieg und die Annullierung der Kapitulationen drastisch als das Ende seiner Träume, seines Privilegiertseins auf fremdem Boden und schliesslich auch als das Ende des offensichtlich kränkelnden jesuitischen Adana-Missionswerkes. Er hoffte auf die Auferstehung nach dem Krieg, indem er sein Schreiben mit diesen Worten beendete: „Aujourd'hui, 11 septembre, 10 heures du matin, ma plume courait, alléguant des pensées qui, depuis plusieurs mois, fermentaient et gémissaient de rester enfermées quand des clameurs dans la rue et la voix du

---

243 Testanier (1915), Manuskript. – Vgl. den kürzeren Bericht von P. Gabriel Lebon (S. J. Amasya), „Derniers Jours de la Mission d'Arménie", in MiCa 1920, S. 9–11, 18–22. Über die noch dramatischeren Ereignisse in Harput berichtete der Kapuziner Laurentin (Laurentin o. D., S. 35 f.), vgl. Kap. 3.7.

244 Am 5. November hatten sie schon eine Hausdurchsuchung über sich ergehen lassen müssen und gerade noch Zeit gehabt, einige Waffen in den Ziehbrunnen zu werfen, „que des Arméniens nous avaient confiés". Sie schien nicht jeden Humor verloren zu haben, als sie über ihre erste, armselige Absteige schrieb: „[…] nous y sommes accueillis ‚en amis' par […] d'innombrables parasites. Ils nous donnent les plus sensibles témoignages d'attachement." *(Cinq ans d'Exil …,* S. 4, 6, 12).

245 *Diaire de la Résidence d'Adana reconstitué 1914–1915,* AFCJ RAr 19, Manuskript.

246 Im bereits erwähnten *Diaire* hiess es: „Inutiles tant de peines, tant de dévouement, tant de sacrifices d'hommes et d'argent. Si du moins, ne pouvant former des chrétiens convaincus, nous faisions des agents d'influence française; mais ces enfants que nous aurons dégrossis, s'ils vont achever leur formation dans les écoles allemandes ou italiennes propageront non pas l'influence française, mais l'influence allemande ou l'influence italienne." Vgl. auch den Gesamtbericht von 1914 (Bericht von d'Autume) im Anhang, S. 549.

lointain sont venus m'interrompre. Le crieur public annonce la suppression des Capitulations. C'est l'enterrement solennel des étrangers et de leurs privilèges; l'enterrement de mes rêves. Je renonce à les poursuivre, en attendant la résurrection."

Wenn sie nicht über einen Boten an der Zensur vorbeigeschmuggelt werden konnten, schilderten die Berichte aus den aufrechterhaltenen deutschen und amerikanischen Missionsstationen den Völkermord, der ablief, in verschleierter Weise. „Wohl all denen, die überhaupt nicht mehr hungert oder dürstet! Wehe aber den blinden Blindenleitern, die Tausende ins Unglück stürzten", schrieb Franz Eckart im Sommer 1915 aus Urfa.[247] Die eigene jahrzentealte Arbeit stand vor dem Zusammenbruch. Auf Zwischenhalt in Sivas stellte der aus Mardin ausgewiesene Missionar Alpheus Andrus am 7. Dezember 1915 fest: „Our beloved Dr.s death [Thom's, Mardin] makes the seventh of the members of the Eastern Turkey Mission whom the grave claimed this year! Will their graves prove to be the grave of the Eastern Turkey Mission?"[248] Eine ganze Generation von Mitmenschen und Mitarbeitern war verschwunden. „[…] impossible for us to undertake any educational work. The exodus of the evangelical community has been general."[249] Krieg und Verschickungen legten die Arbeit des Hülfsbunds in Van und Musch still; in Mezere, Marasch und Haruniye gelang es, „die tatsächlich in unseren Anstalten sich befindenden Kinder und Angestellten dem Verderben zu entreissen" und die Arbeit reduziert fortzuführen. Sowohl vom Hülfsbund als auch von der Deutschen Orient-Mission in Urfa – Knotenpunkt der Deportiertenkarawanen – stammen wichtige Kriegs- und Genozidzeugnisse.[250]

Ernst Christoffel verliess am 3. Juli 1914 seine Blindenmissionsstation *Bethesda* in Malatya, um bei seinen Freundeskreisen in der Schweiz und in Deutschland Öffentlichkeitsarbeit zu leisten. Er wurde indes sogleich zum Militärdienst eingezogen. Nach einiger Zeit konnte er sich durch eine Eingabe ans Kriegsministerium freistellen lassen und erhielt die nötigen Genehmigungen, um sich Anfang 1916 wieder nach Malatya zu begeben. Alle deutschen Mitarbeiterinnen und Mitarbeiter hatten diese Stadt im Laufe von 1915 verlassen. Die mühsame Fahrt führte Christoffel von Istanbul mit dem Zug über Eskişehir und Konya nach Ereğli und von hier mit dem Reisewagen über Kayseri und Sivas nach Malatya. In Sivas stellte er fest, dass das schweizerische Mädchenwaisenhaus dank konsularischer Vermittlung der Verschickung entgangen war.[251] Kurz vor seiner Ankunft hatte der *mutasarrıf* das *Bethesda* als Kriegslazarett requiriert und wollte die Insassen deportieren. Nach zermürbenden Auseinandersetzungen mit ihm und seinen Leuten konnte Christoffel wieder einen Teil des *Bethesda* als Heim verwenden. Er arbeitete dort bis zu seiner Ausweisung durch die Alliierten Anfang 1919.[252]

247 CO 1915, S. 76 f. Vgl. Kap 3.9.2.
248 ABC 16.9.7 (reel 713: 118).
249 Merrill aus Aintab, 4. 1. 1916, ABC bh.
250 So die Broschüren von Ernst Sommer (o. D.), Beatrice Rohner (o. D.), der unveröffentlichte Bericht von Johannes Ehmann über Harput (o. D., vgl. Kap. 3.7.3) und die zahlreichen Briefe an die deutsche Diplomatie (AA Türkei 183). Von letzteren wurde bloss ein kleiner Teil durch Lepsius veröffentlicht (Lepsius 1919).
251 Näheres dazu in Meyer 1974, S. 112 f.
252 Christoffel 1921, S. 9–22. Dieses Buch von Christoffel liefert eine präzise Beschreibung der lokalen und regionalen Verhältnisse in und um Malatya und geht auf das Umfeld und die Folgen

Die Missionare standen den Unionisten im Wege. Das Hauptziel der unionistischen Kriegspolitik war die Erlangung der völligen „nationalen Souveränität". In den Augen der Machthaber war dies nur auf muslimisch-türkischer Basis möglich, und nicht, wie es die Missionare forderten, in einer nach internationalen Regeln auszuhandelnden Kohabitation mit den christlichen Armeniern. Wie schon Abdulhamid setzten die Unionisten den internationalistischen Protestantismus mit imperialistischer Macht gleich, welche die eigene Souveränität bedrohte. Enver Pascha befasste sich 1918 in einem längeren osmanischen Zeitschriftenartikel mit der „Missionsgefahr" und plädierte dafür, die Kriegssituation zur Vertreibung der anatolischen Missionare zu nutzen. In seiner säkular-apokalyptischen Weltschau sah er in den ABCFM-Missionaren Vertreter einer USA, welche nicht nur „das Christentum im Orient zu retten", sondern auch die Türken und Muslime „vom Erdboden zu tilgen" suchten. Enver Pascha hielt das Überleben der einen verknüpft mit dem Untergang der anderen, eine Kohabitation konnte er sich – ganz anders als die Missionare – nicht vorstellen. Alles menschenrechtliche Eintreten für Minderheiten wie die Armenier, Bulgaren, Süryani und Kurden interpretierte Enver als Aufstachelung gegen die türkische Herrschaft. Das missionarische Schulwesen betrachtete er als einen Fremdkörper, der eine „nationale Erziehung" verunmögliche. In seinen Augen war mit dem Krieg die Gelegenheit da, „Anatolien ein für allemal von fremder Beeinflussung und Einmischung zu befreien."[253]

3.4.6 Das „Near East Relief"

Zu den zurückgebliebenen Missionarinnen und Missionaren gehörten auch diejenigen des ABCFM. Einige von ihnen wies das Regime bereits 1915 aus, so die Ärzte Floyd Smith von Diyarbakır und Daniel Thom von Mardin. Beide waren für die Behörden zu untragbaren Augenzeugen geworden, die sich kritisch zur unionistischen Kriegs- und Ausrottungspolitik geäussert hatten. Die Berichterstattung des *Missionary Herald* zur Lage in der Türkei tönte im Herbst 1915 dramatisch: „In the midst of our distress over the plight of the hunted Armenians in Turkey, we cannot overlook the fact that in their efforts to exterminate them the Turks are working havoc with the American Board's enterprise in their country, injuring its property, destroying its institutions, and even insulting, imprisoning, and expelling its missionaries."[254] Dieselbe Zeitschrift berichtete von einer Konferenz verschiede-

von Krieg und Genozid ein, namentlich auf das Florieren der in Kleinasien bisher unbekannten freien Strassenprostitution (S. 54 f.) und die Not der armenischen *und* muslimischen Waisenkinder („Verbrechen der Erwachsenen begangen an den Unmündigen", S. 57–61). Das Buch schildert die menschenunwürdige, ja menschenverachtende Behandlung der *türkischen* Soldaten im Militärlazarett (S. 23–27). Es enthält auch eine Hommage an hilfreiche türkische und kurdische Freunde, namentlich Mustafa Ağha Aziz Oğlu, Bürgermeister von Malatya, der das „Bethesda nicht nur protegierte, sondern ihm auch immer wieder Geld vorschoss" (S. 18, 20, 63 f.), Hilmi Bey, der als Gegner der Ausrottungspolitik seine Stelle als *mutasarrıf* von Malatya verlor (65–67), und der blinde Habesch, Einkäufer des *Bethesda* (S. 15). Der Verfasser, der sein Ich nicht unter den Scheffel stellt, ist im übrigen vor Deutschtümelei nicht gefeit (S. 71, 73, 112).

253 Siehe Envers Artikel im Anhang, S. 561–564.
254 MH 1915, Nov., S. 498; zu den Ärzten Thom und Smith vgl. Greene 1916, S. 150 f.

ner Institutionen und Vereine, darunter des Roten Kreuzes, die sich am 16. September in New York zusammenfanden, um eine Nothilfe zu organisieren. Am 20. November wurde in der Folge die Dachorganisation *American Committee for Armenian and Syrian Relief* gegründet, die 1918 den Namen *American Committee for Relief in the Near East* (ACRNE), 1919 den vereinfachten Namen *Near East Relief* (NER) annahm. Oft wurde diese Organisation auch einfach nur *Relief* genannt. Cleveland H. Dodge, Woodrow Wilsons enger Freund, Howard Bliss, der Präsident des *Syrian Protestant College* in Beirut, Henry Morgenthau, der unbequeme US-Botschafter in Istanbul, der Anfang 1916 in die USA zurückkehrte, und James L. Barton, der Sekretär des ABCFM, gehörten der *Relief*-Führung an, letzterer als dominierende Gestalt.[255]

Das *Relief* bediente sich für die Verteilung der Hilfsgelder und für die Organisation der Hilfe vor Ort hauptsächlich des Personals und der Infrastruktur des ABCFM, dessen Zentrale das *Bible House* war. Es wurde dabei nicht nur von der US-Botschaft und den US-Konsulaten, sondern auch von deutschen Diplomaten unterstützt.[256] „Das amerikanische Bibelhaus überwies durch die ottomanische Bank am 15. Mai 3'000 t. [türkische] Pfund [...]. Geschäftliche Nachrichten über Hilfswerk würden dem Bibelhause erwünscht sein und ihm von der [deutschen] Botschaft unter der Hand mitgeteilt werden", telegrafierte beispielsweise der deutsche Botschafter Richard Kühlmann noch nach dem amerikanischen Kriegseintritt seinem Konsul in Aleppo.[257] In einem Schreiben vom 15. Juni 1917 an den Reichskanzler Theobald von Bethmann Hollweg machte Kühlmann deutsche Interessen am ungehinderten Zufluss amerikanischer *Relief*-Gelder geltend: „Meines Erachtens haben auch wir ein wesentliches Interesse daran, dass die amerikanischen Geldsendungen nicht unterbrochen werden oder ganz aufhören. Denn eine Reihe deutscher Wohlfahrtsunternehmen, wie zum Beispiel die mit dem Deutschen Hilfsbunde für christliches Liebeswerk im Orient des Direktors Schuchardt zusammenhängenden Missionen der Schwestern Rohner in Aleppo und Paula Schäfer in Adana, die Waisenhäuser des Pfarrers Ehmann in Harput und des Herrn Dobbeler in Harunije, die Mission des Diakon Künzler in Urfa (Deutsche Orient-Mission) und eine für Samsun unter deutscher [in Wirklichkeit schweizerischer] Aufsicht eröffnete Suppenküche für rund 1'000 Personen arbeiten zum grössten Teile mit amerikanischem Gelde. Bleibt dieses in Zukunft aus, so würden voraussichtlich die in Deutschland an den verschiedenen Hilfswerken beteiligten Kreise stärker herangezogen werden und auf diese Weise deutsches Geld ins Ausland wandern, das besser im Inlande für deutsche Zwecke verwendet wird."[258] Die vom amerikanischen Vizekonsul in Samsun, dem

---

255 Grabill 1971, S. 72 f., 288. Zu Bartons direktem Draht zum *State Department* vgl. MH 1916, S. 514.

256 Peet stand in intensivem Nachrichtenaustausch mit Dr. Johannes Mordtmann, Chefdolmetscher der deutschen Botschaft in Istanbul. Geldzahlungen des *Relief* für Beatrice Rohner sandte Peet manchmal ans deutsche Konsulat in Aleppo. Vgl. Lepsius 1919 und Peets Korrespondenzbuch der Jahre 1915 und 1916, ABC bh. Von den 20 Städten, die ein interner Bericht des *Relief* als Hilfswerkzentren vorsah, hatten 16 ABCFM-Präsenz (MH 1915, S. 500). Vgl. auch Barton 1933, S. 125.

257 Telegramm vom 23. 5. 1917 an das deutsche Konsulat in Aleppo (Lepsius 1919, S. 348).

258 Gust 1999, Dokument 1917-06-15.

Schweizer W. Peter, vom Herbst 1916 an organisierte Suppenküche kam täglich rund 1'000 muslimischen *muhacir* zugute.[259] In Urfa führte die – von den Amerikanern so genannte – *Swiss Mission* den *Relief*-Auftrag aus, in Harput waren es nach der Ausweisung der Amerikaner Hülfsbund-Missionare, in der Stadt Aleppo, in deren Umgebung sich die Mehrzahl der armenischen Flüchtlinge befand, „kompetente Schweizer Kaufleute".[260] Der Schweizer Kaufmann und Bankier E. Zollinger, ein Junggeselle, der um die Jahrhundertwende deutscher Konsul gewesen war, gründete dort mit einer Armenierin und dem Pfarrer Aaron Shiradjian zusammen einen Notstandsausschuss und stellte sein Haus für die Waisen zur Verfügung. Viele *Relief*-Zahlungen wurden über ihn abgewickelt. Die Baslerin Beatrice Rohner baute in Aleppo eine eigene Arbeit auf: Sie betreute mit *Relief*-Geld mehrere hundert Waisen und unterstützte heimlich viele Armenierinnen in den Lagern, bevor ihr vom Regime alles entrissen wurde.[261]

Obwohl die in den USA geführte Spendenkampagne religiös und antitürkisch argumentierte, kam ein Teil der umfangreichen Hilfsmittel auch Muslimen zugute.[262] Die Tatsache, dass der antiamerikanische Enver Pascha den Einsatz des amerikanischen Missionsarztes Henry Atkinson in Mezere mit einer Medaille ehrte, ist ein Hinweis auf die fast unantastbare Unentbehrlichkeit, die sich das ABCFM und das mit ihm verquickte *Relief* innert Jahresfrist erwarben, nachdem die Lage im Herbst 1915 noch äusserst kritisch schien. „All mission stations were still occupied except Talas, Brousa, and Harpoot", konnte Peet aus Bern kabeln, wohin sich im Frühjahr 1917 ein Teil der ABCFM-Missionare nach Abbruch der türkisch-amerikanischen Beziehungen zurückgezogen hatte.[263] Es sei zunehmend klar, hiess es im September 1917 im *Missionary Herald,* dass die Türkei trotz des formellen Abbruchs der diplomatischen Beziehungen keine feindliche Haltung gegenüber den USA und „ihren [missionarischen] Repräsentanten" in der Türkei einnehme. Sie hüte sich, es mit dem potenten Partner Amerika ganz zu verderben.[264] Das ABCFM hatte beim US-Kriegseintritt 1917 erfolgreich auf Neutralität gegenüber der Türkei gedrängt.

Die amerikanischen Bemühungen konzentrierten sich auf die Nothilfe. Die als Reaktion auf den Völkermord eingeschlagene humanitäre Strategie wurde nicht mehr in Frage gestellt. Die Anhänger einer militärischen Intervention, so Theodore

---

259 Vgl. Peters Brief vom 22. 12. 1916, ABC bh, und MH 1917, S. 244.
260 MH 1917, S. 74, 395. In Urfa war das Ehepaar Künzler tätig, in Harput u. a. Verena Schmidlin (vgl. Kap. 3.7.4 und 3.9).
261 Briefe von ihr in Sommer o. D., S. 33–39; vgl. Meyer 1974, S. 108–110, 264. Zu Zollingers Funktion vgl.: Gust 1999, Dokumente 249, 344, 346–350; Peets Korrespondenzbuch ABC bh; zur Person Zollingers vgl. Sdun 1989, S. 244. Auch der spanische Konsul in Aleppo, der Schweizer Unternehmer Schüep, beteiligte sich am *Relief* (vgl. Peets Korrespondezbuch; Orient 1919, S. 65; Sdun 1989, S. 244, 248).
262 Vgl. Grabill 1971, S. 71–78. Nach Grabill machte 1916 die Hilfe an Muslime 2% des *Relief*-Budgets aus (S. 78). Die Künzler vom US-Konsul Jesse Jackson in Aleppo zugunsten der kurdischen Flüchtlinge im Raume Urfa übergebenen Mittel stammten zweifellos aus dem *Relief*-Fonds (vgl. Kap. 3.9.4). Vgl. auch MH 1917, S. 74. Nach dem Weltkrieg machte die *Revue Internationale de la Croix Rouge* in Genf auf das wenig wahrgenommene Elend unter den türkischen Kindern aufmerksam (vgl. *Der Neue Orient,* IX, Nr. 5/6, Sept. 1921, S. 75).
263 MH 1917, S. 311, Namensliste auf S. 371. Zu Envers Medaille vgl. MH 1917, Jan., S. 28.
264 MH 1917, S. 311, 395.

Is Riggs Right?

Read what Riggs did — Read what Rabbi Wise said — and did —, and then —

What do YOU say? What will YOU do?

Riggs is a Near East Relief worker (one of 511) in Western Asia—the Turk's Butcher Shop. Riggs has been there for some time. He has seen sights—men murdered in cold blood, women stricken down or, worse, led into brutal bondage; little children, homeless, naked, starving, "dropping like flies, in the streets." General Harbord called it "misery unadorned." Howard Heinz, representing Herbert Hoover there, said: "Merciful God, it's all true. Nobody has ever told the whole truth. Nobody could!"

And yet Riggs, kindly, compassionate, heroic Riggs, has not grown callous, has not lost faith. Riggs sent a cablegram. It was addressed to Dr. James L. Barton, chairman of Near East Relief. And when Rabbi Stephen Wise, of the Free Synagogue, New York City, read that cablegram he wrote a brief letter to Dr. Barton.

THE CABLEGRAM

BARTON 14 BEACON STREET BOSTON MASS. NEW REDUCTION APPROPRIATION NECESSITATES TURNING OUT MANY OUR ORPHANS TO STARVE AS WINTER BEGINS DESIRES THOUSANDS ALREADY REFUSED. WE CANNOT DO IT
HARRY RIGGS
Harpoot, Armenia

THE LETTER

Dear Dr. Barton:
Riggs is right. He can't do it. He can't turn out any more orphans and we can not let him. I beg the privilege of taking care of one of the orphans for the year and of pledging $100 for its care. I am sure that many, many more would do this if they knew of these little ones. Riggs is right. God bless him.
(Signed) Stephen Wise

Two hundred and fifty thousand homeless children are dependent on the kindly hearts of America for rescue from cold, hunger and disease.

Over one million adults are destitute. The Turks have wantonly demolished their dwellings, stolen their farming implements, robbed their country of every valuable thing —even the window panes from houses and hospitals have been carried away! Until the next harvest the only hope of these people is America.

"I will lift up mine eyes unto the hills, from whence cometh my help!"

The oldest Christian people on earth—now free, though crushed by centuries of oppression—lift up their eyes to America, to YOU!

Must they look in vain? Must little shivering children be turned out to die?

No! Not if YOU, too, say with Rabbi Wise:

"Riggs is right .... God bless him!"

And make known your answer today, NOW, by check or money order to

Abb. 81: Spendenplakat des *Near East Relief* für das amerikanische Publikum, 1919.

Roosevelt, vermochten sich nicht gegen die *Relief-* und ABCFM-Führer – Wilsons „geheimes Kabinett"[265] für Nahostbelange – durchzusetzen. Angesichts der fortdauernden humanitären Katastrophe in der Türkei erwogen allerdings auch James Barton und seine Freunde im Herbst 1917 die Möglichkeit einer Intervention. Ein missionarischer Informant teilte Barton mit, dass bei Alexandria keine nennenswerte osmanische Verteidigung einem Landeunternehmen und einer Besetzung der Bagdadbahn im Wege stünde. Diese brisante Aussage entsprach Tatsachen, die auch Enver Pascha und Paul von Hindenburg bekannt waren. Barton begründete schliesslich seine Ablehnung einer Intervention so: „[...] relief would come to an end, our missionaries will be expelled or interned and the great missionary properties will be confiscated."[266] Schlagzeilen wie „Millions are starving in bible lands!"[267] und Titel wie „Superb Relief Work" oder „Relief Work going well in Turkey"[268] forderten die Opferwilligkeit der amerikanischen Leserinnen und Leser heraus und bestätigten diese in ihrem Guttun angesichts des europäischen und nahöstlichen Desasters. „The saddest and most desperatly needy peoples on the face of the globe look to America as their one quarter of hope, and cry out for their very lives."[269] Die amerikanische Presse arbeitete mit einem stark negativen Bild der Türken,[270] wogegen sich die Differenziertheit des *Missionary Herald* abhob. Womöglich mit einem Seitenblick auf die osmanischen Behörden plazierte der *Missionary Herald* mitten in die amerikanische Presselandschaft der Kriegszeit den Artikel „Good Turks" von Arthur Ryan in Istanbul, der rettende Taten edler Muslime von 1895 und 1909 in Erinnerung rief.[271]

Das beeindruckende Ausmass amerikanischer Hilfsbereitschaft für den Nahen Osten schlug sich bis im Juni 1917 in einem Gesamtaufwand von über 3 Millionen Dollar nieder.[272] Die *Relief*-Arbeit nahm in den Jahren nach dem Krieg eine noch grössere Dimension an. Nach 15jähriger Tätigkeit – bis zur Umwandlung in die *Near East Foundation* im Jahre 1930 – hatte das NER insgesamt 116 Millionen Dollar ausgegeben, davon 25 Millionen als direkte Regierungshilfe.[273] Nach Weltkriegsende brachten ganze Schiffsflotten das nötige Hilfsmaterial herbei. Entsprechend der mit christlichen Symbolen arbeitenden Heimpropaganda und der selektiv verbreiteten Vision des *Christian Armenia* kam die Unterstützung vor allem, aber nicht ausschliesslich den orientalischen Christen zugute. Dazu gehörten in erster Linie die armenischen Bedürftigen in Mittel- und Ostanatolien, in Syrien, im Libanon und im Kaukasusgebiet sowie die griechischen Flüchtlinge aus Mittel- und Westanatolien und bei der Umsiedlung nach Griechenland.[274] Das *Relief* genoss auch in der Zeit des türkischen Unabhängigkeitskriegs eine privilegierte Bewegungsfreiheit in

---

265   Zur Ausführung dieser Sachlage siehe Grabill 1971, S. 80–105.

266   Grabill 1971, S. 94–96 (Zitat S. 96). Vgl. auch MH 1918, S. 3.

267   So auf einem Poster des *American Committee for Armenian and Syrian Relief* von 1917 (abgebildet in Grabill 1971, S. 178).

268   MH 1917, S. 310, 494.

269   MH 1917, S. 495.

270   Grabill 1968, S. 50, und Grabill 1971, S. 76 f., 93.

271   MH 1916, S. 446–449. Vgl. auch MH 1916, S. 461, 516.

272   MH 1917, S. 310.

273   Barton 1930, S. VII; genaue Abrechnung S. 438 f.

274   Meyer 1974, S. 115 f.; Grabill 1971, S. 282, 300 f.; Richter 1930, S. 104–106.

der ganzen Region, auch hinter den türkischen Linien. Die *Relief*-Mitarbeiter –
hauptsächlich bestandene Türkeimissionare – waren fast die einzigen Ausländer,
welche die frühe kemalistische Bewegung als Respektspersonen tolerierte.[275]

Im amerikanischen Selbstverständnis war das *Near East Relief* 1915–1930 die
spektakulärste Verwirklichung des „wahren Geistes" der Heimat in der Abhebung
von den dunklen Mächten der Welt. Diesen *true spirit* stellten nach Aussage des
jüdischen US-Botschafters Henry Morgenthau die amerikanischen Türkeimissionare
in der reinsten Form dar.[276] James Barton seinerseits schrieb über das NER: „It is the
story of the ideals of America translated into disinterested service."[277] Calvin Coolidge
gebrauchte gottesdienstliche Begriffe: „[…] its creed was the Golden Rule and its
ritual the devotion of life and treasure to the healing of wounds." Er sprach von
practical Christianity, religion in action, und *religion in terms of sacrifice and
service;* der *Relief*-Mitarbeiter tat somit etwas, das seine praktische Auswirkung
zwar vor Ort hatte, seine symbolische Wirkung jedoch vor allem für die Heimat
entfaltete und dem ganzen Volk Befriedigung verschaffte: „[The NER] represented
the true spirit of our country. […] irrespective of religion and creed, it clothed the
naked, fed the starving and provided shelter […]. While the war was waging in
Europe and Western Asia, and the contending nations were using every known
engine of destruction against each other, this organization was salvaging men,
women and children, not of its own race."[278] Dank dem *Near East Relief* wurde nach
jahrzehntelanger minderheiten- und konfessionsorientierter Missionstätigkeit das
Bild eines allseits grosszügig helfenden Amerikas verbreitet. Selbst der Jesuit Riondel sprach dem *Relief* einen „souffle de charité vraiment chrétienne et universelle"
zu.[279] Eine interreligiöse, internationale humanitäre Führerschaft, *humanitarian
leadership,* im Nahen Osten schwebte dem ABCFM seit Beginn der Jungen Türkei
vor; im *Near East Relief* nahm sie Gestalt an.[280]

3.4.7 Missionarische Grenzerfahrungen in Krieg und Genozid

Es gab eine Vielfalt von missionarischen Reaktionen auf das Wahrnehmen und
Miterleben eines noch nie dagewesenen Massenmordes, dessen Abwickelung die
Missionen fast völlig machtlos gegenüberstanden. Die wenigen Dutzend Missionarinnen und Missionare, die in den Ostprovinzen verblieben waren, gingen oft
über die Grenzen ihrer Kräfte hinaus, um humanitäre Aktionen, Eingaben bei den
Behörden und publizistische Offensiven zu lancieren. Sie sahen sich in ihrem Glauben an einen gnädigen und gerechten Gott bis aufs äusserste herausgefordert. Meh-

---

275 Besonders deutlich wird dieser Aspekt im franziskanischen *Récit d'Exil ...,* S. 27 f., 31 f., und in
   Vischer-Oeri 1967, S. 82 f., 86.
276 Grabill 1971, S. 295.
277 Barton 1930, S. XI. „[Amerika] through the relief Agency, was in the midst of all these events",
   fuhr Barton fort (1930, S. XII).
278 Ex-US-Präsident Calvin Coolidge in der *Introduction* zu Barton 1930, S. VIII–X.
279 *Etudes* 1919, Okt., S. 190.
280 Vgl. MH 1908, S. 340 f.

rere brachen geistig, seelisch oder physisch zusammen. Viele bedeutende Texte von Türkeimissionaren aus der Zwischenkriegszeit drehten sich wesentlich um die grosse Katastrophe von 1915/16.[281] Wir begnügen uns hier mit einem Blick auf einige deutsche und schweizerische Personen. Beim Umgang der deutschen Missionare mit den schrecklichen Ereignissen kam als zusätzliche Belastung die politische Loyalität hinzu, die sie als deutsche Staatsbürger mit ihren türkischen Kriegsverbündeten verband und vor allem in den ersten Kriegsmonaten verblendete, wie dies auch bei Johannes Lepsius der Fall war. Kurz vor dem Krieg glaubte er, befriedigt feststellen zu können, dass die deutsche Mission mit ihrer Hinwendung zu den Armeniern zu Hause nicht mehr so einsam dastand wie noch im Fin de siècle: „[…] in Deutschland hat das allgemeine Urteil in Sachen des armenischen Volkes sich von Grund aus geändert."[282] Da das Zustandekommen des armenischen Reformplanes von 1913/14 „der Verständigung zwischen dem deutschen und russischen Botschafter zu danken" sei, wozu er selbst während seines Aufenthaltes in Istanbul beitrug,[283] befand sich Lepsius vor Kriegsbeginn in selten offener Übereinstimmung mit dem offiziellen Deutschland. In seinem Kriegsflugblatt vom 15. August 1914 stand er deshalb ganz auf der Linie offizieller Kriegspropaganda. Er bemühte hierzu auch das Evangelium (das Flugblatt erschien im *Christlichen Orient)*. Erst in zweiter Linie nannte der Missionsleiter das Missionsanliegen, das nicht ganz vergessen gehen solle:[284] „Wir müssen siegen, das ist die Antwort, die jedes deutsche Gewissen auf die siebenfältige Kriegserklärung gegeben hat, die Deutschlands Weltmacht zu vernichten sich vermessen hat. Wir müssen siegen, und wir werden siegen. Dieses Muss, das dem ganzen deutschen Volk seit dem ersten Tage der Mobilmachung mit einem hörbaren Ruck in die Knochen gefahren ist, hat weder mit welscher Revanchegier, noch mit slavischer Brutalität, noch mit englischem Krämergeist eine Ähnlichkeit. Dieses Muss ist der kategorische Imperativ, dass das Volk Martin Luthers, das der Welt die Wahrheit des Glaubens und die Freiheit des Geistes geschenkt hat, nicht unter russischer Barbarei und französischer Freigeisterei zugrunde gehen darf, wenn anders das Evangelium Jesu Christi in der Welt den Sieg behalten soll. […] die Fundamente unserer Arbeit müssen erhalten bleiben, damit wir mit verdoppelter Kraft darauf weiterbauen können, wenn Gott den deutschen Waffen den Weltfrieden geschenkt haben wird. […] Wenn Gott uns Siege schenkt, bei allen Dankopfern, die ihr bringen werdet, gedenkt auch der Mission. Wenn Gott uns schmerzliche Verluste zumutet, […] vergesst nicht dessen, der sein Leben für uns gegeben hat, und dessen Evangelium in der Welt, es komme, was da wolle, den Sieg behalten muss."[285]

---

281 So Ussher 1917, Riggs 1997 (geschrieben ca. 1917), Lepsius 1919, Sommer 1920, Künzler 1999 (1921), Christoffel 1921, Vischer 1921, *25 Jahre ...* 1921, Eckart 1922. Vgl. S. 347, 358, 475.

282 CO 1914, Juli, S. 105.

283 CO 1913, S. 218.

284 Berufung auf Jesus auch im Artikel „Jesu, hilf siegen!" des Superintendenten W. Roedenbeck (CO 1914, S. 135–137). Im Artikel „Jesus und der Krieg" (CO 1915, Mai–Juli, S. 39–47) zeigte sich Lepsius bereits nachdenklicher. Lepsius' Verhalten zu Kriegsbeginn unterschied sich weder von demjenigen der Mehrheit der akademischen noch der evangelischen Wortführer Deutschlands (vgl. Besier 1984 und Hammer 1971, S. 30–93).

285 Unten auf Seite 3 des Flugblattes wurde unter dem Titel „Ein gutes Beispiel" eine Firma genannt, die der defizitären Orient-Mission bereitwillig erlaubte, mit der Bezahlung zu warten, „bis der Feind geschlagen sein wird". Lepsius organisierte zudem vom Sekretär Richard Schäfer bestrit-

Die Wirklichkeit ereilte Lepsius wenige Monate später schlagartig. Die furchtbaren Meldungen aus dem Lande des „Waffenbruders" rissen ihn aus dem Irrglau-
ben, dass „Gott den deutschen Waffen den Weltfrieden schenken" werde. Er erfasste
rasch das Ausmass der armenischen Tragödie und setzte sich fortan kompromisslos
für das bedrohte Volk ein. Er reiste via Genf und Basel in die Türkei und kam am
24. Juli in Istanbul an, weiter gelangte er nicht. Am 10. August hatte er eine
Unterredung mit Enver Pascha, der ihm jegliche Hilfstätigkeit für die Armenier
verbot. Enver soll ihm hinsichtlich der Deportationen gesagt haben: „Ich übernehme die Verantwortung für alles. [...] Wir können mit unseren inneren Feinden fertig
werden. Sie in Deutschland können das nicht. Darin sind wir stärker als Sie. Darum
kann ich keinem Fremden gestatten, den Armeniern Wohltaten zu erweisen."[286]
Zurück in Europa begab Lepsius sich umgehend nach Basel, um anonym eine
Pressekampagne zu entfachen. In Deutschland liess er im *Christlichen Orient* einen
Hilferuf erscheinen. Am 15. Oktober lud er die im Orient arbeitenden Missionsgesellschaften nach Berlin ein und unterbreitete ihnen sein Material über den Mord
an den Armeniern. Die Teilnehmer der Versammlung machten eine Eingabe an den
Reichstag, die nur beim Sozialisten Karl Liebknecht auf offene Ohren stiess. Lepsius
arbeitete fieberhaft an der Zusammenstellung eines Berichts über den *Todesgang
des armenischen Volkes;* so lautete der Titel der Schrift, die er im Frühjahr 1916
herausgab, und von der er jedem Reichstagsabgeordneten eines zuschickte.[287] Er
hatte unterdessen feststellen müssen, dass die Herren Kuratoren der Deutschen
Orient-Mission angesichts der scharfen Zensur und der offiziellen Türkeifreundlichkeit
es vorzogen, leisezutreten; ihre Unterstützung für Lepsius wurde bald schon halb-
herzig. Lepsius war genötigt, seinen Bericht auf privater Basis zu versenden. Im
Oberlehrer Martin Niepage, der seine Stelle in Aleppo kurz zuvor aus politischen
Gründen gekündigt hatte und nach Deutschland zurückgereist war, erhielt er eine
motivierte Unterstützung. Am 1. Juli 1917 kam es offiziell zum Bruch zwischen
dem Kuratorium und Lepsius. Dieser hatte inzwischen die Eigenständigkeit seiner
früheren Jahre wiedergewonnen und war in Deutschland zur *persona non grata*
geworden. Er erklärte: „Eine Orient-Mission, die an dem Sterben eines Christenvolkes, an dem sie 20 Jahre gearbeitet hat, schweigend vorübergehen will und
angesichts des Hungerleidens von Hunderttausenden unschuldiger Frauen und Kinder etwas anderes als ihre Rettung sich zur Aufgabe sucht, ist nicht mehr die
Mission, die ich begründet habe."[288]

Wie andere Missionen sah der Hülfsbund vor Kriegsbeginn hoffnungsvoll
einem weiteren Ausbau der eigenen Tätigkeit entgegen. Prediger Johannes Ehmann,
tätig in Mezere, formulierte es so: „In den Jahren 1913 und 1914 waren wir Missionsgeschwister voller Hoffnung, dass Gott bald neue, besondere Segenszeiten für

tene Vortragsreisen, „deren Tenor im Lichte der deutsch-türkischen Waffenbrüderschaft stand"
(Schäfer 1932, S. 89). Zur katholischen Seite vgl.: Schmidlin 1915, S. 46–88; MiCa 1914, S. 566;
Misalla 1968.

286 Lepsius 1930 (1916), S. XIII, XVI.

287 Vgl. Goltz 1999, S. 172–174; Goltz 1987, S. 38.

288 *Mitteilungen aus der Arbeit* 1917, S. 53, zit. nach Schäfer 1932, S. 99. Vgl. die biographische
Skizzen von Johannes Lepsius durch Hermann Goltz (Goltz 1983 und 1987, S. 19–52) und durch
seinen Sohn Rainer am Schluss von Lepsius 1986 (1919), S. 543–549.

unsre Arbeit hereinbrechen lassen werde. Statt dessen brachte der im Winter 1914/
15 erklärte heilige Krieg der Mohammedaner eine ganz allgemeine Verfolgung der
Christen."[289] Nicht nur das Gottes- und Zukunftsvertrauen, sondern auch das Vertrauen in den deutschen Staat, das diese Pietisten bei aller politischen Zurückhaltung hegten, wurde erschüttert. Schuld am Unglück trug in dieser Sicht in erster
Linie der muslimische Dschihad, nicht eine staatliche Ideologie, die den Islam
instrumentalisierte: „[…] wir deutschen Missionsgeschwister hielten eine allgemeine Christenverfolgung bei der Verbindung Deutschlands mit der Türkei für unmöglich." Doch „die deutsche Diplomatie und unsere persönlichen Bestrebungen brachen an den listigen Anschlägen der mohammedanischen Diplomatie zusammen".[290]
Johannes Ehmann verschwieg nicht, dass sein Gottesvertrauen schwer ins Wanken
geriet, da keine Rettung geschah.[291] Er wehrte sich gegen die zynische Auslegung
von einigen „kurzsichtigen Christen", die Katastrophe als „gerechte Bestrafung
Gottes" für armenische Sünden anzusehen. Gegen diese Ansicht müsse sich „das
Empfinden jedes gerecht und edel denkenden Beurteilers aufbäumen!" Um nicht
der Verzweiflung anheimzufallen, schloss Ehmann: „[…] göttliche Führung trotz
alledem! Dazu galt es sich durchzuringen, wenn man inmitten dieser unbeschreibli-
chen Ereignisse nicht den Verstand verlieren wollte [...]. Gott gab uns Licht. Wir
durften erkennen, dass aus diesen schweren Verfolgungen Tausende in die ewige
Herrlichkeit als Sieger und Märtyrer eingegangen waren, dass aus den unsäglichen
Leiden bei Tausenden eine über alle Massen wichtige Herrlichkeit hervorgegangen
war." So bewahrten, trotz des Schreckens, auch all die missionarischen Anstrengungen zur Förderung des geistlichen armenischen Lebens ihren Sinn und ihre Rechtfertigung. Damit waren die vom Missionsgründer Lohmann eingangs der kollektiven Schrift gestellten Fragen beantwortet: „War es ein Irrtum? War es eine wohl gut
gemeinte, aber doch unvernünftige Utopie, [...] dem von den Türken zum Tode
verurteilten armenischen Volke zu helfen? [...] Es war nicht umsonst, was [...]
gesät wurde."

Jakob Künzler kümmerte sich in seinen Schriften weniger um die religiöse
Deutung des schrecklichen Geschehens. Seine Texte enthalten hingegen Passagen,
die durch etwas Auffälliges, ja Anstössiges in bestimmten Wendungen das Dra-
stische des Völkermordes hervorheben und die Kluft zwischen den Überlebenden,
darunter dem Autor, und den Opfern stossend stark zeichnen. Künzler beschrieb
einen invaliden Muslim, der beim Massaker vom 19. August 1915 in Urfa auch
mittöten wollte, um „das Vaterland zu retten". Diese Passage frappiert durch ihren
absurden Gegensatz zwischen der Erbarmungswürdigkeit des Invaliden und seiner
Blutrünstigkeit im Dienste der nationalreligiös legitimierten Vernichtung der „auf-

289 Dieses und die folgenden Zitate aus: *25 Jahre ...* 1921, S. 18–20.

290 Die deutsche Regierung versicherte noch nach geschehenem Genozid besorgten Kirchenvertretern,
     sie sehe es „als eine ihrer vornehmsten Pflichten an, ihren Einfluss dahin geltend zu machen, dass
     christliche Völker nicht ihres Glaubens wegen verfolgt werden" (AMZ 1916, S. 44). Der Redaktor
     schenkte übrigens der türkisch-deutschen Propaganda von der armenischen Mitschuld Glauben und
     rief die deutschen Christen auf, der Regierung zu vertrauen.

291 „[…] unser starkes Gottesvertrauen, das mit einigen glaubensstarken Armeniern bis zum Herein-
     bruch der Katastrophe an einer göttlichen Rettung festhielt, erfuhr eine Enttäuschung, wie wir
     etwas Ähnliches nie zuvor erlebt hatten." Vgl. Kap. 3.7.3.

ständischen Ungläubigen" *(asi gavurlar)*, zu denen auch die Kinder gerechnet wurden: „Dort war ein Türke, ein Krüppel. Er konnte bloss auf den Knien rutschen. Auch er wollte Blut sehen, wollte das Vaterland retten helfen. Mit einem grossen Messer bewaffnet, suchte er von der Strasse abgeirrte Kinder, um ihnen den Todesstoss zu geben."[292] Besonders deutlich wird bei Künzler die demotivierende Tatsache, dass jegliche Hilfe bloss punktuell sein konnte. Immer wieder kam es vor, dass die Urfa-Missionare im schrecklichen Herbst 1915 anklopfende flüchtige Armenier mangels Platz zurückwiesen. Auch den verhungernden, erfrierenden kurdischen *muhacir* öffneten sie im strengen Winter 1917/18 ihre Haustüren nicht. In seinem Bericht vom 28. April 1917, der von der Hilfe im Konzentrationslager Rakka handelte und an den deutschen Konsul in Aleppo, Walter Rössler, gerichtet war, sinnierte Künzler über die Sinnlosigkeit seines bruchstückhaften Helfens. „Jedes Glied erhielt 5 Piaster. Ich konnte auch nicht mehr geben. Also eine Verlängerung der Leiden bis zum Eintritt des sicheren Hungertodes um einige Tage!"[293] Er überlegte sich in Begriffen humanitärer Machbarkeit, ob man nicht eher eine beschränkte Zahl von Flüchtlingen mit den vorhandenen Mitteln *erfolgreich* durchzubringen versuchen solle. Da „bis in zwei Monaten viele am Hunger gestorben sein werden", sei dann auch mit einer relativ bescheidenen Summe etwas zu erreichen. Über das „Konzentrationslager von Armenierüberresten" in Deir-ez-Zor am Euphrat, wo im Sommer 1916 noch etwa 60'000 „wandelnde Skelette" dahinvegetierten, äusserte sich der Diakon in einer bedenklichen Art und Weise, die von wertem und unwertem, tauglichem und untauglichem Leben sprach: „Der Gouverneur [Salih Zeki] sah ein, dass diese unglücklichen, deren Lager man sich nicht zu nahen wagte, weil ein entsetzlicher Gestank von ihnen ausging, nicht mehr zum Leben taugten, wohl aber einen ständigen Seuchenherd bildeten. Er ordnete daher kurzerhand ihre Vertilgung an. In kleinen Gruppen wurden sie jeweils ausserhalb der Stadt umgebracht und dann in die Fluten des Euphrat geworfen, damit man der Arbeit, sie zu verscharren, überhoben war."[294] Der Gouverneur von Urfa, Nusret, wurde von den britischen Besatzern 1919 gefangengesetzt, nach Istanbul gebracht und exekutiert, weil er als Gouverneur von Bayburt und danach von Erganı Maden nicht nur alle Männer, sondern auch die Frauen und Kinder hatte töten lassen. Dies bewegte Künzler zu folgendem Raisonnement, das nicht zynisch gemeint war, sondern die unvergleichliche Qual der Todeskarawanen unterstreichen sollte: „Seitdem mir der Kadi [Hasan] von den schrecklichen Taten dieses Gouverneurs berichtet hatte, habe ich mich oft gefragt, ob er nicht besser gehandelt hat als all die anderen Gouverneure, die Frauen und Kinder deportieren liessen. Haben nicht die Frauen an manchen Orten die Gouverneure gebeten, sie an Ort und Stelle abschlachten zu lassen und nicht erst zu deportieren? Wie unsagbar schrecklich war es den Ärmsten auf den Deportationswegen ergangen!" Allerdings, so überlegte der Autor weiter, wenn alle wie der Verhaftete gehandelt hätten, „so wären heute von den anderthalb Millionen Armeniern, welche ihr Heim verlassen mussten, nicht

---

292 Künzler 1939, S. 54 f.
293 In Lepsius 1919, S. 341 f. „Konzentrationslager" war der gebräuchliche zeitgenössische Ausdruck für die verschiedenen Sammellager der Armenier, namentlich auch für die tödlichen „Endlager" in der syrischen Wüste. Vgl. z. B. Lepsius 1919, S. 137, 168, 179, 212, 252, 255, 281.
294 Künzler 1999 (1921), S. 99. Vgl. Kévorkian 1999, S. 206.

noch etwa 2–300'000 am Leben geblieben". Den tödlichen Flecktyphus stellte Künzler als den Erlöser der geplagten Deportierten dar.[295]

Frieda Spörris Beschreibung der muslimischen Gefangenen, die nach der russischen Besetzung Vans auf dem amerikanischen und dem deutschen Missionsareal einquartiert waren, zeigt deutlich, wie schwer es ihr fiel, einen menschlichen Blick auf diese Geschöpfe zu bewahren. Die amerikanischen Missionare gingen mit der Betreuung dieser „Menschenwracks" über die Grenzen ihrer Kräfte hinaus: Mehrere von ihnen erkrankten schwer, eine, Elizabeth F. Ussher, starb. „Es begann mit diesen Insassen noch eine viel schrecklichere Zeit für uns Missionare, als die war mit den tausenden von armenischen Flüchtlingen. Welch einen Schmutz, welch ein Ungeziefer brachten diese Menschen herein! Ach wie leid tat es uns um unser schönes neues Schulhaus [sic]! Die Luft wurde so verpestet, dass wir nicht mehr wagten, die Fenster zu öffnen […]. Bald brach Disentrie und Typhus aus. Wir konnten die Kranken nicht pflegen bei uns, sie lagen Tag und Nacht im Hofe herum ohne dass sich jemand um sie kümmerte. Ein trauriger Anblick und bei Nacht das Stöhnen dieser Geschöpfe! […] Die Leichen zog man wie krepiertes Vieh auf ein Brett, trug sie hinaus vor die Mauern unserer Station und warf sie dort in die Schützengräben."[296]

Die Missionare waren dem Drama zu nahe, als dass sie es verdrängen oder verschweigen konnten. Der Versuch interpretierenden Verstehens gehörte zur geistigen Überlebensstrategie. Die primär religiöse Erklärungsdimension – „Christenverfolgung", „mohammedanische Diplomatie", „heiliger Krieg" – verstellte im Falle des Hülfsbundes den Blick nicht nur auf politische Mechanismen und die unrühmliche Rolle des offiziellen Deutschlands, sondern auch auf die konkreten Handlungsspielräume vor Ort. Es waren die „falschen Einflüsse", die das armenische Volk, das nach „Gottes Plan und Gottes Willen" eine „priesterliche Nation" sein sollte, dazu drängten, „im politischen Leben eine Rolle zu spielen".[297] Die politisch-gesellschaftliche Hinterfragung blieb ausgeklammert. Ähnlich wie der deutsche Missionar und Industrieleiter in Urfa, Franz Eckart, wurde auch Johannes Ehmann in Mezere ungewollt zum Werkzeug der Mörder. Der Vali verlangte von ihm, „dass er sein ganzes Ansehen aufbiete, um die Armenier zu bestimmen, ihre Waffen abzuliefern, widrigenfalls seien die Folgen unabsehbar. Wenn jedoch die Waffen abgeliefert würden, verbürge der Wali [Sabit] sein Ehrenwort, dass den Armeniern nichts geschehen werde." Ehmann ging gutgläubig darauf ein und trug ganz ungewollt dazu bei, dass die Behörden – in skrupellosem Wortbruch – die Ausrottung ohne die Gefahr eigener Verluste vorantreiben konnten.[298]

Neben martialischen nationalistischen Tönen gab es in Missionarskreisen von Weltkriegsbeginn an gegenläufige, die den übernationalen Auftrag der Mission betonten. Dies war vor allem ausserhalb Deutschlands und namentlich bei den Missionaren in den Ostprovinzen der Fall.[299] Aber es gab solche Stimmen auch in

---

295 Künzler 1999 (1921), S. 86 f., 147 f. Vgl. Kap. 3.9.

296 Spörri (1935), S. 117 f.

297 Pfr. Ernst Lohmann, Gründer des Hülfsbundes, in *25 Jahre* ... 1921, S. 5.

298 Vgl. Kap. 3.7.3 und 3.9.3; Sommer o. D., S. 13.

299 Vgl. Kap. 3.4.2. Der Basler Dr. iur. H. Christ-Socin, Vater des ehemaligen Urfa-Arztes, liess in

Deutschland. Der Schriftführer der *Deutschen Evangelischen Missions-Hilfe,* Professor Julius Richter, unterstrich, obzwar er den deutschnational gefärbten Aufruf „An die evangelischen Christen im Auslande" vom August 1914 mitunterzeichnet hatte, den supranationalen Reich-Gottes-Gedanken der Mission: „Die Mission hat ihren Ursprung und ihre Kraftquellen in der schlichten Innigkeit und Opferwilligkeit frommer Seelen, die ohne Rücksicht auf zufällige politische Gestaltungen das Reich Gottes bauen wollen, das Reich, das nicht von dieser Welt ist, und dessen Grenzen über alle Zäune der Weltreiche und Nationen hinweg bis an das Ende der Welt reichen. Die Mission mit diesem internationalen und weltumspannenden Grundcharakter war in Deutschland anderthalb Jahrhunderte lang entwickelt und erstarkt, ehe es eine deutsche Überseepolitik grossen Stiles gab. […] Sie lebt eben nicht vom deutschen, sondern vom Reich-Gottes-Gedanken."[300] Nach dem Ersten Weltkrieg unterstrich der Hülfsbund-Direktor Schuchardt die grenzüberschreitende Verbundenheit mit dem französisch gewordenen elsässischen Teil seines Missionswerkes, „denn höher als nationale Schranken und Gesichtspunkte steht uns die Einheit und Zusammengehörigkeit aller, die den Herrn Jesus lieb haben und sein überirdisches Reich bauen wollen".[301]

3.5 Visionen und Realpolitik zur Zeit von Wilsons 14 Punkten

Anatolien verlor 1914–1922 gut einen Drittel seiner Bevölkerung, über die Hälfte davon waren kriegsbedingte Todesopfer.[302] Im Anblick solcher Not verband sich das karitative Tun der ABCFM-*Relief*-Mitarbeiter zusehends mit politischen Vorstellungen. Sie fussten auf der Überzeugung, dass die Amerikaner nach Jahrzehnten der missionarischen Feldarbeit dazu aufgerufen seien, angesichts des offensichtlichen Versagens und der Verantwortungslosigkeit der Machthaber im Land politisch mitzureden.

seiner internationalen Missionspresseschau (EMM 1914, S. 480–500) sehr kriegskritische Stimmen zu Worte kommen, namentlich J. H. Oldham, den Sekretär des ständigen Ausschusses der Edinburger Weltmissionskonferenz (vgl. auch IRM 1914, S. 625–638).

300 Richter 1915, S. 13; der Aufruf „An die evangelischen Christen im Auslande" ist abgedruckt in EMM 1914, S. 411–415. Vgl. zum suprakulturellen, supranationalen Missionsanspruch deutscher Provenienz Gensichen 1982, S. 181–190, und Frick 1917, S. 148–152, sowie AMZ 1916, S. 337–346.

301 Flugblatt „An die Freunde Armeniens in Elsass-Lothringen!", Frankfurt, 25. 11. 1922, HBO.

302 621'831 osmanische Soldaten (davon 488'257 krankheitsbedingt) und ca. 2 Mio. türkische und kurdische Zivilisten fielen dem Weltkrieg zum Opfer; hinzu kamen rund 1 Mio. armenische Genozidopfer (vgl. Karayan 1982, S. 285 f.). Der *World Missionary Atlas* (1925, S. 189) schrieb: „In the territory under Turkish control the population has decreased since 1914 from about 15,000,000 to approximately 9,000,000. This decrease is due to death or deportation of one and threequarter millions of Armenians, two and a quarter million Greeks, and to the deaths during the War of about two million Turks, Kurds and other Moslems."

3.5.1 Auseinandersetzung um die Neuordnung Kleinasiens

Die Missionskreise übten in den Jahren 1917–1923 einen prägenden Einfluss auf das amerikanische Aussenministerium und seine Nahostdelegation an den Pariser Friedensgesprächen 1919/20 aus.[303] Nach dem Waffenstillstand von Mudros vom 30. Oktober 1918 zwischen Türken und Alliierten favorisierte die Missionslobby um James Barton eine rasche, nach den Mudros-Klauseln *à la rigueur* zulässige alliierte Besetzung von Kleinasien und vom Kaukasus.[304] Sie wünschte ein amerikanisches Mandat, um den geschützten Raum für die Durchsetzung einer föderalen Lösung und die Rückkehr armenischer und kurdischer Flüchtlinge in die Ostprovinzen zu schaffen. Von imperialistischen Aufteilungsplänen wollten die Missionare nichts wissen, auch nichts von einem Grossgriechenland oder Grossarmenien.[305] Mehrere Türkeimissionare waren in der US-Delegation an den Friedensgesprächen in Paris dabei. Clarence Ussher präsentierte dort einen Plan für eine unverzügliche und umfangreiche Repatriierung kurdischer und armenischer Flüchtlinge; dieser Plan war nicht auf eine Mandatslösung angewiesen. Der Missionarssohn und Präsident des *Syrian Protestant College* – der heutigen amerikanischen Universität in Beirut – Howard S. Bliss setzte sich in Paris als Syrienexperte für die arabische Unabhängigkeit ein.

Die Missionare verhehlten nicht ihre Enttäuschung darüber, dass sich die Grossmächte imperialistischen Streitigkeiten hingaben, anstatt Verantwortung zu übernehmen für den Ausgleich der Interessen und Bedürfnisse, welche die Völker vor Ort hatten. Die von den Missionen inspirierte Diplomatie im Hinblick auf den Wiederaufbau Kleinasiens antizipierte indes eine konsensuelle internationale Gemeinschaft mit Mitteln der Krisenintervention, wie sie erst Ende des 20. Jahrhunderts im Begriff war, Gestalt anzunehmen. Daher blieb das kohabitive Konzept zum Wiederaufbau der Ostprovinzen ein frommer Wunsch. Keine Grossmacht war bereit, im Namen der Pariser Friedensvereinbarungen ein Mandat über Armenien zu übernehmen. Selbst Usshers Plan, der minimale Interventionen und finanzielle Engagements vorsah, scheiterte. So verblieb die Macht der zivilen und militärischen Instanzen vor Ort bei den radikalen jungtürkischen Kadern, die ihre andersdenkenden politischen Gegner im Krieg ausgebootet hatten und alles andere als eine versöhnliche Föderationslösung anstrebten.

Nirgends war die unionistische Präsenz intakter als im Osten: Dort waren erstens die ethnischen und politischen Säuberungen am radikalsten durchgeführt worden, zweitens keinerlei alliierte Truppen eingedrungen, und drittens führte dort die osmanische Armee seit Anfang 1918 einen erfolgreichen Eroberungskrieg gegen die Russen und die Armenier. Die nationalitätenfreundliche provisorische russische Regierung Kerenskys, die seit der Petrograder Revolution vom März 1917 an der Macht war, hatte allen armenischen Auswanderern und Flüchtlingen die Rückkehr in den russisch besetzten Zipfel Ostanatoliens erlaubt. Ein halbes Jahr später übernahmen indes die Bolschewisten die Macht und unterzeichneten am 5. Dezember 1917

---

303 Vgl. Grabill 1971, S. 287.
304 Auch Schweizer Kreise wünschten eine alliierte Besetzung. Vgl. Künzler 1919.
305 Die amerikanischen Missionare wurden deswegen in nationalistischen armenischen Zeitungen heftig angegriffen, sie seien „Feinde der Armenier". Vgl. Riggs 1941, S. 38, und Grabill 1971, S. 170.

den Waffenstillstand von Erzincan. Das besetzte Gebiet, aus dem sich die Russen rasch zurückzogen, wurde der Herrschaft der Armenier überlassen, die dessen Unabhängigkeit erklärten. Eine armenische Alleinherrschaft entsprach aber weder den Macht- noch den aktuellen Bevölkerungsverhältnissen in der Region. Die armenischen Truppen, die sich sukzessive zurückziehen mussten, liessen sich Greueltaten zuschulden kommen. Am 13. Februar 1918 besetzte die türkische Armee Erzincan und setzte zu einem Eroberungsfeldzug an, der sie nicht nur wieder in den Besitz der 1876 russischerseits annektierten Gebiete brachte, wie es das osmanisch-sowjetische Abkommen von Brest-Litowsk vom 3. März 1918 vorsah, sondern weit in den „turanischen Osten" ausholen liess. Mitte September nahm sie Baku am Kaspischen Meer ein. Den antiarmenischen Kampf nahmen die unionistisch-kemalistischen Streitkräfte im September 1920 wieder auf. Die am 25. Mai 1918 gegründete unabhängige Republik Armenien mit Zentrum Erivan wurde durch die Sowjetarmee, die Anfang Dezember 1920 in sie einmarschierte, vor weiteren Kämpfen mit der türkischen Armee „bewahrt", verlor jedoch ihre Unabhängigkeit.[306]

Die in der Gründungsakte der Republik Armenien Ende Mai 1918 proklamierte politische Einheit und Unabhängigkeit von Ost- und Westarmenien, das heisst der armenischen Gebiete in den Ostprovinzen und im Kaukasus, bedeutete in den Augen der Türken eine Provokation.[307] Die Erwähnung einer Herrschaft des *gavur* in den Ostprovinzen oder gar im Rahmen eines Grossarmeniens vom Kaukasus zum Mittelmeer – eine in Paris von armenischen Vertretern vehement postulierte Variante – stellte ein wirksames Mittel dar, um die muslimische Mehrheit gegen jegliche minderheitengerechten Pläne der Pariser Friedenskonferenzen für das kurdisch-armenische Siedlungsgebiet zu mobilisieren. Die alliierte Diplomatie unterstützte zwar seit 1915 ganz klar die Schaffung einer sicheren Heimstätte für die verfolgten Armenier, aber versagte nach Kriegsende an der Aufgabe, diese Zielvorgabe realistisch umzusetzen. Sie unternahm wenig, um die von der unionistisch-kemalistischen Propaganda gezielt geschürte Angst vor Grossarmenien zu zerstreuen. Die internationalen Ordnungsvorschläge konnten von den türkischen Nationalisten daher pauschal als Imperialismus und das Engagement für die vom Völkermord dezimierten Christen der Ostprovinzen als antimuslimisch und antitürkisch dargestellt werden. Zur Angst vor Armenien kam die Furcht vieler muslimischer Kurden und Türken vor einer gerichtlichen Untersuchung der Kriegsverbrechen und vor Restitutionen hinzu.

3.5.2 Punkt 12 der 14 Punkte

Die am 18. Januar 1918 verkündeten programmatischen 14 Punkte des amerikanischen Präsidenten Wilson bildeten mit ihrem Postulat des Selbstbestimmungsrechtes der Völker eine Grundlage, die von allen Beteiligten im Kampf um Kleinasien ideologisch beansprucht wurde. Auch die Kemalisten taten das. Da die USA, anders als die übrigen Alliierten, der Türkei gegenüber immer neutral geblieben

306 Vgl. Ter Minassian 1989 b, S. 35–95.
307 Vgl. Hovannisian 1982, S. 1; Hovannisian 1971, S. 257–260.

waren, erwiesen sie der US-Diplomatie einen gewissen Respekt und begrüssten vorübergehend sogar ein amerikanisches Mandat. Die grosse Frage war, wie der Zwölfte Punkt interpretiert werden sollte, den die Armenier, Griechen, Süryani, Kurden und Kemalisten gleicherweise für sich beanspruchten: „Den türkischen Teilen des jetzigen Osmanischen Kaiserreichs soll eine ungefährdete Selbständigkeit sichergestellt werden; auch die andern Nationalitäten, die jetzt unter türkischer Herrschaft stehen, sollen unzweifelhaft ihres Lebens gesichert werden, und es muss ihnen eine vollkommene und unbehinderte Gelegenheit zu autonomer Entwicklung ermöglicht werden. Die Dardanellen sollen dauernd als freie Durchfahrt unter internationalen Garantien den Handelsschiffen aller Nationen geöffnet werden."[308]

Bei der türkisch-sunnitischen Mehrheit entstand der nicht unberechtigte Eindruck – zu welchem die griechische Besetzung Izmirs am 15. Mai 1919 wesentlich beitrug –, die Pariser Gespräche über die Zukunft Kleinasiens würden über ihre Köpfe hinweg und unter Verletzung des Zwölften Punktes im Interesse der Grossmächte und der christlichen Minderheiten geführt. Die seit dem Mai 1919 rasch wachsende antiimperialistische Stimmung unter den kleinasiatischen Muslimen ermöglichte es Mustafa Kemal, bis 1923 eine Politik der muslimischen Einheit zu betreiben. Es gelang ihm, die Weltkriegs-Ümmet trotz deren erschöpften Zustandes mit dem Argument zu mobilisieren, das Vaterland, das Sultanat und das Kalifat seien in höchster Gefahr. Im Windschatten einer fremdenfeindlichen Stimmung aktivierte er in Kooperation mit General Kazim Karabekir – dem starken Mann vor Ort und erfolgreichen Strategen des Kaukasusfeldzuges von 1918 – die bisherigen, im Osten des Landes noch intakten unionistischen Machtstrukturen. Der nationale, muslimisch-türkische Unabhängigkeitskrieg wurde von den Ostprovinzen aus organisiert.

Die mit den Gegebenheiten und Mentalitäten vertrauten Missionare verurteilten die griechische Invasion bei Izmir als Kardinalfehler, als „the worst possible solution".[309] Ein klares alliiertes Nein dazu, eine rasche kurdisch-armenische Repatriierung im Sinne Usshers und eine aktive Kommunikation mit den alevitischen und sunnitischen Kurdenführern hätte – selbst ohne die Maximallösung eines Mandates – der unionistisch-kemalistischen Bewegung eine wesentliche Korrektur verpasst: Die Parteigänger des türkischen Einheitsstaates hätten sich von Beginn an mit dem kohabitiven Konzept der Ostprovinzen abfinden und sich von Kriegsverbrechern in den eigenen Reihen trennen müssen. Die Frage, wie sich das zerstörte muslimisch-christliche Vertrauen wiederherstellen liesse, wurde gar nicht gestellt.[310]

---

308 MacCarthy 1918, S. 79 (deutsch).
309 So Alexander MacLachan, Präsident des *International College in Smyrna,* zit. in Grabill 1971, S. 172; vgl. Grabill 1971, S. 262 f., 287, 291; Grabill 1968, S. 146.
310 Muslimischerseits bestanden im Nordosten die grössten Hindernisse, wo die armenischen Milizen beim Rückzug Anfang 1918 Verbrechen begangen hatten (vgl. Ter Minassian 1989 b, S. 61 f.). Emory Niles und Arthur Sutherland, die im Sommer 1919 für das *Relief* Erkundigungen in den Ostprovinzen anstellten, schrieben 1919 über das Vilayet Erzurum: „Feeling against Armenians is so strong that it would be absolutely impossible for Armenians to return and live. In country districts they would be murdered immediately." *(Notes ... 1919,* S. 32). Vgl. McCarthy 1998 (1995), S. 266–272.

Daher lag für die türkischen Nationalisten die Versuchung nahe, die Kurden weiterhin mit religiösen und antichristlichen Argumenten zum Krieg an ihrer Seite zu motivieren. Mit der unehrlichen Rede von der gemeinsamen Rettung des Kalifats und von späterer kurdischer Autonomie verdarben sie indes auf Generationen hinaus das türkisch-kurdische Verhältnis.[311]

Die Unionisten, die sich in den Augen der Alliierten während des Weltkriegs als ganze Partei kompromittiert hatten, zogen sich nach dem Waffenstillstand bei Mudros vom 30. Oktober 1918 zwar aus dem Rampenlicht zurück; aber nur, um aktiv auf eine neue günstige politische Konjunktur hinzuarbeiten. Sie gründeten die geheime Organisation *Karakol* („Wache") – eine Nachfolgeorganisation des *Teşkilât-i Mahsusa* auf breiterer Basis –, die Menschen und Material ins Landesinnere schmuggelte und ein Netzwerk des antialliierten Widerstandes aufbaute. Die alten politische Rivalen, die Liberalen, übernahmen die Regierung, wo sie als „Kollaborateure" mit den Siegermächten zu einer dankbaren Zielscheibe der Nationalisten wurden. Im Frühjahr 1919 besetzten die Italiener die Provinz Antalya, und die Griechen landeten in Izmir. Mustafa Kemal indes begab sich in die Ostprovinzen mit dem Auftrag der Regierung, als Inspektor der Dritten Armee – dem einzigen noch voll funktionsfähigen Heeresteil – das gegenüber der Istanbuler Regierung aufsässige Verhalten sunnitisch-patriotischer Vereine zu massregeln. Er tat das Gegenteil von dem, was sein Auftrag war, indem er sich in Erzurum zum Präsidenten der rein muslimischen Vereinigung für die Verteidigung nationaler Rechte in den östlichen Provinzen, dem *Vilayât-i Şarkiye Müdafaa-i Hukuk-i Milliye Cemiyeti,* wählen liess und in derselben Stadt einen Kongress veranstaltete (23. Juli bis 7. August 1919). Dieser diente dazu, regionale und überregionale Gruppen und Aktionen zu koordinieren, welche eine antiarmenische, antigriechische und antialliierte Stossrichtung hatten. Ein ähnlicher Kongress fand einen Monat später in Sivas statt (4.–11. September 1919). Mustafa Kemal bemühte sich mit Nachdruck um die Kurden, wobei seine Rhetorik immer gleich lautete: „Il est impossible d'imaginer un seul musulman pouvant se résigner à voir s'écrouler le Khalifat et la Couronne, les Arméniens foulant aux pieds notre patrie, et notre nation devenant leur esclave. Toutes les tentatives de nos ennemis visent à démembrer la patrie et à asservir la nation."[312] Die Gründung des türkischen Parlamentes, des *Türkiye Büyük Millet Meclisi,* am 23. April 1920 in Ankara krönte die einjährige fieberhafte politische Sammlungs- und Überzeugungsarbeit Kemals und seiner Getreuen. Der anerkannten liberalen Istanbuler Regierung und dem Sultanspalast stand damit eine von Kemal geleitete inoffizielle nationalistische Gegenregierung gegenüber, die sich vorläufig noch streng hütete, dem Sultan-Kalifen verbal die Treue aufzukündigen.

---

311 Tatsächlich wurde noch am 10. 2. 1922 der Plan einer kurdischen Autonomie der Nationalversammlung in Ankara vorgelegt. Für dessen englische Zusammenfassung auf Grund einer britischen diplomatischen Quelle siehe Olson 1991, S. 166–168. Vgl. Kap. 3.6.6., S. 404.
312 Brief an den Kurdenscheich Mahmud Efendi, Kemal 1928, Bd. 3, S. 30 f.

3.5.3 Protestantische Diplomatie und die Vision einer föderalen Türkei

Bei aller Sympathie für ein unabhängiges Armenien favorisierten die meisten ABCFM-Missionare eine föderale Lösung für Kleinasien. *Robert College*-Präsident Caleb Gates, ehemals Missionar in Harput, argumentierte folgendermassen: „The attention of the Peace Conference should be centered upon giving the Turks a good government rather than upon delivering the Armenians and Greeks from Turkish government. Because it will be of little profit to establish an Armenia, more than half of whose people will be Turks, if alongside of this new State there remains a Turkey of the old type [...]. To save the Armenians and Greeks you must save the Turks also."[313]

James Barton, der Sekretär des ABCFM und seit 1915 einflussreicher Präsident des *Relief,* teilte seit Kriegsende Gates Überzeugung. Barton nahm im Januar 1919 an den ersten Friedensgesprächen in Paris teil. Im April und Mai leitete er im Auftrag des *Relief* die erste ausländische Kommission, welche die Ostprovinzen nach Kriegsende durchreiste. Zurückgekehrt, bereitete er die politische Expedition des amerikanischen Generals James G. Harbord vor, den Präsident Wilson damit beauftragt hatte, die Möglichkeiten eines amerikanischen Mandates über Anatolien zu sondieren. Harbord traf Mustafa Kemal zur Zeit des Sivaser Kongresses. Er beschrieb ihn als einen aufrichtigen, fähigen und rational debattierenden türkischen Patrioten, der sich berechtigten Argumenten der amerikanischen Diplomatie, falls man sie mit wirksamem Druck verknüpfte, nicht würde entziehen können.[314] Der im Oktober verfasste Bericht der Harbord-Untersuchungsmission favorisierte eine Mandatmacht für ganz Kleinasien und liess keinen Zweifel übrig, dass nur die USA das nötige Vertrauen der verschiedenen Bevölkerungsteile für die ausserordentlich schwierige Aufgabe des Wiederaufbaus der Region genossen. Harbord schloss seinen Bericht mit den Worten: „If we refuse to assume it [a mandate], for no matter what reasons satisfactory to ourselves, we shall be considered by many millions of people as having left unfinished the task for which we entered the war, and as having betrayed their hopes."[315]

Der Harbord-Bericht stützte den zwei Monate zuvor verfassten Bericht der King-Crane-Kommission. Dieser früh von Woodrow Wilson eingesetzten Kommission kam eine wichtige Rolle innerhalb der damaligen Nahostdiplomatie zu. Der Industrielle Charles Crane war Präsident des *Board for Constantinople Woman's College* sowie Mitglied desjenigen für das *Robert College* und gehörte der *Relief*-Leitung an. Der kongregationalistische Kirchenmann Henry Churchill King war Rektor des *Oberlin College,* Leiter des YMCA *(Young Men's Christian Association)* sowie

---

313 Brief an Albert Lybyer, Professor für nahöstliche Geschichte an der Universität von Illinois, 2. 3. 1919. Gates, der sehr wohl zwischen Türken und Kurden zu unterscheiden wusste, nahm – in jahrhundertealter abendländischer Tradition – den Begriff „Türke" hier als Synonym für „Muslim". Dieser Brief wurde auch Präsident Wilson vorgelegt. Zit. nach Grabill 1971, S. 174 (zu den Plänen einer *Federated Turkey* vgl. auch S. 102–104, 124).
314 Harbord 1934 (1919), S. 858; vgl. Harbord 1920, S. 176–193; Kemal 1989 (1929), S. 78, 114. Zur *King-Crane Commission* vgl.: Howard 1942, S. 126–138; Grabill 1968, S. 143; Grabill 1971, S. 70.
315 Harbord 1934 (1919), S. 874.

Vater von zwei Türkeimissionaren. Als Kommissionssekretär fungierte Samuel Train Dutton, ein Führer der amerikanischen Friedensbewegung und der Schatzmeister des *Constantinople Woman's College*. Das erste Memorandum, das die Kommission dem Präsidenten Wilson am 1. Mai 1919 zusandte, trug bezeichnenderweise den moralisch-politischen Titel *Memorandum on the Dangers to the Allies from a Selfish Exploitation of the Turkish Empire*. Es tendierte für die Erhaltung zumindest des kleinasiatischen Teils des Osmanischen Reichs im Mandatssystem, eine auch von liberalen türkischen Kreisen befürwortete Option.[316] Der offizielle Bericht vom 28. August 1919 zuhanden der Pariser Friedensdelegation verarbeitete Tausende von Petitionen, Gesprächen mit lokalen Vertretern und Konsultationen von Missionaren. King und Crane verneinten griechische und italienische Gebietsansprüche in Kleinasien, sahen aber eine begrenzte armenische Autonomie vor. King, Crane und Harbord appellierten an die internationalen Verpflichtungen der USA im Geiste der Völkerbundidee. Sie hielten einen politischen Isolationismus und ökonomischen Nationalismus der USA für unverantwortlich und zynisch angesichts dessen, was auf dem Spiel stand.

Der ehemalige Van-Missionsarzt Clarence Ussher, seit Kriegsende medizinischer *Relief*-Verantwortlicher für den Kaukasus, bereitete Pläne für eine Rückkehr von über einer halben Million von armenischen und kurdischen Flüchtlingen aus dem Kaukasus sowie kurdischen Flüchtlingen und Deportierten aus Westanatolien und Kilikien in ihr angestammtes Siedlungsgebiet in den Ostprovinzen vor. Diese Repatriierung sollte im August und September 1919, noch rechtzeitig für die Herbstaussaat, abgewickelt werden und die unrechtmässige Inbesitznahme von Grund und Boden durch ortsfremde *muhacir* raschmöglichst rückgängig machen. Ussher warnte vor rasch zugeteilten Autonomien und namentlich vor grossarmenischen Träumen; er ging von der Vorstellung einer sorgfältig zu entwickelnden armenischen und kurdischen Selbstbestimmung aus. Ussher vertrat seine Ideen persönlich an der Friedenskonferenz in Paris. Seine Ideen können als repräsentativ für die missionarische Nahostdiplomatie angesehen werden: „Suggestive Summary. 1. One mandatory for the entire Empire. 2. Internationalize the waters from the Black Sea to the Mediterranean. 3. Make Constantinople a free City. 4. A foreign Commission to control all governments, thereby eliminating the question of religious control of the state. 5. Declare absolute religious liberty for all, including Moslems. 6. Grant statehood for those sections showing fitness for same, and govern all others as territories under central government. Pre-war racial predominance should be a paramount consideration in fixing boundaries of states. 7. Establish a central representative governing body under control of mandatory. 8 Define qualifications on which territories will be admitted to statehood and make ability to read and write essential to the franchise."[317]

Im Frühjahr 1919 traf Ussher, von Russisch-Armenien kommend, in der osmanischen Hauptstadt ein. Unterstützt von Peet, verständigte er sich hier mit dem osmanischen Innenminister Ali Kemal, dem Grosswesir Damad Ferid Pascha und

---

316 Vgl. Howard 1942, S. 129 f.
317 Aus *Plan for the peaceful Repatriation of the Armenians and Kurds*, ABC Ussher Personal Papers. Vgl. auch Hovannisian 1982, S. 44–48.

dem Präsidenten der kurdischen Liga, Seyit Abdulkadir, über seine Rückführungs-
pläne. Letzterer war ein Sohn von Ubeydullah und Präsident des osmanischen
Senats. Es ging Ussher nicht nur um die praktische Organisation der Rückführung,
sondern zunächst darum, den Boden dafür mit regionalen Sondierungen durch *Advance Commissions* vorzubereiten. Zu deren Aufgaben gehörte die Aufarbeitung der
Kriegsereignisse, die Vertrauensbildung und die Ankündigung einer Amnestie für
lokale Kriegsverbrecher, falls sie sich kooperativ zeigten. Ussher liess sich im April
vom Innenminister und von Abdulkadir an die Lokalbehörden und die wichtigsten
kurdischen Führer gerichtete Empfehlungsschreiben verfassen, welche auf Ängste,
Empfindlichkeiten und Ehrgefühl der Muslime Rücksicht nahmen. So zum Beispiel
lautete der Brief an Sadeddin Teymur Bey, den Führer des Şemsikî-Stammes im
Landkreis Hoşab der Provinz Van: „Einziges Begehren und Ziel der erwähnten
Organisation *[Relief]* ist es, im Namen der Zivilisation und der Menschlichkeit und
ohne Unterscheidung von Rasse oder Religion allen Menschengruppen zu helfen,
um deren Bedürfnisse zu stillen und die vom Krieg verursachten Nöte und Ungerech-
tigkeiten zu beheben. Es ist daher Zeichen der Menschlichkeit und patriotische
Pflicht, die angesprochene ehrenwerte Person [Ussher] mit Respekt zu behandeln
und gebührend zu ehren. Während dieses Krieges haben die muslimischen Volksgruppen aller jener Regionen und besonders die Kurden vielerlei Schreckliches
erlitten und sind durch Überfälle von Banden drangsaliert worden. [...] man möge
der besagten ehrenwerten Person ohne Übertreibungen, in zutreffender Weise und
auf Grund von Belegen Auskünfte über jene Ereignisse erteilen und den wahren
Sachverhalt darlegen.“[318]
    In der zweiten Juni-Hälfte kam Ussher mit den nötigen Unterlagen versehen in
Paris an. Eine Unterredung Usshers mit dem amerikanischen Präsidenten in den
letzten Junitagen kam wegen dessen Überlastung nicht zustande. Am 2. Juli 1919
unterbreitete Ussher dem Präsidenten der Ministerrunde und der Friedenskonferenz
schriftlich seinen bereits in Istanbul sowie in verschiedenen Gremien in Paris durch-
diskutierten Vorschlag.[319] Nach Usshers Überzeugung waren für die Flüchtlinge in
erster Linie die Alliierten verantwortlich. Die Rückführung in die Heimatdörfer
sollte die Pauperisierung der halben Million Flüchtlinge in der Kaukasusregion
vermeiden, von denen 200'000 dem Hungertod nahe waren. Die Ressourcen des
Relief genügten nicht, um für sie aufzukommen. Mit leihweise zur Verfügung gestellten Geräten und Saatgut sollten die zuerst zurückkehrenden Dorfbewohner die
Landwirtschaft wieder aufbauen; alliierte Mittel sollten dies ermöglichen. Zentral
für Usshers Plan war der Einbezug der Kurden. Sie sollten zusammen mit den
Armeniern unter alliierter Führung lokale Polizeikräfte bilden: „It avoids the use
of allied or purely Armenian troops, with the consequent fear and hatred which such
action would necessarily involve." Ussher wusste nicht, dass in denselben Monaten
Mustafa Kemal mit seiner Propaganda einer „antiimperialistischen" muslimischen
Einheit die sunnitischen Kurdenführer auf seine Seite zog, die Autorität der Istanbu-

---

318 Istanbul, 11. 4. 1919. ABC Personal Papers Ussher. Vollständige Übersetzung, Transliteration und
       Faksimile in Kieser 1997, S. 138, 147 f.
319 Siehe Anhang, S. 545 f.

ler Regierung anfocht und somit die osmanische Basis für eine armenisch-kurdische Kooperation untergrub.

Sowohl Usshers Plan als auch das missionarische Postulat nach einem US-Mandat über Kleinasien, das den Weg zu einer föderativen Türkei bereiten sollte, scheiterten nicht zuletzt am Widerstand in den eigenen amerikanischen Reihen. Herbert C. Hoover, der alliierte Verantwortliche für humanitäre Hilfe *(Allied Director General of Relief)* und spätere republikanische US-Präsident, wollte im Gegensatz zu den Missionaren, denen er skeptisch gegenüberstand, das Politische und Humanitäre strikt trennen. Wie der amerikanische Hochkommissar Mark L. Bristol in Istanbul war er nicht bereit, einen Plan zu unterstützen, der insofern eine zentrale politische Dimension enthielt, als er die ethnisch-demographischen Resultate der unionistischen Kriegspolitik in den Ostprovinzen teilweise rückgängig machte. Seine Umsetzung wäre mit der aufkommenden unionistisch-kemalistischen Bewegung kollidiert und hätte daher eines ernsthaften amerikanischen Engagements bedurft, um zu gelingen.

Wiewohl stark unter dem Einfluss der missionarischen *Relief*-Exponenten stehend, zögerte Woodrow Wilson aus Furcht vor isolationistischen innenpolitischen Gegnern und vor der antitürkischen Stimmung in den USA, die von der Missionslobby geforderte Verantwortung für den Wiederaufbau Kleinasiens zu übernehmen. Ein Mandat wäre in der Tat, wie Harbord in ungefähr veranschlagt hatte, sehr kostspielig gewesen.[320] Im Herbst 1919 lähmte ein Hirnschlag den amerikanischen Präsidenten, der danach monatelang ausserstande war, politisch zu handeln.[321] In Paris kollidierten die „idealistischen" missionarisch-amerikanischen Nahostvorstellungen zudem mit den britischen und französischen Ansprüchen im Nahen Osten. Das Hin und Her der Verhandlungen verpasste den letzten noch möglichen Moment für eine Mandatslösung. „It is pathetic how missionaries agonized over delays by officials", schrieb der Historiker Joseph Grabill.[322] Nachdem Intervention und Mandatsübernahme nicht rechtzeitig erfolgt waren, wurde es den ortskundigen Missionaren rascher als den Politikern, nämlich bereits ab Mitte 1919, klar, dass ein Arrangement mit den Kemalisten im Hinblick auf einen Verbleib in der Türkei unausweichlich geworden war. Am 1. Juni 1920 verweigerte der amerikanische Senat definitiv die Mandatsübernahme und versetzte den politischen Visionen von Missionsseite den Todesstoss. Die Bestimmungen des Vertrages von Sèvres vom 10. August 1920, die eine armenische Unabhängigkeit und die Option auf einen kurdischen Staat vorsahen, besassen keine reale Rückendeckung. Dasselbe galt für Präsident Wilsons Festlegung der Grenzen am 22. November 1920: Danach hätte ein Teil der Provinzen von Van, Erzurum, Bitlis und Trabzon zu Armenien gehören sollen. Der Vertrag von Lausanne besiegelte drei Jahre später das alliierte Versäumnis einer kohabitiven Regelung beziehungsweise das unitarische türkisch-muslimische Konzept für Kleinasien.

Lag das Scheitern der amerikanisch-missionarischen Nahostpolitik am mangelnden politischen Professionalismus der Missionare? Unter einer Mehrzahl von Faktoren war wahrscheinlich die fehlende Ausstrahlungskraft auf die Ümmet der

---

320 Harbord 1934 (1919), S. 872 f. Vgl. Grabill 1971, S. 234 f., 240–246; Grabill 1968, S. 146.
321 Howard 1942, S. 136; Grabill 1968, S. 151.
322 Grabill 1968, S. 148.

gravierendste. Usshers Aufbauplan für die Ostprovinzen war gut und umsetzbar, hätten ihn die Alliierten im Sommer 1919 sofort unterstützt; das Versäumnis lag bei der Pariser Friedenskonferenz. Usshers Fragwürdigkeit indes – die den Ümmet-Vertretern seit seiner frühen Van-Tätigkeit nicht entgangen war – lag in einer dezidiert abwertenden Sicht des Islams. In einer der Planversionen Usshers von 1919 hiess es nach der Beschreibung der bestehenden Herrschaftsstrukturen: „To abolish too suddenly an organized system of government from a recognized center might produce anarchy. The various nationalities of Turkey including the Turk, have been clamoring for a change in the government and a common prayer of the Turks was ‚Allah Sahabi geundersen‘ (May God send us a master). The time has come for that ‚Sahab‘. The Turk has forfeited his right to rule even himself & Islam has demonstrated that it cannot justly govern other races, nor wisely govern its co-religionists. The Kurd, a nation with fine possibilities, has been held back by Islam and cannot claim even a written language in which to make his communications, but the Turk and Kurd are human beings, and as such are entitled to our consideration. In fact, for our own sake that consideration is necessary. Islam because of its fatalism and clannishness is retrogressive and unproductive. An unproductive element or an endeveloping element is as much a menace to the body politic as to the body physical. […] The Armenians have been oppressed and held back for centuries and now need years of tutelage before they can be fit to govern themselves. […] To place anyone of the component elements of the Turkish Empire in control of the others would be a mistake and to break up the empire would be inexpedient. Recent experience in the Caucasus demonstrates the extent to which such disintegration will retard the development of each. Prosperity depends on inter-communication and freedom of trade; while the autonomy of the Empire should be preserved, the government should be completely re-organized under one mandatory, eliminating all Turkish Control, except locally. The existing machinery of administration can be gradually modified so as to bring about the reform without shock or violence. Local self government can be granted as the people show themselves fit for responsabi-lity, the object being to eventually create a confederation of states with large local powers. The different races are so dissevered that it might be well to create at least temporarily more than one state for the same race."[323]

Usshers Analysen der Herrschaftverhältnisse in den Ostprovinzen waren in der Regel zutreffend, seine Vorschläge durchdacht, die Tatsache jedoch, dass er die meisten Missstände dezidiert aus dem Islam ableitete, war der unumgänglichen Vertrauensbildung mit der muslimischen Mehrheit abträglich. Der bewusst oder unbewusst immer noch vorhandene protestantische Antiislamismus stachelte den „Ümmet-Nationalismus" an und bestärkte die Muslime in ihrer pauschalen Ableh-nung aller äusseren „christlichen" und „imperialistischen" Einflüsse. Einige Autoren bezeichneten die Haltung der ABCFM-Repräsentanten pejorativ als „Armenismus" *(armenianism)* und „Evangelismus" *(evangelism)*.[324] Dies ist indes eine zu einseitige Disqualifizierung: Zum Gedankengut von Clarence Ussher, Henry Riggs, Howard Bliss und Caleb Gates beispielsweise gehörte ein prononcierter Internationalismus

---

323 ABC Ussher Personal Papers.
324 Salt 1993 und schon Grabill 1971.

und Werteuniversalismus, der auf Grund langjähriger Erfahrung auch die Zukunft der Türken, Kurden und Araber bedachte.

Nicht besser als den Ordnungsvorstellungen der Protestanten erging es den weit unausgoreneren Plänen der katholischen Missionskreise um das *Œuvre d'Orient*. In dessen gleichnamigem Bulletin finden wir eine lückenlose Dokumentation der wachsenden Erwartungen bis zur kaum verwundenen Enttäuschung: „[...] les missions catholiques et si françaises du Levant [...] sont appelées à jouer un rôle prépondérant, au point de vue français, après la liquidation de l'empire turc", meinte Félix Charmetant, der Direktor des *Œuvre d'Orient*, bereits Anfang 1915.[325] Charmetant war schon 20 Jahre zuvor ein grosser publizistischer Kämpfer für Armenien gewesen. Am Schluss des Artikels „Pauvre Arménie!" in der Mai-Juni-Nummer 1915 erhob er die Forderung nach einer armenischen Unabhängigkeit.[326] Die Vermengung vernünftiger Postulate mit einem ungebrochenen kolonialen Sendungsbewusstsein war bezeichnend für die Kreise um das *Œuvre d'Orient*. Die armenische Unabhängigkeit stellte sich Charmetant unter französischem Schirm vor und rechnete mit einer grossartigen Zukunft Frankreichs in der Levante.[327] Die vehementen antizionistischen Ausfälle im *Œuvre d'Orient* ergaben sich aus dem traditionellen rechtskatholischen französischen Nationalismus und aus der Erwartung, Syrien und Palästina gehörten zu Frankreichs Anteil nach dem Weltkrieg.[328] Nach dem Krieg nahm die verbale Agressivität des *Œuvre d'Orient* noch zu,[329] und die territorialen Forderungen wurden hochgeschraubt: „Ce n'est pas simplement Colmar que nous voulons, c'est l'Alsace-Lorraine. En Orient c'est la Syrie, la Palestine et Mossoul."[330] Frankreich sollte sein Konzept der Weltbefriedung gegen den „sowjetischen Wahnsinn" und den „Imperialismus Londons" mit seiner „politique judéo-protestante" durchsetzen.[331] Eine von 800'000 Französinnen unterzeichnete Protestnote, die von Millerand, dem Präsidenten des Ministerrates, ein *Grand Mandat français en Orient* verlangte, kam zu spät: Der Völkerbund vertraute Jerusalem

---

325 Vorerst ging es jedoch nicht um koloniale Friedensherrschaft, sondern um dies: „écraser le pangermanisme et détruire à tout jamais le militarisme prussien". ŒO 1915, S. 314, 378.

326 „Après la guerre, les alliés auront à régler le sort des peuples opprimés et à les rétablir dans leur nationalité. Or, l'histoire, la raison et l'humanité sont d'accord pour qu'on inscrive de nouveau l'Arménie au rang des nations libres et indépendantes. L'heure est venue pour ce malheureux peuple de vivre enfin d'une vie autonome." ŒO 1915, S. 392.

327 ŒO 1917, S. 181.

328 ŒO 1917, S. 184. Vgl. „La Palestine vendue aux Juifs", Sept./Okt. 1916, S. 92–106; „Les menées allemandes du sionisme", Mai–Juni 1917, S. 186–189.

329 Deutschland sei „un simple Zeppelin, crevé par nos obus"; auch wenn es am Boden liege, seien gegen die „germanische Perfidie" gewichtige Faustpfande nötig – und wenn es gälte, die Deutschen 100 Jahre für sich arbeiten zu lassen. ŒO 1919, Jan.–Feb., S. 269; vgl. ŒO1915, Mai–Juni, S. 379.

330 ŒO 1919, Nov./Dez., S. 370.

331 „[...] se dresser [...] entre l'impérialisme de Londres et la folie soviétique, afin d'assurer la paix universelle [...] nous ne cessons de réclamer qu'elle [la France] reprenne enfin sa liberté d'action et son rôle providentiel non seulement en Orient, mais dans toutes les autres parties du monde. Ce sera un véritable bienfait pour l'humanité toute entière." ŒO 1919, Nov./Dez., S. 77. Man sah die Feinde auch im Innern lauern, nämlich die Sozialisten, „ces bolchevistes de l'intérieur", die Freimaurer und das internationale Judentum: „Ce n'est pas seulement en France, c'est dans le monde entier que la secte bolcheviste, unie à toutes les francs-maçonneries, s'efforce, avec le concours de la juiverie internationale, d'étendre sa domination." ŒO 1919, Nov./Dez., S. 347.

den Briten an.[332] Unterdessen hatten die Kemalisten bereits ihre Gegenregierung gegründet und die Franzosen in Urfa kapituliert. Charmetant war trotz allem Realist genug, um zu erkennen, dass eine Einigung mit Mustafa Kemal, verbunden mit einer Revision des Sèvres-Vertrages, unumgänglich geworden war.[333] Der Vertrag von Lausanne 1923 war für Charmetants Nachfolger Ch.-M. Lagier desillusionierend. Immerhin hinderte ihn die eigene Enttäuschung nicht daran, das wirklich Traurige am Vertrag zu erkennen, nämlich die Sanktionierung der Heimatlosigkeit für die Überreste des seines Siedlungsgebietes beraubten armenischen Volkes.[334]

3.5.4 Die reorganisierte Junge Türkei und die Ausschaltung der Missionare

Anfang 1919 sah es für die Missionen nach Rückkehr und Neuaufbau aus, gekennzeichnet von einer vermehrten Kooperation zwischen den Denominationen, die während des Weltkriegs zum Teil zu eigentlichen Schicksalsgemeinschaften geworden waren. Vier Jahre später bedeutete der Vertrag von Lausanne für die Missionen das Ende ihrer autonomen Tätigkeit und ihrer Wiederaufbaupläne.

Eine im Vergleich zur Vorkriegszeit reduzierte Equipe von 20 jesuitischen Patres und acht Fratres kehrte 1919 nach Adana und ins Innere Kleinasiens zurück. Sie nahm im Sommer 1919 hoffnungsvoll ihre Stationen im nordöstlichen Mittelanatolien wieder auf, vorerst in Merzifon, Amasya und Sivas, ohne sich bewusst zu sein, dass sie sich in die Höhle des Löwen begaben, denn die kemalistische Bewegung bereitete damals ihren Sivas-Kongress vor. Die Jesuiten vertrauten auf die alliierte Protektion. Sie wurden von französischen Offizieren begleitet, die ihnen helfen sollten, ihren Besitz wiederzuerlangen.[335] Die jesuitischen Missionare waren sich kaum bewusst, dass ein solches Auftreten sie in den Augen der Türken desavouierte. Sie konnten für kaum anderthalb Jahre ihre im Vergleich zur Vorkriegszeit sehr reduzierte schulische und priesterliche Arbeit wiederaufnehmen. Ende Dezember 1920 schloss die Regierung von Ankara ihre Schulen und beschlagnahmte die Gebäude inklusive Kirchen. Die Jesuiten wurden noch monatelang als eine Art Geiseln in der Auseinandersetzung mit den Alliierten festgehalten, bis sie in der zweiten Jahreshälfte von 1921 nach Istanbul zurückkreisen durften. Das jesuitische Archiv gibt auch Auskunft über eine der zahlreichen „ethnischen Säuberungen", die

---

332 „Le crime de lèse-Patrie est consommé" (ŒO 1920, Mai–Juni, S. 37, 55).

333 ŒO 1921, Jan.–Feb., S. 109–112 (Charmetant starb am 21. 7. 1921). Vgl. hingegen Lagiers ethnozentrische Nostalgie: „[...] la souveraineté ottomane, corrigée, limitée, contrôlée par la France, était chose excellente [...] avec elle on était en France et non pas chez les Turcs" (ŒO1923, Apr., S. 229; vgl. ŒO 1921, Dez., S. 268, sowie seine Neuauflage des Kreuzzugsgedankens in ŒO 1923, Dez., S. 354–357).

334 ŒO 1923, Aug., S. 299 f. Das *Œuvre d'Orient* und die Orientmission, die es unterstützte, spiegelten besonders stark Frankreichs Identitätsproblem nach der *Grande Guerre:* es sollte sich in einer veränderten Welt neu orientieren, hielt aber krampfhaft an vergangenen Vorstellungen fest (vgl. Becker und Berstein 1990, S. 180).

335 Vgl. *Réouverture de la mission d'Arménie (1919) d'après les lettres des missionnaires,* AFCJ Arménie carton I RAr 25, 6/7, S. 4 f., und *Les pères jésuites de la mission d'Arménie 1919–1921,* AFCJ Arménie cart. I RAr 25, 6/21, S. 1.

sich noch während des nationalen Unabhängigkeitskriegs zutrug: Im Frühling 1921 zählte die christliche Bevölkerung von Amasya rund 1'500–2'000 gregorianische Armenier (meist Rückkehrer), etwa 1'000 orthodoxe Griechen und 25–30 katholische Armenier. Ende Juli, kurz nach der Abreise der Jesuiten, drangsalierte und massakrierte die Bande von Topal Osman, einem wichtigen Bandenführer der türkisch-nationalistischen Streitkräfte, systematisch diesen Bevölkerungsteil. *Collège* und jesuitische Residenz in Amasya gingen in Flammen auf. Es blieben noch 15 christliche Männer und rund 1'000 Frauen und Kinder übrig.[336]

Adana war die vierte der nach dem Kriege wieder besetzten Stationen. Mit der Besetzung Kilikiens durch französische Truppen war Adana mehr und mehr zum Refugium nicht nur für zurückkehrende Armenier, sondern auch für die christlichen Überlebenden aus dem Landesinnern geworden. Die jesuitischen Primar- und Sekundarschulen sowie das Krankenhaus wurden rasch wieder frequentiert. Doch der türkisch-französische Waffenstillstandsvertrag von Ankara vom 30. Mai 1920 führte zum Abzug der französischen Truppen im November und Dezember 1921. Innert weniger Wochen begann der Massenexodus all derer, die nicht an eine Zukunft unter dem türkischen Nationalismus glauben konnten. Die jesuitischen Schulen leerten sich und wurden im Oktober 1922 auf Anweisung der türkischen Behörden geschlossen. Das Spital funktionierte noch mit einheimischem Personal. Ab Oktober 1923 blieb als einziger Missionar Pater Rigal für die Betreuung der Römisch-Katholischen übrig. Alle anderen hatten sich nach Istanbul zurückgezogen oder waren nach Frankreich zurückgekehrt.[337] Die Stationen von Tokat und Kayseri wieder aufzubauen wurde gar nicht erst versucht; von einer Wiederaufnahme der einst vielversprechenden Dorfarbeit zwischen Kayseri und Sivas konnte keine Rede sein. Schul- und katholische Gemeindearbeit in Istanbul blieben, mit ständig abnehmender Belegschaft, weiterhin von Jesuiten betreut.[338]

Nach Kriegsende wurden die deutschen Missionare von den Alliierten ausgewiesen. „Mit dem Ende des Ersten Weltkrieges war auch das Ende für sämtliche christliche deutsche Hilfs- und Missionsarbeit in der Türkei gekommen. Was noch einige Jahre länger hielt, war lediglich Konkursmasse. Perspektiven gab es nicht mehr", schrieb der Kirchenhistoriker Uwe Feigel.[339] Die deutschen Missionare legten ihre Arbeit 1919 vorerst in die Hand schweizerischer und dänischer Mitarbeiter, die von der Ausweisung nicht betroffen waren beziehungsweise wieder einreisen

---

336 Der alarmierende anonyme Bericht vom Oktober 1921, *La situation des chrétiens à l'intérieur,* war wie fast alle anderen ähnlichen damaligen Schreiben mit dem Vermerk „Prière instante de ne rien publier" gekennzeichnet (AFCJ Arménie cart. I RAr 25, 6/20–22). Die Gefährdung der vor Ort befindlichen Christen war wohl der Hauptgrund dafür; wichtig dürfte aber auch die bereits erfolgte prokemalistische Option der französischen Diplomatie gewesen sein, deren Kehrtwende sowohl den Anhängern des *Grand Protectorat français* als auch den um die Minderheiten besorgten Mitbürgern missfiel. Topal Osman hatte sich im Frühjahr 1921 bereits durch die Ermordung alevitischer Kurden im Koçkiri-Dersim hervorgetan. Osmans Bande wurde von Mustafa Kemal gedeckt und später zu seiner Leibgarde ernannt. Vgl. Zürcher 1984, S. 88; TBMM G. C. Z., S. 269, 275; Komal 1992 (1975), S. 79; Dersimi 1952, S. 148–156.

337 *Le Cinquantenaire ...,* S. 21 f.

338 Vgl. den dreiseitigen zuhanden von Adnan Şişman maschinengeschriebenen Bericht des Père Jalabert vom 11. 12. 1979 (AFCJ RCo 1/3).

339 Feigel 1989, S. 273.

konnten. In Urfa waren dies die Familien Künzler und Vischer, in Marasch Maria Timm und in Mezere Verena Schmidlin und Karen Marie Petersen. Die beiden Stationen zählten insgesamt 1'000 Waisen. Harunye in Kilikien wurde 1920, Mezere 1922 aufgegeben; Van war bereits 1915, Muş 1916 verlassen worden. Jakob Künzler brachte zusammen mit seiner Landsfrau Verena Schmidlin den grössten Teil der Hülfsbundwaisenkinder nach Syrien. 1923 existierte allein noch die Station in Marasch mit zwei Mitarbeiterinnen für insgesamt 20 armenische und türkische Mädchen. Der Hülfsbund fand seit 1923 neue Missionsfelder in Bulgarien und Griechenland, einerseits in der Betreuung der emigrierten Armenier, andererseits im Versuch einer Islammission.[340]

Die Deutsche Orient-Mission war seit dem Ausscheiden Lepsius' im Jahre 1917 schwer angeschlagen und wurde 1924 aufgelöst. Lepsius nannte von 1919 an sein getrenntes Werk *Dr. Lepsius-Orient-Mission.* In seinen letzten Lebensjahren – Lepsius starb 1926 – widmete er sich vor allem der zeitgeschichtlichen Aufarbeitung des Weltkriegs und des armenischen Schicksals. Seine finanzielle Armenierunterstützung im Kaukasus und bei den Flüchtlingen in Syrien und im Libanon war, mitbedingt durch die ökonomische Krise in Deutschland, verschwindend klein. Seine Mitarbeiterin Karen Jeppe, die 1917 krank Urfa verlassen hatte, kehrte nicht mehr dorthin zurück, sondern reiste, unterstützt von dänischen Armenierfreunden, 1921 nach Aleppo, um eine eigenständige, schliesslich vom Völkerbund finanzierte Arbeit unter den armenischen Flüchtlingen aufzubauen.[341] Ernst Christoffel gab bei seiner Ausweisung im Januar 1919 das *Bethesda* in Malatya dem ABCFM   in Obhut. Das *Relief* betreute dort 250 armenische und 1'250 griechische Waisenkinder, die sich oft in sehr schlechtem Gesundheitszustand befanden. Künzler begab sich 1921 auch dorthin, um den Wegtransport von rund 900 Kindern in den Libanon zu organisieren. Christoffel versuchte der staatlichen Beschlagnahmung des *Bethesda,* dessen weitere Bestimmung das ABCFM ihm überlassen hat, durch Schenkung an den Gouverneur zum Zwecke einer Spitalgründung zuvorzukommen. Er begann 1925 eine neue Arbeit in Persien, nachdem Versuche, nochmals in der Türkei Fuss zu fassen, fehlgeschlagen waren.[342]

3.5.5 Christlich-missionarische Existenz in einem nationalistischen Einheitsstaat

Schon 1917 hatten die Missionskreise um Barton trotz US-Kriegseintritt und Abbruch der diplomatischen Beziehungen erfolgreich für eine osmanisch-amerikanische Neutralität plädiert und damit geholfen, die Position des ABCFM in Kleinasien weiterhin wenigstens teilweise zu bewahren. In der Tat hatte das ABCFM seine programmatische Verbundenheit mit der Jungen Türkei bereits seit 1908 mehr als alle anderen Missionen deutlich gemacht. Soweit die Missionsinstitute schon vor

---

340 Vgl. Riesenbeck o. D., Teil 1, S. 1–17, 41–60; Feigel 1989, S. 268–271, 302–307. Zum Exodus der Waisenkinder unter Leitung Künzlers vgl. Kap. 3.9.6.
341 Schäfer 1932, S. 108–116.
342 Vgl. Christoffel 1921, S. 91; Orient 1925, S. 87–90; Künzler 1933, S. 110–114; Feigel 1989, S. 273.

1914 bestanden hatten, durften sie – theoretisch – weiterbestehen. Die Reglemente, die der selbstbewusste junge Nationalstaat 1923 erliess oder vom unionistischen Regime übernahm, deckten sich in manchen Punkten mit entsprechenden Bestimmungen der westlichen Nationen: Ärzte und Lehrer brauchten ein türkischerseits anerkanntes Diplom; türkische Geschichte und Geographie mussten durch einen türkisch-muslimischen Lehrer – bald auch nach einem vorgegebenen Lehrbuch – erteilt werden; widergesetzliche oder antimuslimische Propaganda zu betreiben war verboten. Gerade der letzte Punkt hing stark von der Interpretation der Behörden ab. Der 37. Artikel des Reglements betreffend die Privatschulen aus dem Jahre 1915 verbot im weiteren ausdrücklich, dass nichtchristliche Schüler an einer christlichen Veranstaltung teilnahmen. Damit war jegliches Evangelisieren unterbunden. Jede Missionsinstitution brauchte zudem einen formellen türkischen Direktor, für welchen der Staat ein hohes Gehalt vorschrieb. Dies bedeutete eine ständige Kontrolle und Bespitzelung der Arbeit sowie eine beträchtliche finanzielle Zusatzbürde; entsprechend hoch war das Schulgeld.[343] Die religiöse Intoleranz von Staat und Gesellschaft war in der frühen türkischen Republik tatsächlich so gross wie kaum je zuvor in der Geschichte Kleinasiens. Öffentliche religiöse Äusserungen mit Ausnahme eines staatsergebenen, dem „türkischen Ideal" untergeordneten Sunnitentums waren verboten, ein christliches und jüdisches Gemeindeleben ausserhalb der Metropolen unmöglich.

Das ABCFM entschloss sich 1923, seine Arbeit und seine trotz aller Kriegsschäden noch reiche Infrastruktur in der Türkei auf die muslimisch-türkische Bevölkerung auszurichten, anstatt sie aufzugeben.[344] Die neue Leitlinie hiess *moral education,* was als unpolitische Charakterbildung interpretiert werden konnte. Das ABCFM war bereit, beim Aufbau des nationalistischen Einheitsstaates mitzuhelfen. Es verzichtete auf die offene zivilgesellschaftliche Förderung einer pluralistischen Gesellschaft, wie es das nach 1908 angestrebt hatte, oder auf eine klare geistige Opposition wie unter Abdulhamid. Es rechtfertigte seinen Verbleib als Mission in der Türkei mit der Strategie des stillen christlichen Einflusses. Zu den Schlüsselbegriffen dieser Strategie gehörten Ausdrücke wie „anonymes Christentum", „persönliche Annäherung", „Gespräche über Lebensfragen", „Familienleben" und „moralischer Ton".[345] Das Anteber *Central Turkey College* und das Marascher *Girls' College* indes folgten den Armeniern in die Emigration und integrierten sich 1924 im bestehenden *Aleppo College* des amerikanischen *Presbyterian Board* in Syrien. Das Merzifoner *Anatolia College* betrachteten die Kemalisten als einen „Herd der Verschwörung": So jedenfalls lautete der Titel eines Artikels der in Ankara erscheinenden halboffiziellen Zeitschrift *Yeni Gün* vom Frühjahr 1921, als der türkisch-griechische Krieg in einer entscheidenden Phase stand. Im Juli 1921 wurde das *college*

343 Vgl. Riggs 1942, Sektion 4, S. 26 f.; Barton 1933, S. 132 f.; Beaupin 1924, S. 44 f.; Richter 1930, S. 100–103; Jäschke 1956, S. 74 f.; Grabill 1971, S. 282, 296 f.

344 Entschluss der ABCFM-Jahrestagung im Oktober 1923 nach monatelangen internen Debatten (Riggs in MW Jan. 1924, S. 1 f.; vgl. Richter 1930, S. 97).

345 „Unnamed Christianity", „personal and sympathetic approach", „Christian radiance", „missionary home – a social centre", „personal talks on vital subjects", „publications with a high moral tone", „cooperation with sympathetic Turks for the uplift of their country". Vgl. Riggs 1924, S. 3; Riggs 1927, S. 343–348; MRW 1928, S. 467–670; Stone 1984, S. 268 f.

Zielscheibe eines Attentats; im August wurden mehrere seiner griechischen Lehrer und Studenten exekutiert. Das ABCFM verlegte daraufhin das *college* nach Thessaloniki.[346] Das ABCFM blieb jedoch, anders als seine ehemaligen Konkurrenten, auch im Innern der kemalistischen Türkei präsent, doch ohne Stationen in den Ostprovinzen. Nur der Hülfsbund nahm, wenn auch nur vorübergehend, seine Stationen in Marasch und Haruniye wieder auf.[347] Die amerikanischen Protestanten besassen Sekundarschulen in Istanbul, Izmir, Tarsus, Adana und Merzifon, *colleges* in Izmir und Tarsus sowie je ein Spital in Anteb und in Talas bei Kayseri. Auch in Marasch verblieb ein missionarisches Grüppchen. Hinzu kamen die unabhängigen, aber missionsnahen Institute *Robert College* und *American College for Girls* in Istanbul und das *International College* in Izmir.[348]

Die Anpassung der Missionen an die nationalistische Türkei war voll Mühe, Selbstentsagung und auch Illusionen. Als sie sich zum Bleiben entschlossen, glaubten die Missionare, die restriktiven Massnahmen von 1923 würden bald gelockert werden: „A hope which, it must be said, has not yet been fulfilled", bemerkte Henry Riggs um 1940.[349] Es kam zu ernsthaften Zwischenfällen, deren ganze Brisanz darin lag, dass türkische Muslime zu Christen wurden und damit die nationale Identität „verrieten". Neben den Betroffenen selbst mussten die Missionare dafür büssen: 1928 schloss der Staat die Mädchenschule in Bursa, weil vier Mädchen Christinnen geworden waren, 1934 wurden die Marasch-Missionare des Landes verwiesen, weil sie eine christliche Gemeinde um sich geschart hatten, die vermutlich aus Aleviten bestand.[350]

Seit dem „tragischen Jahr 1922" (Henry Riggs) mit seiner Vertreibung der letzten Christen aus den Provinzen war die Frage allgegenwärtig, ob ein völliger Verzicht auf eine Türkeimission nicht konsequenter und sinnvoller wäre. Wie kaum eine andere Organisation besass das ABCFM ein umfassendes Wissen über die Ausrottung der Armenier durch das unionistische Kriegsregime. Wie kaum jemand anderem war es den Missionaren bewusst, dass dieses Verbrechen von der Republik Türkei nicht als solches erkannt, sondern triumphalistisch als erfolgreiche Vernichtung des Gegners in einem nationalen Überlebenskampf dargestellt wurde. Mit Befremden und Besorgnis nahmen sie wahr, wie zahlreiche Täter und Profiteure des Völkermordes Träger des kemalistischen Regimes, das ihnen Zuflucht geboten hatte, wurden. Henry Riggs schrieb: „During the preceding decade the Turkish people, and again especially their leaders, had been guilty, before God and man, of one of the most revolting crimes in history. The triumphant reestablishment of the Turkish sovereignty not only left that crime unpunished, but, in the mind of probably a majority of the Turks, the horrid course which they had pursued had been gloriously vindicated. In the minds of many members of the Mission were two questions which demanded an honest answer: first, could there be any hope of a regeneration of the Turkish people, and real progress toward a decent national life, without some real repentance and repudiation of that crime, in which now they glory? And second, can

---

346 Vgl. Stone 1984, S. 199 f.; Stone 1982, S. 44, 48.
347 Vgl. Kap. 3.7.5.
348 Vgl. Riggs 1942, Sektion 4; Richter 1930, S. 100, 288.
349 Riggs 1942, Sektion 4, S. 14.
350 Vgl. Jäschke 1956, S. 74 f.

any missionary have any influence spiritually and permanently of value if, by keeping silence, he seemed to condone the crime?"[351]

Die Frustration der Türkeimissionare aus den Ostprovinzen war besonders gross. Sie hatten alles verloren. „Ihre" Leute, die einheimischen Christen, waren tot oder heimatlos. Ihre Konzepte zum Wiederaufbau des Landes, zum Beispiel der Repatriierungsplan, hatten sich nicht verwirklicht. Ihre Erinnerung an den Völkermord war ein Erbe, für welches sich nach dem Vertrag von Lausanne kein westlicher Staat mehr interessierte und welches auch die tonangebenden akademischen Kreise in Europa und Amerika merkwürdig unberührt liess. In der Türkei waren sie vollends zum Schweigen über dieses und andere damit in Verbindung stehende Themen verdammt. Den einzigen Versuch, das Schweigen zu brechen, machte eine Versammlung des ABCFM im Januar 1923 in Istanbul. Sie verfasste eine an die Regierung in Ankara adressierte Absichtserklärung, welche die innerhalb der Türkei begangenen Verbrechen der Kriegsjahre verurteilte und Reue als Voraussetzung für eine Regeneration der Gesellschaft verlangte. Obwohl sie wussten, dass dieser Schritt wahrscheinlich zum sofortigen Abbruch der *Turkey Mission* führen würde, stimmten mehrere Missionare für die Erklärung, blieben aber in der Minderheit.[352]

Die Türkei blieb den USA in besonderer und zunehmender Weise verbunden, wenngleich der Senat auf Druck von *Relief*-Spendern und US-Armeniern wie auch in Treue zu Wilsons Vision eines freien Armeniens den Lausanner Vertrag nicht ratifiziert hatte. „Turkey, with its face turned toward the West and calling for help, looks especially and almost exclusively to America", meinte 1926 James Barton und insistierte, dass das Aussenministerium wieder Beziehungen auf Botschafterebene einrichtete. Dies geschah auch im Mai 1927.[353] Der diplomatische Preis dafür war allerdings die komplette Verdrängung der armenischen Tragödie. Die amerikanischen Schulen und *colleges* halfen mit, eine den USA zugeneigte türkische Elite zu formen. „The paramount aim is to produce men and women who will become master workmen in whatever walk of life they enter", schrieb James Barton.[354] Mit der klar elitären Ausrichtung konnte von einer generellen Option für die Armen wie vor 1923 nicht mehr die Rede sein. Insbesondere ging die Verbindung mit der provinziellen Türkei – ein Hauptmerkmal der früheren ABCFM-Arbeit – weitgehend verloren. Dafür gelang es den Missionsschulen endlich, die muslimische Mehrheit zu erreichen: Von den 736 Schülern der Missionsschulen im Jahre 1923 waren 236 Muslime, 1927 waren es bereits 919 von 1'257.[355] Von evangelischer Seite mussten sich die Lehrer die Frage gefallen lassen, ob nicht de facto das Amerikanisieren in der Kollaboration mit dem türkischen Nationalismus zur primären Tätigkeit, das Evangelium hingegen zur fakultativen Beilage geworden sei.[356]

---

351 Riggs 1942, Sektion 4, S. 19 f.
352 Riggs 1942, Sektion 4, S. 20 f.
353 Grabill 1971, S. 282 f. (Zitat), siehe auch S. 287; Moranian 1994, S. 549–580. Annäherungen von missionarischer Seite an das kemalistische Regime waren während der obgenannten Bemühungen um einen Botschafteraustausch klar auszumachen (vgl. MRW 1927, S. 343, 348).
354 Barton 1933, S. 136.
355 MRW 1927, S. 345.
356 Vgl. Dittes 1955, bes. S. 141 f.; Trask 1965, S. 109–111; Grabill 1971, S. 296–298.

Der Erfolg der ausländischen Schulen bei den – wohlhabenden – Türken war durchschlagend, trotz des „exzessiven Schulgeldes", wie 1928 die türkische Zeitung *Hovat* schrieb. Dasselbe Blatt griff die „Klassenerziehung", welche den Reichen eine andere Bildung als dem gemeinen Volk bringe, an, da sie langfristig schädlich sei für eine Demokratie.[357] Trotz der strengen staatlichen Reglemente verlangten extrem nationalistisch orientierte Zeitschriften in den 1930er Jahren die völlige Vertreibung der ausländischen Schulen, welche „das nationale Bewusstsein unterminierten" und „die heiligen Gefühle unserer Jugend vergifteten".[358] Die Weltwirtschaftskrise entzog dem ABCFM in dramatischer Weise die Mittel zur Subventionierung ihrer kostspieligen Türkeischulen. Trotz grosser Nachfrage aus der Bevölkerung musste das ABCFM in den 1930er Jahren ein Institut nach dem anderen schliessen. Ende 1938 verblieben dem ABCFM noch 4 der vormaligen 19 Sekundarschulen in der Türkei.[359] Dennoch gehörten weiterhin viele einflussreiche türkische Persönlichkeiten in Wissenschaft, Industrie und Politik zu den Schulabgängern des ABCFM.[360] Der bisherigen hauptsächlich kulturellen Beziehung mit Amerika verlieh 1947 die Truman-Doktrin eine hochpolitische Dimension: Die Türkei wurde NATO-Mitglied und strategisch bedeutsamer Partner der USA. Die evangelischen Missionare als die Repräsentanten Amerikas, wie sie das seit dem 19. Jahrhundert im Nahen Osten gewesen waren, traten damit endgültig in den Hintergrund. Das zahlreiche ausländische NATO-Personal in der Türkei besass alsbald grössere rechtliche Privilegien, als es die Ausländer unter den Kapitulationen im Osmanischen Reich je gehabt hatten.[361] Ephraim K. Jernazian, der ehemalige Pfarrer der Süryani-Gemeinde in Urfa und Freund von Jakob Künzler, äusserte sich als alter Mann in seinem Exil in den USA sehr bitter über diese Entwicklung: „I cannot help but wonder what St. Paul and the dedicated missionaries after him would say about the work of our contemporary American Board of Foreign Missions that supports schools which forbid the mention of Jesus Christ and teach the gospel of Mammon and Materialism. What, in fact, would the early founders of the American missions say about today's Board, which joins our politicians and businessmen in defense of those who justify or deny the Genocide and ongoing minority persecution, lest the truth jeopardize business opportunities, covering all beneath the veil of ‚national security'?"[362]

Die spätosmanische Missionarsgeneration indes konnte nie zu einer ungeteilt positiven Sicht der republikanischen Jungen Türkei gelangen – dafür waren ihre Hoffnungen für das Land zu verschieden, ihr politisches Bewusstsein zu geschärft und ihre Weltkriegserfahrungen zu traumatisch gewesen. In Mustafa Kemal Pascha sah sie das militärische, nicht das staatsmännische Genie.[363] Aber nach ihr folgte

357 *Hovat* vom 2. 2. 1928, zit. in MRW 1928, S. 467–470.
358 Zit. in MW 1933, S. 299 f.
359 Riggs 1942, Sektion 4, S. 26 f.
360 Um nur aktuelle Beispiele zu nennen: die Politiker Bülent Ecevit und Tansu Çiller, die in Amerika lehrenden Geschichtsprofessoren Şükrü Hanıoğlu und Engin Akarlı sowie die ehemalige Literaturprofessorin und Bestsellerautorin Mina Urgan. Vgl. auch Grabill 1971, S. 295–297, 306.
361 Vgl. Harris 1972, S. 9–30, 54–57.
362 Jernazian 1990, S. 121 f.
363 Vgl. Riggs 1942, Sektion 3, S. 42.

Abb. 82: Henry Riggs, „the Kurdish shark" (der „kurdische Schlaumeier") in Istanbul, nach seiner Ausweisung aus Harput 1920. Im Fotoalbum aus dem *Bible House* hiess es weiter zu dieser Abbildung: „Henry Riggs who by the ‚grace of Mustapha, [Kemal Pascha] has joined our ranks […]. His melancholy aspects due to his eviction from Harput stirred our sympathy."

eine neue Generation, die nicht mehr den gleich hohen Ausbildungsstand, nicht mehr die gleiche Berufung und Nähe zu den verschiedenen Bevölkerungsgruppen besass wie ihre Vorgängerin. Der Sozialwissenschafter Abdul Latif Tibawi nannte diesen neuen Typus *missionary of convenience* und *short-term missionary,* der die Überseemissionserfahrung als Baustein einer anderweitigen Karriere betrachtete.[364] Es ist beispielsweise kaum ein grösserer Gegensatz denkbar als derjenige zwischen dem in den osmanischen Ostprovinzen aufgewachsenen regimekritischen Kurden- und Alevitenfreund Henry Riggs und dem enthusiastischen Kemalisten William Sage Woodworth Junior, dem Direktor des *Tarsus Amerikan Koleji.* Dieser veröffentlichte 1940 ein Lobgedicht auf den 1938 verstorbenen Mustafa Kemal Atatürk, das völlig kritiklos die Gründungsmythen des neuen Staates übernahm.[365]

364 Tibawi 1966, S. 236, zit. nach Fleischmann 1998, S. 312 mit Anm. 45.

365 „[…] Mustafa Kemaldir, devlet banisi, / Kemal Atatürktür, Türk sevgilisi. / Zafer, istiklâli emanet etti, / Türklerçin yarattı Cumhuriyeti. / İnönü, Sakarya, sonradan Lozan / Türkün Zaferidir, İdmete şükran! […]." Aus: „Ne Mutlu Ben Türküm diyene", in: *İÇEL, Mersin Halkevi Aylık Dergisi,* April 1940.

3.5.6 Narren, Agenten oder Wahrheitszeugen?

Während die rechtsgerichtete europäische Presse der Zwischenkriegszeit zunehmend einer sozialdarwinistischen Sicht und dem Durchsetzungsvermögen – der „brutalité nécessaire"[366] – des vorbildhaften Führers der neuen Türkei huldigte und die französische Missionspresse ihre Trauerarbeit zu Armenien mit Protektoratsnostalgie verband, kommentierte Johannes Lepsius vorausschauend das Scheitern der Koexistenzformel in Kleinasien: „[...] ist nun endlich die Formel für alle gegenwärtigen und künftigen ‚Irredenten' in Europa, Asien und Afrika gefunden: Die Siegermächte räumen nach jedem Siege die Länder aus, die sie erobert haben und machen allem Religions- und Rassenstreit ein Ende. *Das Rezept der Politik der Zukunft lautet: ‚Künstliche Völkerwanderungen'.*"[367] Jakob Künzler bezeichnete selbstironisch die Missionare als Narren: „Uns armen Missionaren (‚Narren') wollte man's früher nicht glauben", dass die Minderheiten in der Türkei in Gefahr waren; nun höre man dasselbe aus deutschem Offiziersmund, schrieb er Anfang Juli 1917.[368] Handkehrum zeigte er, als nach dem Weltkriegsende die europäische Presse die Aufteilung der Türkei forderte, Verständnis für die türkischen Nationalisten und ihren „Antiimperialismus": „Man wird das den Türken nicht mehr übel nehmen [dass sie die Fremden und auch die Deutschen nicht mehr wollen], wenn man an den Ausspruch eines deutschen Offiziers erinnert wird, der im Lande des Halbmondes die deutsch-türkische Freundschaft mit folgenden Worten zu festigen glaubte: ‚Wir müssen jetzt während des Krieges die Freunde der Türken sein, damit wir sie nach dem Kriege um so besser dienstbar machen können'. Wir wollen nicht behaupten, dass nun, da die Entente gesiegt hat, sie dies Dienstbarmachen nicht auch verstände. Bei all den schönen Worten von der ‚Befreiung der kleinen Völker' wirkt hüben und drüben doch nur der nackte kalte Egoismus, dessen Gedanke zwar stets verschleiert, aber desto tiefsitzender, der des deutschen Offiziers ist: Dienstbarmachen."[369]

Die „missionarischen Narren" nahmen gerade dank ihrer distanzierten Stellung zu nationalen Ideologien ihre Gegenwart oft vielfältiger und klarsichtiger wahr als manche Zeitgenossen. Allerdings mussten sie sich immer wieder gegen religiöse Vereinfachungen ihrer Trägerkreise zur Wehr setzen. Der Sekretär und Chronist des Missionswerkes von Lepsius, Richard Schäfer, schrieb im Rückblick auf die Gründungszeit des Werkes: „Es war nicht zu umgehen, dass auch weiterhin die

---

366 *Le Temps,* 11. 11. 1938, Nachruf auf Mustafa Kemal Atatürk, zit. in Dumont 1983, S. 179. Vgl. den Nachruf in *La République,* einer Zeitung der Radikalen: „Il se peut que [...] quelques vieux Turcs [und v. a. Kurden!] aient été pendus et aussi quelques conspirateurs [...]. Il se peut aussi que des âmes sensibles inscrivent tout cela au compte débiteur de Kemal Atatürk. On nous permettra de dire, en évoquant au passage les mémoires de quelques grands Français, Louis XI par exemple, ou Richelieu, qui furent durs, très durs, que c'est vraiment voir les choses par le petit côté [...]." (Zit. nach Dumont 1983, S. 180). Die verklärende, aber gut informierte deutschsprachige Atatürk-Biographie Mikuschs rechtfertigte die Ausstossung des „nicht assimilierbaren Fremdkörpers: die Armenier" als für den Staatskörper der neuen Türkei „zwingende Notwendigkeit". Treffend wies Mikusch (1929, S. 82 f.) darauf hin, dass die Kemalisten in der Armenierfrage „die Jungtürken gedeckt und deren Ausrottungspolitik [...] zwar nicht ausdrücklich, aber stillschweigend gebilligt" hatten.

367 Orient 1922, S. 101.

368 Brief vom 4. 7. 1917 aus Urfa an Schäfer, in *Orient* 1919, S. 66.

369 Künzler 1999 (1921), S. 116 f.

politischen Zusammenhänge klargestellt werden mussten und in die öffentliche Diskussion traten, die die armenische Not gezeigt hatten, für deren fortschreitende Bekämpfung das Werk tätig sein musste. [...] Die Tagespresse gebärdete sich weiter türkenfreundlich im Interesse der deutschen politisch-wirtschaftlichen Beziehungen. Die religiös gerichteten Kreise der Freunde des armenischen Hilfswerkes, sowieso der Politik abgeneigt und fernstehend, konnten im Hintergrund überall nur den Islam wirken sehen."[370] Die Missionare hatten in der Tat ihre eigene, von dominierenden Perspektiven abweichende Wahrnehmung und Diagnose der Dinge. Diese Eigenheit stellten sie mehrfach, so bei den Armenierverfolgungen 1895, 1909 und 1915 sowie während der Balkankriege und nach dem Ersten Weltkrieg, deutlich unter Beweis. Der Gründer des Hülfsbundes, Ernst Lohmann, formulierte seine staatskritische Retrospektive nach dem Ersten Weltkrieg so: „Sofort beim Beginn der Arbeit [1896] trat mir der Gegensatz zwischen unseren Bestrebungen und der hohen Politik entgegen. Hier das einfache schlichte Empfinden, dass wir als Menschen unbedingt gebunden sind, das Eigene zu opfern, wenn es gilt, anderer Not zu lindern, auf der andern Seite die Politik ausschliesslich geleitet von wirtschaftlichen Interessen mit dem Ziel, neue Reichtümer dem Volk zuzuführen. Dieser Gedanke war verkörpert in dem Plan der Bagdadbahn. An und für sich schon eine völlig verfehlte Spekulation, ja eine grosse Lüge, die man immer wieder sich und andern vorredete [...]. Diesem Phantom opferte man alles. Man überwarf sich mit Russland, machte es zum fanatischen Feind, man setzte die einfachsten moralischen Grundsätze beiseite [...]. Indem ich dies alles sozusagen mit eigenen Augen erlebte, bis ins Tiefste dadurch erschüttert, wurde mir klar, dass solche Politik zu verhängnisvollen Katastrophen führen musste."[371] Die empörte Abwehr der – sich verkalkulierenden – Staatsräson hatte tiefe Wurzeln in einem pietistischen Missionsverständnis, welches Reich Christi und Reich der Welt streng unterschied. Dieses Verständnis erfuhr allerdings gerade wegen seiner bisweilen naiven Akteptanz obrigkeitlicher Verordnungen mehr Anfechtung als es die Entschiedenheit obiger Zeilen vermuten liesse.[372]

Tatsächlich gedieh in der Türkei nie eine planvolle Kooperation zwischen deutschem Staat und Mission, obwohl Lepsius am Vorabend des Ersten Weltkriegs eine erzieherische, kulturelle, industrielle und karitative Kooperation deutscher Kräfte vorgeschwebt hatte. Sie war bei ihm indes mit der Erwartung eines durch Reformen

---

370 Schäfer 1932, S. 19.
371 *25 Jahre im Orient* ... 1921, S. 3 f.
372 Vgl. Kap. 3.4.7. Auch der Hülfsbund scheint sich 1913 mit dem Staat so weit angefreundet zu haben, dass er die Kleinigkeit einer kaiserlichen Kolonialspende von 30'000 Mark nicht verschmähte. Die DOM bekam nichts von der Kolonialspende des deutschen Kaisers, „da wir nicht in den deutschen Kolonien und Schutzgebieten Mission treiben" (CO 1913, S. 195–198). Wahrscheinlich erhielt der allein in Kleinasien tätige Hülfsbund seine Gabe im Hinblick auf das nie realisierte Missionsprojekt im deutschen Kolonialgebiet Laka, südlich des Tschadsees; siehe Lohmanns Broschüre *Laka*, Uchtenhagen, o. D. (1913?). Dr. med. R. Müllerleile, der von 1907 bis 1914 die medizinische Arbeit des Hülfsbundes in Marasch leitete, hatte jedoch prinzipiell recht, als er schrieb, „sie seien, als frei von jeder politischen Bindung und Rücksichtnahme, auf den Plan getreten, lediglich dem Auftrage unseres Meisters gehorsam, seine Boten in aller Welt zu sein. Immer wieder mussten wir die Auffassung korrigieren, als ob wir doch irgendwie von der deutschen Regierung einen Auftrag oder Unterstützung bekämen" (*25 Jahre* ..., S. 158; vgl. Feigel 1989, S. 158).

befriedeten Armeniens verbunden.[373] Lepsius beklagte die ökonomische und militärische Schlagseite der deutschen Präsenz: „Aller Eifer unserer Diplomatie wurde durch das eine grosse Unternehmen der Bagdadbahn verschlungen [...]. Was leistet Deutschland in kultureller Hinsicht in der Türkei? – So gut wie gar nichts."[374] Die Politiker hielten den Bundesgenossen Türkei für „kein geeignetes Missionsobjekt" und befürchteten, dass „voreilige übereifrige Arbeit der Missionen" den deutschen Interessen schadeten.[375] Während des Kriegs wurden die deutschen Missionen nicht für die deutsche Reformarbeit im türkischen Schulwesen eingespannt.[376]

Die Jesuitenmission ihrerseits stützte sich von Beginn an auf die vatikanisch-französische Diplomatie ab. Die vom Antiklerikalismus verursachten heimatlichen Brüche wirkten sich im kolonialen und semikolonialen Kontext kaum aus. Trotz des Abbruchs der diplomatischen Beziehungen mit dem Vatikan 1904 bemühte sich Frankreich, sein katholisches Protektorat im osmanischen Orient fortzuführen, sah sich aber einer immer effizienteren italienischen, österreichischen und deutschen Konkurrenz gegenüber. Den Aussenministerien ging es erklärtermassen vor allem um Interessen- und Klientelpolitik.[377] Die teilweise prekäre Situation der katholischen Missionare, die sich oft über ungenügende diplomatische Unterstützung beklagten, während die Protestanten besser bedient seien, schwächte nicht, sondern überhöhte die patriotische Ausrichtung auf das Idealbild der Heimat, welches sie in die Erziehung einfliessen liessen. Von einer Hinwendung zu einem übernationalen universalen Katholizismus – eine nach 1904 denkbare Option – konnte keine Rede sein.[378] Die französischen Missionare sahen sich im Gegenteil veranlasst, da sie die

373 Vgl. insbesondere „Die politische und religiöse Wiedergeburt des Orients" in CO 1908, S. 144 bis 149. Lepsius blickte nicht ohne Neid auf das Vorbild der angloamerikanischen Konkurrenz: „Den grössten Nutzen von der Ausbreitung englischer Sprache und amerikanischer technischer Bildung zieht das englische Weltreich und der amerikanische Handel, der ganze Zweige des Exports monopolisiert hat. Tausende von türkischen Untertanen, Armenier, Syrer, Griechen, Araber, die in den Missionsschulen ihre Bildung empfangen haben, leben in Amerika, England und Ägypten, und dienen durch ihre Arbeit der Ausbreitung des amerikanischen Handels und der englischen Kultur." CO 1913, S. 134.

374 CO 1913, S. 130 f. Anders als das Ausland glaubte, gab Deutschland seinen Missionsschulen in der Türkei keine finanzielle Unterstützung (vgl. Thobie 1985, S. 30, und Schäfer 1932, S. 83).

375 So explizit D. Traub im preussischen Abgeordnetenhaus (Sitzung vom 15. 5. 1916; nach EMM 1916, S. 191). Der EMM-Redaktor meldete „entschiedenen Widerspruch" an, nicht ohne – etwas ironisch – Verständnis für „die zarte Sorge unserer auswärtigen Politiker gegenüber der Türkei" zu äussern.

376 Vgl. Ergün 1992, S. 193–208. Von missionarischer Seite kam Kritik gegen die bezeichnenderweise von oben (Universität) anstatt von der Basis (Volksschule) her ansetzende Reformarbeit (vgl. Eberhard, „Das Bildungswesen in der Türkei", in: EMM 1916, bes. S. 294–296).

377 Vgl. Rebérioux 1975, S. 69, 130; Hajjar 1979, S. 229, 268, 290–319. Gerade die „République laïque" musste inneren Kritikern gegenüber das konfessionelle Protektorat juristisch, politisch und ökonomisch rechtfertigen (vgl. dazu Hajjar 1979, S. 279–284). Zu den Klagen über ungenügende Unterstützung vgl. *Diaire de la Résidence d'Adana reconstitué 1914–1915,* AFCJ RAr 19; Hajjar 1979, S. 317 f. (mit Zitat aus einem Schreiben des französischen Botschafters Bompard vom 17. 5. 1914).

378 Vgl. immerhin den vorrangig universalen Diskurs noch Anfang 1908: „[...] les congréganistes sont avant tout serviteurs de l'Eglise *catholique,* de l'Eglise universelle, mais justement parce qu'elle est universelle, parce qu'elle n'est pas inféodée à un parti, à une race, elle ne nuit en rien au patriotisme." *Etudes,* April/Juni 1908, S. 212.

Gunst ihrer Heimat wieder gewinnen wollten, den Nationalismus auf ihre Fahne zu schreiben.[379] Die Bereitschaft, einen Modus vivendi mit der *République* zu finden, war daher gross; und zwar um so mehr, als das Protektorat dazu tendierte, national aufgeteilt zu werden. Die Missionare packten im Krieg die Gelegenheit, den Patriotismus unter Beweis zu stellen.[380] Weit besser als Deutschland verstand es Frankreich, Diplomatie, Finanz, Industrie, Kultur und Schulen *gemeinsam* für seine langfristigen Interessen einzusetzen.[381]

Weder die zu instrumentalisierten französischen noch die zu marginalen deutschen Missionen taugten am Vorabend des Kriegs dazu, eine Rolle als dritte Kraft im Orient zu spielen. Das ABCFM stellte demgegenüber eine unabhängige Grösse dar.[382] Es war ein privates Grossunternehmen, das auf einem Feld tätig war, wo die offiziellen USA noch wenig zu sagen und zu tun hatten. Der jungtürkische Autor und Politiker Ahmed Rıza gab dies offen zu: „Les Etats-Unis d'Amérique n'avaient, jusqu'à ces temps derniers, avec la Turquie, d'autres démêlés que ceux que faisaient naître le fanatisme de leurs missionnaires. La doctrine de Monroë nous épargnait d'ailleurs leurs intrigues officielles. [...] Leur position exceptionnelle permettait aux Etats-Unis de se maintenir dans une atmosphère de haute puissance morale, de se dresser contre l'iniquité, de s'opposer aux manœuvres du profit immoral et de s'imposer comme arbitres désintéressés vraiment humains."[383] Dem frankophilen Positivisten Rıza fehlte allerdings das Erkenntnisinteresse und wohl auch das Sensorium, dem von ihm festgehaltenen Befund nachzugehen und zu merken, dass „missionarischer Fanatismus" und staatlicher Imperialismus im Falle des ABCFM wenig miteinander zu tun hatten.[384] Bis zum Ersten Weltkrieg bestand die hauptsächliche Präsenz der USA im Nahen Osten in den Missionaren, und man ist geneigt, bis 1923 von amerikanischer Nahostpolitik im Kielwasser der Mission zu sprechen. Erst die isolationistische Politik nach Woodrow Wilson bootete diesen Akteur weit-

---

379 Ähnlich kollaborierten deutsche Katholiken willig in Kamerun und Ostafrika, um die Wiederzulassung der im Kulturkampf verbotenen Orden und Kongregationen zu erreichen (Gründer 1982, S. 324).

380 Schon in den Vorkriegsjahren fand zudem in der Heimat ein „retour en force du catholicisme comme idéologie de la bourgeoisie" statt (Rebérioux 1975, S. 225).

381 Vgl. Thobie 1977, S. 717–724; Rebérioux 1975, S. 124 f.

382 Grabill schreibt zu Recht: „[...] the virtual absence of collaboration between missionaries and businessmen for ‚imperial' purposes, not only during the peace negociations but during the preceding century, contradicted [...] that missionaries and investors from ‚capitalist' nations cooperate in colonial ventures." (1971, S. 291). „[...] missionary influence on United States policy during the breakdown of the Ottoman Empire was larger than in any other time or place in American history." (S. 292). „Although European states traditionally subsidized missionaries as agents of territorial imperialism, the United States had not done so. [...] American Protestants abroad generally had to press Washington to be their agent. Missions were private ventures which often ran far ahead of the flag." (S. 293).

383 Rıza 1922, S. 27. Ahmed Rıza versäumte es nicht, darauf hinzuweisen, dass die Amerikaner mit ihrem Interesse am Mossul-Öl sich als Kapitalisten entlarvt hätten (die USA verlangten nach dem Weltkrieg eine Viertelsbeteiligung an der *Turkish Petroleum Company* – die 1929 zur *Irak Petroleum Company* umgetauft wurde – und erlangten sie 1927 auch definitiv, vgl. Thobie 1985, S. 74).

384 Auch die türkische Historikerin Seçil Akgün thematisierte ihren Befund von der „religiösen Motivation" missionarischer Tätigkeit, die gegen 1914 auf die Unterstützung imperialistischer US-Politik umgeschwenkt sei, nicht. Implizit schrieb sie damit der Mission eine jahrzehntelange, ausserordentliche Selbständigkeit zu (Akgün 1992, S. 13).

gehend aus. James Barton prangerte 1921 die konservative Politik seiner Heimat an, welche die Monroe-Doktrin missverstanden und die prekären Verhältnisse von 1919 innert zwei Jahren noch mehr verschlechtert habe. Sie würde in Ermangelung einer wirksamen Friedenspolitik schliesslich zu einem neuen Weltkrieg führen, sagten verschiedene missionarische Wortführer voraus.[385]

3.6 Protestantismus, Alevismus und Jungtürkentum

Am Beispiel der heterodoxen Aleviten, ihrem Verhältnis zum Staat und ihrer Beziehung zu den Missionaren zeigte sich besonders deutlich die politische und mentale Wende, welche die jungtürkische Machtübernahme von 1908 in Anatolien für die bisher von der Macht und öffentlichen Selbstdarstellung ausgeschlossenen Gruppen bedeutete. Aleviten, Armenier und Kurden fassten die Wende als den Beginn einer neuen Ära auf, welche ihnen die Gelegenheit zur öffentlichen Formulierung und Politisierung ihrer Identitäten gab. Wie kaum eine andere Gruppe hofften die bisher weder als Millet protegierten noch innerhalb der Ümmet akzeptierten Aleviten auf eine Aufwertung beziehungsweise Gleichstellung innerhalb der Jungen Türkei. Da die Junge Türkei innerhalb von 15 Jahren zu einem Nationalstaat auf sunnitisch-türkischer Grundlage und nicht zur 1908 erhofften pluralistischen Neuordnung umgestaltet wurde, erlebten die alevitischen und vor allem die kurdisch-alevitischen Hoffnungen eine schwere Enttäuschung.

3.6.1 Dynamik und Zwiespalt der Jungen Türkei für Aleviten, Kurden und Yeziden

Der Zwiespalt der Jahre nach 1908 ergab sich aus der zunehmenden unionistischen Tendenz, die angestrebte Einheit der Nation in Kleinasien auf türkisch-sunnitischer Basis zu organisieren. Dieses Projekt schloss Kollektive mit anderen, nichtsunnitischen und nichttürkischen Bindungen und Loyalitäten aus. Der Weltkrieg und der daran anschliessende türkisch-nationalistische Krieg verwirklichten diesen Ausschluss mit Gewalt und Zwang. Die ausserhalb der anatolischen „Ümmet-Nation" stehenden Gruppen – die kleinasiatischen Christen, Araber, Aleviten, Yeziden und die Anhänger einer kurdischen Autonomie – suchten Schutz und Rückendeckung bei den Alliierten beziehungsweise bei der internationalen Staatengemeinschaft. Dies verstärkte bei der sunnitischen Mehrheit die als „Antiimperialismus" deklarierte Fremdenfeindlichkeit, bestätigte ihre pauschalen Verdächtigungen gegen Nichtmuslime und Nichttürken und diskreditierte die internationalen Ordnungskonzepte. Im Aufstand von Koçgiri 1920/21 suchten die kurdischen Aleviten von Sivas und

---

385 Barton: „Timidity of our American leaders and their unreasoning conservatism, bound hand and foot by tradition worst of all politics." Zit. nach Grabill 1968, S. 153.

vom Dersim ihr Recht auf Selbstbestimmung zu verwirklichen. Sie setzten einer Staatsmacht Widerstand entgegen, die nun zwar in Ankara residierte, aber deren Repräsentanten sie wenige Jahre zuvor die ihnen am nächsten stehende Gruppe, die Armenier, hatten auslöschen sehen. Da im Selbstverständnis des türkischen Nationalstaates bis Ende des 20. Jahrhunderts die Teilnahme am nationalen Krieg (1919–1922) als Kriterium für Gut und Böse galt, kompromittierten sie sich auf Generationen hinaus – wie alle jene Gruppen, die im „Gründungskampf" nicht auf der richtigen Seite standen.

Die Grundsatzerklärung des Präsidenten Wilson über das Selbstbestimmungsrecht der Völker beflügelte bis in die Dörfer der Ostprovinzen hinein die politischen Hoffnungen der Kurden und Aleviten. Wilsons Prinzipien nahmen in der kurdischen Zeitschrift *Jîn* breiten Raum ein. Das in Istanbul produzierte *Jîn* wurde auch in den Ostprovinzen gelesen. Die Ende 1918 in Istanbul gegründete Vereinigung für den Aufstieg Kurdistans, die *Kürdistan Teali Cemiyeti,* berief sich explizit auf Wilson. Sie besass Niederlassungen in verschiedenen Städten der Ostprovinzen, so in Diyarbakır, Mezere und Siirt. Kamuran Bedir Khan, der Enkel des Emirs von Botan und Mitorganisator der *Kürdistan Teali Cemiyeti,* rief enthusiastisch aus: „Mit den Vierzehn Punkten des Präsidenten Wilson wird endlich weltweit das Prinzip verkündet, dass jedes Volk sich selbst regieren soll. Endlich heisst es offiziell, dass die politischen Anliegen der Menschen nicht mehr der Spielball der Mächtigen sein sollen. Endlich ein Vorschlag, welcher dem Evangelium der Menschheit und der Tugend entspricht!"[386] Als Wilsons inoffizielle Gesandte vor Ort galten – ob sie es wollten oder nicht – die amerikanischen Missionare; politische Hoffnungen einerseits, Verdächtigungen andererseits begleiteteten ihre vorübergehende Rückkehr in die Ostprovinzen.

Die missionarische Arbeit unter der Kurdenmehrheit, den Schafiiten, erfuhr mit der Wende von 1908 einen Aufschwung beziehungsweise Neuaufschwung nach der hamidischen Ära. Der Druck kurdischer Texte war unter Abdulhamid nicht mehr möglich gewesen, so dass zur Zeit der Tanzimat begonnene Publikationen, namentlich diejenige eines ganzen *kurmanci*-kurdischen Neuen Testamentes von Mardin-Missionar Alpheus Andrus, erst in der jungtürkischen Ära fertiggestellt und gedruckt werden konnten. „[…] the Gospel of Matthew in Armeno-Koordish, […] compared with the original Greek through the Armenian. This Gospel we printed before Hamidism had reached an acute stage as against Armenia and Koordistan. In 1911 we essayed to print from that manuscript the other three Gospels and Acts in Armeno-Koordish. Meanwhile, so soon as the Constitution ensured the liberty of the press, I felt that we might be able to print the Gospel in Arabo-Koordish, and at once

---

386 „Wilson'ın ondört şartında, her milletin kendisi tarafından idare edilmesi esasının artık dünyada kesb-i istikrar edileceği ilân olunuyor. Beşeriyetin siyasî makasıda artık baziçe olmayacağı beyan ediliyor. İşte insaniyet ve fazilet mübeşşirliğine yakışan samimî teklif!" *Jîn,* Nr. 3; vgl. Göldaş 1991, S. 133–153. James Harbord, der im Spätsommer 1919 die Ostprovinzen bereiste, schrieb: „[…] there has come wide-spread knowledge of the Fourteen Points submitted by the President, and ‚self-determination' has been quoted to the Mission by wild Arabs from Shamar and Basra, by every government in Transcaucasia; by the mountaineers of Daghestan, the dignified and able chiefs of the Turkish Nationalist movement at Sivas and Erzerum, and the nomad Kurds who ten minutes before had fired at our party thinking us to be Armenians." Harbord 1934 (1919), S. 849 f.

began up the revision and transliteration of Matthew."[387] Andrus schickte das fertige Manuskript nach Beirut, wo es gesetzt wurde. Dies geschah sehr fehlerhaft, da der Setzer nicht kurdisch konnte; im August 1914 war Andrus noch mit den Korrekturbogen beschäftigt. Die Zeit vor dem Weltkrieg reichte nicht zur Verwirklichung einer Arbeit unter den Kurden, wie sie den Ostprovinzmissionaren vorschwebte. Um so mehr hofften sie – vergeblich –, diese nach Weltkriegsende realisieren zu können.[388] Ob das ABCFM auch eine Tätigkeit auf zaza-kurdisch begann, ist nicht klar. Bei der – bisher verschollenen – kurdischen Grammatik, die Henry H. Riggs und sein kurdischer Lehrer bei Kriegsbeginn vollständig ausgearbeitet hatten, läge es in Anbetracht der intensiven Beziehungen von Riggs mit den hauptsächlich zazasprachigen Dersimkurden nahe, dass es sich um eine Zaza-Grammatik handelte.[389]

Auch das missionarische Interesse für die Yeziden erhielt mit dem Beginn der jungtürkischen Ära neue Impulse. Die Yeziden wurden ihrer Heterodoxie wegen wie die Aleviten von der Ümmet verachtet. Da sie indes keinen wehrhaften Kernbezirk wie den Dersim besassen und ihre Religion sich noch deutlicher als die alevitische vom Islam unterschied, sahen sie sich stärker der Verfolgung ausgesetzt als die *Kızılbaş*. Im Herbst 1908 verübten Kurden und Reservetruppen ein Massaker an den Yeziden im Raume Viranşehir und Mardin, das Missionar Alpheus Andrus mit den Armenierpogromen von 1895 verglich und welches das ABCFM zu einer Hilfsaktion für die etwa 20'000 obdachlosen und schutzlos dem nahenden Winter ausgesetzten Flüchtlinge veranlasste. 3'000–4'000 Yeziden suchten bei der Mardin-Mission Zuflucht. Für die humanitäre Verpflichtung beanspruchte Andrus Mittel des Roten Kreuzes, da die Regierung den Yeziden, „die sie hasste", kaum helfen werde. Daneben stellte er in seinem Schreiben aus Mardin die Gelegenheit zu missionarischer Arbeit heraus: „If we could come royally and loyally to their aid these Yezidees would without doubt open their villages to the establishment of schools […] they are now looking to us as their only Saviour in this their time of trouble and distress […]. We have not brooched the religious question, not shall we until we shall been able to get them on their land, settled again in their villages, and ready to receive teachers among them. I personally have been praying 40 years for the Lord to open us a door of access to the Yezidees of this plain and it begins to look as though their hour had strucked."[390] Noch weniger als bei den Kurden gelang es bei den Yeziden, eine Missionsarbeit zu etablieren.

---

387 ABC 16.9.7 (reel 713: 92), Brief vom 8. 8. 1914 an Barton. Vgl. die Liste „Translations of Scripture into Kurdish" in Blincoe 1998, S. 237–241. Auch die DOM trug sich mit dem Gedanken an Kurdenmission, wozu der Aufbau von Elementarschulen, Bildungsvereinen und Bibelübersetzungen gehörte. Zustande kam ein „Bildungsverein" in Sautschbulak (Persien), als sich Detwig von Oertzen, der sich um das Kurdische bemühte, dort aufhielt (1902–1907), sowie eine, vermutlich Ende 1907 – einige Monate nach Oertzens endgültiger Rückkehr nach Europa – in der Druckerei von Johannes Awetaranian gedruckte Übersetzung des Markus-Evangeliums (vgl. von Oertzen 1961, S. 50–63; M. Wilde im Brief vom 30. 7. 1906 an Professor F. C. Andreas, Göttingen, LAH 1594-16142, und an Frau Pastorin Awetaranian vom 25. 6. 1906, LAH 1594-16142).

388 Weitere Informationen zur Nachkriegs-Kurdenmission: Riggs 1941, Sektion 3, S. 41.

389 Riggs 1997, S. 63.

390 Brief aus Mardin, 23. 10. 1908, und „Statement of what we have already been able to do in the way of relief to the refugees of Viran Shehir and the ‚Kusr'", Mardin, 2. 1. 1909, ABC 16.9.7 (reel 704: 366). Auch arabische und kurdische Stämme des von der neuen Regierung entmachteten İbrahim

3.6.2 Die missionarische Wahrnehmung der Aleviten

Der Harput-Pionier George Dunmore hatte 1857 sein lebhaftes Interesse an der alevitischen Religionsgemeinschaft so geäussert: „[…] we know comparatively little of this interesting people as yet, and I am endeavoring to collect facts respecting them, and hope at no very distant day to gain a more complete and satisfactory kowledge of them."[391] Harput-Missionar Henry Riggs schrieb mehr als 50 Jahre später in einem Ton, der nicht nur Interesse, sondern auch Faszination ausdrückte: „The more one learns of this strange and attractive religion, the more the question is forced upon him, What is the source of this religion, and what the history of these simple, ignorant people, who possess so much that their wiser neighbours have not?"[392] Es ist übrigens bemerkenswert, dass sich ein Mitglied der expansiven Missionsbewegung jener Zeit in solch positiven Begriffen über eine nichtchristliche Religion äusserte. Die von 1901 bis 1917 in Harput weilende Missionarin Tacy Atkinson und Kollegin von Riggs rief 1918 im kriegsbedingten „Exil" in den USA voll wehmütiger Begeisterung aus: „How I envy the man or woman who goes filled with the love of God, to those Dersim Kurds. How I have loved and admired them and how I have prayed that God would give them a chance."[393] Sowohl spirituelle als auch politische Hoffnungen für die Aleviten Dersims sprachen aus diesen Worten.

Von den Tanzimat bis zur Vertreibung der Missionen aus den Ostprovinzen blieb das Verhältnis zwischen den Aleviten und den – insbesondere protestantischen – Missionaren ein aussergewöhnliches. Es war charakterisiert durch die Hoffnung auf eine fruchtbare missionarische Begegnung und durch Neugier und Staunen angesichts der religiös-philosophischen Quelle des Alevismus. Nachdem die Missionare bereits in den 1860er Jahren die staatlich bedingte Unmöglichkeit einer Direktmissionierung hatten erkennen müssen, unterstützten sie zunehmend den alevitischen Wunsch nach gleichberechtigter, selbstbestimmter Entwicklung. Die aufwertende Sicht des Alevismus wurde meist verknüpft mit einer Abwertung des „Mohammedanismus"; das Trennende zwischen Sunnismus und Alevismus wurde von Anfang an in aller Deutlichkeit hervorgehoben. George Dunmore schrieb 1857: „[…] they are descendants from a Christian stock, made nominal Moslems by the sword. For, although they are called Moslems, and in the presence of Turks declare themselves such, they have no sympathy with them, but on the contrary feel a deep hostility towards them."[394] Die späteren Missionare hielten die These vom alevitischen Kryptochristentum, der Dunmore zuneigte, in dieser allgemeinen Form nicht aufrecht, sondern wiesen auch auf den Synkretismus und auf die schamanischen und persischen Wurzeln dieser Glaubensgemeinschaft hin. An der klaren mentalen und sozialen Trennlinie zwischen *Kızılbaş* und Ümmet hielten sie jedoch fest, da sie insbesondere in den Ostprovinzen den beobachtbaren Fakten entsprach. Harput-Missionar Edward Carey war 1910 überzeugt, dass der dortige Alevismus starken

---

Pascha waren von jenen Massakern mitbetroffen. Zu Andrus' früheren Begegnungen mit Yeziden vgl. oben, S. 69 und 146.

391 MH 1857, S. 220.
392 Riggs 1911, S. 741 f.
393 In ihrem Brief an Barton vom 28. 1. 1918, ABC 16.9.7.
394 MH 1857, S. 220.

Einflüssen des armenischen Christentums ausgesetzt war und dass das Alevitentum viele Armenier absorbiert hatte. Ausserdem hätten Adoptionen und Heiraten zwischen den beiden Gemeinschaften dazu beigetragen, dass eine Vielzahl von Namen und Normen armenisch seien.[395] Sein Kollege Henry Riggs äusserte sich 1917 ähnlich: „[…] the Kurds of the Dersim have much in common with the Armenians – much more, in fact, than with the Turks. It is the opinion of many of the Kurds that they and the Armenians had a common ancestry. Whether or not this represents any broad ethnic fact, it is certainly true that the Kurds in the Dersim have many incidental reasons to believe it. The names of many of their villages are Armenian, and some of the tribes have names which sound like Armenian surnames. In their moral idea they are on a level much nearer to the Armenians than to the Turks. And in religion, though they bear the name of Mohammed, there is remarkably little in their religion that is Moslem in fact."[396]

Die Schwierigkeit der Alevismusbeschreibung begann beim Namen. Die gebräuchliche Fremdbezeichnung durch die Sunniten schien *Kızılbaş,* eine wichtige Selbstbezeichnung *ehl-i iman* (Volk des Glaubens) im Gegensatz zum *ehl-i sünnet* (Volk der Sunna-Tradition) zu sein.[397] Immerhin war der Begriff *alevi* schon 1908 als mehr oder weniger neutraler Begriff verbreitet, der zur Selbst- und Fremdbezeichnung diente.[398] Nicht selten gebrauchten die Missionare den Begriff „Schiiten". In den frühen Artikeln des *Missionary Herald,* das heisst in den 1850er und 1860er Jahren, sprachen sie meist von *Kızılbaş.*[399] Der erfahrene Missionar George Herrick wies 1906 auf die „unendliche Vielfalt" von Glaubensformen im bloss formalen Islam mancher Kurden hin, was jegliche Systematisierung verunmögliche: „To a large extent the profession of Islam by Koords and Circassians is purely outward and formal, while their esoteric faith is a mixture of Mohammedanism, Christianity, and heathenism. In grouping a generalization we cannot go farther than the statement just made. Take the Koords alone. There is almost infinite variety in their religious beliefs and superstitions. It is well known that there are whole tribes among them ready to declare themselves Christians, could they be assured of protection in so doing."[400] Mit den Stämmen, die bereit seien, Christen zu werden, meinte Herrick zweifellos alevitische Stämme, von denen er selbst 1866 aus Sivas berichtet hatte. Trotz Herricks terminologischer Skepsis begann sich der Oberbegriff Aleviten für

---

395 Brief vom 23. 8. 1910, ABC bh, Human Problem.

396 Riggs 1997 (1917), S. 111.

397 Riggs 1911, S. 736 f.

398 Trowbridge 1909, S. 340. Stephen van Rensselaer Trowbridge war Missionar in Anteb.

399 Vgl. White 1908, S. 228. Bemerkungen zum Gebrauch des Wortes „kızılbaş" finden sich bereits beim Pionier der Harput-Mission, George Dunmore, der zwischen Dersim-Berg-*Kızılbaş* und Dorf-*Kızılbaş* in der Ebene unterschied: „[…] the Kuzzel-bash found on the plain of Kharpoot, and in the region of Arabkir and Sivas […] are descendants from Koords, who, having long since left the nomad for village and agricultural life, and thus come into constant contact with Turks, and having but little intercourse with mountain Koords, have at length, for the most part, lost their mother tongue." Er stützte seine Hypothese mit linguistischen Beobachtungen: „[…] their language is by no means pure Turkish, and they are easily distinguished from Turks by their peculiarity of speech, having something of the Kurdish brogue. The Turks call the [Dersim] Koords Kuzzel-bash, as well as those living in these villages. They know and make no distinction, and I am persuaded that there is no difference." MH 1857, S. 220.

400 Herrick 1906 b, S. 3. Vgl. Kap. 1.5.

Abb. 83: Ein Harput-Missionar im Gespräch mit Dersimkurden in deren Dorf.

die wichtigsten nichtsunnitischen Muslimgruppierungen Kleinasiens, welche die Verehrung Alis, des Vierten Kalifen, mit dem Nein zur Scharia verbanden, damals durchzusetzen.

Theologisch deuteten die Missionare die Beziehung der Aleviten zu Ali als Entsprechung der christlichen Beziehung zu Jesus: „He who was revealed to Christians as Jesus was revealed to them as Ali."[401] Ali wie Jesus dienten als allgegenwärtiger, anrufbarer Paraklet; entsprechend hatte das Gebet privat und spontan zu geschehen. Demut und Herzensreinheit waren wichtige Postulate der alevitischen Geisteshaltung. Sie waren formuliert in den mit *saz* begleiteten ergreifenden gottesdienstlichen Gesängen und Rezitalen. Dies waren Charakteristika einer kaum ritualisierten Herzensreligion, in der sich die Protestanten zu erkennen glaubten.[402]

Der theologischen Nähe entsprach die kohabitive Nähe zum christlichen, armenischen Nachbarn, zu dessen Klöster auch die Aleviten wallfahrten, dessen Heilige – so Karapet – man gemeinsam verehrte und dessen Priester man achtete.[403] Heiraten zwischen den beiden Gruppen waren keine Seltenheit, schienen sich allerdings weitgehend auf solche mit Armenierinnen, die Teil der alevitischen Gemeinschaft wurden, zu beschränken. 1913 verneinte ein *dede* der Region Koçgiri, westlich von

---

401 White 1908, S. 230; vgl. Trowbridge 1909, S. 341, 344, 349.
402 Mit genüsslichem Nachdruck berichtete G. E. White: „In a clear dawn of a summer morning a company of us were once mounting our horses for a journey, after having spent the night in a Shia [alevi] village, when one of our number, an orthodox Mohammedan, was heard muttering that he had not yet said his prayers that morning. ‚What does the Almighty need of your prayers', said our host; ‚he knows what you are without your telling Him. It is the clean heart God wants, the clean heart.'" White 1908, S. 228.
403 Molyneux-Seel 1914, S. 63 f.; Rouben 1990, S. 64; Bulut 1991, S. 165–178.

Dersim, dem jungen osmanischen Beamten Hasan Reşit (Tankut) gegenüber, von dem noch die Rede sein wird, jegliche grundsätzliche armenisch-alevitische Differenz: „Die Distanz zwischen Aleviten und Armeniern misst nicht mehr als ein Zwiebelhäutchen; diese glauben an Gott als Vater, Sohn und Geist, wir nennen diese Dreiheit Allah, Mohammed und Ali. Sie haben zwölf Apostel; wir haben zwölf Imame. Gebets- und Fastenzeiten sind bei beiden Völkern ungefähr dieselben. Sie heiraten nur eine Frau, wir auch. Sie schneiden weder Bart-, Schnauz- noch Achselhaare, wie wir. Sie vollziehen wie wir keine rituellen Waschungen. Sie legen Zeugnis ab, indem sie das Kreuz auf ihrer Brust machen, wir indem wir die Handfläche auf die Brust abstützen. Wir sind später unserem heiligen Meister Ali nachgefolgt, weshalb wir uns alevî nennen. Sonst gibt es zwischen uns keinen Unterschied.“[404] Die damals eminent politische Bedeutung einer solchen Aussage kommt weiter unten noch zur Sprache.

Die im Vergleich zu den Sunniten andersartige Stellung der Frau blieb den Missionaren nicht verborgen. Nur vor Sunniten verschleierten sie sich, quasi ein Gleichnis dafür, wie die Aleviten ihre ganze Religionsausübung vor den Augen der Ümmet verbargen. In den Dörfern Zentralanatoliens, wo der hamidische Staat Moscheen hatte erbauen lassen, liessen sie bloss dann zum Gebet aufrufen, wenn ein Beamter vorbeikam. Johannes Lohmann hielt die Alevitinnen im Dersim für unabhängiger als die Armenierinnen. Er sah Männer und Frauen Seite an Seite die täglichen Arbeiten im Haus und auf dem Feld verrichten. Behcet Hanım von Evrenli und Pambuk Ana von Seve zum Beispiel waren hochgeachtete geistliche *Kızılbaş*-Führerinnen.[405]

An der gottesdienstlichen alevitischen Versammlung, dem *cem,* nahmen Männer, Frauen und Kinder gleichermassen teil. Vor den Missionaren hätten sie keinen einzigen Fremden zugelassen. Sie praktizierten ein gemeinsames Mahl mit einem „Trank der Liebe“ und einem „Bissen der Gerechtigkeit“ *(hak lokması),* das stark an das christliche Abendmahl erinnerte. George E. White bezweifelte indes den gemeinsamen Ursprung.[406] Vor der Teilnahme galt es, sich von Sünden zu reinigen. Bei schlimmen Vergehen geschah dies über eine öffentliche Beichte, die jeglicher Rache den Riegel schob. Besonders schwerwiegende Vergehen hatten den Ausschluss des Betreffenden zur Folge, doch konnte er ein zweites – nicht jedoch ein drittes – Mal in die Gemeinschaft zugelassen werden.[407]

Besondere Neugierde erweckte das *musahiblik* (Gefährtenschaft), das für Ernst Lohmann persischen Ursprungs war. Zwei Paare wurden durch das *musahiblik* zu Geschwistern „für die Ewigkeit“ *(ahiret kardeş),* bereit, einander durch Dick und Dünn beizustehen. Das günstige Zeugnis der Freunde und eine erfolgreich bestandene Gewissenserforschung durch den *dede* waren die Voraussetzung dafür, das

---

404 Tankut 1994 (1961), S. 218 f.; 1994 (1935), S. 470–473. Die repetitive Rede vom Unterschied von den Armeniern, der „so dünn wie ein Zwiebelhäutchen“ sei, gehörte zur damaligen alevitischen Selbsteinschätzung; siehe auch White 1908, S. 230, und 1918, S. 246.

405 Vgl. Lohmann 1933, S. 108; Awetaranian 1905, S. 13; Riggs 1911, S. 740.

406 White 1908, S. 231. Riggs meinte 1917 (1997, S. 111): „One of their rites is similar both in form and in idea to the primitive Lord's Supper of the Christians – and other forms and traditions of an earlier pre-Christian origin, they inherit in common with their Armenian neighbours, from their fireworshipping ancestors.“

407 MH 1890, S. 345; vgl. Dunmore in MH 1857, S. 220.

Abb. 84: Dersimkurden auf Besuch in der amerikanischen Missionsstation in Harput. In ehrerbietiger Haltung hören die Besucher dem Missionar zu und schauen zu ihm auf.

Bündnis mit einer Feier zu schliessen. Die vier *musahip* brachten Gaben mit ins Haus des *dede,* wurden von diesem mit Handauflegung gesegnet und verzehrten schliesslich gemeinsam ein Stück Brot, über welchem der *dede* einen Segensspruch gesprochen hatte.[408]

Die *dede* genossen ein besonderes Ansehen, wenn sie ledig blieben. Sie besuchten regelmässig die Mitglieder ihrer Gemeinschaft auch in den abgelegensten Dörfern – namentlich im Herbst. Sie leiteten geistlich und in einigen zivilen und rechtlichen, weder vom Stammesführer noch vom Staat abgedeckten Bereichen die Gemeinschaft, wobei ihre Stellung seit den Tanzimat – noch vor der hanefitischen Mission Abdulhamids – in manchen Regionen durch die Gemeinschaft selbst, die den Aufschwung der Millets bewunderte, angegriffen wurde. Am wenigsten war dies im Dersim, dem Herzland des anatolischen Alevismus, der Fall, wo die gemeinschaftlichen Strukturen bis zum kemalistischen Ethnozid 1937/38 weitgehend intakt blieben. Die Aleviten achteten alle Bücher des Monotheismus, Altes und Neues Testament und Koran, ohne dem Koran die Letztgültigkeit zuzugestehen. Im *buyruk,* einem Buch, das kein Missionar damals je zu Gesicht bekam, behaupteten die *dede,* seien ihre Glaubensinhalte niedergelegt.[409]

408 Lohmann 1933, S. 108–110.
409 Diese *buyruk* genannte, damals geheimgehaltene schriftliche Niederlegung der alevitischen Glau-

Im Gegensatz zu gewissen hartnäckigen Gerüchten der Ümmet hielten die Missionare die Aleviten für „ebenso moralisch wie irgendeine andere Rasse in Kleinasien". Mit wenigen Ausnahmen lebten sie monogam, Alkohol konsumierten sie meist mit Mässigung, bisweilen auch Haschisch. Allerdings befolgten sie die Vorschriften der Scharia nicht, hielten sich also weder an das Fasten im Monat Ramadan noch an die rituellen Waschungen und die fünf Gebete pro Tag; wichtiger als Mekka waren ihnen die lokalen *ziyaret*. Als Konzession an ihre Umwelt hielten die Aleviten nach aussen das Ramadanfasten ein – namentlich in Zentralanatolien. Mit Hingabe hingegen, doch ohne zwingende Vorschrift, fasteten sie zehn, die frömmsten 13 Tage vor dem zehnten Tag des Monats Muharrem. Das Gebet galt als Herzenssache, seine Ausübung war keinen Vorschriften unterworfen.[410]

Die Missionare unterschieden von Ende der 1850er Jahren an nicht nur klar zwischen Muslimen und *Kızılbaş,* sondern auch zwischen „Kuzzelbash Koords" und den übrigen, muslimischen Kurden (Schafiiten). Man ging damals von einer Grössenordnung von 100'000 *Kızılbaş* im Raume Dersims und von 300'000 im gesamten ABCFM-Missionsgebiet Harputs aus.[411] In der Region Merzifon bildeten die Aleviten nach George E. White ein Viertel oder ein Drittel der Bevölkerung; ihre Gesamtzahl betrug um 1910 zwischen 2 und 4 Millionen, das heisst rund ein Viertel der anatolischen Bevölkerung.[412]

Auch bei den Aleviten bemängelten die protestantischen Missionare Animismus und „heidnische Überbleibsel" wie Götzendienst, Personenverehrung, Heiligenkult, die Verehrung von Gegenständen und den Gräberkult.[413] Zum letzteren gehörte der Brauch, „heilige Erde" bei Gräbern von *evliya* (Heiligen) zu entnehmen, da ihr Heilkräfte zugeschrieben wurden. Die Missionare erkannten bei den Aleviten Spuren der Seelenwanderungslehre. Sie bemerkten, dass der alevitische Pantheismus seine Anhänger eine Vielzahl von Doktrinen akzeptieren liess. Allerdings bestand gerade in diesem Punkt keineswegs Einigkeit.[414] Henry H. Riggs beispielsweise wehrte das pantheistische Etikett ab, indem er Bezug nahm auf sein Gespräch mit Seyit Mustafa, einem betagten geistlichen Führer: „‚We believe that God dwells in the hearts of his servants. Wherever there is a righteous man, there is God, dwelling in his heart.' And it was evident that this is no mere vague pantheistic essence, but a vital, personal relationship, for he spoke earnestly of the moral incentive of such a believe."[415] George E. White betrachtete den Gebrauch der Heiligen als Herzstück des praktischen Alevitentums (nicht seiner Philosophie). „In the real crises of life Shias turn to their saints." Wenn der Regen, die Schwangerschaft oder sonst ein Segen ausblieb, wenn eine Krankheit oder ein ökonomisches Problem das Leben überschattete, dann pilgerten Alevitinnen und Aleviten zum lokalen *ziyaret* (Wall-

---

bensinhalte gab und gibt es in der Tat. Für eine Zusammenstellung gegenwärtiger Editionen siehe Vorhoff 1995, S. 224.

410 White 1908, S. 234–236.

411 MH 1863, S. 312.

412 Brief von G. E. White vom 8. 7. 1911, ABC bh Human Problem; White 1913, S. 693; zu den Zahlenangaben vgl. den Beginn von Kap. 3.5.

413 Als am rückständigsten galten sowohl der Ümmet als auch den Missionaren die Yeziden, „these wild tribes, the so-called Indians of Asia". MH 1881, S. 264.

414 MH 1866, S. 68 f.; 1880, S. 47 f., 184 f.; White 1908, S. 236.

415 Riggs 1911, S. 736 f.

Abb. 85: Ein alevitischer Kurde, Freund des ABCFM. Der unge-schnittene Bart und der Schnauz weisen auf einen Aleviten hin, die Schuhe und die Kleidung auf einen relativ wohlhabenden Mann, vermutlich einen Stammesführer.

fahrtsort). Dort befand sich fast immer das Grab eines *evliya*. Einen *ziyaret* gab es fast bei jedem Dorf, meist an erhöhter Lage, unter Bäumen und bei einer Quelle. Der *evliya* war der lokale Vermittler, der die Gebete empfing, um sie vor Gott zu bringen.[416]

3.6.3 Die Wende von 1908

Die Wende von 1908 wirkte sich auf die Aleviten besonders markant aus. Ganz besonders interessierte diese Gruppe der Aufbau einer Gesellschaft, die – nach dem Motto der 1908er Revolution – Freiheit, Gleichheit, Brüderlichkeit und Gerechtigkeit versprach,[417] fühlten sie sich bisher doch weder der Ümmet richtig zugehörig,

---

416 White 1908, S. 232–235.
417 Im Gegensatz zu 1789 gehörte das Schlagwort Gerechtigkeit wesentlich dazu und ersetzte oft die Brüderlichkeit. Vgl. z. B. das historische Foto in Ternon und Kababdjian 1980, S. 120, mit entsprechenden Spruchbändern auf armenisch und osmanisch vom Juli 1908 in Istanbul.

noch genossen sie den Status einer Millet. Die Wende von 1908 führte die Aleviten erstmals seit den *Kızılbaş*-Aufständen des 16. Jahrhunderts wieder zu einem offenen und kollektiven Bekenntnis ihrer Identität. Sie ermöglichte die Aufwertung, womöglich auch die Ausbreitung der niedergehaltenen Glaubensrichtung und weckte die alevitische Bereitschaft, den – scheinbar – neuen Staat mitzutragen.

Diese fundamentalen Auswirkungen der Revolution von 1908 nahmen die Missionare auf den weit auseinanderliegenden Stationen von Merzifon, Harput und Anteb wahr. Stephen Trowbridge sprach 1909 von einer Zunahme der alevitischen Glaubensrichtung – vielleicht wirkte auf den noch relativ unerfahrenen Missionar das plötzliche Erscheinen der bisher versteckten Identität als eine numerische Zunahme: Er sprach von etwa 2'000 Aleviten in der Stadt Anteb und von zahlreichen Aleviten in den Dörfern von Marasch und der Stadt und Region Elbistan.[418] Was damals vorging, lässt sich als alevitische Renaissance begreifen. Der langjährige Missionar George E. White, seit 1890 Lehrer und seit 1913 Präsident des *Anatolia College* in Merzifon, schrieb von einem „Erwachen alevitischen Nationalbewusstseins" unter den türkischsprachigen Aleviten seiner Region, was sich im Engagement für den Aufbau von Dorfschulen manifestierte. Er versprach sich viel von der Einbindung dieser bisher aus dem öffentlichen Leben verdrängten Gruppe im neuen Gemeinwesen: „There has been some awakening of national consciousness among the Alevi Turks since the new Ottoman *régime* came in. [...] The Alevis are engaged in opening village schools as rapidly as their means permit, and are said to have effected an organisation for commercial and political purposes. Hitherto they have had small part in office or public influence. For the general welfare of the Ottoman Empire, it is much to be desired that this section of the community should obtain its full quota of strength in the commonwealth."[419] White war ein persönlicher Freund von Piri Baba, dem Scheich der Bektaschi-*tekke* in derselben Stadt. Dieser alevitische Repräsentant wies 1908 darauf hin, dass zwar alle von einem neuen Regime sprächen, neun Zehntel der Behörden aber genau dieselben wie unter Abdulhamid seien.[420]

Die Entwicklung unter den kurdischsprachigen Aleviten im Raume Dersim, Sivas und Elbistan verlief damals noch prägnanter, da ihr traditioneller Antagonismus zum Zentralstaat auch eine kurdische Komponente besass. Es war das erklärte Ziel der 1908 an die Macht gelangten jungtürkischen Patrioten, die sich als Freiheitskämpfer gegen die hamidische Despotie darstellten, die Integration des „freiheitsliebenden", wehrhaften Dersim in den Staat nicht mehr mit militärischer Macht – wie das der Staat seit den Tanzimat und noch im Frühjahr 1908 tat –, sondern mit politischer Überzeugungsarbeit zu erreichen. Diese Strategie hatte beträchtlichen Erfolg: Die Dersimi sahen sich gegenüber dem neuen Regime, das überzeugende Freiheitswerte vertrat, zu Loyalität verpflichtet. Nur noch einmal, im

---

418 Trowbridge 1909, S. 340.

419 White 1913, S. 698. George White beschrieb sein vertrautes Verhältnis zu den alevitischen Nachbarn – die er meist Schiiten nannte – so: „One large element in the heterogeneous population around my home is composed of Shias. I have slept in their houses, eaten at their tables, visited their shrines, and engaged in long conversations with their people, whether humble villagers or revered *hojas* and *dedes*." White 1908, S. 226.

420 White 1918, S. 246.

Frühjahr 1909, versuchte die Regierung, eine offene Rechnung des Vorjahres mit dem Hasanan-Stamm zu begleichen, indem sie eine militärische Strafaktion lancierte.[421] Reisen im Dersim wurde, wie die Harput-Missionare verblüfft feststellten, eine sichere Angelegenheit. Der verwandelte Staat hatte im Sommer 1908 die damals 21 gegen die Stämme Dersims engagierten Bataillone zurückgerufen: „[...] in their place they sent a number of young enthusiasts who preached throughout the Dersim the beauties of the new liberty", beschrieb Henry Riggs die Kehre in der Retrospektive von 1917. "In exchange for this new freedom the Kurds were invited to come to Harpoot and make a demonstration of their loyalty to the new government by surrendering to the proper authorities the arms which they no longer needed in their laudable [!] struggle for liberty. A little show was gotten up along this line, mostly comedy, and very limited in its scope, and the arms surrendered were the ancient flintlocks, not the modern weapons that had taken such a heavy toll of the Turkish soldiery. There was, however, a good deal of interest in the change and, as a matter of fact, the revolution resulted in a much more marked change in conditions in the Dersim than in other parts of the country. Put on his honor, the Kurd turned and behaved himself remarkably well, and travel through that region – without guards – became safe to an unbelievable degree."[422]

Einige Dersimi traten der jungtürkischen Partei *İttihad ve Terakki* bei und machten Karriere im neuen Staat, so der nachmalige Harput-Vali Sabit, von dem noch unrühmlich die Rede sein wird.

George E. White hatte noch kurz vor der Wende von 1908 eine ethnisch-demographische Situation und ein daraus resultierendes Szenarium entworfen, das dem Staat äusserst bedrohlich erscheinen musste, da er Kleinasien (Anatolien) als Herzstück seiner Herrschaft betrachtete: „Yet in the stronghold of Turkish power, the fair provinces of Asia Minor, about one-forth of the people are not Mohammedan at all but Eastern Christians, and of the Mohammedan population about one-fourth – some propose one-third – are not Sunnitic at all but are schismatic Shias. For the present this line of cleavage is kept very much out of sight, but circumstances might easily take such shape that this internal breach would come to the surface as a deadly wound."[423] In der Tat wurde diese alevitisch-sunnitische Kluft nach 1908 weit deutlicher sichtbar als zuvor. Für einen Jungtürken wie Rıza Nur war die Tatsache, dass die „Kızılbaş-Türken" damals ihre eigene, von den Sunniten unterschiedene Identität betonten, nichts anderes als das Resultat „armenischer Lügenpropaganda" in der hamidischen Ära; auf den Missionseinfluss ging Nur nicht ein.[424]

421 Özkök 1937, S. 24–34.
422 Riggs 1997, S. 110.
423 White 1908, S. 225 f.; ebenso White 1913, S. 691, und sein Brief vom 8. 7. 1911, ABC bh Human Problem. Zu den Zahlen vgl. Lynch 1901, S. 413 f.
424 Rıza Nur sprach – zu pauschal – von einer ethnischen Identifizierung der Aleviten mit den Armeniern: „Abdülhamit zamanında Ermeniler bu Kızılbaş Türkler'e musallat olmuş, onları, Ermenisiniz, diye diye kandırıyorlardı. Muvaffak oluyorlardı. Bu hal devam etse bu Kızılbaşlar, Ermeni olup gideceklerdi. Zaten böyle neler kaybettik" (Nur 1992, Bd. 3, S. 112). Rıza Nur besass ebenso wenig konkrete Vorstellungen von den sozialen und ethnischen Verhältnissen im Innern Anatoliens wie die meisten Jungtürken. Er überwarf sich mit der unionistischen Partei und wandte sich dem liberalen Flügel zu; erst in der frühkemalistischen Zeit trat er wieder ins Rampenlicht der Politik. Zur Person Nurs vgl. Zürcher 1984, S. 52.

Dies wiederum tat Hasan Reşid Tankut, der die Missionsschulen in Mamuretülaziz als „nichts anderes denn als auf das Dersim ausgerichtete Stationen zur Über-
mittlung hoffnungsvoller Propaganda" bezeichnete. Tankut glaubte am Vorabend
des Weltkriegs, im Herzen Dersims eine durch armenisch-protestantische Missionare bewirkte Christianisierungsbewegung festzustellen.[425] Von einer solchen berichteten die Missionare, die das noch so gerne getan hätten, nicht, wohl aber immer
wieder von guten und engen Kontakten zwischen Aleviten, Armeniern und Missionen.

Die mögliche politische Allianz von Aleviten und Christen, namentlich von
kurdischen Aleviten und Armeniern, mit einem demographischen Gewicht, das rund
die Hälfte der Gesamtbevölkerung in einem Grossteil der Ostprovinzen ausmachte,
stellte für die Unionisten zweifellos ein Schreckgespenst am Vorabend des Weltkriegs dar. Für Machthaber, die Souveränität als höchstes Ziel ansahen und die
jeden föderativen Vorschlag als Machteinschränkung fürchteten, stellte sich damit
in der Tat ein politisch-demographisches Problem. In Anwendung der Anfang 1914
beschlossenen Reformen hätten die Aleviten bei den geplanten Wahlen Seite an
Seite mit den Armeniern gestimmt. Dies hätte zu einer umfassenden politischen
Umgestaltung der Ostprovinzen führen können, namentlich im Raum zwischen
Sivas, Erzurum, Harput und Malatya, wo alevitische und armenische Stimmen zusammengenommen rund die Hälfte oder – zwischen Sivas und Harput – gar eine
klare Mehrheit stellten. Die bisher ausgeschlossenen oder klar minderheitlichen
Aleviten und Armenier hätten alsbald massgeblich nicht nur das wirtschaftliche und
kulturelle, sondern auch das politische Leben jener Region mitbestimmt.

Nirgends wurden zwischen 1915 und 1921 die Armenier radikaler ausgerottet,
die Aleviten brutaler verfolgt als in den genannten Zonen.

3.6.4 Aleviten und Weltkriegs-Ümmet

Um ihrem Mangel an ethnologischem und soziologischem Wissen über das als
türkisch-nationale Heimat beanspruchte Kleinasien abzuhelfen, beauftragten die
Unionisten während des Ersten Weltkriegs einige Männer damit, ins Innere Anatoliens zu gehen und Untersuchungen anzustellen. Esat Uras – der spätere Autor des
wichtigsten apologetischen Buches zur Armenierfrage aus der Staatsperspektive[426]
– bekam die Aufgabe, Informationen über die Armenier zu sammeln. Dem Material
nach zu schliessen, das Uras als Mitglied des *Türk Tarih Kurumu* 1951 veröffentlichte, diente seine Forschung vor allem der Rechtfertigung der kurz vor seiner
Entsendung geschehenen „Deportationen". Baha Sait Bey wurde mit der Erforschung des Alevismus-Bektaschismus beauftragt. Der Auslöser für seinen Auftrag
war nach Saits Aussage, dass eine im Merzifoner *college* beschlagnahmte, von protestantischen Missionaren aufgestellte Bevölkerungsstatistik die Aleviten als einst-
mals christliche Gruppierung aufführte. Ob die Statistik dies wirklich aussagte – es
entsprach nicht dem differenzierten Bild von George E. White – ist unwesentlich:

425 Tankut 1994 (1935), S. 472.
426 Uras 1988 (1951).

Die so interpretierte Statistik erschreckte jedenfalls die unionistische Partei. Die Parteispitze befand es für nötig, solchen „separatistischen Ideen" gegenteilige entgegenzusetzen, die zu beschaffen und zu verbreiten Sait beauftragt wurde. Allerdings habe der „Palast" (Sultan und *Şeiyh-ül İslam*) dieses Vorgehen als unwillkommene „Kızılbaş-Propaganda" aufgefasst und eine Veröffentlichung der Resultate im *Türk Yurdu* verhindert. Der *Türk Yurdu* war das Organ des pantürkischen Klubs *Türk Ocağı*, der in enger Verbindung mit der unionistischen Partei stand und in der Sicht des Palastislams gottlosen Ideen anhing.[427]

Die unionistische Entdeckung und Aufwertung der Aleviten diente nicht der Förderung des religiösen Pluralismus in Anatolien und auch nicht der Übernahme des Alevismus als Nationalreligion. Es ging darum, den Alevismus in das nationalreligiöse Gedankengut des türkischen Nationalismus im vereinheitlichenden Sinne Ziya Gökalps einzuverleiben. Gökalp, der Vordenker des türkischen Nationalismus, betrachtete die Nation als „eine Kategorie, die sich zusammensetzt aus Individuen mit derselben Sprache, derselben Religion, derselben Moral und denselben ästhetischen Werten".[428] Die meisten Aleviten in den Ostprovinzen empfanden dieses unionistische Gedankengut als bedrohlich. Viele türkische und kurdische Aleviten hatten nach 1915 Angst, ein ähnliches Schicksal wie die Armenier zu erleiden. Sie waren befremdet angesichts der Aufwertung, welche die Ümmet als exklusive Kriegsgemeinschaft erfuhr. Zu Recht befürchteten sie, wieder wie vor 1908 auf die offene Ausübung ihres nonkonformen Glaubens verzichten zu müssen. George E. White schrieb während des Weltkriegs aus Merzifon in seinem „Some non-conforming Turks" betitelten Artikel: „Those rumors of impending events in Turkey, which anticipated the ‚deportation' of Armenians and similar treatment for the Greeks and other Christians of the empire, carried the foreboding that the next step taken by the governing clique would force the Alevi Turks to abandon their Moslem nonconformity. The purpose of the ‚Party of Union and Progress' is alleged to be to create a uniform state, one in Turkish nationality, and one in Moslem Orthodoxy."[429]

---

427 Birdoğan 1994, S. 11, und Birdoğan 1990, S. 370 f. Saits Schriften (abgedruckt und kommentiert in Birdoğan 1994) waren der erste türkische Versuch, die Aleviten nicht nur aus nichtchristlichen, sondern vor allem alttürkischen Wurzeln zu verstehen. Dieses Vorgehen machte fortan Schule. Es korrigierte nicht zu Unrecht die bis dahin stark kryptochristliche Sicht des Alevismus, schoss aber aus ideologischen Gründen, da Alevismus als Hort des Türkentums zu gelten hatte, über das Ziel hinaus. „[...] dass die kleinasiatischen Kyzylbaş echte Türken waren, welche die nationale Tradition am reinsten bewahrt haben", hiess es etwa 1922 bei Fuad Köprülü (Köprülü 1922, S. 215); Ethem Fığlalı stellte sie 1990 gar als „Repräsentanten eines ‚turkmenischen Sunnismus'" vor (Fığlalı 1990, S. VIII). Die einschlägige postosmanische Alevismus-Forschung vernachlässigt bis heute den armenischen Faktor im (östlichen) Dorf-Alevismus und widmet dem kurdischen Alevismus nicht die nötige Aufmerksamkeit. Eine gegenteilige Überreaktion findet sich jüngst bei Cemşid Bender mit seiner kurdistischen Vereinnahmung des Alevismus (Bender 1993).

428 Zit. nach Bozarslan 1992, S. 409.

429 White liess seinen an einen gebildeten angelsächsischen Leserkreis gerichteten Artikel in ein Plädoyer für Anteilnahme am Schicksal besonders der Aleviten und des ganzen Volkes in der Türkei ausklingen: „These facts and conditions in Turkey, these affinities and sympathies of the part of so many who are reckoned as Turks, when in reality their religious bond is but a subterfuge, the hopes and aims and needs of such [alevi] members of our oppressed fellow human race deserve to be known and remembered. The welfare of the people, and of all the people, of that suffering country, should be kept in mind." White 1918, S. 248.

In der Tat entfremdete der Krieg die Aleviten einem Staat, der den Ankündigungen von 1908 nicht mehr im geringsten glich. Am stärksten äusserte sich diese Entfremdung bei den alevitischen Kurden nördlich Harputs, die Zeugen des Genozids in der „Schlachthausprovinz" – so die missionarische Wortprägung – wurden. Sie betätigten sich zudem als die effizientesten Helfer der Opfer, indem sie einen Schlepperdienst in den sicheren Dersim und von da hinter die russische Front aufbauten. Diese „Untergrundeisenbahn", wie sie die Harput-Missionare nannten, war nur möglich dank der Bestechlichkeit des im übrigen brutalen Valis Sabit, der selbst aus dem Dersim stammte. Zehntausende wurden auf diesem Weg gerettet. Während wohlhabende Armenier gut zahlen mussten, erwiesen die Dersimi trotz eigener Armut ihre Dienste und ihre Gastfreundschaft auch denjenigen, die kein Geld hatten. Den Harput-Missionaren, die diskret, aber intensiv in diese Schleppereien involviert waren, kam kein einziger Fall zur Kenntnis, in welchem Dersimkurden Frauen oder Kinder – um solche Flüchtlinge handelte es sich meistens – im Stich gelassen oder gar missbraucht hätten. Sogar Geldbeträge, welche armenische Angehörige in den USA an untergetauchte Familienmitglieder über das ABCFM nach Harput sandten, trugen die Dersimi sicher an ihren Bestimmungsort.[430] Ein *Kızılbaş*-Führer und persönlicher Freund von Ernst Christoffel in Malatya befreite mit Waffengewalt armenische Freunde aus der von Gendarmen begleiteten Deportationskaravane; von 1915 bis 1918 schützte und versorgte er alle Christen auf seinem Territorium.[431]

Die grosse Mehrheit der Stammesführer Dersims weigerte sich von Beginn weg, am Krieg teilzunehmen; erst in der Endphase nach dem russischen Truppenrückzug, als die armenischen Milizen Anfang 1918 in den teilweise alevitischen Dörfern zwischen Erzincan und Erzurum Greueltaten verübten, halfen sie mit bei der Vertreibung der Milizen. Tatsächlich hatte sich der osmanische Generalstab 1915 eine entscheidende Wende gegen die Russen durch einen Kriegseintritt der Dersimi erhofft. In einem Telegramm der Zentralen Polizeibehörde (EUM) des Innenministeriums erhielt der Harput-Vali Sabit am 10. August 1915 den Auftrag, geeignete Dersim-Stammesführer auszuwählen, diesen den Offiziersrang zu verleihen und sie mit Mitteln aus den *emval-i metruke,* den „verlassenen Gütern" – armenisches Raubgut – schadlos zu halten. Enver begab sich danach zusammen mit Talat auf eine Inspektionsreise nach Mamuretülaziz, wo er dank der Vermittlung Sabits mit einigen Stammesführern zusammentraf und diese zur Bildung eines Dersimheeres aufforderte.[432] Die Stammesführer erklärten sich ausserstande, die übrigen Führer, namentlich Seyit Rıza, der im Westdersim den Ton angab, dazu bringen zu können und schlugen vor, *Çelebi* Ahmed Cemaleddin Efendi zu diesem Zweck einzuspannen. Der *Çelebi,* das Haupt des Bektaschi-Ordens mit Zentrum in Hacı Bektaş bei

---

430 Detaillierte Darstellungen in Riggs 1997, S. 112–116, und in „Account of the events in Turkey during the past three years as I have seen them and as they have had an effect upon our work in the Annie Tracy Hospital" von Tacy W. Atkinson, 1917 (ABC 16.9.7.). Vgl. auch Dersimi 1986, S. 42; über die wichtige Rolle von Seyit Rıza: Dersimi 1952, S. 292 (vgl. auch S. 41 f.), Davis 1989, S. 98 f., 108, 111 f., 170. Autobiographische Fluchterzählungen bei Jafarian 1990, S. 105–117, der Alexanian 1988, S. 132–144. Letzterer auch über „de nombreux Arméniens réscapés dans tout le Dersim, ayant recommencé là une vie parmi les Kurdes" (S. 181).

431 Christoffel 1921, S. 68.

432 BOA DH.ŞFR 54-A/354.

Kırşehir, wurde daher von der Regierung aufgeboten, die Dersimstämme für die Teilnahme am Dschihad zu gewinnen, was ihm nicht nur misslang, sondern auch seinem Ansehen bei den kurdischen Aleviten gründlich schadete.[433] In der Tat konnte dieses Bektaschi-Oberhaupt, das den Bektaschismus als staatskonformen Sunnismus darzustellen suchte, nie einen wirklichen Einfluss auf den östlichen Alevismus ausüben.[434] Die alevitische Armee hätte das Gegenstück zum *Mevlevi Alayı,* dem Regiment des sunnitischen Mevlevi-Ordens, werden sollen.[435]

Unter den Aleviten tauchte schon früh der Gedanke an einen Aufstand gegen das unionistische Kriegsregime auf. Realisierbar war ein solcher bloss vom Dersim aus. Im März 1916 taten sich einige Dersimstämme zusammen, besetzten und zerstörten die Städte Nazimiye, Mazgirt, Pertek und Çarşancak und marschierten auf Mamuretülaziz. Mangels ausgewogener Quellen ist es schwierig, die genaue Motivation der Aufständischen herauszufinden. Ein sehr wichtiger Hintergrund war die Vernichtung der Armenier. Viele Aleviten nahmen an, sie selbst würden auch bald an die Reihe kommen. Tatsächlich bestand diese Angst in der Region Dersim seit Beginn der Deportationen im frühen Sommer 1915 so ausgeprägt, dass sich das Innenministerium am 25. Juli 1915 (13. Ramadan 1333) veranlasst sah, die Valis der Provinzen Harput, Erzurum, Bitlis und Diyarbakır zu beauftragen, solchen Gerüchten energisch entgegenzutreten.[436] Unter dem eben besprochenen Gesichtspunkt hatte der Aufstand vorbeugenden Charakter.[437] Zur Motivation gehörte ebenfalls das Bestreben nach Unabhängigkeit und damit die Vertreibung der staatlichen Vertreter aus den Kleinstädten Dersims, auch wenn diese Beamten seit jeher nur eine sehr beschränkte Macht ausübten. Dieses Bestreben, das sowohl osmanische Armeequellen als auch der alevitisch-kurdische Agitator und damalige Armeeveterinär Mehmet Nuri Dersimi bestätigen, wurde von russischer Seite – mit der Alişer, der Sekretär des Koçgiri-Stammesführers Mustafa, Verbindung aufgenommen hatte – und zweifellos auch von einigen in den Dersim geflüchteten militanten Armeniern gefördert.[438]

Den kurdischen Aufstand empfanden die türkischen Behörden in Mezere und Harput zu Recht als äusserst bedrohlich, zumal die Russen damals das Gebiet zwischen Erzurum und Erzincan, das nördlich an den Dersim anschloss, besetzten. Die osmanische Armee hätte einem koordinierten kurdisch-russischen Vorstoss auf Harput kaum widerstanden. Die muslimische Bevölkerung von Harput und Mezere bereitete daher ihre Flucht vor. Es gelang jedoch der Armee, den kurdisch-alevitischen Aufstand, mit einem grossen Truppenaufgebot, dem auch viele schafiitischen Kurden angehörten, niederzuschlagen. Missionare hörten die Behörden in Harput sagen,

433 Riggs 1997, S. 116 f., 195; Dersimi 1952, S. 94–98, 115, 118, 280, 291.

434 Vgl. Birdoğan 1996, S. 49, 132.

435 „Sultan Mehmed Reşad'ın Mevlevi olması dolayısıyla, Almanya ile müttefik olarak girdikleri Dünya Savaşı'na dinî bir veche verebilmek için, Çelebelik makamının da tensibiyle bir Mevlevi Alayı teşkil edilmiş, Bektaşi Çelebisi Cemaleddin Çelebi de hükümetin teşvikiyle Aleviler'den bir gönüllü ordusu toplamaya kalkmış, fakat sonra bundan vazgeçilmişti." Gölpınarlı 1985, S. 154, zit. in Dersimi 1992, S. 234; vgl. Birdoğan 1996, S. 10 f.

436 BOA DH.ŞFR 54-A/128.

437 Dies auch die Meinung Peter Bumkes (Bumke 1989, S. 514).

438 Özkök 1937, S. 35; Dersimi 1952, S. 103–109, über Alişers Kontakte mit den Russen S. 95 f., 280. Vgl. auch das Kurzresümee in *Yurt Ansikopedisi* 1982, S. 2503.

dass sie keinen einzigen Kurden in jener Region belassen, sondern sie deportieren wollten wie die Armenier. In der Tat tauchte später bei Harput eine Karawane mit rund 2'000 Männern, Frauen und Kindern jener aufständischen Stämme auf, die genau gleich schlecht behandelt wurden wie die Armenier ein Jahr zuvor; mit dem einzigen Unterschied, dass die Männer nicht abgesondert wurden. Ausser einigen in Harput verbliebenen Armenierinnen und den Missionaren leistete niemand den in den Strassen liegengebliebenen Sterbenden letzte Dienste. Die kurdisch-sunnitischen Flüchtlinge hingegen, die seit dem Winter 1915/16 von der Ostfront nach Harput gelangten, wurden von der Regierung, wenn auch höchst mangelhaft, umsorgt und mit armenischem Gut und Grundbesitz beschenkt.[439] Der als Kurde verkleidete armenische Jüngling Gazaros Der Alexanian sah am Ufer des Euphrat, an der Strasse nach Mamuretülaziz, die vor Erschöpfung dahinsterbenden kurdisch-alevitischen Deportierten. Als er Mitleid äusserte, habe ihm ein Passant gesagt: „Les Arméniens sont des infidèles, tout juste bons à nous servir; mais les Kurdes ne méritent même pas de servir nos serviteurs, ce sont les infidèles de nos infidèles! Ce n'est pas de sitôt qu'ils seront jugés dignes d'être admis comme enfants de l'islam et comme citoyens à part entière."[440] Diese abschätzige Sprache reflektierte den damals real existierenden Graben zwischen *Kızılbaş* und sunnitischer Orthodoxie. Als die Missionare die Karawane mit den noch Übriggebliebenen in Richtung der Hügel beim Gölcük-See – wo Atkinson und Davis im Vorjahr über 10'000 massakrierte Armenier entdeckt hatten – marschieren sahen, befürchteten sie das Schlimmste; sie waren freudig überrascht, die Kolonne am nächsten Morgen zurückkommen zu sehen. Die Erklärung dafür, wie sie damals in Harput in Erfahrung zu bringen war, lautete, dass die Stämme Dersims in seltener Einmütigkeit dem Gouverneur gedroht hatten, Harput niederzubrennen, falls die Deportierten nicht sofort zurückbeordert würden.[441]

3.6.5 Die Begegnung von armenischer, kurdischer und alevitischer Frage: Koçgiri-Aufstand, 1920/21

In der Retrospektive auf die spätosmanischen Ostprovinzen meinte der Kemalist Hasan R. Tankut: „Die damaligen [jungtürkischen] Regierungsbeamten hatten jenen Teil des Landes in keinerlei Hinsicht studiert. Auch unser heutiges Wissen [1961] ist fraglos unvollkommenes Stückwerk. Die gestrige armenische Frage aufersteht als kurdische Frage."[442] In der Tat waren die armenische, die kurdische und auch die alevitische Frage so eng miteinander verknüpft, dass einem informierten Beobachter wie Tankut die historische armenische Frage fünzig Jahre später als eine aktuelle kurdische zu auferstehen schien. Armenier, Kurden und Aleviten teilten in den Ostprovinzen ein gemeinsames Siedlungsgebiet, namentlich in den Provinzen Sivas und Harput. Alle drei Gruppen beanspruchten einen autonomen Raum: Die Aleviten und Armenier taten dies seit den Tanzimat in der Berufung auf das Gleichberechtigungspostulat, die sunnitischen Kurden bis zum Ersten Welt-

---

439 Riggs 1997, S. 177–184.
440 Der Alexanian 1988, S. 145.
441 Riggs 1997, S. 184. Zur Nachforschung von Atkinson und Davis siehe Kap. 3.7.4, S. 430.
442 Tankut 1991 (1964), S. 219.

krieg im Pochen auf ihre traditionellen Rechte vor den Tanzimat. Diese Ansprüche auf Eigenständigkeit und eigene kulturelle Identität standen im Konflikt zueinander: Insbesondere zwischen Aleviten und Armeniern auf der einen und Sunniten auf der anderen Seite tat sich seit Abdulhamids islamistischer Politik ein vertiefter Graben auf. Der Hauptwiderspruch jedoch bestand zu den unitarischen Konzepten der Zentralregierung. Diese blieb in Regionalisierungs- und Autonomiefragen kompromisslos und spielte eine ethnische Gruppe gegen die andere aus. Sie instrumentalisierte die armenische Frage zur antichristlichen Aufstachelung der Kurden. In den 100 Jahren von 1839–1938 gelang es dem Zentralstaat sukzessive, seine Macht zu vereinheitlichen und auf moderne administrative und militärische Grundlagen zu stellen und so die Ostprovinzenfragen von 1915 bis 1938 mit Gewalt und Zwang zu unterdrücken. Dem osmanisch-türkischen Einheitsstaat standen auf armenischer, alevitischer und kurdischer Seite vergleichsweise schwache Organisationen auf herkömmlicher Gemeinschafts- oder Stammesbasis mit bloss schmalen militanten Eliten gegenüber. Am besten organisiert war die armenische Millet, die auch eine relativ breite Bildungselite, jedoch keine militärische Macht besass. Seit 1915 prägte die auf eigene Anschauung in den Ostprovinzen gegründete existentielle Angst vor staatlich betriebener Vernichtung physischer Art (Ausrottung) oder vor Zerstörung der religiösen und ethnischen Identität (Assimilation und Ethnozid) die alevitische und kurdische Mentalität entscheidend. Die Armenier und die kurdischen Aleviten hofften seit den Tanzimat und besonders seit 1878 auf eine gleichberechtigte, gesicherte Existenz durch die von internationaler Seite betriebenen Reformen beziehungsweise – nach 1918 – innerhalb einer Neuordnung der Ostprovinzen. Nur eine intellektuelle Minderheit der kurdischen Sunniten hoffte vor 1923 auf die internationale Neuordnung, während die Mehrheit den Staat unterstützte, solange dieser die Fahne des Islams hochhielt. Die armenische Frage wurde schon Ende der Tanzimat in der internationalen Diplomatie formuliert, bei der kurdischen war dies erst Ende des Ersten Weltkriegs der Fall; die alevitische hingegen wurde ausser von den Missionaren international kaum wahrgenommen.[443] Dies hing mit der Verborgenheit des Aleventums zusammen. Zudem gründeten die Kurden und die Aleviten erst nach 1908 eigene ethnonationale Bewegungen; die edukative, kulturelle und identitäre Renaissance der Armenier in den Ostprovinzen hingegen hatte schon ein halbes Jahrhundert zuvor begonnen.

Besonders deutlich zeigte sich die Verbundenheit der drei Ostprovinzenfragen wenige Jahre nach dem armenischen Genozid in der kurdisch-alevitischen Autonomiebewegung gegen die Nationalbewegung Mustafa Kemals. Im Aufstand von Koçgiri-Dersim gegen die junge Ankaraer Regierung fanden vitale Punkte von allen drei Seiten – der armenischen, der alevitischen und der kurdischen – zusammen.[444] In erster Linie handelte es sich um einen kurdisch-alevitischen Aufstand, an welchem sich auch einzelne Armenier und türkisch-alevitische Dörfer, hingegen keine, weder kurdische noch türkische Sunniten beteiligten. Die wenigsten kurdischen Aufstände der 1920er und 1930er Jahre wiesen je wieder die säkular kurdistische

---

443 Für Ansätze diplomatischer Wahrnehmungen nach dem Ersten Weltkrieg vgl. Öz 1997, S. 42 mit Anm. 19.
444 Für eine ausführlichere Darstellung dieser kurdisch-alevitischen Unabhängigkeitsbewegung siehe Kieser 1993 sowie 1998.

Ideologie des Aufstands von Koçgiri-Dersim auf, welche auf Wilsons Prinzipien und die Abmachungen von Sèvres Bezug nahm. Die Angst vor der Vernichtung durch den unionistischen Staat war wie 1915/16 immer noch stark präsent. Dieser Staat begann sich auf den Kongressen von Erzurum und Sivas neu zu konstituieren und begründete im Fühjahr 1920 in Ankara seine Nationalversammlung. Er operierte im Raume der Ostprovinzen präzise mit jenen Kräften, die schon während des Kriegs das Sagen hatten.

Mustafa Kemal lud die Führer des Koçgiri[445] an den Sivaser Kongress ein. Alişan war der Stellvertreter des *kaymakam* von Refahiye und Bruder Haydars, welcher dem Vater Mustafa an der Spitze der Koçgiri-Stämme nachgefolgt war. Nur Alişan leistete Kemals Einladung Folge und unterbreitete seine Sicht der Dinge: eine kurdische Autonomie innerhalb einer osmanischen Föderation unter dem Sultan. Bemerkenswerterweise pochten die kurdisch-alevitischen Wortführer angesichts der neuen Ankaraer Regierung auf das Sultanat als Garanten für eine föderative Lösung. Die Deklaration des Sivaser Kongresses mit ihrer exklusiven Betonung muslimischer Solidarität und dem Ausschluss aller nichtmuslimischen Elemente von der Nationalbewegung liess für die Koçgiri-Dersimi wenig Gutes verheissen.[446] Alişan wies Kemals Angebot zurück, sich als Kandidat für die Nationalversammlung in Ankara portieren zu lassen, empfing hingegen im November 1919 eine Medaille von der Istanbuler Regierung.[447]

Für die kurdisch-alevitischen Stammesführer Koçgiris und Westdersims – für den Ostdersim präsentierte sich die Situation wegen seiner Nähe zum geplanten unabhängigen Armenien anders – war spätestens seit dem Sivaser Kongress klar, dass die kemalistische Nationalbewegung nicht ihre Interessen vertrat, so wie Alişan sie vorgelegt hatte. Diese Evidenz ergab sich weniger wegen verbaler Unstimmigkeiten – Kemal versprach vollmundig Autonomien nach erfolgreich abgeschlossenem nationalem Kampf –, sondern wegen des Solidaritätsnetzes, das am Kongress zutage trat: Es umschloss jene Grossgrundbesitzer, schafiitischen Stammesführer, sunnitischen städtischen Notabeln, jungtürkischen Beamten und Offiziere, von denen sich die kurdischen Aleviten während des Weltkriegs gründlich entfremdet hatten. Das vorrangige Ziel der ostprovinziellen Kongressteilnehmer war es, die eigenen gegen die armenischen Ansprüche durchzusetzen. Folgerichtig war der erste Offensivkrieg, den die Regierung von Ankara führte, derjenige gegen die armenische Republik vom September bis November 1920.

Verbunden fühlten sich die Wortführer Koçgiris und des Westdersims hingegen mit der von Seyit Abdulkadir, dem Sohn Ubeydullahs, in Istanbul präsidierten kurdischen Liga.[448] Sie lasen die in Istanbul gedruckte kurdische Zeitschrift *Jin*[449] und suchten den Kontakt mit den Missionaren, die sie als Repräsentanten der aus Präsident Wilsons Punkten herausgehörten internationalen Gemeinschaft betrach-

---

445 Koçgiri war sowohl der Name eines kurdisch-alevitischen Stammesverbandes als auch der Region im Osten von Sivas, wo dieser hauptsächlich siedelte, und des Kreises von Zara, der in deren Mitte lag.

446 Die Sivaser Deklaration findet sich in englischer Sprache in Harbord 1934 (1919), S. 886–888.

447 Dersimi 1952, S. 123–125; BOA DH.KMS 55-3/15.

448 *Kürdistan Teali Cemiyeti*, damaliger französischer Name *Ligue des Kurdes du Kurdistan*.

449 Vgl. TBMM G. C. Z., S. 270.

teten. Wilsons Prinzipienerklärung war ein Dauerthema in *Jin*. Die Wortführer des Koçgiri-Dersim waren überzeugt, dass der Völkerbund für eine „vollkommene und unbehinderte Gelegenheit zu autonomer Entwicklung" der „Nationalitäten, die jetzt unter türkischer Herrschaft stehen", eintrete (Punkt 12). Mit Abdulkadir stand der Hauptagitator der kurdisch-alevitischen Autonomiebewegung, Alişer, über einen armenischen Boten namens Mıgırdıç in Kontakt.[450] Alişer begann unermüdlich mit *saz* (Saiteninstrument) und *söz* (dichterisches Wort) an Versammlungen, die oft den Charakter eines alevitischen *cem* hatten und zum Teil in *tekke* stattfanden, gegen die Nationalbewegung Kemals zu agitieren, die er als eine Falle, gegen die es sich zu wappnen gelte, darstellte: „Gut beschuht / Bin ich hingegangen und in den Tandır gefallen / Der Sultan weiss nichts / Vom Kongress [in Sivas], der all dies tut."[451] Als die Sultansregierung gegen diejenige in Ankara eine Kalifatsarmee aufstellte, deklarierte sich Alişer politisch folgerichtig – wiewohl im Gegensatz zur alevitischen Tradition, die den Sultan-Kalifen als Verfolger kannte und darstellte – als Inspektor der Kalifatsarmee. Er rief in dieser Eigenschaft die Stämme zwischen Koçgiri und Hozat zum Widerstand auf.[452]

Am 8. Dezember 1920 sandten die Führer Westdersims ein Telegramm an den Präsidenten der Nationalversammlung, Mustafa Kemal, in welchem sie in Berufung auf den Vertrag von Sèvres und unter Androhung von Waffengewalt ein Kurdistan forderten, das die Provinzen Diyarbakır, Mamuretülaziz, Van und Bitlis umfassen sollte. Mehrere tausend Dersimi machten sich auf den Weg, um über Sivas nach Ankara vorzustossen und die Regierung zu stürzen. Mord und Plünderung in einem türkischen Weiler begründeten sie mit den Worten, sie vergälten bloss das, was jene den Armeniern angetan hätten.[453] Am 20. Dezember liess Mustafa Kemal Nuri Dersimi verhaften – neben Alişer der zweite wichtige Agitator der Autonomiebewegung –, musste ihn aber unter dem Druck Seyit Rızas, des mächtigsten Stammesführers im Westdersim, gleich wieder freilassen. Die Kemalisten hatten dennoch einen wichtigen Erfolg erzielt: Sie gewannen die beiden wichtigen Stammesführer Meco Agha und Mustafa Diyab Agha sowie den Offizier Hasan Hayri und Ahmed Ramizi, die alle vier aus dem Dersim stammten, als Deputierte der Ankaraer Nationalversammlung. Dies verunmöglichte fortan eine einheitliche kurdisch-alevitische Strategie. Im 14. Februar 1921 traf das Sechste Kavallerieregiment in Ümraniye in der Region Koçgiri ein. Die Kurden gingen als Sieger der bewaffneten Konfrontation mit dem Regiment hervor und hissten am 7. März die kurdische Fahne auf dem Zentralplatz Ümraniyes. Wenige Tage später rief die Ankaraer Regierung den Ausnahmezustand aus. Im Koçgiri-Dersim herrschte Angst, die *Kuvay-i Milliye,* die türkischen „nationalen Streitkräfte", würden die Kurden gleich wie die Armenier vernichten.[454] Nurettin Pascha, der Kommandant der am 13. März gegen den Koçgiri

---

450 Kemali 1992 (1932), S. 126; Sevgen 1950, S. 378; Dersimi 1952, S. 121–122; Dersimi 1986, S. 100; Apak 1964, S. 152–153.

451 „Ayağımda kundura / Gittim düştüm tandura / Padişahın haberi yok / Bunu eden kongura." Kemali 1992 (1932), S. 127. Der Tandır ist ein in den Fussboden eingegrabener Ofen.

452 Kemali 1992 (1930), S. 126 f.

453 Kemali 1992 (1930), S. 128.

454 Apak 1964, S. 154. Im regionalen Sprachgebrauch hiess Kurde („Kürd") Alevit, während man den sunnitischen Kurden „şafi" sagte (mündliche Mitteilung von betagten Einheimischen).

mobilisierten Zentralarmee, des *Merkez ordusu,* habe mehrfach geäussert: „Wir haben in der Türkei diejenigen, die ‚zo' sagen [die Armenier], vernichtet, wir werden ebenfalls diejenigen, die ‚lo' sagen [die in der Mehrheit zaza-sprachigen Koçgiri-Dersimi], auslöschen."[455]

Angesichts der gegen sie vorrückenden Streitkräfte wurden die Unabhängigkeitskämpfer kompromissbereiter. Sie reduzierten in einem von Alişer formulierten Telegramm an Mustafa Kemal vom 8. April ihre Forderungen ganz erheblich, indem sie bloss noch eine eigene Provinz begehrten: Sie sollte die alevitisch-kurdischen Kreise von Koçgiri, Divriği, Refahiye, Kuruçay und Kemah umfassen und als Vali einen autochthonen Kurden haben.[456] Diese gemässigte Forderung fand kein Gehör, da die Heeresleitung bereits beschlossen hatte, den Aufstand, den sie als eine „neue und wichtige innere Rebellion" betrachtete, mit massiven Mitteln zu ersticken.[457] Der damalige Sivaser Vali Ebubekir Hazım Tepeyran geisselte in seinen Memoiren die unmenschliche Logik des Militärkommandanten Nurettin Pascha, der unbedingt die vor Ort konzentrierten Streitkräfte einsetzen wollte, anstatt auf eine friedliche Lösung hinzuarbeiten.[458] Die militärische Unterdrückung der kurdisch-alevitischen Autonomiebewegung in den Frühlingsmonaten 1921 führte zu systematischen Dorfzerstörungen und vielen zivilen Opfern, zusätzlich zu den von Nurettin offiziell vermeldeten 500 getöteten Rebellen.[459] Sie war die Vorstufe zum Ethnozid, den die kemalistische Türkei in den 1930er Jahren im Dersim verübte. Der kurdisch-alevitische Diskurs, so wie er in den Versammlungen der Stämme und im *cem* zutage trat, blieb nach dem missglückten Aufstand weiterhin vom Schreckgespenst nahender Ausrottung geprägt.[460]

Bei der Koçgiri-Bewegung zeigte sich alles andere als eine einhellige alevitische Unterstützung des nationalen Unabhängigkeitskriegs, wie sie vor allem seit den 1960er Jahren einige alevitische Autoren betonen. Ihr Neokemalismus war eine Reaktion auf die islamische Renaissance innerhalb der Republik der 1950er Jahre und eine Antwort auf den Säkularismus und oppositionellen Sozialismus der alevitischen Jugend in den 1960er und 1970er Jahren.[461] Zwar hingen manche Jungtürken dem Bektaschismus an, aber dieser hatte trotz des gemeinsam verehrten Hacı Bektaş Veli kaum soziale Gemeinsamkeiten mit dem Alevismus. Der dörfliche Alevismus teilte sich auf vorwiegend kurdischsprachige Ostprovinzenbewohner und türkischsprachige Mittel- und Westanatolier auf. Innerhalb des östlichen Alevismus gab es neben traditionellen Stammesrivalitäten eine gewisse Scheidelinie zwischen einerseits den Stämmen Dersims, Malatyas und Koçgiris und andererseits den Dörfern, die sich am nördlichen Rand dieser Gebiete befanden, namentlich denjenigen zwischen Erzincan und Erzurum. Diese zazasprachigen Dörfer machten bei der Koçgiri-Bewegung nicht mit. Doch bleibt festzuhalten, dass trotz der persönlichen Werbung Mustafa Kemals im homogensten alevitischen Gebiete,

---

455 Dersimi 1952, S. 158.
456 Dersimi 1952, S. 143; Apak 1964, S. 161.
457 Entsprechendes Telegramm in Apak 1964, S. 156.
458 Tepeyran 1982, S. 69–84.
459 Telegramm vom 24. 5. 1921 an die Heeresleitung, siehe Apak 1964, S. 171.
460 Vgl. Akgül 1992, S. 42.
461 Vgl. neulich Öz 1997.

im Koçgiri-Dersim, die sich in Erzurum und Sivas konstituierende Nationalbewegung Misstrauen, Angst und bewaffnete Empörung auslöste. Bemerkenswert ist auch, dass die Aleviten in der jungen Nationalversammlung völlig untervertreten waren.[462] Das Unbehagen gegenüber der muslimischen Sammelbewegung äusserte sich nicht nur unter kurdischen Aleviten – dafür war die von George E. White auch im Westen bezeugte Kluft zwischen türkischen Aleviten und Sunniten zu gross. Allerdings waren die Aleviten empfänglich für eine politische Botschaft, die freie Religionsausübung versprach.

3.6.6 Unterjochung der Kurden durch die Republik

Wegen ihrer Isoliertheit und ihrer tribalen Struktur wie auch mangels moderner Organisations- und Kampfmittel war die kurdisch-alevitische Unabhängigkeitsbewegung von Beginn an zum Scheitern verurteilt. Ihr gegenüber stand die türkisch-sunnitische Nationalbewegung, welche in den Ostprovinzen über intakte Heeresteile, einen funktionierenden Beamtenapparat und moderne Waffen und Kommunikationsmittel verfügte. Sie war organisatorisch und ideologisch imstande, die muslimische Mehrheit in Kleinasien zu mobilisieren. Zwar wäre vom ideologischen Potential her auch eine beträchtliche Ausbreitung der Koçgiri-Bewegung einerseits auf die übrigen Kurden und andererseits auf die übrigen Aleviten denkbar gewesen. Aber die Kurdenmehrheit liess sich wirkungsvoller über den Islam gewinnen als über ihr Kurdentum. Im übrigen stellten die anatolischen Aleviten alles andere als eine Einheit dar. Am Aufstand von Koçgiri war die mit Wilsons Prinzipien gerechtfertigte Idee der kurdischen Selbstbestimmung zeitgemäss und modern. Die Wortführer suchten die kurdische Autonomie direkt, ohne explizite religiöse Konnotation und zweifellos in einem geschichtlich günstigen Moment umzusetzen. Nicht von ungefähr war jener Aufstand in den Augen Celâl Bayars, des nachmaligen Premierministers und Staatspräsidenten der Türkei, trotz seines verhältnismässig geringen militärischen Gewichtes und seiner stümperhaften Organisation der bedeutendste Kurdenaufstand.[463]

Der Koçgiri-Aufstand und seine blutige Unterdrückung wurden im Oktober 1921 zu einem heftig debattierten Gegenstand in der jungen Nationalversammlung in Ankara, allerdings hinter verschlossenen Türen. Einige Abgeordnete hatten vergeblich auf eine offene Session gedrungen mit dem Argument, es müsse endlich ein transparenter Umgang im Hinblick auf Greuel, in welche der Staat impliziert war, gepflegt werden. Die Nationalversammlung sandte immerhin eine Untersuchungskommission vor Ort. Mehrere Deputierte bezeichneten die Repression als eine Schande, die dem Prestige des Staates schade und an die Gewalt des Weltkriegs-

---

462 Unter den 360 Persönlichkeiten (vgl. Birdoğan 1996, S. 27 f.) befanden sich kein Dutzend Aleviten: Vom Dersim Meco Agha, Mustafa Diyab Agha, Ahmed Ramizi und der Offizier Hasan Hayri. Von andernorts: Cemaleddin Çelebi von Hacıbektaş, Girlevikli Hüseyin (Aksu) Bey von Erzincan, Hüseyin Mazlum Baba von Denizli, Pirzade Fahreddin Bey von Kars. Vgl. Şener 1991, S. 73; Dersimi 1952, S. 63, 126, 130–132; Tankut 1994 (1935), S. 448; Kemali 1992 (1932), S. 127; Bozarslan 2000.
463 Cemil 1991, S. 243.

regimes gegen die Armenier erinnere.[464] Infolge der Koçgiri-Debatte wurde auch die kurdische Frage vorübergehend zu einem offen debattierten Traktandum: Anfangs 1922 diskutierte die Nationalversammlung einen von einer Kommission ausgearbeiteten Plan für eine autonome Verwaltung von Türkischkurdistan. Der entsprechende Gesetzesentwurf wurde mit 373 zu 64 Stimmen favorisiert. Er sah ein kurdisches Regionalparlament und kurdische Schulen vor; Türkisch sollte Amtssprache sein und sämtliche entscheidenden Machtposten sollten der Kontrolle Ankaras unterstehen.[465] Im Gegensatz zu dieser parlamentarischen Vorentscheidung besiegelte das kemalistische Regime jedoch im Lausanner Vertrag vom 24. Juli 1923 seinen totalitären Anspruch auch in bezug auf die Ostprovinzen. Deren differenzierter Einbezug in den neuen Staat stand nicht mehr zur Debatte.

Der triumphalistische Sieg in sämtlichen Ostprovinzenstreitigkeiten, den der Lausanner Vertrag international für die türkischen Nationalisten bedeutete, wurde indes langfristig zur schwersten Hypothek der Republik Türkei. Es hätte einer entschiedenen Übernahme von Verantwortung durch die internationale Gemeinschaft bedurft, um zu vermeiden, dass aus der heterogenen Ideologie der „nationalen Mehrheit" in Anatolien – deren Einheit und Präponderanz der Sivaser Kongress 1919 so pathetisch beschwor – innert weniger Jahre eine unitarische und ethnisch exklusive Doktrin entstehen konnte. Nur mit einem überzeugenden internationalen Engagement hätten die skandalöse Sanktionierung des Völkermordes an den Armeniern und die Verdrängung der kurdischen Rechte, wie das im Lausanner Vertrag geschah, abgewendet werden können. Indem das nicht der Fall war, wurde ein Präzedenzfall geschaffen, der alle Revisionisten und Irredentisten der Zwischenkriegszeit faszinierte – namentlich in Deutschland. Zweifellos war der Vertrag von Sèvres, der im August 1920 zur Unterzeichnung auflag, aus heutiger Sicht ein Holzweg, da er einen Diktatfrieden der Siegermächte darstellte und keine osmanische Föderation, sondern eine imperialistisch beschnittene „Rumpftürkei" plante. Zudem taten die Alliierten nichts, um die für die Ostprovinzen vorgesehene Lösung durchzusetzen, nämlich die armenische Unabhängigkeit in den nordöstlichen und die eventuelle kurdische Unabhängigkeit in den südlich anschliessenden Teilen.

Innerhalb eines Jahres transformierte Mustafa Kemal 1923 die nationale Sammelbewegung der kleinasiatischen Muslime zur Autokratie einer Elite, die sich an einem säkularen türkischen Nationalismus orientierte. Damit wurde das mehrheitlich kurdische Hinterland der Nationalbewegung, nämlich die Ostprovinzen, von wo aus Kemal Pascha den nationalmuslimischen Kampf organisiert hatte, zu einer gefährlichen Krisenzone, gegen welche die junge Republik alle ihre Gewalt- und Zwangsmittel einsetzen musste, um nicht auseinanderzubrechen beziehungsweise um nicht in ihrem Selbstverständnis als unitarischer türkischer Einheitsstaat zu scheitern. Bereits 1925 begann das Regime Begriffe, die Minderheiten bezeichneten, zu ächten, so namentlich die Wörter „Kurde" und „Kurdistan".[466] Fortan trieb der ethnonationalistische Staat alle Kurden, die ihre religiöse Freiheit nicht dem Diktat Ankaras unterziehen und das Identitätskonstrukt von „Bergtürken" übernehmen wollten, in den verzweifelten Widerstand.

---

464 TBMM 1980, S. 248–280, 513–519; vgl. Kieser 1993, S. 6 f., und Kieser 1998, S. 294, 306–308.
465 Vgl. Olson 1991, S. 39–41, 166–168. Der Entwurf wurde ohne Schlussabstimmung auf die lange Bank geschoben.
466 Vgl. Zürcher 1999, S. 59 f.

Was die Paschas (Generäle) der Tanzimat und „Stambuler Effendis" (Andreas Mordtmann 1878) im Kurdistan nicht fertiggebracht hatten, vollendeten die Paschas der Republik und Sonderbevollmächtigten aus Ankara in den 1920er und 1930er Jahren: die vollständige militärische und administrative Einverleibung der Kurden in den zentralistischen Einheitsstaat. Was ihnen indes nicht gelang, war die Schaffung von Prosperität, denn es fehlten die politischen Voraussetzungen dafür. Der früh-kemalistische Slogan vom zivilisatorischen und wirtschaftlichen Aufbau der Ostprovinzen blieb somit ein leeres Versprechen. Realität waren und blieben die ökonomische Dauerdepression, der militärische Ausnahmezustand und eine prekäre medizinische und schulische Versorgung des Volkes. Die Auslöschung der Christen hatte die Region wirtschaftlich und kulturell um Jahrzehnte zurückgeworfen und unschätzbare mentale Schäden hinterlassen. Das republikanische Zwangsregime über die Kurden erlaubte über Jahrzehnte keine Erholung der Region. Die gewaltsame „Befriedung" schaffte einen dauerhaften Unfrieden. Das vom Weltkriegsregime aufgebaute, in der Zwischenkriegszeit kaum reduzierte krasse Missverhältnis von produktiven (Gewerbe und Handel) und unproduktiven Sektoren (Militär und Administration) blieb bis zum Ende des 20. Jahrhunderts bestehen, ebenso die sozialen und politischen Spannungen.[467] Für die jungen unionistisch-kemalistischen Machthaber, die nie nach aussen hatten Rechenschaft ablegen müssen, sondern sich seit Weltkriegsbeginn innnerhalb ihrer abgeschlossenen, elitären Kreise in ihrer Denkweise bestärkten, war – trotz „einiger unerwünschter Begleitumstände" (Mustafa Kemal)[468] – die 1915 angewandte innere Gewalt notwendig und ein erfolgreiches Modell für die Problembeseitigung in den Ostprovinzen. Denn der Lausanner Vertrag von 1923 fragte nicht mehr nach den Mitteln, welche die Armenier zum Verschwinden gebracht hatten, sondern akzeptierte das Resultat – ähnlich wie das bereits nach den grossen Pogromen der 1890er Jahre der Fall gewesen war. Zwar nahmen Zwang und Gewalt nach 1915 nicht mehr die Dimension eines Genozids, aber doch alle Schattierungen zwischen Ethnozid, Zwangsumsiedlung und systematischer Dorfzerstörung an. Die Binnenkontrolle der Kurdengebiete war fortan die überragende Hauptfunktion der türkischen Armee.

Kaum hatten die Kemalisten den Krieg gegen die kleinasiatischen Christen mit deren praktisch vollständiger Vertreibung erfolgreich beendet (1922) und diesen Status quo auf dem internationalen diplomatischen Parkett zur Anerkennung gebracht (1923), schafften sie am 3. März 1924 das Kalifat ab und verboten am selben Tag die kurdischen Vereine und Zeitschriften. Sie disqualifizierten fortan jegliche kurdische Opposition als feudalistische und religiöse Reaktion, *irtica*, gegen den säkularen Fortschritt oder als vom Ausland gesteuerte Verschwörung gegen die unantastbare Einheit der Republik.

Der sunnitisch-kurdische Widerstand gegen die kemalistischen Machthaber begann sich 1923 in der Vereinigung *Azadi* in Erzurum zu organisieren. Erst jetzt griff die bis anhin auf intellektuelle Kreise beschränkte kurdische nationale Bewegung auf sunnitische Stammesführer und Scheichs über, die realen Träger von Macht und Prestige bei der kurdischen Mehrheit. Kurdische Offiziere wie auch *Hamidiye*-

467 Vgl. Bozarslan 1986, S. 12–23 (mit Zahlenmaterial).
468 Zit. nach Zürcher 1999, S. 59.

Führer, die bis anhin der unionistisch-kemalistischen Armee gedient hatten, wurden wichtige Stützen der *Azadi*. Diese Vereinigung bereitete 1924 einen Aufstand in ganz Kurdistan vor, der im Februar 1925 unter der Führung des Nakşibendi-Scheichs Said ausbrach. Dieser Versuch eines kurdischen Befreiungskriegs brachte die kemalistischen Machthaber, die seit Gründung der Republik die kurdische Frage verschwiegen hatten, in ernsthafte Schwierigkeiten. Mehrere Faktoren trugen indes zum baldigen kemalistischen Triumph bei. Erstens hatten die Kemalisten bereits 1924 mehrere *Azadi*-Offiziere entdeckt und hingerichtet. Zweitens folgte nur ein Teil der sunnitischen Kurden dem Aufruf Scheich Saids zur Wiederherstellung des Kalifats und zur Befreiung Kurdistans. Drittens nahmen die alevitischen Kurden Abstand von dieser Aufstandsbewegung mit klar religiösen und „reaktionären" Begleittönen (so sah Said einen Sohn Abdulhamids als König des befreiten Kurdistan vor).[469] Viertens war die junge türkische Republik nach innen und aussen bereits weitgehend konsolidiert und konnte bedeutende Streitkräfte für Kurdistan freistellen. Die Franzosen waren ihnen dabei logistisch behilflich, indem sie den türkischen Eisenbahntruppentransport durch Nordsyrien erlaubten.[470]

Für die Regierung in Ankara war die Niederschlagung des Aufstandes die Gelegenheit, pauschal mit der Opposition im ganzen Land abzurechnen. Sondergerichte exekutierten Hunderte von Verdächtigen im Schnellverfahren. Aber die Republik blieb weit davon entfernt, die Wurzeln des kurdischen Widerstandes zu beseitigen. Weitgehend unbeachtet von der Aussenwelt, erweiterte das Regime sukzessive seine Militäradministration über die kurdischen Gebiete. Diese Militärverwaltung – *Genel Müfettişlik* – unterstand nicht der Nationalversammlung, sondern direkt der Regierung beziehungsweise dem Führer Mustafa Kemal. Der Umgang mit Kurdistan und den Kurden war fortan von einem aggressiven und überheblichen Geist geprägt, den der türkische Wissenschafter İsmail Beşikçi als binnenkolonialistisch und imperialistisch geisselte.[471] Nach Mustafa Kemals Diktum hatten sich die Soldaten bei der Bekämpfung des Kurdenaufstandes 1925 „erstmals in der türkischen Geschichte für ihre Ideale, für ein edles Ziel geschlagen".[472] Aber das „türkische Ideal" – *mefkûre* beziehungsweise neutürkisch *ülkü* – baute auf diskriminatorischen Prinzipien auf: Die Zugehörigkeit zur Nation hing von der Teilhabe am Türkentum sowie der Bejahung einer radikalen Säkularisierung und Europäisierung in der Lebensweise ab. Dies bedeutete die Absage an eigenständige kurdische und alevitische Traditionen. Die nationale Ideologie, welche die kemalistische Elite mit missionarischem Eifer verbreitete, stellte einen intoleranten Religionsersatz dar: Religiöse Gefühle, die sich ihr nicht beugten, wurden entwertet und vergewaltigt. Das Interesse der Nation legitimierte massive Zwangs- und Gewaltmassnahmen. Die Nation zeichnete sich, wie es das Parteiprogramm der kemalistischen Einheitspartei 1927 besagte, durch die „Einheit von Sprache, Gefühlen und Gedanken" aus. Auch wenn

---

469   Der bei Varto ansässige alevitische Stamm Hormek unterstützte sogar die Regierung im Kampf gegen Said (vgl. Fırat 1983 [1952], S. 170 f.). Die Unterstützung der Regierung hing mit den schlechten Erfahrungen zusammen, die die östlich des Dersims ansässigen Aleviten mit den armenischen Milizen 1917 gemacht hatten sowie mit Konflikten mit sunnitischen Stämmen (ebd., S. 152).

470   Vgl. McDowall 1996, S. 194–196.

471   Vgl. z. B. Beşikçi 1990 und 1992.

472   Zit. nach Bozarslan 1997 b, S. 227.

Abb. 86: Die „Befriedung" Kurdistans durch
die Armee der Republik. Die Zeichnung stammt
aus der kemalistischen Zeitung *Vatan* vom
6. April 1925, kurz vor der endgültigen Niederschlagung der Aufständischen unter Scheich
Said, die im Raum zwischen Palu und Genc –
worauf das Bajonett zeigt – am längsten Widerstand leisteten. Die nationalistische Zeitschrift *Ülkü* schrieb am 3. April 1933 (zitiert
nach Bozarslan 1997 b, S. 225): „Jetzt weiss
die ganze Welt, dass die Türken den anderen
Nationen die Zivilisation und die Freiheit lehren werden, wenn es nötig ist mit dem Bajonett und mit der Schneide des Schwertes."

diese Definition partiell auf Kultur gründete, unterschied sich die Exklusivität des
unitarischen Republikanismus wenig von einem rassistischen Nationalismus: Nur
wer „türkisch sprach, in der türkischen Kultur aufwuchs und das türkische Ideal
übernahm, war Türke" und somit vollwertiges Glied der Nation.[473]

Ein solches Kultur- und Nationsverständnis – das seine zeitgenössischen Ent-
sprechungen bei autoritären, rechtsgerichteten Bewegungen in Europa hatte – dis-
qualifizierte die meisten Kurden und beraubte sie der Möglichkeit, als gleichwertige
Glieder am neuen Staat teilzuhaben. Der Justizminister Mahmut Esat Bozkurt
wurde in der türkischen Zeitung *Milliyet* vom 19. September 1930 mit folgenden
Worten zitiert: „Meine Idee ist die folgende: alle, Freunde, Feinde und die Berge,
sollen wissen, dass der Türke Herr dieses Landes ist. Jene, die nicht reine Türken
sind, haben nur ein Recht im türkischen Vaterland; das Recht, Knecht zu sein, das
Recht, Sklave zu sein. Wir leben im freiesten Land der Welt, und dieses Land heisst
Türkei. Es existiert nirgends ein besserer Ort, wo die Abgeordneten ihre innersten
Gedanken frei ausdrücken können. Deshalb brauche ich meine Gefühle nicht zu
verstecken."[474] Der türkische Aussenminister Tevfik Rüşdi hatte bereits zuvor die
im Kabinett vorherrschende sozialdarwinistische Auffassung formuliert, dass die
„rückständigen Kurden" im Überlebenskampf gegen die rassisch überlegenen Türken unterliegen und daher emigrieren müssten oder als im Überlebenskampf un-
taugliches Element eliminiert würden. Mit der Politik der Zwangsumsiedlungen
half das Regime der „Ausdünnung" des kurdischen Elementes nach. Der britische
Botschafter meldete im Juni 1927: „[...] transport from the Eastern Vilayets an

---

473 Beide Zitate nach Zürcher 1999, S. 59.
474 Zit. nach Bozarslan 1997 b, S. 230. Vgl. Beşikçi 1992, S. 97.

indefinite number of Kurds or other elements. [...] the Government has already begun to apply to the Kurdish elements [...] the policy which so successfully disposed of the Armenian Minority in 1915."[475] Kurdendeportationen hatte es seit dem Weltkrieg immer wieder gegeben, so auch bei der Unterdrückung des Koçgiri-Aufstandes; die Republik legalisierte und systematisierte sie 1934 im Gesetz über die Niederlassung, *İskan Kanunu,* das ausdrücklich die Homogenisierung des türkischen nationalen Raumes anstrebte und dabei die Aufhebung der zivilen Rechte der zu deportierenden Individuen und Stämme vorschrieb.[476]

3.6.7 Die Republik als Missionarin oder der Ethnozid im Dersim, 1937/38

Die Republik bereitete den definitiven Angriff auf die letzte autonome Region der Ostprovinzen, den kurdisch-alevitischen Dersim vom Beginn der 1930er Jahre an vor. Die Entwaffnung und Zwangsumsiedlung von Stämmen wie auch der Bau von Strassen und einer Eisenbahnverbindung nach Elazığ dienten unter anderem dem strategischen Ziel der Einverleibung des Dersims.[477] Im nationalistisch-säkularistischen Verständnis der machthabenden Elite war der Dersim eine „Eiterbeule", ein chronisch „krankes" Glied, das mit einer radikalen „Operation" transformiert, wenn nicht gar amputiert werden musste.[478] Solche Wörter gehörten in jenen Jahren zur ideologischen Sprache nicht nur der Kemalisten, sondern auch extrem rechter und linker positivistisch orientierter Gesellschaftsveränderer in Europa.

Die tiefsitzende Angst der jungen türkischen Republik vor der Bedrohung durch den Dersim – die auch Intellektuelle wie der Journalist und Autor Ahmed Emin Yalman teilten – war weit mehr als die Sorge um die Beseitigung jenes Banditentums, das im Dersim wegen der Armut und des traditionellen Asylrechtes eine unbestreitbare Facette der gesellschaftlichen Realität bildete. Henry Riggs hatte schon 1911 gesagt: „Their [the Dersimis'] idea of honesty is not exactly Western, as any traveler who has been robbed by them will testify."[479] Riggs wies jedoch damals auch auf die ausgesprochen wertvollen Eigenschaften der Dersimi in charakterlicher und religiöser Hinsicht hin. Für die frühen Republikaner jedoch bedeutete der Dersim einen „Abszess", eine untolerierbare kulturelle Enklave mitten im vereinheitlichten Vaterland. Im Dersim sahen sich die dem „anderen" – heterogenen – Anatolien und der eigenen nahen osmanischen Vergangenheit, die sie um jeden Preis überwunden glauben wollten, gegenüber. Im Dersim begegnete die Republik der

---

475 FO 371/12255 Clerk to Chamberlain, 24. 1 und 22. 6. 1927, zit. nach McDowall 1996, S. 199 f.
476 *Resmi Gazete,* 21. 6. 1934, teilweise zit. in Bozarslan 1997 b, S. 228 f.
477 Vgl. Beşikçi 1992, S. 45.
478 Vgl. den ausführlichen Gebrauch der Krankheitsmetapher im Artikel „Yüz Senelik Dersim İşi Şifa Yolunda" von Ahmed Emin Yalman in der Zeitung *Tan* vom 15. 6. 1937, abgedruckt in Kalman 1995, S. 270, und Akgül 1992, S. 241–243. Der Inspektor der zivilen Dienste Hamdi Bey prägte 1926 den Begriff der *çıban,* Eiterbeule, die für das Heil des Vaterlandes unbedingt herausoperiert werden müsse: „Dersim Cumhuriyet Hükümeti için bir çıbandır. Bu çıban üzerinde kesin bir ameliye yapmak ve elim ihtimalleri önlemek, memleket selamati bakımından mutlaka lâzımdır." Halli 1972, S. 375 f., zit. in Beşikçi 1992, S. 50 f. Vgl. van Bruinessen 1994, S. 153 mit Anm. 37.
479 Riggs 1911, S. 740.

weiterhin unbewältigten alevitischen Distanz zum Staat, dem weiterhin gepflegten Diskurs von der kurdischen Eigenständigkeit und der wachen Erinnerung an das diskreditierte unionistische Kriegsregime. Zahlreiche armenische Überlebende hielten das Bewusstsein der kurdisch-armenischen Verbundenheit und des Völkermordes wach.[480] Die mehr oder weniger intakten traditionellen Gemeinschafts- und Stammesstrukturen erinnerten die reformorientierten Staatsdiener schmerzlich daran, dass sie seit den 1830er Jahren mit ihrem gewaltbetonten Vorgehen bei der Dersimbevölkerung mehr Vertrauen verspielt als gewonnen hatten. Seit den Tanzimat versuchten sie vergeblich, den „Feudalismus" im Dersim durch direktstaatliche, modernisierende Massnahmen zu überwinden. Seyit Rıza, wichtigster Stammesführer und geistliches Haupt des Dersimer Widerstandes, pochte weiterhin auf Autonomie. Er tat dies weniger aus kurdistischen Gründen – ein regelmässiger Kontakt mit der 1927 gegründeten exilkurdisch-armenischen Vereinigung *Hoybun* in Syrien war nicht möglich –, sondern aus einer verzweifelten, teilweise illusorischen Abwehrhaltung.[481] Diese innere Motivation der Dersimi hinderte die kemalistische Presse nicht daran, die Mär von der ausländischen Verschwörung zu verbreiten.[482]

Das Vorgehen gegen den Dersim stellte die kemalistische Propaganda als Befreiung von ausbeuterischen Feudalherren, den *dede* und Stammesführern, dar. Sie versprach, dem Dersim die Zivilisation, *medeniyet,* zu bringen. Zweifellos waren manche Kemalisten von einem zivilisatorischen Sendungsbewusstsein durchdrungen und glaubten, dem Dersim die Wohltaten der Republik wie Schulen, Strassen und Industrie zu bringen. Ein *Tan*-Artikel vom 15. Juni 1937 verglich den gebirgigen Dersim mit der Schweiz und stellte in Aussicht, dass er sich in Bälde „zur Schweiz der Türkei" entwickeln würde.[483] Die Schweiz galt den Jungtürken und Kemalisten als Inbegriff eines europäischen Fortschrittes, der nicht durch Imperialismus kompromittiert war.

Ein Jahr nach dem Gesetz über die Niederlassung akzeptierte die Nationalversammlung im Dezember 1935 das „Gesetz über Tunceli", den *Tunceli Kanunu,* praktisch diskussionslos in der Form, wie die Regierung es ihr vorlegte. Es sah die Schaffung der Provinz Tunceli vor, die das Gebiet Dersims umfasste. Der zu schaffenden Provinz sollte ein Militärgouverneur, *Genel Müfettiş,* mit Residenz im dezentralen, aber regierungstreuen Elazığ vorstehen. Abdullah Alpdoğan, der Schwiegersohn von Nurettin Pascha, welcher der Bevölkerung als der „Kurdenschlächter von Koçgiri" in Erinnerung geblieben war, wurde mit diesem Amt und seinen diktatorischen Vollmachten betraut.[484] Der neue Name „Tunceli" sollte eine epochemachende Zäsur markieren. Übrigens wurde auch Elaziz 1937 zu Elazığ umbenannt,

480 Vgl. Bulut 1991, S. 193; Akgül 1992, S. 120 f., 163; Kieser 1998, S. 294.
481 Nach Nuri Dersimi, Seyit Rızas engem Vertrauten, der im September 1937 den Weg ins Exil antrat, glaubte Rıza weiterhin, dass der Dersim militärisch nicht bezwingbar sein würde (Dersimi 1952, S. 269).
482 Vgl. die Presseausschnitte in Akgül 1992, S. 125.
483 Zur frührepublikanischen Sprache und Propaganda vgl. Uluğ 1939 sowie die ausführliche Analyse in Beşikçi 1992. Vgl. auch Bozarslan 1997 b und Zürcher 1999. Der *Tan*-Artikel vom 15. 6. 1937 ist abgedruckt in Akgül 1992, S. 244 f.
484 Bereits Nurettin Pascha hatte eine „grosse Befriedung" [ıslahat] des ganzen Dersims nach dem Unabhängigkeitskrieg postuliert (in einem Schreiben vom 29. 3. 1921 an den Generalstab, zit. in Akgül 1992, S. 37 f.).

weil das Wort „Elaziz" aus dem Arabischen stammte. Unzählige Ostprovinzendörfer erhielten seit den 1920er Jahren türkische Namen, weil ihre ursprüngliche armenische oder kurdische Bezeichnung nicht ins nationaltürkische Konzept passte.

Die Schaffung der neuen Provinz 1936 ging einher mit dem militärischen Ausnahmezustand. Seyit Rıza ersuchte Alpdoğan ganz vergeblich um die Aufhebung des *Tunceli Kanunu* und um die Bewahrung der Autonomie.[485] Die zunehmende militärisch-administrative Umklammerung löste im Frühjahr 1937 gewaltsame Reaktionen von Dersimstämmen aus. Dazu gehörten Angriffe auf Gendarmerieposten und Militäreinheiten sowie die Zerstörung von Brücken und Telefonleitungen. Dies bildete den Anlass zum militärischen Gegenschlag, das heisst zur Durchführung der längst geplanten Grossoffensive gegen den Dersim. Seyit Rıza richtete am 30. Juli 1937 einen verzweifelten Brief an den Völkerbund und an die Aussenministerien Englands, Frankreichs und der USA: „Depuis des années le gouvernement Turc tente d'assimiler le peuple kurde et dans ce but opprime ce peuple, interdisant les journaux et les publications de langue Kurde, persécutant les gens qui parlent leur langue d'origine, organisant des émigrations forcées et systématiques [...]. Depuis trois mois une guerre atroce sévit dans mon pays. [...] Devant notre résistance les avions turcs bombardent les villages, les incendient, et tuent les femmes et les enfants sans défense [...]. Les prisons regorgent de la population paisible kurde et les intellectuels sont fusillés, pendus ou exilés", hiess es unter anderem in den gleichlautenden Schreiben.[486] Die Verantwortlichen des Völkerbundes beschlossen, nicht zu antworten. Die interne britische Reaktion war besonders bezeichnend für den geringen Stellenwert des Kurdenproblems bei den Grossmächten: „We feel that it would create a good impression if we could let the Turkish Government know, unofficially, that no notice has been taken of it [letter from Seyid Riza]."[487]

Bis im Spätsommer 1937 zerrieben die überlegenen Streitkräfte den Widerstand der Stämme. Seyit Rıza ergab sich als letzter bedeutender Stammesführer am 10. September. Mit zehn weiteren Aufständischen zusammen wurde er Mitte November hingerichtet. Anfangs 1938 regte sich jedoch erneut Widerstand gegen Polizei und Militär, die als Invasoren betrachtet wurden. Daher entschloss sich die Regierung zu einer akribischen „Säuberung" *(tarama)* mit einem noch grösseren Truppenaufgebot. „Die Armee wird mit einer allgemeinen Säuberungsaktion die Verfolgungstruppen unterstützen und dieses Problem ein für allemal ausradieren", kündigte der Ministerpräsident Celal Bayar am 29. Juni 1938 in der Nationalversammlung an.[488] Es waren keine schreibgewandten missionarischen Beobachter mehr wie in osmanischer Zeit zur Stelle, um der Aussenwelt aus erster Hand über den nun folgenden Krieg gegen Männer, Frauen und Kinder, über die Dorfzerstörungen und Deportationen zu berichten. Immerhin konnte sich der britische Vizekonsul in Trabzond ein Bild machen: „It is understood from various sources that in clearing the area occupied by the Kurds, the military authorities have used methods similar to those used against the Armenians during the Great war: thousands of Kurds including

---

485 Vgl. Dersimi 1952, S. 270, und Akgül 1992, S. 124 f.
486 Faksimile des Schreibens an den Völkerbund in Kieser 1997, S. 216, vgl. S. 188–190.
487 Brief der britischen Botschaft in Istanbul an das *Eastern Department* des *Foreign Office* in London vom 5. Okt. 1937, abgedruckt in Kalman 1995, S. 311.
488 Zit. nach Akgül 1992, S. 155.

women and children were slain; others, mostly children were thrown into the Euphrates; while thousands of others in less hostile areas, who had first been deprived of their cattle and other belongings, were deported to vilayets in Central Anatolia."[489] Martin van Bruinessen hat den Dersimfeldzug von 1937/38 zu Recht als Ethnozid, als blutige Zerstörung einer Kultur, bezeichnet, dessen Endziel indes nicht die vollständige physische Zerstörung der Dersimi war.[490]

Die 50'000 Mann starke, von der Luftwaffe unterstützte Armee führte die blutige Säuberung und Zerstörung des Dersims im September 1938 zu Ende. Mustafa Kemal verfiel im Oktober wegen einer Leberzirrhose ins Koma, am 10. November starb er. Der militärischen „Befriedung" fielen mindestens 10'000 Dersimi, Männer, Frauen und Kinder zum Opfer; womöglich waren es weit mehr.[491] Die offizielle Militärgeschichte brauchte repetitiv die Verben „töten", „verbrennen" und „vernichten".[492] Der Bericht von Rızas Freund Nuri Dersimi war voll tiefen, unverwundenen Schmerzes: „Dersim erlebte in den Monaten September bis November des Jahres 1938 seine schwersten und schmerzlichsten Tage. Reihenweise warfen sich kurdische Mädchen und Frauen dem Tod in die Arme, indem sie sich in Abgründe stürzten oder sich erschossen, um den Türken nicht in die Hände zu fallen. [...] Unter denen, die sich in die Iksor-Schlucht warfen, war auch mein vierzehn Jahre altes Mädchen Fato."[493] Reihenweise wurden Dörfer mit Flugzeugbomben, Artillerie und Maschinengewehrfeuer ausgelöscht. Selbst Stämme, die beim Aufstand unbeteiligt waren wie die Pilvank und Aşağı Abbas, wurden ausgerottet. Junge Männer aus dem Dersim, die in der Armee Dienst taten, wurden erschossen. Die Stämme Karabal, Ferhad und Pilvank ergaben sich, aber die Männer wurden erschossen oder erschlagen, ihre Frauen und Kinder in Scheunen gesperrt und verbrannt. Die Mädchen im Dorfe Irgan wurden mit Kerosen besprüht und verbrannt.

Nirgends offenbarte sich das Versagen der unitarischen Staatsdoktrin drastischer als in der Zerstörung des Dersims im Todesjahr des Republikgründers. Der Kemalismus schien das alte Vorurteil gegen die ketzerischen *Kızılbaş* zu säkularisieren, indem er es durch das Bild vom kulturell minderwertigen Republikfeind überlagerte. Es gab eine eklatante Diskrepanz zwischen dem zivilisatorischen Akt in der Selbstwahrnehmung und einer Fremdwahrnehmung, die ein barbarisches Massaker bezeugte. Das Resultat der „Befriedung" war verheerend; von Zivilisierung und Fortschritt zu sprechen war unmöglich – auch wenn einige ausländische Journalisten, die keinen eigenen Augenschein nehmen konnten, unkritisch die Darstellungen der kemalistischen Presse übernahmen.[494] Als der Ausnahmezustand 1948 aufgehoben und der Zutritt zur Region wieder möglich wurde, berichtete der türkische Journalist Osman Mete erschüttert über die komplette Absenz schulischer und medizinischer Versorgung im verarmten Tunceli und von völlig eingeschüchterten Menschen.[495]

489 FO 371/21925 Pro-Consul to Loraine (Botschafter), 27. 9. 1938, zit. nach McDowall 1996, S. 209.
490 Van Bruinessen 1994, S. 148–150.
491 Vgl. Beşikçi 1992, S. 113 f., van Bruinessen 1994, S. 148, und McDowall 1996, S. 209.
492 Halli 1972, S. 234–259.
493 Dersimi 1952, S. 318–330.
494 Vgl. entsprechende Presseausschnitte vom Juni 1937 aus der *Times* und *Le Temps* in Akgül 1992, S. 214–216.
495 Vgl. McDowall 1996, S. 209.

Anders als 1915, 1921 und 1925 war die Türkei 1937/38 in ihrer Existenz nicht im geringsten gefährdet. Dass der Staat dennoch eine solche massive innere Gewalt ausübte, lässt auf eine ihm innewohnende Schwäche schliessen. Anstatt einer pluralistischen inneren Integration betreiben die Machthaber eine gewaltsame Assimilierungspolitik mit langfristig zweifelhaftem Erfolg. Wie einige Kemalisten wie der Literat und Diplomat Yakup Kadri Karaosmanoğlu selbst feststellten, bestand zwischen der Elite und „ihrem Volk" eine Kluft.[496] Diese zu überbrücken fehlte es den Machern des neuen Staates an Erfahrung in friedlicher und geduldiger Aufbauarbeit vor Ort. Mustafa Kemal hatte die gewaltsame „Befriedung" des Dersims in die Wege geleitet und bis zum Schluss bejaht. Damit hinterliess er ein verhängnisvolles konzeptuelles Erbe für die Ostprovinzen, von dem sich die Republik später nicht lösen konnte. Der Ethnozid im Dersim stellt eine der schwärzesten Seiten in der Geschichte der türkischen Republik dar; Martin van Bruinessen hat zu Recht festgehalten, dass sie in den tonangebenden westlichen Standardwerken zur türkischen Geschichte fehlt.[497]

3.7   Schauplatz Harput, 1908–1920

Die jungtürkische Machtübernahme 1908 wirkte sich auf die Region Harput besonders markant aus: Die Aleviten und Armenier der Grossregion sahen sich zunächst in ein ganz neues, positives Verhältnis zum Staat versetzt. Im April 1909, als in der Region Adana antiarmenische Massaker stattfanden, wäre es jedoch auch in Harput beinahe zu einem Pogrom gegen die Christen gekommen. Danach trat das innere Gewaltpotential zugunsten einer dynamischen Phase ziviler Erneuerung bis Ende 1914 in den Hintergrund. Die dramatischen Veränderungen ab 1915 waren das Produkt methodischer Massnahmen von oben, welche sich die latenten interethnischen Spannungen vor Ort für eine gesamtanatolische Politik gewaltsamer ethnischer Umgestaltung zunutze machten. Diese Politik führte in der Provinz Mamuretülaziz zur Vernichtung der christlichen Gemeinschaften, der Eliminierung der Missionen und der Massregelung der alevitischen Kurden.[498]

Harput gehörte zusammen mit Sivas zu jener jungtürkischen Zitadelle in den Ostprovinzen, welche die osmanische Niederlage 1918 weitgehend schadlos überdauerte und zur Ausgangsbasis für die unionistisch-kemalistische Rückeroberung des Landes wurde. Die türkischen Nationalisten begegneten den 1919 zurückkehrenden Missionaren, die sie als Agenten einer neuen alliierten Ordnung verdächtigten, mit grossem Misstrauen. Mit Entschiedenheit unterbanden sie die Verbindung

---

496 Vgl. z. B. seinen Roman *Yaban* (1932), der diese Kluft thematisiert.
497 Vgl. van Bruinessen 1994, S. 144. Auf das Versagen der etablierten türkischen Intelligentsia hat Ismail Beşikçi hingewiesen: Beşikçi 1992, S. 225–231. Immerhin erwähnt Erik-Jan Zürcher, dessen allgemeine Türkeigeschichte 1993 herausgekommen ist, den Aufstand von 1937/38 kurz und bemerkt: „This was again suppressed with utmost severity and again tens of thousands of Kurds were forcibly resettled in the west of the country." Zürcher 1993, S. 184.
498 Für die Ausführung der den Alevismus und Dersim betreffenden Aspekte Harputs sei auf Kap. 3.6 verwiesen.

der Missionare zu den Kurden, da sie letztere für ihre Pläne einzusetzen gedachten. Das ABCFM wollte in der Tat seine Arbeit neu auf die kurdische Mehrheitsbevölkerung der Grossregion ausrichten, weil es nur noch kleine armenische Reste vor Ort gab und nur wenige Überlebende nach Harput zurückkehrten. Als sich die Autonomiebewegung der kurdischen Aleviten, die den protestantischen Missionaren besonders nahe standen, 1920 zu artikulieren begann, wurden die ABCFM-Mitarbeiter von den Behörden ausgewiesen.

3.7.1 Ziviler Aufbruch

Die Bevölkerung im Vilayet Mamuretülaziz nahm von circa 1890 bis 1911 stark zu, und zwar von rund 600'000 auf fast 1 Million. Davon waren rund 20 Prozent Christen und mindestens 30 Prozent *Kızılbaş* (Aleviten). Die Sunniten besassen somit vor dem Ersten Weltkrieg keine absolute Mehrheit in der Provinz Mamuretülaziz, die die Sandschaks Mamuretülaziz, Dersim und Malatya umfasste.[499] Dieser demographische Hintergrund erhellt die unionistische Befürchtung vor der armenisch-alevitischen Machtpartizipation, zu der die international abgestützten demokratischen Ostprovinzreformen von 1914 geführt hätten. Die Stadt Harput zählte 1911 rund 3'000 Häuser (davon zwei Drittel muslimische), was einer Stadtbevölkerung von knapp 30'000 entsprach; zwei Jahrzehnte zuvor waren es 20'000 Einwohner. Die während der Tanzimat gegründete, unterhalb von Harput gelegene Stadt Mezere zählte 1'500 Häuser, davon drei Fünftel christliche. Die Bevölkerung der aufstrebenden Neustadt Mezere hatte sich also von 5'000 um 1890 auf rund 15'000 um 1911 verdreifacht, bemerkenswerterweise mit einer klaren christlichen Mehrheit.

Mit der Gründung von politischen Klubs treffen wir 1908 erstmals eine städtische Politisierung in Mezere-Harput an. Virulente Diskussionen um die nationale Zukunft, den westlichen Fortschritt und imperialistische Hindernisse (zum Beispiel die Kapitulationen) prägten das geistige Klima unter osmanischen Studenten und Klubmitgliedern. Dies hatte erhebliche Rückwirkungen auf die Schülerschaft in den Missionsschulen. Die regionale Wirtschaft erlebte, namentlich dank unternehmerischer armenischer Rückwanderer aus den USA, einen kräftigen Aufschwung. Anders als in den Tanzimat waren auch die Kurden und Türken von der politisch-kulturellen Dynamisierung miterfasst, wie sie im Schul-, lokalen Presse- und Vereinsleben zutage trat. Ein wichtiger Faktor war die neue Bewegungsfreiheit: Bis 1908 hatte man für Reisen von Provinz zu Provinz eine amtliche Bescheinigung gebraucht.

Während die politische Berichterstattung des ABCFM aus Harput seit dem Sommer 1908 enthusiastisch klang, gehörten die Kapuziner Harput-Mezeres zu den ganz wenigen Zeitgenossen, die sich vor allem skeptisch über die Veränderungen, welche die Junge Türkei vor Ort hervorbrachte, äusserten: „I Giovani Turchi, che sono senza

---

499 Cuinet 1892, Bd. 2, S. 322, gab eine Provinzbevölkerung von 575'314 an, davon 182'580 *Kızılbaş* (31,74%) und 70'368 Christen (12,23%), mit Ausnahme von 650 Griechen alles Armenier. E. W. Riggs gab 1911 eine Provinzbevölkerung von 975'300 an, davon 20% Armenier sowie 5'000 Griechen (ABC bh Human Problem).

religione, sono i veri Frammasoni d'Oriente. […] formarono quasi in tutte le città dei Club, sotto il nome seducente di Comitati d'unione e progresso. […] anche alcuni cattolici [Armenier und Chaldäer] frequentano queste diaboliche unioni." Für den Katholizismus bringe die neue Verfassung sowieso keinen Grund zum Jubel, da die Kapitulationen gefährdet seien. Immerhin räumte Bruder Tommaso, der Autor dieser Zeilen, ein, dass sich wesentlich freundschaftlichere Beziehungen zwischen den ethnischen Gruppen entwickelt hätten.[500]

Der greise Herman Barnum, der seit 1858 als Missionar in Harput wirkte, wurde als ein früher „Pionier des Fortschrittes" und gern gehörter Gesprächspartner und Redner in die verschiedenen Klubs der neuen Ära, welche die Versammlungsfreiheit brachte, eingeladen. Einen jungtürkischen Klub gab es in der Stadt Harput – „composed of its best citizens, Turks, and Christians, upon an equality" – und in Mezere. Daneben bestand ein Offiziersklub, der mit dem *Euphrates College* in Fragen der Schulreform kooperierte. Als interessantesten Klub bezeichnete Barton den kurdischen in Mezere, der wenige Wochen nach seiner Gründung Anfang 1909 bereits 400 Mitglieder zählte und sich mit legalen Märschen durch die Stadt und kurdischen Reitervorstellungen in Szene setzte. Barnum versäumte es bei seinem Besuch jenes Klubs nicht, die Kurden zur Loyalität mit der wohlwollenden Regierung aufzufordern. Ein Mitglied der jungtürkischen Partei aus Konstantinopel erinnerte die Kurden an ihre Beteiligung an den 1895er Massakern und forderte sie auf, im Rahmen des Möglichen Schadenersatz zu leisten.[501] Anfang März kam es zu einer Loyalitätserklärung, indem etwa 2'000 bewaffnete Dersimkurden durch Harput hindurch in die Provinzhauptstadt Mamuretülaziz (Mezere) marschierten, dort dem kurdischen Klub und dem Vali einen Besuch abstatteten und zum Zeichen des guten Willens einige alte Flinten deponierten.[502]

Mehr und mehr indes führte die Atmosphäre der Freiheit nicht mehr nur zu Verbrüderung, sondern auch zu offener Konfrontation, so etwa an der staatlichen *İdadi* (Sekundarschule) in Harput, wo sich türkische und kurdische Schüler, die sich im lokalen kurdischen Schülerverein, im *Kürt Talebe Birliği,* zusammengeschlossen hatten, in die Haare gerieten.[503] Weit ernsthafter war das Spannungspotential im Zusammenhang mit dem Putschversuch in der Hauptstadt und dem Adanaer Pogrom im April 1909. In den Augen der amerikanischen Missionare entging die Provinz Harput nur um Haaresbreite einer Massakerwelle, und dies dank der entschlossenen jungtürkischen Massnahmen in der Hauptstadt. Den durch die Angst und Panik ausgelösten mentalen Schaden hielten die Missionare für erheblich: Ein kaum reparables *breaking down of public confidence* habe stattgefunden. Henry Riggs schrieb am 6. Mai 1909 ein bemerkenswertes Zeugnis jener Tage aus Harput an James Barton. Er sprach vom Vorhandensein eines teuflischen Plans zur Beseitigung der armenischen Frage *(diabolical plan to remove the troublesome Armenian question),* der die Eliminierung aller Christen *(full end of all Christians)* der Region beinhalte. Riggs glaubte, ein Warten massgeblicher Kreise auf den geschichtlich günstigen

---

500 Harput, 20. 10. 1909, AGC H 72 III 11. Siehe auch Pater Ludovic d'Erre, Harput, 27. 12. 1909 und 13. 12. 1910, AGC H 72 III 10 und H 72 III 16.
501 MH 1909, S. 211 f. Vgl. Kap. 3.8.2.
502 H. H. Riggs an Barton, Harput 10. 3. 1909, ABC 16.9.7 (reel 709: 861). Vgl. Kap. 3.6.3
503 Dersimi 1986, S. 19–21.

Abb. 87: Hauptstrasse von Mezere, Juni 1914.

Moment, ein solches Vorhaben zu realisieren, wahrzunehmen. Während der ebenfalls in Harput residierende George P. Knapp die Bereitschaft auch „sogenannter
liberaler Türken" betonte, „Seite an Seite mit dem fanatischen Element zu agieren",
stellte Henry Riggs die christenfeindlichen Elemente ausschliesslich als hamidisch-
reaktionär dar: „Even now that it is all over, apparently, and affairs seem to be
quieting down all around, there is a feeling of uneasiness that it will be very hard to
remove. I am not inclined to take thought for the morrow in any wrong way, but I
will tell you now that I shall be very much surprised if we do not lose some of our
teachers and many of our pupils in the new rush for America that will result from this
breaking down of public confidence. I confess that if I were an Armenian, or if I were
here on my own account, I should feel very strongly to get out before another squall.
It is all right to take one's chances in a country where disorder is rife; but when it is
brought to your notice in a most emphatic way that your neighbour is simply waiting
for the chance to get his knife into your rib as it has been revealed in the past few
weeks here, is it a wonder if the weaker and more timid take themselves out of the
way of danger? [...] we saw enough to convince us that our escape was a narrow one,
and what happened in Adana would have happened here if we had not been protected
in a special and providential manner. And our Turkish neighbours tell us that this
time they would have made a full end of all the Christians. I think that I am rather
slow to believe rumors and suspicions, but I am convinced that the diabolical plan to
remove the troublesome Armenian question from this region was not unknown to the
man on the throne, and that if the Constitutional Army had delayed a week in

removing him from the throne, the storm would have broken upon us in spite of a resolute Vali and enlightened military authorities higher up. Things were pretty well arranged for such a plan, and there were plenty of armed ruffians within call to help carry out the butcher's part of the plan. [...] From remarks that are made here it would seem that the old Turks feel that they are really beaten this time, and I guess they will not make any trouble just at present unless some of the Armenians get too foolish in ‚rubbing it in'. But they are waiting for the tide to turn, and if it ever should turn, their wrathe will not have cooled in the course of a few years, I fear. Old Hadji Kerim Effendi (who got rich with the old regime), when he heard of the fall of Abdul Hamid, is reported to have cried out: ‚Vai, vai, Evimiz yukuldu' (Alas, alas! Our house has fallen down!) And I guess that represents the feeling of a large proportion of the Turks of the City. On the night when the accession of the new Sultan was celebrated with fireworks and illuminations, the Turkish houses visible from here, on the Rocks, were in uncanny darkness."[504]

Obwohl sich für einen Augenblick ein gesellschaftlicher Abgrund aufgetan hatte, sah es im folgenden dank energischer Regierungsmassnahmen nach einer nachhaltigen Zähmung der antiarmenischen Gewalt aus. Zwischengemeinschaftliche Konflikte in Kleinstädten und im Provinzzentrum bestanden weiterhin, wurden aber, mehr als zuvor, im Dialog ausgetragen. Die zahlreichen landlosen, von türkischen oder kurdischen Grossgrundbesitzern (Aghas) abhängigen armenischen Bauern in der Ebene von Mezere machten sich mit ihrem Telegrammprotest bei der Zentralregierung allerdings vergeblich Hoffnungen auf eine Landreform. Vermutlich hatte ihr seit 1908 offen geäussertes Ansinnen zu den Spannungen vom April 1909 mit beigetragen.[505]

3.7.2 Die Herausforderung der Missionen durch die neue Ära

Der missionarische Optimismus nach der Wiedereinsetzung der Verfassung im Juli 1908 war gross und hielt trotz des Vertrauensverlustes im April 1909 an. „The land is filled with a desire for education", rief eine junge Missionarin aus,[506] und die

---

504 ABC 16.9.7 (reel 709: 875 f.). Vgl. G. P. Knapp aus Harput, Briefe vom 13. 5. 1909 und 20. 5. 1909 an Peet, mit der These eines allgemeinen Massakerplans: „Ichme episode [...] was but a part of a general plan to start a massacre in this district [...]. It seems very difficult to convince European officials that a thing of this kind was planned beforehand. If they could only move among the circles here I think they would have no doubt that this was not a sudden plan resulting from the unrest in Constantinople, but that the unrest in Constantinople was simply the signal for carrying out the plan throughout the whole country. [...] It was only the timely downfall of the Sultan that frustrated the whole plan. [...] the fact that so-called liberals among the Turks were ready to take sides with the fanatical element in such a case shows how little reliance we can place upon them." ABC bh box 138.

505 „In der Nähe von Mesereh hat nun die Bevölkerung vor einem Jahre den Versuch gemacht", sagte Johannes Ehmann an einer Ansprache im Mai 1911, „diesem Notstand abzuhelfen. Die Bauern kamen in Scharen nach Mezere und liessen Telegramm auf Telegramm nach Konstantinopel abgehen und baten um Hilfe, baten, dass man ihnen Haus, Gärten und Ländereien gebe. [...] Man machte ihnen Versprechungen, die aber bis heute nicht erfüllt sind." SA 1911–1912, S. 148.

506 Mary L. Daniels, Harput, 18. 1. 1911, ABC 16.9.7 (reel 713: 945).

Harput-Missionarin Mary Barnum, die Frau von Herman Barnum, beeilte sich im Frühjahr 1912, von ihrem Urlaub nach Harput zurückkzukehren mit der Begründung: „[...] the rapid changes that are going on among those among whom we have labored, now so suddenly awakened, challenge us to go back and have share in building the new life of Turkey."[507] Die Tatsache, dass die alte Missionarin spirituelle Schlüsselwörter des 19. Jahrhunderts wie „Erweckung" und „neues Leben" zur Beschreibung gesellschaftlicher Vorgänge in der Türkei gebraucht, unterstreicht den Wandel, der damals auch in den Köpfen der Missionare stattfand. Vielleicht lud indes gerade auch eine solche Begriffsübertragung einige Missionare zu einer unrealistischen Situationsanalyse ein.

Die ABCFM-Schulen strengten sich angesichts zunehmender einheimischer Konkurrenz an, sich als fachlich hochstehend, moralisch verantwortungsbewusst und politisch osmanistisch zu profilieren. Dabei grenzten sie sich von den stark positivistischen Strömungen an „progressiven" armenischen und türkischen Schulen ab. Namentlich die höheren staatlichen Schulen gewannen von seiten der Kurden und anfänglich auch der Armenier starken Zuwachs und wurden mit besseren Mitteln als bisher dotiert. Die Studenten der staatlichen Schulen besassen den Vorteil, ihren Militärdienst problemlos verschieben zu können, was den *college*-Studenten immer wieder Schwierigkeiten bereitete.[508] Henry Riggs sah die Zukunft des *Euphrates College* als Universität mit einem starken landwirtschaftlichen Institut. Es müsse ins prosperierende Provinzzentrum Mezere verlegt werden, um den sich verschärfenden Konkurrenzkampf erfolgreich zu bestehen.[509] Um unanfechtbarer und vermehrt für die Muslime tätig zu sein, liess die amerikanische Harput-Mission 1909/10 ein – neben dem deutschen – zweites Missionsspital in Mezere erbauen, das Dr. Henry Atkinson leitete.[510] Die *Eastern Turkey Mission* des ABCFM entschloss sich an ihrer Jahrestagung 1911, zwecks Konzentration der Kräfte die Industriearbeit des Waisenhauses in Harput aufzulösen. Ein wesentlicher Teil der Mittel, die von Freunden George P. Knapps stammten, sollten nach Bitlis, wohin Knapp wieder gezogen war, transferiert und in die *George C. Knapp Academy* investiert werden. Es kam oft vor, dass sich protestantische Missionare Finanzmittel über ihren persönlichen Freundeskreis beschafften und zumindest teilweise die Verfügungsgewalt darüber behielten beziehungsweise von vornherein die Gabe mit Bedingungen verknüpften.[511]

---

507 ABC 16.9.7 (reel 713: 566).
508 H. H. Riggs an Barton, Harput, 19. und 24. 11. 1908, ABC 16.9.7 (reel 709: 818 und 823). „Government schools are being pushed, and our school is being nagged by the government." E. W. Riggs an Barton, Harput, 21. 12. 1910, ABC 16.9.9 (reel 715: 372). Anfangs 1914 bewarb sich der Staat gar um den Kauf des *Euphrates College*, um daraus eine Polizeischule zu machen; E. W. Riggs an Barton, 30. 1. 1914, ABC 16.9.9 (reel 715: 522). Vgl. die Schullaufbahn Mehmed Nuri Dersimis, des späteren kurdischen Aktivisten, in Mezere und Harput: Kieser 1997 a, S. 191 f. Zur Frage der Befreiung vom Militärdienst siehe Dossier ABC bh Marsovan 1913.
509 H. H. Riggs an Barton, Harput, 3. 12. 1908, ABC 16.9.7 (reel 709: 829 ff.).
510 Eröffnung am 9. 10. 1910 (vgl. ABC 16.9.9, reel 716: 24).
511 Vgl. G. P. Knapp an Barton, Harput, 4. 6. 1914, ABC bh ETM 1913 f.; H. H. Riggs an Barton, Harput, 19. 11. 1908, ABC 16.9.7 (reel 709: 819). Vgl. Barnums Amerika-Reise, 1913, zwecks Mittelbeschaffung für ein *Van-College* (Kap. 3.8.3). Vgl. Künzler und die Süryani-Schule in Urfa (Kap. 2.10.3).

Wie schwierig es für das ABCFM war, den eigenen hochgesteckten Ansprüchen am *Euphrates College* gerecht zu werden, beweisen kritische Ausführungen zu Schulleben und Disziplin von Ernest W. Riggs, dem Bruder von Henry H. Riggs und seit 1910 *college*-Präsident. Vom Hauptziel, protestantisch-missionarische Persönlichkeiten für die Türkei heranzuziehen, sei man weit entfernt. Nicht einmal elementare moralische Forderungen würden eingehalten; so gebe es oft Diebstähle von Büchern und Lebensmitteln. An einem konstruktiven Verhältnis mit dem Staat sei den wenigsten Schülern gelegen. Es gehe den meisten darum, einträgliche Karrieren einzuschlagen oder in die USA auszuwandern. Einige machten sich über christliche Glaubensinhalte lustig. Er folgerte: „[…] we should cut down radically on the quantity of the work undertaken in this College, and thus be able to increase the quality, developing Native Missionaries."[512] Das ABCFM war nicht zu solch einschneidenden Massnahmen bereit, da die Weiterexistenz des *college* auf eine genügende Schülerzahl angewiesen war: „[…] it was suggested that we announce that for next year we only wanted such boys to come here as were willing to try to cooperate with the College in its efforts toward government, who were willing to obey the [college] rules from the heart. The proposition met with no approval. One teacher said, that in place of one hundred boarders we would have only five, in this case."[513] Johannes Ehmann äusserte im Oktober 1910 ebenfalls den Eindruck, „dass seit der Verfassung im Jahre 1908 auch für's armenische Volk die politischen Interessen so in den Vordergrund gerückt wurden, dass man für religiöse Fragen oder für Erziehungsarbeit sehr wenig Zeit übrig hatte".[514]

Ein ausführlich begründetes Gesuch um Gehaltserhöhung der armenischen Lehrer des *Euphrates College* gibt einen guten Einblick in die seit 1908 geänderten Lebensgewohnheiten insbesondere der einheimischen Christen. In ihrem Brief vom 22. November 1911 an den Verwaltungsrat *(board of managers)* machten sie einen starken Anstieg der Lebenskosten sowie des Lebensstandards geltend. Die gewöhnlichen Arbeiter verdienten dreimal mehr als vor zehn Jahren, bei verdoppelten Lebenskosten. „Education, general progress of the country, American money and European ideals have raised the standard of living, even a common family expends twice more then that of few years ago. European fashion and furnishings have become necessary. We as professors are obliged to follow at least the average standard."[515] Der Aufbruch zu einer zivilen Gesellschaft erfordere seit 1908 von einer gesellschaftlich so verantwortlichen Gruppe wie den Lehrern Engagement in Vereinen und gemeinnützigen Unternehmungen *(benevolent and national useful movements)*. All dies bringe Zusatzkosten, ebenso die Pflicht, sich über Zeitungen, Zeitschriften und Bücher auf dem Laufenden zu halten. Mit dem Hinweis auf die Gesetze von Nachfrage und Angebot erklärten die *college*-Lehrer offen, dass sie von anderer Seite, wohl von armenischen Schulen, mehrfach Angebote mit einem doppelt so hohen Gehalt bekommen hätten.

Die deutsch-amerikanische Kooperation wurde zunehmend zur Konkurrenz. Sie war seit 1908 immer wieder nahe daran, gehässige Töne anzunehmen, da die Hülfs-

---

512 Undatiert, vermutlich 1908 oder 1909, ABC 16.9.7 (reel 715: 337 ff.).
513 ABC 16.9.7 (reel 716: 40 f.).
514 SA 1910–1911, S. 83.
515 ABC 16.9.9, reel 716: 40.

Abb. 88: Hülfsbund-Seminaristen in Mezere beim drillmässigen Turnen. Der Turnlehrer mit europäischem Hut steht links im Bild, die armenischen Seminaristen tragen den osmanischen Fez.

bund-Führung nicht mehr bereit war, die Rolle des Juniorpartners zu spielen (vgl. S. 310). Dennoch ging die jahrelange Freundschaft vor Ort nicht in die Brüche, sondern erwies sich besonders in den Kriegsjahren als stärker denn nationale Gegensätze. Der Hülfsbund hatte aus mehreren Gründen Auftrieb erhalten: Er besass einen treuen, meist kleinbürgerlich-pietistischen Spenderkreis in Deutschland und der Schweiz. Er lag für Deutschland und die Türkei politisch richtig, da er weit davon entfernt war, für die Jungtürken eine imperialistische Bedrohung darzustellen, und gleichzeitig passte er ins Konzept deutscher Einflussnahme. Er hatte, anders als das ABCFM mit der höheren Bildung, eine klare Option für bescheidene Schichten getroffen, denen er eine solide, praktische und fromme Erziehung mit einem bewusst etwas knapperen Fächerkatalog als die übrigen Schulen vermitteln wollte. Mit diesem Konzept kam der Hülfsbund bei den „Kleinen, den Armen, den Unausgesuchten" (Ernst Sommer), um die es ihm ging, gut an und stellte eine valable Alternative dar zu den meist positivistisch inspirierten Schulen der *Miazial Engerutiun,* der Vereinigung armenischer Schulen. 1912 besuchten mehr als 1'000 Schüler, davon fast 800 auf der Sekundarstufe, die Schulen des Hülfsbunds in Mezere. Rund 700 der Schüler waren Waisen der fünf eigenen Waisenhäuser. In Arapkir eröffnete der Hülfsbund 1912 eine neue Station mit zwei ständigen Missionarinnen.[516]
    Die katholische Mission hatte in den Aufbruchsjahren nach 1908 noch mehr Mühe als die protestantische, ihre Autorität in der von ihr gewünschten Form zu

516 Vgl. die Angaben von Hülfsbund-Lehrer Ernst Sommer in: *25 Jahre ...* 1921, S. 93 f., 120, 123, 126 f.

wahren. Zwischen der römisch-katholischen, von den Kapuzinern betreuten Gemeinde und der armenisch-katholischen, von Bischof Israelian geleiteten Gemeinschaft brachen 1913 offene Gehässigkeiten auf in Fragen, die sich um „latinisierende" Tendenzen der Mission und die Gemeindeautorität drehten.[517]

3.7.3 Die Schaffung einer Genozidsituation

Im Frühjahr 1909 wäre es in Harput beinahe erneut zu einem Pogrom in der Art derjenigen von 1895 gekommen. Am Vorabend des Weltkriegs deutete indes nichts mehr auf solche Gewaltausbrüche hin. Henry Riggs schrieb 1917, rückblickend auf die regionale Situation von 1914/15: „As a matter of fact, so far as local conditions in Harpoot were concerned, the Armenian atrocities of 1915 had no historical setting."[518] Weder die Wirren von Generalmobilmachung und Requisitionen im August und September 1914 noch die Dschihadpropaganda im November konnten innerhalb eines halben Jahres zu einem Zerwürfnis zwischen sunnitischer Ümmet auf der einen und christlichen und alevitischen Gemeinschaften auf der anderen Seite führen. Riggs fuhr im selben Zusammenhang fort: „There was no animosity nor religious fanaticism evident, and when the storm finally broke, we, who were living in the midst of it realized, clearly, as we remarked frequently in our conversation at the time, that this was no popular outbreak." Den Umschwung verwirklichten erst die methodischen antichristlichen Massnahmen vom Frühjahr 1915. Wie an den meisten Orten, doch anders als in Van und Urfa, wurden 1915 die christlichen Gemeinschaften der Region – die Süryani waren mitbetroffen[519] – ohne nennenswerten Widerstand ausgelöscht. Dank des oppositionellen Dersim gab es für die Verfolgten immerhin ein sicheres Asyl, wenn ihnen die Flucht aus der bewachten Stadt gelang. Für die Deportiertenkolonnen von innerhalb oder ausserhalb der Provinz hingegen wurde die Provinz Mamuretülaziz zum „Schlachthaus", wie es die amerikanischen Zeugen nannten, denn nirgendwo sonst wurden so viele wehrlose Deportierte mit der blanken Waffe umgebracht: Ihre Zahl ging in die Zehntausende.

Seit kurzem sind vom US-Konsul Leslie A. Davis und Missionar Henry Riggs verfasste zeitgenössische Augenzeugenberichte dieser Ereignisse durch Buchpublikationen allgemein zugänglich geworden. Riggs schrieb zu seiner Motivation als Zeuge: „My object in dwelling as fully as I do on these heartbreaking scenes is to try, though I realize that I shall not succed in the effort, to perform my duty as a witness in putting before the world a true picture of the human suffering involved in the Turkish application of the plan of deportation to the Armenians."[520] Im folgenden seien die wesentlichen Merkmale der Tragödie dargestellt, die das Kriegsregime in

---

517 Brief von Etienne Israelian, armenisch-katholischer Bischof von Harput, an den französischen Botschafter Bompard, 28. 6. 1914, AGC H 72 II.

518 Riggs 1997, S. 45 f.

519 Riggs 1997, S. 79. Vgl. EUM-Telegram vom 13. L. 1333, BOA DH.ŞFR 55/273. Die pauschal negative Sicht der Süryani als innere Feinde wird auch in einem an die Ostprovinzen, Mosul und Urfa gerichteten EUM-Telegramm vom 23. 9. 1916 deutlich, das genaue demographische und ökonomische Angaben erfragt (BOA DH.ŞFR 68/98).

520 Riggs 1997, S. 141.

Harput auf- und durchführte. Dazu nutze ich neben den bereits genannten Quellen Missionarsbriefe, Texte von Johannes Ehmann – der seit 1897 in Mezere lebte und als Deutscher die nächsten Kontakte zur Regierung hatte – sowie Tacy Atkinsons unveröffentlichten Bericht, der das Geschehen vom damals noch in vielfältiger Weise funktionsfähigen Mikrokosmos des ABCFM-Spitals aus schilderte.[521]

Das ABCFM stellte dem Militär Ende 1914 Spitalbetten zur Verfügung, um der Beschlagnahmung des ganzen Gebäudes zu entgehen. Die Istanbuler Sektion des amerikanischen Roten Kreuzes übernahm deren Kosten. Im Gegensatz zu diesem Krankenhaus waren die staatlichen Lazarette und Spitäler der Region (unter dem Roten Halbmond) in einem katastrophalen Zustand. In sie eingeliefert zu werden, bedeutete der Ansteckungsgefahr und der fehlenden Hygiene wegen meist den sicheren Tod.[522] Im Laufe des Jahres 1915 beschlagnahmten die Behörden einen Grossteil der amerikanischen und deutschen Gebäude; auf den Hinweis, amerikanisches Eigentum könne nur per Befehl aus der Hauptstadt angerührt werden, antwortete der Polizeioffizier: „Dieses Geschwätz [von ausländischen Privilegien] gilt nicht mehr."[523]

Die Generalmobilmachung im August 1914 wurde gemäss Henry Riggs von fast allen Männern zwischen 20 und 45 befolgt, bloss waren die lokalen Behörden im Provinzzentrum mit der Aushebung vollkommen überfordert. Bald ertönten Klagen über Unterversorgung und Misshandlungen. Zahlreiche Desertionen waren die Folge, aber bei den wenigsten erwischten Deserteuren wurde die angedrohte Todesstrafe ausgeführt. Die Kriegserklärung im Oktober löste keinerlei Begeisterung aus. Die rigoros gehandhabte Kriegspropaganda blieb ohne grosse Wirkung. Dankesfeiern für vermeintliche oder wirkliche Siege wurden in Moscheen zelebriert.[524] Negativ wirkte sich auf die Stimmung und das interreligiöse Klima nach dem Sarıkamış-Feldzug im Januar 1915 alsbald das unübersehbare Kriegselend aus. Es machte die Massen auf das Brot des Nachbarn neidisch und für einen Sündenbock empfänglich. Hier setzte die Verschwörungspropaganda des Regimes erfolgreich ein.[525]

Seit Anfang 1915 versuchte die Regierung gezielt, die Stimmung gegen die Armenier zu schüren, indem sie sie pauschal als Verräter darstellte, die auf das Kommen der Russen hin arbeiteten und zu diesem Zweck geheime Waffenlager anlegten. Die Unionisten wussten sehr wohl, dass sie selbst die – militärisch wenig bedeutende – Bewaffnung der Armenier nach dem Adana-Pogrom von 1909 zu deren Selbstverteidigung zugelassen hatten. Toros, ein ABCFM-Schüler, wurde zu zehn Jahren Exil verurteilt, weil er Anfang Februar 1915 einen Brief in der Tasche

---

521 Sie schrieb ihren undatierten Bericht kurz nach ihrer Rückkehr in die USA (1917). Atkinson, Tacy W., *Account of the events in Turkey during the past three years as I have seen them and as they have had an effect upon our work in the Annie Tracy Hospital*, 1917, ABC 16.9.7 (reel 713: 484 ff.). Zu Beginn liest man: „This report is not intended for publication, but should any part or parts of it be published, names and places are requested to be concealed."

522 Riggs 1997, S. 11, 16–20; Atkinson 1917, S. 3 f.

523 „O lakırdı geçti" (Riggs 1997, S. 35).

524 „[...] before the woman's prison [...]. Just across the street was a mosque decorated with the Turkish and the German flags and Moslems were going in to give thanks to God for the subjugation of Servia and the opening of the Balkan railway [4. 11. 1915]." Atkinson 1917, S. 23.

525 Riggs 1997, S. 3, 45 f.

trug, der das nahe Kommen der Russen in Aussicht stellte. Ein ebenfalls minder-
jähriger Kollege hatte ihn ihm zugesandt. Dieser Kollege wurde wegen Landes-
verrats in Abwesenheit zum Tode verurteilt.[526] Toros schien ein Einzelfall zu sein,
brachte aber die *college*-Führung in Bedrängnis. Nach Henry Riggs Urteil ging es
den Behörden nie um die Aufdeckung realer politischer Feinde, sondern darum, aus
wirklichen und fingierten Fällen von Spionage oder innerem Widerstand die propagandistische Legitimation für den geplanten Völkermord zu gewinnen. So konstruierte der Vali Sabit regelrecht die Elemente eines armenischen Komplotts, um
sich bei der Zentralregierung mit dem Bericht über dessen erfolgreiche Aufdek-
kung, dem er Fotos von Waffen beilegte, zu profilieren.[527]

Mit der ostentativen Verhaftung von armenischen Persönlichkeiten zerstörte die
Regierung in den Maiwochen 1915 die Elite und den letzten Rest von Vertrauen
beim armenischen Volk. Gleichzeitig schürte sie gezielt das antiarmenische Misstrauen der Muslime. Sie stachelte diese mit Schauergeschichten über armenische
und russische Exzesse an der Front an. Zur armenischen Elite gehörten auch die
Euphrates College-Professoren. Sie wurden mit fiktiven Beschuldigungen konfrontiert, gefoltert und so zugerichtet, dass sie innert weniger Tage menschlichen
Wracks glichen. Vom armenischen Übersetzer des Untersuchungskomitees erfuhr
Riggs: „[…] in all the papers examined there was absolutely nothing objectionable,
but that the other members of the committee were showing a determination, by
misinterpretation and by segregating isolated words, to make out an artificial case
against the men on trial."[528]

Die behördlichen Massnahmen griffen: Das Selbstvertrauen der armenischen
Gemeinschaft war völlig geknickt und der interreligiöse Respekt einseitig annul-
liert. Wieder war, wie 1895, das Bild einer von den einheimischen Christen pau-
schal getragenen ausländischen Verschwörung geschaffen. Erst jetzt begann die
Regierung in Harput die Deportation ihrer ganzen armenischen Gemeinschaft in die
Tat umzusetzen. Die „Umsiedlungen" (Artikel 2 des Gesetzes vom 27. Mai 1915)
wurden per Ausrufer im dritten Junidrittel angekündigt und am 1. und 3. Juli ins
Werk gesetzt. Geben wir Johannes Ehmann das Wort, der in besonderer Nähe zu
den Lokalbehörden jenen Frühling miterlebte. Es ist das erschütternde Zeugnis der
Vernichtung einer Gemeinschaft:

„Wenn die innere politische Lage in der Türkei nach dem Eintritt derselben in
den Weltkrieg zuerst auch ganz in Ordnung zu sein schien und die Lage der dortigen
Christen zunächst ebenfalls zu keinerlei Besorgnissen Anlass gab, ist dann doch
nach einigen Monaten ein grosser Umschwung eingetreten […]. Die ersten Anzei-

---

526 Atkinson 1917, S. 4, Riggs an Peet, 8. 3. 1915, ABC bh (dank Beförderung mit konsularischer Post
     konnte Riggs in diesem Brief offen schreiben).
527 Vgl. Riggs 1997, S. 46, 77.
528 Zum Beispiel Professor Tenekjian: „Hadji Mehmet Effendi, Member of Parliament from Harpoot,
     told me that he had been condemned on the strength of documents found in his possession showing
     that he was president of the ‚Cooperative Committee‘, and that he had himself confessed that the
     accusation was true. That he was the chairman of that committee everyone knew, and it was well
     known that the committee was an ecclesiastcal body composed of missionaries and representatives
     of the Protestant church organization, whose duties were purely ecclesiastical. At the time that the
     trial was going on, it was simply announced that he had been forced to confess his complicity in
     seditious organizations." Riggs 1997, S. 47 f.

chen drohender Gefahren zeigten sich uns im Monat März 1915, als Herr Konsul
Schwarz aus Erzurum und Herr Major Lange, der die Schlacht bei Sarikamisch an
der türkisch-russischen Front mitgemacht hatte, auf ihrer Reise von Erzurum nach
Constantinopel bei uns zu Gast waren. Der Vali der Provinz El-Aziz, Sabyt Bej,
hatte die beiden Herren zur Besichtigung der von der muhammedanischen und
christlichen Bevölkerung zu Gunsten des Roten Halbmondes gestifteten grossen
und schönen Gaben (zum Teil wertvolle Kunstgegenstände) eingeladen. Dieselben
waren im Festsaal des Regierungsgebäudes ausgestellt. So gingen sie eines Tages
dorthin und ich begleitete sie. Dort trafen wir denn auch den höheren türkischen
Offizier, der mit Konsul Schwarz und Major Lange zusammen die Reise machte
und sehr gut die deutsche Sprache beherrschte. […] erlaubte ich mir bei dieser
Gelegenheit, Herrn Konsul Schwarz zu bitten, beim Vali für uns und unsere Arbeit
ein gutes Wort einlegen zu wollen, damit man uns die für die Weiterführung unserer
Arbeit dringend nötigen Gebäude lassen möchte. Diese meine Bitte hatte der oben
erwähnte türkische Offizier auch gehört und erklärte mir darauf in recht unfreund-
lichem Ton: ‚Für Ihre Arbeit haben wir durchaus kein Interesse, denn Sie arbeiten ja
an einem Volk, das wir vernichten wollen.‘ Er meinte damit das armenische Volk.
Diese Worte erschienen mir wie ein Blitz aus heiterem Himmel, denn eine solche
Aussage hatte ich bis jetzt von keinem anderen Muhammedaner gehört.

[…] die Worte des türkischen Offiziers schienen uns mehr eine rein *persönliche,*
gehässige Äusserung gegen das armenische Volk zu sein. Erst der 1. Mai 1915
brachte dann für uns alle die ungeheure und erschütternde Überraschung. In Mesereh (El-Aziz) wie auch in der Altstadt Charputh und auf den Dörfern wurden
an diesem Tage von der Polizei strenge Haussuchungen vorgenommen und viele
Personen, wie Geistliche, Lehrer und andere führende Persönlichkeiten festge-
nommen und in die Gefängnisse abgeführt. Unter den Verhafteten befand sich z. B.
auch unser sehr christlich eingestellter Lehrer Baghdasar und der grösste Teil der
Lehrer und Professoren von dem amerikanischen College in Charputh. […] Am
Anfang gelang es mir zwar nach öfteren Auseinandersetzungen mit dem Polizeiprä-
sidenten der Provinz, unseren Lehrer Baghdasar am 10. Mai wieder frei zu bekommen; aber beim Blick auf die Gesamtlage der Christen wurden die Zustände von
Tag zu Tag und von Woche zu Woche immer drohender, so dass man anfing mit
dem Hereinbruch schwerster Christenverfolgungen zu rechnen. Nach dem Verlauf
von etwa 4–5 Wochen war die Kraft und die Hoffnung der Christen ganz zusam-
mengebrochen. Die Mehrzahl der einflussreichen Männer war im Gefängnis, die
Waffen waren ihnen schon zu einem grossen Teil mit Gewalt abgenommen worden
und auf den Dörfern hatten da und dort die Abschlachtungen schon begonnen. Da
kamen die leitenden Männer der evangelisch-armenischen Kirche in Mesereh, die
ausnahmsweise bis dahin noch frei geblieben waren, auf den Gedanken, dass man
vielleicht durch das Angebot einer freiwilligen Waffenablieferung die Stimmung
der Regierung etwas ändern und die Gefahr so ablenken oder wenigstens etwas
hinausschieben könnte. […] versprach ich ihnen beim Vali zu vermitteln, dass
er ihnen eine Audienz gewähren möchte, um ihm ihre Bitten äussern zu können.
Damit waren die [Glaubens-]Brüder ganz einverstanden. Der Vali ging auch auf
meinen Vorschlag ein […]. Wir wurden empfangen, und ich setzte mich. Aber die
Armenier wurden nicht zum Sitzen aufgefordert. Tschantschigian fiel vor dem

Vali nieder, küsste ihm seine Füsse und bat um Vergebung und Gnade für sein Volk. Die andern Männer sprachen dem Vali gegenüber die Bitte aus, er möchte den Armeniern, soweit ihnen ihre Waffen noch nicht abgenommen worden seien, die Möglichkeit zu einer freien Waffenablieferung geben. […] Der Vali ging auf ihre Bitte ein und gab ihnen einige Tage Frist zu einer freiwilligen Ablieferung und versicherte sie, dass alle, die während dieser Frist die Waffen freiwillig abliefern würden, nicht bestraft werden sollten.

Daraufhin lieferten manche Armenier, die noch Waffen hatten, dieselben ab, und erst schien es, als ob die politische Spannung nun tatsächlich etwas nachgelassen hätte.[529] Aber in der Woche vom 20.–27. Juni kam eine neue schwere Überraschung. Diesmal war es aber nicht irgend eine Androhung von Verfolgung und Metzeleien, sondern der Ausrufer der Stadt ging im Auftrag der Regierung durch die Stadt und machte mit lauter Stimme den neuen Entschluss der Regierung bekannt, dass sämtliche Armenier sich bis zum 1. Juli zum Abzug richten müssten, da alle Armenier nach Mesopotamien übergesiedelt werden sollten. Ich wandte mich an die Deutsche Botschaft in Constantinopel in dieser Sache, damit sie Schritte zur Verhinderung dieses Planes unternehmen möchte. Aber die Hohe Pforte erklärte ihr, dass solch ein Schritt für El-Aziz nicht geplant sei. Und als ich dann wieder an die Deutsche Botschaft telegraphierte, dass die Ausweisung nun tatsächlich beschlossene Sache sei und ich sie nochmals um Hülfe bitte, wurde der Botschaft von dem türkischen Ministerium die Antwort erteilt, dass der Beschluss der Ausweisung nicht mehr rückgängig gemacht werden könne.[530] Auch in Mesereh wurde das Mögliche versucht, die Lage zu verbessern. Der amerikanische Konsul Mr. Davis, die amerikanischen Missionare in Charputh und ich unternahmen einen gemeinsamen Schritt. Wir besuchten gemeinsam den Vali und baten um Rückgängigmachung dieses Befehls.[531] Der Vali aber erklärte in höflicher Form, dass der Befehl für die Übersiedlung von oben gekommen sei und er so in dieser Angelegenheit nichts mehr machen könne. Am 1. und 3. Juli wurden dann die Armenier unserer Stadt zum grossen Teil aus ihren Häusern geholt und ein Teil in der Richtung nach Diarbekir und die anderen in der Richtung nach Malatia abgeführt. Nur für das Personal unserer deutschen Anstalten und für solche Armenier, die als Handwerker, Apotheker, Ärzte usw. für die muhammedanische Bevölkerung unbedingt nötig waren, wurde eine Ausnahme gemacht.[532] […]

Von dem Schlimmen aber, was bevorstand, wussten wir noch nichts, da die Regierung diese ganze Massnahme ‚Verschickung‘ oder Umsiedlung nannte und die Sache so hinstellte, als ob die Christen in Mesopotamien angesiedelt werden sollten.

---

529   Henry Riggs, der dem Kriegsregime von Anfang an viel kritischer als Ehmann gegenüberstand, stellte die Angelegenheit drastischer dar: Sabit schwor öffentlich in ungewöhnlich feierlicher Weise, dass, falls die Waffen abgeliefert würden, Verhaftungen und Verfolgungen aufhörten. Um der Aufforderung Genüge zu tun, kauften einige Armenier sogar Waffen, um solche übergeben zu können. „Instead of bringing relief, however, this action seemed to further inflame the Turks. It became known that the Vali […] sent a photograph of those weapons to Constantinople, with a report that he had uncovered a plot to overthrow the government." Riggs 1997, S. 77.

530   Die entsprechende Korrespondenz findet sich in Lepsius 1919, S. 61 f., 74, 86, 90, vgl. S. 205 f.

531   Vgl. Riggs 1997, S. 81.

532   „Alman protestan misyonunda bulunan Ermenilerin şimdilik sevk olunmaması", Chiffretelegramm des EUM an Sabit, 29. 6. 1915, BOA DH.ŞFR 54/170.

Aber am Abend des 3. Juli, nachdem die 2. Gruppe der Meсereh-Christen abtransportiert worden war, kamen eine Anzahl von Erzerum-Armeniern in Mesereh an und zwar mit einer einzigen Ausnahme nur Frauen und Kinder, die schon vor einigen Wochen aus der Stadt Erzerum zusammen mit ihren Männern und Vätern ausgewiesen worden waren. Von ihnen erfuhren wir, dass sie zwischen Erzerum und Keghi von einem Kurdenhäuptling und seinen Banden überfallen und die Männer alle zum Tode abgeführt worden seien. Der eine Mann, der mit dem Leben davongekommen war, hatte sich in Frauentracht gekleidet. [...]

So waren die seinerzeitigen Versprechen des Valis leider voll und ganz zunichte geworden.[533] Ob nun der Vali Sabyt Bej in erster Linie für diese furchtbaren Ereignisse die Verantwortung trägt, kann ich nicht sicher beurteilen. Es waren ja zu jener Zeit von Constantinopel aus besondere Kommissare in die Provinzen gesandt worden, die die Ausrottung des armenischen Volkes durchführen sollten, und solch ein Kommissar war auch für die Provinz El-Aziz erst nach Malatia und hernach nach Mesereh gekommen, um diese Sache zu organisieren.[534]

Diese furchtbaren Ereignisse haben meinen Glauben an Gott, mit dessen Eingreifen ich sicher gerechnet hatte, gewaltig erschüttert, so dass ich an Gott irre wurde und ihn nicht mehr verstehen konnte. Ich sah mich in finstere Nacht getaucht, bis ich nach vielen inneren Nöten und Schmerzen durch ein eigenartiges Traumgesicht innerlich wieder aufgerichtet und gestärkt wurde. Ich sah die Brüder der evangelisch-armenischen Gemeinde von Mesereh, mit denen wir uns so tief verbunden wussten und die dann zu einem grossen Teil den Todesweg hatten gehen müssen,[535] vor dem Throne Gottes versammelt in lichter Herrlichkeit. [...]."[536]

Dieser Text ist auch ein bewegendes Zeugnis dafür, wie das pietistische Weltbild des Hülfsbund-Missionars Johannes Ehmann in Harput zusammenbrach. Ganz anders als die regimekritischen amerikanischen Missionare hatte er noch bis im Juni 1915 den Versprechungen des Vali geglaubt und ganz am Schluss noch das Wunder eines Deus ex machina erwartet. Aber das eine wie das andere erfüllte sich nicht, so dass Ehmann „an Gott irre" wurde. Eine religiöse Vision tröstete ihn schliesslich. Sie mag als Fatalismus erscheinen, war aber doch wohl eher der letztmögliche Verstehensversuch einer überwältigenden Tragödie.

---

533 Ehmann an anderer Stelle: „Der Wali wütete eine Zeitlang gegen mich, weil ich seiner schmählichen Wortbrüchigkeit wegen gegen seine Handlungsweise protestiert hatte. ‚Ich kümmere mich weder um den deutschen Kaiser noch um Bethmann Hollweg, noch um den Botschafter, noch um Herrn Ehmann', hatte er in höchster Erregung unserem Vertreter bei der Regierung zugerufen." *25 Jahre ... 1921*, S. 21.

534 Vgl. äquivalente Aussagen zu Urfa und Van, Kap. 3.8 und 3.9.

535 Erst im September 1915 kamen Befehle, protestantische und katholische Christen von der Deportation bzw. Weiterdeportation auszunehmen. „Sevk edilen Ermeni kafileleri arasında Katoliklik ve Protestanlık iddiasında bulunan muhacirlerin, mezkur iddialarının sübutu halinde bulundukları yerlerde iskân olunmalarına [...]." EUM an die Provinzen Mamuretülaziz und Diyarbakır, 17. Za. 1333 (26. 9. 1915), BOA DH ŞFR 56/172. Vgl. Riggs 1997, S. 103.

536 Ehmann, Johannes, *Die Stellung des Valis und der türkischen Regierung in El-Aziz (Mesereh) zu den armenischen Ereignissen während des Weltkrieges*, o. O., o. D. (vermutlich ca. 1920), Daktyloskript, HBO.

3.7.4 Genozid als Teil einer Bevölkerungs- und Wirtschaftspolitik

Die Armenierinnen – die meisten Männer waren im Gefängnis – mussten Ende Juni 1915 in aller Eile und Panik ihren Haushalt zu Schleuderpreisen verkaufen und sich für den Aufbruch rüsten. Grundbesitz durfte nicht verkauft werden. Haupterbe des armenischen Gutes wurde der Staat, der sich dessen in einer speziellen Kommission für verlassenes Gut annahm, der *Emval-i Metruke İdare Komisyonu*. Einige muslimische Nachbarn halfen ihren verängstigten christlichen Nachbarinnen freundschaftlich und schauten das armenische Gut als *harem,* unantastbar, an, die meisten jedoch nutzten die Gelegenheit und suchten sich zu bereichern.[537] „One could not help but think of vultures to go down the street and see Turkish men, women and children carrying away household goods for which they had paid nearly nothing", meinte Tacy Atkinson und fuhr fort: „We wanted to store their things for them [the Armenians], but the government forbade it."[538] Vali Sabit seinerseits bezog alsbald das schönste und modernste armenische Haus der Stadt. Einige reiche Armenierinnen aus dem Erzurumer Deportiertenzug sollten, um einen reibungslosen „legalen" Besitztransfer an muslimische Privatleute zu ermöglichen, verheiratet werden. In einem anderen Fall lag der Polizei viel daran, eine reiche Harputer Armenierin, die sich nach der Deportation hatte aus Malatya zurückflüchten können und im ABCFM-Spital versteckt wurde, aufzuspüren. Bei geflüchteten Frauen nahm es die Polizei sonst nicht sehr genau, aber in diesem Fall wurde befürchtet, sie könnte ihr Eigentum zurückfordern, das wahrscheinlich in den Besitz lokaler Notabeln und nicht der Kommission für verlassenes Gut übergegangen war.[539] Ein regelrechter Wettlauf um armenisches Raubgut entbrannte zwischen Privaten, Zentral- und Lokalbehörden, der im materiellen Interesse der Regierung einige gerichtliche Nachspiele zur Folge hatte.[540] Diese dürfen nicht, wie es von späteren Apologeten des Kriegsregimes geschah, als gerichtliche Verfolgung menschenrechtlicher Übeltäter durch den unionistischen Staat missverstanden werden, denn eine solche gab es nicht. Hingegen wollte der Staat seine Ansprüche am Raubgut wahren, in Einzelfällen auch unbequeme Personen liquidieren, die zuviel über die tatsächlichen Massenmorde wussten.[541] Schon im Sommer und intensiviert seit dem Herbst 1915 liess das Innenministerium muslimische Flüchtlinge von der russischen Front in den verlassenen armenischen Dörfern ansiedeln.[542]

Zwar konnte das ABCFM keine armenischen Güter ins Depot nehmen, doch gelang es Henry Riggs, dem Buchhalter der Missionsstation, grosse Geldsummen an den Behörden vorbei an Angehörige der armenischen Auftraggeber in die USA zu senden. Er tat das von der lokalen osmanischen Bank aus unter Mithilfe des arme-

---

537 Riggs 1997, S. 83–97.
538 Atkinson 1917, S. 9.
539 Atkinson 1917, S. 8 f., 21 f.
540 Riggs 1997, S. 101 f.
541 Vgl. Dadrian 1999, S. 30–32.
542 Atkinson 1917, S. 19, und Riggs 1997, S. 177–181. „Mülticelerin dâhil-i vilâyetde tahliye edilen ermeni köylerinde iskânı", befahl die Direktion für Ansiedlung, *İskân-ı Aşayir ve Muhacirîn Müdiriyeti,* telegraphisch dem Vali von Mamuretülaziz, 14. Ş. 1333 (27. 6. 1915), BOA DH.ŞFR 54/189.

nischen Prokuristen. Zwischendurch benutzte er ostentativ den Postweg. Meist gelangte das Geld über das Missionsspital, wo die Missionare am meisten Bewegungsfreiheit genossen, zum Buchhalter. Bis zu 50 Kilogramm Gold- und Silbermünzen
transportierte er mehrfach zu Pferd von Harput nach Mezere. Zwar legte die Kommission für verlassenes Gut Hand auf die armenischen Konten, denn „jede deportierte Person [wurde] von der Regierung als tot betrachtet", wie der Vali gemäss
Riggs' Bericht von 1917 sagte.[543] Die Kommission versuchte auch der armenischen
Vermögenswerte habhaft zu werden, die sie zu Recht bei Riggs vermutete. Doch da
dieser alles überwiesen hatte, ging sie leer aus. In mehreren Fällen wurde Riggs
angehalten, Geld aus den USA zurückzufordern, was er jedoch nie tat. Ein Harputer
Türke zum Beispiel wollte gegen den Willen der betreffenden Person sich des
bereits in die USA überwiesenen Geldes eines Mädchens bemächtigen, das er seinem Harem zugeführt hatte, und schaltete zu diesem Zweck gar den Vali ein.

Der Bitte der ABCFM-Missionare, die Deportierten begleiten zu dürfen, wurde
nicht stattgegeben.[544] Einzig Mary Graffam von der Sivas-Station begleitete damals während mehrerer Tage einen 2'000köpfigen Deportiertenzug aus ihrer Stadt.
Zutiefst mitgenommen und bereits zerlumpt, wurde ihr dann das Weiterziehen ohne
weitere Begründung untersagt. Sie musste drei Wochen in Malatya, 80 Kilometer
südwestlich von Harput, bleiben und kehrte schliesslich nach Sivas zurück.[545]
Entgegen den Versprechungen des Vali schickten die Harputer Behörden die Familien ohne ihre Männer weg. Deren Verhaftung hatte schon in den Wochen zuvor
begonnen und wurde weitergeführt. Wie zuvor auch schon leerten die Gendarmen
am 11. Juli frühmorgens das mit rund 800 Armeniern überfüllte Gefängnis. Sie
führten die Männer gebunden Richtung Malatya und erstachen sie in den Hügeln
ausserhalb der Stadt. Als einzigem gelang es damals dem Apotheker Melkon Lule-
jian, dem Massaker zu entkommen und in der Nacht im ABCFM-Spital Zuflucht zu
suchen. Er war der erste, der den Missionaren konkrete Angaben über das Schicksal der verschwundenen Männer machen konnte. Dorfbewohner bestätigten sein
Zeugnis. Die Missionare liessen ihn über den Dersim zu den Russen in Sicherheit
bringen. Die Behörden füllten alsbald wieder das Gefängnis, und das Prozedere
wiederholte sich. Mitte Juli waren praktisch alle Männer ermordet. Tacy Atkinson
liess Rasierklingen ins Gefängnis schmuggeln, damit wenigstens einzelne Tod-
geweihte beim Wegtransport ihre Stricke zerschneiden und in den Dersim fliehen
konnten. Zur Frage ihrer eigenen Gefährdung meinte sie: „I am not one bit afraid of
prison, nor of anything man can do, nor of death, if it be necessary, but I am afraid
of sin, and this is sin."[546]

Frauen aus Deportiertenzügen aus dem Norden, von Erzurum, Erzincan, Ordu
und Trabzon, die Anfang Juli in Harput-Mezere ankamen, erzählten den Missionarinnen von den sexuellen Misshandlungen, denen sie ausgesetzt waren. Vor Männern
war es ihnen nicht möglich, sich auszusprechen. Der für das örtliche Rote-Halb-
mond-Spital verantwortliche Türke setzte sich trotz ungenügender Mittel selbstlos
dafür ein, die leidenden und kranken Deportierten zu versorgen und hospitalisierte

---

543 Riggs 1997, S. 93.
544 Riggs 1997, S. 83.
545 Graffam 1919, S. 2 f.
546 Atkinson 1917, S. 10–12, 14, 16.

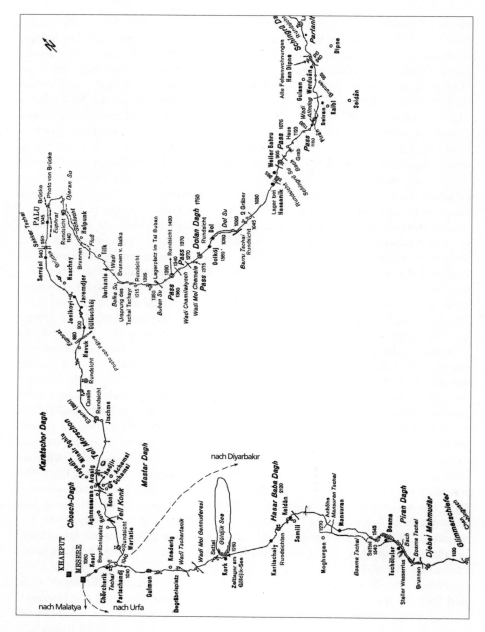

Karte 10: Harput–Gölcük. Nach dem Plan der Reiseroute von Viktor Pietschmann (Ausschnitt, ergänzt).

Abb. 89: Der Gölcük-See und sein hügeliges Südufer.

viele. Später verlor er seine Stelle. Die Christin Tacy Atkinson hoffte, diesen Muslim einst „im Himmelreich wiederzusehen".[547] Im Gegensatz zu den Ausländern konnten die Harputer Muslime diejenigen Armenierinnen, die sie zu haben wünschten, aus der Karawane herausgreifen. Die Deportierten wurden, soweit noch nicht den Strapazen erlegen, nach ihrem Zwischenhalt in Mezere in den Hügeln beim Gölcük-See massakriert. Als dies in Harput-Mezere bekannt wurde, begannen diejenigen, die von der Deportation vorübergehend noch ausgenommen waren, entweder zu fliehen oder bei muslimischen Familien unterzutauchen, was trotz behördlichen Verbotes öfters der Fall war. Es betraf vor allem Frauen, Mädchen und Kinder. Durch Heirat gerettete Mädchen wurden zumeist, aber nicht immer Musliminnen.[548]

Mezere war, wie Urfa, ein Kreuzungspunkt der Deportiertenzüge, die auf verschlungenen Wegen in die allgemeine südliche Richtung gingen. Verschlungen waren die Wege deshalb, weil keine reale Umsiedlungsdestination bestand. Das Konzentrationslager bei Rakka in der syrischen Wüste war ein Auffanglager für „zufällig" Überlebende, denn die „Umsiedlungen" waren als „Todesmärsche", so die Bezeichnung der Augenzeugen, konzipiert. So wie die Urfa-Durchgangslager durch Jakob Künzler, so sind die Mezere-„Todeslager" durch die Amerikaner im Detail beschrieben worden. Mehrfach besuchten die Missionarinnen, Missionare und der Konsul Leslie Davis die beiden Hauptlager, eines auf einem Areal westlich der Stadt, das andere auf dem von einer Mauer umgebenen armenischen Friedhof. Die Besucher sahen sich absolut ausserstande, den Tausenden von Halbtoten eine wirksame Hilfe angedeihen zu lassen und unterliessen es nach ersten Versuchen, einzelnen Deportierten Brot zu verteilen, ein Unterfangen, das bloss zu wüsten Szenen führte. Mit einem Teleskop verfolgte Henry Riggs den ganzen Sommer 1915 das Lagergeschehen von seinem Harputer Wohnsitz aus. „[...] for most of the women and children was reserved the long and lingering suffering that massacre seemed to them a merciful fate – suffering such as was foreseen and planned by the

547 „[...] whom I hope to meet some day in the kingdom of Heaven." Atkinson 1917, S. 12 f. Vgl. Riggs 1997, S. 120.
548 Atkinson 1917, S. 14, 20.

perpetrators of this horror. I speak guardedly and state as a fact this horrid indictment of the Young Turks by whom the crime was committed."[549]

Nicht die Durchgangslager, die eine Marschpause von rund einem Tag brachten und Dutzende von Sterbenden und Toten je Marschkolonne hinterliessen, auch nicht die entzehrenden Märsche, die verschlungen und abseits von Versorgungsmöglichkeiten verliefen – sondern die Massenmorde beim Gölcük-See gaben der Provinz das Epithet „Schlachthaus".[550] Die wenigsten Männer und nur ein Teil der Frauen und Kinder verliessen die Provinz lebend. Um Gewissheit über die Gerüchte zu erhalten, ganze Kolonnen würden auf der Route Richtung Südosten massakriert, und um zu wissen, wie es geschah, folgten an einem frühen Oktobermorgen der amerikanische Konsul Leslie Davis, der zuvor schon kurze Untersuchungsritte unternommen hatte, und der Missionsarzt Henry Atkinson jener Deportationsroute. Ihr fotografisch untermauertes Zeugnis war schockierend. Nach den „üblichen" sporadischen Toten entlang des Weges erblickten sie nach gut 20 Kilometern das ganze Seeufer und viele Senkungen zwischen den Hügeln und Felsen voller massakrierter nackter Körper, sehr viele von ihnen Frauen und Kinder. Es gab keinen Frauenleib ohne Verstümmelungen, manche lagen in obszönster Entstellung da. Wie die beiden Beobachter von verschiedenen Dorfbewohnern in Erfahrung brachten, wurden die sunnitischen Kurden der nahen Umgebung von den Gendarmen dazu angehalten, diese Mordtaten zu verüben. Dafür durften sie sich alles aneignen, was die Opfer, die sich zuvor selbst entkleiden mussten, auf sich trugen. Um Patronen zu sparen, erstachen oder erschlugen sie die meisten oder stürzten sie Abgründe hinunter. Manche Leichen verbrannten sie, nicht der akuten Seuchengefahr wegen, sondern um der verschluckten Goldstücke habhaft zu werden. Leslie Davis und Henry Atkinson zählten und schätzten ein Minimum von 10'000 Toten rund um den See. Man hatte die Deportierten in der idyllischen Natur am Gölcük-See einen oder mehrere Tage lagern lassen und sie jeweils in noch unberührte Zonen geführt, damit sie ihr Schicksal nicht ahnten, nämlich dass sie sich in einem Vernichtungslager befanden. Mit der Ausrottung der Menschen ging die Zerstörung ihres Kulturgutes, vor allem der Kirchen, einher. Die Dutzenden von armenischen Dörfern, die Davis besuchte, boten alle den gleichen Anblick der Verwüstung, obwohl kaum je Kämpfe stattgefunden hatten.[551]

„Is it no wonder that Dr. Atkinson came home sick at heart, not wanting to live any longer on this wicked earth", schrieb Tacy Atkinson. Ihr Mann starb zwei Monate nach dem Erkundungsritt an Typhus.[552] Die „Untergrundeisenbahn", das heisst die von Missionaren und Dersimkurden organisierte Flucht Richtung Dersim, wurde

---

549 Riggs 1997, S. 140–149.
550 „[...] our vilayet seemed to be the slaughterhouse of the empire." Atkinson 1917, S. 13. Ebenfalls Riggs 1997, S. 139; Davis 1989, S. 87.
551 Davis 1989, S. 79–87 (mit Fotos im Anhang); Riggs 1997, S. 151–153. Die Frage stellt sich, wie sich die – vor allem zazasprachigen sunnitischen – Kurden jener Region zu solchen Verbrechen anhalten liessen. Neben dem Anreiz materiellen Gewinns, religiöser Aufstachelung und den Befehlen und Drohungen der Gendarmen muss der mentale Hintergrund der 1895er Pogrome mitbedacht werden. Auch Mary Graffam, die einen Deportiertenzug begleitete, berichtete von der Instrumentalisierung der Kurden (vgl. ihren Brief vom Juli 1915 aus Malatya ans *Bible House*, zit. in Graffam Partridge o. D., S. 11–14).
552 Atkinson 1917, S. 24 f.

zur einzigen Hintertür aus dem „Schlachthaus" für einheimische Christen. Der Strapazen wegen kam sie nur für Armenier mit guter Gesundheit in Frage. Allein die ABCFM-Missionare schickten Hunderte auf diese Weise weg. Dies war möglich bis März 1917, als der Vali Sabit ausgewechselt wurde.[553] Die letzte kollektiv organisierte Deportation aus Harput, die viele den früheren Karawanen entflohene Armenierinnen erfasste, fand im November 1915 statt.[554]

Im Herbst 1915 schien es, als gäbe es keine sinnvolle Arbeit mehr für die Missionare, von einer regulären ganz zu schweigen. Mehrere ABCFM-Missionare verliessen daher Harput, um in die USA zu reisen. Den übriggebliebenen stellte sich alsbald die unerwartete Herausforderung einer Flüchtlingsarbeit grössten Ausmasses. Sie begann damit, dass viele Frauen und Kinder aus frontnahen Zonen, denen die Flucht vor oder aus den Deportationen geglückt war und die im Sommer bei Kurden Unterschlupf gefunden hatten, nach neuen Beschützern suchen mussten, als die Front näher rückte und alle flohen. Weiterhin drang das Gerücht durch, in Harput gebe es noch „Christentum" – nämlich bei den Missionen –, so dass zahlreiche Flüchtlinge im Herbst und Winter sich dort einfanden und sich in den bis auf die Dachbalken ausgeraubten armenischen Häusern einnisteten. Die deutsche und die amerikanische Mission richteten je eine Bäckerei ein, und die Missionsärzte kümmerten sich um die vielen Geschwächten und Kranken. Die amerikanische Mission organisierte auch etwas Textilarbeit, um den Frauen einen kleinen Verdienst zu verschaffen. Allein 5'000 Bedürftige hingen bis 1917 vom ABCFM ab.[555] Geld für diese Nothilfe liessen sich die Missionare, die sich chronisch in Finanznot befanden, per Telegramm von Peet anweisen, manchmal mit dem Umweg über das Konsulat.[556] Verwandte in Istanbul oder im Ausland erkundigten sich über Peet – oder über die US-Botschaft, die die Anfragen an Peet weiterleitete – nach ihren Angehörigen und bemühten sich, ihnen Geld zu schicken, oft mit Erfolg. Auch auf diese Weise konnten manche unterhalten werden.[557] Henry Riggs schätzte 1917, dass noch etwa 25'000 armenische Witwen und Waisen in der Provinz Mamuretülaziz lebten, das heisst gut 10 Prozent der armenischen Vorkriegsbevölkerung. Er war der Meinung, dass insgesamt etwa ein Fünftel der Armenier in der Heimatprovinz oder im Exil überlebt hatte. Die Missionare konnten sich dank Postkarten, die sie von Überlebenden selbst aus den Konzentrationslagern in der syrischen Wüste erhielten, ein ungefähres Bild von der Situation machen.[558]

---

553 „[...] began a sort of underground railway for which our back porch [des Missionsspitals] was a station sending people to Dersim." Atkinson 1917, S. 18. Ausführlicheres über diese Fluchtmethode in Kap. 3.6.4.
554 Riggs 1997, S. 174.
555 Riggs 1997, S. 154.
556 Ein Beispiel: „Oct. 12. 1916, Rev. H. H. Riggs, care Consul Davis, Harpoot. Dear Mr. Riggs, Your urgent telegram of Oct. 7th. asking for two thousand Liras for the poor is received. I have already sent a sum for a like purpose to Consul Davis at his request and shall hope that the sum sent to you both will suffice to meet your wants in this line until I hear again from you. I am crediting your account for October with the above amount. Your letter dated August 11th to which your telegram refers I have not received yet. Yours faithfully [...]." ABC bh.
557 Nur ein Beispiel aus Peets telegraphischer Korrespondenz: „February 24, 1916, AMERICAN RIGGS, HARPOOT, PAY BENJAMINS MOTHER ANNA WHAT SHE NEEDS WHERE AND HOW IS SHE BENJAMIN IS WELL REPLY, PEET." ABC bh.
558 Riggs 1997, S. 175.

Die Regierung ihrerseits und einige Harputer Musliminnen suchten sich um die muslimischen Flüchtlinge, die *muhacir* aus dem Frontgebiet, zu kümmern. Doch zahlreiche von ihnen starben in der Stadt mangels genügender Versorgung. Anders als ihre Kollegen in Van und als Jakob Künzler in Urfa befassten sich die überforderten Harput-Missionare nicht mit der *muhacir*-Betreuung.[559] Beamte der Ansiedlungsbehörde des Innenministeriums, des *İskân-ı Aşayir ve Muhacirin Müdiriyeti*, wollten die kurdischen Flüchtlinge in den entleerten armenischen Dörfern Harputs ansiedeln, damit sie zur Versorgung der Region und der Armee im kommenden Jahr beitrügen. Das Experiment misslang gründlich und mit fatalen Konsequenzen für die regionale Versorgungssituation. Die Flüchtlinge verfügten nicht über die nötige Kenntnis für einen erfolgreichen Ackerbau. Ausserdem hatten sie, aus Furcht vor den Russen, eine Fortsetzung ihrer Flucht im Sinn. Im frühen Frühjahr 1916 brach tatsächlich eine Panik unter den Muslimen Harput-Mezeres aus, die mit dem Vorrücken der Russen nach Erzincan und dem Aufstand der Dersimkurden zu tun hatte. Manche ergriffen aus Angst vor einer russischen Invasion die Flucht.[560]

Nach Abbruch der türkisch-amerikanischen Beziehungen drängte der US-Botschafter die amerikanischen Missionare, Harput zu verlassen. Sie übergaben ihre Flüchtlingsarbeit ihren Kollegen vom Hülfsbund und reisten im Mai 1917 ab. Die Hülfsbund-Leute wurden ihrerseits von den Siegermächten 1919 des Landes verwiesen, doch konnten die schweizerische Mitarbeiterin Verena Schmidli und ihre dänische Kollegin Anna Jensen bleiben und wieder mit den zurückgereisten ABCFM-Freunden kooperieren.

3.7.5 Die Kontinuität des Kriegsregimes

Als der Waffenstillstand von Mudros am 30. Oktober 1918 geschlossen wurde, war Ali Seydi Vali von Elaziz. Kurz nach dessen später Amtsenthebung durch die liberale Nachkriegsregierung und vor Ankunft seines Nachfolgers Ali Galip gab Seydis Stellvertreter Hulusi am 18. Juni 1919 Mustafa Kemal telegrafische Informationen über das politische Leben vor Ort. Sie besagten, dass die *Vilayât-i Şarkiye Müdafaa-i Hukuk-i Milliye Cemiyeti*, die Vereinigung für die Verteidigung nationaler Rechte – „national" war Synonym für „muslimisch" –, in Harput eine Sektion eröffnet hatte und dass die zugehörigen lokalen Notabeln und Wortführer bereits Verbindungen mit Erzurum, Sivas und Diyarbakır knüpften. Die Sektion gab auch eine Zeitschrift heraus. Eine weitere wichtige Vereinigung in Elaziz war die Vereinigung für den Aufstieg Kurdistans, die *Kürdistan Teali Cemiyeti* mit Hauptsitz in Istanbul, die für ein autonomes Kurdistan eintrat und ausserdem ein Grossarmenien verhindern wollte.[561] Doch nur kurz wurde die unionistische Kontinuität in der Povinzregierung durch dieses liberale Zwischenspiel unterbrochen. Der Vali Ali Galip, der eine kurdische Autonomie begrüsste, übte sein Amt kaum zwei Monate aus, als er von Mustafa Kemal, dem er sich hätte entgegenstellen sollen, verdrängt und im September durch den Vali von Van, den albanischstämmigen Haydar, ersetzt

559 Riggs 1997, S. 178 f.
560 Riggs 1997, S. 181 f. Vgl. Kap. 3.6.4.
561 *Yurt Ansiklopedisi* 1982, S. 2504.

Abb. 90: Hülfsbund-Missionarin mit Ali Baba, vermutlich einem *dede,* 1930. Das Foto wurde wahrscheinlich in Geydemli, einem Dorf bei Marasch, aufgenommen.

wurde.[562] Haydar wurde bald ein ausgesprochener Feind von Henry Riggs, dessen Verbindungen zu den Kurden und Armeniern ihm ein Dorn im Auge waren.[563]

Das Gedankengut der kurdisch-alevitischen Autonomiebewegung war die einzige Brücke, welche die Dersimi mit den amerikanischen Harput-Missionaren, die Anfang 1919, nach zweijähriger Abwesenheit, wieder zurückkehrten, noch verbinden konnte, denn einer kooperativen Nähe standen die Behörden im Weg. Anfänglich wurden die Missionare zwar in Harput gut empfangen, und viele Leute, darunter ein türkischer Deputierter, äusserten ihnen gegenüber den Wunsch nach einem amerikanischen Mandat und einer gründlichen Neuordnung des Landes. Die Missionare interpretierten deren Suche nach Neuem auch religiös: „[…] very many Turks, and practically all Kurds, were looking for some new foundation for their lives." Ins *Euphrates College* begannen anstatt der Armenier die Kurden zu strömen. Bei Besuchen in kurdischen Dörfern wurden die Missionare herzlichst empfangen; gemeinsam schmiedete man Pläne für den Aufbau kurdischer Dorfschulen.[564] Doch die Behörden, die sich in den Ostprovinzen früh der Bewegung Mustafa Kemals verschrieben hatten, verdächtigten seit Mitte 1919 jeden missionarischen Kontakt mit den Dersimi als subversiv.

562 „He [Haydar] is most active and capable Turk official I have seen." Niles und Sutherland 1919, S. 8.
563 Vgl. Merrill 1943, S. 9.
564 Brief von Henry H. Riggs, Harput, 27. 2. 1919, ABC 16.9.9, Bd. 25D (reel 716: 178). Zitat aus Riggs 1941, S. 32.

```
                           C O P Y
           Those who took an active part in the Massacres in the city
                    of Harpoot and villages in 1915 and after.

1.  The officers:
    a.  Asum bey - the kaimakam, now in Constantinople, in command.
    b.  Ali Riza efendi, the police commissioner, now in Harpoot, from Pertag.
    c.  Mehmed efendi, commander of Jandarmery.
    d.  Suleiman efendi, Bash kiatib,Haji khder zade,now in Harpoot,very bad
    e.  Kemal efendi, Mufti for the Vilayet of Harpoot "    "    "
    f.  Police Jelal, now in Harpoot.
    g.      "    Idris,    "   "   "
    h.      "    Riza      "   "   "
    i.      "    Moohammed  Koorookli Zade.
    j.      "    Mustafa      "    "
    k.      "    Khalil efendi.
    l.      "    Tevfik bey.

2.  The local committee, who choose those who were to be massacred, the
    choice was left to the will of the Committee.  The names:
    a.  Haji Kerim-Chunger zade, the head of the committee.
    b.  Haji Said - deli Haji, the preacher of    " & a member of Parliament
    c.  Mustafa Babash efendi, the member of Parliament from Harpoot.
    d.  Mehmed bey, Balosh zade, now in Constantinople.
    e.  Bey zade Menmed Noori efendi, a member of Parliament from Harpoot.
    f.  Moohommed dai oghli, the head of Municipality, now a merchant in
        Harpoot.
    g.  Moohammed Tahir efendi from Hoglu, now in Harpoot, a merchant.
    h.  Hilmi efendi, Chakurji zade.
    i.  Haji Said efendi  "    "
    j.  Vehaj efendi Vaiz zade, now in Harpoot.
    k.  Faik Bey of Huseinig, the chief driver, spoiler and killer.
    l.  Moohammed efendi, Feize bey zade.
    m.  Teglukli zade Hakki efendi.
    n.  Ahish efendi  chorbaji zade.
    o.  Shafki   "        "      "
    p.  Hafiz    "        "      "
    q.  Osman, kolo zade.
    r.  Khalid efendi, begzade, mudir of Sorm, a very bad man.
    s.  Haji Ahmed efendi, begzade, who killed some college students they
        say.

                   In Perchenj - the chiefs among the people.

1.  Bocher Moostafa, shehek oghli.
2.  Haji Mahmood Agha,    "      "
3.  Shookri bey, Haji Hamid oghloo.
4.  Osman efendi,Odabashi      "
5.  Osman    "    Geoljookli   "
6.  Ali & Moohammed Askim      "
7.  Moohammed Tatar oghlou.
8.  Moostafa & Mamo Terzi.
                   In Hoglu
9.  Moostafa agha & Komer the sons of Bekir agha.
10. Ali bey.
11. Ibo bey, Ismail bey's son.
12. Kater Iso
13. Mamo Salas Son.
14. Hafiz Sherkat.
15. Kimer, the son of Bekir agha.
16. Ahmed agha, the son of Hasan agha.
17. Memed Agha Haji Tahirs' Son.
```

Abb. 91: Liste von Kriegsverbrechern der Region Harput. Dieselbe Liste existiert auch in handschriftlicher Form, ebenfalls ohne Autorenangabe. Sie wurde vermutlich von den amerikanischen Harput-Missionaren nach ihrer Rückkehr nach Harput 1919 zuhanden des alliierten Hochkommissariates zusammengestellt. Bei der Namensliste für Harput fällt bei höhe-

-2-

In Huseinig.

18. Faik bey, the right hand of the Vali Sabit bey.
19. Haji Hasan bey.
20. Ali bey.
21. Lootfi efendi major.
22. Ali efendi koochoog agha zade.
23. Ahmed Agha   "   "   "
24. Moostafa Agha   "   "   "
25. Urfit agha Chachou zade.
26. Tahir efendi Ismail efendi zade.
27. Mahmed efendi, the clerk.

In Vartatil.

28. Tosoon bey.
29. Zakaria bey, the chief killer.
30. Zoolfi bey, the chief spoiller.

In Morenig

31. Mahmood Agha   Dabaghzade.
32. Khalil efendi, Commissioner.
33. Ali jandarm, killer, spoiler, a horrible man.
34. Tuiyoob efendi, a former Major.

In Khooili

35. Haji Ahmed Agha.
36. Abdoollah efendi.

In Yegluki

36. Arab Moostafa agha.
37. Rashid bey.
38. U ogloo Doorsoon.
39. Noori Bey.

In Kesrig.

40. Jelal Moohammed efendi.
41. Sooleimon efendi.
42. Haji Hamdi bey.
43. Arif efendi.
44. Sakoob   "
45. Zekeria bey pilavji zade.
46. Idris efendi

In Ichme.

46. Mohammed agha Adigoozel.
47. "   "   Toofeukji.
48. Hasan efendi.
49. Mahommed agha Topal
50. Mehmmed   "   Imam ogloo.
51. Ismail abdal ogloo.
52. Adi goozele Bekir.

ren wie subalternen Beamten die öftere Erwähnung des Verbleibens im Amt auf, und zwar meist vor Ort. Ohne Datumsangabe, ABC bh. Vgl. Peet's schriftliche Bitte an Riggs um Information über die 1915-Verbrecher zuhanden der *High Commission Pera,* Brief vom 20. Januar 1920, sowie Riggs an Peet, Harput, 2. April 1920, über Assim Beys Rolle 1915; ABC bh Harpoot 1920.

In der Tat hegten die Missionare andere politische Perspektiven, als es die im Schosse Kemals Zuflucht findenden Unionisten taten. Wie nicht anders zu erwarten, spielte das Verhältnis zur nahen Vergangenheit eine wichtige Rolle. Während die Harput-Missionare die Alliierten mit ihren Berichten und Dokumenten belieferten, Informationen über die lokalen Genozidverantwortlichen zusammenstellten und die entsprechenden Prozesse, die im Februar 1919 in Istanbul begannen, begrüssten, bot sich den Verdächtigten die Gelegenheit, im Schosse der kemalistischen Nationalbewegung einer Aufklärung ihrer Vergangenheit zu entfliehen. Der unionistische „Patriotismus" stand bei der Nationalbewegung hoch im Kurs; die kemalistische Bewegung tat nur nach aussen so, als hätte sie sich von den Unionisten distanziert.[565]

Das Misstrauen der Behörden schränkte die Bewegungsfreiheit der Missionare schmerzlich ein, während die kontaktbedürftigen kurdisch-alevitischen Dersimi die politischen Möglichkeiten des ABCFM überschätzten: „[...] one element in the enthusiasm of the Kurds to receive the missionaries was their hope that they might thus be helped to attain political independence. Appeals began coming in, asking that America intervene to assure the establishment of an autonomous Kurdistan. The elements among the Kurds who were thinking in these terms were probably a very small percentage of the people, most of whom sincerely desired the help that missionaries had given to others and could give to them; but this small and vociferous percentage too soon attracted the attention of the Turks."[566] Bemerkenswert bei dieser Aussage Henry Riggs' war auch der Hinweis auf die relativ schmale Schicht kurdischer Wortführer, die wirklich politisiert waren.

Kaum ein Jahr nach Galips Ankunft in Harput begann die Serie von Ausweisungen praktisch aller Ostprovinzenmissionare, die 1922 ihren Abschluss fand. Henry Riggs musste Harput Ende 1920 innert fünf Tagen verlassen. Hauptgrund der Ausweisungen dieser und anderer protestantischer Missionare war die Furcht, diese wären in der Lage, die türkisch-sunnitische Basis der neu zu etablierenden nationalen Einheit bei einem beträchtlichen Teil der Gesellschaft in Frage zu stellen. „In most cases no charges were made against these Americans, but it came to be the

---

565 Halil Pascha, Envers Onkel, beschrieb es in seinen Memoiren so: „Führend unter denen, die in Erzurum die Aktivitäten leiteten, die in Aydın und der Ägäis-Region das Volk organisierten, waren İttihadisten. Nur den ausländischen Mächten gegenüber musste verheimlicht werden, dass die Bewegung eine Bewegung der İttihadisten war" (zit. nach Akçam 1996, S. 127). In der Tat war noch vor Gründung der Nationalversammlung eines der politischen Hauptgeschäfte der Nationalbewegung im Seilziehen mit der Istanbuler Regierung die Hintertreibung der Pozesse gegen die Kriegsverbrecher, die man zu Helden und Märtyrern der Nation stilisierte (vgl. Akçam 1996, S. 109–114).

566 Riggs 1941, S. 41. Henry Riggs resümierte bereits Ende 1919 in einem Brief an Barton die politischen Spannungen und die unbefriedigende missionarische Situation in Harput: „One thing has been a great disappointment to me this year. I had hoped before this to have established a good deal more of missionary contact with the Kurds than has yet been possible. The why is not in any lack of receptiveness or of need on their part, but mainly because the political situation here has made it practically impossible to have much intercourse with them. What little I have had has been so misconstrued and has aroused so much of suspicion on the one side, and of false hopes and expectations on the other, that I have avoided further advances until I could hope to have any other than a political significance attached to my movements. Popular imaginations greatly exaggerates the possibilities of my influence with the Kurds, and its possible result on the political situation of the Turks in this region." ABCFM 16.9.9, reel 716: 185.

general conviction that the reason for their expulsion was their active connection with Armenians, Kurds and other non-Turks in the country", schrieb Henry Riggs in der Retrospektive.[567] Nur in Marasch konnte der Hülfsbund bis zu seiner endgültigen Ausweisung Ende 1933 eine Missionsarbeit aufrechterhalten, die in engem Kontakt mit den dortigen meist *kurmanci*-kurdischsprechenden Aleviten stand. 1934 wurde ein letztes Grüppchen amerikanischer Missionare, die sich noch im kurdischen Osten befanden, aus Marasch ausgewiesen. Die Begründung der Regierung lautete, dass die öffentliche Sicherheit diesen Schritt erfordere.[568]

Im März 1925 brachte Scheich Said, der Anführer eines Aufstandes von sunnitischen zazasprachigen Kurden, Elaziz für ein Vierteljahr unter seine Herrschaft. Die Dersimkurden schlossen sich ihm jedoch nicht an (vgl. Kapitel 3.6.6). De facto blieb die Region bis nach dem Zweiten Weltkrieg unter „Kriegsregime" beziehungsweise im militärischen Ausnahmezustand. Ausländer durften sie erst ab 1965 wieder bereisen.

3.8 Schauplatz Van, 1908–1915

Wenige Monate vor der Wiedereinsetzung der Verfassung im Jahre 1908 erlebte Van einen regelrechten Belagerungszustand, den der Vali ausrief, um die Stadt minutiös nach Waffen und Munition absuchen zu lassen. Diese Massnahmen hatte der sogenannte Verrat Davos, eines enttäuschten Daschnak-Aktivisten, ausgelöst, welcher der Regierung die reichhaltigen Waffenverstecke seiner Organisation preisgab.[569] Kurze Zeit später wurde dieselbe Daschnak-Partei an der Macht beteiligt, indem sie eine Wahlallianz mit den Unionisten einging: Abrupter als in Van war der durch die Wiedereinsetzung der Verfassung ausgelöste Wechsel in die neue Ära nicht denkbar. Die Zukunft des jungtürkischen Vans sah in den Augen der politischen und missionarischen Wortführer in den Jahren vor dem Weltkrieg vielversprechend aus. Der tatkräftige liberale Vali Tahsin genoss bei Christen und Muslimen grosse Akzeptanz. Die Armenier waren durch die Daschnak an der Regierung beteiligt; ein armenischer Vertreter aus Van, Onnik Dersakian Vramian, sass im Reichsparlament in Konstantinopel ein. Die starken, dem jungtürkischen Aufbruch gegenüber loyal eingestellten, vor allem protestantischen Missionen trugen zur verheissungsvollen Situation bei. Zwar sorgte die Herausgabe unrechtmässig erworbenen Grund und Bodens, die sogenannte Bodenfrage, in der Provinz für armenisch-kurdischen Zündstoff. Zudem lagen sich die verschiedenen einander verfeindeten armenisch-revolutionären Gruppen in und um Van immer wieder in den Haaren. Auch das Spannungspotential innerhalb der Stadt war nicht gänzlich abgebaut; doch gingen die Wortführer der verschiedenen Gruppen davon aus, dass man sich auf dem Weg zur

---

567 Riggs 1942, Sektion 3, S. 43. George E. White wurde 1921 namentlich wegen eines Berichtes ausgewiesen, der besagte, dass viele Türken und Kurden der christlichen Mission gegenüber offen eingestellt seien; vgl. Moravian 1994, S. 450.

568 Vgl. SA 1933, Okt., S. 2 f.; Riggs 1942, Sektion 4, S. 17.

569 *25 Jahre ...* 1921, S. 46 f.; Terlemezian 1975, S. 13–22.

Prosperität und zu einer stabileren und gerechteren Ordnung befand. Daher war der Krieg ein unerwarteter Schock, der den gesamten Aufbau, der nach der sozialen Katastrophe von 1894–1896 unternommen worden war, zunichte machte. Der Krieg begann bereits mit der Mobilisierung und den Requisitionen im August, nicht erst mit der Dschihad-Erklärung im November 1914 das Land zu verheeren. Er zerstörte das osmanische Van 1915 vollständig und für immer. Das heutige Van erstand in der Folge einige Kilometer landeinwärts und ohne die Armenier.

3.8.1 Das jungtürkische Van oder der Glaube an Friede und Fortschritt

Das jungtürkische Van erweckte wie schon das späthamidische in mancher Beziehung den Eindruck einer modernen Stadt, wo sich junge Männer gerne europäisch kleideten, wo Fahrräder verkehrten, Zeitungen auflagen und bereits lokale Telefonlinien installiert wurden. Der Telegraf verband die Stadt seit der hamidischen Zeit mit der Hauptstadt. Handkehrum war vieles provisorisch in Van: Als Abwasserkanal diente der Strassengraben; während Polizei und Militär beste Infrastrukturen genossen, fanden sich Gerichte und Gefängnis in unzumutbaren Verhältnissen. Es gab keine einfachen Anreisemöglichkeiten und keine Eisenbahn.[570] Ein frappanter Kontrast von Armut und Wohlstand prägte das Stadtbild. „The citizens of Van are struggling with civic problems. There are thousand street beggars in Van mostly women", schrieb die Missionarin Jane Yarrow.[571] Auch die Grenznähe zu Russland machte sich im Strassenbild bemerkbar. Der Schweizer Weltenbummler Eduard Graeter notierte 1913 diese Eindrücke: „Ochsenwagen, rotbackige Kinder und Mädchen, rotweisse Laternenpfähle, Pappeln und Weiden, Fahrräder, die ersten russischen Reklametafeln und einige Männer in russischer Tracht, das ist was mir an Wan auffällt. […] Der Markt viel reicher an europäischen Waren als Bitlis, abends sind wir im Garten [der Hülfsbund-Station] wo unzählige Nelken duften und lesen Zeitungen vom zweiten Balkankrieg."[572] Die jungtürkische Wende brachte im übrigen Veränderungen im sozialen Umgang, so auch eine Liberalisierung der Liebesbeziehungen unter den jungen unverheirateten Armeniern. Mit Vorliebe gingen sie in die Weingärten vor der Stadt flirten.[573]

Trotz der Verbrüderungsszenen im Sommer 1908 gab es bald wieder schwere christlich-muslimische Spannungen. Ein Massaker nach dem Modell desjenigen von Adana sei von reaktionären muslimischen Kreisen in der Stadt Van minutiös auf den 26. April 1909 geplant gewesen, schreibt Ussher, doch habe ein schwerer Schnee-

---

570 Wenn die Missionare aus- oder einreisten, nahmen sie entweder die Route über Erzurum und das Schwarze Meer, die als länger und beschwerlicher galt, oder diejenige über den Kaukasus. Frieda Spörri beschreibt ihre Reise im Jahre 1911 über diese Route nach Berlin und zurück über Baku nach Van in Spörri (1935), S. 89–93, 100–103. Vgl. Ussher 1917, S. 138 f.

571 Brief von Jane Yarrow, Van, Nov. 1908, in Yarrow, *Excerpt ...*, S. 73, ABC bh. Vgl. Ter Minassian 1992, S. 141, 147.

572 Graeter-Tagebuch, 19. 7. 1913, S. 61.

573 Vgl. den Roman von Gardon (Wahram Gakavian) 1961, der nichts anderes als eine Autobiographie dieses Vaner Armeniers ist.

sturm dies durchkreuzt, und die Absetzung Abdulhamids am folgenden Tag habe die Situation entschärft.[574] Die tief verankerte Aufbruchsstimmung blieb in Van bewahrt. „We are at the jumping off place of this country, but we feel very much alive these days and are full of enthusiasm at future prospects for our Station", schrieb Anfang 1910 der junge Missionar Ernest A. Yarrow, seit 1904 in Van, an Peet: „[…] from now on you can expect to hear, in season and out of season of the wonderful Van field and its splendid opportunities."[575] Die amerikanische Mission begann sich mit dem ehrgeizigen Projekt eines Vaner *college* zu befassen. Von diesem erhoffte sie sich eine Ausstrahlung im ganzen Länderdreieck von Türkei, Russland und Persien; dabei ging sie von offenen Grenzen und freundnachbarlichen Beziehungen aus. „By establishing a college in Van we shall in no way shape or manner encroach on the territory of any other college in Turkey. We have a constituency which is second to none in this country and undoubtedly our influence will extend to Russia and Persia."[576] An den Missionsschulen gab es weiterhin Auseinandersetzungen mit armenischen Revolutionären, die sich freier denn je bewegten. Wie schon in der hamidischen Ära suchte die Leitung ihnen jeglichen Zugang zu den Schulen zu verwehren. Dank des jungtürkischen Wandels erweise sich in den Augen des Volkes die antirevolutionäre, reformorientierte Stellungnahme des Missionsleiters Raynolds mehr und mehr als richtig, meinte Yarrow in seinem Brief an Peet.[577]

Der Jahresbericht 1913/14 berichtete von einer ungesunden Konkurrenz neuer Schulinstitute, deren Hauptziel darin bestehe, den missionarischen Einfluss einzuschränken. Vermutlich meinte Yarrow, der Verfasser des Jahresberichtes, damit nationalistische und positivistisch orientierte armenische Gründungen. „For many years to come strong emphasis must be placed upon evangelical education", hiess die missionarische Gegendevise.[578] Wie mit der Mädchenschule in Marasch unternahm das ABCFM auch in Van 1913 mit der Gründung eines Kindergartens im türkischen Quartier eine Arbeit für eine muslimische Zielgruppe. Ein türkisches Komitee stellte die Infrastruktur bereit, das ABCFM übernahm die Erziehungsaufgabe. 30 Kinder besuchten im ersten Jahr diese von der Regierung begrüsste Einrichtung.[579] Elizabeth Ussher, die Frau des Missionsarztes, initiierte 1905 nach dem Beispiel der Harput-Station eine Produktion textiler Spitzen. Dies verschaffte fortan rund 100 mittellosen Frauen und Mädchen ein Auskommen. Ein einheimischer Fachmann brachte ihnen das Kunsthandwerk bei und beaufsichtigte die Werkräume. Frau Ussher importierte aus Irland besonders feine Wolle. Sie kümmerte sich auch um die heikle Aufgabe der Vermarktung; dabei wurde sie von einer Dame in Connecticut unterstützt. Der Versand der Ware zu Kunden und Händlern nach England, Amerika und in die Schweiz geschah per Post. Diese *lace industry*

---

574 Ussher 1917, S. 163 f.

575 An Peet, Van, 13. 2. 1910, ABC bh Box 137.

576 Ebd.

577 „[…] he will be more and more justified in the eyes of the people for the ground he has taken the past years especially on revolutionary questions. […] We have been so busy with revolutionists here at Van that we have not been able to think about much of anything else […]."

578 Jahresbericht 1913–1914, *Report of Van Station. Eastern Turkey Mission. A. B. C. F. M. 1913–1914*, ABC bh, S. 3.

579 *Report of Van Station. Eastern Turkey Mission. A. B. C. F. M. 1913–1914*, ABC bh, S. 2.

war selbsttragend und beschäftigte noch im Jahr vor dem Weltkrieg 100 Lehrtöchter beziehungsweise Klöpplerinnen.[580]

Die Amerikaner repräsentierten wie keine andere Ausländergruppe in Van Wohlstand, Fortschritt, humanitäres Engagement und eine beneidenswerte Lebensweise. Der wenig missionsbegeisterte Graeter meinte: „Die Amerikaner bewohnen ein schönes [Sommer-]Haus in Artmid [bei Van] und leben herrlich drin, essen Eis und trinken Thee mit Ahornzucker aus Kanada, Chokolade und 100 andern Leckerbissen von denen unser Herr und Heiland keine Ahnung hatte. Auch gehn sie in Samt und Seide, prangen wie die Lilien auf dem Felde und wissen besser als des Menschen Sohn wohin ihr Haupt legen. Mit einem Wort sie sind Lebenskünstler, und wenn sie sich nicht grad Missionare schelten liessen könnte man sie als Vorbild hinstellen."[581] Sich selbst sahen die Amerikaner nicht dermassen materiell gesegnet. „The people believe us to be enormously rich. Our modest style of living seems palatial to them." Immerhin konnte niemand den amerikanischen Missionaren vorwerfen, hochnäsig zu sein. Sie selbst hingegen kritisierten den Umgang der Konsule mit den Einheimischen in Van als arrogant.[582]

Die Tätigkeiten der deutschen Mission nahmen in den Jahren vor dem Ersten Weltkrieg sehr stark zu. Der Hülfsbund sprengte den ursprünglichen Rahmen der Waisenarbeit, indem er eine Evangelisationstätigkeit und auch in den Dörfern den Aufbau von Schulen zu betreiben begann. Dies führte zu ernsthaften Spannungen mit dem ABCFM, ohne einen Bruch in den freundschaftlichen Beziehungen zu bewirken. „Papa hatte manchen Kampf mit ihnen durchzumachen. Aber wir blieben doch die langen Jahre hindurch immer freundschaftlich verbunden miteinander. Wir hatten doch gemeinsam ein Ziel vor Augen, dem armenischen Volk zu helfen und ihre Kinder zu erziehen", lautete Frieda Spörris Kommentar.[583] Besonders wichtig wurde die Hülfsbund-Arbeit, die Evangelisation und Schulunterricht umfasste, in den Dörfern. Während im Jahre 1913 die zum Waisenhaus gehörige Schule elf Lehrer und 235 Knaben und Mädchen zählte, erreichte der Hülfsbund in

---

580 *Report of Van Station. Eastern Turkey Mission. A. B. C. F. M. 1913–1914*, ABC bh, S. 4, Yarrow, *Excerpt ...*, S. 66 f., ABC bh, und Ussher 1917, S. 72 f.

581 Graeter-Tagebuch, 23. 7. 1913, S. 68.

582 Yarrow, *Excerpt ...*, S. 30 (Zitat) und 77, ABC bh.

583 Spörri (1935), S. 76. Nicht ohne Ironie beschrieb Clarence Ussher das Verhältnis des ABCFM zum Hülfsbund so: „Pastor Lohmann negotiated [1905] the transfer of the orphanage work to the care of the Germans. The agreement was that the children should be sent to the American schools and that, for the sake of mission policy and to avoid rivalry and unchristian competition in the Lord's work, the Germans should not undertake independent educational or evangelistic work in our mission district. They and we were to have a uniform salary schedule for our native assistants, and when their orphans were educated we were to employ them, if suitable, as teachers and evangelists. Our medical department was to continue its care of the health of these children; their Schwester Clara Liese was permitted to act as our superintendent of our hospital and we highly appreciated her services. Naturally, during the first years this was an ideal agreement for the Germans, for they were able to give all their attention to the physical care of the orphans. Soon however, they felt the need of broadening their work and started schools, first in the orphanage, and then in the villages. When they began to draw away our teachers by offering higher salaries than those stipulated in the schedule we reminded them of their contract. ‚Oh', was their naïve reply, ‚you cannot expect us to keep that agreement now that it is no longer to our advantage.' So it became a ‚scrap of paper'." Ussher 1917, S. 75 f.

den Dörfern über 1'000 Schülerinnen und Schüler, unterrichtet von 22 Lehrern. Damit überflügelte er die Amerikaner in diesem Bereich ganz deutlich.[584] Die Dörfer lagen Johannes Spörri wie auch den übrigen Mitarbeiterinnen seiner Station[585] ganz besonders am Herzen. Die Dörfer schienen ihnen für „das stille stetige Wachstum", eine religiöse Herzensbildung oder auch nur eine gründliche Elementarbildung, die ihnen als Erziehungsideal vorschwebten, besser geeignet als die Stadt. Aus der Sicht der deutschen Missionarinnen wollten die Städter im Gegensatz zu den Dörflern rasch Schulerfolg auf höherem als Elementarniveau erreichen. Dies führte zu einer scharfen Konkurrenz zwischen den zahlreichen Schulen in der Stadt. Daher „leidet in den meisten armenischen Schulen ohne europäischen Einschlag die Unterstufe an Unterernährung, die Oberstufe jedoch infolge der in diesen schwachen geistigen Schülerorganismus hineingepfropften Leckerbissen wie Physik, Psychologie, Biologie (!), Kunde heidnischer Religionen, was man ‚Religionswissenschaft' nannte, an verdorbenem Magen", meinte die Hülfsbund-Lehrerin Käte Ehrhold, die Gelegenheit hatte, Unterricht an einer missionsunabhängigen armenischen Mädchenschule in Van zu erteilen. Statt praktischer Kenntnisse in Pädagogik, Kinderpflege und Psychologie „schwirrten diesen lieben jungen Mädchen unklare Begriffe über Nietzsche, Haeckel und Darwin durch die Köpfe".[586] Im Gegensatz dazu war die Dorfarbeit etwas Dankbares und Elementares. Mit den Dorfältesten einigte man sich über die Infrastruktur – die Dörfer mussten für die Schulräume aufkommen – und entsandte geeignete ehemalige Waisenknaben, die erfolgreich die Waisenhausschule absolviert hatten, als Lehrer. Lesen, Rechnen, Schreiben, biblische Geschichten, Gesang und etwas Geschichte gehörten zum Grundlehrplan, den der Hülfsbund aufstellte. Mädchen und Knaben besuchten solche Dorfschulen; Schulzwang bestand keiner.[587]

3.8.2 Die Bodenfrage in der Provinz

Die Boden- und Besitzfrage spitzte sich nach 1908 in allen Ostprovinzen, ganz besonders aber in Van zu, insbesondere in den vom Provinzzentrum weiter entfernten Gebieten. Der antiarmenische Druck unter Abdulhamid hatte viele Armenier zur Auswanderung nach Russland, Persien, Amerika oder Europa genötigt. Vor allem hatten die Pogrome von 1894–1896 die Besitzverhältnisse auf dem Lande gründlich zugunsten der Muslime verändert. Mit der Wiederausrufung der Verfassung zog es viele Emigranten zurück in ihre Heimat. Aber ihre Häuser und Äcker waren von Kurden besetzt, Besitzurkunden, falls vorhanden, waren in der Pogromzeit oft vernichtet worden. Der jungtürkische Staat versuchte unter dem Druck der Daschnak

---

584 „We had schools in about fourteen villages for which we paid at least half the teacher's salary", schrieb Jane Yarrow 1910, Yarrow, *Excerpt ...*, ABC bh, S. 83. Die ABCFM-Dorfarbeit wuchs nicht mehr, vgl. *Report of Van Station. Eastern Turkey Mission. A. B. C. F. M. 1913–1914*, S. 3 f., ABC bh.

585 Frieda Spörri, Tochter Irene, Anna Ableggen, Martha Kleiss und Käte Ehrhold.

586 Käte Ehrhold, „Aus der Schularbeit des Deutschen Hülfsbundes in Wan", in: *25 Jahre ...* 1921, S. 134 f., vgl. die Personalstatistik S. 97. Zur Schulstatistik: Graeter-Tagebuch, 23. 7. 1913, S. 68.

587 *25 Jahre ...* 1921, S. 135 f.

und der ausländischen Diplomatie diese kurdisch-armenischen Streitfälle zu regeln.[588] Damit stiess er die Kurden vor den Kopf, die mit dem Regimewechsel nicht
nur den Verlust ihrer Sonderstellung als *Hamidiye* zu verkraften hatten, sondern sich
mit dem ernsthaften offiziellen Versuch einer Vergangenheitsbewältigung konfrontiert sahen. Dazu gehörten öffentliche Schuldbekenntnisse und eben das Bemühen
um Restitution von Besitz. Wenige Jahre vor 1908 hatte die blutige Massregelung
der „aufständischen armenischen Millet" noch als verdienstvolle Tat für den Sultan-
Kalifen gegolten. Entsprechend rebellierten zahlreiche frustrierte sunnitisch-kurdische Führer gegen den jungtürkischen Staat. Sie taten dies unkoordiniert während
der ganzen Zeit bis zum Ausbruch des Weltkriegs. An der Grenze zu Russland
wurden sie dazu von russischer Seite ermuntert.[589]

Sich dessen wohl bewusst, dass er nur über die Religion oder mittels einflussreicher
Persönlichkeiten auf die Kurden einwirken konnte, entsandte der Staat den Nakşibendi-Scheich Hacı Yusuf nach Hınıs und Pasinler (Erzurum), um „die Loyalität
der Kurden und der Stämme unserer Regierung gegenüber zu befestigen und das
friedliche Zusammenleben mit den Nichtmuslimen zu ermöglichen".[590] Der liberale
kurdische Führer Abdulkadir, welcher der jungtürkischen Bewegung verbunden
war, begab sich mehrmals in die Provinz Van, um die dortigen kurdischen Führer
für eine kurdisch-armenische Kohabitation zu gewinnen. Abdulkadir war der Sohn
von Ubeydullah, diente als osmanischer Generalstabsoffizier und wurde nach dem
Krieg Präsident des osmanischen Senats. Er organisierte im Herbst 1909 eine
kurdische Zusammenkunft, die nach Meldung des französischen Gesandten aus
Van folgende Leitlinien ausgab: „La base de la constitution, conforme à la chériat,
est faite de l'étroite union des races. Nous devons vivre comme des frères avec nos
compatriotes arméniens; nous devons leur restituer les terrains en litige qui n'ont
pas encore été rendus. De même, les terrains dont les actes de propriété existent,
seront restitués. Inchallah, au printemps prochain, […] il n'y aura plus de motifs de
plaintes de la part du gouvernement. […] Nous travaillerons en outre à fortifier la
bonne entente et la concorde avec nos compatriotes; nous tacherons de faciliter
l'œuvre de châtiment entreprise contre tous ceux, sans distinction de race ni de
religion, qui commettent des méfaits. En travaillant pour le progrès de l'instruction,
de l'industrie et de la civilisation, nous nous efforcerons d'ouvrir des écoles partout
où le besoin s'en fera sentir, pour instruire les enfants des Kurdes, et nous montre-
rons nos bonnes dispositions en procurant collectivement les fonds nécessaires à la
création de ces établissements scolaires."[591]

Die wohlklingenden Worte führten nicht zu den angestrebten wohltuenden Taten. Spannungen, Mord und Totschlag, denen meist Armenier zum Opfer fielen,
gehörten zum Alltag in den Provinzdörfern von Van und Bitlis.[592] Der Staat besass

---

588 Vgl. BOA DH-SYS 67/1–2 vom 23. M. 1329 (24. 1. 1911); 67/1–6 vom 21. Ca. 1330; 23/2 vom
      17. S. 1332; 67/1–8 (38) vom 12. R. 1332; 67/1–9 (15) vom 1. Za. 1332, usw.
589 BOA DH-SYS 23/1 vom 8. S. 1330 (28. 1. 1912); 23/3 vom 27. Ra. 1332.
590 BOA DH-SYS 23/12 vom 9. B. 1331.
591 J. Desetti de la Money, „Essai d'Entente entre les Kurdes et les Arméniens", Van, 8. 11. 1909, zit.
      nach Bozarslan 1997, S. 162 f. Vgl. BOA 23/11 (3) vom 2. B. 1331.
592 BOA DH-SYS 106-1/1-1 (104) vom 3. 10. 1912 (21. L. 1330) und folgende Dossiers der Serie. Vgl.
      Bozarslan 1997, S. 179–181 (französische Konsularberichte). Vgl. auch Ahmad 1982, S. 419 f., 423.

nicht die Autorität, um die Restitutionen gegen widerspenstige Kurdenführer durchzusetzen. Spätestens seit den Balkankriegen hatte er auch nicht mehr den Willen
dazu, da ihm alles daran lag, die Kurden gegen Russland zu gewinnen. Daher band
er die ehemaligen *Hamidiye Alayları* als Stammesbrigaden, *Aşiret Süvarı Alayları,*
wieder an sich.

3.8.3 Die Wende von 1914

Van hatte Anfang 1914 eine schwere Typhusepidemie durchzustehen, die zu Spannungen zwischen Mission, Militär und Regierung führte. Als sich erste beunruhigende Anzeichen der Seuche unter den Soldaten mehrten, versuchten die verantwortlichen Behörden alles, um den Anschein einer kontrollierten Situation zu erwecken,
die nichts mit dem gefährlichen Typhus zu tun hätte. Clarence Ussher wurde
gehindert, einzugreifen, so dass er sich gedrungen sah, über Peet in Istanbul bei der
Zentralregierung zu intervenieren: „I presume the authorities who are making such
an effort to hide the facts will not thank me for publishing the truth. I leave it to your
discretion to decide how much to make public. I would rather save the lives of some
poor fellows away from home than retain the friendship of some high in authority
much as I value their friendship."[593] Die Zentralregierung entsandte neue Ärzte und
Inspektoren, die mit Ussher zusammenarbeiteten. Da seit dem Ausbruch der Seuche
schon viel Zeit verstrichen war, starben insgesamt 2'800 der 4'500 in Van stationierten Soldaten. Nach Ussher überlebten 98 Prozent der ins Missionsspital ein-
gelieferten Kranken (oft Offiziere und nicht gemeine Soldaten), hingegen bloss
25 Prozent im Militärspital. Der Vali Tahsin liess dem Missionsarzt eine offizielle
Dankesnote überbringen.[594] Diese gemeinsam durchgestandene Katastrophe stärkte
die Beziehung von Mission und Regierung.

„Hoffnungsvoller denn je blickten die Armenier in die Zukunft und wir mit
ihnen", so beschrieb Käte Ehrhold die Zuversicht in den Monaten vor Kriegsausbruch. Mit dem Reformplan schien es, „als wolle endlich das Morgenrot einer
neuen Zeit anbrechen, die ihnen ein menschenwürdiges Dasein, Sicherheit für
Glauben, Leben, Heimat, Eigentum und Schutz gegen die Entehrung ihrer Frauen
geben würde. [...] der hier und dort in den Köpfen einiger politischer Heisssporne
auftauchende Plan einer Lostrennung von der Türkei verblasste mehr und mehr."[595]
Auch der Jahresbericht des Schuljahres 1913/14, den Ernest Yarrow Mitte 1914 für
seine Mission verfasste, gab sich optimistischer denn je und mit ungebrochenem
Vertrauen in die Regierung des „guten Vali" Tahsin.[596]

„Politically the year has been filled with grave possibilities, and the fact that
the present outlook seems brighter than any year since the granting of the Constitution [1908], ought to encourage all those who are praying for the pacification
and advancement of this troubled region. Three events of far reaching importance

593 Ussher, Van, 5. 1. 1914, ABC bh Van Typhus.
594 Ussher 1917, S. 198–201.
595 Ehrhold 1937, S. 8.
596 Tahsin genoss auch unter vielen Armeniern einen guten Ruf, vgl. Ter Minassian 1991, S. 146 f.

are in the main the cause of the reviving hope that there may be a possibility of the Government controlling the situation and giving a fair degree of justice to these Eastern provinces. The first was the extermination, under strict orders of our strong Vali Tahsin Bey, of three notorious Kurdish brigands, who for years have kept certain districts of our province in an actual state of siege. The second was the breaking of the general Kurdish storm against the Governement focussed about the city of Bitlis which is ninety miles distant from us. Toward the end of March the Kurds in great force attacked the city of Bitlis with the purpose of making it to the centre of a new Kurdish Kingdom. The attack was anticipated and repulsed, and as a result, fourteen of the leading Kurds were captured and hanged in the market place of the city. [...] The third event is happily one of more constructive nature, viz. the appointing of two European Commissioners, with extensive powers over the Armenian provinces."[597]

Nach Massgabe dieser politischen Zuversicht und als „Krönung des erzieherischen Werkes" des ABCFM in Van nahm 1914 das seit Jahren ins Auge gefasste *college*-Projekt Gestalt an. George Raynolds hatte sich im Herbst 1913 in die USA begeben, um Finanzen dafür zu beschaffen. 1914 zählte man 1'260 Schülerinnen und Schüler in den drei Vaner ABCFM-Schulen. Darüber hinaus hatte das ABCFM Dorfschulen in der Region Van unter seiner Aufsicht, die 1913/14 448 Schüler und 168 Schülerinnen unterrichteten. Auch diese Arbeit sah im Sommer 1914 hoffnungsvoller denn je aus, Reisen aufs Land waren sicher geworden.[598]

Der Kriegsausbruch in Europa jedoch und die unionistische Kriegswilligkeit wendeten die Situation alsbald zu einer tiefen Krise und zur Katastrophe. Als die Van-Delegation des ABCFM Anfang August vom Treffen der *Eastern Turkey Mission* in Harput zurückkritt, wurde sie Zeugin brutaler Konskriptionen eines noch nicht erklärten Kriegs. Sie traf ausserdem eine Gruppe junger deutscher und türkischer Offiziere an, die begierig darauf waren, von den Missionaren, denen sie offenbar einen besseren Informationsstand als sich selbst zutrauten, Neuigkeiten vom Krieg in Europa zu erfahren.[599] Das erste deutliche Wendezeichen zeigte sich, als der Norweger Major Hoff, einer der beiden für die Umsetzung der Ostprovinzenreformen entsandten Inspektoren, Anfang August in Van ankam. Der Vali Tahsin empfing ihn eisig, während die armenische Bevölkerung und Führung ihn als sehnlichst erwarteten „Messias", so die Worte des Daschnak-Führers Michaelian Ischkan, begrüssten.[600] Am 16. August, dem Tag der Generalmobilmachung, schickte die Regierung Hoff zurück. Ein weiterer Graben zwischen Armeniern und Türken brach auf: Aktiv beeinflusst durch die Regierung, solidarisierten sich diese ganz mit den Mittelmächten, während die Sympathien der Armenier klar bei der *Entente* lagen. Immer wenn eine reale oder gefälschte Siegesmeldung des deutschen Heeres per Telegramm eintraf und öffentlich verlesen und gefeiert wurde, war dies ein Anlass für Friktionen zwischen den beiden Gemeinschaften.[601]

---

597 *Report of Van Station. Eastern Turkey Mission. A. B. C. F. M. 1913–1914,* ABC bh, S. 1.
598 Grisell McLaren, „Report of Van Station Village Work, 1913–1914", Van, 26. 6. 1914, ABC bh ETM 1913 f.
599 Ussher 1917, S. 214 f.
600 Ter Minassian 1989, S. 39.
601 Vgl. Pietschmann 1940, S. 310.

Abb. 92: Rekrutierung in Van, Spätsommer 1914.

Requisition und Mobilmachung für den noch nicht erklärten Krieg trafen die Ostprovinzen und Van besonders hart. Der wenig später von Enver Pascha als Instruktor von Gebirgsjägern engagierte Österreicher Victor Pietschmann schrieb am 16. August 1914 bei seinem Aufenthalt in Ahlat (Provinz Van): „Rechtsverletzung, arge Vergehung am Eigentum des einzelnen ist es unter allen Umständen, wenn das Militär zum Beispiel den Händlern hier ganze Herden von Schafen und Ziegen wegtreibt und einfach erklärt, die Soldaten brauchten eben Lebensmittel. [...] Den Bauern nehmen sie hier ihre Ernte weg, das Getreide und die anderen Feldfrüchte; mit der gleichen, wenig stichhaltigen Begründung. Und dabei zwingen sie oft noch die Betroffenen, das ihnen gestohlene Gut (denn Diebstahl ist es auf alle Fälle) entsprechend herzurichten."[602] Frieda Spörri berichtete über die Mobilmachung: „Es war ein furchtbarer Anblick für mich, wenn ich zusehen musste, wie Hunderte von alten und jungen Männern nur mit einem Hemd und einer Unterhose bekleidet, barfuss mit etwas Proviant in einem Säckchen auf dem Rücken, nach einem stundenweiten Marsch ermüdet, von den rohen türkischen Soldaten [Gendarmen] vor sich her gejagt, der Stadt Wan zuwankten. Nicht etwa in einer Kaserne, um endlich auf einem, wenn auch harten Lager auszuruhen, nein Tage und Nächte lang sassen sie auf dem Rasen, oder am Strassenrand vor dem Regierungsgebäude, harrend was nun kommen werde."[603] Die Missstimmung gegen die Regierung stieg. Diese organisierte im September in der Stadt Freudendemonstrationen, an denen nur Muslime teilnahmen, um die Abschaffung der Kapitulationen, der verhassten Privilegien von Ausländern, zu feiern.[604]

602 Pietschmann 1940, S. 289.
603 Spörri (1935), S. 110. Vgl. auch die Zeugnisse aus Van in Kap. 3.4.3.
604 Ussher, Van, 12. 9. 1914, ABC bh.

Die auf Oktober 1914 vorgesehene Ablösung des relativ beliebten, seit der jungtürkischen Revolution amtierenden Valis Hasan Tahsin, Envers Cousin, durch Cevdet, Envers Schwager, symbolisierte den Übergang vom zivilen zum Kriegsregime. Wie in der ganzen Türkei stand das ABCFM seit 1908 auch in Van in enger, freundschaftlicher Beziehung zur Regierung, mit der es eine gemeinsame Aufgabe zu teilen glaubte. Die Freundschaft mit Tahsin nährte vermutlich in den Van-Missionaren während jener ersten Kriegsmonate eine etwas unrealistische Zukunftssicht und liess sie die vorangegangenen Warnzeichen unterbewerten. Mit Abschiedsworten, die vor Lob strotzten, beglückwünschten die Missionare Tahsin zu seiner „Beförderung" zum Vali von Erzurum. Sie genossen die Bestätigung, die der scheidende Vali ihnen aussprach. „Yesterday afternoon the old and the new Vali and the consuls came to a fare well tea and we presented the Vali who was leaving with an adress of appreciation of his services to the vilayet. In the reply he spoke of his appreciation of the services the missionaries had rendered not only to the people but also to the Government and ascribed what enlightenment there was in Van, to the work of the American Missionaries. An Armenian lady teacher presented the Vali with a piece of embroidery as a memento. He seemed much touched by the expression of personal gratitude from an Armenian."[605] Die Missionare Ussher und Raynolds sahen jedoch schon wenig später auf dem Marktplatz ihre Namen öffentlich angeschlagen mit der Forderung, sie hätten rückwirkend Taxen für die Mission zu bezahlen.[606] Wegen eines Unfalles seiner kleinen Tochter auf der Abreise aus Van verlängerten sich indes Tahsins Aufenthalt und Amt bis zu seiner endgültigen Abreise im Februar 1915, was zur Verhinderung einer Eskalation beitrug.[607]

Die Erklärung des Dschihad im November 1914 erhöhte das Misstrauen zwischen Christen und Muslimen in der Provinz.[608] Der Vaner Deputierte des osmanischen Parlamentes, der Daschnak Vramian, war fest entschlossen, die Loyalität zur Regierung unter Beweis zu stellen, und stemmte sich einer Eskalation der Unzufriedenheit gegen den Staat entgegen, den die Vaner Armenier kaum mehr als den ihrigen anerkannten: Die Daschnak halfen daher der Regierung, die Konskription und die Requisitionen möglichst reibungslos durchzuführen. Vramian sah sich Anfang 1915 gedrungen, dem Innenminister Talat ein ausführliches Beschwerdeschreiben aufzusetzen. Der Grund dafür waren schwere Massaker, welche die Behörden in den armenischen Dörfern in jenen Teilen der Provinz verübten, wo sich die Russen im Dezember 1914 kurzfristig etwas zurückgezogen hatten (um Saray östlich von Van), aber auch andernorts.[609] Jenen Armeniern wurde Kollaboration mit dem Feind

---

605 Ussher im Brief vom 14. 10. 1914 ans *Bible House,* ABC bh. Der Vali von Erzurum scheint 1915 einer der einzigen Verantwortlichen gewesen zu sein, der eine vergleichsweise anständige Umsiedlung der Armenier seiner Provinz zu organisieren suchte (vgl. Riggs 1997, S. 120, und Zurlinden 1917, S. 668 f.; vgl. auch Beylerian 1983, S. XLVII, und Gust 1993, S. 218, 226 f.).

606 Ussher im Brief vom 14. 10. 1914 an Peet, ABC bh. Vgl. Usshers Petition an den neuen Vali vom 14. 10. 1914, als Beilage seines Briefes an Peet vom 17. 10. 1914.

607 Vgl. E. Yarrow im Brief vom 17. 10. 1914 ans *Bible House,* ABC bh; Ussher 1917, S. 234.

608 Ter Minassian 1989, S. 40.

609 „Rapport de Vramian, député de Vaspourakan (Vilayet de Van), à la Chambre ottomane, présenté à Talaat Bey, Ministre de l'Intérieur", in *La Défense héroïque de Van* 1916, S. 13–33; wahrscheinlich

vorgeworfen, ermordet wurden aber auch Frauen und Kinder.[610] Clarence Ussher hatte bereits Ende Oktober beim US-Botschafter Henry Morgenthau krasse Übergriffe bei der Mobilmachung gemeldet, zum Beispiel willkürliche Erschiessungen von Bauern und Knaben bei der Feldarbeit, wenn sie in den Augen der Aushebungsbeamten nicht genug rasch Folge leisteten. Usshers pathetische Schlusssätze lauteten: „We know that those who are foolish enough to bring irregularities to the attention of the higher authorities will suffer for it through the lower officials who have a thousand ways of wreaking their vengeance. In spite of this knowlegde we feel that the welfare of the country and people to whom we are giving our best service and the best years of our lives demands that we take the risk and inform His Imperial Majesty, the Sultan, of the injustice of which I can not believe he is cognizant. We hope the Embassy will see fit to present our petition."[611]

Schon bald begannen sich die direkten Kriegsauswirkungen in Van zu zeigen. „Es ging dem Winter zu. Unsere armen Soldaten waren nicht ausgerüstet für die Kälte. Nicht lange ging es bis Nachricht kam, dass einer Anzahl Soldaten an der russischen Grenze die Füsse und Beine abgefroren seien. Bald kamen Transporte auf Ochsenkarren, Verwundete, Kranke und Tote alles beieinander", schrieb Frieda Spörri.[612] Martha Kleiss vom Hülfsbund anerbot sich, im Lazarett die Pflegeaufsicht zu übernehmen, was Cevdet dankend annahm. Ussher hatte schon im September 1914 Schritte zur Gründung eines Rotkreuz-Korps in Van unternommen. Im Winter bildete er 30 Armenier als Helfer aus und erklärte nach Absprache mit Peet und Morgenthau das Missionsspital zum amerikanischen Rotkreuzspital.[613] Frieda Spörri weiter: „Immer mehr und mehr Verwundete kamen, besonders solche mit ganz schwarz abgefrorenen Beinen, die dann amputiert werden mussten. Der Jammer wurde immer grösser, aber man dachte nichts anderes, als die Deutschen werden siegen und dann sei der Krieg bald vorüber, und Schwester Martha [Kleiss] kehre dann wieder gesund in unsere Waisenhäuser zurück."[614]

Der Krieg, der vermeintlich rasche Sieg und alle mit dem Krieg verbundenen Massnahmen wurden von weiten Kreisen der Bevölkerung in den Ostprovinzen als deutsch aufgefasst – aber auch die Verantwortlichkeit für die Verluste und insbesondere für die Vernichtung der Armenier wurde mit Deutschland in Verbindung gebracht. Unter den Kurdinnen verbreitete sich im Winter 1914/15 unter dem Ein-

handelt es sich um eine bloss teilweise Übersetzung. Der Bericht war auf den 14. 2. 1915 datiert. Cevdet wurde nicht erst auf Grund von Vramians Beschwerde an den Innenminister zum Vali ernannt (vgl. Ter Minassian 1989, S. 40–44).

610 Gürün 1983, S. 238–240, zitiert osmanische Militärquellen über solche Kollaborationen. Die Heimatdörfer von Fahnenflüchtigen oder „Rebellen" wurden niedergebrannt, die Frauen misshandelt, Jugendliche getötet (Ehrhold 1937, S. 9).

611 Van, 28. 10. 1914, ABC bh.

612 Spörri (1935), S. 110.

613 Brief vom 19. 9. 1914, ABC bh; Ussher 1917, S. 232 f. Vgl. Kap. 3.4.5.

614 Spörri (1935), S. 111. Victor Pietschmann notierte am 1. September, als er beim Hülfsbund in Van zu Gast war, in sein Tagebuch: „Und heute haben wir beschlossen und abgemacht: Wenn die Deutschen in Paris einziehen, dann wollen auch wir hier ein Fest feiern und den Tag freudig begehen, der endgültigen Sieg über einen seiner Feinde brachte." Wenige Tage zuvor hatte ihm allerdings Frieda Spörri, als er in Van eintraf, gesagt, mit „Deutschland und Österreich stünde es ganz und gar nicht so gut, wie die türkischen Telegramme meldeten, die offensichtlich gefälscht seien, um das Volk zu beruhigen" (Pietschmann 1940, S. 318, 303).

druck der Opfer an der Ostfront folgendes *kurmanci*-kurdisches Klagelied: „Deutscher, Deutscher / Warum hast du nicht für das Recht gesorgt / Dein Haus sei verflucht, Deutscher / Du hast unsere Männer umgebracht / Dein Haus verfalle dem Untergang, Deutscher / Du hast unsere Männer ausgerottet."[615] Von Van bis Aleppo ging das Diktum um, der Angriffskrieg mit dem Desaster von Sarıkamış und der Völkermord an den Armeniern gingen auf das *ta'lim-i Alman*, die Doktrin der Deutschen, zurück.[616]

3.8.4 Das Ende des osmanischen Van

Die Belagerung Vans und seiner „armenischen Aufständischen", die armenische Verteidigung und das menschliche Drama sind Thema mancher Bücher und Buchkapitel geworden.[617] Ich beschränke mich hier auf die Rahmengeschichte und die Skizzierung der Ereignisse vom Gesichtspunkt der Interaktionen von Mission, Ethnie und Staat. Noch am 30. März 1915 begrüssten die osmanischen und die armenischen Notabeln von Van gemeinsam *extras muros* – wie es zum guten Ton gehörte – den von der persischen Grenze zurückkehrenden Vali Cevdet. Cevdet konzentrierte in jenen Tagen 2'000 reguläre sowie mehrere tausend kurdische Soldaten der *Aşiret Süvarı Alayları* in und um Van.[618] Am 14. April verlangte Cevdet die Einordnung aller Armenier Vans im Alter zwischen 18 und 45 Jahren in unbewaffnete Arbeitsbataillone für die Grenzregion. Deserteuren drohte die Todesstrafe, ihren Familien die Deportation nach Syrien oder Irak. Die Sitzung des Armenischen Rats der Stadt am selben und die Daschnak-Versammlung am folgenden Tag verliefen stürmisch. Man erklärte sich bereit, sofort 500 *amele*, Arbeitssoldaten, zu senden. Der Daschnak-Führer Ischkan übernahm die Aufgabe, im armenischen Städtchen Schatak südlich von Van, wo nach der Verhaftung des Schulleiters, eines Daschnak-Mitgliedes, Aufruhr herrschte, zu vermitteln. Cevdet liess Ischkan auf dem Weg dorthin in der Nacht vom 16. auf den 17. April ermorden. Am 17. April liess er Vramian, den armenischen Deputierten von Van, verhaften.[619] Ussher begab sich an jenem Tag zu Cevdet. Dieser befahl vor Usshers Augen dem Obersten des ihm unterstellten Regimentes – das er *Kasab Taburi*, Metzger-Regiment, zu nennen pflegte –, Schatak mit Stumpf und Stiel auszurotten. In

---

615 „Alamani, Alamani / Te çıma mera qenûnek danani / Ar dı mala te kevi Alamani / Te paşiya mêran mera ani / Mala te bişevıte Alamani / Te-kokê mêran mera ani" (Dersimi 1986, S. 74 f.). Übersetzungshilfe: Hamit Bozarslan.

616 Vgl. das Schreiben von Eduard Graeter und Martin Niepage vom 8. 10. 1915 aus Aleppo an das Auswärtige Amt; abgedruckt u. a. in *Berner Tagwacht*, 12. 8. 1916. Vgl. Krischtschian 1930, S. 10–14.

617 Eine reichhaltige Synthese auf Grund vorwiegend armenischsprachiger Quellen bildet Ter Minassian 1989, verschiedene deutschsprachige Quellen bezieht Gust 1993, S. 172–184, ein. Berichte missionarischer Augenzeugen sind Ussher 1917, S. 213–314, Ehrhold 1937, S. 10–31 und der unveröffentlichte Bericht von Frieda Spörri (1935), S. 110–125. Aus osmanisch-militärischer, aber in der Retrospektive sehr kritischer Warte schrieb de Nogales 1925, S. 38–71, und 1932, S. 269–275; aus zeitgenössischer armenischer Perspektive die anonyme Schrift *La Défense héroïque de Van* 1916.

618 Vgl. Ter Minassian 1989, S. 43.

619 Vgl. Ussher 1917, S. 236 f.; Ter Minassian 1989, S. 44 f.

Wirklichkeit ging das Regiment allerdings nicht ins entfernte Schatak, sondern übte das ihm Aufgetragene in nahegelegenen armenischen Dörfern aus. Muslimen verbot Cevdet bei Todesstrafe, Armeniern zu helfen.[620]

Die Ausrottung der Armenier in der Provinz Van hatte begonnen, doch die wenigsten Stadt-Vaner wussten davon. Nur wenige Dörfer, so das nahegelegene Schuschantz, versuchten sich zu verteidigen. Der venezolanische Offizier in osmanischen Diensten De Nogales ritt vom 19. bis 21. April dem Nordufer des Vansees entlang nach Van, wo er am 22. das osmanische Belagerungskommando übernahm. Er beschrieb die Blutbäder in den Dörfern, die er durchquerte. Ein Gemeindevorsteher konterte seine Anordnung, sofort mit den Massakern aufzuhören, mit dem Hinweis, er gehorche einem schriftlichen Befehl des Valis, der besage, „alle männlichen Armenier von 12 Jahren an aufwärts seien auszurotten". De Nogales fuhr fort: „Im Hinblick auf diesen rein zivilen Auftrag, dessen Ausführung ich als Soldat nicht verhindern konnte, befahl ich den mich begleitenden Gendarmen sich zurückzuziehen."[621]

Die zutiefst beunruhigte Führung der Stadtarmenier bat Ussher und Yarrow am 17. April um Vermittlung in der Frage der Konskriptionen für die Arbeitsbataillone und der Freilassung Vramians. Dieser wurde jedoch auf Weisung der Zentralregierung Richtung Hauptstadt geschickt, aber zwischen Van und Bitlis verschwand er, wie man später erfuhr, für immer. Die Daschnak konstituierte ein Militärkomitee und bereitete fieberhaft die Verteidigung des armenischen Quartiers vor.[622] Cevdet drängte Ussher, auf seinem Missionsareal, das von strategischer Bedeutung war, 50 Soldaten „zum Schutz der Mission" stationieren zu lassen. Ussher verlangte eine eintägige Bedenkfrist. Das Zögern des Missionars, der davor zurückschreckte, ein strategisches Spiel gegen die Armenier mitzuspielen, erboste Cevdet zutiefst. Sein Plan schien es gewesen zu sein, am 19. April mit einem Überraschungscoup den armenischen Stadtteil wie die umliegenden Dörfer auszulöschen. Von diesem Tag an hegte Cevdet einen unverhohlenen Hass gegen die amerikanischen Missionare. Ihm wie den übrigen kriegsverantwortlichen Jungtürken wurden die missionarische Beobachtung und die verbale Intervention zu einem Stachel im Fleisch. Als Hausarzt seines geschätzten Vaters Tahir Pascha, Vali von Van von 1898 bis 1906, hatte Ussher Cevdet schon als Buben gut gekannt. Er war daher für den ehrgeizigen jungen Mann eine Art verhasstes moralisches Über-Ich.[623]

620 Ussher 1917, S. 237 f., 265, 268.

621 De Nogales spricht vom *beledije reisi* (Gemeindevorsteher) von Adil-Yavuz, vermutlich meinte er aber den *kaymakam* von Adil-Cevaz, den er nachher erwähnt. Für einen einzelnen Offizier wie de Nogales war es kaum möglich, durchzugreifen. Sieben Armenier hatten bei ihm Zuflucht gefunden, als er die Metzelei in Adil-Yavuz beobachtete. „Als ich vor dem Stadthaus abstieg, kam mir der Kaimakam entgegen und sprach mir im Namen der Regierung seinen Dank dafür aus, dass ich die Stadt vor dem furchtbaren Angriff der Armenier gerettet hätte. Sprachlos vor dieser bodenlosen Unverfrorenheit, wusste ich anfangs nicht, was ich ihm antworten sollte. Als ich ihn dann bat, er möge sich meiner Schützlinge erbarmen, versprach er mir dies in der feierlichsten Form und setzte ernst und würdevoll hinzu, er bürge mir für das Leben der Leute mit seinem eigenen Kopf (baschim üserinde). Des ungeachtet liess er sie noch in der Nacht abschlachten und ihre Leichen in den See werfen, zusammen mit denen von 43 anderen Armeniern, die er, Gott weiss wo, vor mir verborgen gehalten hatte" (De Nogales 1925, S. 42–54, Zitat S. 46).

622 Ter Minassian 1989, S. 45 f., 54 f.

623 Vgl. Sigmund Freuds *Psychologie des Unbewussten*, Kap. „Das Ich und das Es" (Freud 1982).

Mit dieser Instanz stand die erste Unionistengeneration, die mit ihren Vätern im hamidischen *Ancien régime* abgerechnet hatte, grundsätzlich auf Kriegsfuss.[624] Wenige Tage zuvor, am Freitag Nachmittag, 16. April, hatte das ABCFM noch eine gemeinsame *tea party* angesagt, zu der Cevdet dann allerdings nicht hatte kommen können. „Now he threw off all disguise in his communications to us", schrieb Ussher.[625] Cevdet richtete nach Ausbruch der Kämpfe Artilleriegeschütze auf die amerikanische Mission, doch die Aufmerksamkeit des Belagerungskommandanten de Nogales verhinderte deren Einsatz. Dennoch trafen bei anderer Gelegenheit einige Geschosse die Mission. Ein barsch abgefasster Brief Usshers, der mit Hinweis auf das internationale Recht Cevdet davor warnte, weiterhin Granaten auf die Mission oder in unmittelbare Nähe des mit amerikanischen und Rot-Kreuz-Fahnen deutlich markierten Areals abzufeuern, trieb Cevdet zur Weissglut.[626] Spörris zogen seit Beginn der Belagerung neben der deutschen auch eine Schweizerfahne auf ihren Gebäuden auf.[627]

Den Auslöser zur offenen Auseinandersetzung der armenischen Stadtgemeinschaft mit der Regierung am 20. April 1915 beschrieb Käte Ehrhold, ausgehend von ihren Tagebuchaufzeichnungen, folgendermassen: „Ausgerechnet vor den Fenstern unserer Waisenhäuser spielte er sich ab. Eines unserer auswärtig [in Schuschantz] verheirateten Mädchen, das wie viele andere Dörfler in banger Ahnung kommender Gefahr zu uns flüchten wollte, entwand sich auf der Strasse den gewaltsamen Griffen eines türkischen Soldaten. Der begann daraufhin zu schiessen und unverzüglich wurde aus den bereits heimlich fertiggestellten, gut verborgenen Schützengräben der Armenier geantwortet. In wenigen Stunden war das lieblich im ersten Frühlingsgrün leuchtende Wan Schauplatz eines blutigen Bürgerkrieges geworden; über Nacht waren die armenischen Viertel [...] in einen modernen Kampfplatz umgewandelt mit Schützengräben, Hauptquartier, Munitionslager, Lazarett usw. Wie aufgescheuchte Vögel eilten die Bewohner der umliegenden Dörfer mit ihren Habseligkeiten den deutschen und amerikanischen Missionsstationen zu, soweit es ihnen überhaupt möglich gewesen war, dem Eindringen das türkischen Militärs und den eigens für die Dörfer gedungenen kurdischen Räuberbanden zu entkommen, die in Windeseile die wehrlosen Dörfer umzingelt hatten."[628]

Mit der Auslöschung der Dörfer bezweckte Cevdet, Van endgültig von seinem armenischen Hinterland abzuschneiden. Als sich die Belagerung hinzog, förderte er den armenischen Flüchtlingsstrom in die belagerte Stadt, um sie rascher auszuhungern.[629] Die mit eingeschlossenen Missionare bemühten sich von Beginn der Belagerung an, zum Funktionieren der Gemeinschaft beizutragen. Ein Komitee von Daschnak und Armenakan unter der Leitung von Missionar Yarrow organisierte die

---

624 Abdulhamid waren die Missionare, um im Bild zu bleiben, eher ein Dorn im Auge gewesen (er hatte v. a. ihren erzieherischen Einfluss verabscheut). Vgl. Hasan Enver Paschas Missionshass in seinem *Sebîlürreşad*-Artikel vom Aug. 1334 (=1918) im Anhang, S. 561–564.

625 Ussher 1917, S. 260 f. Vgl. Yarrow in *La Défense héroïque de Van* 1916, S. 8.

626 De Nogales 1925, S. 59, 68.

627 Spörri (1935), S. 116.

628 Ehrhold 1937, S. 10, vgl. S. 15, 33 f. (Hinweise auf Tagebuch). Vgl. den Bericht E. Yarrows in *La Défense héroïque de Van* 1916, S. 6; Ussher 1917, S. 247.

629 De Nogales 1925, S. 69.

Zivilverwaltung des Kollektivs mit einer Exekutive, Judikative, Polizei und einer Gesundheitsbehörde. Ussher war gänzlich durch seine ärztliche Tätigkeit absorbiert. Die übrigen Missionarinnen und Missionare kümmerten sich um die vielen Tausenden von armenischen Flüchtlingen vom Land, die auf ihrem Areal – mit Erlaubnis Cevdets – Zuflucht suchten: rund 2'000 beim Hülfsbund und 4'000 beim ABCFM. Weitere etwa 4'000 Flüchtlinge oblagen der Fürsorge der armenischen Gemeinschaft.[630] In Gottesdiensten wurde die Moral der Eingeschlossenen gestärkt. Der damals 15jährige armenische Bursche Wahram Gakavian erlebte einen von Johannes Spörri geleiteten Gottesdienst, in dem Spörri ihm als ein prophetisch Erleuchteter erschien. Posthum setzte der spätere französische Romancier Victor Gardon alias Wahram Gakavian Johannes Spörri ein literarisches Denkmal.[631]

Trotz des Heldenmutes der Stadtarmenier und trotz geschickter Verteidigungsorganisation im Kampf mit ganz ungleichen materiellen Voraussetzungen – Artillerie gegen leichte Verteidigungswaffen[632] – wäre Cevdets Aushungerungstaktik zweifellos erfolgreich gewesen, wenn ein russischer Vorstoss die Türken am 16. Mai nicht zum Abzug bewogen hätte. Am 18. Mai traf die Vorhut der Russen ein, die mit Jubel begrüsst wurde. Die russische Präsenz verhalf zu Ruhe und Ordnung und innert erstaunlicher Kürze zu einem Neuaufbau der Stadt. Zu Beginn behandelten die armenischen Sieger die in der Stadt übriggebliebenen hilflosen Muslime in beschämender Weise: „Die allmählich abflauenden armenischen Dorfbewohner machten kriegsgefangenen Türkenfrauen Platz [...]. Es war uns auf Bitten von den Russen erlaubt worden, diesen Ärmesten der Armen bei uns Obdach zu gewähren. [...] Das Gedenken an diese vollkommen hilflosen, der Willkür der Sieger preisgegebenen Frauen des unterlegenen Türkenvolkes gehört für uns zum Allerdüstersten jener Zeit", schrieb Ehrhold.[633] Die amerikanischen Missionarinnen und Missionare, die im Gegensatz zu den Hülfsbund-Frauen gut türkisch sprachen, kümmerten sich um Hygiene und ärztliche Versorgung der Muslime. Die amerikanische Mission rief auch Tolstois Tochter Gräfin Alexandra, die im Rahmen des russischen Roten Kreuzes Flüchtlinge bei Erzurum betreute, nach Van, wo sie Ende Juni mit ihrem Neffen und Helfern eintraf, um sich um die muslimischen Kriegsgefangenen zu kümmern. Alsbald selbst erkrankt, musste sie wegreisen. Mit Ausnahme der alten Frau Raynolds erkrankten auch die Amerikaner an Typhus. Elizabeth Ussher, die Frau des Missionsarztes, starb daran wie täglich zahlreiche ihrer Schützlinge.[634]

630　Ehrhold 1937, S. 11; E. Yarrow in *La Défense héroïque de Van* 1916, S. 9–11. Spörri (1935), S. 112, spricht von 5'000 beim ABCFM.

631　Gardon 1962, S. 258–261.

632　Der Belagerungskommandant de Nogales schätzte die eigene Truppenstärke auf 10'000–12'000 Mann ein, die Zahl der in Van eingeschlossenen Armenier auf 30'000–40'000; de Nogales 1925, S. 57.

633　Ehrhold 1937, S. 14 f. Johannes Spörri hielt fest, dass die Armenier nach Abzug der Belagerer an den wehrlosen türkischen Überresten „nicht nach den Verordnungen der Genfer Konvention, noch viel weniger nach den Worten Jesu Christi" handelten (in: Sommer o. D., S. 7–9). Frieda Spörri schrieb: „In der Stadt fing das Plündern in den türkischen Häusern an, was für uns Missionare ein Schmerz war. Papa tat, was er konnte, unsere Leute auf der Station von diesem Unrecht zurückzuhalten" (Spörri [1935], S. 116).

634　Ussher 1917, S. 292–300; Spörri (1935), S. 118 f.

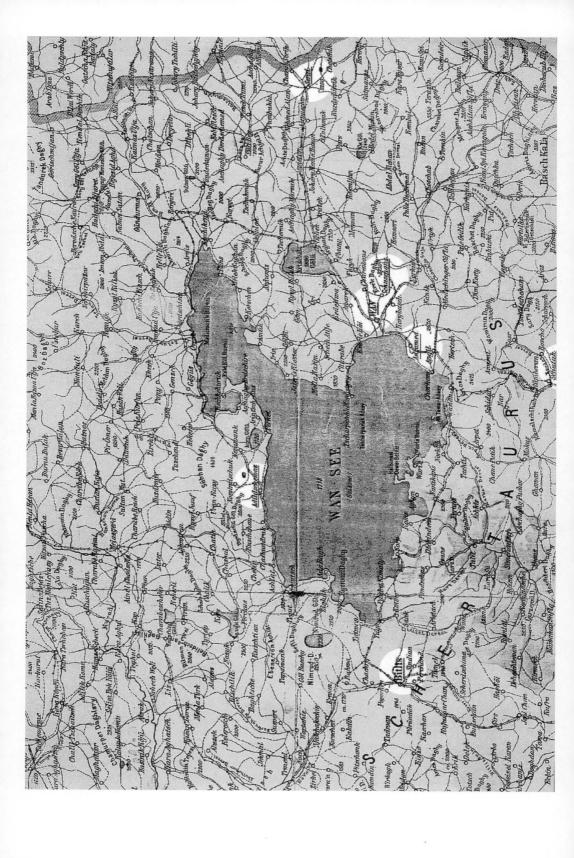

Aus strategischen Gründen entschied sich die russische Heeresleitung Ende Juli überraschend, Van innert 24 Stunden zu räumen. Der russische Kommandant Nicolaieff forderte alle Armenier und Ausländer auf, mit dem russischen Heer zusammen die Provinz zu verlassen. Nachdem es zweieinhalb Monate lang nach einer armenisch-russischen Zukunft Vans ausgesehen hatte, trat anstelle dessen abrupt das definitive Ende des armenischen Vans ein. Das kohabitive osmanische Van hatte schon im April aufgehört zu existieren. Der dramatische und endgültige Exodus der Vaner Stadt- und Provinzarmenier und aller Missionsangehöriger fand statt.[635]

3.9 Schauplatz Urfa, 1908–1922

Die Stadt Urfa, wo radikale Gruppen mit Berufung auf den Islam das schlimmste Pogrom der 1890er Jahre verübt hatten, erlebte 1908 einen verheissungsvollen jungtürkischen Aufbruch mit, wie es schien, tragfähigen interethnischen Brücken und mit Behörden, die gewillt waren, reaktionären oder extremistischen Kräften den Riegel zu schieben. Die drei Missionen vor Ort, die Kapuziner, das ABCFM und die Deutsche Orient-Mission erstrebten den Ausbau ihrer Arbeit. Ganz besonders tat dies die Deutsche Orient-Mission, deren Exponenten sich zunehmend als Teil der aufstrebenden deutschen Orientpolitik verstanden. Die Nähe der Bagdadbahn-Strecke, an der 40 Kilometer südlich von Urfa gearbeitet wurde, trug zu diesem Konzept bei. Die Adana-Massaker vom April 1909 und die Balkankriege 1912/13 warfen auch in Urfa schwere Schatten auf die Kohabitation von Christen und Muslimen. Obwohl hinter der Kriegsfront gelegen, war Urfa von der Katastrophe des Ersten Weltkriegs stark betroffen: Deportiertenkarawanen aus allen Ostprovinzen zogen hier durch, und Urfas armenische Gemeinschaft wurde nach einem verzweifelten Verteidigungskampf ausgelöscht. Die missionarischen Beobachter dokumentierten diese Schreckenszeit detailliert. Der Unabhängigkeitskampf der muslimischen Sammelbewegung unter Kemals Pascha traf in Urfa auf besonders fruchtbaren Boden: Einerseits galt es hier die zahlreichen mit den Alliierten zurückgekehrten armenischen und süryanischen Christen, die Restitutionen forderten, endgültig aus dem beanspruchten „nationalen Raum" zu entfernen, und ande-

---

635 Ussher 1917, S. 301–322; Spörri (1935), S. 119–128; Ehrhold 1937, S. 17–34. Auf Grund eines Missgeschickes erlebte Ehrhold als einzige Missionarin die Rückkehr türkischer Truppen unter Cevdet nach Van und die russische Wiederbesetzung.

Karte 11: Deutsche Militärkarte der Region Van, 1917. Im Text erwähnte Orte sind unterstrichen und weiss unterlegt: Bitlis, Van, Schuschantz, Schatak, Saray (Serai), Adil-Cevaz (Adilschewaz), Artmid (Adramed), Berg Varak (Erek Daghy). Die Gebirgskette südlich des Van-Sees wird hier als „Armenischer Taurus" bezeichnet.

rerseits war hier erstmals in der Region tatsächlich der „fremde Feind" – knapp 500 französische Soldaten mit leichten Waffen – zu vertreiben. Um einen glorreichen Kampf gegen einen grossmächtigen Gegner handelte es sich nur im nationalen Mythos.

3.9.1 Das jungtürkische Urfa

Die jungtürkische Machtergreifung überraschte auch Urfa, seine Gemeinschaften und seine Missionare. Auch hier wurde fraternisiert und gefeiert. Die gemeinsamen politisch motivierten Feiern sind etwas vom Augenfälligsten jener Ära. Eine aus Muslimen und Christen gemischte Menge nahm im Hof der armenischen Kathedrale applaudierend teil „am Schauspiel der Freiheit": Jungtürkische Offiziere verkündeten die Wiedereinsetzung der Verfassung und die neue Bedeutung der Begriffe Freiheit, Gerechtigkeit und Brüderlichkeit; dabei prangerten sie die Tyrannei des früheren Regimes an und distanzierten sich ausdrücklich von den Armeniermassakern von 1895. Zwar war die neue Regierung „dem in jeder Stadt sich befindenden Freiheitskomitee zu Überwachung unterstellt", schrieb Jakob Künzler, aber man wusste nur zu gut, dass sie mit den alten Beamten weiterarbeitete. Die Freude blieb daher mit Verzagtheit verbunden. „Wird es Bestand haben, wird es also bleiben? Nicht wenige witterten hinter diesem Treiben nur ein neues Massaker."[636]

In der Folge fanden zahlreiche weitere Versammlungen statt, wurden Reden gehalten und „schossen" junge armenische Politiker, so Künzler, „wie Pilze aus der Erde".[637] Von ihnen unterschied sich Djürdji Schammas, der syrisch-protestantische Pfarrer und frisches Mitglied des lokalen jungtürkischen Komitees dadurch, dass er in seinen Reden den Freiheiten der neuen Ära immer auch die Verantwortung für das Gesamtwohl gegenüberstellte. Seine Gottesdienste pflegten die Mitarbeiter des Missionsspitals schon vor 1908 zu besuchen, da er türkisch predigte. Das Komitee schlug neben einem Muslim ihn als Kandidaten für das Parlament in Istanbul vor; aber ein Scheich und ein reicher Türke liberalen Anstrichs wurden schliesslich gewählt.[638] Die Eröffnung des Parlaments in Istanbul gab am 17. Dezember 1908 wiederum Anlass zu einem gemeinschaftsübergreifenden städtischen Fest. Andreas Vischer schrieb am Abend jenes Tages skeptische Gedanken an seine Mutter: „Heute wurde die Eröffnung des türkischen Parlaments mit Kanonenschüssen, Reden, Feuerwerk und Umzügen gefeiert. Natürlich sind es nur wenige, die die Sache veranstalten. Die Andern machen mit. Die grösste Menge des Volkes sieht dem Ding mit ziemlich verständnisloser Verwunderung zu. Es wird noch viel brauchen bis sich die Zustände hier wirklich geändert haben. Aber es ist schon viel, dass man jetzt Christen und Mohammedaner zusammen Feste feiern sieht. Hoffentlich gibt es nicht bald eine Reaction."[639]

Nach dem reaktionären Putschversuch in Istanbul im April 1909 stieg die Spannung in Urfa, ohne dass es zu Ausschreitungen kam. Ein Telegramm aus der Haupt-

---

636 CO 1908, S. 173–175.
637 Künzler 1925 c, S. 111.
638 CO 1909, S. 84 f.; Künzler 1951, S. 89.
639 Urfa, 17. 12. 1908 (Vischer Nachlass).

Abb. 93: Kavallerieparade in Urfa nach der Einsetzung von Mehmed V. als neuer Sultan,
27. April 1909.

stadt, das von allen Minaretten verlesen und kommentiert wurde, kündigte die
Wiedereinsetzung des islamischen Rechts an. Fortan dürften die Christen nicht mehr
wie die Muslime zu Pferd steigen, hiess es in den Kommentaren: ein verblümtes Bild
dafür, dass die egalitäre politische Partizipation aufgehoben werden sollte. Schon am
folgenden Tag wurde das Telegramm durch eines der beiden Urfa-Abgeordneten
dementiert, die bestätigten, dass die Verfassung weiterhin in Kraft sei. Wenig später,
aber noch vor den Adana-Massakern, traf die Nachricht von der Ermordung von
22 protestantischen Lehrern und Pfarrern ein; unter den Opfern waren Djürdji und
der armenisch-protestantische Pfarrer von Urfa. Diese einheimischen protestantischen Führer waren unterwegs zu ihrer jährlichen Regionalzusammenkunft gewesen, die in Adana hätte stattfinden sollen. Ihre Mörder gehörten zu jenem Personen-
kreis, der kurz danach Massaker in Adana, Tarsus und Antiochien verübte. An der
Trauerfeier in der syrisch-protestantischen Kirche nahmen auch zwei befreundete
jungtürkische Offiziere in Uniform, die Parteispitze von Urfa, teil und hielten eine
Ansprache, in der sie Gott dankten für das Geschenk, einen Menschen wie Djürdji
gekannt zu haben. Auch Vischer war anwesend und notierte später: „Ergreifende
Worte, gesprochen von einem Muhammedaner in einer christlichen Kirche. Überhaupt besitzen die Jungtürken, die wir hier in Urfa kennen, und die hier die Macht
in Händen haben, unsere volle Sympathie.“[640]

Das interreligiöse Misstrauen erreichte damals einen Höhepunkt. Alle bewaffneten sich und das armenische Quartier bereitete sich auf einen Angriff vor. Der
Handel stand still, der Bazar blieb für mehrere Tage geschlossen und die Verbindung
mit Aleppo unterbrochen. Polizeipatrouillen durchstreiften Tag und Nacht die Stadt.
Jungtürkische Offiziere sprachen in der Kathedrale, um die Armenier zu beruhigen;
sie bezichtigten Abdulhamid als Anstifter der Wirren. In der Nacht auf den 27. April
empfing man telegrafisch die Nachricht der Absetzung Abdulhamids und der
Thronerhebung Mehmeds V. Eine öffentliche Zeremonie mit Böllerschüssen, einer

640 CO 1909, S. 85.

Ansprache des Gouverneurs und Gebeten fand schon am Morgen jenes Tages statt. Bemerkenswerterweise trat auch ein einheimischer katholischer Priester hervor, um ein langes Gebet zu sprechen – eine vorher undenkbare Beteiligung eines christlichen Priesters an einer öffentlichen Zeremonie. Noch weigerten sich die Stadtmuslime, in die Moschee zu gehen, um für den neuen Sultan zu beten, da er nicht als Nachfolger des Kalifen ausgerufen sei. Da liess der Gouverneur in den Strassen des Marktes verkünden, ein Telegramm aus der Hauptstadt befehle, für das Leben des neuen Kalifen zu beten; er selbst begab sich in die *Ulu Cami,* die Hauptmoschee, und hielt eine Ansprache. Erst jetzt beruhigte sich die Lage in Urfa allmählich.[641]

Der junge ABCFM-Missionar Francis H. Leslie traf 1911 in Urfa ein, um die Arbeit von Corinna Shattuck fortzuführen. Diese Arbeit umfasste Werkstätten für Tischler, Schreiner, Schneider und Schumacher sowie Schlossereien und Maschinensäle. Daneben gab es eine Frauenabteilung mit grossen Ateliers für Stickereien und Taschentücher. Eine Pioniereinrichtung hatte die amerikanische Missionarin mit ihrer Blindenschule, der *Shattuck School for the Blind,* geschaffen. Im Jahre 1912 beschäftigte der Textilbetrieb 2'600 Arbeiterinnen, die für den Lebensunterhalt von 15'000 Menschen aufkommen konnten. Vielen Arbeiterinnen wurde Lesen und Schreiben beigebracht.[642] Die Missionsklinik der Deutschen Orient-Mission leistete die regelmässige medizinische Betreuung der Kinder des amerikanischen Waisenhauses. Leslie wurde zum engen Freund Künzlers.

Urfa war das „Prunkstück" der DOM. 1908 ging das anfängliche Waisenwerk gänzlich auf in den Bereich der Handwerkstätten, die, so Richard Schäfer, „glänzende Fortschritte" gemacht hatten. Schäfer weiter: „Das Beispiel von Urfa gilt als eindrucksvollster Beweis. Karen Jeppe wies bei einem Besuch in Deutschland mit Stolz darauf hin, dass alles, was sie selbst an Bekleidung trug, vom Kopf bis zum Fuss eigenes Erzeugnis der Urfawerkstätten sei, der Weberei, Spinnerei, Färberei, Gerberei, Schuhmacherei und Spitzennäherei."[643] Dem von Karen Jeppe geleiteten Waisenhaus waren eine rentierende Baumwollweberei mit Kleiderherstellung sowie weitere Werkstätten angeschlossen.[644] Der Verbindung von Schule und Handwerk lag Pestalozzis Grundsatz von der Harmonie von Kopf, Hand und Herz zugrunde. Eine einseitige Ausbildung dürfe man, wie Karen Jeppe schrieb, den aus der Verwahrlosung hervorgeholten Kindern keineswegs zumuten. „3–4 Stunden ist das höchste Mass von täglicher Schularbeit, das sie ertragen können; daneben muss auch die Hand ausgebildet werden; und sodann müssen sie reichliche Gelegenheit haben, ihre Körperkräfte zu gebrauchen und zu entwickeln."[645]

---

641 Vischer und F. Eckart in CO 1909, S. 84–88. Die Nachricht von einem Vorfall, der 1911 beinahe zu einem Pogrom ausartete, zeigte indes, wie das interethnische Verhältnis auch in den zwei Jahren vor den Balkankriegen, die in der Stadt erneut Misstrauen säten, gespannt blieb: „Dispatch from Ourfa: small-sized race-riot. According to a dispatch from Ourfa, a panic occured in that city as a consequence of a quarrel between two shopkeepers, an Armenian and a Turk, which quarrel became a small-sized race-riot before the police succeeded in restoring order. Eighteen of the rioters were arrested." *The Orient,* 16. 8. 1911, S. 5.

642 MH 1912, S. 364 f.; 1916, S. 18 f.

643 Schäfer 1932, S. 59.

644 CO 1908, S. 175–180; 1909, S. 39 ff.; 1910, S. 84 ff.; 1911, S. 81, S. 179, S. 182 ff.; 1912, S. 192–195; 1913, S. 70, 146, 182–187.

645 CO 1913, S. 186 f. Karen Jeppe geizte mit statistischen Angaben. 1899 wurden 300 Waisenkinder

Abb. 94: Innenhof der Urfaer
Teppichfabrik.

Wie Lepsius in seinem Brief vom 15. Juni 1913 aus Urfa berichtete, zählten die
drei Familien Künzler, Vischer und Eckart mit Karen Jeppe zusammen 22 Köpfe.
Hinzu kam das rund fünfmal so zahlreiche einheimische Personal. Gegen 600 Knüp-
ferinnen arbeiteten in der Teppichfabrik, die Franz Eckart 1896 gegründet hatte und
seither leitete; verschiedene Werkstätten, Zeichenateliers, eine Wollgewinnungs-,
Zwirn- und Waschanlage waren an sie angeschlossen.[646] Die „Teppichfabrik", wie
man das Ganze nannte, wurde 1910 aus der Mission ausgegliedert und von einer
eigens gegründeten Deutschen Orient-Handels- und Industriegesellschaft übernommen, deren unrentable Aktien grossenteils im Besitz von Basler Philanthropen lagen.
Die Arbeitssituation in der Fabrik war nicht unproblematisch. Frauen und Kinder
mussten bei dringenden Aufträgen fast Tag und Nacht arbeiten. Im Juni 1913 brach
deshalb ein Streik unter den „Arbeitsmädchen" aus.[647]

Die bloss informelle, in der Person Künzlers mit der DOM verbundene süryani-
protestantische Schule unterrichtete an die 100 Schüler. Die Gestaltung der sprachlichen Lehrinhalte dieser als „deutsche Schule"[648] bekannten Einrichtung war
charakteristisch für mehr als sprachpatriotische Loyalitäten, welche die ehemaligen Armenierhelfer allmählich offenbarten – trotz des kaiserlich-deutschen Unge-
machs, das sie Ende des Jahrhunderts erfahren hatten. Unterrichtssprache war
Türkisch, als Fremdsprachen wurden Arabisch, Englisch und, für den Chorknaben-
dienst, Altsüryani, gelehrt. In Künzlers Schulbericht von 1912 hiess es plötzlich
von einer Umstellung: Die Schulleitung liess das Englisch und das Altsüryani
fallen und verlegte sich mit doppelter Energie auf Deutsch, „eine Sprache, welche
schon jetzt hier zu Lande sehr gesucht ist, nun aber durch die Bagdadbahn geradezu

betreut *(Aus der Arbeit ...,* 2, 1899, S. 43). Vgl. zu diesem statistischen Problem Feigel 1989,
    S. 118.
646 CO 1913, S. 171 (Lepsius' Brief vom 15. 6. 1913), S. 211–214; CO 1908, S. 24–26.
647 Eduard Graeter erfuhr dies von Seeger, einem früheren Mitarbeiter der Teppichfabrik (Tagebuch-
    eintrag vom 31. 8. 1913, S. 114). Vgl. den Brief von Warschuhi Sûmûkian (Wortführerin der
    Streikenden?) an „Lieber Werther Vater" (= Franz Eckart, Leiter der Teppichfabrik), LAH 384-
    3982.
648 Tagebucheintrag von E. Graeter, 28. 6. 1913, S. 13.

die europäische Zukunftssprache für diese Gegend wird". Für diese Strategie war Lepsius verantwortlich.[649]

Die Statistik der medizinischen Arbeit und die Kommentare der Verantwortlichen im *Christlichen Orient* belegen, dass der medizinische Zweig und die regionale Anerkennung, die er genoss, stetig wuchsen. Freundschaftliche Beziehungen verbanden die Spitalequipe mit der katholischen Mission, die sie ärztlich betreute, namentlich mit der aus Soyhières bei Delémont stammenden Anna Girard.[650] Die Beziehungen zu den Behörden bekamen eine nie gekannte Qualität. Das Bewusstsein wuchs, gemeinsam am Fortschritt der Region zu arbeiten. Die Berufung Vischers zum chirurgischen Leiter des türkischen Spitals durch den Gouverneur von Urfa im Jahre 1912 beweist die Integration des medizinischen Werkes und seiner Exponenten in die offizielle Lokalszene.[651] Bei der Grundsteinlegung für das neue Missionsspital am 15. Juni 1913 gruppierte sich neben Vischer und Künzler fast alles, was Rang und Namen hatte, vor dem Fotografen. Ausser den kleinen Künzler-Töchtern handelte es sich um eine reine Männergesellschaft. Da es zugleich der Tag des „Kaiser-Jubiläums" (25 Jahre Regierungszeit) war, sandte die Festversammlung ein Telegramm an Wilhelm II.

Dem Spital ging es gut und mit ihm der medizinischen Equipe. Die Perspektive einer langfristigen Niederlassung zeichnete sich ab. Die Familien Vischer und Künzler liessen sich je ein stattliches Haus bauen. Andreas Vischer schrieb seiner Mutter: „Die Vorteile der Verfassung [von 1908] sind, dass wir alle Zeitungen und Zeitschriften, auch den Christl. Orient regelmässig erhalten, dass wir ohne jede Störung unser Haus bauen und wohl auch bald übertragen können."[652] Fortan war es möglich, seine eigenen Besitztitel zu haben, und somit war es nicht mehr nötig, Grundbesitz über einen Freund mit osmanischer Staatsbürgerschaft zu erwerben. Auch das Spital bekam einen Besitztitel, der auf einen Schweizer, wohl Vischer, und nicht einen Deutschen lautete – zum grossen Glück für die Zeit nach 1918. Um der sommerlichen Hitze der Stadt entfliehen zu können, besass die Spitalequipe auch einen Weinberg mit Sommerhäuschen und Ferienhaus.[653] In der Stadt und in den Gärten war das Ehepaar Andreas und Gertrud Vischer-Oeri, das am 15. Oktober 1908 in Basel geheiratet hatte, gerne gesehen und durfte selbst in die Harems eintreten. Für Gertrud Vischer bildete das eine Gelegenheit für neugierige Beobachtung, Mutmassungen und – obligates? – Bedauern: „Gestern war ich mit Andreas bei der kranken Frau eines reichen Türken. Auf unser Klopfen an der Eingangstür

649 CO 1912, S. 109.

650 Tagebucheintrag von E. Graeter, 28. 6. 1913, S. 13.

651 „Wir dürfen es als einen Erfolg unserer langjährigen Wirksamkeit in Urfa ansehen, dass diesen Sommer an mich das Ersuchen gestellt worden ist, die chirugische Leitung und Oberaufsicht des türkischen Hospitals zu übernehmen" (CO 1913, S. 26 f.). An der gleichen Stelle sagt Vischer, das städtische Krankenhaus sei auf die Anregung des Missionsspitals hin entstanden, und interpretierte diese Modellfunktion als weitere Frucht inoffensiver Missionspräsenz, nämlich ein Vorbild zu sein für die Selbsthilfe.

652 Urfa, 16. 3. 1909 (Vischer-Nachlass). Schwierigkeiten bei der Übertragung von Besitztiteln von osmanischen auf US-Staatsbürger vermeldete gleichwohl die amerikanische Urfa-Mission (ABC bh 1913 f.).

653 Für die Sommerferien war man bisher auf die Angebote deutscher und amerikanischer Kollegen in Harput oder Marasch angewiesen gewesen (vgl. CO 1912, S. 170–175, und Vischer 1914).

Abb. 95: Grundsteinlegung zum neuen Missionsspital in Urfa, 1913. In der Mitte steht etwas hinten mit Hut Andreas Vischer. Vor ihm sind der Müfti (mit Turban) und der Urfa-Gouverneur İsmail Tefzi (mit Fez) zu sehen. Neben İsmail Tefzi posiert der muslimische Notable Halil Agha, weiter rechts der katholische *vartabed* (mit Kreuz) und links neben ihm ein armenisch-apostolischer Prälat. Franz Eckart (mit Käppi) steht hinter dem Müfti, Jakob Künzler (mit hellem Hut) ist links unter dem Baum zu sehen.

hin hiess es von drinnen: ‚Möge es niemand sein.‘ Als aber Andreas antwortete, der Hekim sei da, wurden wir zu der Kranken geführt. Es waren viele Frauen bei ihr, die sich alle unverschleiert zeigten. Ich glaube, die guten Türkenweiber sind froh, dass sie sich wenigstens vor dem Doktor nicht zu verschleiern brauchen. Die Frau war seit einigen Wochen krank. Vor 2 Tagen bekam sie ein kleines Mädchen, das zu meinem Schrecken gestern schon bemalte Augenlider hatte. Das Zimmer der reichen Türkin sah eher weniger gut aus als viele der Zimmer von Armeniern, die ich gesehen hatte. Die Frau dauerte mich recht; ich glaube sie wird von ihrem Mann ziemlich schlecht behandelt.“[654]

Das spürbare Wohlbefinden der Schweizer in Urfa hatte aber nur zum Teil mit der politischen Liberalisierung zu tun. Ein Lebensgefühl war da, das sie sonstwo vermissten, eine andere Atmosphäre, eine andere Sicht als in der Schweiz und in Europa – schon vor 1908. „Ich kann mich schon schwer als in der Schweiz wirkend vorstellen. Hier ist eben alles gross, frei, weit, neu, zu Hause alles eng, klein, in hergebrachtem Geleise.“[655] In Urfa füllten die Schweizer eine Lücke aus. Entsprechend genossen sie Ansehen und besassen – besonders Jakob Künzler – eine Aus-

654 Brief vom 5. 2. 1909 an die Schwiegermutter (Vischer-Nachlass).
655 Brief an die Mutter vom 13. 11. 1905. Vgl. den Brief aus Kairo vom 15. 11. 1908: „Gertrud bestaunt in allem das ungewohnte orientalische Leben, mir ist es wieder wohl darin wie früher. Ganz herrlich und einzigartig ist die Reinheit und Klarheit der Luft, von der man sich eben zu Hause, auch in Italien keinen Begriff macht, und die man wieder vergisst, kaum hat man den Orient verlassen. So recht genossen wir es zum ersten mal Freitags, als wir die grosse Pyramide bestiegen. Wie alles leuchtet, wie auch das fernste vor einem liegt, als könnte man es mit Händen greifen.“ Vischer-Nachlass.

Abb. 96: Kurdische Patientengruppe in Urfa. Jakob Künzler beschrieb das Bild so: „[...] die beiden rechts stehenden Männer und der Sitzende links Stadtkurden, der Stehende links und der Graubärtige Landkurden. So auch die Frauen mit den hellen Überwürfen, welche nur ein klein wenig vom Gesicht sehen lassen, sind die Städterinnen ‚bascheri' (in Kurdisch) und die beiden dunkel Gekleideten sind ‚gundi', d. h. Dörflerinnen. [...] Auf dem Bilde ist von links allein das zweite Kind ein Junge aus dem Dorf, die anderen sind alle Städter."

strahlungskraft. „Hr. Künzler, Bruder Jakob, Jacub Effendi, der liebe Gott von Urfa, Krankenpfleger, Tierarzt, Pfarrer, Handwerker, Schweizer, Familienvater" – so kennzeichnete ihn der damalige junge Weltenbummler und nachmalige Redaktor der Basler *National-Zeitung,* Eduard Graeter, der Urfa im Sommer 1913 besuchte.[656]

Die Verantwortlichen der Klinik hatten sich von Anfang an um ein Vertrauensverhältnis einerseits zu den politisch massgeblichen Muslimen und andererseits zu den ärmeren muslimischen Schichten bemüht. Dahinter steckte die diplomatische Überlegung, dass Vertrauen und Inanspruchnahme von Dienstleistung die Zukunft der Arbeit garantiere, andererseits die theologische Einstellung, der Stadt Urfa, in der während der Massaker 1895 Tausende von Christen umgebracht worden waren, mit „Feindesliebe" zu begegnen. Die Einsicht war früh gereift, dass die einseitige Ausrichtung der Arbeit auf eine religiöse Gruppe Spannungen schürte und das Spital daher allen zugute kommen sollte. Die wenigsten medizinischen Missionshelfer verzichteten wie die Urfa-Klinik strikt auf eine Verbindung von medizinischer Hilfe und verbaler religiöser Mission.[657] Schon Hermann Christ war der Überzeugung, die Urfa-Klinik müsse „als reines Barmherzigkeitswerk betrachtet, betrieben und unter-

---

656 Tagebucheintrag vom 28. 6. 1913, S. 14.
657 Vgl. z. B. die Evangelisierungspraxis des Dr. Dodd vom Missionsspital in Kayseri und sein *traveling dispensary* (MH 1908, S. 243); auch die Marasch-Klinik des *Hülfsbundes* hielt täglich Bibel-Lesungen *(25 Jahre ... 1921, S. 167).*

Abb. 97: Der schwei-
zerische Missionsarzt
Vischer, ein kranker
Türke aus Siverek und
der armenische Helfer
Mirchz Abraham.

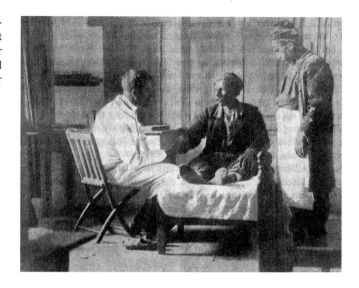

stützt" werden, weshalb sie auf fortgesetzte Unterstützung angewiesen sei, habe „sie doch an den Ärmsten der Armen zu arbeiten, an solchen, die durch ihre Krankheit noch über ihre sonstige Armut hinaus arm geworden sind".[658]

Die Spitalpatienten lagen in Räumen, die nach Geschlecht, nicht aber nach der Religion getrennt waren.[659] Die ethnisch-religiöse Durchmischung machte allerdings vor der medizinischen Equipe halt, welche neben den Ehepaaren Künzler und Vischer ausschliesslich armenische Ärzte, Krankenschwestern und Apothekergehilfen umfasste.[660] Bei den sonstigen Bediensteten gab es auch Muslime (Kurden und Araber). Zu diesem klassischen Kader-Diener-Gegensatz ist immerhin zu bemerken, dass es unmöglich war, muslimisches Krankenpersonal zu finden oder auszubilden; selbst im türkischen Spital waren alle Krankenschwestern armenisch.[661] Auch die Zusammenarbeit mit dem jüdischen, danach dem türkischen Stadtarzt während des Kriegs wies auf pragmatische Anpassungsfähigkeit hin: Wenn der Schweizer Missionsarzt abwesend war, übernahmen jene die formelle Oberaufsicht.

658 CO 1900, S. 74 f.
659 CO 1914, S. 50–52. Der muslimische Patientenanteil lag etwas über dem 20–25prozentigen muslimischen Patientenanteil der medizinischen Arbeit des *Hülfsbundes* in Marasch (vgl. Dr. Müllerleile in: *25 Jahre im Orient*, S. 157). Wie sehr das muslimische Vertrauen erst gewonnen werden musste, wird aus folgender Briefpassage von Dr. Christ vom 12. 8. 1899 deutlich: „Unsere Klinik wird nach wie vor hauptsächlich [85%] vom armenischen Teile der hiesigen Bevölkerung benützt [...]. Da die Klinik als Wohlthätigkeitsinstitut allen Teilen der Bevölkerung zu dienen bestimmt ist, so wird ohne Zweifel die geringe Zahl der muselmanischen Besucher auffallen, ist die Stadt doch zu gut zwei Dritteilen von Türken, Arabern, Kurden bewohnt" *(Aus der Arbeit des Armenischen Hilfswerkes,* Okt. 1899, S. 145 f.).
660 CO 1912, S. 90 f.
661 CO 1913, S. 28, 205. Türkinnen arbeiteten vor 1914 noch kaum ausser Haus in einem Beruf. Es war zudem das geringe Ansehen der Krankenpflege bei den Muslimen, das davon abhielt, diesen Beruf zu ergreifen.

Fig. 4: Entwicklung der Spitalpatientenzahl und religiöse Zugehörigkeit [1]

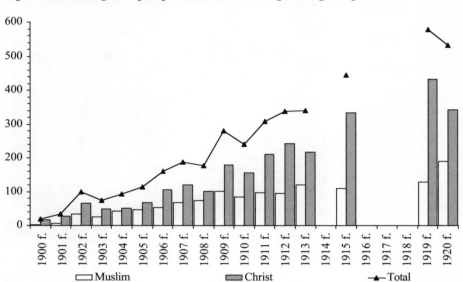

1   Die Juden als verschwindend kleine Minderheit sind in diesem Diagramm vernachlässigt.

Fig. 5: Muslimische Spitalpatienten nach ethnischer Zugehörigkeit [1]

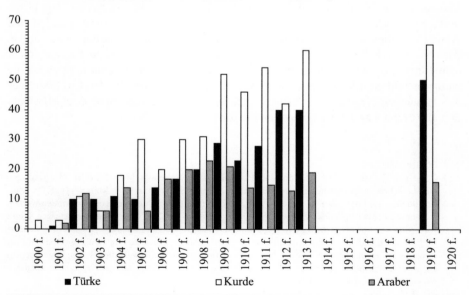

1   Tscherkessen und andere verschwindend kleine Minderheiten sind in diesem Diagramm vernachlässigt.

Fig. 6: Entwicklung der Patientenzahl, 1906– 1921

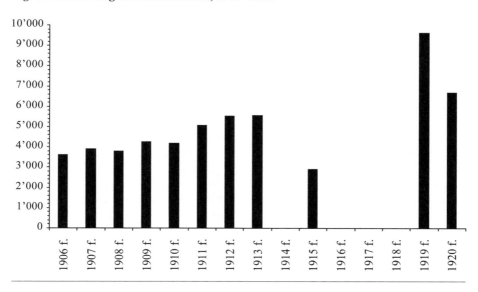

Fig. 7: Patienten und religiöse Zugehörigkeit, 1906– 1921

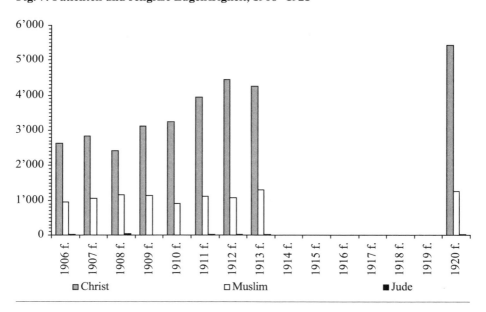

Bezeichnenderweise kam die schweizerische Selbstdarstellung der Klinik erst nach dem Weltkrieg zum Zuge. Die Einheimischen kannten die Klinik als *deutsches* Spital und Dr. Vischer als *deutschen* Missionsarzt. Die Publikationen der Deutschen Orient-Mission[662] vermittelten dem Publikum dieselbe Etikette. Dieser nebensächlich erscheinende Sachverhalt rührt an verschiedene Probleme, auf die wir im weiteren noch zu sprechen kommen werden: der Stellenwert deutschnationaler Ideologie, mögliche Spannungen zwischen Schweizern und Deutschen und die Frage nach der politischen Ausrichtung der Schweizer Equipe. Dass Lepsius in einem Patriotismus verankert war, der philanthropischen oder internationalistischen Auffassungen bisweilen widersprechen musste, erhellt folgendes Zitat: „[…] denn – so vielen Dank wir unsern Schweizer Freunden schuldig sind – unsere Mission will doch eine deutsche Mission sein, und Mesopotamien, wo unser Hospital Pionierdienst für alle deutsche Arbeit leistet, ist unsere deutsche Interessensphäre in der Türkei."[663] Es hiesse dennoch, Johannes Lepsius ganz ungerecht auslegen mit dem Hinweis, dass die Deutschen aus wirtschaftsimperialistischen Gründen Interesse an einer interethnisch befriedeten Region rings um die Bagdadbahn hatten. Lepsius hatte aus Überzeugung das Interreligiöse aufs Banner der Urfa-Klinik geschrieben. Daher schilderte er mit Genugtuung in seinem Reisebrief vom 16. Juni 1913 die alltägliche Szene im gepflasterten Hof vor der Klinik: „Hier sammeln sich des Morgens die Kranken, meist armes Volk aus der Stadt und von den Dörfern. Gross und Klein, Männer und Frauen, Christen und Muhammedaner, Armenier, Syrer, Türken, Araber, Kurden, Juden sitzen hier auf dem Pflaster hockend oder lehnen an der Wand. Hier gibt es keinen Unterschied der Religion und Konfession. Das Leiden macht alle gleich. Die Muhammedaner wundern sich vielleicht, aber sie sind es zufrieden, dass sie hier keinen Vorzug vor den Christen haben, sondern der Reihe nach, wie es die Nummer, die jeder beim Eintritt erhält, angibt in das Untersuchungszimmer eingelassen werden." Lepsius sah es zu Recht als ein „Stück Missionserfolg" an, „Gleichheit und Brüderlichkeit unter den Anhängern der verschiedenen Religionen zu bewirken".[664]

Die christliche Patientenmehrheit der medizinischen Arbeit war statistisch klar.[665] Der armenische Anteil betrug rund drei Viertel. Die christliche Patientenmehrheit war im Ambulatorium, das einen hohen Prozentsatz von Gratisbehandlungen aufwies, ausgeprägter als im Spital. Diesem waren wohlhabende muslimische Patienten aus finanziellen Gründen hochwillkommen, insbesondere in den 1909 neu eröffneten Privatzimmern. Die Kurden stellten deutlich den grössten Anteil der muslimischen Spitalpatienten. Viele, bisweilen weit über die Hälfte der Spitalpatienten, kamen von auswärts. Was das Geschlecht betrifft, so fällt auf, dass in der Sprechstunde die Frauen, im Spital aber klar die Männer überwogen. Die Statistik wirft auch Fragen auf. 1908 stieg die Patientenzahl nicht, vielleicht weil Vischer in jenem Jahr in der Schweiz weilte. Die Stagnation der Gesamtpatientenzahl und der vorüber-

---

662 Insbesondere Schäfer 1932.
663 CO 1913, S. 208; vgl. auch den Aufruf, aus patriotischen Gründen den Spitalneubau zu unterstützen (CO 1912, S. 87).
664 Dem Buchstaben nach stehe das zwar in der türkischen Verfassung, aber kein Moslem glaube, dass sich das auch auf Christen beziehe; CO 1913, S. 203, 205.
665 Vgl. die Diagramme auf S. 462 f. sowie die Tabellen im Anhang, S. 575–582.

gehende recht deutliche Rückgang der Spitalpatienten im Arbeitsjahr 1910/11 scheint mit der jungtürkischen Reaktivierung des bisher schlecht funktionierenden städtischen Spitals zusammenzuhängen. Es war 1903 als Reaktion auf die Gründung des Missionskrankenhauses errichtet worden.[666] Die Finanzstatistik 1906–1913 zeigt eine recht hohe Eigenwirtschaftlichkeit (1913 rund 70 Prozent) sowie beträchtliche Spenden. Obwohl sie in der Jahresabrechnung nicht aufgeschlüsselt wurden, wird aus den Kommentaren klar, dass die Spenden vor allem aus Basel und der übrigen Schweiz stammten. Der *Verein der Freunde des medizinischen Liebeswerkes in Urfa* trug unter anderem die vollen Honorarkosten für den ersten Assistenzarzt. Der Verkauf eines Hauses in Diyarbakır, das einer beschränkten medizinischen Tätigkeit Raum gegeben hatte, ermöglichte es, die dennoch vorhandenen grossen Schulden noch vor Ausbruch des Kriegs zu tilgen.[667]

3.9.2 Die ersten Weltkriegsmonate und die Vorboten der Katastrophe

Während die Familie Vischer im Juli 1914 ihren Heimaturlaub antrat und wegen des Einzugs von Andreas Vischer in den Militärdienst an eine Rückkehr vorerst nicht zu denken war, ging die Familie Künzler nach Palästina in die Ferien, von wo sie, angesichts des Kriegsausbruches, am 20. August vorzeitig nach Urfa zurückkehrte.[668] Künzlers Berichte aus den ersten Kriegsmonaten waren nüchtern und praktisch orientiert: Neben Persönlichem ging es um Versorgungs-, Finanz- und medizinische Probleme. Er entrüstete sich darüber, dass sich bei den Requisitionen zu Kriegsbeginn mancher Offizier schamlos mit Gütern bereicherte, die nichts mit dem Armeebedarf zu tun hatten. Solche Requisitionen fanden noch bis ins Jahr 1916 statt.[669] Andreas Vischer, der in regelmässigem Briefkontakt mit Künzler stand, meinte Anfang 1915, der Missionsarbeit in Urfa werde einstweilen wohl keine Gefahr drohen, da es weitab von den Kriegsschauplätzen liege. Die Verkündigung des Heiligen Kriegs habe allerdings unter den Christen im November 1914 Beunruhigung verursacht. „Es scheint, als ob die Muhammedaner zum Teil der Ansicht seien, es sei nun der Augenblick gekommen, alle Christen ohne Ausnahme zu

---

666 Vgl. Kap. 2.10.4. Der jeweils aufschlussreiche Kommentar des Missionsarztes ging gerade im Jahr 1910 nicht auf die Statistik ein (CO 1911, S. 135–141). Vgl. die Abnahme des muslimischen Anteils an der Gesamtpatientenzahl. Vgl. auch CO 1913, S. 206.

667 Ende 1913 war von einem Defizit der Urfa-Klinik von 6'793 Mark die Rede (gegen 10'325 Mark des deutschen Urfa-Waisenhauses). Vor Kriegsbeginn war „eine grössere Summe aus den Mitteln des Vereins der Freunde Urfas" verfügbar, die es erlaubte, den medizinischen Betrieb weiterzuführen (Vischer in CO 1915, S. 4). Zum Defizit 1913 vgl. CO 1913, S. 197. Zur Finanzierung aus Basel vgl. CO 1910, S. 159, und CO 1913, S. 157. Vermutlich sind einige an Vischer direkt ausgehändigte Schweizer Gelder in der Jahresübersicht gar nicht enthalten (vgl. CO 1913, S. 14 f.).

668 Seine Ankunft habe beruhigend gewirkt, meinte Künzler halb ernst, halb belustigt, seien doch bereits allerhand Gerüchte ausgestreut worden: „Eine Bombe sei auf das Haus, darin Dr. Vischer in Basel wohnte, aus einem französischen Aeroplan geworfen worden und habe dabei alle Insassen getötet, den verehrten Doktor mit seiner ganzen Familie. Und ich sei aus unbekannten Gründen aufgegriffen und sogar gehängt worden [...]." CO 1915, S. 7.

669 Künzler 1999 (1921), S. 36 f.

vertilgen." Vischer wies auf die zunehmende Schwere der Kriegslast für die Bevölkerung hin, auf Arbeitslosigkeit und Verkehrsstockungen. Glücklicherweise sei die Ernte ausnehmend gut gewesen und gebe der Weiterbau der Bagdadbahn in der Nähe Urfas – Sektion Tel Abiad-Ras el Aïn – einige Arbeitsmöglichkeiten.[670]

Bei den beiden Schweizern erweckte der Krieg tiefe Besorgnis. Überschwengliche, schrille und aufhetzerische Töne deutschnationaler Provenienz waren hingegen bei Franz Eckart, dem Leiter der Industriearbeit zu vernehmen, und zwar so sehr, dass es selbst dem deutschfreundlichen Künzler zuviel wurde.[671] Francis Leslie schrieb über Franz Eckart nach Boston: „[He] has been making stirring speeches to the Moslems, telling them that the cause of the war was that the powers of the Triple Entente had been intending to partition Turkey among themselves and that Germany had begun the war to protect Turkey from such a fate. [… He] has been telling the Armenians that they will surely bring another massacre upon themselves if they do not stop speaking against Germany, and has been talking likewise to the Turks."[672] Auch Ephraim Jernazian, damals Pfarrer der protestantischen Süryani, äusserte sich in seinem Erinnerungsbericht über die Kriegsjahre in Urfa äusserst bitter über Franz Eckart.[673]

Als Nachrichten von hohen Verlusten an der Ostfront eintrafen, startete Frau Künzler eine Aktion des guten Willens in der Stadt. Zusammen mit einer distinguierten Stadttürkin, einer einfachen Araberin sowie einer Kurdin klopfte sie bei Winterwetter an die Türen der zahlreichen muslimischen Häuser Urfas, um Geld für den Roten Halbmond zu sammeln – eine für Urfas Frauenwelt reichlich neuartige Aktionsweise. Bei den christlichen Familien liess sie eine andere Gruppe von Freundinnen vorbeigehen. Es kamen umgerechnet 1'500 Franken zusammen, mit denen das Ehepaar Künzler Verbandstoff sowie Medikamente anschaffte und an die Van-Front schaffen liess.[674]

Eckart rühmte sich des gespannten Interesses der Einheimischen an den Kriegsdepeschen, die regelmässig in der Moschee verlesen wurden. Er meinte, aus ihren angeregten Gesprächen Deutschlandbegeisterung herauszuhören, während Künzler in denselben Wochen aus kurdischem Mund ganz anderes erfuhr: „[…] da hörte man in jenen Tagen aus ihren kurdischen und arabischen Disputen immer wieder das mit erhöhtem Ton gesprochene Aleman, Aleman [Deutscher]. Ja selbst die Frauen, und

670 CO 1915, S. 5. Vgl. auch Meyer 1974, S. 89.
671 F. Eckart im Brief vom 5. 3. 1915 aus Urfa, CO 1915, S. 49: „[…] das Vertrauen zu uns als Deutschen [ist] gewachsen. Das berechtigt zu den besten Hoffnungen für unsere Arbeit in der Zukunft. […] Und was die Zukunft betrifft: Kann man sich denken, dass nach der luftreinigenden Wirkung, die von diesem Kriege ausgeht, wieder das alte Intriguenspiel der Herren Russen, Franzosen und Engländer in Konstantinopel beginnen sollte? […] Man weiss, dass einzig Deutschland nicht zu der Aufteilungs-Genossenschaft gehörte, dass es vielmehr die Erstarkung der Türkei erstrebte."
672 Brief vom 23. 11. 1914 an Barton, ABC 16.9.5, vol. 25. Derselbe Brustton der Überzeugung findet sich noch in Eckarts Schreiben vom 27. 5. 1915: „Deutsche Werte auf geistigem und materiellem, auf sittlichem und ökonomischem Gebiete steigen hier rapid in Kurs. Eine deutsche Pflanzstätte sollte künftig in jeder türkischen Stadt zu finden sein" (CO 1915, S. 59). Vgl. Schäfer 1932, S. 86.
673 Jernazian 1990, S. 66–69.
674 CO 1920, S. 42–44. Die Hilfe lief zweifellos über Missionsarzt Ussher, siehe Kap. 3.8.1. Während der Balkankriege sammelten auch Jesuitenpater für den roten Halbmond (*Lettres d'Ore* 1913, S. 353). Zum Rotkreuz-Einsatz des ABCFM siehe Kap. 3.4.3

unter diesen – unerhört! – die verschleierten fragten uns auf der Strasse: ,Du hast zuverlässige Nachrichten, sage aufrichtig, steht's gut?'"[675] Man war sich unterdessen auch in Urfa über das Debakel der osmanischen Armee an der Kaukasus-Front und den Tod Zehntausender junger kurdischer Soldaten im klaren. Als Jakob Künzler im März 1915 von einer Expedition mit zwei persischen Prinzen, einem jungtürkischen Offizier und der hochschwangeren Schweizer Frau des einen Prinzen zurückkehrte, kam ihm seine Frau vor Urfa entgegen, „aber etwas aufgeregt, denn sie war auf dem Wege von kurdischen Weibern aufgehalten worden. Diese glaubten in ihr eine Deutsche zu erkennen und sagten ihr unter drohenden Geberden: ,Wann kommt die Stunde, da wir uns an den Deutschen rächen können, welche uns in diesen Krieg gestürzt haben?'"[676] Künzlers pessimistische Vorahnungen verstärkten sich während der genannten Expedition, die er als ärztlicher Ratgeber begleitete. Denn der jungtürkische Offizier, Nefis Bey, sprach deutlich aus, dass der Krieg der Türkei erlaube, die Armenierfrage ein für allemal per Ausrottung oder Deportation zu beenden.[677]

Ausser der schweren Typhus-Erkrankung Künzlers hatte Andreas Vischer im Juli-August-Heft des *Christlichen Orient* von 1915 relativ gute Nachrichten aus Urfa zu vermelden.[678] Im September-Oktober-Heft änderte sich aber der Ton völlig. Franz Eckart sprach eine ganz andere Sprache angesichts der Unmöglichkeit „[…] allen an uns herantretenden Anforderungen zu genügen. *Diese sind nicht gering.* […] Brot an die Heimatlosen verteilt. Dabei haben mich die Hungernden fast in Stücke zerrissen […] Wohl all denen, die überhaupt nicht mehr hungert oder dürstet! Wehe aber den blinden Blindenleitern, die Tausende ins Unglück stürzten […]." Jakob Künzler schrieb: „[…] in diesen Monaten nahm die ärztliche Praxis unter den Ärmsten ungeheure Dimensionen an […]. Was wir für den kommenden Winter benötigen, sind *reichliche Mittel,* da die ärztliche Hilfe an den Unglücklichen *die grössten Anforderungen an uns stellt."*[679] Der Leserkreis realisierte, dass innert weniger Wochen eine Katastrophe hereingebrochen war. Er erfuhr von Deportierten, Ärmsten, Heimatlosen und Hungernden. Er vernahm Hilfsappelle und hörte von Aufgaben zur „Linderung der schreiendsten Not", die „zehnfach grösser" sind, „als nach den grossen Massakres von Abdul Hamid". All das waren nicht mehr als Andeutungen – Zensur und Selbszensur verwandelten zum Beispiel Künzlers bereits euphemistisches Wort „Armenierpraxis" in „ärztliche Praxis unter den Ärmsten" – und dennoch war dies viel mehr, als der Durchschnittsdeutsche damals über das armenische Drama erfuhr.

Was war in Urfa vorgefallen?[680] Ende August 1914 hörte man dort, dass die Armenier von Zeytun sich der allgemeinen Truppenaushebung widersetzt hätten,

---

675 CO 1915, S. 48.

676 *National Zeitung,* Nr. 297, 18. 6. 1920, S. 2.

677 Künzler 1999 (1921), S. 34; Künzler 1933, S. 44–48. Vgl. Jakob Künzlers Brief vom 2. 12 1919 an Johannes Lepsius, LAH 2303, ediert von Hermann Goltz in Kieser 1999, S. 347–349.

678 CO 1915, S. 57 f.

679 CO 1915, S. 76 f. In Künzlers Originalbrief lautete die Stelle so: „Gerade in diesen Monaten nahm die Armenierpraxis riesige Dimensionen an […]." LAH 09066, zit. in der Briefedition von Hermann Goltz in Kieser 1999, S. 344 (vgl. auch dortige Anm. 6).

680 Das Geschehen von türkischer Seite dargestellt haben Anadol 1982, S. 317–324, und Özçelik 1986; von armenischer Seite: Saakian 1955, S. 813 ff. und Jernazian 1990. Letzteres ist ein sehr wichti-

was die muslimische Bevölkerung misstrauisch gegenüber den Christen stimmte. Wenig später kam einer der beiden heimgeschickten Generalinspektoren für das armenische Reformwerk auf seinem Heimweg in Urfa vorbei. Die Aufhebung der Kapitulationen wurde in Urfa am 11. September als grosser türkischer Sieg gefeiert. Seit der Erklärung des Dschihad am 14. November war die Stimmung unter den Christen gedrückt, was wiederum die Türken reizte. Da die Christen bei den Festivitäten anlässlich aufgebauschter Siegesmeldungen nicht mitmachten, wurden sie als *hain*, „Verräter", bezeichnet. Diejenigen Armenier, die sich beteiligten, sahen sich von ihrer Seite als Verräter beschimpft.[681] Wie auch auf muslimischer Seite desertierten viele Armenier aus den Kasernen beziehungsweise auf dem Weg dorthin.

Im Frühjahr 1915 rief ein besonders kecker armenischer Schneiderlehrling den Muslimen bei einer Siegesfeier zu: „Ihr glaubt ja selbst nicht an eure Siege!" Dafür wurde er verprügelt und sein Meister mehrere Tage inhaftiert. Anfangs März ging das Gerücht um, armenische Soldaten seien in Massen zum Feind übergelaufen. Die Regierung nahm bald darauf den christlichen Soldaten Waffen und Uniform ab und teilte sie in Arbeiterbataillone ein. Die Sorge unter der armenischen Bevölkerung nahm zu. Bruno Eckart, der Bruder des deutschen Industrieleiters Franz Eckart, der im April in Aleppo zu tun hatte, traf auf vertriebene Zeytuner, deren Geschichte er vernahm. Zurück in Urfa, hörte man die offizielle Nachricht von der „Revolte" der Van-Armenier.[682] Depeschen wurden verbreitet, die mit den Russen verbündeten Armenier hätten Tausende von Muslimen umgebracht. Unter den Christen in Urfa herrschte jetzt grosse Angst, unter den Türken Hass. Letztere drohten offen und schienen auf Massaker zu warten, denn die Niederlagen an der Ostfront sollten an ihnen gerächt werden. Künzler gab folgendes als wörtliches Zitat aus: „Wehe euch Armeniern, wenn es den Feinden der Türkei gelingen sollte, als Sieger ihren Fuss auf türkischen Boden zu setzen! Kein Armenier im Innern wird leben bleiben, dafür werden wir sorgen."[683] Eine der Franziskanerinnen schrieb: „[...] ici, tout fait prévoir qu'elle [la guerre] dégénérera en horribles massacres."[684] Unter den Mus-

---

ger Augenzeugenbericht, der etwas zu Heroisierungen neigt. Als wichtige missionarische Quelle – nicht nur im Falle Urfas – sind die Nachkriegsschriften der vor Ort gebliebenen, damals aber in ihren Mitteilungsmöglichkeiten stark zurückgebundenen Missionarinnen und Missionare zu nennen. Diese Texte waren der Versuch einer Verarbeitung des Schrecklichen in der Mitteilung an das heimatliche Publikum. Sie dienten weiter dazu, das eigene Tun darzustellen und meist auch, Abschied von einer langjährigen, ans Herz gewachsenen Arbeit zu nehmen. Sie sollten auch, falls sie in Buchform erschienen, etwas Geld abwerfen für die Arbeit unter den armenischen Flüchtlingen. Bei mehreren dieser Schriften fällt das Bemühen auf, ein verurteilendes Pauschalbild der Türken und Kurden, das die Autoren bei ihrem Publikum vermuten, zu korrigieren. Die wichtigste missionarische Quelle zum Weltkriegs-Urfa ist Künzler 1999 (1921) sowie Künzler 1933, S. 36–77. Wertvolle Ergänzungen zu Künzler finden sich im franziskanischen Bericht *Cinq Ans d'Exil de 1914 à 1919* (vgl. Anm. 684) sowie in *Meine Erlebnisse in Urfa* von Bruno Eckart, dem Bruder von Franz (letzterer Text in *Orient* 1921, S. 54–58, 119–126, 133–146, 154–160, sowie *Orient* 1922, S. 20–24, ebenso als Separatausgabe Eckart 1922). Die genannten Texte dienen im folgenden weitgehend als Leitfaden. Jakob Künzler stützte sich für die Verfassung seiner Schrift auf sein heute verschollenes Tagebuch (vgl. Künzler 1999 [1921], S. 37).

681   Anadol 1982, S. 318.
682   Eckart in *Orient* 1921, S. 55 f.
683   Künzler 1999 (1921), S. 38.
684   *Cinq Ans d'Exil ...*, S. 14. *Cinq Ans d'Exil de 1914 à 1919* ist der handschriftliche Bericht einer

limen schien die panische Angst, unter den Armeniern die ängstliche Erwartung
geherrscht zu haben, nach der Einnahme Vans würden die Russen über Siverek nach
Urfa gelangen.[685]

Die Armenier trafen heimlich Verteidigungsvorbereitungen, die den Behörden
nicht verborgen blieben. Gegen Ende April wurden wie in Istanbul und in Harput
auch in Urfa die armenischen Lehrer gefangengesetzt. Zudem fahndete die Polizei
nach Waffen und Schriftstücken. Einige Tage danach versuchten Gendarmen in
Garmuç, dem einzigen armenischen Dorf in der Nähe Urfas, Deserteure abzufangen. Diese verschanzten sich auf einem nahen Berg, wo sie die Gendarmen mit
Schüssen empfingen und einige töteten. Dieses Ereignis verschlimmerte die Lage
der Urfa-Armenier. Mitte Mai verbannten die Behörden 18 der angesehensten Familien nach dem 150 km südlich gelegenen Rakka. Kaum dort angekommen, wurden
die Männer wieder nach Urfa geholt, mit anderen Notabeln zusammen inhaftiert und
gefoltert, damit sie aussagten, wo Waffen versteckt seien. Die Behörden beschlagnahmten sackweise armenische Literatur und Schriftstücke, die sie, falls „revolutionären" Charakters, als Schuldbeweise gegen deren Besitzer verwendeten. Der aus
Diyarbakır ausgewiesene, über Urfa Richtung Beirut abgeführte amerikanische
Missionsarzt Floyd Smith brachte die ersten Augenzeugenberichte über die begonnene Ausrottung der Armenier nach Urfa. Smith hatte sich in den Augen des Vali
von Diyarbakır Dr. Mehmed Reşid Bey, eines Gründungsmitgliedes von İttihad ve
Terakki und politischen hardliners, mit Protesten unbequem gemacht.[686]

Celal Bey, der Vali von Aleppo, der für den Schutz der Christen eintrat, wurde
Anfang Juni durch den von der Zentralregierung gesandten, direkt dem Militärkommandanten Fahri Pascha unterstellten Sonderbeamten Eyup Bey ausgewechselt.[687] Zeytun-Armenier tauchten im Juni in Arbeitsbataillonen in der Nähe Urfas
auf und bald auch, separat, deportierte Frauen und Kinder in miserabler Verfassung.[688] Künzler, noch kaum von schwerem Flecktyphus erholt, begab sich nach
Aleppo, wo er Mitte Juni eintraf, um den deutschen (Walter Rössler), den amerikanischen (Jesse Jackson) und den österreichischen Konsul sowie den deutschen

---

anonymen franziskanischen Berichterstatterin orientalischer – wohl armenischer, vielleicht aber
syrischer oder arabischer – Herkunft (vgl. S. 8 des Heftes). Der Bericht wurde in den Kriegsjahren
verfasst (vgl. S. 55) oder gegen Ende des Krieges unter Zuhilfenahme tagebuchähnlicher Notizen
redigiert. Die Autorin betrachtete sich als Französin „par le cœur" (S. 24, 33, 37). Am 27. 12. 1914
traf sie nach der Ausweisung aus Diyarbakır in Urfa ein. „Grâce à Dieu, nos Sœurs y sont encore,
non les Françaises qui ont dû se joindre aux premières expulsées, mais les Orientales" (S. 13). Die
Schwestern hatten eine enge Bleibe in der Stadt gemietet, da der Staat ihr Kloster beschlagnahmt
hatte. Sœur Marthe, die einzige Französin, die ihres hohen Alters wegen dank eines Einbürgerungs-
prozederes bleiben durfte, habe folgende Konditionen akzeptieren müssen: Im Falle ihres Ablebens
gehörte all ihr Besitz dem osmanischen Staat, im Falle ihrer Heirat (sic) würden ihre Kinder als
Türken gelten. Sie starb im November 1917 (S. 14, 50).

685 Anadol 1982, S. 319.
686 Eckart in Orient 1921, S. 56, und Künzler 1999 (1921), S. 76. Zu Reşid vgl. Lepsius 1919, S. 114 f.
     (Holstein, Konsulat Mossul, an Deutsche Botschaft vom 28. 7. 1915, sowie Hohenlohe an Reichs-
     kanzler Bethmann Hollweg vom 30. 7. 1915) sowie Reşids autobiographische Notizen (Reşid 1993,
     bes S. 43–76). Vgl. auch: Zürcher 1983, S. 13, 81; Gust 1995, S. 227, 289.
687 Vgl. Telegramm von Rössler an Wangenheim vom 3. 6. 1915 in Lepsius 1919, S. 75 sowie Orient
     1921, S. 57.
688 Vgl. Jernazian 1990, S. 53–55.

Gesandten Baron Max von Oppenheim, der sich auch in der Stadt aufhielt, über die Lage zu unterrichten und zum Handeln zu bewegen. Er wies schriftlich darauf hin, dass Deutschland sonst unweigerlich der Mitschuld angeklagt würde.[689] In Abwesenheit Künzlers trafen 500 Zivilinternierte in Urfa ein, für die auf Geheiss des amerikanischen Konsuls in Aleppo Leslie zu sorgen hatte. Leslie wurde für diesen Zweck zum Konsularagenten ernannt, doch verboten ihm die Urfa-Behörden, die US-Flagge zu hissen.

Auf dem Rückweg von Aleppo sah Künzler zahlreiche, von wilden Tieren angefressene Leichen von Deportierten. Anfangs Juli zurück in Urfa, hatte er keinen Spital-Apotheker mehr, da dieser, ein Armenier, im Gefängnis sass. Er begegnete den ersten Deportiertenzügen, ausschliesslich Frauen und Kinder aus dem Norden, die aus Sivas und aus Erzurum über Harput Ende Juni in Urfa angekommen waren. Wer konnte, versteckte sich in den christlichen Häusern der Stadt, um dem Weitertransport in die Wüste zu entgehen. Die übrigen blieben auf Zwischenstation im Karawansaray ausserhalb der Stadt. hundert-, ja tausendfach dasselbe Zeugnis: Die Männer waren verschwunden, sie selbst waren beraubt, misshandelt, vergewaltigt worden, manche von ihnen unterwegs aus Erschöpfung oder durch die Gewalt von Gendarmen und Banden, *çete*, gestorben. In den ersten Wochen gab es auch Zeugnisse über Gendarmen, die die Frauen vor dem Zugriff von Banden schützten.[690] Auf Drängen ihrer Frauen setzten nun einige Urfa-Armenier erfolglos Bemühungen in Gange, um durch den Übertritt zum Islam den einzigen, vermeintlich noch gangbaren Weg zur Rettung einzuschlagen.

Im Juli wurde das bereits seit Januar bestehende, mit Urfa-Türken besetzte Kriegsgericht ausgewechselt und von auswärtigen Beamten übernommen, die bereit waren, mit aller Härte gegen die Armenier vorzugehen. Uniformierte tauchten auf, welche die Christen auf offener Strasse schikanierten. Da sie es gelegentlich auch Muslimen gegenüber taten, wurden sie alsbald weiter nach Osten abgeschoben. Tatsächlich hatte das Sechste Armeekorps zur Unterstützung der Regierung 100 Männer nach Urfa entsandt.[691] Ende Juli begannen in Urfa die eigentlichen Deportationen. Diese hatten nichts mit einer ordentlichen Aussiedlung zu tun. Alle mussten zu Fuss gehen, Wagen waren verboten. Wer Richtung Aleppo fortgeschickt wurde, hatte eine Überlebenschance. Wer nordwärts Richtung Diyarbakır getrieben wurde, starb alsbald eines gewaltsamen Todes; so auch Ohannes Seringülian Wartkes und Krikor Zohrab, zwei angesehene armenische Deputierte des osmanischen Parlamentes.[692]

---

689 Vgl. Künzler 1999 (1921), S. 39 f., und *Orient* 1919, S. 66. Vgl. den Hinweis in Lepsius 1919, S. 128.

690 Vgl. „Aufzeichnungen eines Österreichers, dem Deutschen Konsulat von Aleppo am 11. 8. 1915 übergeben", in: Lepsius 1919, S. 130 f.

691 Vgl. Eckart in *Orient* 1921, S. 120; Telegramm des EUM an den Mutasarrıf von Urfa, 21. Ş. 1333 (4. 7. 1915), BOA DH.ŞFR 54/294.

692 Vgl. die Hommage an die beiden vom arabischen Parlamentskollegen Fâ'iz El-Ghusein, „Armenisches Märtyrertum", in *Orient* 1921, S. 5. (Zu El-Ghusein, ehemaliger *kaymakam* von Harput, vgl. Tacy Atkinson im Brief an Barton vom 11. 4. 1918, ABC 16.9.7.) Damals musste der Stadtarzt von Urfa und Kollege von Künzler hinausreiten und ein auf Typhus lautendes Todesattest für die Ermordeten ausstellen. Diese aussergewöhnliche Bemühung um Formalitäten erklärte man sich in Urfa damit, dass sich die Zentralregierung die hohen Lebensversicherungsbeträge aneignen wollte (Künzler 1999 (1921), S. 14); der eigentliche Grund war vermutlich deutsche Nachfrage, zumal

Künzler erwog, nach Europa zu reisen, um Lepsius und die Öffentlichkeit zu mobilisieren, liess aber mangels Geld davon ab. Die Ankunft in Urfa von Ahmed Bey und Halil Bey, zwei ranghohen Unionisten in Offiziersuniformen, am 10. August stellte eine entscheidende Wende dar. Diese beiden Emissäre der Zentralregierung setzten sich diktatorisch über die Urfa-Behörden hinweg, verordneten, trotz Annahme einer hohen Bestechungssumme, die Deportation aller inhaftierten Notabeln, darunter der *vartabed*, Richtung Diyarbakır (!) und befahlen die Ermordung der aus rund 1'000 Urfa-Armeniern gebildeten Arbeiterbataillone, die in der Umgebung Strassen bauten. Letzteres geschah unter kurdischer Beteiligung. Mit der Ankunft der beiden *İttihad*-Emissäre begann die systematische Eliminierung der armenischen Präsenz in Urfa.[693]

Immer mehr Deportierte in immer trostloserer Verfassung kamen in der Durchgangsstation Urfa an. Unterdessen wurde es verboten, sie in ihren Lagern vor der Stadt zu besuchen, wo furchtbare Verhältnisse herrschten. Ganze Menschenkarawanen verdursteten aus Wassermangel. Manchen Deportierten gelang es, sich wegzustehlen und ins armenische Quartier zu fliehen. Ihre Berichte waren unfasslich.[694] Einmal kamen mehrere Hunderte Frauen splitternackt an. Deportierte Männer gab es keine mehr. Die Regierung füllte die grosse gregorianische Kirche mit den Frauen; Wachen standen davor, Offiziere, Polizisten, Gendarmen und „normale" Stadttürken gingen ein und aus. Die Kathedrale war zum Ort der Prostitution geworden. Der „Freier" verschleppte sein Opfer entweder in ein Privathaus oder begnügte sich mit dem Zimmer des ermordeten *vartabed*.[695]

3.9.3 Die Vernichtung der Armenier von Urfa

Im Oktober 1915 wurde die gesamte Bewohnerschaft des armenischen Quartiers von Urfa getötet oder deportiert. Künzler drückte sich in einem Brief vom 19. November 1915 so aus: „[…] Was wir hier erlebt haben, steht nicht geschrieben. Davon später. Es ist der bewegteste Monat meines Lebens, der hinter mir liegt." Die franziskanische Berichterstatterin begann ihre Schilderung jener Wochen mit den Worten: „Comment relater l'histoire de notre malheureuse ville d'Orfa pendant les mois d'Août, Septembre et Octobre 1915! Période d'épouvante et de carnage indescriptible."[696]

Am 19. August nahmen Gendarmen im armenischen Quartier Durchsuchungen vor mit der Begründung, man wolle der Fahnenflüchtigen habhaft werden. Es fielen Schüsse und einer der Gendarmen stürzte getroffen. Dieser Vorfall bildete den Anlass für die beiden unionistischen Kaderleute, die zahlreichen gewaltbereiten Männer der muslimischen Bevölkerung, darunter viele Kurden, zu einem Massaker der

---

Familienangehörige der Ermordeten überlebten (vgl. Kaiser 1997, S. 138 f.). In einem Telegramm vom 15. 8. 1915 an den Mutasarrıf von Urfa bestand das Innenministerium auf Übersendung eines Arztberichtes und eines priesterlichen Totenscheins (BOA DH.ŞFR 55/24-1).

693 Vgl. Künzler 1999 (1921), S. 43, und Bruno Eckart in *Orient* 1921, S. 120 f., 125 f. Envers Onkel Halil und der Tscherkesse Ahmed waren zuvor in Diyarbakır am Werk gewesen.

694 Künzler 1999 (1921), S. 54–61, bringt in Kurzform drei solche Zeugnisse.

695 Eckart 1922, S. 18 f.

696 CO 1916, S. 3, und *Cinq Ans d'Exil …*, S. 28.

gavur aufzuhetzen. Den zufällig angetroffenen Schneidermeister Hagop, der um Erbarmen flehte, schoss Ahmed Bey mit den Worten nieder: „Das ist Erbarmen für
dich Armenierhund."[697] Damit gab er den anderen ein Beispiel. „Nieder mit den
Gjaurs, was zögert ihr noch?" lautete die von den beiden unionistischen Kommis-
saren ausgegebene Parole.[698] Auch die Frauen ermunterten die Männer, Blut zu
vergiessen. Es traf unterschiedlos Süryani wie Armenier. Allein im Bazar wurden
etwa 200 Leute erstochen und erschlagen. Bruno und Franz Eckart entkamen nur mit
Mühe dem Mob, da sie zuerst bloss für *gavur* und nicht für den deutschen Teppich-
fabrikanten und seinen Bruder gehalten wurden.[699] Künzler erbat vom Gouverneur
(mutasarrıf) Polizeischutz für das Spital, den man ihm umgehend gewährte. Auf das
Haus des kinderreichen Metzgers Schiko, der dort mit seinem alten Bruder wohnte,
nahe dem Spital, hatte es der kurdische Pöbel am Abend abgesehen: „[…] die
Kurden schrien so laut, dass wir es im Spital mit Schrecken hörten. Sie verlangten
die beiden Alten und wollten noch in der Nacht alle Frauen im Hause missbrauchen.
Sie schrien das unter fanatischen Fluchen und Schimpfen in alle Winde." Auf
Künzlers Bitte hin vertrieben die zum Schutz des Spitales abkommandierten Gendarmen mit Kollegen zusammen die rohe Gesellschaft. Schiko allerdings lag tot vor
seinem Hause.[700]

Seit dem 19. August suchten viele in den Häusern der deutschen, kapuzinischen
und amerikanischen Mission Zuflucht. Nur für einen Bruchteil war Platz. Die Auf-
genommenen mussten sich selbst verpflegen. In der *Masmane* oder *Masbane,* wie
man die deutsche Teppichfabrik nannte,[701] fanden über 1'000 Menschen Unterschlupf. Die beiden unionistischen Offiziere beorderten den Kaufmann Nischan zu
sich und versprachen, sich erkenntlich zu zeigen, wenn er ihnen eine hohe Geld-
summe auszahle. Weder Nischan noch die anderen Armenier glaubten solchen
Worten. Nischan tauchte in der Teppichfabrik unter.[702] Künzler spürte bei seinen
Krankenvisiten in Türkenhäusern die Bereitschaft, alle Armenier umzubringen. Bei
einem Besuch beim *mutasarrıf* Mitte September erfuhr er, dass die Armenier bei
ihrer „herausfordernden Haltung" – Verbarrikadierung der Häuser, keine Wiederaufnahme der Arbeit – fortan mit keinerlei Nachsicht zu rechnen hätten. Der amerikanische Vizekonsul in Aleppo, Edelmann, der Anfang August zur Entlastung von
Leslie in Urfa angekommen war, verliess dieses nach dem Massaker vom 19. August
wieder. Nach Künzlers Meinung war ihm die Situation zu brenzlig geworden, weshalb er sich nach Aleppo verzogen hatte, „wo er sicherer war als in dem Hexenkes-
sel Urfa".[703] Da das Handwerk in den Händen der Armenier lag, kam es in Urfa zu
Versorgungsengpässen, denn die Überlebenden verliessen tagelang weder ihre Häuser noch nahmen sie ihren Betrieb wieder auf. Daher übte die Regierung Druck aus
auf einige Bäcker, die sie auch schützte, damit diese wieder Brot verkauften.

697 Künzler 1999 (1921), S. 52.
698. Vgl. Ahmed 1986 (1975), S. 61. Vgl. Künzler 1999 (1921), S. 49.
699 Vgl. *Orient* 1921, S. 122 f.
700 Künzler 1999 (1921), S. 50.
701 Sie war früher eine Seifenfabrik gewesen *(masmana/masbana* hiess auf osmanisch bzw. arabisch
      Seifenfabrik).
702 Bruno Eckart in *Orient* 1921, S. 121 f.
703 Künzler 1999 (1921), S. 62, 78.

Mugerditsch Yotneghparian, ein junger armenischer Führer, verkleidete sich damals als türkischer Offizier und einige seiner Freunde als Soldaten; sie begaben sich nach Aleppo, wo sie Waffen und Munition einkauften. Indem sie eine Route über die Dörfer einschlugen, gelang es ihnen, unerkannt zurückzukehren. Den Schmieden oblag die Aufgabe, Handgranaten anzufertigen. Am 29. September fielen im armenischen Quartier erneut Schüsse, möglicherweise ohne ernsten Hintergrund. Die Gendarmen, die den Vorfall untersuchen wollten, wurden, als sie zum zweiten Mal mit Verstärkung vor dem verriegelten Haus eintrafen, mit gezielten Schüssen empfangen, einer oder zwei wurden getötet, mehrere verletzt.[704] Die Armenier besetzten die zwölf Strasseneingänge, die zu ihrem Viertel führten. Von nun an wurde auf jeden Muslim, der sich im armenischen Quartier blicken liess, gefeuert, und auch auf jeden Muezzin, der ein Minarett zu erklimmen suchte: Dies verunmöglichte die Aufrufe zum muslimischen Gebet. In Urfa waren keine Soldaten stationiert, und die Gendarmen beschäftigten sich auswärts mit den Deportiertenzügen. Der *mutasarrıf* telegraphierte am selben Tag nach Aleppo um Hilfe. Ein arabisches Bataillon mit Geschützen traf ein, am 4. Oktober der Militärkommandant Fahri Pascha persönlich, und am 5. Oktober ein anatolisches Bataillon mit zwei Feldgeschützen.[705] Sie wurden von den Musliminnen mit Freudentrillern begrüsst: „Les femmes, du haut des terrasses, font entendre leurs ‚lilis' stridents, cris de joie sauvage en l'honneur des braves qui viennent anéantir les ‚Gaours'."[706]

Auf der Grenze zwischen türkischen und armenischen Häusern lag die *Masmane* mit ihren Lager- und Arbeitsräumen für Spinnerei, Färberei und Handknüpferei. Deren grosse Gebäude überragten das Viertel und waren daher von strategischer Bedeutung. 472 Personen, in der Mehrzahl Frauen und Mädchen, hielten sich damals dort auf. Armenier teilten Franz Eckart, dem Industrieleiter, ihre Absicht mit, das Etablissement zu besetzen. Um einer Beschädigung und eventuellen Plünderung des Gebäudes zuvorzukommen, beschloss dieser, mit General Fahri zu verhandeln. Der General verlangte den Abzug erst der Männer, dann aller Personen. Eckart ging darauf ein. Einige derjenigen, die in der *Masmane* Asyl gesucht hatten, flohen heimlich ins armenische Viertel. Jakob Künzler schrieb: „Warum aber die Armenier auch jetzt, nachdem sie [von Franz Eckart] erfahren hatten, dass die Türken das Anwesen besetzen würden, nicht ihrerseits zur Besetzung schritten, war etwas, was ich nie begriffen habe." Etwa 400 Frauen und Kinder wurden am Nachmittag des 9. Oktobers in das vor der Stadt liegende ehemalige deutsche Waisenhaus, sieben Angestellte ins Gefängnis überführt mit der Zusicherung an Eckart, der sie in sein Privathaus aufnehmen wollte, es geschehe ihnen kein Leid.[707]

In höchster Lage innerhalb des armenischen Quartiers befand sich das aus mehreren zusammenhängenden Gebäuden bestehende amerikanische Missionsinstitut. In

---

704 Vgl. Telegramm des Mutasarrıf in Urfa ans Innenministerium vom 29. 9. 1915, in ATBD 1985, S. 101; Schreiben der Heeresleitung ans Innenministerium vom 21. 10. 1915, ATBD 1987, S. 41 f. Zur Person von Mugerditsch vgl. Jernazian 1990, S. 51 f.

705 Vgl. Künzler 1999 (1921), S. 64 f., das Telegramm abgedruckt ATBD 1985, S. 101, und das Schreiben der Heeresleitung vom 5. und 6. Oktober, ATBD 1985, S. 115 f.

706 *Cinq Ans d'Exil ...*, S. 32 f.

707 Künzler 1999 (1921), S. 66 f. (Zitat S. 66). Vgl. Bruno Eckart in *Orient* 1921, S. 135–138. Nach dem Krieg klagten Armenier deshalb Franz Eckart der Auslieferung der Armenier an die Türken an.

dieses hatte sich auch ein Teil der europäischen Zivilinternierten, die im Viertel wohnten, die sogenannten Belligerenten, geflüchtet. Der Missionsvorsteher Leslie bat in einem ins muslimische Nachbarviertel geworfenen Brief um Befreiung, denn er werde von den armenischen Verteidigern unfreiwillig festgehalten. Die übrigen Europäer in der Gefahrenzone wurden ins kapuzinische Kloster interniert, so auch die Franziskanerinnen.[708] Künzler bekam Befehl, alle Kranken aus seinem Spital zu entfernen, um die Betten für die türkischen Verwundeten freizuhalten. Bereits Tage zuvor hatten die türkischen Behörden die im städtischen Spital befindlichen Armenier ausgewiesen, „weil es nicht mehr anginge, den Volksgenossen der Aufständischen Gutes zu tun". Künzler improvisierte ein Spital im leeren Haus des am 19. August ermordeten Schiko.[709]

Ein Schreiben der Heeresleitung vom 12. Oktober an die Kommandantur der 4. Armee und ans Aussenministerium unterstrich die Bedeutung des „armenischen Aufstands in Urfa" und die Notwendigkeit, prompt und hart durchzugreifen, um „Gleichgesinnten eine wirksame Lektion zu erteilen".[710] Am 14. Oktober ritten die Eckart-Brüder durch die Gärten im Süden der Stadt. Sie trafen auf Fahri und seinen Adjutanten, den deutschen Offizier Graf Wolfskeel (bei Künzler „Wolfskehl") von Reichenberg. Die beiden Militärs waren gerade damit beschäftigt, ihr Geschütz auf die gregorianische Kirche auszurichten. Die Armenier hätten sich nach Ansicht Künzlers monatelang halten können: selbst die 9-Zentimeter-Granaten verursachten an den massiven Steinbauten keine allzugrossen Schäden. Die Angreifer hingegen erlitten schwere Verluste bei ihren Versuchen, ins armenische Quartier einzudringen. Allerdings schickten sie Süryani als Arbeitssoldaten vor, damit diese mit Äxten die Türen einschlugen; manche von ihnen fielen im Kugelhagel. Am 15. Belagerungstag traf während einer Beratung in der Kirche ein Granatsplitter den armenischen Führer Mugerditsch und machte ihn kampfunfähig. Viele drängten seit diesem Zeitpunkt auf Übergabe. Der General bestand auf bedingungsloser Kapitulation. Es war keinerlei Gnade zu erwarten. „Warum sich nun nicht bis zum Tode wehren?" fragte Künzler traurig-unverständig. Offenbar befürwortete nur eine Minderheit den Aufstand aktiv.[711]

Überlebende berichteten später den Franziskanerinnen von herzzerreissenden Selbsttötungen innerhalb der Familien, die vor der Übergabe am Vormittag des 16. Oktobers 1915 stattfanden.[712] Künzler schrieb: „Auf dem Wege dorthin [zur Polizei] stiess ich auf den langen, langen Zug der Frauen und Kinder. Ach, es war furchtbar, es war schauerlich, es war zum Verzweifeln. Alle diese entsetzlichen, verzweifelten, mir wohlbekannten Gesichter sehen zu müssen und in ihren Zügen den hoffnungslosen Ausdruck der Verzweiflung zu lesen. Waren sie doch jetzt mehr denn vorher Opfer des Todes. Händeringend riefen sie mich an: ‚O Bruder Jakob, rette uns, rette uns!' Doch was konnte ich für sie tun? Nichts. [...] Auf dem Heimweg

---

708 Vgl. *Cinq Ans d'Exil ...*, S. 33.
709 Künzler 1999 (1921), S. 69.
710 ATASE Nr. 1/1, 13/63, 15-4, nach Özçelik 1986, S. 30.
711 Künzler 1999 (1921), S. 70. Vgl. Bruno Eckart in *Orient* 1921, S. 140; Jernazian 1990, S. 52, 87; Künzler 1999 (1921), S. 88.
712 „[...] les chefs de famille avaient immolé (eux-mêmes) leurs plus belles jeunes filles plutôt que de les abandonner." *Cinq Ans d'Exil ...*, S. 35.

überschritten wir [Künzler und Leslie] einen Platz vor einer Moschee, der von Soldaten abgesperrt war. Sie befahlen, dass wir uns entfernen sollten. Kaum waren wir bei meinem 200 Meter entfernten Hause angekommen, als auf dem Moscheeplatz eine Gruppe Armenier erschossen wurde. Auch von anderen Seiten her hörte man Schüsse. Es war klar, die Abschlachtung der Armenier von Urfa hatte begonnen."[713] Das Hinmorden der Wehrlosen – in der Amtssprache: Säuberung, *temizleme*, Urfas von den letzten Aufständischen – dauerte einige Tage. Dessen Werkzeuge waren die Schusswaffe, der Strick und – meistens – das Messer oder die Axt. Hagop, der Lastträger des Missionsspitals, entrann, weil seine Peiniger die blutüberströmte, zu Boden gestürzte Gestalt für tot hielten. In der Nacht gelang es ihm, zu Künzlers Wohnhaus zu fliehen. Nachdem alle in die Moscheehöfe und Gefängnisse gebrachten Männer getötet worden waren, sollte der Abtransport der Frauen beginnen. Jakob Künzler besuchte diese provisorischen Lager oft, um die Verwundeten zu versorgen oder Brot zu bringen. Aber selbst dies konnte keine Wohltat sein: „Als ich einmal mit Brot erschien, riefen mir die Frauen zu: ‚Brot bringst du uns? Uns, den Kindern des Todes? Nein, bringe nicht Brot, aber Gift, viel Gift. Ach, lass uns nicht abtransportiert werden, sorge dafür, dass wir hier sterben können. Du weisst selbst, was es heisst, in die Steppe geführt zu werden!‘ Andere Frauen zeigten mir Giftfläschchen und wollten wissen, wieviel man davon nähme, sie wollten nicht zuviel davon nehmen, damit das vorhandene Gift für möglichst viele reiche."[714]

Der Abtransport begann. Es hiess, es ginge westwärts, Richtung Konya; ein Telegramm der Heeresleitung nannte genau die gegenteilige Richtung: Mosul.[715] Draussen vor der Stadt standen viele Muslime, die sich die Mädchen und Frauen herausgriffen, die ihnen gefielen. Einige waren froh, so der Deportation zu entgehen, andere sträubten sich. Bestechung des Gendarmen half dann, den Menschenhandel mit Gewalt zu erledigen. Der Kommandant hatte sich bereits aus den Lagern die schönsten Mädchen ausgesucht, und die ihm zu viel waren, an die Offiziere verschenkt. „Der Abschied von unseren vielen Leuten und ihren Kindern war unsagbar traurig", schrieb Bruno Eckart. „Noch heute ergreift mich wildes Weh, wenn ich daran denke. Ich sehe dann im Geiste die Schwerkranken, wie sie gestützt von ihren Angehörigen aus der Stadt hinauswanken; höre noch die flehentliche Bitte eines achtzehnjährigen Mädchens um Gift, das ich ihr geben sollte, damit sie nicht der Schande preisgegeben; sehe, wie Tuma Chanum sich mit verzweifelten Blicken nach uns umschaute, wie Kinder verstört sich an ihre Mütter klammerten und bewundere jene mutigen Frauen, die die jammernden trösteten. Sechs berittene Gendarmen trieben die Ausgestossenen zur Eile an."[716]

Am 21. Oktober versandte die Heeresleitung dem Aussenministerium einen Bericht zuhanden der ausländischen Botschafter und der Presse über die Ereignisse in Urfa. Darin ist ausschliesslich die Rede von „armenischen Schurken", die sich in Urfa versteckten und das Feuer auf Gendarmen eröffneten, vom unbefugten Ein-

---

713 Künzler 1999 (1921), S. 71–73.
714 Künzler 1999 (1921), S. 83.
715 Vgl. das Telegramm vom 24. 10. 1915, das 2'000 Richtung Mosul deportierte Frauen und Kinder erwähnt (ATBD 1986, S. 45), und *Cinq Ans d'Exil ...*, S. 37.
716 *Orient* 1921, S. 145 f. Tuma war eine der Hausmütter des deutschen Waisenhauses. Hochschwanger gebar sie in der Wüste ihr Kind. Mutter und Kind starben kurz danach im Elend.

dringen auf ausländischen Grundbesitz und von Angriffen auf benachbarte muslimische Quartiere. Bis am 16. Oktober sei es den herbeigerufenen, eigentlich für den
Fronteinsatz bestimmten Einheiten gelungen, die Aufständischen vernichtend zu
schlagen, ohne dass Angehörige neutraler oder feindlicher Staaten irgendeinen Schaden erlitten hätten.[717] Ebenso apologetisch und abgehoben von der schrecklichen
Wirklichkeit ist die einschlägige Passage über Urfa in den Memoiren Talat Paschas.[718] Der türkische Historiker İsmail Özçelik schrieb 70 Jahre später in seinem
hauptsächlich auf osmanische Militärquellen gestützten Aufsatz über „die armenischen Ereignisse in Urfa im Jahre 1915", wie unbegründet und haltlos die von den
Armeniern vorgebrachten Behauptungen über jene Zeit seien. „Es ist unmöglich, ein
Volk zu finden, dass sich so gerecht und gegenüber den unter seinem Schutze
Lebenden so tolerant verhält wie die Türken."[719] Vom grösseren Kausalzusammen-
hang mit den tödlichen Deportationen ist bei diesem Historiker ebensowenig die
Rede wie im Communiqué 70 Jahre zuvor.

„Another life has been sacrificed for the redemption of Turkey", so begann der
Artikel im *Missionary Herald* zum Tod des jungen Missionars Leslie. Die Art
seines Ablebens sei noch immer Gegenstand von Mutmassungen; Botschafter Henry Morgenthaus Bericht spreche von der Einnahme von Gift in krankem Zustand.
Der ungezeichnete Artikel würdigte Leslies bloss vierjährige, doch vielfältige missionarische Aktivität und seine Betreuung der Internierten. Es sei bestürzend zu
realisieren, dass der frischgebackene Vater seine kurz vor seinem Tode geborene
Tochter, die mit ihrer Mutter in Anteb weilte, nie habe sehen können. „A home that
helped is broken up; the widow and the fatherless are left to mourn. What a price it
is to pay for the proclaiming of a gospel that men seem unwilling to hear!"[720]
Welche Realitäten verbargen sich hinter solchen Sätzen? Die Geschichte der zer-
brochenen Herzen und Existenzen unter den Türkeimissionaren im Zusammenhang
des Ersten Weltkriegs ist nie geschrieben worden – in Anbetracht all des anderen,
übermässigen Leides. Aber Tod, Selbstmord, Wahnsinn und Zerrüttung machten
auch vor den Missionsstationen nicht halt.[721] Seinem Freund Francis Leslie konnte
Jakob Künzler in jenem traurigen Oktober 1915 nicht helfen. „Leslie war mein
bester Freund. […] Wir beide verstanden uns sehr gut. Ich konnte ihm mit meinen
Erfahrungen und Kenntnissen oft beistehen. Er hingegen war, als ich im Frühjahr

---

717 ATBD 1986, S. 41 f.
718 Verfasst in Berlin vor seiner Ermordung am 15. 3. 1921 (Talat 1994, S. 79 f.).
719 Özçelik 1986, S. 32.
720 MH 1916, Jan., S. 18 f.
721 Welches persönliche Drama beispielsweise verbarg sich hinter den Zeilen von Johannes Spörri:
„Unserer lieben Mitarbeiterin Schwester Martha Kleiss, die in der Krankenpflege in all diesem
Jammer nach Bitlis kam, brach allerdings das Herz [1915]. Wohl zubereitet aber ging sie ein zur
Freude des Herrn" *(25 Jahre ..., S. 47)*? Welches Drama stand hinter den Worten Johannes
Lohmanns: „[…] im Juli 1915 inmitten der furchtbaren Christenverfolgungen, brach unter dem
Druck der Verhältnisse auch unsere, mit soviel Selbstverleugnung und grosser Liebe an den
armenischen Waisen und Witwen arbeitende Schwester Helene Laska zusammen. Sie ist die
einzige unter uns [in Harput], die gewürdigt wurde, zusammen mit den Tausenden von orienta-
lischen Christen durch die goldenen Tore droben einzugehen […]." *(25 Jahre ..., S. 17 f.)*. Beatrice
Rohner brach nervlich zusammen, als ihr im Februar 1917 alle Kinder der von ihr seit 1915 in
Aleppo geleiteten Notwaisenhäuser entrissen wurden (Meyer 1974, S. 109 f., 267). Vgl. S. 354.

am Flecktyphus totkrank darniederlag, meiner Frau treuester Beistand gewesen. [...] Nur in einem Punkt gab es zwischen uns Verschiedenheit, politisch dachten wir nicht gleich. Ich Freund der Deutschen, er Ententefreund. Aber darum sind wir nie uneins geworden. Wie sollten wir auch?"[722] Es war Leslie, der im Juni 1915 mit dem gefangenen Dr. Floyd Smith vor den Ohren der Polizei sprach und vom begonnenen Genozid erfuhr. „Von da an war es mit der Ruhe des Herrn Leslie dahin." Vom gleichen Monat an musste er die 500 Internierten betreuen, was ihn neben all der anderen Arbeit überforderte. Nachdem der Vizekonsul von Aleppo den amerikanischen Missionaren im August vorübergehend etwas entlastet hatte, zeigte dieser im September „Symptome, welche auf Verfolgungswahn schliessen liessen".[723] Künzler drängte ihn, die Interniertenarbeit abzugeben und sich zu seiner Frau und seinem Kind nach Anteb zu begeben. Die Betreuung der Internierten gab der Amerikaner ab. Die Ausreise nach Anteb indes scheiterte daran, dass die Wachen vor den Stadttoren Jakob Künzler nicht durchliessen; seinen Freund wollte Leslie aber zu Reisebeginn unbedingt bei sich haben, da er sich fürchtete, ermordet zu werden. Künzler versuchte einen zweiten Anlauf, aber diesmal wollte Leslie nicht mehr. Er begründete seinen Entschluss damit, dass niemand und bestimmt nicht der Diakon seine Anbefohlenen, namentlich die Waisenkinder, in der gegenwärtigen unsicheren Lage allein lassen würde. Danach begann die Belagerung des armenischen Quartiers, wo Leslie in jenen Tagen eingeschlossen blieb. Nach 16 Tagen traf ihn Künzler zum erstenmal wieder in verwirrter Verfassung auf der Polizeiwache. Er durfte ihn zu sich nach Hause nehmen, versuchte aber erfolglos, ihn davon zu überzeugen, dass er nicht befürchten müsse, aufgehängt zu werden. Jeden Tag hatte er vor dem Kriegsgericht zu erscheinen, wo ihm ein Gendarmerieoffizier öfters drohte, er würde mit ihm verfahren wie mit den Armeniern.[724] Am Abend kehrte jeweils ein völlig gebrochener Mann zurück. An einem Nachmittag wurde auch Künzler vor das Gericht bestellt, um als Zeuge bei der Übergabe des armenischen Gutes, das Leslie anvertraut worden war, zugegen zu sein. Etwa 2'000 Goldpfund sowie Schmuckgegenstände beschlagnahmte das Gericht unter den Augen des Generals. Leslie war untröstlich. Ende des Monats Oktober bat er Künzler um Gift in der Meinung, er werde bald gehenkt. Dem war keinesfalls so, wie Künzler vom bereits erwähnten Ephraim, der im Kriegsgericht übersetzte, in Erfahrung brachte. Leslie wurde unter Druck gesetzt wegen des Schlüssels zum Geldschrank eines reichen armenischen Kaufmanns, den man bei ihm vermutete. Am 30. Oktober, als Leslie auf dem Rückweg vom Gericht beim Pferdemarkt vorbeikam, standen dort Galgen für einige Armenier bereit. Wenige Augenblicke später, noch bevor er Künzlers Haus erreichte, stürzte er vergiftet um. In einem Schreiben, das sich in seiner Tasche fand, bemühte er sich, seine Freunde von Verdächtigungen zu entlasten: „My last statement. No one in Ourfa is, any way, responsible for my actions except myself. Specially the family of Mr. Kunzler and Eckart are not involved in anything that I have done. What I have drunk, I have brought from the building of the Mission. I am not implicated in the Armenian

---

722 Künzler 1999 (1921), S. 75 f.
723 Künzler 1999 (1921), S. 76 f.
724 *Orient* 1921, S. 155.

revolution but was brought under by it. F. H. Leslie."[725] Künzler musste Leslies Frau die traurige Nachricht mitteilen. Als er auf dem protestantischen Friedhof ein Grab für seinen Freund ausheben liess, vertrieb ihn die Polizei mitsamt der Trauergemeinde mit der Begründung, der Friedhof sei – als ehemals armenisches Gut – Eigentum der Regierung. Leslies Leichnam wurde eilig in einem steinigen Niemandsland vor der Stadt verscharrt.

Anfang Dezember 1915 begann in Urfa eine staatliche Liquidationskommission ihre zwei Jahre dauernde Arbeit. Sie verkaufte, was vom armenischen Besitz nach all den Plünderungen übriggeblieben war. Plünderer und Hehler betrieben schon monatelang „in- und ausserhalb der Stadt einen schwunghaften Handel mit geraubten Gütern".[726] Vieles hatte das Kriegsgericht beschlagnahmt. Es ging bei der offiziellen Liquidation insbesondere um Verkaufsmagazine, Häuser, Gärten und Landbesitz. Eine Kommission löste die andere ab, was die Bereicherung möglichst vieler Kommissionsmitglieder erlaubte. Jakob Künzler war darüber bestens durch den Schreiber der Kommission, den syrisch-protestantischen Pfarrer und Armenier Ephraim Jernazian, informiert, der beim Kriegsgericht als Übersetzer zu fungieren hatte.[727] Ephraim war zwar Armenier, wurde aber seiner Funktion wegen als Süryani betrachtet. Wenn die Beamten armenische Warenlager versteigerten, schafften sie zuerst das Beste und Wertvollste in ihre eigenen Häuser. Bei der Versteigerung selbst, wo man das meiste zu Spottpreisen absetzte, durften nur Muslime kaufen. Bruno Eckart interpretierte den Vorgang damals treffend: „Es war erstaunlich, zu welch billigen Preisen, allerdings nur an Türken, ganze Warenlager verkauft wurden. Mit der Zeit ging aller Wohlstand der armenischen Bevölkerung in muhammedanischen Besitz über, und damit war der Hauptzweck der grauenhaften Menschenausrottung erreicht."[728]

Die Regierung beschloss, noch während die Frauen auf ihren Abtransport warteten, in einer „Anwandlung von Barmherzigkeit", ein Waisenhaus für elternlose Kleinkinder zu eröffnen; dies vermutlich im Zusammenhang mit der Anwesenheit Şükrü Beys, eines hohen Beamten des Innenministeriums in der Stadt. Als Pflegerinnen und Ammen durften sich einige Armenierinnen engagieren lassen, bisweilen die eigenen Mütter von zuvor ausgesetzten Kindern, die so der Deportation entgingen. Die Kinder erhielten islamische Namen und eine ebensolche Erziehung.[729] Elisabeth Künzler organisierte auf eigene Faust eine illegale Waisenarbeit. In zwei kleinen Häusern, die türkische Freundinnen für sie mieteten, quartierte sie Kinder ein.[730] Die Bäcker und Schmiede sowie der armenische Arzt, die als unentbehrlich für die Stadt vorerst vom Eliminierungsplan ausgenommen waren, mussten nun, auf Grund eines radikaleren Befehls, als einzige Männer im Deportiertenzug auch wegziehen. Der Arzt blieb schliesslich davor bewahrt, da er an Flecktyphus bewusst-

---

725 Saakian 1955, S. 944. In sehr freier deutscher Übertragung in Künzler 1921, S. 56, in leicht verstümmelter türkischer Übersetzung: Özçelik 1986, S. 31.

726 Bruno Eckart in *Orient* 1922, S. 20.

727 Künzler 1999 (1921), S. 41 f. Ephraim ist identisch mit dem Buchautor Ephraim K. Jernazian (vgl. Jernazian 1990, S. 48 f.).

728 *Orient* 1922, S. 20.

729 Künzler 1999 (1921), S. 87. Ein Telegramm des EUM an den *Muhâcirîn Müdürü* Şükrü Bey vom 1. 11. 1915 segnete die „Massnahmen betreffend die armenischen Weisen" ab (BOA DH.ŞFR 57/228).

730 Schäfer 1932, S. 96 f.; Künzler 1951, S. 141 f.

los darniederlag. Diese Krankheit war in Urfa zur Zeit der Belagerung eingekehrt und „wurde für Tausende der todsuchenden Deportierten ein grosser Tröster. Wer von ihr ergriffen wurde, verlor meist schon am zweiten Tag das Bewusstsein [...]. War sie ein Tröster den Verbannten, so wurde sie zum unerbittlichen Feind für ihre Verfolger in Stadt und Land. [...] Ungeheuer muss die Zahl der Opfer dieser Krankheit gewesen sein, denn sie ergriff nach und nach das ganze türkische Reich. In der Haranebene starben einige Dörfer bis auf die Kinder völlig aus." Obdachlose Kranke in ihrer Agonie wurden oft „pêle-mêle avec les cadavres" in die *fosse commune* geworfen. Künzler und die Franziskanerinnen kümmerten sich um viele der Erkrankten.[731]

Eine Stadt von den 15'000 Mitgliedern einer ihrer Ethnien restlos zu „säubern" ging nicht so schnell, wie beabsichtigt. Viele hatten sich in tiefen Ziehbrunnen, in verborgenen Gewölben oder Strassenkanälen versteckt. Manchmal führte ein Verräter, der sich mit seiner Tat und der Annahme des muslimischen Glaubens das Weiterleben in der Stadt erkaufte, die Gendarmen zu solchen Unterschlüpfen. Oft trafen Soldaten beim Absuchen oder Plündern auf Untergetauchte. Diese wurden sofort getötet, in Brunnen Versteckte wurden lebend eingemauert. Schliesslich verschütteten die Soldaten alle Brunnen und räucherten die Schlupfwinkel aus. Bis Ende November ertönten aus diesen Gründen sporadisch Schüsse in der Stadt. Die Auseinandersetzungen in Urfa in der zweiten Jahreshälfte von 1915 ergaben auf muslimischer Seite rund 200 Gefallene, auf armenischer Seite die Tötung oder Deportation der gesamten Bevölkerung mit einigen weiblichen, aber kaum männlichen Ausnahmen.[732] Manche Mädchen und Frauen waren, wie erwähnt, aus dem Lager oder aus der ausziehenden Schar mehr oder weniger freiwillig herausgegriffen worden. Der für die Deportation verantwortliche türkische Oberst hatte sich ein besonders hübsches, zu den 250 ehemaligen Arbeiterinnen der Teppichfabrik gehörendes 15jähriges Mädchen entführen lassen und der Familie des Mädchens einen sicheren Aufenthalt versprochen; die Familie konnte in der Tat wieder Wohnung in der Stadt nehmen.[733] Eine beträchtliche Zahl armenischer Frauen und Kinder floh aus Unterschlüpfen oder aus dem Lager zu menschlich gesinnten muslimischen Freunden. Auch die unter den Muslimen wohnenden Süriyani und die wenigen Katholiken, nämlich zum Katholizismus konvertierte Süryani, nahmen Flüchtlinge auf. Sie wiesen ihnen allerdings wieder die Tür, als die Regierung bald darauf solcher Aufnahme mit der Drohung, wer jemanden aufnehme, werde auch deportiert, den Riegel schob.

Unter den Türken hätten, nach Künzler, nur einige höhere Beamte dem Auslieferungsbefehl Folge geleistet. „Das Gros der türkischen, kurdischen und arabischen Einwohner in und ausserhalb der Stadt kümmerte sich nicht um die Wünsche der Regierung." Künzler korrigierte das Pauschalbild des unterschiedslos „grausamen Türken". Besonders eindrücklich ist seine Hommage an den Oberrichter, den zweithöchsten Zivilbeamten der Stadt: „[...] der Oberrichter der Stadt

---

731 Künzler 1999 (1921), S. 87; *Cinq Ans d'Exil ...*, S. 36 f.
732 Özçelik 1986, S. 31 f. Ein Telegramm der Heeresleitung vom 24. 10. 1915 nennt 349 tot in die Hände gefallene Armenier, eine unbestimmte Anzahl Verhafteter und 2'000 deportierte Frauen und Kinder (ATBD 1986, S. 45).
733 *Orient* 1921, S. 143 f.

wurde vom Kriegsgericht aufgefordert, die bei ihm vorhandenen armenischen Christen herauszugeben. Dieser Mann war im Juli 1915 von Erzingjan [Erzincan] nach Urfa strafversetzt worden, weil er dort gegen die Ausweisung der Armenier protestiert hatte. In Urfa präsidierte er in jenen Unglückstagen einer Versammlung, in der Stellung gegen die Armeniergreuel genommen wurde. [...] Der General liess ihn nach dieser Versammlung zu sich rufen und sagte ihm: ‚Wer bist du, dass du dich unterstehst, gegen die Zentralregierung zu arbeiten und für eine milde Behandlung der Armenier einzutreten und gar noch gegen meinen Befehl Armenierinnen in deinem Haus zu verstecken? Hört das nicht auf, so sollst du erfahren, dass wir die Macht haben, dich zur Raison zu bringen.‘ [...] Kaum war er daheim angekommen, erschien die Polizei mit Befehlen des Generals, und nahm ihm die Armenierinnen weg. Dessenungeachtet hatte er nach wenigen Tagen wieder Flüchtlinge in sein Haus aufgenommen. Ich habe unter den Muhammedanern keine edlere Seele kennengelernt, wie diesen Kadi. Ich bin denn auch noch keinem Anhänger Muhammeds persönlich so nahe gekommen, wie ihm. Wie die besten Freunde, ja wie Brüder, schieden wir später voneinander.“[734]

Ephraim Jernazian stellte im übrigen dem regulären Militärkommandanten von Urfa, dem Syrer Sadık Bey, der – vermutlich vor der Ankunft Fahris – von seinem Dienst suspendiert wurde, ein wohlwollendes Zeugnis aus. Er hatte Mitleid mit den Deportierten, die im Sommer 1915 bei Urfa ankamen, und kümmerte sich persönlich um die Verteilung von Lebensmitteln an sie. Überwältigt vom Elend, das er sah, habe er ausgerufen: „Allah tahir eylesin sizi bu hale getirenleri! [Gott erlöse uns von denjenigen, die euch in diesen Zustand gebracht haben!]“[735]

Lebensgefährlich war jegliche Hilfe an die proskribierten armenischen Männer. Kein Stadtmuslim wagte, diesen zu helfen. In den Dörfern kam das schon eher vor. Garabed war als „Kurde Muhammed“ bei guter Gesundheit ins Missionsspital aufgenommen worden; er ging auf Bitte des Diakons wieder zu den Dorfkurden zurück, die ihm vorher schon einmal Zuflucht gewährt hatten.[736] Die Patres der Kapuzinermission setzten sich über das Verbot, Armenier aufzunehmen, hinweg, indem sie seit August 1915 einen katholisch-armenischen Priester einquartierten. Nach der verräterischen Entdeckung des Untergetauchten am 7. September 1916 wurden sie sogleich inhaftiert.[737] Sie erlangten erst im Frühjahr 1918 ihre Freiheit wieder. Der Untergetauchte jedoch wurde hingerichtet. Die Dänin Karen Jeppe ruinierte ihre

---

734 Künzler 1999 (1921), S. 90. Vgl. auch Vischer-Oeri 1967, S. 70. Die franziskanische Berichterstatterin hatte gute Worte übrig für den Gouverneur, der strengen Befehl gab, die der Patres beraubten Schwestern in keiner Weise zu behelligen. Seine drei Knaben schickte er täglich zu ihnen, wo sie in den Genuss von Französisch-Gratislektionen kamen *(Cinq Ans d'Exil ..., S. 49)*.

735 Jernazian 1990, S. 68 f.

736 Künzler 1999 (1921), S. 100, 110.

737 Es handelte sich um P. Thomas, P. Bonaventure, Frère Raphaël und eine weitere Person, d. h. um die osmanischen Patres, die französischen waren zu Anfang des Krieges ausgewiesen worden. Nach vielen Verhören, Durchsuchungen und befristeten Freilassungen wurden sie Anfang 1917 ins Gefängnis nach Marasch – wo Père Thomas an Flecktyphus starb – und zwei Monate später nach Adana gebracht. Sœur Fébronie von Urfa verwendete sich für die Gefangenen, indem sie sich nach Adana und zu Cemal Pascha persönlich begab. Der päpstliche Gesandte intervenierte, und schliesslich wurde ihre Todesstrafe in Haft umgewandelt (Riondel 1919, S. 175; *Cinq ans d'Exil ..., S. 39–52*).

Nerven mit der Unterbringung von sieben armenischen Männern im Keller ihres Hauses. Trotz dreimaliger gründlicher Hausdurchsuchung blieb ihr Todesmut erfolgreich. Künzler geleitete sie 1917 in völlig zerrüttetem Nervenzustand nach Istanbul, von wo sie weiter nach Europa reiste.[738]

Muslimische Vertraute führten Schlepperdienste aus, geleiteten in kurdischer oder arabischer Tracht Verkleidete in die umliegenden Dörfer oder weit in den Süden, manchmal versorgten sie in nahen Höhlen Versteckte, und einer von ihnen, Künzlers arabischer Angestellter Ali, gestand auch unter Folter und Todesdrohung nicht, was er wusste.[739] Um möglichst wenig durch Mitwisserschaft belastet zu sein, handelten Elisabeth und Jakob Künzler unabhängig voneinander. Wenn Elisabeth Künzler einem aus muslimischem Haus entflohenen Mädchen Unterschlupf gewährte – nicht selten verhalf die türkische Gattin der unerwünschten armenischen Nebenfrau zur Flucht –, konnte der Ehemann Künzler mit gutem Gewissen der bald auftauchenden Polizei versichern, er wisse von nichts. Anstandshalber getrauten sich die Polizisten nicht, Elisabeth *hanım,* „ehrenwerte Dame", allzusehr unter Druck zu setzen oder ins Haus einzudringen, wenn der Gatte nicht da war.[740] Fahri Pascha bedrohte Jakob Künzler im Herbst 1915 damit, ihm das gleiche Schicksal wie den Armeniern angedeihen zu lassen, wenn er weiter kranke Armenier im Gefängnis behandle – ein Zeugnis nicht nur für die Härte des Paschas, sondern auch dafür, dass dem stadtbekannten Künzler selbst die Gefängnistüren offenstanden.[741]

Trotz gegenteiliger Zusicherungen an Franz Eckart liess General Fahri die armenischen Angestellten der Deutschen Orient-Mission wochenlang schwer misshandeln und schliesslich auf dem Tilfitör, dem Hügel oberhalb des armenischen Viertels, von Soldaten mit dem Bajonett erstechen, wie Dr. Aziz Bey, der Chefarzt des türkischen Spitals, den Eckart-Brüdern mitteilte. „Unser Ansehen und Einfluss bei den Türken schwand zusehends dahin. Wir wurden als lästige Aufpasser betrachtet, als unbequeme Zuschauer", schrieb Bruno Eckart.[742] Da es diplomatisch undenkbar war, Schützlinge des deutschen Bundesgenossen auszuweisen, geschweige denn zu eliminieren, drückten die am meisten kompromittierten Behörden ihr Missbehagen über die fremden Mitwisser mit Antipathie, Schikanen und Wortbruch – wie oben beschrieben – aus. Unbehaglich musste für sie der Gedanke sein, dass diese lästigen Gäste dereinst detaillierte Berichte über das Geschehen und die Verantwortlichen verfassen würden. Während des Kriegs gelang es allerdings den Behörden mittels der Zensur, einschlägige Meldungen abzufangen. Kein Telegramm von Künzler kam während des Kriegs durch.[743] Ein weiteres, für die

738 Künzler 1999 (1921), S. 91; Künzler 1939, S. 52 f., 56–63, 67–73.

739 Zu Frau Künzlers Helferinnen, siehe Künzler 1999 (1921), S. 110. Zum Araber Ali, der bei Künzlers angestellt war, vgl. Künzler 1939, S. 57, 62. Zu seiner Frau Emine: Vischer-Oeri 1967, S. 4 f., 10, 20.

740 Künzler 1990 (1921), S. 110; Künzler 1939, S. 68.

741 Bruno Eckart in *Orient* 1921, S. 139.

742 *Orient* 1921, S. 138 f. Künzler schrieb mit leisem Vorwurf an seinen Kollegen: So wortbrüchig handelte also der General, „dem Vertrauen zu schenken er [Eckart] kein Bedenken getragen hatte". Künzler 1999 (1921), S. 75.

743 Über die Schreiben, die die Deutsche Orient-Mission von Künzler und den andern Mitarbeitern damals erhielt, äusserte sie sich so: „Wir haben die wenigen Nachrichten, die wir bis jetzt, meist

deutsche Seite unbequemes Zeugnis betraf die Kooperation deutscher Offiziere beim Vorgehen gegen die Armenier. In Urfa zeichnete sich darin Graf Eberhard Wolfskeel, Fahri Paschas Adjutant, aus. Auch er sprach von den Armeniern als Verrätern, obwohl ihm seine Landsleute die triste Vorgeschichte des bewaffneten Widerstands klar auseinandersetzten. Artilleriehauptmann Wolfskeel dirigierte die Geschütze gegen das armenische Quartier. Er liess sich dazu herab, seine Landsleute aufzufordern, unter Eid auszusagen, wo sich gewisse flüchtige Armenier befänden. Die Missionare bestanden auf einem Ehrenwort (das Neue Testament verbietet den Schwur) und verschwiegen ihr Mitwissen um Karen Jeppes Schützlinge.[744]

3.9.4 Kurdische Deportierte und „riesige Dimensionen" der Hilfsarbeit

Im Juni 1916 kamen die letzten armenischen Deportiertenzüge durch Urfa. Die Deportationen hatten also rund ein Jahr gedauert. Abweichend von den bisherigen Karawanen, rekrutierten sich diese letzten hauptsächlich aus jungen Männern. Es handelte sich um einige Tausende aus der zahlreichen Schar der Bagdadbahn-Arbeiter. Einer der Ingenieure erzählte Künzler, wie sehr die deutschen und schweizerischen Ingenieure sich ein Jahr lang gegen das türkische Ansinnen zur Wehr gesetzt hatten und schliesslich doch einen Teil der Leute entlassen mussten. Kurz nach Urfa bei Viranşehir ereilte sie das gleiche Schicksal – Ermordung – wie Hunderttausende vor ihnen. Allmählich hörte in Urfa die bisherige Vogelfreiheit etwas auf, „wenn sich auch noch zahlreiche Vergewaltigungen, Entehrungen, Schändungen, besonders auch der Knaben, ereigneten". Der Umgang mit dem armenischen „Freiwild" war in den Dörfern in der Regel korrekter als in der Stadt. „Besonders türkische Offiziere leisteten Unglaubliches und Unaussprechliches in Verschacherung armenischer Mädchen. Und was an Hunderten, ja Tausenden armenischer Knaben in widernatürlichen Verbrechen geschah, ahnt kein Mensch."[745]

Doch bereits im Winter 1916/17 trafen neue Deportationszüge ein. „Es hat wohl keine europäische Tageszeitung davon berichtet", meinte Künzler mit leisem Vorwurf, „dass die gleichen Jungtürken, welche die Armenier ausrotten wollten, auch ihre Glaubensgenossen, die Kurden, die im gleichen oberen Armenien wohnten, ebenfalls von Haus und Hof vertrieben. Das geschah unter dem gleichen Vorwande,

---

über die Schweiz, aus unsern Stationen erhielten, zurückgehalten. Obwohl die Schreiber die schrecklichen Dinge, die sie gesehen und erlebt hatten, nur zwischen den Zeilen andeuten konnten, hat die Zensur noch die Hälfte weggeschnitten und andres geschwärzt" (CO 1916, Jan.–März, S. 3).

744   *Orient* 1921, S. 140; Künzler 1999 (1921), S. 82. Bezeichnenderweise unterschlug Lepsius' ansonsten wertvolle Dokumentensammlung (Lepsius 1919) solche Beteiligungen. Vgl. zu diesem Aspekt Goltz 1987, S. 47 f., Dinkel 1991, Dadrian 1996 und das Vorwort von Gust 1999. Auf Grund von vorwiegend deutschsprachigem Tagebuch-, Zeitschriften- und biographischem Material zeigte Christoph Dinkel auf, dass, anders als manche diplomatische Vertreter, einige hohe Offiziere den Massenmord als im Interesse der deutschen Gesamtstrategie unterstützten und eine stark rassistische antiarmenische Gesinnung hatten (Dinkel 1991, bes. S. 118–122). Armenische Kreise verwechselten im übrigen Wolfskeel mit Franz Eckart: Vgl. Bryce 1916, S. 540; Jernazian 1990, S. 87; Künzlers Brief vom 2. 12 1919, LAH 2303, ediert in Kieser 1999, S. 347–349.

745   Künzler 1999 (1921), S. 108 f.

wie anfangs bei den Armeniern, nämlich, dass sie unsichere Elemente seien, und daher Gefahr bestände, dass sie zu den Russen übergingen." Betroffen waren die Kurden aus den Provinzen Erzurum und Bitlis. Etwa 300'000 mussten nach Süden wandern. Vorläufig blieben sie in Obermesopotamien, besonders in der Urfa-Gegend, aber auch westlich davon in der Gegend von Anteb und Marasch. Im Sommer 1917 begann die teilweise Weiterwanderung in die Hochebene von Konya. „Es war die Absicht der Jungtürken, diese kurdischen Elemente nicht mehr in ihre angestammte Heimat zurückzulassen. Sie sollten in Inneranatolien nach und nach im Türkentume aufgehen."[746] Im Unterschied zu den Armeniern durfte niemand diese muslimischen Deportierten schikanieren. Doch der Winter, der allgemeine Mangel und Krankheiten setzten diesen Menschen furchtbar zu. „Kam so ein Kurdenzug abends in einem Türkendorf an, so schlossen die Einwohner aus Angst vor ihnen schnell ihre Haustüren zu. […] Am andern Morgen hatten dann die Dorfbewohner Massengräber für die Erfrorenen zu machen." Ein Grossteil verhungerte oder erfror. Niemand nahm sich ihrer an, bis Künzler eine Hilfsaktion organisierte. Er begründete sie folgendermassen: „Weil nun meine Rettungsarbeit an den Armeniern von der Regierung mit scheelen Augen und wohl auch vielfach mit Neid verfolgt wurde, und mich die grauenvolle Not dieser Kurden, die doch auch unsere Menschenbrüder sind, tief bewegte, so machte ich mich im Dezember 1916 auf nach Aleppo. Mir lag daran, die dortigen Konsuln für eine Hilfsaktion zu erwärmen. Von einer solchen Aktion versprach ich mir auch eine gute Rückwirkung für die Armenierhilfe."[747]

Jakob Künzlers Gang nach Aleppo lohnte sich. Ende Dezember erhielt er zusagende Antworten auf sein Gesuch um Finanzhilfe und wenig später händigte ihm ein Bote des amerikanischen Konsulats 150'000 Franken aus; das deutsche Konsulat sandte 300 türkische Pfund (7'000 Franken). Die Rechnung Künzlers, bei den Behörden einen guten Eindruck zu erwecken, schien aufgegangen zu sein. In einem Telegramm vom 2. Januar 1917 gebot das Innenministerium dem *mutasarrıf* in Urfa, alle „nötigen Erleichterungen in dieser Sache", nämlich „im Namen der Amerikaner Geld an die Bedürftigen bei Urfa zu verteilen", zu gewähren.[748] Aus einem Schrei-

---

746 Künzler 1999 (1921), S. 101 f. Kemal Fevzi schilderte in der kurdischen Zeitschrift *Jin* aus dem Jahre 1919 den jämmerlichen Zustand dieser Deportierten in der Umgebung von Urfa mit den Worten, dass kein fremder Reisender jene trostlosen Orte weder sehen noch besuchen wollte, an welchen das Stöhnen der Ausgezehrten die menschliche Grausamkeit und Ungerechtigkeit bitter anklagte. *Jin*, Nr. 24, 3 eylül 1335.

747 Künzler 1999 (1921), S. 102.

748 Telegramm des Innenministeriums vom 2. 1. 1917, BOA DH.ŞFR 71/150. Das İAMMU versuchte im Telegramm vom 2. 10. 1916 an die Sandschaks Urfa und Marasch, BOA DH.ŞFR 68/155, das Logis der *muhacir* durch Zuteilung armenischer Häuser zu regeln. Eine Reihe weiterer Telegramme des Innenministeriums vom Herbst 1916 beschäftigen sich mit dieser Flüchtlingsfrage (DH.ŞFR 69/7, 9, 18, 35, 47, 100, 141, 191, 195, 249). Zeugnisse nicht allein Künzlers belegen das völlige Versagen bei deren Regelung. Der deutsche Oberst Ludwig Schraudenbach schrieb: „Die Türken verpflanzten damals Tausende von kurdischen Familien aus ihren Bergen nach Adana. Sie sollten dort ‚Ackerbau treiben'. Der k. u. k Oberleutnant Schalzgruber wusste leider zu berichten, dass oben im armenischen Taurus die Strassen gesäumt seien mit solchen verhungerten oder verhungernden Kolonisatoren. Auch am Bahnhof Mamouré kauerte eine Schar von ihnen, die robusten Körper in Lumpen gehüllt, Säcke voll Pelze und Teppiche schleppend, Kochtöpfe auf die verlausten Köpfe gestülpt. Wird bei Adana wirklich etwas zu ihrem Empfang organisiert sein? Wird ihnen Land, Vieh und Werkzeug gegeben werden? Oder wird man sie elend verkommen

ben Künzlers ans deutsche Konsulat in Aleppo geht hervor, dass er allein aus den amerikanischen Mitteln 100 Tonnen Getreide an knapp 20'000 Bedürftige im Gebiet von Haran und Besowa verteilen liess. Die deutschen Mittel dienten 1'200 Bedürftigen im Dorf Garmuç bei Urfa. Oft musste Künzler selbst zugegen sein, damit die Verteilung nicht in ein Chaos ausartete.[749] Dennoch spitzte sich die Not im folgenden Winter 1917/18 nochmals zu, so dass fast alle starben. Wegen der Spekulation der Grossgrundbesitzer, die einen Teil der Ernte vergraben liessen, und nicht etwa wegen der beträchtlichen Abgabe an das Heer, so beteuerte Künzler, kam es im Spätherbst zu einer noch nie erlebten Teuerung des Getreides. Wer zuvor, wie allgemein üblich, aber für die mittellosen Kurden nicht möglich, seinen Wintervorrat gekauft hatte, besass im Winter sein Brot. Die kurdischen *muhacir* hatten nichts. „Wochenlang mussten die Verhungerten in den Strassen und den halbzerstörten Häusern der Armenier, welche sie bewohnten, zusammengelesen werden. Es gab Tage, wo über 70 Tote verscharrt wurden. […] Vom frühen Morgen bis zum späten Abend wandert ein grosser Bettlerzug durch die Strassen der Stadt, an alle Türen pochend, überall die ständig gleichen Worte hersagend: „Heiran, Kurban, Allahin Chatyry üdjün, bir partscha ekmek werin!" [Erbarmen, ich tue alles für euch, gebt doch ein Stück Brot, um Gottes willen!] Selbst in dunkler Nacht gingen diese Hungernden nicht von den Türen, und kaum graute der Morgen, so ertönte das gleiche Lied von neuem aus dem Munde derer, die die Nacht überstanden hatten. Die anderen lagen tot vor jener Tür, wo sie am Abend zum letztenmal um Brot geschrieen hatten."[750] Umsonst predigte der Oberrichter den türkischen Glaubensgenossen, verlassene Kurdenkinder und Frauen in ihre Häuser aufzunehmen, „hätten sie doch auch so vielen Armeniern [Frauen und Kindern] Aufnahme gewährt". Zwar hatte das Innenministerium vorgesehen, die muslimischen Flüchtlinge aus Kriegszonen in den armenischen Häusern unterzubringen. Aber diese dienten selten diesem Zweck, da oft bereits lokale Muslime sie sich angeeignet hatten und trotz ministerieller Weisung ungern bereit waren, sie zu räumen. Im Rahmen seiner Türkisierungspolitik der ethnisch gemischten Ostprovinzen gab das Innenministerium der Ansiedlung von Türken in der Region Urfa und Diyarbakır absolute Priorität und verbot diejenige der Kurden. In mehreren Telegrammen vom November 1916 massregelte es die Lokalbehörden in dieser Sache. Aber die geplante Weiterführung zwecks Ansiedlung weiter im Westen fand für die kurdischen Flüchtlinge um Urfa nicht statt.[751]

Im offiziellen Urfa beschäftigte man sich mit sich selbst und verdrängte das übergrosse Leid der andern. Der später als Kriegsverbrecher gehenkte *mutasarrıf* Nusret Bey[752] errichtete 1917 ein Kriegsdenkmal zu Ehren der gefallenen Urfa-Muslime: „Dieser Stein schweigt nicht. Die Krone, die der Dschihad verleiht, ist erhaben. / Allgemeiner Krieg – Fatiha für die Märtyrer. / Sieg sei den Helden, die in den Dschihad ziehen. / Allgemeiner Krieg – Fatiha für die Märtyrer". Indem dieses

---

lassen?" (Schraudenbach 1925, S. 459). Diesen Literaturhinweis verdanke ich Dr. Johann Strauss, Strassburg.

749 Vgl. Lepsius 1919, S. 339 f.; Künzler 1999 (1921), S. 103.

750 Künzler 1999 (1921), S. 102. Vgl. auch die eindrückliche Schilderung der franziskanischen Berichterstatterin *(Cinq ans d'Exil ...*, S. 50 f.).

751 BOA DH.ŞFR 68/155; Ansiedlungsverbot: BOA DH.ŞFR 69/219, 235, 248, 251, 70/111.

752 Zu Nusret und seiner Hinrichtung 1920 vgl. Akalın 1992 und Akçam 1996, S. 114.

Abb. 98: Kriegsdenkmal in Urfa. „Allgemeiner Krieg – Fatiha für die Märtyrer, 1333–1330". Die Koransure *Fatiha*
wird für verstorbene Muslime gelesen.

noch heute bestehende Denkmal den Dschihad und dessen Märtyrer glorifizierte,
verdrängte es die wahren Opfer eines Kriegs, der hinter den Fronten zu einer
gewaltsamen Politik ethnisch-demographischer Umgestaltung ganz Anatoliens diente.

Seit den Sommermonaten des Jahres 1915 hatte die „Armenierpraxis riesige Dimensionen" (Jakob Künzler) angenommen.[753] Nachdem der Diakon ein Hilfsspital
im Hause des ermordeten Schiko eröffnet hatte, machte Fahri in den Novembertagen
1915 einen Besuch im Missionsspital und im angeschlossenen Hilfsspital. Das einzige, was dem General während des Besuches zu missfallen schien, war die Tatsache, dass Muslime und Armenier – zum Teil solche, die gegeneinander gekämpft
hatten – in den gleichen Räumen lagen. Aber die Folgen der Visite waren fatal: Das
Hilfsspital musste Jakob Künzler sofort, mitten in der Nacht, räumen. Immerhin
erwirkte er beim Gouverneur, der den Räumungsbefehl auf Veranlassung Fahris
ausgegeben hatte, eine Fristerstreckung bis morgens 7 Uhr. Die zweite Folge war
noch schlimmer: Unmittelbar nach der Inspektion durch türkische Militärärzte im
Beisein des Stadtarztes, der die Oberaufsicht über das Missionsspital ausübte, holten
Polizisten alle gehfähigen Armenier aus ihren Betten. Auch Hagop konnte diesmal dem Henker nicht mehr entrinnen. Als der Typhus im Oktober 1915 in der
ganzen Stadt ausbrach, musste Künzler nicht bloss zu den durchschnittlich etwa
40 Patienten im Spital schauen, das regulär 25 Betten hatte, sondern auch die vielen
Patienten in den Häusern der Stadt besuchen. „Tage, an denen ich über 100 Besuche
machte, waren keine Seltenheit."[754] Hinzu kam die Betreuung zahlreicher Depor-

---

753 Brief vom 10. 9. 1915, LAH 09066, ediert und kommentiert durch H. Goltz in Kieser 1999, S. 344.
754 Künzler 1999 (1921), S. 86, 95, Zitat S. 95. Auch Frau und Sohn Künzler wurden typhuskrank. Da
der Diakon die Krankheit im Frühjahr 1915 durchgemacht hatte, war er immun. Über 2'000 Patienten habe er vom November 1915 bis Mai 1916 versorgen, vielen auch „ein Tröster sein" können.

tierter im Grossraum Urfa. Da die unorganisierte Ankunft von Zehntausenden von Deportierten zu völlig chaotischen Verhältnissen geführt hatte, befahl die zentrale Polizeibehörde, Anfang November eintreffende Karawanen über Diyarbakır nach Mosul zu schicken.[755]

Der jüdische Stadtarzt, unter dessen formeller Protektion das DOM-Spital seit Kriegsbeginn stand, wurde Anfang Mai 1916 nach Mossul versetzt. Ein weniger umgänglicher türkischer Gesundheitsinspektor übernahm dessen Amt und gebot, da Künzler kein Arztdiplom besass, das Spital innert Stundenfrist zu schliessen und alle Kranken zu entlassen. Operationssaal und Apotheke versiegelte er selbst. Da im Juli ein kranker deutscher Major in Urfa ankam, der durch Künzler behandelt zu werden wünschte, wurde die Apotheke wieder geöffnet.[756] Am 22. Juli verlangte das Polizeipräsidium in Istanbul per Telegramm eine genaue Aufklärung über die Schliessung des Spitals und die Inhaftierung des Personals aus „Verdachtsgründen". Unklar bleibt, ob man gegen Künzler vorgehen wollte oder sich mit deutschem Druck konfrontiert sah.[757]

Im August 1917 verliess der Major Urfa. Der wiederum neu eingesetzte Sanitätsinspektor versiegelte erneut alles, doch der Diakon öffnete den Fensterschieber der Apotheke so, dass er jederzeit einsteigen konnte. Die Rückkehr des früheren armenischen Arztes ermöglichte Künzler, formell als dessen Assistent eine Armenpraxis zu führen, die namentlich vielen Augenkranken zugute kam.[758] Künzlers Hauptaufgabe nach Schliessung des Spitals war der Schutz und die Versorgung hilfsbedürftiger Deportierter, die in und um Urfa Unterschlupf gefunden hatten, fast ausschliesslich armenische Frauen und Kinder. Er zahlte ihnen ein monatliches Unterstützungsgeld aus. Andreas Vischer berichtete im Juni an die Leitung der Deutschen Orient-Mission: „Unserem treuen Arbeiter in Urfa, Bruder Jakob Künzler, ist eine grosse Aufgabe erwachsen. Es haben sich allmählich immer mehr Armenier, meist Frauen und Kinder, die aus den verschiedensten Teilen der Türkei stammen und bis dahin ihr Leben in Dörfern der nähern u. weiteren Umgebung sowie in einer kleinen Nachbarstadt durchgebracht haben, truppweise nach Urfa gefunden. Sie sind bettelarm und es fehlt ihnen das Allernötigste, oft auch fast jegliche Kleidung. Am 1. Mai schrieb Bruder Künzler, dass die Zahl der Waisenkinder, die er unterstützen sollte auf 2'440 (zweitausendvierhundertvierzig) gestiegen sei. Im Monat April habe er für sie 123'000 Piaster ausgegeben (dies entspricht jetzt etwa 30'000 Mark). Daneben wurden auch grosse Summen dafür verwendet um Frauen und Mädchen die allernötigsten Kleidungsstücke zu verschaffen."[759] Der Hauptteil des vom Ehepaar Künzler verwendeten Geldes stammte von Basler Freunden, von der Deutschen Orient-Mission sowie vom NER. Verwendet wurde es in ganz über-

---

755 Telegramm des EUM vom 2. 11. 1915, BOA DH.ŞFR 57/245.

756 Es musste sich um den Major Blell handeln, den auch Gertrud Vischer-Oeri erwähnte (Vischer-Oeri 1967, S. 3).

757 Telegramm des EUM an den Mutasarrıf von Urfa, BOA DH.ŞFR 66/47. Schon am 2. 11. 1915 hatte sich das EUM telegrafisch erkundigt, ob den deutschen Instituten Gewalt angetan worden sei (BOA DH.ŞFR 57/249).

758 Künzler 1999 (1921), S. 97 f.

759 Datum des Eingangs: 18. 6. 1917, LAH 900-9144. Vgl. Walter Rösslers Schreiben vom 1. 5. 1917 an Bethmann Hollweg (in: Lepsius 1919, S. 343).

wiegendem Mass für Nothilfe, nur ein kleiner Bruchteil diente der Arbeitsbeschaffung. Künzler schrieb nach Kriegsende, er habe für die Armeniernothilfe insgesamt 1,33 Millionen Franken erhalten. Diese kamen nicht allein den Urfa-Leuten, sondern auch den Lagerinsassen bei Rakka zugute.[760]

3.9.5 Alliiertes Zwischenspiel und Sieg der „nationalen Kräfte"

Jakob Künzler erfuhr im September 1918 vom Fall von Nablus und Nazareth und dass in Bälde Damaskus und Aleppo folgen würden. Auf diese Nachricht hin entschieden sich die letzten Deutschen, Urfa zu verlassen.[761] Die Familie Eckart gelangte bis Istanbul, wo die Waffenstillstandskommission Franz Eckart verhaften liess. Einige armenische Informanten verwechselten seine Person mit derjenigen des Artillerieoffiziers Wolfskeel. Eckart suchte sich durch Flucht der Deportation nach Malta zu entziehen, wurde aber bei einem Grenzübergang erschossen.[762] Künzlers verwalteten jetzt das Spital, die Teppichfabrik und das amerikanische Missionsgebäude. Unterdessen war auch unter vielen Türken die Stimmung gegen die Deutschen umgeschlagen. Die Behörde wollte die Gebäude der DOM requirieren, besann sich aber schliesslich eines anderen. Künzler liess das Spital als schweizerisches Institut ausrufen. Nach dem Waffenstillstand tauchten viele Armenier in Urfa auf, insgesamt rund 8'000, die wenigsten davon waren eigentliche Urfa-Armenier, sondern Deportierte.[763] Deren Zahl wuchs dadurch an, dass die Muslime auf Befehl der *Entente* armenische Kinder und Frauen freizugeben hatten. Da diese mittellos waren, stand das Ehepaar Künzler, an das sie sich wandten, vor schweren Finanzproblemen. Die Wollbestände und Teppiche der Teppichfabrik wurden verkauft, doch auch dieser Erlös war bald aufgebraucht. Künzler hoffte, von den englischen Truppen in Müslimiye bei Aleppo Hilfe zu erhalten. Die Bagdadbahn fuhr allerdings nicht mehr bis dorthin, da Schienen und Brücken zerstört waren. Er musste neun Stunden zu Fuss allein durch das wenig bewohnte Gebiet zwischen Cobanbey und Müslimiye wandern. Da die Engländer auf sein Ansinnen nicht eingingen, stellte er einen Scheck von 10'000 Franken auf eine Basler Bank aus – „meine Basler Freunde würden mich nicht im Stich lassen" – und verkaufte diesen in Aleppo. Auf der Rückreise wurde er beinahe von Arabern, die Jagd auf geflohene deutsche Soldaten machten, erschossen. Das Geld war im Februar 1919 wiederum aufgebraucht, und die Not stieg aufs Höchste. Manche Armenierinnen kehrten zu ihren muslimischen Gastfamilien zurück. Diesmal begab sich Elisabeth Künzler zu den Engländern, stellte dem General, der sie tagelang hingehalten hatte, ultimativ die

---

760 Künzler 1999 (1921), S. 109 f.; Bericht vom 20. 2. 1919 in Lepsius 1919, S. 494–500. Vgl. auch Künzlers Abrechnung für das erste Jahr, Juni 1916 bis März 1917, in Lepsius 1919, S. 343.

761 Die franziskanische Berichterstatterin meinte: „En août, voici la nouvelle de l'entrée des Alliés à Beyrouth! Comme les Germano-Turcs ont perdu leur aplomb et leur arrogance, des familles allemandes, résidant à Orfa, jugent prudent de partir au plus vite." *Récit d'exil ...*, S. 53.

762 Schäfer 1932, S. 101. Vgl. Anm. 764.

763 Vischer 1921, S. 5. Künzler in Orient 1925, S. 60, spricht von ca. 3'000 Armeniern in Urfa zu jener Zeit, in MüA 1923, S. 267, hingegen von 4'000–5'000.

Alternative, entweder in Bälde eine 600köpfige Schar von Witwen und Waisen empfangen zu müssen, die sie ihm aus Urfa entgegenschicken würde, oder ihr zu Finanzen zu verhelfen. Mit 15'000 Franken kehrte Elisabeth Künzler nach Urfa zurück.[764] Neben Geldknappheit gab es auch Personalschwierigkeiten. Das gute Verhältnis der Schweizer zur kapuzinischen Mission bewährte sich auch jetzt: „Uns fehlten in jenen Tagen nächst vielem Geld hauptsächlich die Hilfskräfte. Ich sollte all diese zusammengelesenen Menschenkinder nicht nur beaufsichtigen lassen, sondern auch noch zum Arbeiten anhalten. Die Franziskanerinnen in Urfa haben meine Bitte um Hilfe tatkräftig aufgenommen. Wir durften ihnen hundert Frauen und einige Kinder übergeben.“[765] Im April trafen die ersten Delegierten des *Near East Relief* in Urfa ein, die Künzlers die Sorge für ihre vielen Schützlinge abnahmen. Die NER-Delegierten liessen sich im Gebäude der amerikanischen Mission nieder. Sie siedelten die sich bis 1920 auf 800 Kinder belaufende Schar in britischen Militärzelten rings ums Haus an. Weitere Kinder brachten sie im alten Missionswaisenhaus im Armenierviertel unter. In der ehemaligen *Masmane* richteten sie eine Weberei und eine Gerberei ein.[766]

Im Dezember 1918 erschien zum erstenmal ein englischer Offizier in seinem Auto in Urfa. Er forderte die Armenier auf, dafür zu sorgen, dass die Türken das armenische Gut zurückerstatteten und die beschädigte Kirche und die armenischen Häuser nicht weiter als Steinbruch benützten. Er wies darauf hin, dass der Waffenstillstandsvertrag von Mudros es den Alliierten ohne zwingenden Grund nicht erlaubte, die Demarkationslinie, hinter der sich Urfa befand, zu überschreiten und Urfa zu besetzen. Die Spannungen zwischen Muslimen und zurückgekehrten Armeniern nahmen in der Stadt zu, obwohl die Polizei Hand bot bei der Rückführung von armenischen Frauen und Kindern aus muslimischen Häusern. Anfangs März 1919, einen Tag nach der feierlichen Wiedereinweihung der armenisch-protestantischen Kirche mit neugezimmertem Glockenstuhl, drang die Kunde vom Massaker an etwa 100 Armeniern in Aleppo nach Urfa. Die Sorge wuchs. Indem sie Anfang Januar einen der ihren ermordeten, der zum Verräter geworden war, wollten die Armenier, so Künzler, den Anlass schaffen, dass englische Truppen anrückten, um für Ruhe und Ordnung zu sorgen. Diese erschienen allerdings erst im März 1919 auf eine entsprechende Petition Künzlers hin, nachdem sein Spitalapotheker Karekin nur knapp einem Attentat entronnen war. Armenier und Süryani atmeten auf. Jetzt erst wagten sich die zahlreichen Urfa-Armenier zurück, die sich in Aleppo versteckt hielten, darunter auch armenische Soldaten, die bis Kriegsende treu in der osmanischen Armee in Arabien gedient hatten. Künzler bat den indischen Arzt der britischen Truppe, die Oberaufsicht im „Schweizer Spital“ zu übernehmen, damit ihn der Sanitätsinspektor nicht behelligen konnte.[767] Die englische Protektion und Unterstützung verhalf zum raschen Wiederaufbau im armenischen Quartier, was Hunderten von Frauen und Männern gutbezahlte Arbeit verschaffte. Doch ermun-

---

764 CO 1919, S. 18 f.; Künzler 1933, S. 81.
765 Künzler 1999 (1921), S. 138.
766 Vgl. Künzler 1999 (1921), S. 150; Künzler 1933, S. 79–81, 85 f.; Vischer 1921, S. 11; Vischer-Oeri 1967, S. 14.
767 Künzler 1999 (1921), S. 144, 149 f. Zur Problematik der Rückführung von christlichen Pflegekindern aus muslimischen Familien vgl. z. B. Vischer-Oeri 1967, S. 7 f.

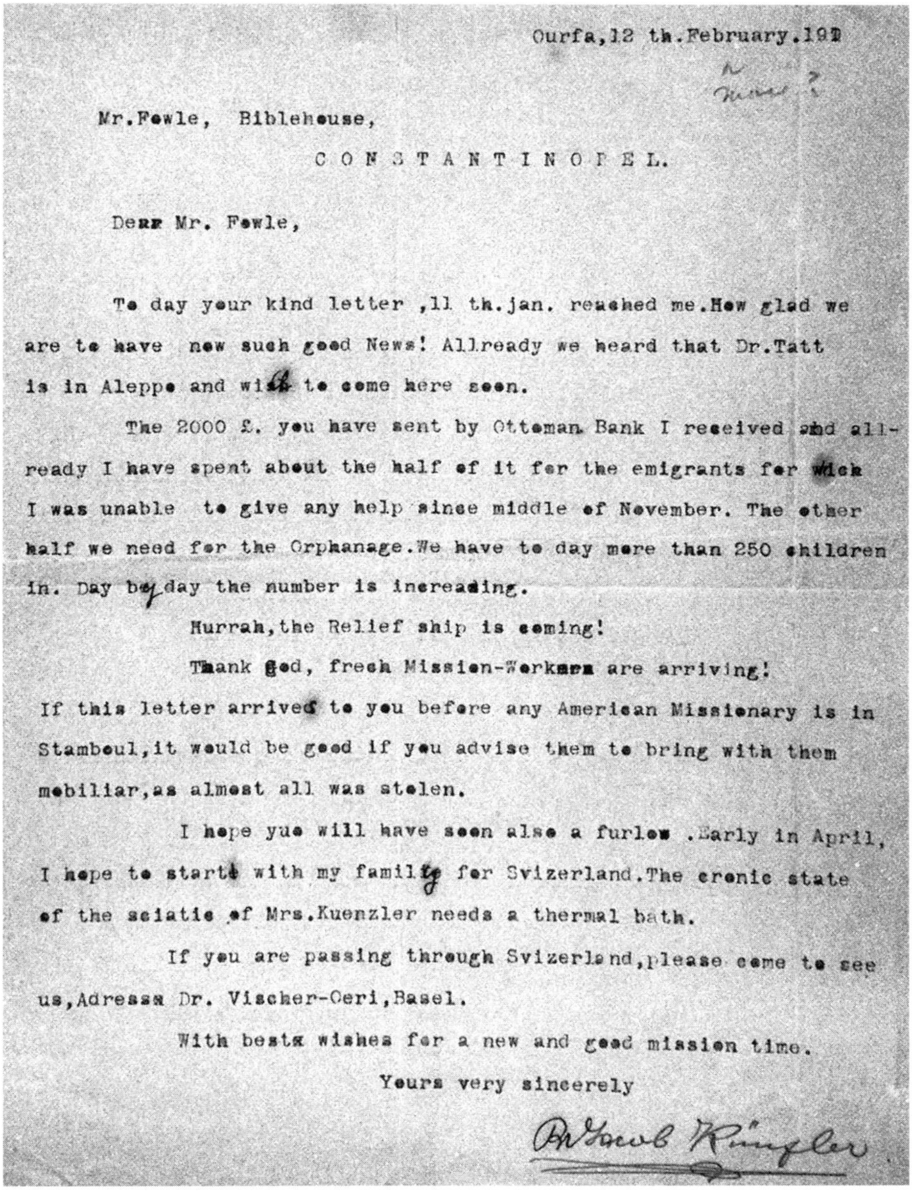

Ourfa,12 th.February.191?

Mr.Fowle, Biblehouse,

        C O N S T A N T I N O P E L.

Dear Mr. Fowle,

    To day your kind letter ,11 th.jan. reached me.How glad we are to have new such good News! Allready we heard that Dr.Tatt is in Aleppo and wish to come here soon.

    The 2000 £. you have sent by Ottoman Bank I received and allready I have spent about the half of it for the emigrants for which I was unable to give any help since middle of November. The other half we need for the Orphanage.We have to day more than 250 children in. Day by day the number is increasing.

    Hurrah,the Relief ship is coming!

    Thank god, fresh Mission-Workers are arriving!

If this letter arrived to you before any American Missionary is in Stamboul,it would be good if you advise them to bring with them mobiliar,as almost all was stolen.

    I hope yue will have seen also a furlow .Early in April, I hope to start with my family for Svizerland.The cronic state of the sciatic of Mrs.Kuenzler needs a thermal bath.

    If you are passing through Svizerland,please come to see us,Adressa Dr. Vischer-Oeri,Basel.

    With bests wishes for a new and good mission time.

    Yours very sincerely

Abb. 99: Schreiben Jakob Künzlers an das *Bible House* vom 12. Februar 1919.

terte die Protektion auch zu keckeren Forderungen in bezug auf Rückerstattungen, deren Adressaten nicht allein Türken wurden, sondern auch Jakob Künzler. Ihm hatte man zwar eine Menge armenischen Gutes anvertraut, doch konfiszierten die türkischen Behörden viel davon. Er musste später wegen einer, wie er betonte, aus der Luft gegriffenen Forderung vors türkische Stadtgericht. Solange die Alliierten da waren, unterstand er deren Gerichtsbarkeit. Das alliierte Gericht wie auch das armenische Nationalkomitee von Aleppo, an das er sich noch wandte, hielten ihn für unschuldig.[768]

Die Ankunft des Ehepaars Vischer Mitte Juni 1919 ermöglichte Künzlers endlich, zum erstenmal nach zehn Jahren, einen Heimaturlaub. Die siebenköpfige Familie reiste nach Beirut, wo sie sich der knappen Finanzen wegen vierter Klasse (Oberdeck) einschiffte, um nach Europa zu gelangen. Das Ehepaar Vischer-Oeri, das Künzlers ablöste, stand nicht mehr im Dienst der Deutschen Orient-Mission, sondern des Bundes der schweizerischen Armenierfreunde. Andreas Vischer war erschüttert, in Urfa „keinen einzigen ältern [armenischen] Bekannten mehr" anzutreffen.[769] Seine medizinische Arbeit nahm bald ein grosses Ausmass an. Hauptnutzniesser waren mittellose Leute. „Zahlende Patienten gibt es leider immer weniger, aber wir sind ja eigentlich auch hauptsächlich für die Armen da, die ausser bei uns nirgends Hilfe finden. Die türkischen Ärzte und Apotheker haben eine grosse Propaganda für ihre Arbeit gemacht, und man hat das an unseren Einnahmen in Apotheke und Praxis sehr gemerkt. Die armen islamischen Kranken kommen aber nach wie vor treulich zu uns, denn für sie ist sonst nirgends Hilfe, und die türkische Regierung geniert sich auch nicht, uns ihre ärmsten Kunden zu schicken", schrieb Gertrud Fischer Oeri. Andreas Vischer stellte zwei armenische Ärzte an. Das NER in Urfa leistete ihm Materialhilfe mit Betten und Medikamenten.[770] Von Juni 1919 bis Mai 1920 versorgte das Schweizer Spital eine Rekordzahl von Patienten. Dazu trugen die vielen Verwundeten beider Parteien während des französisch-türkischen Kampfes um Urfa bei.

Am 1. November lösten französische Truppen unter dem Kommando von Major Hauger die britischen ab, was die Unzufriedenheit in der sunnitischen Mehrheit und deren Widerwillen gegen eine Besatzungsmacht verstärkte.[771] Die Nationalbewegung von Mustafa Kemal machte immer mehr von sich reden in der Region Urfa. Seit dem Sivaser Kongress war der Druck von nationalistischer Seite auf die Zivilbehörden Urfas gestiegen.[772] Die Spannung in der Stadt war Mitte Januar so hoch, dass sich die Christen nicht mehr auf den Markt wagten, aus Angst, dort über-

---

768 Künzler 1999 (1921), S. 155–161; Künzler 1933, S. 85, 87 f. Gertrud Vischer, die selbst den Verlust einiger der Künzler anvertrauten Waren zu verschmerzen hatte, meinte in ihrem Tagebuch von 1919/20: „Künzler hatte neben seinen vielen guten Eigenschaften eben nie Verständnis für nette Sachen [z. B. auch für Vischers Piano, das er 1918 zu Geld umsetzte] [...]. Künzler hat vielleicht Fehler gemacht, ja ich muss sagen, dass ich selbst vieles nicht begreifen kann, aber sich selber hat er nicht bereichert [...], sondern hat eben die Sachen anderen zugute kommen lassen." Vischer-Oeri 1967, S. 1–4.

769 Vgl. Alamuddin 1970, S. 103; Vischer-Oeri 1967, S. 4; Zitat Vischer 1921, S. 4 f.

770 MüA 1923, S. 272; Vischer-Oeri 1967, S. 9, Zitat S. 19.

771 Vgl. Vischer-Oeri 1967, S. 20 f.

772 Vgl. Mustafa Kemals Telegramm vom 19. 9. 1919 aus Sivas an Ali Rıza Bey, *mutasarrıf* von Urfa (Kemal 1928, Bd. 3, S. 87 f., Nr. 108; vgl. auch S. 54, Nr. 81, S. 51, Nr. 75).

fallen zu werden. Am 27. Januar räumten die Armenier die äusseren Teile ihres Quartiers, um besser für eine allfällige Verteidigung gerüstet zu sein. Viele Süryani, deren Häuser zwischen denen der Türken und Kurden lagen, zogen entweder aus der Stadt oder ins armenische Quartier. Andreas Vischer kaufte Nahrungsmittel, Verbandsmaterial und Brennstoff zusammen, um Vorräte anzulegen. Der Truppenkommandant hatte den Schweizer Arzt sogleich gebeten, die medizinische Versorgung seiner Leute zu übernehmen, und ihm zwei Sanitäter und zwei Bahrenträger zugeordnet.[773] Ein Kapuzinerpater besuchte den Arzt mit drei franziskanischen Schwestern, eine davon Schweizerin, um sie ihm als Helferinnen vorzustellen. Neben der Kooperation mit dem NER hatte die Spital-Equipe also eine ebenso ausgeprägte, alltägliche Zusammenarbeit mit der franziskanischen Mission.[774]

Längs der Bahnlinie fanden Angriffe gegen die Franzosen statt. Die Verbindung mit Aleppo brach ab.[775] Am 5. und 6. Februar verliessen alle Muslime das Quartier, in welchem sich das Schweizer Spital befand. Die muslimischen Patienten traten aus dem Spital aus. Vischer unternahm nach einem Krankenbesuch in der Vorstadt einen Ritt ins Freie, konnte sich aber nur durch scharfen Trab einer von der Diyarbakır-Strasse her vorpreschenden Reiterschar entziehen. Namık, alias Ali Saip, der lokale Führer der *Kuvay-i Milliye* (nationalistische Miliz), stellte am 20. Februar 1920 ein Ultimatum an Hauger, das sich auf Wilsons Prinzip der Selbstbestimmung berief und in sehr höflichem, aber bestimmtem Ton den Abzug der französischen Truppen, denen man nicht länger „Gastrecht" gewähren könne, forderte. Der Angriff stand bevor. Die Armenier wollten sich strikt neutral verhalten; die Nationalisten versicherten ihnen feierlich, ihre Bewegung sei einzig gegen die Besetzer gerichtet.[776] Trotz ihrer guten Stellungen hatten die eingeschlossenen knapp 500 Mann auf die Dauer keine Chance, da niemand zu ihrer Entsetzung eintraf. Sie nahmen die Kapitulation am 9. April unter der Zusicherung eines unbehelligten Abzuges nach Aleppo an, die meisten wurden jedoch bald nach

---

773 Vischer kannte zufällig bereits einen der Hauptleute vom Interniertenspital in Fribourg her, wo er im Herbst 1918 tätig gewesen war und einen Diavortrag über Urfa gehalten hatte (Vischer-Oeri 1967, S. 21).

774 Zu dieser Kooperation gehörten ein freundschaftlicher, ökumenischer Geist, gegenseitige Besuche wie auch die gemeinsame Teilnahme von *Relief*-Frauen und Frau Vischer an der Ostermesse. „Mich hat eine kurze Predigt von Père Gabriel sehr erbaut", schreibt diese (Vischer-Oeri 1967, S. 63, vgl. auch S. 48, 52–54, 62 f., 70). Andreas Vischer: „Von jeher hatten wir mit diesen *révérends pères* und *bonnes sœurs,* deren beider Hausarzt ich war, die besten Beziehungen, und wir begrüssten erfreut den *père* Gabriel, die *sœur* Alice, *sœur* St. Antoine und *sœur de la nativité.*" (Vischer 1921, S. 14; vgl. *Récit d'Exil ...,* S. 2 f.).

775 Vischer-Oeri 1967, S. 25.

776 Vgl. Ursavaş 1988 (1924), S. 74; Vischer 1921, S. 6–9; Vischer-Oeri 1967, S. 78. Gemäss Andreas Vischer hatten die französischen Offiziere von Said Bey, dem Führer der Bedürlü-Kurden, schon am 8. 2. 1920 ein Ultimatum erhalten, das sie aufforderte, innert 24 Stunden abzuziehen. Erst nach Namıks Ultimatum folgte eine dreimonatige Belagerung durch Kurden und Türken. Andreas Vischer rapportierte diese Ereignisse in seinem ausführlichen Bericht *Erlebnisse eines Schweizerarztes bei den türkischen Nationalisten* (Basel 1921, S. 16–41, über Said Bey S. 8). Persönlicher gefärbt sind die Notizen seiner Frau (Vischer-Oeri 1967, S. 26–65). Die Sicht von Ali Saip (Ursavaş) und viele Belege bringt Ursavaş 1988 (1924). Vischers Betonung der armenischen Neutralität widerspricht der Darstellung des türkischen Historikers Özçelik (1987, S. 197), der – übrigens im Widerspruch zur von ihm selbst auf S. 203 zitierten Briefstelle – die Teilnahme von 1'200 armenischen und Süryani-Freiwilligen auf französischer Seite in den Raum stellt.

Verlassen Urfas massakriert. Die türkischen Behörden schoben die Verantwortung dafür auf die „undisziplinierten Kurden" ab.[777]

Alle ethnisch-religiösen Gruppen frequentierten mit dem Ende der Schiessereien wieder das Schweizer Spital, in dem auch türkische Soldaten lagen. Der türkische Militärarzt assistierte Vischer oft bei den Operationen. Der Schweizer hatte im übrigen jederzeit Zugang zu den kriegsgefangenen Alliierten in Urfa.[778] Die Lage für die Christen in der Stadt wurde heikler; weniger wegen der Regierung als wegen des feindseligen Verhaltens der Urfa-Türken. Einige holten sich ihre armenischen Zweitfrauen wieder zurück. Niemand wagte einzuschreiten. Ein armenischer Schmied wurde willkürlich verhaftet und bastonniert. Unter dem Vorwand, er schulde dem Staat eine hohe Kriegssteuer, inhaftierte man Ali – Künzlers Diener während des Kriegs und nun im Dienste Vischers. Dank Andreas Vischers höflichem Druck auf den Finanzdirektor Hacı Esad Efendi, der ein alter Bekannter von ihm war, kam Ali frei. Die kemalistischen militärischen Organe hatten weitgehend das Sagen und überspielten beispielsweise mit ihrer Gerichtsbarkeit das staatliche Gericht, was den *mutasarrıf* erboste. Ein hoher türkischer Beamter in der Region beschwerte sich im übrigen schriftlich beim Militärkommandanten Nuri Bey über Plünderungen und Misshandlungen durch *çete* auf seiten der *Kuvay-i Milliye* und bemerkte, die französischen Besetzer seien viel korrekter gewesen.[779]

Die Muslime hielten Andreas Vischer, der gegen den Überfall auf die abziehende Truppe protestierte, nicht weiter seine Nähe zu den Franzosen vor, zumal er auch als Vermittler gedient hatte. Das Ehepaar bekam einen Höflichkeitsbesuch von hochrangigen Personen wie dem lokalen Führer der *Kuvay-i Milliye* sowie dem Kommandanten der regulären Truppen und dem *mutasarrıf* Ali Riza. Letzterer meinte im Gespräch: „Fremde seien ihnen sehr willkommen in ihrem Land, aber nicht bewaffnete."[780] Der Milizenführer Namık präzisierte, dass die Amerikaner ihnen dann willkommen seien, wenn sie ihnen Waffen brächten. Über Vischer meinte er in seinem Rechenschaftsbericht abschätzig: „Vischer, der Leiter des belgischen [sic] Spitals, wechselte seine Nationalität und Zugehörigkeit je nach Situation."[781] Der Kommandant der regulären Truppen Nuri Bey gab sich dem Schweizer Arzt gegenüber freundlich und aufgeschlossen. Sein Reden, wie Vischer es rapportierte, war charakteristisch für die von abenteuerlichen Vorstellungen über das Weltgeschehen beflügelte nationalistische Rhetorik der Umbruchszeit von 1919/20; emanzipatorisches, antiimperialistisches und revisionistisches Bewusstsein verschmolzen ineinander: „[...] in Deutschland sei Hindenburg Diktator, unter dessen Führung habe es sich gegen die Entente aufgelehnt und die von Frankreich besetzten Kohlenreviere wieder erobert. Bulgarien sei ebenfalls im Aufstand und die Türkei greife überall, in Kleinasien wie in Mesopotamien, die Truppen der Entente an. Die von der Konstantinopler Regierung gegen die Natio-

---

777 Vgl. Vischer-Oeri 1967, S. 83; Vischer 1921, S. 67, über die Schuldzuweisung an die Kurden S. 53 f.

778 Vischer-Oeri 1967, S. 75; Vischer 1921, S. 59 f., über die Kriegsgefangenen S. 49.

779 Vischer 1921, S. 59. Zur Beschwerde siehe Vischer-Oeri 1967, S. 79.

780 Vischer-Oeri 1967, S. 67, siehe auch S. 38, 51, 64.

781 Ursavaş 1988 (1924), S. 106. Namıks Äusserung über die Amerikaner ist überliefert in Jernazian 1990, S. 121.

nalisten geschickten, von England ausgerüsteten Truppen gingen alle sofort zur nationalen Sache über. Die Bolschewisten unterstützten die Türkei mit Waffen und Munition, und bald werde eine bolschewistische Armee in Mosul eintreffen, um die Briten in Mesopotamien anzugreifen. Indien sei in hellem Aufruhr gegen England." Eine ähnliche antialliierte Begeisterung erlebten Vischers auf der Heimreise beim nationalistischen Platzkommandanten von Suruç, unweit von Urfa. Ihre Unterhaltung am 30. Mai 1920 zeichnete künftige Gesprächsmöglichkeiten und Gesprächsschwierigkeiten vor. „Er sprach begeistert von dem Freiheitskampf gegen die Fremden [...]. Für Amerika und die Schweiz hatte er höfliche Worte und gab der Hoffnung Ausdruck, diese Länder würden dem Bedürfnis der Türken nach Unabhängigkeit Sympathie entgegenbringen. Ich erlaubte mir, darauf aufmerksam zu machen, dass wir wohl für die berechtigten Ansprüche der Türkei volles Verständnis hätten, dass aber das Vorgehen gegen die Armenier während des Krieges einen äusserst schlechten Eindruck bei uns gemacht habe und in Zukunft dergleichen zu vermeiden sei. Der Offizier ging auf dieses Thema nicht gerne ein und sagte bloss, jetzt würden nur wirklich schuldige Verräter bestraft werden."[782] Mit diesen letzten Worten, wie sie Vischer überlieferte, gab der Platzkommandant von Suruç zu, dass während des Kriegs nicht „wirklich schuldige Verräter" verfolgt worden waren.

Auf der Fahrt von Aleppo nach Beirut war das Ehepaar Vischer mit 450 armenischen Waisenkindern aus Anteb zusammen. Es war offensichtlich geworden, dass Frankreich kein Protektorat im südöstlichen Anatolien halten konnte. Die Stunde des endgültigen Exodus brach an.[783] Gertrud Vischer hielt am Schluss ihres Tagebuches am 23. Juni 1920 fest, dass Andreas sich ihr zuliebe zum Abschied von Urfa entschieden habe, zumal die Kinder in Basel geblieben seien. Dieser Weggang habe für ihn ein grosses Opfer bedeutet. „Vater wollte nichts hören" – als schon vor dem Weltkrieg ein amerikanischer Arzt ihm geraten hatte, die anstrengende Tätigkeit in Urfa aufzugeben – „er liebte diese Arbeit so sehr und *wollte* den Armeniern helfen und eben auch Türken, Arabern und Kurden, so viele zu ihm kamen".[784]

3.9.6 Abschied von Urfa

Die Ankunft der französischen Truppen Ende Oktober 1919 in Urfa hatte zwar zur christlich-muslimischen Polarisierung beigetragen, aber für die Franziskanerinnen und ihre Gemeinde war sie die Erfüllung langersehnter Wünsche. „Quel bonheur de sonner, sur la terre d'Orient, la victoire française! Quel Te Deum fit vibrer la voûte de nos églises, tandis que, dans l'intime de nos cœurs, nous ne pouvions

---

782 Vischer 1921, S. 60 f., 65.
783 Vischer 1921, S. 67–70. Auf der ganzen Reise, in und ausserhalb der Türkei, stellte das im Gegensatz zu seinen amerikanischen Reisegenossen durch Visumschikanen geärgerte Paar fest, dass, so Gertrud Vischer, „die Welt ihnen [den Amerikanern] zu Füssen liegt" (Vischer-Oeri 1967, S. 83; vgl. auch S. 86).
784 Vischer-Oeri 1967, S. 87 f. Jakob Künzler besuchte Urfa im Herbst 1930: „Alle fragten auch nach Dr. Vischer und beklagten sein Ableben" („Urfa und die neue Türkei", in: *Basler Nachrichten*, 2. Beilage zu Nr. 290, 23. 10. 1930). Vischer starb am 10. 6. 1930 im Alter von 53 Jahren. Zu Vischers Motivation und Selbsteinschätzung vgl. Kieser 1999, S. 252.

trouver qu'un mot: ‚Merci, mon Dieu! après la victoire et la paix, donnez à la France, fille aînée de votre Eglise, ce renouveau de la foi qui, seul assurera son triomphe!'"[785] Die Franziskanerin wohl armenischer Herkunft, die diese Zeilen 1919 schrieb, hatte doppelten Grund zu feierlicher Stimmung: Die Armenier konnten unter dem Schutz der siegreichen Alliierten in ihr Land zurückkehren und dort sicher wohnen, und ein starkes französisch-katholisches Protektorat schien im Begriff zu sein, sich im Raum Syrien und Mesopotamien zu verwirklichen. Zudem ergab sich bald eine familiäre Atmosphäre: „Dès la première heure, Messieurs les Officiers témoignèrent l'estime qu'ils avaient pour nous [...]. A deux reprises, la réception officielle des autorités militaires à la Résidence des Pères, fut l'occasion d'une fête de famille qui fit oublier à la population chrétienne la longue période de marasmes et d'horreur."[786]

Aber die auf Frankreich gesetzten katholischen Hoffnungen für die Region erwiesen sich als illusorisch: „Et dire que ce n'était qu'un rêve!" Es begannen die Feindseligkeiten, die Belagerung, das lange Warten auf die Entsetzung, die nicht kam – und die Kapitulation. „Quel émoi dans la population sitôt la nouvelle répandue. Et cependant la prudence demandait de cacher le chagrin." Kaum waren Franzosen und Senegalesen nach einem wehmütigen Adieu an die Missionsleute abgezogen, da traf schon die erschütternde Nachricht ihrer Ermordung ein. Am folgenden Tag, dem 12. April 1920, kehrte die kleine Schar gefangener Überlebender des Massakers in die Stadt zurück, wo die Freude über den errungenen Sieg überbordete und der als Trophäe herumgetragene Kopf des Kommandanten den Sieg über den bösen imperialistischen, ungläubigen Feind darstellte. Die christlichen Armenier und Süryani in Urfa begannen wieder ängstlich leisezutreten.[787] Acht Monate lang konnte die katholische Mission noch einigermassen ungestört ihrer Waisenbetreuung (130 Kinder) und ihrer Schularbeit nachgehen. Doch war ihr jegliche Verbindung zum Feind unter Androhung einer unverzüglichen Galgenstrafe verboten, wie eine offizielle Note der Ankara-Regierung besagte. Im Dezember 1920 traf aus Ankara der Befehl ein, die französischen Missionsschulen zu schliessen und die Gebäulichkeiten zu beschlagnahmen; einen Monat später hiess es, alle Missionsleute seien aus Urfa zu entfernen. Eine fünfwöchige Winterreise durch gebirgiges Gebiet, über Diyarbakır, Harput, Malatya und Sivas nach Niğde, stand den sechs Kapuzinern und 13 Nonnen bevor. Sie konnten nur wenig Habe mitnehmen. Archiv, Gemeinderegister, Korrespondenz und sämtliche Notizen beschlagnahmte die Regierung.[788] Es folgte der Abschied von Urfa, von der Gemeinde und den Waisen mit ungewisser Zukunft. „Le déchirement du cœur était complet." Über ihre Eskorte hatten sich die Kapuziner und Franziskanerinnen nicht zu beklagen, wohl aber über den Empfang in den Städten: „On chuchotait d'abord: ce sont des ‚frangis', des ‚gaours' chassés d'Orfa. Et bientôt la plèbe pouvant nous atteindre se trouvait autorisée, sous le regard d'une police complaisante, à nous servir avec libéralité, quolibets et

---

785 *Cinq Ans d'Exil ...*, S. 53.
786 *Récit d'Exil ...*, S. 1. Das *Récit d'Exil 1919. 1920. 1921* stammt, von der Schrift und Tinte her zu schliessen, nicht von derselben Autorin wie *Cinq Ans d'Exil*. Der Text gibt keine näheren Hinweise auf ihre Identität.
787 *Récit d'Exil ...*, S. 1–9, Zitat S. 6.
788 *Récit d'Exil ...*, S. 10–17.

sifflets, mottes de terre et crachats. Les voiles des religieuses furent constellés de ces sordides éclaboussures."[789] Trotz allem Ungemach trachteten sie untereinander eine „gaieté toute franciscaine" zu bewahren. Von Zeit zu Zeit erschien als „ange gardien" eine *Relief*-Vertreterin, die sich ihrer Nöte annahm und ihnen neben guter Wegzehrung auch das nötige Geld lieh, um weiterhin mit sieben Wagen und nicht zu Fuss reisen zu müssen. „Excellente personne", „inappréciable service", „généreuse et digne personne" – eine neuartige Sprache über die amerikanischen Protestanten war fortan aus dem Munde katholischer Missionare zu vernehmen. Am 15. Februar traf die Gruppe in Sivas ein, wo sie von Mary Graffam und ihrem Team bestens empfangen und beherbergt wurde. Die Regierung in Ankara erlaubte der Gruppe, bis im Herbst des Jahres 1920 in Sivas zu bleiben, wo die kranke Sœur Edwige bis zu ihrem Tode gepflegt wurde. Ende Oktober schifften sich die katholischen Urfa-Missionsleute in Samsun am Schwarzen Meer auf einem französischen Schiff ein. Das Schlusswort der Autorin drückte Rückkehrhoffnung aus – die Niederschrift fand offenbar vor dem Vertrag von Lausanne statt: „Les Missionnaires sortis d'exil, vivent de l'espoir de pouvoir chanter le ‚Te Deum' sur le sol même de la mission reconquise."[790]

Das Ehepaar Künzler reiste im Juli 1920 getrennt und ohne die Kinder in die Türkei zurück. Jakob Künzler nahm die Route über Samsun und quer durch Anatolien, da er noch die schweizerische Waisenarbeit, die von Sivas nach Samsun verlegt wurde, inspizierte. Kaum angekommen in Urfa, erhielt er die schriftliche Aufforderung, eine sechsmonatige Gefängnisstrafe abzusitzen wegen der leidigen Affäre mit dem armenischen Gut. Allein die Tatsache, dass der Kläger, der sich nochmals äussern sollte, geflüchtet war, behütete den verblüfften Künzler vor der Vollstreckung der Strafe. Elisabeth Künzler ging zwei Monate später den üblichen Weg via Beirut und Aleppo. Das hochangesehene *Relief* hatte von Zeit zu Zeit die Erlaubnis, mit einem Auto die zwischen Aleppo und Urfa liegende Kriegszone zu durchqueren und konnte Elisabeth Künzler mitnehmen. Der Tatbestand der getrennten Einreise und womöglich ein persönlicher Brief im Gepäck Elisabeth Künzlers erschien dem Urfaer Kriegsgericht spionageverdächtig, weshalb es die Internierung der beiden ins Landesinnere beschloss. Aufgrund des guten Rufes, der wichtigen Arbeit und der Schweizer Nationalität verordnete der Oberkommandierende in Diyarbakır, Nahat Pascha, der das letzte Wort hatte, nicht die Internierung, sondern bloss strenge Überwachung. Ein Offizier des Urfaer Kriegsgerichtes freundete sich mit Künzlers etwas an und liess durchblicken, dass er sich gegen ihre Verschickung verwandt hatte. Er nahm zugleich dankbar einen finanziellen Zustupf entgegen. Die Frau dieses Offiziers war die erste Türkin, die sich in Urfa ohne Schleier zeigte.[791]

Elisabeth Künzler organisierte die Wiederinstandsetzung des türkischen Spitals. Ihr Mann arbeitete mit dem armenischen Arzt Hagop Beschlian[792] zusammen im Schweizer Spital, das er auch verwaltete. Schwerkranke kamen ins schweizerische,

789 *Récit d'Exil ...*, S. 23.
790 *Récit d'Exil ...*, S. 38.
791 *Orient* 1925, S. 60 f.; Künzler 1933, S. 87–93.
792 Vgl. den bei Ursavaş 1988 (1924), S. 206–15, abgedruckten Brief dieses ausgesprochen türkenfreundlichen Armeniers über den nationalen Krieg in Urfa.

weniger Gefährdete ins türkische Krankenhaus. Künzlers waren wie Vischers nicht mehr von der Deutschen Orient-Mission, sondern vom Bund der schweizerischen Armenierfreunde ausgesandt. „Ich war beauftragt worden, so bald als möglich irgendwo im erweiterten freien Armenien der schweizerischen Arbeit, die nicht medizinisch, sondern erzieherisch wirken sollte, eine neue Heimstätte zu finden. Die Spitalarbeit in Urfa sollte alsbald tunlichst aufgelöst werden."[793] Es habe wirklich nicht an seinem guten Willen gefehlt, meinte Künzler weiter, „allein der Orient kam nicht zur Ruhe und damit gab es nicht nur kein erweitertes Armenien, sondern über das armenische Land flutete nochmals eine Kriegswelle". Das Ehepaar Künzler blieb vorderhand in Urfa und betrieb das Schweizer Spital; dies auch noch, als das Komitee des Bundes der schweizerischen Armenierfreunde das Budget für das Jahr 1922 nicht mehr übernahm. Dank reger Inanspruchnahme und erhöhten Tarifen hielt das Werk bis im Herbst 1922 durch. Zur Equipe gehörten neben Beschlian auch mehrere armenische Schwestern.

Das *Near East Relief* nahm Künzlers seit 1921 zunehmend für Waisentransporte in Anspruch. Sie organisierten und begleiteten den zu Fuss, zu Pferd oder im Wagen geschehenden Auszug von rund 8'000 hauptsächlich armenischen Kindern aus den Regionen von Urfa, Mardin, Diyarbakır und Harput nach Syrien. Allein aus Harput waren es 5'000 Kinder, aus Urfa 1'000.[794] Das NER entschloss sich zu diesem Massenexodus, weil die kemalistische Türkei eine unabhängige Waisen- und Erziehungsarbeit nicht gestattete und einen Teil der Hilfsgelder selbst einkassieren wollte. Ausserdem sahen die Zukunftsperspektiven für Nichtmuslime in den Ostprovinzen generell düster aus. Viele Christen passierten fortan illegal, mit Schlepperhilfe, die Grenze nach Syrien, so auch Dr. Beschlian. Für die Waisenkinder musste das NER mühsam die verlangten Papiere beibringen. Im Oktober 1922 öffnete die Türkei die Tore für alle einheimischen Christen und „ermunterte" sie mancherorts – so durch Gerüchte von Verfolgungen – abzuziehen. Künzlers schlossen am 1. Oktober 1922 das Spital. Das NER engagierte das Ehepaar für die Leitung eines grossen Waisenhauses in Ghazir im Libanon.[795]

Wenn Künzler bei seinem Abschied von Urfa auch nicht wie die franziskanische Schreiberin eine *mission reconquise*[796] erhoffte, war es ihm doch keineswegs klar, ob er etwas Abgeschlossenes hinter sich habe. „[...] dass ich mich schliesslich allerschwersten Herzens entschloss, Urfa zu liquidieren, wenigstens vorläufig. [...] Wird man noch einmal das Zelt dort aufschlagen können? Oder müssen wir auf immer jenem Lande ferne bleiben, dem wir unsere beste Lebenskraft, unsere grösste Liebe schenkten?"[797] Einer der unabwendbaren Gründe für das Weggehen war, dass er die türkische Ärzteausbildung hätte bestehen müssen.[798] Jakob Künzler fühlte sich weggestossen: „Nicht einmal unsere Liebe will man haben!" Die Kemalisten wollten und brauchten ihn nicht.

---

793 MüA 1923, S. 267. Vgl. Meyer 1974, S. 136–139, zu diesem „Fehlentscheid", der auf einer unrealistischen politischen Einschätzung beruhte.
794 Vgl. Künzler 1999 (1921), S. 170–180; Künzler 1933, S. 95–115.
795 *Orient* 1925, S. 90 f.; MüA 1923, S. 267 f.
796 *Récit d'Exil ...*, S. 38
797 *Orient* 1925, S. 91.
798 Künzler 1951, S. 177.

Den Satzungen des Vereins der Freunde Urfas und der DOM-Philosophie von der tätigen Liebe gemäss, aber auch in Übereinstimmung mit seinem persönlichen Empfinden, hatte Jakob Künzler immer auf Bekehrungsversuche seinen muslimischen Patienten gegenüber verzichtet. Er wollte deren Abhängigkeitssituation nicht im Namen eines Christentums ausnützen, das diese nicht anders denn politisch-macht-mässig verstehen konnten. Selbst dieser Verzicht, der für die ganze Spitalequipe galt, und ein kompromissloser Einsatz für die mittellosen Leute bewahrten ihn aber nicht davor, als ein Werkzeug des fremden Ausbeuters betrachtet zu werden. In der Retrospektive interpretierte Jakob Künzler 1935 die Wegweisung der Mis-sionare durch die jungen muslimischen Nationalstaaten vor allem durch die wirk-liche oder auch nur scheinbare Nähe, in welcher die Missionen im Osmanischen Reich zu den imperialistischen Mächten gestanden waren: „Dass ich bis heute keinen meiner mohammedanischen Patienten aufgefordert habe, sich zu bekehren, reut mich nicht; denn dadurch wären sie dem Christentum bloss entfernter gewor-den. [...] Die Missionare sind zu den Mohammedanern gekommen mit Wort, Schule und Spital. Was haben diese davon angenommen? Schule und Spital, nicht aber das Wort. Und heute geht durch viele mohammedanische Länder der Ruf: Lasst uns eigene Schulen und Spitäler haben! Warum dies? Um von den Missio-naren unabhängig zu sein. So weit also haben wir es gebracht! Nicht einmal unsere Liebe will man haben! [...] Wieder fragen wir, warum? [...] Als die ersten Helfer nach den Armeniermetzeleien von 1895 nach der Türkei zogen, da mussten diese Helfer, soweit sie deutsch waren, in der kaiserlichen Botschaft zu Konstantinopel noch einen Revers unterschreiben, nämlich, dass sie völlig auf eigene Gefahr zu den Armeniern gehen würden. Aber schon nach wenigen Jahren war auch die deutsche Regierung sehr froh, dass überall im türkischen Reiche durch diese Missionare Zellen entstanden waren, darin auch das Reich etwas zu sagen hatte. Vergesse man nicht, damals stand jeder Europäer unter dem Recht der Kapitulationen. Das hiess aber nichts anderes als: ‚In welchem Hause immer so ein Missionar arbeitet oder wohnt, hat die Türkei nichts mehr zu sagen, da regiert das Reich, dem der Missio-nar angehört.' So wurden die Missionare, ob sie es wollten oder nicht, zu imperia-listischen Werkzeugen. Kein Wunder, dass man da ihre Predigt, ja selbst ihre Liebestaten mit argwöhnischen Augen betrachtete und ablehnte!"[799]

Zeit- und ortsbedingt scheint Jakob Künzler 1935 allerdings stark von der anti-imperialistischen Rhetorik der türkischen Nationalisten beeindruckt gewesen zu sein. Der bittere Nachgeschmack, der dem Ende der Missionen in Urfa und den Ostprovinzen anhaftete, hatte indes vor allem mit der Vernichtung der Armenier zu tun. Es war den Missionen nicht vergönnt, ihr Wissen darum in einer solchen Weise an die Öffentlichkeit zu bringen, dass wichtige Trauerarbeit, Bekenntnis-, Schuld- und Entschuldigungsrituale wie etwa nach dem jüdischen Holocaust in Gang kamen. Es ist bemerkenswert, dass eine bereits gesetzte Nummer des Jahres 1928 von *Der Orient,* die der angesprochenen Vergangenheitsbewältigung dienen sollte, unter-drückt wurde.[800] In diesem Heft gab Künzler in einem noch unfertig wirkenden Text

---

799 *Orient* 1935, S. 123 f.

800 *Den Türken und den Armeniern gewidmet!,* Verbesserungsabzug der später unterdrückten Nummer von *Der Orient,* 1928, 5* (Sept.–Okt.). Künzlers Artikel, S. 165–168, trug den Titel „Die Türken und die Armenier, eine neue Phase". Er findet sich auch abgedruckt in Künzler 1999 (1921),

seinem Schmerz Ausdruck. Darin findet sich eine Passage über den von Jakob Künzler organisierten Exodus der 8'000 Waisenkinder, den er zu „der schönsten Arbeit, welche ich in meinem Leben gemacht hatte", zählte. Dennoch musste sich Künzler im nachhinein sagen: „Und heute? Es ist 6 Jahre her, da bekenne ich, dass es nicht der richtige Weg war. Sicher wäre das Bleiben für beide, Türken und Armenier, das Richtige gewesen." Wenige trauerten so sehr wie Jakob Künzler der verlorenen und verpassten Kohabitation von Türken, Armeniern und Kurden nach – nicht etwa der alten Form, die sich ein für alle Male überlebt hatte, sondern dem nicht gewagten Experiment kohabitiver Ostprovinzen mit politischer Berücksichtigung aller Gruppen. Ein solcher Neuaufbau, der unter Mitarbeit der Missionare hätte geschehen können, hätte Künzler das libanesische Exil erspart. All seiner üblichen politischen Vorsicht zum Trotz kam er im selben Artikel 1928 nicht darum herum, im Hinblick auf das eben erlassene Verbot kurdischer Sprache und Kopfbedeckung eine „höchstnotwendige Änderung der türkischen Politik" zu postulieren, „die doch aufbauen möchte, aber statt Aufbau immer wieder Abbau bewirkt (Ausschaltung der nicht echt türkischen Elemente des Staates)".

Teilbilanz: Zivilgesellschaft und Türkeiföderation versus autoritärer Nationalstaat

Die jungtürkische Bewegung unternahm 1908 den Versuch, die osmanische Gesellschaft als gemeinschaftenübergreifende rechtsstaatliche Zivilgesellschaft zu konzipieren. Bis in die Provinzstädte wurde damals die Wiedereinsetzung der Verfassung mit interreligiösem Enthusiasmus gefeiert. Die Missionare, allen voran die bis anhin als subversiv verfemten amerikanischen, galten plötzlich als Pioniere eines Fortschritts, der Name und Programm von *Union et Progrès,* der wichtigsten jungtürkischen Partei, war. Die Missionen suchten die Gunst der Stunde zur Ausweitung ihrer Arbeit zu nutzen, sahen sich aber zunehmender Konkurrenz durch die schulischen Angebote der Millets und des Staates wie alsbald auch restriktiveren behördlichen Massnahmen gegenüber. Insbesondere die amerikanische protestantische Mission engagierte sich für den Aufbau der Jungen Türkei, wobei ihr die Utopie eines demokratisierten, pluralistischen und föderativ strukturierten Vielvölkerstaates vorschwebte.

Die mit der armenischen Daschnak im Wahlbündnis stehende Partei *Union et Progrès* war in den ersten Jahren nach 1908 bereit, Konflikte mit der bisher staatstragenden Ümmet in Kauf zu nehmen, um die rechtliche Gleichstellung im Reich durchzusetzen und Unrecht aus der nahen Vergangenheit wiedergutzumachen. Ihre Aufhebung der *Hamidiye*-Reiterregimente und ihr Bemühen um die Regelung der

S. 183–188. Der Entscheid, dieses Heft des *Orient* nicht zu publizieren, war zweifellos richtig, denn es enthielt einen Artikel von Karl Klinghardt, der faschistische Gedankengänge ausführte, indem er von „rascher und sachlicher" Tötung armenischer Männer „ohne jede Blutscheu, aber auch ohne irgendwelche Grausamkeit" im Sinne der Staatsräson sprach. Der Türkeikenner Klinghardt war selbst nicht Missionar.

Bodenfrage in den Ostprovinzen – das Problem des illegal aus armenischen in kurdische Hände übergegangenen Besitzes – führten indes zu Auseinandersetzungen mit den sunnitischen Kurden. Die Rückschläge in den Kämpfen in Libyen und auf dem Balkan 1912/13 verliehen den autoritären Kräften in der Partei Auftrieb. Durch einen Putsch richteten sie 1913 eine diktatorische Einparteienherrschaft auf. Die *Hamidiye* führten sie unter neuem Namen wieder ein. Sie verzichteten fortan darauf, den Ausgleich mit den Christen zu suchen, sondern strebten im Gegenteil danach, alte Millet-Rechte – wie die Autonomie im Schulwesen – abzuschaffen. Zentralisierung und Vereinheitlichung unter einem starken Staat und vor allem uneingeschränkte Souveränität nach aussen hiess fortan die Devise der Parteidiktatur. Der Islamismus Abdulhamids und der neu geweckte und organisierte türkische Nationalismus dienten als hauptsächliche Kohäsionskräfte des Staates. Nur unter starkem internationalen Druck unterschrieben die Unionisten die armenischen Reformen vom 8. Februar 1914, ein von einheimischen Christen, Aleviten und Missionen herzlich begrüsstes Reformprojekt für die Ostprovinzen, das unter limitierter internationaler Kontrolle stand.

Die Kriege 1912/13 mit „christlichen" Staaten liessen auch im Innern des Reichs den christlich-muslimischen Graben wieder aufbrechen. Die Massaker in Adana und die in mehreren Ostprovinzstädten beinahe ausgebrochenen Pogrome hatten allerdings bereits im April 1909 viel vom 1908 geschaffenen interreligiösen Vertrauen zerstört. Dennoch war 1914 das Verhältnis zwischen Christen und Muslimen in Städten wie Van und Harput noch wesentlich besser als 20 Jahre zuvor. Ein enger Kreis innerhalb der diktatorischen Parteispitze schloss am 2. August, einen Tag nach der deutschen Kriegserklärung an Russland, ein Bündnis mit Deutschland, das den türkischen Beistand im Falle eines deutsch-russischen Kriegs forderte. Diese bewusste Kriegsbejahung entsprach der säkular-apokalyptischen Vision eines Sozialdarwinismus, wie er in den europäischen Kreisen, von denen sich die Jungtürken am meisten beeinflussen liessen, damals weit verbreitet war. Das positivistische Konzept des *homme d'action,* verknüpft mit der Vorstellung einer determinierten Geschichte, schloss die Verantwortung geschichtlicher Subjekte weitgehend aus.[801] Dies und ein schrankenloser Nationalismus bildeten das Gedankengut des Kriegsministers Enver, seiner engen Parteifreunde und zahlreicher treu ergebener jüngerer Offiziere, das Enver an die Stelle des älteren Armeekaders gesetzt hatte. So inspiriert suchten sie schicksalshafte Taten im kommenden Weltengetümmel. Die erste Tat war ein fehlkalkulierter Angriffskrieg Richtung Kaukasus, der im Januar 1915 bei Sarıkamış zu einer verheerenden Niederlage und danach einer russischen Invasion in Teile der Ostprovinzen führte.

Die Kriegsbegeisterung wurde von der breiten Bevölkerung keineswegs geteilt, der Krieg war von Anfang an unpopulär. Praktisch alle Ostprovinzenbewohner durch alle Ethnien, Stämme und Schichten hindurch verurteilten ihn von der Stunde der Requisitionen und Mobilmachung an. Viele glaubten fälschlicherweise, der Krieg und alle Kriegsmassnahmen seien das Werk der Deutschen. Während sich die französischen und deutschen Missionare vom Krieg zu Beginn positive Auswirkungen

---

801 Vgl. Bozarslan 1992, S. 90 f. Zum „Darwinismus als Rechtfertigung des Krieges" in Europa, siehe Zurlinden 1917, Bd. 1, S. 3–18.

auf ihre spätere Arbeit erhofften, begegneten ihm die amerikanischen und schweizerischen Missionare mit Skepsis und Ablehnung. Sie beschrieben an ihren Schauplätzen minutiös, wie der weitgehend friedliche Vorkriegsalltag von oben systematisch zu Hass und Völkermord umgestaltet wurde. Der Krieg setzte tiefgreifende Ausschlussmechanismen in Gang. Er führte zu Religions- und Rassenhass, vor allem nachdem Zehntausende sunnitisch-kurdischer Familien Söhne bei Sarıkamış verloren hatten. Auf diesem Hintergrund setzte das Kriegsregime seine gesamtanatolische, insbesondere ostprovinzielle Politik einer ethnischen und wirtschaftlichen Umwälzung zugunsten der Muslime und des Türkentums ins Werk: es entwaffnete und tötete die armenischen Soldaten, inhaftierte und ermordete die armenischen Eliten, schüchterte die Zivilbevölkerung ein, entwaffnete sie, übernahm ihr Hab und Gut, organisierte ihre Todesmärsche hauptsächlich Richtung syrische Wüste und siedelte in ihren verlassenen Häusern und Dörfern Muslime an, namentlich Flüchtlinge aus Frontnähe. Viele Kurden deportierte es damals ebenfalls systematisch aus kurdischen Gebieten, um sie „in Inneranatolien nach und nach im Türkentume aufgehen" zu lassen (Jakob Künzler). Da auch diese Umsiedelungen unter völlig menschenunwürdigen Bedingungen geschahen, starben viele Zehntausende von deportierten Kurden an Hunger, Kälte und Krankheiten. Zahlreiche Süryani erlitten dasselbe Schicksal wie die Armenier; weil das nestorianische Siedlungsgebiet jedoch näher beim russisch besetzten Nordpersien lag, hatten sie bessere Fluchtmöglichkeiten.

Kein anderer Staat des 19. und beginnenden 20. Jahrhunderts hatte bis anhin solch massive systematische Gewalt zur kalkulierten Umgestaltung der ethnischen Landkarte seines Herrschaftsbereiches angewandt. Kein Staat war so weit gegangen, seine modernen Machtmittel – namentlich Militär, Telegrafie, Presse und Eisenbahn – dafür einzusetzen, innerhalb des von ihm als „national" beanspruchten Raumes die physische und kulturelle Existenz eines ganzes Volkes auszulöschen. „[...] the mass destruction of the Armenian people [...] foreshadows the Holocaust", schrieb der Historiker Yehuda Bauer in seiner Geschichte über den späteren Völkermord an den Juden.[802] Rund 1 Million Armenier verloren 1915/16 ihr Leben. Die systematische Massenvernichtung von Leben, dessen einziger Wert noch im Gold bestand, das es im oder auf dem Leib trug, fand in der Tat ein erstes Mal bereits im Sommer 1915 am Gölcük-See bei Harput statt. Für das armenische Volk bedeuteten diese Ereignisse einen katastrophalen Untergang, bei welchem das jungtürkische Kriegsregime die Funktion des apokalyptischen „Tiers" ausübte – eine biblische Deutung, die der Van-Armenier Wahram Gakavian dem Missionar Johannes Spörri in den Mund legte.[803] Der Innenminister Talat und der Kriegsminister Enver indes betrachteten sich selbst als positivistische, moderner Staatsräson ergebene Patrioten, die sich berechtigt sahen, alles zu unternehmen, was dem Existenzkampf der – von ihnen mitkonzipierten – „türkischen Nation" förderlich sei. Enver sagte in der berühmten, von Franz Werfel 1933 in den Roman „Die vierzig Tage des Musa Dagh" eingeflochtenen Aussprache mit Johannes Lepsius am 10. August 1915, er übernehme hinsichtlich der Deportationen „die Verantwortung für alles".[804]

---

802 Bauer 1982, S. 57 f.
803 Gardon (alias Gakavian) 1962, S. 260.
804 Lepsius, 1930 (1916), S. XIII.

Unionistisches Ziel war die nationale Homogenisierung Kleinasiens, das heisst die „Ausschaltung der nicht echt türkischen Elemente" (Jakob Künzler). Als national integrierbar galten in den Augen der Unionisten seit Beginn der langen Kriegsjahre nur die Muslime Kleinasiens. Die dem türkischen Nationalismus widersprechende „kurdische Frage" wurde mit religiöser Propaganda und erneuter Zusprache von Privilegien weitgehend erfolgreich niedergehalten. Schwieriger war – trotz der von den Unionisten emporstilisierten alttürkischen Wurzeln im Kızılbaşismus – die Aufgabe, die Aleviten, insbesondere die kurdischen Aleviten, in die anatolische Kriegs-Ümmet oder Burgfriedensgemeinschaft zu integrieren. Gemäss dem unionistischen Ideologen Mehmet Ziya Gökalp bildeten die Türken eine faktische Nation, eine *nation de fait,* die sich aus gemeinsamer Sprache, Religion und Moral ergab. Daher bedurften sie, so Gökalp, nicht des Aufbaus einer Willensnation.[805] Die Unionisten betrachteten es als Faktum, dass die Aleviten zur so verstandenen Nation dazugehörten. Viele Aleviten selbst sahen das anders, auch wenn sie 1908 an einen gemeinosmanischen Aufbruch geglaubt hatten, der ihnen endlich Gleichstellung und Anerkennung verschaffen würde. Das Kriegsregime konnten sie indes nur als die Fortsetzung einer sie jahrhundertelang verfolgenden, religiös intoleranten osmanischen Zentralregierung wahrnehmen, welche die Sunniten privilegierte. Sie selbst hatten eine andere Religion, eine andere Moral und andere Werte, die sie viel eher mit ihren christlichen Nachbarn vor Ort teilten als mit der zur Nation berufenen Ümmet. Die mehrheitlich kurdischen Aleviten im Dersim, in Malatya und Koçgiri waren daher die einzigen, die sich – wenn man vom verzweifelten armenischen Widerstand in Zeytun, Van, Urfa und Şebin Karahisar absieht – im Innern gegen das unionistische Kriegsregime stellten. Sie gaben den verfolgten Armeniern Asyl, befreiten armenische Freunde aus den Deportiertenkolonnen, machten 1916 einen Aufstand gegen die Lokalbehörden und unternahmen 1920/21 einen ersten bedeutenden Aufstand gegen die neue Regierung von Ankara im Namen kurdischer Selbstbestimmung.

Der auf den Weltkrieg folgende sogenannte Befreiungs- oder Unabhängigkeitskrieg war, im Gegensatz zur heroisierten Version des nationalen Mythos, im wesentlichen die Weiterführung der im Schatten des Weltkriegs begonnenen Beseitigung der kleinasiatischen Christen. Er stellte keinen militärischen Konflikt mit den Grossmächten dar, da diese ein kriegerisches Engagement mieden und sich nur mit kleinen Detachements wie in Urfa in bewaffnete Auseinandersetzungen hereinziehen liessen. Er war indes Teil einer Auseinandersetzung mit Neuordnungsplänen der Alliierten, die sich dabei nicht als fähig erwiesen, imperialistische Eigeninteressen zurückzustecken und Verantwortung zu übernehmen für den Wiederaufbau eines pluralen Kleinasiens, das die Rechte aller, auch der Minderheiten, verwirklichte. Im Gegenteil, die Siegermächte begingen im Frühjahr 1919 den politisch folgenreichen Fehler, der griechischen Armee in ihrem Namen die Invasion an der Ägäisküste zu erlauben, obwohl die Griechen panhellenistische Absichten hegten. Dies verdarb im ganzen Land die Stimmung gegen eine international abgestützte Ordnung und trieb die Muslime in die Arme der sich unter Mustafa Kemal neu organisierenden Unionisten. Die Missionare gehörten zu den ersten, die

---

805 *Nation de volonté,* französisch im Original: Gökalp 1976 b, S. 2 (zit. nach Bozarslan 1992, S. 409).

diesen Stimmungsumschwung vor Ort wahrnahmen und die Verantwortungslosigkeit der Grossmächte anprangerten. Die auf eine Autonomielösung beziehungsweise eine Türkeiföderation hin arbeitenden Missionare sahen sich von den Alliierten im Stich gelassen, von den Unionisten als fremde Agenten verfolgt und von
griechischen und armenischen Irredentisten beschimpft, da sie sich auch für die
Rechte der Muslime einsetzten. Wie wenig den Grossmächten an einer befriedigenden Lösung der eigentlichen Probleme in Kleinasien gelegen war, beweist der
Umstand, dass sie 1923 in Lausanne mit den türkischen Nationalisten einen Vertrag
unterzeichneten, der dem 1920 mit der Istanbuler Regierung geschlossenen Vertrag
von Sèvres diametral entgegenstand und die armenische Frage nach einer sicheren
Heimstätte und die kurdische wie auch die süryanische Autonomiefrage stillschweigend begrub. Die Alliierten schlossen den Vertrag von Lausanne bereits im Geiste
eines kalten Kriegs *avant la lettre:* Ihre Hauptsorge bestand darin, sich mit der
erstarkten Türkei zu arrangieren, um sie von der UdSSR wie auch von islamistischen
Strömungen fernzuhalten. Sie taten dies zum Preise der diplomatischen Sanktionierung von „ethnischen Säuberungen" bisher ungekannten Ausmasses.

Den Unabhängigkeitskrieg begann der erfolgreiche Weltkriegsoffizier Mustafa
Kemal Pascha im Frühjahr 1919 von Erzurum und Sivas in den Ostprovinzen aus zu
organisieren, wo fern von den Alliierten noch die Lokalbeamten des Kriegsregimes
im Sessel sassen und ein intakter Heeresteil zur Verfügung stand. Dort herrschten
unanfechtbare Mehrheitsverhältnisse, da die nichtsunnitische Bevölkerung weitgehend ausgelöscht war. Aus Angst vor der Rückkehr und vor Wiedergutmachungs-
forderungen der Armenier liessen sich dort am leichtesten antiarmenische, antichristliche und antieuropäische Gefühle mobilisieren. Die sunnitischen Kurden der Ostprovinzen folgten grösstenteils dem kemalistischen Lockruf im Glauben, es handle
sich um einen Kampf für den Sultan-Kalifen. Ausserdem versprach ihnen Mustafa
Kemal eine kurdische Autonomie nach einem gemeinsamen Sieg. Vor Ort, in den
Provinzen Sivas und Harput, stellten sich einzig die kurdischen Aleviten mit dem
Postulat nach kurdischer Autonomie ernsthaft der unionistisch-sunnitischen Sammlungsbewegung entgegen. Sie misstrauten ihr zutiefst auf Grund der personellen Besetzung durch Repräsentanten des Kriegsregimes. Die lokalen Machthaber unterbanden jeden missionarischen Kontakt mit dieser Minderheit, die ihre Anliegen gerne
über die Missionare auf das internationale Parkett gebracht und amerikanische Protektion erhalten hätte. Zur konsequenten Durchsetzung unitarischer nationaler Herrschaft gehörte die vollständige Ausweisung der Missionare aus den Ostprovinzen.
Diese Ausländer waren nicht nur unliebsame internationale Beobachter, sondern
auch erfahrene Akteure vor Ort, die dem sendungsbewussten republikanischen Einheitsstaat, der im Osten Befriedung und Zivilisation versprach, ganz andere Paradig-
men des kulturellen und gesellschaftlichen Aufbaus hätten entgegenhalten können.

Aus dem Nachkriegsinterregnum entstand in Anatolien von 1919 bis 1923 ein
zentralistischer türkischer Nationalstaat mit staatlich verwalteter, *par défaut*
sunnitischer Religion und religionsähnlichen nationalistischen Riten – nicht das von
Missionaren, Kurden und Aleviten favorisierte osmanisch-föderale Gebilde mit
tatsächlicher Religionsfreiheit und weitgehenden Autonomien in den ehemaligen
Ostprovinzen. Die Streitkräfte der kaum ein Jahr alten Regierung von Ankara
schlugen den kurdisch-alevitischen Aufstand im Koçgiri-Dersim im Frühjahr 1921

blutig nieder. Mit der Abschaffung des Sultan-Kalifen und der Abwehr der versprochenen kurdischen Autonomie wurde endgültig klargestellt, dass Mustafa Kemal einen türkischen Einheitsstaat im Sinne hatte. Vollwertiger und politisch hand-
lungsfähiger Bürger der Türkei war fortan derjenige, der im Krieg von 1914–1922
auf seiten der Unionisten mitgekämpft hatte und den Ausschluss der übrigen Gemeinschaften als gültiges Resultat eines Daseinskampfes anerkannte. Die nichtmuslimischen Restgemeinschaften sowie die Aleviten und die Kurden, konnten im
kollektiven Sinn nicht zum machttragenden Kern des Staaters gehören. Einer Reihe
von Aufständen in der Zeit von 1925–1930, in welcher sich die sunnitischen Kurden aufbäumten, setzte die konzentrierte Militärmacht der Republik ein Ende. Die
hauptsächliche Funktion der Armee lag fortan in der Binnenkontrolle der unter
chronischem Ausnahmezustand befindlichen Kurdengebiete. Dem jahrhunderte-
lang autonomen alevitischen Kernland Dersim brachte der Staat in den Jahren 1937/
38 seine „Zivilisation" (Naşit Uluğ) in Form eines äusserst blutigen Ethnozids. Die
stillschweigende oder aber – bei türkischen Rechtsextremen – lautstark triumphalistische Bejahung des Völkermordes an den Armeniern gehörte zum ideologischen Kodex des neuen Staates mit altem unionistischem Personal. Sie bildete ein
unheilvolles Paradigma für den zukünftigen Umgang mit Minderheitenanliegen.
Die von vornherein zementierte Verhinderung geschichtlicher Aufarbeitung und
moralischer Hinterfragung schmerzte die Missionare des ABCFM, die sich zur
Weiterarbeit in der Republik entschlossen, ganz besonders.

Wer nicht einer deterministischen Sicht anhängt, die alles sich auf die genozidäre
Katastrophe des Weltkriegs beziehungsweise den „Rassenkampf" zuspitzen sieht,
kann sich Entscheidendes in der damaligen jungtürkischen Entwicklung ganz anders
ausdenken. In den Ostprovinzen war Föderalismus seit 1908 das Gebot der Stunde.
Die bisherige sunnitisch dominierte Ordnung konnte unter Beihilfe der neutralen
Staaten und der missionarischen nichtstaatlichen Organisationen vor Ort allmählich in eine pluralistische, der Gleichberechtigung verpflichtete osmanische Gesellschaft umgewandelt werden. Die meisten Missionen waren bereit, dazu beizutragen,
aus den Ostprovinzenbewohnerinnen und -bewohnern lese-, schreib- und stimmfä-
hige Glieder einer Zivilgesellschaft zu machen. Ein Hindernis war hingegen, dass die
Türkeimissionare den antimuslimischen Reflex aus ihrer Gründungszeit nicht überwunden hatten. Das imperialistische Ausland hätte zudem das verletzliche Reich
nicht noch mehr bedrängen dürfen. Am politischen Leben sollten auch die alevitischen, armenischen und süriyanischen Gruppen partizipieren und ein gebührendes
regionales Gewicht erhalten. Die diktatorische Zentralregierung strebte indes in eine
andere Richtung, wenn sie auch Anfang 1914 mit dem internationalen Reformprojekt
für kurze Zeit auf einen partizipativen Weg gewiesen wurde. „Gott sei gelobt, der
Erste Weltkrieg brach aus und verunmöglichte damals die Umsetzung des unheilvollen Projektes. Sonst hätte zumindest ein grosser Teil der Aleviten ihre Stimmen
zugunsten der Armenier abgegeben", schrieb der kemalistische Ideologe Hasan Reşid
Tankut später. Mit diesen Worten offenbarte er zwar seine eigene Kriegsbejahung
und Reformfeindschaft als junger Unionist, aber verschleierte auch, dass die Partei-
clique erwartungsvoll-willentlich den Krieg im Nahen Osten ausgelöst hatte.[806]

---

806 Tankut 1994 (1961), S. 219.

Weil das Schicksal der Armenier im spätosmanischen Reich eines der international kontroversesten historiographischen Themen des 20. Jahrhunderts darstellt, das als kontrovers auch ins 21. Jahrhundert hinübergehen wird, sind an dieser Stelle noch einige Anmerkungen allgemeiner und komparativer Natur angebracht. Eine Vorbemerkung: Die armenische Frage – und mit ihr die übrigen Ostprovinzenfragen ausser der alevitischen – war ganz wesentlich eine europäische Frage, mithin ist sie ein Thema der europäischen Geschichte. Für europäische Sozialwissenschaftlerinnen und Sozialwissenschaftler stellt sich fast unwillkürlich die Frage des Vergleichs von armenischer und jüdischer Frage. Ich selbst bin immer wieder auf diesen Vergleich angesprochen worden. Die jüdische Frage repräsentiert ein etabliertes Forschungsfeld auch der europäischen Geschichte, die armenische Frage findet über die innerarmenischen Kreise hinaus wenig Beachtung. Vor allem gilt dies für den Völkermord. Während der Holocaust dank des Sieges der Alliierten im Zweiten Weltkrieg und der von ihnen durchgesetzten globalen Ordnung auch auf politischer Ebene fast unangefochtene Anerkennung fand, war dies für den Genozid an den Armeniern wegen des Scheiterns der alliierten Ordnung in Kleinasien nicht der Fall. Da die gesamte innertürkische wie auch internationale Turkologie mehr oder weniger auf funktionierende Beziehungen mit den autoritären Machthabern angewiesen war, um ins Land reisen zu können, Zugang zu Bibliotheken und Archiven zu erhalten oder Konferenzen zu organisieren, konnte sie sich nie in gebührender Weise der wissenschaftlichen Aufarbeitung des armenischen Schicksals annehmen. Die in dieser Frage sehr umtriebige türkische Diplomatie verhinderte nicht immer, aber sehr oft den Einbezug des Völkermordes an den Armeniern an internationalen Konferenzen über Holocaust und Genozide. Ähnliche Hindernisse gab es, wenn auch nicht in demselben Mass, in der wissenschaftlichen Bearbeitung der übrigen Minderheiten- und Ostprovinzenfragen. Insbesondere erlaubte der türkische Staat nie einen uneingeschränkten Zugang zu allen einschlägigen Archivmaterialien. In den seltenen Fällen, in denen sich westliche Turkologen mit den spätosmanischen Armeniern beschäftigten, suchten sie, ob aus Überzeugung oder politischem Opportunismus, die armenische und die jüdische Frage des 19. und 20. Jahrhunderts völlig zu trennen. In der Tat gibt es zahlreiche Unterschiede – aber auch bedeutsame Analogien. Diese muss eine Geschichte über religiöse Minderheiten und Völkermorde beachten.[807]

Die folgenden Anmerkungen sind als Denkanstösse, nicht als Thesen zu verstehen und konzentrieren sich auf mögliche Analogien:

Die spätosmanische Zeit begann 1839 mit der prinzipiellen Gleichberechtigung der Untertanen, die 1856 nochmals bekräftigt wurde. Sie zeitigte eine kulturelle armenische Renaissance, ähnlich wie bei den Juden nach ihrer Gleichstellung in Europa während des 19. Jahrhunderts. Die Tanzimat verbesserten indes die Stel-

---

807   Die jüdischen Opfer des Nationalsozialismus jedenfalls identifizierten sich mit den armenischen Opfern ein Vierteljahrhundert zuvor: Eine der Hauptlektüren in den Ghettos war *Die vierzig Tage des Musa Dagh,* ein 1933 vom jüdischen Autor Franz Werfel publizierter deutscher Roman über die Tragödie der Armenier im Ersten Weltkrieg (vgl. Auron 1998). Zu den bisher wichtigsten komparativen Arbeiten über den Holocaust und den Völkermord an den Armeniern gehören Dadrian 1988 und Melson 1992. Hinweise zur Rezeption des Völkermordes im Deutschland der Zwischenkriegszeit finden sich in Dinkel 1991.

lung der zahlreichen von muslimischen Aghas abhängigen landlosen Armenier in den Ostprovinzen nicht, sondern setzte sie vermehrt der Unterdrückung durch Kurden, welche die Verlierer der Zentralisierung waren, aus. In jener Region herrschte weithin Armut. Diese Armenier in prekärer Lage suchte die nationale armenisch-revolutionäre Bewegung anzusprechen. Dem neuen Selbstbild des „Muskeljuden" (Max Nordau) entsprechend, entwarf sie das Bild eines Armeniers, der nach Jahrhunderten der Unterdrückung oder politischer Zweitklassigkeit endlich aufrecht gehen wollte. Armeniern wie Juden stellten sich die Optionen von Integration, Emigration oder Nationalbewegung mit dem utopischen Ziel einer selbstbestimmten nationalen Heimstätte. Der säkulare, vom kirchlichen Antijudaismus unterscheidbare Antisemitismus war ein Phänomen, das im Fin de siècle zutage trat. Oft pflegten ihn genau jene europäischen Intellektuellenkreise, die auch einen rassistischen Blick auf die Armenier warfen, die sie die Juden des Orients nannten und als geldgierig, illoyal, unpatriotisch oder verschlagen disqualifizierten.[808] Zwar geschah die innerosmanische antiarmenische Mobilisierung unter Abdulhamid, die zu den schrecklichen Pogromen von 1895/96 führte, vorwiegend unter religiösen Vorzeichen. Das verstärkte indes nur die Effizienz jenes durch Palastemissäre geförderten Antiarmenismus, den vor Ort vor allem der soziale Neid auf den edukativen und materiellen Aufstieg, der Reflex gegen die Gleichstellung und die traditionelle Verachtung des *gavur* – des vermeintlich minderwertigen Andersgläubigen – nährten. Das sind Faktoren, die vermutlich in vergleichbarer Weise die Judenpogrome bestimmten. Ein für die armenische Frage spezifischer Faktor indes war die übersteigerte Furcht der Machthaber, dass aus der kleinen armenisch-revolutionären Bewegung eine breite armenische Autonomiebewegung erwachsen würde, welche die Unterstützung der Grossmächte fände. Die Absenz jeglicher Sanktionierung der Massenmorde von 1895/96 zugleich mit dem Verzicht auf die Ostprovinzenreformen schuf einen gefährlichen Präzedenzfall für das zukünftige Verhalten des türkischen Staates und jener Kreise, auf die er sich in den Ostprovinzen abstützte.

Die liberale Phase der Tanzimat hatte dem Armeniertum in den Städten und Kleinstädten in der Tat zu einer Renaissance verholfen und zu einem Schulwesen, das die nationalen Werte kultivierte. Bildung schärfte auch das Bewusstsein für Missstände und förderte die Kritikfähigkeit. Grundsätzlich illoyal gegenüber dem osmanischen Staat wurden deswegen die wenigsten Armenier – wie auch nur ein kleiner Bruchteil der Juden sozialrevolutionären Vereinigungen beitrat. Die internationale Agilität und Verflechtung, bei beiden Völkern durch eine weltweite Diaspora gefördert, machte indes Juden wie Armenier in den Augen nationalistischer Kreise zusätzlich suspekt.

Die liberale Idee erlebte im Osmanischen Reich mit der Wiedereinsetzung der Verfassung 1908 nochmals eine kurze Neuauflage. Bekämpft wurde sie von „reaktionären" religiösen Kreisen, von der besitzenden Klasse der Aghas und von „progressiven" Nationalisten, die einen starken unitarischen Staat und die volle Souveränität nach aussen erstrebten. Der türkische Nationalismus breitete sich nach 1908 bis in die Provinzstädte hinein rasch aus und war gut organisiert. Gelenkt wurde er

---

808 Vgl. dazu Kieser 1999, S. 146–169.

von den Unionisten, die 1913 ein diktatorisches Einparteienregime errichteten und bereit waren, ihre Ziele mittels Krieg zu befördern. Zu ihren Zielen gehörte wesentlich der Bruch der eingegangenen internationalen Reformverpflichtung bezüglich der Ostprovinzen, eine Verpflichtung, welche die Armenier, in deren Interesse sie 1913 erneut angestrengt worden war, den Reformgegnern verhasst machte. Sie begannen, obwohl sie noch im Wahlbündnis mit der armenischen Daschnak standen, die Armenier als Gegner in einem projizierten sozialdarwinistischen Rassenkampf zu betrachten und wendeten ein biologistisches und rassistisches Vokabular auf sie an. In der öffentlichen antiarmenischen Propaganda namentlich unter den Kurden arbeitete das Kriegsregime indes stark mit dem religiösen Gegensatz zwischen dem staatsloyalen Muslim und dem illoyalen christlichen *gavur*. Wie dem Mord an den Juden ging demjenigen an den Armeniern eine intensive Verfemungskampagne voraus – ein Prozess, der im Falle der Armenier konzentriert in den Anfangsmonaten des Weltkriegs ablief, aber auf die antiarmenische Mobilisierung unter Abdulhamid zurückgreifen konnte.

Beim unionistischen Kriegsregime spielte wie bei den Nationalsozialisten der Wunsch nach einer säkularen Neuauflage verlorener imperialer Grösse eine Rolle: Das einstige osmanisch-islamische sollte ein pantürkisches, das einstige Heilige Römische Reich Deutscher Nation sollte ein pangermanisches Reich werden. Die übersteigerte Machtidee, deren Realisierung im Januar 1915 beziehungsweise im Herbst 1941 scheiterte, führte in beiden Fällen zu völkermörderischer Gewaltanwendung im Innern, was Hans Mommsen eine „psychologische Kompensation" genannt hat.[809]

Der eigentliche Völkermord begann in beiden Fällen nach einer missglückten Offensive gegen die Russen, und zwar mit der Liquidation von mutmasslichen armenischen beziehungsweise jüdischen Partisanen im russischen Dienst. Die Präsenz von Kaukasusarmeniern respektive von jüdischen Politkommissaren in der russischen Armee legte den Trugschluss der kollektiven fünften Kolonne nahe. In beiden Fällen hatte die vorgängige Propaganda dafür gesorgt, nahtlos den Schritt zur „Endlösung" zu tun. Die ganze Gruppe – die Juden in Europa, die Armenier in Kleinasien – wurde pauschal als illoyaler und staatsgefährlicher Schädling im Bund mit dem feindlichen Ausland zur Ausrottung verurteilt. Die biologistisch abwertende Sprache über das Verfolgungsopfer findet sich in der Tat bereits bei den Unionisten, die mehrere Ärzte als massgebliche Akteure unter sich zählten. So nannte Dr. Mehmed Reşid, ein Gründungsmitglied von *Union et Progrès* und 1915 Vali von Diyarbakır, die Armenier „gefährliche Mikroben im Schoss des Vaterlands", um dann zu fragen: „Ist es nicht die Pflicht eines Doktors, diese Mikroben zu zerstören?"[810] Eine Verfolgung und Ausrottung der Armenier über das beanspruchte „Vaterland" hinaus beabsichtigten die Unionisten allerdings nicht.

Anders als der Holocaust von 1942–1945, fand der Völkermord von 1915/16 im ureigenen armenischen Siedlungsgebiet statt, welches indes bereits vier Jahrhunderte osmanischer Oberherrschaft unterstand.

---

809 Mommsen 1998, S. 248.
810 Aus einem Gespräch mit Mithat Şükrü, Spitaldirektor und Generalsekretär von *Union et Progrès*, in: *Resimli Tarih*, 5. 7. 1953, zit. nach Dadrian 1986, S. 175.

In beiden Fällen waren aus den einstigen Schutzbefohlenen des religiös begründeten Ancien régime nach einer liberalen Zwischenphase auszustossende und auszurottende Elemente geworden. In beiden Fällen setzte ein extrem nationalistisches Regime auf pauschal verteufelnde Weise seine innere Minderheit mit fremder bedrohlicher Weltmacht gleich: Die Armenier wurden mit dem angelsächsisch-imperialistischen Protestantismus und dem russischen Erzfeind identifiziert, die Juden mit dem Bolschewismus und der kapitalistischen angelsächsischen Welt.[811] In beiden Fällen war der Völkermord Teil einer gigantischen „völkischen Flurbereinigungspolitik" (Heinrich Himmler), die auch andere Völker betraf. Auch die administrativen Sprachen glichen einander: Umsiedlung hiess der ominöse Vorgang, der im Falle der Juden und Armenier ins Nichts führte, obzwar in beiden Fällen vorgängig auch improvisierte reale Umsiedlungsziele bestanden. In beiden Fällen spielte eine ähnliche Institution, die Umsiedlungs- und Ansiedlungszentrale beziehungsweise das *Aşayir ve Muhacirîn Müdüriyet-i Umumiyesi,* das Zentraldirektorium für Stämme und Migranten, eine wichtige Rolle. Die wirtschaftliche Umverteilung – die räuberische „Nationalisierung" armenischen beziehungsweise jüdischen Gutes – war eine wichtige Komponente beider Genozide. Wie viele westliche Beobachter während des Ersten Weltkriegs feststellten, widersprach die Vernichtungspolitik indes jeglicher rationalen wirtschaftspolitischen Logik, indem sie Kleinasien auf Jahrzehnte hinaus unternehmerisch zurückwarf. Denn die einheimischen Christen spielten in Handel und Industrie eine Vorreiterrolle.

Die Armenier waren im Gegensatz zu den Zionisten die Verlierer des europäischen Imperialismus im Nahen Osten: Anstatt in ihrem Siedlungsgebiet eine sichere Heimstätte zu erlangen, wurden sie dort vollständig ausgerottet. Immerhin bewahrte sie die Sowjetarmee 1920 vor weiterer türkischer Verfolgung in ihrer kaukasischen Restheimat. Der Preis dafür war der Verlust der Unabhängigkeit der kaum zweijährigen Republik Armenien. Das europäische Versprechen einer armenischen Heimstätte im angestammten Siedlungsgebiet wurde 1923 in Lausanne vor aller Welt gebrochen. Dies war auch ein Zeichen für die tiefe Krise von Europa selbst.

Da es bisher noch keine wissenschaftliche Aufarbeitung der Rezeption des armenischen Völkermordes im Deutschland der Zwischenkriegszeit gibt, ist seine Vorbildfunktion für die Nationalsozialisten schwierig abzuschätzen. Das Wissen um den vom einstigen Weltkriegsverbündeten verübten Völkermord war jedenfalls in Staats- und Militärkreisen in aller Breite vorhanden. Ihre Archive bargen die präzisesten, von deutschen Zivilbeamten, Offizieren und Missionaren verfassten Berichte darüber. Zahlreiche Texte belegen, dass die genozidäre unionistische Gewalt, die einer positivistischen Staatsräson zu folgen schien, die rechtsgerichteten Kreise im damaligen Deutschland faszinierte. Allein eine Rezeptionsgeschichte folgender, von Lepsius überlieferter Sätze Enver Paschas wäre in diesem Zusammenhang aufschlussreich: „Wir können mit unseren inneren Feinden fertig werden. Sie in Deutschland können das nicht. Darin sind wir stärker als Sie."[812] Es war den

---

811 „Die Verknüpfung von Antibolschewismus und Judenmord im Osten ist offensichtlich" (Diner 1999, S. 218).
812 Vgl. Kap. 3.7.4, S. 355.

rassistisch orientierten Nationalisten klar, dass der Völkermord und die Massnahmen, in die er eingebettet gewesen war, die ethnisch-demographische Grundlage für
den Nationalstaat Türkei geschaffen hatten. An ihm bewunderten sie die konse-
quente ethnische Homogenisierung und die autoritäre Führungsstruktur. Neidisch
blickte die deutsche Rechte zudem auf die erfolgreiche Revision des entsprechenden Pariser Vorortsvertrages durch den ehemaligen Weltkriegsverbündeten. Darin
war er ihr Vorbild. Die strikte territoriale Beschränkung, die Mustafa Kemal der
Aussenpolitik der Republik Türkei auferlegte, nahmen die Nationalsozialisten allerdings nicht zu Herzen.

Dan Diner, ein Spezialist der nahöstlichen und mitteleuropäischen Geschichte,
hat kürzlich eine universalhistorische Deutung des 20. Jahrhunderts unternommen:
Sieben Seiten in seinem Buch *Das Jahrhundert verstehen* handeln vom Genozid an
den Armeniern; darauf folgt fast nahtlos die Darstellung der Vernichtung der europäischen Juden. Seine Überleitung untermauert die enge Verknüpftheit von europäischer und spätosmanischer Geschichte. In beiden geschichtlichen Räumen führten die Theorien der Volkssouveränität und der Selbstbestimmung zu unabsehbaren
Konsequenzen, da sie nicht im angelsächsischen Sinn auf die Bevölkerung, sondern
auf eine religiös oder ethnisch definierte Gruppe angewandt wurden.

„Die Abspaltung der rumelischen [Balkan-]Christen […], die gegenseitigen Ver-
treibungen von Muslimen und Orthodoxen […] sowie der Genozid am armenischen
Volk waren jeweils Ausdruck einer Entwicklung: der Ausbildung von ethnisch
homogenen Nationalstaaten […]. Bei den Staaten Mittel- und Osteuropas traten die
für Balkan und Levante konstitutiven Momente religiöser Zugehörigkeit hinter denen der Nationalität zurück, aber sie waren gleichermassen mit Problemen belastet,
die dem Widerspruch zwischen der Realität ethnischer Heterogenität und dem Anspruch auf nationale Homogenität entsprangen. […] Während sich die polnische
Regierung eines, wie sie meinte, überschüssigen Teils der jüdischen Bevölkerung
mittels Auswanderung […] zu entledigen suchte, legten es die antijüdischen
Massnahmen der Nazis offenkundig darauf an, alle Juden ausser Landes zu treiben.
[…] Die Ausrottung selbst begann 1941 parallel zu jener spezifisch antibolschewistischen Kriegsführung, wie sie dem ‚Unternehmen Barbarossa' [Russlandfeldzug]
von Anfang an eingeschrieben war. […] Die Erschiessungen männlicher Juden
[gemäss ‚Kommissarbefehl'] wurden bald zu Liquidierungs- und Vernichtungsaktio-
nen auf alle Juden ausgedehnt. […] Unmerklich war im August und September 1941
die Schwelle vom antibolschewistischen Weltanschauungskrieg zum Genozid an
den Juden überschritten worden."[813]

---

813 Diner 1999, S. 207, 209, 212, 219, 220, vgl. auch S. 60 f.

Abb. 100: Tischrunde im Kloster Varak, 15. August 1911. Der Missionar Johann Spörri präsidiert als Gast die Tischrunde im armenischen Kloster Varak ob Van: 1) Dr. Ebert, deutscher Vizekonsul in Mosul; 2) Eberts Leibwächter; 3) Regierungsbauführer Bachmann von einer Ausgrabungsgesellschaft in Assur; 4) Bachmanns Diener; 5) Baron Vartan, Sekretär des deutschen Vizekonsulates in Mosul; 6) Baron Simeon (Missionsangestellter); 7) der Verwalter des Klosters Varak; 8)–10) drei *vartabed* in Varak; 11) ein Lehrer in Varak; 12) Hovagim. Die einzige Frau am Tisch ist die Hülfsbund-Schwester Christiane Dürer. Einige Jahre zuvor wäre ein solches Bild, das deutsche diplomatische Vertreter und Vertreter des „Armenischen Hilfswerkes" (so der anfängliche Name der beiden deutschen Türkeimissionen) vereint, unmöglich gewesen.

Abb. 101: Mahlzeit vor deutscher Fahne und Jesus-Bild. Der Van-Missionar Spörri als Gastgeber. Hinter ihm die deutsche Fahne und ein frommes Bild. Johann Spörri ging als Schweizer mit Fahnen je nach Bedarf um. Beim Nahen der Russen wehte 1915 eine Schweizer Fahne über dem Hülfsbund-Missionsgebäude. Von links nach rechts: Schwester Christiane; Dr. Ebert, deutscher Vizekonsul aus Mosul; der Gastgeber; Regierungsbauführer Bachmann; Baron Vartan.

Abb. 102: Der weibliche Teil der Missionarsfamilie Spörri zu Wagen und zu Ross. Gefolgt von männlichen Blicken in einer Strasse von Van. In den Ostprovinzen war es keineswegs selbstverständlich, dass Frauen ritten (vgl. Abb. 32, S. 249).

Abb. 103: Urfa, 1908. Bunte, aus verschiedenen Ethnien und Schichten gemischte Menschenmenge vor dem Regierungsgebäude in Urfa, vermutlich anlässlich der Feier zur Eröffnung des osmanischen Parlaments am 17. Dezember 1908. Nach der Beschriftung der kapuzinischen Mission war es der Tag der Proklamation der Verfassung (23. Juli 1908), nach Cihat Kürkçüoğlu, der über eine Kopie desselben Bildes aus einem Urfaer Privatarchiv verfügt, war es eine Jubiläumsfeier zur Eröffnung des Parlaments. Vgl. Kürkçüoğlu 1990, S. 57.

Abb. 104: Die armenisch-apostolische „Kathedrale" von Urfa zu Beginn des 20. Jahrhunderts. Im Vordergrund sind Gräber zu sehen. Nach 1923 wurde die Kathedrale erst ein Tierspital, dann beherbergte sie einen Dieselstromgenerator. Seit 1996 ist sie als Moschee restauriert.

Abb. 105: Patientinnen warten beim Missionsspital in Urfa. Der Kopfbedeckung nach handelt es sich bei den meisten um Musliminnen.

Abb. 106: Krankentransport zum Missionsspital in Urfa, 1912. Patienten und Patientinnen aus einem Umkreis von bis zu acht Tagereisen suchten dieses Spital auf.

Abb. 107: Der junge Jakob Künzler bei der Elektrisierbehandlung eines arabischen Beduinen in der DOM-Klinik in Urfa, 1902.

Abb. 108: Aussicht vom Gästeschlafzimmer im DOM-Spital, Urfa. Blick auf den Westteil der Stadt. Mitte links steht ein Han, davor sind Gräber. Das armenische Quartier ist durch das Spitalgebäude rechts verdeckt.

Abb. 109: „Modernes Quartier" oder nördliche Vorstadt, Kerisbaşı, in Urfa, circa 1909. Zu sehen sind: rechts der obere Stock des DOM-Spitals (helles Gebäude), in der Mitte das türkische Spital, links hinten das Haus der Familie Vischer, links davon Reben (auf diesem Areal sollte das neue DOM-Spital erstehen) und vorne links ein muslimischer Friedhof. Rechts an das DOM-Spital schlossen sich hier nicht sichtbare einstöckige kurdische Vorstadthäuser an.

Abb. 110: Vischer-Haus und französisches Kommando, April 1920. Das Kommando befand sich im Gebäude ganz rechts, einem ehemaligen stattlichen Armenierhaus.

Abb. 111: Vischer-Haus in Urfa, Nordfront, 1909. Errichtet 1908, zog es mit seiner europäischen Architektur und seinem soliden Dach wie dasjenige der Familie Künzler die Aufmerksamkeit auf sich.

Abb. 112: Vischer-Haus, 1920, nach dem französisch-türkischen Krieg. Das Haus bestand bis in die 1970er Jahre.

Abb. 113: Vischers arabischer Diener Ali, 1909. Während des Weltkriegs rettete Ali durch Schlepper-dienste zahlreiche Menschenleben und verriet trotz Folter durch die Behörden niemanden.

Abb. 114: Das im Herbst 1915 zerstörte armenische Quartier in Urfa. Es wurde nach der Erstürmung vollständig geplündert. Die Aufnahme stammt von 1919.

Abb. 115: Jakob Künzlers Exodus aus der Türkei mit christlichen Waisenkindern. Jakob Künzler organisierte 1922 im Auftrag des *Near East Relief* den Auszug von rund 8'000 christlichen, vorwiegend armenischen Waisenkindern aus der Ost- und Zentraltürkei nach Syrien.

Abb. 116: ABCFM-Neubau in Merzifon: Bibliothek und Museum. Das Schriftband „Students & friends of Anatolia help finish this building" appellierte zur Hilfe bei der Fertigstellung des Baus. Oft wurden Innenausbauten und Dächer von Missionsangehörigen und Schülern in Eigenregie fertiggestellt.

Abb. 118: *Anatolia College* und frisch Graduierte. Abgesehen vom Fez, den einige tragen, sind alle in europäischer Kleidung mit Krawatte. Auf dem Gebäude war ein Glockenturm – ein visuell und akustisch prägendes Element der Stadt –, ebenso eine amerikanische Fahne.

Abb. 119: Vermutlich Feier der Diplomverleihung im *Anatolia College*, Merzifon. Durch die Fahnen wird die amerikanisch-türkische Freundschaft symbolisiert.

Abb. 120: Türkische, griechische und amerikanische Fahne beim Sportfest des *Anatolia College*, circa 1910. Der Gebrauch verschiedener Fahnen hatte in der damaligen osmanistischen Aufbruchstimmung des ABCFM eine völkerverbindende Bedeutung.

Abb. 121: Stabhochsprung. Vorne 520
rechts vermutlich der Direktor des
Anatolia College George E. White.

Abb. 122: Diskuswerfer beim sport-
lichen Wettkampf im *Anatolia College*.

Abb. 123: ABCFM-Suppenküche in Bursa (Westtürkei), 1916. Die meisten ABCFM-Stationen betrieben während des Weltkriegs bis zur Schliessung vieler ABCFM-Stationen 1915 oder beim Abbruch der türkisch-amerikanischen Beziehungen im April 1917 eine Nahrungsmittelhilfe für die darbende Bevölkerung. Auch die Konsuln legten dafür Hand an, wie hier Vize-Konsul Judelson (Mitte stehend), oder in Samsun, wo der Schweizer W. Peter als US-Konsul eine Suppenküche für muslimische Flüchtlinge organisierte.

Abb. 124: Vom ABCFM organisierte Kleiderverteilung nach den Pogromen in Adana, 1909.

Abb. 125: ABCFM-Missionarinnen und Kinder nehmen auf einem Mittelmeerschiff Abschied von der Türkei, circa 1922.

Abb. 126: Das seit dem Ersten Weltkrieg zerstörte osmanische Van. Das Foto wurde von der Festung aus aufgenommen. Am Horizont ist der Vansee zu erblicken. Im Mittelgrund stehen zwei in republikanischer Zeit wiederaufgebaute Moscheen.

523   Abb. 127: Ährenleserin in der Region Sivas. Nur ausnahmsweise konnten Ausländer nach 1923 die Ostprovinzen bereisen, so 1937 der deutsche Archäologe Eckstein, der diese Aufnahme machte.

Abb. 128: Der „Gang aufs Land" bei Van durch Hygienebeamte der Republik, 1949. Das auf die Dorfbewohner versprühte Mittel, vermutlich DDT, diente der Ungezievertilgung. Im Hintergrund steht ein Jeep.

Konklusion

Der zeitliche Zusammenfall von europäisch inspirierter osmanischer Reform (Tanzimat) und missionarischem Gründungselan hatte den Ostprovinzen noch vor Mitte des 19. Jahrhunderts eine Begegnung mit dem Abendland beschert, die ebenso konfliktgeladen wie verheissungsvoll war. Durch die grundsätzliche Abwertung des Islams – dessen geistiges Haus es zu erobern galt – schufen die protestantischen Missionen eine Konfrontation von grosser Tragweite. Die osmanischen Machthaber sahen sich seit dem Anfang des 19. Jahrhunderts aus einer Schwächeposition heraus genötigt, westliche Elemente im Bereich von Administration und Technik, später auch der Ideologie zu importieren. Ihr Reformkonzept war widersprüchlich: es oszillierte zwischen der konservativen Idee, die Ümmet in ihrer alten Macht und Stärke wiederherzustellen, und liberalen Postulaten wie der Gleichberechtigung aller Untertanen. Dabei konzentrierten die frühen gleich wie die späteren Reformer ihre finanziellen Mittel auf die Stärkung von Militär und Verwaltung. Der Aufbau eines Schulwesens nach europäischem Muster blieb in den Provinzen weit über die Tanzimat hinaus, trotz grosser Nachfrage, ein frommer Wunsch. Diese gravierende Lücke erlaubte die Verwurzelung der Missionen.[1]

Im scharfen Gegensatz zur staatlichen Ineffizienz in den Bereichen Schule und Gesundheit war eine Missionsgesellschaft wie das protestantische *American Board* (ABCFM) ein äusserst erfolgreiches Privatunternehmen, das im richtigen Moment das begehrte Gut, nämlich Erziehung und Medizin, in attraktiver Form, nämlich westlich-modern, anbot. Es war fähig, genügend personelle und finanzielle Ressourcen zu beschaffen und diese erfolgreich und multiplikatorisch – mit zunehmendem einheimischem Anteil und wirksamer Vorbildfunktion – einzusetzen. Als Unternehmen verlangte das *American Board* vom Staat Schutz und Sicherheit sowie den Freiraum zu seiner eigenen Entfaltung: religiöse Freiheit, Liberalismus im Erziehungs- und Gesundheitswesen, ein Minimum an Steuern. Weil der osmanische Staat der Tanzimat trotz seiner Absichtserklärungen religiöse Freiheit nur ansatzweise, Ruhe und Ordnung in den Ostprovinzen oftmals gar nicht gewährleisten konnte, ersuchten die amerikanischen Missionare pragmatisch die Vertreter europäischer Staaten, in hamidischer und jungtürkischer Zeit dann auch den eigenen Heimatstaat um Unterstützung.

---

1 Was Charles Riggs 1911 über den jungtürkischen Staat und die Frage der öffentlichen Schulen sagte, könnte ebensowohl 50 Jahre zuvor geäussert worden sein: „The great difficulty lies in the inability of the Government to appropriate sufficient funds for education. In the opinion of the present cabinet, the chief need of the country is for a strong army; next comes the navy; then come such internal improvements as railroads, highways, irrigation schemes, etc. while education is very far down on the list." (MRW 1911, S. 364 f.). Damals waren 2,8% des Budgets der Erziehung zugeteilt, fast 30% dem Militär.

Da eine Missionsgesellschaft wie das ABCFM nicht nur – um beim Vergleich zu bleiben – ein edukatives Privatunternehmen, sondern auch eine Menschenrechtsorganisation mit betont christlicher Ausrichtung und, spätestens seit den 1890er Jahren, eine international vernetzte Hilfsorganisation mit Millionenbudget war, komplizierte sich ihr Verhältnis zum osmanischen Staat. Von diesem erwartete das ABCFM nicht nur den Freiraum für eigene Erfolge und Wachstum, sondern tiefgreifende gesellschaftliche und politische Änderungen. Um diese voranzutreiben, leistete es diplomatische und publizistische Lobbyarbeit. Am meisten irritierte den osmanischen Staat die missionarische Verbreitung „subversiven", „aufrührerischen" Gedankengutes im Lande selbst. In der Tat enthielt die evangelisch-protestantische Botschaft einen radikalen persönlichen und kollektiven Veränderungsanspruch. Sie stellte nicht allein auf dogmatischer, sondern auch auf einer bürgerrechtlichen Ebene den Vorrang des Islams in Frage. Es forderte in den Ostprovinzen eine Gleichberechtigung und Rechtsstaatlichkeit, die besonders den christlichen Gemeinschaften zugute kommen sollten, während der postulierte liberale Föderalismus die territoriale Einheit des Reichs zu gefährden schien. Immerhin spornten die missionarischen Gründungen den Staat an, das eigene Schul- und Gesundheitswesen voranzutreiben, insbesondere auch die damals revolutionäre Mädchenbildung, welche das ABCFM mit Verve förderte. Das Beispiel offensiver Kontaktaufnahme mit Dörfern und Stämmen ausserhalb der Provinzzentren übte einen nachhaltigen Einfluss auf die unionistische Nationalbewegung aus.

Während das ABCFM seine Penetration der Ostprovinzen von den 1830er bis in die 1870er Jahre als ein Privatunternehmen bewerkstelligte, war die Gründung der jesuitischen Armenien-Mission und die Erweiterung der kapuzinischen und dominikanischen Mission im armenischen Siedlungsgebiet eine, wenn auch in mancher Hinsicht improvisierte, so doch durch die vatikanische und französische Diplomatie konzertierte Einflussnahme im Kontext des Berliner Kongresses, in bewusster Konkurrenz zu den Amerikanern. Im Gegensatz dazu begaben sich, aufgerüttelt durch die Appelle des ABCFM, die deutschen und schweizerischen Hilfswerksmitarbeiterinnen und -mitarbeiter ab 1896 ohne Unterstützung beziehungsweise gegen den Widerstand der heimatstaatlichen Diplomatie in die Ostprovinzen, wo sie ihre Arbeit unter Anleitung der Amerikaner begannen.

Mit der protestantischen Millet schufen die amerikanischen Missionare eine demokratische Kollektivstruktur, die Modellcharakter besass. Diese im Jahre 1850 gegründete Millet war eine Willensgemeinschaft ohne zwingende ethnische und, wegen der Trennung von Kirchen- und Millet-Mitgliedschaft, religiöse Zugehörigkeit. Sie repräsentierte einen neuen Gemeinschaftsbegriff auf der Basis demokratischer Selbstverwaltung, aber auch eines internationalen, protestantisch gefärbten Solidaritätsnetzes. Wegen seiner ideellen Ausstrahlung und weil er spätestens seit dem Berliner Kongress mit Weltmachtphantasien in Zusammenhang gebracht werden konnte, nahm die hamidische Regierung den Protestantismus trotz einer verschwindend kleinen Zahl von Millet-Gliedern als Bedrohung wahr. Sie hegte eine Angst, welche die mentalen Dimensionen einer Phobie vor einer protestantisch-christlichen Weltverschwörung annahm, mit den Armeniern als ihrer vermeintlichen fünften Kolonne. Abdulhamid suchte den Protestantismus und die selbstbewusster gewordene armenische Millet mit zum Teil drastischen Massnahmen einzuschränken, konzipierte den Staat aber weiterhin auf der Basis der Ümmet, zu der sich jeder, auch der seines Lebens bedrohte Armenier 1895 bekehren und so retten konnte. Im Gegensatz dazu erstrebten die Unionisten die Wiedererstarkung der Ümmet aus ihrer chronischen Macht- und Identitätskrise in einem neuen sozialen Gefäss, das der protestantischen Millet diametral gegenüberstand, nämlich der muslimisch-türkischen, zur Begründung einer „anatolischen Nation" exklusiv berufenen Gemeinschaft. Diese fassten unionistische Ideologen wie Ziya Gökalp als ethnisch-religiöses, soziales und mentales Faktum auf. Ihre soziologische und ideologische Formulierung war die wichtigste und nachhaltigste Veränderung, welche die jungtürkische Bewegung ab 1908 bewirkte.

Der Werdegang der „türkischen Nation" aus der anatolischen Ümmet stand im engen Zusammenhang mit dem Erleben von äusserer und dem gemeinsamen Ausüben von innerer Gewalt in den Jahren 1877/78, 1895, 1915/16 und 1919–1922. Die verschiedenen Formen der Gewalt manifestierten markant die Entwicklung der staatlichen, ethnischen und sozialen Probleme in den Ostprovinzen. Zwei Grundformen von Gewalt und Zwang zogen sich zwischen 1839 und 1938 durch: diejenige des Staates, der mit militärischen Mitteln eine zentralistische Verwaltung gegen kurdische Regionalautonomien durchzusetzen suchte, Steuern eintrieb und Soldaten aushob, sowie diejenige von Lokalherren, die gegenüber zumeist armenischen *raya* auf ihren Gewohnheitsrechten wie Naturalabgaben und Weiderechten bestanden und nicht selten Raub als Erwerb betrieben. 1895 und 1915 traten neuartige Formen der Gewalt auf: Mitte der 1890er Jahre resultierten aus der Verbindung von staatlichen antiarmenischen Repressionen und dem Gewaltpotential einer sozialen Revolte der Muslime Massenmorde, Raub und Plünderungen bisher ungekannten Ausmasses. Zur Unterdrückung der armenischen Revolutionsbewegung betrieb der hamidische Staat seit den 1880er Jahren eine antiarmenische Repression, wobei er sich zunehmend einer islamistischen Ideologie bediente. Das zuvor schon sporadisch zutage getretene soziale Gewaltpotential vor Ort richtete sich gegen die seit den Tanzimat prosperierenden und von den Missionen geförderten christlichen Gemeinschaften. Das behördlich-gesellschaftliche Doppelgesicht der 1895er Pogrome erhellt die Teilnahme der heterodoxen Dersimkurden, die sich materiell gütlich taten, ohne bei den islamistisch motivierten Massenmorden, bei denen sich die Täter auf den Sultan-Kalifen beriefen, mitzumachen. Anders als 1895 kann 1915 vom Gewaltpotential einer sozialen Revolte, geschweige denn von einem Bürgerkrieg keine Rede sein. Die im Vergleich zu 1895 nochmals potenzierte – genozidäre – Gewalt war in erster Linie das Ergebnis staatlicher Entscheide. Sie reichten vom Kriegsentschluss – der massgeblich dadurch motiviert war, die armenischen Reformen zu hintertreiben – über den panturanistisch motivierten Russlandfeldzug bis zum massgeblichen „Deportations"-Entscheid, der die Ausrottung der Armenier aus den Ostprovinzen und den meisten Teilen Anatoliens bedeutete. Für seine praktische Ausführung vor Ort konnte der Staat das soziale und interreligiöse Konfliktpotential instrumentalisieren. Der Nahblick auf die Schauplätze in den Ostprovinzen vermittelt das Bild eines oktroyierten, von Anfang an beim Volk verhassten Kriegs, der eine aussichtsreiche Vorkriegssituation mit vergleichsweise guter zwischengemeinschaftlicher Kooperation von der Machtzentrale aus methodisch zur Konfrontation umgestaltete. Die staatliche Hand zeigte sich in der koordinierten Regulierung einer gesamtanatolischen ethnisch-demographischen Umformung, die neben den Christen bereits schon die Kurden betraf. Sie manifestierte sich auch in der systematischen wirtschaftlichen Umverteilung auf muslimische Träger zwecks Schaffung einer nationalen Kriegswirtschaft. Der Prozess exklusiv muslimischer Nationalisierung Kleinasiens setzte sich im Unabhängigkeitskrieg von 1919–1922 fort und führte zum Exodus fast aller Christen aus den Provinzen. Danach richtete sich die staatliche Gewalt im Zeichen expliziter Türkisierung gegen die Kurden.

Die internationale Turkologie hat diese schmerzlichen Wahrheiten während des ganzen 20. Jahrhunderts weitgehend verdrängt, wie ein reputierter Turkologe kürzlich selbst bekannte.[2] Exemplarisch begründete die amerikanische Turkologie die verdrängende, relativierende, ja bisweilen offen sozialdarwinistische Haltung im Zeichen der Truman-Doktrin nach dem Zweiten Weltkrieg. Der Turkologe und Princeton-Absolvent Lewis V. Thomas schrieb in einem 1951 von Harvard University Press herausgegebenen Buch: „By 1918, with the definitive excision of the total Christian population from Anatolia and the Straits Area, except for a small and wholly insignificant enclave in Istanbul city, the hitherto largely peaceful processes of Turkification and Moslemization had been advanced in one surge by the use of force. [...] Had Turkification and Moslemization not been accelerated there by the use of force, there certainly would not today exist a Turkish Republic, a Republic owing its strength and stability in no small measure to the homogeneity of its population, a state which is now a valued associate of the United States. [...] this struggle for Anatolia had become a fight which could have only one winner. It was to be take all or lose all."[3] Neben der Bejahung gewaltsamer nationaler Homogenisierung frappiert in diesen Zeilen die völlige Unkenntnis oder Verschweigung der massiven staatlichen Gewaltanwendung im Zeichen der Sunnitisierung bereits unter Abdulhamid und später im Zeichen der Türkisierung in der Republik der Zwischenkriegszeit. In seiner Analyse des 1961 erschienenen türkeigeschichtlichen Klassikers *The Emergence of Modern Turkey* von Bernard Lewis, wies Erik-Jan Zürcher jüngst die Befangenheit dieses amerikanischen Orientalisten durch den nationalistischen Diskurs der kemalistischen Elite und zugleich die völlige Absenz eines Blikkes „von unten" nach. Nicht nur gegenüber der sozialgeschichtlichen Realität, speziell in den Provinzen, sondern pauschal gegenüber dem Ersten Weltkrieg und dem Faktum der personellen Kontinuität des unionistischen Kriegsregimes bis in die Republik, die als das glorreiche Ziel eines teleologischen Prozesses erschien, war dieses aus Sekundärquellen gespiesene, elegant geschriebene, suggestive und äusserst einflussreiche Opus von Bernard Lewis blind.[4] Die Ostprovinzengeschichte des ganzen 20. Jahrhunderts hat seine euphemistische Türkeigeschichtsschau schmerzlich falsifiziert.

Die kurdische, die armenische und die alevitische Frage waren von den Tanzimat bis zur Jungen Türkei die Konstanten des die Ostprovinzen betreffenden tiefgreifen-

---

2 „All too often in the field of Turkology we forget that the modern state of Turkey was built on ‚ethnic cleansing‘ on a massive scale." Erik-Jan Zürcher in The Turkology Update Leiden Project (TULP)'s Working Papers Archive for Turkology; http://www.let.leidenuniv.nl/tcimo/tulp/research/lewis.htm.

3 Thomas und Frye 1951, S. 61 f.

4 *The rise and fall of „modern" Turkey,* TULP's Working Papers Archive for Turkology.

den Problemkomplexes. Die Missionen galten in den Augen des Staates als ein störender Bestandteil davon. Dies betraf vor allem das ABCFM, das dank seiner dynamischen Wirkung und frühen Verwurzelung seit den Tanzimat in den Ostprovinzen mit Abstand das grösste gesellschaftliche Gewicht besass. Die behördliche Irritation zeigt sich zuallererst bei den Aleviten, deren missionarische Annäherung bereits den Tanzimat-Staat in Verlegenheit brachte und ihn eine nie revidierte Abwehrposition einnehmen liess. Ansonsten tolerierte der Staat auch ohne *ferman* meist stillschweigend die schulischen und medizinischen Gründungen – zumal sie ihn nichts kosteten. Abdulhamid und die Unionisten pflegten eine negative Sichtweise der missionarischen Reformpostulate für die Ostprovinzen. Sie fürchteten, dieses Territorium in derselben Weise zu verlieren wie den Balkan. Sie brandmarkten, ausser in den Jahren 1908–1912, die Missionen ausdrücklich als Negativfaktor in den Ostprovinzenproblemen; sie bezogen sich dabei in erster Linie auf die armenische Frage, welche das Reformpostulat nach sich zog, aber bereits früh auch auf die alevitische und die kurdische Frage.

Die Ostprovinzenbefriedung war ein von Beginn der Tanzimat bis zum Tode Mustafa Kemal Atatürks 1938 durchgängiges Thema der Zentralregierung. Der Staat der Tanzimat vermochte es nicht, seine zentralisierenden Reformen im Raume der osmanischen Ostprovinzen konstruktiv zum Tragen zu bringen. Das imperialistische Europa, das sich am Rande des Berliner Kongresses 1878 mit den Ostprovinzen beschäftigte, war seinerseits unfähig, Ostprovinzenreformen ethnisch gerecht, überzeugend und nachhaltig voranzutreiben. Ebensowenig waren die Siegermächte des Weltkriegs imstande, ein internationales Engagement für jenen Raum einzugehen, das diesem einen verheissungsvollen kohabitiven Weg in die Zukunft gewiesen hätte. Indem sie weder ihre spätimperialistischen Eigeninteressen noch den griechischen und armenischen Irredentismus zügelten, warfen sie die kleinasiatischen Muslime – von denen viele auf der Ausschau nach neuen, andersartigen Wegen waren – schon im Frühjahr 1919 auf die unionistischen Machtstrukturen des Kriegsregimes zurück und damit auf ein unitarisches Konzept – „die Türkei den Türken" – mit einem für die Ostprovinzen höchst zweischneidigen Zivilisierungsprojekt. Nirgends mehr als in diesem von Krieg und Genozid gezeichneten Raum wären internationale Hilfe und Expertenwissen für den Wiederaufbau, die Wiedergutmachung und „Umerziehung" nötig gewesen. Talat und die meisten Unionisten hatten noch während des Weltkriegs zugegeben, nur eine diffuse Ahnung von den Menschen Anatoliens zu haben, die zu Bürgern einer auf die Hauptmerkmale Türkentum und Islam reduzierten Nation werden sollten.

Seit dem direktstaatlichen Zugriff auf die Ostprovinzen beschränkte sich die Kompetenz der meist im raschen Turnus ausgewechselten Beamten des Zentralstaates auf das Paktieren mit lokalen Kräften, auf Steuerfragen und auf Sicherheitsbelange. Die Missionare besassen eine tiefere und längerfristige Erfahrung in der Begegnung mit den Menschen, ihren Nöten und Bedürfnissen. Sie entwickelten ganz andere Konzepte für den Neuaufbau der Region. Nicht zu Unrecht galten sie indes als religiös parteiisch, auch wenn sie sich seit 1908 vermehrt zivilgesellschaftlich orientierten und durch ihre engagierte Hilfstätigkeit im Weltrieg zugunsten von Christen oder Nichtchristen, in den Augen der Lokalbevölkerung eine bisher ungekannte Zustimmung erlangten. Der potentiellen Kooperation der Missionen mit den Muslimen und vor allem mit den Aleviten setzten sich in den Ostprovinzen jedoch die weitgehend auf ihren Posten verbliebenen Unionisten entgegen, die damals den Unabhängigkeitskrieg organisierten. Das verpasste internationale Engagement in den Ostprovinzen im Umfeld des Ersten Weltkriegs, die Zerstörung christlicher Existenz sowie die Verleugnung nichtsunnitischer und nichttürkischer Identität hatten langfristige politische Defizite und Schäden zur Folge, deren gravierende Bilanz erst Ende des 20. Jahrhunderts zu ermessen ist.

Wir spannen zum Schluss den Bogen zu den Thesen in der Einleitung:

1. „Destabilisierung und Desintegration". Das interreligiöse und interethnische Zusammenleben in den Ostprovinzen erfuhr von 1839 bis 1938 keine tragfähige Neuformulierung. Es mündete vom Zustand fragiler hierarchisierter Kohabitation mit verschiedenen Graden lokaler Autonomien, aber ohne institutionalisierte Millet-Ordnung, in eine Destruktivität in Form von Pogromen, Völkermord, Kulturvernichtung und Massenmigration. Es gab weder Friede und Sicherheit noch Prosperität. Gemessen an dieser Entwicklung, versagten sowohl die Tanzimat-Reformen als auch die internationalen Anstrengungen für eine Ostprovinzenreform völlig. Dasselbe gilt für das unionistisch-kemalistische Kriegs- und Ausnahmeregime über die Region von 1914 bis 1948. Das Scheitern lag bereits in der verfehlten Übernahme des französischen Zentralismusmodells durch die Tanzimat begründet. Dieses Scheitern lag aber auch am unglaubwürdigen Auftreten der Grossmächte zur Zeit des Imperialismus. Ihre eigenen Partikularinteressen und ihre Favorisierung der einheimischen Christen standen der Formulierung und Durchsetzung eines ausgeglichenen und namentlich auch die Kurden gebührend berücksichtigenden Projektes im Wege. Die amerikanischen Missionare ihrerseits trugen im Kontext des Berliner Kongresses 1878 mit ihrer noch ganz auf ihre Missionierungsziele und auf die Armenier fixierten Betrachtungsweise wie auch mit ihrem naiven Vertrauen auf die Verlässlichkeit der „protestantischen" Grossmächte nicht zur Glaubwürdigkeit bei. Von einer vergleichsweise überzeugenden Lösung konnte indes beim internationalen Reformprojekt von Anfang 1914 die Rede sein. Allein die zutiefst misstrauischen, auf Souveränität pochenden jungtürkischen Diktatoren vereitelten es mit einem Angriffskrieg gegen Russland. Der Vertrag von Sèvres 1920 war seiner imperialistischen Komponente wegen zweischneidig, wenn er auch die Türkei nicht aufteilte, wie die kemalistische Rhetorik immer betonte, sondern sie zugunsten der Christen und Kurden beschnitt: Der Türkei selbst überliess er den weitaus grössten Teil Kleinasiens. Selbst wenn in Sèvres ein überzeugenderer Kompromiss erreicht worden wäre, hätten ihn die Unionisten/Kemalisten nicht akzeptiert, da ein Kompromiss ihrer seit 1913 verinnerlichten sozialdarwinistischen Ideologie widersprach.

2. „Verknüpftheit der armenischen, kurdischen und alevitischen Frage". Gespannte Beziehungen zur Zentralregierung sowie ein interethnisches und interreligiöses Konfliktpotential waren der gemeinsame Nenner dieser drei Ostprovinzenprobleme. Der dadurch und durch die russische Expansion bedrängte Zentralstaat nützte das Konfliktpotential aus, um seine Stellung in den Ostprovinzen zu halten und zu konsolidieren. Er unternahm keinen ernsthaften kohabitiven Lösungsversuch mit internationaler Hilfe, sondern entschied sich unter Abdulhamid für eine exklusiv sunnitische Machtträgerschaft, um seine angeschlagene Souveränität wiederher-

zustellen. In den Ostprovinzen verbündete er sich insbesondere mit den durch die Zentralisierung der Tanzimat frustrierten und durch das Postulat christlich-muslimischer Gleichberechtigung aufgebrachten sunnitischen Kurden. Die Armenier entsprachen dem religiösen, politischen und rassischen Bild des loyalen und integrierbaren Untertanen und Mitbürgers am wenigsten. Sie erlitten 1895 schwerste Pogrome und wurden 1915/16 Opfer eines Genozides. Die kurdischen Aleviten, deren Vorfahren bereits im 16. Jahrhundert gegen die sunnitische Dominanz im Osmanischen Reich rebelliert hatten, leisteten der Ausbildung eines türkisch-sunnitischen Einheitsstaates Widerstand. Sie wurden 1937 – nach zahlreichen Feldzügen gegen den Dersim in den Jahrzehnten zuvor, insbesondere 1916 und 1921 – Opfer eines blutigen Ethnozides. Die sunnitischen Kurden, die der Staat von 1891 bis 1922 mit islamistischen Parolen meist erfolgreich an sich gebunden hatte, sahen sich 1923 vom kemalistischen Staat um die versprochene Autonomie betrogen und der Ausdrucksmittel für ihre ethnische Andersartigkeit beraubt. Ihr Aufstand wurde 1925 mit grossem militärischem Aufwand blutig niedergeschlagen. Die Hauptfunktion der türkisch-republikanischen Armee blieb fortan die Binnenkontrolle über Kurdistan. Nicht nur das Verhältnis der Kurden, sondern auch dasjenige der Aleviten zur Republik blieb gespalten.

3. „Protestantismusdynamik". Im Laufe der Arbeit hat sich deutlich gezeigt, dass die protestantische amerikanische Mission im Dreiecksverhältnis von Mission, Ethnie und Staat in den Ostprovinzen die herausragende Rolle spielte und Ende des 19. Jahrhunderts auch die protestantischen deutschen und schweizerischen Organisationen auf den Plan rief. Ihre vorrangige Rolle hatte nicht nur mit ihrem organisatorischen Gewicht, sondern mehr noch mit ihrem offensiven Auftreten, ihren basisdemokratischen, regional angepassten Erneuerungsmodellen und ihrer Begegnungsfreudigkeit zu tun. Der forcierte Gang aufs Land und in abgelegene Dörfer entsprang dem amerikanisch-protestantischen Pioniergeist. Daher konnte der Protestantismus von Beginn an über die Grenzen der eigenen Millet und der christlichen Gemeinschaften hinaus auch Ethnien wie die Aleviten, Yezidi und Kurden ansprechen. Die Protestanten lieferten mit ihren Aktivitäten nicht nur ein Paradigma geistiger und zivilisatorischer Erneuerung, sondern auch das Beispiel für eine breite und nachhaltige Kontaktaufnahme mit der bisher abgeschottet lebenden Provinzbevölkerung.

4. „Sympathiebeziehung zwischen Aleviten und Protestanten". Die amerikanischen Missionare entdeckten in den 1850er Jahren mit Erstaunen und Faszination den anatolischen Alevismus. Sie waren überrascht, einer zwar nominell muslimischen, aber nicht an die Scharia gebundenen Gemeinschaft zu begegnen, die sich sozial und religiös stark vom sunnitischen Islam unterschied und diesen Unterschied selbst herausstrich. Die Missionare betrachteten den Alevismus als eine ihnen sympathische, wenn auch durch mancherlei Aberglauben zerrüttete Brücke zwischen Islam und Christentum. Sie hofften anfänglich, aus den Aleviten die idealen Islammissionare zu machen. Da der Staat die Kontakte mit der alevitischen Gemeinschaft, die er zur Ümmet zählte, mit grösstem Misstrauen verfolgte, begnügten sich die Missionare im folgenden mit sporadischen Verbindungen, die jedoch über die Jahrzehnte hinweg anhielten. Die Protestanten glaubten, mit ihrer Botschaft zu einer Läuterung des Alevismus, dessen spirituellem Gehalt sie nahe-

standen, beizutragen. Der Staat seinerseits befürchtete, dass die Missionen die bereits bestehende Affinität der Aleviten zu den christlichen Armeniern verstärkten und das politische Bewusstsein dieser bisher völlig abgeschotteten heterodoxen Gemeinschaft förderten. Dies hätte zu einer realen Infragestellung der muslimischen Dominanz in den Ostprovinzen geführt, namentlich in den Wahlen, welche der Reformplan von Anfang 1914 vorsah.

5. „Mission als Modernisierungsfaktor". Die Missionen waren die weitaus erfolgreicheren Anbieter von Schulen und medizinischen Diensten als der osmanische Staat. Ihre sichtbare Anwendung von Wissenschaft und Technik in der kleinindustriellen Produktion und im Alltag – einen Seismographen, ein Teleskop und ein Haustelefonnetz betrieb die Harput-Station schon vor dem Ersten Weltkrieg – erhöhten ihr Prestige als fortschrittsorientierte und leistungsfähige Bewegung. Die Qualität der missionarischen Angebote übertraf meist diejenigen von Staat und Millets. Deswegen schickten, obwohl Abdulhamid das verbot, immer wieder höher gestellte und wohlhabende Muslime ihre Söhne und Töchter in Missionsschulen oder hatten Missionare als Hausärzte. Nach 1908 nahm die Zahl muslimischer Schülerinnen und Schüler zu. In der republikanischen Ära wurden die Missionsschulen zu Eliteschulen, was sie vorher wegen ihrer bewussten Ausrichtung auch auf ärmere Schichten nicht waren. Generell betrachtet war das missionarische Modernisierungsmodell indes nur für Christen und Heterodoxe, bisweilen auch für Kurden wirklich attraktiv, aber nicht für die Ümmet, an deren Selbstwertgefühl die Missionare mit vielerlei Mitteln der theologischen Kunst und der karitativen Praxis kratzten. In den Ostprovinzen verpassten es die Missionen, mit einer genügend offenen edukativen Strategie auch einen breiten Zugang zu den Kurden zu finden. Diese Bevölkerungsmehrheit erregte zwar früh und immer wieder Interesse, stand aber – mit Ausnahme der *Kızılbaş* – am Rande der missionarischen Praxis. Dass unter den Kurden damals ein enormes Orientierungs- und Bildungsbedürfnis bestand und diese sich gegenüber den *gavur* mit ihren prosperierenden Schulen immer mehr abgewertet vorkamen, wurde erst nach 1908 zu einem diskutierten Thema. Die Kurden profitierten insgesamt nur vom medizinischen, während und nach dem Weltkrieg dann auch vom breiten humanitären Engagement der Missionare.

6. „Von der christlich-minderheitlichen zur pluralistisch-zivilgesellschaftlichen Ausrichtung". Die frühzeitige edukative Ausrichtung auf die christlichen Minderheiten ergab sich aus der rechtlichen und gesellschaftlichen Unmöglichkeit einer Islammission im osmanischen Nahen Osten. Sie trug stark zur Renaissance der Millets, insbesondere der armenischen Millet, in den Provinzzentren und Kleinstädten der Ostprovinzen bei. In der missionarischen Vorstellung sollte die Wiederbelebung der orientalischen Kirchen den Weg zu einer christlichen Durchsäuerung der Levante *(Leavening the Levant)* von innen ebnen. Tatsächlich spornten die Einrichtungen der Missionen und Millets die Ümmet zur Nachahmung an. Zahlreiche Schul- und Spitalgründungen Abdulhamids in den Ostprovinzen waren eine Reaktion auf vorhergehende missionarische Gründungen. Aber die soziale Differenzierung, die sich aus der ungleichen Förderung von Christen und Muslimen ergab, barg Konflikte. Es ist falsch, den freiheitlichen Geist, den das ABCFM säte, verantwortlich für die armenisch-revolutionäre Bewegung und gar für die Pogrome der 1890er Jahre zu machen. Doch mussten sich die amerikanischen

Missionare – auch aus den eigenen Reihen – die Frage gefallen lassen, ob sie mit ihrer Minderheitenorientierung nicht der gesamtgesellschaftlichen Verantwortung, die der Bedeutung ihrer Institutionen entsprach, aus dem Wege gingen. Daher strebten sie seit dem Beginn des 20. Jahrhunderts und insbesondere nach 1908 entschieden eine zivilgesellschaftliche Ausrichtung an, welche die sozialen Werte des Calvinismus – individuelle Verantwortung, Arbeitsethos, Demokratie – in den Vordergrund stellte und die religiöse Konfrontation mied. Das ABCFM suchte fortan sein Angebot vermehrt auf die muslimische Mehrheitsgesellschaft auszurichten. Es engagierte sich explizit für den Aufbau einer pluralen, kohabitiven und den liberalen Freiheiten verpflichteten osmanischen Gesellschaft unter einem konstitutionellen Monarchen. Das ABCFM war am Vorabend des Weltkriegs wohl die treueste Hüterin eines liberalen Osmanismus; diesen hatte 1908 zwar auch ein Teil der Jungtürken mitgetragen, aber die meisten von ihnen gaben ihn vor dem Weltkrieg zugunsten eines autoritären nationalistischen Gedankengutes auf. Obwohl die türkische Republik den Völkermord an den Armeniern und die Ausstossung der Christen aus Kleinasien euphemistisch und triumphalistisch als Sieg in einem Existenzkampf feierte, entschieden sich die amerikanischen Missionare, am gesellschaftlichen Wiederaufbau nach den langen Kriegsjahren mitzuarbeiten. Ihre Schulen wurden zu vergleichsweise liberalen Eliteschmieden für Kinder wohlhabender Familien. Viele Missionare, welche noch die spätosmanische Zeit gekannt hatten, litten allerdings darunter, ihre Schau erlebter Geschichte nur hinter vorgehaltener Hand vermitteln zu können.

7. „Missionarische Autonomie". Die missionarische Autonomie ist mit dem Stichwort der „Privatunternehmung" charakterisiert und je nach Mission differenziert worden. Von einer Instrumentalisierung der Missionen seitens der Grossmächte konnte in den Ostprovinzen im 19. Jahrhundert noch kaum die Rede sein. Vielmehr begann das ABCFM selbst die Konsuln anderer Heimatstaaten für seine Belange einzuspannen. Im Kontext des Ersten Weltkriegs bestimmte es die amerikanische Nahostpolitik wesentlich nach seinen Vorstellungen mit. Im Falle der katholischen Missionen konnte indes seit Ende der 1880er Jahre von einer Instrumentalisierung und Einbindung in eine französisch-katholische Interessenpolitik gesprochen werden. In Ansätzen war dies auch bei den deutschen Missionen vom Ende der hamidischen Herrschaft bis zum Beginn des Ersten Weltkriegs der Fall. Es gab allerdings auch einen instrumentalisierenden hamidischen und unionistischen Umgang mit Mission. Abdulhamid bemühte sich nicht ohne Erfolg, die amerikanische Mission als wesentlich mitschuldig an den 1890er Ereignissen darzustellen, was zu Schwierigkeiten im Verhältnis von Mission und US-Diplomatie führte und bis heute die Ätiologie der Pogrome verwirrt. Die Unionisten ihrerseits beschlagnahmten zu Weltkriegsbeginn umfangreichen missionarischen Besitz und liessen die Missionsspitäler mit einer breiten Soldatenbetreuung an den Kriegsanstrengungen teilnehmen. Jakob Künzler wiederum stellte sich 1928 die – an das ganze *Near East Relief* zu richtende – beklemmende Frage, ob er 1921/22 mit der Organisation der Emigration von 8'000 christlichen Waisenkindern nicht zur unionistisch-kemalistischen Politik der „künstlichen Völkerwanderungen" (Johannes Lepsius) beigetragen hatte.

Zusammenfassung und Ausblick

Die protestantischen Missionsunternehmen hegten – wie die ganze Missionsbewegung des 19. und beginnenden 20. Jahrhunderts – überspannte Wachstumserwartungen, die zu einem wesentlichen Teil den islamischen Raum betrafen. Der symbolstarke osmanisch-nahöstliche Raum übte als „Bibelland" eine eigene Faszination aus. Nicht unähnlich frühen Erfahrungen in der Judenmission, aber zusätzlich aus politischen Gründen, scheiterte von Beginn an die Direktmission der muslimischen Mehrheit. Die daraufhin gewählte indirekte Strategie der vorgängigen Dynamisierung der orientalischen Kirchen, aus welchen eine erfolgreiche einheimische Islammission hervorgehen sollte, erwies sich ihrer sozial stark differenzierenden Wirkung wegen als gesellschaftlich fragwürdig.

Die protestantischen Missionen waren wichtige Agentinnen der Veränderung im Raum der osmanischen Ostprovinzen. Sie trugen dazu bei, die bestehende Ordnung in Frage zu stellen und Wege in eine angelsächsisch-calvinistisch geprägte Moderne zu eröffnen, in welcher Minderheitenrechte, Zivilgesellschaft, Demokratie und Föderalismus zentrale politische Werte waren. Es ist die Tragik der Türkeimissionen in spätosmanischer Zeit, dass sich ganz andere als die von ihnen angepeilten gesellschaftlichen Zukunftsmodelle verwirklichten. Es wäre verkehrt, sie für Resultate verantwortlich zu machen, die andere anstrebten und mit denen andere sich identifizierten. Aber man kommt nicht umhin, bei den Missionen einen theologisch und kulturell begründeten Mangel an konstruktivem Umgang mit der muslimischen Mehrheit festzustellen. Deren Führer sahen sich dadurch seit Abdulhamid in einer gefährlichen säkular-apokalyptischen Verschwörungsstimmung bestärkt. Sie glaubten sich einem nationalen Kampf ums Dasein ausgeliefert, der nur Sieger und Vernichtete oder Unterjochte kannte. Nicht die Missionen, aber der Imperialismus der europäischen Mächte und die Nationalismen auf dem Balkan bestärkten sie am meisten in dieser Ansicht.

Im Prozess der Muslimisierung und Türkisierung, der von Abdulhamid bis Mustafa Kemal dauerte, machte die politische Elite das durch das imperialistische Europa am meisten abgewertete Kollektiv, die Ümmet, zum exklusiven Träger der Nation. Die kleinasiatische Gemeinschaftenvielfalt wurde in und nach dem Ersten Weltkrieg gewaltsam auf die „türkische Nation" reduziert, welche die verbliebenen Kurden als „Bergtürken" abstempelte. Auf dem internationalen Parkett gingen die kemalistischen Jungtürken 1923 durch den Vertrag von Lausanne, der die armenische und kurdische Frage verschwieg, als triumphale, aber belastete Sieger aus den inneren und äusseren Auseinandersetzungen um die Ostprovinzen hervor. Sie fuhren fort, dort eine Politik zu führen, die weder Prosperität noch Frieden brachte. Zwar gelang dem Staat unter Aufbietung seines ganzen militärischen Potentials die Unterdrückung der Kurdenaufstände bis zum Zweiten Weltkrieg, doch brach die kurdische Frage in den 1960er Jahren erneut hervor. Sie blieb bis Ende des 20. Jahrhunderts ein zentrales und gravierendes Problem der Türkei. Nicht von ungefähr nannte der auf Völkermordfragen spezialisierte Historiker Mark Levene Ostanatolien eine von den 1890er bis in die 1990er Jahre fortbestehende „Genozidzone".[1]

Die türkische Politik wird nicht darum herumkommen, die im Ersten Weltkrieg in einem Meer von Blut versenkte Reformfrage der Ostprovinzen unter aktualisierten Vorzeichen zu beantworten – zumal wenn sie, entsprechend der Entscheidung des europäischen Ministerrates vom 10. Dezember 1999, einen europakompatiblen Kurs steuern will. Bereits rufen auch türkische Pressestimmen zu einem „wirklichen Frieden" in den Ostprovinzen auf, indem sie ihren Staat auffordern, die geschichtlichen „Realitäten der Region" und die „kurdische Identität" anzuerkennen. Sie wollen politische Lösungen anstelle von Gewaltanwendung und verlangen ein „multikulturelles Gesellschaftsmodell", „Demokratisierung", „Menschenrechte" und „Zivilgesellschaft"[2] – ziemlich exakt die Begriffe, deren Verwirklichung schon das türkische ABCFM vor 100 Jahren anstrebte. Auch diejenigen Stimmen in der türkischen Presse sind unüberhörbar geworden, die eine historische Aufarbeitung fordern und die immer noch vorhandene Dämonisierung der Armenier – zum Beispiel durch öffentliche Gleichsetzungen mit Kräften wie Hizbullah, Linksextremismus oder PKK – als skandalösen Rassismus bezeichnen.[3]

Aber auch Europa, das sich politisch vereinigt und ein neues Selbstbewusstsein entwickelt, wird nicht darum herumkommen, öffentlich zu seinem Versagen gegenüber den Armeniern in seiner eigenen Geschichte und zur Anerkennung des Völkermordes zu stehen: Sonst wird Europas tiefe eigene Krise im Kontext des Ersten Weltkriegs, deren Ausdruck dieses Versagen und Verschweigen seit 1923 war, unverarbeitet bleiben. Das vereinigte Europa wird Verantwortung übernehmen müssen in der kurdischen Frage, und zwar nicht nur wegen der Flüchtlingsströme und der eigenen kurdischen Diaspora: Die Wurzeln des Problems, die zu einem grossen Teil in den Ostprovinzen der Türkei liegen, müssen angegangen werden. Ein anerkannter ethnischer und kultureller Pluralismus sowie ein grenzüberschreitendes *Regio*-Denken sind Postulate, die auch dort, wie im einst kriegsgeplagten Elsass im Herzen Europas, den Frieden befördern dürften.

Ein letztes Desideratum schliesslich betrifft die europäische Historikerzunft, welche, wie sich kürzlich ein deutscher Lehrstuhlinhaber für türkische Sprache, Geschichte und Kultur äusserte, trotz aller guten Vorsätze „hoffnungslos eurozentrisch" ist. Während Jahrzehnten haben zentrale historische Gegenstände des 20. Jahrhunderts im etablierten Wissenschaftsbetrieb weitgehend gefehlt, weil niemand sich dafür zuständig erklärte. Es ist zu hoffen, dass die europäische Geschichte in Zukunft vermehrt in ihrer Vernetztheit mit der nahöstlichen wahrgenommen und erforscht werden wird und *vice versa:* die armenische Frage, das Phänomen „Genozid im 20. Jahrhundert" und das Kurdenproblem sind nur drei Beispiele dafür, dass es anders nicht geht.

---

1 Levene 1998, S. 393.

2 Vgl. z. B. Bayramoğlus, Ali, „HADEP sorunu", in: *Yeni Binyıl*, 23. 2. 2000, und Ülsever, Cüneyt, „Güneydoğu Anadolu'ya reçete: Liberal program", in: *Hürriyet*, 5. 6. 2000, S. 6, der die staatliche „Paranoia vom inneren Feind" geisselt.

3 Vgl. den Artikel „Yeni Binyıl'ın Yayın Yönetmeni Babahan 50 Günü Yorumladı", in *Aktüel*, Nr. 447, 10.–16. 2. 2000. Vgl. auch Onur 1999, S. 210.

Anhang

Quellentexte

Quellentexte des ABCFM

Dokument 1: Das Pogrom vom November 1895 in Harput

Ausschnitt aus einem Brief von Caleb F. Gates, Präsident des *Euphrates College* in Harput, 13. November 1895, an William Peet, *Bible House,* Istanbul.[1]

„We are in the College building with a crowd of refugees. The first attack began on Sunday [10. 11. 1895] by a few Koords. These were easily driven off. Monday there was another attack in the morning, also repelled. [...] Monday the Aghas from the village gathered in the City. The Koords and Turks from the surrounding region attacked Huseink and slaughtered many. The soldiers went down the road to meet them. Some of the principal Moslems also went down. They had a conference with the Koords. Then the bugle blew and the soldiers led by their commander withdrew to the city dragging their cannon in very leisurely fashion. After the soldiers had reached the city the Koords and Turks came on yelling and firing. *The soldiers made no attempt to stop them* [Hervorhebung im Original]. They fired their cannon once harmlessly toward the city, and they fired off their guns over the heads of the enemy. The Turks of the city joined in the plunder and attack. The Armenian school was fired first, then the greater part of the Christian quarter. Christians were shot down everywhere.

I saw all these things with my own eyes, for I watched things with a field glass until it became perfectly plain that the whole thing was definitely planned and arranged. The Christians had given up their arms and cast themselves on the protection of the government. No Christians fired on the assailants, so far as I know. We took refuge in the girls school until that was attacked, and Mr. Allen's house burned, and the school set on fire; then we gathered in the yard prepared to die together. Dr. Barnum spoke to the military commander and he sent soldiers. They all left but two and they demanded a backsheesh or they would go. We decided to go into College building. As we left the school yard a Turk fired upon us from across the yard twice, first at Mr. Allen, then I said to him ‚God chastise you‘, and he fired at me. He was a very bad marksman or else God withheld him from accomplishing his purpose. [...] After we got into the school building the officers sent for us to come out. The chief of defence and the Mufti sent for us to come, by city governor. We would not go. We told them we had no more confidence in them, and if they wished to protect us they could protect us there. If they did not, we would die there.

---

1 ABC 16.9.9 (reel 716: 550 ff.). Vgl. Kap. 2.8.3.

At last the Alai Bey (Mehmet Bey) a Circassian, arrived. He was the first and only man who acted as if he meant to do anything for us. The soldiers had left us. He called them back. We got out our fire engine and fought the fire, and he helped us. For three days I have fought fire, and cannot write now. We saved our house, Dr. Barnum's house, the Vayaran, the College building, eight of our buildings have been burned. All our houses were plundered before our eyes. The soldiers *made no attempt to stop it*. We are stripped of everything but the clothes we wore, but none of our company were wounded or killed.

The Turks of the city were very much disappointed that any of our buildings were spared and they were determined Dr. Barnum should be killed. Tuesday, the Alai Bey told us that he could not protect us here. Dr. Barnum told him we would not leave the building. If it was fired we would die in it. If we had left they would have burned the buildings and forced the refugees [in der Obhut des ABCFM] to become Moslems or suffer the penalty. Everywhere this alternative was given to men. All the Christian villages and Christian quarters of villages in this whole field have been burned so far as I know, with the possible exception of Garmuri.

Tuesday, the Koords returned to the attack. (I say Koords. They are not the Dersim Koords. They are simply the Mussulman Koords and the Turks of this region, and they were not a large force). Tuesday, it is said, an order came to stop them and permission was given to shoot the Koords [...]. That finished the attack by Koords. There was still danger from the Turks here, and there is now. We have not yet returned to our buildings, but are all in the College. Four hundred souls are gathered there and we are feeding them.

Say to the foreign ambassadors: This work emanates from high quarters and only the strongest means can prevail. Do not let them be hoodwinked."

Dokument 2: Das Pogrom von Ende Dezember 1895 in Urfa

Aus einem Brief von Corinna Shattuck an ihre Cousine Julia S. Concant, 24. Januar 1896.[2]

„[...] Where shall I begin? What shall I say? No words can describe the situation here at present. You know of the mob in last October. Some six hundred to eight hundred shops were utterly demolished, about two hundred houses sacked und thirty-nine persons killed. After that some eight hundred to one thousand soldiers were stationed all about the Christian part of the city as guards of the houses. These were resident soldiers. All were practically in a state of besiegement. None went into regions of market, or moslem quarter, or thought of such a thing as going outside the city. Mounted guards kept strict guard [over] all the seven and a half miles around our city wall. A few messengers were sent in awful peril and met poor success. Finally all settled down to waiting the expected relief from some source.

---

2 ABC Indiv. Biogr. 54:21: handschriftliche Briefkopie. Vgl. die maschinengeschriebene Briefkopie in ABC Indiv. Biogr. 54:22 (Manuskript George Gracey, *Corinna Shattuck. The Heroine of Oorfa*, S. 35–39), in Ausschnitten auch in Peabody 1913, S. 13 f. Vgl. Kap. 2.10.2.

Longing most of all for change of guards, – non-resident soldiers. After a time begun imprisonment of people, for no apparent cause. About 80 are now confined. (I received this day a very pleading request that ‚I do something for their release'.) At the same time arms began to be exhorted from Christians. It was a long tough process. All were most reluctant to give up the sword, gun or revolver on which they felt much might depend. Indeed at the first their use of arms prevented great sacking of homes, and all had decided not to enter the market for business as usual that day, hence small loss of life.

When arms were given up, the leaders were informed that all unemptied shops must be opened, and business resumed. Two weeks on so men obediently went to market, and were guarded by the few non-resident soldiers. Meanwhile a paper was forced upon the Christian for signature, stating [that there was] complete quiet and harmony in the city, [and containing] profuse expressions of gratitude to officials, etc. This was sent the Sultan; a clause confessing the cause of the disorder as some disorderly Armenians, regrets for the same, etc. – they changed before signing, and it queerly was not noticed and the telegram sent. It cost the Christians over $ 20.00. They were told if they refused they would be considered ‚rebels'. Our pastor signed for the Protestants, in all some 25 signatures of prominent men.

Moslems became more and more restless as news came in from round about, saying ‚what have we done? Where is the show of our faith' (religion)? We expected a second uprising, yet at the last it came with great suddenness. Saturday morning Dec. 28th, one hour after the long-looked-for permit to leave for Aintab had been granted me, by our Pasha, the dire work began, which continued till Sunday night. Innumerable crowds of Moslem residents joined by Kourds from villages, and assisted on every side by the soldiers, went about entering the houses, ferreting out the hidden men, and butchering them like so many sheep. Women and children untouched except they tried to protect the men.

A little after, the women and children are removed from the houses by soldiers, and taken in crowds to Khan, mosque, or some moslem home as temporary guest while the 3rd act being enacted, robbing the homes of *everything* [Unterstreichungen in der Vorlage], even the doors, windows, and shutters. All the while this work is going on about our home, we are carefully protected, and military officials frequently sending me salaams and imploring that I ‚be not disturbed'. One of the guards stood outside the street door calling, ‚This is the house of a foreigner; it is not permitted to enter here.' Neighbours rush in pell-mell over the walls, our guard shouting they must not come, servant tries to keep them out, but it is impossible, and by Saturday night, I found we had 240. They were everywhere, in my private rooms; kitchen, stable, and anywhere to be under my shadow. Poor things! What was I to do? I need not say I slept none that night. I devised a plan, submitted it to a few of the most reliable, persuaded, entreated, etc., and after presenting the matter, was four and a half hours before I had all the men off my premises, *but hidden, and under lock, the key with myself,* water, and bread apiece for next 24 hours. It was a heavy responsability I carried, but less risk then to retain them in my home. How they did plead, and how firm I had to be with them!

Sunday, in early p. m. martial music was heard, and in triumphal strain. It proved a grand procession of military and civil officers, and private moslems of wealth and position. Viewing the street and homes as they were, they requested entrance into our yard, and that I appear on the veranda. They expressed salaams of all, and ‚begged I would not be disturbed; the proceeding did not pertain to me; I was in *perfect safety.'* I subsided as soon as possible. They peered into windows, and required if we had *men* here. Servant and guards honestly said ‚no, only women and children'. Was I not thankful I had hidden elsewhere the 60 men! All day the smell of burning wool and cotton, tedding etc., in the houses fired (buildings are stone, so cannot be burned.) Later the indescribable sickening odors from the great holocaust, in the Gregorian church, where 3,000 having gone Saturday night for refuge, perished. Some were killed by the soldiers and mob who forced entrance. More perished by the flames made by 25–30 tins of Kerosene spilled on people, mattering, and on everything combustible. About 60 escaped, by a narrow, winding staircase leading to the roof. I have the account from the lips of one of these.

Monday the work was declared *done.* The Kourds and Arabs about the city were driven off by the soldiers, and everywhere announcements were made that people were safe. Slowly they began to come out of their hiding places, – wells, vaults, drains, and all indescribable and unimaginable places, some, coming to me Tuesday, had not tasted food since Saturday. They looked like corpses. I scarcely recognized them. Some in distress for members of families lost, some for their wounded, – none but had some dead. Meanwhile the authorities were dragging off the dead, and burying outside the city in long trenches. 1,500 so buried. For days the line of Jews were seen on the brow of the hill just back of our house, lugging in sacks the bones, ashes, etc. from the church. Last of all came the clearing of wells. Some estimate 500 taken out. Many wells are very large. I knew one from which 25 bodies were taken. In all our dead number 5,000, as nearly as can been estimated. Our Protestant Church losses 110. The wounded under the care of the Gouvernement physician (the only one left) were 350. Many of these died.

We had 22 here under our care. Our rooms and school-rooms filled with the most forlorn and helpless. The Boys High School room, the headquarters of 32 extra-soldiers sent for our guard. These did my every bidding as if I was a queen. I was daily obliged to receive calls from Moslems who came to ‚sympathize' and ask of my needs for the people. I freely expressed my wants, and secured no small favors. One sent us wheat, flour, boulgour, etc. O what a position I was in. I felt like one in a *dream,* yet constantly praying for guidance that I do all *possible* for the orphaned people. Our pastor and several important leaders dead, others yet in fear to show themselves. My servant and one other with me (with his family since the first affair and acting as my secretary the many matters I had to present to officials) bore bravely the care with me. We have been caring for 150–200 people, now almost a month. For the past two weeks I have been confined to bed, on my room. I came down suddenly, and gaining strength surely but slowly.

[…] Bedding and cooking utensils are the pressing needs, most families now in the cold season have but one ted, no work; no confidence in the government, they are utterly arished. Some 800 soldiers from elsewhere have come and been distributed in place of the resident soldiers, – the latter not sent elsewhere. I was asked by the head of these ‚redeefs' to sign a paper stating their faithfulness from first to last in guarding the Christians petitioning that they be allowed to remain in the city.

I declined, but promised to make due mention of their personal favors to *me*. I can do no more. I know too much about them. Among the Gregorians but 2 priest of 9 remain, and those two wounded. Scarce half a dozen men of prominence, and accustomed to public affairs. Whole regions said to be destitute of occupants, men, women, or children, so many entire families perished in the church. [...]

The end we see not. We are in a thick cloud, but God lives and we will trust him, tho' all expected help from man fail. I cannot understand the seeming indifference of so-called Christian nations. *How we have longed for some sign of help.* "

Dokument 3: Brief von Ahmed Cemal an William Peet

Brief von Ahmed Cemal, Vali von Adana, an William Peet, Schatzmeister des ABCFM in Istanbul.[3]

„Adana le 3 novembre 09

Monsieur W. W. Peet
Treasurer of American Missions in Turkey
Constantinople

Je suis en possession de votre estimée du 19 octobre et je vous suis très reconnaissant pour vos flatteuses appréciations me concernant et vos bons souhaits.

Pour la participation de votre office à l'édification de l'orphelinat j'ai beaucoup regretté de voir la tournure que l'on tend à donner à une œuvre aussi éminemment humanitaire et dont le but n'est que le soulagement général.

Quant à ce qui concerne la situation générale dépeinte d'une si sombre façon dans votre honorée, le Gouvernement a conscience de sa tâche vis-à-vis de ceux de ses enfants qui souffrent aujourd'hui, et je n'ai pas besoin de vous dire que son affection qui englobe tous les siens, s'attache spécialement au relèvement de ceux qui sont dans la gêne. Pour rassurer votre sollicitude je dois vous dire que le Gouvernement a pris et prend encore toutes ses mesures pour les abriter, leur fournir du travail, des semailles aux agriculteurs, des secours aux indigents et enfin toutes les facilités possibles pour parer aux prévisions qui vous inquiètent.

De ce qui précède vous concluerez avec moi que la nécessité de recourir à nos amis ne s'imposera pas et que la situation n'est pas aussi sombre qu'on le prétend.

Je vous envoie, Monsieur, mes remerciements pour tout ce que vous avez bien voulu faire et vous prie d'agréer l'expression de mes sentiments les plus distingués.

A. Djémal

Gouverneur général d'Adana"

---

3 Diesen Brief schrieb Cemal nicht eigenhändig, wie auch die sprunghaft verminderte Zahl von Rechtschreibefehlern zeigt im Vergleich mit seinem Schreiben vom 8. 9. 1909 (Faksimile in Kap. 3.2.4, S. 291); ABC bh Box 133.

Dokument 4: „War is Hell" – missionarische Verurteilung des Krieges 1914

Brief von Dr. Daniel Thom an William Peet, 16. August 1914; siehe S. 336.

Dokument 5: Die Situation der amerikanischen Missionsstationen, Anfang März 1915

Brief von William Peet, Istanbul, an James Barton, Boston, 10. März 1915.[4]

„Dear Dr. Barton, We are glad to get your letter of Feb. 8th with its acknowledge-ment of letters from myself and others. I will let Mr. Ryan know that his letter has been received, and also will report to Mr. Riggs the arrival at Boston of the letters you have acknowledged. It is surprising that we get so many letters both from the Interior and elsewhere. The Porte office management has been on the whole very satisfactory during the war; many of our letters come to us much mutilated by the Censor, but still we get enough to give us a good knowledge of our associates' work and life. I have you on my list of correspondents for the letter which I send to all the Stations once a week; it is written with the Censor in mind but it serves to help ‚keep up the touch'. As you can well imagine the experience through which we are now passing brings a good deal of extra work to us all, especially to myself. On some days I am obliged to devote nearly the whole time to the demands which the present situation makes. We are pressing our Red Cross Work as vigorously as possible, and in other ways are seeking to show to the Government that we are sympathizing with them in this time of trial and stress and are willing to do what we can to assist them. Our people in the Interior have responded nobly to the call of the times. The placing of our hospitals and buildings at the disposal of the Government has been no small contribution and one that has been appreciated. I hear from Van and Bitlis that the health of our people there is better than it has been, those who have been ill are recovering. Mrs. Atkinson of Harpoot is reported as ill, but the issue of the illness is not at present determined. [...] I was very glad to get your remittance for relief of the poor and the needy. This will be greatly appreciated. I had so many calls on file of an urgent character that I decided to notify each locality to which you had allocated the funds, by telegraph. I hope you can send more. I greatly appreciate Miss Lanson's credit also in this line. I hear from all stations generally as often as once in 10 days, our people seem to be well save those whose cases have been reported. Where there has been illness we hear that recovery has begun. Scarcely a day passes that I do not go to the Embassy, and so keep in close touch with our Ambassador, who is devoting himself to the duties of his difficult post with great industry. He is the devoted friend of all. [...]

Yours faithfully W. W. Peet."

4 Peets Korrespondenzbuch ABC bh. Vgl. Kap. 3.3.3.

Dokument 6: Usshers Plan der Repatriierung armenischer und kurdischer Flüchtlinge

Vorgebracht im Rahmen der Pariser Vorortskonferenzen, 1919.[5]

„Mr. President: – Preliminary Statement. Military. According to the British Authorities there were in the Caucasus region on or about May 15, 1919, five hundred thousand refugees of whom two hundred thousand were on the verge of starvation. The Relief Organization under the direction of the American Committee for Relief in the Near East is practically the only body giving systematic aid to those unfortunate people. [...] In the Van region, Persian and other Kurds are rapidly occupying Armenian villages. – In the Erzroom region, Turks have already taken possession of the Armenian villages and threats of death prevent the return of the refugees. So far nothing has been done by the Turkish authorities to repair the damage or to protect the returning refugees. [...] The A. C. R. N. E. is approaching the end of his resources. [...] Something must be done to relieve the situation, and at once; otherwise all that has been done will prove largely in vain. The refugees must be sent back to their homes and not pauperised. The Armenians have suffered as no other race. 800,000 have been deliberately massacred or driven out into the desert to die of exhaustion and exposure. They have been deprived of their country though they have consistently been friends of the Allies. The Allies have the responsability of their fate. [...]

Plan for peaceful Repatriation of Armenians and Kurds in Turkish Armenia as suggested by Dr. C. D. Ussher, A. C. R. N. E. Medical Director in the Caucasus. Summary. Plan for immediate action: Approval of the Peace Conference to the Immediate Appointment by General Milne, Commander in Chief of the allied Forces in North Turkey and the Caucasus, of a temporary commission of three with all power to begin the repatriation of Armenians and Kurds,[6] and in connection therewith to have power to create control or reform the local Gendarmerie in accordance with an agreement signed by the Turkish Government. The Plan includes: I. Advance Commissions, appointed by the commission of three, with letters from the Kurdish Senator Said Abdul Kader and accompanied by his son as a practical [hostage] and guarantee of Kurdish sincerity, shall visit the Kurdish chiefs and provincial valleys and arrange for the safety of the Districts concerned. They shall make the individual chiefs responsible and arrange for the purchase of seed and food supplies for the incoming refugees, II. The declaration of amnesty for past offences,[7] conditional on future good behaviour, III. The organization of a mixed Kurdish and Armenian gendarmerie under foreign officers, IV. The repair and operation of means of communication, V. The repatriation first of farmers and mechanics, VI. Supply seed and implements on a loan basis. VII. The repatriation of dependants later. [...]

---

5 Mehrere Planversionen, die Schreiben an die Lokalherren in den Ostprovinzen und weitere Unterlagen finden sich in ABC Personal Papers Ussher. Vgl. Kap. 3.5.3, S. 365–367.

6 „Though the Armenians are the larger number there are also Kurds, Yezidees, Assyrians and others needing repatriation", hiess es auf S. 2 der hier nicht vollständig zitierten Präliminarien.

7 In der ausführlicheren Version des Plans: „Declare an amnesty for participants in massacre."

The advantages of the Plan. 1. It gives the possibility of *immediate action* which will allay the dangerous and increasing excitement and hatred between the races in the repatriation areas and probably save thousands of lives. 2. It avoids the use of allied or purely Armenian troops, with the consequent fear and hatred which such action would necessarily involve. 3. It will secure the support of both the Kurdish and Armenian population. 4. The control of the country by the use of local forces of the country gives the best assurance of the establishment of safety and order. 5. The beginning of the work of amalgation and co-operation between the various racial elements is a marked advantage.

Please accept the assurance of my profound respect and regards. Clarence D. Ussher."

Quellentexte der jesuitischen Armenien-Mission

Dokument 7: Das französische Aussenministerium zur Frage einer Missionsgründung, 1881

Der Unterstaatssekretär de Choiseul an den Gründer der JMA, Père de Damas.[8]

„REPUBLIQUE FRANÇAISE
Ministère des Affaires Etrangères
Cabinet du Sous-Secrétaire d'Etat

Paris, le 18 juillet 1881

Le R. P. de Damas,
Impasse latine, Eglise de la Trinité, à Constantinople

Mon cousin,[9]

J'ai pris connaissance avec beaucoup d'intérêt de la lettre que vous avez bien voulu m'écrire sur la question arménienne, à la date du 6 juin dernier.

En vous remerciant de cette communication, dont j'apprécie tout particulière-ment la valeur, je regrette vivement de ne pouvoir y répondre dans le sens favorable que vous indiquez vous-même.

Par ses souvenirs historiques, ses aptitudes supérieures, sa vitalité puissante, la nation arménienne est digne, à tous égards, de la sympathie de la France, et le ministère des Affaires Etrangères n'a jamais laissé passer l'occasion de prouver aux Arméniens sa profonde sollicitude pour leur bien-être matériel et moral. Aussi le Gouvernement ne saurait-il voir qu'avec satisfaction les efforts d'une initiative privée qui tendrait à seconder en Arménie les effets officiels de notre bienveillance.

Mais l'état actuel des rapports internationaux, aussi bien que l'absence d'un in-térêt urgent et immédiat m'autorisent à penser personnellement que le Gouverne-

---

8 AFCJ: Arménie I RAr 25 1: 2; 4 handgeschriebene Seiten. Vgl. Kap. 2.3.1.
9 Der Comte de Choiseul war Père Damas' Onkel mütterlicherseits. Vgl. die autobiographischen Notizen des Père Damas, AFCJ Archivboxe „Amadée de Damas".

ment n'est pas aujourd'hui disposé à prêter un concours effectif à la campagne longue et laborieuse que vous offrez d'entreprendre, sans ses auspices, parmi les populations Arméniennes.

En faveur de vos propositions, vous invoquez les résultats acquis en Syrie. Mais permettez-moi de vous rappeler les sacrifices continuels de sang et d'argent que la France a dû faire, depuis des siècles, pour établir son prestige dans les Lieux-Saints. L'Arménie, au contraire, est toujours restée en dehors du cercle de notre action. Aussi le Congrès de Berlin, qui a sanctionné notre protectorat sur les Lieux-Saints, a-t-il pu disposer, en faveur de la Russie, d'une grande partie du territoire Arménien, tandis que l'Angleterre, à la suite de la convention anglo-turque de Juin 1878 doublait dans le reste de l'Asie Mineure le nombre de ses agents.

Que pourrait-on attendre d'une action Française, si vigoureuse qu'elle fût, qui aurait à contre-balancer l'effort de cette double puissance Anglaise et Russe, sans parler de la lutte à soutenir contre la propagande Américaine, la malveillance de l'élément musulman, et les aspirations locales elles-mêmes de nombreuses factions Arméniennes? En vérité, ne viendrait-on pas trop tard pour une œuvre d'une telle importance, embrassant une aussi grande étendue de territoire?

De récentes expériences nous ont appris encore une fois qu'en Orient plus que partout ailleurs, il faut, avant tout, pour réussir, savoir réduire le champ de ses opérations. Cette politique s'impose avec d'autant plus d'autorité à une heure où toute notre énergie est occupée à défendre, sur d'autres points, les positions conquises indispensables à notre existence d'Etat méditerranéen.

Telles sont les considérations qui, dans mon opinion personnelle, et sans engager à aucun degré l'avis du Département, me portent à croire que la France doit s'abstenir, pour le moment, d'intervenir activement dans l'exécution de vos projets relatifs à l'Arménie.

Agréez, mon Cousin, l'assurance de mes sentiments respectueux et dévoués.

[signé:] Horace de Choiseul"

Dokument 8: Programm der Jesuitenschule in Kayseri, 1892[10]

„Cette école a pour but de procurer aux enfants qui lui sont confiés, les avantages d'une instruction solide, et les bienfaits d'une bonne éducation. L'enseignement est divisé en deux cours. [Nach der Jahrhundertwende wurden die jesuitischen Schulen in drei Stufen à drei Jahre aufgeteilt.] – Cours Inférieur [5 Jahre]: Il comprend l'enseignement élémentaire du turc, du français, de l'arménien et du grec. L'enfant y apprend la lecture, l'écriture, le calcul et la correspondance. Quelques notions d'histoire et de géographie complètent cet enseignement. – Cours Supérieur [3 Jahre]: Ce cours est destiné aux jeunes gens qui offrent des gages de persévérance et que leurs familles, moyennant une légère rétribution, peuvent entretenir à l'école jusqu'à la fin de leurs études. Il a pour but de préparer les jeunes gens aux

---

10 *Lettres de Mold* 1892, S. 228 f. Vgl. Kap. 2.3.2.

écoles spéciales de médecine, de pharmacie, de droit, etc., et aux diverses carrières, telles que le professorat, les administrations publiques, les postes et télégraphes, les ponts et chaussées, les chemins de fer, la régie des tabacs, le grand commerce. Programme: Ce cours supérieur est divisé en plusieurs classes graduées, depuis la grammaire jusqu'à la philosophie. Il comprend l'enseignement plus complet des langues turque, française, arménienne et grecque. On y enseigne: la littérature, l'histoire, la géographie, la tenue des livres, les sciences mathématiques, physiques et naturelles, la déclamation, la musique et la calligraphie. Diplôme: A la fin de ce cours, un diplôme est délivré aux élèves qui ont subi avec honneur les examens prescrits. Un programme spécial indiquera les matières de ces examens et fixera les conditions des épreuves écrites et orales."

Dokument 9: Die Jesuitenmission im Frühjahr 1914 (Bericht von d'Autume)

„Rapport sur les œuvres de la Mission du Sacré Cœur en Arménie. Confiée aux PP Jésuites par S. S. LEON XIII (fin mars 1914).[11]

S. S. [Sa Sainteté] Léon XIII en 1879 appelait les Pères de la Compagnie de Jésus en Arménie. Leur premier établissement dans le pays eut lieu en 1881. Bientôt ils y comptèrent 6 postes, établis dans les villes de Marsivan, Amasia, Tokat, Sivas, Césarée de Cappadoce et Adana, sans compter la procure de la Mission à Constantinople.

La première œuvre entreprise par les Pères fut celle des écoles, qu'ils ouvrirent dans les 6 postes qu'ils occupaient. Pour l'enseignement des jeunes filles ils appelèrent dans la Mission les Sœurs de St Joseph de Lyon et les Oblates de l'Assomption de Nîmes, une école de filles fut ainsi ouverte dans chacune des 6 villes où les Pères s'étaient établis.

Jusqu'en 1903, ces écoles réunissaient indistinctement tous les enfants de la ville. Vers cette époque, instruits par l'expérience, les Pères commencèrent à établir parallèlement, soit pour les garçons, soit pour les filles, un collège ou école payante et une école gratuite.

L'instruction, plus relevée dans les collèges, comprend l'étude des langues arménienne, turque et française, et c'est dans cette dernière langue que pendant les dernières années les élèves étudient la Littérature, l'Histoire, les Sciences, Mathématiques, Physiques et Naturelles et même un peu de Philosophie.

Dans les écoles primaires, on se borne à l'étude pratique des langues arménienne, turque et française et à des notions d'Histoire, de Géographie et d'Arithmétique.

Ce rapport donne l'état de nos œuvres en mars 1914. Ces œuvres se divisent ainsi:

---

11 AFCJ Arménie Collection Prat, 28/1, S. 941–981 (Daktylo-Durchschlag). Redigiert durch d'Autume in Konstantinopel (Supérieur de la Mission des Jésuites en Syrie, Arménie et Egypte). Ich habe die auffällig inkonsequente Orthographie belassen. Vgl. Kap. 3.3.3 und 3.3.4.

I   Œuvres Scolaires. Collèges et écoles gratuites.
II Œuvres postscolaires. Cercles, Patronages (Ouvroirs).
III Œuvres d'Assistance. Dispensaire, Hôpital, etc.
IV Œuvres d'Apostolat. Prédications, Retraites, Congrégations.
Œuvre des Villages. Sur cette œuvre des Villages, un mot sera dit sur:
A   les paroisses formées et reconnues par le Gouvernement,
B   les paroisses en formation,
C   l'école apostolique de Césarée,
D   le juvénat pour maîtresses d'école.

[…] Cette année, comme le tableau précédent[12] en fait foi, nous avons eu le regret de constater un léger fléchissement dans le nombre des élèves fréquentant les écoles de la Mission. Quelle en est la cause? Sans doute, les statistiques scolaires sont souvent trompeuses et des causes insignifiantes, en Orient surtout, peuvent faire varier d'une manière notable le nombre des élèves.

Deux causes pourtant ont influé d'une façon bien réelle sur le recrutement de nos écoles. La première, c'est l'ouverture et le développement des écoles étrangères, qui font à nos œuvres une concurrence de jour en jour plus active et plus redoutable. La seconde, c'est l'animosité déployée trop souvent par les écoles nationales contre l'école française qui a le tort d'attirer d'ordinaire l'élite des écoliers.

Un rapide coup d'œil sur les 6 établissements de la Mission permettra de constater l'existence de ces deux causes d'affaiblissement.

1° Nos œuvres d'Adana ont vu surgir, depuis le 1er janvier de cette année, deux écoles rivales. L'école italienne, qui s'intitule ‚Scuola Superiore d'Agenti tecnici e commercial', a la prétention d'égaler et même de dépasser l'école des Ingénieurs de Beyrouth et pour le moment cherche à se recruter parmi les élèves de nos classes supérieures. Les dernières informations semblent indiquer qu'elle n'a encore que peu de succès. L'école allemande, ouverte plus modestement, en janvier aussi, ne compte encore que 20 élèves environ, mais commence à organiser des Cours du soir.

C'est peu de choses pour le moment, mais il n'en est pas moins vrai que l'Allemagne et l'Italie feront tout leur possible pour mettre leurs écoles en état de lutter avec les nôtres et de les dépasser.

2° A Sivas, eux grands établissements se dressent en face de notre modeste collège qui était sans rival jusqu'à ce jour. C'est d'abord le grand collège que les Américains construisent dans un emplacement superbe, et où ils ont l'intention, paraît-il, d'installer une école professionnelle. C'est d'autre part l'école arménienne d'Erzéroum, transférée à Sivas, qui commencera bientôt, si ce n'est pas déjà commencé, des constructions importantes.

3° A Marsivan, les Américains ont déjà un collège important, avec 300 garçons et 230 filles, dont la plupart sont pensionnaires, mais ils construisent actuellement une Université dont les murs s'élèvent dès maintenant à une certaine hauteur.

---

12 Es handelt sich um eine „statistique des trois dernières années". Gesamtschülerzahl 1911/12: 5'343, 1912/13: 5'740, 1913/14: 5'569.

Encore une concurrence redoutable:

4° Notre collège de Césarée doit soutenir la lutte avec trois grands établissements très florissants et bien achalandées. a) Le collège des Arméniens de Sourp Garabed compte plus de 120 pensionnaires, répartis en 7 classes. b) Le collège grec de Zindji Déré renferme aussi 120 pensionnaires, et un pensionnat de filles lui est adjoint avec 50 enfants. c) Le collège américain de Tallas comprend environ 40 pensionnaires et 40 externes. – De plus, les Arméniens ont en ville trois écoles, dont l'une, du degré d'Idadiè, avec plus de 1'000 élèves au total. Ils ont pour les filles la grande école de Baghdjé qui compte 700 enfants. Les Grecs ont aussi deux petites écoles avec 120 enfants des deux sexes. Enfin l'Idadiè turc comprend 250 élèves. Et nous, nous devons soutenir la concurrence avec nos moyens, hélas, bien limités.

5° Le collège français d'Amasia a souffert cette année une véritable persécution de la part des écoles arméniennes, mécontentes de voir les meilleures familles nous envoyer leurs enfants. On a été jusqu'aux menaces et même jusqu'aux coups. Aussi bon nombre d'enfants nous ont-ils quittés et sont allés renforcer le collège des Ibranossians qui ne comptait que 90 enfants et les écoles arméniennes qui renfermaient 500 garçons et 500 filles.

6° A Tokat enfin, on met tout en œuvre pour détourner les enfants des écoles françaises au profit du Djémeran arménien.

Que ferons-nous en présence de ces concurrences d'une part et de cette animosité de l'autre? Nous ferons en sorte de faire ce que nous avons toujours fait depuis plus de trente ans sans nous laisser intimider par la difficulté, nous chercherons à faire mieux que nos adversaires.

Mais notre personnel de missionnaire est fort restreint et d'année en année le contingent qui nous venait de la mère patrie diminue.

Nos ressources sont également insuffisantes. Le prix de la vie ayant plus que doublé pendant ces dernières années, nous devons augmenter chaque année les émoluments de nos professeurs; le nombre des élèves augmentant, il a fallu créer de nouvelles classes, au prix de dépenses nouvelles. Actuellement, nous aurions besoin de renouveler et d'agrandir nos locaux scolaires, vraiment insuffisants, à Tokat et à Sivas spécialement, mais c'est une charge au dessus de nos forces. Sans doute les élèves de nos collèges fournissent une rétribution scolaire, mais cette rétribution, forcément très modique, ne suffit même pas à payer les professeurs des collèges, et ceux de l'école gratuite sont complètement à notre charge.

Dans ces conditions, nous devons tendre la main pour pouvoir faire vivre notre œuvre. Nous le faisons avec d'autant plus de confiance que de hautes personnalités nous ont vivement engagés à recourir à la générosité de l'Alliance Française, nous assurant que ce ne serait pas en vain. D'ailleurs en 1912, le Conseil de l'Alliance nous a fourni un secours de 1'000 f. En 1913, il n'a pu nous accorder que 500 f en nous laissant espérer pour l'année suivante une plus large rétribution.

C'est avec reconnaissance que nous accepterons un secours qui nous permettra de soutenir honorablement une concurrence de jour en jour plus menaçante, et de maintenir au premier rang des œuvres d'enseignement qui contribuent puissamment à faire estimer et aimer la France en Orient.

Constantinople, 30 mars 1914 (signé d'Autume)

I. ŒUVRES SCOLAIRES

[…]

Les écoles de filles sont tenues par les Sœurs de St. Joseph de Lyon à Adana, Amasia, Césarée et Sivas, et par les Sœurs Oblates de l'Assomption à Marsivan et à Tokat.

Nos écoles, Dieu merci, semblent être en progrès, soit comme nombre, soit comme esprit.

1° On peut se rendre compte de l'augmentation numérique au moyen du tableau suivant, qui met en parallèle notre effectif scolaire en 1911 et en 1914: […][13]

2° Le progrès moral et religieux peut être constaté, et par la piété des catholiques et par le mouvement des conversions.

a) La pratique de la Communion fréquente et même quotidienne est en progrès partout. Voici ce qu'écrivait le 9 mars dernier le P. André, Supérieur du Collège d'Adana: ‚Il y a un mouvement très prononcé chez les enfants catholiques vers la communion fréquente‘, et il ajoutait: ‚Les philosophes ont demandé une retraite qui leur sera donnée pendant les vacances de Pâques.‘ La piété est entretenue dans les réunions de Congrégation très assiduement suivies, et dans les retraites auxquelles prennent part aussi les chrétiens non catholiques. Ces derniers prennent chez nous de sérieuses habitudes de prière et de lutte contre leurs passions.

b) Les conversions de jeunes gens et de jeunes filles sont relativement assez nombreuses.

Dans des catéchismes réguliers, trois fois par semaine, la vérité intégrale est expliquée à tous les enfants chrétiens. (On réunit à part une fois par semaine pour compléter leur instruction religieuse.) Il résulte de ces instructions que bien peu d'enfants terminent leurs études sans avoir connu la vérité, et la plupart de nos élèves diplômés sont devenus catholiques.

Pour les filles, la conversion est beaucoup plus difficile, à cause de l'état de sujétion où se trouve la jeune fille dans la famille arménienne non catholique. Et pourtant bon nombre de ces enfants insistent pour devenir catholiques. C'est ainsi qu'au cours d'une retraite donnée en décembre dernier à Sivas, 24 jeunes filles demandèrent à se faire catholiques et 5 à devenir religieuses. On ne put malheureusement pas donner suite à leur demande et on leur conseilla de prier et d'attendre.

Dans le courant de l'année scolaire 1912–1913, nous avons eu dans nos écoles 14 conversions de garçons et 21 conversions de filles, dont 15 orphelines à Adana.

Un résultat acquis, c'est que les parents ne sont plus, comme autrefois, épouvantés de voir leurs enfants devenir catholiques, et même, ils acceptent l'idée de la conversion. ‚Qu'ils soient catholiques, si c'est leur idée‘, répondent-ils à ceux qui veulent les détourner de mettre leurs enfants dans nos écoles. Tout dernièrement, à Marsivan, le père d'un nouveau converti qui vient de mourir dans des dispositions admirables, demandait aux missionnaires de faire eux-mêmes l'enterrement de son fils et permettait à ses deux autres enfants de se faire catholiques, quand ils voudraient. De fait, l'un d'eux a déjà fait son abjuration et communie chaque matin, comme le faisait son aîné et le plus jeune fera sa première communion à Pâques.

---

13 Vgl. die komplette Statistik von 1900–1914 (Tab. 11).

Il semble que l'heure de la grâce ait sonné pour beaucoup de ces pauvres Schismatiques, écœurés de trouver si peu de secours religieux dans leur église nationale.

Mais il faut des ouvriers et les bras manquent.

II. ŒUVRES POST SCOLAIRES

Les œuvres post scolaires sont le complément nécessaire de l'école. Elles sont chez nous de deux sortes, et prennent le nom de CERCLES, si elles s'adressent aux anciens élèves de nos collèges, tandis que les PATRONAGES réunissent les anciens de nos écoles gratuites et les jeunes ouvriers.

1° Cercles

Chaque cercle a sa physionomie bien spéciale que lui imprime la personnalité de son directeur, chacun a aussi son attraction particulière. Tel cercle sera plutôt une école de soir, où l'on vient pour travailler et pour s'instruire, tel autre sera un lieu de réunion où l'on vient passer agréablement sa soirée, on y assistera à un cours du soir, mais une bonne partie du temps sera donnée, soit à des jeux, soit à des conversations où le Père Directeur mettra au courant des faits d'actualité, répondra aux questions qui lui sont posées et en redressant bien des idées fausses ou inexactes, exerce un réel apostolat. Un autre cercle aura plutôt un caractère social, ce sera le trait d'union entre nos élèves et ceux des autres écoles, on y abordera les questions brûlantes, la franc maçonnerie, le socialisme, les revendications nationales, etc… et des conférences, faites par le P. Directeur éclaireront sur ces graves problèmes, à propos desquels tant de faussetés sont répandues dans le public arménien.

Au cercle, il y a, presque chaque soir, des cours du soir, cours de français, d'anglais, de comptabilité, etc. Il y a souvent des conférences, faites parfois par les membres mêmes du cercle qui s'exercent ainsi à traiter un sujet et à s'exprimer bien correctement en français. Parfois aussi ces conférences sont faites par un des Pères de la maison, et, à Tokat, on n'a pas oublié ces belles conférences scientifiques du P. de Jerphanion avec ses expériences si bien résussies par le F. Renard.

Le cercle a sa congrégation qui réunit chaque semaine les jeunes gens les plus pieux. C'est dans ces réunions intimes que bien des conversions se sont mûries et plus d'une vocation y a trouvé naissance. A la fin des vacances, le cercle a sa retraite fermée à laquelle prennent part d'ordinaire tous nos professeurs, même les non catholiques, bien qu'on leur laisse toute leur liberté.

Le cercle s'occupe aussi d'œuvres de bienfaisance, porte des secours en ville aux familles nécessiteuses sans distinction de religion, fournit aux enfants pauvres des livres, des vêtements ou du pain, et pour se procurer des ressources on voit les membres du cercle, comme jadis à Tokat, pousser devant eux un petit âne et aller quêter à domicile de la farine, des vêtements ou du charbon. Mais c'est généralement par le moyen d'une représentation théâtrale, toujours très goûtée dans le pays que les jeunes gens se procurent les ressources nécessaires au soulagement des pauvres.

C'est ainsi que fonctionnent nos cercles de Tokat, le premier fondé, de Marsivan, d'Amasia et de Sivas. Césarée et Adana, par manque de personnel et de local, n'ont pas encore pu organiser leur cercle. Le cercle bien compris et bien dirigé est le couronnement de notre œuvre scolaire, et son complément obligé, mais il faut trouver des Directeurs et là encore, les ouvriers manquent. Au Cercle Français, on doit parler français, le Directeur n'a donc pas besoin de savoir les langues du pays, mais il doit avoir un cœur d'apôtre et un dévouement inlassable, il peut avec cela réaliser un bien immense.

2° Patronages

Le Patronage est un Cercle en petit s'adressant aux petits ouvriers sortis de nos écoles gratuites. Il faut à ces jeunes gens des jeux et chaque dimanche on leur procure de bonnes parties de barres, de ballon ou de tric trac, le grand jeu du pays. Ils ont besoin de compléter leur instruction et on leur donne des cours du soir de français, d'arithmétique, de tenues des livres, etc. Ils ont besoin aussi de trouver quelqu'un qui s'intéresse à eux, qui les console, qui les conseille, qui soit leur Père et leur ami.

Voilà ce que viennent chercher chez nous à Amasia, à Tokat et à Sivas un bon nombre de petits ouvriers. Malheureusement, la plupart de nos anciens élèves, soit respect humain, soit honte mal placée, soit un peu de jalousie peut-être, ne fréquentent pas nos patronages. C'est une œuvre difficile, qui demande une connaissance suffisante des langues du pays et beaucoup d'abnégation, mais qui fait prendre contact avec toute une population bien abandonnée et fort intéressante.

Là encore, comme toujours, ce sont les ouvriers qui manquent.

III. ŒUVRES D'ASSISTANCE

1° Le Dispensaire

Dans chacun des postes de la Mission, il existe un dispensaire, et le chiffre des malades assistés montre bien que ce n'est pas sans besoin. Ce sont les Sœurs qui tiennent le dispensaire, partout sauf à Tokat où en était chargé un de nos Frères.

Le matin, les Sœurs du dispensaire distribuent des remèdes gratuites aux indigents. A Adana, 5 médecins, attaché au dispensaire, viennent donner chaque jour et à tour de rôle des consultations gratuites. Le soir, les Sœurs vont soigner les malades pauvres à domicile. Aux époques d'épidémie, choléra ou typhoïde, plusieurs groupes de Sœurs parcourent la ville, et le Gouvernement français a recompensé le dévouement des Sœurs lors de la dernière épidémie de choléra en faisant décerner aux Supérieures de Sivas et de Tokat la médaille d'or des épidémies.

Les jours de congé, les Sœurs vont dans les villages voisins, turcs ou chrétiens porter des remèdes aux malades et soigner spécialement les enfants. Pendant les vacances les Sœurs de Césarée et de Sivas, réparties en 3 ou 4 groupes, se rendent dans les villages que nous évangélisons, et là, instruisent les enfants, soignent les malades et enseignent la religion aux femmes.

Voici le nombre des malades assistés dans les dispensaires de la Mission pendant l'année 1912–1913. A Adana 15'000 au dispensaire, à Amasia 16'325 au dispensaire / 1'683 à domicile, à Césarée et aux villages 16'000 au dispensaire / 6'865 à domicile, à Marsivan 10'000 / –, à Sivas 15'456 / 1'903, à Tokat 14'895 / –.

TOTAL 88'441 / 10'451. Total des malades assistés par les Sœurs des dispensaires: 98'892.[14]

2° Hôpital d'Adana

Fondé le 17 avril 1909, à l'époque des massacres, le petit hôpital d'Adana a rendu bien des services. Il ne compte que 13 lits, mais ces 13 lits sont presque toujours occupés. Voici la liste des malades assisté à l'hôpital depuis sa fondation: Malades hospitalisés 1'509, pansements de malades externes 15'235, consultations simples 3'711, service ophtalmique 1'450. Total des malades assistés: 21'905. Le chiffre de décès n'est que de 62.

Au livre d'or de l'hôpital d'Adana figurent deux vaillantes hospitalières tombées au champ d'honneur au service des malades. Cette année même, le 14 juillet, Sœur Annonciade était emportée à 35 ans par une typhoïde contractée au chevet d'un malade qu'elle avait eu la joie de guérir.

Cet hôpital est insuffisant et nous sommes actuellement en instances pour obtenir un secours qui nous permette de développer cette œuvre si importante.

3° Vaccin contre la typhoïde

Le Père Poidebard à Sivas a réussi à se mettre en rapport avec le Dr Vincent du Val de Grâce qui lui envoie son précieux vaccin contre la typhoïde. Le Père, assisté d'un médecin et d'un infirmier a déjà vacciné un bon nombre de personnes, surtout parmi les enfants de nos écoles. Ce service est apprécié tout particulièrement dans un pays où la typhoïde est à l'état endémique et fait chaque année un grand nombre de victimes.

IV. ŒUVRES D'APOSTOLAT

1° Prédications

Le personnel restreint de la Mission, la mulitiplicité des œuvres, les difficultés des langues du pays, rendent plus difficile le ministère d'évangélisation directe. Cependant, nous prêchons chaque dimanche aux élèves et aux personnes qui fréquentent nos églises et, pendant le Carême ou vers Noël, nous invitons le public à des conférences spéciales, généralement avec projections. Ces conférences, que nous ne pouvons plus faire dans les églises, réunissent d'ordinaire beaucoup de monde et font un bien réel et profond.

2° Retraites

A l'époque de Pâques une retraite est prêchée dans chacune de nos églises; mais en dehors de ces retraites ouvertes, des retraites fermées sont données partout à nos professeurs vers la fin des vacances et dans quelques maisons, comme à Amasia et à Sivas, nous convoquons à des retraites fermées toutes les âmes de bonne volonté, les hommes chez nous et les femmes chez les Sœurs. C'est ainsi que toute la

---

14 Handschriftliche Notiz: Total des enfants baptisés au cours de l'année 1912–1913: 1'046. Nach der wohl korrekten Aufstellung am Schluss des Berichts betrüge die Zahl 1'406 (nicht 1'046).

communauté catholique a été ramenée à la pratique des Sacrements et que bon nombre de non catholiques se sont joints à nous, grâce au zèle du P. Biard, Supérieur d'Amasia.

3° Congrégations

La Congrégation des hommes à Césarée fait bloc autour de son évêque. Pas un seul catholique n'a répondu aux sollicitations des meneurs de Constantinople.

Les prêtres arméniens de Tokat sont venus nous prier d'organiser une congrégation semblable et nous l'avons commencée dernièrement.

Les congrégations de femmes sont aussi très florissantes à Marsivan, Amasia, Tokat, Sivas et surtout Césarée. Là où les femmes ne se gênaient pas pour manquer la messe le dimanche, aucune des congréganistes n'y manque plus et toutes font la communion le premier Vendredi.

4° ŒUVRES DES VILLAGES

Longtemps les missionnaires d'Arménie ne purent, malgré leurs désirs, rayonner au dehors de leurs établissements de villes. En 1907, un des missionnaires de Césarée, le Père J. M. Gransault, parvint à créer une petite paroisse catholique à Mondjouçoun, village de 320 familles à 4 heures de Césarée.

Bientôt de Tchepni (village de 620 familles), arriva une députation d'une quarantaine de familles demandant à passer au catholicisme. Le P. Gransault fonda dans ce village une paroisse.

Depuis lors, en dépit des tracasseries de tout genre et au prix d'héroïques efforts, le Missionnaire parvint à s'établir successivement dans 4 autres villages: Dendil, Tchat, Bourhan, Segher. Pour donner plus de consistance à son œuvre, le Père fit annexer à notre établissement scolaire de Césarée deux modestes pensionnats (Ecole Apostolique, Juvénat), pour recueillir l'élite de ces écoliers et leur procurer une formation plus soignée et plus complète.

ETAT ACTUEL (Mars 1914)

A Paroisses formées et reconnues par le gouvernement

1° MONDJOUÇOUN, à 4 heures de Césarées, village de 320 familles, paroisse avec église, presbytère, curé, écoles. Paroisse: 12 familles catholiques, mais église très fréquentée par les schismatiques qui se rapprochent. Ecoles: 84 élèves dont 31 catholiques (1 maître, 1 maîtresse).

2° TCHEPNI: village de 620 familles (300 arméniennes et 320 turques). Paroisse avec église, presbytère, curé, écoles. Paroisse: 38 familles. Ici aussi les schismatiques viennent beaucoup à l'église catholique. Ecoles: 65 élèves dont 25 catholiques (2 maîtres, 1 maîtresse).

3° DENDIL: village de 250 familles arméniennes. Paroisse récemment formée avec un noyau de 11 familles, reconnues officiellement, beaucoup d'autres familles se préparent. Chaque dimanche, environ 50 communions. Ni église, ni presbytère encore, le P. Gransault y réside. Ecoles: 93 élèves dont une quarantaine catholique (1 maître, 1 maîtresse).

B Paroisses en formation

1° BOURHAN, gros village arménien de 200 familles, à 1 h de Dendil et de Tchepni. Modeste chapelle où le P. Gransault va dire la messe et prêcher le plus souvent possible. Une première liste de 18 chefs de familles demandant à passer au catholicisme a été présentée au Gouvernement. L'école compte 48 élèves avec 1 maître et 1 maîtresse.

2° TCHAT, dans une gorge à 3 h de Dendil, bourg de 320 familles dont 300 arméniennes et 20 grecques. Là aussi, modeste chapelle desservie par un prêtre, aidé d'un Frère Coadjuteur, une trentaine de signatures pour le catholicisme ont été recueillies. Ecoles: 85 élèves (3 maîtres, 1 maîtresse)

SEGHER, hameau dépendant de Tchat, a dû être fermé, faute de personnel. Plusieurs autres villages appellent les Missionnaires, sed opes et operarii pauci …

C ECOLE APOSTOLIQUE, commencée en 1909. Actuellement 25 enfants qui suivent les cours de notre petit collège de Césarée et qu'on prépare pour la prêtrise ou le professorat. Régime fort modeste, environ 160 f. par an chacun.

D JUVENAT commencée an 1913. Actuellement 9 petites filles qui feront plus tard des maîtresses d'école ou de bonnes mères de famille. Coût, comme les Apostoliques.

Outre les résultats positifs ci-dessus indiqués, cette œuvre a d'autres avantages:

1° Elle fait entrer le catholicisme dans une région où jusqu'ici il était à peu près inconnu. Toute la région située entre Sivas et Césarée connaît maintenant les Pères, les préjugés tombent, on fait des comparaisons avec le schisme. Déjà 4 à 5 autres villages désirent des Missionnaires.

2° Elan et voies nouvelles pour les Missionnaires, en leur montrant qu'avec de la ténacité, on peut malgré tout entamer le schisme.

3° Elle prépare l'avenir. A l'heure actuelle, la nation arménienne schismatique se scinde en deux courants, l'un allant au rationalisme et même à l'athéisme, l'autre ne trouvant plus dans ses pasteurs et son culte les lumières et le repos de son âme, semble tourner ses regards vers le catholicisme. Ainsi l'initiative apostolique du P. Gransault, surtout si elle est soutenue et prolongée par un Séminaire, prépare l'avenir et nous met en état de recueillir les épaves d'un schisme pourri.

CONCLUSION

‚Des prêtres et des ressources‘, voilà ce que les Missionnaires demandent à Dieu, confiant que dans sa bonté, il leur enverra l'un et l'autre. En attendant, ils travaillent, ils prient, et Dieu fait son œuvre, lentement, mais sûrement.

Voici ce qu'écrivait tout dernièrement un Missionnaire de Marsivan dont le collège le titre de Collège du Sacré Cœur: ‚Je suis de plus en plus franppé du bon esprit et des bénédictions visibles que Dieu répand sur nous et sur notre cher collège. Vraiment le Sacré Cœur tient ses promesses et comble de biens cette maison qu'on a eu la bonne inspiration de lui consacrer.'

Ces lignes peuvent s'appliquer mot pour mot à notre Mission du Sacré Cœur d'Arménie où Notre-Seigneur fait visiblement son œuvre et où, malgré la pénurie d'hommes et d'argent, un effort considérable a été réalisé et un bien considérable obtenu. Nous avons pleine confiance que le Sacré Cœur de Jésus continuera à bénir et à faire fructifier cette Mission qui est sienne et où nous ne voulons chercher autre chose que Sa Plus Grande Gloire.

Constantinople, 25 mars 1914 (signé d'Autume)'[15]

Übrige Quellentexte

Dokument 10: Die ethnische Situation in den Ostprovinzen 1914 aus militärstrategischer Sicht

Ein Bericht zuhanden der deutschen Militärspitze in Konstantinopel.[16]

„Bericht über Türkisch-Armenien von Dr. Victor Pietschmann, Wien.

Der folgende Bericht soll kurz die Beobachtungen und die daraus gewonnenen Schlussfolgerungen wiedergeben, welche die Ergebnisse einer Reise in den armenischen Gebieten an der russischen Grenze darstellen.

Es dürfte am zweckentsprechendsten sein, zunächst die gegenwärtige Lage darzustellen, um dann von den Möglichkeiten, auf sie Einfluss nehmen zu können, zu sprechen.

Die in Betracht kommenden Wilajets Bitlis, Wan, Erserum und Trapezunt besitzen gemischte Bevölkerung, die in der Hauptsache von Armeniern, Kurden und Türken gebildet wird. Sie verteilt sich so, dass in Bitlis noch das kurdische Element die Oberhand besitzt, Armenier in geringerer Anzahl vertreten sind, dass in Wan die Zahl der Armenier der der Türken und Kurden ungefähr gleich ist, während Erserum vorwiegend armenischen Charakter trägt und Trapezunt hauptsächlich türkischen und griechischen Einfluss zeigt.

Ausserhalb der Städte ist armenische Bevölkerung vornehmlich in der näheren Umgebung dieser festzustellen, ferner in der Nähe der grösseren Verkehrswege und

---

15 Das folgende 13. und letzte Blatt mit der Überschrift „Quelques chiffres à ajouter au rapport" unterrichtet über die Zahl der Bekehrungen zum Katholizismus, der Taufen und der geleiteten Kongregationen der Jahre 1911–1913.

16 LAH 90-1049. Im Lepsius-Archiv in Halle finden sich mehrere militärische Aktenstücke aus dem Ersten Weltkrieg. Lepsius benutzte sie für die Verfassung seines Quellenbuches *Armenien und Deutschland,* 1919, das im Hinblick auf die Pariser Friedenskonferenzen die Vorwürfe deutscher Mitschuld am armenischen Völkermord entkräften sollte. Teilweise verwendete er sie auch für seine Expertise im Prozess gegen Tehlerian, der Talat in Berlin erschossen hatte. Einen kleineren Bestand – so auch das vorliegende Dokument – hatte er 1919 von Liman von Sanders „zur Untersuchung" ausgehändigt bekommen. Ich bedanke mich bei Prof. Hermann Goltz für die freundlichen Hinweise.

insbesondere in dem Gebiete zwischen Bitlis und Erserum, während die kurdischen Ansiedlungen mehr abseits gelegen und natürlich, wie dies die erbitterte Feindschaft der beiden Völker mit sich bringt, auch räumlich meist weit von ihnen getrennt sind.

Die Gesinnung dieser Stämme ist im wesentlichen dahin zu präzisieren, dass die Kurden und Türken deutschfreundlich, die Armenier und Griechen deutschfeindlich gesinnt sind, dass also insbesondere das Gebiet, das als Grenzzone gegen die benachbarten Reiche von Interesse und gegebenenfalls von grosser Bedeutung ist, hauptsächlich von einem russenfreundlichen Stamm bevölkert wird.

Einer der Hauptgründe, den die Armenier auf die Frage geben, warum sie trotz der grossen Unterstützung, die sie durch das deutsche Volk schon seit langem erhalten, trotz Waisenhäusern und Spitälern, doch nicht deutschfreundlich gesinnt sind, und vielmehr eine möglichste Stärkung des russischen Einflusses wünschen und hoffen, ist der Hinweis auf die Haltung der deutschen Politik unter Bismarck, der die armenische Bitte um Unterstützung rundweg abgeschlagen hätte.

Daraus wird nun allgemein die von gegnerischer Seite natürlich eifrigst als richtig erklärte und verbreitete Folgerung gezogen, dass bei einem Siege Deutschlands natürlich die Folgen für die Armenier die schlimmsten sein müssten, dass sie schutzlos allen Nachstellungen und Massakern, die ihre Feinde gegen sie planten, ausgeliefert sein würden. –

Gab die eben erwähnte Anschauung schon früher Grund zu einer Missstimmung im armenischen Teil der Bevölkerung, so wurde diese Missstimmung noch bedeutend erhöht durch die Mobilisierung und ihre Folgen.

Es ist ja Tatsache, dass die Requisitionen vielen und bitter empfundenen Schaden im Gefolge gehabt haben, und dies besonders in den Grenzgebieten, also in armenischen Bezirken, wo sie dadurch noch fühlbarer und empfindlicher wurden, dass das Militär nicht wie in den inneren Landesteilen dann abmarschierte, sondern dass zu den bereits vorhandenen Garnisonen noch die Truppen aus dem Inneren hinzukamen und nun diese Landstriche ständig besetzt halten und in ihnen ihre Kriegsvorkehrungen treffen.

So wird der Schaden, der in andern Gegenden nur ein vorübergehender, wenn vielleicht auch ebenso hart war, hier zu einem langandauernden. Und das fällt bei der Art des Landes doppelt so schwer ins Gewicht. Denn die Ernte, die in den südlicheren und den tiefer gelegenen Teilen der asiatischen Türkei bereits lange eingebracht war, war in diesen, hochgelegenen, zum Teil recht rauhen Gebirgen und Hochebenen gerade erst im Gange und konnte nun in vielen Dörfern, die ich durchreiste, infolge der Einberufung aller Männer nur mühselig durch die zurückgebliebenen Weiber, Greise und Kinder zum Teil durchgeführt werden.

Selbstverständlich ist auch der bevorstehende Winter aus denselben Gründen für diese Gebiete von viel grösserer Bedeutung und die teilweise Verhinderung der Vorbereitung auf ihn (Aufsammlung von Vorräten an Brennstoffen und Lebensmitteln) lässt die Bevölkerung ihre Lage noch drückender empfinden als es in einem Landstrich mit milderem Winterklima der Fall wäre.

Demgegenüber hat natürlich die feindliche Vertretung in diesen Provinzen (vor allem die russischen und französischen Konsuln in Erserum, Wan und Bitlis) leichtes Spiel, der ohnedies deutschfeindlichen armenischen Bevölkerung die Vorzüge einer russischen Schutzherrschaft ins beste Licht zu rücken und sie davon zu überzeugen, dass sie alles Gute von einem Siege Russlands, alles Schlechte von einem Siege Deutschlands zu hoffen hätten. Und dass solche Darstellung der Lage mit Erfolg überall verbreitet worden ist, das hat man Gelegenheit in jedem Gespräch mit Armeniern, mögen sie nun hochgestellten Kreisen oder dem Landvolke angehören, zu beobachten.

Die Beweisführung, dass der Schutz des nahegelegenen russischen Reichs natürlich auf alle Fälle wirkungsvoller sein würde als eine Hilfe eines weit entfernten Landes, fällt um so mehr in die Wagschale als mit ebenderselben Begründung russisches Geld, vor allem Silber und Kupfergeld in Umlauf gesetzt ist und gegenwärtig an manchen Orten nahezu die einzige kleine Münze bildet. In Trapezunt zum Beispiel wurde mir zu wiederholten Malen auf meine Forderung nach türkischem Geld bei Einkäufen erwidert, dass das hier sehr selten sei und dass russisches Geld die allgemeine gangbare Münze wäre.

Dieser systematischen, wohlgeschulten Arbeit von gegnerischer Seite stehen mit Ausnahme von Trapezunt (deutsches und österreichisches Konsulat) leider nur sehr geringe Abwehrmittel gegenüber.

Das deutsche Konsulat in Erserum, der einzige Vertretungsposten Deutschlands und Österreichs in dem ganzen Gebiete des hier in Betracht kommenden Inneren ist ja bekanntlich gegenwärtig durch das Verschwinden des deutschen Konsuls Anderes, der nach den Meinungen der einen in Tiflis interniert, nach anderen nicht unglaublich klingenden Aussagen aber in Kars als Flüchtling aus der Kriegsgefangenschaft erschossen worden sein soll, verwaist und wird nur von dem Koch, der sich freilich nach Kräften bemüht, der deutschen Sache zu nützen, bewohnt und verwaltet. Der deutsche Officier aber, der in Erserum stationiert ist, hat wohl kaum die Zeit, ausser den zahlreichen militärischen Arbeiten, die ihn vom frühen Morgen bis zum späten Abend in Atem halten, auch noch wirksam diese Angelegenheiten zu führen.

Ausserdem sinds in Erserum noch einige in Deutschland erzogene Armenier, namentlich der Hausherr des deutschen Konsulats, in Wan die Mitglieder der deutschen Mission (von der Bibelhausgesellschaft), die den ganzen Widerpart gegen die Arbeit der Gegner darstellen.

Die ersterwähnten wirken, soviel sie vermögen, freilich, ohne Rückhalt durch einen richtigen, offiziellen Vertreter, nur in dem bescheidenen Masse, das ihnen die Rücksicht auf ihre eigene Stellung unter ihren Stammesgenossen auferlegt. Die letztgenannten aber, deren deutsche Kräfte – wenigstens in Wan – mit Ausnahme des Leiters durchwegs aus Frauen bestehen, sind zu sehr mit ihrer geistlichen Mission beschäftigt, als dass sie hier in Betracht kämen.

Diese Tatsache erhellt wohl am besten daraus, dass sogar ein Teil der Lehrer an ihrer Schule ausgesprochen und unverhüllt deutschfeindlich ist. –

So ist kurz zusammenfassend die jetzige Lage wohl dahin zu präzisieren, dass ein türkischer Vormarsch gegen Russland durch ein Gebiet gehen müsste, das zum grossen Teil eine von gegnerischer Seite wohl bearbeitete, verbitterte und feindlich gesinnte Bevölkerung aufweist, mit Truppen, die gleichfalls zum Teil aus Söhnen dieses Volkes bestehen.

Dass, um eine Änderung dieser Lage herbeizuführen, – die natürlich so bald als möglich wünschenswert wäre – vor allem die Möglichkeit gegeben werden müsste,

dem aufhetzenden Treiben der Gegenseite kräftig aufklärend und tätig entgegenzutreten, ist nicht weiter auszuführen.

Aber auch noch andere Möglichkeiten sind nach meiner Meinung vorhanden, die
Lage und Stimmung günstig zu beeinflussen. Sie mögen im Folgenden kurz auf-
gezählt werden.

1.) Die Armenier wären wohl am meisten auf der Seite, für die sie das meiste
Verständnis haben, auf der geldlichen Seite zugänglich.

Wenn eine bestimmte Summe, zum Beispiel 100'000 Ltq, dazu verwendet würde, einen Teilbetrag der Anweisungszettel, die sie an Zahlungsstatt anlässlich der
Requisitionen erhalten haben, einzulösen, so würde mit einem Schlage die allgemeine Überzeugung, dass diese Zettel wertloses Papier seien, widerlegt und – unter
der natürlichen Voraussetzung, dass die Intervention der deutschen Seite in diesem
Sinne möglichst bekannt gemacht wird – die Hilfsbereitschaft von deutscher Seite
einen nicht abzuleugnenden Beweis erhalten, dem gegenüber blosse Versprechungen
von gegnerischer Seite gewiss an Wert verlieren würden.

Wenn diese Summe, unter Hinterlegung der entsprechenden Gelder in Gold und
Silber bei den Banken in Van und Ersurum in Papier ausbezahlt würde mit dem
Hinweis bei der Verteilung, dass gegen solche Scheine die genannten Banken jederzeit Gold und Silber geben, so könnte vielleicht auch dem im Inneren jetzt völlig
unbekannten Papiergeld Eingang verschafft werden.

Dem Vorwurf, der vielleicht von anderen Provinzen des Reiches dann erhoben
werden könnte, warum gerade nur diese Grenzgebiete mit Auszahlungen bedacht
werden, kann wohl leicht durch die Erwähnung der oben angeführten Tatsachen
entgegengetreten werden, dass diese Landstriche eben durch die dauernd in ihnen
stationierten, aus allen Teilen des Reiches zusammengezogenen Soldatenmassen
viel stärker in Mitleidenschaft gezogen sind als die übrigen und dass auch der Winter
dort grössere Vorkehrungsmassregeln nötig macht.

2.) Zugleich wäre es wohl möglich, eine Bestimmung ergehen zu lassen, dass
fremdes (russisches) Silber- und Kupfergeld nur bis zu einem gewissen nicht zu lange
bemessenen Zeitraum seine Giltigkeit im Verkehr behält und innerhalb dieser Zeit an
den öffentlichen Kassen gegen Ausfolgung der gegenwärtig in diesem Gebiete den
fremden Münzen entsprechenden türkischen Geldsorten abzuliefern wäre. Durch die
Umprägung des russischen Geldes, das wesentlich grösseren Metallwert besitzt,
könnte wohl noch ein wenn auch nicht grosser Münzgewinn erzielt werden.

3.) Der russische Konsul von Bitlis, der unter Überschreitung seiner Machtbefug-
nisse einen, nach anderen Berichten vier kurdische Begs, die bei dem Überfall auf
Bitlis mitbeteiligt waren, also Landfriedensbrecher sind, unter dem Vorwand, sie
seien russische Untertanen, in seinem Hause der türkischen Behörde entzieht, wäre
aufzufordern, diese Schützlinge unverzüglich herauszugeben, widrigenfalls man sie
holen würde. Damit würde den Armeniern neuerdings gezeigt, dass man auch ihre
unversöhnlichsten Feinde, die Kurden, dann, wenn sie im Unrecht sind, nicht zu
schützen gewillt ist.

Unter den Kurden aber würde dieses Vorgehen keinen ungünstigen Eindruck
machen. Denn sie betrachten, wie ich aus mancherlei Äusserungen ersehen habe, die
Begs, die, um sich ihr Leben zu sichern, zu den Russen geflüchtet sind, als veräcbt-
liche Renegaten.

Um sicherlich bei den Kurden, die als tapferes in vieler Beziehung ritterliches und ehrliches Volk viel mehr zu berücksichtigen sind als man dies bisher tut, keinen Anstoss zu erregen, könnte man gleichzeitig einige andere Kurdenbegs, die sich von der Bewegung ferngehalten haben, und deren ich einige zum Teil recht einflussreiche gerne zu nennen bereit bin, mit entsprechenden Belohnungen und Auszeichnungen bedenken.

4.) Die deutsche Mission in Wan und die Deutschen und Österreicher, die in anderen Orten des Gebietes zu erkunden sind, sind aufzufordern, die offiziellen Telegramme, die ihnen übersendet werden müssten, zu verlautbaren und für ihre möglichste Verbreitung zu sorgen. Denn es ist einer der Hauptkniffe der russischen und französischen Vertretung, dass sie den offiziellen Charakter ihrer Mitteilungen dem unbeglaubigten der türkischen ‚Agencen' gegenüberstellen.

Im Übrigen wäre es wünschenswert, überhaupt dort, wo deutsche Missionen bestehen, auch irgend eine Art anderer deutscher Vertretung entstehen zu lassen, die die Wahrung der weltlichen Dinge und damit den richtigen Schutz und die richtige Vertretung der Mission selbst in die Hand nehmen könnte.

Konstantinopel, 19. Oktober 1914 Dr. Victor Pietschmann

Constantinopel 19. X. 1914 Herrn Generalleutnant v. Bronsart
zur gefälligen Kenntnis

Liman v. Sanders [Unterschrift]

25. X. 14. Kenntnis genommen.
v. Bronsart [Unterschrift]"

Dokument 11: Die Vernichtung der armenischen Gemeinschaft in Harput 1915

Text von Hülfsbund-Missionar Johannes Ehmann; siehe S. 422–425.

Dokument 12: Beseitigung der Missionen als Kriegsziel

„Gegen die Missionsgefahr" – ein Artikel von Enver Pascha.[17]

Der pensionierte Generalstabschef Enver Pascha hat zum oben stehenden Thema in der Zeitung *Âti* einen wichtigen Artikel veröffentlicht, von welchem wir [die Redaktion des *Sebîlürreşad*] die folgenden Abschnitte übernehmen:

„In Amerika regiert die protestantische Religion. Der Frage der Religion wird dort eine hervorragende Bedeutung beigemessen. Infolge ihres religiösen Fanatis-

---

17 Erschienen in der osmanischen Zeitschrift *Sebîlürreşad,* Bd. 15, Nr. 366, S. 36 f., Aug. 1334 (1918).

mus mögen die Amerikaner die Muslime grundsätzlich nicht. Offenkundig unter dem Deckmantel politischer Gründe bezichtigen sie daher, angeblich im Namen von Zivilisation und Humanität, die Türken der Grausamkeit und Barbarei. Dabei hegen sie gegen sie eine in ihrer nationalen Mentalität begründete Abneigung.

Während der Kreuzzugsgedanke in Europa heutzutage grösstenteils erloschen ist, lebt er in Amerika in geistiger Hinsicht fort. Wenn es nach den Amerikanern ginge, dann würden sie keinen einzigen islamischen Staat mehr auf der Erde zulassen. Bekanntlich wird dieses religiöse Anliegen in unserer Zeit unter der Bezeichnung ,religiöse Missionen' in die Tat umgesetzt. Die katholischen Missionare besitzen nicht die Anerkennung, die öffentliche Bedeutung und das nationale Sendungsbewusstsein, welches den amerikanischen Missionaren eigen ist. Die amerikanischen Missionare sind die Vorkämpfer und Repräsentanten des ganzen amerikanischen Volkes.

Amerikanische Missionare haben sich schon seit langem still und heimlich, fast ohne dass jemand Notiz davon nahm, in den osmanischen Landen eingenistet. Mit ihren Aktivitäten haben sie in Rumelien und insbesondere in Anatolien begonnen: Die Bulgaren, Armenier, Kurden und Syrer haben sie gegen die Türken aufgestachelt und aufgehetzt beziehungsweise sie protegiert und verteidigt. Die Unterstützung der Armenier durch die Amerikaner ist allen bekannt; weniger bekannt ist das Ausmass ihres Einwirkens auf die Bulgaren und die syrischen Christen. Bei einem Aufenthalt in Amerika sind wir zur Gewissheit gelangt, dass es den Amerikanern gelungen ist, in Amerika gleichsam eine ganze Kolonie aus Syrern zu bilden – um gegen die Türken zu agieren.

Es bedeutet für uns eine überaus grosse Gefahr, dass sich die amerikanische Regierung jetzt im Namen der Freiheit am Weltkrieg beteiligt. Denn der Ehrgeiz Amerikas besteht letztlich darin, uns vom Erdboden zu vertilgen. Und selbst solange sie dazu unfähig sind, werden sie dieses Vorhaben doch keinesfalls aufgeben. Nun gibt es unter uns Leute, die meinen, es sei unsererseits das angemessene Vorgehen, angesichts so einer Lage mit Menschlichkeit, Grosszügigkeit und Höflichkeit zu reagieren, das heisst die Augen zu verschliessen. Aber es muss uns absolut klar sein, dass nichts die Amerikaner von diesen religiösen Anstrengungen abbringen wird. Gleich wie man einen Brand wirksam bekämpfen muss, müssen wir in dieser Hinsicht den Kriegszustand ausnützen und das Interventionsrecht der Amerikaner in unserem Land von Grund auf beseitigen. Wir dürfen uns nicht darüber hinwegtäuschen: Einer der Gründe, der das Volk und die öffentliche Meinung Amerikas in diesen Krieg treibt, ist es, gegen die Türken und Muslime Krieg zu führen, um im Orient das Christentum zu retten.

Vor einiger Zeit sah sich auch Russland hilflos ausländischen und religiösen Missionaren ausgesetzt. Es war gezwungen, gegen diese ein Gesetz zu erlassen, um den ausländischen Missionaren den Zugang zu Sibirien und dem asiatischen Russland zu verwehren. Nach unserer Meinung gibt es auch für uns keine andere Lösung, als so zu handeln. Jedenfalls kann es kein Staat dulden, dass sein Volk in Gotteshäusern, die von fremden Staaten errichtet wurden, durch Vermittlung ausländischer Missionare und Priester Gottesdienst hält. Auch eine schulische Unterweisung kann auf diese Weise nicht stattfinden. Denn die Ausländer können mit ihren Geistlichen nicht nur den Gottesdienst unserer Untertanen gestalten, sondern, ganz nach Wunsch, auch die Söhne unseres Vaterlandes wissenschaftlich und politisch unterweisen. Solche Zustände trifft man jedoch nicht einmal in China an.

In unserer Hauptstadt sollen die Angehörigen fremder Mächte in den von ihnen unter welchen Umständen auch immer gebauten Gotteshäusern mit eigenen Priestern Gottesdienst halten dürfen, aber zu diesen Gotteshäusern sollen unsere Untertanen keinen Zutritt haben. Was Anatolien betrifft, so darf und kann kein fremder Staat das Recht haben, dorthin Missionare zu senden und dort Schulen zu eröffnen. Wie die Russen es in Asien gemacht haben, ebenso ist auch für uns der Zeitpunkt gekommen, Anatolien von fremder Beeinflussung und Einmischung vollständig abzuschnüren. Wenn uns das jetzt nicht gelingt, werden wir es auch in Zukunft nicht schaffen."

Osmanischer Originaltext:
Enver Paşa, „Misyoner Tehlikesine Karşı", *Sebîlürreşad,* Cilt: 15, Sayı: 366, Sayfa: 36–37, 8. 1334

Mütekâ'id erkân-ı harbiye feriki Enver Paşa bu mevzu' hakkında „Âti" gazetesinde mühim bir makale neşr etmişlerdir ki bazı fıkralarını ber vech-ı âti nakl ediyoruz:

„Amerika'da protestan dini hüküm sürer ve din meselesine burada pek ehemmiyet verilir. Amerikalılar esasen müslümanları ta'assub-u dinîlerinden dolayı sevmedikleri halde, zâhiren esbâb-i siyasiye perdesi arkasından ve gûya medeniyet ve insaniyet nâmına Türklere zulüm ve vahşiyet isnâd ederler ve anlardan bir fikr-i millî olmak üzere teneffür eylerler.

Ehl-i salip mesele-i kadimesi zamanımızda Avrupa'da ekser-i evkat sönmüş bir halde bulunduğu halde Amerika'da öteden beri ma'nen devam eylemiş ve eylemektedir. Amerikalılara kalsa, dünya yüzünde hiç bir hükûmet-i islamiye bırakmazlar. Ma'lum olduğu üzere bu mesele-i diniye zamanımızda ‚dinî misyonlar' namı tahtında ‚misyonerler' tarafından mevki'-i tatbik ve icraya konulmaktadır; fakat Amerika misyonerlerinin mâlik oldukları resmiyet ve ehemmiyet ve hususiyle sanat-ı milliyeyi katolik misyonleri ha'iz değildir. Amerika misyonerleri bütün Amerikan milletinin mücahid ve mümessilleridirler.

Amerika misyonerleri öteden beri memalik-i osmaniyeye sessizce ve hemân kimsenin haberi olmaksızın yerleşmişler, Rum İli ve hususiyle Anatolıda sarf-i mesâ'iye başlamışlar ve Türklere karşı Bulgarları, Ermenileri, Kürdleri ve Suriyeleri tahrik ve teşvik veya sıyanet ve himaye etmişlerdir. Amerikanların Ermenilere olan muzâheretleri herkesçe ma'lum ise de Bulgarlar ile Suriye hıristiyanlarına olan derece-i nüfûzları o derece ma'lum değildir. Amerikalılar Suriyelerden, Türklerin aleyhinde bulunmak üzere, Amerika'da âdeta bir koloni teşkîline muvaffak olmuşlardır ki bunların her bir haline Amerika'da iken tarafımızdan vukûf-ı tamm hâsıl olmuştur.

Şimdi ise Amerika hükümeti hürriyet namına harb-i umûmiye dahil olmuş bulunuyor ki bu bizim için en büyük bir tehlikedir. Çünkü Amerikalıların netice-i âmâli bizi yeryüzünden kaldırmaktır. Ve bu da'vâlarından âciz kalmadıkça kat'îyen vazgeçmezler. İmdi bu hale karşı tarafımızdan insaniyet, lütf ve nezâket ile mukâbele edilmek usulunu ya'ni göz kapamağı muvâfık hal ve maslahat görenlerimiz vardır; fakat kat'îyen emin olmalıyız ki Amerikalıları böyle dinî teşebbüslerinden hiç bir şey vazgeçirmez ve mesela bir yangına karşı nasıl maddeten mukabele olunmak lazım gelir ise, bizim dahi o yolda harb-i umumî zamanından bilistifade Amerikalıların memâlikimize hakk-ı müdahelelerini esasından kaldırmamız lazım gelir. Emin olmalıyız ki Amerika halkını ve efkâr-ı milliyesini bu harb-i umûmiye sevk eden esbâbdan biri, Türkler ve müslümanlar aleyhinde harb etmek ve şarkta hıristiyanlığı kurtarmaktır.

Bir vakit Rusya devleti dahi dinî ve ecnebi misyonerlerden aciz kalarak, onlara karşı bir kanun te'sisine mecbur olmuş ve Sibirya ile Asya Rusyasında ecnebi misyonerlerini bu suretle men' eylemiştir. Fikirimizce biz de dahi bu yolda hareket etmekten başka çare yoktur. Zaten hiç bir devlet kendi ahâlisini bir ecnebi devleti tarafından te'sis edilen ma'bedlerde gönderdiği ecnebi rahibleri vasıtasıyla ibadet ettirmeğe muvâfakat etmez. Tedrisat dahi bu yolda vuku bulamaz. Birde ise ecnebiler kendi teba'amıza rahipler ile icra-yı ayin ettirebildikten başka arzu ettikleri tarzda evlâd-ı ve vatanımıza ulûm ve efkâr-i siyasiye de tedris edebilirler. Halbuki bu gibi ahvale Çinde bile tesadüf edemez.

Payıtahtımızda hükûmât-i ecnebiye her nasılsa inşa etmiş oldukları ma'bedlerinde kendi teba'asına kendi rahipler ile icra-ı ayin ettirebilir, fakat bu ma'bedlere teba'aımız giremez. Anatolıya gelince: hiç bir hükümet-i ecnebiyenin misyonerler göndermeğe ve bu kıt'ada mektepler açmağa hakkı yoktur ve olamaz. Rusların Asya'da yaptıkları gibi bizim dahi Anatoluyu ecnebi nüfûz ve müdahalesinden kat'iyen tecrid etmemiz zamâni gelmiştir ve buna şimdi muvaffak olamaz isek ileride hiç olamayız."

Statistiken

Statistik des ABCFM

Tab. 8: *Eastern Turkey Mission* des ABCFM, 1860– 1913

Jahr	1860	1861	1862	1863	1864	1865	1866	1867	1868	1869
Missionare	24	25	24	25	21	20	17	24	33	32
Einheimische Mitarb.	59				74	80	92	130	148	137
Protestanten					3'000		3'600		4'796	5'072
Kirchenangehörige	154	280	344	353	403			600	697	755
Schüler total	647	1141	972	1'108		1'664			2'276	2'558
– Primarschüler	628	1141	948	1'060		1'600			2'169	2'462
– Höhere Ausbildung					83	64		74	107	96
– Knaben	19		24	48	47	22		34	48	50
– Mädchen					36	42		40	59	46

Jahr	1870	1871	1872	1873	1874	1875	1876	1877	1878	1879
Missionare	34	31	33	30	34	35	34	36	33	37
Einheimische Mitarb.	181			186	220		198	212	186	199
Protestanten	6'076	6'727	6'686	7'023	7'481				9'477	
Kirchenangehörige	863	1'030	1'181	1'279	1'446	1'567	1'589	1'801	1'804	1'802
Schüler total		3'032	3'137	3'196	4'772	3'694	4'407	4'639	42'61	3'895
– Primarschüler		2'903	2'983	3'072	4'598	3'582	3'631	3'874	3'582	3'630
– Höhere Ausbildung	90	129	154	124	174	112	185	179	205	265
– Knaben	39	62	70	47	81	40	91	90	97	147
– Mädchen	51	67	84	77	93	72	94	89	108	118

Jahr	1880	1881	1882	1883	1884	1885	1886	1887	1888	1889
Missionare	38	40	43	44	38	40	42	42	41	47
Einheimische Mitarb.	214	212	276	239	208	232	209	252	296	279
Protestanten	11'749									
Kirchenangehörige	1'806	1'897	2'579	2'201	2'217	2'219	2'203	2'304	2'542	2'686
Schüler total	5'449	5'308	7'400	5'659	4'886	5'367	6'113	6'215	6'392	6'733
– Primarschüler	4'404	4'936	5'475	4'510	4'352	4'320	5'018	4'675	5'261	5'018
– Höhere Ausbildung	301	372	978	599	534	556	616	967	747	1'086
– Knaben	154	223	580	389	330	378	419	789	534	669
– Mädchen	147	149	398	210	204	178	197	178	213	417

Tab. 8: *Eastern Turkey Mission* **des ABCFM, 1860– 1913 (Fortsetzung)**

Jahr	1890	1891	1892	1893	1894	1895	1896	1897	1898	1899
Missionare	53	52	49	49	50	47	45	42	42	34
Einheimische Mitarb.	298	323	312	315	304	308	295	295	254	253
Protestanten										
Kirchenangehörige	2'807	2'718	2'879	2'835	2'702	3'107			2'413	2'515
Schüler total	7'950	7'436	7'767	7'975	8'030	7'822			8'654	7'577
– Primarschüler	6'237	5'866	6'122	6'370	6'431	6'232			7'698	
– Höhere Ausbildung	728	681	716	582	683	584			423	747
– Knaben	534	488	533	380	434	364			124	465
– Mädchen	194	193	183	202	249	220			299	282

Jahr	1900	1901	1902	1903	1904	1905	1906	1907	1908	1909
Missionare	36	43	42	42	42	46	44	48	51	45
Einheimische Mitarb.	266	274	202	276	261	262	262	228	205	337
Protestanten										
Kirchenangehörige	2'547	2'454	1'965	2'529	2'829	2'987		3'170	2'436	3'006
Schüler total	8'035	7'389	5'632	6'845	6'854	6'932		6'174	4'531	8'005
– Primarschüler	3'136	6'056	4'347	5'828	5'797	6'045		5'367	3'780	6'962
–Höhere Ausbildung	478	946	1'185		958	887		807	751	1'043
– Knaben	233									
– Mädchen	245									

Jahr	1910	1911	1912	1913
Missionare	46	48	47	47
Einheimische Mitarb.	304	315	288	352
Protestanten				
Kirchenangehörige	3'050	3'335	2'719	3'098
Schüler total	*8'272*	8'519	*7'589*	7'575
– Primarschüler	7'400	7'721		6'429
– Höhere Ausbildung	678	798		1'146

Quelle: Gemäss den Jahresübersichten im MH zu Beginn des jeweiligen Folgejahres. Alle westlichen Mitarbeiterinnen und Mitarbeiter sind unter „Missionare" aufgeführt. Unter „Primarschüler" wurden auch Erwachsenenkursteilnehmer gerechnet. Mit „höhere Ausbildung" ist die Ausbildung von der Sekundarschule bis zum *college* gemeint. Kursive Zahlen sind durch den Autor kalkuliert.

Tab. 9: *Central Turkey Mission* des ABCFM, 1877– 1913

Jahr	1877	1878	1879	1880	1881	1882	1883	1884	1885	1886
Missionare	18	20	20	26	29	26	24	25	25	26
Einheimische Mitarb.	76	87	92	97	120	114	116	116	116	136
Protestanten										
Kirchenangehörige	2'210	2'606	2'611	2'830	2'880	2'973	3'064	3'184	3'400	3'567
Schüler total	2'349	2'497	2'618	2'765	3'652	3'652	2'916	3'171	3'425	3'832
– Höhere Ausbildung		56	128	145	292	292	201	231	325	425
– Knaben	20	23	73	65	205	205	104	153	245	267
– Mädchen	60	33	55	80	87	87	97	78	80	158

Jahr	1887	1888	1889	1890	1891	1892	1893	1894	1895	1896
Missionare	27	26	28	26	28	25	25	28	29	26
Einheimische Mitarb.	136	160	153	157	159	148	176	180	183	176
Protestanten		17'056	16'425	16'061	15'600	15'596	15'219	15'249	15'374	
Kirchenangehörige	3'740	4'050	4'188	5'055	5'031	5'091	5'098	4'927	5'124	5'178
Schüler total	3'883	4'448	3'852	5'544	4'376	4'562	5'161	4'991	5'137	5'289
– Höhere Ausbildung	417	291	362	467	382	532	618	705	630	817
– Knaben	275	96	201	257	166	317	371	430	330	482
– Mädchen	142	195	161	210	216	215	247	275	300	335

Jahr	1897	1898	1899	1900	1901	1902	1903	1904	1905	1906
Missionare	24	25	28	31	31	29	28	29	32	27
Einheimische Mitarb.	202	235	236	267	236	240	256	264	290	325
Protestanten	16'551	17'227	18'990	19'268	19'261	18'904	20'263	20'263	21'487	19'925
Kirchenangehörige	4'929	5'374	5'890	6'005	6'337	6'720	6'453	6'969	6'943	6'697
Schüler total	7'531	7'190	7'109	7'506	6'963	6'664	7'062	8'211	6'863	7'179
– Höhere Ausbildung	459	509	871	856	1'173	916	723	1'370	1'416	1'243
– Knaben	196	311	386	336						
– Mädchen	263	198	485	520						

Jahr	1907	1908	1909	1910	1911	1912	1913
Missionare	29	32	34	34	35	38	39
Einheimische Mitarb.	279	340	301	320	367	309	362
Protestanten	18'189	19'010	19'977	15'228	18'582	21'312	21'762
Kirchenangehörige	6'224	7'133	6'538	5'561	6'542	6'838	6'835
Schüler total	6'403	7'357	6'362	7'045	7'977	7'478	7'478
– Höhere Ausbildung	1'265	1'419	1'159	1'673	2'025	1'815	2'107

Quelle: Siehe Tab. 8.

Tab. 10: *Western Turkey Mission* **des ABCFM, 1877– 1913**

Jahr	1877	1878	1879	1880	1881	1882	1883	1884	1885	1886
Missionare	61	62	65	66	68	66	61	65	64	65
Einheimische Mitar.b.	213	219	123	198	219	211	235	239	232	268
Protestanten										
Kirchenangehörige	1'429	1'509	1'691	1'747	1'796	1'938	1'806	1'966	2'196	2'558
Schüler total	4'353	4'430	4'683	4'298	4'986	5'137	5'512	5'145	5'559	5'839
– Höhere Ausb.	330	327	422	516	619	606	694	769	843	848
–Knaben	75	77	112	191	247	283	318	300	357	402
–Mädchen	255	250	310	325	372	323	376	469	486	446

Jahr	1887	1888	1889	1890	1891	1892	1893	1894	1895	1896
Missionare	66	64	71	75	77	77	76	75	76	74
Einheimische Mitarb.	268	283	280	281	296	299	309	307	309	309
Protestanten		12'802	11'569	11'485	12'292	13'996	14'414	15'050	14'198	
Kirchenangehörige	2'574	2'648	2'967	3'118	3'346	3'538	3'751	3'852	3'604	
Schüler total	6'267	6'269	6'282	6'119	6'326	5'791	6'659	6'865	6'853	6'833
– Höhere Ausb.	936	856	866	872	937	992	1'122	1'105	1'220	1'423
– Knaben	504	470	474	399	417	450	526	508	534	564
– Mädchen	432	386	392	473	520	542	596	597	686	859

Jahr	1897	1898	1899	1900	1901	1902	1903	1904	1905	1906
Missionare	73	76	66	70	73	74	75	82	83	85
Einheimische Mitarb.	309	306	341	311	340	369	376	466	404	400
Protestanten	15'000	[1]15'000	14'214	13'085	16'538	16'000	16'202	17'402	16'203	16'639
Kirchenangehörige		3'763	3'905	3'557	4'261	4'440	4'427	4'543	4'612	4'892
Schüler total	7'091	6'705	7'666	6'369	7'238	7'213	7'370	8'142	8'357	8'143
– Höhere Ausb.	1'501	1'155	1'451	1'288	1'756	1'316	1'312	2'012	2'020	2'054
– Knaben	601	634	806	635						
– Mädchen	900	521	645	653						

Jahr	1907	1908	1909	1910	1911	1912	1913
Missionare	86	84	76	79	84	81	76
Einheimische Mitarb.	424	405	407	408	418	450	450
Protestanten	16'876	17'111	16'550	16'771	16'623	16'131	16'131
Kirchenangehörige	4'816	4'771	4'630	4'704	4'750	4'384	4'384
Schüler total	8'347	8'126	8'002	8'529	9'017	9'056	9'427
– Höhere Ausb.	2'218	2'217	2'026	1'895	2'274	2'342	2'835

1   Schätzung im Original.

Quelle: Siehe Tab. 8.

Statistik der jesuitischen Armenienmission

Tab. 11: Die Schü lerschaft der Jesuitenmission, 1886– 1914

	Adana	Amasya	Kayseri	Dörfer Merzifon	Sivas	Tokat	Total
1886 (Gesamttotal)							550
189/91 (Gesamttotal)							1'250
1895/96 (Gesamttotal)							1'700
1900/01 (Total)	464	241	705	307	744	450	2'911
1901/02 (Total)	590	370	736	380	667	424	3'177
1902/03 (Total)	650	470	831	574	804	460	3'789
1903/04 (Gesamttotal)							3'800
1904/05							
Total	928	562	581	545	[1]779	641	[2]4'032
Knaben	450	275	185	265	417	212	1'804
Mädchen	[3]478	287	396	280	356	429	2'226
Kostenpflichtige Schule							
Knaben	198	70	25	10			303
Mädchen	110	32	34		24	94	294
Kostenlose Schule							
Knaben	252	205	160	255	417	212	1'501
Mädchen	355	255	362	280	332	335	1'919
1905/06							
Total	691	532	615	661	832	643	[4]3'974
Knaben	279	242	198	300	438	222	1'679
Mädchen	412	290	417	[5]361	394	421	2'295
Kostenpflichtige Schule							
Knaben	131	81		60			272
Mädchen	107	24	65	23	28	131	378
Kostenlose Schule							
Knaben	148	161	198	240	438	222	1'407
Mädchen	305	266	352	338	366	290	1'917

1 Rechnerisch ergäbe sich 773.
2 Vorfehler durch falsche Addition im Original um 4 verkleinert.
3 Rechnerisch ergäbe sich 465. Eine Abweichung um 13 daher auch im Mädchen-Total.
4 Die in der Vorlage angegebene Zahl 3'785 scheint auf einem Rechenfehler zu beruhen.
5 Korrigiert aus falsch gerechneten 341.

Tab. 11: Die Schülerschaft der Jesuitenmission, 1886– 1914 (Fortsetzung)

	Adana	Amasya	Kayseri	Dörfer	Merzifon	Sivas	Tokat	Total
1906/07								
Total	896	458	596		692	791	648	4'081
Knaben	421	279	174		303	415	246	1'838
Mädchen	475	179	422		389	376	402	2'243
Kostenpflichtige Schule								
Knaben	211	100			68		15	394
Mädchen	131	30	76		51	35	131	454
Kostenlose Schule								
Knaben	210	179	174		235	415	231	1'444
Mädchen	344	149	346		338	341	271	1'789
1907/08								
Total	709	478	[6]574		560	805	671	3'797
Knaben	348	304	120		241	409	280	1'702
Mädchen	461	174	335		319	396	391	2'076
Kostenpflichtige Schule								
Knaben	163	136	47		54	19	29	448
Mädchen	147	41	72		54	46	147	507
Kostenlose Schule								
Knaben	185	168	[7]73		187	390	251	1'254
Mädchen	314	133	263		265	350	244	1'569
1908/09								
Total	838	545	572		538	791	557	3'841
Knaben	364	287	189		[8]210	406	253	1'709
Mädchen	474	258	383		328	385	304	2'132
Kostenpflichtige Schule								
Knaben	233	109	117		70	55	31	615
Mädchen	172	67	72		66	56	132	565
Kostenlose Schule								
Knaben	131	178	72		145	351	222	1'099
Mädchen	302	191	311		262	329	172	1'567

6 Rechnerisch 555.
7 Diese Zahl wie die 263 für die Mädchen ist rechnerisch ermittelt, da in der Vorlage fälschlicherweise die gleichen Zahlen wie die des Subtotals (120 und 335) eingesetzt sind.
8 215 wäre rechnerisch richtig.

Tab. 11: Die Schülerschaft der Jesuitenmission, 1886–1914 (Fortsetzung)

	Adana	Amasya	Kayseri	Dörfer	Merzifon	Sivas	Tokat	Total
1909/10								
Total	734	⁹588	650		533	1'051	637	4'193
Knaben	232	323	252		217	514	270	1'808
Mädchen	502	¹⁰265	398		316	537	367	2'385
Kostenpflichtige Schule								
Knaben	202	123	¹¹100		47	87	59	618
Mädchen	148	55	72		50	80	120	525
Kostenlose Schule								
Knaben	30	200	152		170	427	211	1'190
Mädchen	354	210	326		266	457	247	1'860
1910/11								
Total	993	617	611	¹²175	694	1'126	637	4'853
Knaben	404	318	209	¹³(130)	320	597	298	2'276
Mädchen	589	299	402	(55)	374	529	339	2'587
Kostenpflichtige Schule								
Knaben	286	120	118		97	136	77	834
Mädchen	238	72	85		72	103	146	716
Kostenlose Schule								
Knaben	118	198	91	(130)	¹⁴223	461	221	1'442
Mädchen	351	¹⁵227	317	(55)	302	426	193	1'871
1911/12								
Total	1'064	734	648	225	743	1'236	697	5'347
Knaben	433	304	226	(160)	360	670	313	2'466
Mädchen	631	430	422	(65)	383	566	384	2'881
Kostenpflichtige Schule								
Knaben	328	108	129		128	152	120	965
Mädchen	248	113	90		77	93	156	777
Kostenlose Schule								
Knaben	105	196	97	(160)	232	518	193	1'501
Mädchen	383	317	332	(65)	306	473	228	2'104

9 Korrigiert aus rechnerisch ganz falschen 703. In dieser Kolonne sind zwei grobe Fehler. Das Total ist entsprechend korrigiert (Gesamttotal 4'193 anstatt 4'303).

10 Korrigiert aus 242.

11 Ich habe das Knabentotal von 252 proportional zur Aufteilung anderer Jahre auf die beiden Schulen aufgeteilt (100 + 152), da diese Zahlen in der Vorlage fehlen.

12 Korrigiert aus 125.

13 Die Aufteilung der GesamtdorfschülerInnenzahl – die Vorlage gibt nur diese an – auf die Geschlechter habe ich in ungefähr Proportionalität zu den Werten von 1912/13 vorgenommen, um die Entwicklung der Gesamtmädchen- und -knabenzahlen besser untersuchen zu können.

14 Korrigiert aus 233.

15 Korrigiert aus 267.

Tab. 11: Die Schülerschaft der Jesuitenmission, 1886–1914 (Fortsetzung)

	Adana	Amasya	Kayseri	Dörfer	Merzifon	Sivas	Tokat	Total
1912/13								
Total	1'088	828	666	378	842	1'243	695	5'740
Knaben	456	311	222	269	460	685	300	2'703
Mädchen	632	517	444	109	382	558	395	3'037
Kostenpflichtige Schule								
Knaben	348	115	151		150	160	140	1'064
Mädchen	261	133	93		92	83	170	832
Kostenlose Schule								
Knaben	108	196	71	269	310	525	160	1'639
Mädchen	371	384	351	109	290	475	225	2'205
1913/14								
Total	1'178	595	725	332	867	1'166	706	5'569
Knaben	533	226	243	201	451	600	274	2'528
Mädchen	645	369	482	131	416	566	432	3'041
Kostenpflichtige Schule								
Knaben	370	106	166		180	160	155	1'137
Mädchen	255	96	108		130	103	174	866
Kostenlose Schule								
Knaben	163	120	77	201	271	440	119	1'391
Mädchen	390	273	374	131	286	463	258	2'175

Quelle: AFCJ Arménie Coll. Prat 28/1, S. 380 f. und (für 1911–1914) S. 941. Es gibt einige Unstimmigkeiten. Es handelt sich in der Regel um kleine Abweichungen (unter 20); auf grössere weise ich besonders hin (siehe oben, Anm. 1–15).

Tab. 12: Die Schülerschaft der Jesuitenmission, 1914[1]

a) Knaben

	Adana	Amasya	Kayseri	Dörfer[2]	Merzifon	Sivas	Tokat	Total
Gesamttotal	533	226	243	201	451	600	274	2'528
Mit Franz.-Unterricht	500	226	243	201	451	420	224	2'265
Alte Schüler	479	186	190		401	510	200	
Neue Schüler	54	40	53		50	90	74	
Collège[3]								
Interne	67		24			1	32	124
Externe	303	106	166		180	159	123	1'013
Total	370	106	166		180	160	155	1'137
Kostenlose Schule								
Interne	1						2	3
Externe	162	120	77	201	271	440	117	1'388
Total	163	120	77	201	271	440	117	1'391
Religionen								
Katholiken	97	20	4	53	53	42	61	410
Nichtkath. Christen	407	202	235	145	398	553	204	2'064
Israeliten (Juden)	5						5	10
Muslime	24	4	4	3		5	4	44
Klassenzahl	14	14	12	5	13	14	12	84
Lehrkräfte								
Missionsinterne	8	4	4	5	3	4	3	31
Missionsexterne[4]	18	12	11	7	15	13	11	87
Schulbeiträge (Francs)	12'000	2'000	2'300		4'000	4'800	2'000	27'100
Hilfslehrerlöhne (Francs)								45'450

1 Inklusive Angaben zu Geschlecht und Religion. AFCJ Arménie Coll. Prat, vol. 28, Bd. 1, S. 977 bis 979 (Schreibmaschinendurchschläge). Die Statistik begleitet folgender Kommentar wahrscheinlich des Missionssuperiors d'Autume an seinen Vorgesetzten, den *Provincial* Chanteur (S. 981): „La présente statistique complète le rapport remis le 7 janvier 1914 à Monsieur le Chanoine Lagier [Vizedirektor des ŒO] à son passage par Constantinople. Les chiffres se sont un peu relevées, car c'est en mars et avril que nos écoles atteignent leur maximum de présence, bientôt après le nombre des élèves diminue graduellement, surtout dans les écoles gratuites et dans les villages. Les écoles des Sœurs de Saint Joseph de Lyon à Adana et à Amasia ne reçoivent pas d'allocation spéciale de l'Œuvre d'Orient. […] L'école d'Amasia a souffert cette année une véritable persécution de la part des Arméniens grégoriens, jaloux de voir les enfants des meilleures familles venir demander l'instruction chez les Sœurs françaises. Elle a perdu de ce chef un bon nombre de ses élèves et a dû faire de nombreuses réductions sur les écolages des enfants restées fidèles à leur école catholique. C'est à développer de plus en plus chez nos enfants un esprit catholique avant tout, que travaillent les Sœurs Oblates de l'Assomption dans nos écoles de Marsivan et de Tokat, aussi serions-nous grandement reconnaissant si l'Œuvre des Ecoles d'Orient pouvait ajouter ces deux écoles à la liste déjà bien longue de celles qu'elle subventionne si généreusement. Ces Sœurs souffrent du manque de vocations et doivent recourir à des maîtresses indigènes pour les suppléer, ce qui augmente d'autant plus les frais supplémentaires."

2 Gemeint sind die Dörfer zwischen Kayseri und Sivas, wo der Pater Gransault arbeitete.

3 Bei den Knaben ist die kostenpflichtige Schule mit dem *collège* gleichzusetzen.

4 *Professeurs Missionnaires – Professeurs laïques.*

Tab. 12: Die Schülerschaft der Jesuitenmission, 1914 (Fortsetzung)

b) Mädchen

	Adana	Amasya	Kayseri	Dörfer	Merzifon	Sivas	Tokat	Total
Gesamttotal	645	369	482	131	416	566	432	3'041
Mit Franz.-Unterricht	545	177	210	60	214	358	326	1'890
Alte Schülerinnen	600	257	419		385	418	384	
Neue Schülerinnen	45	112	53		31	148	48	
Kostenpflichtige Schulen								
Interne	55		3					58
Externe	200	96	105		130	103	174	808
Total	255	96	108		130	103	174	866
Kostenlose Schule								
Interne	15		8			2	1	26
Externe	375	273	368	131	286	461	257	2'149
– im Ouvroir		(9)	(12)			(20)	(?)	
Total	390	273	374	131	286	463	258	2'175
Religionen								
Katholiken	174	22	78	35	32	45	59	445
Nichtkath. Christen	451	336	403	96	383	518	361	2'548
Israeliten	11						11	22
Muslime	9	11	1		1	3	1	26
Klassenzahl	14	12	11	5	10	9	11	72
Lehrkräfte								
Missionsinterne	26	11	12		10	10	10	79
Missionsexterne[5]	4	6	6	5	6	6	8	40
Schulbeiträge (Francs)	4'500	660	920		575	810	1'720	9'185
Durch die Mission (= JMA?) beigesteuerte Summe für den Unterhalt der Schwestern								22'449

5 *Maîtresses religieuses – Maîtresses laïques.*

Quelle: Siehe Anm. 1, S. 573.

Statistik der Deutschen Orient-Mission in Urfa, 1900–1920

Tab. 13: Gesamtpatientenstatistik der medizinischen Arbeit der DOM in Urfa

1900[1]	Total	Christ	Muslim	Jude	Mann	Frau	Kind	Türke	Kurde	Araber	Andere[2]
Spital	20	17	3						3		
1901											
Spital	33	27	6					1	3	2	
1902											
Spital	100	66	34					10	11	12	1 I.
1903											
Spital	73	48	25					10	6	9	
1904											
Spital	93	50	43					11	18	14	
1905											
Spital	113	67	46					10	30	6	

1906[3]	Total	Christ	Muslim	Jude	Mann	Frau	Kind	Türke	Kurde	Araber	Andere[2]
Patienten	[4]3'619	2'629	959	31							2 I.
Spital	160	105	52	3				14	20	17	2 I.
Ambul.[5]	3'459	2'524	907	28							
Gratis	3'178	2'429	749								
Zahlend	253	95	158								
Operiert	460	302	158								

1907	Total	Christ	Muslim	Jude	Mann	Frau	Kind	Türke	Kurde	Araber	Andere[2]
Patienten	3'899	2'841	1'058								
Spital	188	121	67					17	30	20	
Ambul.	3'711	2'720	991								
Gratis	3'406	2'581	825								
Zahlend	305	139	166								
Operiert	439	291	148								

1 Nach den Angaben in CO 1908, S. 34.
2 Abkürzung: I. = Inder.
3 Die Zahlen zu 1906 f. in CO 1908, S. 15, 34, 72 f., weichen geringfügig voneinander ab.
4 Nicht eingerechnet sind die 700 in Diyarbakır ambulant behandelten Patienten.
5 Ambulatorium („Sprechstunde").

Tab. 13: Gesamtpatientenstatistik der medizinischen Arbeit der DOM in Urfa (Fortsetzung)

1908/09[6]	Total	Christ	Muslim	Jude	Mann	Frau	Kind	Türke	Kurde	Araber	Andere[7]
Patienten	[8]3'811	2'414	1'151	36							6 Z.
Spital	[9]177	[10]101	74	1				20	31	23	1 Z.
Ambul.	[11]3'634	2'313	1'077	35	[12]1'308	1'259	1'067				5 Z.
Gratis	3'134	2'238	860	31							5 Z.
Zahlend	296	[13]75	217	4				72	93	52	
Operiert	452	267	182	2				68	67	47	1 Z.

1909/10[14]	Total	Christ	Muslim	Jude	Mann	Frau	Kind	Türke	Kurde	Araber	Andere[7]
Total	4'266	3'120	1'129		1'507	1'405	1'354	389	444	196	17
Spital	[15]281	179	102		144	91	46	29	52	21	
Gratis	106										
Zahlend	76										
Teilzahlend	74										
Privatzr.[16]	25										
Ambul.	3'985	2'941	1'027		1'363	1'314	1'308	360	392	175	2
Gratis	3'514	2'811	689	12	1'094	1'202	1'218	242	264	83	2 Z.
Zahlend	471	130	338	3	269	112	90	118	128	92	
Operiert	737	526	211					74	33	104	

6 Sept. 1908–Juli 1909, CO 1909, S. 168–173. „Während der heissesten Monate, von Mitte Juli bis zur zweiten Septemberwoche, wird bekanntlich das Spital geschlossen, nachdem schon Anfang Juli die Sprechstunden und die Operationen eingestellt worden sind." CO 1913, S. 13.

7 Abkürzung: Z. = Zigeuner.

8 Die Patientenzahl ergibt sich aus der Summe der Patienten im Spital und im Ambulatorium. Rechnerisch stimmt sie oft nicht ganz.

9 Von Urfa 102, von auswärts 75.

10 Davon 75 Armenier, 19 Syrer, 5 Europäer, 2 Griechen.

11 Diese Zahl ergibt sich als Summe der männlichen und weiblichen Patienten; sie stimmt fälschlicherweise nicht mit der Summe der zahlenden und nichtzahlenden Patienten überein.

12 Zwecks besserer Übersicht habe ich die in der Zahl der Männer (1858) und Frauen (1776) enthaltenen 1'067 Kinder unter 15 Jahren in etwa proportional zum Nachjahr subtrahiert.

13 Davon 59 Armenier, 5 Syrer, 1 Grieche.

14 Sept. 1909–Juli 1910, CO 1910, S. 159–168. – Apotheke: 7'334 Rezepte ausgeführt, 4'761 bezahlte, 2'151 unentgeltliche; Gesamteinnahmen 22'074 Aleppo-Piaster; pro 1 Rezept ≈ 3 Piaster (≈ 50 Pfennig).

15 Davon von Urfa 157, von auswärts 124.

16 „Die Hoffnung auf Privatpatienten hat sich erfüllt. Schon dieses Jahr machten 25 Kranke von der Gelegenheit Gebrauch, ein besonderes Zimmer zu bewohnen und damit die Möglichkeit zu haben, den ganzen Tag, sofern es der Gesundheitszustand gestattete, von ihren Angehörigen umgeben zu sein. Die höhere Taxe, die sie zahlten, kam der Spitalkasse zugute." A. Vischer in CO 1910, S. 160.

Tab. 13: Gesamtpatientenstatistik der medizinischen Arbeit der DOM in Urfa (Fortsetzung)

1910/11[17]	Total	Christ	Muslim	Jude	Mann	Frau	Kind	Türke	Kurde	Araber	Andere[18]
Total	4'173	3'250	918	6				436	374	104	4
Spital	240	156	84					23	46	14	1 P.
Gratis	124										
Zahlend	64										
Teilzahlend	39										
Privatzr.	13										
Ambul.	3'933	3'094	834	6				413	328	90	3
Gratis	3'596	3'017	574	5				317	204	52	1 Ç.
Zahlend	337	77	[19]260	1				96	124	38	2 P.
Operiert	536										

1911/12[20]	Total	Christ	Muslim	Jude	Mann	Frau	Kind	Türke	Kurde	Araber	Andere*
Total	5'069	3'945	1'110	16	1'615	1'831	1'623				14
Spital	[21]307	210	97		160	99	48	28	54	15	–
Gratis	157										
Zahlend	67										
Teilzahlend	46										
Privatzr.	37										
Ambul.	4'762	3'735	1'013		1'455	1'732	1'575				
Gratis	4'419	3'659	746	14	1'237	1'654	1'528				
Zahlend	[22]343	76	267		218	78	47				
Operiert	[23]801	582	217	2	303	218	280	74	112	31	

17 „Arbeitsjahr 1910/11" (Sept. 1910–Juli 1911), CO 1912, S. 100–102. – Apotheke: 7'026 Rezepte ausgeführt, 4'479 bezahlte, 2'547 unentgeltliche; Gesamteinnahmen 18'797 Aleppo-Piaster (2'765 Mark).

18 Abkürzungen: Ç. = Tscherkesse, P. = Perser.

19 Korrigiert aus rechnerisch unrichtigen 259.

20 Sept. 1911–Juli 1912, CO 1913, S. 13–18. – Apotheke: 7'969 Rezepte ausgeführt, 5'290 bezahlte, 2'679 unbezahlte; Durchschnittspreis pro Rezept: 2,75 Aleppo-Piaster (1 Mark = 6,8 Piaster), Gesamteinnahmen aus den Rezepten 22'320 Piaster.

21 Von Urfa 153, von auswärts 154.

22 Von Urfa 141, von auswärts 202.

23 Davon 350 Augenoperationen.

Tab. 13: Gesamtpatientenstatistik der medizinischen Arbeit der DOM in Urfa
(Fortsetzung)

1912/13[24]	Total	Christ	Muslim	Jude	Mann	Frau	Kind	Türke	Kurde	Araber	Andere[25]
Total	5'533	4'439	1'081	13	1'768	1'856	1'909				
Spital	[26]337	242	95		172	102	63	40	42	13	
Gratis	167										
Zahlend	67										
Teilzahlend	61										
Privatzr.	42										
Ambul.	5'196	4'197	986	13	1'596	1'754	1'846				
Gratis	4'735	4'018	706	11	1'334	1'650	1'751				
Zahlend	461	179	280	2	262	104	95				
Operiert	1'186	698	485		649	455	82	233	208	40	4 I.
DOM-Spital	779	542	237		397	300	82	124	97	16	
Türk. Sp.[27]	[28]407	156	248		252	155		109	111	24	4 I.

1913/14[29]	Total	Christ	Muslim	Jude	Mann	Frau	Kind	Türke	Kurde	Araber	Andere[25]
Total	5'562	4'253	1'297	13	[30]1'897	2'013	1'652				16
Spital	339	217	120	2	193	110	36	40	60	19	1 Ç.
Gratis	124										
Zahlend	98										
Teilzahlend	64										
Privatzr.	53										
Ambul.	[31]5'223	4'036	1'277	11	1'704	1'903	1'616				2
Gratis	4'647	3'846	791	11	1'384	1'773	1'490				
Zahlend	[32]576	190	[33]386		320	130	126	176	169	39	[34]2
Operiert	[35]845										

24 Sept. 1912–Juli 1913, CO 1913, S. 157–170. – Apotheke: 8'085 Rezepte abgegeben, 5'856 bezahlte, 2'229 unentgeltliche; Gesamteinnahmen 24'151,05 Aleppo-Piaster (6,8 Piaster = 1 Mark). – Zahl der zu Hause besuchten Patienten (nach MüA 1923, S. 272): 13'795.

25 Abkürzungen: I. = Inder, Ç. = Tscherkesse.

26 Von Urfa 205, von auswärts 132.

27 Dr. A. Vischer wurde im Sommer 1912 zum chirurgischen Leiter des türkischen Krankenhauses ernannt (CO 1913, S. 26 f.).

28 Nur die von Dr. Andreas Vischer geleiteten Operationen sind gerechnet.

29 Herbst 1913 bis Herbst 1914, CO 1915, S. 3–6. – Apotheke: 6'172 Rezepte abgegeben, 4'228 bezahlte, 1'944 unentgeltliche; Durchschnittseinnahme pro Rezept: 3 Piaster 18 Para.

30 Von Urfa 226, von auswärts 350. – Die Zahlen der zahlenden ambulanten Patienten nach Geschlecht fehlen. Ich habe sie proportional zum Vorjahr ermittelt.

31 An ambulanten Patienten wurden 20'484 Massnahmen ausgeführt (Verbandwechsel, Augenbehandlung etc.).

32 Vgl. Anm. 30.

33 Korrigiert aus 486 (Schreibfehler).

34 1 Zigeuner und 1 Tscherkesse.

35 „Während meines Aufenthalts in Mardin führte ich 101 Operationen aus, davon 85 Augenoperationen, über die im türkischen Spital ausgeführten Operationen fehlen die Aufzeichnungen." A. Vischer in CO 1915, S. 6.

Tab. 13: Gesamtpatientenstatistik der medizinischen Arbeit der DOM in Urfa (Fortsetzung)

1915/16[36]	Total	Christ	Muslim	Jude	Mann	Frau	Kind	Türke	Kurde	Araber	Andere[37]
Total	2'904										
Spital	445	332	109	3							1 B.
Ambul.	2'459										
Gratis	2'311										
Zahlend	148										
Operiert	299										

1919/20[38]	Total	Christ	Muslim	Jude	Mann	Frau	Kind	Türke	Kurde	Araber	Andere
Total	9'640										
Spital	577	[39]431	128					50	62	16	[40]18
Gratis	406										
Zahlend	171										
Ambul.	[41]9'063										
Gratis	8'002										
Zahlend	1'061										
Operiert	[42]969	[43]729	214					90	103	21	[44]22

36 Vom 1. 7. 1915 bis 30. 6. 1916, CO 1916, S. 57–61. – Der Bericht des Vorjahres fehlt. Derjenige des nachfolgenden Jahres ist kurz und bloss verbal gehalten, er spricht von 2'000 vom Krankenpflegepersonal betreuten Soldaten im durch das türkische Militär beschlagnahmten Spital. Als „Hort der Armenier" wurde es im Juni 1916 durch einen jungtürkischen Sanitätsrat geschlossen (CO 1919, S. 16). Künzler widmete sich seither ganz der Hilfswerkstätigkeit.
37 Abkürzung: B. = Buddhist.
38 Sommer 1919 bis Sommer 1920, CO 1920, S. 59–68. – Apotheke: Bis Ende Januar 1920 wurden 7'080 Rezepte abgegeben.
39 344 Armenier, 64 Syrer sowie 23 französische Soldaten und Offiziere.
40 13 Algerier und 5 Senegalesen der französischen Truppe.
41 Nicht eingerechnet sind in dieser Zahl die 3'960 in der Sprechstunde im amerikanischen Waisenhaus behandelten Kinder sowie die Hausbesuche bei 247 verschiedenen Patienten.
42 Rechnerisch wäre 965 richtig.
43 580 Armenier, 115 Syrer sowie 24 französische Soldaten und Offiziere.
44 19 Algerier und 3 Senegalesen der französischen Truppe.

**Tab. 13: Gesamtpatientenstatistik der medizinischen Arbeit der DOM in Urfa
(Fortsetzung)**

1920/21[45]	Total	Christ	Muslim	Jude	Mann	Frau	Kind	Türke	Kurde	Araber	Andere
Total	6'695	5'439	1'256	17							
Spital	531	[46]341	[47]190		226	163	142				
Gratis	287	170	117								
1/2 Preis	162	157	5								
Zahlend	82	14	68								
Ambul.	[48]6'164	5'098	1'066	17							
Gratis		4'834	351	5							
Zahlend		264	715	12							

45 „Statistik über die Tätigkeit im Krankenhaus Urfa während des Jahres 1921", CO 1922, S. 29 f.
     Apotheke: 8'670 Medikamente, davon 5'534 gegen ganze oder teilweise Bezahlung, 3'136 gratis
     abgegeben.
46 138 davon armenische Waisenkinder.
47 Davon 117 Soldaten.
48 Hinzu kommen noch 1'403 Patienten vom Vorjahr. „In der Sprechstunde wurden 220 Zähne
     gezogen, 164 Einspritzungen in Blutgefässe und 256 Einspritzungen unter die Haut oder in die
     Muskulatur gemacht, 3'780 medikamentöse Spülungen verschiedener Organe, 9'056 Augen-
     behandlungen, 5'868 Verbandwechsel, also 19'344 therapeutische Eingriffe ausgeführt", unter
     Leitung Künzlers, da Vischer endgültig in die Schweiz zurückgekehrt war (CO 1922, S. 30).

Quellen: In den Anmerkungen.

Tab. 14: Zusammenstellung der Jahrespatiententotale

Arbeitsj.	Total	Christ	Muslim	Jude	Mann	Frau	Kind	Türke	Kurde	Araber	Andere[1]
1906/07	3'619	2'629	959	31							2 I.
1907/08	3'899	2'841	1'058								
1908/09	[2]3'811	2'414	1'151	36							6 Z.
1909/10	4'266	3'120	1'129		1'507	1'405	1'354	389	444	196	17
1910/11	4'173	3'250	918	6				436	374	104	4
1911/12	5'069	3'945	1'110	16	1'615	1'831	1'623				14
1912/13	5'533	4'439	1'081	13	1'768	1'856	1'909				
1913/14	5'562	4'253	1'297	13	[3]1'897	2'013	1'652				16
1915/16	2'904										
1919/20	9'640										
1920/21	6'695	5'439	1'256	17							

1 Abkürzungen: I. = Inder, Z. = Zigeuner.
2 Vgl. Anm. 8, S. 576.
3 Vgl. Anm. 30, S. 578, zum Total der zahlenden ambulanten Patienten dieses Jahres.

Quellen: Siehe Tab. 13.

Tab. 15: Finanzen und Verpflegungstage der Urfa-Klinik, Umsatz der DOM

	[1]1906	1907	1908	1909	[2]1910	1911	1912	1913
Umsatz DOM[3]	175'343	206'564	191'201	186'100		179'479	168'201	157'424
Spenden		2'408	489	[4]10'116		7'721	7'451	[5]15'532
Einnahmen		14'304	8'701	11'373		7'460	14'726	16'208
Ausgaben[6]		23'484	18'195	22'707		20'524	25'791	26'349
Spitaltage[7]	2'781	2'836	[8]1'653	3'821	4'595			5'365

1 Auszüge aus den Jahresabrechnungen von 1906 in CO 1907, S. 128; von 1907 in: CO 1908, S. 124; von 1908 in: CO 1910, S. 68; von 1909 in: CO 1910, S. 173; von 1911 in: CO 1912, S. 202; von 1912 der DOM in: CO 1913, S. 108; von 1913 der DOM in: CO 1914, S. 120.

2 Die Jahresabrechnung fehlt. In diesem Jahr wurde die Teppichfabrik aus der DOM ausgegliedert.

3 Alle Geldangaben in Mark. Absolut, ohne Berücksichtigung der Teuerung.

4 Der schwere Winter 1909/10 brachte Teuerung und Hungersnot. „Durch die Freigebigkeit der Freunde in der Heimat waren wir imstande, viele arme hungerleidende Kranke ohne Bezahlung zu behandeln." Vischer in CO 1910, S. 159.

5 Darin sind die Gelder für den Bau des Diakonenhauses und den geplanten Spitalneubau enthalten. „Der Basler Verein der Freunde der ärztlichen Mission in Urfa, der von persönlichen Freunden von Dr. Vischer begründet wurde, hat 1'300 Franken, der Basler Volksbote 1'041.61 Franken, persönliche Freunde von Bruder Künzler und Kollegen aus dem Basler Diakonenhaus haben 500 Franken gegeben. Die grösste Gabe hat dem Neubau Herr Burghardt-Häussler in Basel aus dem Fonds des Basler Diakonenhauses zugewandt – 8'000 Franken! – und von Freunden Bruder Künzlers aus den Dörfern seiner Heimat in Appenzell wurden zuletzt – noch alle Fenster- und Türbeschläge für das neue Haus geliefert." Lepsius in CO 1913, S. 207.

6 Nur die spezifisch aufgeführten; ein Teil ist unaufgeschlüsselt unter „Generalunkosten f. den Betrieb der Stationen" aufgeführt. Gemäss dem etwas detaillierteren Bericht von 1912 zum Beispiel kämen zu den 25'791 Mark Ausgaben noch Kosten von 4'506 Mark für den Inventar- und Medikamentenverbrauch hinzu.

7 Verpflegungstage der Kranken. Vgl. „Statistischer Bericht des Urfa-Hospitals", in: CO 1911, S. 47 f. Die Angabe für 1913 stammt aus CO 1913, S. 158.

8 Vgl. Die Europa-Abwesenheit des Missionsarztes.

Quellen: In den Anmerkungen.

Tab. 16: Auszug aus der Gesamtstatistik des Urfaspitals

Arbeitsj.	Total	Christ	Muslim	Jude	Mann	Frau	Kind	Türke	Kurde	Araber	Andere[1]
1900/01	20	17	3						3		
1901/02	33	27	6					1	3		
1902/03	100	66	34					10	11	12	1 I.
1903/04	73	48	25					10	6	9	
1904/05	93	50	43					11	18	14	
1905/06	113	67	46					10	30	6	
1906/07	160	105	52	3				14	20	17	2 I.
1907/08.	188	121	67					17	30	20	
1908/09	177	101	74	1				20	31	23	1 Z.
1909/10	281	179	102		144	91	46	29	52	21	
1910/11	240	156	84					23	46	14	1 P.
1911/12	307	210	97		160	99	48	28	54	15	
1912/13	337	242	95		172	102	63	40	42	13	
1913/14	339	217	120	2	193	110	36	40	60	19	1 Ç.
1915/15	445	332	109	3							1 B.
1919/16	577	[2]431	128					50	62	16	[3]18
1920/17	531	[4]341	[5]190		226	163	142				

1 Abkürzungen: B. = Buddhist, Ç. = Tscherkesse, I = Inder, P. = Perser, Z. = Zigeuner.
2 344 Armenier, 64 Syrer, 23 französische Soldaten und Offiziere.
3 13 Algerier und 5 Senegalesen der französischen Truppe.
4 138 davon armenische Waisenkinder.
5 Davon 117 Soldaten.

Quellen: Siehe Tab. 13.

Chronologie

11. Jh.: Türkisch-seldschukisches Eindringen in Kleinasien. 1071 Sieg über Byzantiner bei Malazgirt, östlich des Van-Sees.

14./15 Jh.: Aufstieg der Dynastie der Osmanen, unter deren Führung die Türken Kleinasien und den Balkan erobern.

1453: Konstantinopel wird Zentrum des Osmanischen Reiches. Der Sultan etabliert 1461 das ihm unterstellte armenische Patriarchat von Konstantinopel, das fortan der osmanisch-armenischen Gemeinschaft (Millet) vorsteht.

16. Jh.: Die wichtigsten kurdischen Fürsten verbünden sich mit dem osmanischen Sultan Selim I. gegen das schiitische Persien. Der osmanische Staat nimmt einen klar sunnitischen Charakter an. Der Sultan anerkennt die Autonomie der kurdischen Emirate unter seiner Oberherrschaft. Die osmanisch-persischen Grenzgebiete bleiben Schauplatz von Auseinandersetzungen zwischen den beiden Mächten.

1828: Russland erobert Persisch-Armenien sowie einen Zipfel des osmanischen Transkaukasiens.

1830– 1831: H. G. O. Dwight und Eli Smith unternehmen im Auftrage des *American Board of Commissioners for Foreign Missions* (ABCFM) eine Forschungsreise in Kurdistan und Armenien. Ihr 1833 publizierter Bericht liefert die Informationsgrundlage für die missionarische Durchdringung jener Region.

1831: Gründung der katholischen Millet mit französischer Rückendeckung.

1831– 1833: Mehmed Ali von Ägypten erobert das osmanische Syrien und bedroht Kleinasien.

1838: Öffnung des osmanischen Marktes für britische Waren.

1839: Osmanische Niederlage gegen die Ägypter bei Nizip. Die europäischen Mächte intervenieren in dieser „Orientalischen Krise", die ihre Nahostinteressen tangieren. Sultanserlass *Hatt-ı Şerif* von Gülhane durch den neuen Sultan Abdulmecid.

1839– 1876: Sogenannte osmanische Reformära (Tanzimat), die an die vorhergehenden Erneuerungsmassnahmen unter Sultan Mahmud II. anschliesst, aber auch liberale Postulate wie die Religionsfreiheit und die prinzipielle Gleichberechtigung der Untertanen verkündet (*Hatt-ı Şerif* und *Hatt-ı Hümayun*). In den 1830er und 1840er Jahren zerstört die osmanische Regierung die kurdischen Emirate und setzt Gouverneure (Valis) ein. Auch das Emirat Bedir Khans fällt 1847 nach einer Blütezeit. Osmanisches Ziel ist die Modernisierung und Zentralisierung des Reiches, insbesondere der bisher weitgehend autonomen östlichen Reichsteile, nach französischem Vorbild. Anstelle der entmachteten Emire übernehmen in der zweiten Jahrhunderthälfte sunnitische Scheiche eine integrative, stammesübergreifende Rolle in der kurdischen Gesellschaft. In den neu eingerichteten Ostprovinzen kommt es ausserhalb der Provinzzentren, wo weder die neue Verwaltung noch die liberalen Grundsätze verwirklicht werden, zu chaotischen Verhältnissen und namentlich zu Doppelbesteuerung (sowohl zentralstaatliche Steuern als auch bisherige Abgaben der armenischen und kurdischen Kleinbauern – *raya* – an Lokalherren). Immerhin erlauben die freiheitlichen Rahmenbedingungen ein Aufblühen des Millet-Schulwesens. Die orientalischen, insbesondere armenischen Christen werden von den Missionaren gefördert. Das ABCFM und die Kapuziner beginnen in den 1840er Jahren Stationen in den Ostprovinzen zu gründen.

1850: Die 1847 von der armenisch-gregorianischen und griechisch-orthodoxen Kirche abgespaltete protestantische Millet, für welche sich die britische Diplomatie einsetzt, wird vom Sultan per *ferman* bestätigt. Die 1854 von ABCFM-Leuten formulierte und breit zirkulierende zivile „Verfassung" dieser Millet strahlt als demokratisches Modell aus.

1856: Kurz vor dem Friedensvertrag von Paris, der einen Schlusspunkt unter den Krimkrieg 1853–1856 setzt, erlässt der Sultan Abdulmecid das *Hatt-ı Hümayun*. Dieses bekräftigt die im *Hatt-ı Şerif* verkündeten freiheitlichen Grundsätze und trägt zur Dynamisierung der Protestantismusbewegung in den kleinasiatischen Provinzen bei.

1863: Der Sultan anerkennt die neue „Verfassung" der armenischen Millet, die wie die protestantische eine gewählte repräsentative Versammlung vorschreibt.

1876: Abdulhamid II. wird Sultan. Balkankrise: antiosmanische Aufstände und Krieg mit Serbien; die Pforte setzt sich militärisch durch. Der Sultan erlässt am 23. 12. 1876 eine Verfassung, die Parlamentswahlen vorsieht.

1877/78: Die Niederlage gegen Russland auf dem Balkan und die muslimischen Flüchtlingsströme traumatisieren den jungen Sultan. Er suspendiert die Verfassung und löst das Parlament auf. Der russisch-türkische Krieg führt in weiten Teilen des kurdisch-armenischen Siedlungsgebietes zu einem Interregnum. Die Neuordnung jener Region wird unter der Bezeichnung „armenische Frage" ein Thema der Berliner Konferenz 1878. Diese verpflichtet die Türkei zu Verwaltungsreformen und zu inneren Schutzmassnahmen gegen kurdische und tscherkessische Gewaltakte (Artikel 61). Abdulhamid wie auch die durch die Tanzimat verunsicherten Kurden fürchten um ihre Machtposition. Sie interpretieren die internationalen Reformforderungen als Einmischung, die zu einer armenischen Autonomie führen soll, und widersetzen sich einem Prozess, der die Nichtmuslime stärkt.

1880–1882: Aufstand des kurdischen Scheichs Ubeydullah, der sich auf nationale kurdische Rechte beruft und Europa um Unterstützung ersucht. Er scheitert militärisch gegen die Perser und die Osmanen.

1880er Jahre: Aus Enttäuschung über das Ausbleiben wirksamer Reformen entsteht eine armenisch-revolutionäre Bewegung: 1887 wird in Genf die *Huntschak-*, 1890 in Tiflis die *Daschnak*-Partei gegründet.

1881/83: *Dette publique ottomane* und *Régie des Tabacs:* Auslandschuldenverwaltung durch internationale Gremien, die einen Teil der osmanischen Staatseinnahmen einkassieren (vgl. Staatsbankrott 1875).

1889: Gründung des patriotisch und republikanisch inspirierten geheimen *Komitees der osmanischen Einheit,* dem Vorgänger des jungtürkischen *Comité Union et Progrès* (CUP). Muslimische Studenten namentlich der militärischen Ärzteschule in Konstantinopel gehören ihm an.

1891: Abdulhamid gewinnt die Kurden für den Zentralstaat, indem er sunnitischen Stämmen eine privilegierte Stellung als *Hamidiye*-Regimenter schafft, die Steuerbefreiung geniessen und nicht den zivilen Gerichten unterstehen. Zu Abdulhamids Politik islamischer Einheit gehört eine starke Propaganda, deren Sendboten bis in die Dörfer hinein hanefitische Staatsloyalität predigen und das Schreckgespenst einer allgemeinen armenischen Verschwörung verbreiten.

1894: Massive militärische Unterdrückung eines von wenigen *Huntschak*-Revolutionären angeführten Bauernaufstandes in Sasun. Als Folge der brutalen Repression wird die Reformfrage in der internationalen Diplomatie reaktiviert.

Okt.– Dez. 1895: Umfangreiche antiarmenische Pogrome mit kurdischer Beteiligung (rund 100'000 Tote innert weniger Wochen). Berichte der amerikanischen Missionsstationen vor Ort und diplomatischer Augenzeugen finden Eingang in die europäische und nordamerikanische Presse. Eine Empörungswelle, die weit über die kirchlichen Kreise hinausgeht, macht sich 1896 breit, namentlich in der Schweiz. Sie ist der Nährboden für die Gründung von Armenierhilfswerken.

Aug. 1896: Nach der Besetzung des Osmanischen Bank in Istanbul durch Daschnak-Aktivisten findet vor den Augen zahlreicher ausländischer Beobachter ein durchorganisiertes Massaker an den städtischen Armeniern statt.

15. 9. 1896: Pogrom in Eğin (Kemaliye) bei Harput, das innert eines Tages rund 1'000 Armeniern das Leben kostet. Aus Eğin, einem Städtchen mit wohlhabenden armenischen Händlern und Textilproduzenten, stammte einer der Besetzer der Osmanischen Bank.

1896– 1908: Jungtürkische, kurdische und armenische Oppositionelle kooperieren im Exil. Sie verurteilen die Pogrome und die hamidische Autokratie und plädieren für eine muslimisch-christliche Solidarität, so namentlich ab 1898 in der in Genf erscheinenden Zeitschrift *Kurdistan*.

1905: Lokale Unruhen in den Ostprovinzen unter dem Einfluss der russischen und iranischen Revolution, teilweise mit Beteiligung der Armee (wegen Soldrückständen).

1906/7: Gründung des geheimen *Osmanischen Freiheitskomitees* in Saloniki, das 1907 mit jungtürkischen Exilorganisationen zu *Union et Progrès* fusioniert. Die meisten Unionisten rekrutieren sich aus jungen muslimischen Offizieren und Angestellten. Auch Mustafa Kemal (Atatürk) gehört zu ihnen.

23. 7. 1908: Wiedereinsetzung der Verfassung von 1876 dank der jungtürkischen Machtübernahme. Diese verleiht den Minderheiten Hoffnung auf eine Erneuerung des Osmanischen Reiches und auf eine Verbesserung ihrer Stellung. Das ABCFM sieht eine zentrale Aufgabe darin, zum Aufbau eines demokratischen und pluralistischen Vielvölkerstaats beizutragen. Die Aleviten formulieren nach jahrhundertelanger Marginalität erstmals wieder öffentlich ihre eigenständige Identität. Die armenische *Daschnak* geht mit den Unionisten eine Wahlallianz für die Parlamentswahlen ein. Viele ethnisch motivierte, so auch kurdische Vereine werden gegründet. Die meisten kurdischen Stammesführer hingegen bleiben dem Sultan und dem gemeinsamen islamischen Banner verpflichtet und stemmen sich gegen die neuen Machthaber. Das vorrangige unionistische Ziel besteht nicht in politischem Liberalismus, sondern der „Wiederherstellung der osmanischen Souveränität". Die islamische Kohäsion der bisherigen sunnitischen Machtträger wird nach 1908 von einem zunehmend organisierten türkischen Nationalismus überlagert.

Herbst 1908: Bulgarien proklamiert seine Unabhängigkeit (5. 10.), Österreich annektiert Bosnien und Herzegowina (6. 10.), Kreta verkündet den Anschluss an Griechenland (6. 10.).

April 1909: Ein Putschversuch sowohl islamistischer als auch liberaler Kräfte in der Hauptstadt gegen das CUP wird militärisch unterdrückt, Abdulhamid wird abgesetzt. Als „Retterin der Revolution" stärkt die Armee ihre Stellung. Pogrome fordern in der Region Adana zahlreiche vorwiegend armenische Opfer. Auch in den Ostprovinzen kommt es beinahe zu antichristlichen Massakern. Sowohl das Vertrauen zwischen den Gemeinschaften als auch dasjenige ins neue Regime wird zerstört. Die Unionisten straffen personell und juristisch ihre Herrschaft und setzen eine Politik der türkisch-kulturellen Vereinheitlichung in Gang.

1911–1913: Tripoliskrieg und Balkankriege.

23. 1. 1913: Ein Staatsstreich führt zur Diktatur unionistischer Hardliner (Enver, Cemal, Talat).

8. 2. 1914: Verabschiedung eines internationalen Reformplans für die sieben östlichen Provinzen („armenische Reformen"): Offizialisierung der Regionalsprachen, Entwaffnung der *Hamidiye*, internationale Kontrolle.

2. 8. 1914: Geheimes deutsch-türkisches Bündnis fünf Tage nach Weltkriegsbeginn: Zum Preise der Kriegsbeteiligung erhält das Regime die Gelegenheit, seine volle Souveränität zu erklären und somit armenische Reformen, Kapitulationen und Schuldenwirtschaft *(Dette Publique)* zu annullieren. Die Mobilmachung und die Requisitionen treffen die Ostprovinzen hart.

14. 11. 1914: Erklärung des Dschihad, nach Beginn des Angriffskrieges gegen Russland.

Jan. 1915: Die Kaukasus-Grossoffensive Enver Paschas wird bei Sarıkamış zu einer militärischen und menschlichen Katastrophe (circa 90'000 vor allem kurdische Gefallene) und trägt zur Ausbreitung von Seuchen in den Ostprovinzen bei, in deren Nordostzipfel die russische Armee eindringt.

Ab Febr. 1915: Das Kriegsregime betreibt eine pauschale propagandistische Verunglimpfung der Armenier als Verräter und Verschwörer. Die armenischen Soldaten in der osmanischen Armee werden entwaffnet. Ende April werden die armenischen Eliten in ganz Kleinasien verschleppt und ermordet.

Ab Juni 1915: Systematische, telegrafisch gesteuerte „Deportationen" der Armenier aus ganz Anatolien: Absonderung und systematische Ermordung der Männer; Vernichtung des Gros der Frauen und Kinder auf Todesmärschen Richtung syrische Wüste; systematische Übertragung armenischen Gutes an den Staat und an die muslimische Bevöl-

kerung. Die Dersimkurden gewähren Tausenden von Verfolgten Asyl, während viele sunnitische Kurden sich aktiv an der Armenierverfolgung beteiligen. Die Aussiedlungen sind Teil eines gigantischen Plans der ethnischen Umgestaltung Kleinasien, um die Basis zu einem ethnotürkischen Nationalstaat zu legen.

Herbst 1915: In den USA werden Vorgängerorganisationen des *Near East Relief* gegründet, die in Kooperation mit den in den kleinasiatischen Provinzen verbliebenen Missionaren und Diplomaten überkonfessionelle Nothilfe improvisieren.

Ab 1916: Auch Hunderttausende von Kurden sind von den Aussiedlungsmassnahmen des Regimes betroffen. Sie sollen auf ganz Anatolien verstreut „im Türkentum aufgehen" (Jakob Künzler). Schlechte Organisation führt bei vielen zum Hunger-, Kälte- oder Seuchentod.

Ab Nov. 1917: Die Bolschewisten befehlen den Rückzug aus Nordostanatolien (Erzincan, Erzurum). Die unter russischem Schutz angesiedelten Armenier können sich nicht halten. Armenische Banden lassen sich Greueltaten zuschulden kommen.

28. 5. 1918: Gründung der unabhängigen Republik Armenien mit Zentrum Eriwan. Dem unpopulären unionistischen Kriegsregime gelingt es, die Kurden wieder vermehrt für sich zu mobilisieren, indem es die Angst vor einem möglichen grossarmenischen Staat schürt, der einen Teil des kurdischen Siedlungsgebietes umfassen würde. Tatsächlich hegen exilarmenische Kreise solche Vorstellungen, während die alliierten Vertreter nicht klar Stellung nehmen.

30. 10. 1918: Waffenstillstandsvereinbarung von Mudros zwischen Osmanen und Alliierten.

Frühjahr/Sommer 1919: Rückkehr der Missionare in Teile der Ostprovinzen. Die *Barton Relief Commission, King-Crane Commission* und *Harbord Mission* – Untersuchungskommissionen mit missionarischen Verbindungen – plädieren dafür, dass sich die USA für den langfristigen Aufbau Kleinasiens und insbesondere dessen östlichen Teile engagieren. Clarence D. Usshers Plan einer grossangelegten Repatriierung armenischer und kurdische Flüchtlinge in die Ostprovinzen findet an den Pariser Friedensgesprächen kein Gehör.

15. 5. 1919: Griechische Besetzung İzmirs. Die Empörung darüber trägt zum Aufbau einer muslimischen Abwehrfront unter Führung Mustafa Kemal Paschas bei. Sie greift auf lokale unionistische Organisationseinheiten zurück und konstituiert sich zuerst in den administrativ intakten Ostprovinzen als anti-armenische Front. Sie gewinnt die meisten sunnitischen Kurdenführer für sich, da diese, nicht zuletzt wegen ihrer Beteiligung am Völkermord, ihre Interessen am besten im Bunde mit den Unionisten-Kemalisten zu wahren glauben. Vgl. Kongresse von Erzurum (23. 7.–6. 8. 1919) und Sivas (4.–13. 9. 1919).

1. 6. 1919: Der amerikanische Senat verweigert das Mandat über Armenien.

9. 4. 1920: Die Kemalisten besiegen die französische Truppe in Urfa.

23. 4. 1920: Eröffnung der Grossen Nationalversammlung in Ankara als Gegenregierung zur Pforte.

10. 8. 1920: Vertrag von Sèvres zwischen Pforte und Alliierten. Er sieht vor, Teile der osmanischen Ostprovinzen einem unabhängigen Armenien und einem unabhängigen Kurdistan zuzuteilen. Zudem soll die Region İzmir Griechenland und ein Streifen Nordmesopotamiens Frankreich zugeschlagen werden. Gegenüber solchen „imperialistischen Machenschaften" in Paris einigen sich Kemalisten und Bolschewisten am 24. 8. 1920 in Moskau auf den Entwurf zu einem Freundschaftspakt.

23. 9. 1920: Die erste kemalistische Offensive führt gegen Armenien: bis im Dezember Eroberung des westlichen Teils des ehemaligen Russisch-Arme-

niens. Invasion der Roten Armee in dessen Ostteil (6. 12. 1920). Der kemalistisch-bolschewistische Freundschaftspakt vom 16. 3. 1921 anerkennt die türkischen Annexionen.

Jan.– Juni 1921: Eine weitere kemalistische Offensive führt gegen die alevitischen Kurden im Koçgiri-Dersim, welche als einzige für die Realisierung der in Sèvres festgelegten kurdischen Unabhängigkeit kämpfen.

1921/22: Endgültige Vertreibung der Missionare aus den Ostprovinzen durch die unionistisch-kemalistischen Behörden.

1. 11. 1922: Abschaffung des Sultanats.

24. 7. 1923: Im Vertrag von Lausanne zwischen den Alliierten und der kemalistischen Türkei anerkennen die Alliierten im Interesse einer Normalisierung der Beziehungen den Status quo, den die muslimischen Nationalisten in Kleinasien geschaffen haben. Der Vertrag verschweigt jegliche kurdische und armenische Frage. Die armenische Heimstätte und die kurdische Autonomie verschwinden als Thema der internationalen Diplomatie – dies nicht zuletzt, weil die Türkei bereits ein Faktor im Kalten Krieg *avant la lettre* ist.

29. 10. 1923: Ausrufung der Republik Türkei. Das kemalistische Versprechen, nach siegreichem Kampf eine kurdische Autonomie einzurichten, wird zugunsten eines zentralistischen Einheitsstaates gebrochen.

3. 3. 1924: Abschaffung des Kalifats.

Febr. 1925: Der kurdische Nakşibendi-Scheich Said aus Palu führt im Namen des Islams und der kurdischen Nation einen Aufstand gegen die junge Republik. Die alevitischen Kurden beteiligen sich nicht daran. Mit grosser Anstrengung und logistischer Unterstützung (Eisenbahntransport) der französischen Mandatsmacht in Syrien gelingt es der Regierung, den Aufstand bis im Frühsommer niederzuwerfen. Die Hauptaufgabe der türkischen Armee ist es fortan, die Kurden im Rahmen eines dauerhaften Ausnahmezustandes still zu halten. Eine ökonomische und kulturelle Entwicklung der Grossregion kann nicht stattfinden. Der Staat führt die unionistische Politik der Zwangsumsiedlungen fort.

März– Nov. 1925: Parallel zur antikurdischen Repression trifft das Regime antidemokratische und antireligiöse Massnahmen: Sondervollmachten, Sondergerichte, Pressezensur, Verbot oppositioneller Parteien und Verbot religiöser Orden, Einrichtungen und Kleider. Einzig die Äusserungen eines staatlich gelenkten Sunnismus sind in der breiten Öffentlichkeit zugelassen. Ideologische Basis der Republik wird das „türkische Ideal", das heisst ein säkularer und ethnozentrischer türkischer Nationalismus. Die Wörter „Kurde" und „Kurdistan" beginnen geächtet zu werden.

1926– 1930: Der Führerstaat mit Einheitspartei erlässt einschneidende progressistische Reformen von oben, so die Übernahme des westlichen Kalenders (26. 12. 1925), des schweizerischen Zivilgesetzbuches (17. 2. 1926), die Übernahme der lateinischen Schrift (1. 11. 1928) und das Frauenstimmrecht (3. 4. 1930).

1927– 1930: Die im Libanon gegründete Organisation *Hoybûn* sammelt die kurdisch-nationalistischen Kräfte und arbeitet mit der armenischen *Daschnak* zusammen. Sie beteiligt sich am Ararat-Aufstand, der 1930 von der türkischen Armee unter iranischer Mithilfe niedergeschlagen wird.

1937– 1938: Ethnozid im kurdisch-alevitischen Dersim: Massaker und Zwangsumsiedlung vieler Tausender, die sich unter dem Führer Seyit Rıza gegen die militärische Durchdringung und Türkisierung Dersims wehrten. Die Dersimführer appellieren vergeblich an den Völkerbund und an die westliche Diplomatie.

10. 11. 1938: Tod Mustafa Kemal Atatürks.

1940er und 50er Jahre: Zeit des „kurdischen Schweigens" in der Türkei. Die Selbstzensur kurdischer Familien, die vom Land in die Städte ziehen, führt dazu, dass zahlreiche Kinder ihre Muttersprache nicht mehr richtig lernen.

1947: Die Truman-Doktrin des antikommunistischen *containments* macht aus der Türkei einen wichtigen Verbündeten der USA und stärkt die Stellung des türkischen Militärs (NATO-Mitglied seit 1952). Diese Interessenkonstellation ermöglicht der türkischen Diplomatie die Perpetuierung der Leugnung des Völkermords an den Armeniern. Das von aussen gestützte politische Korsett verhindert zudem innere Entwicklungen Richtung Zivilgesellschaft, Demokratie und Pluralismus. Die von Orientalisten wie Bernard Lewis in jener Zeit formulierte fortschrittsgläubige Schau der modernen Türkei liefert den historiographischen Hintergrund dieser Bündnispolitik.

Seit den 1960er Jahren: „Die armenische Frage ersteht als kurdische Frage" (Hasan Reşid Tankut, *Türk Tarih Kurumu,* 1961).

Glossar

Dieses Glossar ist als Lektürehilfe gedacht und enthält keine vollständigen Definitionen.

Agha	Grossgrundbesitzer, lokale Autoritätsperson
alevi	siehe *kızılbaş*
bey	Herr (häufige nachgestellte Anrede für Männer in höherer sozialer Stellung; bisweilen Bezeichnung für regionale Herrscher und dann praktisch gleichbedeutend mit Emir)
cem	alevitische Versammlung religiösen Charakters
Chaldäer	der katholischen Kirche angeschlossene (unierte) Nestorianer (*Keldani*)
cihad	Dschihad, in der offiziellen islamischen Tradition: Krieg zur Ausbreitung oder zur Verteidigung des Islams (im religiösen Leben: Eifer, geistlicher Kampf auch gegen sich selbst)
çete	bewaffnete Bande, Freischärlergruppe
darül'islâm	islamische Welt, Welt der islamischen Herrschaft
dede	erblicher alevitischer Priester
derder	verheirateter Priester der armenisch-apostolischen Kirche, der die Sakramente erteilt, aber nicht predigt
dönme	zum Islam übergetretener Konvertit, insbesondere Jude aus Saloniki
efendi	Herr (nachgestellte Anrede für Leute verschiedenen Ranges; als *hanım efendi* auch für Frauen)
ferman	Verordnung des Sultans
fetva	im Einklang mit der *şeriat,* üblicherweise durch den *müfti* gefällter, rechtsgültiger Entscheid
gavur	populäre pejorative Bezeichnung für Nichtmuslime, namentlich für die Armenier
gazi	ursprünglich Grenzkämpfer im *cihad,* Frontkämpfer, auch Ehrentitel
Gregorianer	Mitglieder der armenisch-apostolischen („gregorianischen") Kirche
hamidisch	Adjektiv zu Abdulhamid II.; zum Beispiel „hamidische Ära"
Hamidiye (alayları)	irreguläre, von Abdulhamid begründete sunnitisch-kurdische Kavallerieregimenter
irade	Verfügung der Pforte
İstiklal Harbi	türkischer Unabhängigkeitskrieg 1919–1922 (neutürkisch = *kurtuluş savaşı)*
İttihad ve Terakki	jungtürkisches Komitee „Einheit und Fortschritt"; dessen Parteigänger: İttihadisten oder Unionisten
İttihadisten	Unionisten
kadı	muslimischer Richter, Kadi, bis 1826 auch Vorsteher eines *kaza*
kaza	Kreis eines *vilayet,* ab 1826 von einem *kaymakam* verwaltet
kaymakam	Gouverneur eines *kaza*
Kapitulationen	Verträge, welche die Ausländer in der Türkei teilweise der osmanischen Gerichtsbarkeit und Steuerhoheit entzogen und sie dem für sie verantwortlichen Botschafter oder Konsul unterstellten

Kızılbaş	heterodoxe anatolische Konfession mit Ali-Verehrung, doch ohne Scharia; eine bedeutende Minderheit von Türken und Kurden gehören ihr an; heutige Bezeichnung: *alevi*
Kuvay-i Milliye	die „nationalen Streitkräfte" – reguläre Einheiten und Milizen – während des *İstiklal Harbi*
medrese	islamische Hochschule
Mekteb-i Aşiret	Von Abdulhamid II. gegründete Eliteschule für Söhne von – namentlich kurdischen – Stammesführern
melek	nestorianische Stammesführer oder Dorfvorsteher
merkez kaza	Landkreis, in welchem sich die Provinz- oder Sandschak-Hauptstadt befindet
millet	konfessionell definierte Gemeinschaft im osmanischen Reich mit Selbstverwaltungskompetenzen
müfti	Mufti, muslimischer Rechtsgelehrter, der Rechtsgutachten *(fetva)* erstellt
müşir	Feldmarschall
muhacir	Emigrant, Flüchtling, Deportierter (fast ausschliesslich für die muslimischen Flüchtlinge gebrauchter Begriff)
mutasarrıf	Gouverneur eines Sandschak *(sancak)*
nahiye	Bezirk innerhalb eines *kaza*
Nakşibendi	Ein in Kurdistan und ganz Anatolien weitverbreiteter sunnitischer Derwisch-Orden
Nestorianer	vgl. unter *Süryani*
Osmanismus	Bekenntnis zum osmanischen Vielvölkerstaat und zur Gleichberechtigung seiner Untertanen.
paşa	höchster Titel eines zivilen oder militärischen osmanischen Beamten
paşalık	Regierungsbezirk eines Pascha (Provinz)
Pforte	Hohe Pforte, Bezeichnung für die osmanische Zentralregierung in Istanbul
r(e')aya	die steuerpflichtigen Untertanen, in erster Linie die nichtmuslimischen Bauern und Handwerker, aber auch kurdische Bauern
redif	in den 1830er Jahren gegründete osmanische Reservetruppe
sadrazam	Grosswesir, das heisst der oberste, mit der Regierungsführung betraute Amtsträger im osmanischen Reich
Salname	staatliches Jahrbuch, oft Provinzjahrbuch, das offizielle Angaben zur Provinz enthält
Sancak	(eingedeutscht Sandschak) zweitgrösster osmanischer Verwaltungsbezirk nach dem *vilayet*
Schafiiten	Untergruppe der Sunniten, die unter den Kurden stark verbreitet war; von den alevitischen Nachbarn generell „şafi" genannt
Seyit	Ehrentitel eines Nachkommen des Propheten Mohammed über Imam Hüseyin, Sohn Alis
Süryani	in diesem Buch Oberbegriff für die ostkirchlichen Jakobiten (monophysitische „westsyrische Kirche") und Nestorianer („ostsyrische Kirche"), für die unierten Chaldäer und die protestantischen Süryani-Sprecher, die als Mitglieder einer „Süryani-Ethnie" mit einer eigenen aramäischen Sprache betrachtet werden können (englisch: *Assyrians)*
Şeiyh ül-İslam	oberster Richter in islamisch-rechtlichen Angelegenheiten, ranghöchster Geistlicher im osmanischen Reich
şeriat	islamisches Recht (Scharia)

tekke	Versammlungs- und Wohnstätte einer muslimischen (auch alevitischen) Bruderschaft mit einem geistlichen Oberhaupt
Teşkilat-i Mahsusa	dem unionistischen Zentralkomitee zugeordnete „Spezial-organisation" für geheimdienstliche Operationen
Ulemâ	sunnitisch-islamische Geistlichkeit
Unionisten	Parteigänger des jungtürkischen Komitees *İttihad ve Terakki,* französisch *Union et Progrès*
Tanzimât	Ära der Neuordnung, Reorganisation des osmanischen Staates, 1839–1876
Türk Tarih Kurumu	Staatliches türkisches Geschichtsinstitut
vartabed	theologisch gebildeter, unverheirateter Lehrer und Prediger der armenisch-apostolischen Kirche
ümmet	Ümmet (eindeutschend aus dem Türkischen), Umma (aus dem Arabischen), Gemeinschaft aller Muslime
vakıf	fromme Stiftung mit öffentlichem Nutzen
vali	Gouverneur eines *vilâyet*
vekil	Stellvertreter, Repräsentant, namentlich einer Millet-Gemeinschaft gegenüber dem osmanischen Staat
vilâyet	Provinz (grösster osmanischer Verwaltungsbezirk), Plural *vilâyat*
zimmî	Bezeichnung für nichtmuslimische Untertanen, „Schutzbefohlene", vgl. *raya*
ziyaret	regionaler oder lokaler Wallfahrtsort

Verzeichnis der Abbildungen, Diagramme, Tabellen und Karten

Abbildungen

Diagramme

Tabellen

Karten

Ausführliches Inhaltsverzeichnis

Bibliographie

Unveröffentlichte Quellen

Die Quellenpublikationen sind in der Bibliographie aufgeführt. Vergleiche die Hinweise zur Quellensituation in der Einleitung.

Missionsquellen

ABC: American Board of Commissioners for Foreign Missions (Houghton Library, Boston, USA)

Sehr umfangreiches, zum Teil mikroverfilmtes Archiv. Quellen mit dem Kürzel bh stammen aus provisorisch geordneten Beständen aus dem einstigen Büro von William Peet. Sie sind in der Forschung bisher noch kaum verwendet worden. Frank A. Stone, einer der wenigen, der sie benutzte, führte diesen Bestand als „Near East Mission Archives" auf (Stone 1984).

16.9.5	Central Turkey Mission
16.9.6	Central Turkey Mission, Miscellaneous
16.9.7	Eastern Turkey Mission
16.9.9	Eastern Turkey Mission, Miscellaneous
MS Hist.	Historiographische Manuskripte
Biogr. Coll.	Biographisches Material, persönliche Papiere
	James Barton, Clarence D. Ussher, Mary L. Graffam,
	George F. Herrick, Henry H. Riggs

ABH: Amerikan Bord Heyeti (Istanbul)

Fotografien aus dem Erbe des *Bible House.*

AGC: Archivio Generale dei Frati Minori Cappuccini (Rom)

H 72	Reichhaltige Korrespondenz, historiographische Manuskripte und Fotografien der *Missione cappuccina di Mesopotamia*

HBO: Deutscher Hilfsbund für christliches Liebeswerk im Orient (Bad Homburg, Deutschland)

Korrespondenz aus Nachlässen (das HBO-Archiv ist im Zweiten Weltkrieg ausgebrannt); vollständige Sammlung der HBO-Zeitschrift *Sonnenaufgang,* Fotos usw.

ADO: Archives des Dominicains en France (Bibliothèque du Saulchoir), Paris

Reichhaltige Sammlung zur *Mission de Mossoul,* manche Dokumente sind wegen ihres schlechten Zustandes nicht einsehbar.

AFCJ: Archives Françaises de la Compagnie de Jésus (Vanves, Frankreich)

Übersichtliche, nicht allzu umfangreiche, die „Mission d'Arménie" betreffende Sammlung.

LAH: Lepsius-Archiv (Halle a. d. S., Deutschland)

Offiziell zugänglich ab 2000. Mit wertvollen, lange verschollenen Dokumenten der Deutschen Orient-Mission und der Dr. Lepsius Deutsche Orient-Mission

SLS: Sœurs de Lons-le-Saunier (Lyon)

Einige wenige Manuskripte und Daktyloskripte

Staatliche Quellen

Vgl. auch die in der Bibliographie aufgeführten Quellenpublikationen.

Türkei: Başbakanlık Osmanlı Arşivi (BOA)

Die Jahrzahlen nach dem Doppelpunkt geben die recherchierten Katalogjahrgänge an.

BEO.Müteferrika.Gelen	Müteferrika-Teftiş – Anadolu Komisyonu: Şakir Paşa'dan gelen: 664, 665
CevdetTasnifi	CevdetTasnifiMaarif
DH.ŞFR	Dahiliye Nezareti Şifre Kalemi: 1914–1917
DH.İD	Dahiliye Nezareti İdare Kısmı: 1910–1917
DH.İ-UM	Dahiliye Nezareti İdare-i Umumiye Evrakı Tasnifi: 1911–1914
DH.MUİ	Dahiliye Nezareti Muhaberât-ı Umûmiye İdaresi Kalemi: 1909–1910
DH.MTV	Dahiliye Nezareti Muhaberât-ı Umûmiye İdaresi Mütenevvia Kısmı
DH.UMVM	Dahiliye Nezareti Umûr-i Mahalliye ve Vilayat Müdiriyeti Kalemi: 1913–1922
DH-SYS	Dahiliye Nezareti Muhaberât-ı Umûmiye Dairesi Siyasi Evrakı: 1910–1915
DH.KMS	Dahiliye-Kalem-i Mahsûs
DH.HMŞ	Dahiliye Nezareti Hukuk Müşavirliği Kalemi Evrâkı
İ.Dh	İrade-i Dahiliyye: 1906–1916
İrade-i Husûsi	1892–1909
HR.MTV	Hariciye Nezareti Evrakı Mütenevvia
İ.Har	Hariciye İradeleri: 1892–1916
HR.H	Hariciye Nezareti Hukuk Kısmı Evrakı
HR.MKT	Hariciye Nezareti Mektûbî Kalemi Analitik Envanteri: 1838–1854
MV	Meclis-i Vükela: 1885–1918
OBE	Osmanlı Belgelerinde Ermeniler, Quellenzusammenstellung des Başbakanlık Arşiv Kurulu, Bände 1–33, Istanbul 1987–1991
Y.A.HUS	Yıldız Sadâret Hususî Marûzât Evrakı: 1796–1905
Y.A.RES	Yıldız Sadâret Resmî Marûzât Evrakı: 1876–1909
Y.EE Kâmil	Yıldız Esas Evrakı Sadrâzam Kâmil Paşa

Y.MTV   Yıldız Mütenevvî Maruzat: 1323–1327; 1905–1909
Y.MaruzatDf   Yıldız Maruzat Defteri: 1298–1327

Deutschland: Politisches Archiv des Auswärtigen Amtes, Bonn (AA)

Türkei 183   Diplomatische Korrespondenz, auch die Missionare betreffend
Deutschland 135 Diplomatische Korrespondenz, auch die Missionare betreffend
                 (Botschaft in Konstantinopel)

Schweiz: Bundesarchiv, Bern

E 2   Eingaben und Material der Armenierfreunde, staatliche Stellungnahmen
E 21   Eingaben und Material der Armenierfreunde, staatliche Stellungnahmen
E 2001   Eingaben und Material der Armenierfreunde, staatliche Stellungnahmen

Private Nachlässe

Vischer-Oeri
Spörri-Knecht
Eduard Graeter-Wörner
Künzler-Bender (Teile)

Zeitgenössische unveröffentlichte Manuskripte, Daktyloskripte und Tagebücher

Mehrmals herangezogene längere Archiv-Manuskripte werden im Buch der einfacheren Referenz halber wie Bücher zitiert und sind deshalb hier aufgeführt.

Atkinson, Tacy W., *Account of the events in Turkey during the past three years as I have seen them and as they have had an effect upon our work in the Annie Tracy Hospital,* ABC 16.9.7 (reel 713: 484–510), 1917.

Ansprachen und Berichte bei der Feier am 8. und 9. September 1941 in Bad Homburg zur Erinnerung an die 45. Wiederkehr des Ausreisetages unseres Missionssuperintendenten Johannes Ehmann, Meserch und an die 40. Wiederkehr des Ausreisetages unserer Schwester Paula Schäfer, Marasch, 24 Seiten, HBO, 1941.

Cinq ans d'Exil. De 1914 à 1919, 54 Seiten, wohl fortlaufend niedergeschrieben mit Endredaktion 1919, SLS, 1919.

Den Türken und den Armeniern gewidmet!, Verbesserungsabzug der später unterdrückten Nummer von *Der Orient,* 1928, 5* (Sept.–Okt.), Universitätsbibliothek Basel: Lieb Z 256, 1928.

Ehmann, Johannes, *Die Stellung des Valis und der türkischen Regierung in El-Aziz (Meserch) zu den armenischen Ereignissen während des Weltkrieges,* 4 Seiten, Daktyloskript, HBO, o. D., circa 1920.

Graeter, Eduard, *Tagebuch 4. 2. 1911 bis 14. 3. 1915,* Graeter-Nachlass.

Graffam, Mary L., *Miss Graffam's Own Story. Taken stenographically by Dr. Richard's Secretary. June 28, 1919,* 6 Seiten, Indiv. Biogr. 24:33 Mary L. Graffam, ABC, 1919.

Graffam Partridge, Ernest C. und Winona, *Mary Louise Graffam. A Missionary Heroine,* 29 Seiten, Indiv. Biogr. 24:33 Mary L. Graffam, ABC, o. D.

Herrick, George F., *How to win Muslim Races,* Daktyloskript, 7 Seiten, Kairo, ABC Individ. Biogr., 1906.

Herrick, George F., *Islam in Turkey,* Daktyloskript, 5 Seiten, Kairo, ABC Indiv. Biogr., 1906 b.

Herrick, George F., *The future of the Turks,* Daktyloskript, o. O, ABC Indiv. Biogr., circa 1913.

Laurentin, (Frère capucin), *Souvenirs. Missions dans la Haute-Djéziré,* 62 Seiten, SLS, o. D.

Merrill, John E., *Eulogy given at The Memorial Service of Rev. Henry H. Riggs on Sunday, Sept. 26, 1943, at Auburndale by Rev. Dr. John E. Merrill,* 13 Seiten, Indiv. Biogr. 50:24 H. H. Riggs, ABC, 1919.

Niles, Emory, und Sutherland, Arthur, *Notes of Captain E. H. Niles and Mr. A. E. Sutherland taken on trip of investigation July & August 1919,* 34 Seiten, ABC bh, 1919.

Perez, Claude, *Eléments pour une histoire des écoles francophones en Turquie,* Istanbul, circa 1990.

Schaefer, Paula, *Einige Punkte der missionsärztlichen Arbeit in Marasch,* 14 Seiten, HBO, circa 1910.

Spörri-Knecht, Frieda, *Lebenserinnerungen,* verfasst circa 1935, 186 Seiten,Spörri-Nachlass.

Récit d'Exil. 1919. 1920. 1921, 38 Seiten, Manuskript, SLS, o. D.

Riesenbeck, Fritz (Pfr.), *Aus der Geschichte des „Deutschen und Schweizer Hilfsbundes für christliches Liebeswerk im Orient",* interner Bericht des Hülfsbundes, Teil I 1896–1947 (78 S.), Teil II A. Nachträgliches zu 1896–1944 (44 S.); B. 1944–1982 (285 S.), o. D.

Riggs, Henry H., *A. B. C. F. M. History 1910–1942. Section on the Turkey Missions,* 148 Seiten, ABC Ms. Hist. 31, 1942.

Riggs, Charles T. (?), *History of the work of the American Board of Commissioners for Foreign Missions in the Near East and more especially in Turkey. 1819 till 1934,* ABC Ms. Hist. 31:4, circa 1935.

Riggs, Charles T., *Historical Sketch of Aintab Station,* ABC Ms. Hist. 31:1, circa 1930.

Testanier, Joseph (Père jésuite), *Amasya 1914 et voyage de retour en France. Journal des événements survenus en Turquie d'Asie (à Amasia surtout) depuis le commencement de la guerre européenne, 2 août 1914. Et voyage à travers l'Anatolie jusqu'à Marseille (24. 11. 1914–4. 1. 1915),* 79 maschinengeschriebene Seiten; in AFCJ RAr 23, circa 1915.

Vischer-Oeri, Gertrud, *Erinnerungen an Urfa,* 88 Seiten, hektographiert, Riehen, Universitätsbibliothek Basel, 1967.

Yarrow, Jane, *Excerpt from the Memoirs of Jane Yarrow, Wife of Syme Yarrow, Both Teachers in the American Board's Mission of the Congregational Church to Van, Turkey, Taken from her Diary and Letters 1904–1907,* 83 Seiten, ABC bh.

Periodika

Allgemeine Missionszeitschrift, Berlin 1874–1923.

Analecta Ordinis Minorum Cappuccinorum, apud Curiam Generalitiam, Roma, 1884–1993.

Annales de la Propagation de la Foi, recueil périodique, Collection faisant suite aux Lettres Edifiantes, Lyon, 1822 ff.

Armenian Review, Boston.

Askeri Tarih Belgeleri Dergisi, Ankara.

Bibliotheca Missionarum, Freiburg i. Br., 1950 ff.

Das notwendige Liebeswerk. Deutsch-armenische Blätter, 1909–1914.

Der Christliche Orient [Monatsschrift der Deutschen Orient-Mission], Potsdam, 1899–1923.

Der neue Orient, Berlin, 1917 ff.

Der Orient, Potsdam: Tempelverlag, 1919 ff.

Echos d'Orient. Revue bimestrielle de théologie, de droit canonique, de liturgie, d'archéologie, d'histoire et de géographie orientales, Paris: Maison de la bonne presse, 1897 ff.

Etudes, Revue fondée en 1856 par des pères de la Compagnie de Jésus, Paris, 1856 ff.

Evangelical Christendom. Christian Work and the News of the Churches. The monthly organ of the Evangelical Alliance, London.

Il Massaia. Bollettino delle Missioni dei Minori Cappuccini, 1911 ff.

International Review of Missions, London, 1912 ff.

Jin. Kürtçe-Türkçe Dergi. 1918–1919, Istanbul, 1918–1919 (neu hg. von M. E. Bozarslan, Uppsala, 1985–1988).

Journal of the Society for Armenian Studies, Michigan: Armenian Research Center of the University of Michigan-Dearborn.

Lettres de Canturbury, faisant suite aux lettres de Mold et de Canterbury, 3 Bände, Bruxelles: Polleunis et Ceuterick, 1902–1906.

Lettres de Fourvière, Le Puy, 1898–1901 Lettres de Jersey, Bruges (Belgique), 1882–1936.

Lettres de Mold, Bruxelles, 1881–1897.

Lettres d'Ore, Bruxelles, 1907–1914.

Les Missions Catholiques. Bulletin hebdomadaire illustré de l'Œuvre de la propagation de la foi, Lyon (Paris, Bruxelles).

Missionary Herald, Boston: American Board of Commissionars for Foreign Missions, 1806 ff.

Missionary Review of the World. International Review of World-Wide Christian Progress, New York, 1877 ff.

Mitteilungen über Armenien [Organ des Bundes der schweizerischen Armenierfreunde], Basel, 1915 ff.

Muslim World, vormalig: *The Moslem World,* London, New York, 1911 ff.

Œuvres des Ecoles d'Orient, Paris, 1859 ff.

Orient. A weekly English paper published at the American Bible House, Constantinople, 1910–1914.

Questions Actuelles, Paris, 1887 ff.

Revue d'histoire des missions, Paris, 1924 ff.

Sebîlürreşad [Nachfolger von *Sırat-i Müstakîm*], Istanbul, 1912 ff.

Sırat-i Müstakîm [muslimische Wochenzeitschrift], Istanbul, 1908–1911.

Sonnenaufgang [Organ des Hülfsbundes], Frankfurt a. M., 1900–1939 [nach dem Zweiten Weltkrieg weitergeführt].

Zeitschrift für Missionswissenschaft, Münster i. W., 1911 ff.

Bücher und Artikel

Hinweis: Eine nach dem Editionsjahr in Klammern beigefügte weitere Jahrzahl bedeutet das Jahr der Erstausgabe.

25 Jahre im Orient, Deutscher Hilfsbund. 1896–1921, Frankfurt, 1921.

Adanır, Fikret, „The National Question and the Genesis and Development of Socialism in the Ottoman Empire: the Case of Macedonia", in: M. Tunçay und E. J. Zürcher, *Socialism and Nationalism in the Ottoman Empire,* London, New York: I. B. Tauris, 1994.

Adanır, Fikret, „Die Armenische Frage und der Völkermord an den Armeniern im Osmanischen Reich. Betroffenheit im Reflex nationalistischer Geschichtsschreibung", in: H. Loewy und B. Moltmann, *Erlebnis – Gedächtnis – Sinn. Authentische und konstruierte Erinnerung*, S. 237–263, Frankfurt, New York: Campus, 1996.

Adanır, Fikret, „Le génocide arménien? Une réévaluation", in: Comité de Défense de la Cause Arménienne, *L'Actualité du Génocide Arménien*, Paris: EDIPOL, 1999.

Adıvar, Halide Edip, *Das neue Turan: ein türkisches Frauenschicksal*, Weimar: G. Kiepenheuer, 1916.

Adıvar, Halide Edip, *Memoirs*, London, 1926.

Afanasyan, Serge, *L'Arménie, l'Azerbaïdjan et la Géorgie de l'indépendance à l'instauration du pouvoir soviétique 1917–1923*, Paris: Harmattan, 1981.

Ahmad, Feroz, „Unionist Relations with the Greek, Armenian, and Jewish Communities of the Ottoman Empire, 1908–1914", in: B. Braude und B. Lewis, *Christians and Jews in the Ottoman Empire: The Functioning of a Plural Society*, Bd. 1: The Central Lands, New York, 1982.

Ahmed, Kemal Mazhar, *Birinci Dünya Savaşı Yıllarında Kürdistan*, Ankara, 1992 (1975).

Ahmet Şerif Bey, *Anadolu, Suriye, Arnavutluk ve Trablusgarb'da Tanin*, hg. von Mehmed Çetin Börekçi, Ankara: Türk Tarih Kurumu, 1997.

Akalın, Müslüm, *Urfa Mutasarrıfı Şehit Nusret Bey'in Nemrut Mustafa Paşa Divan-ı Harbindeki Savunması*, Urfa: Şurkav, 1990.

Akarlı, Engin Deniz, *The Long Peace. Ottoman Lebanon, 1861–1920*, University of California Press, 1993.

Akarlı, Engin Deniz, „Particularities of History", in: *Armenian Forum*, Jg. 1, Nr. 2, Princeton, 1998, S. 52–64.

Akarlı, Engin Deniz, „The Tangled End of Istanbul's Imperial Supremacy", in: L. Fawaz (Hg.), *European Modernity and Cultural Differences: from the Mediterranean Sea to the Indian Ocean, 1890s–1920s*, Columbia University Press, im Druck (2000).

Akçam, Taner, *Türk Ulusal Kimliği ve Ermeni Sorunu*, Istanbul: İletişim Yayınları, 1992.

Akçam, Taner, *Armenien und der Völkermord. Die Istanbuler Prozesse und die türkische Nationalbewegung*, Hamburg: Hamburger Edition, 1996.

Akgül, Suat, *Yakın Tarihimizde Dersim İsyanları ve Gerçekler*, Istanbul: Boğaziçi Yayınları, 1992.

Akgün, Seçil, „Amerikalı misyonerlerin Anadolu'ya bakışları", in: *OTAM*, Nr. 3, Ankara, Febr. 1992.

Alamuddin, Ida, *Papa Kuenzler and the Armenians*, London, 1970.

Alexanian, Jacques der (Hg.), *Le Ciel était noir sur l'Euphrate*, Paris: Robert Laffont, 1988.

Altıntaş, Aydın, „Tanzimatı Müteakip Mekteb-i Tibbiye-i Şahane'ye Hangi Milletlerden Ne Kadar Öğrenci Alınacağı Meselesi", in: *Yeni Tip Tarihi Araştırmaları*, S. 66–90, Istanbul, 1995.

Anadol, Cemal, *Tarihin Işığında Ermeni Dosyası*, Istanbul: Turhan Kitabevi, 1982.

Apak, Rahmi, *Türk İstiklal Harbi – İç Ayaklanmalar (1919–1921)*, Bd. 6, Ankara: Gnkur. Basımevi, 1964.

Arbeitskreis Armenien (Hg.), *Völkermord und Verdrängung. Der Genozid an den Armeniern – die Schweiz und die Shoa*, Zürich: Chronos, 1998.

Armeniens Schicksal. Seine Freunde und seine Feinde. Ein kurzer Überblick nebst Anhang über die Geschichte des Stifts Uchtenhagen (Christliches Erholungsheim bei Falkenberg i. d. Mark), Frankfurt a. M.: Deutscher Hülfsbund für christliches Liebeswerk im Orient, 1927.

Armenians in Ottoman Documents (1915–1920), Ankara: T. C. Başbakanlık Devlet Arşivleri Genel Müdürlüğü, 1995.

Arpee, Leon, *A Century of Armenian Protestantism*, New York, 1949.

Arpee, Leon, *The Armenian Awakening. A History of the Armenian Church. 1820–1860,* Chicago: The University of Chicago Press, 1909.

Artinian, Vartan, *The Armenian Constitutional System in the Ottoman Empire. 1839–1863,* Istanbul, o. D. (circa 1988).

Aubert, R., „The Latin Catholics in the Ottoman empire", in: *The Church between revolution and restauration, History of the Church,* Nr. 7, S. 158–162, London, 1981.

Auron, Yair, *Die Banalität der Gleichgültigkeit. Das Verhältnis des Yischuw und der zionistischen Bewegung zum Völkermord an den Armeniern,* Tel Aviv: Dvir Publishing House (auf hebräisch), 1995.

Auron, Yair, „The Forty Days of Musa Dagh", in: R. Hovannisian (Hg.), *Remembrance and Denial. The Case of the Armenian Genocide,* S. 147–163, Detroit, 1998.

Avcıoğlu, Doğan, *Milli Mücadele Tarihi,* 4 Bände, Istanbul, 1986.

Awetaranian, Johannes, *Geschichte eines Mohammedaners, der Christ wurde,* Berlin, 1905.

Awetaranian, Johannes, *Geschichte eines Mohammedaners, der Christ wurde, Von ihm selbst erzählt. Nach seinem Tode ergänzt von Richard Schäfer,* Potsdam, 1930.

Babot, Christiane, *La Mission des Augustins de l'Assomption à Eski-Chéhir 1891–1924,* Istanbul: ISIS, 1996.

Banse, Ewald, *Die Türkei,* Berlin: Verlag von Georg Westermann, 1919.

Barenton, Hilaire de, *La France catholique en Orient durant les trois derniers siècles, d'après des documents inédits,* 1902.

Barkley, Henry C., *A Ride through Asia Minor and Armenia: Giving a Sketch of the Characters, Manners, and Customs of both the Mussulman and Christian Inhabitants,* London, 1891.

Barlas, Uğurol, „Anteb Harbinde Sağlık Hizmeti", in: *I. Türk Tip Tarihi Kongresi. İstanbul: 17–19 Şubat 1988. Kongreye sunulan bildiriler,* S. 287–296, Ankara: Türk Tarih Kurumu Basımevi, 1992.

Barth, Hans, *Türke wehre dich,* 2. Aufl., Leipzig, 1898.

Barton, James L., *The Missionary and His Critics,* New York: Revell, 1906.

Barton, James L., *Daybreak in Turkey,* Boston: The Pilgrim Press, 1908.

Barton, James L., „The Near East Relief: A Moral Force", in: *International Review of Missions,* 18, S. 501 ff., 1929.

Barton, James L., *Story of Near East Relief (1915–1930),* New York, 1930.

Barton, James L., „American Educational and Philanthropic Interests on the Near East", in: *The Muslim World,* 23, S. 121–136, 1933.

Bauer, Yehuda, *A History of the Holocaust,* New York: F. Watts, 1982.

Bayrak, Mehmet, *Kürtler ve Ulusal-Demokratik Mücadeleri. Gizili Belgeler – Araştırmalar – Notlar,* Ankara: Özge, 1993.

Bayrak, Mehmet, *Açık-Gizli / Resmi-Gayrıresmi Kürdoloji Belgeleri,* Ankara: Özge, 1994.

Bayur, Yusuf Hikmet, *Türk İnkilâbı Tarihi,* 3 Bände, Ankara: Türk tarih kurumu basımevi, 1991.

Beach, Harlan P. und St. John, Burton (Hg.), *World Statistics of Christian Missions,* The Committee of Reference and Counsel of the Foreign Missions Conference of North America, New York, 1916.

Bearth, Thomas, *J. G. Christaller's holistic view of language and culture and C. C. Reindorf's History,* Zürich, (unveröffentlichter Aufsatz, 1997).

Beaupin, (Mgr) „Le Traité de Lausanne et les Missions", in: *Revue d'Histoire des Missions,* Nr. 1, S. 39–46, Paris, 1924.

Becker, Jean-Jacques, und Berstein, Serge, *Victoire et frustrations 1914–1929,* Nouvelle Histoire de la France contemporaine, Bd. 12, Paris: Seuil, 1990.

Behrendt, Günter, *Nationalismus in Kurdistan: Vorgeschichte, Entstehungsbedingungen und erste Manifestationen bis 1925,* Hamburg: Deutsches Orient-Institut, 1993.

Belin, M., „De l'instruction publique et du mouvement intellectuel en Orient", extrait du *Contemporain, revue d'économie chrétienne,* Paris, Aug. 1866.

Bender, Cemsid, *Kürt Uygarlığında Alevilik,* Istanbul: Kaynak, 1993 (1991).

Berberoğlu, Enis, *Öbür Türkler. Büyük Oyun'un Milliyetçi Süvarileri,* Istanbul: Doğan Kitab, 1999.

Berkes, Niyazi (Hg.), *Turkish Nationalism and Western Civilization. Selected Essays of Ziya Gökalp,* New York, 1959.

Berron, Paul, *Erinnerungen aus dunklen Tagen,* Frankfurt: Deutscher Hülfsbund für christliches Liebeswerk im Orient, 1929.

Berron, Paul, *Missionsdienst im Orient und Okzident. Entstehung der Strassburger Morgenlandmission,* Strassburg, o. D. (1962?).

Berron, Paul, *Und die Mohammedaner,* Frankfurt, o. D. (nach 1921).

Besier, Gerhard, *Die protestantischen Kirchen im Ersten Weltkrieg. Ein Quellen- und Arbeitsbuch,* Göttingen, 1984.

Beşikçi, İsmail, *Wir wollen frei und Kurden sein,* Frankfurt a. M.: isp-Verlag, 1987.

Beşikçi, İsmail, *Bilim-Resmi İdeoloji Devlet-Demokrası ve Kürt Sorunu,* Istanbul: Alan yay., 1990.

Beşikçi, İsmail, *Tunceli Kanunu (1935) ve Dersim Jenosidi,* Ankara: Yurt, 1992.

Beylerian, Arthur, „L'impérialisme et le mouvement national arménien (1885–1890)", in: *Relations internationales,* Nr. 3, S. 19–54, Genf, Paris, 1975.

Beylerian, Arthur, *Les Grandes Puissances, l'Empire ottoman et les Arméniens dans les archives françaises (1914–1918),* documents réunis et présentés par A. B., Paris: Publications de la Sorbonne, 1983.

Bilge, Yakup, „Süryanilerin Yeni Hayatı Sürgünlük", in: *Varlık,* April 1997, S. 26–32, Istanbul, 1997.

Birdoğan, Nejat, *Anadolu'nun Gizli Kültürü Alevilik,* Hamburg: Alevi Kültür Merkezi Yayınları, 1990.

Birdoğan, Nejat, *İttihat-Terakki'nin Alevilik Bektaşilik Araştırması (Baha Sait Bey),* Istanbul: Berfin, 1994.

Birdoğan, Nejat, *Çelebi Cemalettin Efendi'nin Savunması (Müdafaa),* Istanbul: Berfin, 1996.

Birge, John Kingsley, *The Bektashi Order of Dervishes,* Hartford, London, 1937.

Bliss, Edwin Munsell, *Turkey and the Armenian Atrocities,* Fresno (California): Meshag Printing and Publishing, 1982 (1896).

Blincoe, Robert, *Ethnic Realities and the Church. Lessons from Kurdistan. A History of Mission Work 1668–1990,* Pasadena: Presbyterian Center for Mission Studies, 1998.

Bois, Thomas, „Les Dominicains à l'avant-garde de la kurdologie au XVIIIe siècle", in: *Hivum fratrum Praedicaticarum,* 35 (1965), S. 265–292, 1965.

Bora, Siren, *İzmir Yahudileri Tarihi. 1908–1923,* İstanbul: Gözlem, 1995.

Bozarslan, Hamit, *Le problème national kurde en Turquie kémaliste,* unveröffentlichte Diplomarbeit, Paris: EHESS, 1986.

Bozarslan, Hamit, *Les courants de pensée dans l'Empire ottoman. 1908–1918,* unveröffentlichte Thèse de doctorat en Histoire, s. la dir. de F. Furet, EHESS, Paris, 1992.

Bozarslan, Hamit, „Histoire des relations arméno-kurdes", in H.-L. Kieser (Hg.), *Kurdistan und Europa,* S. 151–186, Zürich: Chronos, 1997.

Bozarslan, Hamit, „Der Kemalismus und das Kurdenproblem", in H.-L. Kieser (Hg.), *Kurdistan und Europa,* S. 217–236, Zürich: Chronos, 1997 b.

Bozarslan, Hamit, *La question kurde. Etats et Minorités au Moyen-Orient,* Paris: Sciences Po, 1997 c.

Bozarslan, Hamit, „Vocabulaire politique de la violence: l'exemple jeune turc", in: *Etudes Turques et Ottomanes. Documents de travail,* Nr. 8, S. 45–54, Paris, Dezember 1999.

Bozarslan, Hamit, „L'Etat, le nationalisme et la question alévie en Turquie", in: R. Kastoryano und A. Dieckhof, *Les nouveaux nationalismes,* 2000 (im Druck).

Bozkurt, Ödül, *The Making of Young Women at an American Missionary School in Early Republican Turkey. A Study Based on the Life Histories of the 1928–1940 Graduates of the American Collegiate Institute for Girls in İzmir,* Istanbul: M. A. Thesis Boğaziçi Üniversitesi, 1995.

Braude, Benjamin, und Lewis, Bernard, *Christians and Jews in the Ottoman Empire: The Functioning of a Plural Society,* Bd. 1: The Central Lands, New York, 1982.

Brockes, Ferdinand (Pastor), *Quer durch Kleinasien. Bilder von einer Winterreise durch das armenische Notstandsgebiet,* Gütersloh: Druck und Verlag von C. Bertelsmann, 1900.

Bruinessen, Martin van, *Agha, Scheich und Staat. Politik und Gesellschaft Kurdistan,* Berlin: Edition Parabolis, 1987.

Bruinessen, Martin van, „Genocide in Kurdistan? The Suppression of the Dersim Rebellion in Turkey (1937–38) and the Chemical War against the Iraqi Kurds (1988)", in: G. Andreopoulos, *Genocide – Conceptual and Historical Dimension,* S. 141–170, Philadelphia: University of Pennsylvania Press, 1994.

Bruinessen, Martin van, „‚Aslını inkar eden haramzadedir!' The debate on the ethnic identity of the kurdish Alevis", in: K. Kehl-Bodrogi, B. Kellner-Heinkele, A. Otter-Beaujean (Hg.), *Syncretistic religious communities in the Near East,* S. 1–23, Leiden: Brill, 1997.

Bruinessen, Martin van, „Kurden zwischen ethnischer, religiöser und regionaler Identität", in: C. Borck, E. Savelsberg, S. Hajo (Hg.), *Ethnizität, Nationalismus, Religion und Politik in Kurdistan,* S. 185–216, Münster: Lit, 1997 b.

Bryce, James (Viscount, Hg.), *The Treatment of Armenians in the Ottoman Empire,* London, 1916.

Bulut, Faik, *Belgelerle Dersim Raporları,* Istanbul: Yön, 1991.

Bumke, Peter J., „The Kurdish Alevis – Boundaries and Perceptions", in P. Andrews (Hg.), *Ethnic Groups in the Republic of Turkey,* S. 510–518, Wiesbaden, 1989.

Burnichon, Joseph, *Un Jésuite. Amadée de Damas (1821–1903),* Paris, 1908.

Buxton, H., „Side-lights on the armenian question", in: *Contemporary Review,* Bd. 104, S. 789–798, London, 1913.

Çakır, Serpil, *Osmanlı Kadın Hareketi,* Istanbul: Metis, 1994.

Captanian, P. (Mme), *Mémoires d'une déportée,* Paris: Flenckowsky, 1920.

Çark, Y. G., *Türk Devleti Hizmetinde Ermeniler. 1453–1953,* Istanbul: Yeni Matbaa, 1953.

Carmel, Alex, „William Hechler: Herzls christlicher Verbündeter", in: H. Haumann (Hg.), *Der Erste Zionistenkongress von 1897. Ursachen – Bedeutung – Aktualität,* S. 42–45, Basel: Karger, 1997.

Çay, Abdulhalûk M., *Her Yönüyle Kürt Dosyası,* Ankara: Boğaziçi Yayınları, 1993.

Celil, Celilê, *XIX. Yüzyıl Osmanlı İmparatorluğu'nda Kürtler,* Ankara: Özge, 1992.

Cemal (Djemal), Ahmed (Pascha), *Erinnerungen eines türkischen Staatsmannes,* 2. Aufl., München: Drei Masken Verlag, 1922.

Cemil, Kadri (alias Zinar Silopî), *Doza Kurdistan,* Ankara: Özge, 1991 (1969).

Ceyhan, Abdullah, *Sırat-ı Müstakîm ve Sebîlürreşad Mecmuaları Fihrişti,* Ankara: Diyanet İşleri Başkanlığı, 1991.

Cevdet Pascha, *Tezakir,* Ankara: Türk Tarih Kurumu, 1991 (1953).

Chaliand, Gérard, und Ternon, Yves, *Le génocide des Arméniens,* 1980.

Challaye, Charles-Alexandre de (Comte; consule de France à Erzéroun), *Mémoire sur les missions Lazaristes et protestantes en Perse, 1854. Mémoire sur l'état actuel et l'avenir de la religion catholique et des missions lazaristes et protestantes en Perse,* introduit et annoté par J.-M. Hornus, Strasbourg, 1970.

Chambers, William Nesbitt, *Yoljuluk. Random Thoughts on a Life in Imperial Turkey,* Paramus: Armenian Missionary Association of America, 1988 (1928).

Chaney, Charles L., *The Birth of Missions in America,* South Pasadena, 1976.

Charmetant, Félix, *Le livre jaune et la question d'Orient,* Extrait de la Revue Diplomatique et Coloniale, Nr. 1, Paris, 1. März 1897.

Childs, W. J., *Across Asia Minor on Foot,* New York, 1917.

Christensen, T., und Hutchinson, W. R. (Hg.), *Missionary Ideologies in the Imperialist Era: 1880–1920,* 1982.

Christoffel, Ernst, *Blinde im Orient,* Barmen, 1912.

Christoffel, Ernst, *Aus dunklen Tiefen,* Berlin, 1921.

Christoffel, Ernst, *Von des Heilandes Brüdern und Schwestern,* Berlin, 1930.

Christoffel, Ernst, *Zwischen Saat und Ernte,* Berlin, 1933.

Clogg, Richard, „The Publication and Distribution of Karamanli Texts by the British and Foreign Bible Society Before 1850", in: *Journal of Ecclesiastical History,* Bd. 19, Nr. 1 f., S. 57–81 und 171–193, 1968.

Comité de Défense de la Cause Arménienne (CDCA) (Hg.), *L'Actualité du génocide arménien,* Paris: EDIPOL, 1999.

Constant de Pelisanne, (Père; Ordre des Mineurs Capucins), *Capucins Missionnaires. Syrie Liban Turquie,* Marseille, 1931.

Copeaux, Etienne, *Espace et temps de la nation turque. Analyse d'une historiographie nationaliste 1931–1993,* Paris, 1997.

Coroman, Alicia, *The Daughter of the Euphrates,* New York, 1919.

Cuinet, Vital, *La Turquie d'Asie,* 4 Bände, Paris, 1892.

Dabag, Mihran, „Katastrophe und Identität. Verfolgung und Erinnerung in der armenischen Gemeinschaft", in: H. Loewy und B. Moltmann, *Erlebnis – Gedächtnis – Sinn. Authentische und konstruierte Erinnerung,* S. 177–236, Frankfurt, New York: Campus, 1996.

Dabag, Mihran, „Jungtürkische Visionen und der Völkermord an den Armeniern", in: Ders. und K. Platt, *Genozid und Moderne. Strukturen kollektiver Gewalt im 20. Jahrhundert,* Bd. 1, S. 152–205, Opladen: Leske + Budrich, 1998.

Dadrian, Vahakn N., „The Role of Turkish Physicians in the World War I Genocide of Ottoman Armenians", in: *Holocaust and Genocide Studies,* Bd. 1, Nr. 2, S. 169–192, 1986.

Dadrian, Vahakn N., „The Convergent Aspects of the Armenian and Jewish Cases of Genocide. A Reinterpretation of the Concept of Holocaust", in; *Holocaust and Genocide Studies,* Bd. 3, Nr. 2, 1988.

Dadrian, Vahakn N., „Ottoman Archives and Denial of the Armenian Genocide", in: R. G. Hovannisian (Hg.), *The Armenian Genocide. History, Politics, Ethics,* London: MacMillan, 1992.

Dadrian, Vahakn N., „The Secret Young-Turk Ittihadist Conference and the Decision for the World War I Genocide of the Armenians", in *Holocaust and Genocide Studies,* Bd. 7, S. 173–201, 1993.

Dadrian, Vahakn N., *The History of the Armenian Genocide: Ethnic Conflict from the Balkans to Anatolia to the Caucasus,* Oxford: Berghahn Books, 1995.

Dadrian, Vahakn N., *German Responsibility in the Armenian Genocide. A Review of the Historical Evidence of German Complicity,* Cambridge: Blue Crane Books, 1996.

Dadrian, Vahakn N., *The Key Elements in the Turkish Denial of the Armenian Genocide: A Case Study of Distortion and Falsification,* Toronto: Zoryan Institute, 1999.

Daniel, Robert L., „The United States and the Turkish Republic before World War II: The Cultural Dimension", in: *Middle East Journal,* 21, S. 52–63, 1967.

Daniel, Robert L., *American Philanthropy in the Near East 1820–1960,* Athens: Ohio University Press, 1970.

Davis, Leslie A., *The Slaughterhouse Province. An American Diplomat's Report on the Armenian Genocide. 1915–1917,* hg. von Susan K. Blair, New Rochelle: Aristide D. Caratzas, 1989.

Davison, Roderic H., „The *Millets* as Agents of Change in the Nineteenth-Century Ottoman Empire", in: B. Braude und B. Lewis, *Christians and Jews in the Ottoman Empire: The Functioning of a Plural Society,* Bd. 1: The Central Lands, S. 319–337, New York, 1982.

Davison, Roderic H., „The French Language as a Vehicle for Ottoman Reform in the Nineteenth Century", in: J.-L. Bacqué-Grammont und E. Eldem (Hg.), *De la Révolution française à la Turquie d'Atatürk,* S. 125–140, Varia Turcica XVI, Istanbul: Isis, 1990.

Davison, Roderic H., *Essays in Ottoman and Turkish History, 1774–1923. The Impact of the West,* Austin: University of Texas Press, 1990.

Dawkins, R. M., „The Crypto-Christians of Turkey", in: *Byzantion,* S. 247–275, Bruxelles, 1933.

Damas, Amadée de (Père jésuite), *Coup d'œil sur l'Arménie. A propos d'une mission de la Compagnie de jésus ouverte en Asie mineure par les ordres du Pape Léon XIII,* Lyon, Paris, 1888.

Delacroix, Simon (Hg.), *Histoire universelle des missions catholiques,* Paris, 1956–1959.

Denais, Joseph, „Le Sultan", Extrait de la *Nouvelle Revue* du 1er avril 1897, Paris, 1897.

DeNovo, Anne, *American Interests and Policies in the Middle East: 1900–1939,* University of Minnesota Press, Minneapolis, 1963.

Deranian, Marderos, *Hussenig. The Origin, History, and Destruction of an Armenian Town,* Belmont (Mass.): Armenian Heritage Press, 1994.

Deringil, Selim, *The Well-Protected Domains. Ideology and the Legitimation of Power in the Ottoman Empire. 1876–1909,* London: I. B. Tauris, 1998.

Der Kazarian, Marion, *Sacrifice and Redemption. A Personal Chronicle of the 1915 Armenian Genocide and the Worcester Community,* Watertown (Mass.): Baikar Publications, 1995.

Der Mugrdechian, Bob, *Anooshavan, the Intrepid Survivor,* Fresno (Cal.): Liberty Printing, 1995.

Dersimi, Mehmet Nuri, *Hatıratım,* Stockholm: Roja Nû Yayınları, 1986.

Dersimi, Mehmet Nuri, *Hatıratım,* von Mehmet Bayrak kommentierte neutürkische Ausgabe, Ankara: Özge, 1992.

Dersimi, Mehmet Nuri, *Kürdistan Tarihinde Dersim,* Aleppo, 1952.

Des Coursons, R. (Vicomte), *La rébellion arménienne. Son origine – son but,* Paris, 1895.

Dinçer, Nahid, *Yabancı Özel Okullar,* Istanbul, 1978.

Diner, Dan, *Das Jahrhundert verstehen. Eine universalhistorische Deutung,* München: Luchterhand, 1999.

Dinkel, Christoph, „German Officers and the Armenian Genocide", in: *The Armenian Review,* Bd. 44, S. 77–130, Boston, 1991.

Dinkel, Christoph, *Die Geschichte der schweizerischen Armenierhilfe von den Anfängen bis in die Zwischenkriegszeit,* unveröffentlichte Lizentiatsarbeit, Basel, 1983.

Dittes, James E., „The Christian Mission and Turkish Islam", in: *The Muslim World,* 45, S. 134–144, Boston, 1955.

Doğan, Nuri, *Ders Kitapları ve Sosyalleşme (1876–1918),* Ankara: Bağlam, 1994.

Duguid, Stephen, „The Politics of Unity: Hamidian Politics in Eastern Anatolia, in: *Middle Eastern Studies,* Nr. 9, S. 139–155, 1973.

Dumont, Paul, „La période des Tanzîmât (1839–1878)", in: R. Mantran (Hg.), *Histoire de l'Empire Ottoman,* S. 459–522, Paris: Fayard, 1989.

Dumont, Paul, *Mustafa Kemal. 1919–1924,* Bruxelles: Editions Complexe, 1983.

Duval, (OP), *La mission des Dominicains à Mossoul,* Paris, 1889.

Dwight, H. G. O., und Smith, Eli, *Missionary Researches in Armenia,* Boston, 1833.

Dzeron, Manoog B., *Village of Parchanj. General History (1600–1937),* Boston: Baikar Press, 1984.

Earle, Edward Mead, *Turkey, the Great Powers and the Bagdad Railway – a Study in Imperialism,* New York, 1966.

Eberhard, Otto, „Bildungswesen und Schulreform in der neuen Türkei", in: *Jahrbuch des Vereins für wissenschaftliche Pädagogik,* 1917.

Eckart, Bruno, *Meine Erlebnisse in Urfa,* Potsdam: Tempel-Verlag, 1922.

Ehrhold, Käthe, *Flucht in die Heimat,* Dresden, Leipzig, 1937.

Encyclopaedia of Islam, New Edition, Bde. I–VI, Leiden, London, 1960–1989.

Ergin, Osman Nuri, *İstanbul Mektepleri ve İlim. Terbiye ve San'at Müesseseleri Dolayısiyle Türkiye Maarif Tarihi,* 5 Bände, Istanbul: Eser Maatbası, 1977.

Ergün, Mustafa, „Die deutsch-türkischen Erziehungsbeziehungen während des Ersten Weltkrieges", in: *OTAM (Ankara Üniversitesi Osmanlı tarihi araştırma ve uygulama merkezi dergisi),* Nr. 3, S. 193–208, Jan. 1992.

Ersanlı, Büşra, *İktidar ve Tarih. Türkiye'de ‚Resmi Tari' Tezinin Oluşumu (1929–1937),* Istanbul: Afa Yay., 1996 (1992).

Evans, Laurence, *United States Policy and the Partition of Turkey: 1914–1924,* Baltimore: John Hopkins Press, 1965.

Fallscheer-Zürcher, Josephine, „Die türkische Provinzialhebamme", in: *Annalen für das gesamte Hebammenwesen,* Bd. 1, Heft 3, S. 265–281, Berlin, 1910.

Fallscheer-Zürcher, Josephine, „Wie ich den Räuberfürsten Ibrahim Pascha operierte", in: *Hygieia,* Nr. 3–5, Basel, 1932.

Favre, Edouard (Hg.), *Léopold Favre 1846–1922,* Genf, 1923.

Feigel, Uwe, *Das evangelische Deutschland und Armenien. Die Armenierhilfe deutscher evangelischer Christen seit dem Ende des 19. Jahrhunderts im Kontext der deutsch-türkischen Beziehungen,* Göttingen: Vandenhoeck & Ruprecht, 1989.

Fığlalı, Ethem Ruhi, *Türkiye'de Alevîlik Bektâsîlik,* Ankara: Selçuk Yay., 1996 (1990).

Fırat, Mehmet Şerif, *Doğu İlleri ve Varto Tarihi,* Amkara: Türk Kültürünü Araştırma Enstitüsü, 1983 (1952).

Fleischmann, Ellen L., „„Our Moslem sisters': women of Greater Syria in the eyes of American Protestant missionary movement, in: *Islam and Christian-Muslim Relations,* Bd. 9, Nr. 3, S. 307–323, 1998.

Fleury, Antoine, *La politique allemande au Moyen-Orient. 1919–1939,* Genève, 1977.

Fouqueray, Henri, *Missions de l'Assomption en Orient, 1862–1924,* Lyons, 1925.

Frazee, C. A., *Catholics and Sultans. The church and the Ottoman empire 1453–1923,* Cambridge, 1983.

Freud, Sigmund, *Psychologie des Unbewussten,* Bd. 3 der Studienausgabe, 5. Aufl., Frankfurt a. M.: Fischer, 1982.

Frick, H., *Nationalität und Internationalität in der christlichen Mission,* Gütersloh: C. Bertelsmann, 1917.

Frutiger, Uarda, *Ärztin im Orient auch wenn's dem Sultan nicht gefällt: Josephina Th. Zürcher (1866–1932),* Basel, Stuttgart: Schwabe, 1987.

Furet, C., *Récits historiques tirés de l'histoire ottomane*, livre de lecture à l'usage des écoles et lycées de l'empire approuvé par le conseil de l'instruction publique, Istanbul, 1871.

Gabriel, Albert, *Voyages Archéologiques dans la Turquie Orientale*, Paris, 1940.

Gairdner, W. H. T., „Mohammed without camouflage. Ecce homo arabicus", in: *The Moslem World*, S. 25–57, 1919.

Gardon, Victor (alias Gakavian, Wahram), *Le Chevalier à l'Emeraude*, Paris, 1961.

Gatteyrias, J.-A., *L'Arménie et les Arméniens*, Paris, 1882.

Gazer, Hacik Rafi, *Die Reformbestrebungen in der Armenisch-Apostolischen Kirche im ausgehenden 19. und im ersten Drittel des 20. Jahrhunderts*, Göttingen: Vandenhoeck & Ruprecht, 1996.

Geiss, Imanuel (Hg.), *Der Berliner Kongress 1878. Protokolle und Materialien*, Boppard am Rhein, 1978.

Gensichen, H. W., „Missionsgeschichte der neueren Zeit", in: K. D. Schmidt und E. Wolf (Hg.), *Die Kirche in ihrer Geschichte*, Bd. 4, Lieferung T, 3. verb. Aufl., Göttingen, 1976.

Gensichen, H. W., „German Protestant Missions", in: Christensen und Hutchinson (Hg.), *Missionary Ideologies in the Imperialist Era: 1880–1920*, S. 181–190, Aarhus, 1982.

Georgeon, François, „Le dernier sursaut (1878–1908)" und „La mort d'un empire (1908–1923)", in Mantran, Robert (Hg.), *Histoire de l'Empire Ottoman*, S. 523–604, Paris: Fayard, 1989.

Georgeon, François, *Aux origines du nationalisme turc. Yusuf Akçura (1876–1935)*, Paris: Editions ADPF, 1980.

Georgeon, François, *Des Ottomans aux Turcs. Naissance d'une nation*, Analecta Isiana, Istanbul: Isis, 1995 (1988).

Georgeon, François, „Mots interdits. A propos d'un document sur la censure ottomane au début du siècle", in: *Etudes Turques et Ottomanes. Documents de travail*, Nr. 8, S. 35–44, Paris, Dezember 1999.

Ghazarian, Vatche (Hg.), *A Village Remembered. The Armenians of Habousi*, Waltham (Mass.): Mayreni Publishing, 1997.

Giannantonio da Milano, „Sunto storico e descrittivo della missiona apostolica dei minori cappucini nella Mesopotamia", in: *Analecta Ordinis Minorum Cappucinorum*, S. 199–208, 231–241, 263–271, 306–309, 340–345, Rom, 1899.

Gökalp, Ziya, *Türkçülüğün Esasları?* Istanbul: Kültür Bakanlığı, 1976.

Gökalp, Ziya, *Türkleşmek, İslamlaşmak, Muassırlaşmak*, Ankara: Kültür Bakanlığı, 1976 b.

Göldaş, Ismail, *Kürdistan Teâli Cemiyeti*, Istanbul: DOZ, 1991.

Gölpınarlı, Abdülbaki, *100 Soruda Tasavvuf*, İstanbul: Gerçek Yay., 1985.

Goltz, Hermann, „Zwischen Deutschland und Armenien", in: *Theologische Literaturzeitung*, 108. Jg., Nr. 12, S. 865–886, Berlin DDR, 1983.

Goltz, Hermann (Hg.), *Akten des Internationalen Dr. Johannes-Lepsius-Symposiums 1986 an der Martin-Luther-Universität Halle-Wittenberg*, Halle/Saale, 1987.

Goltz, Hermann, „Die ‚armenischen Reformen' im Osmanischen Reich. Johannes Lepsius und die Gründung der Deutsch-Armenischen Gesellschaft", in: *75 Jahre Deutsch-Armenische Gesellschaft. Festschrift*, S. 4–76, Mainz: Deutsch-Armenische Gesellschaft e. V., 1989.

Goltz, Hermann, und Meissner, Axel, *Deutschland, Armenien und die Türkei 1895–1925. Dokumente und Zeitschriften aus dem Dr. Johannes-Lepsius-Archiv an der Martin-Luther-Universität Halle-Wittenberg*, München: K. G. Saur, 1998.

Goltz, Hermann, „Das Dreick Schweiz-Deutschland-Armenien. Beobachtungen und Dokumente aus dem Dr. Johannes Lepsius-Archiv an der Martin-Luther-Universität

Halle-Wittenberg, in H.-L. Kieser (Hg.), *Die armenische Frage und die Schweiz (1896–1923) / La question arménienne et la Suisse (1896–1923),* Zürich: Chronos, 1999.

Gordon, Leland James, *American Relations with Turkey. 1830–1930: An Economic Interpretation,* Philadelphia: University of Pennsilvania Press, 1933.

Grabill, Joseph L., „Missionary Influence on American Relation with the Near East: 1914–1923", in: *The Muslim World,* 32, S. 43–56, 141–154, Boston, 1968.

Grabill, Joseph L., *The Protestant Diplomacy and the Near East. Missionary Influence on American Policy, 1810–1927,* Minnesota, 1971.

Grant, Asahel, *The Nestorians or the Lost Tribes. Containing Evidence of their Identity,* New York, 1841.

Greene, Joseph K., *Leavening the Levant,* Boston, 1916.

Gründer, Horst, *Christliche Mission und deutscher Imperialismus: eine politische Geschichte ihrer Beziehungen während der deutschen Kolonialzeit 1884–1914, unter besonderer Berücksichtigung Afrikas und Chinas,* Paderborn, 1982.

Gründer, Horst, *Welteroberung und Christentum. Ein Handbuch zur Geschichte der Neuzeit,* Gütersloh: Gütersloher Verlagshaus, 1992.

Gust, Wolfgang, *Der Völkermord an den Armeniern. Die Tragödie des ältesten Christenvolkes der Welt,* München: Carl Hanser, 1993.

Gust, Wolfgang (Hg.), *Revidierte Ausgabe der von Johannes Lepsius unter dem Titel ‚Deutschland und Armenien 1914–1918‘ herausgegebenen Sammlung diplomatischer Aktenstücke,* Version 2.10, o. O., 1999.

Guyer, Samuel, „Reisen in Mesopotamien", in: *Dr. A. Petermanns Mitteilungen,* S. 168–174, 204–210, 254–259, 292–301, Gotha: Geographische Verlagsanstalt Justus Perthes, 1916.

Habermas, Rebekka, und Minkmar, Niels (Hg.), *Das Schwein des Häuptlings. Beiträge zur Historischen Anthropologie,* Berlin: Klaus Wagenbach, 1992.

Haenger, Peter, *Die Basler Mission im Spannungsbereich afrikanischer Integrationsversuche und europäischer Kolonialpolitik. Vorbereitung und Anfangszeit der „Asante-Mission" in Abetifi, Kwawu, 1869–1888,* unveröffentlichte Lizentitatsarbeit, Basel, Juli 1989.

Hajjar, Joseph, *Bismarck et ses menées orientales,* 2 Bände, Damaskus: Tlass, 1990.

Hajjar, Joseph, *Le Vatican, la France et le catholicisme oriental, 1878–1914: diplomatie et histoire de l'église,* Beauchesne, 1979.

Hakim, Halkawt, „Missionnaires et voyageurs. Les débuts de la connaissance des Kurdes en Europe", in: *Bulletin de l'Association des Anciens Elèves de l'INALCO,* S. 25–31, Paris, April 1990.

Halfin, *XIX. Yüzyılda Kürdistan Üzerinde Mücadeler,* Istanbul: Komal, 1992 (1976).

Halli, Reşat, *Türkiye Cumhuriyetinde Ayaklanmalar (1924–1938),* hg. vom Genelkurmay Harp Tarihi Başkanlığı, Ankara: Genelkurmay Basımevi, 1972.

Hammer, Karl, *Deutsche Kriegstheologie (1870–1918),* München, 1971.

Hamlin, Cyrus, „The Genesis and Evaluation of the Turkish Massacre of Armenian Subjects", in: *The Journal of American Antiquarian Society,* April 1898.

Hammer, K., *Weltmission und Kolonialismus. Sendungsideen des 19. Jahrhunderts im Konflikt,* München, 1978.

Hanioğlu, Şükrü, *Bir Siyasal Düsünür olarak Abdullah Cevdet ve Dönemi,* Istanbul, 1982.

Hanioğlu, Şükrü, *The Young Turks in Opposition,* New York, Oxford: Oxford University Press, 1995.

Harbord, James G., „Investigating Turkey and Transcaucasia", in: *The Worlds Work,* Bd. 40, S. 35–47, 176–193, 271–280, London, New York, 1920.

Harbord, James G., „The Chief of the Military Mission to Armenia (Harbord) to the Secretary of State" (offizieller Harbord-Bericht vom 16. 10. 1919), in: *Papers relating to the foreign relations of the United States 1919*, Washington: Government Printing Office, 1934, S. 840–889.

Harnack, Adolf von, *Die Mission und Ausbreitung des Christentums in den ersten drei Jahrhunderten*, 4. Aufl., Berlin, 1924.

Harris, George S., *Troubled Alliance. Turkish-American problems in historical perspective, 1945–1971*, Washington, 1972.

Hartmann, Martin, *Islam, Mission, Politik*, Leipzig, 1912.

Hartmann, Martin, *Unpolitische Briefe aus der Türkei*, Bd. 3 der Reihe „Der Islamische Orient", Leipzig: Rudolf Haupt, 1910.

Hartmann, Richard, *Im neuen Anatolien*, Leipzig, 1928.

Hasluck, F. W. (postum hg. von Hasluck, Margaret M.), *Christianity and Islam under the Sultans*, 2 Bände, Oxford: Clarendon Press, 1929.

Hasluck, F. W., „Heterodoxe Tribes of Asia Minor", in: *Journal of the Royal Anthropological Institute*, S. 310–342, London, 1921.

Haydaroğlu, Ilknur Polat, *Osmanlı İmparatorluğunda yabancı okullar*, Ankara: Kültür Bakanlığı Yayınları, 1990.

Heinzelmann, Tobias, *Aufklärung für Kinder – Die Kinderzeitschrift „Angeliaforos Çocuklar içün"*, unveröffentlichte Seminararbeit, Universität Freiburg, 1994.

Henkel, Willi, „Die Missionen von Arabien bis Sikkim", in: J. Metzler (Hg.), *Sacra Congregationis de Propaganda Fide Memoria Rerum. 350 anni a servizio delle missioni 1622–1975*, Bd. III/1, S. 365–387, Rom, Freiburg, Wien: Herder, 1975.

Hopkins, Howard, *John R. Mott, 1865–1955: a Biography*, Grand Rapids (Mich.), 1979.

Hornus, Jean-Michel, *Le Protestantisme au Proche-Orient*, Jérusalem, o. D.

Hovannisian, Richard G., *The Republic of Armenia*, Bd. I: The First Year, 1919–20, Los Angeles, 1971.

Hovannisian, Richard G., *The Republic of Armenia*, Bd. II: From Versailles to London, 1919–20, Los Angeles, 1982.

Hovanissian, Richard G. (Hg.), *The Armenian Genocide. History, Politics, Ethics*, London: MacMillan, 1992.

Hovanissian, Richard G. (Hg.), *Remembrance and Denial. The Case of the Armenian Genocide*, Detroit: Wayne State University Press, 1998.

Howard, Harry N., „An American Experiment in Peacemaking: The King-Crane Commission", in: *The Muslim World*, 32, S. 122–146, Boston, 1942.

Howard, Harry N., *The Partition of Turkey: A Diplomatic History 1913–23*, New York, 1966.

Hurewitz, J. C., *Diplomacy in the Near and Middle East*, Octagon Books, New York, 1972.

Hutchison, William R., *Errand to the World: American Protestant Thought and Foreign Missions*, University of Chicago Press, 1987.

Imbert, Stanislas, *Petite histoire des écoles chrétiennes d'Erzeroum (Haute Arménie) / Turquie. 1884–1902*, Fonseranes-Béziers (Vervielfältigung), 1978.

Jäschke, Gotthard, „Die christliche Mission in der Türkei", in: *Saeculum*, Bd. 7.7, S. 68–78, Freiburg, München, 1956.

Jäschke, Gotthard, „Johannes Lepsius", in: *Zeichen der Zeit*, 12. Jg., S. 447–450, Berlin (DDR), 1958.

Jafarian, Boghos, *Farewell Kharpert. The Autobiography of Boghos Jafarian*, supplementary chapters by Claire Mangasarian, o. O., 1989.

Jahrbuch der Deutschen Orient-Mission, Berlin, 1903.

Jernazian, Ephraim K., *Judgment unto truth. Witnessing the Armenian genocide*, New Brunswick, London: Transaction Publishers, 1990.

Jenkins, Hester Donaldson, *An Educational Ambassador to the Near East: The Story of Mary Mills Patrick and an American College in the Orient,* New York, 1925.

Jenkins, Paul, „CMS Early Experiment in Intereuropean Cooperation", in: K. Ward (Hg.), *CMS and the World Church,* 1799–1999, London, im Druck.

Johannes Lepsius zum Gedächtnis, Potsdam, 1926.

Joseph, John, *The Nestorians and their Neighbours. A Study of Western Influence on their Relations,* Princeton, 1961.

Joseph, John, *Muslim-Christian Relations and Inter-Christian Rivalries in the Middle East. The Case of the Jacobites in an Age of Transition,* New York, 1983.

Kaiser, Hilmar, „Germany and the Armenian Genocide (Review of Vahakn N. Dadrian, German Responsibility in the Armenian Genocide: A Review of the Historical Evidence of German Complicity)", in: *Journal of the Society of Armenian Studies,* Bd. 8, S. 127–142, Michigan: Dearborn, 1997.

Kaiser, Hilmar, „The Bagdadbahn Railway and the Armenian Genocide, 1915–1916. A Case Study in German Resistance and Complicity", in: R. G. Hovannisian (Hg.), *Remembrance and Denial. The case of the Armenian Genocide,* S. 67–112, Detroit, 1998.

Kaiser, Hilmar, „Le génocide arménien: négation ,à l'allemande'", in: CDCA, *L'Actualité du génocide arménien,* S. 75–91, Paris: EDIPOL, 1999.

Kalman, M., *Belge ve tanıklarıyla Dersim Direnişleri,* Istanbul: Nûjen Yay., 1995.

Karaca, Ali, *Anadolu Islahâtı ve Ahmet Şâkir Paşa (1838–1899),* Istanbul: Eren, 1993.

Karakaş, Mahmut, *Cumhuriyet Öncesi Şanlıurfa'da Kültür ve Eğitim,* Ankara: T. C. Kültür Bakanlığı, 1995.

Karayan, Sarkis, „An Inquiry into the Number and Causes of Turkish Losses During the First World War", in: *Armenian Review,* S. 284–289, 1982.

Karpat, Kemal, „Millets and Nationality: The Roots of the Incongruity of Nation and State in the Post-Ottman Era", in: B. Braude und B. Lewis, *Christians and Jews in the Ottoman Empire: The Functioning of a Plural Society,* Bd. 1: The Central Lands, S. 141–169, New York, 1982.

Karpat, Kemal, *Ottoman Population. 1830–1914. Demographic and Social Characteristics,* The University of Wisconsin Press, 1985.

Kawerau, Peter, *Amerika und die orientalischen Kirchen, Ursprung und Anfang der amerikanischen Mission unter den Nationalkirchen Westasiens,* Arbeiten zur Kirchengeschichte, begründet von K. Holl und H. Lietzmann, hg. von A. Aland et al., Berlin, 1958.

Kemal, Mustafa, *Die neue Türkei,* 3 Bände, Leipzig, 1928.

Kemal, Mustafa, *Nutuk,* Ankara: Türk Tarih Kurumu Basımevi, 1989 (1929).

Kemali, Ali, *Erzincan Tarihi,* Istanbul: Kaynak Yayınları, 1992 (1930).

Ketchian, Bertha Nakshian, *In the Shadow of the Fortress. The Genocide Remembered,* Cambridge MA: The Zoryan Institute Survivor's Memoirs, 1988.

Kévorkian, Raymond H., und Paboudjian, Paul B., *Les Arméniens dans l'Empire ottoman à la veille du génocide,* Paris: ARHIS, 1992.

Kévorkian, Raymond H., „Camps de concentration de Syrie et de Mésopotamie (1915–1916): la deuxième phase du génocide", in: CDCA (Hg:), *L'actualité du génocide des Arméniens,* S. 177–218, Paris: EDIPOL, 1999.

Kieser, Hans-Lukas, „Les Kurdes alévis face au nationalisme turc. L'alévité du Dersim et son rôle dans le premier soulèvement kurde contre Mustafa Kemal (Koçkiri 1919–1921)", *MERA Occasional Paper,* Nr. 18, Amsterdam 1993.

Kieser, Hans-Lukas, „L'Alévisme kurde", *Peuples Méditerranéens,* 68–69, Paris, 1994, S. 57–76.

Kieser, Hans-Lukas (Hg.), *Kurdistan und Europa. Einblicke in die kurdische Geschichte des 19. und 20. Jahrhunderts,* Zürich: Chronos, 1997.

Kieser, Hans-Lukas, „Le petit monde autour d'un hôpital missionnaire: Urfa, 1897–1922", in Georgeon, F. und Dumont, P., *Vivre dans l'Empire ottoman. Sociabilités et relations intercommunautaires (XVIIIe–XXe siècles),* Paris: Harmattan, 1997 b.

Kieser, Hans-Lukas, „Le soulèvement du Koçgiri-Dersim et la question identitaire (1919–1921)", in: *Les Annales de l'autre Islam,* Nr. 5, S. 279–316, Paris: INALCO–ERISM, 1998.

Kieser, Hans-Lukas (Hg.), *Die armenische Frage und die Schweiz (1896–1923) / La question arménienne et la Suisse (1896–1923),* Zürich: Chronos, 1999.

Kiessling, Hans von, *Mit Generalfeldmarschall von der Goltz Pascha in Mesopotamien und Persien,* Leipzig, 1922.

Kinross, *John Patrick, Ataturk: A Biography of Mustafa Kemal, Father of Modern Turkey,* Morrow, New York, 1965.

Kirşehiroğlu, E., *Türkiye' misyoner faaliyetleri,* Istanbul, 1963.

Kocabaşoğlu, Uygur, *Anadolu'da Amerika. 19. Yüzyılda Osmanlı İmparatorluğu'ndaki Amerikan Misyoner Okulları,* Istanbul: Arba, 1989.

Kodaman, Bayram, *Sultan II. Abdulhamid Devri Doğu Anadolu Politikası,* Ankara: Türk Kültürünü Araştırma Enstitüsü Yayınları, 1987.

KOMAL, *Koçgiri Halk Hareketi. 1919–1921,* Istanbul: Komal, 1992 (1975).

Köprülü, Fuad, „Bemerkungen zur Religionsgeschichte Kleinasiens", in: *Mitteilungen zur Osmanischen Geschichte,* Bd. 1, S. 203–222, Wien, 1922.

Koutcharian, Gerayer, *Der Siedlungsraum der Armenier unter dem Einfluss der historisch-politischen Ereignisse seit dem Berliner Kongress 1878: eine politisch-geographische Analyse und Dokumentation,* Berlin: Reimer, 1989.

Krikorian, Mesrob K., *Armenians in the Service of the Ottoman Empire. 1860–1908,* London, 1977.

Krischtschian, Melkon, *Deutschland und die Ausrottung der Armenier in der Türkei,* Potsdam, 1930.

Küçük, Cevdet, *Osmanlı Diplomasında Ermeni Meselesinin Ortaya Çıkışı 1878–1897,* Istanbul, 1984.

Künzler, Jakob, „Die Türkei und Armenien", in: *Neue Schweizerische Zeitung,* 1. Jg., Nr. 104, 20. 12. 1919.

Künzler, Jakob, „Beobachtungen über Kriegskrankheiten in Mesopotamien", in: *Die ärztliche Mission,* Jg. X, Heft 2, S. 33–45, 1919 b.

Künzler, Jakob, „Aufteilung der Türkei", in: *Appenzeller Zeitung,* Nr. 130, 1920.

Künzler, Jakob, „Reiseerlebnisse aus Mesopotamien", in: *National Zeitung,* Basel, Nr. 287–297, 1920.

Künzler, Jakob, *Im Lande des Blutes und der Tränen. Erlebnisse in Mesopotamien während des Weltkrieges,* Zürich: Chronos, 1999 (1921).

Künzler, Jakob, *Der Raub der Kurdenbraut,* Potsdam: Tempelverlag, 1925.

Künzler, Jakob, „Letzte Erlebnisse in der Türkei", in: *Der Orient,* S. 60–64, 85–91, Potsdam, 1925 b.

Künzler, Jakob, *Garabed und Djürdji. Vater und Sohn. Lebens- und Sittenbilder aus dem christlichen Mesopotamien,* Potsdam: Tempelverlag, 1925 c.

Künzler, Jakob, „Urfa und die neue Türkei", in: *Basler Nachrichten,* 23. 10. 1930.

Künzler, Jakob, *Dreissig Jahre Dienst am Orient,* Basel, 1933.

Künzler, Jakob, *Dein Volk ist mein Volk. Das Lebensbild einer Heldin seltener Art, der Dänin Karen Jeppe,* Basel, Leipzig: Verlag von Heinrich Majer, 1939.

Künzler, Jakob, *Köbi, der Lückenbüsser, im Dienste des Lebens,* Selbstbiographie des Dr. med. h. c. Jakob Künzler, für die Herausgabe bearbeitet von Paul Schütz, Kassel: Johannes Stauda Verlag, 1951.

Kürkçüoğlu, Cihat., *Şanlıurfa Camileri,* Şanlıurfa: ŞURKAV, 1990.

La Défense héroïque de Van, Genève: Edition de la Revue Droschak, 1916.

Lanessan, Jean Marie Antoine de, *Les Missions et leur Protectorat,* Paris, 1907.

Latourette, Kenneth-Scott, *A History of the Expansion of Christianity,* 7 Bände, New York, London: Harper and Brothers, 1944.

Laurie, Thomas, *The Contributions of Our Foreign Missions to Science and Human Well-Being,* Boston, 1885 (1881).

Lawrence, T. E., *Die sieben Säulen der Weisheit (Seven Pillars of Wisdom),* deutsche Übersetzung von Dagobert von Mikusch, München, 1958.

Le Cinquantenaire de la Mission d'Arménie. 1881–1931, Lyon, 1932.

Lehmann-Haupt, C. F., *Armenien Einst und Jetzt. Reisen und Forschungen von Lehmann-Haupt,* Berlin: B. Behr's Verlag, 1910.

Lehmann-Haupt, Therese, *Erlebnisse eines zwölfjährigen Knaben während der armenischen Deportation,* Bremen, 1985.

Lémonon, Ernest, „Les Missions protestantes en Turquie d'Asie", in: *Questions Actuelles,* Bd. 98, S. 152–160 und 188–192, 1908.

Leonhard, R., *Paphlagonia. Reisen und Forschungen im nördlichen Kleinasien,* Berlin, 1915.

Lepsius, Johannes, *Armenien und Europa. Eine Anklageschrift wider die christlichen Grossmächte und ein Aufruf an das christliche Deutschland,* 2. Aufl., Berlin: Verlag der Akademischen Buchhandlung W. Faber & Co., 1896.

Lepsius, Johannes, *Der Todesgang des Armenischen Volkes. Bericht über das Schicksal des Armenischen Volkes in der Türkei während des Weltkrieges,* Potsdam: Tempelverlag, 1930 (1916).

Lepsius, Johannes, *Deutschland und Armenien 1914–1918,* Potsdam, 1919 (Reprint Bremen: Donat und Temmen Verlag, 1986).

Lepsius, Johannes, *Jesus at the peace conference,* 1919 b.

Lepsius, Mendelssohn, Bartholdy und Thimme (Hg.), *Die Grosse Politik der Europäischen Kabinette 1871–1914. Sammlung der Diplomatischen Aktenstücke des Auswärtigen Amtes,* im Auftrag des Auswärtigen Amtes herausgegeben, 6 Bände, Berlin: Deutsche Verlagsgesellschaft für Politik und Geschichte, 1922–1924.

Levene, Mark, „Creating a Modern ‚Zone of Genocide': The Impact of Nation- and State-Formation on Eastern Anatolia, 1878–1923", in: *Holocaust and Genocide Studies,* Nr. 12, S. 393–433, 1998.

Lewis, Bernard, *Islam et laïcité. La naissance de la Turquie moderne,* Paris: Fayard, 1988 (englische Erstausgabe 1961).

Liman von Sanders, Otto, *Fünf Jahre Türkei,* Berlin, 1920.

Lohmann, Ernst (Hg.), *Skizzen und Bilder aus dem Orient,* Dinglingen (Baden): St. Johannis-Druckerei, o. D. (circa 1899).

Lohmann, Ernst, *Nur ein Leben. Lebenserinnerungen,* Schwerin i. M., 1933.

Lübeck, Konrad, *Die katholische Orientmission in ihrer Entwicklung dargestellt,* Köln: J. P. Bachem, 1917.

Lynch, H. F. B., *Armenia. Travels and Studies,* Bd. 1: The Russian Provinces, Bd. 2: The Turkish Provinces, London: Longmans, Green, and Co., 1901.

MacCarthey, T. H., *Präsident Wilson. Sammlung der Erklärungen des Präsidenten der Vereinigten Staaten von Amerika über Krieg und Frieden,* 1918.

Makdisi, Ussama, „Reclaiming the Land of the Bible: Missionaries, Secularism, and Evangelical Modernity", in: *American Historical Review,* S. 680–713, Juni 1997.

Mandelstam, André N., *Das armenische Problem im Lichte des Menschen- und des Völkerrechts,* Berlin, 1931.

Mandelstam, André N., *Le Sort de l'Empire Ottoman,* Lausanne, 1917.

Mantran, Robert (Hg.), *Histoire de l'Empire Ottoman,* Paris: Fayard, 1989.

Mantran, Robert, „La déclaration des droits de l'homme et les édits sultaniens de 1839 et de 1856", in: J.-L. Bacqué-Grammont und E. Eldem (Hg.), *De la Révolution française à la Turquie d'Atatürk,* S. 141–147, Varia Turcica XVI, Istanbul: Isis, 1990.

Mantran, Robert, „Les écoles françaises en Turquie (1925–1931)", in: P. Dumont und J.-L. Bacqué-Grammont (Hg.), *La Turquie et la France à l'époque d'Atatürk,* S. 179–189, Paris, 1981.

Mardin, Şerif, *Religion and Social Change in Modern Turkey. The Case of Beddiüzaman Said Nursi,* New York: State University of New York Press, 1989.

Marzbed, *Faits et documents. Quelques épisodes des événements de Césarée,* Constantinople: American Printings House/Péra, 1919.

Massacres d'Adana et nos missionnaires. Récit de témoins, Lyon, 1909.

Matuz, Josef, *Das Osmanische Reich: Grundlinien seiner Geschichte,* Darmstadt: Wissenschaftliche Buchgesellschaft, 1985.

McCarthy, Justin, *Ölüm ve Sürgün. Osmanlı Müslümanlarına karşı yürütülen ulus olarak temizleme işlemi. 1821–1922,* Ankara: İnkılâp, 1998 (englische Erstausgabe: *Death and Exile. The Ethnic Cleansing of Ottoman Muslims. 1821–1922,* Princeton: Darwin Press, 1995).

McDowall, David, *A Modern History of the Kurds,* London, New York: I. B. Tauris, 1996.

Meiselas, Susan, *Kurdistan in the Shadow of History,* New York: Random House, 1997.

Melidonian, Heini, *Vergangen ... aber nicht vergessen! Erinnerungen und Erlebnisse eines armenischen Waisenkindes auf der Missions-Station Marasch in der asiatischen Türkei,* Chemnitz: Buchhandlung des Gemeinschaftsvereins in Chemnitz, 1937.

Melson, Robert, *Revolution and Genocide. On the Origins of the Armenian Genocide and the Holocaust,* Chicago, London: The University of Chicago Press, 1992.

Meyer, Erich, *Deutsch-Evangelisch im Orient,* Berlin, 1916.

Meyer, Karl, *Armenien und die Schweiz,* Bern: Blaukreuz-Verlag, 1974.

Miller, George, „Aleppo College: Failure or Fulfilment?", in: *The Muslim World,* 57, S. 42–45, Jan. 1933.

Missions Franciscaines d'Arménie, suppl. à l'Echo mensuel illustré de la Custodie franciscaine de Terre Sainte, 1896.

Moltke, Helmuth von, *Briefe über Zustände und Begebenheiten in der Türkei aus den Jahren 1835 bis 1839,* 6. Aufl., Berlin, 1893 (1841).

Molyneux-Seel, „A Journey in Dersim", in: *Geographical Journal,* Nr. 44, S. 49–68, 1914.

Mommsen, Hans, „Der Weg zur Vernichtung der europäischen Juden", in: M. Dabag und K. Platt, *Genozid und Moderne. Strukturen kollektiver Gewalt im 20. Jahrhundert,* Bd. 1, S. 241–253, Opladen: Leske + Budrich, 1998.

Mommsen, Wolfgang J., *Das Zeitalter des Imperialismus,* Fischer Weltgeschichte, Bd. 28, Frankfurt a. M., 1969.

Moranian, Suzanne Elizabeth, „Bearing Witness: The Missionary Archives as Evidence of the Armenian Genocide", in: R. G. Hovannisian (Hg.), *The Armenian Genocide. History, Politics, Ethics,* London: MacMillan, 1992.

Moranian, Suzanne Elizabeth, *The American missionaries and the Armenian question: 1915–1927,* Madison (Wis.), 1994.

Mordtmann, Andreas David, *Stambul und das moderne Türkenthum. Politische, sociale und biographische Bilder von einem Osmanen,* 2 Bände, Leipzig, 1878.

Mordtmann, Johannes H., *Vier Vorträge über Vorderasien und die heutige Türkei,* Berlin, 1917.

Moser, Pierre A., *Arméniens – où est la réalité?,* Saint-Aquilin-De-Pacy, Eure: Editions Mallier, 1980.

Muhtar Paşa, Gazi Ahmed, *Anılar 2. Sergüzest-i Hayatım'ın cild-i sanisi,* Istanbul: Tarih Vakfı Yurt Yay., 1996.

Müller-Simonis, Paul, *Vom Kaukasus zum persischen Meerbusen,* Mainz, 1897.

Münir, Orhan, *Minderheiten im Osmanischen Reich und in der neuen Türkei,* Köln, 1937.

Nalbandian, Louise, *The Armenian Revolutionary Movement. The Development of Armenian Political Parties through the Nineteenth Century,* University of California Press, 1963.

Nazarbek, Avetis, „Zeitun", in: *The Contemporary Review,* S. 513–528, London, 1896.

Nâzım Pascha, Hüseyin, *Ermeni Olayları Tarihi,* Ankara: T. C. Başbakanlık Devlet Arşivleri Genel Müdürlüğü, 1994 (1897).

Neumann, Christoph K., *Das indirekte Argument. Ein Plädoyer für die Tanzimat vermittels der Historie. Die geschichtliche Bedeutung von Ahmed Cevdet Paschas Ta'rih,* Münster: Lit, 1994.

Niepage, Martin, *Ein Wort an die berufenen Vertreter des deutschen Volkes. Eindrücke eines Oberlehrers aus der Türkei,* Basel, 1916.

Nogales, Rafael de, *Vier Jahre unter dem Halbmond,* Berlin: Verlag von Reimar Hobbing, 1925.

Nogales de, Rafael, *Memoirs of a Soldat of Fortune,* New York, 1932.

Novotny, Alexander, *Quellen und Studien zur Geschichte des Berliner Kongresses 1878,* Bd. 1, Graz, 1957.

Nur, Rıza, *Hayat ve Hatıratım. Rıza Nur-Atatürk Kavgası,* 3 Bände, Istanbul: İşaret, 1992 (1967–1968).

Oertzen, Detwig von, *Ein Christuszeuge im Orient,* Giessen, Basel: Brunnen-Verlag, 1961.

Öke, Mim Kemâl, *The Armenian Question 1914–1923,* Nicosia: K. Rustem & Brother, 1988.

Ökse, Necati (Em. Kur. Alb.), „Ermeni Sorunun Doğuşu ve Tehcir Kanunu Uygululanması", in: *Askeri Tarih Bülteni,* Nr. 21, S. 15–21, August 1986.

Olson, Robert, *The Emergence of Kurdish Nationalism 1880–1925,* Texas, 1991 (1989).

Onur, Hüdavendigar, *Ermeniler. Millet-i Sadıka'dan Hayk'ın Çocuklarına,* Istanbul: Kitabevi, 1999.

Oran, Baskın, *Atatürk Milliyetçiliği. Resmi ideoloji dışı bir incelemesi,* Ankara: Bilgi Yayınevi, 1988.

Ortaylı, İlber, *Türkiye İdare Tarihi,* Ankara, 1979.

Ortaylı, İlber, *İmparatorluğun En Uzun Yüzyılı,* Istanbul. 1983.

Ortaylı, İlber, *Tanzimattan Cumhuriyete Yerel Yönetim Geleneği,* Istanbul, 1985.

Osmanlı Arşivi, Yıldız Tasnifi, *Ermeni Meselesi* – Ottoman Archives, Yildiz Collection, *The Armenian Question,* 3 Bände, Istanbul: The Historical Research Foundation, 1989.

Öz, Baki, *Alevilik ile ilgili Osmanlı belgeleri,* Istanbul: Can yay., 1995.

Öz, Baki, *Kurtuluş Savaşı'nda Alevi-Bektaşiler,* Istanbul: Yenigün Haber Ajansi, 1997.

Özaydın, Zuhal, „Osmanlı Hilal-i Ahmer Cemiyeti Salnamesine göre Osmanlı Hilal-i Ahmer Cemiyetinin Kuruluşu", in: *Tip Tarihi Araştırmaları,* S. 70–89, Istanbul, 1990.

Özçelik, İsmail, „1915'te Urfa'da Ermeni Olayları ve İsyanı", in: *Askeri Tarih Bülteni,* Nr. 21, S. 23–33, Ankara, 1986.

Özçelik, İsmail, „Milli Mücadele'de Urfa'da Ermeni-Fransız İşbirliği ve bir Ermeni Doktorunun Amerika'dan Gönderdiği Mektup", in: *Askeri Tarih Bülteni,* Nr. 22, S. 193–204, Ankara, 1987.

Özkök, Bürhan, *Osmanlılar devrinde Dersim isyanları,* Istanbul: Askeri Matbaa, 1937.

Parsons, Levi, *The Dereliction and Restoration of the Jews,* Boston, 1819.

Pasdermadjian, Hrand, *Histoire de l'Arménie,* Paris: H. Samuelian, 1986 (1949).

Paton, William, *Christianity in the Eastern Conflicts,* London: Edinburgh House Press, 1937.

Patrick, Mary M., „Among the educated women of Turkey", in: A. von Sommer und S. M. Zwemer, *Daylight in the Harem. A new Era for Moslem Women. Papers on present-day reform movements, conditions and methods of work among moslem women read at the Lucknow conference 1911,* New York, 1911.

Peabody, Emily Clough, *Corinna Shattuck. Missionary Heroine,* Chicago: The Woman's Board of Missions of the Interior, 1913.

Peet, Louise Jenison, *No Less Honor. The Biography of William Wheelock Peet,* Chattanooga (Tenn.), 1939.

Perbal, *Les Missionnaires Français et le nationalisme,* Paris, 1939.

Percy, Earl, *Highlands of Asiatic Turkey,* London, 1901.

Pernot, M., *Rapport sur un voyage d'étude à Constantinople, en Egypte et en Turquie d'Asie,* Paris, 1912.

Pietschmann, Victor, *Durch kurdische Berge und armenische Städte,* Wien, 1940.

Piolet, J.-B. (S. J.), *La France au dehors. Les Missions Catholiques Françaises au XIXe siècle,* 6 Bände, Paris: A. Colin, 1900–1902.

Pistor-Hattam, Anja, „Sheikh Ubaidullâh's Revolt and the Kurdish Invasion into Iran – Attempts at a New Assessment", in: *The Journal for Kurdish Studies,* im Druck (2000).

Poidebard, Antoine, *Carnet de route d'un aumônier de cavalerie d'Arménie au front français (mai 1914 – déc. 1917),* Paris: Payot, 1919.

Polat Haydaroğlu, İlknur, *Osmanlı İmparatorluğ'unda Yabancı Okullar,* Ankara, 1990.

Polvan, Nurettin, *Türkiye'de Yabancı Öğretim,* Istanbul, 1952.

Proctor, Myra A., *Held by his Hand. The Story of Sister Varteni of Aintab, Turkey,* Boston, 1900.

Promptow, J., *Durch das armenische Hochland,* Leipzig, 1955.

Quataert, Donald, *Social Disintegration and Popular Resistance in the Ottoman Empire, 1881–1908. Reactions to European Economic Penetration,* New York, London: New York University Press, 1983.

Quillard P., Margery L., *La question d'Orient et la politique personnelle de M. Hanotaux,* Paris: P. V. Stock éditeur, 1897.

Rambert, Louis, *Notes et impressions de Turquie. L'empire ottoman sous Abdul-Hamid,* Genf, 1926.

Ramsay, William M., *The Intermixture of Races in Asia Minor. Some of its Causes and Effects,* Proceedings of the British Academy, Bd. 7, London, 1916.

Rathmann, Lothar, *Die Nahostexpansion des deutschen Imperialismus vom Anfang des 19. Jahrhunderts bis zum Ende des Ersten Weltkrieges,* Leipzig, 1961.

Religion in Geschichte und Gegenwart, Handwörterbuch für Theologie und Religionswissenschaft, 5 Bände, Tübingen, 2. Aufl. 1927, 3. Aufl. 1960.

Reşid, Mehmed „Çerkez", *Dr. Reşid Bey'in Hatıraları: ‚Sürgünden İntihara',* hg. durch A. Mehmetefendioğlu, Istanbul: Arba, 1993.

Revah, Michel, *Le Catholicisme en Turquie,* Istanbul, 1933.

Rıza, Ahmed, *Tolérance musulmane,* Paris, 1897.

Rıza, Ahmed, *La Faillite morale de la politique occidentale en Orient,* Paris: Librairie Picort, 1922.

Richemont, Odysse, *Le Crime de l'Europe. Guerre Gréco-Turque 1897,* Paris, 1897.

Richter, Julius, „Die Propaganda des Islam als Wegbereiterin der modernen Mission", in: *Missionswissenschaftliche Studien,* S. 129–185, Berlin, 1904.

Richter, Julius, *Das deutsche Kolonialreich und die Mission,* Basel, 1914.

Richter, Julius, *Der deutsche Krieg und die deutsche evangelische Mission,* Flugschriften der Deutschen Ev. Missions-Hilfe, 1. Heft, Gütersloh, 1915.

Richter, Julius, *Die Mission in dem gegenwärtigen Weltkriege,* Berlin, 1915.

Richter, Julius, *Mission und Evangelisation im Orient,* Gütersloh: C. Bertelsmann, 1930.

Riggs, Charles T., „Turkey, the Treaties and the Missionaries", in: *Missionary Review of the World,* S. 343–348, New York, 1927.

Riggs, Ernest W., „The American Board and the Turks", in: *The Muslim World,* 14, S. 1–4, Boston, 1924.

Riggs, Henry H., „The Religion of the Dersim Kurds", in: *Missionary Review of the World,* S. 734–743, London, New York, 1911.

Riggs, Henry H., *Days of Tragedy in Armenia. Personal Experiences in Harpoot, 1915–1917,* Michigan: Gomidas Institute, 1997.

Riondel, Henri, „Les Ecoles d'Orient et M. Aulard", in: *Etudes,* 1908, S. 194–219.

Riondel, Henri, *Kabyle et Arménien: Le R. P. Rougier, missionnaire S. J. (1850–1911),* Lyon, 1913.

Riondel, Henri, *Notice sur la Mission de la Petite Arménie (1881–1924),* Lyon, 1924.

Riondel, Henri, „La guerre et le catholicisme en Turquie", in: *Etudes,* S. 172–190, Paris, Okt. 1919.

Roche, Max, *Education, assistance et culture françaises dans l'Empire Ottoman 1784–1868,* Istanbul: Isis, 1989.

Rohde, Hans, *Deutschland und Vorderasien,* Berlin: Mittler & Sohn, 1916.

Rohner, Beatrice, *Die Stunde ist gekommen,* Frankfurt, o. D., circa 1920.

Rohrbach, Paul, *In Turan und Armenien,* Berlin, 1898.

Rohrbach, Paul, *Vom Kaukasus zum Mittelmeer,* Leipzig, 1903.

Rohrbach, Paul, *Warum es der deutsche Krieg ist!,* Stuttgart, Berlin, 1914.

Rohrbach, Paul, *Weltpolitisches Wanderbuch 1897–1915,* Leipzig, 1916.

Rohrbach, Paul, *Armenien. Beiträge zur armenischen Landes- und Volkskunde,* hg. auf Veranlassung der deutsch-armenischen Gesellschaft, Stuttgart, 1919.

Rossi, J. P., „Catholic Opinion on the Eastern Question 1876–1878", in: *Church History,* Nr. 51, S. 54–70, 1982.

Rouben (Ter Minassain, Minas), *Mémoires d'un partisan arménien,* La Tour d'Aigues: édition de l'aube, 1990 (1922–1952).

Sabahaddin (Prinz), *Türkiye Nasıl Kurtarılabilir? Meslek-i İçtimai Programı,* İstanbul, 1334 / 1918.

Sahakian, Aram (Hg.), *Urfa und seine armenischen Kinder,* auf armenisch publiziert von der Vereinigung der Urfa-Armenier, Beirut, 1955.

Safrasian, Arshag, *Kurds and Kurdistan,* London, 1948.

Said, Edward, *Orientalism,* New York, 1978.

Sakaoğlu, Necdet, *Osmanlı Eğitim Tarihi,* Istanbul: İletişim, 1991.

Salt, Jeremy, *Imperialism, Evangelism and the Ottoman Armenians 1878–1896,* London, 1993.

Sarafian, Ara, „The Archival Trail. Authentication of The Treatment of Armenians in the Ottoman Empire, 1915–16", in: R. G. Hovannisian (Hg.), *Remembrance and Denial. The Case of the Armenian Genocide,* S. 51–65, Detroit: Wayne State University Press, 1998.

Sarafian, A. Kevork, *History of Education in Armenia,* Los Angeles, 1963 (1930).

Sasonoff, S. D., *6 Schwere Jahre,* Berlin, 1927.

Saupp, Norbert, *Das Deutsche Reich und die armenische Frage,* Köln, 1990.

Schade, L., „Die Lage in der Türkei nach dem Lausanner Vertrag", in: *Die Protestantischen Missionen,* S. 212–218, Aachen, 1924.

Schäfer, Richard, *Der Deutsche Krieg, die Türkei, Islam und Christentum,* Leipzig, 1915.

Schäfer, Richard, *Geschichte der Deutschen Orient-Mission,* Potsdam: Lepsius, Fleischmann und Grauer, 1932.

Schäfer, Richard, *Islam und Weltkrieg,* Leipzig, 1915.

Schlöttler, Peter, „Mentalität – Ideologie – Diskurs", in: A. Lüdtke, *Alltagsgeschichte. Alltagsgeschichte: zur Rekonstruktion historischer Erfahrungen und Lebensweisen,* Frankfurt a. M., 1989.

Schmidlin, Joseph, „Die Missionen im gegenwärtigen Weltkrieg", in: *Zeitschrift für Missionswissenschaft,* S. 46–88, Münster i. W., Febr. 1915.

Schmidlin, Joseph, *Das deutsche Missionswerk der Gegenwart,* Münster in Westfalen, 1929.

Schmidlin, Joseph, *Katholische Missionsgeschichte,* Steyl: Missionsdruckerei, 1924.

Schraudenbach, Ludwig (Oberst a. D.), *Muharebe. Der erlebte Roman eines deutschen Führers im osmanischen Heer 1916/17,* München, 1925.

Schwegmann, Brigitte, *Die protestantische Mission und die Ausdehnung des Britischen Empires,* Würzburg, 1990.

Sdun-Fallscheer, Gerda, *Jahre des Lebens. Die Geschichte einer Familie in Palästina um die Jahrhundertwende bis zum Zweiten Weltkrieg,* Stuttgart, 1989.

Sertel, Zekerya, *Hatırdıklarım,* Istanbul, 1977.

Sevgen, Nazmi, „Koçkirili Alişer", in *Tarih Dünyası,* Nr. 9, Istanbul, 1950.

Sevinç, Necdet, *Ajan Okulları,* Istanbul: Özdemir Basımevi, 1975.

Shaw, Stanford, „Ottoman Population Movements during the Last Years of the Empire, 1885–1914; Some Preliminary Remarks", in: *Osmanlı Araştırmaları,* Bd. 1, 1980.

Shedd, Mary, *The Measure of Man,* New York, 1922.

Shipley, Alice Muggerditchian, *We Walked Then Ran,* Phoenix (Ariz.), 1984.

Shrikian, Gorun, *Armenians under the Ottoman Empire and the American Mission's Influence,* Chicago, 1977.

Siegmund-Schultze, Friedrich (Hg.), *Ekklesia,* Bd. X: *Die orthodoxe Kirche auf dem Balkan und in Vorderasien,* Leipzig, 1939–1942.

Silbernagl, Isidor, *Verfassung und gegenwärtiger Bestand sämtlicher Kirchen des Orients. Eine kanonistisch-statistische Abhandlung,* 2., von Jos. Schnitzer überarb. Aufl., Regensburg: G. J. Manz, 1904.

Simon, Gottfried, *Die Welt des Islam und die Berührungen mit der Christenheit,* Gütersloh, 1948.

Smith, R. W., Markusen, E., und Lifton, R. J., „Professional Ethics and the Denial of the Armenian Genocide", in: R. G. Hovannisian (Hg.), *Remembrance and Denial. The Case ot the Armenian Genocide,* Detroit, 1998, S. 271–295.

Soane, Ely Bannister, *To Mesopotamia and Kurdistan in Disguise,* 2. Aufl., London, 1926.

Somakian, Manoug, *Empires in Conflict: Armenia and the Great Powers. 1895–1920,* London: I. B. Tauris, 1995.

Somel, Aksin, *Das Grundschulwesen in den Provinzen des Osmanischen Reiches während der Herrschaftsperiode Abdülhamid II. (1876–1908),* Egelsbach: Hänsel-Hohenhausen, 1995.

Sommer, J. W. Ernst, *Die Wahrheit über die Leiden des armenischen Volkes in der Türkei während des Weltkrieges,* Frankfurt a. M., 1920.

Sommer, J. W. Ernst, *Was ich im Morgenland sah und sann,* Bremen, 1926.

Sönmez, E., *Die Türkei von der Atatürkzeit bis heute (1919–1980),* Berlin, 1980.

Sonyel, Salâhi R., *İngiliz gizli belgelerine göre Adana'da vuku bulan Türk-Ermeni olayları (temmuz 1908–aralık 1909),* Ankara: Türk Tarih kurumu basımevi, 1988.

Spuler, Bertold, *Die Minderheitenschulen der europäischen Türkei von der Reformzeit bis zum Weltkrieg,* Breslau, 1936.

Stamer, Lilli, *Die Landschaften Armeniens,* Rostock, 1928.

Stock, Eugene, *The History of the Church Missionary Society: Its Environment, Its Men, and Its Work,* 4 Bände, London: Church Missionary Society, 1899–1916.

Stone, Frank Andrews, *Communities of Learning: People and Their Programs. The American Board Schools in Turkey from 1920 to 1970,* Istanbul: Redhouse Press, 1970.

Stone, Frank Andrews, *The rub of cultures in modern Turkey,* Bloomington, 1973.

Stone, Frank Andrews, „The Educational ‚Awakening' Among the Armenian Evangelicals of Aintab, Turkey, 1845–1915", in: *The Armenian Review,* 35, S. 30–52, Boston, 1982.

Stone, Frank Andrews, *Academies for Anatolia. A Study of the Rationale, Program and Impact of the Educational Institutions Sponsored by the American Board in Turkey: 1830–1980,* New York, London, 1984.

Strauss, Johann, „Ottomanisme et ‚ottomanité': le témoignage linguistique", in: *Etudes Turques et Ottomanes. Documents de travail,* Nr. 8, S. 20–34, Paris, Dezember 1999.

Strong, William Ellsworth, *The Story of the American Board: An Account of the First Hundred Years of the American Board of Commissioners for Foreign Missions,* Boston: The Pilgrim Press, 1910.

Suny, Ronald Grigor, *Looking toward Ararat: Armenia in Modern History,* Bloomington: Indiana University Press, 1993.

Şimşir, Bilal, *British Documents on Ottoman Armenians,* Bd. I: 1856–1880, Bd. II: 1880–1890, Bd. III: 1891–1895, Bd. IV: 1895, Ankara: Türk Tarih Kurumu Basımevi, 1982, 1983, 1989 und 1990.

Şimşir, Bilal, *Documents diplomatiques ottomans. Affaires arméniennes,* Bd. 1: 1886–1893; Bd. 2: 1894–1895, Ankara: Türk Tarih Kurumu, 1985 und 1989 b.

Şimşir, Bilal, *Emigrations turques des Balkans,* Bd. 1: Un exode turc, 1877–1878, Bd. 2: Une année de transition, 1879, Ankara, 1968 und 1970.

Talât Pascha, *Talât Paşa'nın hâtıraları,* hg. von A. Kabacalı, Istanbul: İletişim, 1994 (1946).

Tanör, Bülent, *Türkiye'de Yerel Kongre İktidarları (1918–1920),* Istanbul: AFA, 1992.

Tankut, Hasan Reşit, „Doğu ve Güneydoğu Bölgesi Üzerine Etno-Politik Bir İnceleme", in: M. Bayrak, *Açık-Gizli / Resmi-Gayrıresmi Kürdoloji Belgeleri,* S. 218–232, Ankara: Özge, 1994 (1961).

Tankut, Hasan Reşit, „Zazalar hakkında sosyolojik tetkikler", in: M. Bayrak, *Açık-Gizli / Resmi-Gayrıresmi Kürdoloji Belgeleri,* S. 409–490, Ankara: Özge, 1994 (1935).

TBMM (Türkiye Büyük Millet Meclisi) Gizli Celse Zabıtları, Bd. 2, Ankara, 1980.

Tekeli, İlhan, und İlkin, Selim, *Osmanlı İmparatorluğu'nda eğitim sisteminin oluşumu ve dönüşümü,* Ankara: Türk Tarih Kurumu Yay., 1993.

Tepeyran, Ebubekir Hazım, *Belgelerle Kurtuluş Savaşı Anıları,* Istanbul: Çağdaş Yay., 1982.

Terlemezian, Dajad, *The End of Davo the Traitor. An Episode of the Armenian Revolution,* Boston: The Hairenik Association, 1975.

Ter Minassian, Anahide, „Van 1915", in: *Guerres Mondiales,* Nr. 153, S. 35–59, Paris, 1989.

Ter Minassian, Anahide, *La République d'Arménie (1918–1920),* Bruxelles: Editions Complexe, 1989 b.

Ter Minassian, Anahide, „La ville de Van au début du siècle d'après les sources arméniennes", in: P. Dumont und F. Georgeon, *Villes ottomanes à la fin de l'Empire,* Paris: Harmattan, 1992.

Ter Minassian, Anahide, „Mouch 1915. Selon Alma Johansson", in: *Collège Haïgazian 1915–1995,* Beirut, 1995.

Ter Minassian, Anahide, „Les ‚Arméniens du roi de France'", in: F. Hitzel (Hg.), *Istanbul et les langues orientales,* Varia Turcica XXXI, Paris, Istanbul, 1997.

Ter Minassian, Anahide, „Société de culture, écoles et presse arméniennes à l'époque d'Abd-ul-Hamid II", in: *Revue du monde arménien, moderne et contemporain,* S. 7–30, Paris, 1997.

İbrahim Temo, *İttihad ve Terakki Cemiyeti'nin kurucusu ve 1/1 no'lu İbrahim Temo'nun İttihad ve Terakki Anıları,* Istanbul: Arba yay., 1987 (1939).

Ternon, Yves, und Kebabdjian, J. C., *Arménie 1900,* Paris 1980.

Ternon, Yves, *Tabu Armenien,* Frankfurt, Berlin, 1981.

Ternon, Yves, und Chaliand, Gérard, *Le génocide des Arméniens,* Bruxelles: Editions Complexe, 1991.

Terzioğlu, Aslan, *Beiträge zur Geschichte der türkisch-islamischen Medizin, Wissenschaft und Technik,* Analecta Isiana, XXIV, Bd. 2, Istanbul, 1996.

Terzorio, Clemens di, *Le Missioni dei Minori Cappuccini,* Sunto storico, 7 Bände, Bd. 6: *Missione di Persia e Mesopotamia,* Roma, 1917–1920.

Thobie, Jacques, *Ali et les 40 voleurs. Impérialismes et Moyen-Orient de 1914 à nos jours,* Paris: Editions Messidor, 1985.

Thobie, Jacques, *Intérêts et impérialisme français dans l'Empire ottoman (1895–1914),* Paris: Publications de la Sorbonne, 1977.

Thomas, Lewis V., und Frye, Richard N., *The United States and Turkey and Iran,* Cambridge: Harvard University Press, 1951.

Thompson, Joseph P., *Kirche und Staat in den Vereinigten Staaten von Amerika,* Berlin: Verlag von Leonhard Simion, 1873.

Tibawi, Abdul Latif, *American Interests in Syria: 1800–1901. A Study of Educational, Literary and Religious Work,* London: Oxford University Press, 1966.

Tootikian, Vahan H., „The Rise of Armenian Evangelicals", in: *The Armenian Review,* 35, S. 125–151, Boston, 1982.

Tootikian, Vahan H., *The Armenian Evangelical Church,* Detroit: Armenian Heritage Committee, 1982.

Tozer, Henry Fanshawe, *Turkish Armenia and Eastern Asia Minor,* London, 1881.

Tozlu, Necmettin, *Kültür ve Eğitim Tarihimizde Yabancı Okullar,* Ankara: Akçağ Yay., 1991.

Trask, Roger R., „‚Unnamed Christianity' in Turkey during the Atatürk Era", in: *The Muslim World,* 55, S. 101–108, 1965.

Trask, Roger R., „The United States and Turkish Nationalism: Investments and Technical Aid during the Atatürk Era", in: *Business History Review,* 38, S. 58–77, 1964.

Trask, Roger R., *The United States Response to Turkish Nationalism and Reform: 1914–1939,* Minneapolis: University of Minnesota Press, 1971.

Trowbridge, Stephen van Rensselaer, „The Alevis, or Deifiers of Ali", in: *Harvard Theological Review,* Nr. 2, S. 340–353, 1909.

Trumpener, Ulrich, *Germany and the Ottoman Empire 1914–1918,* Princeton: Princeton University Press, 1968.

Tunaya, Tarık Zafer, *Türkiye'de Siyasal Partiler,* Bd. 1 (1908–1918), Istanbul: Hürriyet Vakfı, 1984.

Turabian, Aram, *Les volontaires Arméniens sous les drapeaux français,* Marseille, 1917.

Uçar, Ahmet, „Tarsus Amerikan Koleji'nden Konya Havarilik Enstitüsü'ne uzanan çizgide bir Ermeni Papaz: Hartune S. Cenanyan", in: *Tarih ve Medeniyet,* S. 37–41, Febr. 1997.

Uluğ, Naşit, *Tunceli Medeniyete açılıyor,* Istanbul, 1939.

Unat, Ekrem Kadri, „Osmanlı İmparatorluğunda 1910–1913 Yıllarında Kolera Salgınları ve Bunlara İlgili Olaylar", in: *Yeni Tıp Tarihi Araştırmalar,* S. 55–65, Istanbul, 1995.

Unat, Faik Reşit, *Türkiye Eğitim Sisteminin Gelişmesine Tarihî bir Bakış,* Ankara: Milli Eğitim Basımevi, 1964.

Uras, Esat, *The Armenians in History and the Armenian Question,* Istanbul: Documentary Publications, 1988 (türkische Erstausgabe 1951).

Ursavaş, Ali Saip, *Urfa'nın Kurtuluş Mücadelesi ve Kilikya Faciaları,* İstanbul: Kastaş A.Ş. Yayınları, 1988 (1924).

Ursinus, Michael, „Zur Diskussion um ‚millet‘ im Osmanischen Reich", in: *Südost-forschungen,* 48, S. 195–207, 1989.

Ussher, Clarence D., *An American Physician in Turkey. A Narrative of Adventures in Peace and in War,* Grace H. Knapp Collaborating, Boston, New York: Houghton Mifflin Company, 1917.

Uyar, Hakkı, *Tek parti dönemi ve Cumhuriyet Halk Partisi,* Istanbul: Boyut Kitaplar, 1998.

Vahapoğlu, M. Hidayet, *Osmanlı'dan Günümüze Azınlık ve Yabancı Okulları,* Türk Kültürünü Araştırma Enstitüsü, Ankara, 1990.

Vail, Leroy, *The Creation of Tribalism in Southern Africa,* London, 1989.

Valyi, Félix, *L'Europe en Asie Mineure – La signification profonde du problème turc,* Paris: E. de Boccard, 1922.

Vannutelli, Lamberto, *Anatolia Meridionale e Mesopotamia,* Roma, 1911.

Verheij, Jelle, „Die armenischen Massaker von 1894–1896. Anatomie und Hintergründe einer Krise", in H.-L Kieser (Hg.), *Die armenische Frage und die Schweiz (1896–1923) / La question arménienne et la Suisse (1896–1923),* S. 69–129, Zürich: Chronos, 1999.

Vierbücher, Heinrich, *Was die kaiserliche Regierung den deutschen Untertanen verschwie-gen hat. Armenien 1915. Die Abschlachtung eines Kulturvolkes durch die Türken,* Hamburg, 1930.

Vischer, Andreas, *Erlebnisse eines Schweizerarztes bei den türkischen Nationalisten,* Basel: Basler Nachrichten, 1921.

Vischer, Andreas, *Eine Badereise im Morgenlande,* Basel, 1914.

Vorhoff, Karin, *Zwischen Glaube, Nation und neuer Gemeinschaft: Alevitische Identität in der Türkei der Gegenwart,* Berlin: Klaus Schwarz, 1995.

Walker, Christopher J., *Armenia. The Survival of a Nation,* New York: St. Martin's Press, 1980.

Wallach, Jehuda L., *Anatomie einer Militärhilfe – die preussisch-deutschen Militär-missionen in der Türkei 1835–1939,* Düsseldorf, 1979.

Warneck, Gustav, *Abriss einer Geschichte der protestantischen Missionen von der Refor-mation bis auf die Gegenwart; mit einem Anhang über die katholischen Missionen,* 10. Aufl., Berlin, 1913.

Waterfield, R. E., *Christians in Persia, Assyrians, Armenians, Roman Catholics and Protestants,* London, 1973.

Wegner, Armin T., *Armenier deutsch behandelt,* Bremen: Donat-Verlag, 1985.

Wheeler, Crosby Howard, *Ten Years on the Euphrates; or Primitive Missionary Policy Illustrated,* Boston: American Tract Society, 1868.

White, George E., „The Shia Turks", in: *Transactions of the Victoria Institute,* Bd. 40, S. 225–239, London, 1908.

White, George E., „The Alevi Turks of Asia Minor", in: *Contemporary Review,* Bd. 104, S. 690–698, London, 1913.

White, George E., „Some Non-Conforming Turks", in: *Moslem World,* S. 242–248, London, New York, 1918.

White, George E., „Saint Worship in Turkey", in: *Moslem World,* S. 8–18, London, New York, 1919.

Wiessner, Gunnar, *Hayoths Dzor – Xavasor. Ethnische, ökonomische und kulturelle Transformation eines ländlichen Siedlungsgebietes in der östlichen Türkei seit dem 19. Jahrhundert,* Wiesbaden: Dr. Ludwig Reichert Verlag, 1997.

Witschi, Beat, *Schweizer auf imperialistischen Pfaden. Die schweizerischen Handelsbeziehungen mit der Levante 1848 bis 1914,* Stuttgart: Steiner, 1987.

World Missionary Atlas, New York: Institute of Social and Religious Research, 1925.

World Missionary Conference. Reports of Commissions, Edinburgh, 1910.

Yalman, Ahmed Emin, *Die Türkei,* Gotha, 1918.

Yalman, Ahmed Emin, *Turkey in the World War,* New Haven: Yale University Press, 1930.

Zarzecki, S., „La Question kurdo-arménienne", in: *Revue de Paris,* Mai–April, Nr. 21, S. 873–894, 1914.

Zürcher, Erik-Jan, „The core terminology of Kemalism: mefkûre, millî, muasır, medenî", in: *Etudes Turques et Ottomanes. Documents de travail,* Nr. 8, S. 55–64, Paris, 1999.

Zürcher, Erik-Jan, *The Unionist Factor. The Rôle of the Committee of Union and Progress in the Turkish National Movement 1905–1926,* Leiden: E. J. Brill, 1984.

Zürcher, Erik-Jan, *Turkey. A Modern History,* London, New York: I. B. Tauris, 1993.

Zurlinden, Samuel, *Der Weltkrieg. Vorläufige Orientierung von einem schweizerischen Standpunkt aus,* 2 Bände, Zürich: Orell Füssli, 1917.

Zürrer, Werner, *Kaukasien 1918–1921,* Düsseldorf, 1978.

Personenindex

„A" nach der Seitenzahl bedeutet, dass sich die Referenz auf eine Anmerkung auf der betreffenden Seite bezieht. „Abdulhamid" ist seiner Häufigkeit wegen (auch als Adjektiv „hamidisch") nicht aufgeführt. Die Namensliste auf S. 434 f. wurde ebenfalls nicht berücksichtigt. Nur zeitgenössische, keine späteren Autoren wurden einbezogen. Für die thematische Suche vgl. das ausführliche Inhaltsverzeichnis auf S. 597–602. Bei osmanischen Muslimen, die keinen Familiennamen führten, steht in der Regel der übliche Name zuerst, nach dem Komma ein eventueller weiterer Vorname.

A

Weiterhin verpasster Friede?

Ein Nachwort zur Neuauflage

Der verpasste Friede handelt von den osmanischen und frühen nachosmanischen «Ostprovinzen der Türkei», das heisst dem östlichen Kleinasien, das eine wechselvolle moderne Humangeografie zwischen Südkaukasus und Mesopotamien (Nordostsyrien, Nordirak) bildet. Diese Region hat auch im frühen 21. Jahrhundert mit Konflikten, Kriegen und Flüchtlingsströmen, aber auch mit bemerkenswerten Aufbrüchen wie einem neuartigen Gesellschaftsvertrag in Rojava (dem kurdisch geprägten Nordostsyrien), dessen Streitkräfte den «Islamischen Staat» besiegten, auf sich aufmerksam gemacht.

Das Buch wurde vor mehr als zwei Jahrzehnten geschrieben und zeugt von der Spannung zwischen ungelösten spätosmanischen Konflikten und den hoffnungsvollen Aufbrüchen zur Zeit der Niederschrift. Es ist die überarbeitete Version meiner 1999 an der Universität Basel eingereichten historischen Doktorarbeit, die im Jahr 2000 in Zürich und 2005 mit dem Titel *Iskalanmış Barış* in Istanbul veröffentlicht wurde. Bei der vorliegenden Auflage handelt es sich abgesehen von der Berichtigung von Druckfehlern um die Originalausgabe des Jahres 2000 mit identischer Seitenzählung.[1] Obwohl weithin eine nüchterne akademische Studie, ist das Buch auch eine Liebeserklärung. Sie gilt den Menschen – Armeniern, Süryani, Kurden, Türken, Arabern – einer seit anderthalb Jahrhunderten von Konflikten, Gewalt und Menschheitsverbrechen heimgesuchten Grossregion. Zwar reich an kultureller und landschaftlicher Vielfalt und an Entwicklungsmöglichkeiten, ist diese «Menschenlandschaft», deren Geschichte *Der verpasste Friede* erzählt, noch immer keineswegs zur Ruhe gekommen. Das Buch bleibt auch in seiner Neuausgabe allen, die dort ein Stück Zuhause haben, hatten oder haben werden, gewidmet.

---

1 Kleine inhaltliche Berichtigungen wurden einzig auf S. 404 (die Nationalversammlung Ankara schob 1922 den Gesetzesentwurf zur kurdischen Autonomie ohne Schlussabstimmung auf die lange Bank – siehe dazu Robert Olson, «Kurds and Turks: Two documents concerning Kurdish autonomy in 1923», Journal of South Asian and Middle Eastern Studies, 2 [1991], S. 20–31) und in der Anmerkung 624 auf S. 450 vorgenommen (beim Autor des dort erwähnten und auf S. 561–564 abgedruckten osmanischen Artikels gegen die Missionen handelt es sich um Hasan [nicht um Ismail] Enver Pascha). Herzlichen Dank an Beat Rüegger, Basel, für die Durchsicht des Entwurfs zu diesem Nachwort.

Weshalb eine Neuauflage? Charakteristika und Narrativ von *Der verpasste Friede*

Der verpasste Friede ist in der Türkei und bei Menschen aus der Türkei auf anhaltendes Interesse gestossen und zu einem Standardwerk jenseits von Nationalgeschichte geworden. Daher wird die türkische Version regelmässig neu aufgelegt, während die deutsche erst Ende der 2010er-Jahre vergriffen war. Gleichwohl hat die Nachfrage nach dem «Longseller» auf Deutsch nicht ganz nachgelassen, weshalb ich mich freue, dass Chronos eine Neuauflage vornimmt.

Es gab im späten 20. Jahrhundert wenige fachlich und sprachlich versierte Personen, die sich mit spätosmanischen Themen oder gar den Ostprovinzen des Osmanischen Reichs auseinandersetzten. Inzwischen hat sich die einschlägige Forschung vervielfacht. Neues Fachwissen ist verfügbar, das sich auf neu erschlossene Quellen stützt, worauf dieses Nachwort im nächsten Unterkapitel eingehen wird. Einige einschlägige neue Forschungsliteratur findet sich indes bereits in den Anmerkungen dieses Unterkapitels. Die bemerkenswerte Wissensentwicklung, ja Wissensexplosion der vergangenen zwei Jahrzehnte hat vieles vertieft und neue Zugänge eröffnet, aber zugleich hauptsächliche Themen und Thesen der Dissertation bestätigt. Auch wenn heute kurdisch- und armenisch-osmanische Geschichte, Missionen, Gewaltgeschichte und das spätosmanische Reich insgesamt sehr viel besser erforscht sind als noch Ende des 20. Jahrhunderts, ist der integrierte Ansatz von *Der verpasste Friede*, der Regional- und Globalgeschichte verbindet, und sein umfassendes Narrativ doch weiterhin von Interesse geblieben.

Die im Buch erfassten Fragen sind unvermindert aktuell und prägen noch offensichtlicher als Ende des 20. Jahrhunderts eine Grossregion, die in Europa wegen verstärkter Einwanderung und zugespitzter diplomatischer Probleme im Vergleich zu damals noch präsenter geworden ist. Man denke an Fragen wie religiöse Polarisierung, islamistische Mobilisierung, die Repression von Demokratie, den kurdischen Kampf um individuelle und kollektive Rechte oder den Völkermord an den Armeniern und weiteren Minderheiten. Ein Jahrhundert danach ruft der Genozid an Jesidinnen und Jesiden damalige extreme Muster von Gewalt, Entrechtung und Versklavung in Erinnerung – und damit den damals «verpassten Frieden». Darunter verstehe ich die Absenz breit abgestützter, egalitärer Gesellschaftsverträge, ohne welche Verfassungs- und Rechtsstaaten nicht funktionieren können.[2] Stattdessen beherrschen Machtkartelle, führerzentrierte Parteiregime, kooptierbare Regionalherren und organisiertes Verbrechen den politischen Raum. Der letzte grosse Anlauf zu einer modernen türkischen Verfassung, die dank Grundrechten und breiter gesellschaftlicher Aushandlung diesen Namen verdient, datiert vom Beginn der 2010er-Jahre. Die gut begonnene Erarbei-

---

2 Ausführlich dazu H. Kieser, «Prolegomena: Social Contract, Genocide and Humanity», Kapitel 1 in ders., Violence and Ultranationalism at the End of the Ottoman Empire. In Quest of Peace and New Social Contracts in the Middle East, Berlin: Duncker & Humblot, Veröffentlichung geplant im Herbst 2021.

tung fiel dem autoritären Kurs der Regierungspartei und ihres ehrgeizigen Führers zum Opfer.

Der verpasste Friede geht mit Nachdruck auf die besonderen Herausforderungen einer ausgeprägt diversen osmanischen Gesellschaft an der Schwelle zur Moderne ein und arbeitet spätosmanische Potenziale im Bereich des Zusammenlebens («Konvivialität») sowie Ansätze zu verfassungsmässigen Lösungen für eine gleichberechtigte gemeinosmanische Zukunft heraus. Zugleich macht das Buch deutlich, wie diese Anläufe durch gewaltsame Umbrüche in Blut erstickt wurden. Nach dem Ersten Weltkrieg und nach dem Sieg der türkischen Nationalisten im Krieg um Anatolien liessen sich die früheren Lösungsansätze nicht mehr reaktivieren. Denn der Vertrag von Lausanne segnete 1923 Enteignung, Zwangsmigration und – implizit – den Genozid an anatolischen Minderheiten ab.

Das Narrativ

Der verpasste Friede beschreibt einen Ablauf von hundert Jahren, nämlich die Entwicklungen von der spätosmanischen Reformära (*Tanzimat*) zur frühen Republik Türkei. Dabei nehmen die Jahre 1912–1922 als ein Jahrzehnt tief greifender Umbrüche mit extremer Gewalt nach aussen *und* innen einen prominenten Platz ein. Zentralstaatliche Eliten verabschiedeten sich 1912/13 unter dem Eindruck schwerer Verluste in den Balkankriegen definitiv von den verfassungspatriotischen Ansätzen des osmanischen Frühlings der Jungtürkischen Revolution von 1908, die den osmanischen Nahen Osten von Saloniki bis Van und von Bagdad bis Jerusalem beflügelt hatten.

Aus Sicht des Gouverneurs der Provinz Erzurum fehlte es damals am nötigen Engagement des Staates, um in den Ostprovinzen die dringende Landfrage zu lösen – das Problem unklarer Besitzverhältnisse oder gewaltsamer Aneignungen zu Lasten meist christlicher Bauern.[3] Damit wurde die Chance verspielt, die sogenannte armenische Frage in einer gemeinosmanischen Anstrengung ohne Druck von aussen zu lösen. Sie stand damals im Zentrum der sogenannten Orientfrage (*Question d'Orient*) der europäischen Diplomatie und zieht sich als roter Faden durch das Buch. Der Gouverneur von Erzurum und andere Jungtürken bezeugten, dass die Armenier in den Provinzen dem Verfassungsstaat gegenüber aufgeschlossen waren, ja meist aufgeschlossener als ihre muslimischen Nachbarn, da sie als vulnerable Minderheit in besonderem Masse auf einen funktionierenden Rechtsstaat angewiesen waren. Gut ausgebildet und vernetzt mit ausländischen Akteuren wie Händlern, Missionaren und Diplomaten, zum Teil auch Sozialrevolutionären, wollten sie die ihnen vom Staat neu zugesprochenen Rechte ausüben, auch wenn dies den an Hierarchien gewöhnten

---

3 Celâl Bey, «Ermeni vakayi'i, esbâb ve tesiratı», Vakit vom 6., 8. und 9. Rebiülevvel 1919, transkribiert in Agos, 30. 7. 2010; Ahmet Şerif, Anadolu'da Tanîn, hg. von Mehmed Ç. Börekçi, Ankara: TTK, 1999, S. 185–187; Ohannes Kilicdagi, The Bourgeois Transformation and Ottomanism among Anatolian Armenians after the 1908 Revolution, MA thesis, Bogazici Universität, 2005; H. Kieser, «Réformes ottomanes et cohabitation entre chrétiens et Kurdes (1839–1915)», in: Études rurales, Nr. 186, Januar 2011, 43–60.

Nachbarn missfiel.[4] Die wachsende Zahl ihrer Feinde im eigenen Land stellte sie als Agenten einer vom Ausland gesteuerten antiosmanischen, antiislamischen Verschwörung dar.[5]

Die *Tanzimat* hatten im zweiten Drittel des 19. Jahrhunderts neue, vergleichsweise liberale Handlungsspielräume geschaffen und einen Verfassungsstaat angestrebt. Allerdings deckte sich die Realität in den Ostprovinzen nicht mit den von offizieller Seite abgegebenen Reformversprechen. Zu Beginn zerschlugen staatliche Sicherheitskräfte die jahrhundertealten kurdischen Autonomien. Der osmanische Reformstaat brach somit alte Ordnungen auf, die er nicht flächendeckend durch seine Herrschaft und eine neue Rechtsprechung ersetzen konnte. Die Folge davon war einerseits eine Blüte neuer Institutionen von eigenständigen Akteuren wie den Missionen und nichtmuslimischen Minderheiten, die die Freiräume zu nutzen wussten, andererseits chaotische Verhältnisse sowie Frustration bei Kurden und anderen staatstragenden Sunniten. Daraus erwuchsen angespannte interreligiöse Beziehungen und schliesslich die «armenische Frage». Diese ging, wie angetönt, konkret als eine armenisch-kurdische Bodenfrage aus dem Landgesetz von 1858 hervor, das individuellen Bodenbesitz registrierte, aber sich wegen des schwachen Rechtssystems nicht fair umsetzen liess. Lokale Mächtige hielten sich schadlos am Besitz Schwächerer, zum Teil ganzer armenischer Dörfer. Armenier waren in ihren Rechten, ihrem Besitz und nicht selten an Leib und Leben bedroht.

Daher erklärte der Berliner Kongress von 1878 ihren Schutz in den Ostprovinzen zur Aufgabe der europäischen Diplomatie und internationalisierte somit die armenische Frage im Artikel 61 des Berliner Vertrags. Da sich die Verhältnisse trotz diesem Artikel nicht verbesserten, setzte sich bei Teilen der armenischen Jugend ein sozialrevolutionärer Nationalismus durch.[6] Als aktivistische Elite wollte diese Jugend ihre Zukunft selbst in die Hand nehmen und organisierte sich in Untergrundparteien. Sie hatte vieles gemeinsam mit dem «Muskeljudentum», wie es wenige Jahre später Mitglieder der in Osteuropa aufspriessenden arbeiterzionistischen Organisationen pflegten. Die revolutionäre armenische Jugend war indes weniger eingebunden in eine generationenübergreifende Bewegung, wie es der Zionismus war. Zudem suchte sie – darin war sie den jüdisch-sozialistischen Bundisten vergleichbar – eine demokratisch-sozialistische Lösung der Probleme vor Ort, nicht den Exodus ins ferne «gelobte Land».[7] Unter europäischem Druck unterschrieb die osmanische Regierung 1895 und 1914 einen einschlägigen Reformplan auf der Basis des Berliner Vertrags, doch dessen Umsetzung wurde in beiden Fällen durch Massaker an Armeniern vereitelt. Das eine Mal

---

4 Siehe neu Houri Berberian, Roving Revolutionaries. Armenians and the Connected Revolutions in the Russian, Iranian, and Ottoman Worlds, Berkeley: University of California Press, 2019.

5 Jelle Verheij, «Diyarbekir and the Armenian Crisis of 1895», in: Joost Jongerden, Jelle Verheij, Social Relations in Ottoman Diyarbekir, 1870–1915, Leiden: Brill, 2011, S. 85–145.

6 Was sich zum Beispiel prägnant in Raffis zeitgenössischem Roman Der Verrückte (1881) spiegelt. Raffi (Hakob Melik-Hakobian), The Fool. Events from the Last Russo-Turkish War (1877–78), aus dem Armenischen übersetzt von Donald Abcarian, Princeton, NJ: Gomidas Institute, 2000.

7 Siehe Alain Brossat, Sylvie Klingberg, Revolutionary Yiddishland. A History of Jewish Radicalism, New York: Verso, Paperback 2017, Übersetzung von Le Yiddishland révolutionnaire, Paris 1983.

unter Sultan Abdulhamid II. 1895, das andere Mal unter den Jungtürken 1915. Nirgends ist das Scheitern sowohl des osmanischen Reformgedankens als auch der europäischen Diplomatie in ihrem Verhältnis zur osmanischen Türkei drastischer greifbar geworden als in diesem destruktiven Prozess. Der jungtürkische Parteistaat etablierte sich 1913 nach einem gewaltsamen Putsch und war brutal entschlossen, Minderheitenfragen durch die Beseitigung der Betroffenen zu «lösen».

Unter ihrem Vordenker Ziya Gökalp machten sich die regierenden Jungtürken imperialen Ultranationalismus zu eigen, der völkischen Türkismus und politischen Islam zu einer explosiven Ideologie mischte. In den Worten des Sozialisten Alexander Parvus-Helphand, der den Jungtürken und der deutschen Diplomatie in Istanbul nahestand, zog es der Staat statt einer ehrlichen Kooperation mit fortschrittlichen armenischen Kräften vor, Regionalherren zu bewaffnen und deren Verbrechen ungestraft zu lassen. «Denn die Regierung betrachtet die Kurden, weil sie Muselmanen sind, als das staatserhaltende Element.»[8] Der Regierung im fernen Istanbul drohten Kurdenführer, gemeinsame Sache mit den Russen zu machen; sie verlangten den Verzicht auf die Rückgabe armenischen Raubguts, auf konstitutionelle Reformen und auf jegliche Strafverfolgung. Die jungtürkischen Führer waren in dieser Hinsicht erpressbar. Aus ihren inneren und äusseren Krisen Anfang der 1910er-Jahre suchten sie die Flucht nach vorn, nämlich in den Krieg mit Unterstützung der Grossmacht Deutschland.

Daher fädelten sie im Juli 1914 mit den Botschaften Deutschlands und Österreich-Ungarns frühzeitig ihre Beteiligung am drohenden Weltkrieg ein. Der Krieg beinhaltete das Versprechen, europäische Einmischung zu stoppen, innenpolitischen Freiraum zu eröffnen und damit volle Souveränität zu ermöglichen. Die angeblich unvermeidliche Beteiligung am Weltkrieg wirkte sich mit unerwarteter Heftigkeit (selbst)zerstörerisch auf das Reich aus, dennoch war sie kalkuliert.[9] Im Schatten des Weltkriegs begann das Innenministerium unter Talât Pascha Kleinasien demografisch umzukrempeln, das heisst vollständig zu türkisieren. Talâts Parteikollege Cemal Pascha (die Nummer drei im jungtürkischen Zentralkomitee) suchte das Reich in seinen arabischen Gebieten wieder zu errichten, und Enver Pascha (die Nummer zwei nach Talât) strebte sogar eine territoriale Ausdehnung in Richtung Kaukasus und Zentralasien an. Diese überspannten Ziele gingen mit totalem Krieg nach aussen und extremer Gewalt nach innen einher.[10]

---

8 Parvus, «Armenische Wirren», 8. 1. 1913, Eduard Bernstein Papers, G 354, International Institute of Social History, Amsterdam. Siehe auch Janet Klein, The Margins of Empire. Kurdish Militias in the Ottoman Tribal Zone, Stanford: Stanford University Press, 2011, und H. Kieser, «World War and World Revolution. Alexander Helphand-Parvus in Germany and Turkey», Kritika. Explorations in Russian and Eurasian History 12/2 (2011), S. 387–410.

9 H. Kieser, Talât Pascha. Gründer der modernen Türkei, Architekt des Völkermords an den Armeniern. Eine politische Biografie, Zürich: Chronos, 2021, S. 185–188.

10 Ergänzend und im Kontrast zum Blick «von unten» und zum Fokus auf die Peripherie in den Provinzen in Der verpasste Friede habe ich in neuesten Forschungen das Gedankengut, die Netzwerke und die Zentren zentralstaatlicher Macht am Ende des Osmanischen Reichs analysiert, namentlich in Talât Pascha und Vorkämpfer der «Neuen Türkei». Revolutionäre Bildungseliten am Genfersee, 1870–1939, Zürich: Chronos, 2005, sowie «Europe's Seminal Proto-Fascism? Historically Appro-

Nach der Niederlage an Deutschlands Seite konzentrierten sich die Eliten des Partei-staats erfolgreich auf das Minimalziel eines ausschliesslich türkischen Nationalstaats in Anatolien; die meisten retteten so schliesslich ihre Machtstellung in den neuen Staat mit der Hauptstadt Ankara. Von ihrer jungtürkischen Gründungsgeschichte her und auf der Basis des Vertrags von Lausanne etablierte sich die Republik Türkei 1923 als homogener Einheitsstaat mit *einer* Sprache, *einer* Religion, *einer* Kultur und *einem* Führer. Im *Türk Yurdu*, der wichtigsten Kulturzeitschrift der Nationalisten, konn-te man damals lesen, dass nun endlich «die ganze Wahrheit an der Spitze des Bajonet-tes leuchtet, und der türkische Stamm allem, was Quatsch und Spiegelfechterei war, mit der geballten Faust, nicht mit logischen Argumenten, die Antwort gab, die ihm gebührte. Endlich sind wir [Türken] unter uns. [...] Die Augen, von denen das Tür-kische Nationalheim wünschte, sie würden sich freuen, freuten sich, die Körper, de-ren Untergang es wünschte, wurden zerstört und das Nationalheim strahlte.»[11] Diese Zeilen belegen den radikalen Türkismus, den Mythos völkisch «reiner» Gesellschaft und den sozialdarwinistischen Geist jener Zeit. Daher begrüsst der Autor freudig die zu diesem Zweck ausgeübte Massengewalt; die Nation ist Organismus und Stammes-haushalt («Herd», hier als «Nationalheim» übersetzt), die «Feinde der Nation» treten als zu vernichtende Körper (oder Körperschaften) in Erscheinung.[12]

Die bejahte Gewalt der Gründungsgeschichte hinterliess eine auf Generationen hinaus verstörte, friedlose Beziehung zu den von der türkisch-muslimischen Neudefinition der Nation ausgeschlossenen Volksgruppen Anatoliens. Viele von ihnen wurden ver-trieben oder ermordet, ihre Kultur zerstört. Zu nennen sind an erster Stelle die altein-gesessenen christlichen Gemeinschaften Kleinasiens. Deren Vernichtung bewog den zeitgenössischen polnisch-jüdischen Juristen Raphael Lemkin dazu, das völkerrecht-liche Konzept «Genozid» zu entwickeln, das 1948 Eingang in die UNO-Konvention gegen den Völkermord fand. Lemkin wandte sein Konzept ohne Wenn und Aber auf die Auslöschung der Armenier im Ersten Weltkrieg an.[13] Zu nennen sind auch die Kurden, gegenüber welchen das türkisch-nationalistische Konzept der Zwangsassi-milierung versagte. So stand fortan für Jahrzehnte einer triumphalen nationaltürki-schen Gründungsgeschichte die erschütternde, aber in der Diplomatie systematisch verdrängte Erfahrung von Völkermord, Vertreibung und Unterdrückung gegenüber. *Der verpasste Friede* hat ein Narrativ erarbeitet, das dieser Erfahrung im vollen Um-fang gerecht zu werden sucht.

---

aching Ziya Gökalp, Mentor of Turkish Nationalism», Die Welt des Islams, Advance Article, April 2021, https://doi.org/10.1163/15700607-61020008.

11 Baha Sait, «Türkiye'de Alevi Zümreleri», Türk Yurdu, September 1926, Neuausgabe, Ankara: Tuti-bay, 2001, Bd. 11, S. 105.

12 Kieser, Vorkämpfer, S. 108–134.

13 «Totally unofficial man: The autobiography of Raphael Lemkin», in: Samuel Totten, Steven Le-onard Jacobs (Hg.), Pioneers of Genocide Studies, New Brunswick, NJ: Transaction Publishers, 2002, S. 371; Lemkins Brief vom Juli 1950 zitiert The Encyclopedia of Genocide, Santa Barbara, California: ABC-Clio, 1999, S. 79; «Dr. Lemkin, Father of Genocide Convention, reviews work relating to Turkish massacres», The Hairenik Weekly, 1. 1. 1959, S. 1.

Zweifellos überforderte das moderne Gleichheitspostulat im 19. und frühen 20. Jahrhundert nicht allein das hierarchisch nach religiösen und vormodern-imperialen Kriterien geordnete Reich des Sultans. Auch in den Kolonien der imperialen Nationalstaaten Europas, in den USA (auch noch nach der Abschaffung der Sklaverei) sowie für sozial Abgehängte und für Minderheiten – namentlich die Juden Europas – blieb rechtliche Gleichheit und menschliche Gleichwertigkeit bis zum Ende Nazideutschlands oft nur ein frommer Wunsch. Dennoch gab es in den modernen westlichen Staaten starke Räume der Freiheit und Rechtsstaatlichkeit und damit die Möglichkeit kritischer öffentlicher Hinterfragung eigener Geschichte und der Erlangung von Recht. Das trifft auf die spätosmanische und republikanische Türkei bis heute nicht zu, und sie steht damit nicht allein in der Staatenwelt des 21. Jahrhunderts. Trotz aller Dynamik und viel intellektuellem Mut in der Zivilgesellschaft liess Ankara nie einen Prozess historischer, ethischer und rechtlicher Aufarbeitung von Menschheitsverbrechen zu. Diese Tatsache versperrt dem Land die Zukunft.

Gewalt benennen

Der verpasste Friede benennt ohne Umschweife, Auslassung oder Beschönigung spätosmanische gesellschaftliche Abgründe und staatlich zu verantwortende Menschheitsverbrechen. Völkermord lässt sich aus der Geschichte der Neugründung der Türkei als Einheits- und Nationalstaat in Kleinasien (Anatolien) nicht herausschreiben, wie das nach dem Vertrag von Lausanne und besonders während des Kalten Kriegs versucht wurde. Als angehender Historiker nahm ich die Diskrepanz wahr zwischen den ethischen wie professionellen Ansprüchen, die zu Recht an die historische Forschung zum Zweiten Weltkrieg und zum Nationalsozialismus gestellt wurden, und dem, was im ungleich dürftigeren akademischen Schreiben über Armenier, den jungtürkischen Parteistaat und dessen kemalistischen Nachfolgestaat Usus war.

Bei zwei Länderexperten der Universität Princeton klang die verinnerlichte, für den Nahen Osten weiterhin als gültig statuierte sozialdarwinistische Logik westlicher Geschichtsbetrachtung nur wenige Jahre nach dem Holocaust unverblümt so: In den Jahren bis 1918, «mit der endgültigen Vertreibung der gesamten christlichen Bevölkerung aus Anatolien und dem Gebiet der Meerenge […], wurden die zuvor weitgehend friedlichen Prozesse der Türkisierung und Islamisierung in einem Schlag durch die Anwendung von Gewalt vorangetrieben». Mit «Schlag» bezeichneten die Länderexperten das, wofür ihr Zeitgenosse Lemkin den Begriff «Genozid» entwickelt hatte. Den unbenannten Völkermord rechtfertigten sie mit dem strategischen Nutzen: «Wäre die Türkisierung und Islamisierung dort nicht gewaltsam vorangetrieben worden, gäbe es heute sicher keine Türkische Republik – eine Republik, die ihre Stärke und Stabilität nicht zuletzt der Homogenität ihrer Bevölkerung verdankt, und ein Staat, der heute ein geschätzter Partner der Vereinigten Staaten ist. [...] dieser Kampf um Anatolien war ein Kampf geworden, der nur einen Sieger haben konnte. Es hiess: Alles nehmen oder alles verlieren.»[14]

---

14 Lewis V. Thomas, Richard N. Frye, The United States and Turkey and Iran, Cambridge: Harvard

Diese utilitaristische Argumentation verharmloste völkermörderischen Nationalismus, indem sie ihn mit dem Motto «The winner takes it all» verband. Es dauerte Jahrzehnte, bis Stimmen aus dem US-Senat und -Repräsentantenhaus Ende 2019 beschämt einräumten, dass in der Tat diplomatische Zweckmässigkeit bisher verhindert hatte, die historische Wahrheit – die Tatsache des Völkermords – öffentlich auszusprechen.[15] Anderthalb Jahre nach den beiden Kammern in Washington hat am 24. April 2021 auch der amerikanische Präsident den Genozid ohne Umschweife benannt. Verlässliche Kommunikation und die Fähigkeit, ohne «Fake», ohne durch Interessen verzerrte Darstellung von Tatsachen, die Vergangenheit anzusprechen: das sind wichtigste Zukunftsaufgaben geblieben.

Die genannten Umbrüche am Ende des Osmanischen Reichs erzeugten Modelle und Mittel politischer Gewalt, orchestrierter Zwangsmigration und mafiös-parteilicher Machtausübung, die nie ernsthaft geächtet, sondern im Gegenteil für staatliche und parastaatliche Akteure lohnend und damit wiederholbar wurden. Damalige Ideologeme sind abrufbar und wirksam geblieben in einer nachosmanischen Welt ohne funktionierende Verfassungsstaaten. Ich schreibe diese Zeilen Ende Mai/Anfang Juni 2021, als einmal mehr ein wuchtiger Mafia-Skandal die türkische Öffentlichkeit erschüttert, indem er die Verbindung oberster Regierungskreise in Ankara mit dem organisierten Verbrechen, bewaffneten Banden und den jüngsten kriegerischen Einmischungen in Syrien, Libyen und im Kaukasus belegt.[16]

Auch jährt sich in diesen Tagen zum hundertsten Mal der Berliner Prozess vom Juni 1921 gegen den armenischen Aktivisten Soghomon Tehlirian, der Talât Pascha in dessen Exil in Berlin im März 1921 «aussergerichtlich hinrichtete».[17] 1919 in Istanbul zum Tode verurteilt, zeichnete der ehemalige osmanische Innenminister und jungtürkische Parteichef Talât hauptverantwortlich für den Genozid von 1915. Er begründete einen Politikstil, der bis heute Staat, Partei und organisiertes Verbrechen vermischt. Zu seinem Erben wurde sein Parteikollege Kemal Atatürk, der zum Führer der nachosmanischen Türkei aufstieg. Atatürk und die Kemalisten, die fast alle Parteigänger Talâts gewesen waren, beanspruchten einen Neuanfang und «reinen Tisch». Trotz kemalistischen Errungenschaften scheiterte ihr Anspruch, wie die Langzeitanalyse aus hundertjähriger Distanz zeigt. Daher überrascht nicht, dass die gegenwärtige Republik Türkei weiterhin Strassen, Quartiere, Moscheen und Schulen nach Talât und dessen engem Mitarbeiter Gökalp benennt.[18]

Das nachosmanische Jahrhundert hat vieles verändert, aber ohne damals ungelöste Grundprobleme hinter sich zu lassen. Nach dem kurzlebigen «arabischen Frühling», dem abgebrochenen kurdisch-türkischen Friedensprozess und Ankaras auf Eis geleg-

---

University Press, 1951, S. 61 f.

15 www.congress.gov/congressional-record/volume-165/house-section/page/H8559-8568, besucht am 26. 2. 2021.

16 Volker Papst, «Mafia-Skandal in der Türkei schlägt hohe Wellen. Innenminister Soylu gerät durch Enthüllungen unter Druck», Neue Zürcher Zeitung, 27. 5. 2021, S. 3.

17 Rolf Hosfeld, Operation Nemesis, Köln: Kiepenheuer & Witsch, 2005.

18 Kieser, Talât, S. 370–415; ders., «Gökalp».

ter EU-Kandidatur steht zu Beginn der 2020er-Jahre erneut der Eindruck verpasster Chancen für gerechten Frieden im Raum. Im Kontrast dazu wurde *Der verpasste Friede* in den 1990er-Jahren geschrieben, einer Ära globalen Aufbruchs nach dem Kalten Krieg, die der Türkei 1999 den Beitritt zur EU in Aussicht stellte. Das Ende der südafrikanischen Apartheid und der lateinamerikanischen Diktaturen, die europäische Perspektive für die Länder des ehemaligen Ostblocks und für die Türkei, öffentliche Aufarbeitung traumatischer Geschichte und der begonnene Friedensprozess in Israel-Palästina stimmten hoffnungsvoll. Unübersehbar waren jedoch schon damals virulente Konflikte in der nachosmanischen Staatenwelt: auf dem Balkan, im Südkaukasus, in den Kurdengebieten, im Irak, in der Golfregion und mit der zweiten Intifada erneut in Palästina.

Gilt das Potenzial einer gerechten Erneuerung, welches *Der verpasste Friede* im Blick auf «die Ostprovinzen» herausarbeitete, weiterhin? Dem Buch ist Hoffnung eingeschrieben, die sich sowohl aus seinen historischen Quellen als auch aus der Aufbruchsstimmung Ende des 20. Jahrhunderts nährte. Zugleich durchzieht eine unverblümte Skepsis das Narrativ des Buchs, das die Tatsachen der türkischen Gründungsgeschichte ernst nimmt. Zusammen mit dem frischen EU-Kurs Ankaras war vor zwanzig Jahren die Zuversicht geweckt, verschüttete Potenziale osmanischer Koexistenz und konstitutioneller Anstrengung kämen im Einklang mit aktuellen europäischen Standards zum Tragen. Obschon die Situation heute im Vergleich sehr ernüchternd, ja düster aussieht, sind damit die Potenziale nicht beseitigt. Erdoğans neoosmanischer Machtrausch hat in den vergangenen Jahren hoffnungsvolle Fortschritte zerstört und Zehntausende von Menschen ohne Rechtsgrund ins Gefängnis gebracht. *Ex negativo* wurden damit jedoch die notwendigen andersartigen Koordinaten für eine neue Ordnung «danach» bestärkt.

Das Ende des säkular-ideologischen Kalten Kriegs eröffnete in den 1990er-Jahren auf jeden Fall Horizonte für innovative Rückblicke auf die osmanische Welt. Sie regten zu neuen Ansätzen an, namentlich zu einer Geschichte «von unten», von der Peripherie des Reichs, einer Geschichte der historischen «Verlierer», von Randgruppen und Minderheiten. Ganze Themenblöcke wie jungtürkische Einparteiherrschaft, Erster Weltkrieg im Osmanischen Reich, Genozid oder Umwelt- und Geschlechtergeschichte waren damals weithin unbearbeitet. Meine Studie *Der verpasste Friede* war Teil einer spannenden, neu einsetzenden Dynamik zu Gebieten, wo noch viel Grundlegendes zu erforschen war. Zu neuen Horizonten gehörte die Nutzung unerschlossener Quellen, insbesondere ein relativ liberaler Zugang zum osmanischen Staatsarchiv in Istanbul. Eine Kombination nicht nur dieser, sondern auch weiterer, insbesondere missionarischer und anderer Quellen von der Peripherie des Reichs eignete sich, um lange Zeit ungehörte Stimmen und Erfahrungen einzubringen.

Nahostmillenarismus

Im Fall von *Der verpasste Friede* beinhalteten neue geschichtswissenschaftliche Horizonte nicht nur den Einbezug von Missionsarchiven als reichhaltigen Informationsquellen für das Leben und Geschehen ausserhalb der Zentren, sondern auch die Wahrnehmung christlicher Missionen als eigenständige Faktoren modernen Wandels in der spätosmanischen Türkei. Das trifft namentlich auf die von Amerikanern gegründeten protestantisch-internationalistischen Missionsschulen und deren Kreise zu. Aber es gilt auch für die mit ihnen in Verbindung stehenden Schweizerinnen und Schweizer, die kleineren europäischen Organisationen angehörten[19] und deren Nachlässe das Buch ausschöpft.

Amerikanisch inspirierte Nahostmission strebte seit ihrem Beginn im frühen 19. Jahrhundert eine friedliche Umwälzung bestehender Herrschaftsverhältnisse an. Was Glaube und Wille zum Aufbau über Generationen bewirken konnten – von den Anfängen als Flüchtlinge bis hin zur Schaffung einer mächtigen modernen Republik –, war in ihr als US-amerikanische Geschichtserfahrung verinnerlicht. Analoges sollte für die Juden wahr werden – für dieses aufgesplittert im Schatten prosperierender Gemeinwesen siedelnde heimatlose Volk, dem die Welt das Evangelium verdankte. Es sollte wieder ein Akteur und Faktor auf dem Weg zum Millennium werden durch die Neuerrichtung Israels in Palästina. Die konstruktiven Kräfte eines modernen jüdischen Gemeinwesens in den Bibellanden würden indes so lange gelähmt bleiben, als sich das Judentum nicht seine wirkungsmächtigste Gestalt, Jesus von Nazareth, positiv zu eigen machte. Aus dieser Denkhaltung stammte die Parole «Restoration of the Jews to Palestine and to Jesus», die die ersten Missionare des American Board of Commissioners for Foreign Missions (ABCFM) auf den Lippen trugen, als sie 1819 von Boston ins Osmanische Reich reisten. Das Motto ihres *restorationism* war, das Gottesreich beziehungsweise eine globale moderne «Republik von Jesus» zu fördern, indem sie sich für die Rückkehr der Juden nach Palästina und ein modernes jüdisches Gemeinwesen im Geiste von Jesus einsetzten.[20]

Da unklar blieb, wie eine Mission für «Restoration of the Jews to Palestine and to Jesus» konkret aussehen und die osmanisch-muslimische Mehrheit für die kühne Utopie gewonnen werden sollte, schwenkte das ABCFM vom anfänglichen *restorationism* in Palästina zur Strategie eines modernen *revivals* der Christen Kleinasiens in der neuen Ära der Tanzimat. In der Erwartung rechtlicher Gleichstellung, Demokratisie-

---

19   Namentlich auch die Orientmission von Johannes Lepsius, dessen Haus in Potsdam inzwischen zu einer Forschungs- und Begegnungsstätte geworden ist (www.lepsiushaus-potsdam.de). Siehe auch Rolf Hosfeld (Hg.), Johannes Lepsius – eine deutsche Ausnahme. Der Völkermord an den Armeniern, Humanitarismus und Menschenrechte, Göttingen: Wallstein, 2013; H. Kieser, «Johannes Lepsius: Theologian, humanitarian activist and historian of Völkermord. An approach to a German biography (1858–1926)», in: Logos im Dialogos. Auf der Suche nach Orthodoxie, Berlin: Lit, 2011, S. 209–229.

20   Ausführlicher als in Der verpasste Friede bin ich auf modernen protestantischen Millenarismus eingegangen in Nearest East. American Millennialism and Mission to the Middle East, Philadelphia: Temple University Press, 2010, S. 15–47. Siehe auch H. Kieser, «Nahostmillenarismus, protestantische Internationale und Johannes Lepsius», in: Hosfeld, Johannes Lepsius, S. 59–68.

rung und Religionsfreiheit bejahte es den osmanischen Reformstaat, während es zuvor noch das nahe Ende des Sultansreichs erhofft hatte. Die neue positive Einstellung zum osmanischen Staat hing mit der Enttäuschung des ABCFM in den USA selbst zusammen. In den 1830er-Jahren verlor es einen erbittert geführten Kampf gegen den *Indian removal* der Administration von Präsident Andrew Jackson. *Removal* bedeutete für die betroffenen Indianerpopulationen eine teilweise tödliche Zwangsmigration, damit einhergehend Enteignung, Entrechtung und Verlust von Heimat. Mit diesem staatlichen *removal* erstarb im ABCFM die Hoffnung auf die, wie es überzeugt war, von Verfassung und Evangelium verlangte Gleichberechtigung der Indianer, mit denen es Mischehen befürwortete. Als Folge verloren Pioniergestalten im ABCFM den Glauben an eine vom Evangelium inspirierte US-amerikanische Gesellschaft. Umso mehr setzten sie Hoffnung auf millenarische Zukunft und die «Bibellande» in der osmanischen Welt.

Während der Tanzimat begann das ABCFM daher, wie in *Der verpasste Friede* beschrieben, Stationen bis in entlegene Gebiete in Ostanatolien und Mesopotamien zu gründen. Es folgten Schulen, darunter innovative Mädchenschulen, Spitäler, Hochschulen und Manufakturen. Das ABCFM trug dazu bei, Inseln eines spätosmanischen «ökumenischen Humanismus» (Ussama Makdisi) zu schaffen.[21] Der Präsident eines vom ABCFM gegründeten Colleges, der heutigen Amerikanischen Universität in Beirut, drückte es 1871 so aus: «Dieses College ist offen für junge Menschen aus allen Verhältnissen und Klassen, ohne Rücksicht auf Farbe, Nationalität, Rasse oder Religion. Ob weiss, schwarz oder gelb; Christ, Jude, Muslim oder Heide, sie alle können eintreten und die Vorzüge dieser Institution für drei, vier oder acht Jahre geniessen. Sie können daraus hervorgehen im Glauben an einen Gott, an viele Götter oder an keinen Gott. Wer eine Wegstrecke mit uns geht, wird allerdings auf jeden Fall in Erfahrung bringen, was wir glauben, sei wahr, und unsere Gründe für diesen Glauben.»[22] Der auf Bibel und Aufklärung beruhende ebenso pragmatische wie utopische Fortschrittsglaube dieser und verwandter Missionsinstitutionen war das Ferment von Veränderungen. Das war lange bevor amerikanische Macht- und Interessenpolitik im Nahen Osten nach 1945 in ganz anderer Weise in Erscheinung trat. Als junger Historiker kam ich zum Schluss, dass der moderne westliche «Millenarismus» (der mit christlichen und jüdischen Zionismen einherging) sowie der ebenfalls eschatologisch grundierte Marxismus (in all seinen Brechungen bis hin zu China und Vietnam) jene beiden Fortschrittsideologien waren, welche die globale Moderne am stärksten prägten. Mit seinen Einsichten in die Entfremdung und Instrumentalisierung moderner Menschen und in die Ungerechtigkeit menschengemachter Verhältnisse war der Marxismus im 20. Jahrhundert zweifellos mehr als eine von russischem Sendungsbewusstsein und von der Mobilisierungskraft des Klassenkampfs und des Antikoloni-

21 Ussama Makdisi, Artillery of Heaven. American Missionaries and the Failed Conversion of the Middle East, Ithaca: Cornell University Press, 2007, S. 13, 187, 211.
22 Englisches Original auf www.aub.edu.lb/main/about/Pages/history.aspx, besucht am 2. 6. 2021.

alismus getriebene sowjetische Weltmission.[23] Seit den 2010er-Jahren zeichnet sich eine alt-neue Systemkonkurrenz zwischen den USA und nunmehr China ab, das im Juli 2021 den hundertsten Geburtstag seiner Kommunistischen Partei feiert.

Mit dem Ersten Weltkrieg betrat die USA die politische Bühne der «Alten Welt» eines erweiterten Europas, das im späten 19. und frühen 20. Jahrhundert das Zarenreich und die osmanische Welt einschloss. Die Eliten der vergleichsweise jungen, progressiven amerikanischen Republik waren von ihrer friedensbringenden, mit nationalen Interessen einhergehenden globalen Mission überzeugt. Das Sendungsbewusstsein hatte seine Quellen bei den Pilgervätern des 17. Jahrhunderts, die ein Europa der Religionskriege hinter sich gelassen hatten. Es beinhaltete im 18./19. Jahrhundert eine Synthese von moderner Aufklärung, individualistischem Bibelglauben, Frömmigkeit, calvinistischer Selbstorganisation, demokratischem Selbstvertrauen und ausgeprägter Eschatologie.

Ausgeprägte Eschatologie hiess, dass dem internationalistisch-amerikanischen Sendungsbewusstsein die biblische Prophetie einer menschheitlichen Geschichte eingeschrieben war, die in ein Reich Gottes auf Erden, das «Millennium», münden werde (und zwar «postmillenarisch», das heisst nachdem glaubensstarke menschliche Anstrengung den Boden für das moderne Reich Jesu auf Erden vorbereitet habe). Die Vorstellung vom Millennium wurde im Laufe des 20. Jahrhunderts säkular umformuliert; es wurde zum Evangelium von liberaler Demokratie und Wohlstand. Von westlichen Politikern und amerikanischen Präsidenten vielfach gepredigt nach dem Zweiten Weltkrieg, stellte es machbaren globalen Fortschritt unter amerikanischer Führung und einen Weltfrieden im Einklang mit individueller Freiheit, Glück und überall gleichen Menschenrechten in Aussicht.

Realität und Botschaft klafften im Nahen Osten besonders brutal auseinander, was sich auf ideologischer Ebene indes bereits Jahrzehnte vor der Etablierung der USA als Supermacht, nämlich nach dem Ende des osmanischen Frühlings von 1908, abzuzeichnen begann. Zugunsten eines exklusiven Begriffs von Nation, der auf türkischsprachige Muslime reduziert war, zerstörte damals jungtürkische Innenpolitik die osmanische Gesellschaftsordnung und verfolgte im Ersten Weltkrieg die liberalen und osmanisch-christlichen Zielgruppen der Missionen. Von diesem Schlag erholte sich der amerikanisch-protestantische Fortschrittsglaube nicht mehr, als nach 1918 auch noch dessen politische Überzeugungen Schiffbruch erlitten. Denn anstatt pluralistisch gesinnter Demokraten etablierten sich in Ankara zentralstaatliche Nachfolger des jungtürkischen Parteistaats, mit denen sich die amerikanische Supermacht rasch arrangierte und nach 1945 auch verbündete. Statt eines föderalen Nahen Ostens entstanden nach 1918 in den vormals arabischen Reichsteilen Mandate der nationalimperialen westeuropäischen Sieger des Weltkriegs, die sich 1923 in Lausanne mit

---

23 Imperiales russisches Selbstverständnis hatte sich im 16. Jahrhundert als «wahrer», orthodoxer Hort des Christentums gegen europäische Häresie und expansiven Islam sowie Anfang des 19. Jahrhunderts als Erlösung Europas von Napoleons gottloser Tyrannei artikuliert. Siehe Leo Tolstois 1869 erschienenen Roman Krieg und Frieden sowie Nikolaj Berdjaev, The Russian Idea, London: Geoffrey Bles, 1947.

Ankara über die neue Nahostordnung einigten. Anstatt eines autoritativen Völkerbunds mit zentralem Einschluss der USA nahm eine von den europäischen Siegermächten abhängige internationale Organisation Gestalt an, die den diktatorischen
Ultranationalisten in Europa und Asien wenig entgegenzusetzen wusste. So wie die
Überlebenden ihrer Zielgruppen blieben daher die Missionarinnen und Missionare
nach 1923 auf Jahrzehnte allein mit dem Gedenken an Verlust, Völkermord und ver-
taner Zukunft. Viele einschlägige Manuskripte von Nahostmissionaren aus der ersten
Jahrhunderthälfte sind erst viel später, gegen oder nach Ende des 20. Jahrhunderts,
beachtet oder veröffentlicht worden. Dasselbe gilt für publizierte Übersetzungen von
schwer zugänglichen, aber wichtigen Texten der primär Betroffenen, nämlich armenischer Überlebender.[24]

Eschatologisches Christentum gründet auf den Prophetenbüchern des Hebräischen
(«Alten») Testaments, insbesondere auf der denkerischen Vorstellungskraft und Rhetorik des Buchs der Offenbarung/Apokalypse im Griechischen («Neuen») Testament.[25]
In seiner geschichtsoptimistischen postmillenarischen Gestalt, die die spätosmanische
Nahostmission geprägt hatte, verschwand es nach dem Ersten Weltkrieg weitgehend
aus etablierten Kirchen und akademischen Eliten. Denn dieser Krieg war für viele zur überwältigenden sozialdarwinistischen Apokalypse geworden, die bisheriges
Reden vom Reich Gottes auf Erden verstummen und biblischen Werten und Hoffnungen keinen Raum mehr liess. Eschatologisches Christentum trat fortan vor allem
in Freikirchen als «Prämillenarismus» kraftvoll in Erscheinung. In diesem christlich-
zionistischen Endzeitglauben des 20. Jahrhunderts wird auf der heillos zerrütteten
Erde erst der mit Macht «von oben» wiederkommende Christus Friede schaffen und
die Menschheit vor der Selbstzerstörung bewahren. Jesus in seiner Parusie, nicht Ent-
wicklungsanstrengungen und menschlicher Fortschritt werde schliesslich das Millennium etablieren, und zwar von Jerusalem aus im Bund mit Getreuen im wiedererrichteten Israel.

Die Erschliessung nahostmissionarischer und weiterer, bereits erwähnter Quellen ist
Teil eines seit dem späten 20. Jahrhundert gesteigerten Interesses am Osmanischen
Reich, insbesondere am späten Osmanischen Reich und an der kontroversen Grund-
legung der nachosmanischen Welt. Es handelt sich, wie schon angetönt, um einen
Boom, der nicht nur und primär das Licht wissenschaftlicher Erkenntnis in dunkle
Kapitel der Vergangenheit bringen sollte. Der Boom war auch Teil einer in der zweiten
Hälfte des 20. Jahrhunderts einsetzenden sogenannten islamischen Renaissance, die

---

24 Der verpasste Friede nutzte damals neue wichtige Titel wie Alexanian 1988, Jernazian 1990, Riggs
    1997 und Künzler 1999. Dutzende mehr kamen in den vergangenen zwanzig Jahren hinzu, darunter
    Maria Jacobsen, Diaries of a Danish Missionary. Harpoot, 1907–1919, Princeton: Gomidas Institute,
    2001; Zaven Der Yeghiayan, My Patriarchal Memoirs, Barrington: Mayreni, 2002; Garabed Hat-
    scherian, Smyrna 1922. Das Tagebuch des Garabed Hatscherian, hg. von Dora Sakaryan, Wien: Kit-
    ab, 2006; Grigoris Balakian, Armenian Golgotha. A Memoir of the Armenian Genocide, 1915–1918,
    New York: Vintage Books, 2009, und Aram Haigaz, Four Years in the Mountains of Kurdistan. An
    Armenian Boy's Memoir of Survival, Bronxville: Maiden Lane Press, 2014.
25 Elisabeth Schüssler Fiorenza, The Book of Revelation. Justice and Judgment, Minneapolis: Fortress
    Press, 1998.

unter anderem restaurativ (Wiederherstellung des Kalifats) und/oder eschatologisch auf einen endzeitlichen Kalifen oder (schiitischen) Imam und das Reich des Mahdi/ Christus hin ausgerichtet ist. Die zeitgeschichtlichen Millenarismen, Zionismen und Islamismen beziehen sich alle zurück auf Eschatologie in den heiligen Schriften des Monotheismus. Sie stehen seit der Neugründung des Staates Israel im Jahre 1948 in einer intensiven Wechselbeziehung. In gegenwärtigen radikalislamistischen Versionen geht politisch angewandte Eschatologie einher mit Gewalt, die Programm ist. Sie hat globalen Terror und in lokalen Konflikten extreme Gewalt, ja Genozid – an Iraks Jesiden – gezeitigt.[26]

Mit der islamischen Renaissance verknüpft ist der Aufstieg der neoosmanischen Politik des Islamisten Recep Tayyip Erdoğan und der von ihm dominierten AKP-Partei, die 2002 in Ankara an die Macht kam und es bis heute blieb. Nachdem sie anfänglich zu gesellschaftlicher Liberalisierung und mehr geschichtlicher Offenheit im Zeichen der türkischen EU-Kandidatur beitrug, pflegt sie seit den 2010er-Jahren und mit Erdoğans Autoritarismus ungehemmt Mythen türkisch-osmanisch-islamischer Grösse und Weltmission im Geist von Ziya Gökalp. Wie bei den anfänglich verheissungsvollen Jungtürken hundert Jahre zuvor geht dies mit massiver Repression, Korruption und mafiöser Verstrickung einher. Unter Erdoğans Herrschaft sind zahlreiche Clips, Romane und Fernsehserien produziert worden, die historische Mythen und eine (ob wirklich oder vermeintlich) neu erstarkte islamische Türkei zelebrieren. Sie beeinflussen über die Grenzen der Türkei hinaus in vielen Sprachen Hunderte von Millionen Muslime.[27]

Neue Forschung

Im Folgenden werde ich kurz auf neue Studien eingehen, die nach dem Erscheinen von *Der verpasste Friede* entstanden und für die Themen des Buchs bedeutend sind. Einige von ihnen wurden bereits in vorhergehenden Fussnoten ergänzend herangezogen. Es geht nicht um einen Literaturbericht mit Anspruch auf Vollständigkeit, son-

---

26 Neuere wissenschaftliche Literatur zu diesem Themenkreis: David Cook, Contemporary Muslim Apocalyptic Literature, Syracuse: Syracuse University Press, 2005; Gilles Kepel, Al-Qaida dans le texte, Paris: PUF, 2005; Jean-Pierre Filiu, Apocalypse in Islam, Berkeley: University of California Press, 2011; ders., From Deep State to Islamic State. The Arab Counter-Revolution and its Jihadi Legacy, New York, NY: Oxford University Press, 2015; William McCants, The ISIS Apocalypse. The History, Strategy, and Doomsday Vision of the Islamic State, New York: Picador, 2015.

27 Zu nennen ist das vom türkischen Staatsfernsehen produzierte Geschichtsdrama «Auferstehung: Ertuğrul» über den Aufstieg des frühen Osmanischen Reichs (448 Episoden à 45 Minuten, zugänglich auf Netflix). Das aufwendige, heroisierende Drama zelebriert islamische Eroberung (Gaza, Dschihad) und betont in diesem Zusammenhang den bei Gökalp prominent verwendeten Begriff Kızılelma, der die Erlangung bisher unerreichter Ziele in Aussicht stellt. «Kızılelma» ist auch der Titel eines neueren Propagandafilms der Regierung, August 2020, https://twitter.com/i/status/1297971223591358465, besucht am 5. 6. 2021.

dern um Einblicke in Schwerpunkte, Wendepunkte und neue Felder oder Ausrichtungen einschlägiger Wissenschaft.

Wie im Zusammenhang mit dem Nahostmillenarismus angetönt, ist die Forschung zu spätosmanischer Geschichte viel reicher und vielfältiger geworden als noch im späten 20. Jahrhundert. Sie hat inzwischen eine Fülle und Reife erreicht, die ein umfassendes wissenschaftliches Handbuch möglich macht.[28] Die Zahl von Expertinnen und Experten, die mit osmanischen Quellen arbeiten, hat sich vervielfacht. Während einschlägige Staatsarchivbestände im Westen schon lange zugänglich waren, sind inzwischen auch diejenigen des osmanischen Staatsarchivs grossenteils für die freie Forschung nutzbar geworden. *Der verpasste Friede* hat nur eine begrenzte Zahl staatlich-osmanischer Quellen für die Interaktion mit den Missionen herangezogen; neuere Studien haben dies eingehender getan, namentlich zum leidvollen Thema religiöser Konversionen im islamischen Kontext.[29] Ausserdem sind, meist auf der Basis von Missionsarchiven, mehrere neue Bücher zum Thema missionarischer Begegnungen und langlebiger missionarischer oder para- und postmissionarischer Institutionen erschienen oder in Vorbereitung.[30]

Wie schon *Der verpasste Friede*, verwenden neuere Studien vermehrt auch Archive von Privatpersonen oder nichtstaatlichen Gruppen, von Firmen (wie Nestlé), Institutionen (Dette publique, Régie des tabacs oder Banque Ottomane), Parteien (wie die Armenische Revolutionäre Föderation) und NGOs (darunter westliche Missionen oder diejenigen des Near East Relief, des Völkerbunds und des Roten Kreuzes), die in der spätosmanischen und frühen nachosmanischen Welt tätig oder in sie involviert waren.[31] Nichtstaatlichen Akteuren, Gruppen und Minderheiten wird somit eine lang vorenthaltene geschichtliche Stimme zurückgegeben. Das gilt insbesondere für drei Gruppen, die in *Der verpasste Friede* prominent sind, nämlich die Armenier (siehe

---

28 The I. B. Tauris Handbook of the Late Ottoman Empire. History and Legacy, hg. von H. Kieser, Khatchig Mouradian, London: I. B. Tauris-Bloomesbury, Veröffentlichung geplant 2023.

29 Selim Deringil, Conversion and Apostasy in the Late Ottoman Empire, Cambridge: Cambridge University Press, 2012; Emrah Şahin, Faithful Encounters. Authorities and American Missionaries in the Ottoman Empire, Montreal: McGill-Queen's University Press, 2018.

30 Darunter Makdisi, Artillery of Heaven; Mehmet A. Doğan, Heather J. Sharkey (Hg.), American Missionaries and the Middle East. Foundational Encounters, Salt Lake City: The University of Utah Press, 2011; Chantal Verdeil (Hg.), Missions chrétiennes en terre d'islam (XVIIe–XXe siècles). Anthologie de textes missionnaires, Turhout: Brepols, 2013; Emanuel La Roche, «Doctor, sieh mich an!». Der Basler Arzt Hermann Christ auf medizinischer Mission in der Osttürkei 1898–1903, Zürich: Chronos, 2013. In Vorbereitung: Erik Sjöberg: (Inter-)Nationalism and the New Turkey. The Rise and Fall of International Education at Istanbul's Robert College, 1913–1933.

31 Zum Beispiel Berberian, Roving Revolutionaries; Dikran Kaligian, Armenian Organization and Ideology under Ottoman Rule, 1908–1914, New Brunswick: Transaction, 2012; Yavuz Köse, Westlicher Konsum am Bosporus. Warenhäuser, Nestlé & Co. im späten Osmanischen Reich 1855–1923, München: R. Oldenbourg Verlag, 2010; Edhem Eldem, A History of the Ottoman Bank, Istanbul: Ottoman Bank Historical Research Center, 1999. Die Archive des Völkerbunds und des Internationalen Komitees vom Roten Kreuz in Genf sind inzwischen weitgehend digitalisiert, die Kataloge online zugänglich. Die für die spätosmanische Geschichte überaus reichhaltigen Tagebücher von Louis Rambert, dem Waadtländer Direktor der osmanischen Régie des tabacs, sind im Musée du vieux Montreux zugänglich, aber noch nicht veröffentlicht.

unten), die Aleviten[32] und die Kurden. Kurdische Forschung ist regelrecht aufgeblüht und hat eigene Perspektiven entwickelt, die neues Licht auf die Geschichte der Ostprovinzen in ihrer Verflechtung mit Nachbarregionen werfen.[33]

Die neue Forschung zu spätosmanischer und früher nachosmanischer Geschichte ist somit keineswegs, wie in Kontinentaleuropa im 20. Jahrhundert noch üblich, Sache von «Nischenfächern» der Orientalistik oder Islamwissenschaften geblieben. Gestützt auf gemeinsame Methoden und globalgeschichtliche Zugänge sowie dank neuen Gruppen von Forscherinnen und Forschern ist nahöstliche Geschichte von der Peripherie mehr ins Zentrum der Human- und Gesellschaftswissenschaften gerückt. Dazu beigetragen hat ein gesteigertes allgemeines Interesse an ihren Themen. Moderne nahöstliche Geschichte wird fortan vermehrt als Teil von Globalgeschichte oder der Geschichte eines erweiterten Europas vernetzt erforscht.

Dank dieser neuen Forschungslandschaft werden das spätosmanische und nachosmanische Geschehen, die involvierten Menschen und ihre Geschichte vollwertiger wahrgenommen und nicht, wie zuvor allzu oft, als exotisches Randgeschehen oder asiatische Andersartigkeit relativiert. Der menschliche Anspruch auf funktionierende Gemeinwesen und auf kollektive und individuelle Grundrechte, einschliesslich Frauenrechten, gilt zweifellos überall. Zwei wichtige Entwicklungen gehen damit einher. Erstens haben eurozentrische orientalistische Abschätzigkeit und die damit verwandte Kehrseite, nämlich die Identifikation mit Fremdem, dessen Überhöhung und Verfechtung («Flirt mit dem Exotischen») nichts im ernsthaften Nachdenken über den Nahen Osten zu suchen. Zweitens gelten für diese Humangeografie grundsätzlich gleiche Massstäbe wie für jegliche ernst zu nehmende historische Forschung. Keine historische oder gegenwärtige Despotie kann, weil vermeintlich kulturell bedingt, als «orientalisch», kein Menschheitsverbrechen als «asiatische Tat» etikettiert und abgehakt werden. Diese Phänomene müssen wissenschaftlich wie auch politisch ebenso ernst und in die Verantwortung genommen werden wie an jedem anderen Ort der Welt. Jenseits von türkischer Nationalgeschichte, interessengeleiteter Länderexpertise oder orientalistischem Nischenwissen gibt es nunmehr zahlreiche überzeugende Studien, die sich bewusst in grössere Wissenszusammenhänge einordnen. Darunter fällt namentlich auch eine historisch-kritische Gesamtdarstellung der Geschichte des Osmanischen Reichs und der nachosmanischen Türkei.[34] Was die spätosmanische Türkei angeht, haben inzwischen grundlegende Werke zur politischen Geschichte die jungtürkische Bewegung, die gescheiterte Verfassungsrevolution von 1908 und den bahn-

---

32 Siehe unter anderem Markus Dressler, Die Alevitische Religion. Traditionslinien und Neubestimmungen, Würzburg: Ergon, 2002; Erdal Gezik, Alevi Kürtler. Dinsel, etnik ve politik sorunlar bağlamında, Ankara: Kalan, 2004; Yalçın Çakmak (Hg.), Kızılbaşlık, Alevilik, Bektaşilik. Tarih-Kimlik-İnanç-Ritüel, Istanbul: Iletisim, 2015.

33 Siehe namentlich Hamit Bozarslan, Veli Yadirgi, Cengiz Gunes, The Cambridge History of the Kurds, Cambridge: Cambridge University Press, 2021.

34 Sie stammt aus der Feder des kurdisch-französischen Historikers und Politologen Hamit Bozarslan, Histoire de la Turquie. De l'Empire à nos jours, Paris: Tallandier, 2013.

brechenden Türkismus, der in Gökalps Ultranationalismus in den jungtürkischen Parteistaat mündete, ergründet.[35]

Obgleich noch immer mangelhaft, hat die Biografik, insbesondere die intellektuelle, Fortschritte gemacht und auch endlich Atatürk-Biografien jenseits der im Westen weithin übernommenen Helden- und Modernisierungserzählung hervorgebracht.[36] Auch neue oder zuvor wenig gewählte Zugänge wie Rechts-, Geschlechter-, Kinder- und Waisenhaus-, Umwelt-, Stadt- und Migrationsgeschichte haben sich als produktiv erwiesen.[37] Für die Ära des Sultan-Kalifen Abdulhamid II. sowie für die Reformära, die mit Abdulhamids Autokratie zu Ende ging, sind vertiefende Studien erarbeitet worden sowohl zu den überaus ambivalenten Tanzimat in den Ostprovinzen[38] als auch zur dortigen Welle von Massenmorden an Armeniern in den 1890er-Jahren. Diese Themenfelder waren in der Forschung jahrzehntelang fast gänzlich unbeachtet geblieben.[39]

Besonders zugenommen hat die Wissensproduktion zum lange kaum erforschten Ersten Weltkrieg[40] während des letzten, langen osmanischen Kriegsjahrzehnts (1912–1922), das in *Der verpasste Friede* bereits viel Raum beansprucht und auch als *Ottoman cataclysm*, Kollaps und Zerstörung des imperial-osmanischen Sozialgefüges, bezeichnet wurde. Wenn wir die neoosmanisch inspirierte Produktion sowie Werke

---

35 Siehe unter anderem M. Şükrü Hanioğlu, Preparation for a Revolution. The Young Turks, 1902–1908, New York: Oxford University Press, 2001; Bedross Der Matossian, Shattered Dreams of Revolution. From Liberty to Violence in the Late Ottoman Empire, Stanford, CA: Stanford University Press, 2014; Kieser, «Gökalp», und ders., Talât Pascha.

36 Klaus Kreiser, Atatürk. Eine Biographie, München: C. H. Beck, 2014; M. Şükrü Hanioğlu, Atatürk. An Intellectual Biography, Princeton: Princeton University Press, 2011; Erdal Kaynar, L'héroïsme de la vie moderne. Ahmed Rıza (1858–1930) en son temps, Paris: Peeters, 2021; Kieser, Talât; Hilmi O. Özavcı, Intellectual Origins of the Republic. Ahmet Ağaoğlu and the Genealogy of Liberalism in Turkey, Leiden: Brill, 2015; François Georgeon, Abdulhamid II. Le sultan calife, Paris: Fayard, 2003.

37 Einige Beispiele: Gottfried Plagemann, Von Allahs Gesetz zur Modernisierung per Gesetz. Gesetz und Gesetzgebung im Osmanischen Reich und der Republik Türkei, Berlin: Lit, 2009; H. Kieser, Astrid Meier, Walter Stoffel, Revolution islamischen Rechts. Das Schweizerische ZGB in der Türkei, Zürich: Chronos, 2008; Nazan Maksudyan, Orphans and Destitute Children in the Late Ottoman Empire, Syracuse, New York: Syracuse University Press, 2014; dies. (Hg.), Women and the City, Women in the City. A Gendered Perspective to Ottoman Urban History, New York: Berghahn Books, 2014; Barbara Reeves-Ellington, Domestic Frontiers. Gender, Reform, and American Interventions in the Ottoman Balkans and the Near East, Amherst: University of Massachusetts Press, 2013.

38 Die neueste Studie zu den Tanzimat ist Talin Suciyans Habilitationsschrift «Ya Derdimize Derman, Ya Katlimize Ferman». Tanzimat of the Provinces, Ludwig-Maximilian-Universität München, Juli 2019.

39 Verheij, «Diyarbekir and the Armenian Crisis»; The Massacres of the Hamidian Period (I): Global Narratives and Local Approaches / Les massacres de l'époque hamidienne: récits globaux, approches locales sowie The Massacres of the Hamidian Period (II): Perceptions and Perspectives / Les massacres de l'époque hamidienne: représentations et perspectives, Sondernummern 2018 von Études arméniennes contemporaines, Nr. 10 (https://doi.org/10.4000/eac.1300) und 11 (https://doi.org/10.4000/eac.1678).

40 Siehe Alexandre Toumarkine, «Turkish History Writing of the Great War: Facing Ottoman Legacy, Mass Violence and Dissent», in: Remembering the Great War in the Middle East. From Turkey and Armenia to Australia and New Zealand, hg. von H. Kieser, Thomas Schmutz, Pearl Nunn, London: I. B. Tauris, 2021, S. 19–42.

auf der Linie kemalistischer Nationalgeschichtsschreibung auf der Seite lassen, sticht
am meisten der neue wissenschaftliche Stellenwert von Gewaltgeschichte (*history of
violence*) ins Auge. Damit wird die extreme Gewalt dieser Ära, das Trauma und ihr
bis heute prägendes Erbe ernst genommen.[41] Es gilt nun nicht mehr als «natürlicher
Sozialdarwinismus» und als durch die Konferenz von Lausanne erledigt.[42] Nach Jahrzehnten der Tabuisierung, Zensur und Selbstzensur ist Völkermord ein zentrales, nun
gut erforschtes Thema spätosmanischer Geschichte geworden. Eine Fülle von über
lange Zeit kaum zugänglichen oder kaum wahrgenommenen armenischen Quellen
und Stimmen haben in diesem Zusammenhang erstmals Bedeutung gewonnen.[43] Armenierverfolgung und -genozid sind endlich auch im europäischen Zusammenhang,
insbesondere mit Deutschland und der Schoah, untersucht worden.[44]

Die einschlägige Genozidforschung ist vielgestaltig geworden und beachtet sowohl
die Zentren jungtürkischer Macht und deren gewaltsame Bevölkerungspolitik (*demographic engineering*) als auch regionale Lebens- und «Todeswelten» mit ihren Akteuren und Betroffenen.[45] Genozidforschung geht fortan auch mit «Postgenozid»-Studien
einher, die Langzeitauswirkungen auf Gesellschaft und Regionen untersuchen.[46] Besonders betroffen waren und sind die Ostprovinzen, was sich in perpetuierten Konflikten und lebendig gebliebener mündlicher Erinnerung an den Völkermord spiegelt, wie
neuere kurdische Studien zeigen.[47] Erschütternd und bedeutungsvoll ist – wie schon
Der verpasste Friede hervorhob – die frührepublikanische Geschichte der Region
Dersim, wozu mehrere neue Forschungen, aber auch Dokumentarfilme und Romane
erschienen sind. Allerdings zeigt sich am Beispiel des genozidären «Zivilisierungs-

---

41 Ein in der Schweiz und Australien basiertes internationales Projektcluster unter dem Namen Otto-
    man Cataclysm hat mehrere einschlägige Sammelbände bei I. B. Tauris in London produziert: World
    War I and the End of the Ottomans. From the Balkan Wars to the Armenian Genocide, hg. von H.
    Kieser, Kerem Öktem, Maurus Reinkowski (2015); End of the Ottomans. The Genocide of 1915 and
    the Politics of Turkish Nationalism, hg. von H. Kieser, Margaret L. Anderson, Seyhan Bayraktar,
    Thomas Schmutz (2019); Remembering the Great War in the Middle East (2021); in Vorbereitung ist
    der Band After the Ottomans. Genocide's Long Shadow and Armenian Resilience, hg. von Seyhan
    Bayraktar, H. Kieser, Khatchig Mouradian.
42 Wichtige neue Studien zu Lausanne sind im Hinblick auf den hundertsten Jahrestag des Vertrags von
    Lausanne 2023 zu erwarten. Siehe https://thelausanneproject.com und Kieser, «Pact, not Peace: The
    Post-Ottoman Treaty of Lausanne: A Diplomatic Milestone and its Swiss Context», Kapitel 6, in:
    ders., Violence and Ultranationalism.
43 Reichlicher Einbezug von armenischen Quellen in Raymond Kévorkian, The Armenian Genocide.
    A Complete History, London: I. B. Tauris, 2011.
44 Stefan Ihrig, Atatürk in the Nazi Imagination, Cambridge, MA: Harvard University Press, 2014;
    ders., Justifying Genocide. Germany and the Armenians from Bismarck to Hitler, Cambridge, MA:
    Harvard University Press, 2016; H. Kieser, Dominik J. Schaller, Der Völkermord an den Armeniern
    und die Shoah, Zürich: Chronos, 2002, 3. Auflage 2014.
45 Siehe End of the Ottomans. The Genocide of 1915 mit zahlreichen Referenzen.
46 Siehe namentlich Lerna Ekmekçioğlu, Recovering Armenia. The Limits of Belonging in Post-Geno-
    cide Turkey, Stanford, California: Stanford University Press, 2016; Talin Suciyan, The Armenians in
    Modern Turkey. Post-Genocide Society, Politics and History, London: Tauris, 2016. Siehe auch (ab
    2022) After the Ottomans. Genocide's Long Shadow mit zahlreichen Referenzen.
47 Adnan Çelik, Namık K. Dinç, Yüz yıllık ah! Toplumsal hafızanın izinde 1915 Diyarbekir, Istanbul:
    I. Beşikçi Vakfı, 2015; siehe auch The Cambridge History of the Kurds.

feldzugs» in Dersim 1937/38 besonders schmerzlich die unvollendete Aufarbeitung ultranationalistischer Politik. Noch 2009 hatte der Ministerpräsident erstmals öffentlich von «Massaker» gesprochen, und eine Kommission, gestützt auf Militärakten, hätte dieses aufklären sollen. Dazu kam es nicht. Sowohl in diesem Fall als auch generell sind die überaus wichtigen Militärarchive in Ankara weiterhin nicht oder nicht frei zugänglich.[48]

Der verpasste spätosmanische Friede, der «Friede von Lausanne» und die Gegenwart

Lohnt es sich überhaupt, wie es *Der verpasste Friede* tut, auf extreme Gewalt, gescheiterte Koexistenz und gebrochene individuelle und kollektive Biografien einzugehen? Schreiben nicht Sieger die (politische) Geschichte – und die meisten Sach- und Geschichtsbücher schreiben von ihnen in den wesentlichen Punkten ab, indem sie ihre Entscheidungen als «geschichtliche Realität» nachzeichnen?
Jahrzehntelang traf dies auf die Darstellung türkischer Zeitgeschichte zu, nachdem das Jahrzehnt spätosmanischer Kriege 1923 zu Ende gegangen war. An der Konferenz von Lausanne rauften sich die westlichen Sieger des Ersten Weltkriegs mit den türkischen Siegern des Kriegs um Kleinasien auf Kosten der Verlierer, der nichttürkischen Einheimischen Kleinasiens, zusammen.[49] Sie legten dabei nicht nur ihre Macht- und wirtschaftlichen Interessensphären fest, sondern implizit auch Leitlinien, nach denen fortan über das Ende des Osmanischen Reichs, die Grundlegung des nachosmanischen Nahen Ostens und die Gründung der Republik Türkei gesprochen und geschrieben wurde. Der Vertrag von Lausanne legte nicht nur den Grundstein für eine friedlose, autoritäre nachosmanische Staatenwelt, sondern war auch ein Fanal für ganz Kontinentaleuropa: Völkermord, Vertreibung und Ultranationalismus lohnten sich politisch, falls sie mit militärischer Stärke einhergingen; Menschen- und Minderheitenrechte zählten gegenüber wirtschaftlichen und strategischen Interessen nicht. Trotz diesem Sachverhalt konnte im Westen die Meistererzählung (*master narrative*) von weitsichtigen Konfliktlösungen in Lausanne und der heroisch-progressiven Nationalstaatsgründung durch Atatürk bis gegen Ende des 20. Jahrhunderts dominieren.
Ganz im Gegensatz dazu lag und liegt dem Buch *Der verpasste Friede* die Auffassung zugrunde, Geschichte sei nicht allein von ihren – jeweils vorläufigen – Ergebnissen und Siegern, sondern auch von ihren Möglichkeiten her zu schreiben, selbst wenn diese in den damaligen Konstellationen scheiterten. Damit sollten damals Hoffende historisch geschätzt und ihre Hoffnungen und ungenutzten Möglichkeiten, soweit diese gut begründet waren, als Zukunftspotenzial durchdacht und dargestellt werden.

---

48 Forschungsstand und aktuelle Referenzen in H. Kieser, «Identity Denied, Autonomy Annulled: The Exterminatory Campaign Against Kurdish Alevis in Dersim», in: ders., Violence and Ultranationalism.
49 Siehe Kieser, «Pact, not Peace».

Denn hinter einem «verpassten Frieden» bietet sich die Gelegenheit zu einem noch zu erarbeitenden Frieden. Trotz vergangenen Brüchen, Verbrechen und vielfachem Versagen würde der gewonnene Friede verschüttete Ressourcen in neu entstandenen Kontexten fruchtbar werden lassen. Voraussetzung dafür ist, das Geschehene, den Vertrag von Lausanne eingeschlossen, zwar als real, das heisst als Teil wirklicher Geschichte, anzunehmen, aber in seiner Logik nicht als unvermeidlich, notwendig und letztlich wiederholbar zu statuieren. Das Geschehene muss in seinem Ungenügen, seiner Vorläufigkeit und seinem Übel erkannt, benannt und bedacht werden, bevor wir es vergangen sein lassen können. Dazu bedarf es wissenschaftlich erarbeiteter narrativer Interventionen in der Gegenwart. Als öffentliche *actes de parole* oder «Worttaten» sind sie das, was ich als Kern und Minimum historischer Berufsethik betrachte.

2021 kann ich nicht mehr schreiben, was ich 2011 für das neue Vorwort der vierten türkischen Auflage von *Iskalanmış Barış* sinngemäss so formulierte: Eine armenisch-kurdisch-türkische Versöhnung und damit eine zentrale Antwort auf den im Buch thematisierten verpassten Frieden liegt in Reichweite, wenn historische Arbeit im obgenannten Sinn geleistet und öffentlich etabliert ist. Alle Beteiligten müssen aufeinander zugehen und einander ernst nehmen, was ein Gefühl für Gerechtigkeit, den Abschied von Illusionen und eine Ehrlichkeit bedingt, die auf die Kränkung durch Erniedrigung, Massenmord und Leugnung glaubwürdig eingeht. Ich schrieb damals wörtlich: «Offen gesagt, die Niederschrift des Buches ging [in den 1990er-Jahren] mit der festen Erwartung einher, dass in der Türkei in Bälde notwendigerweise ein neuer Umgang mit Geschichte einsetzen werde – eine Hoffnung, die sich unterdessen teilweise erfüllt hat.»

Kaum zwei Jahre zurück lag damals die Unterzeichnung von Protokollen in Zürich, die die Beziehungen zwischen Armenien und der Türkei normalisieren sollten. Vor allem aber war - aus demokratischer Sicht betrachtet - die Türkei noch nicht in den Autoritarismus Erdoğans abgestürzt, der vom Traum des wiedererrichteten Sultanat-Kalifats lebt. 2021 ist klar, dass es noch viel mehr braucht bis zur Verabschiedung jener alten bösen Mythen, die dem Frieden entgegenstehen und die in ihrer aktuellen Form den Erdoğanismus, dessen Kriege und seine zahlreichen Nutzniesser befeuern. Die Ideologie und ihre Mythen werden dekonstruiert werden, indem die Realität sie unzweideutig falsifiziert und damit einer realistischen Stiftung von Frieden die Bahn bricht.

Basel, Juni 2021